CURSO DE DIREITO EMPRESARIAL

1 TEORIA GERAL E DIREITO SOCIETÁRIO

Marlon **Tomazette**

CURSO DE DIREITO EMPRESARIAL

16ª edição
2025

- O autor deste livro e a editora empenharam seus melhores esforços para assegurar que as informações e os procedimentos apresentados no texto estejam em acordo com os padrões aceitos à época da publicação, *e todos os dados foram atualizados pelo autor até a data da entrega dos originais à editora.* Entretanto, tendo em conta a evolução das ciências, as atualizações legislativas, as mudanças regulamentares governamentais e o constante fluxo de novas informações sobre os temas que constam do livro, recomendamos enfaticamente que os leitores consultem sempre outras fontes fidedignas, de modo a se certificarem de que as informações contidas no texto estão corretas e de que não houve alterações nas recomendações ou na legislação regulamentadora.

- Data do fechamento do livro: 25/11/2024

- O autor e a editora se empenharam para citar adequadamente e dar o devido crédito a todos os detentores de direitos autorais de qualquer material utilizado neste livro, dispondo-se a possíveis acertos posteriores caso, inadvertida e involuntariamente, a identificação de algum deles tenha sido omitida.

- Direitos exclusivos para a língua portuguesa
  Copyright ©2025 by
  Saraiva Jur, um selo da SRV Editora Ltda.
  Uma editora integrante do GEN | Grupo Editorial Nacional
  Travessa do Ouvidor, 11
  Rio de Janeiro – RJ – 20040-040

- **Atendimento ao cliente: https://www.editoradodireito.com.br/contato**

- Reservados todos os direitos. É proibida a duplicação ou reprodução deste volume, no todo ou em parte, em quaisquer formas ou por quaisquer meios (eletrônico, mecânico, gravação, fotocópia, distribuição pela Internet ou outros), sem permissão, por escrito, da **SRV Editora Ltda.**

- Capa: Deborah Mattos
  Diagramação: Edson Colobone

- **OBRA COMPLETA 978-85-5360-770-9**
  DADOS INTERNACIONAIS DE CATALOGAÇÃO NA PUBLICAÇÃO (CIP)
  ODILIO HILARIO MOREIRA JUNIOR – CRB-8/9949

T655c   Tomazette, Marlon
        Curso de direito empresarial – volume 1 – teoria geral e direito societário / Marlon
           Tomazette. 16. ed. – São Paulo, SP : Saraiva Jur, 2025.

        720 p.
        ISBN 978-85-5362-680-9 (Impresso)

        1. Direito. 2. Direito empresarial. 3. Direito societário. I. Título.

                         CDD 346.07
2024-4100   CDU 347.7

Índices para catálogo sistemático:
1. Direito empresarial   346.07
2. Direito empresarial   347.7

*Dedico este livro à minha princesa Kênia,
que me dá motivos para me levantar, todos os dias, e viver.*

Ao meu filho Leonardo, presente de Deus que ilumina nossas vidas.

AGRADECIMENTOS

Agradeço em primeiro lugar a Deus, que nos dá a vida. Agradeço também aos meus pais, João Tomazette (*in memoriam*) e Maria de Lourdes (*in memoriam*), e aos meus irmãos (Neto, Bruno e Vânia), que me criaram, me permitiram estudar e me tornar um profissional do Direito.

Na minha vida acadêmica, foram determinantes alguns professores que me deram a certeza de que o estudo do Direito era o meu caminho. Por isso, agradeço aos Profs. Ronaldo Polletti, Paulo Laitano Távora, Lucas Rocha Furtado e Gilmar Ferreira Mendes, os quais, cada um a seu modo, me mostraram como o estudo do Direito pode ser bom.

Agradeço também aos meus colegas, professores de direito comercial, Lucinéia Possar, Adair Siqueira de Queiroz Filho, Henrique Arake, Marcelo Simões Reis, Marcelo Barreto, Suhel Sarhan Junior, Adriano da Nóbrega, Sidarta, Carlos Orlando, Marcelo Féres, Edilson Enedino, Luiz Guerra, Daniel Amin, Lilian Rose, Raphael Borges, Miguel Roberto, Samira Otto, Luís Winckler e Neila Leal, que muito contribuíram para o amadurecimento das minhas ideias e para a compreensão de vários assuntos, seja nas conversas nas salas dos professores ou em bancas de monografia.

Merecem uma menção especial meus alunos do CEUB e da Escola Superior do Ministério Público do Distrito Federal, responsáveis diretos por esta obra, com os quais mais aprendi que ensinei.

Agradeço também a toda a equipe da clínica de doenças renais de Brasília – CDRB e ao Instituto de Cardiologia do Distrito Federal – ICDF que me permitiram manter minhas atividades.

Por fim, agradeço à Kênia e ao Leonardo, que me dão alento para viver e para desenvolver qualquer atividade.

APRESENTAÇÃO

O presente volume apresenta um estudo amplo e abrangente da teoria geral do direito empresarial e do direito societário, de acordo com a doutrina, bem como com as mais recentes alterações legislativas e os mais recentes precedentes sobre a matéria. Trata-se de trabalho baseado na experiência docente e profissional do autor nos temas abrangidos no presente texto, tentando apresentar as principais opiniões sobre cada tema, sempre informando a orientação pessoal do autor.

Na primeira parte, são estudados os conceitos fundamentais do direito empresarial: empresa, empresário e estabelecimento, com ênfase nas concepções doutrinárias sobre o tema. São estudados os vários tipos de empresário e suas obrigações, que compõem o regime jurídico empresarial. Também se inserem na primeira parte da matéria o estudo dos sinais distintivos da atividade empresarial – nome empresarial, nome de fantasia e marcas –, além dos demais elementos da propriedade industrial, com especial atenção às decisões do STJ sobre o tema.

Na segunda parte da matéria, é feito o estudo das sociedades, desde sua teoria até a análise das sociedades em espécie. Na teoria geral do direito societário, são estudados o conceito das sociedades, seus elementos, seu ato constitutivo, sua personalidade e em especial a desconsideração da personalidade jurídica.

Em relação às sociedades em espécie, é feita uma análise de cada um dos tipos societários vigentes no direito nacional, desde as sociedades sem personalidade jurídica – sociedade em comum e sociedade em conta de participação –, passando pelos tipos societários menores – sociedade em nome coletivo, em comandita simples e comandita por ações –, chegando até os tipos societários mais relevantes na prática, como as sociedades simples, as sociedades limitadas, as sociedades anônimas e as cooperativas.

Nas sociedades anônimas, há um tratamento que abrange as sociedades abertas e suas relações com o mercado, bem como as sociedades fechadas, em seus principais aspectos. As sociedades anônimas desempenham papel fundamental na economia de mercado, sendo necessária sua adaptação às mudanças que se operam na economia mundial. São abrangidos pelo texto desde o procedimento de constituição das sociedades anônimas, passando por seus valores mobiliários, chegando até os acionistas, os órgãos sociais e sua administração.

Também são tratados os temas gerais que abrangem várias sociedades, como a dissolução, a transformação, a incorporação, a fusão, a cisão, as participações societárias, os grupos e os consórcios. De modo geral, também se trata do regime jurídico das concentrações empresariais, informando seu modo de avaliação diante da proteção à livre concorrência e à livre-iniciativa.

SUMÁRIO

Agradecimentos VII

Apresentação IX

PARTE I

TEORIA GERAL DO DIREITO EMPRESARIAL

1 – Evolução histórica do direito comercial	**3**
1	O comércio	3
2	Histórico do direito comercial	4
	2.1	Sistema subjetivo	5
	2.2	Sistema objetivo	7
		2.2.1	Os atos de comércio	8
		2.2.2	A crise do sistema objetivo	11
	2.3	O sistema subjetivo moderno	12
2 – O "novo" direito comercial/empresarial	**13**
1	Conceito do "novo" direito comercial/empresarial	13
2	Divisão do direito empresarial	15
3	Fontes do direito empresarial	16
	3.1	A lei	18
	3.2	Costumes	19
	3.3	Princípios gerais de direito	20
3 – Autonomia do direito empresarial	**21**
1	Direito privado	21
2	Dicotomia do direito privado	22
3	Autonomia do direito empresarial	23
	3.1	Opinião contrária à autonomia	24
	3.2	Opinião favorável à autonomia do direito comercial	26
4	A autonomia do direito empresarial: método, princípios e objeto próprio	28
4 – A empresa	**32**
1	Âmbito do direito empresarial	32

2	Conceito econômico de empresa	32
3	A teoria dos perfis de Alberto Asquini	33
4	O que é a empresa?	35
	4.1 Atividade	35
	4.2 Economicidade	36
	4.3 Organização	36
	4.4 Finalidade	37
	4.5 Dirigida ao mercado	37
5	Natureza jurídica da empresa	38

5 – Do empresário **40**

1	Empresário	40
	1.1 A economicidade	41
	1.2 A organização	41
	1.3 Profissionalidade	42
	1.4 Assunção do risco	43
	1.5 Direcionamento ao mercado	43
2	Exclusão do conceito de empresário	44
3	O empresário individual	45
	3.1 Capacidade	46
	3.2 O empresário incapaz	47
	3.2.1 A continuação da atividade	47
	3.2.2 A limitação dos riscos	49
	3.3 Proibições	49
	3.4 Empresário individual casado	51
4	Das sociedades empresárias	53
5	Os empresários rurais	53

6 – Regime empresarial **54**

1	Do regime empresarial	54
2	Do registro de empresas	54
	2.1 Órgãos do sistema	55
	2.2 Atos do registro das empresas	55
3	Escrituração	57
	3.1 Princípios da escrituração	58
	3.1.1 Uniformidade temporal	58
	3.1.2 Fidelidade	58
	3.1.3 Sigilo	58
	3.2 Livros	59

		3.2.1	Livros obrigatórios	59
		3.2.2	Livros facultativos	59
		3.2.3	Livros especiais	60
	3.3		Força probatória da escrituração	61
	3.4		Exibição dos livros	61
	3.5		Da guarda da escrituração	63
4			Demonstrações contábeis	63

7 – Auxiliares do empresário ... **64**

1			Dos auxiliares do empresário	64
2			Dos prepostos em geral	65
	2.1		O contrato de preposição	65
	2.2		O personalismo da relação	66
	2.3		Da vinculação do preponente	66
	2.4		Do dever de lealdade	67
3			Dos gerentes	68
	3.1		Conceito	68
	3.2		Dos poderes	69
	3.3		Da vinculação do preponente	70
4			Do contabilista	71
5			Dos contratos de colaboração	72
	5.1		Contratos de colaboração por intermediação	72
	5.2		Contratos de colaboração por aproximação	73

8 – Estabelecimento empresarial ... **75**

1			Do estabelecimento empresarial: noções gerais	75
	1.1		Conceito	75
	1.2		Terminologia	76
	1.3		Estabelecimento × patrimônio do empresário	77
	1.4		Estabelecimento virtual ou digital	77
2			Natureza jurídica	78
	2.1		O estabelecimento como pessoa jurídica	79
	2.2		O estabelecimento como patrimônio autônomo	79
	2.3		O estabelecimento como negócio jurídico	80
	2.4		O estabelecimento como bem imaterial	80
	2.5		O estabelecimento como organização	81
	2.6		Teorias atomistas	81
	2.7		O estabelecimento como universalidade de direito	82
	2.8		O estabelecimento como universalidade de fato	82

3	Direito real ou direito pessoal?	84
4	Elementos integrantes do estabelecimento	86
	4.1 Imóveis	86
	4.2 O ponto empresarial	87
	4.3 O trabalho	89
5	O aviamento	90
6	A clientela	91
	6.1 Cessão de clientela	92

9 – Negócios sobre o estabelecimento empresarial **94**

1	O estabelecimento enquanto objeto de negócios jurídicos	94
2	Forma	94
3	Publicidade	96
4	Alienação do estabelecimento	97
	4.1 Condições de eficácia da alienação	97
	4.2 Os débitos	98
	4.2.1 Débitos tributários	99
	4.2.2 Débitos trabalhistas	100
	4.2.3 Processos de falência e de recuperação judicial	101
	4.3 Os créditos	102
	4.4 Os contratos	103
	4.5 Cláusula de não restabelecimento	105

10 – Sinais distintivos na atividade empresarial: nome empresarial e título de estabeleci mento **108**

1	Sinais distintivos na atividade empresarial	108
2	A natureza dos direitos sobre os sinais distintivos	108
3	Nome empresarial	110
	3.1 Natureza jurídica do direito ao nome	110
	3.1.1 Direito da personalidade	110
	3.1.2 Direito de propriedade	113
	3.1.3 Direito pessoal	113
	3.2 Tipos de nome empresarial	114
	3.2.1 Firma individual	114
	3.2.2 Razão social	115
	3.2.3 Denominação	116
	3.3 Princípio da veracidade	116
	3.4 Princípio da novidade/especialidade	117
	3.5 Extinção do direito ao nome empresarial	120

| | 4 | Nome de fantasia ou título de estabelecimento | 120 |
| | 5 | Marcas × nome empresarial | 122 |

11 – Marcas — 123

1	Marcas: conceito e função	123
2	Classificações	124
3	Requisitos	126
	3.1	Capacidade distintiva	127
	3.2	Novidade relativa	128
	3.3	Desimpedimento	128
4	Proibições	129
5	Direitos sobre a marca	142
	5.1	Aquisição	142
	5.2	Vigência	143
	5.3	Proteção	143
		5.3.1	Princípio da territorialidade	145
		5.3.2	Princípio da especialidade	145
		5.3.3	Danos materiais e morais pelo uso indevido da marca	147
		5.3.4	Marcas evocativas	149
	5.4	Marcas de fato	151
6	Marcas de alto renome	151
7	Marcas notoriamente conhecidas	153
8	Extinção dos direitos sobre a marca	154
9	Nulidade da marca	155
10	Degeneração das marcas	156
11	Das indicações geográficas	158
12	Nome empresarial e marca	160
13	Nomes de domínio × marcas	162

12 – Patentes, modelos de utilidade e desenho industrial — 165

1	Invenções	165
2	Patentes de invenção	166
	2.1	Requisitos	166
		2.1.1	Novidade	167
		2.1.2	Atividade inventiva	168
		2.1.3	Aplicação industrial	169
	2.2	Exclusões	170
	2.3	Proibições	171
	2.4	Direitos sobre a patente	172

	2.4.1	Titularidade	172
	2.4.2	Prioridade	172
	2.4.3	Vigência	173
	2.4.4	Proteção	173
	2.4.5	Cessão e licença voluntária	175
	2.4.6	Licença compulsória	175
		2.4.6.1 Licença compulsória de interesse privado	176
		2.4.6.2 Licença compulsória de interesse público	178
		2.4.6.3 Licença compulsória para exportação	180
	2.4.7	Extinção	180
2.5	Nulidade da patente		181
2.6	Certificado de adição de invenção		181
3	Modelos de utilidade		182
4	Desenho industrial		183
4.1	Requisitos		183
	4.1.1	Novidade	183
	4.1.2	Originalidade	184
	4.1.3	Industriabilidade	184
	4.1.4	Legalidade	184
4.2	Direitos sobre o desenho industrial		184

Parte II

DIREITO SOCIETÁRIO

13 – Sociedades: noções gerais **189**

1	Conceito		189
2	Terminologia		190
3	Elementos de uma sociedade		191
3.1	Elementos gerais		191
	3.1.1	Manifestação de vontade	191
	3.1.2	Objeto lícito	193
	3.1.3	Forma	194
3.2	Elementos específicos		194
	3.2.1	Contribuição para o capital social	194
	3.2.2	Participação nos lucros e nas perdas	196
	3.2.3	*Affectio societatis*	198
	3.2.4	Substrato pessoal	200
4	Ato constitutivo: natureza jurídica		201

	4.1	Teorias anticontratualistas	201
	4.2	Teoria do ato corporativo, ato de fundação, ou ato de união	202
	4.3	Teorias contratualistas: o contrato plurilateral	203
	4.4	Teoria do ato institucional	206

14 – A personalidade jurídica das sociedades — 209

1	Noções gerais	209
2	Função das pessoas jurídicas	210
3	O início da personalidade jurídica	211
4	Teorias sobre a pessoa jurídica	212
	4.1 Teoria individualista	212
	4.2 Teoria da ficção	212
	4.3 Teoria da vontade	213
	4.4 Teoria do patrimônio de afetação	213
	4.5 Teoria da instituição	214
	4.6 Teoria da realidade objetiva ou orgânica	215
	4.7 Teoria da realidade técnica	215
5	Atuação das sociedades	216
6	Consequências da personificação	218
	6.1 Nome	218
	6.2 Nacionalidade	219
	6.3 Domicílio	219
	6.4 Capacidade contratual	219
	6.5 Capacidade processual	220
	6.6 Existência distinta	220
	6.7 Autonomia patrimonial	220

15 – Desconsideração da personalidade jurídica — 222

1	O uso da pessoa jurídica	222
2	O que é a desconsideração da personalidade jurídica?	223
3	Origem histórica da teoria da desconsideração	226
4	Terminologia	227
5	A desconsideração e as teorias a respeito da personalidade	228
6	Aplicação da desconsideração da personalidade jurídica	229
	6.1 A personificação	230
	6.2 Imputação dos atos praticados à pessoa jurídica	231
	6.3 A insolvência é requisito?	232
	6.4 Fundamento principal: teorias	233
7	Teoria menor	233

XVIII CURSO DE DIREITO EMPRESARIAL

7.1	A desconsideração no Código de Defesa do Consumidor	234
7.2	Direito ambiental	237
7.3	Sistema de distribuição de combustíveis	238
7.4	Direito do trabalho	238

8 A teoria maior 240

8.1	Teoria maior subjetiva	240
	8.1.1 A fraude	241
	8.1.2 O abuso do direito	242
	8.1.2.1 Subcapitalização	243
	8.1.2.2 Dissolução irregular	244
	8.1.3 Desvio de finalidade	246
8.2	Teoria maior objetiva	247
8.3	Código Civil	249
8.4	Direito econômico	249
8.5	Responsabilidade civil e administrativa por atos lesivos à administração pública nacional ou estrangeira	249
8.6	Licitações	253
8.7	Direito administrativo	253
8.8	Direito tributário	255

9 Quem é responsabilizado na desconsideração? 258

9.1	Teoria maior da desconsideração	258
9.2	Teoria menor	260

10 Aspectos processuais da desconsideração da personalidade jurídica: desnecessidade de uma ação de conhecimento 260

10.1	O pedido originário de desconsideração	261
10.2	O incidente de desconsideração da personalidade jurídica	262
	10.2.1 Instauração do incidente	263
	10.2.2 Procedimento	264
	10.2.3 Tutela de urgência	265
	10.2.4 Fraude à execução	266
10.3	Embargos de terceiro	267

11 Desconsideração inversa 267

12 Prescrição/decadência do pedido de desconsideração 268

16 – Classificações das sociedades 270

1	Sociedades personificadas e despersonificadas	270
2	Classificação pela responsabilidade dos sócios	270
3	Classificação quanto à forma do capital	271
4	Classificação quanto à forma de constituição	271

5		Sociedades civis × sociedades comerciais	272
6		Sociedades simples × sociedades empresárias	273
7		Sociedades de pessoas e de capitais	274

17 – Sociedades despersonificadas 279

1		Sociedades em comum	279
	1.1	Terminologia	279
	1.2	Patrimônio	280
	1.3	Responsabilidade dos sócios	280
	1.4	Administração	281
	1.5	Prova da existência da sociedade	282
2		Sociedade em conta de participação	283
	2.1	Sócios	283
	2.2	Características	284
	2.3	Extinção da sociedade	285

18 – Sociedades simples 287

1		Introdução	287
2		Constituição	288
3		Sócios	290
	3.1	Noções gerais	290
	3.2	Deveres dos sócios	292
	3.3	Direitos dos sócios	293
		3.3.1 Posição dos credores do sócio: penhora das quotas	295
		3.3.2 Direitos do cônjuge divorciado e dos herdeiros do cônjuge falecido	296
	3.4	Responsabilidade	299
		3.4.1 Responsabilidade do ex-sócio	300
	3.5	A saída voluntária dos sócios: cessão das quotas	301
4		Da resolução da sociedade em relação a um sócio (dissolução parcial)	302
	4.1	A morte de um sócio	303
	4.2	Recesso	305
	4.3	Exclusão do sócio	307
		4.3.1 Exclusão de pleno direito	307
		4.3.2 Exclusão pela sociedade	307
	4.4	Divórcio ou dissolução de união estável	310
	4.5	Apuração de haveres	311
	4.6	Ação de dissolução parcial de sociedade	315
5		A "vontade" da sociedade	318

6	Administração da sociedade	319
6.1	Natureza jurídica da relação administrador-sociedade	319
6.2	Nomeação e destituição	320
6.3	Exercício do poder de administração	321
6.4	A proibição de concorrência	322
6.5	Responsabilidade	322
6.6	Vinculação da sociedade	323

19 – Sociedades em nome coletivo e em comandita simples **325**

1	Introdução	325
2	Sociedade em nome coletivo	325
2.1	Histórico	325
2.2	A sociedade genérica	326
2.3	A natureza personalista	326
2.4	A responsabilidade dos sócios	327
2.5	Os credores do sócio	328
3	Sociedade em comandita simples	329
3.1	Histórico	329
3.2	Legislação aplicável	330
3.3	Os sócios	330
3.3.1	Comanditado	330
3.3.2	Comanditário	331
3.4	O personalismo da sociedade	332

20 – As sociedades limitadas **333**

1	Histórico	333
2	A legislação aplicável	334
2.1	O art. 18 do Decreto n. 3.708/1919	334
2.2	O regime no Código Civil	335
3	Classificação	336
4	Nome empresarial	339
5	Capital social	341
5.1	Formação e alterações do capital social	342
6	Quotas	343
6.1	Características das quotas	343
6.2	Cessão das quotas	344
6.3	Penhora das quotas	346
6.4	Aquisição das quotas pela própria sociedade	347
6.5	Quotas preferenciais	349

7		A vontade da sociedade	350
	7.1	Reuniões	351
	7.2	Assembleia dos sócios	351
		7.2.1 Convocação e instalação da assembleia	352
		7.2.2 Deliberações	353
	7.3	Deliberações nas microempresas e empresas de pequeno porte	355
	7.4	Modalidades de realização	355
8		Administração da sociedade limitada	356
	8.1	Natureza jurídica da relação entre o administrador e a sociedade	357
	8.2	Nomeação e destituição dos administradores	357
	8.3	Poderes e responsabilidades	360
9		As relações da sociedade limitada com terceiros	360
10		O conselho fiscal da limitada	362
	10.1	Inconveniência da adoção	362
	10.2	Os conselheiros	363
	10.3	Competência	363
11		Sócios	364
	11.1	Noções	364
	11.2	Deveres dos sócios: o sócio remisso	366
	11.3	Direitos dos sócios	367
	11.4	Responsabilidade dos sócios	368
12		Recesso	369
13		Exclusão do sócio	372
14		Morte de um sócio	374

21 – Dissolução das sociedades no Código Civil **376**

1		Dissolução das sociedades	376
2		Dissolução *stricto sensu*	376
	2.1	Classificação das causas de dissolução	377
	2.2	Causas de dissolução	378
		2.2.1 Decurso de prazo	378
		2.2.2 Consenso	378
		2.2.3 Deliberação da maioria	379
		2.2.4 Unipessoalidade	379
		2.2.5 Cessação da autorização para funcionar	380
		2.2.6 Anulação da constituição	380
		2.2.7 Exaurimento ou inexequibilidade do objeto social	380
		2.2.8 Dissolução compulsória	381

CURSO DE DIREITO EMPRESARIAL

	2.2.9 Falência para as sociedades empresárias	382
3	Liquidação	382
	3.1 Formas da liquidação	382
	3.2 O liquidante	383
	3.3 Apuração do ativo	384
	3.4 Pagamento do passivo	385
	3.5 A partilha	386
4	A extinção	386
5	Os credores insatisfeitos	388
6	Sucessão processual e material	389

22 – Sociedades anônimas: noções gerais **390**

1	Histórico	390
2	Características	391
3	Nome	393
4	Função e importância econômica	393
5	Objeto social	394
6	Natureza jurídica do ato constitutivo	395
7	Sociedade anônima de pessoas	397

23 – As sociedades anônimas e o mercado de capitais **398**

1	Sociedades abertas × sociedades fechadas	398
2	Os valores mobiliários	399
3	Mercado de valores mobiliários	400
	3.1 Bolsa de valores	401
	3.2 Mercado de balcão	401
4	Comissão de Valores Mobiliários (CVM)	402
	4.1 O poder regulamentar da CVM	403
5	Fechamento do capital social	404
	5.1 Preço justo	405
	5.2 Efetivação do cancelamento	407
	5.3 Resgate das ações remanescentes	407
	5.4 Fechamento branco do capital social	408
6	A governança corporativa e o mercado de valores mobiliários	409

24 – Constituição e capital social das sociedades anônimas **416**

1	Constituição da sociedade anônima	416
	1.1 Providências preliminares	416
	1.1.1 Subscrição de todo o capital social	416

		1.1.2	Integralização inicial	417
		1.1.3	Depósito	418
	1.2	Constituição propriamente dita		418
	1.3	Providências complementares		419
2	O capital social			420
3	Formação do capital social			421
4	Funções			422
5	Princípios			423
6	Aumento do capital social			424
	6.1	Obtenção de novos recursos		424
	6.2	Capital autorizado		425
	6.3	Capitalização de lucros ou reservas		426
	6.4	Conversão de valores mobiliários em ações		427
7	Redução do capital social			427
	7.1	Redução compulsória		427
	7.2	Redução facultativa		428

25 – Ações **430**

1	Noções gerais			430
2	Valores			430
	2.1	Valor nominal		430
	2.2	Preço de emissão		432
	2.3	Valor patrimonial		432
	2.4	Valor de mercado		433
	2.5	Valor econômico		433
3	Natureza jurídica das ações			434
	3.1	Conceito e elementos essenciais dos títulos de crédito		435
	3.2	As ações não são títulos de crédito		438
4	Ações nominativas cartulares			439
5	Ações escriturais			439
6	Custódia de ações			440
7	Classificação quanto aos direitos			443
	7.1	Ações ordinárias		443
	7.2	As ações preferenciais		444
		7.2.1	As vantagens patrimoniais das ações preferenciais	444
		7.2.2	Voto das ações preferenciais	445
		7.2.3	Negociação das ações preferenciais no mercado	446
		7.2.4	Direitos políticos	447

	7.2.5	Uma nova "golden share"	448
7.3		Ações de fruição	449
8		Negociação das ações	450
8.1		Limitações nas sociedades abertas	450
8.2		Limitações na sociedade fechada	450
8.3		Negociação com as próprias ações	451
	8.3.1	Amortização	451
	8.3.2	Resgate	452
	8.3.3	Reembolso	454
8.4		Aquisição para permanência em tesouraria	456

26 – Outros títulos emitidos pelas sociedades anônimas ... **458**

1		Noções gerais	458
2		Partes beneficiárias	458
2.1		Funções	459
2.2		Direitos	459
2.3		Comunhão de interesses	460
2.4		Liquidação da companhia	460
2.5		Natureza jurídica	461
3		Debêntures	461
3.1		Noções gerais	461
3.2		Emissão	462
3.3		Comunhão de interesses	464
3.4		Agente fiduciário	465
3.5		Garantias	466
3.6		Vantagens	467
3.7		Conversibilidade em ações	468
3.8		Vencimento	469
3.9		Amortização, resgate e aquisição das debêntures	470
3.10		Emissão no exterior	471
4		Bônus de subscrição	471
5		*Commercial papers*	472
6		*American Depositary Receipts (ADR) e Brazilian Depositary Receipts (BDR)*	473

27 – Acionistas ... **475**

1	Noções gerais	475
2	Classificação dos acionistas	475
3	Acionista controlador	476
3.1	Controle interno	476

	3.2	Controle externo		477
	3.3	Conceito legal do acionista controlador		478
	3.4	Exercício do poder de controle		479
	3.5	Abuso do poder de controle		480
4		Acionistas minoritários		481
5		Deveres dos acionistas		482
	5.1	Contribuição para o capital social		482
		5.1.1	Acionista remisso	483
	5.2	Dever de lealdade		484
6		Direitos essenciais dos acionistas		484
	6.1	Participar dos lucros		485
	6.2	Participar do acervo social		486
	6.3	Fiscalização		487
		6.3.1	Direito à informação	487
	6.4	Direito de preferência		489
	6.5	Direito de retirada		491
		6.5.1	Hipóteses legais para o direito de retirada	492
		6.5.2	Restrições para o exercício do direito de retirada	493
		6.5.3	Retirada na cisão	495
		6.5.4	Assembleia de retratação	496
7		Voto		496
	7.1	Voto abusivo		497
	7.2	Voto conflitante		498
	7.3	Voto plural		499
8		Suspensão dos direitos		501
9		Arbitragem		502
10		Saída dos acionistas		503

28 – Acordo de acionistas **506**

1	O acordo de acionistas		506
2	Modalidades do acordo		506
3	Acordos de bloqueio		507
4	Acordos de voto		508
	4.1	Vinculação da companhia aos termos do acordo	509
	4.2	Execução específica do acordo de voto	510
	4.3	Omissão	511
5	Atuação dos administradores eleitos pelo acordo de acionistas		511
6	Extinção do acordo		513

XXVI CURSO DE DIREITO EMPRESARIAL

29 – Órgãos sociais **515**

1   Noções gerais 515

2   Assembleia geral... 515

      2.1   Competência 516

      2.2   Legitimidade para a convocação da assembleia.................... 517

      2.3   Modo de convocação 518

      2.4   Ordem do dia 520

      2.5   Participantes... 521

      2.6   Instalação da assembleia... 523

      2.7   Deliberações 523

      2.8   Assembleia geral ordinária... 525

      2.9   Assembleia geral extraordinária 526

      2.10   Formalidades complementares 526

3   Administração da sociedade 527

4   Conselho de administração 528

      4.1   Requisitos para ser membro do conselho de administração.... 528

      4.2   Eleição e destituição dos conselheiros: a representação da minoria...................... 531

      4.3   Posse e funcionamento 533

5   Diretoria... 534

6   Conselho fiscal... 535

      6.1   Funcionamento... 535

      6.2   Eleição e destituição 536

      6.3   Requisitos e impedimentos... 538

      6.4   Atuação.. 538

      6.5   Remuneração.. 539

      6.6   Deveres e responsabilidade... 539

30 – Administradores **541**

1   Impedimentos.. 541

2   Natureza jurídica da relação com a sociedade 542

3   Investidura e vacância... 543

4   Remuneração 544

5   Deveres... 545

      5.1   Dever de diligência... 545

      5.2   Desvio de poder.. 546

      5.3   Dever de lealdade... 547

      5.4   Dever de sigilo.. 547

      5.5   Dever de informar.. 549

6	Conflito de interesses	552
7	Responsabilidade civil	552
	7.1 Natureza da responsabilidade	552
	7.2 *Business judgment rule*	554
	7.3 Responsabilidade individual ou solidária	555
8	Ação de responsabilidade	556
9	Vinculação da companhia	557

31 – Aspectos financeiros das sociedades anônimas 560

1	Escrituração	560
2	Demonstrações financeiras	561
	2.1 Balanço patrimonial	562
	2.2 Demonstração de lucros ou prejuízos acumulados	563
	2.3 Demonstração do resultado do exercício	563
	2.4 Demonstração dos fluxos de caixa	563
	2.5 Demonstração de valor adicionado	564
3	Lucros sociais e sua distribuição	564
	3.1 Lucro líquido	564
	3.2 Reservas de lucros	565
	3.3 Dividendos	566
4	Juros sobre o capital próprio (Lei n. 9.249/95)	568
5	Reservas de capital	568

32 – Negócios sobre o controle societário 569

1	Negócios sobre o controle	569
2	Alienação de controle de sociedade aberta	569
3	Aquisição do controle de sociedade mercantil por companhia aberta	572
4	Oferta Pública de Aquisição de Ações (OPA) Voluntária	573
	4.1 OPA para aquisição do controle de companhia aberta	574
	4.2 Oferta concorrente	575

33 – Encerramento da sociedade anônima 576

1	Dissolução	576
2	Dissolução *stricto sensu*	576
3	Liquidação	578
	3.1 Formas da liquidação	579
	3.2 O liquidante	579
	3.3 Apuração do ativo	580
	3.4 Pagamento do passivo	581

	3.5	Os órgãos sociais na liquidação	582
	3.6	A partilha	583
4		A extinção	583
5		Os credores insatisfeitos	583

34 – Sociedade de economia mista, Sociedade Anônima do Futebol (SAF) e sociedade em comandita por ações **585**

1		Sociedades de economia mista	585
	1.1	Conceito	585
	1.2	Regime especial de direito comercial	586
	1.3	Falência	587
	1.4	Penhora dos bens	590
2		Sociedade em comandita por ações	591
3		Sociedade Anônima do Futebol – SAF	591
	3.1	Constituição da SAF	592
		3.1.1 Constituição originária da SAF	592
		3.1.2 Constituição da SAF por transformação	592
		3.1.3 Constituição da SAF por cisão parcial	593
		3.1.4 Constituição da SAF por *drop down*	594
	3.2	Acionistas da SAF	595
	3.3	Governança	595
	3.4	Financiamento da SAF	597

35 – Transformação, incorporação, fusão e cisão **598**

1		Legislação aplicável	598
2		Transformação	598
3		Incorporação	600
	3.1	Procedimento	601
	3.2	Aumento do capital social da incorporadora	602
4		Fusão	603
	4.1	Procedimento	603
5		Direito de retirada na fusão e na incorporação	604
6		Direitos dos credores na fusão e na incorporação	604
7		Cisão	605
	7.1	Tipos de cisão	606
	7.2	Formação do capital social	606
	7.3	Direito de retirada	607
	7.4	Sucessão nas obrigações da cindida	607
	7.5	Direitos dos credores	608

8	Questões tributárias	609

36 – Relações entre sociedades **610**

1	Legislação aplicável	610
2	Participações	610
	2.1 Coligação ou filiação	610
	2.2 Controle	611
	2.3 Simples participação	612
	2.4 Participação recíproca	612
3	A *holding*	613
4	Subsidiária integral	614
5	Grupos de sociedades	615
	5.1 Caracterização	615
	5.2 Classificações	616
	5.3 Responsabilidade	617
	5.4 Constituição dos grupos por subordinação	619
6	Consórcio	620
7	*Joint ventures*	622

37 – Concentração empresarial e defesa da livre concorrência **625**

1	Concentração empresarial	625
2	Motivos da concentração	626
3	Classificação da concentração empresarial	627
4	Livre-iniciativa e livre concorrência	628
5	Controle dos atos de concentração	630
6	Mercado relevante	631
7	Apreciação dos atos de concentração	633

38 – Cooperativas **636**

1	Conceito	636
2	Natureza	637
3	Legislação aplicável	638
4	Classificações	639
	4.1 Quanto à estrutura	639
	4.2 Quanto à atividade	639
	4.3 Quanto à responsabilidade do cooperado	640
5	Constituição	640
6	Capital social	641
7	Órgãos sociais	642

7.1	Assembleia geral	642
7.2	Administração	643
7.3	Conselho fiscal	644
8	Cooperados	644
8.1	Número de sócios	645
8.2	Votação por cabeça	646
8.3	Distribuição das sobras e juros	646
8.4	Responsabilidade	647
8.5	Entrada e saída dos cooperados	647
9	Dissolução das cooperativas	648
10	Indivisibilidade do fundo de reserva	649

39 – Microempresas e empresas de pequeno porte **650**

1	Enquadramento	650
2	Exclusões	651
3	Do tratamento diferenciado	653
3.1	Tratamento tributário	653
3.2	Tratamento trabalhista	654
3.3	Tratamento previdenciário	655
3.4	Licitações	656
3.5	Juizado especial	658
3.6	Tratamento comercial diferenciado	658
4	Pequeno empresário	659
5	Microempreendedor Individual – MEI	660
6	*Startups*	661
7	Investidor-Anjo	661

Referências bibliográficas **663**

PARTE I

TEORIA GERAL DO DIREITO EMPRESARIAL

1 EVOLUÇÃO HISTÓRICA DO DIREITO COMERCIAL

1 O comércio

A palavra *comércio* tem sua origem no latim *commutatio mercium*, que significa troca de mercadorias por mercadorias. Ercole Vidari afirma que o comércio é a parte da economia que estuda os fenômenos pelos quais os bens passam das mãos de uma pessoa a outra, ou de um a outro lugar[1]. Pardessus afirma que o comércio abrange a troca feita entre homens de mercadorias da natureza ou da indústria[2]. Tal troca tornou-se um elemento fundamental para o convívio em sociedade[3] desde os tempos mais remotos, porquanto era cada vez mais difícil a autossatisfação de todas as necessidades de uma pessoa pertencente a determinado grupo social, ou ao menos era mais cômoda a troca. A desejada autossuficiência dos grupos sociais foi aos poucos se mostrando problemática, fazendo surgir essa troca de mercadorias.

Todavia, essa troca de mercadorias por mercadorias gerou alguns inconvenientes, pois nem sempre havia uma ligação entre as necessidades, isto é, nem sempre aquilo que se produzia era necessário para outra pessoa. Em função disso, era imprescindível o surgimento de uma mercadoria que pudesse ser trocada por qualquer outra, servindo de padrão para as trocas. Esse padrão era a moeda, que a partir de então se desenvolveu.

Em função da importância que essa troca de mercadorias assumiu, surgiu uma atividade profissional nesse sentido, isto é, algumas pessoas tinham por profissão a troca de mercadorias. Como afirma Vivante, "a indústria comercial compreende todos os atos que se destinam a reunir as provisões nos lugares onde são necessárias, na qualidade e quantidade precisas em tempo oportuno"[4]. Essa atividade profissional remonta à Antiguidade, na qual podemos ver inúmeros exemplos de povos que exerceram o comércio com grande desenvoltura, como os fenícios, por exemplo. Caracterizavam esses profissionais a intermediação (interposição entre produtores e consumidores), a habitualidade (prática reiterada da atividade) e o intuito de lucro.

---

1. VIDARI, Ercole. *Compendio di diritto commerciale italiano*. 4. ed. Milano: Ulrico Hoepli, 1910, p. 1.

2. PARDESSUS, J. M. *Cours de droit commercial*. Paris: Garnier, 1814, p. 3.

3. DELAMARRE, M.; LE POITVIN, M. *Thraité theórique et pratique de droit commercial*. Paris: Charles Hingray, 1861, p. 3.

4. VIVANTE, Cesare. *Instituições de direito comercial*. Tradução de J. Alves de Sá. 3. ed. São Paulo: Livraria C. Teixeira, 1928. Tradução de J. Alves de Sá. 3. ed. São Paulo: Livraria C. Teixeira, 1928, p. 23.

CURSO DE DIREITO EMPRESARIAL

Nessa atividade profissional é que podemos dar os exatos contornos do que se concebe como comércio. A mera troca de mercadorias não é o comércio, este é aquela intromissão entre as pessoas que trocariam mercadorias por mercadorias, ou mercadorias por moeda. A intermediação – para facilitar a troca –, aliada ao aumento do valor das mercadorias (lucro), caracteriza de modo geral a atividade comercial. Nas palavras de Joaquín Garrigues: "comércio é o conjunto de atividades que efetuam a circulação dos bens entre produtores e consumidores"[5], ou, nas palavras de João Eunápio Borges, o comércio "é o ramo da atividade humana que tem por objeto a aproximação de produtores e consumidores, para a realização ou facilitação de trocas"[6].

2 Histórico do direito comercial

O comércio aos poucos ia se difundindo na sociedade e, consequentemente, necessitava de um tratamento jurídico. Intuitivamente poder-se-ia afirmar que o direito comercial é o direito do comércio, o que não corresponde à realidade. Com efeito, o adjetivo *comercial* demonstra que esse ramo do direito surgiu em virtude das exigências especiais do fenômeno comercial[7]. Todavia, houve uma grande extensão do âmbito do direito comercial, abrangendo fatos que não se enquadram no conceito econômico de comércio. Além disso, não se pode dizer que o direito comercial regule todo o comércio[8].

O direito comercial surgiu de uma necessidade, na Idade Média, de regulamentar as relações entre os novos personagens que se apresentaram: os comerciantes (a ascensão da burguesia). Mas o comércio, bem como as normas jurídicas que regulamentavam tal relação, remontam a um período bem anterior.

Na Antiguidade surgiram as primeiras normas regulamentando a atividade comercial (2083 a.C.), as quais remontam ao Código de Manu na Índia e ao Código de Hammurabi da Babilônia, mas sem configurar um sistema de normas que se pudesse chamar de direito comercial. Os gregos também possuíam algumas normas, sem, contudo, corporificar um sistema orgânico.

No Direito Romano também havia várias normas (que se encontravam dentro do chamado *ius civile*, sem autonomia) disciplinando o comércio que, todavia, em virtude da base rural da economia romana, também não corporificaram algo que pudesse ser chamado de direito comercial[9]. A amplitude e a flexibilidade do direito privado geral

---

5.   GARRIGUES, Joaquín. *Curso de derecho mercantil*. Bogotá: Temis, 1987, v. 1, p. 9, tradução livre de "comercio es el conjunto de actividades que efectúan la circulación de los bienes entre productores y consumidores".

6.   BORGES, João Eunápio. *Curso de direito comercial terrestre*. 5. ed. Rio de Janeiro: Forense, 1971, v. 1, p. 11.

7.   VALERI, Giuseppe. *Manuale di diritto commerciale*. Firenze: Casa Editrice Dottore Carlo Cya, 1950, v. 1, p. 3.

8.   GALGANO, Francesco. *História do direito comercial*. Tradução de João Espírito Santo. Lisboa: PF, 1990, p. 13.

9.   CARVALHO DE MENDONÇA, J. X. *Tratado de direito comercial brasileiro*. Atualizado por Ricardo Negrão. Campinas: Bookseller, 2000, v. 1, p. 63; VALERI, Giuseppe. *Manuale di diritto commerciale*. Firenze: Casa Editrice Dottore Carlo Cya, 1950, v. 1, p. 5.

romano tornava supérfluo o surgimento de um direito especial para o comércio[10]. Contudo, o formalismo e a rigidez do *ius civile* não atenderiam às exigências do comércio[11], gerando um processo de criação de um ramo autônomo do direito.

Apesar de já existirem várias regras sobre o comércio, o direito comercial só surge na Idade Média, como um direito autônomo[12], passando por uma grande evolução, que pode ser dividida em três fases: o sistema subjetivo, o sistema objetivo e o sistema subjetivo moderno.

2.1 Sistema subjetivo

A queda do Império Romano e, consequentemente, a ausência de um poder estatal centralizado fizeram surgir pequenas cidades, que não eram autossuficientes para atender suas necessidades, as quais se mantiveram fechadas durante toda a Idade Média[13]. No fim da Idade Média, por volta dos séculos XI e XII, com a reabertura das vias comerciais do norte e do sul da Europa, se desenvolve uma mudança radical na configuração da sociedade: há uma grande migração do campo, formando-se cidades como centros de consumo, de troca e de produção industrial.

Essa mudança foi provocada pela crise do sistema feudal, resultado da subutilização dos recursos do solo, da baixa produtividade do trabalho servil, aliadas ao aumento da pressão exercida pelos senhores feudais sobre a população. Em função da citada crise, houve uma grande migração que envolveu, dentre outros, os mercadores ambulantes, que viajavam em grupos e conseguiram um capital inicial, que permitiu a estabilização de uma segunda geração de mercadores nas cidades, desenvolvendo um novo modo de produção[14]. As condições para o exercício da atividade dos mercadores não eram tão boas e, por isso, eles foram levados a um forte movimento de união[15].

Esse desenvolvimento da atividade comercial trouxe à tona a insuficiência do direito civil para disciplinar os novos fatos jurídicos que se apresentavam[16]. A disciplina estatal era baseada na prevalência da propriedade imobiliária, estática e cheia de obstáculos

---

10. ROCCO, Alfredo. *Princípios de direito comercial.* Tradução de Ricardo Rodrigues Gama. Campinas: LZN, 2003, p. 10.

11. DE LEO, Walter N. *Derecho de los negocios en el comercio.* Buenos Aires: Universidad, 1999, p. 34.

12. ROCCO, Alfredo. *Princípios de direito comercial.* Tradução de Ricardo Rodrigues Gama. Campinas: LZN, 2003, p. 12; ABREU, Jorge Manuel Coutinho de. *Curso de direito comercial.* Coimbra: Almedina, 1999, v. 1, p. 1.

13. GALGANO, Francesco. *História do direito comercial.* Tradução de João Espírito Santo. Lisboa: PF, 1990, p. 31; DE LEO, Walter N. *Derecho de los negocios en el comercio.* Buenos Aires: Universidad, 1999, p. 35.

14. GALGANO, Francesco. *História do direito comercial.* Tradução de João Espírito Santo. Lisboa: PF, 1990, p. 32.

15. LIPPERT, Márcia Mallmann. *A empresa no Código Civil*: elemento de unificação do direito privado. São Paulo: Revista dos Tribunais, 2003, p. 42.

16. BROSETA PONT, Manuel. *Manual de derecho mercantil.* 10. ed. Madrid: Tecnos, 1994, p. 53-54.

para sua circulação[17]. Em função disso, impõe-se o surgimento de uma nova disciplina especial, de um novo direito destinado a regular esses novos fatos que se apresentam. Só nesse período começa a se desenvolver um direito comercial, essencialmente baseado em costumes, com a formação das corporações de mercadores (Gênova, Florença, Veneza), surgidas em virtude das condições avessas ao desenvolvimento do comércio.

A desorganização do Estado medieval fez com que os comerciantes se unissem para exercitarem mais eficazmente a autodefesa[18]. Era preciso se unir para ter "alguma força" (o poder econômico e militar de tais corporações era tão grande que foi capaz de operar a transição do regime feudal para o regime das monarquias absolutas). "Os (grandes) comerciantes, organizados em corporações, passam a constituir a classe econômica e politicamente dominante."[19]

Nesse primeiro momento, o direito comercial podia ser entendido como o direito dos comerciantes, vale dizer, o direito comercial disciplinava as relações entre os comerciantes. Eram, inicialmente, normas costumeiras, aplicadas por um juiz eleito pelas corporações, o cônsul, e só valiam dentro da própria corporação. Posteriormente, no seio de tais corporações, surgem também normas escritas para a disciplina das relações entre comerciantes. Essas normas escritas, juntamente com os costumes, formaram os chamados estatutos das corporações, fonte primordial do direito comercial em sua origem[20].

A especialidade das normas e a jurisdição especial formada é que permitiram o desenvolvimento do direito mercantil e sua diferenciação do direito comum[21]. Tratava-se de "um direito criado pelos mercadores para regular as suas atividades profissionais e por eles aplicado"[22], vale dizer, a criação pelos próprios mercadores e sua aplicação a estes é que caracterizam a *lex mercatoria*[23]. Não há que se falar, nesse momento, em contribuição doutrinária para a formação do direito comercial[24].

Fala-se aqui em sistema subjetivo, porquanto havia a aplicação do chamado critério corporativo, pelo qual, se o sujeito fosse membro de determinada corporação de ofício, o direito a ser aplicado seria o da corporação, vale dizer, era a matrícula na corporação que atraía o direito costumeiro e a jurisdição consular. Entretanto, não era suficiente o

---

17. AULETTA, Giuseppe; SALANITRO, Nicolò. *Diritto commerciale*. 13. ed. Milano: Giuffrè, 2001, p. VIII.

18. ROCCO, Alfredo. *Princípios de direito comercial*. Tradução de Ricardo Rodrigues Gama. Campinas: LZN, 2003, p. 15.

19. ABREU, Jorge Manuel Coutinho de. *Curso de direito comercial*. Coimbra: Almedina, 1999, v. 1, p. 1.

20. CARVALHO DE MENDONÇA, J. X. *Tratado de direito comercial brasileiro*. Atualizado por Ricardo Negrão. Campinas: Bookseller, 2000, v. 1, p. 69.

21. ASCARELLI, Tullio. *Corso di diritto commerciale*: introduzione e teoria dell'impresa. 3. ed. Milano: Giuffrè, 1962, p. 21.

22. ABREU, Jorge Manuel Coutinho de. *Curso de direito comercial*. Coimbra: Almedina, 1999, v. 1, p. 3.

23. GALGANO, Francesco. Lex mercatoria. Tradução de Erasmo Valladão A. e N. França. *Revista de Direito Mercantil*, n. 29, jan./mar. 2003, p. 224.

24. ROCCO, Alfredo. *Princípios de direito comercial*. Tradução de Ricardo Rodrigues Gama. Campinas: LZN, 2003, p. 18.

critério corporativo, era necessário que a questão também fosse ligada ao exercício do comércio[25]. Tratava-se de um direito eminentemente profissional[26].

Com o aumento do poder econômico da burguesia comercial e, consequentemente, com a difusão de relações com não comerciantes, a jurisdição corporativa estendeu-se e passou a valer também para demandas entre comerciantes e não comerciantes[27]. Nesse momento, a corporação mercantil estende seus poderes para fora de sua esfera corporativa, desenvolvendo o papel do governo da sociedade urbana[28]. Posteriormente, tal direito passa a ser um direito estatal e não mais corporativo, aplicado inicialmente por tribunais especiais e posteriormente pelos tribunais comuns[29].

A extensão da aplicação das normas editadas pelas corporações não muda a natureza do direito comercial, que continua a ser um direito de classe. A aplicação das normas corporativas a quem não pertencia à corporação representa apenas a prevalência de uma classe sobre outras[30]. O *ius mercatorum* representa um direito imposto em nome de uma classe e não em nome da comunidade, como um todo[31].

No Brasil, tal sistema predominou durante o século XVIII e a primeira metade do século XIX, na medida em que as normas editadas em tais períodos se referiam aos homens de negócios, seus privilégios e sua falência. Tal como em sua origem, o direito comercial no Brasil, inicialmente, não passava de um direito de classe.

Em síntese, nesse primeiro momento, o direito comercial se afirma como o direito de uma classe profissional, fruto dos costumes mercantis, e com uma jurisdição própria[32].

2.2 Sistema objetivo

Na Idade Moderna, houve um movimento de centralização monárquica, de modo que os comerciantes deixam de ser os responsáveis pela elaboração do direito comercial, tarefa esta que fica nas mãos do próprio Estado. Passa-se à estatização do direito comercial[33].

Com o passar do tempo, os comerciantes começaram a praticar atos acessórios, que surgiram ligados à atividade comercial, mas logo se tornaram autônomos. O melhor exemplo dessa evolução são os títulos cambiários – documentos que facilitavam a circu-

---

25. FRANCO, Vera Helena de Mello. *Manual de direito comercial*. São Paulo: Revista dos Tribunais, 2001, v. 1, p. 19.

26. ROCCO, Alfredo. *Princípios de direito comercial*. Tradução de Ricardo Rodrigues Gama. Campinas: LZN, 2003, p. 21.

27. FERRI, Giuseppe. *Manuale di diritto commerciale*. 4. ed. Torino: UTET, 1976, p. 6.

28. GALGANO, Francesco. *História do direito comercial*. Tradução de João Espírito Santo. Lisboa: PF, 1990, p. 39.

29. AULETTA, Giuseppe; SALANITRO, Nicolò. *Diritto commerciale*. 13. ed. Milano: Giuffrè, 2001, p. X.

30. FERRI, Giuseppe. *Manuale di diritto commerciale*. 4. ed. Torino: UTET, 1976, p. 6.

31. GALGANO, Francesco. *História do direito comercial*. Tradução de João Espírito Santo. Lisboa: PF, 1990, p. 39.

32. ASCARELLI, Tullio. *Corso di diritto commerciale*: introduzione e teoria dell'impresa. 3. ed. Milano: Giuffrè, 1962, p. 9.

33. ABREU, Jorge Manuel Coutinho de. *Curso de direito comercial*. Coimbra: Almedina, 1999, v. 1, p. 8.

lação de riquezas –, os quais, embora ligados inicialmente à atividade mercantil, posteriormente se difundiram também para relações que não envolviam comerciantes. Diante disso, já não era suficiente a concepção de direito comercial como direito dos comerciantes, impondo-se um novo passo na evolução do direito comercial. É uma necessidade econômica que faz o direito mercantil evoluir.

Com o incremento da atividade mercantil, o crédito passa a ganhar extrema importância, seja o concedido pelo comerciante, seja aquele recebido por este, surgindo a atividade bancária. De outro lado, o crédito passa a ser documentado em títulos que simplificam a circulação de riquezas. Tais atos não são típicos apenas dos comerciantes, mas de boa parte da população. Em função dessa difusão de tais atos, impôs-se uma objetivação do direito comercial, isto é, as normas passam a se aplicar a atos objetivamente considerados e não a pessoas[34].

Dois são os motivos dessa evolução: a necessidade de superar a estrutura corporativa do direito comercial, como direito ligado às pessoas que pertenciam a determinada classe, e a necessidade de aplicar as normas mercantis nas relações entre comerciantes e não comerciantes[35].

O Código Napoleônico de 1807 marca o início dessa nova fase do direito comercial[36], na medida em que acolheu a teoria dos atos de comércio, passando a disciplinar uma série de atos da vida econômica e jurídica, que não eram exclusivos dos comerciantes, mas que necessitavam das mesmas características do direito mercantil: facilidade de prova, prescrição breve, rapidez processual e competência técnica dos juízes[37]. Mas não é a mera disciplina desses atos que nos permite falar numa segunda fase do direito mercantil, mas a extensão da jurisdição comercial a quaisquer pessoas que praticassem tais atos, independentemente da sua qualificação pessoal.

O direito comercial passa a ser o direito dos atos de comércio, praticados por quem quer que seja, independentemente de qualquer qualificação profissional, ou participação em corporações. Tenta-se atingir a principal aspiração do direito mercantil, qual seja, a de disciplinar todos os atos constitutivos da atividade comercial[38].

2.2.1 Os atos de comércio

No Brasil, a concepção objetiva foi acolhida, com as devidas adaptações, por nosso Código Comercial promulgado pela Lei n. 556, de 26 de junho de 1850. Nossa codificação

---

34. ASCARELLI, Tullio. *Corso di diritto commerciale*: introduzione e teoria dell'impresa. 3. ed. Milano: Giuffrè, 1962, p. 59.

35. AULETTA, Giuseppe. L' impresa dal Codice di Commercio del 1882 al Codice Civile del 1942. In: *1882-1982 Cento Anni dal Codice di Commercio*. Milano: Giuffrè, 1984, p. 77.

36. ABREU, Jorge Manuel Coutinho de. *Curso de direito comercial*. Coimbra: Almedina, 1999, v. 1, p. 9.

37. CARVALHO DE MENDONÇA, J. X. *Tratado de direito comercial brasileiro*. Atualizado por Ricardo Negrão. Campinas: Bookseller, 2000, v. 1, p. 76.

38. AULETTA, Giuseppe. L' impresa dal Codice di Commercio del 1882 al Codice Civile del 1942. In: *1882-1982 Cento Anni dal Codice di Commercio*. Milano: Giuffrè, 1984, p. 78.

foi um tanto quanto tímida, disciplinando apenas a atividade profissional dos comerciantes, sem mencionar ou definir os atos de comércio. Todavia, inúmeros dispositivos demonstram sua inspiração pelo sistema objetivo[39].

A ausência de um rol dos atos de comércio não perdurou muito tempo. O Código Comercial dependia de regulamentação, sobretudo no que tange ao aspecto processual. Essa regulamentação veio à tona no mesmo ano de 1850 com o chamado Regulamento 737, de 25 de novembro de 1850, que definia o que era considerado matéria mercantil para fins processuais, nos termos do seu art. 19. Mesmo com a revogação do Regulamento 737 e a extinção dos tribunais do comércio em 1875, a distinção da matéria comercial e civil continuou a ser feita nos termos do Regulamento 737, de 1850.

O art. 19 do Regulamento 737 assim caracterizava os atos de comércio:

> Art. 19. Considera-se mercancia:
>
> § 1º a compra e venda ou troca de efeitos móveis ou para os vender por grosso ou a retalho, na mesma espécie ou manufaturados, ou para alugar o seu uso;
>
> § 2º as operações de câmbio, banco e corretagem;
>
> § 3º as empresas de fábricas, de comissões, de depósitos, de expedição, consignação e transporte de mercadorias, de espetáculos públicos;
>
> § 4º os seguros, fretamentos, risco e quaisquer contratos relativos ao comércio marítimo;
>
> § 5º a armação e expedição de navios.

O conceito de atos de comércio se situa entre brumas, dada não só a dificuldade natural na formulação de um conceito, mas, sobretudo, a fluidez do conceito de matéria do comércio. Vera Helena de Mello Franco[40], admitindo a dificuldade, apresenta-nos o seguinte conceito: "o ato de comércio é o ato jurídico, qualificado pelo fato particular de consubstanciar aqueles destinados à circulação da riqueza mobiliária, e, como tal, conceitualmente voluntário e dirigido a produzir efeitos no âmbito regulado pelo direito comercial".

Esta acepção tem o mérito de abranger todos os atos que vão desde a produção até o consumo, não se limitando à circulação das mercadorias em si. Ademais, tal definição aproxima-se da ideia da empresa, por dar importância ao conjunto de atos, isto é, à atividade, em vez de voltar suas atenções para um ato isoladamente.

Tendo em vista a dificuldade da apreensão da ideia abrangida pelos atos de comércio, foram formuladas diversas classificações com finalidades didáticas. Não sendo mais simples que a formulação de uma definição, a classificação de atos de comércio não obteve uma uniformidade na doutrina.

---

39. COELHO, Fábio Ulhoa. *Curso de direito comercial.* 6. ed. São Paulo: Saraiva, 2002, v. 1, p. 22.

40. FRANCO, Vera Helena de Mello. *Manual de direito comercial.* São Paulo: Revista dos Tribunais, 2001, v. 1, p. 35.

Dentre todas as classificações, há que se atentar àquela elaborada por J. X. Carvalho de Mendonça que prima pela didática, e nos permite ter uma visão um pouco mais clara dos atos de comércio. Carvalho de Mendonça[41] distinguiu três tipos de atos de comércio, quais sejam, os atos de comércio por natureza ou subjetivos, os atos de comércio por dependência ou conexão e os atos de comércio por força ou autoridade de lei.

Os atos de comércio por natureza "são os negócios jurídicos referentes diretamente ao exercício normal da indústria mercantil"[42]. São aqueles atos, nos quais pelo menos uma das partes atua como comerciante, no exercício da profissão. São traços característicos dos atos de comércio por natureza ou subjetivos: a habitualidade, o intuito de lucro e a intermediação[43].

Pela intermediação, uma das partes não pode se encontrar em qualquer das extremidades da cadeia de produção, nem no início, nem no fim desta, não podendo ser produtor nem consumidor. O agente não pode comprar as mercadorias para si, tem que comprá-las para revenda. Na prática de tais atos, deve haver uma intenção de lucrar inerente ao comércio, sob pena de configurar uma atividade gratuita, que foge ao âmbito mercantil. Por fim, é necessário que a prática de tais atos seja habitual, isto é, o agente deve fazer de tais atos sua profissão, e não uma prática esporádica.

A par dos atos de comércio subjetivos, que acabam se confundindo com a concepção subjetiva do direito comercial em seu momento mais evoluído, existem os chamados atos de comércio por dependência ou conexão. Tais atos, a princípio, são civis, todavia, quando praticados no interesse do exercício da profissão mercantil assumem o caráter de ato de comércio[44]. Essencial é a caracterização da finalidade com que tal ato é praticado, sua relação íntima com a atividade comercial. Assim, por exemplo, a compra de uma máquina registradora, de balcões ou vitrines para uma loja.

Fran Martins[45] e Rubens Requião[46] negam a categoria de atos de comércio por conexão como autônoma, na medida em que, enquanto acessórios, fariam parte dos atos de comércio por natureza, pois praticados no exercício da profissão. A nosso ver, a razão está com Carvalho de Mendonça, pois não se pode identificá-los com os atos de comércio subjetivos, na medida em que não se configuram os três elementos necessários (intermediação, habitualidade e intuito de lucro). Ademais, tendo em vista a finalidade da classificação, que é simplificar o entendimento dos atos de comércio, é sempre oportuno diferenciar melhor os vários tipos de atos de comércio.

Por derradeiro, existem os atos de comércio por força ou autoridade de lei, os quais, independentemente de qualquer critério científico, também são considerados atos de comér-

---

41. CARVALHO DE MENDONÇA, J. X. *Tratado de direito comercial brasileiro*. Atualizado por Ricardo Negrão. Campinas: Bookseller, 2000, v. 1, p. 526.

42. Idem, p. 527.

43. MARTINS, Fran. *Curso de direito comercial*. 22. ed. Rio de Janeiro: Forense, 1998, p. 80-81.

44. CARVALHO DE MENDONÇA, J. X. *Tratado de direito comercial brasileiro*. Atualizado por Ricardo Negrão. Campinas: Bookseller, 2000, v. 1, p. 576.

45. MARTINS, Fran. *Curso de direito comercial*. 22. ed. Rio de Janeiro: Forense, 1998, p. 80.

46. REQUIÃO, Rubens. *Curso de direito comercial*. 23. ed. São Paulo: Saraiva, 1998, v. 1, p. 45.

cio. O que lhes dá a qualidade de ato de comércio é a determinação legal – são atos de comércio todos aqueles enumerados pela lei como tais, não admitindo prova em contrário[47]. Assim, temos como exemplos a construção civil e as atividades relacionadas às sociedades anônimas.

2.2.2 A crise do sistema objetivo

Conquanto tenha representado certa evolução, o sistema objetivo sempre foi objeto de duras críticas, as quais foram pouco a pouco ganhando força e levaram à substituição do sistema objetivo.

Manuel Broseta Pont[48] aponta dois problemas fundamentais do sistema objetivo. Em primeiro lugar, é impossível do ponto de vista conceitual abarcar numa unidade os atos ocasionais e aqueles que representam uma atividade profissional e, por isso, exigiriam o tratamento específico. Ademais, o legislador incorreu no equívoco de continuar submetendo ao direito mercantil certas matérias que passaram a ser comuns e não mereciam mais um tratamento especial. Essa segunda crítica também é sufragada por Joaquín Garrigues, que afirma que as expressões *ato de comércio* e *direito comercial* passaram a ser arbitrárias, sem guardar qualquer relação com o comércio[49].

Oscar Barreto Filho, compartilhando a orientação daqueles que criticam o sistema objetivo, afirma que:

> Se compete à lei, em última análise, a definição de comerciante, ou de ato de comércio, e, por conseguinte, da matéria de comércio, conclui-se de modo irresistível que o Direito Mercantil é antes uma categoria legislativa, do que uma categoria lógica[50].

Tais críticas são extremamente procedentes e acabaram inspirando uma nova concepção do direito comercial no mundo. Países como a Itália, em 1942, já adotavam uma nova concepção do direito mercantil, abandonando aquela dos atos de comércio. Mesmo antes do Código italiano, a Alemanha, no Código Comercial de 1897, já modernizava o sistema subjetivo do direito mercantil[51].

Tal tendência chegou ao Brasil e aos poucos se propagou pela nossa legislação, como na edição do Código de Defesa do Consumidor e, mais recentemente, com a edição do Código Civil.

---

47. VIDARI, Ercole. *Compendio di diritto commerciale italiano*. 4. ed. Milano: Ulrico Hoepli, 1910, p. 2.

48. BROSETA PONT, Manuel. *Manual de derecho mercantil*. 10. ed. Madrid: Tecnos, 1994, p. 57.

49. GARRIGUES, Joaquín. *Curso de derecho mercantil*. 7. ed. Bogotá: Temis, 1987, v. 1, p. 12.

50. BARRETO FILHO, Oscar. Pela dignidade do direito mercantil. *Revista de Direito Bancário e do Mercado de Capitais*, ano 2, n. 6, set./dez. 1999, p. 299.

51. REQUIÃO, Rubens. *Curso de direito comercial*. 23. ed. São Paulo: Saraiva, 1998, v. 1, p. 14-15.

2.3 O sistema subjetivo moderno

A crise do sistema objetivo deu origem aos novos contornos do direito mercantil. Desloca-se o centro de atenção do direito comercial, vale dizer, o ato dá lugar à atividade econômica. Unem-se as ideias do ato de comércio e do comerciante numa realidade mais dinâmica, a da atividade econômica, isto é, o conjunto de atos destinados a um fim, a satisfação das necessidades do mercado geral de bens e serviços[52].

Mesmo antes de qualquer positivação de um novo regime, isto é, mesmo na vigência plena do Código Comercial de 1850, já houve um grande movimento no sentido de uma nova concepção do direito comercial no Brasil. Esse movimento foi extremamente influenciado pela nova concepção do direito comercial como direito das empresas, com a unificação do direito das obrigações promovido pelo Código Civil italiano de 1942.

Modernamente, surge uma nova concepção que qualifica o direito comercial como o direito das empresas, orientação maciçamente adotada na doutrina pátria[53], apesar de ainda existir alguma resistência[54]. Nesta fase histórica, o direito comercial reencontra sua justificação não na tutela do comerciante, mas na tutela do crédito e da circulação de bens ou serviços[55], vale dizer, não são protegidos os agentes que exercem atividades econômicas empresariais, mas o conjunto das suas relações[56].

Diz-se sistema subjetivo moderno, porquanto a concepção passa a ser centrada em um sujeito, o empresário (que é aquele que exerce atividade econômica organizada para a produção ou circulação de bens ou serviços para o mercado). Daí falar-se em direito empresarial hoje em dia.

É oportuno ressaltar que toda essa evolução tem um traço de continuidade, uma vez que em todas as fases foram duas as exigências constantes do direito mercantil. A primeira exigência diz respeito à tutela do crédito e a segunda à melhor alocação dos recursos, que se faz presente com a facilitação da circulação dos bens e da conclusão dos negócios[57].

---

52. BARRETO FILHO, Oscar. Pela dignidade do direito mercantil. *Revista de Direito Bancário e do Mercado de Capitais*, ano 2, n. 6, set./dez. 1999, p. 301.

53. REQUIÃO, Rubens. *Curso de direito comercial.* 23. ed. São Paulo: Saraiva, 1998, v. 1, p. 15; FRANCO, Vera Helena de Mello. *Lições de direito comercial.* 2. ed. São Paulo: Maltese, 1995, p. 51; COELHO, Fábio Ulhoa. *Curso de direito comercial.* 6. ed. São Paulo: Saraiva, 2002, v. 1, p. 25; BULGARELLI, Waldirio. *Direito comercial.* 14. ed. São Paulo: Atlas, 1999, p. 17; BARRETO FILHO, Oscar. Pela dignidade do direito mercantil. *Revista de Direito Bancário e do Mercado de Capitais*, ano 2, n. 6, set./dez. 1999, p. 301.

54. MARTINS, Fran. *Curso de direito comercial.* 22. ed. Rio de Janeiro: Forense, 1998, p. 29.

55. AULETTA, Giuseppe. L' impresa dal Codice di Commercio del 1882 al Codice Civile del 1942. In: *1882-1982 Cento Anni dal Codice di Commercio.* Milano: Giuffrè, 1984, p. 81.

56. FORGIONI, Paula A. *A evolução do direito comercial brasileiro*: da mercancia ao mercado. São Paulo: Revista dos Tribunais, 2009, p. 17.

57. AULETTA, Giuseppe. L' impresa dal Codice di Commercio del 1882 al Codice Civile del 1942. In: *1882-1982 Cento Anni dal Codice di Commercio.* Milano: Giuffrè, 1984, p. 75.

2 | O "NOVO" DIREITO COMERCIAL/EMPRESARIAL

1 Conceito do "novo" direito comercial/empresarial

A evolução do que se entende por matéria comercial se vê obviamente nos conceitos de direito comercial que nos são apresentados pela doutrina, desde os mais genéricos aos mais específicos.

Num primeiro momento, Endemann define o direito comercial como "o complexo de normas, que regulam os atos jurídicos do tráfico comercial"[1]. Cesare Vivante nos define o direito comercial como "a parte do direito privado, que tem principalmente por objeto regular as relações jurídicas, que nascem do exercício do comércio"[2]. Na mesma linha, Waldemar Ferreira definia o direito comercial como "o sistema de normas reguladoras das relações entre homens, constituintes do comércio ou dele emergentes"[3]. Georges Ripert definia direito comercial como "a parte do direito privado relativa às operações jurídicas feitas pelos comerciantes, seja entre si, seja com seus clientes"[4].

Diferente não é o raciocínio de Alfredo Rocco, para quem o direito comercial "é o complexo de normas jurídicas que regulam as relações derivadas da indústria comercial"[5]. Similar também é a definição de Giuseppe Valeri, que afirma que o direito é "aquela parte do direito privado, que resulta das normas disciplinadoras das relações entre particulares, consideradas comerciais pelo legislador"[6].

---

1. ENDEMANN, G. *Manuale di diritto commerciale, marittimo, cambiario.* Tradução de Carlo Betocchi ed. Alberto Vighi. Napoli: Jovene, 1897, v. 1, p. 11, tradução livre de "il complesso di quelle norme che regolano gli atti giuridici del traffico commerciale."

2. VIVANTE, Cesare. *Instituições de direito comercial.* Tradução de J. Alves de Sá. 3. ed. São Paulo: Livraria C. Teixeira, 1928, p. 7.

3. FERREIRA, Waldemar. *Tratado de direito comercial.* São Paulo: Saraiva, 1960, v. 1, p. 9.

4. RIPERT, Georges; ROBLOT, René. *Traité élémentaire de droit commercial.* 5 ed. Paris: Librairie Générale de Droit et de Jurisprudence, 1963, v. 1, p. 1, tradução livre de "*la partie du droit privé relative aux opérations juridiques faites par les commerçants, soit entre eux sois avec leurs clients*".

5. ROCCO, Alfredo. *Princípios de direito comercial.* Tradução de Ricardo Rodrigues Gama. Campinas: LZN, 2003, p. 5.

6. VALERI, Giuseppe. *Manuale di diritto commerciale.* Firenze: Casa Editrice Dottore Carlo Cya, 1950, v. 1, p. 4, tradução livre de "*quella branca del diritto privato, che risulta dall'insieme delle norme regolanti i rapporti fra privati considerati commerciali dal legislatore*".

Tal concepção era acertada, mas hoje se mostra extremamente genérica e deixa de abarcar algumas atividades econômicas, como a prestação de serviços, que se difundem e hoje já merecem o mesmo tratamento das atividades comerciais em geral.

J. X. Carvalho de Mendonça, influenciado pela concepção de sua época, afirma que o direito comercial é "a disciplina jurídica reguladora dos atos de comércio e, ao mesmo tempo, dos direitos e obrigações das pessoas que os exercem profissionalmente e dos seus auxiliares"[7]. Conforme ressaltado, tal noção é fruto da orientação, então dominante[8], que dava primazia à figura dos atos de comércio, que não era de fácil compreensão e não conseguia sobreviver às críticas que foram feitas.

Modernamente, formulam-se novos conceitos de direito comercial, tendo como ideia central um conjunto de atos praticados em massa. Especialmente com o Código Civil italiano de 1942 foi renovada toda a estrutura jurídica das atividades econômicas, tomando-se por figura central a empresa[9].

Joaquín Garrigues afirma que o direito comercial é destinado a regular os atos em massa, praticados profissionalmente[10].

Paula Forgioni afirma que o direito comercial seria "o conjunto de regras e princípios jurídicos que regem a organização das empresas e as relações entre empresas no âmbito do mercado"[11].

Giuseppe Ferri, já à luz do Código Civil italiano de 1942, afirma que o direito comercial "constitui o complexo de normas que regulam a organização e o exercício profissional de uma atividade intermediária dirigida à satisfação das necessidades do mercado em geral e consequentemente os atos singulares nos quais essa atividade se concretiza"[12].

É nessa linha que devem ser definidos os contornos do direito empresarial, a partir de um complexo de regras e princípios que disciplina a atividade econômica organizada dirigida à satisfação das necessidades do mercado, e todos os atos nos quais essa atividade se concretiza. À guisa de conclusão, podemos afirmar que o direito comercial é o direito que regula a atividade empresarial e todos os atos que normalmente são praticados no exercício dessa atividade.

---

7. CARVALHO DE MENDONÇA, J. X. *Tratado de direito comercial brasileiro*. Atualizado por Ricardo Negrão. Campinas: Bookseller, 2000, v. 1, p. 24.

8. No mesmo sentido: BORGES, João Eunápio. *Curso de direito comercial terrestre*. 5. ed. Rio de Janeiro: Forense, 1971, v. 1, p. 20.

9. FÉRES, Marcelo Andrade. Empresa e empresário: do Código Civil italiano ao novo Código Civil brasileiro. In: RODRIGUES, Frederico Viana (Coord.). *Direito de empresa no novo Código Civil*. Rio de Janeiro: Forense, 2004, p. 51.

10. GARRIGUES, Joaquín. *Curso de derecho mercantil*. 7. ed. Bogotá: Temis, 1987, v. 1, p. 21.

11. FORGIONI, Paula A. *A evolução do direito comercial brasileiro*: da mercancia ao mercado. São Paulo: Revista dos Tribunais, 2009, p. 17.

12. FERRI, Giuseppe. *Manuale di diritto commerciale*. 4. ed. Torino: UTET, 1976, p. 10, tradução livre de *"complesso di norme che regolano l'organizzazione e l'esercizio professionale di un'attività intermediaria diretta al soddisfacimento dei bisogni del mercato generale e conseguentemente i singoli atti in cui questa attività si concreta"*.

2 Divisão do direito empresarial

Tendo em vista o âmbito de atuação do direito empresarial, não há como se negar certo fragmentarismo, isto é, a existência de um conjunto de normas muito diversificadas, em decorrência da própria diversidade das situações abrangidas. Em função desse fragmentarismo, é frequente na doutrina a apresentação de divisões do direito empresarial.

Goldschmidt propõe uma divisão entre direito comercial público e direito comercial privado[13].

Fran Martins apresenta a divisão clássica do direito comercial – em marítimo e terrestre – e acrescenta o direito aeronáutico[14]. Todavia, o citado autor faz críticas a tal divisão e propõe uma nova[15]:

a) Direito do comerciante ou dos empresários – que abrangeria o estudo dos institutos gerais do direito comercial, como o empresário, individual ou pessoa jurídica (sociedades), e os elementos necessários ao exercício da atividade (estabelecimento, auxiliares), bem como os contratos que realizam no exercício da atividade e as medidas garantidoras dos interesses de terceiros, quando o empresário não cumpre suas obrigações (falência).

b) Direito dos transportes – essa parte regularia o transporte terrestre, marítimo e aéreo, tendo em vista a importância da circulação de bens para a atividade empresarial.

c) Direito creditório – que cuidaria da disciplina dos títulos de crédito, que representam meios eficazes de mobilização de crédito, permitindo o desenvolvimento da atividade empresarial.

Waldirio Bulgarelli[16], por sua vez, apresenta uma classificação mais detalhada do direito comercial:

a) Teoria geral do direito comercial: a parte geral do direito comercial, sua conceituação, sua delimitação.

b) Direito das empresas e das sociedades: abrangendo o estudo do empresário individual ou coletivo.

c) Direito industrial: estuda o estabelecimento comercial e a propriedade industrial.

d) Direito cambiário ou cartular: estuda os títulos de crédito.

e) Direito das obrigações mercantis: compreende o estudo dos contratos mercantis.

---

13. GOLDSCHMIDT, Levin. *Storia universale del diritto commerciale.* Trad. Vittorio Pouchain e Antonio Scialoja. Torino: UTET, 1913, p. 5.

14. MARTINS, Fran. *Curso de direito comercial.* 22. ed. Rio de Janeiro: Forense, 1998, p. 65.

15. Idem, p. 65-66.

16. BULGARELLI, Waldirio. *Direito comercial.* 14. ed. São Paulo: Atlas, 1999, p. 21-22.

f) Direito falimentar: abrangeria o estudo das falências e da recuperação de empresas.

g) Direito de navegação: abrangeria o estudo do transporte por ar ou água.

Todas as divisões têm seu mérito e representam o ponto de vista de seu proponente da forma mais didática. A nosso ver, a divisão mais didática do direito empresarial é a seguinte:

a) Teoria geral do direito empresarial: abrangendo o estudo dos conceitos básicos de empresa, empresário, estabelecimento e todos os seus elementos.

b) Direito societário: abrangendo o estudo das diversas sociedades.

c) Direito cambiário: abrangendo o estudo dos títulos de crédito.

d) Direito falimentar: abrangendo o estudo da falência e dos meios de recuperação empresarial, além das intervenções e liquidações extrajudiciais.

e) Contratos empresariais: abrange o estudo dos contratos interempresariais e os voltados a organização da atividade empresarial.

3 Fontes do direito empresarial

Como vimos, o direito empresarial representa o conjunto de regras que regula a atividade empresarial e os atos singulares que compõem essa atividade. Essas regras que formam o direito empresarial podem advir de várias fontes. As fontes são os diversos modos pelos quais se estabelecem as regras jurídicas.

A individualização das fontes é matéria que não encontra uniformidade na doutrina.

No direito português, Jorge Manoel Coutinho de Abreu identifica como fontes os atos legislativos (leis constitucionais, leis, decretos-leis, decretos legislativos, regulamentos), a jurisprudência, a doutrina e os usos e costumes[17]. Na Espanha, Joaquín Garrigues identifica como fontes do direito comercial as leis, os usos comerciais e ainda as condições gerais de contratação[18]. Georges Ripert e René Roblot identificam como fontes do direito empresarial a lei, os usos, os regulamentos corporativos e os tratados internacionais[19].

Ercole Vidari identificava como fontes principais do direito comercial as leis comerciais, os costumes e o direito civil; e como fontes subsidiárias a analogia, a equidade, a doutrina e a jurisprudência[20]. Giuseppe Valeri apresenta como fontes apenas as leis,

---

17. ABREU, Jorge Manuel Coutinho de. *Curso de direito comercial.* Coimbra: Almedina, 1999, v. 1, p. 25-27.

18. GARRIGUES, Joaquín. *Curso de derecho mercantil.* 7. ed. Bogotá: Temis, 1987, v. 1, p. 109-125.

19. RIPERT, Georges; ROBLOT, René. *Traité élémentaire de droit commercial.* 5. ed. Paris: Librairie Générale de Droit et de Jurisprudence, 1963, v. 1, p. 20-31.

20. VIDARI, Ercole. *Compendio di diritto commerciale italiano.* 4. ed. Milano: Ulrico Hoepli, 1910, p. 7-11.

regulamentos, normas corporativas e os usos comerciais[21]. Alfredo Rocco elenca como fonte apenas a lei[22].

No Brasil, Carvalho de Mendonça identifica como fontes primárias do direito comercial apenas as leis comerciais e como fontes secundárias as leis civis, os usos comerciais e a jurisprudência[23]. De outro lado, João Eunápio Borges restringe as fontes do direito comercial aos costumes e à lei[24]. Waldirio Bulgarelli[25] identifica como fontes primárias do direito comercial as leis comerciais e como fontes secundárias as leis civis, os costumes, a analogia e os princípios gerais de direito. Ricardo Negrão e Sérgio Campinho identificam como fontes do direito empresarial a lei, a analogia, os costumes e os princípios gerais de direito[26].

Considerando que as fontes do direito empresarial são as formas pelas quais se manifestam as regras jurídicas que regulam a atividade empresarial, entendemos que são fontes primárias do direito empresarial as leis e são fontes secundárias os costumes e os princípios gerais de direito.

Jurisprudência e doutrina não são formas de manifestação das regras jurídicas, mas formas de interpretação ou aplicação destas[27]. Nas palavras de Alfredo Rocco, "a atividade dos juristas não tem, na verdade, por fim a criação de novas normas jurídicas, mas o estudo, a interpretação e a aplicação do direito vigente"[28].

Na analogia, se "pesquisa a vontade da lei, para levá-la a hipóteses que a literalidade de seu texto não havia mencionado"[29]. Para lançar mão da analogia é necessário em primeiro lugar que exista uma lacuna. Havendo regra jurídica sobre a situação, não há como se cogitar da analogia. Além da lacuna, para aplicação da analogia, é essencial que exista uma norma aplicável a uma situação semelhante e que a semelhança entre as duas situações seja o motivo da regra existente. A título exemplificativo, poderia haver analogia das regras sobre ferrovias em relação a situações envolvendo os bondes elétricos.

---

21. VALERI, Giuseppe. *Manuale di diritto commerciale.* Firenze: Casa Editrice Dottore Carlo Cya, 1950, v. 1, p. 24-29.

22. ROCCO, Alfredo. *Princípios de direito comercial.* Tradução de Ricardo Rodrigues Gama. Campinas: LZN, 2003, p. 137.

23. CARVALHO DE MENDONÇA, J. X. *Tratado de direito comercial brasileiro.* Atualizado por Ricardo Negrão. Campinas: Bookseller, 2000, v. 1, p. 141-143.

24. BORGES, João Eunápio. *Curso de direito comercial terrestre.* 5. ed. Rio de Janeiro: Forense, 1971, v. 1, p. 76.

25. BULGARELLI, Waldirio. *Direito comercial.* 14. ed. São Paulo: Atlas, 1999, p. 75; BERTOLDI, Marcelo M. *Curso avançado de direito comercial.* São Paulo: Revista dos Tribunais, 2001, v. 1, p. 47.

26. NEGRÃO, Ricardo. *Manual de direito comercial e de empresa.* 3. ed. São Paulo: Saraiva, 2003, v. 1, p. 15; CAMPINHO, Sérgio. *O direito de empresa à luz do novo Código Civil.* 4. ed. Rio de Janeiro: Renovar, 2004, p. 6.

27. GOMES, Orlando. *Introdução ao direito civil.* Atualização e notas de Humberto Theodoro Junior. 15. ed. Rio de Janeiro: Forense, 2000, p. 46.

28. ROCCO, Alfredo. *Princípios de direito comercial.* Tradução de Ricardo Rodrigues Gama. Campinas: LZN, 2003, p. 137.

29. PEREIRA, Caio Mário da Silva. *Instituições de direito civil.* 19. ed. Rio de Janeiro: Forense, 2000, v. 1, p. 47.

CURSO DE DIREITO EMPRESARIAL

Para Caio Mário da Silva Pereira, a analogia é processo lógico que representa verdadeira fonte do direito e não mera fonte de interpretação[30], na medida em que a analogia faz nascer regras de conduta para o caso concreto. Em outras palavras, a analogia daria origem a uma regra a ser aplicada em um caso específico, e por isso seria fonte do direito empresarial também.

Todavia, a nosso ver a analogia não pode ser considerada uma fonte do direito, na medida em que a regra já existe. Quando se usa a analogia, na verdade se está aplicando uma regra já existente a outra situação. Assim, não é a analogia que cria a regra, ela apenas estende a aplicação da regra, não podendo ser considerada uma fonte do direito empresarial.

3.1 A lei

Podemos encarar a lei de duas formas, no sentido formal e no sentido material. Neste sentido, Enneccerus afirma que "lei é uma proposição jurídica ou um conjunto de proposições jurídicas, ditada e publicada pelos órgãos do estado competentes conforme a Constituição"[31]. Já no sentido formal, o mesmo autor afirma que a lei "é toda disposição emanada dos órgãos legislativos do estado na forma que, com base na Constituição, é a regular para legislação"[32].

Seriam fontes do direito as leis em sentido material, vale dizer, aquelas proposições jurídicas que disciplinam a atividade empresarial, e não apenas aquelas em sentido formal, emanadas dos órgãos legislativos. A origem no Poder Legislativo não é suficiente para se identificar uma fonte do direito, é essencial que haja uma proposição jurídica, uma regra de conduta.

Assim, seriam fontes do direito empresarial a Constituição Federal, as leis em sentido estrito, as medidas provisórias, os regulamentos, desde que contenham regras que se apliquem à atividade empresarial. A título exemplificativo, podemos indicar como fontes do direito empresarial o Código Civil, a Lei de Falências, a Lei Uniforme de Genebra sobre Letras de Câmbio e Notas Promissórias, a Lei das Sociedades por Ações, dentre outras.

Não se deve mais falar na distinção entre leis civis e leis comerciais, na medida em que não importa a natureza da lei, mas sim o âmbito de sua aplicação. Se a norma se aplica à atividade empresarial ela é fonte do direito empresarial, não tendo qualquer influência o nome que se dê à lei.

---

30.   PEREIRA, Caio Mário da Silva. *Instituições de direito civil*. 19. ed. Rio de Janeiro: Forense, 2000, v. 1, p. 47.

31.   ENNECCERUS, Ludwig; KIPP, Theodor; WOLFF, Martin. *Tratado de derecho civil*. 2. ed. Traducción: Blas Pérez González y José Alguer. Barcelona: Bosch, 1953, v. 1, p. 136 – tradução livre de "*es una proposición jurídica o un conjunto de proposiciones jurídicas, dictada y publicada por los órganos del Estado competentes conforme la Constitución*".

32.   ENNECCERUS, Ludwig; KIPP, Theodor; WOLFF, Martin. *Tratado de derecho civil*. 2. ed. Traducción: Blas Pérez González y José Alguer. Barcelona: Bosch, 1953, v. 1, p. 136, tradução livre de "*es toda disposición emanada de los órganos legislativos del Estado en la forma que, con arreglo a la Constitución es la regular para la legislación*".

3.2 Costumes

As leis possuem certa estabilidade, inerente ao próprio processo de sua elaboração. Tal estabilidade é muito importante para a própria segurança jurídica dos cidadãos. Todavia, esta estabilidade torna as leis, por vezes, insuficientes à disciplina de todos os fatos que se apresentam. Essa insuficiência deveria implicar a edição de novas leis, o que toma certo tempo na medida em que deve ser obedecido todo o procedimento necessário para o surgimento de uma lei (iniciativa, aprovação, sanção, promulgação, publicação).

No direito empresarial, tal situação se apresenta com bastante frequência, porquanto a empresa é um organismo que se desenvolve todos os dias, criando novos fatos, ou dando novos contornos, novas aplicações aos fatos já existentes[33]. Diante dessas situações, os próprios envolvidos acabam ajustando e padronizando as condutas a serem seguidas, as quais, com o passar do tempo, acabam até adquirindo uma força obrigatória. Estamos falando aqui dos costumes, do direito consuetudinário.

O direito consuetudinário é um direito que não nasce do Estado, daí dizer-se que o costume não é uma fonte formal ou primária do direito[34]. Nas palavras de Enneccerus, o "direito consuetudinário é o direito não estatutário, produzido pela vontade jurídica geral de uma coletividade manifestada normalmente mediante o uso"[35].

O costume, enquanto fonte do direito, é o uso geral constante e notório, observado na convicção de corresponder a uma necessidade jurídica[36]. Não estamos falando dos meros usos, que são as práticas reiteradas e estabilizadas[37], mas dos usos dotados de uma convicção geral de que o uso é necessário. A nosso ver, apenas essa convicção é que torna os costumes fontes do direito, enquanto meras práticas reiteradas não representariam regras de conduta, enquanto não houvesse essa obrigatoriedade[38].

O Código Civil remete determinadas hipóteses aos costumes, demonstrando a condição destes de fontes do direito, na medida em que manifestam regras de conduta. A propósito, veja-se o art. 432 do Código Civil, que considera perfeito o contrato, no qual não seja costume a aceitação expressa se a recusa não chegar a tempo. O art. 569, II, do mesmo Código, reconhece que o locatário possa pagar os alugueres, segundo o costume do lugar se não houver ajuste. No art. 615 do Código Civil, prevê-se a obrigação do

---

33. VIDARI, Ercole. *Compendio di diritto commerciale italiano*. 4. ed. Milano: Ulrico Hoepli, 1910, p. 9.

34. BORGES, João Eunápio. *Curso de direito comercial terrestre*. 5. ed. Rio de Janeiro: Forense, 1971, v. 1, p. 77.

35. ENNECCERUS, Ludwig; KIPP, Theodor; WOLFF, Martin. *Tratado de derecho civil*. 2. ed. Traducción: Blas Pérez González y José Alguer. Barcelona: Bosch, 1953, v. 1, p. 145, tradução livre de "*derecho consuetudinario es el derecho no estatutario, producido por la voluntad jurídica general de una coletividad manifestada normalmente mediante el uso*".

36. GOMES, Orlando. *Introdução ao direito civil*. Atualização e notas de Humberto Theodoro Júnior. 15. ed. Rio de Janeiro: Forense, 2000, p. 42.

37. ABREU, Jorge Manuel Coutinho de. *Curso de direito comercial*. Coimbra: Almedina, 1999, v. 1, p. 27.

38. BROSETA PONT, Manuel. *Manual de derecho mercantil*. 10. ed. Madrid: Tecnos, 1994, p. 69.

recebimento de obra contratada por empreitada executada segundo os costumes do lugar, ou segundo o ajuste.

No art. 596, permite-se a fixação da remuneração da prestação de serviços, segundo o costume do lugar. Em relação ao mesmo contrato, o art. 597 menciona que o pagamento da prestação de serviços poderá ser adiantado ou em parcelas, conforme o costume. O art. 599 também fala sobre a resolução do contrato de prestação de serviços segundo o costume do lugar, não havendo estipulação de prazo.

Conquanto se reconheça o costume como fonte de direito, é certo que não se pode negar que o costume não tem a mesma hierarquia e a mesma importância da lei. Esta é realmente a fonte primária do direito, devendo-se recorrer aos costumes apenas na ausência de lei. O costume não pode prevalecer contra a lei, não se devem admitir os costumes *contra legem*. A proliferação, cada vez maior, de leis faz com que os costumes venham perdendo importância.

No Brasil, o Decreto n. 1.800/96 prevê que as juntas comerciais devem fazer os assentamentos dos usos e práticas mercantis. Esses assentamentos podem ser promovidos de ofício, a requerimento da Procuradoria da Junta Comercial ou, ainda, a requerimento das entidades de classe interessadas. Feito o assentamento a prova dos costumes é mais simples, facilitando sua aplicação pelos juízes aos casos concretos.

3.3 *Princípios gerais de direito*

Os princípios gerais de direito representam a orientação geral de todo o ordenamento jurídico. Eles são "a abstração lógica daquilo que constitui o substrato comum das diversas normas positivas"[39]. Na condição de bases das normas positivas, é certo que há uma tendência na positivação dos princípios gerais, como ocorreu com o princípio da vedação do enriquecimento ilícito (art. 884 do Código Civil).

Como bem observa Goffredo Telles Júnior[40], os princípios gerais de direito são normas e são fontes de normas, vale dizer, são regras que se aplicam e são fontes que dão origem às regras de conduta. Nessa situação, não podemos negar aos princípios a condição de fontes do direito empresarial. A natureza de normas implícitas, que lhes é atribuída por Alfredo Rocco[41], a nosso ver não impede a sua configuração como fontes do direito.

---

39. PEREIRA, Caio Mário da Silva. *Instituições de direito civil*. 19. ed. Rio de Janeiro: Forense, 2000, v. 1, p. 49.

40. TELLES JÚNIOR, Goffredo. *Iniciação na ciência do direito*. São Paulo: Saraiva, 2001, p. 108.

41. ROCCO, Alfredo. *Princípios de direito comercial*. Tradução de Ricardo Rodrigues Gama. Campinas: LZN, 2003, p. 139.

3 AUTONOMIA DO DIREITO EMPRESARIAL

1 Direito privado

Onde quer que se encontre um agrupamento social, sempre está presente o fenômeno jurídico. O direito é o princípio de adequação do homem à vida social. Para a vida em sociedade é imprescindível a existência de uma força que contenha a tendência à expansão individual e egoísta do homem. Há e sempre houve normas, regras de conduta, pautando a atuação do indivíduo nas relações com outras pessoas. Quando tais regras de conduta disciplinarem uma relação baseada na igualdade das partes, estaremos diante do chamado direito privado, e nas relações nas quais houver a atuação do Estado com poder soberano, haverá a aplicação do direito público.

Karl Larenz afirma que o direito privado é "aquela parte do ordenamento jurídico que regula as relações dos particulares entre si, com base na sua igualdade jurídica e sua autodeterminação (autonomia privada)"[1]. Pietro Trimarchi tem um modo similar de entender o direito privado, afirmando que ele "regula as relações recíprocas dos indivíduos, seja no campo pessoal e familiar, seja naquele patrimonial"[2]. Francesco Ferrara concebe o direito privado a partir do conceito de direito público, afirmando que este regula as relações dos entes públicos como tais, isto é, quando estes atuam com poder de império[3], e o que não se enquadra no direito público está na órbita do direito privado.

A partir destas lições, sem olvidar a existência de outros critérios, podemos afirmar, sem maiores ambições, dada a complexidade do tema, que o direito privado é o ramo do direito que disciplina relações, pautadas por uma igualdade jurídica. Se a relação é estabelecida entre particulares, ou entre particulares e o Estado ou outros entes públicos, sem que o Estado atue com poder de império, haverá aplicação do direito privado. Quando na relação jurídica os sujeitos atuam com vestes de particular[4], sem qualquer poder superior, estaremos diante do direito privado.

---

1. LARENZ, Karl. *Derecho civil*: parte general. Traducción y notas de Miguel Izquierdo y Macías-Picavea. Madrid: Editoriales de Derecho Reunidas, 1978, p. 1, tradução livre de "*aquella parte del ordenamiento jurídico que regula las relaciones de los particulares entre sí con base en su igualdad jurídica y su autodeterminación (autonomía privada)*".

2. TRIMARCHI, Pietro. *Istituzioni di diritto privato*. 12. ed. Milano: Giuffrè, 1998, p. 24.

3. FERRARA, Francesco. *Trattato di diritto civile italiano*. Roma: Athenaeum, 1921, p. 76.

4. PINTO, Carlos Alberto da Mota. *Teoria geral do direito civil*. 3. ed. Coimbra: Almedina, 1999, p. 29.

2 Dicotomia do direito privado

Como é intuitivo, o direito privado é tão antigo quanto a vida em sociedade, pois sem ele a convivência entre os indivíduos seria impossível. Apesar disso, o direito privado só se desenvolveu fundamentalmente durante o império romano, no qual se formaram os principais institutos do direito privado, existentes até hoje. Nessa fase, não se pode dizer que havia uma dicotomia do direito privado, uma vez que apenas na Idade Média começa a se desenvolver o chamado direito comercial. Até então, o direito privado era um sinônimo do direito civil, o que gera a afirmação de que o direito civil é o direito privado geral ou comum[5].

Apenas na Idade Média, com uma grande imigração do campo, formando-se cidades como centros de consumo, de troca e de produção industrial, surgem ou se acentuam necessidades específicas de determinados grupos, impondo regras especiais. A partir do desenvolvimento da atividade, começam a aparecer, dentro do direito privado, normas especiais que formam o direito comercial, chamado, por isso, direito privado especial, em contraposição ao direito civil (direito privado geral).

A fim de definir o âmbito do direito civil, Clóvis Beviláqua afirma que ele é o "complexo de normas jurídicas relativas às pessoas, na sua constituição geral e comum, nas suas relações recíprocas de família, em face dos bens considerados em seu valor de uso"[6]. O direito civil disciplina, portanto, a pessoa, na sua existência e atividade, sua família e seu patrimônio[7], tendo um objeto vastíssimo.

De outro lado, o direito comercial teria um objeto mais específico e se voltaria à disciplina das relações jurídicas decorrentes do exercício de uma atividade econômica com determinadas características, a empresa. Haveria uma especialidade dentro do direito mercantil, ele se destinaria a disciplinar relações mais específicas. Ele se autonomiza porque pode ser mais rapidamente transformado e corrigido, atendendo às exigências do tráfego comercial[8].

A unidade da vida econômica moderna não permite uma disciplina única, por isso há a dicotomia direito civil e direito comercial. Há uma oposição entre os atos de conservação ou gozo dos bens e os atos de produção e de circulação, vale dizer, deve haver um tratamento distinto entre os bens tratados como objeto de propriedade ou de consumo e os bens empregados em um processo produtivo[9]. O direito civil é um direito da produção e do consumo de bens no seu valor de uso, já o direito comercial disciplina a circulação de bens[10].

---

5. PINTO, Carlos Alberto da Mota. *Teoria geral do direito civil*. 3. ed. Coimbra: Almedina, 1999, p. 34.

6. BEVILÁQUA, Clóvis. *Theoria geral do direito civil*. Campinas: RED, 1999, p. 75.

7. AMARAL, Francisco. *Direito civil*: introdução. 3. ed. Rio de Janeiro: Renovar, 2000, p. 105.

8. GALGANO, Francesco. *História do direito comercial*. Tradução de João Espírito Santo. Lisboa: PF, 1990, p. 12.

9. FRANCESCHELLI, Remo. *Corso di diritto commerciale*. Milano: Giuffrè, 1944, p. 13.

10. AMARAL, Francisco. *Direito civil*: introdução. 3. ed. Rio de Janeiro: Renovar, 2000, p. 133.

3 Autonomia do direito empresarial

O direito comercial surgiu de uma necessidade histórica, a necessidade de determinada classe (os comerciantes), de uma disciplina própria da atividade que lhes era peculiar. Esse direito corporativo se desenvolveu profundamente, de modo que seus institutos passaram a dizer respeito não apenas aos comerciantes, mas também a outros cidadãos. Essa intromissão da matéria mercantil no dia a dia das pessoas põe em cheque sua própria autonomia em face do direito civil, o que se torna mais atual no Brasil com o advento do Código Civil, que no Livro II da Parte Especial trata do chamado Direito de Empresa.

Em relação aos diversos ramos do direito, a autonomia pode ser encarada primordialmente sob dois aspectos: a autonomia formal ou legislativa e a autonomia substancial ou jurídica.

A autonomia formal ou legislativa existe quando há um corpo próprio de normas destacado do direito comum[11]. Assim, sob esse aspecto, o direito comercial possuiria autonomia se houvesse um Código próprio. Na Inglaterra, nos Estados Unidos, na Suíça (1881) e na Itália (1942) tal autonomia não existe. No Brasil, com o advento do Código Civil, pode-se falar que tal autonomia diminuiu, mas não que deixou de existir completamente, pois ainda existe uma parte do Código Comercial que continua em vigor.

A questão da autonomia formal é destituída de qualquer interesse científico. O que interessa primordialmente é a definição acerca da autonomia substancial do direito mercantil/empresarial. Assim, surgem questionamentos: o direito mercantil é um ramo autônomo do direito privado? Ele possui institutos e princípios próprios e específicos?

A resposta a tal indagação é objeto de grandes debates na doutrina nacional e estrangeira, sem que se possa afirmar que se tenha chegado a uma resposta pacífica. É oportuno ressaltar que a ausência de autonomia formal não é determinante para a definição sobre a autonomia material do direito mercantil[12].

Inicialmente, o direito comercial/empresarial surgiu como um ramo autônomo do direito privado, com características próprias decorrentes essencialmente do corporativismo que lhe era inerente. Com a evolução do direito empresarial, o corporativismo já não se fazia tão presente e, por isso, surgiram discussões sobre a autonomia do direito empresarial. Passa a haver uma controvérsia doutrinária sobre a autonomia do direito empresarial.

Um momento marcante na controvérsia sobre a autonomia do direito comercial foi a aula inaugural proferida por Cesare Vivante na Universidade de Bolonha em 1892. O maior comercialista moderno atacou a divisão do direito privado, afirmando que não se

---

11. BORGES, João Eunápio. *Curso de direito comercial terrestre*. 5. ed. Rio de Janeiro: Forense, 1971, v. 1, p. 78-79.

12. VALERI, Giuseppe. *Manuale di diritto commerciale*. Firenze: Casa Editrice Dottore Carlo Cya, 1950, v. 1, p. 8.

justificava um tratamento autônomo do direito mercantil. Embora essa não tenha sido a primeira manifestação no sentido da unificação do direito privado, ela foi a que teve maiores repercussões, tendo em vista, sobretudo, a autoridade do autor da referida aula.

Tais afirmações causaram grande espanto no mundo jurídico, sobretudo por seu autor, uma vez que antes da exposição de Vivante, o nosso Teixeira de Freitas já havia elaborado a consolidação das leis civis, que já adotava a unificação. Apesar do grande impacto gerado, as declarações de Vivante não receberam aceitação irrestrita, havendo uma grande oposição, que mantinha a opinião da autonomia do direito mercantil. Posteriormente, o próprio Vivante se retratou e reconheceu a autonomia do direito comercial.

No Brasil, a discussão a respeito da autonomia do direito mercantil já perdura há muito tempo. Teixeira de Freitas, ao elaborar a consolidação das leis civis em 1875, reuniu num só corpo as regras atinentes ao direito comercial e ao direito civil. Mesmo com a rejeição da proposta de Teixeira de Freitas, novas ideias no sentido da unificação se desenvolveram no país.

Em 1912, Inglez de Souza elaborou um projeto de Código Comercial e, ao mesmo tempo, preparou um projeto de emendas destinadas a transformar aquele projeto em um Código de Direito Privado. Em 1941, o anteprojeto de Código de Obrigações, elaborado por Orozimbo Nonato, Philadelpho Azevedo e Hahnemann Guimarães, também pretendeu unificar a disciplina das obrigações.

Vale a pena destacar separadamente as duas opiniões sobre a autonomia do direito empresarial.

3.1 Opinião contrária à autonomia

Dentre os que se manifestaram contra a autonomia do direito comercial, merece especial atenção a manifestação de Cesare Vivante. Apesar da sua retratação posterior em 1919, os argumentos lançados tiveram muitos adeptos. Também merece destaque a opinião de Philomeno José da Costa que, no Brasil, é sem dúvida o maior crítico da autonomia.

Cesare Vivante sustentou, em síntese, que na vida moderna há certa uniformidade nas obrigações, o que não justificaria dois tratamentos, um pelo direito civil e outro pelo direito comercial. Corroborando tal argumento, apresenta a experiência suíça e a experiência da *common law*[13].

Assevera Vivante que as normas comerciais foram criadas pelos comerciantes para defesa dos seus próprios interesses. Assim, a submissão de não comerciantes ao direito comercial seria injusta, pois as leis mercantis são obra de uma classe infinitamente menos numerosa do que a dos cidadãos em geral[14]. A manutenção da autonomia só se justificaria se o interesse maior da comunidade fosse a prosperidade dos comerciantes.

---

13. VIVANTE, Cesare. *Trattato di diritto commerciale*. 5. ed. Milano: Casa Editrice Dottore Francesco Vallardi, 1922, v. 1, p. 8.

14. VIVANTE, Cesare. *Trattato di diritto commerciale*. 5. ed. Milano: Casa Editrice Dottore Francesco Vallardi, 1922, v. 1, p. 12.

Afirmou ainda que a divisão do direito privado era perniciosa ao progresso da ciência[15], e que a divisão seria nociva ao exercício da justiça, dada a dificuldade da própria definição da matéria mercantil. Haveria controvérsias para se definir se a matéria é mercantil ou civil e isso não colaboraria para a boa aplicação do direito[16].

Alega ainda que a faculdade de se atribuir caráter comercial aos atos que não figuram na lista dos atos de comércio gera certa insegurança, na medida em que a natureza mercantil gera efeitos de outra órbita[17]. Além disso, a existência de dois códigos dificultaria a aplicação, quando existissem disposições em ambos sobre o mesmo instituto[18].

Francesco Ferrara Junior também nega a autonomia do direito comercial, reconhecendo apenas uma autonomia didática[19]. Para ele não existiriam princípios próprios e diferentes daqueles que regem o direito privado como um todo; as normas mercantis seriam parte do sistema geral do direito privado, caracterizando-se como normas especiais e não como um ramo autônomo do direito[20].

No Brasil, Philomeno José da Costa[21] também nega a autonomia do direito comercial, trazendo vários argumentos. Afirma que o direito comercial surgiu de um processo histórico e que os motivos históricos para o seu surgimento desapareceram. Alega ainda que as funções dos costumes, o cunho progressista e o caráter internacional do direito comercial não são motivos suficientes para reconhecer sua autonomia. Assevera, também, que há uma unidade na vida econômica não havendo motivos para um tratamento peculiar ao direito comercial, nem a sobrevivência de alguns institutos peculiares seria suficiente para tanto.

O mesmo autor afirma que a redução do direito comercial ao direito empresarial não daria uma solidez suficiente para o reconhecimento de uma eventual autonomia deste ramo do direito. Alega também que a intervenção estatal não seria peculiar ao âmbito do direito comercial, sendo cada vez mais comum. Diz também que a apropriação de riquezas seria um fato econômico que se faz independentemente da dicotomia do direito privado.

Por fim, ele alega que as peculiaridades atribuídas ao direito comercial não lhe são privativas, sendo comuns a outros ramos do direito. Afirma também que a unificação do Código é que ensejaria benefícios notáveis para o direito, ao contrário da dualidade propugnada por aqueles que defendem a autonomia do direito comercial. Mais recen-

---

15. Idem, p. 17.

16. Idem, p. 15-16.

17. Idem, p. 16.

18. Idem, p. 17.

19. FERRARA JUNIOR, Francesco; CORSI, Francesco. *Gli imprenditori e le società*. 11. ed. Milano: Giuffrè, 1999, p. 18-19.

20. Idem, p. 19.

21. COSTA, Philomento J. da. *Autonomia do direito comercial*. São Paulo: Revista dos Tribunais, 1956.

26 CURSO DE DIREITO EMPRESARIAL

temente, Gladston Mamede assevera que com o Código Civil houve uma unificação das matérias[22].

3.2 Opinião favorável à autonomia do direito comercial

A manifestação de Vivante, em sua aula inaugural em 1892, gerou uma série de reações, já naquele momento, em defesa da autonomia do direito comercial. Posteriormente, o próprio Vivante se retrata e reconhece a autonomia do direito comercial, opinião que hoje pode ser tida como majoritária[23].

Alfredo Rocco assevera que a preponderância, no direito comercial, de normas que defendam os interesses dos comerciantes não tem qualquer influência na autonomia do direito comercial. Qualquer classe social ou profissional, que tenha condições, influi na formação de regras em seu interesse, e isso representa apenas um fenômeno social necessário[24]. A influência dos comerciantes não decorre da autonomia do direito comercial, mas do seu poder sobre a opinião pública e os poderes do Estado.

Do mesmo modo, não teria qualquer influência a dificuldade de definição dos limites entre o direito comercial e o direito civil, na medida em que o problema dos limites é uma constante dentro do direito[25]. Também não influiria na autonomia do direito comercial a questão das deficiências científicas, na medida em que estas não decorreriam da dualidade do direito privado[26].

Além de refutar os argumentos dos críticos da autonomia, Alfredo Rocco afirma a autonomia mesmo à luz da vida econômica moderna, asseverando que a atividade comercial reclama do direito uma maior simplicidade de formas e uma mais eficaz tutela do crédito[27]. Não há como negar que as exigências da vida econômica moderna

---

22.   MAMEDE, Gladston. *Direito empresarial brasileiro*. São Paulo: Atlas, 2004, v. 1, p. 33.

23.   VALERI, Giuseppe. *Manuale di diritto commerciale*. Firenze: Casa Editrice Dottore Carlo Cya, 1950, v. 1, p. 11; ASCARELLI, Tullio. *Corso di diritto commerciale*: introduzione e teoria dell'impresa. 3. ed. Milano: Giuffrè, 1962, p. 142; FERRI, Giuseppe. *Manuale di diritto commerciale*. 4. ed. Torino: UTET, 1976, p. 12; FRANSCES-CHELLI, Remo. *Corso di diritto commerciale*. Milano: Giuffrè, 1944, p. 15; AMARAL, Francisco. *Direito civil*: introdução. 3. ed. Rio de Janeiro: Renovar, 2000, p. 136; PEREIRA, Caio Mário da Silva. *Instituições de direito civil*. 19. ed. Rio de Janeiro: Forense, 2000, v. 1, p. 18; BERTOLDI, Marcelo M. *Curso avançado de direito comercial*. São Paulo: Revista dos Tribunais, 2001, v. 1, p. 39; COELHO, Fábio Ulhoa. *Curso de direito comercial*. 6. ed. São Paulo: Saraiva, 2002, v. 1, p. 28; FRANCO, Vera Helena de Mello. *Manual de direito comercial*. São Paulo: Revista dos Tribunais, 2001, v. 1, p. 30; ABREU, Jorge Manuel Coutinho de. *Curso de direito comercial*. Coimbra: Almedina, 1999, v. 1, p. 24; MARTINS, Fran. *Curso de direito comercial*. 22. ed. Rio de Janeiro: Forense, 1998, p. 35; MIGUEL, Paula Castello. *Contratos entre empresas*. São Paulo: Revista dos Tribunais, 2006, p. 66-67; HAMEL, J.; LAGARDE, G.; JAUFFRET, A. *Droit commercial*. 2. ed. Paris: Dalloz, 1980, v. 1, tome 1, p. 13.

24.   ROCCO, Alfredo. *Princípios de direito comercial*. Tradução de Ricardo Rodrigues Gama. Campinas: LZN, 2003, p. 76-77.

25.   Idem, p. 77-78.

26.   Idem, p. 78.

27.   ROCCO, Alfredo. *Princípios de direito comercial*. Tradução de Ricardo Rodrigues Gama. Campinas: LZN, 2003, p. 80.

são muito diferentes daquelas do período do surgimento do direito comercial, havendo indiscutivelmente um alargamento da esfera de ação do direito comercial. Todavia, esse alargamento representa apenas que as exigências do direito comercial se estenderam a outras relações econômicas, sem que isso afetasse a autonomia do direito comercial.

O próprio Vivante, encarregado da elaboração de um Código de Comércio, retratou-se de sua manifestação anterior, passando a reconhecer a autonomia do direito comercial[28]. Nessa retratação, ele reconhece, em primeiro lugar, que o método do direito comercial é indutivo, prevalecendo o estudo empírico de fenômenos técnicos. Além disso, reconhece a natureza cosmopolita do direito comercial, afirmando a tendência de criação de um único mercado mundial, em substituição a mercados locais.

Em reforço a essa autonomia, assevera Vivante que a regulamentação dos negócios a distância, dos negócios em massa e a disciplina dos títulos de crédito só poderiam ser feitas dentro do direito comercial, na medida em que o direito civil não seria suficiente para tutelar os interesses em jogo[29].

Remo Fransceschelli e Giuseppe Ferri defendem a autonomia, asseverando que, apesar da unidade da vida econômica moderna, ainda há uma nítida contraposição entre a atividade de conservação e gozo de bens e atividade de produção e de troca de bens[30]. "Ontologicamente o bem é sempre o mesmo. Mas a sua destinação de fato a um processo produtivo muda nitidamente a função, o valor, o relevo, a importância social."[31]

No Brasil, Oscar Barreto Filho defende a autonomia do direito mercantil em função da especialidade do fenômeno econômico regulado[32]. Waldirio Bulgarelli também defende a autonomia, invocando a existência de institutos peculiares à vida comercial, os quais não podem ser regidos pelo direito comum[33].

A divisão do direito privado se deu em virtude da necessidade de uma regulamentação especial da matéria mercantil, tendo em vista que as características peculiares ao direito civil não se prestavam a atender os fins ligados especificamente ao direito comercial[34]. Lyon-Caen e Renault[35] apontam três motivos para a necessidade dessa distinção:

---

28. VIVANTE, Cesare. *Trattato di diritto commerciale*. 5. ed. Milano: Casa Editrice Dottore Francesco Vallardi, 1922, v. 1, introdução.

29. Idem, ibidem.

30. FRANSCESCHELLI, Remo. *Dal vecchio al nuovo diritto commerciale*. Milano: Giuffrè, 1970, p. 71-72; FERRI, Giuseppe. *Manuale di diritto commerciale*. 4. ed. Torino: UTET, 1976, p. 13.

31. FRANSCESCHELLI, Remo. *Dal vecchio al nuovo diritto commerciale*, p. 72, tradução livre de "*Ontologicamente il bene è pur sempre lo stesso. Ma la sua destinazione in atto ad un processo produttivo ne muta nettamente la funzione, il valore, il rilievo, l'importanza sociale*".

32. BARRETO FILHO, Oscar. A dignidade do direito mercantil. *Revista de Direito Bancário e do Mercado de Capitais*, ano 2, n. 6, set./dez. 1999, p. 301.

33. BULGARELLI, Waldirio. *Direito comercial*. 14. ed. São Paulo: Atlas, 1999, p. 56.

34. ENDEMANN, G. *Manuale di diritto commerciale, marittimo, cambiario*. Tradução de Carlo Betocchi ed Alberto Vighi. Napoli: Jovene, 1897, v. 1, p. 89-91.

35. LYON-CAEN, Ch.; RENAULT, L. *Manuel du droit commercial*. 10. ed. Paris: Librairie Générale du Droit et de Jurisprudence, 1910, p. 3-4.

há instituições públicas ou privadas que são típicas do comércio, como as bolsas, os bancos e os armazéns gerais; as operações comerciais se realizam em massa e envolvem grandes valores com frequência; e a importância do cumprimento das obrigações. Hamel, Lagarde e Jauffret também asseveram três motivos para a existência de um direito comercial autônomo: a necessidade do reforço do crédito, a rapidez das operações comerciais e a necessidade de publicidade[36].

A especificidade do direito empresarial repousa basicamente em três pilares: a rapidez; a segurança; e o crédito[37]. Ele exige um reforço ao crédito, uma disciplina mais célere dos negócios, a tutela da boa-fé e a simplificação da movimentação de valores[38], tendo em vista a realização de negócios em massa.

Em função disso, não podemos negar a autonomia do direito empresarial, o qual possui princípios e características próprias, além de possuir um método próprio e de ser vasto o suficiente para merecer um estudo adequado e particular.

4 A autonomia do direito empresarial: método, princípios e objeto próprio

Ao contrário do direito civil, o direito empresarial usa o método indutivo[39], isto é, conclui-se a regra com base nos fatos. Esse método reforça a ideia da autonomia do direito empresarial, porquanto se ele não fosse um ramo autônomo do direito privado, ele deveria usar o método dedutivo do direito civil.

Além do método próprio, o direito empresarial possui princípios próprios. Vittorio Salandra[40] destaca como princípios próprios do direito comercial a onerosidade, a facilidade de formação e extinção das obrigações, a pontualidade, entendida como a proteção do crédito, e, por fim, a facilidade de transmissão das obrigações, muito vista nos títulos de crédito.

Oscar Barreto Filho, ao estudar a atividade negocial, afirma que o direito mercantil é dotado de princípios próprios, que decorrem de exigências econômicas[41]. Ele destaca a necessidade de distinção entre propriedade estática (sobre os bens de gozo ou consumo)

---

36. HAMEL, J.; LAGARDE, G.; JAUFFRET, A. *Droit commercial*. 2. ed. Paris: Dalloz, 1980, v. 1, tome 1, p. 9-11.

37. REINHARD, Yves; CHAZAL, Jean-Pascal. *Droit commercial*. 6. ed. Paris: Litec, 2001, p. 27.

38. PINTO, Carlos Alberto da Mota. *Teoria geral do direito civil*. 3. ed. Coimbra: Almedina, 1999, p. 37; VALERI, Giuseppe. *Manuale di diritto commerciale*. Firenze: Casa Editrice Dottore Carlo Cya, 1950, v. 1, p. 4.

39. FORGIONI, Paula A. *A evolução do direito comercial brasileiro*: da mercancia ao mercado. São Paulo: Revista dos Tribunais, 2009, p. 106.

40. SALANDRA, Vittorio. *Curso de derecho mercantil*. Tradução de Jorge Barrera Graf. México: Jus, 1949, p. 10.

41. BARRETO FILHO, Oscar. O projeto de Código Civil e as normas sobre a atividade negocial. *Revista de Direito Bancário, do Mercado de Capitais e da Arbitragem*, São Paulo, ano 4, n. 13, jul./set. 2001, p. 260.

e a propriedade dinâmica ou empresarial sobre os instrumentos de produção. Também se destaca a necessidade de circulação dos bens e sua facilitação, sobretudo com os títulos de crédito.

Outro princípio peculiar ao direito mercantil seria a proteção à aparência ou forma externa do ato, resguardando interesses dos terceiros de boa-fé. O mesmo autor ainda se refere à necessidade de regulamentação uniforme dos negócios característicos da economia de massa, bem como à uniformização internacional das técnicas negociais. Por fim, merece menção a repartição social dos riscos e responsabilidades pela instituição de seguros[42].

Rubens Requião também reconhece características próprias no direito mercantil nacional, quais sejam, o cosmopolitismo, o individualismo, a informalidade, a onerosidade e o fragmentarismo[43]. Waldirio Bulgarelli afirma como princípios essenciais do direito comercial o sentido dinâmico da propriedade dos bens, a proteção à aparência e a tendência uniformizadora no âmbito nacional e internacional das regras de disciplina das matérias[44].

Haroldo Malheiros Duclerc Verçosa indica como princípios: o cosmopolitismo, a onerosidade, o informalismo e a simplicidade, a elasticidade, a uniformização, a proteção da aparência e o fragmentarismo[45]. Fran Martins, por sua vez, indica como princípios: a simplicidade, a internacionalidade, a rapidez, a elasticidade e a onerosidade[46].

Fabio Ulhoa Coelho enumera os seguintes princípios, como princípios gerais do direito empresarial: livre iniciativa; liberdade de concorrência; função social da empresa; preservação da empresa; autonomia patrimonial da sociedade empresária; e legalidade[47].

Não há como se negar a existência dos princípios próprios do direito empresarial, os quais, para nós, são:

a) a simplicidade das formas;

b) a onerosidade;

c) a proteção ao crédito;

d) o cosmopolitismo.

A simplicidade das formas é inerente ao direito empresarial, tanto na formação, como na extinção de relações jurídicas, tendo em vista o seu âmbito de atuação. Ora, a veloci-

---

42. Idem, ibidem.

43. REQUIÃO, Rubens. *Curso de direito comercial*. 23. ed. São Paulo: Saraiva, 1998, v. 1, p. 31.

44. BULGARELLI, Waldirio. *Direito comercial*. 14. ed. São Paulo: Atlas, 1999, p. 58-59.

45. VERÇOSA, Haroldo Malheiros Duclerc. *Curso de direito comercial*. São Paulo: Malheiros, 2004, v. 1, p. 68-69.

46. MARTINS, Fran. *Curso de direito comercial*. 22. ed. Rio de Janeiro: Forense, 1998, p. 36-37.

47. COELHO, Fabio Ulhoa. *Curso de direito comercial*. 20. ed. São Paulo: Saraiva, 2016, v. 1, p. 66-79.

dade das relações econômicas modernas não permite que o formalismo esteja presente nas relações de massa, que são a maioria no âmbito do direito empresarial. A velocidade da economia moderna impõe uma disciplina mais célere dos negócios, com a proteção da boa-fé. As formas devem ser mais simples, de modo a atender às necessidades da atividade empresarial.

Dentro desse princípio, vemos a representação de mercadorias por títulos, a negociação simplificada desses títulos e, por conseguinte, dos bens representados por esses documentos[48]. Além disso, vemos na formação de relações, envolvendo vários interessados, a prevalência da vontade da maioria[49] – como, por exemplo, nas sociedades e até na falência – e a constituição de representantes para defender interesses comuns (por exemplo: agente fiduciário dos debenturistas).

Além disso, o fim último do direito comercial é o lucro, daí falar-se na sua onerosidade. Ela é a regra e se presume nas relações empresariais. O empresário, por via de regra, age movido por um fim de lucro, daí falar-se também em individualismo. Todavia, modernamente, esse individualismo vem sofrendo atenuações, com a intervenção estatal e a consagração de uma nova mentalidade. A empresa deve ser exercida para atender não apenas aos interesses do controlador, mas também aos dos seus colaboradores e da comunidade que consome os seus produtos[50].

Há ainda a proteção do crédito como princípio específico do direito empresarial. O crédito é um elemento essencial para o exercício da atividade empresarial e como tal deve ser protegido, de modo que os responsáveis pela concessão do crédito continuem a concedê-lo, permitindo o desenvolvimento das atividades empresariais. Todo empresário necessita de crédito e trabalha com operações de crédito, logo é fundamental proteger o crédito, para permitir o melhor desenvolvimento da atividade empresarial. O direito empresarial "não protege o crédito por uma questão de afirmação de valores liberais, para legitimar a supremacia do mais forte sobre o mais fraco, mas sim ser esse mesmo crédito um pilar de sustentação do mercado, indispensável à sua preservação"[51].

Como aplicação desse princípio, vemos a condição de títulos executivos dos títulos de crédito, permitindo a tomada imediata de medidas satisfativas. Independentemente de um reconhecimento judicial do direito dos credores, presume-se que o crédito existe, tentando garantir a sua mais rápida satisfação. Além disso, há a restrição de exceções oponíveis pelos devedores (art. 17 da Lei Uniforme de Genebra sobre Letras de Câmbio e Notas Promissórias), deixando o direito do credor menos vulnerável. Havendo uma situação limite em que conflita a proteção do direito do credor e a proteção do devedor,

---

48. MARTINS, Fran. *Curso de direito comercial.* 22. ed. Rio de Janeiro: Forense, 1998, p. 36.

49. SALANDRA, Vittorio. *Curso de derecho mercantil.* Tradução de Jorge Barrera Graf. México: Jus, 1949, p. 11.

50. ARNOLDI, Paulo Roberto Colombo e RIBEIRO, Ademar. A revolução do empresariado. *Revista de Direito Privado*, n. 9, jan./mar. 2002, p. 219.

51. FORGIONI, Paula A. *Teoria geral dos contratos empresariais.* São Paulo: Revista dos Tribunais, 2009, p. 90.

normalmente irá prevalecer a proteção aos credores, como, por exemplo, na autonomia das obrigações de cada um dos envolvidos em um título de crédito.

Podemos exemplificar tal princípio ainda com a possibilidade de decretação da falência diante da impontualidade do devedor. Se um devedor empresário não honra suas obrigações ou não tem condições de honrá-las impõe-se a ele a falência, para tentar pagar o maior número possível de credores e eliminar aquele devedor da atuação no mercado empresarial.

Por fim, há o cosmopolitismo ou internacionalidade do direito empresarial. O Direito civil representa as concepções de vida de uma sociedade determinada, estando sujeito aos influxos históricos de cada nação[52]. Por outro lado, o direito mercantil/empresarial se destina a regular relações que não se prendem a uma nação, pelo contrário, dizem respeito a todo o mundo, sobretudo, com o crescente movimento de globalização. Em função disso, afirma-se o cosmopolitismo do direito empresarial que se reflete no grande número de tratados que disciplinam a matéria empresarial, como a Lei Uniforme de Genebra sobre Letras de Câmbio e Notas Promissórias.

Além de tudo isso, o direito empresarial possui um objeto próprio que é a empresa, que será melhor estudado mais a frente.

---

52. BULGARELLI, Waldirio. *Direito comercial*. 14. ed. São Paulo: Atlas, 1999, p. 17.

4 A EMPRESA

1 Âmbito do direito empresarial

A autonomia do direito empresarial se reflete também no seu âmbito de incidência. A partir do conceito de empresa é que se define o âmbito do chamado direito empresarial, isto é, a partir dessa noção é possível determinar quais estão sujeitos ou não ao direito empresarial. O âmbito do direito empresarial não é mais definido pelos atos de comércio isolados, ou pela qualidade isolada do comerciante, mas pela "atividade econômica organizada sob a forma de empresa e exercida pelo empresário"[1] ou, como preferem alguns, pelo mundo dos negócios[2].

De imediato, vale ressaltar que o estudo não se limita à atividade empresarial, mas abrange também os atos que são praticados normalmente por aqueles que exercem a atividade empresarial[3]. O direito empresarial regula os direitos e interesses daqueles que exercem atividades de produção e circulação de bens e serviços com finalidade econômica[4].

Com efeito, os atos que são praticados pelos exercentes da atividade empresarial também são praticados por outras pessoas em outras atividades, como, por exemplo, a emissão de títulos de crédito. Todavia, o estudo desses atos continua se justificando dentro do direito empresarial, na medida em que são atos que nasceram ligados às necessidades do comércio, hoje da empresa, e se desenvolveram atendendo a essas necessidades. Desse modo, o âmbito do direito empresarial abrange a atividade empresarial e os atos que normalmente são praticados por quem exerce a atividade empresarial.

2 Conceito econômico de empresa

Dentro da nova ideia do direito empresarial, é fundamental precisar os contornos jurídicos da empresa, uma vez que é esta ideia que representa o fundamento do direito

---

1. BARRETO FILHO, Oscar. A dignidade do direito mercantil. *Revista de Direito Bancário e do Mercado de Capitais*, ano 2, n. 6, set./dez. 1999, p. 301.

2. HAMEL, J.; LAGARDE, G.; JAUFFRET, A. *Droit commercial*. 2. ed. Paris: Dalloz, 1980, v. 1, tome 1, p. 5.

3. AULETTA, Giuseppe; SALANITRO, Nicolò. *Diritto commerciale*. 13. ed. Milano: Giuffrè, 2001, p. XIII.

4. MIRAGEM, Bruno Nubens Barbosa. Do direito comercial ao direito empresarial: formação histórica e tendências do direito brasileiro. *Revista de Direito Privado*, ano 5, n. 17, jan./mar. 2004, p. 88.

comercial e o elemento unificador de todos os institutos que normalmente são compreendidos nessa matéria[5].

Todavia, para tal análise é fundamental passar pela acepção econômica da empresa[6]. A noção inicial de empresa advém da economia, ligada à ideia central da organização dos fatores da produção (capital, trabalho, natureza), para a realização de uma atividade econômica.

Fábio Nusdeo afirma que a "empresa é a unidade produtora cuja tarefa é combinar fatores de produção com o fim de oferecer ao mercado bens ou serviços, não importa qual o estágio da produção"[7]. Joaquín Garrigues não entende de modo diverso, asseverando que "economicamente a empresa é a organização dos fatores da produção (capital, trabalho) com o fim de obter ganhos ilimitados"[8].

A partir de tal acepção econômica é que se desenvolve o conceito jurídico de empresa, o qual não nos é dado explicitamente pelo direito positivo, nem mesmo nos países onde a teoria da empresa foi positivada[9] inicialmente.

Por se tratar de um conceito originalmente econômico, alguns autores pretendiam negar importância a tal conceito, outros pretendiam criar um conceito jurídico completamente diverso. Todavia, os resultados de tais tentativas se mostraram insatisfatórios, tendo prevalecido a ideia de que o conceito jurídico de empresa se assenta nesse conceito econômico, pois o fenômeno é o mesmo econômico, sociológico, religioso ou político, apenas formulado de acordo com a visão e a linguagem da ciência jurídica[10].

O método da economia, que já vinha sendo aplicado no chamado direito da empresa, desde o início do século XX na Áustria e na Alemanha, quer que a realidade econômica encontre seu equivalente na disciplina jurídica[11].

3   A teoria dos perfis de Alberto Asquini

Na Itália, o Código Civil de 1942 adota a teoria da empresa, sem, contudo, ter formulado um conceito jurídico do que seja empresa, o que deu margem a inúmeros esforços no sentido da formulação de um conceito jurídico. Nessa seara, destaca-se por sua originalidade e por aspectos didáticos a teoria dos perfis da empresa elaborada por Alberto Asquini.

---

5.   BUONOCORE, Vincenzo. *L'impresa*. Torino: Giappichelli, 2002, p. 49.

6.   MARCONDES, Sylvio. *Problemas de direito mercantil*. São Paulo: Max Limonad, 1970, p. 1.

7.   NUSDEO, Fábio. *Curso de economia*: introdução ao direito econômico. São Paulo: Revista dos Tribunais, 1997, p. 285.

8.   GARRIGUES, Joaquín. *Curso de derecho mercantil*. 7. ed. Bogotá: Temis, 1987. tomo I, p. 162, tradução livre de *"económicamente, la empresa es organización de los factores de la producción (capital, trabajo) con el fin de obtener una ganancia ilimitada"*.

9.   ASQUINI, Alberto. Profili dell'impresa. *Rivista di Diritto Commerciale*, v. XLI – Parte I, 1943, p. 1.

10.   BULGARELLI, Waldirio. *Tratado de direito empresarial*. 3. ed. São Paulo: Atlas, 1997, p. 127.

11.   SANTORO PASSARELLI, Francesco. *Saggi di diritto civile*. Napoli: Jovene, 1961, v. 2, p. 949.

Defrontando-se com o novo Código Civil italiano, Asquini deparou-se com a inexistência de um conceito de empresa e, analisando o diploma legal, chegou à conclusão de que haveria uma diversidade de perfis no conceito. Para ele, "o conceito de empresa é o conceito de um fenômeno jurídico poliédrico, o qual tem sob o aspecto jurídico não um, mas diversos perfis em relação aos diversos elementos que ali concorrem"[12].

Tal concepção já se encontra hoje em dia superada, mas teve o mérito de trazer à tona vários conceitos, intimamente relacionados ao conceito de empresa, os quais traduziriam o fenômeno da empresarialidade, na feliz expressão de Waldirio Bulgarelli[13].

O primeiro perfil da empresa identificado por Asquini foi o perfil subjetivo pelo qual a empresa se identificaria com o empresário[14], cujo conceito é dado pelo art. 2.082 do Código Civil italiano como sendo "quem exercita profissionalmente atividade econômica organizada com o fim da produção e da troca de bens ou serviços". Neste aspecto, a empresa seria uma pessoa.

Asquini também identifica na empresa um perfil funcional, identificando-a com a atividade empresarial: a empresa seria aquela "particular força em movimento que é a atividade empresarial dirigida a um determinado escopo produtivo"[15]. Neste particular, a empresa representaria um conjunto de atos tendentes a organizar os fatores da produção para a distribuição ou produção de certos bens ou serviços.

Haveria ainda o perfil objetivo ou patrimonial que identificaria a empresa com o conjunto de bens destinado ao exercício da atividade empresarial, distinto do patrimônio remanescente nas mãos da empresa, vale dizer, a empresa seria um patrimônio afetado a uma finalidade específica[16].

Por derradeiro, haveria o perfil corporativo, pelo qual a empresa seria a instituição que reúne o empresário e seus colaboradores, seria "aquela especial organização de pessoas que é formada pelo empresário e por seus prestadores de serviço, seus colaboradores [...] um núcleo social organizado em função de um fim econômico comum"[17]. Este perfil, na verdade, não encontra fundamento em dados, mas apenas em ideologias populistas, demonstrando a influência da concepção fascista na elaboração do Código italiano[18].

---

12. ASQUINI, Alberto. Profili dell'impresa. *Rivista di Diritto Commerciale*, v. XLI – Parte I, 1943, p. 1, tradução livre de *"il concetto di impresa è il concetto di un fenomeno economico poliedrico, il quale ha sotto l'aspetto giuridico non uno, ma diversi profili in relazione ai diversi elementi che vi concorrono".*

13. BULGARELLI, Waldirio. *Tratado de direito empresarial.* 3. ed. São Paulo: Atlas, 1997, p. 99.

14. ASQUINI, Alberto. Profili dell'impresa. *Rivista di Diritto Commerciale*, v. XLI – Parte I, 1943, p. 6.

15. Idem, p. 9, tradução livre de *"quella particolare forza in movimento che è l'attività imprenditrice diretta a un determinato scopo produttivo".*

16. Idem, p. 12.

17. Idem, p. 16-17, tradução livre de *"quella speciale organizzazione di persone che è formata dall'imprenditore e dai suoi prestatori d'opera, suoi collaboratori [...] un nucleo sociale organizzato, in funzione di un fine economico comune".*

18. COELHO, Fábio Ulhoa. *Curso de direito comercial.* 6. ed. São Paulo: Saraiva, 2002, v. 1, p. 19.

Esse modo de entender a empresa já está superado, porquanto não representa o estudo teórico da empresa em si, mas apenas demonstra a imprecisão terminológica do Código italiano, que confunde a noção de empresa com outras noções. Todavia, com exceção do perfil corporativo que reflete a influência de uma ideologia política, os demais perfis demonstram três realidades intimamente ligadas e muito importantes na teoria da empresa, a saber, a empresa, o empresário e o estabelecimento.

4   O que é a empresa?

Superada qualquer imprecisão terminológica do ordenamento jurídico, há que se esclarecer de imediato o que vem a ser juridicamente a empresa. Nos dizeres de Fábio Ulhoa Coelho, a empresa é a "atividade econômica organizada de produção ou circulação de bens ou serviços"[19], ou seja, equivale ao perfil funcional da teoria de Alberto Asquini. Dentro da mesma linha, Giuseppe Valeri dá uma ênfase maior para a organização ao definir a empresa como "a organização de uma atividade econômica com o fim de produção de bens ou serviços, exercida profissionalmente"[20].

Aproveitando o teor do art. 966 do Código Civil, bem como do art. 2.082 do Código Civil italiano de 1942, podemos concluir que a empresa é a atividade econômica organizada para a produção ou circulação de bens ou serviços para o mercado.

4.1 Atividade

Trata-se de atividade, isto é, do conjunto de atos destinados a uma finalidade comum[21], que organiza os fatores da produção, para produzir ou fazer circular bens ou serviços. Não basta um ato isolado, é necessária uma sequência de atos dirigidos a uma mesma finalidade[22], para configurar a empresa.

Esse conjunto de atos deve ser valorado de maneira autônoma em relação aos atos considerados de maneira singular[23]. Há que se analisar o conjunto e não cada ato isolado, de modo que a atividade pode ser ilícita mesmo que os atos sejam, a princípio, lícitos.

---

19.   Idem, ibidem.

20.   VALERI, Giuseppe. *Manuale di diritto commerciale.* Firenze: Casa Editrice Dottore Carlo Cya, 1950, v. 1, p. 13, tradução livre de *"l'organizzazione di un'attività economica allo scopo della produzione di beni o di servizi, attuata professionalmente".*

21.   ASCARELLI, Tullio. *Corso di diritto commerciale*: introduzione e teoria dell'impresa. 3. ed. Milano: Giuffrè, 1962, p. 146.

22.   AULETTA, Giuseppe. L' impresa dal Codice di Commercio del 1882 al Codice Civile del 1942. In: *1882-1982 Cento anni dal Códice di Commercio.* Milano: Giuffrè, 1984, p. 82.

23.   ASCARELLI, Tullio. *Corso di diritto commerciale*: introduzione e teoria dell'impresa. 3. ed. Milano: Giuffrè, 1962, p. 149.

4.2 Economicidade

Outrossim, não se trata de qualquer sequência de atos. A economicidade da atividade exige que ela seja capaz de criar novas utilidades, novas riquezas[24], afastando-se as atividades de mero gozo. Nessa criação de novas riquezas, pode-se transformar matéria-prima (indústria), como também pode haver a interposição na circulação de bens (comércio em sentido estrito), aumentando o valor destes[25]. Dentro dessa ideia encontram-se as atividades dos agricultores, as industriais, as comerciais e as dos prestadores de serviços.

4.3 Organização

A organização nada mais é do que é a colação dos meios necessários, coordenados entre si, para a realização de determinado fim[26]. Na empresa, essa organização dos fatores da produção é um dos fatores diferenciadores de outras atividades, pois o fim produtivo da empresa pressupõe atos coordenados e programados para se atingir tal fim. Vale destacar que não é qualquer organização que vai diferenciar a empresa de outras atividades, mas apenas a organização que assuma um caráter relevante dentro da atividade.

Tal organização pode assumir as formas mais variadas de acordo com as necessidades da atividade, abrangendo "seja a atividade que se exercita organizando o trabalho alheio, seja aquela que se exercita organizando um complexo de bens ou mais genericamente de capitais, ou como para o mais advém, aquela que se atua coordenando uns e outros"[27]. Sem essa organização há apenas trabalho autônomo e não empresa[28].

Quando se fala em organização do trabalho, está se falando em organização do trabalho próprio e alheio sob determinada hierarquia, na qual o titular da empresa exercita necessariamente o trabalho organizativo. É oportuno esclarecer que é suficiente a possibilidade dessa organização. Vale dizer: há empresa quando a atividade não possui um caráter exclusivamente pessoal, sendo possível o recurso a colaboradores para se alcançar o fim específico da atividade[29], ainda que esse recurso não seja utilizado, como no caso dos pequenos empresários, que exercem a atividade por si, sem um auxílio de empregados.

---

24. VEDOVE, Giampaolo dalle. *Nozioni di diritto d'impresa*. Padova: CEDAM, 2000, p. 14; FERRARA JÚNIOR, Francesco; CORSI, Francesco. *Gli imprenditori e le società*. 11. ed. Milano: Giuffrè, 1999, p. 33.

25. ASCARELLI, Túllio. *Corso di diritto commerciale*: introduzione e teoria dell'impresa. 3. ed. Milano: Giuffrè, 1962, p. 162.

26. VALERI, Giuseppe. *Manuale di diritto commerciale*. Firenze: Casa Editrice Dottore Carlo Cya, 1950, v. 1, p. 14.

27. VEDOVE, Giampaolo dalle. *Nozioni di diritto d'impresa*. Padova: CEDAM, 2000, p. 39, tradução livre de *"sia l'attività che si esercita organizzando il lavoro altrui, sia quella che si esercita organizzando un complesso di beni o più genericamente dei capitali, o, come per lo più avviene, quella che si attua coordinando l'uno e gli altri".*

28. OPPO, Giorgio. *Principi*. Torino: Giappichelli, 2001, p. 56.

29. VALERI, Giuseppe. *Manuale di diritto commerciale*. Firenze: Casa Editrice Dottore Carlo Cya, 1950, v. 1, p. 14.

Um dos critérios que pode ser usado para verificar a predominância da organização é a padronização e objetivação da atividade[30]. Quanto mais padronizada for a atividade, mais clara fica a condição secundária da atividade intelectual. Outrossim, para o consumidor há certa fungibilidade na atividade prestada, isto é, não interessa o prestador, mas apenas o serviço em si.

O Superior Tribunal de Justiça já afirmou a natureza empresarial de uma sociedade de médicos que desempenhava atividade de análise laboratorial, afirmando que a atividade desempenhada no caso concreto possuía nítido caráter empresarial e não pessoal[31]. Tal orientação reforça a importância da organização para a configuração ou não de um sujeito como empresário.

Diante da necessidade dessa organização, deve ser ressaltado ainda que as atividades relativas a profissões intelectuais, científicas, artísticas e literárias não são exercidas por empresários, a menos que constituam elemento de empresa (art. 966, parágrafo único, do Código Civil). Tal constatação se deve ao fato de que em tais atividades prevalece a natureza individual e intelectual sobre a organização, a qual é reduzida a um nível inferior[32]. Portanto, é a relevância dessa organização que diferencia a atividade empresarial de outras atividades econômicas.

4.4 Finalidade

A empresa deve abranger a produção ou circulação de bens ou serviços para o mercado. Na produção, temos a transformação de matéria-prima, na circulação temos a intermediação na negociação de bens. No que tange aos serviços, devemos abarcar toda "atividade em favor de terceiros apta a satisfazer uma necessidade qualquer, desde que não consistente na simples troca de bens"[33]. Eles não podem ser objeto de detenção, mas de fruição.

4.5 Dirigida ao mercado

Por fim, só se deve falar em empresa quando a organização for dirigida ao mercado, e não para uso pessoal[34], isto é, deve ser destinada à satisfação de necessidades alheias, sob pena de não configurar empresa. Assim, não é empresa a atividade daquele que

---

30. VERÇOSA, Haroldo Malheiros Duclerc. Das pessoas sujeitas e não sujeitas aos regimes de recuperação de empresas e ao da falência. In: PAIVA, Luiz Fernando Valente de (Coord.). *Direito Falimentar e a nova lei de falências e recuperação de empresas*. São Paulo: Quartier Latin, 2005, p. 93.

31. STJ – 2ª Turma – REsp 555.624/PB, Relator Ministro Franciulli Neto, *DJ* de 27-9-2004.

32. DE CUPIS, Adriano. *Istituzioni di diritto privato*. Milano: Giuffrè, 1978, v. 3, p. 134.

33. VEDOVE, Giampaolo dalle. *Nozioni di diritto d'impresa*. Padova: CEDAM, 2000, p. 13-14.

34. SANTORO PASSARELLI, Francesco. *Saggi di diritto civile*. Napoli: Jovene, 1961, v. 2, p. 943; VALERI, Giuseppe. *Manuale di diritto commerciale*. Firenze: Casa Editrice Dottore Carlo Cya, 1950, v. 1, p. 14.

CURSO DE DIREITO EMPRESARIAL

cultiva ou fabrica para o próprio consumo, vale dizer, "o titular da atividade deve ser diverso do destinatário último do produto"[35].

5   Natureza jurídica da empresa

A empresa, entendida como a atividade econômica organizada, não se confunde nem com o sujeito exercente da atividade, nem com o complexo de bens por meio dos quais se exerce a atividade, que representam outras realidades distintas. Atento à distinção entre essas três realidades, Waldirio Bulgarelli nos fornece um conceito analítico descritivo de empresa, nos seguintes termos: "Atividade econômica organizada de produção e circulação de bens e serviços para o mercado, exercida pelo empresário, em caráter profissional, através de um complexo de bens"[36]. Tal conceito tem o grande mérito de unir três ideias essenciais sem confundi-las, quais sejam, a empresa, o empresário e o estabelecimento.

A empresa não possui personalidade jurídica, e nem pode possuí-la e, consequentemente, não pode ser entendida como sujeito de direito, pois ela é a atividade econômica que se contrapõe ao titular dela, isto é, ao exercente daquela atividade[37]. O titular da empresa é o que denominaremos de empresário.

Afastando-se corretamente da noção de sujeito de direito, mas não chegando, a nosso ver, à melhor interpretação, Rubens Requião, Marcelo Bertoldi e José Edwaldo Tavares Borba qualificam a empresa como objeto de direito[38]. No direito italiano, Santoro Passarelli também conclui que a empresa é objeto de direito, na medida em que a empresa deveria possuir um titular[39].

Ora, não se pode conceber uma atividade como objeto de direito, não se pode vislumbrar a empresa como matéria dos direitos subjetivos, principalmente dos direitos reais, vale dizer, a atividade de *per si* não pode ser transferida[40]. Como alguém poderia ter uma atividade em seu patrimônio? Como poderia aliená-la?

---

35.   ASCARELLI, Tullio. *Corso di diritto commerciale*: introduzione e teoria dell'impresa. 3. ed. Milano: Giuffrè, 1962, p. 163, tradução livre de "*il titolare dell'attività deve essere diverso dal destinatario ultimo del prodotto*".

36.   BULGARELLI, Waldirio. *Tratado de direito empresarial*. 3. ed. São Paulo: Atlas, 1997, p. 100.

37.   MESSINEO, Francesco. *Manuale di diritto civile e commerciale*. Milano: Giuffrè, 1957, v. 1, p. 337; SANTORO PASSARELLI, Francesco. *Saggi di diritto civile*. Napoli: Jovene, 1961, v. 2, p. 979; GOMES, Orlando. *Introdução ao direito civil*. Atualização e notas de Humberto Theodoro Junior. 15. ed. Rio de Janeiro: Forense, 2000, p. 205.

38.   REQUIÃO, Rubens, *Curso de direito comercial*. 21. ed. São Paulo: Saraiva, 1998, v. 1, p. 60; BERTOLDI, Marcelo M. Curso avançado de *direito comercial*. São Paulo: Revista dos Tribunais, 2001, p. 56; BORBA, José Edwaldo Tavares. *Direito societário*. 4. ed. Rio de Janeiro: Freitas Bastos, 1998, p. 27; NEGRÃO, Ricardo. *Manual de direito comercial*. Campinas: Bookseller, 1999, p. 76.

39.   SANTORO PASSARELLI, Francesco. *Saggi di diritto civile*. Napoli: Jovene, 1961, v. 2, p. 979.

40.   ASCARELLI, Tullio. *Corso di diritto commerciale*: introduzione e teoria dell'impresa. 3. ed. Milano: Giuffrè, 1962, p. 156.

Assim, a empresa deve ser enquadrada como um terceiro gênero, uma nova categoria jurídica, pois não se trata nem de sujeito nem de objeto de direito[41], enquadrando-se perfeitamente na noção de fato jurídico[42] em sentido amplo. Tal noção se mostra mais adequada que a de ato jurídico, pois falamos da atividade, do conjunto de atos, e não de cada ato isolado, que poderia ser enquadrado na condição de ato jurídico.

---

41. MESSINEO, Francesco. *Manuale di diritto civile e commerciale*. Milano: Giuffrè, 1957, v. 1, p. 336; NEGRÃO, Ricardo. *Manual de direito comercial*. Campinas: Bookseller, 1999, p. 76.

42. VALERI, Giuseppe. *Manuale di diritto commerciale*. Firenze: Casa Editrice Dottore Carlo Cya, 1950, v. 1, p. 14; BULGARELLI, Waldirio. *Tratado de direito empresarial*. 3. ed. São Paulo: Atlas, 1997, p. 132.

5 DO EMPRESÁRIO

1 Empresário

A empresa é uma atividade e, como tal, deve ter um sujeito que a exerça, o titular da atividade (o empresário). Este é quem exerce profissionalmente atividade econômica organizada para a produção ou a circulação de bens ou de serviços (conceito do Código Civil, art. 966 – no mesmo sentido do art. 2.082 do Código Civil italiano).

O empresário é o sujeito de direito, ele possui personalidade. Pode ele tanto ser uma pessoa física, na condição de empresário individual, quanto uma pessoa jurídica, na condição de sociedade empresária, de modo que as sociedades empresárias não são empresas, como afirmado na linguagem corrente, mas empresários.

A configuração do sujeito exercente da empresa pressupõe uma série de requisitos cumulativos, em relação aos quais há alguma divergência de tratamento na doutrina.

Asquini, além da condição de sujeito de direito, destaca a atividade econômica organizada, a finalidade de produção para o comércio de bens e serviços e a profissionalidade[1]. Giampaolo dalle Vedove, Francesco Ferrara Junior e Francesco Galgano não destoam da orientação de Asquini, destacando a organização, a economicidade da atividade e a profissionalidade[2].

Remo Fransceschelli indica como elementos do empresário a produção para o mercado, a organização e o fato do empresário suportar o risco do empreendimento, como elementos essenciais do conceito[3]. Tullio Ascarelli destaca os elementos do próprio conceito legal, a atividade econômica organizada, exercida profissionalmente e dirigida à produção ou circulação de bens ou serviços[4].

A nosso ver, tal divergência é mais de organização que de conteúdo, e por isso seguiremos a orientação de todos, tratando como elementos característicos da condição de empresário:

---

1. ASQUINI, Alberto. Profili dell'impresa. *Rivista di Diritto Commerciale*, v. XLI – Parte I, 1943, p. 7-9.

2. VEDOVE, Giampaolo dalle. *Nozioni di diritto d'impresa*. Padova: CEDAM, 2000, p. 16-18; FERRARA JÚNIOR, Francesco e CORSI, Francesco. *Gli imprenditori e le società*. 11. ed. Milano: Giuffrè, 1999, p. 32-40; GALGANO, Francesco. *Diritto civile e commerciale*. 3. ed. Padova: CEDAM, 1999, v. 3, tomo 1, p. 17-30.

3. FRANSCESCHELLI, Remo. *Corso di diritto commerciale*. Milano: Giuffrè, 1944, p. 35.

4. ASCARELLI, Tullio. *Corso di diritto commerciale*: introduzione e teoria dell'impresa. 3. ed. Milano: Giuffrè, 1962, p. 146.

a) a economicidade;

b) a organização;

c) a profissionalidade;

d) a assunção do risco;

e) o direcionamento ao mercado.

1.1 A economicidade

O empresário, enquanto sujeito de direitos que exerce a empresa, desenvolve sempre atividades econômicas, entendidas aqui como a atividade voltada para a produção de novas riquezas. Estas podem advir da criação de novos bens, ou mesmo do aumento do valor dos bens existentes[5].

Francesco Galgano entende que a economicidade envolve a idoneidade abstrata da atividade em cobrir os seus custos[6], vale dizer, basta que a atividade se desenvolva de modo suficiente para não gerar prejuízos. Tal concepção não significa que a atividade não possa gerar prejuízos, mas que abstratamente não se dirige a isto, ela é desenvolvida ao menos para evitar os prejuízos. Nas palavras do próprio Galgano, "o capital investido na atividade produtiva deve, pelo menos, reproduzir-se ao final do ciclo produtivo"[7].

1.2 A organização

Não basta o exercício de uma atividade econômica para a qualificação de uma pessoa como empresário, é essencial também que este seja o responsável pela organização dos fatores da produção para o bom exercício da atividade. E essa organização deve ser de fundamental importância, assumindo prevalência sobre a atividade pessoal do sujeito[8].

A organização pode ser do trabalho alheio, de bens e de um e outro juntos. Normalmente a organização não significa a presença de habilidades técnicas ligadas à atividade--fim, mas sim uma qualidade de iniciativa, de decisão, capacidade de escolha de homens e bens, intuição, entre outros dados[9].

---

5. FERRARA JUNIOR, Francesco; CORSI, Francesco. *Gli imprenditori e le società.* 11. ed. Milano: Giuffrè, 1999, p. 33.

6. GALGANO, Francesco. *Diritto civile e commerciale.* 3. ed. Padova: CEDAM, 1999, v. 3, tomo 1, p. 24; VEDOVE, Giampaolo dalle. *Nozioni di diritto d'impresa.* Padova: CEDAM, 2000, p. 18.

7. GALGANO, Francesco. *Diritto civile e commerciale.* 3. ed. Padova: CEDAM, 1999, v. 3, tomo 1, p. 25, tradução livre de "*il capitale investito nella atività poduttiva deve, quanto meno, riprodursi al termine del ciclo produtivo*".

8. ASCARELLI, Tullio. *Corso di diritto commerciale*: introduzione e teoria dell'impresa. 3. ed. Milano: Giuffrè, 1962, p. 181.

9. FRANSCESCHELLI, Remo. *Corso di diritto commerciale.* Milano: Giuffrè, 1944, p. 30.

42 CURSO DE DIREITO EMPRESARIAL

Essa organização pode se limitar à escolha de pessoas que, por determinada remuneração, coordenam, organizam e dirigem a atividade[10], isto é, a organização a cargo do empresário pode significar simplesmente a escolha de pessoas para efetivamente organizar os fatores da produção. Ainda assim, temos uma organização essencial na atividade, para diferenciar o empresário dos trabalhadores autônomos e das sociedades simples.

Mesmo no caso do pequeno empresário essa organização assume um papel prevalente, na medida em que há preponderantemente uma consideração objetiva dos frutos da atividade, e não das qualificações pessoais do sujeito[11]. Ainda que a figura pessoal desempenhe um papel importante, no caso do empresário a organização é que assume papel primordial.

A título exemplificativo, quando se contrata um advogado, normalmente não se considera objetivamente o resultado que a atuação do advogado pode ter, mas as suas qualidades pessoais que poderão permitir um bom resultado ao cliente. Nesse caso, não se pode dizer que o advogado seja um empresário, na medida em que a organização assume um papel secundário em relação à atividade pessoal do profissional.

Similar é a situação com médicos que não exercem suas atividades em uma grande estrutura. A atividade pessoal do médico é que será o fator preponderante para a atividade e não a organização que esse faz. Se a atividade pessoal prevalece sobre a organização, não há que se falar em empresário.

Por outro lado, vejamos uma loja de departamentos. Nesta é essencial que haja uma boa disposição de mercadorias e bons empregados. Não há que se cogitar de prevalência da atividade pessoal, mas sim da organização. Esta assume papel preponderante, caracterizando a presença de um empresário.

1.3 Profissionalidade

Só é empresário quem exerce a empresa de modo profissional. Tal expressão não deve ser entendida com os contornos que assume na linguagem corrente, porquanto não se refere a uma condição pessoal, mas à estabilidade e habitualidade da atividade exercida[12].

Não se trata de uma qualidade do sujeito exercente, mas de uma qualidade do modo como se exerce a atividade, ou seja, a profissionalidade não depende da intenção do empresário, bastando que no mundo exterior a atividade se apresente objetivamente com um caráter estável[13]. Não se exige o caráter continuado, mas apenas uma habitualidade,

---

10. FRANSCESCHELLI, Remo. *Corso di diritto commerciale*. Milano: Giuffrè, 1944, p. 31.

11. ASCARELLI, Tullio. *Corso di diritto commerciale*: introduzione e teoria dell'impresa. 3. ed. Milano: Giuffrè, 1962, p. 180.

12. GALGANO, Francesco. *Diritto civile e commerciale*. 3. ed. Padova: CEDAM, 1999. v. 3, tomo I, p. 17.

13. FERRARA JUNIOR, Francesco; CORSI, Francesco. *Gli imprenditori e le società*. 11. ed. Milano: Giuffrè, 1999, p. 41.

tanto que atividades de temporada (ex.: hospedagem) também podem caracterizar uma empresa, mesmo em face das interrupções impostas pela natureza da atividade[14].

1.4 Assunção do risco

Remo Fransceschelli destaca como o elemento preponderante da condição de empresário a assunção do risco, um risco peculiar[15].

Nas atividades econômicas em geral, todos assumem riscos.

O investidor retira capital de seu patrimônio e o liga a determinadas atividades. Com essa conduta ele assume o risco de perder o valor investido. Esse risco é previamente definido e pode ser extremamente reduzido de acordo com a situação, na medida em que pode ser garantido por alguém, o qual será demandado no caso de prejuízo.

O empregado assume riscos em relação a sua capacidade de trabalho e o risco de não receber salários pelos serviços prestados[16]. No primeiro risco, há um seguro social, que, bem ou mal, o protege de tais riscos. Em relação ao segundo risco, o empresário o garante, ele é responsável pelo pagamento dos salários, podendo ser demandado por isso.

O empresário, por sua vez, assume o risco total da empresa. Não há uma prévia definição dos riscos, eles são incertos e ilimitados. Ademais, o risco da atividade não é garantido por ninguém[17]. Se houver uma crise no ramo de atuação do empresário, e este tiver prejuízo pela falta de demanda, ele não terá a quem recorrer. A remuneração do empresário está sujeita a elementos imponderáveis que podem fugir das previsões deste e, nessa situação, o risco é dele, não há a quem recorrer.

1.5 Direcionamento ao mercado

Por derradeiro, é essencial na caracterização de um empresário que sua atividade seja voltada à satisfação de necessidades alheias. O empresário deve desenvolver atividade de produção ou circulação de bens ou serviços para o mercado, e não para si próprio.

Assim, não é empresário o agricultor que cultive as lavouras para sua subsistência. Já o agricultor que cultiva suas lavouras para vender os produtos rurais a terceiros se caracterizaria como um empresário, porquanto sua atividade está dirigida para o mercado e não para a satisfação das suas próprias necessidades.

---

14. JAEGER, Pier Giusto; DENOZZA, Francesco. *Appunti di diritto commerciale*. 5. ed. Milano: Giuffrè, 2000, p. 17.

15. FRANSCESCHELLI, Remo. *Corso di diritto commerciale*. Milano: Giuffrè, 1944, p. 43.

16. Idem, ibidem.

17. Idem, p. 44-45.

2 Exclusão do conceito de empresário

O art. 966, parágrafo único, do Código Civil afirma que não são empresários aqueles que exercem profissão intelectual, de natureza científica, literária ou artística, ainda que com o concurso de auxiliares ou colaboradores. Embora tais atividades também sejam econômicas, isto é, também produzam novas riquezas, é certo que seu tratamento não deve ser dado pelo direito empresarial.

Essa exclusão decorre do papel secundário que a organização assume nessas atividades[18] e não apenas de um caráter histórico e sociológico[19]. Nelas o essencial é a atividade pessoal, o que não se coaduna com o conceito de empresário. As atividades intelectuais são prestadas de forma pessoal e, mesmo com a concorrência de auxiliares, há uma relação de confiança com quem desenvolve a atividade[20]. Não há como negar a organização que hoje permeia as atividades intelectuais, mas é certo que essa organização não assume papel preponderante – ainda que se recorra ao uso de auxiliares, o personalismo prevalece, no sentido da assunção pessoal do resultado da atividade.

Em função disso, chegou-se ao Enunciado 194 da III Jornada de Direito Civil promovida pelo CJF, que afirma que "Os profissionais liberais não são considerados empresários, salvo se a organização dos fatores da produção for mais importante que a atividade pessoal desenvolvida".

Entretanto, o mesmo dispositivo afirma que serão empresários se o exercício da profissão constituir elemento de empresa, isto é, se o exercício das atividades intelectuais, artísticas, científicas ou literárias for parte de uma atividade maior, na qual sobressai a organização[21]. Neste caso, a natureza pessoal do exercício da atividade cede espaço a uma atividade maior de natureza empresarial, é exercida a atividade intelectual mas ela é apenas um elemento dentro da atividade empresarial exercida[22].

O Superior Tribunal de Justiça já afirmou a natureza empresarial de uma sociedade de médicos que desempenhava atividade de análise laboratorial, afirmando que a atividade desempenhada no caso concreto possuía nítido caráter empresarial e não pessoal[23]. De outro lado, o mesmo STJ afirma que "As sociedades de advogados são sociedades simples marcadas pela inexistência de organização dos fatores de produção para o de-

---

18. DE CUPIS, Adriano. *Istituzioni di diritto privato*. Milano: Giuffrè, 1978, v. 3, p. 134.

19. Nesse sentido: JAEGER, Pier Giusto; DENOZZA, Francesco. *Appunti di diritto commerciale*. 5. ed. Milano: Giuffrè, 2000, p. 24.

20. VEDOVE, Giampaolo dalle. *Nozioni di diritto d'impresa*. Padova: CEDAM, 2000, p. 20.

21. Idem, p. 28.

22. Enunciado 195 da III Jornada de Direito Civil do CJF: "A expressão 'elemento de empresa' demanda interpretação econômica, devendo ser analisada sob a égide da absorção da atividade intelectual, de natureza científica, literária ou artística, como um dos fatores da organização empresarial."

23. STJ – 2ª Turma – REsp 555.624/PB, Relator Ministro Franciulli Neto, *DJ* de 27-9-2004.

senvolvimento da atividade a que se propõem. Os sócios, advogados, ainda que objetivem lucro, utilizem-se de estrutura complexa e contem com colaboradores nunca revestirão caráter empresarial, tendo em vista a existência de expressa vedação legal (arts. 15 a 17, Lei n. 8.906/1994)"[24].

3   O empresário individual

O empresário individual é a pessoa física que exerce a empresa em seu próprio nome, assumindo todo o risco da atividade. É a própria pessoa física que será o titular da atividade. Ainda que lhe seja atribuído um CNPJ próprio, distinto do seu CPF, não há distinção entre a pessoa física em si e o empresário individual. Com efeito, "a simples atribuição de CNPJ ou inscrição em órgãos estaduais e municipais não transforma as pessoas físicas/naturais que estão por trás dessas categorias em sociedades, tampouco em pessoas jurídicas propriamente ditas"[25].

Como no Brasil ainda não temos instrumentos de limitação dos riscos da atividade exercida pelo empresário individual, ou seja, todo o patrimônio deste se vincula pelo exercício da atividade. O Código Civil, em seu art. 978, já prevê certa distinção patrimonial, permitindo que imóveis ligados ao exercício da empresa sejam alienados sem a outorga conjugal. Todavia, essa é a única regra que se apresenta nesse sentido, não havendo ainda instrumentos de destaque patrimonial para o exercício da atividade pelo empresário individual.

O Enunciado 5 da I Jornada de Direito Comercial afirma que "Quanto às obrigações decorrentes de sua atividade, o empresário individual tipificado no art. 966 do Código Civil responderá primeiramente com os bens vinculados à exploração de sua atividade econômica, nos termos do art. 1.024 do Código Civil". Tal enunciado, embora represente uma importante opinião doutrinária, a nosso ver, não é compatível com a legislação pátria sobre o empresário individual, na medida em que este não constitui uma pessoa jurídica para o exercício da empresa. Ademais, na ausência de dispositivo específico, não se pode ter uma separação patrimonial, ainda que apenas para um benefício de ordem, pois quando a lei quis estipular tal separação o fez expressamente, como no caso do art. 974, § 2º, do CC. Além disso, o art. 1.024 do CC é claro ao se referir a sociedades, não podendo ter sua aplicação estendida aos empresários individuais.

Reitere-se que, não havendo uma pessoa jurídica na atuação do empresário individual, o patrimônio é um só e responde por todas as obrigações decorrentes da sua atuação. Assim, "o empresário individual responde pela dívida da firma, sem necessidade de instauração do procedimento de desconsideração da personalidade jurídica (art. 50 do

---

24.   STJ – REsp 1.227.240/SP, Rel. Ministro Luis Felipe Salomão, Quarta Turma, julgado em 26-5-2015, *DJe* 18-6-2015.

25.   STJ – REsp n. 1.899.342/SP, relator Ministro Marco Buzzi, Quarta Turma, julgado em 26-4-2022, *DJe* 29-4-2022. No mesmo sentido: AgInt no REsp n. 2.059.044/MG, Relator Ministro Humberto Martins, Terceira Turma, julgado em 18-3-2024, *DJe* de 20-3-2024.

CC/2002 e arts. 133 e 137 do CPC/2015), por ausência de separação patrimonial que justifique esse rito"[26].

3.1 Capacidade

Para os atos da vida em geral, a pessoa deve ter capacidade, no sentido jurídico, ou seja, deve ser dotada de vontade e de discernimento para exercer os atos por si só. Tal capacidade está geralmente ligada a fatores objetivos como idade e estado de saúde.

O empresário individual deve exercer a atividade, a princípio, em seu próprio nome, assumindo obrigações e adquirindo direitos em decorrência dos atos praticados. Seria praticamente impossível o exercício da empresa, se para a prática de cada ato fosse exigida uma autorização[27]. Em função disso, o empresário individual deve ser dotado de capacidade plena, isto é, para ser empresário individual, a pessoa física deve, como regra geral, ser absolutamente capaz.

A capacidade plena de agir se adquire aos 18 anos de idade, nos termos do art. 5º do Código Civil. Todavia, quem com 16 anos ou mais for emancipado, nos termos do art. 5º, parágrafo único, do Código Civil, também adquire capacidade plena de agir. Qualquer causa de emancipação é suficiente para a atribuição de capacidade plena e consequentemente para permitir o exercício da atividade empresarial.

No caso do empresário individual, tal emancipação pode decorrer do próprio exercício da atividade ou na expressão do Código Civil "pelo estabelecimento civil ou comercial, ou pela existência de relação de emprego, desde que, em função deles, o menor com dezesseis anos completos tenha economia própria" (Código Civil, art. 5º, parágrafo único, V). Vale ressaltar que esta hipótese de emancipação diz respeito apenas ao exercício em nome próprio da atividade, e não à condição de sócio de qualquer sociedade empresarial.

Portanto, a capacidade para ser empresário se adquire aos 16 anos, dada a possibilidade de emancipação com o exercício da atividade. A partir desta idade, qualquer pessoa, que não incorra em outra hipótese de incapacidade, pode se tornar empresário.

Apenas para o início das atividades é essencial a capacidade plena ou, ao menos, a idade de 16 anos. Todavia, o incapaz, menor de 16 anos ou interdito, devidamente representado ou assistido, pode continuar o exercício de atividade que já vinha sendo exercida por ele, enquanto capaz, ou por seus pais, ou pelo autor da herança (art. 974 do Código Civil).

Mesmo para as incapacidades não consideradas por idade, deve-se considerar a possibilidade de continuação da atividade, nos termos do art. 974.

---

26.   STJ – REsp 1.682.989/RS, Rel. Ministro Herman Benjamin, Segunda Turma, julgado em 19-9-2017, *DJe* 9-10-2017. No mesmo sentido: REsp n. 1.899.342/SP, relator Ministro Marco Buzzi, Quarta Turma, julgado em 26-4-2022, *DJe* de 29-4-2022.

27.   ASCARELLI, Tullio. *Corso di diritto commerciale*: introduzione e teoria dell'impresa. 3. ed. Milano: Giuffrè, 1962, p. 293.

As mudanças inseridas no CC pelo estatuto da pessoa com deficiência, ao retirar das incapacidades absolutas as demais hipóteses, não alteram tal situação. Se não houver possibilidade de exercício pessoal da atividade, se não houve um discernimento mínimo do sujeito, ainda que relativamente incapaz ou plenamente capaz nos termos da legislação, ele deve ser protegido, na forma do art. 974 do CC. Não se trata de mera proteção do mercado, mas também proteção do incapaz.

As "pessoas que não possuem o discernimento mínimo para autodeterminar-se, o ordenamento jurídico precisa protegê-la com razoabilidade e de modo muito excepcional, impedindo, por exemplo, que ela – por um ato de desvario decorrente de um surto – perca todo o seu patrimônio com um negócio jurídico celebrado, ou seja prejudicada por não ter condições de compreender os riscos inerentes a alguns negócios, ou ainda fique indefesa diante de ataques aos seus interesses, por não ter condições de agir em defesa de si mesma e não ter representante que o faça em seu nome"[28]. E na atividade empresarial, essa proteção se dá nos termos do art. 974 do CC.

3.2 O empresário incapaz

Conforme já mencionado, o incapaz (menor de 16 anos ou interdito) não pode jamais iniciar uma atividade empresarial, mas pode continuar uma atividade que já vinha sendo exercida. Tal permissão se justifica pelo princípio da preservação da empresa, tentando evitar a extinção desta, preservando empregos e interesses do fisco e da comunidade[29]. O fim da atividade pode ser mais danoso do que a continuação dela, ainda que com um incapaz.

3.2.1 A continuação da atividade

Nesse caso, a continuação da atividade será necessariamente precedida de autorização judicial, que analisará os riscos da empresa, bem como a conveniência de continuá-la. Haverá uma ponderação dos riscos e benefícios em jogo, deferindo-se ou não a continuação da atividade pelo incapaz. Tal autorização é genérica para o exercício da atividade, devendo ser averbada na junta comercial (art. 976 do Código Civil), não sendo mais necessárias autorizações para atos singulares[30], como seria a regra no caso de incapazes.

A autorização para a continuação da empresa é dada em caráter precário, podendo ser revogada a qualquer momento. Tal revogação compete ao juiz, ouvidos os representantes legais do incapaz.

---

28. CASSETARI, Christiano. Os desafios impostos pelo estatuto da pessoa com deficiência em razão das modificações na teoria das incapacidades e os seus reflexos a atividade de registradores e notários. *Revista de Direito Imobiliário*. v. 80, p. 259-272, jan./jun. 2016.

29. CAMPINHO, Sérgio. *O direito de empresa à luz do novo Código Civil*. 4. ed. Rio de Janeiro: Renovar, 2004, p. 24-25.

30. ASCARELLI, Tullio. *Corso di diritto commerciale*: introduzione e teoria dell'impresa. 3. ed. Milano: Giuffrè, 1962, p. 295.

Sendo deferida a continuação da empresa, o incapaz é que será o empresário. Todavia, dada sua condição de incapaz ele será representado ou assistido. Há que se ressaltar, porém, que nem o representante, nem o assistente adquirirão a condição de empresário.

No caso dos relativamente incapazes, a lei não lhes retira a ingerência ou a participação na vida jurídica[31]. Eles praticam os atos em seu próprio nome, apenas exige-se a assistência para a validade do ato. Assim sendo, a titularidade da atividade e a assunção do risco competirá aos relativamente incapazes e não aos assistentes. Nestes casos, caberá àqueles o uso da firma, com a autorização dos assistentes.

Embora apareça mais e assine os atos, o representante do absolutamente incapaz pratica atos jurídicos em nome deste e para produzir efeitos na órbita jurídica deste[32]. O ato praticado pelo representante não é atribuído a este, mas ao representado, é como se o próprio representado estivesse praticando o ato. Nos seus efeitos jurídicos, o negócio é tratado como um negócio do próprio representado[33]. O uso da firma é feito pelo representante, mas não é ele que se vincula e sim o representado.

Apesar deles não serem os empresários, o Código Civil, em seu art. 975, afirma que se os representantes ou assistentes forem legalmente impedidos de exercer a atividade empresarial, deverá haver a nomeação de um gerente, com autorização do juiz. Essa nomeação não exime aquele que indicar o gerente, seja o representante, seja o assistente, da responsabilidade pelos atos praticados por este. Tal responsabilidade não é objetiva, e só ocorrerá no caso de *culpa in eligendo*, porquanto não se pode atribuir aos representantes dos incapazes os riscos da atividade empresarial.

A nosso ver, a nomeação do gerente tem por objetivo a proteção da própria empresa, evitando que pessoas que não teriam condições legais de exercê-la o façam indiretamente na condição de representantes ou assistentes do incapaz. Quem é impedido legalmente, em regra, não tem condições fáticas de ser empresário, pela própria natureza da sua ocupação. Embora, tecnicamente, não sejam eles os exercentes da empresa, é certo que sua atuação é determinante e, por isso, deve ser evitada quando houver impedimentos legais, com a nomeação dos gerentes.

Dentro dessa mesma ideia, o mesmo artigo prevê a possibilidade de nomeação de gerentes em qualquer caso que o juiz entenda ser conveniente. Ora, permitindo a continuação da empresa com incapazes, para preservar a empresa e os interesses que a circundam, devem-se tomar todas as medidas que se apresentarem convenientes para a melhor condução da empresa, como a nomeação de gerentes.

Havendo a nomeação de gerentes, caberá a estes o uso da firma, nos termos do art. 976, parágrafo único, do Código Civil. Tal condição permitirá que o gerente pratique os atos normalmente, com a celeridade que a atividade empresarial exige.

---

31.   PEREIRA, Caio Mário da Silva. *Instituições de direito civil*. 19. ed. Rio de Janeiro: Forense, 2000, v. 1, p. 176.

32.   PINTO, Carlos Alberto da Mota. *Teoria geral do direito civil*. 3. ed. Coimbra: Almedina, 1999, p. 535.

33.   LARENZ, Karl. *Derecho civil*: parte general. Traducción y notas de Miguel Izquierdo y Macías-Picavea. Madri: Editoriales de Derecho Reunidas, 1978, p. 755.

3.2.2 A limitação dos riscos

A atividade empresarial é uma atividade de risco, à qual fica sujeito todo o patrimônio do empresário individual, ressalvados os bens absolutamente impenhoráveis. Havendo insucesso na atividade, o empresário poderá ser reduzido à insolvência e, eventualmente, ter sua falência decretada, tutelando-se o crédito.

No caso dos incapazes, seu patrimônio merece uma proteção especial. Não tendo condições de exercer todas as atividades por si, os incapazes devem ter meios de subsistência que são dados normalmente por seu patrimônio. Assim sendo, o patrimônio dos incapazes deve ser protegido, o que se verifica até pela necessidade de intervenção do Ministério Público, nas ações que envolvam interesses de incapazes.

Ora, a continuação da empresa por incapazes tem por objetivo a preservação da empresa, e a proteção dos interesses que a circundam. Todavia, esta preservação não é um valor absoluto e deve ser compatibilizada com a proteção do incapaz.

Para tanto, o Código Civil criou um destaque patrimonial (Código Civil, art. 974, § 2º), isto é, só respondem pelos resultados da atividade empresarial aqueles bens ligados a ela, sendo imunes os bens que o incapaz já possuía ao tempo da interdição ou da sucessão, desde que estranhos à empresa. Com o intuito de proteger interesses de terceiros e dar publicidade a tal situação, tais fatos devem ser narrados no alvará de autorização da continuação da atividade.

Ora, a vinculação dos resultados da empresa aos bens ligados a ela é uma situação comum no nosso direito, como, por exemplo, nas sociedades limitadas. Desse modo, a limitação da responsabilidade não representa um sacrifício absurdo dos credores, mas uma prática corriqueira. Dentro dessa ideia, é perfeitamente justificável que se estenda essa limitação aos incapazes que continuam a exercer a atividade, preservando a empresa e tutelando o patrimônio daqueles, sem um sacrifício exagerado dos credores.

E não se diga que tal regra representa uma discriminação em face dos demais empresários individuais, na medida em que não há identidade nas situações. O destaque patrimonial aqui é justificado para impedir o fim da empresa, que seria extremamente provável, na medida em que não seria razoável submeter o patrimônio dos incapazes a tantos riscos.

3.3 *Proibições*

Normalmente, os empresários individuais retiram da atividade empresarial todo o seu rendimento, dedicando-se com exclusividade à empresa, tendo em vista a dedicação necessária para tanto. Tal situação é mais corriqueira, mas nada impede que uma pessoa seja empresária e exerça outras funções, compatibilizando o tempo necessário para o exercício de ambas.

Apesar de a regra geral ser a permissão de cumulação da empresa com outras funções, é certo que certas funções exigem uma dedicação maior e, por isso, não se coadunam com a condição de empresário. Diante dessa situação, várias leis consignam a proibição do exercício da empresa individualmente. Tais proibições legais não tornam nulos os atos praticados pelos proibidos de exercer a atividade empresarial, mas tornam irregular o exercício da empresa.

A Lei n. 8.112/90, em seu art. 117, proíbe os servidores públicos federais de serem empresários individuais, ou de exercerem cargo de administração em sociedades, permitindo-lhes a condição de quotista, acionista ou comanditário de sociedade. Tal proibição decorre da exclusividade e da dedicação que os cargos públicos exigem.

Admite-se, porém, a participação nos conselhos de administração e fiscal de empresas ou entidades em que a União detenha, direta ou indiretamente, participação no capital social ou em sociedade cooperativa constituída para prestar serviços a seus membros. Além disso, caso o servidor esteja no gozo de licença para tratar de interesses particulares, o impedimento não mais subsiste, ressalvando-se, contudo, a legislação sobre conflito de interesses.

Também em função do cargo ocupado, a Lei Orgânica da Magistratura (Lei Complementar 35/79 – art. 36, I e II) proíbe os magistrados de serem empresários individuais, ou de exercerem cargo de administração em sociedade, permitindo-lhes a condição de quotista ou acionista. Idêntica é a situação dos membros do Ministério Público (Lei n. 8.625/93, art. 44, III), pelas mesmas razões.

Também são proibidos de serem empresários, ou de serem administradores de sociedades, os militares da ativa, sendo-lhes permitida a condição de quotista ou acionista de sociedades. Tal proibição decorre do art. 204 do Código Penal Militar (Decreto-lei n. 1.001/69), que considera crime militar a violação a tal proibição.

Não há uma proibição genérica para os deputados e senadores, mas uma restrição[34], na medida em que a Constituição Federal lhes proíbe a condição de proprietários, controladores ou administradores, ou o exercício de qualquer função remunerada em empresas que gozem de favor decorrente com pessoa jurídica de direito público (art. 55, I, da Constituição Federal). Como mencionado, não se trata de proibição, mas de restrição da atuação de tais agentes políticos. Tais restrições se estendem aos vereadores, nos termos do art. 29, IX, da Constituição Federal.

Como as proibições devem ser interpretadas restritivamente, não vemos como estendê-las a outros agentes políticos, diante da inexistência de regra especial nesse sentido. Assim sendo, a princípio não há uma proibição legal para os membros do Poder Executivo, mas acreditamos que a condição de empresário individual não se coaduna com o exercício de tais cargos.

Por motivos diversos, os falidos são impedidos de serem empresários individuais, não havendo qualquer vedação quanto à condição de sócio ou acionista. Neste caso, as pessoas citadas não teriam a idoneidade necessária para exercer regularmente a atividade empresarial, sendo a vedação uma proteção para a comunidade em geral.

---

34. NEGRÃO, Ricardo. *Manual de direito comercial e de empresa*. 3. ed. São Paulo: Saraiva, 2003, v. 1, p. 52.

Em relação aos crimes falimentares, qualquer pessoa (empresário ou não) condenada por eles pode ter como efeito secundário da condenação a proibição do exercício da atividade empresarial, o impedimento para o exercício de cargo de administrador ou membro de conselho fiscal de sociedade, bem como a impossibilidade de gerir empresa por mandato ou por gestão de negócios. Tais efeitos não são automáticos, dependendo de decretação específica na sentença e perduram até 5 anos após a extinção da punibilidade ou até a reabilitação penal, o que ocorrer primeiro (Lei n. 11.101/2005 – art. 181, § 1º).

Também podem ser impedidas as pessoas condenadas a pena que vede, ainda que temporariamente, o acesso a cargos públicos; ou por crime de prevaricação, peita ou suborno (corrupção passiva e ativa), concussão, peculato; ou contra a economia popular, contra o sistema financeiro nacional, contra as normas de defesa da concorrência, contra as relações de consumo, a fé pública ou a propriedade, enquanto perdurarem os efeitos da condenação. Nestes casos, a proibição depende dos efeitos secundários da condenação na forma do art. 47 do Código Penal.

Há ainda impedimento para os leiloeiros (Decreto n. 21.981/1932 – art. 36) e para os cônsules, nos seus distritos, salvo os não remunerados.

Existem impedimentos mais específicos, como o dos médicos, para o exercício simultâneo da farmácia e o dos farmacêuticos, para o exercício simultâneo da medicina. De modo similar, os despachantes aduaneiros (Decreto n. 646/92 – art. 10, I) não podem ser empresários individuais em atividade de exportação ou importação de mercadorias nem podem comercializar aquelas de origem estrangeira no país.

Para os estrangeiros, não há nenhum impedimento genérico, nem mais a exigência da fotocópia do documento de identidade, emitido por autoridade brasileira, com a comprovação da condição de residente, admitindo-se, ainda, o RNE válido para esse fim (IN n. 81/DREI – art. 11). Há, ainda, impedimento para os estrangeiros para o exercício de algumas atividades, tais como pesquisa ou lavra de recursos minerais ou de aproveitamento dos potenciais de energia hidráulica.

3.4 Empresário individual casado

Como já ressaltado, o empresário individual continua a ser uma pessoa física, podendo exercer naturalmente todos os atos da vida civil. Alguns desses atos, porém, acabam por afetar sua atividade empresarial, especialmente os atos de disposição patrimonial e, por isso, precisarão ser averbados junto ao seu registro empresarial, para conhecimento do público em geral.

Em primeiro lugar, deve cuidar-se aqui especialmente da situação do casamento do empresário individual. Embora trate-se de uma mudança de *status* civil, ele possui, eventualmente reflexos sobre o patrimônio do empresário individual e, por isso, deve ser noticiado. Assim sendo, serão averbados no registro empresarial os pactos e declarações antenupciais do empresário. A sentença como a escritura que homologar ou decretar o divórcio do empresário individual, bem como o ato de reconciliação não podem ser opostos a terceiros, antes de arquivados e averbados no Registro Público de Empresas Mercantis (art. 980 do CC).

Tais averbações são necessárias para o conhecimento público do *status* geral do empresário e de eventuais atos que dependam da outorga do cônjuge para serem praticados (p. ex.: art. 1.647 do CC). Dentro da mesma lógica das restrições ao poder de disponibilidade do empresário individual, também deverão ser averbados, o título de doação, herança, ou legado, de bens clausulados de incomunicabilidade ou inalienabilidade, pois geram restrições na disponibilidade dos bens (art. 979 do CC), independentemente do estado civil do empresário.

Tentando reduzir tais restrições e simplificar a vida do empresário individual, o art. 978 do Código Civil dispõe que "o empresário casado pode, sem necessidade de outorga conjugal, qualquer que seja o regime de bens, alienar os imóveis que integrem o patrimônio da empresa ou gravá-los de ônus real".

A interpretação desse dispositivo é controvertida, sendo suficiente para alguns autores, a simples averbação no registro do imóvel de sua vinculação a atividade empresarial.

> Uma vez constando a averbação de que o imóvel integra o patrimônio da empresa, no caso de alienação ou oneração, o notário poderá lavrar a escritura dispensando a outorga conjugal sem necessidade de solicitar quaisquer outros documentos. Nesse caso, no momento do registro, a qualificação também se torna simplificada uma vez que fica evidente as razões da dispensa da outorga conjugal[35].

Nessa interpretação, a inclusão do imóvel na atividade empresarial, devidamente registrada seria suficiente para a dispensa da outorga.

De outro lado, há quem exija a averbação prévia da própria outorga do cônjuge para alienação no cartório de imóveis e no registro público de empresas mercantis[36]. Nesse sentido, foi editado na II Jornada de Direito Comercial o Enunciado n. 58, com o seguinte teor:

> O empresário individual casado é o destinatário da norma do art. 978 do CCB e não depende da outorga conjugal para alienar ou gravar de ônus real o imóvel utilizado no exercício da empresa, desde que exista prévia averbação de autorização conjugal à conferência do imóvel ao patrimônio empresarial no cartório de registro de imóveis, com a consequente averbação do ato à margem de sua inscrição no registro público de empresas mercantis.

Essa segunda opinião nos parece mais acertada e mais segura, pois permitiria o pleno conhecimento das limitações do poder de disposição pelo empresário individual casado.

---

35. TAKEDA, George. Empresário individual: requisitos para dispensa da outorga conjugal: art. 978 do Código Civil. In: WALD, Arnoldo (organizador). *Doutrinas essenciais de direito empresarial*. São Paulo: Revista dos Tribunais, 2010, p. 565.

36. RAMOS, André Luiz Santa Cruz. *Direito empresarial esquematizado*. 7. ed. São Paulo: Método, 2017, p. 75.

4   Das sociedades empresárias

É sempre oportuno lembrar que a empresa é a atividade exercida, não se confundindo com o sujeito que exerce a atividade. Esse sujeito é o empresário. Ao lado do exercício da empresa por pessoas físicas em nome próprio (empresários individuais) é cada vez mais comum a utilização de sociedades para tal mister, especialmente pela união de esforços e/ou capitais dos sujeitos envolvidos. Atividades maiores dificilmente podem ser exercidas individualmente, sendo frequente e muito útil a formação de sociedades.

Registre-se que nossa legislação permite que uma pessoa sozinha constitua determinadas sociedades, dando origem a pessoas jurídicas para o exercício da atividade, com um patrimônio separado.

Havendo a formação de sociedades, elas é que assumirão a condição de empresário, na medida em que as obrigações e o risco da empresa serão da sociedade. Diante dessa situação, é incorreto e inadequado atribuir a condição de empresário aos sócios ou administradores da pessoa jurídica, na medida em que esta é um sujeito de direitos autônomo, sendo ela a empresária.

As sociedades empresárias exercem atividade própria de empresário (art. 982 do CC) que esteja sujeito a registro, vale dizer, atividade econômica organizada para a produção ou circulação de bens ou serviços.

5   Os empresários rurais

A princípio, as atividades rurais voltadas para o mercado são dotadas de um mínimo de organização, podendo ser enquadradas como empresa. Logo, os exercentes de tais atividades podem ser denominados empresários rurais. Todavia, as atividades rurais sempre foram dotadas de um regime diferenciado no direito brasileiro, tendo em vista a própria condição de boa parte dos sujeitos envolvidos. Diferente não foi a orientação do Código Civil.

Os empresários rurais, sejam pessoas físicas, sejam sociedades, que desempenham tal atividade podem se sujeitar ao regime empresarial ou não, dependendo de uma opção do próprio empresário, de acordo com o seu registro.

Em relação às atividades empresariais rurais, não há obrigação do registro (art. 971 do CC), mas uma faculdade, em virtude do verbo *poder*, que consta do citado dispositivo[37]. Em função disso, o empresário rural que se registrar, no registro de empresas, estará sujeito ao regime empresarial e o que não se registrar ficará sujeito ao regime civil.

_____

37.   Em sentido contrário: negando a facultatividade do registro, NEGRÃO, Ricardo. *Manual de direito comercial e de empresa*. 3. ed. São Paulo: Saraiva, 2003, v. 1, p. 185.

6 REGIME EMPRESARIAL

1 Do regime empresarial

O exercício da empresa desempenha papel fundamental na economia moderna, tendo em vista os inúmeros interesses envolvidos, a saber, dos trabalhadores, do fisco e da própria comunidade. Logo, o empresário, enquanto sujeito exercente da empresa, deve estar submetido a deveres e responsabilidades peculiares[1], que denominamos regime empresarial.

Esse regime empresarial não é meramente teórico, na medida em que os empresários, sejam pessoas físicas ou jurídicas, estão sujeitos a um regime próprio de obrigações, quais sejam, o registro das empresas (arts. 1.150 a 1.154 do CC), a escrituração contábil (arts. 1.179 a 1.195 do CC) e a elaboração de demonstrações financeiras periódicas.

2 Do registro de empresas

Uma das obrigações impostas pelo regime jurídico empresarial é o registro no órgão competente dos atos determinados pela lei. Tal registro tem por finalidade dar publicidade aos atos. Não se trata de condição de eficácia, mas apenas de publicidade dos atos, daí dizer que o registro tem natureza eminentemente declaratória e apenas excepcionalmente constitutiva[2]. Todos os empresários são obrigados a se registrar, se não o fizerem serão empresários irregulares. Mesmo o pequeno empresário, a nosso ver, tem a obrigação de se registrar[3], na medida em que o art. 970 do CC fala apenas em "tratamento favorecido, diferenciado e simplificado" para o pequeno empresário. Em sentido contrário, Fabio Ulhoa Coelho[4] entende que o pequeno empresário estaria dispensado.

A disciplina do registro das empresas é dada pela Lei n. 8.934/94, que fala no registro de empresas mercantis e atividades afins, que já acolhia parcialmente a teoria da empresa.

---

1. FRANSCESCHELLI, Remo. *Corso di diritto commerciale*. Milano: Giuffrè, 1944, p. 169.

2. VALERI, Giuseppe. *Manuale di diritto commerciale*. Firenze: Casa Editrice Dottore Carlo Cya, 1950, v. 1, p. 47.

3. GONÇALVES NETO, Alfredo de Assis. *Direito de empresa*. São Paulo: Revista dos Tribunais, 2007, p. 78; NEGRÃO, Ricardo. *Manual de direito comercial e de empresa*. 9. ed. São Paulo: Saraiva, 2012. v. 1, p. 214.

4. COELHO, Fábio Ulhoa. *Curso de direito comercial*. 16. ed. São Paulo: Saraiva, 2013. v. 1, p. 136.

2.1 Órgãos do sistema

O sistema de registro das empresas é dividido entre o Departamento Nacional do Registro Empresarial e Integração (DREI) e as juntas comerciais.

O DREI é um órgão federal, que integra a estrutura do Ministério do Empreendedorismo, cuja competência é normativa, e de supervisão e controle do registro de empresas. A execução das atribuições do registro de empresas é feita pelas juntas comerciais, entidades de âmbito estadual, que podem ser simples órgãos dos Estados ou pessoas jurídicas, não havendo um critério fixo. No Distrito Federal, a junta comercial do DF, que já foi um órgão federal, integra a administração do Distrito Federal (Lei n. 13.833/2019).

A matéria comercial é de competência legislativa da União federal. Entretanto, a organização do serviço das juntas comerciais é da competência dos Estados. Diante de tal diferenciação, surge a indagação sobre qual a justiça competente para apreciar os questionamentos judiciais que envolvam as juntas.

O STJ entende que nas questões relativas à matéria comercial em si, o foro competente é a Justiça Federal, uma vez que as juntas comerciais efetuam o registro do comércio por delegação federal[5]. Entretanto, no que tange às questões do funcionamento interno da junta e a sua administração, a competência será da justiça comum estadual[6].

2.2 Atos do registro das empresas

Determinados profissionais (leiloeiros, tradutores públicos e intérpretes comerciais, trapicheiros e administradores de armazéns gerais) precisam se matricular nas juntas para exercer regularmente sua atividade. Trata-se de uma tradição da atividade comercial, que tende a desaparecer, mas continua em vigor.

Além disso, o registro das empresas também serve para o arquivamento de uma série de atos, corriqueiros no exercício da atividade empresarial.

Em primeiro lugar, está sujeita a arquivamento nas juntas comerciais a inscrição dos empresários e das sociedades cooperativas. Todos os empresários, sejam eles individuais ou sociedades, são obrigados a se inscrever no registro público das empresas mercantis onde esteja a sua sede (art. 967 do Código Civil). Em relação às sociedades, tal inscrição é condição de aquisição da personalidade jurídica (art. 985).

Feita a inscrição do empresário, será aberta uma espécie de registro para o empresário. À margem desse registro deverão ser averbadas todas as modificações que digam respeito ao empresário (art. 968, § 2º, do Código Civil), como, por exemplo, a abertura de filiais, as alterações de sede, todas as modificações do contrato social no caso de sociedades, a nomeação de administradores não sócios, quando for permitido, dentre outras.

---

5. STJ – 2ª Seção – CC 20140/MG, Relator Ministro Sálvio de Figueiredo Teixeira, j. em 13-12-1999, *DJ* de 20-3-2000; STJ – 2ª Seção – CC 43225/PR, Relator Ministro Ari Pargendler, *DJ* de 1º-2-2006.

6. REQUIÃO, Rubens. *Curso de direito comercial*. 23. ed. São Paulo: Saraiva, 1998, v. 1, p. 109.

Dentro da mesma ideia, também estão sujeitos a arquivamento os atos dos grupos de sociedades e consórcios de que trata a Lei n. 6.404/76. Embora não tenha personalidade jurídica no direito brasileiro, a existência de grupos e consórcios de sociedades deve ser dotada de certa publicidade, a qual decorrerá do arquivamento na junta comercial dos atos constitutivos dos grupos ou consórcios.

Também com o mesmo intuito de dar publicidade a sua atuação, as sociedades estrangeiras autorizadas a funcionar no Brasil devem arquivar todos os seus atos na junta comercial.

As microempresas e empresas de pequeno porte podem requerer o seu registro em tal condição, na junta comercial, mediante comunicação especificamente para tal fim. Tal comunicação se convencionou chamar de declaração de microempresa ou de empresa de pequeno porte. Com esse arquivamento, o gozo dos favores se torna mais fácil, mas, como bem asseverou o Prof. Marcelo Féres, "o registro não é constitutivo da condição de microempresa ou empresa de pequeno porte, mas meramente declaratório"[7].

Por fim, também devem ser arquivados todos os atos relativos ao exercício da empresa, a que a lei exija publicidade. Neste caso, há o exemplo da escritura de emissão de debêntures, que deve ser arquivada na junta comercial, nos termos do art. 62 da Lei n. 6.404/76.

Em todos os casos citados, o arquivamento deverá ser requerido até 30 dias após a data da assinatura do ato, para que possa produzir efeitos retroativamente à data do ato. Passado o prazo de 30 dias, o arquivamento só produzirá efeitos a partir do despacho que o ordenar (art. 36 da Lei n. 8.934/94).

A junta comercial não tem o controle do mérito do ato a ser arquivado, mas deve velar pela obediência das formalidades legais e pela inexistência de contradições no registro das empresas. Assim sendo, a junta comercial não pode arquivar[8] os atos que desobedeçam às formalidades legais, ou violem a ordem pública ou os bons costumes, bem como aqueles que colidam com atos arquivados anteriormente e não modificados.

O sistema decisório dos arquivamentos das juntas comerciais foi muito simplificado, com as alterações introduzidas pela Lei n. 13.874/2019.

Os atos constitutivos das sociedades anônimas e os atos que envolvam transformação, incorporação, fusão, cisão, criação de grupos ou formação de consórcios estão submetidos a um regime de decisão colegiada (art. 41, I, da Lei n. 8.934/94). Tais pedidos de arquivamento serão decididos no prazo de 5 (cinco) dias úteis, contados da data de seu recebimento, sob pena de os atos serem considerados arquivados, mediante provocação dos interessados, sem prejuízo do exame das formalidades legais pela procuradoria.

Os demais atos sujeitos a arquivamento, que podem ser considerados mais simples, inclusive as atas de sociedades anônimas, serão objeto de decisão singular proferida pelo

---

7. FÉRES, Marcelo Andrade. Ensaios sobre o novo estatuto da microempresa e da empresa de pequeno porte (Lei n. 9.841, de 5 de outubro de 1999). *Jus Navigandi*, Teresina, ano 4, n. 43, jul. 2000. Disponível em: <http://www1.jus.com.br/doutrina/texto.asp?id=752>. Acesso em: 12 jul. 2004.

8. *Vide* art. 35 da Lei n. 8.934/94.

presidente da junta comercial, por vogal ou servidor que possua comprovados conhecimentos de Direito Comercial e de Registro de Empresas Mercantis. Serão decididos no prazo de 2 (dois) dias úteis, contados da data de seu recebimento, sob pena de os atos serem considerados arquivados, mediante provocação dos interessados, sem prejuízo do exame das formalidades legais pela procuradoria (art. 42, § 2º, da Lei n. 8.934/94).

Os mesmos atos, considerados mais simples e não abrangidos pelo art. 41, I, da Lei n. 8.934/94, poderão ser objeto de registro automático (art. 42, § 3º, da Lei n. 8.934/94), desde que atendidas as seguintes condições: a) aprovação da consulta prévia da viabilidade do nome empresarial; b) viabilidade de localização, quando o ato exigir; e c) utilização de instrumento padrão estabelecido pelo Departamento Nacional de Registro Empresarial e Integração (DREI). Nesse caso, a análise do cumprimento das formalidades legais será feita posteriormente, no prazo de 2 (dois) dias úteis, contados da data do deferimento automático do registro.

Os atos decisórios serão publicados em sítio da rede mundial de computadores da junta comercial do respectivo ente federativo, podendo deferir o arquivamento, negá-lo quando houver vícios insanáveis ou determinar o cumprimento das exigências se o vício identificado for sanável. Em todo caso, é possível a interposição de recursos ao plenário ou, em última instância, ao DREI.

Por fim, os instrumentos de escrituração da atividade empresarial (livros) devem ser autenticados pelas juntas comerciais, a fim de lhes assegurar uma garantia de autenticidade, em função do valor probante que a lei lhes assegura. A autenticação pela junta comercial é uma tentativa de evitar eventuais adulterações que possam afetar o valor probante dos livros.

3 Escrituração

A lei impõe como obrigação comum a todos os empresários, ressalvado o pequeno empresário[9] (o art. 1.179, § 2º, do Código Civil dispensa o pequeno empresário da escrituração), a manutenção de uma escrituração contábil dos negócios de que participam. Tal escrituração tem por funções: organizar os negócios, servir de prova da atividade para o próprio empresário, para terceiros[10] e especificamente para o fisco. Os livros atendem tanto ao interesse do empresário no sentido da organização das suas atividades, quanto ao interesse público no sentido da fiscalização dessas atividades[11]. As demais pessoas jurídicas de direito privado estão, a princípio, dispensadas de tal escrituração[12].

---

9.   Considera-se pequeno empresário, o empresário individual caracterizado como microempresa na forma desta Lei Complementar que aufira receita bruta anual de até R$ 81.000,00 (oitenta e um mil reais).

10.   GALGANO, Francesco. *Diritto civile e commerciale*. 3. ed. Padova: CEDAM, 1999, v. 3, tomo 1, p. 136; CARVALHOSA, Modesto. *Comentários ao Código Civil*. São Paulo: Saraiva, 2003, v. 13, p. 776.

11.   RIPERT, Georges; ROBLOT, René. *Traité élémentaire de droit commercial*. 5. ed. Paris: Librairie Générale de Droit et de Jurisprudence, 1963, v. 1, p. 207.

12.   CARVALHOSA, Modesto. *Comentários ao Código Civil*. São Paulo: Saraiva, 2003, v. 13, p. 775.

3.1 Princípios da escrituração

Qualquer que seja a forma adotada para a escrituração, ela deve obediência a determinados princípios, para evitar confusões e resguardar a confiabilidade das informações registradas.

Não há uniformidade na doutrina ao tratar de tais princípios. Ricardo Negrão apresenta os princípios do sigilo, da fidelidade e da liberdade[13]. Modesto Carvalhosa, por sua vez, apresenta os princípios da uniformidade temporal e da individuação da escrituração[14]. A nosso ver, deve ser uma combinação entre as ideias dos dois autores, apresentando como princípios a uniformidade temporal, a fidelidade e o sigilo.

3.1.1 Uniformidade temporal

A escrituração empresarial é feita por meio de métodos contábeis, os quais não são iguais. Em função disso, é essencial que se mantenha a escrituração sempre pelo mesmo método contábil no correr de toda a vida da empresa, a fim de evitar confusões. Fala-se em uniformidade temporal porque haverá uma uniformidade de método, apesar do decurso do tempo[15].

3.1.2 Fidelidade

Todos os lançamentos da escrituração tomam por base certos documentos do empresário e devem ser fiéis a tais documentos, isto é, a escrituração deve corresponder à realidade que se apresenta[16]. Com esse princípio, tenta-se garantir a confiabilidade dos lançamentos constantes da escrituração que não interessam apenas ao empresário, mas também a terceiros.

Tentando dar aplicação a tal princípio, a lei veda que a escrituração contábil possua rasuras, espaços em branco, entrelinhas ou borrões (art. 1.183 do Código Civil).

3.1.3 Sigilo

A escrituração interna do empresário goza naturalmente de um sigilo, consagrado no art. 1.190 do Código Civil. O juiz, a princípio, só pode determinar a exibição integral dos livros e papéis de escrituração quando necessária para resolver questões relativas à sucessão, comunhão ou sociedade, administração ou gestão à conta de outrem, ou em caso de falência.

Entretanto, com o correr do tempo, tal sigilo perdeu importância, cedendo espaço ao interesse do fisco na arrecadação, sendo hoje perfeitamente admissível o exame dos livros contábeis, pelas autoridades fiscais ou, mediante ordem judicial, nos processos em que o empresário seja parte.

---

13. NEGRÃO, Ricardo. *Manual de direito comercial e de empresa.* 3. ed. São Paulo: Saraiva, 2003, v. 1, p. 206-209.

14. CARVALHOSA, Modesto. *Comentários ao Código Civil.* São Paulo: Saraiva, 2003, v. 13, p. 777-778.

15. Idem, ibidem.

16. NEGRÃO, Ricardo. *Manual de direito comercial e de empresa.* 3. ed. São Paulo: Saraiva, 2003, v. 1, p. 206.

3.2 Livros

A escrituração é feita normalmente em livros, admitindo se hoje já o sistema de fichas, folhas soltas ou microfichas geradas por computador. Em qualquer caso, devem ser obedecidas determinadas regras estabelecidas em lei, não se admitindo espaços em branco, entrelinhas ou rasuras.

Ante a força probante de tais livros e sua equiparação aos documentos públicos para efeitos penais (art. 297, § 2º, do Código Penal), estes devem ser autenticados pelas juntas comerciais, a fim de se garantir a eles uma autenticidade. No caso de fichas ou folhas soltas, também é exigida a autenticação (art. 1.181 do Código Civil).

3.2.1 Livros obrigatórios

No Brasil, adota-se o sistema francês, pelo qual existem livros obrigatórios e livros auxiliares facultativos e ainda livros especiais, obrigatórios para determinados empresários. Nos termos do Código Civil, o único livro obrigatório é o Livro Diário, que pode ser substituído pelo sistema de fichas ou pela escrituração mecanizada ou eletrônica (art. 1.180).

O Livro Diário é o livro que retrata as atividades do empresário; ele deve apresentar dia a dia as operações relativas ao exercício da empresa[17]. O empresário deve lançar, diariamente, todas as operações realizadas, títulos de crédito que emitir, aceitar ou endossar, fianças dadas e o mais que representar elemento patrimonial nas suas atividades. Ao final de cada exercício, deverão ser lançados no livro o balanço patrimonial e o balanço de resultado econômico.

De acordo com o Código Civil (art. 1.185), o empresário ou sociedade empresária que adotar o sistema de fichas de lançamentos poderá substituir o Livro Diário pelo Livro Balancetes Diários e Balanços, observadas as mesmas formalidades extrínsecas exigidas para aquele.

Existem outros livros obrigatórios, impostos pela legislação tributária, como para os atacadistas, varejistas e industriais, os livros de registro de entradas, registro de saídas, registro de utilização de documentos fiscais e termos de ocorrências, registro de inventário e registro de apuração do ICMS. Existem também livros obrigatórios pela legislação trabalhista, como o Livro de Registro de Empregados.

3.2.2 Livros facultativos

A par dos livros obrigatórios, existem vários livros facultativos, que servem apenas para facilitar a escrituração. A lei não impõe a presença de tais livros, fica a critério do empresário usá-los ou não, nos termos do art. 1.179, § 1º, do Código Civil.

Um dos livros facultativos mais comuns é o Livro Razão. Neste são registrados os vários atos ou operações praticadas pelo empresário pelas contas a que dizem respeito.

---

17. GALGANO, Francesco. *Diritto civile e commerciale*. 3. ed. Padova: CEDAM, 1999, v. 3, tomo 1, p. 137.

CURSO DE DIREITO EMPRESARIAL

Em vez de fazer os lançamentos pelo dia da operação, os lançamentos são feitos pelas contas a que dizem respeito.

Embora seja um livro muito útil, ele não é um livro obrigatório. Ao contrário do que afirma Láudio Camargo Fabretti[18], a legislação tributária não tornou o Livro Razão obrigatório para todos os empresários. Conforme se depreende do art. 274 do Regulamento do Imposto de Renda[19], o Livro Razão é obrigatório para as pessoas jurídicas sujeitas ao regime de tributação pelo lucro real e apenas para estas.

Outro livro facultativo muito comum é o chamado Livro Caixa, que registra qualquer entrada e saída de dinheiro. Neste livro, há um controle dos recursos que ingressam no patrimônio do empresário e daqueles que saem do patrimônio do empresário, facilitando a apuração do resultado do exercício. Aos empresários que optarem pelo SIMPLES Nacional (questões tributárias), em regra, é obrigatório o livro Caixa (Lei Complementar n. 123/2006, art. 26, § 2º).

Há outros livros facultativos que podem ser usados pelo empresário, como, por exemplo, os livros Obrigações a Pagar, Obrigações a Receber, Copiador de Cartas, entre outros.

3.2.3 Livros especiais

A par dos livros obrigatórios que são comuns a todos os empresários, existem certos livros que são obrigatórios apenas para certos empresários, seja pela atividade desenvolvida, seja pela forma adotada.

Nos termos da legislação empresarial, é obrigatório o Livro de Registro de Duplicatas para os empresários que emitem duplicatas (art. 19 da Lei n. 5.474/68). Nesse caso, também se admite a substituição por sistema mecanizado de escrituração, desde que obedecidas as formalidades exigidas por lei para a escrituração do livro.

Os bancos são obrigados a manter o Livro de Balancetes Diários e Balanços (Lei n. 4.843/43). Os armazéns gerais são obrigados a manter o Livro de Entrada e Saída de Mercadorias (Decreto n. 1.102/03, art. 7º). As sociedades anônimas possuem uma série de livros especiais; são aqueles indicados pelo art. 100 da Lei n. 6.404/76:

- Livro de Registro das Ações Nominativas;
- Livro de Transferência das Ações Nominativas;
- Livro de Registro das Partes Beneficiárias;
- Livro de Transferência das Partes Beneficiárias;
- Livro de Atas da Assembleia geral;

---

18. FABRETTI, Láudio Camargo. *Direito de empresa no Código Civil*. São Paulo: Atlas, 2003, p. 81.

19. RIR – Decreto n. 9.580/2018 – Art. 274. A pessoa jurídica tributada com base no lucro real deverá manter, em boa ordem e de acordo com as normas contábeis recomendadas, livro-razão para resumir e totalizar, por conta ou subconta, os lançamentos efetuados no livro diário, mantidas as demais exigências e condições previstas na legislação.

- Livro de Presença dos Acionistas;
- Livro de Atas de Reuniões do Conselho de Administração;
- Livro de Atas das Reuniões da Diretoria;
- Livro de Atas e Pareceres do Conselho Fiscal.

3.3 Força probatória da escrituração

Além da finalidade gerencial da escrituração, ela possui também uma finalidade probatória, especialmente para terceiros, mas não só para estes. Ora, a exigência da escrituração é uma das formas de proteger os interesses de terceiros, facilitando a prova das relações com o empresário[20]. Neste ponto, ganha particular relevo a regra do art. 417 do CPC/2015.

Contra o empresário os assentos constantes dos seus livros fazem prova plena, desde que atendidos os requisitos legais, ainda que o lançamento advenha de seu preposto e mesmo que seja irregular a escrituração[21]. Há contra o empresário uma presunção relativa decorrente da escrituração, a qual admite prova em contrário a ser produzida pelo próprio empresário, por qualquer meio admitido em direito.

Em favor do titular nos litígios entre empresários, os livros regularmente escriturados também fazem prova relativa, que admitirá prova em contrário (art. 417 do CPC/2015). Em outros tipos de relação jurídica (consumo, trabalho, administrativa...), os livros só poderão ser usados em conjunto com outros meios de prova.

Em qualquer caso, a força probatória dos livros é afastada se a lei exigir escritura pública ou escrito particular com requisitos especiais.

3.4 Exibição dos livros

Apesar dos interesses de terceiros envolvidos, é certo que há que se resguardar o sigilo da escrituração. A exibição integral dos livros só pode ser determinada judicialmente, nas questões relativas à liquidação de sociedade ou nos demais casos determinados em lei (art. 420 do CPC/2015), como na falência. A exibição integral dos livros nesses casos poderá ser feita em uma ação cautelar própria ou incidentalmente no curso de um processo.

A exibição integral abrange o acesso do interessado a todos os livros e documentos do empresário, não se limitando a um livro ou documento específico[22]. O sigilo nesses

---

20. GALGANO, Francesco. *Diritto civile e commerciale.* 3. ed. Padova: CEDAM, 1999, v. 3, tomo 1, p. 140.

21. SANTOS, Moacyr Amaral. *Primeiras linhas de direito processual civil.* 16. ed. São Paulo: Saraiva, 1994, v. 2, p. 406.

22. MARINONI, Luiz Guilherme; ARENHART, Sérgio Cruz. *Comentários ao Código de Processo Civil.* São Paulo: Revista dos Tribunais, 2000, v. 5, tomo II, p. 133.

casos é quebrado por situações excepcionais, que justificam a necessidade de se indagar de todo o patrimônio do empresário, bem como da movimentação dos seus negócios.

No regime do CPC anterior, entendia-se que era possível a exibição dos livros mesmo de quem não fosse parte na lide, na medida em que era possível que o livro tenha o registro de uma transação que interessa a terceiros[23]. Não há como se aplicar, na sua literalidade, a Súmula n. 260 do Supremo Tribunal Federal, que diz: "O exame de livros comerciais, em ação judicial, fica limitado às transações entre os litigantes." Há que se fazer uma interpretação sistemática da legislação de regência.

O art. 420 do CPC/2015, que trata da exibição integral, fala em requerimento da parte para exibição dos livros, não afirmando que os livros devem ser da parte. Já o art. 421 do CPC/2015, que trata da exibição parcial, fala em ordenar à parte a exibição dos livros, logo, o empresário deve ser parte. Desse modo, a exibição integral pode ser requerida em ações nas quais o empresário não seja parte, e a parcial apenas em ações nas quais o empresário seja parte.

Não havendo a apresentação dos livros na exibição integral, a doutrina apontava como sanção que os fatos alegados deveriam ser tidos como verdadeiros, em função do disposto no art. 400, I, do CPC/2015, aplicável subsidiariamente a exibição integral dos livros[24]. Com o advento do Código Civil (art. 1.192), Carvalhosa entende que a solução para a recusa da exibição passa a ser a apreensão judicial dos livros e não mais a confissão em relação aos fatos narrados[25]. A nosso ver, hoje, acaba prevalecendo a aplicação do art. 400, I, do CPC/2015, por se tratar de norma mais recente e específica.

A par da exibição total, existe também a exibição parcial, que pode ser determinada de ofício ou a requerimento da parte, para a solução de determinado litígio. Neste caso, a exibição limita-se aos documentos relativos ao ponto controvertido da demanda[26]. O exame poderá ser feito na presença do empresário ou de pessoa por ele indicada, extraindo-se apenas o que interessa para o litígio.

Não havendo apresentação do livro nesse caso, deverão ser tidos como verdadeiros os fatos narrados, salvo prova documental em contrário (Código Civil, art. 1.192). Há uma presunção relativa da veracidade dos fatos alegados, que poderá ser desconstituída apenas por prova documental em sentido contrário.

Nenhuma das restrições acima apontadas se aplica às autoridades fazendárias, responsáveis pela fiscalização do recolhimento de tributos (Código Civil, art. 1.193, e Código Tributário Nacional, art. 195). Nesse caso, há um interesse público no recolhimento

---

23. Idem, p. 133.

24. CINTRA, Antônio Carlos de Araújo. *Comentários ao Código de Processo Civil*. Rio de Janeiro: Forense, 2000, v. IV, p. 120; MARINONI, Luiz Guilherme; ARENHART, Sérgio Cruz. *Comentários ao Código de Processo Civil*. São Paulo: Revista dos Tribunais, 2000, v. 5, tomo II, p. 136.

25. CARVALHOSA, Modesto. *Comentários ao Código Civil*. São Paulo: Saraiva, 2003, v. 13, p. 825; CAMPINHO, Sérgio. *O direito de empresa à luz do novo Código Civil*. 4. ed. Rio de Janeiro: Renovar, 2004, p. 382.

26. MARINONI, Luiz Guilherme; ARENHART, Sérgio Cruz. *Comentários ao Código de Processo Civil*. São Paulo: Revista dos Tribunais, 2000, v. 5, tomo II, p. 141.

dos tributos, não se tratando de interesse exclusivamente particular. O interesse público se sobrepõe ao interesse particular no sentido do sigilo da escrituração.

Também não há, a princípio, restrições para o exame dos livros pelos sócios das sociedades regidas pelo Código Civil, nos termos do art. 1.021 do Código Civil. Trata-se, neste particular, de uma tentativa de dar efetividade ao direito que todos os sócios possuem de fiscalizar a gestão da sociedade.

3.5 Da guarda da escrituração

A escrituração das atividades do empresário é muito importante para terceiros, podendo servir de prova da existência de determinadas obrigações. Assim sendo, é importante que o empresário guarde a escrituração com cuidado, evitando a destruição ou extravio dos livros. Essa obrigação de guarda dos livros e documentos da atividade empresarial perdura até a prescrição ou decadência das obrigações decorrentes dos atos ali registrados (Código Civil, art. 1.194).

4 Demonstrações contábeis

Por derradeiro, é obrigação dos empresários o levantamento periódico de suas atividades, mediante a elaboração de um balanço patrimonial e de resultado econômico (art. 1.179 do Código Civil), normalmente a cada ano. O pequeno empresário está dispensado também dessa obrigação, nos termos do art. 1.179, § 2º, do Código Civil.

No balanço patrimonial (arts. 1.187 e 1.188 do Código Civil), haverá a exposição da real situação do empresário, apresentando distintamente os bens integrantes do ativo e do passivo do empresário, definindo ao final o patrimônio líquido. Tal demonstração hoje é a mais importante para os credores, na medida em que ela apresenta a efetiva situação patrimonial do empresário.

Ao lado do balanço patrimonial, exige-se também o balanço de resultado econômico ou demonstração de lucros e perdas (art. 1.189 do Código Civil), o qual tem por objetivo a apresentação do desempenho do empresário em determinado período, apurando a existência de lucros ou prejuízos.

As chamadas sociedades de grande porte, independentemente de sua forma societária, serão obrigadas a ter as mesmas demonstrações financeiras das sociedades anônimas, bem como serão obrigadas a realizar auditoria independente por auditor registrado na Comissão de Valores Mobiliários. Nesse conceito (Lei n. 11.638/2007 – art. 3º) se incluem as sociedades cujo ativo total seja superior a R$ 240.000.000,00 (duzentos e quarenta milhões de reais) ou cuja receita bruta anual seja superior a R$ 300.000.000,00 (trezentos milhões de reais). Não há, porém, a obrigação de publicar as demonstrações contábeis, uma vez que não há determinação específica da publicação em qualquer norma[27].

---

27. STJ – 3ª Turma – REsp 1.824.891/RJ – Relator Ministro Moura Ribeiro – j. 21-3-2023 – *DJe* de 23-3-2023.

7 | AUXILIARES DO EMPRESÁRIO

1 Dos auxiliares do empresário

Dificilmente o empresário tem a capacidade de praticar todos os atos por si só, sendo muito frequente o auxílio de outras pessoas, de colaboradores. Estes são muito importantes para o exercício da empresa, uma vez que dificilmente o empresário terá condição de exercer por si só todas as atividades que se fazem necessárias.

Apesar de atuarem em prol da empresa, esses colaboradores não assumem o risco da atividade e por isso não podem ser considerados empresários, mas apenas auxiliares do empresário.

Os auxiliares do empresário podem desenvolver atividades com conotação técnica, sejam manuais ou intelectuais, atinentes ao próprio exercício da empresa. Ao lado dessas atividades técnicas, os auxiliares podem desenvolver atividades com conotação jurídica, pondo em prática os negócios relativos ao exercício da empresa. Neste mister, eles agem no lugar e fazendo as vezes do empresário[1]. Não há necessariamente uma distinção entre a atuação técnica e a jurídica, normalmente há uma combinação de ambas, na medida em que a atuação técnica, normalmente, exige uma atuação jurídica[2].

Francesco Ferrara Junior classifica os auxiliares em subordinados e autônomos[3]. Estes seriam os auxiliares externos à empresa, sem uma relação de dependência imediata. Já os subordinados seriam aqueles ligados diretamente ao empresário, normalmente vinculados por um contrato de trabalho. Dentro dessa concepção, seriam auxiliares subordinados os empregados em geral, e como auxiliares autônomos teríamos as pessoas ligadas por contratos de agência, de comissão e de representação.

No regime do Código Comercial de 1850, Carvalho de Mendonça apresentava a mesma classificação com outra terminologia, auxiliares dependentes e independentes, incluindo entre estes os corretores, leiloeiros e os despachantes das alfândegas e entre aqueles os chamados prepostos[4].

---

1. VALERI, Giuseppe. *Manuale di diritto commerciale*. Firenze: Casa Editrice Dottore Carlo Cya, 1950, v. 1, 76; FERRI, Giuseppe. *Manuale di diritto commerciale*. 4. ed. Torino: UTET, 1976, p. 90.

2. FERRI, Giuseppe. *Manuale di diritto commerciale*. 4. ed. Torino: UTET, 1976, p. 90.

3. FERRARA JUNIOR, Francesco; CORSI, Francesco. *Gli imprenditori e le società*. 11. ed. Milano: Giuffrè, 1999, p. 118.

4. CARVALHO DE MENDONÇA, J. X. *Tratado de direito comercial brasileiro*. Atualizado por Ruymar de Lima Nucci. Campinas: Bookseller, 2001, v. 2, tomo 2, p. 324.

Com o advento do Código Civil, os chamados auxiliares independentes ou autônomos são tratados na parte dos contratos, analisando-se as peculiaridades do contrato em si. A propósito, vejam-se as regras atinentes aos contratos de mandato, de agência, de distribuição, de comissão e de corretagem. No que tange aos auxiliares dependentes, o Código Civil trata dos prepostos nos arts. 1.169 a 1.178, destacando a figura do gerente e a do contabilista.

2 Dos prepostos em geral

Ressalvados casos excepcionais, a atividade do empresário envolve, em regra geral, a organização do trabalho alheio. Vale dizer, o empresário quase sempre depende de auxiliares sob seu comando[5], para o bom exercício da atividade. Esses auxiliares normalmente são vinculados ao empresário por um contrato de trabalho, desempenhando as mais diversas funções, sejam elas exclusivamente técnicas, de representação ou ambas juntas.

Em relação a esses auxiliares dependentes do empresário há toda uma disciplina dada pelo direito do trabalho. Todavia, não nos interessa aqui a disciplina trabalhista da relação entre o empresário e seus auxiliares, mas apenas os efeitos empresariais dessa relação.

2.1 O contrato de preposição

Dentre os auxiliares dependentes, merecem especial destaque os prepostos, que são pessoas ligadas ao empresário por um contrato de trabalho sob a espécie de contrato de preposição[6].

O contrato de preposição é um contrato autônomo que tem elementos do mandato e da locação de serviços[7], não se confundindo nem com um nem com outro tipo. A dependência distingue a preposição do mandato e os poderes de representação afastam a preposição do contrato de locação de serviços. Portanto, estamos diante de um contrato autônomo.

A dependência é uma característica essencial da preposição, na medida em que há uma subordinação hierárquica do preposto em relação ao empresário. Este é quem tem, em última análise, a direção da empresa. O preposto pode até agir dirigindo a empresa na órbita interna ou na órbita externa, mas sob as ordens e sob o comando do preponente, que é o empresário.

O preposto não é qualquer auxiliar dependente do empresário, ou seja, nem todos os empregados do empresário são prepostos. O que caracteriza a preposição é o poder

---

5. CARVALHO DE MENDONÇA, J. X. *Tratado de direito comercial brasileiro*. Atualizado por Ruymar de Lima Nucci. Campinas: Bookseller, 2001, v. 2, tomo 2, p. 495.

6. CARVALHOSA, Modesto. *Comentários ao Código Civil*. São Paulo: Saraiva, 2003, v. 13, p. 741.

7. Idem, p. 742.

de representação. O preposto substitui o preponente em determinados atos, seja na organização interna da empresa, seja nas relações externas com terceiros[8].

Neste contrato, o empresário assume a condição de preponente e o preposto assume "a prestação ao preponente de serviços atinentes a determinada função que é estabelecida por este, mas também na outorga de certos poderes de representação necessários para o desempenho dessa função específica que é cometida ao preposto"[9]. O preposto desenvolve uma atividade jurídica dentro da empresa, substituindo o empresário em determinados aspectos.

Em síntese, podemos afirmar que o preposto é o auxiliar dependente que exerce determinadas atividades jurídicas dentro da empresa, substituindo o empresário em determinados atos, seja na órbita interna, seja na órbita externa em relação a terceiros.

2.2 O personalismo da relação

Dada a importância que o preposto assume no dia a dia da empresa, normalmente há uma relação de confiança entre ele e o preponente. Essa relação de confiança torna essa relação de preposição uma relação personalíssima, isto é, os encargos decorrentes da preposição devem ser exercidos pessoalmente pelo preposto, salvo se houver autorização em sentido contrário do preponente.

Há uma vedação legal (art. 1.169 do Código Civil) de o preposto se fazer substituir por outra pessoa, salvo se houver a anuência do preponente. O descumprimento de tal norma dá ao preposto a responsabilidade pessoal por todos os atos praticados pelo substituto. Não há que se indagar de culpa do preposto, a culpa decorre da delegação das atribuições que lhe foram conferidas pelo contrato de preposição.

2.3 Da vinculação do preponente

Na condição de preposto, estão ínsitos poderes de representação do empresário, isto é, o preposto pode substituir o empresário em determinados atos, seja na órbita interna da empresa, seja nas relações externas com terceiros. Diante dessa situação, os atos que o preposto pratica nessa condição não são atos pessoais dele, mas atos do preponente. Quando o preposto age, dentro dos seus poderes, quem fica vinculado, a princípio, é o preponente.

É certo, porém, que o preposto, por vezes, extrapola os limites que foram definidos pelo empresário. Nesses casos, há que se proteger, primordialmente, o público em geral que mantém relações com o empresário, sem, contudo, desproteger o empresário de forma exagerada.

---

8.   FERRARA JUNIOR, Francesco; CORSI, Francesco. *Gli imprenditori e le societá*. 11. ed. Milano: Giuffrè, 1999, p. 119.

9.   CARVALHOSA, Modesto. *Comentários ao Código Civil*. São Paulo: Saraiva, 2003, v. 13, p. 741.

Quando os prepostos agem dentro do estabelecimento empresarial, há, perante terceiros, toda a aparência de que se trata de um ato do empresário. Na velocidade em que se desenvolvem as relações empresariais, não é razoável exigir do público em geral a conferência dos poderes de quem está agindo como se preposto fosse. Há que se aplicar nessas situações a teoria da aparência, em benefício do próprio tráfico jurídico, protegendo a boa-fé[10].

Assim, se o ato é praticado pelo preposto, dentro do estabelecimento e é relativo à atividade da empresa, há uma presunção absoluta de que se trata de um ato do empresário. Quando o preposto age dessa forma, ainda que não seja autorizado por escrito, quem fica vinculado é o preponente, nos termos do art. 1.178 do Código Civil. A aparência nesses casos é muito forte, e não pode haver prejuízo para o público, sob pena de se inviabilizarem as atividades em massa.

A jurisprudência já vem reconhecendo há muito tempo a aplicação da teoria da aparência nessas situações. O Superior Tribunal de Justiça, em várias hipóteses, reconheceu válida a citação feita na sede da empresa, recebida por pessoa que tinha a aparência de representante do empresário, ainda que não tivesse poderes específicos para tanto[11].

Entretanto, se o ato não é relativo ao exercício da empresa, o empresário não pode ficar vinculado. O que se quer proteger é a boa-fé, e não há boa-fé se o ato não é relativo ao exercício da empresa. Não se deve acreditar que o ato é do empresário, se não guarda relação com a empresa. A título exemplificativo, imagine-se, numa padaria, um preposto vendendo carros. Não é razoável acreditar que aquele ato seja do preponente.

A mesma situação ocorre quando o ato é praticado fora do estabelecimento. Nesse caso, não há nenhum indício de vinculação do empresário ao ato, logo, não há uma aparência de representação a ser protegida. Assim sendo, ele só ficará vinculado se o ato for praticado nos limites dos poderes conferidos por escrito ao preposto (Código Civil, art. 1.178, parágrafo único). Nestes casos, há uma cautela que deve ser obedecida pelos terceiros, pois não há uma aparência que justifique a proteção dos terceiros. Protege-se, nesses casos, o empresário que poderia ser vítima de pessoas inescrupulosas, sem prejudicar o público.

2.4 Do dever de lealdade

O preposto é uma pessoa de confiança do empresário, e como tal acaba tendo acesso a segredos, informações privilegiadas. Em função da relação de confiança que deve pautar a relação de preposição, é certo que o preposto deve agir de forma leal, não agindo de qualquer maneira que possa prejudicar o preponente.

Diante desse dever de lealdade, o Código Civil estabelece, em seu art. 1.170, a proibição de concorrência ao empresário por parte do preposto. O referido dispositivo proíbe

---

10. CARVALHOSA, Modesto. *Comentários ao Código Civil*. São Paulo: Saraiva, 2003, v. 13, p. 767.

11. STJ – Corte Especial – EREsp 178.145, Relator Ministro José Arnaldo da Fonseca, *DJ* de 25-2-2002.

o preposto de participar, de forma direta ou indireta, de operação do mesmo gênero da que lhe foi cometida, salvo autorização expressa da própria sociedade. O intuito do dispositivo é evitar que o preposto descuide dos interesses do preponente, em favor de seus interesses próprios[12].

Não se proíbe que os prepostos exerçam quaisquer atividades econômicas, individualmente ou como sócios. O que se proíbe é o exercício, individualmente ou como sócio, daquelas idênticas às que lhe foram acometidas pelo preponente. Se o preposto tiver negócios próprios da mesma natureza daqueles que o preponente lhe atribuiu, haverá um claro conflito de interesses, que não se coaduna com a relação jurídica de preposição.

Ademais, tal proibição se justifica pela exigência de se impedir que o preposto use notícias e oportunidades de que teve conhecimento em virtude do cargo, em benefício próprio e em detrimento do próprio preponente[13]. As informações e chances obtidas, em razão do cargo, só chegaram ao conhecimento do preposto porque ele estava substituindo o empresário naquele ato. Assim sendo, as chances e oportunidades só podem ser usadas pelo empresário e não pelo preposto.

O descumprimento de tal dever acarreta ao preposto a obrigação de ressarcir os danos causados ao preponente e a retenção dos lucros obtidos em tais operações pelo empresário prejudicado.

3   Dos gerentes

Alguns dos prepostos do empresário são nomeados com o intuito mais específico de auxiliá-lo na própria gestão da empresa. Esses prepostos são nomeados de modo mais genérico, não para um ato específico, mas para a gestão da empresa em si. Eles substituem, de modo geral, o empresário, seja na organização interna da empresa, seja nas atividades externas[14]. Esses prepostos são chamados gerentes.

3.1 Conceito

De acordo com o art. 1.172 do Código Civil, os gerentes são os prepostos permanentes no exercício da empresa, na sede desta, ou em sucursal, filial ou agência.

Os gerentes são, antes de qualquer coisa, prepostos do empresário. Se houvesse uma ordem entre os prepostos, eles sem dúvida ocupariam o primeiro lugar, isto é, os gerentes são os prepostos mais importantes, na medida em que fazem as vezes do empresário na sede ou nas filiais onde exercem suas funções.

---

12. CARVALHOSA, Modesto. *Comentários ao Código Civil*. São Paulo: Saraiva, 2003, v. 13, p. 744.

13. GALGANO, Francesco. *Diritto civile e commerciale*. 3. ed. Padova: CEDAM, 1999, v. 3, tomo 1, p. 409.

14. FERRARA JUNIOR, Francesco; CORSI, Francesco. *Gli imprenditori e le società*. 11. ed. Milano: Giuffrè, 1999, p. 119.

A permanência a que se refere o Código Civil não significa que o gerente não possa ser substituído, mas apenas que sua nomeação não é feita em caráter provisório, não diz respeito a atos específicos[15]. Os gerentes são nomeados e escolhidos normalmente com muito cuidado, realmente com o intuito de que fiquem permanentemente nessa função.

É muito comum vermos a figura dos gerentes no comércio. Nas lojas em geral, há uma série de vendedores e um gerente que goza de certa primazia sobre os vendedores, dada sua função de gestão da empresa.

3.2 Dos poderes

Dada a permanência das atribuições do gerente, seus poderes são normalmente atribuídos de forma mais genérica, vale dizer, o gerente é dotado dos poderes necessários para o exercício das funções que lhe são atribuídas pelo empresário (Código Civil, art. 1.173), salvo se a lei exigir poderes especiais para a prática do ato.

Assim, o gerente pode praticar todos os atos de administração ordinária dentro da área de atuação que lhe foi atribuída pelo empresário. Ainda que não haja uma atribuição expressa de todos os poderes necessários, é possível falar em poderes implícitos do gerente[16], para os negócios ordinários da empresa. Todavia, se a lei exigir poderes especiais, é fundamental a atribuição específica desses poderes para a prática do ato, como, por exemplo, a instituição de hipotecas, a alienação de imóveis etc.

Conforme visto, a lei assegura poderes gerais aos gerentes para a prática dos atos de administração ordinária da empresa. Todavia, nada impede que o empresário restrinja o âmbito de atuação do gerente, resguardando para si mesmo enquanto empresário individual ou para os administradores de sociedades as atribuições mais importantes.

Nesses casos, compete ao empresário a delimitação dos poderes no próprio instrumento de nomeação dos gerentes. Esse instrumento deve ser tornado público, por meio da averbação no registro público de empresas. Tal publicidade não é condição para a limitação dos poderes, mas condição de oponibilidade dessa limitação perante terceiros[17]. Todos os atos posteriores que modifiquem os poderes do gerente ou revoguem tais poderes também devem ser tornados públicos, com a mesma finalidade.

Ligada a essa legitimidade de representação do empresário está a legitimidade processual, que também é atribuída ao gerente (Código Civil, art. 1.176), no que diz respeito ao exercício da sua função, sem excluir a legitimidade do próprio empresário[18]. O gerente tem poderes para estar em juízo em nome do empresário, nas questões que envolvam atos praticados no exercício da preposição. Trata-se de representação processual

---

15. CARVALHOSA, Modesto. *Comentários ao Código Civil*. São Paulo: Saraiva, 2003, v. 13, p. 748.

16. Idem, p. 751.

17. FERRARA JUNIOR, Francesco; CORSI, Francesco. *Gli imprenditori e le società*. 11. ed. Milano: Giuffrè, 1999, p. 123.

18. FERRI, Giuseppe. *Manuale di diritto commerciale*. 4. ed. Torino: UTET, 1976, p. 93.

70 CURSO DE DIREITO EMPRESARIAL

e não de substituição processual[19]; ele age em nome do preponente e não em nome próprio. Nesses casos, é essencial a prova da condição de gerente.

Essa representação do empresário em juízo decorre da lei e não necessita da outorga de poderes especiais, mas diz respeito apenas aos atos praticados no exercício da função de gerente. Todavia, a par dessa representação legal, nada impede que o empresário outorgue contratualmente poderes mais amplos de representação processual para outras ações.

Por fim, é oportuno ressaltar que se houver mais de um gerente atuando no mesmo lugar, sem a delimitação dos poderes de cada um, deve-se entender que houve uma atribuição solidária dos poderes (Código Civil, art. 1.173, parágrafo único). Em outras palavras, cada gerente é dotado de todos os poderes necessários para o exercício da gerência.

Não se pode presumir uma divisão de atribuições, nem exigir a atuação conjunta que não se coadunaria com a celeridade que os negócios praticados normalmente exigem[20]. Cada um poderá exercer o seu mister isoladamente. Compete ao empresário a definição exata dos limites da atuação de cada gerente; sem essa delimitação os poderes são gerais.

3.3 Da vinculação do preponente

Quando o gerente age dentro dos seus poderes, o ato não pode ser atribuído a ele, mas sim ao preponente, porquanto o gerente substitui o preponente quando age. Nesses casos, todos os atos praticados influirão na esfera jurídica do empresário e não na esfera do gerente.

Ainda que o preposto omita tal condição, e pratique o ato em seu próprio nome, é possível que o preponente fique vinculado. A vinculação do preponente pode ocorrer se os atos forem praticados dentro dos limites dos poderes do gerente e se beneficiarem e forem pertinentes às atividades do empresário[21]. Nesses casos, haverá uma responsabilidade conjunta – do preposto e do preponente (Código Civil, art. 1.175) – pelo ato praticado, protegendo-se o terceiro diante da incerteza de quem seria o responsável pelo ato praticado[22]. O preponente será responsável em função do benefício advindo do ato e o gerente será responsável pela omissão de estar agindo como preposto.

Ocorre que nem sempre o gerente age dentro dos seus poderes. Quando ele extrapola seus poderes e o terceiro sabe ou deveria saber que ele está exorbitando de seus poderes, o empresário não deve ficar vinculado por tal ato. Nesses casos, deve haver uma responsabilidade pessoal e exclusiva do gerente.

---

19. CARVALHOSA, Modesto. *Comentários ao Código Civil*. São Paulo: Saraiva, 2003, v. 13, p. 758.

20. VALERI, Giuseppe. *Manuale di diritto commerciale*. Firenze: Casa Editrice Dottore Carlo Cya, 1950, v. 1, p. 82.

21. CARVALHOSA, Modesto. *Comentários ao Código Civil*. São Paulo: Saraiva, 2003, v. 13, p. 756-757.

22. FERRARA JUNIOR, Francesco; CORSI, Francesco. *Gli imprenditori e le società*. 11. ed. Milano: Giuffrè, 1999, p. 124.

Se o terceiro sabe que o gerente está extrapolando seus poderes, ele sabe que o empresário não deve se vincular, logo, não há boa-fé a ser protegida. A vinculação só se justificaria se houvesse uma aparência de representação regular, que não pode se verificar nesses casos, porquanto o terceiro sabe que o gerente não está agindo regularmente.

Do mesmo modo, se ele tinha como saber que o gerente estava extrapolando os poderes. Neste ponto, ganha particular relevo a publicidade do instrumento de nomeação do gerente, na medida em que, uma vez tornado público tal instrumento, todos que mantêm negócios com o empresário deveriam conhecer as limitações dos poderes dos gerentes. Tornados públicos os limites dos poderes dos gerentes, eles podem ser opostos a terceiros (Código Civil, art. 1.174), evitando a vinculação do empresário por um ato que não foi atribuído ao gerente.

Todavia, essa não vinculação do empresário encontra um limite no art. 1.178 do Código Civil, que consagra a teoria da aparência para todos os prepostos[23]. Ainda que haja uma limitação dos poderes do gerente, devidamente averbada no registro público de empresas, o empresário fica vinculado pelos atos praticados por este desde que dentro do estabelecimento e que guardem relação com a atividade da empresa.

Nos casos do art. 1.178, preferiu-se a proteção dos terceiros de boa-fé, que não têm condições de, a todo momento, conferir os poderes que foram outorgados aos gerentes. Nessas situações, seria exigir demais tal conferência, o que não se coadunaria com a celeridade inerente a toda a atividade empresarial.

4   Do contabilista

Os empresários são obrigados a fazer a escrituração de suas atividades. A escrituração deve obedecer a critérios técnicos que permitam a exata compreensão da realidade ali lançada. Para o exercício desse mister são necessários conhecimentos técnicos, que são inerentes aos contabilistas, os quais, para o exercício regular da sua profissão, devem ser regularmente inscritos nos Conselhos Regionais de Contabilidade.

A obrigação de efetuar a escrituração das atividades é do empresário, o qual, todavia, pode se fazer substituir por prepostos, inclusive no que diz respeito a essa atividade. O contabilista é, pois, o preposto do empresário responsável pela escrituração das atividades desenvolvidas.

Agindo como preposto, a escrituração lançada pelo contabilista considera-se como se fosse lançada pelo próprio empresário, salvo caso de comprovada má-fé (Código Civil, art. 1.177). Não havendo má-fé, exerce-se regularmente a representação do empresário, podendo-se atribuir a ele os atos praticados.

Embora os atos sejam atribuídos, a princípio, ao próprio empresário, a função de contabilista deve ser exercida com todo o cuidado, evitando equívocos nos lançamentos contábeis que possam prejudicar o empresário. Se o contabilista não tiver o cuidado neces-

---

23.   CARVALHOSA, Modesto. *Comentários ao Código Civil*. São Paulo: Saraiva, 2003, v. 13, p. 755.

sário na realização da sua atividade, ou se intencionalmente falsear os lançamentos, haverá a sua responsabilização pelos atos praticados (Código Civil, art. 1.177, parágrafo único).

Havendo equívocos nos lançamentos, causados culposamente (negligência, imprudência ou imperícia), o contabilista será responsável perante o preponente pelos prejuízos causados a ele. Havendo equívocos causados dolosamente (intencionalmente), o contabilista responde perante terceiros, solidariamente com o preponente, pelos atos praticados.

5   Dos contratos de colaboração

Ao lado dos auxiliares dependentes diretamente das ordens e do comando do empresário, existem auxiliares independentes que se ligam ao empresário por meio dos chamados contratos de colaboração. O traço característico dos contratos de colaboração é "a articulação dos esforços empresariais dos contratantes direcionada à criação de mercado para determinados produtos que um deles fabrica ou comercializa (fornecedor) e o outro (colaborador) ajuda a escoar, fazendo-os chegar aos compradores"[24]. Esses contratos podem ser classificados em contratos de colaboração por intermediação e contratos de colaboração por aproximação.

5.1   Contratos de colaboração por intermediação

Nos contratos de colaboração por intermediação, o colaborador ocupa um dos elos da cadeia, comprando os produtos do fornecedor para revendê-los. São exemplos desses contratos os contratos de distribuição-intermediação e de concessão mercantil.

Em ambos os contratos, uma das partes, denominada distribuidor ou concessionário, tem a obrigação de comercializar os produtos do outro, distribuído ou concedente[25]. Alguns autores distinguem a concessão da distribuição, afirmando que no primeiro o grau de ingerência do distribuído é maior que no segundo, pois ele geralmente presta assistência técnica ao concessionário[26]. Para os fins do presente trabalho, tais contratos serão considerados como uma única figura jurídica[27], que pode ser definida como o:

> Contrato bilateral, sinalagmático, atípico e misto, de longa duração, que encerra um acordo vertical, pelo qual um agente econômico (fornecedor) obriga-se ao fornecimento de certos bens ou serviços a outro agente econômico (distribuidor), para que este os revenda, tendo como proveito econômico a diferença entre o

---

24.   COELHO, Fábio Ulhoa. *Curso de direito comercial.* 3. ed. São Paulo: Saraiva, 2002, v. 3, p. 87.

25.   Idem, p. 93.

26.   COELHO, Fábio Ulhoa. *Curso de direito comercial.* 3. ed. São Paulo: Saraiva, 2002, v. 3, p. 93.

27.   SCHERKERKEWITZ, Iso Chaitz. *Contratos de distribuição*: e o novo contexto do contrato de representação comercial. São Paulo: Revista dos Tribunais, 2011, p. 99.

preço de aquisição e de revenda e assumindo obrigações voltadas à satisfação das exigências do sistema de distribuição do qual participa[28].

5.2 Contratos de colaboração por aproximação

Nos contratos de colaboração por aproximação, o colaborador procura outros empresários potencialmente interessados em negociar com o fornecedor. A princípio, não são realizados os negócios entre o empresário diretamente e seu colaborador, este apenas procura pessoas potencialmente interessadas em fechar os negócios. São exemplos desses contratos: o mandato, a comissão mercantil, a representação comercial ou agência, a distribuição-aproximação e a corretagem.

Nos termos do art. 653 do Código Civil, "opera-se o mandato quando alguém recebe de outrem poderes para, em seu nome, praticar atos ou administrar interesses", sendo seu instrumento a procuração. O mandatário celebra negócios jurídicos para o mandante, como se o negócio fosse realizado pelo próprio mandante. Nesse sentido, é que se faz a colaboração por aproximação.

O contrato de comissão é conceituado no art. 693 do Código Civil como aquele que "tem por objeto a aquisição ou a venda de bens pelo comissário, em seu próprio nome, à conta do comitente". Neste contrato, o comissário firma os contratos em seu próprio nome com os terceiros, mas em benefício do comitente, sendo remunerado apenas por uma comissão paga por este. Trata-se de contrato muito próximo ao contrato de mandato, tanto que as regras deste se aplicam supletivamente à comissão. Todavia, há diferenças fundamentais entre ambos.

No mandato, o mandatário age em nome e em proveito do mandante, já na comissão o comissário age em nome próprio, mas em proveito do mandante. É o comissário que fica diretamente obrigado perante terceiros (Código Civil, art. 694). Na maioria dos casos, os terceiros não tomam nem conhecimento da existência da comitente, o que não ocorre no caso do contrato de mandato.

O contrato de representação comercial é o instrumento pelo qual "alguém, pessoa física ou jurídica, assume o compromisso de efetivar negócios de natureza mercantil, em caráter permanente ou eventual, em benefício de outrem"[29]. O representante simplesmente angaria contratos para o representado, não agindo em nome próprio e nem podendo sem poderes expressos obrigar o representado.

Para boa parte da doutrina[30], o contrato de representação comercial passou a ser tratado, no Código Civil, como contrato de agência, mantendo-se a mesma ideia conceitual no art. 710, que afirma: "Pelo contrato de agência, uma pessoa assume, em caráter

---

28. FORGIONI, Paula. *Contrato de distribuição*. 2. ed. São Paulo: Revista dos Tribunais, 2008, p. 116.

29. SANT'ANNA, Rubens. *Contratos comerciais*. 3. ed. São Paulo: Aide, 1990, p. 28.

30. SCHERKERKEWITZ, Iso Chaitz. *Contratos de distribuição*: e o novo contexto do contrato de representação comercial. São Paulo: Revista dos Tribunais, 2011, p. 21-26.

não eventual e sem vínculos de dependência, a obrigação de promover, à conta de outra, mediante retribuição, a realização de certos negócios, em zona determinada." Em síntese, a ideia essencial desse contrato é que o agente ou representante angaria contratos para que o representado os assine, em caráter não eventual. De outro lado, a nosso ver com razão, Pamplona e Stolze[31] reconhecem um tipo diferente de contrato, sendo que a agência é o mais genérico. No mesmo sentido, Rubens Edmundo Requião[32] limita a representação às atividades empresariais e a agência às demais atividades, por exemplo artísticas, esportivas... Do mesmo modo, Fábio Ulhoa Coelho e Araken de Assis asseveram que agência e representação comercial são contratos distintos[33].

Bem próxima à ideia da agência, está a distribuição-aproximação, na qual o distribuidor também angaria contratos para o empresário, mas o distribuidor tem a posse das mercadorias, para cujo escoamento ele colabora.

Por fim, de acordo com o art. 722 do Código Civil, "pelo contrato de corretagem, uma pessoa, não ligada a outra em virtude de mandato, de prestação de serviços ou por qualquer relação de dependência, obriga-se a obter para a segunda um ou mais negócios, conforme as instruções recebidas". Tal contrato, também denominado mediação, se caracteriza por permitir que um colaborador angarie negócios para um empresário. A atividade principal do corretor é aproximar as partes interessadas no negócio.

Na corretagem, o corretor não pratica o ato, nem em nome próprio nem em nome do eventual representado, de modo que o contrato não se confunde nem com o contrato de comissão, nem com o contrato de mandato. Ele apenas aproxima as partes, mas não age de forma necessariamente habitual e age de forma imparcial, não tendo parte ativa no contrato, e por isso se distingue do contrato de agência.

---

31. GAGLIANO, Pablo Stolze; PAMPLONA FILHO, Rodolfo. *Novo curso de direito civil*. 4. ed. São Paulo: Saraiva, 2006, v. 4, p. 390.

32. REQUIÃO, Rubens Edmundo. *Nova regulamentação da representação comercial autônoma*. 3. ed. São Paulo: Saraiva, 2007, p. 44.

33. COELHO, Fábio Ulhoa. *Curso de direito comercial*. 3. ed. São Paulo: Saraiva, 2002, v. 3, p. 113; ASSIS, Araken de. *Contratos nominados*. 2. ed. São Paulo: Revista dos Tribunais, 2009, v. 2, p. 215.

8 | ESTABELECIMENTO EMPRESARIAL

1 Do estabelecimento empresarial: noções gerais

A atividade (empresa) é exercida por um sujeito (o empresário), que geralmente viabiliza o exercício da atividade por meio de um complexo de bens, que denominaremos estabelecimento empresarial – ele é o instrumento da atividade empresarial[1]. Pode-se dizer que, na maioria dos casos, a todo empresário corresponde um estabelecimento. Diz-se na maioria dos casos, porque é possível o exercício da empresa com a utilização exclusiva de meios financeiros[2].

1.1 Conceito

Francesco Ferrara afirma que, economicamente, o estabelecimento pode ser entendido como qualquer forma de organização dos fatores da produção[3]. Partindo dessa noção econômica, o mesmo autor afirma que o conceito jurídico é mais restrito, abrangendo apenas a organização que representa um meio para o exercício de uma atividade econômica[4].

Para Carvalho de Mendonça, o estabelecimento "designa o complexo de meios idôneos materiais e imateriais pelos quais o comerciante explora determinada espécie de comércio"[5]. Fábio Ulhoa Coelho conceitua o estabelecimento empresarial como "o conjunto de bens que o empresário reúne para exploração de sua atividade econômica"[6]. Oscar Barreto Filho define o estabelecimento como o "complexo de bens, materiais e imateriais, que constituem o instrumento utilizado pelo comerciante para a exploração da atividade mercantil"[7].

Estes conceitos guardam certa correspondência com os do art. 2.555 do Código Civil italiano, bem como com os do art. 1.142 do Código Civil, que se inspirou no con-

---

1. ASCARELLI, Tullio. *Corso di diritto commerciale*: introduzione e teoria dell'impresa. 3. ed. Milano: Giuffrè, 1962, p. 311.

2. Idem, p. 315.

3. FERRARA JUNIOR, Francesco. *Teoría jurídica de la hacienda mercantil*. Traducción por José Maria Navas. Madrid: Revista de Derecho Privado, 1950, p. 69.

4. Idem, p. 82.

5. CARVALHO DE MENDONÇA, J. X. *Tratado de direito comercial brasileiro*. Atualizado por Ricardo Rodrigues Gama. Campinas: Russel, 2000, v. 3, tomo I, p. 22.

6. COELHO, Fábio Ulhoa. *Curso de direito comercial*. 6. ed. São Paulo: Saraiva, 2002, v. 1, p. 91.

7. BARRETO FILHO, Oscar. *Teoria do estabelecimento comercial*. 2. ed. São Paulo: Saraiva, 1988, p. 75.

ceito italiano, e diz que estabelecimento é "todo complexo de bens organizado, para exercício da empresa, por empresário, ou por sociedade empresária".

Há que se atentar logo para o início do conceito que afirma ser o estabelecimento um complexo de bens.

Ao contrário do que afirma Láudio Fabretti[8], o estabelecimento não pode ser entendido como o local onde se exerce a atividade. Apesar de se usar corriqueiramente esse sentido, trata-se de um equívoco do ponto de vista jurídico. O estabelecimento é um complexo de bens organizados pelo empresário e não apenas o imóvel utilizado para o exercício da atividade. O estabelecimento não se confunde com a coisa comercial, com o local físico do exercício da atividade[9].

Esse complexo de bens não precisa, necessariamente, pertencer ao empresário, que pode eventualmente locar bens. O essencial é que esse complexo de bens seja organizado pelo empresário para o exercício da empresa[10]. A organização do empresário para uma finalidade comum é que vai dar ao complexo de bens a natureza de um estabelecimento.

1.2 Terminologia

É comum na doutrina brasileira a utilização da expressão *fundo de comércio*[11] como sinônimo de estabelecimento. Carvalho de Mendonça cita como sinônimos de estabelecimentos as expressões *negócio comercial, fundos mercantis*, além de algumas expressões estrangeiras[12]. Sérgio Campinho afirma não ver qualquer impropriedade na expressão *fundo de empresa* e mesmo na expressão *azienda*, trazida do direito italiano[13]. Oscar Barreto Filho cita como sinônimas as expressões *negócio comercial, casa de comércio, fundo mercantil* ou *fundo de comércio*[14].

Fábio Ulhoa Coelho reconhece o uso da expressão *fundo de empresa*, mas como sinônima do que trataremos como aviamento e não como sinônima de estabelecimento[15]. Modesto Carvalhosa também afirma que tal expressão não é a que melhor representa o conceito[16].

---

8. FABRETTI, Láudio Camargo. *Direito de empresa no Código Civil*. São Paulo: Atlas, 2003, p. 68.

9. CAMPINHO, Sérgio. *O direito de empresa à luz do novo Código Civil*. 4. ed. Rio de Janeiro: Renovar, 2004, p. 319.

10. GALGANO, Francesco. *Diritto civile e commerciale*. 3. ed. Padova: CEDAM, 1999, v. 3, tomo I, p. 83.

11. MARTINS, Fran. *Curso de direito comercial*. 22. ed. Rio de Janeiro: Forense, 1998, p. 425; REQUIÃO, Rubens. *Curso de direito comercial*. 23. ed. São Paulo: Saraiva, 1998, v. 1, p. 244; MIRANDA, Pontes de. *Tratado de direito privado*. Campinas: Bookseller, 2001, v. 15, p. 421.

12. CARVALHO DE MENDONÇA, J. X. *Tratado de direito comercial brasileiro*. Atualizado por Ricardo Rodrigues Gama. Campinas: Russel, 2000, v. 3, tomo I, p. 23.

13. CAMPINHO, Sérgio. *O direito de empresa à luz do novo Código Civil*. 4. ed. Rio de Janeiro: Renovar, 2004, p. 318.

14. BARRETO FILHO, Oscar. *Teoria do estabelecimento comercial*. 2. ed. São Paulo: Saraiva, 1988, p. 65.

15. COELHO, Fábio Ulhoa. *Curso de direito comercial*. 6. ed. São Paulo: Saraiva, 2002, v. 1, p. 98.

16. CARVALHOSA, Modesto. *Comentários ao Código Civil*. São Paulo: Saraiva, 2003, v. 13, p. 616.

Embora não vejamos problemas na terminologia que possa ser usada, acreditamos que, com o advento do Código Civil, deve-se preferir sempre a expressão *estabelecimento empresarial*, que efetivamente é a que melhor retrata o conceito que pretendemos abranger aqui.

1.3 *Estabelecimento* × *patrimônio do empresário*

O estabelecimento apresenta-se para o empresário como o instrumento hábil para o exercício da atividade empresarial. Entretanto, conforme já ressaltado, não é essencial que os bens componentes do estabelecimento pertençam ao empresário, que pode eventualmente locar bens[17]. O essencial para a formação do estabelecimento é que o empresário possua um título jurídico que lhe assegure a legitimação para o uso do bem[18].

A possibilidade de o empresário não ser proprietário dos bens que compõem o estabelecimento já demonstra que ele não se identifica com o patrimônio do empresário. Além disso, a unidade dos bens que integram o patrimônio de uma pessoa decorre da propriedade comum. Já no estabelecimento o essencial é a destinação comum dos bens como instrumento para o exercício da atividade[19].

Ademais, o patrimônio deve ser entendido como "o complexo de relações jurídicas economicamente apreciáveis de uma pessoa"[20] e não como um complexo de bens, como é o estabelecimento. No patrimônio, estão reunidas todas as relações jurídicas economicamente apreciáveis de uma pessoa, ainda que não guardem relação entre si. Já no estabelecimento o essencial é que esse complexo de bens seja organizado pelo empresário para o exercício da empresa[21].

Para fins obrigacionais, a distinção entre o patrimônio e o estabelecimento empresarial não tem grande importância, na medida em que todo o patrimônio do empresário responde por suas obrigações[22].

1.4 *Estabelecimento virtual ou digital*

No mundo moderno, a Internet desempenha papel fundamental em diversas áreas, inclusive na atividade empresarial. Muitos empresários, atualmente, agem apenas por meios

---

17. ASCARELLI, Tullio. *Corso di diritto commerciale*: introduzione e teoria dell'impresa. 3. ed. Milano: Giuffrè, 1962, p. 316; BARRETO FILHO, Oscar. *Teoria do estabelecimento comercial*. 2. ed. São Paulo: Saraiva, 1988, p. 138.

18. GALGANO, Francesco. *Diritto civile e commerciale*. 3. ed. Padova: CEDAM, 1999, v. 3, tomo I, p. 84.

19. FERRARA JUNIOR, Francesco; CORSI, Francesco. *Gli imprenditori e le società*. 11. ed. Milano: Giuffrè, 1999, p. 163.

20. FERRARA, Francesco. *Trattato di diritto civile italiano*. Roma: Athenaeum, 1921, p. 865, tradução livre de *"il complesso dei rapporti giuridici valutabili in denaro che appartengono ad una persona"*.

21. GALGANO, Francesco. *Diritto civile e commerciale*. 3. ed. Padova: CEDAM, 1999, v. 3, tomo I, p. 83; BARRETO FILHO, Oscar. *Teoria do estabelecimento comercial*. 2. ed. São Paulo: Saraiva, 1988, p. 60.

22. BARRETO FILHO, Oscar. *Teoria do estabelecimento comercial*. 2. ed. São Paulo: Saraiva, 1988, p. 61.

eletrônicos, não mantendo relações face a face com seus consumidores. Nessa situação, também há um conjunto de bens empregados pelo empresário para o exercício de sua atividade econômica, mas esses bens não são os mesmos que compõem o estabelecimento empresarial de muitos empresários. Daí se poder falar em estabelecimento virtual ou digital, eminentemente constituído de bens incorpóreos, inacessível fisicamente[23]. Há previsão expressa da possibilidade de o estabelecimento ser digital, conforme art. 1.142, §§ 1º e 2º, do CC.

Há dois tipos de estabelecimento digital: um originário e um derivado. O estabelecimento originário pode ser definido como aquele cuja "criação, desenvolvimento e implementação estão desvinculados de atividade comercial formal e organizada que o preceda"[24]. Já o derivado decorre de uma atividade empresarial preexistente que passa a usar os meios eletrônicos para o exercício de sua atividade.

Em qualquer caso, o estabelecimento digital possui elementos próprios que lhe dão suas características. O que o caracteriza fundamentalmente é a forma de acesso, que se dá por meio de transmissão eletrônica de dados[25]. Além disso, existe a interatividade que representa a capacidade de responder prontamente aos atos de consulta, visita ou compra. A dinamicidade representa a agilidade e a clareza com que as informações devem ser prestadas e os atos praticados em relação a tal tipo de estabelecimento. A customização representa a aptidão para adequações rápidas às reais necessidades da demanda[26].

Além disso, no estabelecimento digital pode haver um fácil acesso aos produtos ou serviços ofertados, bem como às informações relativas e eles – é o que se pode chamar de navegabilidade. Outrossim, há também a acessibilidade, que permite remeter o consumidor a outro estabelecimento que o atenda. Pela conectividade, tem-se acesso ao estabelecimento digital por diferentes meios tecnológicos[27]. Por fim, há a escalabilidade, que se refere à possibilidade de um crescente número de visitantes e usuários.

2 Natureza jurídica

A natureza jurídica do estabelecimento já foi muito controvertida na doutrina, havendo certa uniformidade nos dias atuais. Apesar disso, é interessante e oportuno apresentar as principais teorias que já foram levantadas sobre a natureza do estabelecimento.

---

23. COELHO, Fábio Ulhoa. *Curso de direito comercial*. 3. ed. São Paulo: Saraiva, 2002, v. 3, p. 33.

24. RIDOLFO, José Olinto de Toledo. Valoração do estabelecimento comercial de empresas na nova economia: In: DE LUCCA, Newton; SIMÃO FILHO, Adalberto (Coord.). *Direito & Internet:* aspectos jurídicos relevantes. Bauru: Edipro, 2000, p. 259.

25. COELHO, Fábio Ulhoa. *Curso de direito comercial*. 3. ed. São Paulo: Saraiva, 2002, v. 3, p. 34.

26. RIDOLFO, José Olinto de Toledo. Valoração do estabelecimento comercial de empresas na nova economia: In: DE LUCCA, Newton; SIMÃO FILHO, Adalberto (Coord.). *Direito & Internet:* aspectos jurídicos relevantes. Bauru: Edipro, 2000, p. 261-262.

27. RIDOLFO, José Olinto de Toledo. Valoração do estabelecimento comercial de empresas na nova economia: In: DE LUCCA, Newton; SIMÃO FILHO, Adalberto (Coord.). *Direito & Internet:* aspectos jurídicos relevantes. Bauru: Edipro, 2000, p. 262.

2.1 O estabelecimento como pessoa jurídica

Alguns autores, dentre os quais Endemann e Valery, chegaram a qualificar o estabelecimento como um sujeito de direitos autônomo em relação ao titular do estabelecimento. Dentro dessa ideia, o estabelecimento teria um nome, possuiria crédito e teria a direção dos negócios. Em suma, o estabelecimento seria uma pessoa jurídica nova.

Embora tenha o mérito de destacar a autonomia do estabelecimento em relação ao empresário[28], é certo que tal teoria não se coaduna com a realidade moderna.

Em primeiro lugar, não há personalidade jurídica sem o reconhecimento pelo ordenamento jurídico, que é o fator constitutivo da pessoa jurídica[29]. Conquanto seja criticada, por ser considerada extremamente positivista, tal concepção de Francesco Ferrara é a mais acertada. Prova disso vemos no direito brasileiro em relação aos grupos de sociedades, que não possuem personalidade jurídica, embora se enquadrem no substrato necessário, por lhes faltar justamente o reconhecimento estatal. O estabelecimento não se encontra no rol de pessoas jurídicas de que trata o Código Civil, logo não há como concebê-lo como pessoa jurídica[30].

Além disso, o estabelecimento está à mercê de seu titular, vale dizer, o empresário pode transferir, reduzir ou até mesmo destruir o estabelecimento[31]. Outrossim, as obrigações decorrentes do exercício da atividade são de responsabilidade do empresário, podendo atingir todo o seu patrimônio e não apenas os bens integrantes do estabelecimento.

Diante desses argumentos, não se pode, de maneira alguma, atribuir ao estabelecimento a condição de sujeito de direitos. Ele é um mero instrumento para o exercício da atividade pelo empresário, que é quem assume os direitos e obrigações.

2.2 O estabelecimento como patrimônio autônomo

Em função dos problemas da teoria da personificação do estabelecimento, alguns autores, dentre os quais Brinz, passaram a conceber o estabelecimento como um patrimônio distinto, que seria responsável pelas obrigações decorrentes do exercício da atividade.

Embora não seja um fenômeno corriqueiro dentro do direito brasileiro, é certo que hoje já se veem em algumas situações os chamados patrimônios de afetação, como, por exemplo, na Lei n. 10.931/2004. Nesses casos, os bens, embora continuem fazendo par-

---

28. FERRARA JUNIOR, Francesco. *Teoría jurídica de la hacienda mercantil*. Traducción por José Maria Navas. Madrid: Revista de Derecho Privado, 1950, p. 98.

29. FERRARA, Francesco. *Le persone giuridiche*. 2. ed. Torino: UTET, 1956, p. 39.

30. CARVALHO DE MENDONÇA, J. X. *Tratado de direito comercial brasileiro*. Atualizado por Ricardo Rodrigues Gama. Campinas: Russel, 2000, v. 3, tomo I, p. 27.

31. FERRARA JUNIOR, Francesco. *Teoría jurídica de la hacienda mercantil*. Traducción por José Maria Navas. Madrid: Revista de Derecho Privado, 1950, p. 98.

te do patrimônio da pessoa, não estão sujeitos às vicissitudes do seu titular, vinculando-se especificamente a determinado fim[32].

Tal teoria também não pode ser acolhida, na medida em que não é o estabelecimento que responde pelos atos decorrentes do exercício da atividade, mas sim todo o patrimônio do empresário. Ademais, não há restrições para a disposição dos bens integrantes do estabelecimento que deveria ocorrer se houvesse uma afetação dos bens a determinado destino.

2.3 O estabelecimento como negócio jurídico

Carrara identifica o estabelecimento como um negócio jurídico, afastando as noções de sujeito e objeto de direito. Os sujeitos desse negócio jurídico seriam o titular, os empregados e os fornecedores, que empregando as respectivas prestações alcançariam os resultados produtivos almejados.

Tal concepção não pode ser adotada, na medida em que tornaria o estabelecimento uma mera abstração sem uma realidade concreta, sem a identificação com um conjunto de bens. Além disso, é certo que as vontades dos vários envolvidos não são aptas a formar um negócio jurídico único, na medida em que não seriam voltadas à mesma finalidade[33].

2.4 O estabelecimento como bem imaterial

Partindo da ideia de que o estabelecimento envolve essencialmente uma organização de coisas e direitos, sem individualidade jurídica, mas com individualidade econômica, e que tal organização é fruto da atividade humana, Giuseppe Valeri e Francesco Ferrara Junior concebem o estabelecimento como um bem imaterial[34]. No mesmo sentido, Rubens Requião define o estabelecimento como uma coisa móvel, que transcende a materialidade dos bens que o compõem, e por isso deve ser tratada como uma coisa incorpórea[35].

Os defensores dessa concepção afirmam que, embora a organização do estabelecimento envolva bens materiais, a organização tem um papel preponderante sobre os bens que compõem o estabelecimento, preponderando na qualificação do estabelecimento. A organização "atinge o grau superior do trabalho de fusão e coordenação – uma verdadeira e própria *res* dotada de existência autônoma"[36].

---

32. Idem, p. 101.

33. BARRETO FILHO, Oscar. *Teoria do estabelecimento comercial*. 2. ed. São Paulo: Saraiva, 1988, p. 89.

34. VALERI, Giuseppe. *Manuale di diritto commerciale*. Firenze: Casa Editrice Dottore Carlo Cya, 1950, v. 2, p. 11; FERRARA JUNIOR, Francesco. *Teoría jurídica de la hacienda mercantil*. Traducción por José Maria Navas. Madrid: Revista de Derecho Privado, 1950, p. 144.

35. REQUIÃO, Rubens. *Curso de direito comercial*. 23. ed. São Paulo: Saraiva, 1998, v. 1, p. 250.

36. VALERI, Giuseppe. *Manuale di diritto commerciale*. Firenze: Casa Editrice Dottore Carlo Cya, 1950, v. 2, p. 11, tradução livre de "*attinge il grado superiore del lavoro di fusione e di coordinazione – una vera e propria res avente autonoma esistenza*".

Ousamos discordar de tal opinião, entendendo que o estabelecimento não se confunde com a organização feita pelo empresário. Embora não se possa negar que a organização desempenha papel preponderante na concepção do estabelecimento, é certo que ela não se identifica com o estabelecimento, que é um complexo de bens materiais e imateriais, unidos para o exercício da empresa.

2.5 O estabelecimento como organização

Francesco Ferrara entende que o estabelecimento não se enquadra nos esquemas clássicos das universalidades, enquadrando-se melhor em uma nova categoria, a das organizações ou instituições, que abrangeria também os estabelecimentos não empresariais, como hospitais, instituições assistenciais etc. Ele afirma que o estabelecimento reúne elementos variados que não possuem uma individualidade jurídica, mas apenas uma individualidade econômica, afastando-se de qualquer esquema tradicional do direito, podendo enquadrar-se na categoria das organizações ou instituições[37].

Ele afirma que o estabelecimento se compõe de vários elementos de móveis, de imóveis, de direitos e de relações imateriais de valor econômico, que são associados por sua função econômica, ao lado da atividade das pessoas que fazem a empresa funcionar[38]. Só há uma união dos elementos pela finalidade comum a que estão ligados, sem uma individualidade jurídica.

Embora não possamos negar a importância de tal opinião, ousamos discordar dela, para atribuir ao estabelecimento a condição de universalidade de fato, conforme veremos mais adiante.

2.6 Teorias atomistas

Dentro da mesma linha de Francesco Ferrara, alguns autores negam a unidade do estabelecimento[39], preferindo tratar os elementos componentes do estabelecimento, cada um individualmente. Esta é a chamada teoria atomista.

Tal concepção afirma que o estabelecimento não existe do ponto de vista jurídico, porquanto seus elementos componentes seriam autônomos. A agregação desses vários componentes não teria a menor importância. Qualquer negociação do conjunto seria uma negociação coletiva de vários bens autônomos.

A nosso ver, o estabelecimento não é apenas um conjunto de coisas estanques, mas um complexo organizado de bens, que pode ser tratado de modo próprio, isto é, o esta-

---

37. FERRARA, Francesco. *Trattato di diritto civile italiano*. Roma: Athenaeum, 1921, p. 813.

38. FERRARA, Francesco. *Trattato di diritto civile italiano*. Roma: Athenaeum, 1921, p. 813.

39. JAEGER, Pier Giusto; DENOZZA, Francesco. *Appunti di diritto commerciale*. 5. ed. Milano: Giuffrè, 2000, p. 82.

belecimento pode ser tratado como um objeto unitário de direitos e obrigações (Código Civil, art. 1.143). Dentro dessa linha, não podemos concordar com a teoria atomista.

2.7 O estabelecimento como universalidade de direito

Reconhecendo a unidade do estabelecimento, Carvalho de Mendonça reconhece o estabelecimento como uma universalidade de direito[40], ou seja, o estabelecimento seria "uma massa de coisas e direitos reunidos em virtude de lei"[41]. Embora faça referência à lei, o mesmo autor afirma que é a vontade do empresário que organiza e reúne os elementos integrantes do estabelecimento.

Francesco Ferrara Junior afirma que para a existência de uma universalidade de direito seria necessário: (a) que sobre uma massa patrimonial se constituíssem relações jurídicas; (b) que tais relações se regulem de modo diferente ao comum; e (c) que a lei considere o conjunto como um ente distinto dos elementos singulares[42].

Dentro dessa concepção, o estabelecimento deveria ser tratado sempre como uma unidade, não podendo haver tratamento separado dos seus vários componentes. Para se tratar o estabelecimento como uma universalidade de direito, a lei teria que tratá-lo sempre como um conjunto unitário, o que não condiz com a realidade. Veja-se o caso do patrimônio, da herança e da massa falida, que são efetivamente universalidades de direito.

A lei efetivamente trata do estabelecimento como uma unidade, mas não para todas as relações. Só para determinados fins a lei trata o estabelecimento como uma unidade. Assim sendo, não pode adotar também a teoria da universalidade de direito.

Corroborando estes argumentos, o art. 91 do Código Civil concebe as universalidades de direito como conjunto de relações jurídicas de determinada pessoa, ao passo que o estabelecimento é um mero conjunto de bens ligados a uma finalidade comum.

2.8 O estabelecimento como universalidade de fato

O estabelecimento é um conjunto de bens ligados pela destinação comum de constituir o instrumento da atividade empresarial. Tal liame entre os bens que compõem o estabelecimento permite-nos tratá-lo de forma unitária, distinguindo-o dos bens singulares que o compõem[43].

---

40. MONTEIRO, Washington de Barros. *Curso de direito civil.* 37. ed. São Paulo: Saraiva, 2000, v. 1, p. 156.

41. CARVALHO DE MENDONÇA, J. X. *Tratado de direito comercial brasileiro.* Atualizado por Ricardo Rodrigues Gama. Campinas: Russel, 2000, v. 3, tomo II, p. 28.

42. FERRARA JUNIOR, Francesco. *Teoría jurídica de la hacienda mercantil.* Traducción por José Maria Navas. Madrid: Revista de Derecho Privado, 1950, p. 107-108.

43. VEDOVE, Giampaolo dalle. *Nozioni di diritto d'impresa.* Padova: CEDAM, 2000, p. 163.

Tanto isto é verdade que o Código Civil permite expressamente que o estabelecimento seja tratado como um todo objeto unitário de direitos e negócios jurídicos (art. 1.143), sem, contudo, proibir a negociação isolada dos bens integrantes do estabelecimento[44]. A unidade do estabelecimento se encontra na destinação comum de seus vários componentes.

Diante dessa unidade, a maior parte da doutrina, a nosso ver com razão, concebe o estabelecimento como uma universalidade de fato[45], na medida em que a unidade não decorreria da lei, mas da vontade do empresário. O empresário tem liberdade para reduzir, aumentar o estabelecimento ou alterar o seu destino, uma vez que a unidade não decorre da lei.

As universalidades de fato são "o conjunto de coisas singulares, simples ou compostas, agrupadas pela vontade da pessoa, tendo destinação comum"[46], identificando exatamente a noção de estabelecimento, pois se trata de conjunto de bens, ligados pela vontade do empresário a uma finalidade comum, o exercício da empresa. Esse mesmo conceito decorre hoje do art. 90 do Código Civil, que menciona conjunto de bens com destinação unitária.

A natureza jurídica do estabelecimento não se confunde com a natureza da empresa, nem com a natureza do empresário. O estabelecimento não é pessoa, nem atividade empresarial, é uma universalidade de fato que integra o patrimônio do empresário[47].

O estabelecimento, apesar de composto de coisas heterogêneas, é dotado de certa unidade e pode ser tratado em conjunto. Essa indiscutível unidade no tratamento do estabelecimento decorre da vontade do empresário que reúne e organiza os elementos do estabelecimento para o exercício da empresa, e não da lei. Portanto, estamos diante de uma universalidade de fato.

---

44.   ASCARELLI, Tullio. *Corso di diritto commerciale*: introduzione e teoria dell'impresa. 3. ed. Milano: Giuffrè, 1962, p. 319.

45.   ROCCO, Alfredo. *Princípios de direito comercial.* Tradução de Ricardo Rodrigues Gama. Campinas: LZN, 2003, p. 313; FERRI, Giuseppe. *Manuale di diritto commerciale.* 4. ed. Torino: UTET, 1976, p. 165; NEGRÃO, Ricardo. *Manual de direito comercial e de empresa.* 3. ed. São Paulo: Saraiva, 2003, v. 1, p. 71; CAMPINHO, Sérgio. *O direito de empresa à luz do novo Código Civil.* 4. ed. Rio de Janeiro: Renovar, 2004, p. 321; CARVALHOSA, Modesto. *Comentários ao Código Civil.* São Paulo: Saraiva, 2003, v. 13, p. 631; BORGES, João Eunápio. *Curso de direito comercial terrestre.* 5. ed. Rio de Janeiro: Forense, 1971, v. 1, p. 204; BARRETO FILHO, Oscar. *Teoria do estabelecimento comercial.* 2. ed. São Paulo: Saraiva, 1988, p. 89; VIVANTE, Cesare. *Trattato di diritto commerciale.* 5. ed. 3. ristampa. Milano: Casa Editrice Dottore Francesco Vallardi, 1935, v. 3, p. 5; MIRANDA, Pontes de. *Tratado de direito privado.* Campinas: Bookseller, 2001, v. 15, p. 431-432; FERREIRA, Waldemar. Tratado de *Direito comercial.* São Paulo: Saraiva, 1962, v. 6, p. 51.

46.   GOMES, Orlando. *Introdução ao direito civil.* Atualização e notas de Humberto Theodoro Junior. 15. ed. Rio de Janeiro: Forense, 2000, p. 227.

47.   FRANCO, Vera Helena de Mello. *Lições de direito comercial.* 2. ed. São Paulo: Maltese, 1995, p. 83; BULGARELLI, Waldirio. *Tratado de direito empresarial.* 3. ed. São Paulo: Atlas, 1997, p. 240, REQUIÃO, Rubens. *Curso de direito comercial.* 23. ed. São Paulo: Saraiva, 1998, v. 1, p. 245; MARTINS, Fran. *Curso de direito comercial*, p. 428.

3 Direito real ou direito pessoal?

Partindo-se do pressuposto de que o estabelecimento é uma universalidade de fato, surge uma questão extremamente relevante, qual seja, saber se o estabelecimento é objeto de direitos reais ou de direitos pessoais.

Tullio Ascarelli afirma expressamente que não há um direito real sobre o estabelecimento, mas apenas um tratamento unitário dos vários elementos que o compõem, permitindo falar em negócio jurídico sobre o estabelecimento[48]. Dentro desse entendimento, ele afirma não ser possível falar-se em posse, reivindicação, usucapião, penhor ou usufruto do estabelecimento, mas apenas dos elementos que o compõem[49]. Em síntese, os direitos reais se exercem sobre os elementos que integram o estabelecimento e não sobre ele mesmo.

O mesmo Ascarelli afirma que a unidade do estabelecimento serve apenas para determinar o objeto de determinados negócios ou para fins de sucessão, e não para se identificar um direito sobre o estabelecimento, distinto do direito real incidente sobre os componentes do estabelecimento[50]. A favor dessa tese, invoca também o fato dos componentes poderem pertencer a pessoas diferentes.

Na mesma linha de entendimento, Oscar Barreto Filho também afasta a aplicação do direito de propriedade ao estabelecimento, afirmando que para tanto seria necessário conceber a incidência do direito de propriedade sobre direitos de crédito, o que seria um contrassenso[51]. A expressão *titularidade* seria a mais adequada para exprimir toda a gama de direitos subjetivos que o empresário pode exercer sobre os componentes do estabelecimento.

De outro lado, Francesco Ferrara Junior afirma que o direito que o empresário tem sobre o estabelecimento é um direito de propriedade[52]. Ele sustenta que para o direito de propriedade são necessários apenas dois elementos: que o direito seja independente e que ele seja oponível *erga omnes*. O direito do empresário sobre o estabelecimento não depende de nenhum outro direito e a proteção do estabelecimento vale contra todos e não apenas contra determinada pessoa, em especial na chamada cláusula de não concorrência.

Dentro desse mesmo entendimento, Giuseppe Valeri afirma que o estabelecimento, tratado como uma unidade, conserva sua unidade, mesmo com a mudança dos seus elementos. A propriedade seria exercida sobre o bem imaterial que mantém uma identidade jurídica, independente da identidade dos seus elementos[53]. A propriedade do estabeleci-

---

48. ASCARELLI, Tullio. *Corso di diritto commerciale*: introduzione e teoria dell'impresa. 3. ed. Milano: Giuffrè, 1962, p. 321.

49. GALGANO, Francesco. *Diritto civile e commerciale*. 3. ed. Padova: CEDAM, 1999, v. 3, tomo I, p. 86.

50. ASCARELLI, Tullio. *Corso di diritto commerciale*: introduzione e teoria dell'impresa. 3. ed. Milano: Giuffrè, 1962, p. 322.

51. BARRETO FILHO, Oscar. *Teoria do estabelecimento comercial*. 2. ed. São Paulo: Saraiva, 1988, p. 139.

52. FERRARA JUNIOR, Francesco. *Teoría jurídica de la hacienda mercantil*. Traducción por José Maria Navas. Madrid: Revista de Derecho Privado, 1950, p. 146.

53. VALERI, Giuseppe. *Manuale di diritto commerciale*. Firenze: Casa Editrice Dottore Carlo Cya, 1950, v. 2, p. 14.

mento seria distinta da propriedade dos elementos singulares que o compõem, havendo uma relação entre essas propriedades apenas no caso de transferência do estabelecimento.

Não se pode negar que há uma unidade no tratamento do estabelecimento (Código Civil, art. 1.143). Também não se pode negar que o Código Civil prevê a possibilidade de usufruto e arrendamento do estabelecimento (art. 1.144). Todavia, a solução não pode ser dada apenas à luz de tais dispositivos, devendo-se partir dos elementos que configuram o direito de propriedade.

Pietro Trimarchi define a propriedade como "o direito de usar e dispor de uma coisa de modo pleno e exclusivo"[54]. Partindo dessa ideia, Francesco Galgano[55] identifica quatro elementos no direito de propriedade: (a) a faculdade de usar e gozar da coisa; (b) a faculdade de dispor da coisa; (c) a plenitude do direito; e (d) a exclusividade do exercício do direito.

O primeiro elemento abrangeria a faculdade de usar ou não usar o bem e de decidir como usá-lo, abarcando também a percepção dos frutos que a coisa gera. Esse primeiro elemento é facilmente caracterizado em relação ao estabelecimento, na medida em que o empresário possui efetivamente a faculdade de decidir como usar o estabelecimento e dirigir seus rumos, bem como de perceber os frutos decorrentes de seu uso.

O segundo elemento envolve o poder de alienação do bem, e mesmo de destruição dele, desde que não implique em conduta antissocial[56]. As disposições constantes do Código Civil parecem demonstrar a presença desse elemento em relação ao estabelecimento, porquanto se reconhece o poder do empresário de transferir o estabelecimento. Todavia, o poder que o empresário tem sobre o estabelecimento é um poder sobre seus componentes, e é exercido em relação a cada componente.

Não é lícito ao empresário, por exemplo, destruir um elemento do estabelecimento que não lhe pertença, porquanto o direito de dispor de tal bem não é dele, mas de terceiro. E não se diga que nesses casos o direito de propriedade incidiria sobre o uso que o empresário possa ter sobre o bem, porquanto mesmo assim o poder de disposição não seria do empresário. Não há como se imaginar um poder de disposição sobre o estabelecimento distinto do poder de disposição sobre os componentes do estabelecimento.

Outro elemento da propriedade seria a plenitude, isto é, o proprietário de um bem pode fazer com o bem tudo que não é vedado. Essa plenitude pode ser restringida com a instituição de direitos reais sobre o bem, mas mesmo assim há uma plenitude potencial do direito de propriedade[57]. No caso do estabelecimento, essa plenitude mais uma vez encontra limites nos direitos de outras pessoas, que seriam proprietárias dos elementos do estabelecimento.

Por derradeiro, seria necessária na propriedade a exclusividade, entendida como o exercício das faculdades de uso, gozo e disposição unicamente pelo proprietário do bem, salvo

---

54. TRIMARCHI, Pietro. *Istituzioni di diritto privato.* 12. ed. Milano: Giuffrè, 1998, p. 105, tradução livre de *"il diritto di usare e disporre della cosa in modo pieno ed esclusivo".*

55. GALGANO, Francesco. *Diritto privato.* Padova: CEDAM, 1999, p. 109-110.

56. PEREIRA, Caio Mário da Silva. *Instituições de direito civil.* 11. ed. Rio de Janeiro: Forense, 1994, v. 4, p. 74-75.

57. GALGANO, Francesco. *Diritto privato.* Padova: CEDAM, 1999, p. 110.

ato de disposição deste. Em outros termos, apenas o proprietário, a princípio, tem o direito de usar, gozar e dispor do bem. Partindo-se da unidade do estabelecimento, essa exclusividade poderia ser reconhecida, na medida em que o uso e o gozo do estabelecimento competem ao empresário, o qual pode, por ato de vontade, ceder o uso e o gozo a terceiros.

Diante do exposto, somos adeptos da tese esposada por Tullio Ascarelli, na medida em que não conseguimos vislumbrar um direito real sobre o conjunto, distinto do direito real sobre as coisas singulares que compõem o conjunto. A mera possibilidade dos elementos integrantes do estabelecimento não pertencerem ao empresário já afasta a possibilidade de vislumbrar uma propriedade plena sobre o conjunto. A unidade do estabelecimento existe apenas para fins obrigacionais e por isso deve-se falar em direitos pessoais sobre o estabelecimento.

4 Elementos integrantes do estabelecimento

Do próprio conceito, depreende-se que o estabelecimento é formado por vários bens distintos. É o conjunto dos bens que representa o estabelecimento, não se devendo confundi-lo com o local do exercício da atividade. O estabelecimento é um conceito mais amplo que abrange todos esses bens, unidos pelo empresário para o exercício da empresa.

O traço comum entre os vários elementos integrantes do estabelecimento é a organização feita pelo empresário para o desenvolvimento da atividade[58]. Não é essencial que todos os elementos integrantes estejam sujeitos ao mesmo tipo de direito do empresário, isto é, os elementos podem ser objetos de direitos distintos (propriedade, uso, direitos pessoais). Em função disso, não é correto falar em propriedade do estabelecimento, mas em titularidade dos direitos que asseguram a utilização dos vários elementos[59].

Esses vários elementos, que integram o estabelecimento, podem ser tanto bens materiais quanto imateriais. Na primeira categoria encontramos mercadorias do estoque, mobiliário, equipamentos e maquinaria. Já na segunda categoria encontramos patentes de invenção, marcas registradas, nome empresarial, título do estabelecimento, ponto empresarial, nomes de domínio (Enunciado n. 7 da I Jornada de Direito Comercial) e até perfis de redes sociais, quando explorados economicamente (Enunciado n. 95 da III Jornada de Direito Comercial).

Alguns desses elementos merecem um tratamento especial, seja pela sua importância, seja pela controvérsia sobre a sua natureza de elemento do estabelecimento.

4.1 Imóveis

Os imóveis sempre foram tradicionalmente afastados do direito comercial[60], dada a impossibilidade de circulação física de tais bens e seu caráter familiar. Além disso, a riqueza

---

58.   ASCARELLI, Tullio. *Corso di diritto commerciale*: introduzione e teoria dell'impresa. 3. ed. Milano: Giuffrè, 1962, p. 328.

59.   Idem, ibidem.

60.   RIPERT, Georges; ROBLOT, René. *Traité élémentaire de droit commercial*. 5. ed. Paris: Librairie Générale de Droit et de Jurisprudence, 1963, v. 1, p. 264.

imobiliária sempre se contrapôs à riqueza mobiliária, que circula de modo fácil e rápido, especialmente no comércio. Tal afastamento sempre se mostrou cientificamente injustificável[61]. Com o advento da teoria da empresa, esse afastamento se mostra ainda menos razoável.

De qualquer modo, os imóveis sempre foram úteis para o desenvolvimento das atividades econômicas, servindo como uma base física estável para a realização dos negócios. Na linguagem corriqueira, equivocadamente se trata o imóvel onde se desenvolve a atividade como se fosse o próprio estabelecimento empresarial. Reitere-se mais uma vez que o estabelecimento é o complexo de bens utilizados para a realização da atividade.

Diante dessas noções, não se pode negar que o imóvel é um bem que é utilizado pelo empresário para o exercício da atividade empresarial. Assim sendo, os imóveis seriam elementos integrantes do estabelecimento, quando pertencentes ao empresário.

Todavia, Rubens Requião nega tal qualidade aos imóveis, afirmando que eles seriam elementos da empresa, mas não do estabelecimento[62]. Ele justifica sua tese com o argumento de que o estabelecimento é uma coisa móvel e que por isso não poderia ser constituído de coisas imóveis.

Essa concepção de Rubens Requião decorre da opinião por ele sustentada, no sentido de que o estabelecimento é um bem incorpóreo. No entanto, como vimos, a melhor qualificação jurídica do estabelecimento é aquela que lhe dá a condição de universalidade de fato, logo, não haveria nenhum problema em considerar o imóvel como elemento integrante do estabelecimento[63].

Os imóveis podem e, normalmente, são utilizados pelo empresário para o exercício da atividade econômica, desempenhando papel determinante em muitos casos. Desse modo, não há como negar a inclusão do imóvel como elemento do estabelecimento, desde que se trate de um bem de propriedade do empresário. Nos casos de locação ou outros usos do imóvel, este não integra o estabelecimento, mas apenas o direito de uso sobre aquele imóvel.

4.2 O ponto empresarial

Diretamente relacionado ao imóvel, mas não se confundindo com ele, está o chamado ponto empresarial, que é um elemento incorpóreo do estabelecimento que pertence ao empresário.

---

61. CARVALHO DE MENDONÇA, J. X. *Tratado de direito comercial brasileiro*. Atualizado por Ricardo Rodrigues Gama. Campinas: Russel, 2000, v. 3, tomo II, p. 16.

62. REQUIÃO, Rubens. *Curso de direito comercial*. 23. ed. São Paulo: Saraiva, 1998, v. 1, p. 255; REINHARD, Yves e CHAZAL, Jean-Pascal. *Droit commercial*. 6. ed. Paris: Litec, 2001, p. 386; VERÇOSA, Haroldo Malheiros Duclerc. *Curso de direito comercial*. São Paulo: Malheiros, 2004, v. 1, p. 245.

63. NEGRÃO, Ricardo. *Manual de direito comercial e de empresa*. 3. ed. São Paulo: Saraiva, 2003, v. 1, p. 75; CAMPINHO, Sérgio. *O direito de empresa à luz do novo Código Civil*. 4. ed. Rio de Janeiro: Renovar, 2004, p. 322; FRANCO, Vera Helena de Mello. *Manual de direito comercial*. São Paulo: Revista dos Tribunais, 2001, v. 1, p. 115; MARTINS, Fran. *Curso de direito comercial*. 22. ed. Rio de Janeiro: Forense, 1998, p. 474; BORGES, João Eunápio. *Curso de direito comercial terrestre*. 5. ed. Rio de Janeiro: Forense, 1971, p. 187.

Em muitos casos, a localização do exercício da empresa se mostra fundamental para o sucesso da empresa. Na maioria dos casos, a clientela do empresário surge e aumenta em função especificamente do local onde se exerce a atividade. Tal localização também pode ser atrativa para os próprios fornecedores, especialmente no caso das atividades industriais.

Uma loja de roupas, situada num centro comercial de grande movimento, tem expectativas maiores de lucros, em função do local em que está situada. Do mesmo modo, os restaurantes em centros empresariais, aeroportos. Outro exemplo que pode ser dado, embora um tanto mórbido, é o caso da localização de funerárias próximas a hospitais.

Em todos esses casos, o local assume papel preponderante, e se destaca da própria propriedade do imóvel, surgindo o ponto empresarial como bem incorpóreo integrante do estabelecimento[64]. O ponto empresarial é um bem diferente do imóvel, tanto que pode ser até objeto de locação, sem que isso desvirtue a sua natureza de elemento do estabelecimento.

Quando o imóvel pertence ao empresário, a proteção do ponto decorre da própria proteção da propriedade do imóvel. Mesmo nos casos de locação do imóvel, o ponto empresarial é protegido como um elemento integrante do estabelecimento, assegurando-se ao empresário o direito de renovação da locação, atendidas determinadas hipóteses legais, e a indenização no caso de não renovação. Ressalte-se que no caso de locação não há uma dupla propriedade sobre o imóvel, o que há é um direito pessoal do locatário em face do proprietário[65].

A Lei n. 8.245/91, em seu art. 51, garante ao empresário o direito de renovar a locação desde que: (a) o contrato de locação tenha sido celebrado por escrito e tenha prazo determinado; (b) o prazo mínimo do contrato a renovar ou a soma dos prazos ininterruptos dos contratos escritos seja de cinco anos; (c) o locatário esteja explorando a mesma atividade nos últimos três anos ininterruptamente.

Com esses requisitos, protege-se o interesse do empresário que já conquistou alguma clientela, em função daquele ponto empresarial. Todavia, essa proteção não pode representar uma violação ao direito constitucional de propriedade do locador[66], que poderá opor a chamada exceção de retomada, no caso do art. 52 da Lei n. 8.245/91. A proteção do ponto cede espaço à proteção do direito de propriedade, em situações que justifiquem esta última.

O locador não está obrigado a renovar o contrato se tiver que fazer obras no imóvel que impliquem sua radical transformação, por determinação do poder público, ou para fazer modificações que aumentem o valor do negócio ou de sua propriedade. Também não há obrigação de renovação, quando o locador resolver retomar o imóvel para uso próprio.

Ainda não caberá a renovação no caso de retomada do imóvel para instalação de estabelecimento existente há mais de um ano, cujo titular seja seu cônjuge, ascendente ou des-

---

64. CAMPINHO, Sérgio. *O direito de empresa à luz do novo Código Civil*. 4. ed. Rio de Janeiro: Renovar, 2004, p. 325.

65. RIPERT, Georges; ROBLOT, René. *Traité élémentaire de droit commercial*. 5. ed. Paris: Librairie Générale de Droit et de Jurisprudence, 1963, v. 1, p. 195.

66. CARVALHOSA, Modesto. *Comentários ao Código Civil*. São Paulo: Saraiva, 2003, v. 13, p. 619.

cendente, ou ainda para sociedade cuja maioria do capital social pertença ao locador, seu cônjuge, ascendente ou descendente[67]. Nesses casos, o imóvel não poderá ser usado para o mesmo ramo do locatário, salvo se a locação envolva instalações e pertences. Tais hipóteses de retomada não se aplicam à locação em *shopping centers* (art. 52, § 2º, da Lei n. 8.245/91).

O locador pode ainda evitar a renovação se a proposta do locatário não atender ao valor locativo real do imóvel, descontada a valorização decorrente da atividade do locatário. Também se pode evitar a renovação se houver proposta de terceiro para locação em condições melhores. Neste último caso, a proposta não pode ser para atuação no mesmo ramo do locatário, e este tem o direito de igualar a proposta para obter a renovação.

Protege-se também o ponto empresarial, assegurando-se ao locatário uma indenização pelos prejuízos decorrentes da mudança de lugar, se for negada a renovação em função da proposta de terceiros e, se no prazo de três meses, o locador não iniciar as obras, ou não der o destino prometido ao imóvel (art. 52, § 3º, da Lei n. 8.245/91). Essa indenização deve abranger o dano emergente e os lucros cessantes decorrentes da mudança, da perda do local e da desvalorização do estabelecimento.

4.3 O trabalho

O trabalho é representado pelos serviços prestados para o bom desempenho da atividade empresarial[68]. Abrange desde os serviços prestados pessoalmente pelo empresário até aqueles prestados pelos mais humildes empregados. Em todo caso, o trabalho é um elemento essencial para o exercício da empresa.

De nada adianta um grande complexo de bens corpóreos e incorpóreos sem que haja um trabalho bem exercido que permita a organização e coordenação desses bens para o exercício da empresa. O trabalho é tão ou mais importante do que os bens corpóreos e incorpóreos que integram o estabelecimento. Diante dessa importância, alguns autores atribuem ao trabalho a condição de elemento do estabelecimento, porquanto configuraria prestações de fazer que aderem ao próprio estabelecimento[69].

Ousamos discordar de tal entendimento. A nosso ver, a razão está com Ricardo Negrão, que afasta tal concepção afirmando que o trabalho não pode ser entendido como objeto de direito[70]. O trabalho é muito importante para a atividade empresarial, mas não pode ser entendido como um objeto de direito, como algo de titularidade do empresário.

---

67. PACHECO, José da Silva. *Tratado das locações, ações de despejo e outras*. 10. ed. São Paulo: Revista dos Tribunais, 1998, p. 725.

68. BORGES, João Eunápio. *Curso de direito comercial terrestre*. 5. ed. Rio de Janeiro: Forense, 1971, p. 191.

69. CARVALHOSA, Modesto. *Comentários ao Código Civil*. São Paulo: Saraiva, 2003, v. 13, p. 618; BORGES, João Eunápio. *Curso de direito comercial terrestre*. 5. ed. Rio de Janeiro: Forense, 1971, p. 191; DORIA, Dylson. *Curso de direito comercial*. 13. ed. São Paulo: Saraiva, 1998, v. 1, p. 127; BARRETO FILHO, Oscar. *Teoria do estabelecimento comercial*. 2. ed. São Paulo: Saraiva, 1988, p. 159.

70. NEGRÃO, Ricardo. *Manual de direito comercial e de empresa*. 3. ed. São Paulo: Saraiva, 2003, v. 1, p. 76.

5   O aviamento

O estabelecimento, enquanto articulado para o exercício da atividade empresarial, possui um sobrevalor em relação à soma dos valores individuais dos bens que o compõem, relacionado a uma expectativa de lucros futuros, a sua capacidade de trazer proveitos. Essa mais-valia do conjunto é que se denomina aviamento[71].

O aviamento pode decorrer das causas mais variadas. Ele pode ser subjetivo, quando ligado às qualidades pessoais do empresário, ou objetivo, quando ligado aos bens componentes do estabelecimento na sua organização[72]. Em qualquer acepção, o aviamento deve ser entendido como "o sobrevalor em relação a simples soma dos valores dos bens singulares que integram o estabelecimento e resumem a capacidade do estabelecimento, por meio dos nexos organizativos entre os seus componentes singulares, de oferecer prestações de empresa e de atrair clientela"[73]. Em outras palavras, o aviamento é a aptidão da empresa para produzir lucros, decorrente da qualidade de sua organização[74].

Esse aviamento tem um valor próprio, reconhecido pelo próprio Código Civil, em seu art. 1.187, III, que representa um acréscimo em relação aos elementos componentes do estabelecimento. Assim, a soma dos bens singulares que compõem o estabelecimento é menor do que o valor do estabelecimento em si. O valor do estabelecimento não é dado simplesmente pela soma dos valores singulares dos elementos que o compõem, mas também pela soma dos valores dos elementos e do aviamento.

$$\text{SOMA DOS COMPONENTES} = a + b + c + \ldots = X \qquad \text{Valor do}$$
$$\text{VALOR DO ESTABELECIMENTO} = X + Y \qquad \text{aviamento}$$

Apesar de ter um valor próprio, para a maioria da doutrina o aviamento não é considerado um bem de propriedade do empresário, mas apenas o valor econômico do conjunto, é antes uma qualidade que um elemento[75]. "Não é um elemento isolado, mas

---

71.   REQUIÃO, Rubens. *Curso de direito comercial*. 23. ed. São Paulo: Saraiva, 1998, v. 1, p. 306.

72.   FERRARA JUNIOR, Francesco; CORSI, Francesco. *Gli imprenditori e le società*. 11. ed. Milano: Giuffrè, 1999, p. 169; GALGANO, Francesco. *Diritto civile e commerciale*. 3. ed. Padova: CEDAM, 1999, v. 3, tomo 1, p. 99; BARRETO FILHO, Oscar. *Teoria do estabelecimento comercial*. 2. ed. São Paulo: Saraiva, 1988, p. 174.

73.   VEDOVE, Giampaolo dalle. *Nozioni di diritto d'impresa*. Padova: CEDAM, 2000, p. 167, tradução livre de *"il plusvalore rispetto alla semplice somma del valore dei singoli beni aziendali e riassume la capacità dell'azienda, attraverso i nessi organizzativi tra le sue singole componenti, di offrire prestazioni di impresa e di attrarre clientela".*

74.   REQUIÃO, Rubens. *Curso de direito comercial*. 23. ed. São Paulo: Saraiva, 1998, v. 1, p. 307.

75.   REQUIÃO, Rubens. *Curso de direito comercial*. 23. ed. São Paulo: Saraiva, 1998, v. 1, p. 309-310; NEGRÃO, Ricardo. *Manual de direito comercial*. Campinas: Bookseller, 1999, p. 127; GARRIGUES, Joaquín. *Curso de derecho mercantil*. 7. ed. Bogotá: Temis, 1987, p. 190; FERRARA JUNIOR, Francesco e CORSI, Francesco. *Gli imprenditori e le società*. 11. ed. Milano: Giuffrè, 1999, p. 169; COELHO, Fábio Ulhoa. *Curso de direito comercial*. 6. ed. São Paulo: Saraiva, 2002, v. 1; GALGANO, Francesco. *Diritto civile e commerciale*. 3. ed. Padova:

um modo de ser resultante do estabelecimento enquanto organizado, que não tem existência independente e separada do estabelecimento."[76]

Fran Martins, afirmando esse valor próprio do aviamento, atribui a este a condição de elemento do estabelecimento, asseverando sua importância para o exercício da atividade empresarial[77].

Ousarmos discordar da opinião de Fran Martins, porquanto não vislumbramos no aviamento a condição de elemento integrante do estabelecimento. Ele não tem uma vida própria e autônoma, porque não se pode conceber o aviamento se não em conexão com um estabelecimento[78].

O aviamento não pode ser objeto de tratamento separado, não podendo ser considerado objeto de direito[79], porquanto não há como se conceber a transferência apenas do aviamento. Assim, não se pode conceber o aviamento como um bem no sentido jurídico, e consequentemente não se pode incluí-lo no estabelecimento, vale reforçar, o aviamento não integra o estabelecimento.

Embora não seja um bem integrante do estabelecimento, é certo que o aviamento é extremamente importante e goza de proteção jurídica, como, por exemplo, na indenização devida ao locatário no caso de não renovação do contrato de locação não residencial.

6   A clientela

O aviamento, enquanto qualidade do estabelecimento, é medido essencialmente pela clientela do empresário, vale dizer, quanto maior for o número de clientes, maior é o aviamento. A clientela é "o conjunto de pessoas que, de fato, mantêm com a casa de comércio relações contínuas para aquisição de bens ou serviços"[80]. Ela não se confunde com o aviamento, sendo apenas um efeito deste, que se converte em uma espécie de coeficiente deste[81], vale dizer, quanto maior a clientela, maior o aviamento.

CEDAM, 1999, v. 3, tomo 1, p. 100; ASCARELLI, *Corso di diritto commerciale*, p. 339; CARVALHOSA, Modesto. *Comentários ao Código Civil*. São Paulo: Saraiva, 2003, v. 13, p. 621; BORGES, João Eunápio. *Curso de direito comercial terrestre*. 5. ed. Rio de Janeiro: Forense, 1971, p. 193; VALERI, Giuseppe. *Manuale di diritto commerciale*. Firenze: Casa Editrice Dottore Carlo Cya, 1950, v. 2, p. 10; BARRETO FILHO, Oscar. *Teoria do estabelecimento comercial*. 2. ed. São Paulo: Saraiva, 1988, p. 172.

76.   FRANCO, Vera Helena de Mello. *Lições de direito comercial*. 2. ed. São Paulo: Maltese, 1995, p. 78.

77.   MARTINS, Fran. *Curso de direito comercial*. 22. ed. Rio de Janeiro: Forense, 1998, p. 471-472.

78.   VIVANTE, Cesare. *Trattato di diritto commerciale*. 5. ed. 3. ristampa. Milano: Casa Editrice Dottore Francesco Vallardi, 1935, v. 3, p. 2.

79.   GARRIGUES, Joaquín. *Curso de derecho mercantil*. 7. ed. Bogotá: Temis, 1987, v. 1, p. 189; ASCARELLI, Tullio. *Corso di diritto commerciale*: introduzione e teoria dell'impresa. 3. ed. Milano: Giuffrè, 1962, p. 339.

80.   GARRIGUES, Joaquín. *Curso de derecho mercantil*. 7. ed. Bogotá: Temis, 1987, p. 188, tradução livre de *"el conjunto de personas que, de hecho, mantienem con la casa de comercio relaciones continuas por demanda de bienes o de servicios".*

81.   FERRARA JUNIOR, Francesco. *Teoría jurídica de la hacienda mercantil*. Traducción por José Maria Navas. Madrid: Revista de Derecho Privado, 1950, p. 123.

Tal conjunto de pessoas, como se pode intuir, não é um bem, e consequentemente não pode ser objeto de um direito do empresário, não havendo que se falar em um direito à clientela[82]. A clientela é uma situação de fato, fruto da melhor organização do estabelecimento[83], do melhor exercício da atividade. Diante disso, não pode restar dúvida de que também não se pode incluir a clientela como um elemento do estabelecimento[84]. "A clientela não é um bem imaterial, objeto autônomo de direito; é uma situação de fato, à qual se atribui um valor econômico, muitas vezes relevante, que é protegido indiretamente pela lei."[85]

Não obstante seja incorreto falar-se em direito à clientela, é certo que há uma proteção jurídica a ela, consistente nas ações contra a concorrência desleal. Todavia, tal proteção não torna a clientela objeto de direito do empresário, pois o que se protege na verdade são os elementos patrimoniais da empresa, aos quais está ligada a clientela. Esta recebe uma proteção apenas indireta. O que o ordenamento jurídico protege são os instrumentos usados para formar e conservar a clientela[86].

6.1 Cessão de clientela

Diante da solução acima apresentada, que não identifica a clientela como um bem, pode parecer que o negócio chamado cessão de clientela não existe. Todavia, há que se entender que a cessão de clientela é apenas o nome de um contrato, o qual não transfere e nem pode transferir a clientela, na medida em que esta não é um objeto de direito.

O que se convencionou chamar de cessão de clientela é um contrato que implica a transferência de bens, que constituem fatores determinantes para a clientela[87]. Esse contrato se operacionaliza pela cessão de contratos, pela cessão do estabelecimento, ou ao menos a transferência do fator preponderante ao qual se liga a freguesia[88], e pela assunção de obrigações de fazer e não fazer pelo cedente da clientela. Esse contrato apenas tenta criar condições para que o cessionário goze da clientela que o cedente antes possuía.

---

82. GARRIGUES, Joaquín. *Curso de derecho mercantil.* 7. ed. Bogotá: Temis, 1987, p. 188; COELHO, Fábio Ulhoa. *Curso de direito comercial.* 6. ed. São Paulo: Saraiva, 2002, v. 1, p. 96; REQUIÃO, Rubens. *Curso de direito comercial.* 23. ed. São Paulo: Saraiva, 1998, v. 1, p. 310; VERÇOSA, Haroldo Malheiros Duclerc. *Curso de direito comercial.* São Paulo: Malheiros, 2004, v. 1, p. 253.

83. ASCARELLI, Tullio. *Corso di diritto commerciale*: introduzione e teoria dell'impresa. 3. ed. Milano: Giuffrè, 1962, p. 343.

84. MIRANDA, Pontes de. *Tratado de direito privado.* Campinas: Bookseller, 2001, v. 15, p. 429; CARVALHOSA, Modesto. *Comentários ao Código Civil.* São Paulo: Saraiva, 2003, v. 13, p. 622.

85. BARRETO FILHO, Oscar. *Teoria do estabelecimento comercial.* 2. ed. São Paulo: Saraiva, 1988, p. 182.

86. FERRARA JUNIOR, Francesco. *Teoría jurídica de la hacienda mercantil.* Traducción por José Maria Navas. Madrid: Revista de Derecho Privado, 1950, p. 122.

87. ASCARELLI, Tullio. *Corso di diritto commerciale*: introduzione e teoria dell'impresa. 3. ed. Milano: Giuffrè, 1962, p. 359.

88. BARRETO FILHO, Oscar. *Teoria do estabelecimento comercial.* 2. ed. São Paulo: Saraiva, 1988, p. 241.

Não há no sentido literal a transferência da clientela, que não é uma coisa no sentido jurídico da expressão. O que há é uma série de atos combinados, cujo objetivo é possibilitar que os clientes do cedente passem a negociar com o cessionário. O objeto do negócio não é a transferência dos clientes, a qual é juridicamente impossível.

Dentro dessa concepção, a cessão de clientela normalmente envolve a transferência do ponto empresarial, a utilização do mesmo título de estabelecimento, a utilização das mesmas marcas. Além disso, a cessão de clientela normalmente envolve a proibição de concorrência por certo período, isto é, o cedente não poderá exercer por certo período atividades que façam concorrência ao cessionário.

9 NEGÓCIOS SOBRE O ESTABELECIMENTO EMPRESARIAL

1 O estabelecimento enquanto objeto de negócios jurídicos

O empresário, para exercer a empresa, necessita de um complexo de bens dos mais diversos tipos, móveis, imóveis, materiais, imateriais etc. Apesar da diversidade, tais bens são unidos pela finalidade comum a que se destinam, formando o estabelecimento. Tal unidade permite que tratemos o conjunto de bens como um todo, não sendo necessário o tratamento separado para cada um dos seus componentes.

Ora, sendo possível o tratamento unitário do conjunto, é certo que o conjunto de bens – o estabelecimento – pode ser objeto de negócios jurídicos, que sejam compatíveis com a sua natureza. O Código Civil reconhece tal possibilidade expressamente no seu art. 1.143 e no artigo seguinte menciona a possibilidade de alienação, arrendamento ou instituição de usufruto do estabelecimento.

Todavia, há que se ressaltar que os negócios com o estabelecimento não se confundem com os negócios envolvendo um conjunto qualquer de bens[1]. A organização dos bens para determinado fim é extremamente relevante e influi até no valor dos negócios. Assim sendo, é certo que são negócios distintos os que envolvem o estabelecimento e os que envolvem um conjunto de bens, cabendo perquirir a vontade das pessoas envolvidas para definir de que tipo de negócio está se tratando.

Além disso, os negócios com o estabelecimento também não se confundem com os negócios envolvendo quotas ou ações de sociedade. Nestes casos, a sociedade continuará sendo a mesma e manterá os mesmos direitos sobre o estabelecimento. O que poderá ocorrer é apenas a mudança da titularidade do controle da sociedade e, por conseguinte, da direção da atividade, não havendo qualquer mudança nos direitos que são exercidos sobre os bens, uma vez que a pessoa jurídica continuará a ser a mesma.

2 Forma

O estabelecimento é composto de um complexo de bens, que podem ser móveis ou imóveis. Diante dessa situação, Oscar Barreto Filho afirma que, em princípio, o

---

1. ASCARELLI, Tullio. *Corso di diritto commerciale*: introduzione e teoria dell'impresa. 3. ed. Milano: Giuffrè, 1962, p. 336.

estabelecimento seria uma coisa móvel, todavia, se fosse composto de imóveis, passaria à condição de bem imóvel, ao qual adeririam os demais bens na condição de pertenças[2].

Pontes de Miranda, independentemente da natureza dos elementos que o compõem, afirma que o estabelecimento, enquanto objeto unitário de direitos, deve ser considerado uma coisa móvel[3]. Idêntica é a opinião de Francesco Ferrara Junior[4], que afirma não haver sentido na extensão da natureza de um bem a outro.

A nosso ver, o estabelecimento é um bem móvel, na medida em que pode ser tratado sob a ótica dos direitos pessoais de caráter patrimonial (art. 83, III, do Código Civil). A natureza dos elementos integrantes do estabelecimento não teria o condão de alterar a condição de coisa móvel.

Tal digressão foi feita com o intuito de identificar a forma pela qual podem ser feitos negócios jurídicos sobre o estabelecimento, isto é, os negócios sobre o estabelecimento devem ser feitos por escritura pública? Ou podem ser feitos por escritura particular?

Para Oscar Barreto Filho, a forma dos negócios envolvendo o estabelecimento dependerá da composição dele, isto é, se ele for composto por imóveis será necessária a forma pública[5]. Ousamos divergir de tal entendimento, reafirmando a natureza móvel do estabelecimento, o que nos leva a concluir que os negócios sobre o estabelecimento empresarial têm forma livre, exigindo-se a escritura particular e o registro na junta comercial apenas para fins de prova e validade perante terceiros[6]. Trata-se de contrato consensual, sem a exigência de uma forma solene, a princípio.

Todavia, caso o estabelecimento seja composto de bens imóveis será necessária a escritura pública e o respectivo registro, apenas para a transferência de tais bens, sendo dispensada a outorga conjugal (Código Civil, art. 978). Isso pode ser dito em relação a outros elementos do estabelecimento que possuam uma regra especial para transferência, como as marcas e patentes. O próprio Oscar Barreto Filho admite a forma especial para a transferência de certos bens[7], sem afetar a forma da transferência do estabelecimento[8].

Embora possa parecer contraditório, é certo que os motivos que levam a lei a exigir a escritura pública e o respectivo registro para a transferência dos bens imóveis continuam

---

2. BARRETO FILHO, Oscar. *Teoria do estabelecimento comercial.* 2. ed. São Paulo: Saraiva, 1988, p. 201.

3. MIRANDA, Pontes de. *Tratado de direito privado.* Campinas: Bookseller, 2001, v. 15, p. 433.

4. FERRARA JUNIOR, Francesco. *Teoría jurídica de la hacienda mercantil.* Traducción por José Maria Navas. Madrid: Revista de Derecho Privado, 1950, p. 144.

5. BARRETO FILHO, Oscar. *Teoria do estabelecimento comercial.* 2. ed. São Paulo: Saraiva, 1988, p. 201.

6. MIRANDA, Pontes de. *Tratado de direito privado.* Atualizado por Vilson Rodrigues Alves. Campinas: Bookseller, 2001, v. 15, p. 443; GALGANO, Francesco. *Diritto civile e commerciale.* 3. ed. Padova: CEDAM, 1999, v. 3, tomo 2, p. 85.

7. BARRETO FILHO, Oscar. *Teoria do estabelecimento comercial.* 2. ed. São Paulo: Saraiva, 1988, p. 202.

8. MIRANDA, Pontes de. *Tratado de direito privado.* Atualizado por Vilson Rodrigues Alves. Campinas: Bookseller, 2001, v. 15, p. 443.

a existir[9]. Do mesmo modo em relação a outras modalidades de bens que exigem cuidados especiais. Assim, ainda que eles sejam parte de uma universalidade, para a transferência dos imóveis será necessária a forma pública para assegurar publicidade e garantir a segurança em tais negócios.

Em síntese: a forma dos negócios sobre o estabelecimento empresarial é livre. Exige-se forma escrita para fins de prova e validade perante terceiros. No caso de bens que exijam forma especial para o negócio, como os imóveis, a forma especial deverá ser obedecida[10].

3 Publicidade

Os negócios que envolvem o estabelecimento (alienação, usufruto, arrendamento) podem influir diretamente sobre interesses de terceiros, especialmente os credores do empresário. Em função disso, esses terceiros devem ter a oportunidade de tomar conhecimento dos negócios envolvendo o estabelecimento. Por essa razão, o art. 1.144 do Código Civil estabelece um regime de publicidade e publicação oficial para os negócios envolvendo o estabelecimento[11].

Assim, a lei exige que os negócios envolvendo o estabelecimento sejam averbados no registro público de empresas mercantis, à margem do registro do empresário, e que seja feita uma publicação na imprensa oficial sobre o negócio. A averbação deixa um registro aberto ao público em geral. Qualquer pessoa pode ter acesso ao teor da negociação, uma vez que o registro é público.

A publicação na imprensa oficial funciona como uma comunicação geral, presumindo-se o conhecimento do negócio por terceiros. Vale dizer, a publicação no órgão oficial da notícia da negociação funcionará como uma espécie de primeira notificação aos credores para que tenham conhecimento da negociação, resguardem seus direitos e saibam quem é o titular do estabelecimento, a partir de então.

Compete à junta comercial a exigência de apresentação do comprovante de publicação na imprensa oficial, nos termos do art. 1.152 do Código Civil. Vale destacar que a lei exige apenas a publicação na imprensa oficial, sendo uma mera faculdade a publicação em jornal de grande circulação, vale dizer, há uma exceção legal ao regime de publicação do art. 1.152, § 1º, do Código Civil.

A publicidade e a publicação oficial não são condições de validade do negócio, mas condições de eficácia perante terceiros. Apenas com o cumprimento de tais exigências é que os negócios envolvendo o estabelecimento produzem efeitos perante terceiros.

---

9. FERRARA JUNIOR, Francesco. *Teoría jurídica de la hacienda mercantil*. Traducción por José Maria Navas. Madrid: Revista de Derecho Privado, 1950, p. 146.

10. Enunciado 393 – IV Jornadas de Direito Civil: "A validade da alienação do estabelecimento empresarial não depende de forma específica, observado o regime jurídico dos bens que a exijam."

11. CARVALHOSA, Modesto. *Comentários ao Código Civil*. São Paulo: Saraiva, 2003, v. 13, p. 637.

Por exemplo, o art. 1.146 do Código Civil afirma que as obrigações regularmente contabilizadas são transferidas ao adquirente do estabelecimento, permanecendo o alienante solidariamente responsável pelo prazo de um ano. Esse efeito só é produzido com a averbação e a publicação. Do mesmo modo, o prazo mencionado só começa a ser contado com a publicação.

4 Alienação do estabelecimento

Tratando-se de uma universalidade de fato, é certo que o estabelecimento pode ser alienado como um todo, como uma coisa coletiva – é o que recebe na doutrina a denominação de trespasse[12]. Nessa negociação, transfere-se o conjunto de bens e seus nexos organizativos e, por conseguinte, o aviamento. Ressalte-se desde já que se cogita da venda em conjunto dos bens necessários para o exercício da atividade e não das quotas ou ações de uma sociedade. No trespasse há uma alteração do titular do estabelecimento. Mesmo nos casos de alienação parcial, se é transferida a funcionalidade do estabelecimento devem ser aplicadas as regras inerentes ao trespasse[13]. De acordo com o STJ, a simples locação do estabelecimento não configura trespasse[14]. Do mesmo modo, a simples utilização do mesmo local físico não é suficiente para configurar o trespasse (Enunciado n. 59 da II Jornada de Direito Comercial).

4.1 Condições de eficácia da alienação

O trespasse pode influenciar diretamente nos interesses dos credores do alienante do estabelecimento, na medida em que boa parte de seu patrimônio poderá estar passando às mãos de outra pessoa. Diante disso, o Código Civil (art. 1.145) protege mais diretamente os credores do alienante, impondo como condição de eficácia da alienação o pagamento de todos os credores ou a concordância expressa ou tácita sobre alienação.

Pagos os credores, seus interesses deixarão de existir em relação ao trespasse. Mesmo sem o pagamento, o trespasse poderá ser eficaz se os credores concordarem tácita ou expressamente com a alienação dentro do prazo de 30 dias após a sua notificação, demonstrando que seus interesses não serão prejudicados com o negócio. Neste particular, é oportuno ressaltar que não basta a publicidade normal do trespasse, é necessária uma notificação pessoal aos credores[15] (cartório, carta com aviso de recebimento...).

---

12. COELHO, Fábio Ulhoa. *Curso de direito comercial*. 6. ed. São Paulo: Saraiva, 2002, v. 1, p. 111; BERTOLDI, Marcelo M. *Curso avançado de direito comercial*. São Paulo: Revista dos Tribunais, v. 1, p. 119.

13. FÉRES, Marcelo Andrade. *Estabelecimento empresarial*. São Paulo: Saraiva, 2007, p. 54.

14. STJ – REsp 1293144/RS, Rel. Ministro Castro Meira, Segunda Turma, julgado em 16-4-2013, *DJe* 26-4-2013.

15. CARVALHOSA, Modesto. *Comentários ao Código Civil*. São Paulo: Saraiva, 2003, v. 13, p. 642-643.

98 CURSO DE DIREITO EMPRESARIAL

Nessa linha, o Código Civil reforça a proteção dos interesses dos credores e dá uma segurança maior ao negócio. Todavia, nada impede que posteriormente se configure a ineficácia do negócio, nos termos do art. 129, VI, da Lei n. 11.101/2005, o qual também inquina de ineficácia a alienação do estabelecimento sem o pagamento de todos os credores, ou sem o consentimento expresso ou tácito destes em 30 dias contados de sua notificação.

Em qualquer caso, será válida e eficaz a alienação se o empresário mantiver bens suficientes para o pagamento dos credores. Nesta situação, acreditamos ser dispensável a notificação para a concordância dos credores, uma vez que seus interesses estarão protegidos[16].

Trata-se de uma inovação salutar que permite de forma ágil o combate a fraudes no trespasse, na medida em que permite o reconhecimento da ineficácia da alienação, na proteção dos interesses dos credores.

4.2 Os débitos

Partindo-se do pressuposto de que o estabelecimento é uma universalidade de fato, isto é, um conjunto de bens, é certo que os débitos do empresário não integram o estabelecimento, embora façam parte do seu patrimônio. Os débitos não são bens que integram o estabelecimento, eles são apenas ônus que gravam o patrimônio do empresário[17]. Como não integram o estabelecimento, no trespasse as dívidas não eram transferidas, salvo disposição em contrário das partes, obtida a anuência dos credores, ou da lei (art. 133 do CTN e arts. 10 e 448 da CLT). Oscar Barreto Filho afirmava que "o estabelecimento não compreende elementos do passivo de seu titular, de modo que a transmissão dos débitos ao adquirente do estabelecimento não resulta quer da natureza da obrigação, quer da lei"[18].

Assim, antes do Código Civil era necessária a inserção de uma cláusula no contrato do trespasse para que houvesse a sucessão, ou uma determinação legal específica. Com o advento do Código Civil (art. 1.146), o adquirente do estabelecimento sucede o alienante nas obrigações regularmente contabilizadas, como ocorre no direito italiano[19]. Todavia, há que se ressaltar que o alienante continua solidariamente obrigado por um ano a contar da publicação do trespasse no caso de obrigações vencidas, ou a contar do vencimento no caso das dívidas vincendas.

---

16. PIMENTA, Eduardo Goulart. O estabelecimento. In: RODRIGUES, Frederico Viana (Coord.). *Direito de empresa no novo Código Civil*. Rio de Janeiro: Forense, 2004, p. 106.

17. COELHO, Fábio Ulhoa. *Curso de direito comercial*. 6. ed. São Paulo: Saraiva, 2002, v. 1, p. 96-97; REQUIÃO, Rubens. *Curso de direito comercial*. 23. ed. São Paulo: Saraiva, 1998, v. 1, p. 259; FRANCO, Vera Helena de Mello. *Lições de direito comercial*. 2. ed. São Paulo: Maltese, 1995, p. 77.

18. BARRETO FILHO, Oscar. *Teoria do estabelecimento comercial*. 2. ed. São Paulo: Saraiva, 1988, p. 229.

19. FERRARA JUNIOR, Francesco; CORSI, Francesco. *Gli imprenditori e le società*. 11. ed. Milano: Giuffrè, 1999, p. 172.

Essa regra não se justifica pela essência do contrato de trespasse, mas pela proteção dos terceiros credores, que são titulares de créditos ligados ao exercício da empresa. Tal proteção, contudo, é temperada pela proteção à boa-fé do adquirente, que deve saber das obrigações para poder ser responsabilizado[20].

Muitas vezes, pelo tamanho do estabelecimento, os terceiros tinham a confiança de que a obrigação seria cumprida. Esses terceiros viam nos elementos do estabelecimento sua maior garantia e devem continuar a ter nesses elementos sua garantia. Por isso, o adquirente sucede o alienante nas obrigações.

Além disso, é certo que em determinadas situações era a pessoa do titular do estabelecimento que dava a confiança no cumprimento da obrigação. O terceiro só concluía o negócio porque confiava que aquela pessoa seria a responsável pelo pagamento das obrigações. Vislumbrando tais situações, o Código Civil impôs a manutenção da responsabilidade do alienante perante os terceiros, sempre na proteção dos interesses destes. Há uma dupla proteção: o adquirente como titular do estabelecimento passa a ser o devedor da obrigação e o alienante continua solidariamente responsável.

Vale destacar que a responsabilidade do adquirente atinge apenas as obrigações regularmente contabilizadas, isto é, a sucessão só ocorrerá se houver escrituração e esta estiver regular. Em todo caso, o adquirente pode e deve requerer a exibição integral dos livros do alienante, para conhecer essas obrigações[21].

4.2.1 Débitos tributários

No que tange aos débitos tributários, não se cogita da aplicação do art. 1.146 do Código Civil, mas do art. 133 do Código Tributário Nacional. Por força deste dispositivo, independentemente da contabilização, o adquirente do estabelecimento terá responsabilidade pelas obrigações tributárias do alienante relativas ao exercício da atividade. Registre-se que não se trata de uma sucessão universal nas obrigações tributárias, mas de uma sucessão limitada às obrigações referentes ao exercício da atividade empresarial, protegendo-se o fisco. Tal responsabilidade poderá ser integral ou subsidiária, a depender da postura do alienante.

Caso o alienante prossiga na exploração ou inicie, dentro de seis meses a contar da data da alienação, nova atividade econômica, a responsabilidade do adquirente pelas obrigações tributárias será apenas subsidiária, vale dizer, ele somente será chamado a responder se o alienante não honrar tais obrigações. Nesses casos, apesar da transferência do estabelecimento, entende-se que o alienante continua a ter condições de arcar com suas obrigações[22], responsabilizando-se o adquirente apenas subsidiariamente.

---

20. FÉRES, Marcelo de Andrade. *Estabelecimento empresarial*. São Paulo: Saraiva, 2007, p. 117.

21. ASCARELLI, Tullio. *Corso di diritto commerciale*: introduzione e teoria dell'impresa. 3. ed. Milano: Giuffrè, 1962, p. 352.

22. AMARO, Luciano. *Direito tributário brasileiro*. 14. ed. São Paulo: Saraiva, 2008, p. 324.

CURSO DE DIREITO EMPRESARIAL

De outro lado, caso o alienante não prossiga e não reestabeleça em seis meses qualquer atividade econômica, a responsabilidade do adquirente será integral. Nesse caso, presume-se que o alienante não tem mais capacidade de arcar com as obrigações tributárias que lhe tocavam e, por isso, impõe-se a responsabilidade por tais obrigações exclusivamente ao adquirente. A ideia aqui é manter a obrigação com quem possui a titularidade dos bens vinculados ao exercício da atividade.

Parte da doutrina afirma que esse integralmente deve ser entendido como solidariamente em relação ao alienante, pois nem sempre o adquirente terá condições de arcar com os débitos tributários[23]. No entanto, como a solidariedade não se presume, outra parte da doutrina, a nosso ver com razão, entende que essa responsabilidade integral significa que o adquirente responde sozinho[24].

Em todo caso, lembre-se de que as partes poderão disciplinar a sucessão tributária entre elas. Contudo, tal disciplina não afetará o fisco, uma vez que as convenções particulares não têm o condão de modificar a definição legal do sujeito passivo das obrigações tributárias (CTN – art. 123). Qualquer ajuste feito entre alienante e adquirente valerá entre as partes, mas não terá qualquer efeito sobre o fisco.

De qualquer modo, a responsabilidade tributária do sucessor abrange os tributos devidos e as suas respectivas multas, moratórias ou punitivas, nos termos da Súmula 554 do STJ.

4.2.2 Débitos trabalhistas

Em razão da natureza protetiva do Direito do Trabalho, o art. 448 da CLT estabeleceu expressamente: "A mudança na propriedade ou na estrutura jurídica da empresa não afetará os contratos de trabalho dos respectivos empregados." Apesar das diferenças terminológicas, o referido dispositivo impõe a transferência automática dos contratos de trabalho e de todas as obrigações trabalhistas ao eventual adquirente do estabelecimento. Quem tem a propriedade dos bens essenciais ao exercício da atividade terá todas as responsabilidades trabalhistas ligadas a essa atividade. Desse modo, não se cogita da aplicação do art. 1.146 do Código Civil a tais obrigações, havendo responsabilidade exclusiva do adquirente[25].

---

23. MACHADO, Hugo de Brito. *Curso de direito tributário*. 27. ed. São Paulo: Malheiros, 2006, p. 174; TORRES, Ricardo Lobo. *Curso de direito financeiro e tributário*. 8. ed. Rio de Janeiro: Renovar, 2001, p. 237; BALEEIRO, Aliomar. *Direito tributário brasileiro*. 11. ed. Rio de Janeiro: Forense, 2002, p. 750-751.

24. AMARO, Luciano. *Direito tributário brasileiro*. 14. ed. São Paulo: Saraiva, 2008, p. 324; COÊLHO, Sacha Calmon Navarro. *Curso de direito tributário brasileiro*. 3. ed. Rio de Janeiro: Forense, 1999, p. 324; MATTOS, Eloá Alves de; MATTOS, Fernando César Baptista de. Os sujeitos da obrigação tributária. In: GOMES, Marcus Lívio; ANTONELLI, Leonardo Pietro. *Curso de direito tributário brasileiro*. São Paulo: Quartier Latin, 2005, v. 1, p. 400; ALEXANDRE, Ricardo. *Direito tributário esquematizado*. 2. ed. São Paulo: Método, 2008, p. 336; MELO, José Eduardo Soares de. *Curso de direito tributário*. São Paulo: Dialética, 1997, p. 187.

25. TST – RR – 152/2005-023-12-00.3, Relator Ministro: Aloysio Corrêa da Veiga, Data de Julgamento: 11-4-2007, 6ª Turma, Data de Publicação: 27-4-2007. No mesmo sentido: RR – 42500-69.2006.5.02.0041, 2ª Turma, Rel. Min. José Roberto Freire Pimenta, *DEJT* 3-8-2012; RR – 85100-20.2005.5.12.0023, 3ª Turma, Rel.

O novo art. 448-A da CLT deixa o tema da sucessão ainda mais claro, afirmando que: "Caracterizada a sucessão empresarial ou de empregadores prevista nos arts. 10 e 448 desta Consolidação, as obrigações trabalhistas, inclusive as contraídas à época em que os empregados trabalhavam para a empresa sucedida, são de responsabilidade do sucessor". Em outras palavras, fica estabelecida a sucessão específica para as obrigações trabalhistas, independentemente de contabilização das obrigações. E, pela especificidade, a regra geral é não haver solidariedade do sucedido, isto é, do alienante do estabelecimento. Portanto, em regra, a sucessão trabalhista transfere para o sucessor a exclusiva responsabilidade pelo adimplemento das verbas trabalhistas contraídas pelo sucedido.

Em casos excepcionais é possível o reconhecimento da responsabilidade solidária da sucedida. O art. 448-A, parágrafo único, é expresso ao afirmar que "a empresa sucedida responderá solidariamente com a sucessora quando ficar comprovada fraude na transferência". Ora, não se pode tolerar fraudes e, por isso, nesse caso seria estabelecida a solidariedade entre alienante e adquirente, mesmo antes da reforma da CLT[26].

De outro lado, embora sem previsão legal específica, a jurisprudência admite eventualmente a responsabilidade subsidiária da sucedida em caso de comprometimento das garantias do trabalhador, isto é, se "as situações de sucessão trabalhista propiciadoras de um comprometimento das garantias empresariais deferidas aos contratos de trabalho seriam, sim, aptas a provocar a incidência da responsabilização subsidiária da empresa sucedida"[27]. Mesmo com as alterações da legislação, até pela principiologia do direito do trabalho, acreditamos que tal orientação será mantida.

4.2.3 Processos de falência e de recuperação judicial

Outra situação especial envolve os processos de falência e de recuperação judicial. Nesses processos, é inegável que pode ocorrer a alienação de estabelecimento, seja para a satisfação dos credores, seja como forma de manutenção da atividade, nas mãos de outra pessoa. Para tornar viável tal alienação, não haverá nenhum tipo de sucessão em relação às obrigações do devedor, inclusive as de natureza tributária ou trabalhista (Lei n. 11.101/2005 – arts. 60 e 141).

Vale a pena destacar que não haverá nenhum tipo de sucessão em relação às obrigações do devedor, inclusive as de natureza tributária. Privilegia-se a continuação da atividade que, a longo prazo, terá maiores benefícios do que o simples pagamento dos credores. A sorte da empresa (atividade) é distinta da sorte do empresário e, por isso,

---

Min. Horácio Raymundo de Senna Pires, *DEJT* 30-4-2010; RR – 1886200-18.2008.5.09.0029, 4ª Turma, Rel. Min. Maria de Assis Calsing, *DEJT* 23-9-2011; RR – 22600-49.2008.5.01.0012, 5ª Turma, Rel. Min. Emmanoel Pereira, *DEJT* 5-8-2011.

26.   TST – RR – 1407-47.2011.5.09.0562, Relator Ministro Luiz Philippe Vieira de Mello Filho, j. em: 28-8-2013, 7ª Turma, data de publicação, 6-9-2013.

27.   DELGADO, Maurício Godinho. *Curso de direito do trabalho*. 9. ed. São Paulo: LTr, 2010, p. 407.

deve-se viabilizar sua continuação sem as obrigações que tocavam ao devedor. Neste particular, os credores também não restarão prejudicados, na medida em que eles se sub-rogarão no produto da venda dos estabelecimentos isolados.

O STJ[28] e o STF[29] têm reconhecido que a competência para decidir se há ou não sucessão é do juízo da recuperação e este[30] vem afirmando não haver sucessão pelas obrigações trabalhistas. O Supremo Tribunal Federal, no julgamento da ADIN 3.934, acabou concluindo pela perfeita constitucionalidade do referido dispositivo, asseverando que:

> Do ponto de vista teleológico, salta à vista que o referido diploma legal buscou, antes de tudo, garantir a sobrevivência das empresas em dificuldades – não raras vezes derivadas das vicissitudes por que passa a economia globalizada –, autorizando a alienação de seus ativos, tendo em conta, sobretudo, a função social que tais complexos patrimoniais exercem, a teor do disposto no art. 170, III, da Lei Maior[31].

Para evitar que pessoas de má-fé se beneficiem dessa não responsabilização, haverá sucessão por todas as obrigações do devedor se o adquirente for sócio do devedor ou de sociedade controlada pelo devedor; parente, em linha reta ou colateral até o 4º (quarto) grau, consanguíneo ou afim, do devedor ou de sócio da sociedade devedora; ou for identificado como agente do devedor com o intuito de fraudar a sucessão. O grau de proximidade entre o adquirente e o devedor é um indício suficiente de má-fé para afastar o benefício na não responsabilização.

Em todo caso, a questão abrange apenas os processos contra o próprio devedor. Terceiros garantidores, sócios ou quaisquer outros codevedores não são atingidos pela suspensão que se limita ao próprio devedor, nos termos da Súmula 581 do STJ.

4.3 Os créditos

A transmissão dos créditos, relativos ao exercício da atividade, decorre diretamente do trespasse, seja como contrapartida da assunção de débitos, seja pelo fato de os créditos serem integrantes do estabelecimento[32]. Quem assume débito deve ter a contrapartida dessas obrigações, recebendo os créditos ligados à atividade. Além disso, os créditos devem ser considerados bem incorpóreos que integram o estabelecimento e consequentemente são transferidos no trespasse.

---

28. STJ – CC 61272/RJ, Relator Ministro Ari Pargendler, Segunda Seção, julgado em 25-4-2007, *DJ* 25-6-2007, p. 213.

29. STF – Pleno – RE 583.955/RJ, Relator Ministro Ricardo Levandowsky, j. em 29-5-2009.

30. TJRJ – 4ª Câmara Cível – AG 2006.002.23927, Relator Desembargador Reinaldo P. Alberto Filho, j. em 15-5-2007.

31. STF – Pleno – ADI 3934, Relator Min. Ricardo Lewandowski, Tribunal Pleno, julgado em 27-5-2009, *DJe*-208 Divulg. 5-11-2009, Public. 6-11-2009, Ement. v.-02381-02, p. 00374.

32. REQUIÃO, Rubens. *Curso de direito comercial*. 23. ed. São Paulo: Saraiva, 1998, v. 1, p. 258-259.

A cessão dos créditos, em regra geral, depende da notificação do devedor para produzir efeitos perante este (Código Civil, art. 290). Diferente não é a situação no trespasse, uma vez que a cessão só produz efeitos perante os devedores a partir da publicação do trespasse no órgão oficial (Código Civil, art. 1.149). Tal publicação funcionaria como uma notificação a todos os devedores[33].

Apesar da cessão operada, nem sempre os devedores tomarão conhecimento efetivo do trespasse, podendo, eventualmente, efetuar o pagamento ao antigo titular do estabelecimento. Nesse caso, protege-se a boa-fé dos terceiros, exonerando aquele que pagou de boa-fé ao alienante, restando ao adquirente um acerto com o alienante.

Giuseppe Valeri considera uma anomalia essa possibilidade de pagamento ao alienante, uma vez que o registro do trespasse tiraria qualquer possibilidade de alegação de desconhecimento do negócio[34]. Ora, se a publicidade do trespasse tem por objetivo dar conhecimento geral do negócio e consequentemente da cessão dos créditos, não haveria boa-fé no pagamento realizado ao alienante.

Francesco Ferrara Junior afirma não ver nenhuma anomalia na regra supracitada[35]. Ele afirma que o devedor tem sua obrigação encaminhada para pagar a determinada pessoa e não seria razoável exigir que o devedor conferisse no registro das empresas se aquela pessoa ainda é credora. Tal conferência no registro dificultaria a realização de negócios em massa, tão comuns no direito empresarial.

A nosso ver, a razão está com Francesco Ferrara Junior. A publicação do trespasse faz presumir que os terceiros têm conhecimento do negócio. Todavia, trata-se de mera presunção, que pode ser afastada pela própria lei, em proteção ao tráfico jurídico, como no caso dos credores, no qual se exige a notificação.

Não é razoável exigir a conferência dos registros públicos do empresário antes de efetuar um pagamento a este, para verificar se ele não transferiu o estabelecimento. Tal exigência não se coadunaria com a celeridade dos negócios empresariais. Além disso, o adquirente não fica prejudicado, na medida em que pode exigir do alienante o recebimento dos créditos.

4.4 Os contratos

O trespasse tem por objeto não apenas um mero conjunto de bens, mas um conjunto de bens coordenados para o exercício de uma atividade. Assim sendo, com o trespasse devem ser dadas as condições necessárias para a continuação da atividade[36]. Neste

---

33. FÉRES, Marcelo de Andrade. *Estabelecimento empresarial*. São Paulo: Saraiva, 2007, p. 140.

34. VALERI, Giuseppe. *Manuale di diritto commerciale*. Firenze: Casa Editrice Dottore Carlo Cya, 1950, v. 2, p. 18.

35. FERRARA JUNIOR, Francesco. *Teoría jurídica de la hacienda mercantil*. Traducción por José Maria Navas. Madrid: Revista de Derecho Privado, 1950, p. 410.

36. ASCARELLI, Tullio. *Corso di diritto commerciale*: introduzione e teoria dell'impresa. 3. ed. Milano: Giuffrè, 1962, p. 348.

particular, ganham especial relevo os contratos firmados para o exercício da atividade empresarial, na medida em que há uma estreita conexão entre os contratos e os bens integrantes do estabelecimento.

Em função disso, conquanto a princípio não integrem o estabelecimento, pois não são bens[37], o Código Civil (art. 1.148) estabelece que, salvo disposição em contrário, o adquirente se sub-roga nos contratos estipulados para exploração do estabelecimento, se não forem personalíssimos. Trata-se de uma sub-rogação legal que independe da vontade do contratante, excepcionando-se a regra geral de sucessão nos contratos.

Para a sub-rogação, exige-se, em primeiro lugar, que o contrato seja relativo ao exercício da empresa, isto é, deve haver um nexo entre o contrato e a atividade exercida por meio do estabelecimento[38]. Além disso, se exige que o contrato não tenha caráter pessoal.

Assim, haverá sucessão em contratos de compra e venda de mercadorias e em contratos de prestação de serviços, ligados ao exercício da empresa. O disposto no art. 1.148 é uma regra geral, que pode ser excepcionada pela vontade das partes. Além disso, na condição de regra geral, tal dispositivo cede lugar a regras especiais que podem impedir a transferência de contratos, como no caso dos contratos administrativos e do contrato de locação. O contrato de locação não é transferido no trespasse, por força do art. 13 da Lei n. 8.245/91, que exige formalidades adicionais para a transmissão do negócio locatício[39]. Nesse sentido o Enunciado 234 das III Jornadas de Direito Civil: "Quando do trespasse do estabelecimento empresarial, o contrato de locação do respectivo ponto não se transmite automaticamente ao adquirente."

Trata-se de medida extremamente justa e lógica, pois se protege a manutenção da unidade econômica do estabelecimento, sem, contudo, afetar as relações personalíssimas, nas quais não haverá sucessão. O adquirente é protegido diretamente com a sucessão legal. Entretanto, os terceiros não são prejudicados na medida em que, nas relações personalíssimas ou quando houver justa causa, não haverá a sucessão.

Para Francesco Galgano e Francesco Ferrara Junior, nos contratos de caráter pessoal protege-se o adquirente, pois o caráter pessoal, aqui referido, diz respeito às qualidades do terceiro contratante[40], que não poderá ser imposto ao adquirente. Giampaolo dalle Vedove sustenta que neste particular não se pode entender que a regra seja em benefício

---

37. REQUIÃO, Rubens. *Curso de direito comercial*. 23. ed. São Paulo: Saraiva, 1998, v. 1, p. 258-259.

38. FERRARA JUNIOR, Francesco. *Teoría jurídica de la hacienda mercantil*. Traducción por José Maria Navas. Madrid: Revista de Derecho Privado, 1950, p. 416.

39. CARVALHOSA, Modesto. *Comentários ao Código Civil*. São Paulo: Saraiva, 2003, p. 656; FÉRES, Marcelo de Andrade. *Estabelecimento empresarial*. São Paulo: Saraiva, 2007, p. 86. No mesmo sentido: REsp 1202077/MS, Rel. Ministro Vasco Della Giustina (Desembargador Convocado do TJRS), Terceira Turma, julgado em 1ª-3-2011, *DJe* 10-3-2011. Em sentido contrário, o Enunciado 8 da I Jornada de Direito Comercial: "A sub-rogação do adquirente nos contratos de exploração atinentes ao estabelecimento adquirido, desde que não possuam caráter pessoal, é a regra geral, incluindo o contrato de locação".

40. GALGANO, Francesco. *Diritto civile e commerciale*. 3. ed. Padova: CEDAM, 1999, v. 3, tomo I, p. 97; FERRARA JUNIOR, Francesco; CORSI, Francesco. *Gli imprenditori e le società*. 11. ed. Milano: Giuffré, 1999, p. 170-171.

do adquirente, pois ele poderia estipular a não transferência do contrato ao firmar a alienação do estabelecimento; dessarte, atuaria esse caráter pessoal em favor do terceiro contratante, que teria levado em conta as características pessoais do alienante[41].

Apesar de concordarmos com a possibilidade da exclusão de imediato dos contratos que não interessarem ao adquirente, perfilhamos o entendimento de Francesco Galgano e Francesco Ferrara Junior, no sentido de que tal caráter pessoal deve ser relativo às qualidades do terceiro contratante, pois, caso contrário, não haveria maior sentido na regra constante da segunda parte do art. 1.148 do Código Civil. De qualquer sorte, é certo que tais contratos não são comuns na atividade empresarial.

A proteção ao adquirente do estabelecimento com a sub-rogação legal não é absoluta, isto é, o terceiro contratante pode se proteger em caso de sub-rogações injustificadas. Os terceiros poderão rescindir o contrato, nos 90 dias seguintes à publicação do trespasse, desde que haja justa causa para tal rescisão.

Tal justa causa pode dizer respeito às qualidades pessoais do adquirente do estabelecimento, pois, se as condições pessoais do alienante foram determinantes na formulação do negócio, não se pode exigir que o contratante prossiga com outra parte na avença[42]. Além disso, a justa causa pode dizer respeito também a questões de formulação objetiva como, por exemplo, a existência de uma ação judicial do terceiro contratante em desfavor do adquirente[43], se a transferência "acarretar situação diversa da combinada ou mesmo das expectativas, para a execução das prestações pendentes"[44].

Rescindido o contrato por justa causa, é certo que tal justa causa decorreu do trespasse. Em tais casos, há um inadimplemento por parte do alienante do estabelecimento, que consequentemente deve ser responsabilizado pelos danos decorrentes. Se ao transferir o contrato o alienante acabou dando causa à sua rescisão, ele deve responder pelos prejuízos causados[45].

4.5 Cláusula de não restabelecimento

Regularizado o trespasse, discutia-se, no regime anterior, a validade da chamada cláusula de não restabelecimento, vale dizer, da imposição do alienante não fazer concorrência ao adquirente, diante do texto constitucional que estabelece a liberdade para o exercício da profissão. Para Oscar Barreto Filho, tal cláusula era implícita no próprio

---

41. VEDOVE, Giampaolo dalle. *Nozioni di diritto d'impresa.* Padova: CEDAM, 2000, p. 183-184.

42. GALGANO, Francesco. *Diritto civile e commerciale.* 3. ed. Padova: CEDAM, 1999, v. 3, tomo I, p. 97.

43. FERRARA JUNIOR, Francesco; CORSI, Francesco. *Gli imprenditori e le società.* 11. ed. Milano: Giuffrè, 1999, p. 171.

44. FÉRES, Marcelo de Andrade. *Estabelecimento empresarial.* São Paulo: Saraiva, 2007, p. 82.

45. FERRARA JUNIOR, Francesco. *Teoría jurídica de la hacienda mercantil.* Traducción por José Maria Navas. Madrid: Revista de Derecho Privado, 1950, p. 420-421.

negócio, tendo em vista a necessidade de se manter a integridade do estabelecimento para manter a capacidade objetiva de percepção de lucros[46].

Com o Código Civil (art. 1.147), adota-se a orientação do direito italiano, estatuindo legalmente a proibição de concorrência pelo prazo de cinco anos, salvo disposição expressa em contrário.

De imediato, é oportuno esclarecer que não se trata de uma proibição do exercício da mesma atividade anteriormente desenvolvida, mas sim de uma proibição de concorrência entre alienante e adquirente. O alienante pode continuar desenvolvendo a mesma atividade empresarial, desde que não faça concorrência ao adquirente do estabelecimento.

Trata-se de uma proteção do aviamento[47], que não viola qualquer liberdade constitucional, na medida em que limitada no tempo tal proibição. Caso se tratasse de uma proibição por prazo indeterminado, não haveria dúvida da inconstitucionalidade desta. Todavia, com a limitação de cinco anos, se restringe uma liberdade para tutelar outra, sem destruir nenhuma das duas. Não se limita a liberdade de concorrência, mas se evita a concorrência desleal[48].

Ora, a pessoa que adquire um estabelecimento em operação, em vez de constituir um estabelecimento partindo do nada, o faz em virtude da expectativa de lucro decorrente do estabelecimento. Quem adquire um estabelecimento paga um valor a mais por essa expectativa – o aviamento –, que na maioria dos casos está ligada a relações pessoais que o empresário mantém com a clientela. Assim sendo, nada mais justo e lógico do que assegurar ao adquirente o gozo desse aviamento, proibindo o alienante de lhe fazer concorrência, roubar-lhe a clientela e, consequentemente, se enriquecer indevidamente[49].

Trata-se de um meio indireto de tentar transferir a clientela, uma vez que essa transferência direta é impossível[50]. A clientela não é um bem e consequentemente não pode ser vendida. Apesar disso, no trespasse o objetivo maior é que a clientela continue vinculada ao estabelecimento e um dos meios de conseguir isso é justamente o não restabelecimento do alienante.

As partes podem dispor sobre o tema, regulamentando de melhor forma essa proibição de concorrência, especialmente quanto ao prazo e quanto à área de concorrência. Entretanto, não se pode cometer abusos. A cláusula por prazo indeterminado seria abusiva, conforme já decidiu o STJ:

---

46. BARRETO FILHO, Oscar. *Teoria do estabelecimento comercial*. 2. ed. São Paulo: Saraiva, 1988, p. 229.

47. GALGANO, Francesco. *Diritto civile e commerciale*. 3. ed. Padova: CEDAM, 1999, v. 3, tomo I, p. 101.

48. MAMEDE, Gladston. *Direito empresarial brasileiro*. São Paulo: Atlas, 2004, v. 1, p. 196.

49. VEDOVE, Giampaolo dalle. *Nozioni di diritto d'impresa*. Padova: CEDAM, 2000, p. 167.

50. FERRARA JUNIOR, Francesco. *Teoría jurídica de la hacienda mercantil*. Traducción por José Maria Navas. Madrid: Revista de Derecho Privado, 1950, p. 431.

Mostra-se abusiva a vigência por prazo indeterminado da cláusula de "não restabelecimento", pois o ordenamento jurídico pátrio, salvo expressas exceções, não se coaduna com a ausência de limitações temporais em cláusulas restritivas ou de vedação do exercício de direitos. Assim, deve-se afastar a limitação por tempo indeterminado, fixando-se o limite temporal de vigência por cinco anos contados da data do contrato, critério razoável adotado no art. 1.147 do CC/2002[51].

---

51. STJ – REsp 680.815/PR, Rel. Ministro Raul Araújo, Quarta Turma, julgado em 20-3-2014, *DJe* 3-2-2015.

10 SINAIS DISTINTIVOS NA ATIVIDADE EMPRESARIAL: NOME EMPRESARIAL E TÍTULO DE ESTABELECIMENTO

1 Sinais distintivos na atividade empresarial

O empresário, para a aquisição e conservação de clientela, tem a necessidade de identificar a si mesmo e a sua atividade para o público em geral. Para tanto, o empresário lança mão dos sinais distintivos da atividade empresarial (nome, marcas, títulos de estabelecimento), que ganham grande importância, dada a relevância desses elementos para as relações com a clientela.

2 A natureza dos direitos sobre os sinais distintivos

A primeira questão que surge sobre os sinais distintivos é a natureza do direito que o empresário possui sobre tais bens. Já foram formuladas várias teorias, discutindo basicamente se há um direito real de propriedade sobre tais bens ou um direito pessoal de natureza patrimonial. Em relação ao nome empresarial, tal discussão ganha outros contornos, que serão dados mais adiante.

O direito de propriedade é o direito de usar, fruir e dispor de coisas, observados os limites estabelecidos pelo ordenamento jurídico. Para Caio Mário da Silva Pereira, tal conceito poderia se aplicar tanto aos bens corpóreos, quanto aos bens incorpóreos, apesar de em termos mais rigorosos não se poder falar em propriedade sobre bens imateriais[1]. Conquanto Caio Mário não dê qualquer importância a esse problema, é certo que podemos vislumbrar alguma importância nessa discussão.

Com efeito, o intelecto humano é capaz das mais diversas criações, no domínio das artes, das ciências, bem como no campo da técnica e das indústrias. Tais criações são protegidas pelo ordenamento jurídico, assegurando-se ao seu titular direitos sobre essas criações, direitos esses de natureza patrimonial.

Para João da Gama Cerqueira, tais direitos têm natureza real e se classificam como propriedade, tendo em vista que a natureza exclusivamente corpórea do objeto da propriedade já teria sido superada[2]. Outrossim, afirma que as objeções que se fazem não

---

1. PEREIRA, Caio Mário da Silva. *Instituições de direito civil*. 11. ed. Rio de Janeiro: Forense, 1994, v. 4, p. 75-76.

2. CERQUEIRA, João da Gama. *Tratado da propriedade industrial*. Rio de Janeiro: Revista Forense, 1946, v. 1, p. 138-149.

SINAIS DISTINTIVOS NA ATIVIDADE EMPRESARIAL: NOME EMPRESARIAL E TÍTULO DE ESTABELECIMENTO 109

dizem respeito ao conceito de propriedade, mas sim a elementos decorrentes da sua regulamentação na lei positiva. Vivante afirma que é um direito de propriedade, porque atribui ao titular o direito exclusivo e perpétuo de gozar e dispor dos sinais[3]. Tavares Paes, Lucas Rocha Furtado e Marcelo Bertoldi são adeptos da mesma opinião, reafirmando a incidência da propriedade sobre bens materiais e imateriais[4]. Diferente não é a lição de Pontes de Miranda, reconhecendo que a noção de coisa não é naturalística ou física, mas econômico-social[5].

Embora usem a expressão *propriedade intelectual*, Gabriel di Blasi, Mario Garcia e Paulo Parente ressaltam que as regras relativas a essa espécie de propriedade devem ser diferentes daquelas aplicáveis aos bens corpóreos, denotando certa diferença de tratamento[6]. Francesco Galgano, da mesma forma, afirma que, em relação às criações intelectuais, aplicam-se apenas analogicamente o direito de propriedade e outros direitos atinentes aos bens materiais[7]. Fran Martins não reconhece nesses casos uma propriedade sobre as criações, da forma clássica, na medida em que há uma restrição quanto ao uso, que seria uma das faculdades integrantes do conceito de propriedade[8].

O STJ já reconheceu o direito de propriedade em tais casos, admitindo a utilização dos remédios possessórios para a defesa da propriedade imaterial:

> CIVIL – INTERDITO PROIBITÓRIO – PATENTE DE INVENÇÃO DEVIDAMENTE REGISTRADA – DIREITO DE PROPRIEDADE.
>
> I – A DOUTRINA E A JURISPRUDÊNCIA ASSENTARAM ENTENDIMENTO SEGUNDO O QUAL A PROTEÇÃO DO DIREITO DE PROPRIEDADES, DECORRENTE DE PATENTE INDUSTRIAL, PORTANTO, BEM IMATERIAL, NO NOSSO DIREITO, PODE SER EXERCIDA ATRAVÉS DAS AÇÕES POSSESSÓRIAS.
>
> II – O PREJUDICADO, EM CASOS TAIS, DISPÕE DE OUTRAS AÇÕES PARA COIBIR E RESSARCIR-SE DOS PREJUÍZOS RESULTANTES DE CONTRAFAÇÃO DE PATENTE DE INVENÇÃO. MAS TENDO O INTERDITO PROIBITÓRIO ÍNDOLE, EMINENTEMENTE, PREVENTIVA, INEQUIVOCAMENTE, E ELE

---

3. VIVANTE, Cesare. *Trattato di diritto commerciale*. 5. ed. 3. ristampa. Milano: Casa Editrice Dottore Francesco Vallardi, 1935, v. 3, p. 29.

4. PAES, P. R. Tavares. *Propriedade industrial*. 2. ed. Rio de Janeiro: Forense, 2000, p. 1; FURTADO, Lucas Rocha. *Sistema da propriedade industrial no direito brasileiro*. Brasília: Brasília Jurídica, 1996, p. 39; BERTOLDI, Marcelo M. *Curso avançado de direito comercial*. São Paulo: Revista dos Tribunais, 2001, v. 1, p. 129-130.

5. MIRANDA, Pontes de. *Tratado de direito privado*. Atualizado por Vilson Rodrigues Alves. Campinas: Bookseller, 2001, v. 11, p. 43.

6. DI BLASI, Gabriel; GARCIA, Mario S.; MENDES, Paulo Parente M. *A propriedade industrial*. Rio de Janeiro: Forense, 2002, p. 16.

7. GALGANO, Francesco. *Diritto privato*. 10. ed. Padova: CEDAM, 1999, p. 515.

8. MARTINS, Fran. *Curso de direito comercial*. 22. ed. Rio de Janeiro: Forense, 1998, p. 454.

MEIO PROCESSUAL MAIS EFICAZ PARA FAZER CESSAR, DE PRONTO, A VIOLAÇÃO DAQUELE DIREITO.

III – RECURSO NÃO CONHECIDO (STJ – 3ª Turma – REsp 7196/RJ, Relator Ministro Waldemar Zveiter, *DJ* de 5-8-1991).

Apesar de reconhecermos que se trata de uma orientação majoritária, ousamos discordar do entendimento de que o direito sobre os sinais distintivos é um direito de propriedade. A nosso ver, a possibilidade de utilização do sinal distintivo por várias pessoas retira a exclusividade que seria inerente ao direito de propriedade. Portanto, somos da opinião de que o direito sobre os sinais distintivos é um direito de natureza pessoal.

3 Nome empresarial

No mercado de consumo, atuam vários empresários, os quais se diferenciam nas suas relações jurídicas pelo nome empresarial adotado, isto é, pelo nome que usam para o exercício da empresa. O nome serve para "apartar a coisa dentre outras"[9], distinguir um empresário de outros.

O nome empresarial é aquele usado pelo empresário, enquanto sujeito exercente de uma atividade empresarial, vale dizer, é o traço identificador do empresário, tanto o individual, quanto a sociedade empresária. Para todos os efeitos, equipara-se o nome empresarial à denominação das sociedades simples, das associações e fundações (art. 1.155, parágrafo único, do Código Civil).

Essa diferenciação é importante tanto para todos, na medida em que é com o nome empresarial que serão assumidas as obrigações relativas ao exercício da empresa. Além disso, é esse nome que servirá de referência nas relações do empresário com o público em geral.

3.1 *Natureza jurídica do direito ao nome*

Tanto o empresário individual quanto as sociedades usam um nome empresarial e devem ter o direito de proteger esse nome em face de utilizações indevidas. Essa proteção decorre do direito que os empresários têm sobre o seu nome. A natureza desse direito é extremamente discutida na doutrina.

3.1.1 Direito da personalidade

Pontes de Miranda atribui ao direito ao nome empresarial a condição de direito de personalidade a nome especial, com algumas diferenças do direito ao nome da pessoa

---

9. VASCONCELOS, Justino. *Das firmas e denominações comerciais.* Rio de Janeiro: Forense, 1957, p. 5.

natural, mas ainda um direito da personalidade[10]. Afirmando a indisponibilidade do nome empresarial, Alexandre Freitas de Assumpção Alves assevera que tal direito não é um direito de propriedade[11]. Afastando-se de tal concepção, ele entende que o direito que há sobre o nome empresarial é um direito da personalidade.

Na mesma linha, Gladston Mamede entende que o nome empresarial deve ser compreendido como um direito da personalidade do empresário[12]. Ele justifica tal natureza pelo art. 52 do Código Civil, que atribui às pessoas jurídicas os direitos da personalidade, dentre os quais estaria o direito ao nome (art. 16 do Código Civil). Reforça sua argumentação com o disposto no art. 1.164 do Código Civil, que veda a alienação do nome empresarial. Do mesmo modo, Daniel Adensohn de Souza que conclui tratar-se de uma decorrência necessária da personalidade do empresário[13].

Ousamos discordar deste entendimento.

Adriano de Cupis afirma que os direitos da personalidade são aqueles "destinados a dar conteúdo à personalidade"[14]. Sem tais direitos, a personalidade não teria o valor concreto que tem hoje e todos os demais direitos subjetivos restariam de uma maneira ou de outra afetados. São direitos que "existem antes e independentemente do direito positivo, como inerentes ao próprio homem, considerado em si e em suas manifestações"[15].

Tais direitos da personalidade teriam várias características, a seguir elencadas.

Os direitos da personalidade seriam oponíveis *erga omnes* na medida em que seriam oponíveis contra todos. Vale dizer, os direitos da personalidade são protegidos contra todos, eles implicam uma obrigação negativa geral de não praticar qualquer ato que possa prejudicá-los[16]. Na mesma linha, seriam direitos necessários, na medida em que diretamente ligados à existência da personalidade jurídica[17], ou seja, quem tem personalidade jurídica tem direitos da personalidade.

---

10.   MIRANDA, Pontes de. *Tratado de direito privado*. Atualizado por Vilson Rodrigues Alves. Campinas: Bookseller, 2000, v. XV, p. 111; DE CUPIS, Adriano. *Os direitos da personalidade*. Tradução de Adriano Vera Jardim e Antônio Miguel Caeiro. Lisboa: Livraria Morais, 1961, p. 178-179; BITTAR, Carlos Alberto. *Os direitos da personalidade*. 4. ed. Rio de Janeiro: Forense Universitária, 2000, p. 127; FERRARA, Francesco. *Trattato di diritto civile italiano*. Roma: Athenaeum, 1921, p. 666; CARVALHOSA, Modesto. *Comentários ao Código Civil*. São Paulo: Saraiva, 2003, v. 13, p. 731.

11.   ALVES, Alexandre Ferreira de Assumpção. *A pessoa jurídica e os direitos da personalidade*. Rio de Janeiro: Renovar, 1998, p. 85.

12.   MAMEDE, Gladston. *Direito empresarial brasileiro*. São Paulo: Atlas, 2004, v. 1, p. 110-111.

13.   SOUZA, Daniel Adensohn. *Proteção ao nome empresarial no Brasil*. São Paulo: Saraiva, 2012, p. 78.

14.   DE CUPIS, Adriano. *Os direitos da personalidade*. Tradução de Adriano Vera Jardim e Antônio Miguel Caeiro. Lisboa: Livraria Morais, 1961, p. 17.

15.   BITTAR, Carlos Alberto. *Os direitos da personalidade*. 4. ed. Rio de Janeiro: Forense Universitária, 2000, p. 8.

16.   ALVES, Alexandre Ferreira de Assumpção Alves. *A pessoa jurídica e os direitos da personalidade*. Rio de Janeiro: Renovar, 1998, p. 65.

17.   BITTAR, Carlos Alberto. *Os direitos da personalidade*. 4. ed. Rio de Janeiro: Forense Universitária, 2000, p. 11.

Tais direitos também seriam irrenunciáveis, porquanto não poderiam ser eliminados por um ato de vontade do seu titular. Essa falta de disponibilidade sobre tais direitos garante a eles uma vida paralela à vida do seu titular[18]. Outrossim, tais direitos seriam imprescritíveis, no sentido de que a qualquer tempo podem ser tomadas as medidas necessárias para afastar qualquer violação aos direitos da personalidade.

Além disso, os direitos da personalidade seriam direitos extrapatrimoniais, vale dizer, sem valor econômico, não suscetíveis de avaliação em dinheiro. Qualquer indenização pela violação a um direito da personalidade tem por objetivo apenas garantir o equivalente ao valor de tais direitos.

Por fim, os direitos da personalidade seriam intransmissíveis, inalienáveis e impenhoráveis. Tais direitos são ligados ao indivíduo por um nexo orgânico, o que inviabiliza a separação do sujeito originário. Pode haver certo grau de disposição em relação a alguns, justamente para facilitar a melhor fruição por parte de seu titular. A intransmissibilidade seria decorrente do próprio objeto dos direitos da personalidade, na medida em que a possibilidade de mudança do titular não seria possível em tais casos[19].

Por não possuir todas estas características é que entendemos que o direito ao nome empresarial não é um direito da personalidade. O nome empresarial tem um valor econômico inerente ao seu papel de sinal distintivo perante a clientela[20]. Alterando-se o nome empresarial se dilui a clientela, de modo que não se pode negar que o nome tenha um valor econômico.

A regra do art. 1.164 do Código Civil deve ser interpretada com bastante cuidado, uma vez que a interpretação literal não lhe dá os reais contornos. O nome empresarial pode ser usado por outras pessoas, desde que haja alienação do estabelecimento, permissão expressa no contrato e que o adquirente use o nome precedido do seu próprio na condição de sucessor[21]. Mesmo que o antigo titular do estabelecimento deixe de existir, o nome pode continuar a ser usado, o que afasta a condição de atributo da personalidade jurídica.

Tal regra visa a compatibilizar os interesses do empresário numa eventual alienação do nome empresarial que pode assumir um valor econômico com o interesse dos consumidores em não ser enganados a respeito da proveniência e qualidade de bens ou serviços negociados sob determinado nome empresarial[22].

Portanto, se o nome pode ser transferido, se ele tem um valor econômico, ele não é um direito da personalidade.

---

18. DE CUPIS, Adriano. *Os direitos da personalidade*. Tradução de Adriano Vera Jardim e Antônio Miguel Caeiro. Lisboa: Livraria Morais, 1961, p. 53.

19. Idem, p. 45.

20. FERRARA JUNIOR, Francesco. *Teoría jurídica de la hacienda mercantil*. Traducción por José Maria Navas. Madrid: Revista de Derecho Privado, 1950, p. 180.

21. CAMPINHO, Sérgio. *O direito de empresa à luz do novo Código Civil*. 4. ed. Rio de Janeiro: Renovar, 2004, p. 354.

22. GALGANO, Francesco. *Diritto civile e commerciale*. 3. ed. Padova: CEDAM, 1999, v. 3, tomo I, p. 182.

3.1.2 Direito de propriedade

João da Gama Cerqueira identifica o nome como um dos elementos da propriedade industrial e, consequentemente, dentro da sua concepção, reconhece um direito de propriedade sobre o nome empresarial[23]. Dentro da mesma linha de entendimento, se pronunciou Giuseppe Valeri[24].

Interpretando o disposto no art. 1.164 do Código Civil, Sérgio Campinho reconhece no nome empresarial a condição de um bem patrimonial, integrante do estabelecimento, ao afirmar que o nome pode ser alienado desde que atendidas as condições do parágrafo único do citado dispositivo[25].

Outro adepto dessa linha é Francesco Ferrara Junior, o qual afirma que o nome tem um valor econômico, porque a ele se vincula a clientela, goza de proteção *erga omnes,* na medida em que seu uso exclusivo é reservado ao seu titular. Com esses dados ele conclui que o direito sobre o nome é um direito de propriedade sobre um bem incorpóreo[26].

Também discordamos desse entendimento pelas razões já expostas, na medida em que a possibilidade de utilização do nome por mais de uma pessoa retira a exclusividade que seria inerente ao direito de propriedade.

3.1.3 Direito pessoal

J. X. Carvalho de Mendonça reconhece a importância econômica do nome empresarial, mas afasta a concepção de direito de propriedade sobre este[27]. Assevera que o nome não pode ser considerado uma coisa objeto de comércio. Alega ainda que a proteção absoluta não é exclusiva dos direitos, sendo possível a configuração dos direitos pessoais, concluindo nesse sentido. Ricardo Negrão faz também a menção a natureza do direito ao nome como direito pessoal, separando o direito pessoa como direito de personalidade e o direito pessoal como proteção contra a concorrência desleal[28].

Adotamos esta opinião, porquanto o nome empresarial tem um valor econômico, não é ligado exclusivamente à personalidade do empresário e não há exclusividade. Em suma, o direito sobre o nome empresarial é um direito pessoal, no sentido de um direito com importância econômica, ainda que inalienável em razão da previsão do art. 1.164 do CC.

---

23. CERQUEIRA, João da Gama. *Tratado da propriedade industrial.* Rio de Janeiro: Forense, 1946, v. 1, p. 73.

24. VALERI, Giuseppe. *Manuale di diritto commerciale.* Firenze: Casa Editrice Dottore Carlo Cya, 1950, v. 2, p. 24-25; COELHO, Fábio Ulhoa. *Curso de direito comercial.* 6. ed. São Paulo: Saraiva, 2002, v. 1, p. 177.

25. CAMPINHO, Sérgio. *O direito de empresa à luz do novo Código Civil.* 4. ed. Rio de Janeiro: Renovar, 2004, p. 354.

26. FERRARA JUNIOR, Francesco. *Teoría jurídica de la hacienda mercantil.* Traducción por José Maria Navas. Madrid: Revista de Derecho Privado, 1950, p. 180.

27. CARVALHO DE MENDONÇA, J. X. *Tratado de direito comercial brasileiro.* Atualizado por Ricardo Negrão. Campinas: Bookseller, 2000, v. 2, tomo 1, p. 176-177.

28. NEGRÃO, Ricardo. *Manual de direito comercial e de empresa.* 9. ed. São Paulo: Saraiva, 2012, v. 1, p. 222-223.

3.2 Tipos de nome empresarial

O empresário sempre exerce sua atividade por meio do nome empresarial.

Atualmente, para qualquer sujeito é possível usar o número de inscrição no Cadastro Nacional da Pessoa Jurídica (CNPJ) como nome empresarial, seguido da partícula identificadora do tipo societário ou jurídico (Lei n. 8.934/94 – art. 35-A). Exemplo: 11.111.111-0001-53 LTDA.

Caso não se opte por usar o CNPJ, é possível criar um nome empresarial. Há várias formas de compor o nome empresarial, e em função dessas formas há vários tipos de nome empresarial, quais sejam: a firma individual, a razão social e a denominação. A firma individual diz respeito apenas ao empresário individual, já as sociedades podem usar dois tipos de nome empresarial, a razão social e a denominação. A adoção deste ou daquele tipo depende da forma societária adotada.

3.2.1 Firma individual

O empresário individual e a sociedade limitada unipessoal podem exercer a atividade empresarial por meio da chamada firma individual, que é composta por nome completo ou abreviado do titular do sócio único ou da pessoa natural que é empresária individual, acrescido facultativamente de designação mais precisa de sua pessoa ou gênero de atividade (Código Civil, art. 1.156). Há na firma dois tipos de elementos: o elemento nominal e os elementos complementares[29].

O elemento nominal da firma individual é o próprio nome civil do empresário individual ou do sócio único (art. 18 da IN n. 81/2020 – DREI).

No caso de abreviatura do nome do empresário, podem-se elaborar vários nomes empresariais, tendo em vista o grande número de probabilidades que se apresentam, com a utilização de abreviaturas propriamente ditas, com a retirada de alguns elementos do nome. Usando a criatividade de Justino Vasconcelos[30], vejamos as várias firmas individuais que podem ser feitas a partir do nome de José Xavier Carvalho de Mendonça: J. Xavier Carvalho de Mendonça, J. X. Carvalho de Mendonça, J. X. C. de Mendonça etc.

Não se admite firma composta apenas das iniciais do empresário, na medida em que não há o caráter identificador apenas nas iniciais[31].

Ao lado do elemento nominal, que é sempre obrigatório, podem ser acrescidos elementos complementares para melhor identificar a pessoa do empresário (exemplos: Júnior,

---

29. VASCONCELOS, Justino. *Das firmas e denominações comerciais*. Rio de Janeiro: Forense, 1957, p. 49.

30. Idem, p. 50-58.

31. Idem, p. 56; CARVALHO DE MENDONÇA, J. X. *Tratado de direito comercial brasileiro*. Atualizado por Ricardo Negrão. Campinas: Bookseller, 2000, v. 2, tomo 1, p. 186.

Filho, apelidos etc.) ou seu ramo de atuação. Estes elementos complementares não formam por si sós a firma individual. Eles são sempre facultativos e têm como limite o princípio da veracidade, isto é, não podem traduzir nenhuma ideia falsa.

No caso da sociedade limitada unipessoal, deve a firma ser acompanhada da expressão LTDA.

3.2.2 Razão social

A firma ou razão social é espécie de nome empresarial para sociedades empresárias que se caracteriza pela utilização do nome de sócios na sua composição. Tal espécie de nome empresarial pode ser usada nas sociedades em nome coletivo, em comandita simples, limitadas e em comandita por ações. Nas limitadas e nas comanditas por ações, pode ser adotada também uma denominação.

São elementos obrigatórios para a razão social o elemento nominal e o elemento pluralizador[32]. Também podem ser colocados elementos complementares que melhor identifiquem a sociedade. Por fim, podem ser exigidos elementos específicos para determinadas sociedades.

O elemento nominal é a indicação completa ou parcial do nome de um, alguns ou todos os sócios, admitida a supressão de prenomes. Tal elemento serve para identificar pelo menos uma pessoa que faça parte da sociedade e tenha responsabilidade ilimitada pelas obrigações da sociedade (art. 1.157 do Código Civil), ressalvada menção expressa em sentido contrário na razão social das sociedades limitadas. Assim sendo, nada obsta que se indique apenas o prenome, ou um sobrenome do sócio.

O segundo elemento obrigatório é o elemento pluralizador que consiste na indicação de que a sociedade possui pelo menos dois sócios. Tal elemento pode consistir no aditamento das expressões *e companhia*, *e cia*. ou quaisquer outras que denotem a pluralidade de sócios[33].

A par dos elementos obrigatórios, a razão social das sociedades pode ser aditada de outros elementos que melhor identifiquem a sociedade, como, por exemplo, a indicação mais precisa dos sócios com a indicação de sua naturalidade ou da própria atividade. Em regra, esses elementos complementares são facultativos, não sendo essenciais para a validade do nome empresarial.

Por fim, é certo que em determinadas sociedades, como a limitada, a lei exige um elemento sacramental que identifique a própria espécie societária, como, por exemplo, a expressão *limitada* ou *Ltda*. nestas sociedades.

---

32. VASCONCELOS, Justino. *Das firmas e denominações comerciais*. Rio de Janeiro: Forense, 1957, p. 71.

33. SILVA, Bruno Mattos e. *Curso elementar de direito comercial*: parte geral e contratos mercantis. São Paulo: Juarez de Oliveira, 2001, p. 34.

116 | CURSO DE DIREITO EMPRESARIAL

A título ilustrativo, vejamos os seguintes exemplos de razão social: Casas José Silva Ltda., Irmãos Correia e Cia. Ltda., Carvalho de Mendonça e Companhia, Correia e Irmãos...

3.2.3 Denominação

A denominação caracteriza-se pela não utilização do nome dos sócios, podendo-se usar quaisquer palavras da língua nacional ou estrangeira, sendo facultada a indicação do objeto.

Além disso, a denominação das sociedades limitadas, das sociedades anônimas e das sociedades em comandita por ações exige um elemento sacramental que identifique o tipo societário. Nas sociedades limitadas, exige-se a expressão *limitada* ou *Ltda*. Nas sociedades em comandita por ações exige-se a expressão *comandita por ações* ao final do nome. Nas sociedades anônimas, exige-se a expressão *sociedade anônima* ou *companhia* por extenso ou abreviadamente, sendo vedada a utilização da expressão *companhia* no final do nome.

Como exemplos de denominação, temos: BANCO DO BRASIL S.A., COMPANHIA BRASILEIRA DE DISTRIBUIÇÃO, PANIFICADORA PORTUGUESA LTDA., INDÚSTRIA DE SEDAS FAMA COMANDITA POR AÇÕES.

3.3 *Princípio da veracidade*

Qualquer que seja o tipo de nome empresarial – denominação, firma ou razão social –, o nome empresarial deve obedecer aos princípios da veracidade e da novidade (art. 34 da Lei n. 8.934/94).

Pelo princípio da veracidade, não se pode traduzir uma ideia falsa no nome empresarial. A ideia fundamental desse princípio é não induzir a erro quem mantém relações jurídicas com a sociedade. A própria finalidade do nome empresarial lhe dá essa necessidade de não traduzir uma ideia equivocada.

Trata-se de princípio cujo objetivo é a proteção dos terceiros que lidam com a sociedade, para que não sejam enganados pelas indicações do nome. Não se pode indicar uma atividade que não seja exercida[34] (uma padaria que coloque no seu nome a expressão *construtora*).

Também não se admite a indicação na razão social do nome de uma pessoa que não seja sócio. No Brasil, em atenção ao princípio da veracidade, deve ser excluído o nome de sócio falecido ou que tenha se retirado (art. 1.165 do Código Civil). Excepcionalmente, no caso de transferência do estabelecimento, por ato entre vivos, admite-se o uso do nome do alienante, com sua autorização, desde que precedido do nome do adquirente, com a qualificação de sucessor (art. 1.164, parágrafo único, do Código Civil).

---

34. CUNHA, Paulo Olavo. *Direito das sociedades comerciais*. Coimbra: Almedina, 2006, p. 78; FERRARA JUNIOR, Francesco. *Teoría jurídica de la hacienda mercantil*. Traducción por José Maria Navas. Madrid: Revista de Derecho Privado, 1950, p. 183.

3.4 Princípio da novidade/especialidade

Pelo princípio da novidade, o nome empresarial deve se distinguir de outros nomes empresariais no mesmo registro (art. 1.163 do Código Civil). Quem registra um nome empresarial tem direito à exclusividade do uso desse nome. Tendo em vista a função do nome empresarial, que é de distinção em relação a outros empresários, não se podem admitir nomes iguais ou semelhantes que possam causar confusão junto ao público.

O princípio da novidade está preenchido quando um nome se apresenta como suficiente para distinguir um sujeito de outros. Não basta um elemento diferenciador qualquer, é essencial que o nome, além de diferente, não possa ser confundido com outros nomes empresariais.

Cabe às juntas comerciais impedir o registro apenas de nomes idênticos (Lei n. 8.934/94 – art. 35, V), ou seja, facilita-se a pesquisa prévia para a constituição do negócio. Para a regulamentação do DREI, são idênticos apenas que tenha exatamente a mesma composição, considerando-se os nomes empresariais por inteiro, desconsiderando-se apenas as expressões relativas ao tipo jurídico (LTDA). Assim, são idênticos: Panificadora Portuguesa LTDA e Panificadora Portuguesa S/A. Nesses casos, a junta comercial deve indeferir o registro do nome mais recente.

Contudo, o princípio da novidade não se limita a isso. Por esse princípio, o nome empresarial não pode ser idêntico, nem semelhante a outros já existentes no mesmo âmbito de proteção[35]. A distinção entre os nomes deve ser suficiente para que uma pessoa, usando a atenção que normalmente se usa, possa distinguir os dois nomes[36].

O princípio da novidade serve para pautar a elaboração de um nome empresarial. Além disso, serve também para resguardar ao empresário o direito de exclusividade sobre aquele nome. Assim, caso seja registrado um nome semelhante a outro nome já registrado numa junta comercial, o titular do nome mais antigo poderá, a qualquer tempo, apresentar recurso diretamente ao DREI para questionar o segundo nome registrado (Lei n. 8.934/94 – art. 35, § 2º), sem prejuízo de eventuais medidas judiciais.

Todavia, convém definir em quais limites deve ser analisada a novidade do nome empresarial, em quais limites o nome empresarial é protegido. No âmbito estadual? No âmbito nacional? Apenas no mesmo ramo de atuação? Em todos os ramos?

Daniel Adensohn de Souza entende que a proteção do nome empresarial não pode ser territorialmente definida, pois deve levar em conta o âmbito da concorrência[37]. A nossa legislação, porém, fixa critérios territoriais. No mesmo sentido, está o enunciado 491 da V Jornada de Direito Civil, que diz: "A proteção ao nome empresarial, limitada ao Estado-Membro para efeito meramente administrativo, estende-se a todo o território

---

35. FERRARA JUNIOR, Francesco. *Teoría jurídica de la hacienda mercantil*. Traducción por José Maria Navas. Madrid: Revista de Derecho Privado, 1950, p. 188.

36. VASCONCELOS, Justino. *Das firmas e denominações comerciais*. Rio de Janeiro: Forense, 1957, p. 241.

37. SOUZA, Daniel Adensohn. *Proteção ao nome empresarial no Brasil*. São Paulo: Saraiva, 2012, p. 158.

nacional por força do art. 5º, XXIX, da Constituição da República e do art. 8º da Convenção Unionista de Paris".

Embora a proteção nacional seja salutar e sejam razoáveis os argumentos utilizados, é difícil afastar a aplicação do art. 1.166 do Código Civil, pois trata-se de lei ordinária, de mesma hierarquia e posterior à Convenção de Paris, e o texto constitucional nada fala sobre os limites territoriais da proteção ao nome. Ao contrário de Haroldo Malheiros Duclerc Verçosa[38], não vemos qualquer inconstitucionalidade no sistema do Código Civil.

A princípio, o nome empresarial é protegido pelo registro na Junta Comercial, que atua.

A hierarquia do Código Civil implicará a derrogação da Convenção de Paris, neste particular, passando a prevalecer a restrição da proteção do nome ao âmbito do seu registro[39]. O STJ já decidiu que "a proteção legal da denominação de sociedades empresárias, consistente na proibição de registro de nomes iguais ou análogos a outros anteriormente inscritos, restringe-se ao território do Estado em que localizada a Junta Comercial encarregada do arquivamento dos atos constitutivos da pessoa jurídica"[40]. Do mesmo modo, afirmou o STJ que: "Atualmente, a proteção ao nome comercial se circunscreve à unidade federativa de jurisdição da Junta Comercial em que registrados os atos constitutivos da empresa, podendo ser estendida a todo território nacional se for feito pedido complementar de arquivamento nas demais Juntas Comerciais"[41].

O princípio da novidade deve levar em conta os nomes protegidos naquele âmbito de proteção. Em outros termos, nada impede que se utilizem nomes idênticos, desde que em âmbitos diferentes de proteção (Estados diferentes).

Outrossim, pelos critérios estabelecidos nos dispositivos referentes ao nome, vê-se que não se leva em conta o ramo de atuação referente ao nome empresarial. E de fato não se deve fazer essa diferenciação. A proteção ao nome empresarial abrange todos os ramos de atuação[42], porquanto não há uma divisão de ramos entre os registros dos empresários

---

38. VERÇOSA, Haroldo Malheiros Duclerc. *Curso de direito comercial*. São Paulo: Malheiros, 2004, v. 1, p. 262. No mesmo sentido, o Enunciado 490 da V Jornada de Direito Civil: "490, art. 1.166. A proteção ao nome empresarial, limitada ao Estado-Membro para efeito meramente administrativo, estende-se a todo o território nacional por força do art. 5º, XXIX, da Constituição da República e do art. 8º da Convenção Unionista de Paris".

39. CAMPINHO, Sérgio. *O direito de empresa à luz do novo Código Civil*. 4. ed. Rio de Janeiro: Renovar, 2004, p. 358; MAMEDE, Gladston. *Direito empresarial brasileiro*. São Paulo: Atlas, 2004, v. 1, p. 113; WALD, Arnoldo. *Comentários ao novo Código Civil*. Rio de Janeiro: Forense, 2005, v. XIV, p. 804.

40. STJ – 4ª Turma – EEARES – EMBARGOS DE DECLARAÇÃO NOS EMBARGOS DE DECLARAÇÃO NO AGRAVO REGIMENTAL NO REC – 653609, Relator Ministro Jorge Scartezzini, *DJ* de 27-6-2005. No mesmo sentido: REsp 971.026/RS, Rel. Ministro Sidnei Beneti, Terceira Turma, julgado em 15-2-2011, *DJe* 2-3-2011; REsp 1.184.867/SC, Rel. Ministro Luis Felipe Salomão, Quarta Turma, julgado em 15-5-2014, *DJe* 6-6-2014.

41. STJ – REsp 1359666/RJ, Rel. Ministra Nancy Andrighi, Terceira Turma, julgado em 28-5-2013, *DJe* 10-6-2013. No mesmo sentido: REsp 1154627/PR, Rel. Ministro Antonio Carlos Ferreira, Quarta Turma, julgado em 20-08-2019, *DJe* 26-8-2019.

42. NEGRÃO, Ricardo. *Manual de direito comercial e de empresa*. 3. ed. São Paulo: Saraiva, 2003, v. 1, p. 195; SOUZA, Daniel Adensohn. *Proteção ao nome empresarial no Brasil*. São Paulo: Saraiva, 2012, p. 138.

na junta comercial. Ademais, a identificação do sujeito exercente da atividade deve ser ainda mais distintiva do que a das marcas.

Contudo, registre-se a orientação do STJ de que haveria apenas uma proteção relativa ao uso do nome empresarial, afirmando que: "O registro mais antigo gera a proteção no ramo de atuação da empresa que o detém, mas não impede a utilização de nome em segmento diverso, sobretudo quando não se verifica qualquer confusão, prejuízo ou vantagem indevida no seu emprego"[43]. De modo similar, o mesmo STJ afirmou que: "aferição da colidência não apenas com base no critério da anterioridade do registro no INPI, mas também pelos princípios da territorialidade e da especialidade"[44].

Por fim, a distinção entre os nomes deve ser suficiente para que uma pessoa, usando a atenção que normalmente se usa, possa distinguir os dois nomes[45].

No âmbito do DREI, foi permitida a convivência entre os nomes: Restaurante Lellis Trattoria Ltda. e Lelis Emporio e Cafeteria Ltda. (Recurso ao DREI n. 14022.172841/2021-15); São Joaquim Transportes Ltda. e Comercial São Joaquim Transporte Ltda. (Recurso ao DREI n. 14022.134255/2022-45); Porto Seguro Cia. de Seguros Gerais e Porto Seguro Consultoria de Negócios Ltda. (Recurso ao DREI n. 14021.103321/2022-45); Mash Indústria e Comércio Ltda. e Smash Online Ltda. (Recurso ao DREI n. 14021.119806/2022-51); Dhl Express (Brazil) Ltda. e Dhl Serviços de Comunicações Ltda. (Recurso ao DREI n. 14021.107034/2022-12).

O Tribunal de Justiça do Rio Grande do Sul[46] também não viu colidência entre os nomes CASA COR PROMOÇÕES COMERCIAL LTDA. – estabelecida em São Paulo e tendo por objeto social a organização e promoção de exposições e feiras – e CASA DA COR COMÉRCIO DE TINTAS. O TJSP[47] reconheceu a possibilidade de convivência entre os nomes Supermercado São Judas Tadeu de Marília Ltda. e Supermercado São Judas Tadeu LTDA.

De outro lado, o TJDF reconheceu que não havia distinção entre os nomes DON TACO MEXICAN FOOD, DON TACO CAFÉ e DON TACO FIESTA, por reconhecer identidade no elemento de fantasia essencial ao nome[48]. O TJDFT também reconhece a colidência enre os nomes Zero Um Curso Preparatorio Ltda. e Zero Um – Consultoria

---

43. STJ – REsp 262.643/SP, Rel. Ministro Vasco Della Giustina (Desembargador convocado do TJRS), Terceira Turma, julgado em 9-3-2010, *DJe* 17-3-2010. No mesmo sentido: REsp 1271021/SP, Rel. Ministra Maria Isabel Gallotti, Quarta Turma, julgado em 14-5-2019, *DJe* 20-5-2019.

44. STJ – REsp 1.191.612/PA, Rel. Ministro Paulo de Tarso Sanseverino, Terceira Turma, julgado em 22-10-2013, *DJe* 28-10-2013.

45. VASCONCELOS, Justino. *Das firmas e denominações comerciais*. Rio de Janeiro: Forense, 1957, p. 241.

46. TJRS – 3º Grupo Cível – EIC 70009640939 – Relator Desembargador Pedro Luiz Rodrigues Bossle, julgado em 1º-10-2004.

47. TJSP; Apelação Cível 1016596-19.2019.8.26.0344; Relator Fortes Barbosa; 1ª Câmara Reservada de Direito Empresarial; Foro de Marília - 2ª Vara Cível; Data do Julgamento: 22-4-2021; Data de Registro: 22-4-2021.

48. TJDF – 3ª Turma Cível – APC 20010111026133, Relator Desembargador Jeronymo de Sousa, *DJ* de 19-2-2003.

e Ensino Ltda.[49]. O TJSP reconheceu a colidência entre os nomes Elith Consultoria Empresarial Ltda. e Elithe Mão de Obra Temporária Ltda.[50]

Embora a IN n. 81/2020 não tenha trazido redação expressa, acreditamos que não asseguram exclusividade:

a) denominações genéricas de atividades;
b) gênero, espécie, natureza, lugar ou procedência;
c) termos técnicos, científicos, literários e artísticos do vernáculo nacional ou estrangeiro, assim como quaisquer outros de uso comum ou vulgar;
d) nomes civis; e
e) letras ou conjunto de letras, desde que não configurem siglas.

O antigo DNRC[51] considerou que não havia colidência entre os nomes SALLES ROSSI EMPREENDIMENTOS E PARTICIPAÇÕES LTDA. e ROSSI RESIDENCIAL S.A., por não haver identidade de escrita nem de som e pelo nome civil não gozar de exclusividade na proteção de nomes empresariais. O STJ permitiu a convivência entre os nomes SOCIEDADE BENEFICENTE ISRAELITA BRASILEIRA HOSPITAL ALBERT EINSTEIN e o INSTITUTO EINSTEIN DA SAÚDE LTDA., especialmente considerando que na expressão EINSTEIN o nome da segunda é também o prenome do seu sócio-fundador[52].

3.5 Extinção do direito ao nome empresarial

O direito do empresário sobre o nome empresarial, especificamente para as sociedades, perdura enquanto a sociedade estiver regularmente inscrita na junta comercial. O cancelamento do registro do nome pode se dar quando cessar o exercício da atividade para que foi adotado, ou quando se ultimar a liquidação da sociedade que o inscreveu (art. 1.168 do Código Civil).

4 Nome de fantasia ou título de estabelecimento

Embora possam eventualmente ser idênticos, nome empresarial, marca e nome de fantasia não representam o mesmo conceito. O nome empresarial identifica o empresá-

---

49. TJDFT - Acórdão 1311421, 07223169620208070000, Relator Romulo de Araujo Mendes, 1ª Turma Cível, data de julgamento: 21-1-2021, publicado no *DJe*: 2-2-2021.

50. TJSP; Apelação Cível 1032514-11.2018.8.26.0114; Relator Ricardo Negrão; Órgão Julgador: 2ª Câmara Reservada de Direito Empresarial; Foro de Campinas - 1ª Vara Cível; data do julgamento: 23-8-2019; Data de registro: 23-8-2019.

51. Parecer DNRC 183/2000.

52. STJ – REsp 1432522/SP, Rel. Ministro Marco Aurélio Bellizze, Terceira Turma, julgado em 17-4-2018, *DJe* 23-4-2018.

SINAIS DISTINTIVOS NA ATIVIDADE EMPRESARIAL: NOME EMPRESARIAL E TÍTULO DE ESTABELECIMENTO | 121

rio, enquanto sujeito exercente da atividade empresarial, já o nome de fantasia identifica apenas o local do exercício da atividade empresarial[53].

O nome de fantasia ou título de estabelecimento identifica "o local no qual é exercida e vem a contato com o público a atividade do empresário"[54]. Este conceito não se confunde com o nome empresarial na medida em que não identifica a pessoa, mas apenas o local do exercício da atividade. Se houver vários locais para o exercício da atividade pelo mesmo empresário, podem ser adotados nomes de fantasias distintos, mas o nome empresarial será sempre o mesmo.

O nome de fantasia pode ser nominativo (expressões linguísticas), figurativo (representações gráficas – também chamado insígnia) e misto (expressões linguísticas grafadas de modo peculiar). É o que vem escrito na fachada, tem certa conotação de publicidade com o intuito de atrair clientela. Ele também tem por objetivo distinguir o empresário de seus concorrentes[55]. Por isso, não são suscetíveis, por si sós, de proteção expressões genéricas (café, hotel, restaurante)[56].

Vejam-se os seguintes exemplos: a GLOBEX S.A. tem como nome de fantasia PONTO FRIO, a COMPANHIA BRASILEIRA DE DISTRIBUIÇÃO tem como título de estabelecimento Pão de Açúcar, a CASA ANGLO BRASILEIRA S.A. tinha o título MAPPIN.

No dia a dia o que mais aparece é o nome de fantasia. Quando o empresário faz uma publicidade para atrair clientela, tal publicidade levará o seu nome de fantasia, distinguindo-o de outros empresários. De outro lado, o nome de fantasia também tem uma grande importância para os consumidores, permitindo a escolha adequada do local de sua preferência para a realização das operações que deseja. É pelo nome de fantasia que o consumidor escolhe onde irá realizar suas compras.

Na Espanha, Broseta Pont e Garrigues noticiam a existência de certa regulamentação do nome de fantasia, afirmando a sua proteção municipal e a exigência de que ele tenha caráter distintivo e seja diferente de outros nomes de fantasia já registrados[57].

No Brasil, como na Itália[58], não se exige o registro do nome de fantasia. Apesar disso, não se pode negar a ele a condição de uma coisa integrante do estabelecimento. Também não se pode negar que o nome de fantasia deva gozar de uma proteção, em especial pela sua influência na busca da clientela. Todavia, essa proteção é apenas indi-

---

53. LORDI, Luigi. *Istituzioni di diritto commerciale*. Padova: CEDAM, 1943, v. 1, p. 160.

54. VALERI, Giuseppe. *Manuale di diritto commerciale*. Firenze: Casa Editrice Dottore Carlo Cya, 1950, v. 2, p. 30, tradução livre de *"locale in cui è esercitata e viene a contato immediato col pubblico l'attività dell'imprenditore"*.

55. BROSETA PONT, Manuel. *Manual de derecho mercantil*. 10. ed. Madrid: Tecnos, 1994, p. 147.

56. FERRI, Giuseppe. *Manuale di diritto commerciale*. 4. ed. Torino: UTET, 1976, p. 101.

57. GARRIGUES, Joaquín. *Curso de derecho mercantil*. 7. ed. Bogotá: Temis, 1987, v. 1, p. 260; BROSETA PONT, Manuel. *Manual de derecho mercantil*. 10. ed. Madrid: Tecnos, 1994, p. 148.

58. VALERI, Giuseppe. *Manuale di diritto commerciale*. Firenze: Casa Editrice Dottore Carlo Cya, 1950, v. 2, p. 31.

reta[59], isto é, não há uma proteção específica ao nome de fantasia, o que há é uma repressão à concorrência desleal.

O empresário pode impedir que outro utilize seu nome de fantasia, com base no art. 195, V, da Lei n. 9.279/96, que tipifica como crime de concorrência desleal a utilização de título de estabelecimento ou insígnia alheios[60]. Quem faz esse uso indevido é obrigado a responder pelas perdas e danos decorrentes desse uso indevido, nos termos dos arts. 208 e 209 da mesma Lei n. 9.279/96.

5 Marcas × nome empresarial

Ao contrário do nome empresarial que identifica a própria pessoa do empresário, a marca identifica produtos ou serviços, "é o sinal aposto a um produto, uma mercadoria, ou o indicativo de um serviço, destinado a diferenciá-lo dos demais"[61]. A marca não precisa identificar a origem do produto ou serviço (o empresário que trabalha com o produto ou serviço), ela precisa apenas diferenciar um produto ou serviço de outros produtos ou serviços[62]. Exemplos: cheque ouro, Omo, Minerva, Sorriso, Signal, big mac etc.

Para o empresário as marcas funcionam como meios de atrair clientela. Todavia, essa não é a única importância da marca. Ela serve também para resguardar os interesses do consumidor em relação a qualidade ou proveniência de determinado produto ou serviço, ou seja, a marca é um referencial para o consumidor poder fazer suas escolhas. Em suma, a marca tem uma dupla finalidade: resguardar os direitos do titular e proteger os interesses do consumidor[63].

---

59. RAMOS, André Luiz de Santa Cruz. *Curso de direito empresarial*. Salvador: Jus Podium, 2008, p. 88.

60. COELHO, Fábio Ulhoa. *Curso de direito comercial*. 6. ed. São Paulo: Saraiva, 2002, v. 1, p. 183.

61. FRANCO, Vera Helena de Mello. *Manual de direito comercial*. São Paulo: Revista dos Tribunais, 2001, v. 1, p. 132.

62. FERRARA JUNIOR, Francesco. *Teoría jurídica de la hacienda mercantil*. Traducción por José Maria Navas. Madrid: Revista de Derecho Privado, 1950, p. 218.

63. REQUIÃO, Rubens. *Curso de direito comercial*. 23. ed. São Paulo: Saraiva, 1998, v. 1, p. 215.

11 | MARCAS

1 Marcas: conceito e função

A marca identifica visualmente produtos ou serviços, "é o sinal aposto a um produto, uma mercadoria, ou o indicativo de um serviço, destinado a diferenciá-lo dos demais"[1]. No direito brasileiro, o art. 122 da Lei n. 9.279/96 afasta o registro de marcas olfativas, gustativas ou sonoras, exigindo o caráter visual nas marcas.

A marca não precisa identificar a origem do produto ou serviço (o empresário que trabalha com o produto ou serviço), ela precisa apenas diferenciar um produto ou serviço de outros produtos ou serviços, visualmente[2]. Exemplos: cheque ouro, Omo, Minerva, Sorriso, Signal, big mac etc.

Maurício Lopes de Oliveira[3] afirma que a marca tem duas funções: função distintiva e função de indicação de procedência, isto é, ela distingue um produto ou serviço de outro e serve para indicar ao consumidor a origem do produto ou serviço, não necessariamente com a indicação concreta do seu fabricante. As marcas não necessariamente indicam a qualidade do produto ou serviço, mas indicam sua proveniência, que serve de referencial para o consumidor no que diz respeito à qualidade[4].

Para o empresário as marcas funcionam como meios de atrair clientela distinguindo os produtos ou serviços em relação aos dos seus concorrentes[5]. Elas servem também para resguardar os interesses do consumidor em relação à qualidade ou proveniência de determinado produto ou serviço, ou seja, a marca é um referencial para o consumidor poder fazer suas escolhas. Em suma, a marca tem dupla finalidade: resguardar os direitos do titular e proteger os interesses do consumidor[6].

---

1. FRANCO, Vera Helena de Mello. *Manual de direito comercial.* São Paulo: Revista dos Tribunais, 2001, v. 1, p. 132.

2. FERRARA JUNIOR, Francesco. *Teoría jurídica de la hacienda mercantil.* Traducción por José Maria Navas. Madrid: Revista de Derecho Privado, 1950, p. 218.

3. OLIVEIRA, Maurício Lopes de. *Propriedade industrial:* o âmbito de proteção da marca registrada. Rio de Janeiro: Lumen Juris, 2000, p. 4-7.

4. VIVANTE, Cesare. *Trattato di diritto commerciale.* 5. ed. 3. ristampa. Milano: Casa Editrice Dottore Francesco Vallardi, 1935, v. 3, p. 27.

5. RIPERT, Georges; ROBLOT, René. *Traité élémentaire de droit commercial.* 5. ed. Paris: Librairie Générale de Droit et Jurisprudence, 1963, p. 259.

6. REQUIÃO, Rubens. *Curso de direito comercial.* 23. ed. São Paulo: Saraiva, 1998, v. 1, p. 215.

2 Classificações

Para fins didáticos, podemos classificar as marcas em alguns grupos, quanto ao uso, quanto à origem e quanto à formação.

Pelo art. 123 da Lei n. 9.279/96, a marca pode ser classificada quanto ao uso, em três espécies:

- **Marca de produtos ou serviços**: serve para distinguir produtos ou serviços de outros congêneres de origem diversa. Exemplos: Coca-Cola, Brastemp, Embratur...
- **Marca de certificação**: serve para atestar a qualidade de produtos ou serviços, sendo atribuída por institutos técnicos. Exemplos: Selo ABIC para café; Selo Procel para produtos elétricos, ISO.

- **Marca coletiva**: a função é garantir a qualidade, origem e natureza de certos produtos ou serviços de membros de determinada entidade. Exemplo: cooperativa agropecuária de Boa Esperança.

Também se podem classificar as marcas pela forma de sua composição em:

- **Nominativa**: é aquela formada a partir de sinais linguísticos, isto é, apenas de palavras, letras, algarismos ou combinações destes sinais, ainda que desprovida de sentido no vernáculo[7]. Exemplos: Coca-Cola, Editora 34, 51, Brastemp, Bradesco...
- **Figurativa**: formada por desenhos, imagens, figuras ou qualquer forma estilizada de letras ou algarismos.

---

7. DI BLASI, Gabriel; GARCIA, Mario S.; MENDES, Paulo Parente M. *A propriedade industrial*. Rio de Janeiro: Forense, 2002, p. 172.

- **Mistas**: formada por sinais linguísticos revestidos de uma forma peculiar, que não possam se enquadrar isoladamente nem como marca nominativa, nem como marca figurativa.

- **Tridimensionais**: são constituídas pela forma plástica de produto ou de embalagem, cuja forma tenha capacidade distintiva e esteja dissociada de qualquer efeito técnico.

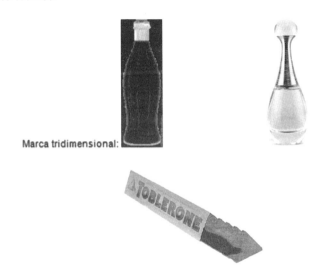

Marca tridimensional:

- **Marcas de posição**: são constituídas pela posição da aposição da marca ou determinado sinal no produto, desde que dotado de suficiente peculiaridade e caráter distintivo.

Desde 1º-10-2021, o INPI passou a admitir as chamadas marcas de posição, isto é, passou a admitir o registro como o conjunto distintivo que seja formado pela aplicação de um sinal em uma posição singular e específica de determinado suporte, desde que a aplicação do sinal na referida posição do suporte possa ser dissociada de efeito técnico ou funcional (Portaria /INPI /PR n. 8, de 17 de janeiro de 2022). Assim, são requisitos para essas marcas de posição:

I – que ela seja formada pela aplicação de um sinal em uma posição singular e específica de um determinado suporte; e

II – a aplicação do sinal na referida posição do suporte possa ser dissociada de efeito técnico ou funcional. Para haver o reconhecimento da marca de posição, o conjunto é capaz de identificar aquele produto, diferenciando-o dos concorrentes, cumprindo sua função de marca. Os clientes reconhecem aquele sinal como característico daqueles produtos.

Assim, poderia ser registrada como marca a posição da letra "N" nos tênis New Balance, ou o solado vermelho dos sapatos Christian Louboutin.

Por fim, quanto à origem as marcas podem ser:

- **Marca brasileira**: aquela regularmente depositada no Brasil, por pessoa domiciliada no país.
- **Marca estrangeira**: (a) aquela regularmente depositada no Brasil, por pessoa não domiciliada no país; (b) aquela que, depositada regularmente em país vinculado a acordo ou tratado do qual o Brasil seja partícipe, ou em organização internacional da qual o país faça parte, é também depositada no território nacional no prazo estipulado no respectivo acordo ou tratado, e cujo depósito no país contenha reivindicação de prioridade em relação à data do primeiro pedido.

3   Requisitos

A marca abrange não só expressões linguísticas, mas também desenhos, logotipos etc., desde que individualizadores do produto ou do serviço e não da pessoa ou do estabelecimento, vale dizer, a marca identifica um bem singular, não uma pessoa (empresário) ou um conjunto de bens (estabelecimento). Todavia, nem tudo pode ser objeto de registro como marca.

No direito francês, Yves Reinhard e Jean-Pascal Chazal afirmam que são três os requisitos de uma marca: a licitude, a originalidade e a disponibilidade do sinal[8].

---

8.   REINHARD, Yves; CHAZAL, Jean-Pascal. *Droit commercial*. 6. ed. Paris: Litec, 2001, p. 432-436.

Apesar de alguma divergência terminológica, é certo que para que algo possa ser registrado como marca é essencial que atenda a alguns requisitos, quais sejam, a capacidade distintiva do sinal[9], a novidade e o desimpedimento[10].

3.1 Capacidade distintiva

Na composição da marca, é essencial que ela seja capaz de diferenciar o produto ou serviço de outro. A marca serve para identificar produtos ou serviços, diferenciando-os dos seus concorrentes. Não se exige que o sinal seja novo, mas que ele tenha a possibilidade de diferenciar o produto ou serviço. Foram indeferidos os registros das marcas FORNERIA para restaurantes[11], a marca Arquivo Prático para arquivos[12], o desenho de um bolsa para roupas[13] e a expressão "kani kama" para um produto alimentício[14].

Não podem ser marcas uma linha isolada, um número, uma cor ou uma expressão genérica que não tenha caráter distintivo (café, vinho...). Todavia, se houver uma combinação que possua suficiente caráter distintivo, nada impede o registro da marca (BMW, BMX...).

Como já ressaltado, as expressões genéricas não podem ser registradas como marcas, justamente pela sua falta de capacidade distintiva. Ocorre que há fenômenos semiológicos que dão a palavras já dicionarizadas um sentido próprio e peculiar, capaz de identificar um produto ou serviço, apesar de já se tratar de uma palavra dicionarizada.

A ideia envolve uma mudança na percepção do consumidor em relação a determinado sinal visual, especialmente em razão de grandes e massivos investimentos em publicidade. Essa mudança da percepção do consumidor pode dar aquele sinal distintivo ou requisito da capacidade distintiva (distintividade adquirida ou *secondary meaning*), ainda que tempos depois do início do seu uso, permitindo o seu registro como marca[15].

No caso do iPhone da Apple, o STJ afirmou que: "No que diz respeito ao 'iPhone' da Apple, sobressai a ocorrência do fenômeno mercadológico denominado *secondary mea-*

---

9. FERRARA JUNIOR, Francesco. *Teoría jurídica de la hacienda mercantil.* Traducción por José Maria Navas. Madrid: Revista de Derecho Privado, 1950, p. 227.

10. COELHO, Fábio Ulhoa. *Curso de direito comercial.* 6. ed. São Paulo: Saraiva, 2002, v. 1, p. 158.

11. AgInt no AREsp 1324413/RJ, Rel. Ministro Raul Araújo, Quarta Turma, julgado em 27-11-2018, *DJe* 12-12-2018.

12. TRF2, 1ª AC, Apelação 0034373-58.2018.4.02.5101, Rel. Desembargador Federal Gustavo Arruda Macedo, julgado em 5-4-2019, *DJe* 24-4-2019.

13. TRF2 , Apelação / Reexame Necessário 0811098-91.2011.4.02.5101, Rel. Desembargador Messod Azulay Neto, julgado em 19-3-2013, publicado em 2-4-2013.

14. TRF 3ª Região, Segunda Turma, Apelação Cível 1589623 - 0031128-52.2000.4.03.6100, Rel. Desembargador Federal Peixoto Junior, julgado em 28-3-2017, e-DJF3 Judicial 1, 14-9-2017.

15. STJ – REsp 1773244/RJ, Rel. Ministra Nancy Andrighi, Terceira Turma, julgado em 2-4-2019, *DJe* 5-4-2019.

ning ('teoria do significado secundário da marca'), mediante o qual um sinal fraco (como os de caráter genérico, descritivo ou até evocativo) adquire eficácia distintiva (originariamente inexistente) pelo uso continuado e massivo do produto ou do serviço. A distinguibilidade nasce da perspectiva psicológica do consumidor em relação ao produto e sua marca, cujo conteúdo semântico passa a predominar sobre o sentido genérico originário"[16].

3.2 Novidade relativa

Atendendo aos requisitos de existência, a marca, para ser lícita, deve gozar de novidade. Trata-se de uma novidade relativa, isto é, o sinal não precisa ser criado pelo empresário, mas tem que ser capaz de diferenciar o produto ou serviço dos produtos ou serviços dos seus concorrentes, vale dizer, tem que ser novo em relação à espécie de produtos que quer identificar[17]. "Não é necessário que o requerente tenha criado o sinal, em sua expressão linguística, mas que lhe dê, ou ao signo não linguístico escolhido, uma nova utilização."[18]

Diante dessa novidade, não se pode registrar marca idêntica a outra marca já protegida para aquele ramo de atuação. Não se admite sequer marca similar que possa gerar confusão com marcas já protegidas. Neste ponto, protege-se a concorrência, evitando condutas desleais no mercado, isto é, evitando que um empresário se aproveite da boa fama dos produtos de outro empresário.

A princípio, uma marca só goza de proteção em determinado ramo de atuação, não havendo nenhum óbice para que uma marca já registrada em ramo de atuação seja registrada em outro ramo de atuação. Tome-se o exemplo da marca Continental.

A palavra *continental* sempre foi de uso corriqueiro na língua portuguesa, não foi criada por nenhum empresário. Mesmo assim, ela pode ser usada como marca, sendo registrada em 1936 pela Souza Cruz S.A., como marca de cigarro. Posteriormente, houve registro da mesma marca por outras pessoas, para outros ramos, como, por exemplo, pneus, eletrodomésticos, entre outros.

3.3 Desimpedimento

A Lei n. 9.279/96 indica expressamente várias proibições para o registro das marcas, em seu art. 124, que serão estudadas em seguida. Assim, para que uma marca seja lícita ela não pode incorrer em nenhum dos impedimentos previstos na legislação. Daí falar-se em desimpedimento.

---

16. STJ – REsp 1.688.243/RJ, Rel. Ministro Luis Felipe Salomão, Quarta Turma, julgado em 20-9-2018, *DJe* 23-10-2018.

17. VIVANTE, Cesare. *Trattato di diritto commerciale*. 5. ed. 3. ristampa. Milano: Casa Editrice Dottore Francesco Vallardi, 1935, v. 3, p. 36.

18. COELHO, Fábio Ulhoa. *Curso de direito comercial*. 6. ed. São Paulo: Saraiva, 2002, v. 1, p. 158.

A marca existe, tem capacidade distintiva, mas não pode ser registrada por razões das mais diversas. A marca tem uma substância econômica, mas está vedado seu ingresso no campo do direito[19].

4 Proibições

Como já registrado, a lei expressamente proíbe o registro das marcas em determinadas situações, por motivos variados.

Joaquín Garrigues[20], na Espanha, reuniu as proibições em quatro grandes grupos, quais sejam: (a) por incompatibilidade entre a função da marca e o sinal escolhido (escudos, símbolos nacionais, Cruz Vermelha, falsa procedência); (b) por razões de moralidade e respeito (violação à moral e aos bons costumes, contrárias a algum culto religioso); (c) por falta de virtude diferenciadora (denominações genéricas, classes, preços, qualidades, pesos e medidas); (d) pelo princípio da exclusividade (outros sinais já registrados).

Haroldo Malheiros Duclerc Verçosa[21] reúne as proibições em sete grupos: (a) sinais públicos ou pertencentes a entes públicos; (b) sinais genéricos; (c) sinais que afrontem valores protegidos pela sociedade; (d) sinais que possam iludir o consumidor ou dar margem à concorrência parasitária; (e) sinais ligados aos direitos de personalidade ou ao direito autoral; (f) sinais que não preencham o requisito da novidade; (g) sinais que buscam benefícios indiretos, outorgando duplicidade da proteção ou do seu alcance.

No Brasil, o art. 124 da Lei n. 9.279/96 apresenta 23 incisos de proibições que serão destacados a seguir. Não se trata de rol exaustivo de proibições[22], porquanto outras proibições podem decorrer de outros diplomas normativos, mas trata-se de um ótimo referencial para as proibições. Vejamos as proibições:

I – brasão, armas, medalha, bandeira, emblema, distintivo e monumento oficiais, públicos, nacionais, estrangeiros ou internacionais, bem como a respectiva designação, figura ou imitação;

Reproduzindo a regra constante da Convenção de Paris, a Lei n. 9.279/96 proíbe o registro de marcas que usem na sua composição armas, bandeiras e outros emblemas oficiais nacionais ou estrangeiros, bem como a sua designação. Em síntese, é proibido o registro de marcas que usem símbolos oficiais na sua composição.

---

19. FERRARA JUNIOR, Francesco. *Teoría jurídica de la hacienda mercantil.* Traducción por José Maria Navas. Madrid: Revista de Derecho Privado, 1950, p. 246.

20. GARRIGUES, Joaquín. *Curso de derecho mercantil.* 7. ed. Bogotá: Temis, 1987, v. 1, p. 252-253.

21. VERÇOSA, Haroldo Malheiros Duclerc. *Curso de direito comercial.* São Paulo: Malheiros, 2004, v. 1, p. 330-334.

22. DANNEMANN, SIEMSEN, BIGLER e IPANEMA MOREIRA. *Comentários à lei de propriedade industrial e correlatos.* Rio de Janeiro: Renovar, 2001, p. 231.

Os símbolos oficiais não têm e não podem ter nenhuma conotação econômica. Eles não se prestam nem podem se prestar a nenhuma finalidade econômica. Desse modo, tais símbolos não podem ser usados como marcas, na medida em que estas sempre têm uma conotação econômica. Trata-se de uma incompatibilidade entre a função do símbolo e a função da marca, além de um respeito aos símbolos oficiais dos países.

Em função dessa proibição, não podem ser registradas como marca as figuras da bandeira do Brasil, da bandeira da Cruz Vermelha ou do brasão da República. Nem podem ser tais símbolos elementos integrantes de qualquer marca. Do mesmo modo, não podem ser registrados como marcas os nomes dos símbolos, nem imitações deles.

O INPI indeferiu o pedido de registro n. 827885334, para a marca mista LA VIE EM ROSE BUFFET e seu desenho da Torre Eiffel, em razão da reprodução de um símbolo nacional.

No entanto, se o referido símbolo (ex.: a bandeira de determinado país) adquire um significado próprio, uma distintividade adquirida (*secondary meaning*) em relação ao país, ela poderá ser registrada. Vale dizer, o uso de armas, bandeiras e outros emblemas de Estado só será proibido se quiser gerar no público uma ligação entre a o produto e o país representado, ou se tiver a intenção de induzir o público a erro. Por isso, o STJ admitiu o registro da águia de duas cabeças com as asas abertas na configuração da marca Cavalera, uma vez que "o elemento figurativo em questão está eficazmente separado, na percepção do público consumidor, da representação da bandeira da Albânia"[23].

II – letra, algarismo e data, isoladamente, salvo quando revestidos de suficiente forma distintiva;

Também não são passíveis de registro como marca letras, algarismos ou datas isoladamente. Não se pode admitir que alguém registre 3 como marca, ou ainda a letra *m* como marca isoladamente. Tais caracteres não podem ser registrados como marca porque não têm suficiente caráter distintivo, o registro iria de encontro ao próprio conceito de marca.

Todavia, se houver uma combinação de letras, de números ou mesmo de letras e números em conjunto é possível o registro. Deve haver um acréscimo que dê à marca um caráter distintivo. Vejamos os seguintes exemplos: BMW (carros), VW (carros), BMX (bicicleta), 752 (sapato), 51 (aguardente), M2000 (tênis), 3M (fita isolante), dentre outros.

III – expressão, figura, desenho ou qualquer outro sinal contrário à moral e aos bons costumes ou que ofenda a honra ou imagem de pessoas ou atente contra liberdade de consciência, crença, culto religioso ou ideia e sentimento dignos de respeito e veneração;

O inciso III do art. 124 da Lei n. 9.279/96 traz uma proibição que está diretamente ligada à relatividade do exercício dos direitos em geral. Todos os direitos têm por limites essenciais o bom convívio social e o respeito aos direitos alheios. Nenhum direito é ab-

---

23. STJ – REsp 1.779.617/SP, Rel. Ministra Nancy Andrighi, Terceira Turma, julgado em 12-3-2019, *DJe* 15-3-2019.

soluto, no sentido de não possuir limites. O exercício de qualquer direito tem seus limites em valores maiores para a sociedade do que o interesse individual.

Assim, a princípio, é livre a elaboração de uma marca, desde que ela não represente uma ofensa a valores maiores da sociedade. Não se admite uma marca que viola a moral e os bons costumes ou que vai de encontro à liberdade de consciência, de crença, de culto religioso ou qualquer outro sentimento digno de proteção.

Diante disso, não se pode admitir o registro como marca da suástica nazista, ou de quaisquer símbolos obscenos, que contrariam a moral e os bons costumes. Do mesmo modo, qualquer imagem ofensiva a uma religião, como uma figura de Jesus Cristo em condições obscenas ou desrespeitosas.

Essa questão não é tão simples, na medida em que pode ser extremamente complicado definir o que é desrespeitoso ou não. Por exemplo, há um registro da marca Jesus para produtos farmacêuticos que atuam sobre o aparelho respiratório. Há também registro do refrigerante Guaraná Jesus.

A nosso ver, o registro de um nome religioso por si só não se insere nesse impedimento. Deve haver alguma conotação ofensiva na marca, para se impedir o registro da marca.

IV – designação ou sigla de entidade ou órgão público, quando não requerido o registro pela própria entidade ou órgão público;

O inciso IV dos impedimentos da Lei n. 9.279/96 vem para proteger expressões conhecidas do público em geral, por dizerem respeito à entidade ou órgão público. Apenas estas entidades podem requerer o registro de tais marcas. Assim, não podem ser registradas como marcas, salvo se requeridas pela própria entidade, as seguintes expressões: INPI, CADE, INSS, DNIT, INSS, INCRA, FNDE...

V – reprodução ou imitação de elemento característico ou diferenciador de título de estabelecimento ou nome de empresa de terceiros, suscetível de causar confusão ou associação com estes sinais distintivos;

O inciso V das proibições envolve diretamente a questão da concorrência desleal, evitando confusão entre a marca e outros sinais distintivos pertencentes a terceiros. A lealdade da concorrência entre os vários empresários é um dos pilares da disciplina da atividade econômica e por isso deve ser sempre protegida.

Para que a marca se enquadre nesta proibição é necessário que: (a) seja um nome empresarial ou um título de estabelecimento; (b) ilegitimidade do pretendente por não possuir o nome ou não ter direito a explorá-lo; e (c) possibilidade de confusão. Apenas a conjunção dos três elementos é que configura o impedimento para o registro da marca.

Assim sendo, nada impede que a Santista Alimentos S.A. registre a marca Santista, para alimentos, porquanto ela possui direito ao nome. Do mesmo modo, a Serrana de Mineração Ltda. pode registrar a marca Santista para materiais para construção e pavimentação em geral, na medida em que não há risco de confusão com os nomes ou títulos de estabelecimento, que dizem respeito a outras áreas de atuação.

VI – sinal de caráter genérico, necessário, comum, vulgar ou simplesmente descritivo, quando tiver relação com o produto ou serviço a distinguir, ou aquele empregado comumente para designar uma característica do produto ou serviço, quanto à natureza, nacionalidade, peso, valor, qualidade e época de produção ou de prestação do serviço, salvo quando revestidos de suficiente forma distintiva;

No inciso VI são proibidas as marcas que não tenham suficiente caráter distintivo. Mais uma vez protege-se a própria concepção da marca, exigindo-se o caráter distintivo. Ora, se a finalidade da marca é distinguir, é certo que não pode haver uma marca que não distinga. Uma pessoa não pode se aproveitar de um sinal que é franqueado a todos[24].

Não podem ser admitidas como marcas expressões genéricas ou necessárias, ou comuns que identificam o próprio produto ou serviço, como, por exemplo: café, restaurante, vinho, açúcar, motor etc. Mesmo expressões populares indicativas do próprio produto também não podem ser objeto de registro, como, por exemplo, pinga ou cachaça para uma aguardente de cana. Todavia, nada impede que as mesmas expressões sejam usadas como marcas de outros produtos[25], como, por exemplo, "Café" para perfume, "Seda" para cosméticos, "Terra" para calçados...

Também não podem ser admitidas como marcas aquelas expressões de caráter descritivo quanto à natureza, nacionalidade, peso, valor, qualidade e época de produção ou de prestação do serviço. Estas expressões também são de uso geral e não possuem suficiente caráter distintivo. Nesse sentido, não foi admitido o uso da expressão "País do Futebol"[26] como marca para serviços de publicidades.

A vedação da utilização de expressão genérica não é absoluta, isto é, só se proíbe o registro de expressões genéricas que guardem relação com o próprio produto ou serviço. Assim, a utilização do nome de um município como marca (Ex.: Guatambu[27]) não representa violação a essa proibição, desde que que represente um sinal genérico ou comum em relação ao próprio produto ou serviço.

Em todo caso, é possível o registro dessas expressões genéricas, desde que elas possuam algum caráter distintivo, como, por exemplo, uma forma diferente de se escrever ou algum acréscimo que permita a distinção (Exemplo: Café do Sítio para café).

Por fim, é oportuno destacar que algumas marcas, por sua força, acabam por identificar o próprio produto ou serviço, como, por exemplo, Xerox, Maisena, Bombril,

---

24. DANNEMANN, SIEMSEN, BIGLER e IPANEMA MOREIRA. *Comentários à lei de propriedade industrial e correlatos*. Rio de Janeiro: Renovar, 2001, p. 234.

25. SOARES, José Carlos Tinoco. *Lei de patentes, marcas e direitos conexos*. São Paulo: Revista dos Tribunais, 1997, p. 190.

26. STJ – REsp 1746911/RJ, Rel. Ministra Nancy Andrighi, Rel. p/ Acórdão Ministro Paulo de Tarso Sanseverino, Terceira Turma, julgado em 16-10-2018, *DJe* 19-10-2018.

27. STJ – REsp 1.234.405/RJ, Rel. Ministra Maria Isabel Gallotti, Quarta Turma, julgado em 11-6-2019, *DJe* 1-7-2019.

Catupiry, Isopor, Gillette, dentre outras. Nestes casos, não há que se falar em impedimento, porquanto todas as expressões são marcas e apenas com o passar do tempo é que passaram a identificar os produtos ou serviços. Não são expressões genéricas ou necessárias, mas marcas que passam a identificar o próprio produto ou serviço. Nesses casos, pode-se chegar a falar em degeneração das marcas, ou até mesmo em perda da exclusividade, permitindo o uso por terceiros de boa-fé.

VII – sinal ou expressão empregada apenas como meio de propaganda;

Os sinais de propaganda são elementos de identificação de determinado anunciante e funcionam como ímã para atração de clientela[28]. Esses sinais têm função muito importante para o empresário, mas, desde o advento da Lei n. 9.279/96, não são mais registráveis como marca. Trata-se de uma medida retrógrada da legislação brasileira, que afastou a proteção que anteriormente era dada a esses sinais de propaganda.

Diante de tal situação, os *slogans* tão comuns nas campanhas publicitárias não são mais passíveis de registro como marca. Vejam-se os exemplos: "a número 1", "sempre Coca-Cola", "Bombril tem mil e uma utilidades", "Skol – a cerveja que desce redondo" e várias outras. Sem sombra de dúvida tais *slogans* são capazes de identificar um produto ou serviço. Todavia, mesmo quando esse tipo de sinal vem estampado no rótulo, não se tem admitido o registro como marca. O STJ já afirmou que "A locução 'cerveja n. 1' nada mais é do que expressão meramente publicitária, largamente utilizada pela Brahma, bem verdade, mas que, hoje, não se sujeita a registro, e, assim, não permite que o seu uso seja tornado exclusivo. Está, ela, ligada a sentido que não pode ser apropriado pela Ambev, ou por qualquer empresário que decida atribuir ao seu produto a precedência que desponta da expressão"[29].

Apesar de estarem afastados da proteção do direito industrial, é certo que os sinais de propaganda gozam de proteção, sobretudo quando o Código Penal enquadra como crime a utilização de sinal de propaganda alheio (art. 194, Código Penal).

VIII – cores e suas denominações, salvo se dispostas ou combinadas de modo peculiar e distintivo;

As cores e suas denominações isoladamente não são passíveis de registro como marca, diante da falta de caráter distintivo. Além disso, o registro de uma cor como marca impediria que outras pessoas usassem essa cor em rótulos, embalagens e outras marcas. Assim, o STJ afirmou que "A simples cor da lata de cerveja não permite nenhuma relação com a distinção do produto nem designa isoladamente suas características – natureza, época de produção, sabor, etc. –, de modo que não enseja a confusão entre as

---

28. DANNEMANN, SIEMSEN, BIGLER e IPANEMA MOREIRA. *Comentários à lei de propriedade industrial e correlatos*. Rio de Janeiro: Renovar, 2001, p. 236.

29. STJ – REsp 1.341.029/SP, Rel. Ministro Paulo de Tarso Sanseverino, Terceira Turma, julgado em 9-9-2014, *DJe* 21-11-2014.

marcas, sobretudo quando suficiente o seu principal e notório elemento distintivo, a denominação"[30].

Entretanto, havendo uma combinação de cores, ou uma disposição delas de modo peculiar, trazendo caráter distintivo para tal sinal é perfeitamente viável o registro como marca. Do mesmo modo, é passível de registro como marca a denominação de uma cor acrescida de algum detalhe que lhe dê caráter distintivo (cheque azul, Barão Vermelho, Rosa Chá).

IX – indicação geográfica, sua imitação suscetível de causar confusão ou sinal que possa falsamente induzir indicação geográfica;

X – sinal que induza a falsa indicação quanto à origem, procedência, natureza, qualidade ou utilidade do produto ou serviço a que a marca se destina;

As indicações geográficas (denominações de origem e indicações de procedência) recebem um tratamento próprio na Lei n. 9.279/96, que será estudado mais adiante e, por isso, intuitivamente não podem ser registradas como marcas. Além disso, para evitar confusões, a lei também impede o registro de sinal que possa causar confusão com indicação geográfica ou que possa induzir indicação geográfica falsa.

Esse impedimento, em última análise, vem para proteger as indicações geográficas que têm um valor e um tratamento próprio dentro do regime brasileiro.

XI – reprodução ou imitação de cunho oficial, regularmente adotada para garantia de padrão de qualquer gênero ou natureza;

O cunho oficial é uma peça de ferro temperado e gravado que serve para marcar moedas ou medalhas, bem como os sinais que ficam ali gravados. Tratando de uma marcação oficial, é lógico que ela não pode ser usada como marca.

Além disso, se esse cunho serve como garantia de padrão, gênero ou natureza, não se pode restringir o seu uso, ele pode ser usado por todos aqueles produtos daquele padrão, gênero ou natureza. Assim, não se pode registrar como marca a expressão 18 K (quilate), que serve para indicar o padrão de uma peça de ouro (75% de ouro).

XII – reprodução ou imitação de sinal que tenha sido registrado como marca coletiva ou de certificação por terceiro, observado o disposto no art. 154;

A marca de certificação serve para atestar a qualidade de produtos ou serviços, como, por exemplo, a certificação ISO, o selo da ABIC para o café, sendo atribuída por institutos técnicos. Já a marca coletiva tem como função garantir a qualidade, origem e natureza de certos produtos ou serviços de membros de determinada entidade.

---

30. STJ – REsp 1.376.264/RJ, Rel. Ministro João Otávio de Noronha, Terceira Turma, julgado em 9-12-2014, *DJe* 4-2-2015.

Nos dois casos, não há um caráter distintivo para um produto ou serviço. Vários produtos ou serviços podem usar a mesma marca coletiva ou de certificação. Por isso, não se admite que tais expressões sejam registradas como marcas.

Há que se destacar, ainda, que após a extinção do registro da marca coletiva ou de certificação há que se aguardar um prazo de cinco anos, contados da extinção, para que um terceiro registre tais expressões como marcas (art. 154 da Lei n. 9.279/96). Esse prazo tenta conseguir um desligamento entre o signo que era uma marca coletiva ou de certificação e o seu primeiro uso.

XIII – nome, prêmio ou símbolo de evento esportivo, artístico, cultural, social, político, econômico ou técnico, oficial ou oficialmente reconhecido, bem como a imitação suscetível de criar confusão, salvo quando autorizados pela autoridade competente ou entidade promotora do evento;

Os nomes, prêmios ou símbolos de eventos esportivos, artísticos, culturais, sociais, políticos, econômicos ou técnicos possuem um caráter distintivo e normalmente permitem uma associação à entidade promotora do evento. Embora não tenham a finalidade de identificar produtos ou serviços como as marcas, é certo que tais símbolos permitem uma ligação com a entidade promotora do evento ou com certo tipo de publicidade feita em relação ao prêmio ou ao próprio evento.

Diante disso, é vedado o registro de marcas idênticas ou capazes de criar confusão com tais símbolos, salvo se houver a autorização da autoridade competente ou da entidade promotora do evento. Não houvesse a proibição, poderiam se usar tais símbolos como marcas aproveitando-se da publicidade e do conhecimento que tais símbolos já possuiriam perante o público em geral, gerando uma associação indevida entre a eventual marca e o evento.

Por isso, não se admitiu o registro da marca "fogo olímpico" para identificar álcool, uma vez que é vedado o registro e o uso, para qualquer fim, de sinal que consubstancie imitação ou reprodução dos referidos signos distintivos sem a prévia autorização do titular (Comitê Olímpico Brasileiro)[31].

XIV – reprodução ou imitação de título, apólice, moeda e cédula da União, dos Estados, do Distrito Federal, dos Territórios, dos Municípios, ou de país;

Assim como no inciso XI, as apólices, moedas e cédulas dos entes federativos ou de países são símbolos oficiais, que não podem ter seu uso desvirtuado como marca. Não é a sua finalidade distinguir produtos ou serviços, logo não há que se falar em sua utilização como marca. Ademais, o cunho oficial transmite ao público em geral um tipo de informação que não é compatível com a ideia de marca.

Assim, não se pode registrar como marcas figurativas as cédulas do real, do dólar, do euro ou outras moedas. Todavia, nada impede o registro da marca nominativa *real*

---

31. STJ – REsp 1.583.007/RJ, Rel. Ministro Luis Felipe Salomão, Quarta Turma, julgado em 20-4-2021, *DJe* 10-5-2021.

ou da marca nominativa *euro*, na medida em que tais expressões possuem o caráter distintivo necessário para as marcas.

XV – nome civil ou sua assinatura, nome de família ou patronímico e imagem de terceiros, salvo com consentimento do titular, herdeiros ou sucessores;

XVI – pseudônimo ou apelido notoriamente conhecidos, nome artístico singular ou coletivo, salvo com consentimento do titular, herdeiros ou sucessores;

O nome civil integra a personalidade da pessoa natural, a individualiza e indica a sua procedência familiar. No Brasil, usam-se o prenome (identifica o indivíduo) e o apelido de família, patronímico (sobrenome) para essa identificação. O direito ao nome é um direito de personalidade, permitindo distinguir um indivíduo de outro. Não há como se garantir a exclusividade de um nome – não há como proibir a homonímia –, mas é indiscutível que os nomes devem ser protegidos como direitos da personalidade.

A mesma proteção também deve ser atribuída aos pseudônimos ou apelidos notoriamente conhecidos, bem como aos nomes artísticos, na medida em que essas expressões passam a identificar a própria pessoa, gozando da mesma importância do nome civil. Prova dessa importância é o art. 58 da Lei n. 6.015/73, que admite a substituição do prenome por apelidos públicos e notórios.

Do mesmo modo que o nome civil e os apelidos, a imagem da pessoa também permite sua identificação, sendo um atributo inerente à sua personalidade. O titular pode extrair proveito econômico do uso de sua imagem, mediante contrato que delimite a extensão e o prazo do direito de uso. No caso de pessoas notórias, há uma redução espontânea dos limites da privacidade. "Estão fora do controle da pessoa certos comportamentos e certas ações desenvolvidas no mundo exterior, frente à necessidade de exposição que a vida normal em sociedade impõe."[32]

Em todos os casos, estamos diante de direitos da personalidade que são oponíveis *erga omnes* na medida em que seriam oponíveis contra todos. Vale dizer, os direitos da personalidade são protegidos contra todos, implicam uma obrigação negativa geral de não praticar qualquer ato que possa prejudicá-los[33], inclusive o registro como marca, sem o consentimento do titular, dos seus herdeiros ou sucessores.

A vedação atinente aos nomes civis deve ser entendida com cuidado, não representando uma proibição absoluta de qualquer registro de um nome civil como marca. O que se veda é o registro de um nome civil que identifique uma pessoa determinada sem a autorização desta. Não se quer impedir o registro de parte do nome civil que não tenha

---

32. BITTAR, Carlos Alberto. *Os direitos da personalidade*. 4. ed. Rio de Janeiro: Forense Universitária, 2000, p. 62.

33. ALVES, Alexandre Ferreira de Assumpção. *A pessoa jurídica e os direitos da personalidade*. Rio de Janeiro: Renovar, 1998, p. 65.

esse caráter identificador. O Tribunal Regional Federal da 2ª Região admitiu, por exemplo, o registro da marca STEWART[34].

Há que se destacar também o caso da homonímia. A princípio, haveria um conflito entre o direito marcário e os direitos da personalidade, na medida em que o primeiro registro da marca impediria novos registros no mesmo ramo até pelos homônimos. Todavia, se estamos diante de um direito de personalidade ele seria oponível *erga omnes* e, consequentemente, deveria autorizar um novo registro de marca pelo homônimo, titular dos direitos, sobre o nome civil. Tal conflito é apenas aparente.

Em primeiro lugar, é oportuno destacar que no caso de homonímia não se exige a autorização recíproca[35]. Além disso, embora seja um direito de personalidade é certo que o exercício desse direito não pode ser abusivo, devendo-se atentar também para o princípio da concorrência leal, isto é, não se nega o direito de uma pessoa usar seu nome civil, mas esse uso não pode representar uma prática desleal que interfira na vida e na concorrência mercantil[36].

A vedação atinente aos apelidos e pseudônimos só existe se eles forem notórios, isto é, não se tratando de apelido notório não há vedação para o registro como marca. Tome-se o exemplo da marca JULIE JOY – da classe 03.20, que designa produtos de perfumaria e de higiene e artigos de toucador em geral –, registrada inicialmente por CABEÇA FEITA – NÚCLEO ARTESANAL E COMÉRCIO LTDA., sendo posteriormente cancelado o registro pelo Instituto Nacional da Propriedade Industrial (INPI), que acolheu recurso administrativo interposto pela empresa JEAN PATOU PARFUMEUR S.A., fundamentado na existência de um pseudônimo "JULIE JOY" utilizado, nas décadas de 50 e 70, por uma cantora e repórter chamada Beatriz Silva Araújo. O Tribunal Regional Federal da 1ª Região, reconhecendo a ausência de notoriedade do pseudônimo em exame, reformou a decisão que determinou o cancelamento do registro da marca, restabelecendo o seu registro[37].

Em outra ocasião, o Tribunal Regional Federal da 2ª Região já decidiu que o "Pseudônimo Xororó é pseudônimo notório, não podendo ser registrado como marca, sendo plenamente identificável e de conhecimento público e notório o termo Xororó, facilmente identificado como referente ao cantor Durval de Lima, componente da dupla musical Chitãozinho e Xororó, o que é suficiente para lhe atribuir notoriedade"[38]. De modo similar,

---

34. TRF 2ª Região – 3ª Turma – AC 9102143330, Relator Juiz Arnaldo Lima, *DJ* de 12-8-1997.

35. STJ – 4ª Turma – EEARES – Embargos de Declaração nos Embargos de Declaração no Agravo Regimental no REC – 653.609, Relator Ministro Jorge Scartezzini, *DJ* de 27-6-2005.

36. DANNEMANN, SIEMSEN, BIGLER e IPANEMA MOREIRA. *Comentários à lei de propriedade industrial e correlatos.* Rio de Janeiro: Renovar, 2001, p. 245-246.

37. TRF 1ª Região – 3ª Turma Suplementar – Remessa *Ex Officio* em Mandado de Segurança n. 1999.01.00.014898-1/DF, Relator Juiz Convocado Wilson Alves de Souza, *DJ* de 5-5-2005.

38. TRF 2ª Região – 4ª Turma – Processo 9602157259, Relatora Desembargadora Federal Valéria Albuquerque, *DJ* de 13112001.

foi considerado ilegal o registro da marca COXINHA que se referia a um personagem de programa de televisão, sem autorização do criador do personagem[39].

Em todo caso, as autorizações concedidas pelo titular do símbolo ou por seus sucessores devem ser interpretadas restritivamente, isto é, se a autorização foi concedida para determinado segmento, é só naquele segmento que será válido o registro. No caso da marca Albert Einstein, a autorização foi apenas para o hospital, não podendo a autorização ser interpretada extensivamente para o setor de educação[40].

XVII – obra literária, artística ou científica, assim como os títulos que estejam protegidos pelo direito autoral e sejam suscetíveis de causar confusão ou associação, salvo com consentimento do autor ou titular;

O art. 5º, XXVII, da Constituição Federal assegura a proteção às obras literárias, artísticas ou científicas no âmbito do direito autoral, isto é, independentemente do registro. Com o intuito de dar efetividade a essa proteção, proíbe-se o registro como marca das obras ou seus títulos que sejam suscetíveis de criar confusão ou associação com ela. Apenas com o consentimento do autor ou titular poderá haver tal registro, sob pena de nada valer a proteção aos direitos autorais.

Tal vedação também objetiva evitar confusões para o consumidor em geral, o qual tenderia a fazer indevida associação com a obra já existente, na hipótese de ela ser muito conhecida, aproveitando-se indevidamente do conhecimento público já existente sobre a obra. Nessa linha de entendimento, o Tribunal Regional Federal da 2ª Região anulou o registro da marca "POPEYE"[41].

XVIII – termo técnico usado na indústria, na ciência e na arte, que tenha relação com o produto ou serviço a distinguir;

Os termos técnicos em geral, tanto na indústria, como na ciência e na arte, devem ser usados por todos e não têm o caráter distintivo que se busca nas marcas. Admitir o seu registro como marca seria impedir o uso generalizado, o que não se coaduna com a utilização desses termos.

Assim, não pôde ser registrada como marca a expressão X2, que é termo técnico e de utilização universal no campo específico dos "serviços de transmissão de dados e das facilidades facultadas ao usuário das redes públicas de dados e nas redes digitais de serviços integrados"[42]. Também não pode ser registrada como marca a expressão UVA-B,

---

39. TRF 2ª Região – 2ª Turma Especializada – Desembargador André Fontes, *DJ* de 12-1-2015.

40. STJ – REsp 1354473/RJ, Rel. Ministro Marco Buzzi, 4ª Turma, julgado em 5-10-2021, *DJe* 14-10-2021.

41. TRF 2ª Região – 6ª Turma – Processo 8902019861, Relator Juiz Sérgio Schwaitzer, *DJ* de 21-6-2004.

42. TRF 2ª Região – 5ª Turma – Processo 200002010245189, Relator Juiz Alberto Nogueira, *DJ* de 1º-7-2003.

expressão técnica abreviada de uso comum no ramo da dermatologia e cosmética[43]. Do mesmo modo, as expressões Histotécnico[44] e Fiberfill[45].

XIX – reprodução ou imitação, no todo ou em parte, ainda que com acréscimo, de marca alheia registrada, para distinguir ou certificar produto ou serviço idêntico, semelhante ou afim, suscetível de causar confusão ou associação com marca alheia;

Conforme já ressaltado, as marcas têm dupla finalidade: distinguir produtos ou serviços e resguardar os interesses do consumidor em relação à qualidade ou proveniência de determinado produto ou serviço, ou seja, a marca é um diferencial para o empresário e um referencial para o consumidor poder fazer suas escolhas. Com o intuito de resguardar essas funções das marcas, a lei proíbe o registro de marcas que possam interferir nas funções de marcas já registradas.

Assim, não podem ser registradas como marcas a reprodução total ou parcial ou a imitação de marca alheia, ainda que com acréscimos, para identificar ou distinguir produtos ou serviços idênticos, semelhantes ou afins. Em outros termos, não se pode registrar uma marca que gere qualquer tipo de confusão ou associação com outra já existente. Vedam-se tanto a reprodução, que seria a duplicação, a cópia, como a imitação, que seria a reprodução da essência, dentro de uma forma extrínseca aparentemente diversa[46].

Trata-se de um corolário da lealdade de concorrência, isto é, se alguém já registrou uma marca, outra pessoa não pode se aproveitar da fama dessa marca, seja copiando-a ou imitando-a, ainda que parcialmente. A inserção de acréscimos não desconfigura a deslealdade da conduta, devendo ser repudiada do mesmo modo, salvo se se revestir de suficiente caráter distintivo. Qualquer forma de se aproveitar de uma marca já existente deve ser repudiada pelo direito.

Todavia, a princípio, só será vedada a reprodução ou imitação se houver uma afinidade mercadológica entre as marcas analisadas, ou seja, as marcas devem identificar produtos ou serviços idênticos, semelhantes ou ao menos afins. Produtos ou serviços totalmente distintos podem ser identificados por marcas idênticas ou semelhantes, ressalvados os casos das marcas de alto renome. Se não houver risco de confusão para o consumidor, não há que se falar em proibição.

Como aplicação dessa vedação, temos o exemplo das marcas CLÉA e CLÉ[47], que não puderam coexistir. Também não puderam conviver as marcas PROPEX e PROTEX[48]. O

---

43. TRF 2ª Região – 5ª Turma – Processo 9502193083, Relatora Juíza Nizete Rodrigues, *DJ* de 29-10-2002.

44. TRF 2ª Região – 2ª Turma – Processo 9002002700, Relator Juiz Romário Rangel, *DJ* de 25-3-1993.

45. TRF 2ª Região – 1ª Turma – Processo 9002239629, Relator Juiz Clélio Erthal, *DJ* de 7-7-1992.

46. DANNEMANN, SIEMSEN, BIGLER e IPANEMA MOREIRA. *Comentários à lei de propriedade industrial e correlatos.* Rio de Janeiro: Renovar, 2001, p. 249-250.

47. TRF 2ª Região – 6ª Turma – Processo 9402151230, Relator Juiz Sérgio Schwaitzer, *DJ* de 15-5-2005.

48. TRF 2ª Região – 6ª Turma – Processo 9502027841, Relator Juiz Sérgio Schwaitzer, *DJ* de 19-10-2004.

STJ também afirmou que "um outro produto, da mesma espécie (iogurte), utilizando a marca DANALY, conduz o consumidor intuitivamente a imaginar tratar-se de um iogurte produzido pela DANONE, pela confusão mental que as três marcas provocam (DANY, DANLY'S e DANALY), sendo assim manifesta a capacidade de suscitar imediata associação de ideias com a marca DANONE"[49].

De modo similar, o STJ afirmou que "as marcas 'COMPANHIA ATHLETICA' e 'ATHLÉTICA CIA DE GINÁSTICA' são consideravelmente semelhantes foneticamente e graficamente e, com efeito, a mera abreviação e inversão da ordem dos elementos que compõem a marca da recorrida não é suficiente para lhe conferir distintividade e novidade que uma marca exige para ser registrável, nos termos do art. 124, XIX, da Lei n. 9.279/96"[50]. No mesmo caminho, o STJ reconheceu o risco de confusão entre a marca Johnnie Walker, para whisky, e a marca João Andante para cachaça[51].

De outro lado, temos o caso das marcas WEST COAST e SURF COAST, que puderam coexistir pela suficiência do caráter distintivo das expressões[52]. Também puderam coexistir as marcas ESKILOKO e ESKIBON, bem como LOKOBOM e KIBON[53].

XX – dualidade de marcas de um só titular para o mesmo produto ou serviço, salvo quando, no caso de marcas de mesma natureza, se revestirem de suficiente forma distintiva;

Tendo em vista o necessário caráter distintivo das marcas, não faz sentido haver o registro de mais de uma marca idêntica ou semelhante para o mesmo produto ou serviço pelo mesmo titular. Não haveria a forma distintiva que é inerente às marcas. Havendo suficiente caráter distintivo, não há o impedimento.

A finalidade de tal vedação é evitar que, por meio de sucessivos registros, o titular fraude o instituto da caducidade, isto é, que ele vise a evitar que a pessoa, mesmo sem o uso da marca, vá renovando seus direitos sobre ela.

XXI – a forma necessária, comum ou vulgar do produto ou de acondicionamento, ou, ainda, aquela que não possa ser dissociada de efeito técnico;

XXII – objeto que estiver protegido por registro de desenho industrial de terceiro; e

A forma peculiar de um produto ou de sua embalagem pode ter um caráter atrativo em relação ao público, identificando e distinguindo o produto. Havendo esse caráter distintivo, é certo que a forma do produto ou de seu acondicionamento merece a proteção como marca –, são as chamadas marcas tridimensionais. A legislação vigente prevê

---

49. STJ – 4ª Turma – REsp 510.885/GO, Relator Ministro César Asfor Rocha, *DJ* de 17-11-2003.

50. STJ – REsp 1.448.123/RJ, Rel. Ministra Nancy Andrighi, Terceira Turma, julgado em 15-9-2016, *DJe* 30-9-2016.

51. STJ – REsp 1.881.211/SP, Rel. Ministro Paulo de Tarso Sanseverino, Terceira Turma, julgado em 14-9-2021, *DJe* 17-9-2021.

52. TRF 2ª Região – 2ª Turma – Processo 200202010004055, Relator Juiz Antônio Cruz Netto, *DJ* de 22-12-2004.

53. TRF 2ª Região – 1ª Turma – Processo 199951010239849, Relator Juiz Ricardo Regueira, *DJ* de 19-2-2004.

a proteção às marcas tridimensionais, de tal modo que a forma física do produto, por exemplo, o formato de uma garrafa ou embalagem, pode ser protegida nessa modalidade, desde que se preste a identificar um produto ou serviço.

Pela necessidade de caráter distintivo, a lei veda o registro como marca da forma necessária do produto e também da forma que tenha um efeito eminentemente técnico, porquanto nesses dois casos não haveria um poder distintivo. Outrossim, o registro dessas formas como marcas tridimensionais violaria o direito de outros concorrentes de usar aquela forma necessária do produto, ou mesmo a forma indissociada de um efeito técnico.

Além disso, é certo que só poderá haver o registro de uma forma como marca tridimensional se tal forma não for protegida como desenho industrial de terceiro. Se o terceiro registrou a forma como desenho industrial, há um direito dele a ser respeitado, impedindo o registro daquela forma como marca. Havendo registro de desenho industrial pelo próprio requerente da marca, não há o impedimento.

Diante desse impedimento, surge a indagação dos limites entre o que pode ser registrado como desenho industrial e o que pode ser registrado como marca tridimensional, na medida em que o desenho industrial possui necessariamente um caráter temporário. Só poderá haver registro válido da forma de um produto quando na percepção do público tal aspecto tenha-se tornado índice notório da origem do produto, isto é, quando a forma tenha capacidade distintiva em si mesma e esteja dissociada de qualquer efeito técnico.

XXIII – sinal que imite ou reproduza, no todo ou em parte, marca que o requerente evidentemente não poderia desconhecer em razão de sua atividade, cujo titular seja sediado ou domiciliado em território nacional ou em país com o qual o Brasil mantenha acordo ou que assegure reciprocidade de tratamento, se a marca se destinar a distinguir produto ou serviço idêntico, semelhante ou afim, suscetível de causar confusão ou associação com aquela marca alheia.

Embora a titularidade da marca decorra do seu registro, é certo que, mesmo sem o registro no país, determinados sinais são conhecidos pelas pessoas que atuam em determinado segmento do mercado. Mesmo que não sejam notoriamente conhecidos, tais sinais não podem ser apropriados pelas pessoas como marcas em função do princípio da boa-fé que deve pautar a conduta de todos. Permitir o registro desses sinais como marcas seria tutelar a conduta de pessoas de má-fé que buscam se aproveitar de certos sinais já conhecidos, em certo ramo de atividade, sem ter direito sobre o uso de tais sinais.

Exige-se para a configuração da proibição: (a) que a marca não possa ser desconhecida no ramo de atividade do requerente; (b) que o titular da marca seja sediado ou domiciliado em território nacional ou em país com o qual o Brasil mantenha acordo ou que assegure reciprocidade de tratamento; e (c) que haja afinidade mercadológica.

Ora, se pelo ramo de atividade ele deveria conhecer a marca, não é de boa-fé o pedido de registro de marca que possa gerar confusão, ou seja, a pessoa sabe da existência da marca e está tentando se aproveitar dela e, por isso, não pode ser tutelada. Não é necessário que o titular da marca tenha sede ou domicílio no país, sendo suficiente a

142 | CURSO DE DIREITO EMPRESARIAL

sede ou domicílio em país com o qual o Brasil mantenha acordo ou que assegure reciprocidade de tratamento. Por fim, é oportuno asseverar que o impedimento abrange a utilização da marca para produto idêntico, similar ou afim, não havendo qualquer impedimento para a utilização em produtos sem qualquer afinidade mercadológica.

5   Direitos sobre a marca

As marcas são bens incorpóreos, que na economia moderna possuem um grande valor, sendo fundamental definir como se adquirem direitos sobre uma marca e que tipo de proteção tais direitos asseguram ao seu titular.

5.1 *Aquisição*

Para que uma pessoa adquira direitos sobre determinada marca é essencial o seu registro, que no caso brasileiro ocorre no Instituto Nacional de Propriedade Industrial (INPI). O registro da marca, na legislação nacional, é atributivo, isto é, tem caráter constitutivo dos direitos sobre ela[54], assim como no direito francês a partir de 1964[55], no direito italiano[56] e no direito espanhol[57]. Sem o registro, a princípio, não existem direitos sobre a marca. Todavia, enquanto pendente o registro deve-se garantir ao depositante o direito de zelar pela integridade material ou reputação[58], porquanto o titular não pode ser prejudicado por uma demora inerente à atuação dos órgãos de registro.

A princípio, podem requerer o registro da marca pessoas físicas ou jurídicas de direito público ou de direito privado, sem maiores restrições. Em relação às pessoas de direito privado, exige-se que a marca diga respeito à atividade desenvolvida por elas direta ou indiretamente (art. 128, § 1º, da Lei n. 9.279/96). Em relação às marcas coletivas, apenas as entidades representativas da coletividade podem requerer o registro da marca. Por fim, em relação às marcas de certificação, exige-se que o requerente não tenha interesse comercial ou industrial sobre o produto atestado.

O primeiro a registrar a marca é que terá direitos sobre ela. Todavia, a legislação ressalva o direito de precedência ao registro, que é assegurado a quem, de boa-fé, usava no país há pelo menos 6 (seis) meses marca idêntica ou semelhante, para distinguir ou certificar produto ou serviço idêntico, semelhante ou afim (art. 129, § 1º, da Lei n. 9.279/96).

---

54. PAES, P. R. Tavares. *Propriedade industrial.* 2. ed. Rio de Janeiro: Forense, 2000, p. 127.

55. REINHARD, Yves; CHAZAL, Jean-Pascal. *Droit commercial.* 6. ed. Paris: Litec, 2001, p. 436.

56. VALERI, Giuseppe. *Manuale di diritto commerciale.* Firenze: Casa Editrice Dottore Carlo Cya, 1950, v. 2, p. 35.

57. GARRIGUES, Joaquín. *Curso de derecho mercantil.* 7. ed. Bogotá: Temis, 1987, v. 1, p. 253.

58. STJ – REsp 1.032.104/RS, Rel. Ministra Nancy Andrighi, Terceira Turma, julgado em 18-8-2011, *DJe* 24-8-2011.

Além da precedência assegurada ao usuário de boa-fé no âmbito do território nacional, o cosmopolitismo inerente às relações empresariais impõe que se assegure certa prioridade a quem já usava a marca em outros países. Trata-se da chamada prioridade, assegurada às marcas registradas em países signatários da Convenção de Paris, pela qual se garante por um período de seis meses, ao depositante original, a prioridade para requerer o registro da marca em outro país signatário. Nesse período, qualquer pedido de registro sem a prioridade pode ser cancelado, pelo exercício da prioridade.

5.2 Vigência

Uma vez deferido o registro da marca, os direitos sobre ela valem por dez anos (art. 133 da Lei n. 9.279/96), admitindo-se prorrogações sem limite temporal. O pedido de prorrogação deve ser feito no último ano do prazo de vigência, com a comprovação do pagamento da retribuição, sob pena de perda dos direitos sobre a marca. Admite-se um período de graça de seis meses para a prorrogação, após os dez anos, desde que haja o pagamento de uma retribuição adicional.

5.3 Proteção

Deferido o registro da marca, o seu titular passa a ter direito de uso exclusivo sobre ela em todo o território nacional[59]. No caso das marcas coletivas, seu uso obedecerá ao regulamento de utilização apresentado junto com o depósito da marca. No caso de marcas de certificação, as características do produto ou serviço certificado serão apresentadas junto com o registro e a entidade ficará responsável pelo controle do uso da marca. Fica impedida a reprodução total ou parcial que possa gerar confusão, imitação e contrafação, que é a utilização da marca sem a autorização do titular.

Quem registra a marca tem direito de utilizá-la exclusivamente, não se permite que ninguém use a marca sem a sua autorização. Também são prerrogativas do titular da marca: a cessão do registro ou do pedido de registro; a licença do uso da marca; e o cuidado pela integridade material e reputação da marca. Todavia, a proteção assegurada pelo registro da marca não é absoluta, não devendo dar margem a abusos, e por isso não permite: (a) que se impeça o uso de sinais dos comerciantes junto com as marcas, na promoção e na comercialização; (b) que se impeça que os fabricantes de acessório indiquem o destino, desde que não violem a concorrência desleal (c); que se impeça a circulação da mercadoria, posta no mercado por si, ou com seu consentimento; (d) que se impeça a citação da marca em publicações, nas quais não haja uma conotação comercial.

A proteção conferida pelo registro da marca abrange o direito de impedir o uso de marca idêntica ou semelhante, que possa gerar confusão sobre a marca, ou sobre a pro-

---

59. VERÇOSA, Haroldo Malheiros Duclerc. *Curso de direito comercial*. São Paulo: Malheiros, 2004, v. 1, p. 335.

veniência do produto ou serviço. Esse é o aspecto mais importante da proteção decorrente de uma marca registrada. Havendo risco de confusão, o titular da marca tem direito de impedir o seu uso. Há risco de confusão quando "a semelhança entre as marcas em questão possibilite que um sinal seja tomado pelo outro ou que o consumidor considere que há identidade de proveniência entre produtos ou serviços que os sinais identificam"[60]. Deve-se analisar a visão do público em relação às marcas.

Havendo reprodução total da marca, isto é, cópia idêntica, não há dúvida do risco de confusão, porquanto é da natureza da reprodução a identidade entre as marcas[61].

No caso de reprodução parcial, o que se veda é a reprodução do verdadeiro elemento identificador do produto ou serviço, daquele elemento que é essencial para distinguir o produto ou serviço[62]. Em qualquer hipótese, é certo que o acréscimo de certos termos à marca não retira o risco de confusão, a menos que se revista de suficiente caráter distintivo.

Também pode haver risco de confusão nos casos de imitação, isto é, quando houver semelhança entre as marcas capaz de gerar dúvida no espírito do consumidor sobre a identidade de proveniência entre produtos ou serviços que os sinais identificam. A imitação pode decorrer das mais diversas formas, sendo impossível enumerar todas, cabendo destacar as mais comuns, que são a semelhança ortográfica, a semelhança fonética e a semelhança ideológica.

O STJ estabeleceu alguns critérios para avaliar a existência ou não de confusão entre as marcas: "(i) grau de distintividade intrínseca das marcas; (ii) grau de semelhança entre elas; (iii) tempo de convivência no mercado; (iv) espécie dos produtos em cotejo; (v) diluição"[63].

A jurisprudência considerou não haver risco de confusão entre as marcas REEF e RIFER'S[64]. Também não se verificou o risco de confusão no caso das marcas L31 e LEE[65]. De outro lado, o TRF da 2ª Região considerou que a marca NON JOÃO constitui reprodução ou imitação da marca TIO JOÃO[66]. Também se considerou nulo o registro da marca FINANCE FOR WINDOWS em face da extrema semelhança com a marca WINDOWS, registrada em nome da Microsoft[67].

---

60. OLIVEIRA, Maurício Lopes de. *Propriedade industrial*: o âmbito de proteção da marca registrada. Rio de Janeiro: Lumen Juris, 2000, p. 14.

61. Idem, p. 20.

62. Idem, p. 21.

63. STJ – REsp 1.799.164/RJ, Relatora Ministra Nancy Andrighi, Terceira Turma, julgado em 13-8-2019, *DJe* 15-8-2019.

64. TRF 2ª Região – 1ª Turma – AC 97.02.31330-9, Relator Juiz Ricardo Regueira, *DJ* de 11-11-2002.

65. TRF 2ª Região – 2ª Turma – AC 2000.02.01.020398-5, Relator Juiz Reis Friede, *DJ* de 16-8-2004.

66. TRF 2ª Região – 3ª Turma – AC 97.02.22613-9, Relator Juiz Wanderley de Andrade Monteiro, *DJ* de 29-11-2002.

67. TRF 2ª Região – 5ª Turma – AC 2000.02.01.010849-6, Relatora Juíza Nizete Rodrigues, *DJ* de 21-10-2003.

Reitere-se que o aspecto mais importante da proteção decorrente de uma marca registrada é o direito de o titular impedir o uso de marca idêntica ou semelhante à sua. Todavia, o exercício desse direito pelo titular da marca obedece a dois princípios, o da territorialidade e o da especificidade. Tais princípios não são absolutos, admitindo algumas exceções.

5.3.1 Princípio da territorialidade

Conforme já ressaltado, quem registra uma marca tem o direito de impedir o uso de marca que possa gerar confusão com a sua. Todavia, esse direito não é ilimitado, ele se pauta pelo princípio da territorialidade, pelo qual a marca só tem proteção em um país se registrada no órgão competente daquele país[68]. Assim, uma marca registrada no Brasil, a princípio, só é protegida no âmbito do Brasil, não havendo proteção, a princípio, no âmbito dos outros Estados.

Tal princípio é excepcionado pelas marcas notoriamente conhecidas, que são protegidas independentemente do registro no país (art. 126 da Lei n. 9.279/96).

5.3.2 Princípio da especialidade

Além da questão territorial, é certo que a proteção de uma marca não se estende abstratamente a todos os ramos de atuação. Exige-se para o registro de uma marca apenas a novidade relativa, isto é, exige-se apenas que ela possa distinguir produtos ou serviços semelhantes, não gerando confusão para o público consumidor.

Assim, o direito de impedir o uso de marca que gere confusão com a marca anteriormente registrada abrange apenas os ramos de atuação que guardem uma afinidade mercadológica com os ramos para os quais aquela marca foi registrada, porquanto mesmo se não estiverem catalogados na mesma classe, se dois produtos estão inseridos no mesmo segmento mercadológico, é possível a ocorrência de confusão em relação ao público consumidor. Esse é o princípio da especialidade.

O STJ já afirmou reiteradas vezes que "o direito de exclusividade de uso de marca, decorrente do seu registro no INPI, é limitado à classe para a qual é deferido, não sendo possível a sua irradiação para outras classes de atividades"[69]. A ideia de classe aqui deve ser entendida de forma um pouco mais ampla, no sentido de áreas de atuação afins e não apenas identidade de classe propriamente. Em suma, pelo princípio da especialidade, *marcas* semelhantes podem coexistir no mercado para assinalar produtos distintos,

---

68. FURTADO, Lucas Rocha. *Sistema de propriedade industrial no direito brasileiro*: comentários à nova legislação sobre marcas e patentes: Lei n. 9.279, de 14 de maio de 1996. Brasília: Brasília Jurídica, 1996, p. 124.

69. STJ – 4ª Turma – REsp 142.954/SP, Relator Ministro BARROS MONTEIRO, *DJ* de 21-9-1999.

sem afinidade mercadológica[70]; vale dizer, tratando-se de áreas afins não pode haver a coexistência de marcas de diferentes titulares. Em outras palavras, o "princípio da especialidade não se restringe à Classificação Internacional de Produtos e Serviços, devendo levar em consideração o potencial concreto de se gerar dúvida no consumidor e desvirtuar a concorrência"[71].

Pelo princípio da especialidade, o Tribunal Regional Federal da 2ª Região já decidiu que não poderiam coexistir as marcas designativas de objetos de uso pessoal CLUB MEDITERRANÉE (roupas e acessórios de vestuário) e CLUB MED (óculos esportivos) para empresas distintas[72]. O mesmo tribunal também não admitiu a convivência entre a marca BAVÁRIA para "laticínios em geral" e a marca BAVÁRIA para "carnes, aves e ovos para a alimentação", "frutas, verduras, legumes e cereais", "gorduras e óleos comestíveis"[73]. Também não se admitiu a coexistência das marcas TONBON e BOM TOM[74]. Também pelo princípio da especialidade, reconheceu-se a possibilidade de convivência entre as marcas ULTRASOFT, da classe 1.90, referente a aditivos e produtos utilizados na indústria têxtil, e a marca SOFT, de titularidade de HENKEL DO BRASIL INDÚSTRIAS QUÍMICAS LTDA., da classe 3[75]. Do mesmo modo, admitiu-se a convivência entre as marcas DEKOL na classe 1, "indústria e comércio de produtos químicos para fins industriais; auxiliares para uso nas indústrias de têxteis, de couro e de papel; agentes dispersantes e moedores para substâncias finamente divididas em meio aquoso" e DEKTOL, na classe 1, "indústria e comércio de agentes químicos e fotográficos"[76].

O STJ afastou a convivência entre as marcas TIC TAC para balas e a marca TIC TAC para biscoitos recheados, tendo em vista a afinidade mercadológica[77].

Aplicando esse princípio, o STJ admitiu a convivência das marcas CREDCHEQUE, que se refere a uma modalidade de adiantamento salarial, e BB CREDICHEQUE, que constitui uma abertura de linha de crédito a clientes, utilizando o cheque como garantia

---

70. OLIVEIRA, Maurício Lopes de. *Propriedade industrial*: o âmbito de proteção da marca registrada. Rio de Janeiro: Lumen Juris, 2000, p. 47.

71. STJ – REsp 1.258.662/PR, Rel. Ministro Marco Aurélio Bellizze, Terceira Turma, julgado em 2-2-2016, *DJe* 5-2-2016.

72. TRF 2ª Região – 5ª Turma – AC 99.02.31181-4, Relatora Juíza Nizete Rodrigues, *DJ* de 29-10-2002.

73. TRF 2ª Região – 1ª Turma Esp. – AC 2000.02.01.054361-9, Relatora Juíza Márcia Helena Nunes, *DJ* de 4-8-2005.

74. TRF 2ª Região – 1ª Turma Esp. – AC 1999.02.01.032439-5, Relatora Juíza Márcia Helena Nunes, *DJ* de 28-7-2005.

75. TRF 2ª Região – 6ª Turma – AC 90.02.20781-6, Relator Juiz André Fontes, *DJ* de 18-6-2003.

76. TRF 2ª Região – 5ª Turma – AC 90.02.06200-1, Relator Juiz Ivan Athié, *DJ* de 12-9-2002.

77. STJ – REsp 1340933/SP, Rel. Ministro Paulo de Tarso Sanseverino, Terceira Turma, julgado em 10-3-2015, *DJe* 17-3-2015.

de pagamento[78]. De modo similar, foi reconhecida a convivência da marca GAROTO, de titularidades diversas, em dois segmentos chocolates e bebidas[79].

É oportuno destacar, desde já, que o princípio da especialidade também não é absoluto, sendo excepcionado pelas chamadas marcas de alto renome, que gozam de proteção em todos os ramos de atuação e não apenas naqueles com afinidade mercadológica.

5.3.3 Danos materiais e morais pelo uso indevido da marca

A proteção estatal ao titular de uma marca registrada não se limita apenas a garantir-lhe o direito de impedir o uso não autorizado por parte de terceiros, denominado ato de contrafação, ou o direito de postular medidas para evitar o prejuízo à reputação do sinal distintivo. A competência para ação que vise apenas a obter a indenização será da Justiça Comum[80].

No entanto, se a ação também discutir a própria nulidade do registro da marca, o processo deverá contar com a participação do INPI e a competência será da justiça federal para analisar tanto o pedido de nulidade, quanto os pedidos daí decorrentes (abstenção de uso, indenização...)[81]. Neste último sentido, veja-se o Enunciado 109 da III Jornada de Direito Comercial, que diz: "Os pedidos de abstenção de uso e indenização, quando cumulados com ação visando anular um direito de propriedade industrial, são da competência da Justiça Federal, em face do art. 55 do CPC". Nem mesmo em caráter incidental, a justiça estadual pode decidir questões relacionadas à invalidade de uma marca[82].

Outrossim, é certo que "a tolerância do uso da marca por terceiros, ainda que por prolongado período, não retira do seu titular o exercício das prerrogativas que a lei lhe confere, entre os quais as que lhe asseguram o direito de usá-la com exclusividade e de impedir que outros a utilizem para a mesma finalidade", não se aplicando aqui o mesmo prazo da ação de nulidade[83].

A proteção estatal prevista e descrita na Lei n. 9.279/96 aos titulares do registro de marca procura, ainda, facilitar a defesa do símbolo marcário, por meio de várias prerrogativas nesse sentido, dentre elas a facilitação do pedido de indenização por eventuais danos materiais decorrentes da contrafação.

---

78. STJ – 4ª Turma – REsp 333.105, Relator Ministro Barros Monteiro, *DJ* de 5-9-2005.

79. STJ – AgInt nos EDcl no AREsp 936.937/PR, Rel. Ministro Antonio Carlos Ferreira, Quarta Turma, julgado em 10-9-2019, *DJe* 17-9-2019.

80. STJ – AgInt no AREsp 767.452/SP, Rel. Ministro Antonio Carlos Ferreira, Quarta Turma, julgado em 30-5-2019, *DJe* 4-6-2019.

81. STJ – REsp 1.527.232/SP, Rel. Ministro Luis Felipe Salomão, Segunda Seção, julgado em 13-12-2017, *DJe* 5-2-2018.

82. STJ – REsp 1.826.832/MG, Rel. Ministro Paulo de Tarso Sanseverino, Terceira Turma, julgado em 25-5-2021, *DJe* 1º-6-2021.

83. STJ – REsp 1.801.881/SC, Rel. Ministro Ricardo Villas Bôas Cueva, Terceira Turma, julgado em 27-8-2019, *DJe* 3-9-2019.

Para facilitar a defesa dos interesses dos titulares de registro, a legislação de marcas dispensa estes de, em juízo, provarem a existência de danos materiais, presumindo a existência destes a partir da simples circunstância da marca ter sido contrafeita. Basta ao empresário titular da marca provar a contrafação que ele terá direito ao uso de medidas processuais inibitórias da continuidade do ato violador e direito a pedir a respectiva indenização, passando a discussão judicial a girar apenas em torno dos valores a serem fixados a esse título.

Os danos materiais não precisam sequer ser comprovados, sendo presumidos pelo uso indevido da marca. Nas palavras de Gama Cerqueira:

> A prova dos prejuízos, nas ações de perdas e danos, merece, entretanto, especial referência. Esta prova, geralmente difícil nos casos de violação de direitos relativos à propriedade industrial, é particularmente espinhosa quando se trata de infração de registros de marcas, não podendo os juízes exigi-la com muita severidade. Os delitos de contrafação de marcas registradas lesam forçosamente o patrimônio do seu possuidor, constituindo uma das formas mais perigosas da concorrência desleal, tanto que as leis, em todos os países, destacam-na como delito específico.
>
> [...]
>
> A simples violação do direito obriga à satisfação do dano, na forma do art. 159 do Co. Civil, não sendo, pois, necessário, ao nosso ver, que o autor faça a prova dos prejuízos no curso da ação. Verificada a infração, a ação deve ser julgada procedente, condenando-se o réu a indenizar os danos emergentes e os lucros cessantes (Cód. Civil, art. 1.059), que se apurarem na execução.
>
> [...]
>
> Não se concebe, realmente, que, provada a existência do ato ilícito, o réu se livre da condenação, alegando que seus atos não causaram prejuízo, ou que o autor não conseguiu prová-los, ou, ainda, que o dano eventual não é ressarcível. Aliás, deve-se observar que, no caso, não se cogita do ressarcimento de danos eventuais, os quais, entretanto, constituem base suficiente para a ação[84].

A jurisprudência do Superior Tribunal de Justiça reconhece a existência de dano material no caso de uso indevido da marca, "uma vez que a própria violação do direito revela-se capaz de gerar lesão à atividade empresarial do titular, como, por exemplo, no desvio de clientela e na confusão entre as empresas, acarretando inexorável prejuízo que deverá ter o seu *quantum debeatur*, no presente caso, apurado em liquidação por artigos"[85].

Os danos materiais atingem o patrimônio da pessoa, ou seja, são prejuízos de cunho econômico, por violações a bens materiais e a direitos que compõem o acervo patrimonial

---

84. GAMA CERQUEIRA, João da. *Tratado da Propriedade Industrial*, v. II, Tomo II, atualizado por Newton Silveira e Denis Borges Barbosa. Rio de Janeiro: Lumen Iuris, 2010, p. 217 e 290-291.

85. STJ – REsp 1.327.773/MG, Rel. Ministro Luis Felipe Salomão, Quarta Turma, julgado em 28-11-2017, *DJe* 15-2-2018.

do lesado. Especificamente na órbita da propriedade industrial, a Lei n. 9.279/96 é expressa ao estabelecer critérios para a fixação da indenização dos lucros cessantes:

> Art. 208. A indenização será determinada pelos benefícios que o prejudicado teria auferido se a violação não tivesse ocorrido.
>
> [...]
>
> Art. 210. Os lucros cessantes serão determinados pelo critério mais favorável ao prejudicado, dentre os seguintes:
>
> I – os benefícios que o prejudicado teria auferido se a violação não tivesse ocorrido; ou
>
> II – os benefícios que foram auferidos pelo autor da violação do direito; ou
>
> III – a remuneração que o autor da violação teria pago ao titular do direito violado pela concessão de uma licença que lhe permitisse legalmente explorar o bem.

Depreende-se da legislação de regência, que se deve usar o critério mais favorável ao prejudicado.

De outro lado, além do dano material, a indenização deve abranger também os danos morais sofridos pela titular da marca, em virtude do constrangimento pelo uso de marca de sua propriedade por terceiros. Tal dano moral é aferível também "in re ipsa", pois "decorre da mera comprovação da prática de conduta ilícita, revelando-se despicienda a demonstração de prejuízos concretos ou a comprovação probatória do efetivo abalo moral"[86].

5.3.4 Marcas evocativas

As marcas fracas ou evocativas são aquelas que "constituem expressão de uso comum, de pouca originalidade, atraem a mitigação da regra de exclusividade decorrente do registro, admitindo-se a sua utilização por terceiros de boa-fé"[87]. Assim, tais figuras apresentam uma capacidade distintiva, mas não tão forte como as demais marcas. Em razão dessa pouca capacidade distintiva, não há exclusividade no uso da expressão, de modo que são permitidos usos da expressão registrada como marca, desde que com acréscimos ou fatores suficientemente distintivos. Vale dizer, a proteção a esse tipo de marca é menor.

---

86. STJ – REsp 1.327.773/MG, Rel. Ministro Luis Felipe Salomão, Quarta Turma, julgado em 28-11-2017, *DJe* 15-2-2018.

87. STJ – REsp 1.639.961/RS, Rel. Ministra Nancy Andrighi, Terceira Turma, julgado em 27-2-2018, *DJe* 2-3-2018.

O STJ já reconheceu que "não obstante o registro como marca, a expressão 'off price' pode ser usada no contexto da denominação de um centro comercial"[88]. De modo similar, o STJ reconheceu como marcas evocativas: TICKET[89], PALETEIRAS[90] e DELICATESSEN[91]. Em outros tribunais, foram reconhecidas como evocativas as marcas FRESH[92], CHIPS[93], SÓCIO TORCEDOR[94] e PINCEL ATÔMICO[95]. Em todos esses casos, prevaleceu a ideia de que a expressão é muito genérica, podendo ser usada em outros sinais distintivos, mas pode ser registrada.

O STJ afirma que "não se pode confundir a possibilidade de uso, em separado, de algum dos elementos nominativos que integram o conjunto marcário, quando sobre eles não houver direito de exclusividade, com a possibilidade de utilização do próprio conjunto tal como registrado anteriormente, na medida em que se trata de situações diversas"[96]. E, nesse caso, negou a possibilidade do registro da expressão "COMPANHIA DAS FÓRMULAS FARMÁCIA COM MANIPULAÇÃO", em razão da existência do registro anterior da marca, considerada evocativa, "CIA DAS FÓRMULAS FARMÁCIA E MANIPULAÇÃO".

O caráter evocativo gera a mitigação da exclusividade da expressão, mas não a permissão da mera reprodução, ainda que meramente ideológica da marca registrada, que não é tolerada pela legislação brasileira. Assim, o STJ[97] impediu o registro da marca MEGAFRAL em razão do registro anterior da marca BIGFRAL, mesmo que esta possa ser considerada evocativa. A troca da expressão BIG por MEGA foi considerada uma reprodução ideológica, vedada pelo ordenamento jurídico, mesmo que a marca seja evocativa.

---

88. STJ – REsp 237.954/RJ, Rel. Ministro Ari Pargendler, Terceira Turma, julgado em 4-12-2003, *DJ* 15-3-2004, p. 264.

89. STJ – REsp 242.083/RJ, Rel. Ministro Carlos Alberto Menezes Direito, Terceira Turma, julgado em 21-11-2000, *DJ* 5-2-2001, p. 103.

90. STJ – REsp 1.315.621/SP, Rel. Ministra Nancy Andrighi, Terceira Turma, julgado em 4-6-2013, *DJe* 13-6-2013.

91. STJ – REsp 62.754/SP, Rel. Ministro Nilson Naves, Terceira Turma, julgado em 7-4-1998, *DJ* 3-8-1998, p. 218.

92. Tribunal de Justiça do Estado do Rio de Janeiro, 3ª Câmara Cível, Des. Luiz Fernando de Carvalho, AgRg 2007.002.16135, julgado em 17-7-2007.

93. TRF-2, 1ª TE, Des. Abel Gomes, AC 2002.51.01.511855-7, *DJ* 30-6-2008.

94. TRF-2, 2ª TE, Des. Marcelo Pereira da Silva, AC 08009297920104025101, *DJ* de 17-12-2013.

95. TJSP – APL 1285560220098260100 SP 0128556-02.2009.8.26.0100 Relator Romeu Ricupero, julgado em 13-9-2011. Câmara Reservada de Direito Empresarial, *DJe* 14-9-2011.

96. STJ – REsp 1.639.961/RS, Rel. Ministra Nancy Andrighi, Terceira Turma, julgado em 27-2-2018, *DJe* 2-3-2018.

97. STJ – REsp 1.721.697/RJ, Rel. Ministra Nancy Andrighi, Terceira Turma, julgado em 22-3-2018, *DJe* 26-3-2018.

5.4 Marcas de fato

Ainda que não registrada, a marca goza de certa proteção, na medida em que a utilização de marca alheia representa meio fraudulento para desviar clientela, vedado pelo art. 195 da Lei n. 9.279/96.[98] A utilização de uma marca de fato, não registrada, não é vedada pelo direito, e, apesar de não ser incentivada, deve ser protegida em face de condutas desleais. A proteção assegurada às marcas de fato não decorre do direito marcário em si, mas sim da vedação à concorrência desleal.[99]

6   Marcas de alto renome

A marca de alto renome é aquela que é conhecida da população em geral, sendo um fator de diferenciação extremamente relevante, vale dizer, ela implica algo mais do que seu significado óbvio ou imediato[100]. Trata-se de uma marca que possui alto grau de conhecimento junto ao público em geral, inspirando confiança e exercendo grande força atrativa. Nesse caso, a proteção se estende a todos os ramos econômicos, desde que haja um registro no país, especificamente com essa conotação de alto renome[101] (art. 125 da Lei n. 9.279/96).

As marcas de alto renome representam uma exceção justificada ao princípio da especialidade, na medida em que o grau de conhecimento das marcas de alto renome extrapola um ramo específico de atuação. A força da marca de alto renome não se limita ao seu ramo de atuação e, por isso, sua proteção deve-se estender indistintamente a todos os ramos de atuação. A confiança que o consumidor tem nos produtos ou serviços da marca de alto renome naturalmente se estenderá a outros ramos aos quais o mesmo empresário se dedique.

A proteção especial decorrente das marcas de alto renome é um corolário do princípio da vedação do enriquecimento sem causa[102]. Admitir o uso de uma marca de alto renome por quem não a constituiu é dar a essa pessoa a oportunidade de se enriquecer pelo esforço de quem construiu a marca, o que não se coaduna com o direito e por isso deve ser evitado.

Nos termos da Portaria/INPI/PR n. 8, de 17 de janeiro de 2022, a proteção especial conferida pelas marcas de alto renome deverá ser requerida ao INPI (art. 65). O reconhe-

---

98.   FURTADO, Lucas Rocha. *Sistema de propriedade industrial no direito brasileiro*: comentários à nova legislação sobre marcas e patentes: Lei n. 9.279, de 14 de maio de 1996. Brasília: Brasília Jurídica, 1996, p. 138.

99.   VERÇOSA, Haroldo Malheiros Duclerc. *Curso de direito comercial*. São Paulo: Malheiros, 2004, v. 1, p. 327.

100.   OLIVEIRA, Maurício Lopes de. *Propriedade industrial*: o âmbito de proteção da marca registrada. Rio de Janeiro: Lumen Juris, 2000, p. 63.

101.   FURTADO, Lucas Rocha. *Sistema de propriedade industrial no direito brasileiro*: comentários à nova legislação sobre marcas e patentes: Lei n. 9.279, de 14 de maio de 1996. Brasília: Brasília Jurídica, 1996, p. 130.

102.   DANNEMANN, SIEMSEN, BIGLER e IPANEMA MOREIRA. *Comentários à lei de propriedade industrial e correlatos*. Rio de Janeiro: Renovar, 2001, p. 257.

cimento da marca como de alto renome passa a ser uma etapa autônoma e prévia, não vinculada a qualquer hipótese de defesa. INPI promoverá a anotação do alto renome da marca no Sistema de Marcas, que será mantida pelo prazo de 10 (dez) anos, salvo extinção da marca ou impugnação da decisão que a reconheceu como marca de alto renome.

O STJ[103] afirmou que tal atribuição é exclusiva do INPI, mas, a nosso ver, nada impede que o Judiciário reconheça e declare uma marca como de alto renome, em razão da própria garantia constitucional do acesso à justiça. Apesar da nossa opinião, o STJ[104] reiterou seu entendimento de que não cabe ao judiciário reconhecer incidentalmente uma marca como de alto renome. O judiciário só poderia intervir para questionar o ato do INPI que deixou de reconhecer uma marca como de alto renome, ainda que primariamente, isto é, não haveria necessidade de utilizar apenas a via incidental.

De todo modo, para a proteção especial, é essencial que haja uma decisão reconhecendo a marca de alto renome. Vale dizer, "Se uma marca não teve reconhecido esse *status*, ainda que seja famosa, não pode impedir o registro da mesma marca em segmentos mercadológicos distintos, sem que haja possibilidade de confusão"[105]. No caso, a marca Perdigão para produtos alimentícios queria impedir a marca Perdigão para calçados; no entanto, por não ter tido seu alto renome reconhecido, ela não conseguir impedir o registro da marca Perdigão para calçados.

Em qualquer caso, a decisão só produzirá efeitos para o futuro, ou seja, dali para a frente é que a marca de alto renome terá a proteção especial[106]. Essa proteção só para o futuro foi um dos fundamentos da decisão do STJ que permitiu a convivência entre as marcas McDonald's e Mac D'oro, uma vez que o alto renome da primeira somente foi reconhecido à expressão MCDONALD'S dez anos depois do depósito da segunda[107].

Foram consideradas marcas de alto renome pelo INPI: Pirelli, Hollywood, 3M, Kibon, Natura, Moça, Banco do Brasil, Hellmann's, Coral, Diamante Negro, Playboy, Bombril,

---

103. STJ – REsp 716.179/RS, Rel. Ministro João Otávio de Noronha, Quarta Turma, julgado em 1º-12-2009, *DJe* 14-12-2009.

104. STJ – REsp 1.162.281/RJ, Rel. Ministra Nancy Andrighi, Terceira Turma, julgado em 19-2-2013, *DJe* 25-2-2013.

105. STJ – REsp 1.787.676/RJ, Rel. Ministro Paulo de Tarso Sanseverino, Terceira Turma, julgado em 14-9-2021, *DJe* 21-9-2021.

106. STJ – AgRg no REsp 1.163.909/RJ, Rel. Ministro Massami Uyeda, Terceira Turma, julgado em 2-10-2012, *DJe* 15-10-2012.

107. STJ – REsp 1.799.164/RJ, Rel. Ministra Nancy Andrighi, Terceira Turma, julgado em 13-8-2019, *DJe* 15-8-2019.

Chiclets, Bic, O Boticário, Chanel, Sadia... No judiciário, já foram reconhecidas como de alto renome as marcas DAKOTA[108], PICA-PAU[109] e "GOODYEAR"[110].

7 Marcas notoriamente conhecidas

Ao lado das marcas de alto renome, que são conhecidas do público em geral, existem as marcas notoriamente conhecidas, que detêm seu prestígio restrito aos segmentos do público consumidor relacionado ao produto que elas assinalam. Esta é famosa apenas no seu segmento mercadológico, dentro de seu ramo de atuação, isto é, quem atua em determinada área não tem como não conhecer a referida marca.

Nesse caso, a proteção se mantém restrita ao ramo de atividade, mas independe do registro no país, excepcionando o princípio da territorialidade. A Lei n. 9.279/96 incorpora definitivamente ao ordenamento brasileiro a proteção especial às marcas notoriamente conhecidas, decorrente da Convenção da União de Paris e preconizada pelo TRIPS, garantindo-lhes proteção mesmo sem o registro no país, mas restrita ao seu segmento mercadológico.

Mais uma vez a lei se pauta pela vedação do enriquecimento sem causa, impedindo que pessoas de má-fé se aproveitem da fama internacional de determinadas marcas ainda não registradas no país. É a boa-fé que deve pautar todo o direito marcário, não se podendo admitir a tutela para condutas desleais de pessoas de má-fé.

Se uma marca for notoriamente conhecida, ela é protegida independentemente de estar registrada no país, mas essa proteção será restrita ao seu segmento mercadológico. Ora, as pessoas que atuam em determinado segmento obviamente sabem da existência das marcas notoriamente conhecidas e, por isso, não seria de boa-fé qualquer tentativa de se obter o registro de tais marcas.

A jurisprudência já afirmou que a marca VOTORAN era uma marca notoriamente conhecida no mercado de construção civil[111]. Considerou-se a marca RAMIREZ notoriamente conhecida no segmento de alimentação[112]. Do mesmo modo a marca MOVADO

---

108.   Reconhecendo como marca de alto renome o TRF 2ª Região – 5ª Turma – AC 1999.02.01.041882-1, Relator Juiz Raldênio Bonifácio Costa, *DJ* de 24-7-2001. Posteriormente, tal decisão foi rescindida afastando-se a condição de alto renome da marca DAKOTA. O TRF da 2ª Região afirmou expressamente que "o acórdão rescindendo tratou de questão eminentemente de fato, declarando o alto renome da marca 'DAKOTA', matéria que não se coaduna com a via eleita sob pena de desvirtuamento da prestação jurisdicional, máxime em autos sem a realização de prova judicial em tal sentido" (AR 2003.02.01.015774-5 – 1ª Seção Especializada – Relator Desembargador Federal Messod Azulay Neto, julgado em 25-9-2008).

109.   TRF 2ª Região – 2ª Turma Esp. – AC 97.02.39449-0, Relator Juiz André Fontes, *DJ* de 19-4-2005.

110.   TRF 2ª Região – 2ª Turma esp. – AG 2007.02.01.015209-1, Relator Desembargador André Fontes, j. em 30-9-2008.

111.   TRF 2ª Região – 1ª Turma Esp. – AC 97.02.26906-7, Relatora Juíza Márcia Helena Nunes, *DJ* de 4-8-2005.

112.   TRF 2ª Região – 3ª Turma – AC 98.02.18819-0, Relator Juiz Paulo Barata, *DJ* de 21-11-2003.

para relógios[113], a marca SIMS para equipamentos e acessórios desportivos[114], a marca KBC para *"serviços auxiliares ao comércio de mercadorias, inclusive à importação e à exportação"*[115], *a marca* "SKECHERS"[116] para tênis, a marca MEGA MASS[117], a marca TRUSSARDI[118] e a marca FORD MODELS[119].

8 Extinção dos direitos sobre a marca

Uma vez registrada a marca, os direitos do titular sobre ela valem por dez anos, admitindo-se prorrogações indefinidamente, o que pode gerar direitos praticamente eternos sobre uma marca. Ocorre que nem sempre é feita essa prorrogação, o que gera a perda do direito sobre a marca. Todavia, essa não é a única hipótese de extinção dos direitos sobre uma marca. A Lei n. 9.279/96, em seu art. 142, indica quatro hipóteses de extinção dos direitos sobre a marca, a saber: (a) término do prazo de duração; (b) pela renúncia; (c) pela caducidade; e (d) pela ausência de procurador constituído no país.

Conforme já afirmado, uma vez registrada uma marca, seu titular tem direitos sobre ela pelo prazo de dez anos, admitindo prorrogações indefinidamente. A prorrogação deve ser requerida no último ano do prazo, admitindo-se o pedido nos seis meses seguintes com o pagamento de uma retribuição adicional. Não havendo pedido de prorrogação, expira o prazo de duração e, consequentemente, são extintos os direitos sobre a marca.

Também são extintos os direitos sobre a marca no caso de renúncia do titular, isto é, quando o próprio titular, por um ato de vontade, declara abrir mão dos direitos sobre a marca. Vale ressaltar que a vontade do titular, nesses casos, não pode ser exercida de modo abusivo, prejudicando licenciados ou franqueados.

Quem registra uma marca deve usá-la, sob pena de caducarem os direitos sobre ela. A caducidade decorre do transcurso do prazo de cinco anos sem exploração econômica no país, seja esse prazo decorrente do não início da exploração ou da interrupção da exploração da marca (art. 143 da Lei n. 9.279/96). Essa caducidade depende de um reconhecimento oficial, exigindo um processo administrativo instaurado a requerimento de

---

113. TRF 2ª Região – 6ª Turma – REO 98.02.07010-6, Relator Juiz André Fontes, *DJ* de 8-4-2005.

114. TRF 2ª Região – 1ª Turma Esp. – AC 2000.02.01.025211-0, Relator Juiz Sérgio Feltrim Correa, *DJ* de 20-6-2005.

115. TRF 2ª Região – 2ª Turma Especializada – AC 2002.51.01.507454-2, Relatora Desembargadora Federal Liliane Roriz, *DJ* de 14-11-2007.

116. STJ – REsp 1.114.745-RJ, Rel. Ministro Massami Uyeda, Terceira Turma, julgado em 2-9-2010, *DJe* 21-9-2010.

117. STJ – REsp 1.447.352/RJ, Rel. Ministro João Otávio de Noronha, Terceira Turma, julgado em 14-6-2016, *DJe* 16-6-2016.

118. STJ – REsp 1.563.771/SP, Rel. Ministro Paulo de Tarso Sanseverino, Terceira Turma, julgado em 23-2-2016, *DJe* 7-3-2016.

119. TRF 2ª Região – 6ª Turma – AC 1999.02.01.061971-1, Relator Juiz Sérgio Schwaitzer, *DJ* de 27-9-2002.

interessados, cabendo ao titular da marca provar em 60 dias que está utilizando a marca, ou que o desuso se dá por razões legítimas. No caso de marcas coletivas, o uso deve ser feito por mais de uma pessoa, sob pena de também haver a caducidade da marca (art. 153 da Lei n. 9.279/96).

Por fim, é motivo para extinção dos direitos sobre uma marca a desobediência ao disposto no art. 217 da Lei n. 9.279/96, que impõe aos titulares de marcas, domiciliados no exterior, a constituição de um procurador domiciliado no país, com poderes de representação administrativa e judicial, inclusive para receber citações. Trata-se de medida imposta pela legislação com o intuito de facilitar as eventuais discussões administrativas ou judiciais sobre a marca.

No que tange às marcas de certificação ou coletivas, haverá a extinção dos direitos sobre a marca também nos casos de extinção da entidade e quando a marca for utilizada fora das condições previstas no seu regulamento (art. 151 da Lei n. 9.279/96). Em todo caso, só poderá haver novo registro das marcas de certificação ou coletivas após o decurso do prazo de cinco anos, contados da extinção do registro (art. 154 da Lei n. 9.279/96).

9   Nulidade da marca

Ainda que deferido pelo INPI o registro de determinada marca, é certo que tal registro pode ser viciado pela desobediência aos ditames legais. Nesse caso, cogita-se da nulidade da marca, cujo reconhecimento pode se dar administrativa ou judicialmente.

O reconhecimento administrativo da nulidade de uma marca pode ser requerido por qualquer interessado, ou instaurado de ofício no prazo de 180 dias, contados da expedição do certificado do registro. Em qualquer caso, o interessado será intimado para se manifestar em 60 dias, cabendo ao presidente do INPI decidir sobre o pedido de nulidade.

Além do reconhecimento administrativo, é possível o ajuizamento de uma ação judicial de nulidade (art. 173 da Lei n. 9.279/96), tendo como autor o próprio INPI ou qualquer pessoa com legítimo interesse. Se o INPI não for autor da ação, ele intervirá como interessado. Pela presença do INPI tal processo correrá perante a Justiça Federal e terá um prazo de contestação de 60 dias (art. 175, § 1º, da Lei n. 9.279/96). Caso haja a cumulação de outros pedidos, ainda assim, será mantida a competência da justiça federal.

Tal ação de nulidade decai no prazo de cinco anos, contados da data da sua concessão (art. 174 da Lei n. 9.279/96). Todavia, no caso de a nulidade decorrer de registro de má-fé, como no caso de uma marca notoriamente conhecida, não há que se cogitar de prescrição, nos termos do art. 6º *bis* (3) da Convenção da União de Paris[120], que afirma

---

120.   TRF 2ª Região – 1ª Turma Especial – AC 2001.51.01.538580-4, Relatora Juíza Márcia Helena Nunes, *DJ* de 4-8-2005. TRF 2ª Região – 2ª Turma – AC 2001.02.01.015057-2, Relatora Juíza Liliane Roriz, *DJ* de 10-6-2003; STJ–REsp 1.741.532/RJ, Rel. Ministra Nancy Andrighi, Terceira Turma, julgado em 2-8-2018, *DJe* 9-8-2018.

que *"não será fixado prazo para requerer o cancelamento ou a proibição de uso de marcas registradas ou utilizadas de má-fé".* Essa imprescritibilidade é uma regra especial que continua em vigor, excepcionando a regra geral dos cinco anos[121]. Para tanto, o STJ entende que "para se reconhecer a imprescritibilidade da ação de nulidade de registro de marca, é necessário demonstrar a notoriedade da marca e haver má-fé do registrador, decorrente do uso indevido, admitindo-se prova em contrário"[122].

10 Degeneração das marcas

Ao registrar uma marca, um dos requisitos exigido é a capacidade distintiva em relação ao próprio produto serviço, de modo que a marca tenha um caráter identificado dos produtos oriundos do seu titular. Ocorre que, com o passar do tempo, algumas marcas ficam muito famosas e acabam sendo extremamente conhecidas do público, a ponto de perderem a capacidade distintiva que possuíam na época do registro, no fenômeno conhecido por degeneração. Registrem-se os exemplos do Isopor (polímero estendido), do zíper (fecho corrediço), da gilete (lâmina de barbear), da maisena (amido de milho), pincel atômico (marcador para quadro branco), durex (fita adesiva), fórmica, dentre outros.

A degeneração representa a perda da capacidade distintiva das marcas; ela passa a se confundir com o próprio produto. A população em geral substitui a identificação do produto por aquela marca mais famosa, de tal modo que não importa mais o fabricante titular da marca, uma vez que todos os produtos passam a ter a mesma designação. A título exemplificativo, todas as lâminas de barbear são giletes, não importando o real fabricante do produto. Sem sombra de dúvidas as marcas perdem sua grande função de sinal distintivo. Nestes casos, apesar da omissão do art. 142 da Lei n. 9.279/96, a marca deveria ser extinta pela degeneração?

Por vezes, diante do fenômeno da degeneração, o próprio titular desiste de renovar a marca, pois ela não mais cumpre o seu papel, como aconteceu no caso do celofane. Todavia, nem sempre isso ocorre. Na maioria dos casos, o titular mantém o registro e o renova sempre que necessário. E o INPI tem opinião firme no sentido de que a degeneração não gera a extinção das marcas, mantendo tais registros.

No mundo inteiro, a solução varia. Em diversos países, como na França, na Itália e no Uruguai, a legislação é expressa ao determinar a extinção das marcas pela degeneração. Na União Europeia, como um todo, há diretiva que reconhece o fenômeno da degeneração como causa de extinção das marcas. A Diretiva Comunitária 89/104/CEE, de 21 de dezembro de 1988, afirma que "o registro de uma marca fica igualmente passível de

---

121. DANNEMANN, SIEMSEN, BIGLER e IPANEMA MOREIRA. *Comentários à lei de propriedade industrial e correlatos.* Rio de Janeiro: Renovar, 2001, p. 328.

122. STJ – REsp n. 2.061.199/RJ, Relator Ministro Raul Araújo, Quarta Turma, julgado em 18-6-2024, *DJe* de 21-6-2024.

caducidade se, após a data em que o registro foi efetuado: (a) como consequência da atividade ou inatividade do titular, a marca se tiver transformado na designação usual no comércio do produto ou serviço para que foi registrada".

No Brasil, de fato a Lei n. 9.279/96 não tem nada de específico, mas há a previsão de que expressões genéricas não podem ser registradas como marca, bem como a possibilidade de ações de nulidade da marca. Além disso, o Brasil é signatário da Convenção da União de Paris (CUP), promulgado pelo Decreto n. 635/92 que diz, no seu art. 6º, quinquies, B.2, que:

> B. Só poderá ser recusado ou invalidado o registro das marcas de fábrica ou de comércio mencionadas no presente artigo, nos casos seguintes: [...] 2. quando forem desprovidas de qualquer caráter distintivo ou então exclusivamente composta por sinais ou indicações que possam servir no comércio para designar a espécie, a qualidade, a quantidade, o destino, o valor, o lugar de origem dos produtos ou a época da produção, ou que se tenham tornado usuais na linguagem corrente ou nos hábitos leais e constantes do comércio do país em que a proteção é requerida. [...].

A recusa do registro após a degeneração é indiscutível no caso de sinais genéricos, pois faltaria um dos requisitos de registro das marcas, ressalvados os eventuais registros de marcas evocativas que têm proteção mitigada.

De outro lado, a nulidade administrativa só poderia ser reconhecida pela situação de fato à época do registro, não se podendo em razão de fatos supervenientes declarar a nulidade administrativa por fatos supervenientes. Registre-se a decisão do Tribunal Regional Federal da 3ª Região para o caso discutindo a marca RONDELLE, na qual se reconheceu que apesar da degeneração superveniente, à época do registro o sinal tinha a capacidade distintiva[123]. Ademais, há um empecilho temporal, na medida em que a generificação depende de bastante tempo para ocorrer, ao passo que a ação de nulidade tem um prazo de cinco anos para ser proposta, contados da concessão.

Apesar de não haver nulidade, as marcas que sofreram degeneração têm tido sua proteção recusada pelo Poder Judiciário, admitindo-se a convivência delas com outros sinais similares. Há, nesse caso, uma espécie de perda do objeto do direito sobre a marca que impede a mesma força que já se tinha no passado.

Lélio Schmidt tem conclusão similar, mas fala em extinção da própria marca, afirmando que, se o titular da marca tenta defendê-la, haverá uma hipótese de abuso do direito, vedada pelo art. 187 do CC, pelo art. 132, IV, da Lei n. 9.279/96, e pelo art. 8.2 do TRIPs (Acordo sobre Aspectos dos Direitos de Propriedade Intelectual Relacionados ao

---

123. Tribunal Regional Federal da 3ª Região, Reexame Necessário Cível n. 0076935-76.1992.4.03.6100/SP, 1999.03.99.066308-0/SP, Turma Z do Tribunal Regional Federal da 3ª Região, JFC Leonel Ferreira, 25 de maio de 2011.

Comércio – promulgado pelo Decreto n. 1.355/94)[124]. O mesmo autor ainda argumenta a perda do objeto do direito.

O STF reconheceu a possibilidade de convivência do nome empresarial "Império das Fórmicas LTDA." com a marca FÓRMICA, por considerar esta última uma expressão degenerada[125]. O STJ já reconheceu que "Não obstante o registro como marca, a expressão 'off price' pode ser usada no contexto da denominação de um centro comercial"[126]. De modo similar, o STJ reconheceu a degeneração das marcas "TICKET"[127], "PALETEIRAS"[128] e "DELICATESSEN"[129]. Em outros tribunais, foi reconhecida a degeneração das marcas "FRESH"[130], "CHIPS"[131], "PINCEL ATÔMICO"[132], "JET SKY"[133]. Não foi reconhecida a degeneração da marca INSUFILM[134].

Portanto, embora não vejamos uma hipótese de extinção ou nulidade pela degeneração das marcas, acreditamos que em tais casos a marca perde proteção e numa eventual disputa judicial não deve ter proteção, usando-se aqui a ideia da perda do objeto do direito, na linha defendida por Dênis Barbosa[135].

11 Das indicações geográficas

A Lei n. 9.279/96 reconhece como suscetíveis de proteção as chamadas indicações geográficas, subdividindo-as em indicação de procedência e denominação de origem,

---

124. SCHMIDT, Lélio Denicoli. *A distintividade das marcas*. São Paulo: Saraiva, 2013, ebook, Capítulo VIII, § 3º.

125. STF – RE 107.892, Relator Min. Rafael Mayer, Primeira Turma, julgado em 23-5-1986, *DJ* 27-6-1986 PP-11620 EMENT VOL-01425-03 PP-00575.

126. STJ – REsp 237.954/RJ, Rel. Ministro Ari Pargendler, Terceira Turma, julgado em 4-12-2003, *DJ* 15-3-2004, p. 264.

127. STJ – REsp 242.083/RJ, Rel. Ministro Carlos Alberto Menezes Direito, Terceira Turma, julgado em 21-11-2000, *DJ* 5-2-2001, p. 103.

128. STJ – REsp 1.315.621/SP, Rel. Ministra Nancy Andrighi, Terceira Turma, julgado em 4-6-2013, *DJe* 13-6-2013.

129. STJ – REsp 62.754/SP, Rel. Ministro Nilson Naves, Terceira Turma, julgado em 7-4-1998, *DJ* 3-8-1998, p. 218.

130. Tribunal de Justiça do Estado do Rio de Janeiro, 3ª Câmara Cível, Des. Luiz Fernando de Carvalho, AgRg 2007.002.16135, Julgamento em 17-7-2007.

131. TRF-2, 1ª TE, Des. Abel Gomes, AC 2002.51.01.511855-7, *DJ* 30-6-2008.

132. TJSP – APL 1285560220098260100 SP 0128556-02.2009.8.26.0100, Relator Romeu Ricupero, Julgamento: 13-9-2011, Câmara Reservada de Direito Empresarial, *DJe* 14-9-2011.

133. TJSP, 5ª Câmara Civil, AC 229.580-1/0, Rel. Des. Jorge Tannus, j. 9-11-1995.

134. STJ – REsp 1.422.871/SP, Rel. Ministro Luis Felipe Salomão, Quarta Turma, julgado em 21-6-2016, *DJe* 22-8-2016.

135. Disponível em: <http://www.denisbarbosa.addr.com/arquivos/200/propriedade/da_consulta_dos_fatos.pdf>. Acesso em: 4 nov. 2012.

indo além do que diz o TRIPS em seu art. 22.1, que define apenas as indicações geográficas de modo genérico.

A indicação de procedência representa o local conhecido como centro de produção, extração ou fabricação de determinado produto. Como exemplo, temos a região de Franca em São Paulo para produção de calçados e a região de Paraty para cachaças.

A denominação de origem é o nome geográfico de país, cidade, região ou localidade de seu território, que designe produto ou serviço cujas qualidades ou características se devam exclusiva ou essencialmente ao meio geográfico, incluídos fatores naturais e humanos. Nesse caso, também estamos diante de um local conhecido como centro de produção, fabricação ou extração do produto, mas neste caso os fatores naturais e humanos da região desempenham papel fundamental sobre o produto[136]. Como exemplos, temos Champagne Bordeaux e Porto para vinhos. No Brasil, temos como exemplos a região do cerrado mineiro para café e o litoral norte gaúcho para arroz.

Em qualquer caso, a proteção dada às indicações geográficas abrange a representação gráfica ou figurativa da indicação geográfica, bem como a representação gráfica do país, cidade, região ou localidade cujo território seja uma indicação geográfica.

Vale destacar, por fim, que se a indicação já se tornou de uso comum, designando o próprio produto ou serviço, não há mais como se reconhecer a proteção como indicação geográfica. Esse seria o caso do chamado QUEIJO MINAS, uma vez que essa indicação

---

136. DANNEMANN, SIEMSEN, BIGLER e IPANEMA MOREIRA. *Comentários à lei de propriedade industrial e correlatos*. Rio de Janeiro: Renovar, 2001, p. 339.

é mais um tipo de queijo do que a indicação geográfica da região da fabricação, pois tal tipo de queijo já é fabricado por todo o país[137].

12 Nome empresarial e marca

Marcas e nomes empresariais não se confundem. As primeiras identificam produtos ou serviços e os nomes identificam o próprio empresário, seja ele individual, seja ele uma sociedade empresária. Entretanto, por vezes, determinadas marcas são idênticas ou muito similares a nomes empresariais, havendo um conflito cuja solução gera certa dificuldade, na medida em que são bens registrados em órgãos diversos – a marca é registrada no INPI de âmbito nacional e o nome empresarial é registrado na junta comercial de âmbito estadual – e com fins diversos.

A lei proíbe o registro como marca de "reprodução ou imitação de elemento característico ou diferenciador de título de estabelecimento ou nome de empresa de terceiros" (art. 124, V, da Lei n. 9.279/96), mas também proíbe que se use, indevidamente, nome comercial, título de estabelecimento ou insígnia alheios (art. 195, V, da Lei n. 9.279/96). Existindo uma confusão entre nome e marca, esta deve ser solucionada.

Em primeiro lugar, há que se indagar se a marca é de alto renome[138], anteriormente chamada de notória. Em caso afirmativo, prevalece a marca, não importando o ramo de atuação do titular do nome empresarial conflitante. Nesse caso, a notoriedade da marca traz consigo uma boa reputação e um prestígio, que não podem ser colocados em jogo. Assim decidiu o STJ, no caso envolvendo a marca CARACU e o nome empresarial CARACU INDÚSTRIA E COMÉRCIO LTDA.[139] De modo similar, decidiu o TRF da 2ª Região fazendo prevalecer a marca ALL STAR em face do nome empresarial ALL STAR ARTIGOS ESPORTIVOS LTDA.[140]

Não se tratando de uma marca de alto renome, incide o princípio da especificidade, vale dizer, deve-se determinar o ramo de atuação das empresas litigantes, e, caso não haja confusão, permitir a convivência. Como afirmou o Ministro Sálvio de Figueiredo Teixeira: "Se distintos, de molde a não importar confusão, nada obsta possam conviver concomitantemente no universo mercantil"[141]. O TJDF reconheceu a possibilidade de convivência da marca FARMAMIL com o nome empresarial AMIL na medida em que uma se dedica ao

---

137.   VERÇOSA, Haroldo Malheiros Duclerc. *Curso de direito comercial*. São Paulo: Malheiros, 2004, v. 1, p. 339.

138.   Art. 125 da Lei n. 9.279/96.

139.   STJ – 4ª Turma – EDREsp 50.609/MG, Relator Ministro Sálvio de Figueiredo Teixeira, julgado em 11-12-1997, *DJ* de 2-2-1998.

140.   TRF 2ª Região – 1ª Seção – EIAC 94.02.22597-8, Relatora para acórdão Desembargadora Federal Tânia Heine, *DJ* de 27-9-2002.

141.   STJ – 4ª Turma – REsp 119.998/SP, Relator Ministro Sálvio de Figueiredo Teixeira, julgado em 9-3-1999, *DJ* de 10-5-1999.

ramo de farmácia e a outra, à prestação de assistência médica[142]. O Tribunal Regional Federal da 1ª Região admitiu também a convivência de ANTARCTICA (marca de produto) com o nome da empresa BAR E MERCEARIA – J. M. ANTÁRTICA DE P. C. LTDA.[143]

Caso atuem no mesmo ramo, havendo uma confusão pela convivência da marca e do nome, prevalece o princípio da novidade, ou seja, prevalece a anterioridade do registro[144]. Assim decidiu o Tribunal Regional Federal da 1ª Região, fazendo prevalecer o nome comercial da COMPANHIA DE CIMENTO PORTLAND POTY, registrado em 17 de fevereiro de 1944, em face das marcas BLOCO POTY e BLOCO POTI, também no mercado de construção civil, mas registradas apenas em 1997[145].

Em 2011, o STJ[146] decidiu que essa prevalência do registro mais antigo para o nome empresarial, exige que a proteção do nome empresarial a ser tutelado seja nacional. Assim, nessa linha de entendimento, caso a proteção do nome seja meramente estadual e não haja confusão para consumidor, nome e marca podem conviver, ainda que se refiram ao mesmo ramo. No mesmo sentido, o Enunciado 2 da I Jornada de Direito Comercial afirma: "A vedação de registro de marca que reproduza ou imite elemento característico ou diferenciador de nome empresarial de terceiros, suscetível de causar confusão ou associação (art. 124, V, da Lei n. 9.279/96), deve ser interpretada restritivamente e em consonância com o art. 1.166 do Código Civil." No caso das marcas, como a proteção é sempre nacional, se ela for mais antiga, ela prevalecerá[147].

Assim, foi permitida a convivência entre a marca LIBERTÉ VEÍCULOS e o nome empresarial da LIBERTE VEÍCULOS COMÉRCIO E SERVIÇO EIRELI[148].

A mesma orientação vale no caso de conflito entre nome de fantasia e marca.

---

142. TJDF – 5ª Turma Cível – APC 20010111054975APC, Relator Romeu Gonzaga Neiva, julgado em 6-10-2003, *DJ* de 25-3-2004.

143. TRF 1ª Região – 3ª Turma Suplementar – AMS 199901000015312, Relator Juiz Evandro Reimão dos Reis, *DJ* de 6-6-2002.

144. STJ – AgRg nos EDcl no Ag 805.623/PR, Rel. Ministro Ari Pargendler, Terceira Turma, julgado em 27-5-2008, *DJe* 5-8-2008.

145. TRF 1ª Região – 5ª Turma – AC 199833000153925/BA – Relator Juiz Jamil Rosa de Jesus, *DJ* de 16-10-2003.

146. STJ – REsp 1.204.488/RS, Rel. Ministra Nancy Andrighi, Terceira Turma, julgado em 22-2-2011, *DJe* 2-3-2011. No mesmo sentido: REsp 1.232.658/SP, Rel. Ministra Nancy Andrighi, Terceira Turma, julgado em 12-6-2012, *DJe* 25-10-2012; REsp 1.184.867/SC, Rel. Ministro Luis Felipe Salomão, Quarta Turma, julgado em 15-5-2014, *DJe* 6-6-2014.

147. STJ – REsp 887.686/RJ, Rel. Ministro Luis Felipe Salomão, Quarta Turma, julgado em 23-11-2010, *DJe* 26-11-2010.

148. STJ - REsp n. 1.944.265/RS, Rel. Ministra Nancy Andrighi, Terceira Turma, julgado em 3-5-2022, *DJe* de 6-5-2022.

13 Nomes de domínio × marcas

Modernamente, há uma grande difusão do comércio eletrônico e da publicidade por meio da Internet, o que faz com que a navegação pela rede mundial de computadores adquira fundamental importância econômica. Para navegar, o internauta precisa se conectar à rede por meio de um provedor, que serve como elo entre ele e os *sites*. Estes, por sua vez, precisam estar hospedados em um provedor, para serem encontrados.

A sintonia entre o *site* e o seu provedor se dá a partir do IP (*Internet Protocol*), que é um protocolo, uma sequência numérica. É por meio desse protocolo que o provedor de hospedagem remete o internauta ao *site* procurado. Todavia, digitar números toda vez que se quisesse encontrar o *site* não seria muito cômodo, por isso existem os nomes de domínio que servem para localizar geograficamente os *sites* da Internet[149]. O nome de domínio representa, então, uma forma amigável e mnemônica do endereço do IP[150].

O sistema dos nomes de domínio (*Domain Name System* – DNS) é "uma estrutura de identificação hierárquica que foi designada para garantir que cada nome seja globalmente único e que corresponda a um valor numérico distinto"[151]. Em outras palavras, o sistema dos nomes de domínio simplifica e facilita o acesso aos *sites* da Internet, facilitando a navegação. Ele representa, em última instância, um tipo de sinal distintivo próprio, não se confundindo com nomes empresariais, nomes de fantasia ou marcas[152].

No Brasil, o registro dos nomes de domínio é responsabilidade do Núcleo de Informação e Coordenação do Ponto BR (NIC.br).

A verificação do registro de um nome de domínio pode ser feita no *site* <www.registro.br>.

O registro de um nome de domínio disponível será concedido ao primeiro requerente que satisfizer, quando do requerimento, as exigências para o seu registro, nos termos da Resolução CGI.br/RES/2008/008/P do Comitê Gestor Internet no Brasil. A mesma resolução exige que o requerente declare-se ciente de que não poderá ser escolhido nome que desrespeite a legislação em vigor, que induza terceiros a erro, que viole direitos de terceiros, que represente conceitos predefinidos na rede Internet, que represente palavras de baixo calão ou abusivas, que simbolize siglas de Estados, Ministérios, dentre outras vedações, mas atribui toda responsabilidade pela escolha do nome ao requerente.

---

149. TESSLER, Leonardo Gonçalves. Aspectos controversos da difícil relação entre marca e nome de domínio na Internet. In: BAPTISTA, Luiz Olavo; FERREIRA, Ivette Senise (Coord.). *Novas fronteiras do direito na era digital*. São Paulo: Saraiva, 2002, p. 26.

150. FONTES, Marcos Rolim Fernandes. *Nomes de domínio no Brasil*: natureza, regime jurídico e solução de conflitos. São Paulo: Quartier Latin, 2006, p. 93.

151. KAMINSKI, Omar. Conflito sobre nomes de domínio: a experiência com o judiciário brasileiro. In: LEMOS, Ronaldo; WAISBERG, Ivo (Org.). *Conflitos sobre nomes de domínio e outras questões jurídicas da Internet*. São Paulo: Revista dos Tribunais, 2003, p. 244.

152. FONTES, Marcos Rolim Fernandes. *Nomes de domínio no Brasil*: natureza, regime jurídico e solução de conflitos. São Paulo: Quartier Latin, 2006, p. 115.

Vê-se, pois, que o registro de um nome de domínio não depende da prova da titularidade de direitos de uso da expressão, o que pode gerar o registro de um nome de domínio que use palavras ou expressões que representem marcas de titularidade de terceiro. Poder-se-ia afirmar que tal situação não seria mais admissível, uma vez que a resolução ressalva os direitos de terceiro. Todavia, o titular de uma marca tem direitos sobre a expressão para formação do nome de domínio?

Jacques Labrunie afirma que os direitos decorrentes do registro de uma marca se estendem aos nomes de domínio, em função do disposto no art. 129 da Lei n. 9.279/96, que assegura o uso exclusivo da marca em todo o território nacional, e do art. 189 da mesma Lei, que considera crime a reprodução ou imitação de marca registrada[153]. Já Gustavo Testa Corrêa associa o uso indevido de uma marca à prática de concorrência desleal, nos termos do art. 195, III e V, da Lei n. 9.279/96, afirmando também que o endereço eletrônico deve pertencer ao titular da marca[154].

Ousamos discordar do entendimento de que a titularidade da marca dá titularidade sobre o nome de domínio, na medida em que a realidade dos dois institutos é muito distinta para se concluir de modo tão taxativo a questão. É oportuno destacar desde já que nem todos os nomes de domínio têm finalidade comercial, podendo servir para um fã-clube, um *site* pessoal... Em função disso, é essencial não confundir o nome de domínio com a marca, são realidades distintas, com finalidades distintas. Assim sendo, podemos afirmar que a titularidade da marca não confere necessariamente o direito sobre o nome de domínio e que o uso pacífico que não implique contrafação da marca não é proibido[155].

O titular de uma marca só terá direito de impedir o uso da sua marca em determinado nome de domínio se tal uso representar uma prática desleal, eivada de má-fé[156]. Havendo um uso pacífico, não há o que se impedir. Apenas quando o nome de domínio gerar confusão e desvio de clientela é que haverá uma prática ilegal, capaz de ensejar a tomada de medidas pelo titular da marca. Obviamente no caso das marcas notoriamente conhecidas e de alto renome, pela sua força, a proteção deve ser maior[157], estendendo-se para todos os *sites*, na medida em que ninguém de boa-fé registraria um *site* com uma marca de alto renome ou notoriamente conhecida.

---

153. LABRUNIE, Jacques. Conflitos entre nomes de domínio e outros sinais distintos. In: DE LUCCA, Newton e SIMÃO FILHO, Adalberto (Coord.). *Direito & Internet:* aspectos jurídicos relevantes. Bauru: Edipro, 2000, p. 247.

154. CORRÊA, Gustavo Testa. *Aspectos jurídicos da Internet*. São Paulo: Saraiva, 2000, p. 23-24.

155. TESSLER, Leonardo Gonçalves. Aspectos controversos da difícil relação entre marca e nome de domínio na Internet. In: BAPTISTA, Luiz Olavo; FERREIRA, Ivette Senise (Coord.). *Novas fronteiras do direito na era digital*. São Paulo: Saraiva, 2002, p. 32.

156. FONTES, Marcos Rolim Fernandes. *Nomes de domínio no Brasil*: natureza, regime jurídico e solução de conflitos. São Paulo: Quartier Latin, 2006, p. 169-180.

157. TESSLER, Leonardo Gonçalves. Aspectos controversos da difícil relação entre marca e nome de domínio na Internet. In: BAPTISTA, Luiz Olavo; FERREIRA, Ivette Senise (Coord.). *Novas fronteiras do direito na era digital*. São Paulo: Saraiva, 2002, p. 41.

A jurisprudência já reconheceu ao titular da marca RIDER, pela notoriedade da marca, o direito de impedir que terceiro tenha o *site* <www.rider.com.br>[158]. Do mesmo modo em relação à marca AYRTON SENNA[159].

Fora do âmbito das marcas de alto renome, o TJDF reconheceu o direito das empresas TRANSBRASA – TRANSITÁRIA BRASILEIRA LTDA. – e FUNDAMAR – FUNDAÇÃO MARLIM AZUL – de utilizar os domínios de Internet <www.fundamar.com.br> e <www.fundamar.org.br>, apesar da marca FUNDAMAR pertencer à Fundação 18 de Março[160].

O STJ já afirmou que:

> A anterioridade do registro no nome empresarial ou da marca nos órgãos competentes não assegura, por si só, ao seu titular o direito de exigir a abstenção de uso do nome de domínio na rede mundial de computadores (internet) registrado por estabelecimento empresarial que também ostenta direitos acerca do mesmo signo distintivo [...]. A legitimidade do registro do nome do domínio obtido pelo primeiro requerente pode ser contestada pelo titular de signo distintivo similar ou idêntico anteriormente registrado – seja nome empresarial, seja marca. Tal pleito, contudo, não pode prescindir da demonstração de má-fé, a ser aferida caso a caso, podendo, se configurada, ensejar inclusive o cancelamento ou a transferência do nome de domínio e a responsabilidade por eventuais prejuízos[161].

A existência de registro de marca no INPI não justifica por si só a proteção da expressão registrada para utilização em ambientes virtuais, devendo ser avaliadas questões como o ramo de atividade ou a eventual existência de alto renome. Nesse sentido, o STJ já afirmou que: "nem todo registro de nome de domínio composto por signo distintivo equivalente à marca comercial de outrem configura violação do direito de propriedade industrial, mas apenas aquele capaz de gerar perplexidade ou confusão nos consumidores, desvio de clientela, aproveitamento parasitário, diluição de marca ou que revele o intuito oportunista de pirataria de domínio"[162].

---

158. TJRS – AG 00599132826, Relator Desembargador Aymoré Roque Pontes de Mello, *DJ* de 27-5-1999.

159. TJPR – AC 86382-5, Relator Desembargador Sidney Moura, *DJ* de 10-4-2000.

160. TJDF – APC 20010110142503, Relator Jair Soares, 6ª Turma Cível, julgado em 28-3-2005, *DJ* de 26-4-2005.

161. STJ – REsp 658.789/RS, Rel. Ministro Ricardo Villas Bôas Cueva, Terceira Turma, julgado em 5-9-2013, *DJe* 12-9-2013. No mesmo sentido: REsp 594.404/DF, Rel. Ministro Ricardo Villas Bôas Cueva, Terceira Turma, julgado em 5-9-2013, *DJe* 11-9-2013.

162. STJ – REsp 1.466.212/SP, Rel. Ministro Luis Felipe Salomão, Quarta Turma, julgado em 6-12-2016, *DJe* 3-3-2017.

12 PATENTES, MODELOS DE UTILIDADE E DESENHO INDUSTRIAL

1 Invenções

A arte de inventar é uma das mais importantes fontes de inovações que permitem o desenvolvimento da sociedade. Sem as invenções a sociedade não estaria tão evoluída, ela não teria chegado ao presente nível de desenvolvimento, sobretudo, econômico. Nas atividades econômicas em geral, a atividade inventiva do homem foi e é essencial para o desenvolvimento, isto é, sem as invenções a economia não teria se expandido da maneira que o fez. Em suma, as invenções são uma grande fonte de desenvolvimento e de benefícios para a sociedade.

A invenção é produto do engenho humano, é o "bem imaterial resultado de atividade inventiva"[1]. Ela se opõe às descobertas; na medida em que representam o encontro eventual ou procurado de processo ou produto das forças da natureza, a descoberta preexiste na ordem natural[2]. Nas invenções a criação humana é determinante, sem ela não há invenção. Nas descobertas o homem apenas reconhece algo preexistente.

Tanto as invenções quanto as descobertas devem ser incentivadas, porquanto representam avanços e benefícios para a sociedade. Todavia, nas invenções a atuação humana é mais determinante, é o engenho humano que cria a invenção, ele não apenas reconhece algo já existente, ele cria algo novo. Essa invenção criada é um bem imaterial, ela não se confunde com a representação material do produto ou processo inventado, ou seja, a invenção representa o conjunto de ideias que permite que se chegue a um bem material.

Como bem imaterial que é, a invenção não pode ser objeto de apropriação física e, por isso, qualquer pessoa poderia reproduzir as ideias do inventor, aproveitando-se de seu esforço criativo, mesmo sem a concordância deste. Tal situação seria extremamente desestimulante, na medida em que o inventor veria seu esforço não recompensado adequadamente, já que qualquer um poderia repetir a ideia. Em função disso, era essencial criar um sistema de proteção para as invenções, que é o sistema de patentes.

---

1. DI BLASI, Gabriel; GARCIA, Mario S.; MENDES, Paulo Parente M. *A propriedade industrial*. Rio de Janeiro: Forense, 2002, p. 19.

2. REQUIÃO, Rubens. *Curso de direito comercial*. 23. ed. São Paulo: Saraiva, 1998, v. 1, p. 265.

2 Patentes de invenção

A fim de proteger as invenções, foi desenvolvido o sistema de patentes, pelo qual se garante ao inventor o direito de utilização exclusiva da invenção por certo período de tempo (art. 5º, XXIX, da Constituição Federal de 1988). Por meio desse sistema, o inventor tem um privilégio temporário sobre a invenção, isto é, temporariamente há um monopólio da utilização da invenção. Esse é o melhor modo de recompensar o trabalho do inventor. É a concessão desse privilégio que incentiva a atividade inventiva, que tanto bem faz ao desenvolvimento tecnológico e econômico do país.

O privilégio é o próprio direito do inventor, já a patente é o título que legitima esse direito do inventor[3]. Há um direito outorgado pelo Governo a uma pessoa, conferindo exclusividade de exploração da invenção ou do modelo de utilidade, durante certo período[4]. Com base na patente é que o inventor poderá se proteger contra explorações indevidas da sua criação, sem a patente ele fica indefeso.

O sistema de patentes se justifica por razões de economia (melhor forma de retribuir o esforço do inventor), de técnica (contribuição para o aumento do conhecimento) e de desenvolvimento econômico e tecnológico[5]. Tais razões demonstram que o sistema não existe apenas no interesse do inventor, mas no interesse de toda a sociedade, isto é, a concessão de um monopólio temporário atende aos interesses do inventor, mas também atende aos interesses de toda a sociedade. "O inventor revela sua criação e a sociedade reconhece seu direito à exclusividade temporária sobre ela"[6]. Em outras palavras, a concessão da patente é um privilégio que exige contrapartidas[7], sobretudo, a divulgação da invenção, que após certo período de tempo cairá em domínio público, podendo ser utilizada por todos.

2.1 Requisitos

Para a obtenção de uma patente de invenção, são necessários certos requisitos. Nem toda criação humana pode ser patenteada. João da Gama Cerqueira apontava os seguintes requisitos, a saber, a inovação, entendida como concepção original do inventor e da aplicação das suas faculdades inventivas, e que essa concepção se traduza num resultado técnico peculiar; a realidade, a solução de um problema de ordem prática ou técnica; e a

---

3. CERQUEIRA, João da Gama. *Tratado da propriedade industrial.* Rio de Janeiro: Revista Forense, 1946, v. 1, p. 220.

4. DI BLASI, Gabriel; GARCIA, Mario S.; MENDES, Paulo Parente M. *A propriedade industrial.* Rio de Janeiro: Forense, 2002, p. 29.

5. Idem, p. 31.

6. DANNEMANN, SIEMSEN, BIGLER e IPANEMA MOREIRA. *Comentários à lei de propriedade industrial e correlatos.* Rio de Janeiro: Renovar, 2001, p. 47.

7. FURTADO, Lucas Rocha. *Sistema da propriedade industrial no direito brasileiro.* Brasília: Brasília Jurídica, 1996, p. 44; REINHARD, Yves; CHAZAL, Jean-Pascal. *Droit commercial.* 6. ed. Paris: Litec, 2001, p. 421.

Patentes, modelos de utilidade e desenho industrial | 167

utilidade, o alcance de um resultado útil[8]. O art. 8º da Lei n. 9.279/96 exige três requisitos: a novidade, a atividade inventiva e a aplicação industrial. Apenas se a invenção atender a esses três requisitos é que será possível a concessão de uma patente.

2.1.1 Novidade

Para algo ser objeto de uma patente é essencial que seja novo, porquanto, se for algo já conhecido, não há motivo para a concessão do monopólio de exploração temporário. A novidade que se exige para uma patente é a não compreensão no estado da técnica, que abrange os conhecimentos a que pode ter acesso uma pessoa e também aqueles registrados e não publicados[9]. Aquilo que está compreendido no estado da técnica não tem a novidade necessária para a concessão de uma patente. Essa novidade não se confunde com a originalidade, que se refere à concepção, isto é, se a pessoa não conhecia a técnica e passou a conhecer, há uma concepção original que não é necessariamente nova, na medida em que outros podem anteriormente ter tido conhecimento da ideia.

No Brasil exige-se a novidade absoluta[10], isto é, a invenção não pode estar incluída no estado da técnica. Em outros termos, exige-se o desconhecimento dos cientistas ou pesquisadores, uma vez que o estado da técnica abrange todos "os conhecimentos difundidos no meio científico, acessível a qualquer pessoa, e todos os reivindicados regularmente por um inventor por meio de depósito"[11], ou seja, "tudo o que foi tornado acessível ao público, em todos os recantos do mundo – antes do depósito do pedido –, por divulgação escrita ou oral"[12].

Entretanto, a própria Lei n. 9.279/96 abre exceções, ressalvando do estado da técnica determinadas divulgações da invenção, ou seja, ainda que tornada pública a invenção, em determinadas situações ela poderá ser objeto de patente.

A primeira exceção ao estado da técnica é o chamado período de graça (art. 12 da Lei n. 9.279/96), que garante ao inventor um prazo de 12 meses para depositar seu pedido de patente a partir da primeira divulgação que fizer da sua criação[13]. Garante-se ao inventor o direito de divulgar sua invenção sem descaracterizar a novidade necessária para a patente. Não desconfigura a novidade da invenção, isto é, não se inclui no estado da técnica a divulgação feita pelo próprio inventor nos 12 meses anteriores ao depósito do pedido de patente.

---

8.   CERQUEIRA, João da Gama. *Tratado da propriedade industrial.* Rio de Janeiro: Revista Forense, 1946, v. 1, p. 255-262.

9.   COELHO, Fábio Ulhoa. *Curso de direito comercial.* São Paulo: Saraiva, 1999, v. 1, p. 150.

10.   DI BLASI, Gabriel; GARCIA, Mario S.; MENDES, Paulo Parente M. *A propriedade industrial.* Rio de Janeiro: Forense, 2002, p. 125.

11.   COELHO, Fábio Ulhoa. *Curso de direito comercial.* São Paulo: Saraiva, 1999, v. 1, p. 150.

12.   DI BLASI, Gabriel; GARCIA, Mario S.; MENDES, Paulo Parente M. *A propriedade industrial.* Rio de Janeiro: Forense, 2002, p. 124.

13.   DANNEMANN, SIEMSEN, BIGLER e IPANEMA MOREIRA. *Comentários à lei de propriedade industrial e correlatos.* Rio de Janeiro: Renovar, 2001, p. 50.

Do mesmo modo, não se inclui no estado da técnica a divulgação feita pelo INPI nos 12 meses anteriores ao depósito, através de publicação oficial do pedido de patente depositado sem o consentimento do inventor, baseado em informações deste obtidas ou em decorrência de atos por ele realizados. Também não se inclui no estado da técnica a divulgação por terceiros da invenção, nos 12 meses anteriores ao depósito, com base em informações obtidas direta ou indiretamente do inventor, ou em decorrência dos atos por ele realizados. Em ambas as hipóteses, o que se pretende é impedir que uma divulgação provocada por terceiros prejudique o legítimo inventor, desconfigurando a novidade[14].

Outra exceção ao estado da técnica envolve os pedidos de patentes depositados em país que mantenha acordo com o Brasil, ou em organização internacional, que produza efeito de depósito nacional. É o chamado direito de prioridade. A princípio, quando se deposita um pedido de patente, a criação ali representada passa a ser incluída no estado da técnica. Todavia, essa situação, se aplicada de modo absoluto, inviabilizaria o depósito da mesma patente em outros países. Por isso, garante-se o direito de prioridade, isto é, quem faz pedido de patente em qualquer país unionista tem uma prioridade de 12 meses para registrar patentes e modelos de utilidade em outro país da união, não sendo considerado estado da técnica o primeiro depósito da patente (art. 16 da Lei n. 9.279/96). Nesse caso, o estado da técnica deve ser analisado em relação ao período anterior ao depósito original.

A terceira exceção envolve o princípio das prioridades internas[15] (art. 17 da Lei n. 9.279/96). Quando alguém deposita um pedido de patente no Brasil, esse será considerado estado da técnica a partir da data de depósito, ou da prioridade reivindicada, desde que venha a ser publicado, mesmo que subsequentemente (art. 11, § 2º, da Lei n. 9.279/96). Todavia, quando sobre tal pedido não há reivindicação de prioridade e nem publicação, ele não será considerado no estado da técnica e assegurará o direito de prioridade ao pedido posterior sobre a mesma matéria depositado no Brasil pelo mesmo requerente ou sucessores, dentro do prazo de 1 (um) ano.

Em relação às chamadas patentes *pipeline* (proteção a inventos cujo patenteamento não era autorizado pela legislação brasileira anterior) a novidade será aferida na jurisdição ordinária que primeira conheceu do pedido de patente[16].

2.1.2 Atividade inventiva

O segundo requisito para uma patente é a atividade inventiva (art. 13 da Lei n. 9.279/96). A invenção não pode decorrer de maneira óbvia de simples conhecimentos

---

14. DANNEMANN, SIEMSEN, BIGLER e IPANEMA MOREIRA. *Comentários à lei de propriedade industrial e correlatos*. Rio de Janeiro: Renovar, 2001, p. 51.

15. DI BLASI, Gabriel; GARCIA, Mario S.; MENDES, Paulo Parente M. *A propriedade industrial*. Rio de Janeiro: Forense, 2002, p. 126.

16. STJ – REsp 1.201.454/RJ, Rel. Ministro Ricardo Villas Bôas Cueva, Terceira Turma, julgado em 14-10-2014, *DJe* 31-10-2014.

constantes do estado da técnica. Ela deve decorrer de uma criação intelectual, devem ser ampliadas as possibilidades do estado da técnica, ela "deve representar algo mais do que o resultado da aplicação dos conhecimentos técnicos usuais"[17]. Inventar significa ser o primeiro a constituir, ser o criador[18], e é isso que se exige para uma patente.

Para se verificar se há ou não atividade inventiva, deve-se verificar se da criação resulta alguma vantagem que não era possível obter até então. Podem ser elencados como critérios para verificar a inventividade[19]:

- a constatação de que a invenção proporciona uma diminuição nos custos para a realização de um processo ou produtos equivalentes;
- a comprovação de que houve simplificação da fabricação ou redução do tamanho;
- o prazo entre a publicação sobre a questão e o invento;
- o aumento da eficiência.

2.1.3 Aplicação industrial

Por fim, se exige que a invenção tenha aplicação industrial. Não basta tratar-se de uma criação intelectual, é essencial que essa criação tenha um efeito técnico e prático, que represente instrumentos aptos a satisfazer necessidades da sociedade. A invenção para ser patenteável tem que ter efeitos práticos[20]. As criações meramente artísticas ou estéticas não são patenteáveis, justamente pela falta de utilização industrial.

A expressão *aplicação industrial* aqui deve ser entendida em um sentido amplo, isto é, em qualquer atividade produtiva (indústria em sentido estrito, comércio, agricultura, pecuária, construção civil, prestação de serviços). A expressão *industrial* é um resquício da ideia de que as invenções estavam ligadas apenas à indústria em sentido estrito, o que não mais subsiste. Assim, pode-se dizer que "é suscetível de utilização industrial o objeto da invenção que possa ser produzido para o consumo da sociedade, e possa ser aplicado em pelo menos um setor do sistema produtivo"[21]. Qualquer aplicação econômica é suficiente para tornar a invenção patenteável.

---

17. DANNEMANN, SIEMSEN, BIGLER e IPANEMA MOREIRA. *Comentários à lei de propriedade industrial e correlatos*. Rio de Janeiro: Renovar, 2001, p. 53.

18. NEGRÃO, Ricardo. *Manual de direito comercial e de empresa*. 3. ed. São Paulo: Saraiva, 2003, v. 1, p. 117.

19. DANNEMANN, SIEMSEN, BIGLER e IPANEMA MOREIRA. *Comentários à lei de propriedade industrial e correlatos*. Rio de Janeiro: Renovar, 2001, p. 54; DI BLASI, Gabriel; GARCIA, Mario S. e MENDES, Paulo Parente M. *A propriedade industrial*. Rio de Janeiro: Forense, 2002, p. 129.

20. DI BLASI, Gabriel; GARCIA, Mario S.; MENDES, Paulo Parente M. *A propriedade industrial*. Rio de Janeiro: Forense, 2002, p. 130.

21. DI BLASI, Gabriel; GARCIA, Mario S.; MENDES, Paulo Parente M. *A propriedade industrial*. Rio de Janeiro: Forense, 2002, p. 131.

2.2 Exclusões

A Lei n. 9.279/96, no seu art. 10, exclui determinadas situações do conceito de invenção e de modelo de utilidade. Não é que não haja uma criação intelectual nessas hipóteses, o que não pode haver é a proteção de tais criações por regime de patentes.

A primeira exclusão envolve as descobertas (como, por exemplo, o gene responsável por alguma anomalia), teorias científicas (relatividade) e métodos matemáticos (teorema de Pitágoras). Como já ressaltado, nas descobertas não há invenção, apenas se reconhece algo que já existe, logo não há que se falar em atividade inventiva e, por conseguinte, em patentes. Como as teorias e métodos decorrem das descobertas, também não há que se falar em invenções nesses casos[22], sobretudo pela falta de aplicação industrial.

Também não são patenteáveis as concepções puramente abstratas (lógica heterodoxa de Newton da Costa), por falta de aplicação industrial. Mais uma vez é oportuno destacar que não se nega a autoria de tais concepções, o que não se admite é que tais concepções sejam objeto de uma patente.

Do mesmo modo, não são patenteáveis os esquemas, planos, princípios ou métodos comerciais, contábeis, financeiros, educativos (pedagogia do oprimido), publicitários (mensagens sequenciais), de sorteio e de fiscalização. É a falta de aplicação industrial que lhes retira a patenteabilidade[23]. Até podem auxiliar as atividades econômicas, mas não representam a solução de problemas técnicos[24].

As obras literárias, arquitetônicas, artísticas e científicas ou qualquer criação estética também não são invenções, não são objetos de patente, mas sim de proteção pelo direito autoral. O motivo dessa exclusão é a falta de aplicação industrial, na medida em que tais hipóteses representam apenas criações estéticas e não técnicas.

No caso dos programas de computador em si também não há que se cogitar da existência de uma invenção. A proteção aqui é dada por uma lei especial, no mesmo regime do direito autoral, a Lei n. 9.609/98.

A apresentação de informações também não é objeto de propriedade industrial. Por mais valiosa que seja a informação, por mais privilegiada que seja, é certo que o detentor da informação não poderá obter o privilégio da sua exploração econômica de modo exclusivo[25]. Os segredos são protegidos no Brasil por meio de obrigações de confidencialidade que pressupõem contratos prévios ou relações extracontratuais que envolvem a fidúcia[26].

---

22. Idem, p. 132.

23. DANNEMANN, SIEMSEN, BIGLER e IPANEMA MOREIRA. *Comentários à lei de propriedade industrial e correlatos*. Rio de Janeiro: Renovar, 2001, p. 44.

24. DI BLASI, Gabriel; GARCIA, Mario S.; MENDES, Paulo Parente M. *A propriedade industrial*. Rio de Janeiro: Forense, 2002, p. 132.

25. MAMEDE, Gladston. *Direito empresarial brasileiro*. São Paulo: Atlas, 2004, v. 1, p. 212.

26. DINIZ, Davi Monteiro. *Propriedade industrial e segredo em comércio*. Belo Horizonte: Del Rey, 2003, p. 157.

As regras de jogo, por si sós, não possuem aplicação industrial, o que afasta o sistema de patentes. Nesse caso, também se afasta a proteção por meio de direito autoral (art. 8º, II, da Lei n. 9.610/98).

As técnicas e métodos operatórios ou cirúrgicos, bem como métodos terapêuticos ou de diagnóstico, para aplicação no corpo humano ou animal são afastados do sistema de patentes pela legislação brasileira. Trata-se mais de uma opção filosófica que conceitual[27].

Por fim, a lei exclui da proteção patentária o todo ou parte de seres vivos naturais e materiais biológicos encontrados na natureza, ou ainda que dela isolados, inclusive o genoma ou germoplasma de qualquer ser vivo natural e os processos biológicos naturais. Em todos esses casos, entende-se haver descoberta e não invenção. Todavia, havendo um processo não natural de obtenção desses seres ou de material biológico, poderá haver a patente[28].

2.3 Proibições

Além daquilo que não se enquadra no conceito de invenção ou modelo de utilidade, a Lei n. 9.279/96, no seu art. 18, proíbe determinadas criações de serem patenteadas.

Não são patenteáveis as criações intelectuais que forem contrárias à moral, aos bons costumes e à segurança, à ordem e à saúde públicas. Trata-se de proibição extremamente ampla que deve ser interpretada com cuidado, a fim de evitar situações absurdas. A análise da aplicação desse dispositivo deve ser feita caso a caso e à luz da concepção que se possui no momento dos conceitos apresentados. Todos são conceitos abstratos que devem ser aplicados apenas em casos em que se justifique a não concessão da patente.

Também não são patenteáveis as substâncias, matérias, misturas, elementos ou produtos de qualquer espécie, bem como a modificação de suas propriedades físico-químicas e os respectivos processos de obtenção ou modificação, quando resultantes de transformação do núcleo atômico. Nessa proibição está a ideia de que tais elementos são criações da natureza e não criações intelectuais, não podendo ser objeto de um monopólio de exploração[29].

Por fim, não podem ser patenteados o todo ou parte dos seres vivos, exceto os micro-organismos transgênicos que atendam aos três requisitos de patenteabilidade – novidade, atividade inventiva e aplicação industrial – e que não sejam mera descoberta. Mais uma vez estamos diante de algo preexistente e não de uma criação intelectual, logo não há que se falar em invenção, mas em descoberta. No caso de micro-organismos transgênicos, pode-se eventualmente configurar a invenção mediante intervenção humana direta em sua composição genética, assegurando uma característica normalmente não alcançável pela espécie em condições naturais. Neste caso, será admitida a patente.

---

27. DANNEMANN, SIEMSEN, BIGLER e IPANEMA MOREIRA. *Comentários à lei de propriedade industrial e correlatos*. Rio de Janeiro: Renovar, 2001, p. 45.

28. Idem, p. 47; MAMEDE, Gladston. *Direito empresarial brasileiro*. São Paulo: Atlas, 2004, v. 1, p. 213.

29. NEGRÃO, Ricardo. *Manual de direito comercial e de empresa*. 3. ed. São Paulo: Saraiva, 2003, v. 1, p. 113.

2.4 Direitos sobre a patente

Preenchidos os requisitos legais, pode-se obter a patente de uma invenção, que assegura o direito de uso exclusivo da invenção ou do modelo de utilidade por certo período de tempo. Para a obtenção da patente é essencial o depósito do pedido perante o INPI.

2.4.1 Titularidade

Presume-se titular aquele que efetuou o depósito da patente no INPI, não cabendo ao INPI questionar a autoria da criação. O primeiro a depositar é que terá os direitos sobre a patente. O real autor pode pretender a adjudicação da patente judicialmente, provando que o depositante usurpou a ideia. No caso de ideias independentes não se pode cogitar de qualquer adjudicação.

Ocorre que dificilmente o inventor trabalha sozinho, sendo extremamente frequente o concurso de colaboradores, sejam eles empregados ou prestadores de serviços autônomos, que serão tratados em conjunto. Nesses casos, pode ocorrer que a invenção seja desenvolvida primordialmente pelo colaborador, empregado ou prestador de serviços. Diante dessa situação, surge a indagação: quem é o titular da patente? Para tal resposta é necessário distinguir três situações.

Se a invenção decorre de matéria ligada à atividade do empregado, ou do cumprimento de suas funções inventivas, a patente pertence ao empregador (art. 88 da Lei n. 9.279/96). Nada mais lógico do que assegurar ao empregador a titularidade da patente, na medida em que a atividade é desenvolvida no sentido da elaboração da invenção. Nesse caso, o empregado só tem direito ao salário ajustado, salvo convenção em sentido contrário. Tal solução também se aplica se a invenção teve sua patente requerida pelo empregado no prazo de um ano, após a extinção do contrato, protegendo-se o empregador.

Diversa é a solução se a invenção não tem nada a ver com a atividade do empregado e ele não usou recursos do empregador. Nesse caso, a invenção será de titularidade exclusiva do empregado (art. 90 da Lei n. 9.279/96). Ora, se não há nenhuma intervenção do empregador no processo criativo, seja conduzindo a atividade, seja fornecendo recursos, nada lhe deve ser assegurado.

Por fim, se a invenção não tem a ver com a atividade do empregado, mas decorre da utilização de recursos, meios, ou materiais, instalações ou equipamentos do empregador, a patente é dividida entre o empregado e o empregador em partes iguais (art. 91 da Lei n. 9.279/96). Havendo mais de um empregado envolvido, a parte deles será dividida igualmente entre todos os empregados. Nessa hipótese, há uma concorrência da atividade inventiva independente do empregado com o fornecimento de recursos pelo empregador, sendo extremamente razoável que haja a divisão da patente.

2.4.2 Prioridade

A regra de que o primeiro a depositar é o titular da patente é excepcionada pelo chamado direito de prioridade. Quem faz pedido de patente em país que mantenha acordo com o Brasil, ou em organização internacional, que produza efeito de depósito nacional, tem uma prioridade de 12 meses para registrar patentes e modelos de utilidade no país. Trata-se de uma concessão necessária diante do processo de globalização econômica.

Nesses casos de prioridade, esta deve ser expressamente mencionada no ato do depósito. Todavia, se por um lapso não foi mencionada, a reivindicação de prioridade pode ser suplementada dentro de 60 dias por outras reivindicações. Caso não seja comprovada de imediato a prioridade, há o prazo de 180 dias para comprová-la, salvo no caso de pedidos internacionais. No caso de reivindicação da prioridade por terceiros, obtida em virtude de cessão, estes têm 180 dias para provar a cessão da prioridade, ou 60 dias do início do processamento nacional, no caso de pedidos internacionais. A falta de comprovação da prioridade nos prazos acarreta perda da prioridade (art. 16, § 7º, da Lei n. 9.279/96).

No caso de pedidos internacionais, a tradução da documentação comprobatória deve ser apresentada em até 60 dias, contados da data de entrada do pedido no processamento nacional. Tal prazo não se refere ao documento comprobatório da prioridade, mas apenas à sua tradução, por isso seu descumprimento não acarretaria a perda da prioridade[30].

2.4.3 Vigência

A proteção da patente só se inicia com a concessão do registro, mas os seus efeitos retroagem à data do depósito. Uma vez concedida a patente, inicia-se o prazo dos direitos sobre a patente, que é de 20 anos do depósito (art. 40 da Lei n. 9.279/96 e ADI 5.529).

O monopólio decorrente da exploração é necessariamente temporário, representando uma troca entre o inventor e a sociedade. A sociedade garante ao inventor a exclusividade de exploração da sua criação e ele divulga a invenção, permitindo no futuro um uso amplo desta.

2.4.4 Proteção

Quem possui a carta patente tem direito de exclusividade sobre a invenção pelo prazo de sua vigência. No caso brasileiro, tal proteção tem base inclusive constitucional (art. 5º, XXIX, da Constituição Federal de 1988). Concedida a patente, seu titular passa a ter direitos de propriedade sobre a invenção, não se admitindo sem o seu consentimento que se produza, venda, use, coloque à venda ou se importe com esses propósitos o produto objeto da patente, ou obtido diretamente por meio de processo patenteado, bem

---

30. DANNEMANN, SIEMSEN, BIGLER e IPANEMA MOREIRA. *Comentários à lei de propriedade industrial e correlatos*. Rio de Janeiro: Renovar, 2001, p. 59.

como que se pratique o processo patenteado[31] (art. 42 da Lei n. 9.279/96). Assegura-se ainda o direito de impedir que qualquer pessoa contribua para que terceiros pratiquem os atos proibidos.

Dentre as proibições decorrentes da patente, está a proibição de importar para fins econômicos produto que seja objeto de patente de invenção ou de modelo de utilidade ou obtido por meio ou processo patenteado no país, que não tenham sido colocados no mercado externo pelo titular ou com o seu consentimento, a chamada importação paralela. Excepcionalmente ela será admitida desde que haja a comprovação da inviabilidade da exploração econômica do objeto da patente no país[32].

A princípio, compete ao titular da patente provar a violação aos seus direitos de exploração exclusiva da patente. Todavia, no caso de patentes de processos, há uma inversão do ônus da prova, cabendo ao acusado, novo usuário, provar que o produto não é obtido pelo mesmo processo.

Mais uma vez a exclusividade que se garante ao titular da patente não pode ser exercida de modo abusivo, garantindo-se a prática de certos atos, sem que estes representem violações aos direitos do titular (art. 43 da Lei n. 9.279/96). São permitidos atos para fins de pesquisa e atos praticados por terceiros, sem finalidade comercial, que não gerem prejuízo econômico ao titular da patente. Também se permite a preparação de medicamentos para fins individuais, por profissionais habilitados. Além disso, admite-se qualquer negociação do produto, após a sua colocação no mercado pelo titular da patente, ou por quem dele obteve autorização.

Outrossim, admite-se, no caso de patentes relacionadas com matéria viva, que terceiros utilizem, sem finalidade econômica, o produto patenteado como fonte inicial de variação ou propagação para obter outros produtos. Também no caso de patentes relacionadas com matéria viva, admite-se que terceiros utilizem, ponham em circulação ou comercializem um produto patenteado que haja sido introduzido licitamente no comércio pelo detentor da patente ou por detentor de licença, desde que o produto patenteado não seja utilizado para multiplicação ou propagação comercial da matéria viva em causa.

Por fim, são admitidos os atos praticados por terceiros não autorizados, relacionados à invenção protegida por patente, destinados exclusivamente à produção de informações, dados e resultados de testes, visando à obtenção do registro de comercialização, no Brasil ou em outro país, para a exploração e comercialização do produto objeto da patente, após a expiração dos prazos estipulados no art. 40.

Em qualquer caso, a desobediência às proibições pode configurar crime e sujeitar o infrator a indenização, nos termos do art. 44 da Lei n. 9.279/96, a qual está condicionada à concessão da patente. A propósito, o STJ já decidiu que "a pretensão de receber a indenização em questão somente nasce a partir da concessão da patente, mas o período que

---

31. DANNEMANN, SIEMSEN, BIGLER e IPANEMA MOREIRA. *Comentários à lei de propriedade industrial e correlatos*. Rio de Janeiro: Renovar, 2001, p. 102.

32. DI BLASI, Gabriel; GARCIA, Mario S.; MENDES, Paulo Parente M. *A propriedade industrial*. Rio de Janeiro: Forense, 2002, p. 146.

ela abarca pode retroagir à data da publicação do pedido (...) Não há previsão legal que autorize o exercício de pretensões relativas a tais direitos antes de finalizado o processo técnico de exame levado a cabo pelo órgão administrativo competente"[33].

Todavia, quem já usava a invenção anteriormente tem direito de continuar a usar a invenção sem o pagamento dos *royalties*, garantindo-se ainda a faculdade de se transferir tal direito juntamente com alienação ou arrendamento do estabelecimento ligado a tal exploração. Tal situação é um anacronismo, representando uma contradição das diretrizes básicas do sistema de patentes, tendo em vista o requisito da novidade[34], pois se alguém já usava como se configura o requisito da novidade?

A lei não garante tais direitos ao usuário anterior que tenha tomado conhecimento da patente a partir de divulgação feita pelo próprio inventor nos 12 meses anteriores ao depósito do pedido de patente. Também não haverá essa proteção ao usuário anterior no caso de divulgação feita pelo INPI nos 12 meses anteriores ao depósito ou à prioridade, tornando público o pedido de patente, depositado sem o consentimento do inventor, baseado em informações deste obtidas ou em decorrência de atos por ele realizados. Por derradeiro, não se garantem os direitos do usuário anterior no caso de divulgação por terceiros com base em informações obtidas direta ou indiretamente do inventor, ou em decorrência de atos por este realizados, nos 12 meses anteriores ao depósito ou à prioridade.

2.4.5 Cessão e licença voluntária

Sendo um bem móvel imaterial, a patente pode ser objeto de negócios, podendo ser cedida pelo seu titular, transferindo-se a propriedade sobre a patente. Não havendo cessão, o titular da patente pode explorá-la diretamente, ou conceder licença de uso. Quem tem a licença não tem a propriedade, mas pode explorar o bem. Aplicam-se à licença, subsidiariamente, as normas sobre a locação de coisas móveis. O contrato de licença deverá ser averbado no INPI para que produza efeitos em relação a terceiros.

2.4.6 Licença compulsória

O titular da patente tem um direito de propriedade sobre sua patente. Vale dizer, em regra, é ele quem decide se vai dispor ou não da sua ideia, se e como vai explorá-la ou se vai licenciar essa exploração, para quem e por qual preço. Ocorre que a ordem constitucional brasileira exige que toda propriedade cumpra uma função social e com a propriedade industrial não é diferente. Assim, sempre que essa função social não for devidamente cumprida, é possível uma intervenção estatal na propriedade privada sobre a patente.

---

33. STJ – 3ª Turma – REsp 2.001.226/RS – Relatora Ministra Nancy Andrighi – j. 21-3-2023 – *DJe* de 23-3-2023.

34. FURTADO, Lucas Rocha. *Sistema da propriedade industrial no direito brasileiro*. Brasília: Brasília Jurídica, 1996, p. 55; DI BLASI, Gabriel; GARCIA, Mario S.; MENDES, Paulo Parente M. *A propriedade industrial*. Rio de Janeiro: Forense, 2002, p. 148.

Essa intervenção, chamada de licença compulsória de patentes, é, como toda intervenção estatal na propriedade privada, uma medida de caráter excepcional, que se justifica às vezes para a proteção de interesse privado, e às vezes por razões de interesse público.

2.4.6.1 Licença compulsória de interesse privado

O exercício abusivo dos direitos decorrentes da patente não pode ser tolerado, porquanto ele inviabilizaria a exploração adequada da patente, que é de interesse de toda a sociedade e não apenas do seu titular. Em função disso, nos casos de exercício abusivo dos direitos decorrentes da patente, será possível a concessão de uma licença compulsória da patente, isto é, o titular da patente é obrigado a permitir o uso da invenção por outrem.

Também enseja a concessão da licença compulsória a prática de abuso do poder econômico (domínio do mercado) reconhecido pelo órgão competente (CADE), seja judicial ou administrativamente (art. 68, *caput*, da Lei n. 9.279/96). Não é o INPI que irá verificar a existência do abuso do poder econômico, este já deverá ter sido constatado oficialmente, para autorizar a licença compulsória. Nesse caso, o licenciado poderá por um ano importar o produto que tenha sido colocado no mercado exterior pelo titular da patente.

Além disso, em contrapartida a todos os direitos concedidos ao titular, há um dever primordial, qual seja, o dever de explorá-la de modo a atender às necessidades do mercado interno[35]. Não cumprindo esse dever, o titular da patente será obrigado a permitir o uso da invenção por outrem, por meio da licença compulsória.

Assim, é motivo para a licença compulsória a falta de exploração integral do invento no país, se é viável sua exploração econômica. A falta de fabricação ou a fabricação incompleta do produto, ou ainda a falta de uso do processo patenteado, representam abuso por parte do titular da patente, ensejando a concessão da licença compulsória. A mera comercialização mediante importação não representa uso efetivo[36] e, por isso, dá margem à concessão da licença compulsória. Nesse caso, a licença compulsória só pode ser requerida três anos após a concessão da patente.

Ressalva-se aqui a inviabilidade econômica da exploração, que desconfiguraria o abuso, na medida em que não se pode obrigar ninguém a explorar algo que seja inviável economicamente. O ônus da prova da inviabilidade econômica é do titular da patente e nesse caso será admitida a importação dos produtos.

Ainda que explore economicamente a invenção, é certo que se impõe ao titular da patente a obrigação de atender às necessidades do mercado[37]. Por isso, se a comerciali-

---

35. RIPERT, Georges; ROBLOT, René. *Traité élémentaire de droit commercial*. 5. ed. Paris: Librairie Générale de Droit et de Jurisprudence, 1963, v. 1, p. 244; FURTADO, Lucas Rocha. *Sistema da propriedade industrial no direito brasileiro*. Brasília: Brasília Jurídica, 1996, p. 60.

36. FURTADO, Lucas Rocha. *Sistema da propriedade industrial no direito brasileiro*. Brasília: Brasília Jurídica, 1996, p. 61.

37. DANNEMANN, SIEMSEN, BIGLER e IPANEMA MOREIRA. *Comentários à lei de propriedade industrial e correlatos*. Rio de Janeiro: Renovar, 2001, p. 158.

zação for insatisfatória para atender às necessidades do mercado, também se configura o abuso, autorizando-se a concessão de licença compulsória também. Nesse caso, a licença compulsória só pode ser requerida três anos após a concessão da patente.

Também autoriza a concessão de licença compulsória o abuso por parte do titular que inviabiliza ou dificulta a exploração de outra patente (art. 70 da Lei n. 9.279/96). Nesse caso, exige-se a prova cumulativa da dependência de uma patente em relação a outra, da superioridade da patente dependente, que representa substancial progresso técnico em relação à anterior e da intransigência do titular da dependida em negociar. A dependência será verificada pela imprescindibilidade do uso do objeto da patente anterior, para o uso da nova patente. Já a superioridade da patente dependente é algo extremamente subjetivo que deverá ser analisado caso a caso.

Por fim, autoriza a concessão de licença compulsória a situação de emergência nacional ou o interesse público declarado pelo Poder Executivo federal (art. 71 da Lei n. 9.279/96). Não poderá haver a licença compulsória, se o titular ou seu licenciado são capazes de atender a necessidades decorrentes da emergência ou do interesse público.

A licença obrigatória deve ser requerida ao INPI por pessoa com legítimo interesse e que seja capaz de explorar de modo eficiente o objeto da patente, indicando as condições oferecidas ao titular da patente. O INPI processará e julgará o pedido, sendo ouvido o interessado no prazo de 60 dias, importando seu silêncio em aceitação da proposta.

O ônus da prova será do requerente da licença nos casos de abuso dos direitos patentários ou no caso de abuso do poder econômico. Nos casos de falta de exploração, o ônus da prova será do titular da patente. Assim, não será concedida a licença compulsória se o titular provar que o desuso decorre de razões justificadas, ou se comprovar que já tomou sérios e efetivos preparativos para a exploração, ou ainda se justificar a falta de exploração por obstáculos de ordem legal.

Deferida a licença compulsória, que nunca terá caráter exclusivo, o licenciado terá um ano para iniciar sua exploração, admitindo-se a interrupção da exploração por igual período (art. 74 da Lei n. 9.279/96). Não obedecido esse prazo para o início da exploração, ou extrapolado o prazo de interrupção, o titular da patente pode requerer a cassação da licença. Vale ressaltar que a licença compulsória será sempre remunerada e nunca extinguirá o núcleo do direito do titular[38].

A licença obrigatória deve ser requerida ao INPI por pessoa com legítimo interesse e que seja capaz de explorar de modo eficiente o objeto da patente, indicando as condições oferecidas ao titular da patente. O INPI processará e julgará o pedido, sendo ouvido o interessado no prazo de 60 dias, importando seu silêncio em aceitação da proposta.

O ônus da prova será do requerente da licença nos casos de abuso dos direitos patentários ou no caso de abuso do poder econômico. Nos casos de falta de exploração, o ônus da prova será do titular da patente. Assim, não será concedida a licença compulsó-

---

38. FURTADO, Lucas Rocha. *Sistema da propriedade industrial no direito brasileiro*. Brasília: Brasília Jurídica, 1996, p. 68.

ria se o titular provar que o desuso decorre de razões justificadas, ou se comprovar que já tomou sérios e efetivos preparativos para a exploração, ou ainda se justificar a falta de exploração por obstáculos de ordem legal.

Deferida a licença compulsória, que nunca terá caráter exclusivo, o licenciado terá um ano para iniciar sua exploração, admitindo-se a interrupção da exploração por igual período (art. 74 da Lei n. 9.279/96). Não obedecido esse prazo para o início da exploração, ou extrapolado o prazo de interrupção, o titular da patente pode requerer a cassação da licença. Vale ressaltar que a licença compulsória será sempre remunerada e nunca extinguirá o núcleo do direito do titular[39].

2.4.6.2 Licença compulsória de interesse público

Também autorizam a concessão de licença compulsória a situação de emergência nacional ou internacional e o interesse público declarados em lei ou em todo Poder Executivo federal (art. 71 da Lei n. 9.279/96). Foi acrescida pela Lei n. 14.200/2021 a licença compulsória nos casos de reconhecimento de estado de calamidade pública de âmbito nacional pelo Congresso Nacional. Em todas essas hipóteses, há uma situação peculiar na ordem institucional ou, ao menos, um interesse público manifesto no sentido da exploração de determinada invenção.

Uma vez configuradas as hipóteses acima mencionadas (emergência nacional ou internacional, declaração de interesse público ou reconhecimento de estado de calamidade pública em âmbito nacional), o Poder Executivo federal publicará lista de patentes ou de pedidos de patente, que podem ser úteis para o enfrentamento dessas situações, no prazo de até 30 dias. Essa lista conterá as informações que permitam identificar a patente ou pedido de patente, o titular da patente e os objetivos de eventual licenciamento compulsório (ex.: tratamento feito pelo SUS para os infectados pela COVID-19).

Para a definição de quais são essas patentes, o Poder Executivo deverá ouvir entes públicos, instituições de ensino e pesquisa e outras entidades representativas da sociedade e do setor produtivo, na forma a ser definida em regulamento. Qualquer outra entidade, pública ou privada, também poderá apresentar pedido para inclusão de nova patente ou novo pedido de patente nessa lista. Em todo o caso, a decisão final sobre o teor da lista será definida pelo Poder Executivo federal.

Não devem entrar na lista as patentes e os pedidos de patente que forem objeto de acordos de transferência da tecnologia de produção ou de licenciamento voluntário capazes de assegurar o atendimento da demanda interna. Vale dizer, se a exploração promovida no país for suficiente e adequada para suprir as necessidades daquele produto no Brasil, não há necessidade da intervenção estatal. Em outras palavras, a intervenção estatal só se justificará se as condições normais de exploração daquela invenção não forem

---

39. FURTADO, Lucas Rocha. *Sistema da propriedade industrial no direito brasileiro*. Brasília: Brasília Jurídica, 1996, p. 68.

suficientes para atender às necessidades do país. Corrobora essa previsão a determinação de que o Brasil dê prioridade à celebração de acordos de cooperação técnica e de contratos com o titular da patente para a aquisição da tecnologia produtiva e de seu processo de transferência, independentemente da licença compulsória.

Além disso, o titular pode obter a exclusão da sua patente ou pedido da lista, mediante requerimento dirigido à autoridade competente, assumindo compromissos objetivos de assegurar o atendimento da demanda interna em condições de volume, de preço e de prazo compatíveis com as necessidades daquele momento do país. Esse suprimento da demanda interna pode advir da exploração direta pelo titular, de licenciamento voluntário ou de contratos transparentes de venda de produto associado à patente. A exclusão da lista só é possível enquanto ainda não foi concedida a licença compulsória. Uma vez concedida a licença compulsória, o titular da patente não tem mais providências a serem tomadas.

Feita a publicação da lista, o Poder Executivo federal fará uma análise de cada uma das patentes ou pedidos de patente listado e decidirá pela concessão ou não das licenças compulsórias. Essa análise deve ser feita no prazo de 30 dias, prorrogável uma vez por igual período. Para uma análise completa da situação das patentes, o art. 71, § 11 estabeleceu que as instituições públicas devem repassar ao Poder Executivo todos os dados relacionados àquela invenção listada, que estiverem em seu poder, sem necessidade de aplicação da Lei Geral de Proteção de Dados e sem a configuração de qualquer crime de concorrência desleal.

De posse dos dados, o Poder Executivo poderá concluir pela determinação ou não da licença compulsória. Havendo decisão pela licença compulsória, ela será concedida de ofício, sempre em caráter oneroso, não exclusivo e temporário.

A licença compulsória sempre será onerosa, isto é, o titular da patente fará jus ao recebimento de *royalties*, ou seja, não há uma perda da propriedade da patente, mas apenas a substituição do seu titular pelo poder público, que irá definir o preço a ser pago pelos licenciados. No caso de pedido de patente, a remuneração só será paga após a concessão da patente pelo INPI, devendo o pagamento abranger todo o período da licença. A existência da licença compulsória permite uma agilização da análise da patente perante o INPI.

Na fixação desse preço, devem ser considerados o valor econômico da licença concedida, a duração da licença e as estimativas de investimentos necessários para sua exploração, bem como os custos de produção e o preço de venda no mercado nacional do produto a ela associado. Provisoriamente, o valor dos *royalties* será arbitrado em 1,5% do produto líquido da venda do produto (Lei n. 9.279/96 – art. 71, § 13), até que seja definido o preço, que poderá ser maior ou menor do que esse percentual.

A temporariedade significa que a autoridade, ao impor a licença compulsória, deve fixar o prazo para exploração da ideia pelo licenciado, podendo prever também a possibilidade de prorrogação desse prazo (ex.: 5 anos, prorrogável por igual período).

A não exclusividade significa que a licença compulsória não será concedida para apenas um licenciado, podendo ter vários licenciados. O único cuidado a se ter é que os licenciados devem demonstrar possuir capacidade técnica e econômica para a produção do objeto da patente. Assim, deve haver uma espécie de comprovação da habilitação técnica e econômica do licenciado para explorar aquela patente, a fim de que a licença seja realmente explorada e permita o atendimento das necessidades do país. E esse licenciado deve explorar pessoalmente a patente ou o pedido, uma vez que é vedado o sublicenciamento.

Em todo caso, na hipótese de produtos que dependam da vigilância sanitária, é certo que sua exploração efetiva só será iniciada após a autorização, de forma definitiva ou para uso em caráter emergencial, pela autoridade sanitária federal. Com a revogação do art. 229-C da Lei n. 9.279/96, não há mais necessidade de análise prévia pela autoridade sanitária para a análise do pedido de patente, mas sua comercialização continua a depender da autoridade sanitária.

2.4.6.3 Licença compulsória para exportação

Também pode haver licença compulsória de patentes ou pedidos de patente para exportação a países com insuficiente ou nenhuma capacidade de fabricação no setor farmacêutico para atendimento de sua população, no caso de razões humanitárias. As condições desse procedimento devem ser estabelecidas em Tratado entre o Brasil e o país destinatário dos produtos (Lei n. 9.279/96 – art. 71-A). As razões humanitárias justificam, em casos específicos, a relativização da propriedade privada em prol do salvamento das vidas mais necessitadas.

2.4.7 Extinção

Conforme já ressaltado, a concessão da patente assegura um monopólio temporário para sua exploração. Com o término do prazo de duração – 20 anos do depósito –, extinguem-se os direitos sobre a patente. Todavia, essa não é a única hipótese de extinção dos direitos.

Também extingue os direitos do titular sobre a patente a chamada caducidade, que é uma penalidade pelo abuso ou desuso no exercício dos direitos. Decorridos dois anos da licença compulsória, pode ser declarada a caducidade pelo INPI de ofício, ou a requerimento, desde que não haja justo motivo para o desuso. Em todo caso, exige-se um processo administrativo para o reconhecimento da caducidade.

Além da caducidade, o titular poder renunciar voluntariamente aos seus direitos sobre a patente. Nesse caso, a renúncia não pode gerar prejuízos para os licenciados ou franqueados, que podem até impugnar a renúncia.

Representa ainda motivo de extinção a falta de pagamento da retribuição anual, que deve ser feita a partir do terceiro ano contado da data do depósito. O pagamento deverá ser efetuado dentro dos primeiros 3 (três) meses de cada período anual, podendo, ainda, ser feito, independentemente de notificação, dentro dos 6 (seis) meses subsequentes, mediante pagamento de retribuição adicional.

Por fim, é motivo para extinção dos direitos sobre uma patente a desobediência ao disposto no art. 217 da Lei n. 9.279/96, que impõe aos titulares de patentes, domiciliados no exterior, a constituição de um procurador domiciliado no país, com poderes de representação administrativa e judicial, inclusive para receber citações. Trata-se de medida imposta pela legislação com o intuito de facilitar as eventuais discussões administrativas ou judiciais sobre a patente.

Em qualquer caso, pode haver restauração da patente, se houver requerimento do interessado em três meses contados da extinção da patente, mediante pagamento de retribuição específica (art. 87 da Lei n. 9.279/96).

2.5 Nulidade da patente

Se a patente foi conferida em desatenção aos ditames legais, poderá ser anulada judicial ou administrativamente.

Administrativamente a declaração de nulidade pode ser requerida por qualquer interessado, ou pode decorrer de iniciativa do INPI, no prazo de seis meses contados da concessão. São motivos para o reconhecimento da nulidade: a desatenção aos requisitos legais; quando não for caracterizada a patente, nos termos da legislação; quando o objeto concedido é maior do que o requerido; e quando omitidas formalidades essenciais (art. 50 da Lei n. 9.279/96). Em qualquer caso, o interessado será intimado para se manifestar em 60 dias, cabendo ao presidente do INPI decidir sobre o pedido de nulidade.

Além do reconhecimento administrativo, é possível o ajuizamento de uma ação judicial de nulidade (art. 56 da Lei n. 9.279/96), tendo como autor o próprio INPI ou qualquer pessoa com legítimo interesse. Se o INPI não for autor da ação, ele intervirá como interessado. Pela presença do INPI tal processo correrá perante a Justiça Federal. Tal ação terá um procedimento especial, na medida em que terá um prazo de contestação de 60 dias (art. 57, § 1º, da Lei n. 9.279/96). Tal ação de nulidade prescreve no prazo de cinco anos, contados da data da sua concessão (art. 174 da Lei n. 9.279/96).

Apesar de a competência para a ação de nulidade de patente ser da justiça federal, admite-se que, em sede de defesa, o réu de uma ação por infração a direitos decorrentes da patente, alegue a nulidade da patente, dispensando-se excepcionalmente a participação do INPI. Nesses casos, "o reconhecimento da nulidade de patentes e de desenhos industriais pela Justiça Estadual, por ocorrer em caráter incidental, somente opera efeitos inter partes, podendo servir, exclusivamente, como fundamento condutor do julgamento de improcedência dos pedidos deduzidos na correlata ação de infração"[40].

2.6 Certificado de adição de invenção

Mesmo após o depósito de uma patente, normalmente seu titular continua a desenvolver as invenções. Tal procedimento normalmente gera desenvolvimentos ou aperfeiçoamentos na invenção, que se preencherem os requisitos podem ser objeto de um novo

---

40. STJ – EREsp n. 1.332.417/RS, Relatora Ministra Nancy Andrighi, Segunda Seção, julgado em 12-6-2024, *DJe* de 18-6-2024.

pedido de patente. Todavia, nem sempre esses aperfeiçoamentos e desenvolvimentos são dotados de suficiente atividade inventiva. Nesses casos, surge o certificado de adição de invençã.

O titular da patente pode requerer um aditamento ao seu pedido, cuja finalidade é proteger aperfeiçoamento, ou desenvolvimento introduzido no objeto da invenção (art. 76 da Lei n. 9.279/96)[41]. O conceito inventivo deve ser o mesmo da patente principal, sob pena de indeferimento. Deferido o registro do certificado de adição de invenção, ele é acessório em relação à patente principal e, como tal, segue a sorte desta.

3 Modelos de utilidade

A forma exterior de uma invenção pode ter uma conotação eminentemente estética, mas também pode ter uma conotação funcional ou de utilização, isto é, ela pode representar uma utilização melhor da invenção. Nessa situação, surge o chamado modelo de utilidade.

O modelo de utilidade pode ser entendido como "toda a forma nova conferida – envolvendo esforço intelectual criativo que não tenha sido obtido de maneira comum ou óbvia (ato inventivo, ou seja, atividade inventiva em menor grau) – a um objeto de uso prático ou a parte deste, suscetível de aplicação industrial, desde que com isto se proporcione um aumento de sua capacidade de utilização"[42]. Em outras palavras, ele "corresponde a uma nova configuração em objetos conhecidos que resulta em melhor utilização, dotando-o de maior eficiência ou comodidade na sua utilização, não revelando, necessariamente, uma nova função"[43].

Em suma, o modelo de utilidade "é uma espécie de aperfeiçoamento da invenção"[44], vale dizer, trata-se de uma nova configuração de forma pela qual a capacidade de utilização do objeto é aumentada. Os modelos de utilidade são elementos agregados a uma invenção, que melhoram a utilização desta, de modo aparente a um não técnico no assunto. O exemplo que se costuma dar é o teclado do telefone, comparado com o sistema de disco que existia anteriormente.

Assim como a invenção, a propriedade do modelo de utilidade decorre do registro e perdura por 15 anos contados do depósito, ou sete anos contados da concessão, o que ocorrer por último. São requisitos para a obtenção de uma patente de modelo de utilidade a novidade, a aplicação industrial e o ato inventivo (menos rigoroso que nas patentes de invenção).

---

41. DI BLASI, Gabriel; GARCIA, Mario S.; MENDES, Paulo Parente M. *A propriedade industrial*. Rio de Janeiro: Forense, 2002, p. 155.

42. Idem, p. 26.

43. DANNEMANN, SIEMSEN, BIGLER e IPANEMA MOREIRA. *Comentários à lei de propriedade industrial e correlatos*. Rio de Janeiro: Renovar, 2001, p. 42-43.

44. COELHO, Fábio Ulhoa. *Curso de direito comercial*. São Paulo: Saraiva, 1999, v. 1, p. 137.

4   Desenho industrial

O desenho industrial ou *design* representa "uma configuração ornamental nova e específica ao produto de modo a torná-lo inconfundível pelo público consumidor"[45], isto é, a forma plástica ornamental de um objeto ou um conjunto ornamental de linhas e cores que possa ser aplicado a um produto. O desenho industrial há que ter um efeito visual novo e uma aplicação industrial. O desenho industrial contribui para os prazeres de fruição visual, sem qualquer acréscimo de utilidade. Trata-se de uma criação meramente de forma, sem efeitos funcionais, podendo ser bidimensional ou tridimensional. Como exemplos, podem ser citados os desenhos de veículos, de móveis, de eletrodomésticos.

4.1   Requisitos

Para o registro de algo como desenho industrial, é essencial que se trate de algo novo (novidade), não compreendido no estado da técnica, algo original (originalidade), que não represente a forma necessária do objeto, algo suscetível de industrialização (industriabilidade) e algo que não seja inserido nas proibições legais (legalidade)[46].

4.1.1   Novidade

Assim como nas invenções, exige-se para o registro de um desenho industrial a novidade, isto é, só pode ser registrado o que não está compreendido no estado da técnica, que abrange tudo que foi divulgado ao público, antes da data do depósito do pedido no Brasil ou no exterior[47]. Aquilo que já é conhecido não pode ser objeto de proteção.

Também no regime dos desenhos industriais, abre-se uma exceção a certas divulgações realizadas antes do depósito do pedido de registro, não as considerando como estado da técnica e, por conseguinte, não desconfigurando o requisito da novidade. Trata-se do chamado período de graça, que no caso dos desenhos industriais é de 180 dias.

As divulgações feitas pelo próprio autor nos 180 dias anteriores ao depósito não se incluem no estado da técnica. Do mesmo modo, não se inclui no estado da técnica a divulgação feita pelo INPI nos 180 dias anteriores ao depósito, através de publicação oficial do pedido de patente depositado sem o consentimento do autor, baseado em informações deste obtidas ou em decorrência de atos por ele realizados. Também não se

---

45.   DI BLASI, Gabriel; GARCIA, Mario S.; MENDES, Paulo Parente M. *A propriedade industrial.* Rio de Janeiro: Forense, 2002, p. 27.

46.   NEGRÃO, Ricardo. *Manual de direito comercial e de empresa.* 3. ed. São Paulo: Saraiva, 2003, v. 1, p. 132.

47.   DI BLASI, Gabriel; GARCIA, Mario S.; MENDES, Paulo Parente M. *A propriedade industrial.* Rio de Janeiro: Forense, 2002, p. 190.

CURSO DE DIREITO EMPRESARIAL

inclui no estado da técnica a divulgação por terceiros do desenho industrial, realizada nos 180 dias anteriores ao depósito, com base em informações obtidas direta ou indiretamente do autor do desenho, ou em decorrência dos atos por ele realizados.

4.1.2 Originalidade

Exige-se para o registro de um desenho industrial também a originalidade ou criatividade, entendida como a configuração visual distinta em relação a outros objetos anteriores, excluídas as obras de caráter meramente artístico[48]. Pequenas mudanças, embora caracterizem a novidade, não representam nenhuma originalidade, não ensejando o registro como desenho industrial. Para tanto, é essencial que os consumidores sejam capazes de perceber a originalidade da forma.

4.1.3 Industriabilidade

O terceiro requisito é a suscetibilidade de industrialização, isto é, o desenho industrial para ser registrado deve poder servir de tipo de fabricação industrial (art. 95 da Lei n. 9.279/96). Em função desse requisito é que as criações meramente artísticas não são passíveis de proteção pelo regime dos desenhos industriais (art. 98 da Lei n. 9.279/96), mas apenas pelo regime do direito autoral.

4.1.4 Legalidade

Por fim, exige-se para o registro de um desenho industrial que ele não incorra nos impedimentos legais. A Lei n. 9.279/96, em seu art. 100, proíbe o registro do que ofende a moral e os bons costumes, do que ofende pessoas determinadas, ou atenta contra a liberdade de consciência, crença, culto religioso ou ideia e sentimentos dignos de respeito e veneração. Também se proíbe o registro do desenho que apresente a forma necessária, comum ou vulgar do produto, ou, ainda, aquela determinada essencialmente por considerações técnicas ou funcionais.

4.2 Direitos sobre o desenho industrial

Preenchidos os requisitos, o titular pode requerer o registro do desenho industrial, que lhe assegurará o direito ao monopólio de sua exploração por um prazo determinado, com os mesmos detalhes das patentes de invenção. A princípio, segue-se o mesmo regime das patentes e marcas em geral, sendo titular aquele que primeiro requerer o depósito. Todavia, garante-se também a prioridade àqueles que depositaram pedido de regis-

---

48. NEGRÃO, Ricardo. *Manual de direito comercial e de empresa*. 3. ed. São Paulo: Saraiva, 2003, v. 1, p. 133.

tro de desenho industrial, em país que mantenha acordo com o Brasil, ou em organização internacional, que produza efeito de depósito nacional, pelo prazo de seis meses. É importante ressaltar que, sem o registro, não há uma propriedade a ser protegida[49].

O registro do desenho industrial garante ao seu titular a exploração exclusiva pelo prazo de dez anos contados do depósito, admitindo três prorrogações sucessivas de cinco anos, cada. Chegado o término do prazo de duração de dez anos, admite-se o pedido de prorrogação, que deve ser requerido no último ano da vigência mediante pagamento da retribuição. Admite-se ainda um prazo adicional de 180 dias para o requerimento da prorrogação, com pagamento da retribuição adicional. Não requerida a prorrogação, ou transcorrido o prazo máximo das prorrogações, são extintos os direitos sobre o desenho industrial.

Além do transcurso do prazo de duração, o titular poder renunciar voluntariamente aos seus direitos sobre o desenho industrial. Nesse caso, a renúncia não pode gerar prejuízos para os licenciados ou franqueados.

Representa ainda motivo de extinção a falta de pagamento da retribuição quinquenal, que deve ser feito a partir do segundo quinquênio de vigência do desenho industrial. O primeiro pagamento será feito no quinto ano do registro e os demais junto com o pedido de prorrogação. Admite-se um prazo de graça de seis meses, mediante pagamento de retribuição adicional.

Por fim, é motivo para extinção dos direitos sobre um desenho industrial a desobediência ao disposto no art. 217 da Lei n. 9.279/96, que impõe aos titulares, domiciliados no exterior, a constituição de um procurador domiciliado no país, com poderes de representação administrativa e judicial, inclusive para receber citações. Trata-se de medida imposta pela legislação com o intuito de facilitar as eventuais discussões administrativas ou judiciais sobre o desenho.

---

49. STJ – 4ª Turma – REsp 1.561.033/RS – Relator Ministro Raul Araújo – j. 20-9-2022 – *DJe* de 4-10-2022.

PARTE II

DIREITO SOCIETÁRIO

13 SOCIEDADES: NOÇÕES GERAIS

1 Conceito

Desde o início da vida econômica, as pessoas procuram meios de compartilhar riscos e recompensas das atividades desenvolvidas com seus semelhantes, na medida em que elas decorrem do sentimento gregário que une as pessoas[1]. Dentro dessa lógica, surgiram as sociedades, as quais podem ser concebidas como uma organização para o exercício das atividades econômicas, isto é, uma "estrutura social que reúne seres humanos para satisfazer necessidades econômicas e desejos de uma comunidade"[2].

Assim, vê-se que as sociedades são instrumentos para a organização de esforços humanos dirigidos à consecução de objetivos econômicos comuns, ou seja, as sociedades são visualizadas como instrumentos de organização de negócios, isto é, como um meio de desenvolver atividades econômicas. "As sociedades dão corpo a fenômenos privados de cooperação e de organização"[3].

Com o advento do Código Civil e a adoção da teoria da empresa, aperfeiçoa-se o conceito de sociedade, não sendo mais necessária a distinção em comerciais e civis, mas agora se distinguem as sociedades empresárias e as sociedades simples. O novo diploma legal afirma que "celebram contrato de sociedade as pessoas que reciprocamente se obrigam a contribuir, com bens ou serviços, para o exercício de atividade econômica e a partilha, entre si, dos resultados" (art. 981).

Embora não haja nenhuma imprecisão nos conceitos legais, preferimos o conceito de Coutinho de Abreu, para quem a sociedade é como "a entidade que, composta por um ou mais sujeitos (sócio(s)), tem um patrimônio autônomo para o exercício de atividade econômica que não é de mera fruição, a fim de (em regra) obter lucros e atribuí-los ao(s) sócio(s) – ficando este(s), todavia, sujeito(s) a perdas"[4].

---

1. FERREIRA, Waldemar. *Tratado das sociedades comerciais*. 5. ed. Rio de Janeiro: Editora Nacional de Direito, 1958, v. 1, p. 105.

2. DRUCKER, Peter F. *Concept of corporation*. New Brunswick: Transaction Publisher, 2011, p. ix, tradução livre de "*social structure that bring together human beings in order to satisfy economic needs and wants of a community*".

3. CORDEIRO, Antonio Menezes. *Direito europeu das sociedades*. Coimbra: Almedina, 2005, p. 13.

4. ABREU, Jorge Manuel Coutinho de. *Curso de direito comercial*. 3. ed. Coimbra: Almedina, 2009, v. 2, p. 21.

2 Terminologia

Na linguagem corriqueira, muitas vezes, lançamos mão de termos para identificar as sociedades, que não são propriamente adequados e, por isso, devem ser distinguidos.

A expressão mais comumente usada como sinônimo de sociedade é *empresa*, a qual, consoante já exposto, não pode ser confundida com aquela. A empresa é uma atividade econômica, não é um sujeito de direitos. A sociedade é um sujeito de direitos, aproximando-se do conceito de empresário, enquanto sujeito exercente da empresa. Portanto, a sociedade exerce a empresa, não sendo sinônimo de empresa.

Também é usual falar em firma, ao se referir a uma sociedade comercial, o que mais uma vez é incorreto. *Firma*[5] é uma expressão que é sinônimo de assinatura e serve para designar o empresário individual no mundo jurídico (art. 1.156 do Código Civil). No âmbito das sociedades é um tipo de nome, no qual é necessária a utilização do patronímico dos sócios (art. 1.157 do Código Civil).

Menos comum é a utilização da expressão *associação*, que também representa uma realidade distinta. Na associação, inexistem fins lucrativos (art. 22 do Código Civil de 1916 e art. 53 do Código Civil), ao passo que, nas sociedades, tal intuito é primordial. As sociedades sempre desenvolvem atividades econômicas e as associações, atividades ideais, ou seja, morais, pias, literárias, artísticas[6].

Também não é lícita a utilização da expressão *companhia* como sinônimo de sociedade. A expressão *companhia* pode ser utilizada na razão social de algumas espécies societárias, e é tida como sinônimo de sociedade anônima[7], não equivalendo, portanto, ao conceito de sociedade em geral.

Confusão rara é a utilização da expressão *fundação* como sinônimo de sociedade. Apesar disso, é oportuno distinguir as duas realidades.

A fundação "é um complexo de bens que assume a forma de pessoa jurídica para a realização de um fim de interesse público de modo permanente e estável"[8]. Ela está ligada a uma universalidade de bens e presa aos fins preestabelecidos pelos fundadores. Já a sociedade está ligada a um substrato pessoal e rege-se livremente pela vontade dos seus membros. São conceitos bem distintos: nas fundações, é primordial o conjunto de bens; nas sociedades, primordial é a existência de uma ou mais pessoas. Ademais, nas sociedades os fins são deliberados livremente por seus membros, ao passo que, nas fundações, o fim é preestabelecido, imutável ao arbítrio de outros[9].

---

5. DINIZ, Maria Helena. *Dicionário jurídico*. São Paulo: Saraiva, 1998, v. 2, p. 559-560.

6. PEREIRA, Caio Mário da Silva. *Instituições de direito civil*. 19. ed. Rio de Janeiro: Forense, 2000, v. 1, p. 215.

7. REQUIÃO, Rubens. *Curso de direito comercial*. 23. ed. São Paulo: Saraiva, 1998, v. 1, p. 329.

8. AMARAL, Francisco. *Direito civil*: introdução. 3. ed. Rio de Janeiro: Renovar, 2000, p. 287.

9. MONTEIRO, Washington de Barros. *Curso de direito civil*. 31. ed. São Paulo: Saraiva, 1993, v. 1, p. 112; LOPES, Miguel Maria de Serpa. *Curso de direito civil*. 9. ed. Rio de Janeiro: Freitas Bastos, 2000, v. 1, p. 377.

3 Elementos de uma sociedade

Independentemente da discussão sobre a natureza jurídica do ato constitutivo das sociedades, é certo que estamos diante de um ato jurídico, o qual, para ser válido, pressupõe a existência do consenso, do objeto lícito e da forma prescrita ou não defesa em lei. Tais elementos devem ser tratados como os elementos gerais das sociedades comerciais.

Ao lado dos elementos gerais, temos elementos específicos, que dizem respeito especificamente às sociedades empresárias, os quais são imprescindíveis para sua configuração. Dentre tais elementos podemos destacar, de imediato, a contribuição dos sócios para o capital social, a participação dos sócios nos lucros e nas perdas e a *affectio societatis*.

3.1 Elementos gerais

Tratando-se de ato jurídico, devem estar necessariamente presentes o consenso[10], a licitude do objeto e a forma prescrita ou não defesa em lei, requisitos impostos pelo art. 104 do Código Civil.

3.1.1 Manifestação de vontade

Seja um contrato ou não, é certo que a constituição da sociedade pressupõe um ato de vontade que deve ser livremente manifestada por quem seja capaz para tanto diretamente, ou por meio dos representantes dos incapazes, quando permitida a participação deles. Todos os sócios devem manifestar a vontade de ingressar na sociedade e essa vontade deve ser isenta de vícios[11]. Esse consentimento pode ser expresso ou implícito, mas deve ser exteriorizado de alguma forma[12].

No regime anterior, os incapazes em geral estavam, a princípio, excluídos das sociedades comerciais por força do art. 308 do Código Comercial, que visava a proteger o menor dos riscos inerentes à responsabilidade ilimitada em tais sociedades[13]. Entretanto, nas sociedades anônimas e nas sociedades por quotas de responsabilidade limitada, diante da ausência de uma regra proibitiva, a presença deles era admitida, desde que preenchidos certos requisitos que afastavam qualquer possibilidade de vinculação pessoal do incapaz por atos da sociedade, eliminando maiores riscos de dilapidação do seu patrimônio. Nesses casos, tratava-se de um ato de mera administração permitido aos

---

10. Expressão usada por REQUIÃO, Rubens. *Curso de direito comercial*. 23. ed. São Paulo: Saraiva, 1998, v. 1, p. 355 e preferível por associar a capacidade do agente à inexistência de vícios de vontade.

11. ESCARRA, Jean; ESCARRA, Edouard; RAULT, Jean. *Traité théorique et pratique de droit commercial*. Paris: Librairie du Recueil Sirey, 1950, p. 107.

12. FURTADO, Jorge Henrique Pinto. *Curso de direito das sociedades*. 3. ed. Coimbra: Almedina, 2000, p. 187.

13. BORBA, José Edwaldo Tavares. *Direito societário*. 4. ed. Rio de Janeiro: Freitas Bastos, 1998, p. 42.

CURSO DE DIREITO EMPRESARIAL

representantes dos incapazes (art. 386 do Código Civil de 1916). Ademais, evitava-se que, no momento de um acerto com a sociedade, terceiros fossem prejudicados pela presença de incapazes, que não podem praticar atos que danifiquem seu patrimônio[14].

No regime do Código Civil, não há expressamente a proibição dos sócios incapazes, mas o art. 1.691 estabelece que os pais não podem contrair, em nome de seus filhos, obrigações que ultrapassem os limites da simples administração, salvo por necessidade ou evidente interesse da prole, mediante prévia autorização do juiz. Diante de tal regra, acreditamos ser mantida a orientação doutrinária e jurisprudencial, consagrada no regime anterior, restringindo-se a possibilidade do incapaz assumir a condição de sócio de sociedade empresária aos casos em que não haja risco de sua responsabilização direta, porquanto a assunção da condição de sócio deve ser sempre considerada um ato de administração extraordinária[15].

Em suma, o incapaz não pode ser sócio em uma sociedade na qual assuma responsabilidade ilimitada pelo cumprimento das obrigações sociais. Há que se ressaltar que esta questão não se confunde com a assunção direta pelo incapaz do exercício da empresa, que é disciplinada nos arts. 972 a 980 do Código Civil.

Ricardo Negrão entende que seria possível o ingresso de menores em qualquer sociedade, na medida em que o próprio Código Civil permite que os incapazes continuem o exercício de empresa já anteriormente exercida[16].

Ousamos discordar desse entendimento, porquanto o art. 974, que permite a continuação da atividade anteriormente exercida por incapazes, é uma norma excepcional que visa a preservar a continuidade da atividade exercida, o que não se aplica no caso de ingresso em uma sociedade, uma vez que a atividade continuará sendo exercida mesmo sem o ingresso do menor. Nossa opinião não é alterada com a introdução do art. 974, § 3º, do Código Civil. A possibilidade de sócio incapaz desde que ele seja representado ou assistido, não tenha poder de administração e todo o capital social esteja integralizado só tem algum sentido na sociedade limitada, pois nas demais sociedades a integralização de todo o capital social não afeta a responsabilidade individual do sócio. Tal dispositivo deve ser interpretado com cuidado, apesar da sua colocação nas disposições mais gerais do livro do Direito de Empresa. Ele deve ser compatibilizado com a proteção ao patrimônio dos incapazes, de modo que ele não seja estendido para sociedades de responsabilidade ilimitada.

Além da capacidade, a vontade deve ser livremente manifestada, pois a existência de vícios de vontade (erro, dolo, coação) pode conduzir à invalidade do ato, nos termos da legislação civil.

A incapacidade de uma das partes, bem como a presença de vícios de vontade, não acarreta necessariamente a dissolução da sociedade, mas, por via de regra, apenas conduz

---

14. MARTINS, Fran. *Curso de direito comercial.* 22. ed. Rio de Janeiro: Forense, 1998, p. 225-226.

15. BUONOCORE, Vincenzo. *Le società.* Milano: Giuffrè, 2000, p. 51; LOBO, Jorge. *Sociedades limitadas.* Rio de Janeiro: Forense, 2004, v. 1, p. 76-77; GONÇALVES NETO, Alfredo de Assis. *Lições de direito societário.* 2. ed. São Paulo: Juarez de Oliveira, 2004, p. 66.

16. NEGRÃO, Ricardo. *Manual de direito comercial e de empresa.* São Paulo: Saraiva, 2003, v. 1, p. 284.

à invalidade do ato de adesão viciado, permanecendo íntegra a sociedade. "Nulidade e anulabilidade atuam sobre a relação particular, não se comunicam ao negócio inteiro e, por conseguinte, aos outros sócios sobre os quais o vício não atuou."[17]

3.1.2 Objeto lícito

Outro elemento a ser destacado é o objeto lícito, não entendido aqui objeto do ato constitutivo, que é a contribuição dos sócios, mas o objeto da sociedade em si[18]. Este, por sua vez, é o conjunto de atos que a sociedade se propõe a praticar. Nas palavras de Antonio Brunetti, "aquele conjunto de operações que esta se propõe a realizar para exercer em comum uma determinada atividade econômica"[19].

Tal objeto deve ser explicitado no ato constitutivo da sociedade de forma clara e determinada, devendo tratar-se de um atividade econômica idônea, vale dizer, objeto possível, lícito e determinado[20], sob pena de ser obstado o arquivamento do ato constitutivo (art. 35, I, da Lei n. 8.934/94).

A atividade econômica a ser desenvolvida pela sociedade pode ter as mais variadas feições, desde que as operações sejam possíveis física e juridicamente, isto é, compatíveis com as leis da natureza e com o ordenamento jurídico[21]. Além disso, deve se tratar de objeto lícito em sentido mais amplo, ou seja, deve estar em conformidade com a lei, a moral e os bons costumes[22].

Por fim, é oportuno ressaltar que a mera determinabilidade do objeto não se coaduna com as sociedades, exigindo-se a presença de objeto determinado e precisamente delimitado (art. 35, III, da Lei n. 8.934/94). Tal individuação concreta do objeto social serve para definir a natureza da sociedade, se empresária ou simples, serve ainda para analisar se sobreveio ou não causa de encerramento da sociedade pela inexequibilidade do objeto ou seu exaurimento, ou ainda para definir os limites dos poderes dos administradores[23].

---

17. BRUNETTI, Antonio. *Tratado del derecho de las sociedades.* Tradução de Felipe de Solá Cañizares. Buenos Aires: UTEHA, 1960, tomo I, p. 252, tradução livre de *"nulidad y anulabilidad actúan sobre la relación particular, no se comunican al entero negocio y, por consiguiente, a los otros socios sobre los que el vicio no ha actuado".*

18. GARRIGUES, Joaquín. *Curso de derecho mercantil.* 7. ed. Bogotá: Temis, 1987, v. II, p. 30; FERRARA JUNIOR, Francesco; CORSI, Francesco. *Gli imprenditori e le società.* 11. ed. Milano: Giuffrè, 1999, p. 271.

19. BRUNETTI, Antonio. *Tratado del derecho de las sociedades.* Tradução de Felipe de Solá Cañizares. Buenos Aires: UTEHA, 1960, tomo I, p. 254, tradução livre de *"aquel conjunto de operaciones que esta se propone realizar para ejercer en común una determinada actividad económica".*

20. RÁO, Vicente. *Ato jurídico.* 4. ed. São Paulo: Revista dos Tribunais, 1997, p. 132.

21. Idem, p. 133.

22. MELLO, Marcos Bernardes de. *Teoria do fato jurídico*: plano da validade. 4. ed. São Paulo: Saraiva, 2000, p. 34.

23. BUONOCORE, Vincenzo. *Le società.* Milano: Giuffrè, 2000, p. 86-87.

3.1.3 Forma

O último elemento geral da sociedade é a forma, forma esta que era prescrita, a princípio, em lei, como escrita, mas não imposta de forma inafastável.

Com efeito, no regime anterior, o Código Comercial, no seu art. 300, afirmava que é da essência da sociedade comercial a forma escrita, seja este escrito público ou particular. Entretanto, na sequência, o art. 304 do mesmo Código afirmava que a existência da sociedade poderia provar-se por qualquer meio, inclusive por meio de presunção.

No regime do Código Civil, estabelece-se a obrigação de registro para o empresário (arts. 967-968), o que denotaria a obrigatoriedade da forma escrita. Todavia, o mesmo Código prevê, em relação à sociedade em comum, a possibilidade dos terceiros provarem sua existência por qualquer meio (art. 987 do Código Civil). O confronto dos referidos dispositivos nos apresenta uma situação de aparente incompatibilidade, mas tão somente aparente, na medida em que deve ser feita uma interpretação que mantenha a unidade do diploma legal. Solucionando as dúvidas porventura existentes, o Prof. Rubens Requião afirma que a forma escrita é exigida apenas para a sociedade gozar de certas vantagens na órbita tributária e mercantil[24].

À guisa de conclusão, podemos afirmar que a forma das sociedades comerciais é livre, sendo imposta a forma escrita tão somente para o gozo de certas vantagens. Portanto, a constituição de uma sociedade pode decorrer de um acordo expresso ou tácito, verbal ou escrito, desde que presentes os elementos específicos da configuração de uma sociedade[25].

3.2 Elementos específicos

Além dos elementos gerais, atinentes aos atos jurídicos em geral, nas sociedades devem estar presentes elementos específicos, que darão o tom societário ao ato jurídico. Tais elementos são a contribuição para o capital social, a participação nos lucros e nas perdas e a *affectio societatis*. Alguns autores[26] indicam ainda como elemento essencial das sociedades a pluralidade de partes.

3.2.1 Contribuição para o capital social

As sociedades existem para o exercício de uma atividade econômica e, por isso, necessitam de um patrimônio inicial, que será composto pelas contribuições dos sócios. Tal fundo inicial é o chamado capital social, para o qual todos os sócios devem contribuir (art. 1.004 do Código Civil). A existência de tal fundo é pressuposto necessário de qualquer

---

24. REQUIÃO, Rubens. *Curso de direito comercial*. 23. ed. São Paulo: Saraiva, 1998, v. 1, p. 356.

25. BUONOCORE, Vincenzo. *Le società*. Milano: Giuffrè, 2000, p. 119.

26. REQUIÃO, Rubens. *Curso de direito comercial*. 23. ed. São Paulo: Saraiva, 1998, v. 1, p. 357; COELHO, Fábio Ulhoa, *Curso de direito comercial*. São Paulo: Saraiva, 1999, v. 2, p. 381, falando em pressupostos de existência das sociedades por quotas.

tipo de sociedade[27], na medida em que representa o patrimônio inicial da sociedade, indispensável para o exercício da atividade comum e para dar aos terceiros, potenciais contratantes ou credores da sociedade, a necessária confiança[28].

Deve ser ressaltado, desde já, que o capital social, que é constituído tão somente pela soma das contribuições dos sócios vinculadas ao objeto social, não se confunde com o patrimônio da sociedade, que representa o conjunto de relações jurídicas economicamente apreciáveis da sociedade, o qual está sujeito a oscilações a todo instante, compreendendo não apenas o capital social, mas tudo que a sociedade possui ou adquire na sua existência[29]. Esses dois conceitos coincidem apenas no momento da constituição da sociedade[30].

Em suma, a contribuição desempenha três papéis: formar o fundo patrimonial inicial, definir a participação de cada sócio e constituir o capital social[31].

Essa contribuição, cuja medida será dada pelo ato constitutivo, poderá ser feita em dinheiro, bens ou trabalho[32], no momento da constituição da sociedade, ou após a sua existência. "Ninguém pretende que as contribuições sejam equivalentes. O que interessa é que as contribuições dos sócios sejam aptas a criar aquela base econômica, sem a qual a sociedade não pode funcionar, porque não é possível o exercício da atividade econômica."[33]

Normalmente a contribuição é feita em dinheiro, mas nada impede sua efetivação em outras espécies de bens que saiam do patrimônio do sócio e ingressem no fundo social[34]. Tais bens devem ser patrimoniais, isto é, suscetíveis de avaliação em dinheiro, podendo ser materiais ou imateriais, desde que aptos a produzir uma utilidade. No caso de contribuição em outros bens que não o dinheiro, o sócio responde pela evicção e pela solvência do devedor no caso de transferência de crédito (art. 1.005 do Código Civil), vale dizer, para as coisas transferidas a título de propriedade a garantia do sócio é a mesma do vendedor.

A transferência dos bens se faz normalmente a título de domínio, aplicando-se as regras da compra e venda. Todavia, essa regra não é absoluta, de modo que a contribuição pode ser feita a título de uso, transferindo-se apenas uma das faculdades da propriedade,

---

27.   FERRI, Giuseppe. *Manuale di diritto commerciale*. 4. ed. Torino: UTET, 1976, p. 216; MARASÁ, Giorgio. *Le società*. 2. ed. Milano: Giuffrè, 2000, p. 158.

28.   BUONOCORE, Vincenzo. *Le società*. Milano: Giuffrè, 2000, p. 60.

29.   CARVALHO DE MENDONÇA, J. X. *Tratado de direito comercial brasileiro*. Atualizado por Ruymar de Lima Nucci. Campinas: Bookseller, 2001, v. 2, tomo 2, p. 37.

30.   ESCARRA, Jean; ESCARRA, Edouard; RAULT, Jean. *Traité théorique et pratique de droit commercial*. Paris: Librairie du Recueil Sirey, 1950, p. 146.

31.   FURTADO, Jorge Henrique Pinto. *Curso de direito das sociedades*. 3. ed. Coimbra: Almedina, 2000, p. 90.

32.   Não se admite contribuição em trabalho nas sociedades limitadas, nas sociedades anônimas e por parte dos sócios comanditários nas sociedades em comandita simples.

33.   JAEGER, Pier Giusto; DENOZZA, Francesco. *Appunti di diritto commerciale*. 5. ed. Milano: Giuffrè, 2000, p. 95, tradução livre de "*nessuno pretende che i conferimenti dei soci debbano essere equivalenti. Quello che interessa è che i conferimenti dei soci siano tali da creare quella base economica senza la quale la società non può funzionare, perché non è possibile l'esercizio della atttività econômica*".

34.   GARRIGUES, Joaquín. *Curso de derecho mercantil*. 7. ed. Bogotá: Temis, 1987, p. 31.

aplicando-se as regras do arrendamento[35], inclusive no que diz respeito à garantia e aos riscos da coisa[36]. Corroborando tal entendimento, o art. 9º da Lei n. 6.404/76 afirma que, se não se indicar o título da transferência, presume-se a transferência a título de domínio, demonstrando a possibilidade da transferência a outro título.

Qualquer que seja o título da transferência, o sócio deixa de ter alguns ou todos os direitos sobre os bens transferidos, passando a ter direitos sobre uma cota-parte do capital social. Este direito recebido possui a natureza de um direito pessoal e patrimonial[37].

Também pode ser feita a contribuição em trabalho, vale dizer, a contribuição pode consistir nos conhecimentos técnicos especiais que o sócio põe a serviço da sociedade[38]. Neste caso, o sócio não poderá se empregar em atividade alheia à sociedade, salvo disposição em contrário, sob pena de perder o direito à participação nos lucros (art. 1.006 do Código Civil).

Com a contribuição se forma a sociedade e surge para os que contribuíram um direito pessoal ao *status* de sócio e suas decorrências. Trata-se de direito pessoal, na medida em que se refere basicamente à condição de sócio e não a uma prestação patrimonial de qualquer parte. "Não há, portanto contrato de sociedade, se os sócios não contribuem, nem se adquiriu a qualidade de sócio, sem a contribuição."[39] Tal direito, além do *status* de sócios, abrange direitos eminentemente pessoais, como a fiscalização da gestão dos negócios sociais e a participação na mesma gestão.

A par deste direito pessoal, surge também um direito patrimonial, um direito eventual de crédito contra a sociedade consistente na participação nos lucros e na participação no acervo social em caso de liquidação. Trata-se de direito eventual, na medida em que condicionado à existência de lucros, ou à extinção da sociedade, com a subsistência de patrimônio após o pagamento dos credores.

3.2.2 Participação nos lucros e nas perdas

Nas sociedades, exerce-se uma atividade econômica, que gera resultados. Nada mais lógico do que dividir esses resultados entre os sócios, entre todos eles. Não é essencial que todo o resultado seja dividido entre os sócios, mas é essencial que todos os sócios participem dos resultados. No Código Civil, considera-se nula apenas a cláusula que

---

35. GARRIGUES, Joaquín. *Curso de derecho mercantil.* 7. ed. Bogotá: Temis, 1987, p. 33; BRUNETTI, Antonio. *Tratado del derecho de las sociedades.* Tradução de Felipe de Solá Cañizares. Buenos Aires: UTEHA, 1960, v. 1, p. 300; VIVANTE, Cesare. *Trattato di diritto commerciale.* 5. ed. Milano: Casa Editrice Dottore Francesco Vallardi, 1923, v. 2, p. 30.

36. BUONOCORE, Vincenzo. *Le società.* Milano: Giuffrè, 2000, p. 65.

37. REQUIÃO, Rubens. *Curso de direito comercial.* 23. ed. São Paulo: Saraiva, 1998, v. 1, p. 360.

38. CARVALHO DE MENDONÇA, J. X. *Tratado de direito comercial brasileiro.* Atualizado por Ruymar de Lima Nucci. Campinas: Bookseller, 2001, v. 2, tomo 2, p. 43-44.

39. FERRI, Giuseppe. *Manuale di diritto commerciale.* 4. ed. Torino: UTET, 1976, p. 216, tradução livre de *"non vi è pertanto contratto di società, se i soci non conferiscono, nè vi è acquisto della qualità di socio senza conferimento".*

exclua algum sócio da participação nos lucros ou nas perdas. Vejamos o texto do art. 1.008 do Código Civil:

> Art. 1.008. É nula a estipulação contratual que exclua qualquer sócio de participar dos lucros e das perdas.

Trata-se de dispositivo relativo às sociedades simples, mas que se aplica subsidiariamente aos demais tipos societários. Neste particular, segue-se a orientação do direito italiano, que mantém a salvo o contrato de sociedade, gerando a nulidade apenas para a cláusula leonina[40].

Destinando-se à produção do lucro, nada mais lógico que a divisão desse lucro entre todos os membros. Tal divisão não precisa ser igualitária, pode e normalmente é feita de forma desigual, mas deve abranger todos os sócios, vale dizer, não pode ser feita apenas em benefício de alguns. "Pôr como requisito essencial a divisão dos lucros, significa afirmar que o resultado da atividade social deve ser em benefício de todos os sócios e não de alguns somente. À comunhão de meio e da atividade deve corresponder a comunhão dos resultados: não é permitida a exclusão de um sócio dos lucros."[41]

Tal participação não deve ser necessariamente igualitária, competindo ao ato constitutivo determinar a forma de tal divisão, e, em caso de silêncio, tal distribuição será feita de forma proporcional à participação no capital social (art. 1.007 do Código Civil). No caso de contribuição para o capital em serviços, o sócio deve participar dos lucros pela média do valor das quotas.

Em contrapartida à participação nos lucros, todos os sócios devem participar também nas perdas, expressão essa a ser entendida com atenção. A participação nas perdas não significa que o sócio seja obrigado diante de um prejuízo a desembolsar novas quantias, mas significa tão somente que pelo menos a sua contribuição para o fundo social deve entrar para cobrir as perdas, vale dizer, todos os sócios devem assumir os riscos inerentes à atividade comercial, podendo perder ao menos sua contribuição. A participação nas perdas pode ser limitada[42]. "Se o fim da sociedade é a conjugação de bens e de esforços para a obtenção de um fim comum que, em termos pecuniários, é sempre um lucro a partilhar, esse fim deve ser perseguido mediante a participação de todos nos riscos inerentes a qualquer atividade econômica ou comercial."[43]

---

40. GALGANO, Francesco. *Diritto civile e commerciale*. 3. ed. Padova: CEDAM, 1999, v. 3, tomo I, p. 372-373.

41. FERRI, Giuseppe. *Manuale di diritto commerciale*. 4. ed. Torino: UTET, 1976, p. 221, tradução livre de *"porre come requisito essenziale la divisione degli utili, significa affermare che il risultato della attività sociale deve andare a beneficio di tutti i soci e non di alcuni soltanto. Alla comunanza dei mezzi e dell'attività deve corrispondere la comunanza dei risultati: non è consentita pertanto la esclusione di un socio dagli utili"*.

42. CARVALHO DE MENDONÇA, J. X. *Tratado de direito comercial brasileiro*. Atualizado por Ruymar de Lima Nucci. Campinas: Bookseller, 2001, v. 2, tomo 2, p. 54.

43. BORGES, João Eunápio. *Curso de direito comercial terrestre*. 5. ed. Rio de Janeiro: Forense, 1971, v. 1, p. 29.

Fábio Ulhoa Coelho[44], apesar de se utilizar de uma organização diferente da matéria, não trata da participação nas perdas como requisito específico de validade da sociedade. Na mesma linha, Giuseppe Ferri nega expressamente que tal elemento seja essencial às sociedades[45]. Gladston Mamede, por sua vez, nega tal elemento no que tange aos sócios que contribuem em serviços[46].

Ousamos discordar dos referidos mestres, para reafirmar a participação nas perdas como elemento essencial e específico das sociedades, como contrapartida necessária à participação nos lucros. Não se trata de uma não limitação da responsabilidade, mas apenas da possibilidade de perda da sua contribuição, presente inclusive quando a contribuição for em indústria. Neste caso, o risco assumido é a perda da remuneração do trabalho prestado em benefício da sociedade[47].

A vedação do pacto leonino (art. 1.008 do Código Civil brasileiro de 2002 e no mesmo sentido o art. 2.265 do Código Civil italiano) deve abranger tanto a participação nos lucros quanto a participação nas perdas, uma vez que as duas são correlativas[48]. A participação nas perdas é a outra face da participação nos lucros. "É contraditório que um sócio seja excluído da participação nos ganhos, e corra o risco de perder sua contribuição sem uma utilidade correspondente, ou que seja completamente excluído das perdas, de modo que possa conseguir lucros sem arriscar nada."[49]

3.2.3 *Affectio societatis*

O traço mais específico de uma sociedade é a chamada *affectio societatis*, a vontade de cooperação ativa dos sócios, a vontade de atingir um fim comum. Não se trata do simples consenso comum aos contratos em geral, mas de uma manifestação expressa de vontade no sentido do ingresso na sociedade e na consecução de um fim comum[50]. Exige-se um *plus* em relação à simples vontade de conclusão do contrato.

---

44. COELHO, Fábio Ulhoa. *Curso de direito comercial*. São Paulo: Saraiva, 1999, v. 2, p. 380-381.

45. FERRI, Giuseppe. *Manuale di diritto commerciale*. 4. ed. Torino: UTET, 1976, p. 222.

46. MAMEDE, Gladston. *Direito empresarial brasileiro*. São Paulo: Atlas, 2004, v. 2, p. 104.

47. CARVALHO DE MENDONÇA, J. X. *Tratado de direito comercial brasileiro*. Atualizado por Ruymar de Lima Nucci. Campinas: Bookseller, 2001, v. 2, tomo 2, p. 54; ESCARRA, Jean; ESCARRA, Edouard; RAULT, Jean. *Traité théorique et pratique de droit commercial*. Paris: Librairie du Recueil Sirey, 1950, p. 153.

48. VIVANTE, Cesare. *Instituições de direito comercial*. Tradução de J. Alves de Sá. 3. ed. São Paulo: Livraria C. Teixeira & c. a., 1928, p. 58.

49. FERRARA JUNIOR, Francesco; CORSI, Francesco. *Gli imprenditori e le società*. 11. ed. Milano: Giuffrè, 1999, p. 287, tradução livre de "*è contraddittorio che un socio sia escluso dal partecipare ai guadagni, che corra il rischio di perdere il conferimento senza una utilità corrispondente, o che sia completamente escluso dalle perdite, per modo che possa conseguire un utile senza rischiar nulla*".

50. BULGARELLI, Waldirio, *Sociedades comerciais*. 7. ed. São Paulo: Atlas, 1998, p. 26.

Para a existência de uma sociedade, não é suficiente a contribuição de uma ou mais pessoas para a realização de determinado resultado econômico, é necessário que o resultado seja perseguido conjuntamente[51]. Estamos diante de um contrato de colaboração ou de um ato institucional, no qual as partes têm um interesse comum. Os ganhos de uma parte não podem se dar em detrimento da outra, devem se dar em conjunto[52].

"*Affectio societatis* significa confiança mútua e vontade de cooperação conjunta, a fim de obter determinados benefícios"[53]; em outras palavras, é o "propósito comum aos contratantes de se unirem para alcançar um resultado almejado"[54], a "intenção de contribuir para o proveito comum"[55], "uma vontade de colaboração ativa para a realização do objeto social"[56]. Sem tal vontade, não podemos falar em sociedade.

E mais, sem que tal vontade seja exteriorizada de forma expressa no sentido do ingresso na sociedade, e sem que haja a vontade de atingir uma finalidade comum, não podemos vislumbrar uma sociedade. Na expressão de Carvalho de Mendonça, "os sócios devem manifestar a vontade de cooperar ativamente para o resultado que procuram obter, reunindo capitais e colocando-se na mesma situação de igualdade"[57].

Trata-se de requisito eminentemente subjetivo, mas que deve ser vislumbrado diante das manifestações exteriores da vontade dos sócios. Esta deve ser manifestada de forma expressa, no sentido do ingresso na sociedade, e deve ser dirigida a um fim comum, que é o exercício próspero da atividade social, vale dizer, não se limita ao momento de criação da sociedade, mas deve estar presente por toda a vida da sociedade. A propósito, é oportuno transcrever a lição de Moacir Adiers: "A *affectio societatis* se desenvolve também através de deveres comuns e recíprocos, impostos à observância dos sócios no plano dinâmico do efetivo desenvolvimento da atividade da sociedade, na realização do seu objeto e para a permanência do espírito societário e da própria sociedade"[58].

---

51. BUONOCORE, Vincenzo. *Le società*. Milano: Giuffrè, 2000, p. 100.

52. ESCARRA, Jean; ESCARRA, Edouard; RAULT, Jean. *Traité théorique et pratique de Droit commercial*. Paris: Librairie du Recueil Sirey, 1950, v. 1, p. 83.

53. FRANCO, Vera Heleno de Mello. *Lições de direito comercial*. 2. ed. São Paulo: Maltese, 1995, p. 133.

54. RODRIGUES, Sílvio. *Direito civil*. 26. ed. São Paulo: Saraiva, 1999, v. 3, p. 315.

55. PEREIRA, Caio Mário da Silva, *Instituições de direito civil*. 9. ed. Rio de Janeiro: Forense, 1993, v. 3, p. 309.

56. ESCARRA, Jean; ESCARRA, Edouard; RAULT, Jean. *Traité théorique et pratique de droit commercial*. Paris: Librairie du Recueil Sirey, 1950, p. 155, tradução livre de "*une volonté de collaboration active en vue de la réalisation de l'objet social*".

57. CARVALHO DE MENDONÇA, J. X. *Tratado de direito comercial brasileiro*. Atualizado por Ruymar de Lima Nucci. Campinas: Bookseller, 2001, v. 2, tomo 2, p. 30.

58. ADIERS, Moacir. Dissolução parcial de sociedade civil por quotas de responsabilidade limitada. *Revista Jurídica*, n. 280, p. 61-72, fev. 2001, p. 65.

CURSO DE DIREITO EMPRESARIAL

Caso haja a quebra da *affectio societatis*, dada a sua importância, não há outra solução, a não ser a dissolução da sociedade[59], sob pena de se inviabilizar o prosseguimento normal da sociedade.

3.2.4 Substrato pessoal

Na busca de uma limitação de responsabilidade para o comerciante individual, a qual já é inerente à maioria das sociedades, há uma tendência no direito estrangeiro no sentido da admissão da sociedade unipessoal como situação normal[60]. Embora a regra ainda seja a reunião de duas ou mais pessoas na constituição de sociedades, a existência de permissões genéricas de sociedades com apenas um sócio coloca, no direito estrangeiro, como elemento específico das sociedades a presença de uma ou mais pessoas.

No direito brasileiro, do conceito de sociedade do art. 981 do Código Civil poderia se extrair a necessidade de pelo menos duas partes, uma vez que é contraditório ser sócio de si mesmo. Assim, prevaleceria como regra geral a obrigatoriedade da existência de pelo menos dois sócios para a configuração de uma sociedade, em oposição ao empresário individual, que exerce a atividade sozinho.

No entanto, o direito brasileiro acaba abrindo uma série de possibilidades de sociedades de um sócio só, como a Lei n. 6.404/76, que admite a figura da sociedade subsidiária integral (art. 251 da Lei n. 6.404/76), uma sociedade anônima tendo por única sócia uma sociedade brasileira. Igualmente, é admitida a empresa pública unipessoal (art. 3º da Lei n. 13.303/2016). Do mesmo modo, é admitida a sociedade unipessoal de advocacia (art. 15 da Lei n. 8.906/94). Além disso, admite-se temporariamente a unipessoalidade nas sociedades anônimas (art. 206 da Lei n. 6.404/76) e na sociedade em comandita simples (CC – art 1.051, II), a fim de preservar a atividade que vinha sendo desenvolvida, evitando a extinção da empresa e, consequentemente, protegendo os vários interesses envolvidos (trabalhadores, comunidade, fisco...).

Com a Lei da Liberdade Econômica (Lei n. 13.874/2019), passou a ser admitida genericamente a sociedade limitada unipessoal (CC – art. 1.052, parágrafo único), que representa uma permissão genérica de sociedade com um único sócio. Tal previsão genérica de sociedade unipessoal faz com que seja difícil manter o entendimento de que é elemento essencial a presença de duas ou mais pessoas, sendo suficiente falar atualmente num substrato pessoal, como elemento essencial para a criação das sociedades.

É óbvio que para as demais sociedades (nome coletivo, comandita simples...) continua a ser exigida a presença de duas ou mais pessoas, com as exceções já mencionadas.

---

59. BERTOLDI, Marcelo M. *Curso avançado de direito comercial*. São Paulo: Revista dos Tribunais, 2001, v. 1, p. 183.

60. ULMER, Peter. *Principios fundamentales del derecho alemán de sociedades de responsabilidad limitada*. Traducción de Jesús Alfaro Aguila-Real. Madrid: Civitas, 1998, p. 45; ABREU, Jorge Manuel Coutinho de. *Curso de direito comercial*. 3. ed. Coimbra: Almedina, 2009, v. 2, p. 21; LAURINI, Giancarlo. *La società a responsabilità limitata*: tra disciplina attuale e prospettive di riforma. Milano: Giuffrè, 2000, p. 230.

4 Ato constitutivo: natureza jurídica

A sociedade se forma pela manifestação de vontade de uma ou mais pessoas (art. 981 do Código Civil). Neste particular, quando se tratar de sociedade unipessoal, não há dúvida de que estaremos diante de uma declaração unilateral de vontade. Assim, a análise feita neste ponto será dirigida ao ato constitutivo das sociedades com duas ou mais pessoas. Tal manifestação é o ato constitutivo das sociedades, imprescindível para sua formação. Caio Mário da Silva Pereira nos define o ato constitutivo como o *"instrumento continente da declaração da vontade criadora e a bem dizer é a causa geradora primária do ente jurídico"*[61]. Normalmente, é um ato reduzido a escrito, assinado por todos os sócios, que define a configuração da sociedade: sede, capital social, nome, gerência, responsabilidades, tipo societário etc.

A natureza jurídica de tal manifestação suscita as maiores controvérsias na doutrina.

4.1 Teorias anticontratualistas

Nas sociedades, conforme já visto, é essencial a existência de uma finalidade comum, vale dizer, as vontades dos membros da sociedade devem estar dirigidas no mesmo sentido, normalmente o desenvolvimento da atividade e a produção de lucros. Tal unidade de escopo dificultou o enquadramento do ato constitutivo da sociedade na categoria dos contratos bilaterais ou de permuta[62], pois, nestes, as vontades são contrapostas, não se dirigem ao mesmo fim.

A partir disso, tendo em vista a dificuldade de adequação do ato constitutivo das sociedades às realidades típicas do contrato bilateral, vários autores, fugindo da natureza contratual, buscaram definir a natureza jurídica do ato constitutivo como um ato unilateral, desenvolvendo as teorias do ato coletivo e do ato complexo.

Para a teoria do ato coletivo, o ato constitutivo das sociedades seria um ato unilateral formado pela união de várias vontades, dirigidas no mesmo sentido, as quais ficariam visíveis individualmente. Todas as vontades parciais, que formariam o ato constitutivo, manteriam sua individualidade e se manteriam paralelas, vale dizer, nunca se cruzariam, ao contrário do que ocorreria no contrato. Vale ressaltar que tal posicionamento sustenta que, em tal ato, seria possível vislumbrar cada uma das vontades parciais formadoras da vontade total.

A teoria do ato complexo não é muito diferente, porquanto afirma que o ato constitutivo seria um ato unilateral formado pela união de vontades dirigidas à mesma finalidade, vontades estas que se fundem, perdendo sua individualidade. *"No ato complexo as partes apresentam-se animadas por idêntico interesse; encontram-se, por assim dizer,*

---

61. PEREIRA, Caio Mário da Silva. *Instituições de direito civil.* 19. ed. Rio de Janeiro: Forense, 2000, v. 1, p. 213.

62. ASCARELLI, Tullio. *Ensaios e pareceres.* Campinas: RED Livros, 2000, p. 244.

202 | CURSO DE DIREITO EMPRESARIAL

do mesmo lado; justamente por isso, o ato complexo está sujeito a uma disciplina diversa daquela dos contratos"[63]. As vontades parciais se mantêm paralelas, mas perdem sua individualidade, formando um ato unilateral único, vale dizer, não se pode vislumbrar cada uma das vontades parciais, o que se veria seria uma manifestação única de vontade.

Tais teorias são passíveis das mesmas críticas.

No ato constitutivo das sociedades, as vontades dos sócios não são sempre paralelas, elas se entrecruzam, discutem-se a participação, o valor dos bens quanto à cota do capital social, a distribuição dos lucros, o rateio dos prejuízos, a responsabilidade de cada um, os deveres. "Quando as partes contratam, cada uma quer obter o máximo de lucros com o mínimo de contribuição e, portanto, subsiste uma relação de conflito, se reencontra também um escopo comum, porque é claro que todos têm interesse em evitar perdas e maximizar os lucros"[64].

Há uma finalidade comum, mas o antagonismo está presente na formação e no correr de toda a vida da sociedade. "O conflito de interesse – evidente na constituição e subsistente durante a vida da sociedade – permite falar de contrato e excluir o ato complexo"[65].

Ademais, se as vontades nunca se entrecruzassem, como se explicaria a formação de relações jurídicas entre os sócios?[66] Sem um cruzamento destas vontades, qual seria a origem dos deveres de um sócio para com os outros?

4.2 Teoria do ato corporativo, ato de fundação, ou ato de união

Outra tentativa de fugir da natureza contratual do ato constitutivo acabou por gerar a teoria do ato corporativo.

Tal teoria afirma que as declarações dos sócios não têm validade, se consideradas de per si, constituem uma antecipação da manifestação de vontade do novo ente que vai surgir, não representando a vontade dos sócios[67]. Os defensores de tal linha de entendimento afirmam que o contrato não tem o condão de criar um novo ente, logo, não poderia ele explicar a natureza jurídica do ato constitutivo das sociedades. Nos contratos, os efeitos são limitados às partes e o ato constitutivo das sociedades produz efeitos em relação a terceiros, tendo em vista a criação de um novo organismo[68], a sociedade.

---

63. ASCARELLI, Tullio. *Problemas das sociedades anônimas e direito comparado*. 2. ed. São Paulo: Saraiva, 1969, p. 258.

64. JAEGER, Pier Giusto; DENOZZA, Francesco. *Appunti di diritto commerciale*. 5. ed. Milano: Giuffrè, 2000, p. 94, tradução livre: *"Quando le parti contrattano, ognuna vuole ottenere il massimo di utile con il minimo di conferimento e quindi sussiste una situazione di conflitto, si rinviene anche uno scopo comune, perchè è chiaro che tutti hanno interesse ad evitare perdite ed a massimizzare gli utili."*

65. ASCARELLI, Tullio. *Problemas das sociedades anônimas e direito comparado*. 2. ed. São Paulo: Saraiva, 1969, p. 259.

66. REQUIÃO, Rubens. *Curso de direito comercial*. 23. ed. São Paulo: Saraiva, 1998, v. 1, p. 340.

67. Idem, ibidem.

68. GARRIGUES, Joaquín. *Curso de derecho mercantil*. 7. ed. Bogotá: Temis, 1987, v. II, p. 26.

Também aqui as críticas são pertinentes, porquanto a personalidade jurídica decorre da lei e não do contrato. E, mais claramente, não se pode vislumbrar uma manifestação antecipada da vontade do ente, no próprio ato que o cria. Se o ente não existe, como ele pode manifestar sua vontade?

Mais uma vez, não se logrou atingir uma solução satisfatória para o problema do ato constitutivo das sociedades comerciais, fugindo da natureza contratual.

4.3 Teorias contratualistas: o contrato plurilateral

Conforme já explicitado, no contrato societário, há oposição de interesses na sua formação e na sua permanência, permitindo falar em contrato, o qual pressupõe essa contraposição de interesses.

Parte da doutrina tentou explicar a natureza do ato constitutivo das sociedades comerciais a partir de um contrato bilateral[69], o que, todavia, não obteve sucesso, dadas as peculiaridades ocorridas em relação às sociedades.

Nas sociedades, é imprescindível a existência de uma finalidade comum, o que não ocorre nos contratos bilaterais típicos ou contratos de permuta, pois em tais contratos cada parte tem uma finalidade diversa. "Nos contratos de troca o escopo perseguido por cada um dos contratantes é diverso (assim, o vendedor pretende obter o preço, o comprador a coisa), e cada um dos contratantes alcança seu escopo mediante a prestação do outro"[70]. As prestações dos contratantes não são contrapostas, mas sim dirigidas a um fim comum.

Outrossim, nos contratos bilaterais se aplica a exceção do contrato não cumprido (art. 476 do Código Civil), pela qual uma das partes não é obrigada a cumprir sua prestação se a outra não cumprir a sua. Tal exceção não se aplica nas sociedades, uma vez que as obrigações dos sócios são independentes.

Diante desses problemas, Tullio Ascarelli desenvolveu a teoria do contrato plurilateral. O ato constitutivo das sociedades é um contrato, pois há uma contraposição de vontades, mas não é um contrato bilateral típico, é um contrato plurilateral.

Tal espécie contratual, normalmente chamada de contrato de colaboração e organização, está submetida ao regime geral dos contratos[71], possuindo algumas características que lhe dão os contornos aptos a justificar a natureza jurídica dos atos constitutivos das sociedades:

---

69. CARVALHO DE MENDONÇA, J. X. *Tratado de direito comercial*. Atualizado por Ruymar de Lima Nucci. Campinas: Bookseller, 2001, v. 2, tomo II, p. 23.

70. FERRARA JUNIOR, Francesco; CORSI, Francesco. *Gli imprenditori e le società*. 11. ed. Milano: Giuffrè, 1999, p. 251, tradução livre de "*nei contratti di scambio lo scopo perseguito da ciascusno dei contraenti é diverso (così il venditore intende avere il prezzo, il compratore la cosa) e ciascun contraente raggiunge il suo scopo mediante la prestazione dell'altro*".

71. BUONOCORE, Vincenzo. *Le società*. Milano: Giuffrè, 2000, p. 34.

a) Possibilidade de participação de mais de duas partes: nos contratos bilaterais ou de permuta, por mais pessoas que estejam envolvidas, podemos falar em apenas dois polos; no contrato de compra e venda, ou se é comprador ou se é vendedor. Diferente é a situação nos contratos plurilaterais: nestes podem existir dois ou mais polos, duas ou mais partes, assumindo todas as partes direitos e obrigações. O contrato plurilateral não significa necessariamente a existência de mais de dois polos, a existência de apenas duas partes não retira tal característica, continuará existindo a possibilidade de mais de duas, em oposição aos contratos bilaterais típicos[72]. Trata-se de um contrato "potencialmente plurilateral: novas partes podem somar-se às partes originárias [...] sem que isto represente a estipulação de um novo contrato"[73]. A redução a dois sócios no correr da vida da sociedade não torna o contrato bilateral, como defende Pontes de Miranda[74].

b) Finalidade comum: primordial, em tal teoria, é a afirmação de que nos contratos plurilaterais o escopo objetivado abandona o campo exclusivo dos motivos e passa a gozar de uma importância, enquanto elemento unificador das várias adesões, e determinante nos direitos e deveres das partes. Nos contratos plurilaterais, todas as partes buscam o mesmo fim, não são partes animadas com intuitos diversos como no contrato de compra e venda, no qual uma quer a coisa, e a outra quer o preço. São "contratos com mais de duas partes, nos quais as prestações de cada um são dirigidas ao atendimento de uma finalidade comum"[75].

c) Direitos e obrigações para com todas as partes: ao contrário dos contratos de permuta, onde cada parte assume a obrigação para com apenas uma outra parte, nos contratos plurilaterais, todas as partes assumem obrigações para com todas as outras e para com a sociedade. E mais, assumem o mesmo tipo de obrigação, como preleciona Tullio Ascarelli: "todas as partes de um mesmo contrato plurilateral gozam de direitos do mesmo tipo [...] nos demais contratos, ao contrário, o direito de cada parte é tipicamente distinto daquele da parte contrária"[76].

---

72. JAEGER, Pier Giusto; DENOZZA, Francesco. *Appunti di diritto commerciale*. 5. ed. Milano: Giuffrè, 2000, p. 95; MARASÁ, Giorgio. *Le società*. 2. ed. Milano: Giuffrè, 2000, p. 125.

73. GALGANO, Francesco, *Diritto civile e commerciale*. 3. ed. Padova: CEDAM, 1999, v. 3, tomo 1, p. 268, tradução livre de "*contratto potenzialmente plurilaterale: nuove parti possono aggiungersi alle parti originarie [...], senza che ciò comporti stipulazione di un nuovo contratto*".

74. MIRANDA, Pontes de. *Tratado de direito privado*. 3. ed. São Paulo: Revista dos Tribunais, 1984, v. XLIX, p. 18.

75. GALGANO, Francesco, *Diritto civile e commerciale*. 3. ed. Padova: CEDAM, 1999, v. 3, tomo 1, p. 268, tradução livre de "*Contratti con più di due parti, in cui le prestazioni di ciascuno sono dirette al conseguimento di uno scopo comune*".

76. ASCARELLI, Tullio. *Problemas das sociedades anônimas e direito comparado*. 2. ed. São Paulo: Saraiva, 1969, p. 275.

d) Função instrumental: o contrato plurilateral não é um fim em si, sua função não termina com o cumprimento das obrigações pelas partes, ele é um instrumento para um fim maior. A execução das obrigações das partes constitui uma premissa para uma atividade ulterior, cuja realização, mesmo após o cumprimento das obrigações das partes, é o objetivo do contrato. "Nos contratos plurilaterais é mister distinguir entre o que respeita à formação do contrato e o que respeita ao preenchimento da função instrumental dele: os requisitos exigidos a este último respeito não visam apenas ao momento da conclusão do contrato, mas, também à vida da organização e devem, por isso, continuamente subsistir."[77] As partes ingressam no contrato não para obter o cumprimento da obrigação da outra parte, mas para uma finalidade posterior e maior, o exercício da atividade.

e) Subsistência do contrato ante a vícios: os vícios na adesão de uma das partes afetam tão somente a sua adesão e não todo o contrato[78], pois nos contratos plurilaterais é possível distinguir o que diz respeito à adesão de cada parte e o que diz respeito ao contrato como um todo[79]. É possível continuar a sociedade, mesmo com a anulação ou nulidade de alguma adesão e mesmo após a morte ou incapacidade de qualquer dos membros. Há que se ressaltar que a continuidade do contrato não é uma regra absoluta, mas uma possibilidade, pois, se com a saída de qualquer sócio, seja por um vício na sua adesão, seja pelo seu falecimento, deixar de existir a finalidade comum, o contrato será extinto.

f) Contrato aberto a novas adesões no seu curso: ao contrário dos contratos bilaterais típicos, o contrato plurilateral permite o ingresso de novas partes, sem que isso implique a formação de um novo contrato, porquanto a finalidade objetivada pelas partes é maior, podendo ultrapassar as possibilidades dos membros originários, o período da sua existência, ou mesmo do ânimo dos sócios na condução dos negócios. Desse modo, o ingresso de novas partes permite novos investimentos, e também a revitalização das forças dos membros na condução da atividade.

g) Inaplicabilidade da exceção do contrato não cumprido: nos contratos bilaterais, se uma das partes não cumpre suas obrigações, não pode exigir o cumprimento das obrigações da outra parte (art. 474 do Código Civil), e tal fato pode conduzir à extinção do contrato. Já nos contratos plurilaterais, tal exceção não se aplica. A inexecução da obrigação de uma das partes não implica a dissolução do contrato, dada a distinção entre o que concerne à adesão da parte e ao que concerne ao contrato em si. Além disso, tal inexecução não implica a extinção do contrato, mas pode implicar tão somente a dissolução do vínculo do sócio

---

77. Idem, p. 273-274.

78. FERRARA JUNIOR, Francesco; CORSI, Francesco. *Gli imprenditori e le società*. 11. ed. Milano: Giuffrè, 1999, p. 253.

79. Idem, 1999, p. 285.

faltoso. "O inadimplemento de uma das partes não dá direito às outras de recusar sua contribuição, ou de pedir a resolução do contrato, mas apenas de excluir da relação o inadimplente."[80]

O regime contratual geral, acrescido das peculiaridades do contrato plurilateral, as quais são aptas a superar os inúmeros problemas decorrentes das relações societárias, mostra, a nosso ver, uma solução coerente e tecnicamente correta a respeito da natureza jurídica do ato constitutivo das sociedades. Diante disso, tal doutrina possui a aceitação quase unânime da doutrina pátria[81], podendo-se afirmar que, em relação às sociedades regidas pelo Código Civil, a natureza jurídica do seu ato constitutivo é de um contrato plurilateral[82].

4.4   Teoria do ato institucional

Os defensores da tese institucionalista dividem as sociedades em dois tipos: as sociedades nas quais a vontade dos sócios tem o condão de extingui-las e aquelas em que a referida vontade não possui tal poder. Feita tal distinção, pretendem justificar a natureza jurídica do ato constitutivo das sociedades, nas quais a vontade dos sócios não tem tanto poder, basicamente as sociedades anônimas, a partir do ato institucional.

O ato institucional seria aquele que daria origem a uma instituição, conceito extremamente controvertido. O criador de tal concepção, Maurice Hauriou, identifica os elementos necessários para a configuração de uma instituição, quais sejam:

a) a ideia de uma obra a realizar no grupo social;

b) uma organização de poder posta a serviço da realização desta obra;

c) manifestação de vontade no grupo social a respeito da ideia e da sua realização[83].

---

80.   FERRARA JUNIOR, Francesco; CORSI, Francesco. *Gli imprenditori e le società*. 11. ed. Milano: Giuffrè, 1999, p. 253, tradução livre de *"l'inadempimento di una delle parti non da diritto alle altre di rifiutare il proprio conferimento o di chiedere la risoluzione del contrattto, ma solo di escludere dal rapporto l'inadempiente".*

81.   Tal solução não é aceita pacificamente em relação às sociedades anônimas, nas quais alguns autores, a nosso ver com razão, pugnam pela aceitação da teoria do ato institucional.

82.   REQUIÃO, Rubens. *Curso de direito comercial*. 23. ed. São Paulo: Saraiva, 1998, v. 1, p. 344; BULGARELLI, Waldirio, *Sociedades comerciais*. 7. ed. São Paulo: Atlas, 1998, p. 24; COELHO, Fábio Ulhoa, *Curso de direito comercial*. São Paulo: Saraiva, 1999, v. 2, p. 374; MARTINS, Fran, *Curso de direito comercial*. 22. ed. Rio de Janeiro: Forense, 1998, p. 189; BORBA, José Edwaldo Tavares. *Direito societário*. 4. ed. Rio de Janeiro: Freitas Bastos, 1998, p. 31; GOMES, Orlando, *Contratos*. Atualização e notas de Humberto Theodoro Junior. 18. ed. Rio de Janeiro: Forense, 1999, p. 393; ROQUE, Sebastião José, *Direito societário*. São Paulo: Ícone, 1997, p. 31; FAZZIO JUNIOR, Waldo. *Manual de direito comercial*. São Paulo: Atlas, 2000, p. 152 HENTZ, Luiz Antonio Soares. *Direito comercial atual* – de acordo com a teoria da empresa. 3. ed. São Paulo: Saraiva, 2000, p. 94-95; CAMPINHO, Sérgio. *O direito de empresa à luz do novo Código Civil*. 4. ed. Rio de Janeiro: Renovar, 2004, p. 59.

83.   HAURIOU, Maurice. *La teoría de la institución y de la fundación*. Buenos Aires: Abeledo-Perrot, 1968, p. 41.

Vê-se, pois, que a ideia fundamental na instituição é a obra a realizar, possuindo somenos importância a vontade dos sócios. Em tal ato, a vontade dos sócios é restrita à aceitação da disciplina, sem uma preocupação maior quanto aos efeitos, ao contrário do que ocorreria nos contratos[84]. A vontade dos sócios não seria tão determinante na vida da sociedade, quanto à função a ser exercida. Adotando a teoria da instituição, há uma subordinação dos direitos e interesses privados aos fins que se quer realizar[85].

Nas sociedades por ações, geralmente a empresa envolve um número tão grande de interesses (empregados, comunidade, fisco, consumidores), além dos interesses dos seus membros, que há uma responsabilidade social a ser cobrada[86]. A prevalência do interesse social sobre o interesse individual dos sócios reforça a natureza institucional da relação[87], em oposição à natureza contratual, na qual prevaleceria a vontade comum dos sócios[88].

A Lei n. 6.404/76 acolheu tal interpretação, sobretudo ao afirmar em seu art. 116, parágrafo único, que "o acionista controlador deve usar o poder com o fim de fazer a companhia realizar o seu objeto e cumprir sua função social, e tem deveres e responsabilidades para com os demais acionistas da empresa que nela trabalham e para com a comunidade em que atua, cujos direitos e interesses deve lealmente respeitar e atender".

A propósito, já afirmou Carlos Gilberto Villegas: "A lei brasileira de 1976 constitui a mais moderna expressão da doutrina institucionalista, atribuindo à sociedade uma função social e destacando que o interesse social compreende o daqueles que trabalham na sociedade, e na comunidade em geral e o interesse nacional"[89].

Não obstante o acolhimento da teoria da instituição pela lei pátria, vários autores discordam de tal entendimento, firmando-se na aplicabilidade do regime do contrato plurilateral às sociedades anônimas[90]. Todavia, acreditamos que a natureza contratual não é apta a explicar as relações advindas das sociedades por ações. Mesmo no contrato plurilateral subsistem alguns princípios dos contratos inaplicáveis às sociedades por ações.

---

84.   REQUIÃO, Rubens. *Curso de direito comercial*. 23. ed. São Paulo: Saraiva, 1998, v. 1, p. 341-342.

85.   RIPERT, Georges; ROBLOT, René. *Traité élémentaire de droit commercial*. 5. ed. Paris: Librairie Générale de Droit et de Jurisprudence, 1963, v. 1, p. 329.

86.   LAMY FILHO, Alfredo; PEDREIRA, José Luiz Bulhões. *A lei das S.A.*: pressupostos, elaboração, aplicação. 3. ed. Rio de Janeiro: Renovar, 1997, p. 147.

87.   PAPINI, Roberto. *Sociedade anônima e mercado de valores mobiliários*. 3. ed. Rio de Janeiro: Forense, 1999, p. 35.

88.   HALPERIN, Isaac. *Sociedades anónimas*. Actualizada e ampliada por Julio C. Otaegui. 2. ed. Buenos Aires: Depalma, 1998, p. 5 entende que o interesse social se coadunaria com a natureza contratual do ato constitutivo.

89.   VILLEGAS, Carlos Gilberto. *Derecho de las sociedades comerciales*. 7. ed. Buenos Aires: Abeledo Perrot, 1994, p. 32, tradução livre de "*La ley brasileña de 1976 constituye la más moderna expresión de la doctrina institucionalista, atribuyendo a la sociedad una función social y destacando que el interés social comprende el de quienes trabajan en la sociedad, el de la comunidad en general y el interés nacional*".

90.   REQUIÃO, Rubens. *Curso de direito comercial*. 23. ed. São Paulo: Saraiva, 1998, v. 1, p. 342; BULGARELLI, Waldirio, *Manual das sociedades anônimas*. 12. ed. São Paulo: Atlas, 2001, p. 23-24.

Tratando-se de um contrato por prazo indeterminado, assiste ao contratante o direito de denunciar o contrato, retirando-se[91] e, por vezes, até extinguindo-o. Embora não tenha o condão de extinguir o contrato societário, é certo que, nas sociedades regidas pelo Código Civil, há a possibilidade de tal dissolução parcial, com fundamento no art. 1.029 do Código Civil (art. 335, 5, do Código Comercial), sendo reembolsado pela sociedade o sócio que se retira.

Entretanto, tal dispositivo não se aplica às sociedades por ações, denotando a ausência da natureza contratual em tal relação e reforçando a natureza institucional do ato constitutivo de tais sociedades[92]. Nestas, o sócio não pode impor um ônus à sociedade apenas pela sua vontade de se retirar, o que seria possível se a relação fosse contratual. Portanto, a natureza contratual não é capaz de explicar o ato constitutivo das sociedades por ações, devendo prevalecer o entendimento da natureza de ato institucional.

---

91.   DE CUPIS, Adriano. *Istituzioni di diritto privato.* Milano: Giuffrè, 1978, v. 3, GOMES, Orlando, *Contratos.* 18 ed. Atualizada por Humberto Theodoro Júnior. Rio de Janeiro: Forense, 1999, p. 185; PEREIRA, Caio Mário da Silva *Instituições de direito civil.* 9. ed. Rio de Janeiro: Forense, 1993, v. 3, p. 101.

92.   COELHO, Fábio Ulhoa, *Curso de direito comercial.* São Paulo: Saraiva, 1999, v. 2, p. 26; MARTINS, Fran, *Curso de direito comercial.* 22. ed. Rio de Janeiro: Forense, 1998, p. 189; CAMPINHO, Sérgio. *O direito de empresa à luz do novo Código Civil.* 4. ed. Rio de Janeiro: Renovar, 2004, p. 58-59.

14 A PERSONALIDADE JURÍDICA DAS SOCIEDADES

1 Noções gerais

Nosso direito reconhece várias espécies de sociedade, atribuindo-lhes em geral a condição de pessoas jurídicas, desde que atendidos os requisitos legais. Todavia, é certo que das sociedades regidas pelo direito brasileiro, duas (a sociedade em comum e a sociedade em conta de participação) não possuem personalidade jurídica, de modo que não se pode colocar a personalidade como um elemento essencial de todas as sociedades. Apesar de não dizer respeito a todas as sociedades, é certo que a personalidade é inerente a boa parte das sociedades existentes, sendo importantíssima no estudo do direito societário.

O direito é estabelecido para fins humanos, mas não é apenas a pessoa física que pode ser sujeito de direitos[1], existem outros entes que igualmente podem ser titulares de direitos e obrigações. Entre tais entes, temos as pessoas jurídicas e temos também entes despersonalizados, tendo como caráter distintivo a existência ou não de personalidade jurídica.

A personalidade jurídica é a "aptidão genérica para adquirir direitos e contrair obrigações"[2]. Não é a simples condição de sujeito de direito que caracteriza a personalidade, mas a aptidão genérica para tanto, uma vez que os entes despersonalizados também podem praticar atos jurídicos, também são sujeitos de direitos, mas só podem fazer o essencial ao cumprimento de sua função ou o expressamente autorizado[3].

Distinguem-se as pessoas jurídicas dos entes despersonalizados como o espólio e a massa falida pela amplitude da capacidade de adquirir direitos e obrigações inerente à personificação e ausente nos demais entes.

No Brasil, em face da regra, constante do art. 350 do Código Comercial, que estabelecia a subsidiariedade da responsabilidade dos sócios por obrigações, discutia-se se já se havia reconhecido ou não a personalidade jurídica às sociedades comerciais. Tal discussão cessou de uma vez por todas com o advento do Código Civil de 1916, que reconhecia expressamente a personalidade jurídica a todas as sociedades civis e comerciais, o que foi mantido pelo art. 44 do Código Civil.

---

1. BEVILAQUA, Clóvis. *Theoria geral do direito civil*. Campinas: RED Livros, 1999, p. 147.

2. PEREIRA, Caio Mário da Silva. *Instituições de direito civil*. 19. ed. Rio de Janeiro: Forense, 2000, v. 1, p. 141.

3. COELHO, Fábio Ulhoa. *Curso de direito comercial*. São Paulo: Saraiva, 1999, v. 2, p. 10.

No direito comparado, nem sempre se reconhece a personalidade a todos os tipos de sociedade. Em Portugal[4], bem como na Espanha[5] e na França[6], todas as sociedades comerciais regulares possuem personalidade jurídica. Na Alemanha, as sociedades em nome coletivo e em comandita simples não possuem personalidade jurídica[7]. Na Itália, as sociedades de pessoas não possuem personalidade jurídica, a qual toca apenas as sociedades de capitais[8].

2 Função das pessoas jurídicas

Nem sempre o homem consegue sozinho atingir seus objetivos (econômicos, recreativos, religiosos). É extremamente frequente que ele se una a outros homens para atingir tais objetivos. Nesses casos, como o fim será compartilhado por todos, prefere-se constituir um organismo capaz de alcançar o fim almejado, do que exercer a atividade no nome de uma pessoa física apenas.

Por vezes, o que há é a vinculação de um patrimônio para determinada finalidade, dando origem a uma pessoa jurídica, a qual será sempre um organismo destinado a satisfazer um interesse humano. Vê-se, pois, que as pessoas jurídicas existem sempre para satisfazer interesses humanos, seja para alcançar objetivos que não se alcançariam sozinhos, seja para desenvolver uma atividade por um período superior ao da existência humana.

Nesse sentido, Francisco Amaral afirma, com precisão, em relação às pessoas jurídicas, que "sua razão de ser está na necessidade ou conveniência de as pessoas singulares combinarem recursos de ordem pessoal ou material para a realização de objetivos comuns, que transcendem as possibilidades de cada um dos interessados por ultrapassarem o limite moral da sua existência ou exigirem a prática de atividades não exercitáveis por eles"[9].

Outrossim, além de tal função que pode ser reconhecida às pessoas jurídicas em geral, nas sociedades exsurge uma outra, qual seja, a criação de um centro de imputação de direitos e obrigações, com um patrimônio distinto de seus membros, limitando, na maioria dos casos, os riscos empresariais[10].

---

4. FURTADO, Jorge Henrique Pinto. *Curso de direito das sociedades*. 3. ed. Coimbra: Almedina, 2000, p. 240.

5. ROGEL VIDE, Carlos. *Derecho de la persona*. Barcelona: J. M. Bosch Editor, 1998, p. 96.

6. ESCARRA, Jean; ESCARRA, Edouard; RAULT, Jean. *Traité théorique et pratique de droit commercial*. Paris: Librairie du Recueil Sirey, 1950, p. 55; RIPERT, Georges; ROBLOT, René. *Traité élémentaire de droit commercial*. 5. ed. Paris: Librairie Générale de Droit et de Jurisprudence, 1963, v. 1, p. 331.

7. LARENZ, Karl. *Derecho civil*: parte general. Traducción y notas de Miguel Izquierdo y Macías-Picavea. Madrid: Editoriales de Derecho Reunidas, 1978, p. 167.

8. GALGANO, Francesco, *Diritto civile e commerciale*. 3. ed. Padova: CEDAM, 1999, v. 3, tomo 1, p. 305; JAEGER, Pier Giusto; DENOZZA, Francesco. *Appunti di diritto commerciale*. 5. ed. Milano: Giuffrè, 2000, p. 115.

9. AMARAL, Francisco. *Direito civil*: introdução. 3. ed. Rio de Janeiro: Renovar, 2000, p. 271-272.

10. A limitação dos riscos empresariais está ligada mais ao tipo societário usado.

Ao se exercer a atividade empresarial por meio de uma pessoa jurídica, cria-se um centro autônomo de interesses em relação às pessoas que lhe deram origem, de modo que a estas não são imputados as condutas, os direitos e os deveres da pessoa jurídica. "Com o nascimento dela, surge um novo centro de referência de interesses e relações jurídicas; se tem um sujeito jurídico a mais, o qual tem capacidade de direito, capacidade de querer e agir, vontade e responsabilidade patrimonial própria."[11]

Assim, em vez de imputar a atividade empresarial à pessoa física, ela é imputada a um novo centro de imputação de direitos e obrigações, o qual possui um patrimônio que responde pelas suas obrigações, não se estendendo a responsabilidade ao patrimônio dos sócios. Em suma, "a pessoa jurídica representa instrumento legítimo de destaque patrimonial, para a exploração de certos fins econômicos, de modo que o patrimônio titulado pela pessoa jurídica responda pelas obrigações desta, só se chamando os sócios à responsabilidade em hipóteses restritas"[12].

3   O início da personalidade jurídica

A personalidade jurídica de uma sociedade se inicia com a constituição da sociedade, a qual pressupõe alguns elementos.

A doutrina não é unânime ao indicar os elementos necessários à constituição de uma pessoa jurídica, sem, contudo, chegar a divergências de maior importância. Em função disso, unindo as ideias de vários autores podemos chegar aos seguintes elementos: (a) vontade humana criadora[13]; (b) a finalidade específica[14]; (c) o substrato representado por um conjunto de bens ou de pessoas[15]; e (d) a presença do estatuto e respectivo registro[16].

Existindo um grupo de pessoas ou um conjunto de bens, com uma finalidade específica, pode a vontade humana, expressamente manifestada, dar origem a uma pessoa jurídica, a qual só nasce efetivamente com o registro dos atos constitutivos no órgão competente (art. 985 do Código Civil).

---

11.   MESSINEO, Francesco. *Manuale di diritto civile e commerciale*. Milano: Giuffrè, 1957, v. 1, p. 278, tradução livre de *"Con la nascita di essa, sorge un nuovo termine di riferimento di interessi e di rapporti giuridici; si ha un soggeto giuridico di più, il quale ha capacità di diritti, capacità di volere e di agire, volontà e responsabilità patrimoniale propria"*.

12.   AMARO, Luciano. Desconsideração da pessoa jurídica no código de defesa do consumidor. *Revista de Direito do Consumidor*, São Paulo, n. 5, jan./mar. 1993, p. 169.

13.   PEREIRA, Caio Mário da Silva. *Instituições de direito civil*. 19. ed. Rio de Janeiro: Forense, 2000, v. I, p. 186-187.

14.   OLIVEIRA, J. M. Leoni Lopes de. *Teoria geral do direito civil*. 2. ed. Rio de Janeiro: Lumen Juris, 2000, v. 2, p. 280.

15.   Idem, ibidem.

16.   AMARAL, Francisco. *Direito civil*: introdução. 3. ed. Rio de Janeiro: Renovar, 2000, p. 288.

4 Teorias sobre a pessoa jurídica

Desde o reconhecimento das pessoas jurídicas como sujeitos de direitos, a par dos seres humanos, surgiram inúmeras teorias tentando justificar a natureza da personalidade das pessoas jurídicas, algumas inclusive negando a existência da pessoa jurídica como um ente autônomo. Conquanto muitas teorias já estejam completamente superadas, é importante analisá-las a fim de entender melhor as teorias que hoje possuem uma aceitação maior.

4.1 Teoria individualista

Inicialmente, algumas teorias negavam a existência da personalidade para as pessoas jurídicas. Dentre estas, encontramos a teoria individualista de Rudolf von Ihering.

Para tal teoria, quem teria personalidade seriam os membros da sociedade, ou os destinatários do patrimônio nas fundações, logo, os direitos atribuídos a uma sociedade seriam direitos de seus sócios e não dela como ente próprio. Tal concepção encontra-se superada.

Clóvis Beviláqua, criticando tal teoria, afirma: "Se, pois, não podem os membros da sociedade exercer por si, direitos que competem, privativamente, à sociedade, não é lícito dizer que são eles os verdadeiros sujeitos, e a corporação uma aparência, um simples modo de designá-los"[17]. Outra crítica procedente é feita por Caio Mário da Silva Pereira, nos seguintes termos:

> Contra esta conceituação podemos de início objetar que, sendo possível um conflito entre a pessoa jurídica e um dos seus membros componentes, litígios que se esboçam com relativa frequência, dos quais resulta o reconhecimento de direito da sociedade ou associação contra o associado ou vice-versa, não explica a doutrina como se realizaria o exercício do direito da entidade contra o seu membro componente, se fosse verdade que ela não é o sujeito da relação jurídica, mas apenas um meio técnico pelo qual os seus componentes o exercitam[18].

As críticas feitas a tal teoria reforçam uma das ideias fundamentais em relação às pessoas jurídicas, sua independência em relação às pessoas que lhe deram origem.

4.2 Teoria da ficção

Uma das mais antigas teorias sobre a natureza jurídica da personalidade é a teoria da ficção, atribuída aos glosadores da Idade Média e a Savigny. Nesta linha de entendimento, a pessoa jurídica é uma mera criação do legislador, uma criação intelectual, uma

---

17. BEVILÁQUA, Clóvis. *Theoria geral do direito civil*. Campinas: RED Livros, 1999, p. 146.

18. PEREIRA, Caio Mário da Silva. *Instituições de direito civil*. 19. ed. Rio de Janeiro: Forense, 2000, v. I, p. 191.

ficção[19]. Ela é um ser fictício, dotado de uma capacidade artificial[20], uma vez que a vontade seria inerente apenas aos seres humanos.

Tal concepção está ligada ao espírito da época, extremamente individualista, pelo qual só a pessoa humana poderia ser sujeito de direitos. Ademais, atribui-se ao Estado o poder de criar e dissolver as pessoas jurídicas, reforçando o poder do Estado à época.

Embora seja uma das teorias mais estudadas, ela não é imune a críticas. Em primeiro lugar, não se pode negar que há uma vontade real, resultante da soma das vontades dos sócios, a qual não é uma mera ficção. Além do que, a teoria não explica a situação do Estado como pessoa jurídica, uma vez que restariam as seguintes indagações: Quem criou o Estado? Quem lhe reconheceu a personalidade, uma vez que cabe ao Estado tal mister?

4.3 Teoria da vontade

Outra teoria afirma que a vontade é personificada. Assim, para os seres humanos a sua vontade é que teria personalidade, e para as sociedades, a vontade que as criou é que seria personificada.

Tal teoria comete a mesma falha da teoria da ficção, ao personificar a vontade, uma vez que continua a entender a pessoa jurídica como um ente fictício[21]. Outrossim, em relação às pessoas físicas, o equívoco ainda é mais patente, uma vez que mesmo os indivíduos portadores de um estado incompatível com o reconhecimento de uma vontade livre (menores, alienados) não deixam de ser sujeitos de direito[22].

4.4 Teoria do patrimônio de afetação

Outra teoria defendia que a personalidade moral apenas encobriria um patrimônio sem sujeitos, a pessoa jurídica é um patrimônio equiparado nos seus tratamentos a pessoas naturais. Quando os homens se reúnem e separam parte de seu patrimônio, ligando-o a determinada finalidade, tal patrimônio mereceria um tratamento separado, sendo personificado.

A principal crítica que existe em relação a tal teoria é que o patrimônio não é fundamental para a constituição da pessoa jurídica, vale dizer, existem pessoas jurídicas independentemente da existência de um patrimônio. "É princípio assente que, se a pessoa jurídica é sempre capaz de adquirir um patrimônio, a preexistência deste nem sempre é necessária para que ela se constitua."[23]

---

19. RUGGIERO, Roberto de. *Instituições de direito civil*. Campinas: Bookseller, 1999, v. 1, p. 551.

20. CASTRO Y BRAVO, Frederico. *La persona jurídica*. 2. ed. Madrid: Editorial Civitas, 1991, p. 263.

21. RUGGIERO, Roberto de. *Instituições de direito civil*. Campinas: Bookseller, 1999, v. 1, p. 552.

22. PEREIRA, Caio Mário da Silva. *Instituições de direito civil*. 19. ed. Rio de Janeiro: Forense, 2000, v. I, p. 192.

23. BEVILÁQUA, Clóvis. *Teoria geral do direito civil*. Campinas: RED Livros, 1999, p. 153.

4.5 Teoria da instituição

Outra teoria, defendida por Maurice Hauriou, sustentava que as pessoas jurídicas seriam instituições destinadas à execução de um serviço público ou privado, construções destinadas ao atendimento de uma finalidade. Nem toda instituição seria uma pessoa moral, mas toda pessoa moral seria uma instituição.

A fim de analisar o acerto de tal teoria, é mister identificar o que vem a ser uma instituição, um conceito que se situa entre brumas.

Maurice Hauriou identifica os elementos necessários para a configuração de uma instituição, quais sejam:

a) a ideia de uma obra a realizar no grupo social;

b) uma organização de poder posta a serviço da realização desta obra;

c) manifestação de vontade no grupo social a respeito da ideia e da sua realização[24].

Clara é a manifestação de Sílvio Rodrigues, ao afirmar:

> A constituição de uma instituição envolve: uma ideia que cria um vínculo social, unindo indivíduos que visam a um mesmo fim; e uma organização, ou seja, um conjunto de meios destinados à consecução do fim comum. A instituição tem uma vida interior representada pela atividade de seus membros, que se reflete numa posição hierárquica estabelecida entre os órgãos diretores e os demais componentes, fazendo, assim, com que apareça uma estrutura orgânica. Sua vida exterior, por outro lado, manifesta-se através de sua atuação no mundo do direito, com o escopo de realizar a ideia comum[25].

Pela explanação do que é uma instituição, vemos que tal teoria dificilmente se adaptaria às sociedades e associações, porquanto suprime a realidade dos associados, que são o elemento dominante em tais pessoas jurídicas. Há uma valorização excessiva do elemento sociológico[26].

Além disso, as mesmas organizações tendentes à realização de uma obra social podem não ser personificadas, caso não obedeçam às prescrições legais para a personificação, o que denota o desacerto de tal concepção por derradeiro. Por fim, é certo que, mesmo antes de qualquer organização no sentido da realização da sua atividade, as pessoas jurídicas podem existir, isto é, as pessoas jurídicas podem existir sem funcionar no mundo fático[27].

---

24. HAURIOU, Maurice. *La teoría de la institución y de la fundación*. Buenos Aires: Abeledo-Perrot, 1968, p. 41.

25. RODRIGUES, Sílvio. *Direito civil*. 30. ed. São Paulo: Saraiva, 2000, v. 1, p. 66-67.

26. AMARAL, Francisco. *Direito civil*: introdução. 3. ed. Rio de Janeiro: Renovar, 2000, p. 280.

27. FERRARA, Francesco. *Le persone giuridiche*. 2. ed. Torino: UTET, 1956, p. 32.

4.6 Teoria da realidade objetiva ou orgânica

A par das teorias que negavam a existência da pessoa jurídica, ou a consideravam uma ficção, desenvolve-se uma teoria que considera a pessoa jurídica uma realidade, realidade esta que preexiste à lei. Nas pessoas jurídicas, haveria uma vontade individualizada, própria, e onde há vontade há direito, e onde há direito há um sujeito de direitos. Concebe-se a pessoa jurídica como um organismo natural, tal qual o ser humano, possuindo uma vontade própria, interesses próprios e patrimônio próprio. Não tratamos de abstrações, mas de entes reais que produzem e sofrem efeitos[28].

Tal concepção representou um passo fundamental no desenvolvimento da pessoa jurídica, ao reconhecer a realidade inerente a tais entes. Todavia, tal concepção é falha, quando identifica a vontade da pessoa moral com a da pessoa física. Há sem dúvida uma realidade, mas não uma realidade orgânica que é inerente exclusivamente aos seres humanos.

A propósito, afirmou Francesco Ferrara:

> O paradoxo central de toda esta teoria está na suposição gratuita que o ente coletivo tenha uma vontade própria. Porém, uma vontade não pode ter no sentido psicológico. Ora, apenas os homens possuem uma vontade, não seres extra-humanos, assim ditos sociais. É certo que o querer dos indivíduos associados, reagindo e combinando-se entre si, se modificam, sujeitam-se a atrações, influências e interferências, de modo que o resultado do querer conjunto dos associados é diferente no conteúdo da vontade inicial dos indivíduos, mas não se cria com isso uma vontade diversa atribuível a um ente misterioso que sobrepõe a todos e tudo penetra [...]
> A vontade é sempre de homens, e só nos homens é concebível[29].

4.7 Teoria da realidade técnica

Aproveitando-se dos acertos e das críticas das teorias da ficção e da realidade orgânica, desenvolveu-se a teoria da realidade técnica, hoje a mais aceita pela doutrina[30].

---

28. VON TUHR, A. *Derecho civil*: teoría general del derecho civil alemán. Traducción de Tito Ravá. Madrid: Marcial Pons, 1999. v. I, tomo 2, p. 373.

29. FERRARA, Francesco, *Le persone giuridiche*. 2. ed. Torino: UTET, 1956, p. 24, tradução livre de *"il paradosso centrale di tutta questa teoria sta nella supposizione gratuita che l'ente collettivo abbia una propria volontà. Ma una volontà non si può avere che in senso psicologico. Ora solo gli uomini hanno una volontà, non esseri extra-umani, così detti sociali. Certo le volontà dei singoli associati, reagendo e combinandosi fra di loro, si modificano, subiscono attrazioni, influenze ed interferenze, per modo che il risultato del volere complessivo degli associati è diverso nel contenuto dal volere iniziale dei singoli; ma non si crea con ciò una volontà diversa attribuibile ad un ente misterioso che aleggia sul tutti e che tutti compenetra[...]. La volontà è sempre di uomini, e solo negli uomini é concepibile".*

30. ALVES, Alexandre Ferreira de Assumpção. *A pessoa jurídica e os direitos da personalidade*. Rio de Janeiro: Renovar, 1998, p. 39.

Com efeito, as pessoas jurídicas são realidades reconhecidas pelo direito, este não cria as pessoas jurídicas do nada[31], mas a partir de realidade que não se confunde com a realidade das pessoas humanas. O direito não considera apenas a realidade vulgar, levando em conta outros fatores, tanto que reconhece a personalidade independentemente de um suporte biológico. "A personalidade jurídica não é, pois, ficção, mas uma forma, uma investidura, um atributo, que o Estado defere a certos entes havidos como merecedores dessa situação. O Estado não outorga tal predicado de maneira arbitrária e sim tendo em vista determinada situação, que já encontra devidamente concretizada."[32]

"A pessoa jurídica é uma realidade, mas uma realidade do mundo jurídico, não da vida sensível"[33], trata-se de uma realidade puramente técnica, que aparece como a tradução mais simples e mais lógica de fenômenos jurídicos já indiscutíveis[34]. A realidade das pessoas jurídicas não é aquela dos sujeitos humanos que se veem e se tocam, mas uma realidade abstrata, ideal, como a dos institutos jurídicos[35]. Tal realidade pode ser percebida na atuação das pessoas jurídicas no mundo real, quando estas atuam como centro autônomo de direitos e obrigações, desenvolvendo suas atividades e funções.

Entretanto, há que se ressaltar que não basta a existência de um conjunto de pessoas, da realidade subjacente, é necessário o reconhecimento pelo ordenamento jurídico, que é o fator constitutivo da pessoa jurídica[36]. Conquanto seja criticada, por ser considerada extremamente positivista, tal concepção de Francesco Ferrara é a mais acertada. Prova disso é que uma sociedade com todos os elementos não é considerada pessoa jurídica, se não arquivar seus atos constitutivos no órgão competente, ou seja, se lhe faltar o reconhecimento estatal. Corroborando isso, vemos, no direito brasileiro, os grupos de sociedades que não possuem personalidade, embora se enquadrem no substrato necessário, por lhes faltar justamente o reconhecimento estatal.

Assim, a pessoa jurídica é uma realidade técnica, que pressupõe dois elementos, quais sejam, substrato + reconhecimento[37].

5 Atuação das sociedades

A sociedade é um ente fictício, no sentido de não possuir uma existência tangível, e por isso depende da interveniência de seres humanos para praticar os atos da vida con-

---

31. MIRANDA, Francisco Antônio Pontes de. *Tratado de direito privado*. Campinas: Bookseller, 1999, v. 1, 345.

32. MONTEIRO, Washington de Barros. *Curso de direito civil*. 31. ed. São Paulo: Saraiva, 1993, v. 1, p. 100.

33. FERRARA, Francesco. *Trattato di diritto civile italiano*. Roma: Athenaeum, 1921, p. 610.

34. VON TUHR, A. *Derecho civil*: teoría general del derecho civil alemán. Traducción de Tito Ravá. Madrid: Marcial Pons, 1999. v. I, tomo 2, p. 372; PLANIOL, Marcel; RIPERT, Jorge. *Tratado practico de derecho civil francés*. Traducción de Mario Dias Cruz. Havana: Cultural S/A, 1927, v. 1, p. 66.

35. FERRARA, Francesco, *Le persone giuridiche*. 2. ed. Torino: UTET, 1956, p. 39.

36. Idem, ibidem.

37. FERRARA, Francesco, *Le persone giuridiche*. 2. ed. Torino: UTET, 1956, p. 46; PINTO, Carlos Alberto da Mota. *Teoria geral do direito civil*. 3. ed. Coimbra: Almedina, 1999, p. 269.

creta, vale dizer, "seus contatos com o mundo real exigem a presença de órgãos que os estabeleçam"[38].

Tratando-se de um ente personificado, a sociedade é dotada da chamada capacidade de direito, entendida como a aptidão para ser sujeito de direitos e obrigações, a par dos direitos e obrigações dos seus membros. Para exercer seus direitos e obrigações, a sociedade deve praticar os mesmos atos que um ser humano praticaria, e para tanto necessita dos chamados órgãos[39].

Já tivemos oportunidade de afirmar: "A ausência de substrato concreto das pessoas jurídicas torna imprescindível a intermediação de um órgão, para a exteriorização da vontade daquelas, bem como para a administração da sociedade no âmbito interno"[40]. É oportuna a lição de Josserand no mesmo sentido: "É evidente que uma pessoa moral não pode obrar por si mesma, sendo necessário que se exteriorize por mecanismos, por órgãos, sem os quais seria como se não existisse"[41].

Tal órgão, ao contrário do que afirma Von Tuhr, não é análogo ao representante legal dos incapazes[42], há uma efetiva e importante diferença entre o representante e o órgão.

A expressão *órgão* é preferível, uma vez que este recebe seus poderes do próprio estatuto da pessoa jurídica e nela está integrado[43]. Quando o órgão age, quem age é a pessoa jurídica. Por meio do órgão, se faz presente a vontade da pessoa jurídica, daí se falar que o órgão é o presentante[44] da pessoa jurídica, e não seu representante. O Prof. Rubens Requião lança mão de uma analogia extremamente clara na definição de tal natureza, ao afirmar que "o órgão executa a vontade da pessoa jurídica, assim como o braço, a mão, a boca executam a da pessoa física"[45].

Não se pode falar em representação legal ou convencional, seja porque a pessoa jurídica não é incapaz, seja porque a função do órgão é essencial à própria vida da sociedade, não se podendo falar em mandato. As sociedades, além de capacidade de direito, também são dotadas da chamada capacidade de fato plena[46], não necessitando de serem assistidas ou representadas para agir.

---

38. PEREIRA, Caio Mário da Silva. *Instituições de direito civil*. 19. ed. Rio de Janeiro: Forense, 2000, v. 1, p. 197.

39. VON TUHR, A. *Derecho civil*: teoría general del derecho civil alemán. Traducción de Tito Ravá. Madrid: Marcial Pons, 1999. v. I, tomo 2, p. 467.

40. TOMAZETTE, Marlon. As sociedades por quotas de responsabilidade limitada e os atos dos sócios gerentes. *Universitas Jus*, Brasília, n. 5, jan./jun. 2000, p. 120.

41. JOSSERAND, Louis. *Derecho civil*. Tradução de Santiago Cunchillos y Manterola. Buenos Aires: Bosch, 1952, p. 465.

42. VON TUHR, A. *Derecho civil*: teoría general del derecho civil alemán. Traducción de Tito Ravá. Madrid: Marcial Pons, 1999. v. I, tomo 2, p. 468.

43. CASTRO Y BRAVO, Frederico. *La persona jurídica*. 2. ed. Madrid: Editorial Civitas, 1991, p. 387.

44. MIRANDA, Francisco Antônio Pontes de. *Tratado de direito privado*. Campinas: Bookseler, 1999, v. 1, p. 482-483; COELHO, Fábio Ulhoa. *Curso de direito comercial*. São Paulo: Saraiva, 1999, v. 2, p. 429.

45. REQUIÃO, Rubens. *Curso de direito comercial*. 23. ed. São Paulo: Saraiva, 1998, v. 1, p. 389.

46. PINTO, Carlos Alberto da Mota. *Teoria geral do direito civil*. 3. ed. Coimbra: Almedina, 1999, p. 316.

"Não existe duplicidade de vontade, falta uma declaração volitiva do representante em lugar do representado, pela razão simples de que este, como ente abstrato, não pode ter outra vontade senão a do próprio órgão, dito de representação."[47] Tratamos de representação quando uma pessoa atua e decide dentro de certos limites por outra[48], o que não ocorre em relação às sociedades. Quando o órgão ou presentante age, é um ato da própria sociedade e não de um terceiro em proveito da sociedade. Prova disso é a imposição de responsabilidade à sociedade em relação aos atos dos seus órgãos.

A importância de tal qualificação reside no fato de que qualquer problema, como a incapacidade ou a morte da pessoa física (órgão da sociedade que praticou o ato), não afeta sua existência e validade, porquanto se trata de ato da sociedade, simplesmente manifestado por meio de seu órgão. Sendo ato da sociedade, a morte da pessoa física, que praticou concretamente o ato pela sociedade, não traz quaisquer problemas, uma vez que a autora do ato continua existindo.

6   Consequências da personificação

Independentemente da teoria a ser seguida, a personalidade jurídica é um instrumento, uma técnica jurídica, que visa a alcançar determinados fins práticos[49]. Nas palavras de Francesco Ferrara, "a personalidade não é outra coisa senão uma armadura jurídica para realizar de modo mais adequado os interesses dos homens"[50].

Para alcançar tal finalidade, o direito reconhece às pessoas jurídicas em geral uma série de atributos, fundamentais para consecução da sua finalidade. A relação de tais atributos não é uniforme na doutrina, sem, contudo, existirem distinções substanciais.

6.1 Nome

As pessoas jurídicas possuem um nome próprio, pelo qual se vinculam no universo jurídico, não sendo necessário usar o nome de algum sócio. O nome empresarial é aquele usado pelo empresário, enquanto sujeito exercente de uma atividade empresarial, vale dizer, é o traço identificador do empresário, tanto o individual, quanto a sociedade empresária. Para todos os efeitos, equipara-se ao nome empresarial a denominação das sociedades simples, das associações e das fundações (art. 1.155, parágrafo único, do Código Civil).

---

47.   PEREIRA, Caio Mário da Silva. *Instituições de direito civil.* 19. ed. Rio de Janeiro: Forense, 2000, v. 1, p. 397.

48.   ROGEL VIDE, Carlos. *Derecho de la persona.* Barcelona: J. M. Bosch Editor, 1998, p. 208.

49.   COMPARATO, Fábio Konder. *O poder de controle na sociedade anônima.* 3. ed. São Paulo: Revista dos Tribunais, 1983, p. 279.

50.   FERRARA, Francesco. *Trattato di diritto civile italiano.* Roma: Athenaeum, 1921, p. 598, tradução livre de *"la personalità non è che un'armatura giuridica per realizzare in modo più adeguato interessi di uomini".*

6.2 Nacionalidade

A princípio só se pode falar em cidadania em relação às pessoas físicas[51]. Todavia, por meio de certa analogia, pode ser reconhecida uma nacionalidade para as pessoas jurídicas, como atributo da sua personificação, não sendo reconhecida para as sociedades de fato[52].

No ordenamento jurídico brasileiro, o único regramento até então existente constava do art. 60 do Decreto-lei n. 2.627/40, a antiga Lei de Sociedades Anônimas, que teve alguns artigos mantidos em vigor. Com o Código Civil, reproduz-se a disciplina anteriormente existente. Diante de tal disciplina, brasileira é a sociedade organizada conforme as leis brasileiras e que mantém sua sede no país. Assim, para se configurar uma sociedade como nacional ou estrangeira, de nada vale a qualificação de seus membros. No ordenamento português, considera-se portuguesa a sociedade cuja sede principal e efetiva da administração esteja em Portugal[53].

As sociedades estrangeiras podem funcionar no país, dependendo de autorização (arts. 1.134 a 1141 do Código Civil). Entretanto, é mais comum a criação de subsidiárias, isto é, de pessoas jurídicas nacionais, controladas pelas sociedades estrangeiras, dada a simplicidade de constituição e funcionamento das sociedades limitadas.

6.3 Domicílio

Outra consequência da personificação das sociedades é a existência de um domicílio próprio, cuja importância é fundamental na órbita tributária e na definição do foro competente para ações contra a sociedade.

O domicílio de uma sociedade é o local do funcionamento dos órgãos da administração ou onde o estatuto fixar (art. 75, IV, do Código Civil). Possuindo diversos estabelecimentos, cada um será considerado domicílio para os atos nele praticados (eleição tácita de domicílio pela lei). Tratando-se de pessoa jurídica, cujos órgãos da administração sejam situados no exterior, considera-se como domicílio o local de cada estabelecimento em relação aos atos praticados por cada um.

6.4 Capacidade contratual

Outro corolário da personificação da sociedade é sua aptidão para ser parte em contratos de per si, não necessitando de firmar contratos no nome de seus membros,

---

51. VON TUHR, A. *Derecho civil*: teoría general del derecho civil alemán. Traducción de Tito Ravá. Madrid: Marcial Pons, 1999. v. I, tomo 2, p. 465.

52. RÁO, Vicente. *O direito e a vida dos direitos*. Anotada e atualizada por Ovídio Rocha Barros Sandoval. 5. ed. São Paulo: Revista dos Tribunais, 1999, p. 762.

53. CUNHA, Paulo Olavo. *Direito das sociedades comerciais*. Coimbra: Almedina, 2006, p. 83.

CURSO DE DIREITO EMPRESARIAL

porquanto a sociedade possui capacidade de fato e de direito para firmar seus negócios jurídicos. Os direitos e obrigações são seus e não de seus sócios[54].

6.5 Capacidade processual

Podendo ser parte em negócios jurídicos em seu próprio nome, é decorrência lógica a atribuição de capacidade judicial para as sociedades comerciais, vale dizer, elas podem ser parte em processos. Entretanto, tal atributo não é inerente apenas aos entes personalizados, pois o art. 75 do CPC/2015 reconhece tal capacidade para alguns entes desprovidos de personalidade jurídica, como a massa falida e o espólio.

6.6 Existência distinta

Uma das consequências mais importantes da personificação das sociedades é a existência distinta da dos seus sócios (art. 20 do Código Civil de 1916), vale dizer, é o reconhecimento da sociedade como um centro autônomo de imputação de direitos e obrigações. Assim sendo, os atos praticados pela sociedade são atos dela e não de seus membros, produzindo efeitos na sua órbita jurídica e apenas excepcionalmente afetando os sócios, por problemas de aparência. Corroborando tal afirmação, deve-se deixar claro que um sócio menor não se emancipa, pois "comerciante será, assim, a sociedade e não os sócios, pela simples razão, de que eles não exercem atividade comercial em seu próprio nome"[55].

6.7 Autonomia patrimonial

A última e mais importante consequência da personificação de uma sociedade é a autonomia patrimonial, isto é, a existência de um patrimônio próprio, o qual responde por suas obrigações. Disso decorre que, a princípio, é o patrimônio da pessoa jurídica a garantia única dos seus credores e, por conseguinte, os credores, a princípio, não possuem pretensão sobre os bens dos sócios[56]. Do mesmo modo, o patrimônio social é imune às dívidas particulares dos sócios[57]. A autonomia significa que as obrigações (créditos e débitos) da pessoa jurídica não se confundem com as obrigações (créditos e débitos) dos sócios, não havendo que se falar em compensação.

Entretanto, é oportuno destacar que essa autonomia não significa um distanciamento completo do patrimônio da sociedade em face da pessoa dos sócios, porquanto, per-

---

54. SANTOS, Theophilo de Azeredo. *Manual de direito comercial*. 2. ed. Rio de Janeiro: Forense, 1965, p. 198.

55. SANTOS, Theophilo de Azeredo. *Manual de direito comercial*. 2. ed. Rio de Janeiro: Forense, 1965, p. 198.

56. ESCARRA, Jean; ESCARRA, Edouard; RAULT, Jean. *Traité théorique et pratique de droit commercial*. Paris: Librairie du Recueil Sirey, 1950, p. 71.

57. FURTADO, Jorge Henrique Pinto. *Curso de direito das sociedades*. 3. ed. Coimbra: Almedina, 2000, p. 238.

tencendo aos sócios as quotas e os frutos desta, o patrimônio da pessoa jurídica é expressão também do patrimônio dos sócios. Nos débitos trabalhistas, fiscais e para com o consumidor, tem-se mitigado a autonomia patrimonial, atendendo a certos pressupostos erigidos pelo legislador como aptos a suspender a autonomia patrimonial.

Esta autonomia patrimonial já era reconhecida no art. 350 do Código Comercial de 1850, mesmo antes de se reconhecer expressamente a personificação das sociedades comerciais. A existência desta autonomia é que torna a sociedade um dos mais importantes instrumentos do desenvolvimento da moderna economia de mercado, na medida em que se permite a redução dos riscos no exercício da atividade empresarial, assegurando o destaque de determinada parcela patrimonial para o exercício da atividade.

A propósito, afirmou Luciano Amaro que "a pessoa jurídica representa instrumento legítimo de destaque patrimonial, para a exploração de certos fins econômicos, de modo que o patrimônio titulado pela pessoa jurídica responda pelas obrigações desta, só se chamando os sócios à responsabilidade em hipóteses restritas"[58].

Francesco Messineo afirma que da personificação "deriva, outrossim, a independência da sorte (mesmo econômica) da pessoa jurídica daquela dos que a constituem, ou fazem parte dela: sejam esses o fundador (ou os fundadores), ou os sócios [...] os direitos e deveres patrimoniais (obrigações, débitos) da pessoa jurídica perante terceiros não incidem sobre os direitos e deveres patrimoniais (obrigações, débitos) dos componentes dela perante terceiros"[59].

À guisa de conclusão, podemos afirmar que, como corolário da personalidade jurídica, a sociedade assegura aos sócios uma distinção entre seu patrimônio pessoal e o patrimônio empregado para o exercício da atividade.

---

58. AMARO, Luciano. Desconsideração da pessoa jurídica no código de defesa do consumidor. *Revista de Direito do Consumidor*, São Paulo, n. 5, jan./mar. 1993, p. 169.

59. MESSINEO, Francesco. *Manuale di diritto civile e commerciale*. Milano: Giuffrè, 1957, v. 1, p. 275, tradução livre de "*ne deriva, altresì, l'indipendenza della sorte (anche economica) della persona giuridica de quella di coloro che la costituiscono, o ne fanno parte: siano essi il fondatore (o i fondatori), o gli associati [...] i diritti e i doveri patrimoniali (obbligazioni, debiti) della persona giuridica verso i terzi, non incidono sui diritti e doveri patrimoniali (obbligazioni, debiti) dei componenti di essi verso i terzi*".

15 DESCONSIDERAÇÃO DA PERSONALIDADE JURÍDICA

1 O uso da pessoa jurídica

O direito existe em função do homem, vale dizer, existe para realizar, da maneira mais adequada possível, os interesses do homem. A situação não é diferente em relação à pessoa jurídica, que nada mais é do que "uma armadura jurídica para realizar de modo mais adequado os interesses dos homens"[1].

Para a realização de alguns empreendimentos, por vezes é imprescindível a união de várias pessoas, as quais, todavia, não querem simplesmente entregar recursos para que outra pessoa os administre, mas querem assumir responsabilidades e atuar diretamente na condução do empreendimento. De outro lado, as mesmas pessoas têm medo de comprometer todo o seu patrimônio, preferem não assumir o risco e investem seus recursos em atividades não produtivas.

A fim de incentivar o desenvolvimento de atividades econômicas produtivas e, consequentemente, aumentar a arrecadação de tributos, gerando mais produzindo empregos e incrementando o desenvolvimento econômico e social das comunidades, era necessário solucionar os problemas mencionados, encontrando uma forma de limitação dos riscos nas atividades econômicas. Para tanto, encaixou-se perfeitamente o instituto da pessoa jurídica ou, mais exatamente, a criação de sociedades personificadas.

Cria-se um ente autônomo com direitos e obrigações próprias, não se confundindo com a pessoa de seus membros, os quais investem apenas uma parcela do seu patrimônio, assumindo riscos limitados de prejuízo. Esta limitação de prejuízo só pode ser reforçada com as sociedades de responsabilidade limitada (sociedade anônima e sociedade limitada), as mais usadas atualmente no país.

As sociedades personificadas são, pois, uma das chaves do sucesso da atividade empresarial[2], proliferando-se cada vez mais como o meio mais comum do exercício das atividades econômicas. Trata-se de um privilégio assegurado àqueles que se reúnem e

---

1. FERRARA, Francesco. *Trattato di diritto civile italiano*. Roma: Athenaeum, 1921, p. 598, tradução livre de "La personalità non è che un'armatura giuridica per realizzare in modo più adeguato intreressi di uomini".

2. ALVES, Alexandre Ferreira de Assumpção. A desconsideração da personalidade jurídica e o direito do consumidor: um estudo de direito civil constitucional. In: TEPEDINO, Gustavo (Coord.). *Problemas de direito civil constitucional*. Rio de Janeiro: Renovar, 2000, p. 245.

desenvolvem conjuntamente determinada atividade econômica[3]. "A atribuição da personalidade corresponde assim a uma sanção positiva ou premial, no sentido de um benefício assegurado pelo direito – que seria afastado caso a atividade fosse realizada individualmente – a quem adotar a conduta desejada"[4].

Este prêmio, este privilégio que é a pessoa jurídica, não existe apenas para satisfazer as vontades e caprichos do homem, e sim para atingir os fins sociais do próprio direito. Como afirma Rubens Requião, "a sociedade garante a determinadas pessoas as suas prerrogativas, não é para ser-lhes agradável, mas para assegurar-lhes a própria conservação. Esse é, na verdade, o mais alto atributo do Direito: sua finalidade social"[5]. Assim, a pessoa jurídica existe e deve ser usada por ser um instrumento importantíssimo da economia de mercado, sem, contudo, cometer abusos e gerar iniquidades, vale dizer, existem limites no uso da personalidade jurídica[6].

Infelizmente, o uso adequado da pessoa jurídica por todos que gozem de tal privilégio é uma utopia.

Reconhecida a personalidade jurídica, nas sociedades regulares, o particular pode explorar atividade econômica com limitação de prejuízos pessoais. Todavia, tal possibilidade permitiu uma série de usos indevidos da pessoa jurídica, os quais não podem ser tolerados. A criação da pessoa jurídica, na forma do art. 49-A, parágrafo único, do CC, é um instrumento legítimo de "alocação e segregação de riscos, estabelecido pela lei com a finalidade de estimular empreendimentos, para a geração de empregos, tributo, renda e inovação em benefício de todos". O uso da pessoa jurídica para fins diversos desses não pode ser tolerado e, por isso, o direito criou um instrumento de controle desse uso indevido da pessoa jurídica.

A fim de coibir esse uso indevido da pessoa jurídica, surgiu a desconsideração da personalidade jurídica.

2   O que é a desconsideração da personalidade jurídica?

A lei reconhece a pessoa jurídica como um importantíssimo instrumento para o exercício da atividade empresarial, não a transformando, porém, num dogma inatacável. A personalidade jurídica das sociedades "deve ser usada para propósitos legítimos e não deve ser pervertida"[7]. Todavia, caso tais propósitos sejam desvirtuados, não se

---

3.   SILVA, Osmar Vieira. *Desconsideração da personalidade jurídica*: aspectos processuais. Rio de Janeiro: Renovar, 2002, p. 73.

4.   KRIGER FILHO, Domingos Afonso. Aspectos da desconsideração da personalidade societária na lei do consumidor. *Revista de Direito do Consumidor*, São Paulo, n. 13, jan./mar. 1995, p. 80.

5.   REQUIÃO, Rubens, Abuso de direito e fraude através da personalidade jurídica. *Revista dos Tribunais*, São Paulo, v. 58, n. 410, dez. 1969, p. 15.

6.   CORDEIRO, António Menezes. *O levantamento da personalidade coletiva no direito civil e comercial*. Coimbra: Almedina, 2000, p. 10.

7.   WORMSER, I. Maurice. *Disregard of corporate fiction and allied corporation problems*. Washington: Beard Books, 2000, p. 9, tradução livre de "*it must be used for legitimate business purposes and must not be perverted*".

pode fazer prevalecer o dogma da separação patrimonial entre a pessoa jurídica e os seus membros.

A desconsideração é, pois, a forma de adequar a pessoa jurídica aos fins para os quais ela foi criada, vale dizer, é a forma de limitar e coibir o uso indevido deste privilégio que é a pessoa jurídica[8], vale dizer, é uma forma de reconhecer a relatividade da personalidade jurídica das sociedades. Este privilégio só se justifica quando a pessoa jurídica é usada adequadamente, o desvio da função faz com que deixe de existir razão para a separação patrimonial[9].

> O conceito será sustentado apenas enquanto seja invocado e empregado para propósitos legítimos. A perversão do conceito para usos impróprios e fins desonestos (*e. g.*, para perpetuar fraudes, burlar a lei, para escapar de obrigações), por outro lado, não será tolerada. Entre esses são várias as situações onde as cortes podem desconsiderar a pessoa jurídica para atingir um justo resultado[10].

Desvirtuada a utilização da pessoa jurídica, nada mais eficaz do que retirar os privilégios que a lei assegura, isto é, descartar a autonomia patrimonial no caso concreto, esquecer a separação entre sociedade e sócio[11], o que leva a estender os efeitos das obrigações da sociedade a estes. Assim, os sócios ficam inibidos de praticar atos que desvirtuem a função da pessoa jurídica, pois caso o façam não estarão sob o amparo da autonomia patrimonial.

Há que se ressaltar que não se destrói a pessoa jurídica, que continua a existir, sendo desconsiderada apenas no caso concreto. Apenas se coíbe o desvio na sua função, o juiz "se limita a confinar a pessoa jurídica à esfera que o Direito lhe destinou"[12]. "A teoria da desconsideração não visa destruir ou questionar o princípio de separação da personalidade jurídica da sociedade da dos sócios, mas, simplesmente, funciona como mais um reforço ao instituto da pessoa jurídica, adequando-o a novas realidades econômicas e

---

8. VERRUCOLI, Piero. *Il superamento della personalità giuridica delle società di capitali nella Common Law e nella Civil Law*. Milano: Giuffrè, 1964, p. 195.

9. LATTIN, Norman D. *Lattin on corporations*. Brooklyn: The Foundation Press, 1959, p. 67; RODRIGUES, Simone Gomes. Desconsideração da personalidade jurídica no Código de Defesa do Consumidor. *Revista de Direito do Consumidor*, São Paulo, n. 11, jul./set. 1994, p. 7.

10. HENN, Harry G.; ALEXANDER, John R. *Law of corporations*. 3. ed. St. Paul: West Group, 1983, p. 346, tradução livre de "*the concept will be sustained only so long as it is invoked and employed for legitimate purposes. Perversion of the concept to improper uses and dishonests ends (e. g., to perpetuate fraud, to evade the law, to escape obligations), on the other hand, will not be countenanced. In between are various situations where the courts might disregard coporateness to achiev a just result*".

11. SERICK, Rolf, *Apariencia y realidad en las sociedades mercantiles*: el abuso de derecho por medio de la persona jurídica. Traducción y comentarios de derecho español por José Puig Brutau. Barcelona: Ariel, 1958, p. 241.

12. Idem, p. 242, tradução livre de "*se limita a confinar a la persona jurídica a la esfera que precisamente el Derecho le tiene asignada*".

sociais, evitando-se que seja utilizado pelos sócios como forma de encobrir distorções em seu uso"[13].

Trata-se, porém, de medida excepcionalíssima, vale dizer, a regra é que prevaleça a autonomia patrimonial, sendo uma exceção à desconsideração. "A pessoa jurídica é um postulado básico que serve de base para transações comerciais e deve haver razões fortes para um tribunal ignorar este postulado"[14]. Apenas se comprovado cabalmente o desvio no uso da pessoa jurídica é que cabe falar em desconsideração e sacrificar a autonomia patrimonial.

A personificação das sociedades é dotada de um altíssimo valor para o ordenamento jurídico e inúmeras vezes entra em conflito com outros valores, como a satisfação dos credores. A solução de tal conflito se dá pela prevalência do valor mais importante[15]. O progresso e o desenvolvimento econômico proporcionados pela pessoa jurídica são mais importantes que a satisfação individual de um credor. Logo, deve normalmente prevalecer a personificação.

Apenas quando um valor maior for posto em jogo, como a finalidade social do direito, em conflito com a personificação, é que esta cederá espaço. "Quando o interesse ameaçado é valorado pelo ordenamento jurídico como mais desejável e menos sacrificável do que o interesse colimado através da personificação societária, abre-se oportunidade para a desconsideração sob pena de alteração da escala de valores"[16].

Com tais contornos, Fábio Ulhoa Coelho assim define a desconsideração: "O juiz pode decretar a suspensão episódica da eficácia do ato constitutivo da pessoa jurídica, se verificar que ela foi utilizada como instrumento para a realização de fraude ou de abuso de direito"[17]. Similarmente se pronunciou Marçal Justen Filho, afirmando que a desconsideração "é a ignorância, para casos concretos e sem retirar a validade do ato jurídico específico, dos efeitos da personificação jurídica validamente reconhecida a uma ou mais sociedades, a fim de evitar um resultado incompatível com a função da pessoa jurídica"[18].

Conquanto as definições sejam perigosas, neste particular, lançaremos mão de uma, assim formulada: a desconsideração da personalidade jurídica é a retirada episódica,

---

13. SILVA, Alexandre Couto. *Aplicação da desconsideração da personalidade jurídica no direito brasileiro*. São Paulo: LTr, 1999, p. 35.

14. HAMILTON, Robert W. *The law of corporations*. 5. ed. St. Paul: West Group, 2000, p. 134, tradução livre de *"The corporate fiction is a basic assumption that underlies commercial transactions and threre must be compelling reasons for a court to ignore that assumption"*.

15. LARENZ, Karl. *Metodología de la ciencia del derecho*. Traducción y revisión de Marcelino Rodríguez Molinero. Barcelona: Ariel, 1994, p. 400.

16. KRIGER FILHO, Domingos Afonso. Aspectos da desconsideração da personalidade societária na lei do consumidor. *Revista de Direito do Consumidor*, São Paulo, n. 13, jan./mar. 1995, p. 80.

17. COELHO, Fábio Ulhoa. *Desconsideração da personalidade jurídica*. São Paulo: Revista dos Tribunais, 1989, p. 92.

18. JUSTEN FILHO, Marçal. *Desconsideração da personalidade societária no direito brasileiro*. São Paulo: Revista dos Tribunais, 1987, p. 57.

226 CURSO DE DIREITO EMPRESARIAL

momentânea e excepcional da autonomia patrimonial da pessoa jurídica, a fim de estender os efeitos de suas obrigações à pessoa de seus titulares, sócios ou administradores, com o fim de coibir o desvio da função da pessoa jurídica, perpetrado por estes.

3 Origem histórica da teoria da desconsideração

A importância do fenômeno da personificação e de seus efeitos levou a uma supervalorização da autonomia patrimonial, tida a princípio como não suscetível de afastamento. Erigida como um dogma, a autonomia patrimonial da pessoa jurídica era sempre prestigiada, e tida como fundamental, não se admitindo sua superação[19].

A partir do século XIX, começaram a surgir preocupações com a má utilização da pessoa jurídica, em virtude do que foram buscados meios idôneos para reprimi-la, como a teoria da soberania de Haussmann e Mossa, que imputava responsabilidade ao controlador de uma sociedade de capitais por obrigações não cumpridas, a qual, contudo, não chegou a se desenvolver satisfatoriamente[20]. Era necessário relativizar a autonomia patrimonial para não chegar a resultados contrários ao direito.

A desconsideração desenvolveu-se inicialmente nos países da *Common Law*, pois, no direito continental, os fatos não têm a força de gerar novos princípios, em detrimento da legislação[21]. Na maioria da doutrina[22], reputa-se a ocorrência do primeiro caso de aplicação da desconsideração da pessoa jurídica, o Caso Salomon X Salomon Co. em 1897, na Inglaterra.

Neste *leading case*, Aaron Salomon era um próspero comerciante individual na área de calçados que, após mais de 30 anos, resolveu constituir uma *limited company* (similar a uma sociedade anônima fechada brasileira), transferindo seu fundo de comércio a tal sociedade. Em tal companhia, Aaron Salomon tinha 20 mil ações, e outros seis sócios, membros de sua família, apenas uma cada um. Além das ações, ele recebeu várias obrigações e garantias, assumindo a condição de credor privilegiado da companhia.

Em um ano, a companhia mostrou-se inviável, entrando em liquidação, na qual os credores sem garantia restaram insatisfeitos. A fim de proteger os interesses de tais credores, o liquidante pretendeu uma indenização pessoal de Aaron Salomon, uma vez que a companhia era ainda a sua atividade pessoal, pois os demais sócios eram fictícios. O juízo de primeiro grau e a Corte de Apelação desconsideraram a personalidade da companhia, impondo a Salomon a responsabilidade pelos débitos da sociedade. Tal decisão

---

19. VERRUCOLI, Piero. *Il superamento della personalità giuridica delle società di capitali nella Common Law e nella Civil Law*. Milano: Giuffrè, 1964, p. 81.

20. Idem, p. 164.

21. Idem, p. 200.

22. FRANCO, Vera Helena de Mello. *Manual de direito comercial*. São Paulo: Revista dos Tribunais, 2001, v. 1, p. 239; GUIMARÃES, Flávia Lefèvre. *Desconsideração da pessoa jurídica no Código de Defesa do Consumidor*: aspectos processuais. São Paulo: Max Limonad, 1998, p. 21.

foi reformada pela Casa dos Lordes, que prestigiou a autonomia patrimonial da sociedade regularmente constituída, mas estava aí a semente da *disregard doctrine.*

Suzy Koury[23] noticia a existência de um primeiro caso nos Estados Unidos em 1809,
o caso *Bank of United States vs. Deveaux*, no qual o Juiz Marshall conheceu do caso e le-
vantou o véu da pessoa jurídica (*piercing the corporate veil*) e considerou a característica
dos sócios individualmente falando. Não se trata propriamente de um *leading case* a respeito da desconsideração da pessoa jurídica, mas apenas de uma primeira manifestação[24],
que olhou além da pessoa jurídica e considerou as características individuais dos sócios[25].

Tratava-se não de uma discussão sobre responsabilidade, autonomia patrimonial,
mas de uma discussão sobre a competência da justiça federal norte-americana, a qual só
abrangia controvérsias entre cidadãos de diferentes Estados. Não se podia considerar a
sociedade um cidadão, então, levaram-se em conta os diversos membros da pessoa jurídica, para conhecer da questão no âmbito da justiça federal[26].

Qualquer que seja a decisão considerada, foi a partir da jurisprudência anglo-saxônica que se desenvolveu a teoria da desconsideração da pessoa jurídica, sobretudo na
jurisprudência norte-americana. Na doutrina, devemos ressaltar alguns trabalhos importantíssimos, como a obra *Disregard of corporate fiction and allied corporation problems*,
de Wormser, publicada inicialmente em 1927; a obra *Apariencia y realidad en las sociedades mercantiles*, de Rolf Serick, publicada em alemão em 1953, e a obra *Il superamento della personalità giuridica delle società di capitalli nella "common law" e nella civil
law*, de Piero Verrucoli, que veio a lume em 1964. No Brasil, devemos dar destaque especial ao artigo de Rubens Requião, publicado em 1969, com o título *Abuso de direito e
fraude através da personalidade jurídica.*

4   Terminologia

Surgida na jurisprudência anglo-saxônica, a desconsideração lá é conhecida como
disregard of legal entity ou *disregard doctrine*, expressões por vezes usadas pelos autores
brasileiros. Nos países da *Common Law*, usam-se também expressões retóricas como
levantar o véu da pessoa jurídica (*piercing the corporate veil*). No direito alemão fala-se
em *Durchgriff der juristichen Person*, no direito italiano *superamento della personalità
giuridica*, no direito argentino *desestimácion de la personalidad*[27].

---

23.   KOURY, Suzy Elizabeth Cavalcante. *A desconsideração da personalidade jurídica (disregard doctrine) e
os grupos de empresas.* 2. ed. Rio de Janeiro: Forense, 1997, p. 64.

24.   SILVA, Alexandre Couto. *Aplicação da desconsideração da personalidade jurídica no direito brasileiro.*
São Paulo: LTr, 1999, p. 32.

25.   WORMSER, I. Maurice. *Disregard of corporate fiction and allied corporation problems.* Washington:
Beard Books, 2000, p. 45.

26.   Idem, p. 45-46.

27.   KOURY, Suzy Elizabeth Cavalcante. *A desconsideração da personalidade jurídica (disregard doctrine) e
os grupos de empresas.* 2. ed. Rio de Janeiro: Forense, 1997, p. 65.

No Brasil, a expressão mais correta para tal instituto é a desconsideração da personalidade jurídica, não se podendo falar em despersonalização. Não se trata de mero preciosismo terminológico, porquanto há uma grande diferença entre as duas figuras. Despersonalizar é completamente diverso de desconsiderar a personalidade.

Despersonalizar significa anular a personalidade, o que não ocorre na desconsideração[28]. Nesta, não se anula a personalidade, ao contrário, esta resta mais protegida; não se trata de despersonalização (anulação definitiva da personalidade), mas de simples desconsideração, retirada momentânea de eficácia da personalidade.

"A 'disregard doctrine' não visa a anular a personalidade jurídica, mas somente objetiva desconsiderar no caso concreto dentro de seus limites, a pessoa jurídica em relação às pessoas que atrás dela se escondem."[29] A pessoa jurídica é um instituto muito importante para ser destruído, de modo que não deve ocorrer a despersonalização, "a destruição da entidade pessoa jurídica, mas a suspensão dos efeitos da separação patrimonial *in casu*"[30].

Trata-se de uma técnica que se aplica aos casos concretos específicos, daí falar-se em suspensão episódica e temporária. A pessoa jurídica continuará a existir para os demais atos, nos quais não se apresente um motivo justificado para aplicar a desconsideração. Por isso, falamos em desconsideração e não em despersonalização.

5   A desconsideração e as teorias a respeito da personalidade

Qualquer que seja a explicação adotada para a personificação das sociedades, seja ficção, seja realidade, a desconsideração é perfeitamente justificada, como uma forma de controle do privilégio que é a personalidade jurídica das sociedades.

Se a personalidade é uma criação do legislador, uma ficção, o ordenamento jurídico pode, a qualquer tempo, suspender seus efeitos desconsiderando-a. As ficções legais existem para alcançar um fim justo, não podendo dar margem a outras finalidades[31], e, por isso, compete ao ordenamento jurídico controlar o uso desta ficção, definindo os exatos limites do uso adequado da pessoa jurídica. "Seria absurdo que o Estado criasse novos sujeitos destinados a operar no seu território, contra ele diretamente ou contra as finalidades por ele perseguidas e tuteladas"[32].

---

28.   GONÇALVES, Oksandro. *Desconsideração da personalidade jurídica.* Curitiba: Juruá, 2004, p. 66.

29.   REQUIÃO, Rubens, Abuso de direito e fraude através da personalidade jurídica. *RT*, São Paulo, v. 58, n. 410, dez. 1969, p. 14.

30.   COMPARATO, Fábio Konder. *O poder de controle na sociedade anônima.* 2. ed. São Paulo: Revista dos Tribunais, 1977, p. 272.

31.   WORMSER, I. Maurice. *Disregard of corporate fiction and allied corporation problems.* Washington: Beard Books, 2000, p. 10.

32.   VERRUCOLI, Piero. *Il superamento della personalità giuridica delle società di capitali nella Common Law e nella Civil Law.* Milano: Giuffrè, 1964, p. 203, tradução livre de *"sarebbe assurdo che lo Stato creasse nuovi soggetti destinati ad operare nel suo ambito contro di esso direttamente o contro le finalità da esso perseguite e tutelate".*

De outro lado, se a personalidade é uma realidade anterior à lei, a desconsideração é um instrumento de direito positivo, utilizado para adequá-la a seus referenciais metajurídicos, isto é, é uma forma de evitar um resultado injusto pela utilização da pessoa jurídica. A pessoa jurídica é uma realidade técnica para atingir fins lícitos[33].

A pessoa jurídica, pela teoria da realidade, é constituída de substrato, mais reconhecimento estatal[34]. Este último elemento fundamental é negado, considerando-se os sócios individualmente, quando se usa indevidamente a personificação para atingir um resultado contrário ao direito[35]. "Quando a noção de entidade legal é usada para frustrar o interesse público, justificar erros, proteger fraudes, ou justificar crimes, o direito deve considerar a sociedade como uma associação de pessoas"[36].

Há um consenso no sentido de que a personalidade é um privilégio, que deve ser controlado, por meio da teoria da desconsideração, mesmo nos países da tradição romano-germânica, como o Brasil.

6   Aplicação da desconsideração da personalidade jurídica

Diante da possibilidade de se desvirtuar a função da personalidade jurídica é que surgiu a doutrina da desconsideração, a qual permite a superação da autonomia patrimonial, que, embora seja um importante princípio, não é um princípio absoluto.

De imediato, há que ressaltar que a desconsideração prescinde de fundamentos legais para a sua aplicação[37], existindo inclusive algumas manifestações jurisprudenciais como o julgamento da 11ª Vara Cível do Distrito Federal em 25-2-1960, proferido pelo Juiz Antônio Pereira Pinto, anteriores a qualquer positivação. Não se trata da aplicação de um dispositivo que autoriza a desconsideração, mas da não aplicação no caso concreto da autonomia

---

33.   HALPERIN, Isaac. *Sociedades anónimas*. Actualizada y ampliada por Julio C. Otaegui. 2. ed. Buenos Aires: Depalma, 1998, p. 143.

34.   FERRARA, Francesco. *Le persone giuridiche*. 2. ed. Torino: UTET, 1956, p. 46; PINTO, Carlos Alberto da Mota. *Teoria geral do direito civil*. 3. ed. Coimbra: Almedina, 1999, p. 269.

35.   JUSTEN FILHO, Marçal. *Desconsideração da personalidade societária no direito brasileiro*. São Paulo: Revista dos Tribunais, 1987, p. 59.

36.   HENN, Harry G.; ALEXANDER, John R. *Law of corporations*. 3. ed. St. Paul: West Group, 1983, p. 346, tradução livre de *"when the notion of legal entity is used to defeat public convenience, justify wrong, protect fraud, or defend crime, the law will regard the corporation as an association of persons"*.

37.   COELHO, Fábio Ulhoa. *Curso de direito comercial*. São Paulo: Saraiva, 1999, v. 2, p. 53; SILVA, Alexandre Couto. *Aplicação da desconsideração da personalidade jurídica no direito brasileiro*. São Paulo: LTr, 1999, p. 84; KOURY, Suzy Elizabeth Cavalcante. *A desconsideração da personalidade jurídica (disregard doctrine) e os grupos de empresas*. 2. ed. Rio de Janeiro: Forense, 1997, p. 140-141; GUIMARÃES, Flávia Lefèvre. *Desconsideração da pessoa jurídica no Código de Defesa do Consumidor*: aspectos processuais. São Paulo: Max Limonad, 1998, p. 34; SILVA, Osmar Vieira. *Desconsideração da personalidade jurídica*: aspectos processuais. Rio de Janeiro: Renovar, 2002, p. 121.

patrimonial da pessoa jurídica que está indevidamente usada[38]. Nada mais justo do que conceder ao Estado, por meio da justiça, a faculdade de verificar se o privilégio que é a personificação e, consequentemente, a autonomia patrimonial, estão sendo adequadamente realizados[39], pois, assim, obsta-se o alcance de resultados contrários ao direito.

6.1 A personificação

A própria terminologia usada deixa claro que a desconsideração só tem cabimento quando estivermos diante de uma pessoa jurídica, isto é, de uma sociedade personificada. Sem a existência de personalidade, não há o que desconsiderar. Apesar disso, a jurisprudência do STJ admitiu a aplicação da desconsideração inversa para responsabilizar um fundo de investimento por dívidas de um quotista "diante da comprovação inequívoca de que a própria constituição do fundo de investimento se deu de forma fraudulenta, para encobrir ilegalidades e ocultar o patrimônio de empresas pertencentes a um mesmo grupo econômico"[40].

No sistema brasileiro, a personalidade jurídica das sociedades nasce com o registro dos atos constitutivos no órgão competente (art. 985 do Código Civil). Sem tal registro, não importa se exista ou não o ato constitutivo, não se pode falar em personificação da sociedade, mas em sociedade em comum, ou eventualmente em sociedade em conta de participação. Ora, não se tratando de uma pessoa jurídica, não há que se cogitar de autonomia patrimonial, não havendo a possibilidade do uso desta autonomia para fins escusos.

Nas sociedades em comum, os sócios assumem responsabilidade solidária e ilimitada pelos atos praticados pela sociedade[41], não havendo motivo para a aplicação da desconsideração.

Em termos práticos, além da personificação, é necessário que se cogite de uma sociedade na qual os sócios tenham responsabilidade limitada[42], ou seja, de sociedade anônima ou sociedade limitada, praticamente as únicas que existem no país. Em outras palavras, a aplicação da desconsideração pressupõe uma sociedade na qual o exaurimento do patrimônio social não seja suficiente para levar responsabilidade aos sócios.

---

38. SERICK, Rolf. *Apariencia y realidad en las sociedades mercantiles*: el abuso de derecho por medio de la persona jurídica. Traducción y comentarios de derecho español por José Puig Brutau. Barcelona: Ariel, 1958, p. 241.

39. REQUIÃO, Rubens, Abuso de direito e fraude através da personalidade jurídica. *Revista dos Tribunais*, São Paulo, v. 58, n. 410, dez. 1969, p. 15.

40. STJ - REsp n. 1.965.982/SP, Relator Ministro Ricardo Villas Bôas Cueva, Terceira Turma, julgado em 5-4-2022, *DJe* 8-4-2022.

41. ALMEIDA, Amador Paes de. *Execução de bens dos sócios*: obrigações mercantis, tributárias, trabalhistas: da desconsideração da personalidade jurídica (doutrina e jurisprudência). 3. ed. São Paulo: Saraiva, 2000, p. 15; FRANCO, Vera Helena de Mello. *Manual de direito comercial*. São Paulo: Revista dos Tribunais, 2001, v. 1, p. 158.

42. SILVA, Alexandre Couto. *Aplicação da desconsideração da personalidade jurídica no direito brasileiro*. São Paulo: LTr, 1999, p. 26; ALVES, Alexandre Ferreira de Assumpção. A desconsideração da personalidade jurídica e o direito do consumidor: um estudo de direito civil constitucional. In: TEPEDINO, Gustavo (Coord.). *Problemas de direito civil constitucional*. Rio de Janeiro: Renovar, 2000, p. 261.

A exigência da limitação de responsabilidade é de cunho eminentemente prático, pois nada impediria a desconsideração nos demais tipos societários, com o intuito de proteger a própria pessoa jurídica. Todavia, a excepcionalidade da superação da autonomia patrimonial, por meio da aplicação da desconsideração, torna mais fácil a aplicação direta da responsabilidade ilimitada dos sócios, quando ela já é consignada na lei.

6.2 Imputação dos atos praticados à pessoa jurídica

Aplicando-se a desconsideração, chegaremos à responsabilização dos sócios ou administradores, a qual, todavia, também pode ocorrer em outras situações que não se confundem com a teoria da desconsideração.

Quando os sócios ou administradores extrapolam seus poderes, violando a lei ou o contrato social, a lei lhes impõe a responsabilidade por tais atos. Entretanto, não se cogita da desconsideração, mas de responsabilidade pessoal e direta dos sócios.

> Em tal caso, há simplesmente uma questão de imputação. Quando o diretor ou o gerente agiu com desobediência a determinadas normas legais ou estatutárias, pode seu ato, em determinadas circunstâncias, ser inimputável à pessoa jurídica, pois não agiu como órgão (salvo problema de aparência) – a responsabilidade será sua, por ato seu. Da mesma forma, quando pratique ato ilícito, doloso ou culposo: responderá por ilícito seu, por fato próprio[43].

Nestes casos, a autoria do ato é imputada diretamente ao sócio ou administrador que o executou[44], não havendo que se suspender, nem momentaneamente, a eficácia da autonomia patrimonial, vale dizer, a pessoa jurídica não é obstáculo ao ressarcimento. É o pressuposto da licitude, na dicção de Fábio Ulhoa Coelho[45], necessário para distinguir a desconsideração de outros casos de responsabilização dos sócios.

> Portanto, quando a lei cuida de responsabilidade solidária, ou subsidiária, ou pessoal dos sócios, por obrigação da pessoa jurídica, ou quando ela proíbe que certas operações, vedadas aos sócios, sejam praticadas pela pessoa jurídica, não é preciso desconsiderar a empresa, para imputar as obrigações aos sócios, pois, mesmo considerada a pessoa jurídica, a implicação ou responsabilidade do sócio já decorre do preceito legal. O mesmo se diga se a extensão da responsabilidade é contratual[46].

---

43. OLIVEIRA, José Lamartine Côrrea. *A dupla crise da pessoa jurídica*. São Paulo: Saraiva, 1979, p. 520.

44. ZANNONI, Eduardo A. La normativa societaria ante los actos fraudulentos de la teoría del "disregard". *Revista de Direito Civil, Imobiliário, Agrário e Empresarial*, São Paulo, ano 3, n. 9, jul./set. 1979, p. 178; GONÇALVES NETO, Alfredo de Assis. *Lições de direito societário*. São Paulo: Juarez de Oliveira, 2002, p. 32.

45. COELHO, Fábio Ulhoa. *Curso de direito comercial*. São Paulo: Saraiva, 1999, v. 2, p. 42-43.

46. AMARO, Luciano. Desconsideração da pessoa jurídica no Código de Defesa do Consumidor. *Revista de Direito do Consumidor*, São Paulo, n. 5, jan./mar. 1993, p. 172.

Nos casos dos arts. 117 e 158 da Lei n. 6.404/76, 135 da Lei n. 5.175/66 (CTN) e dos arts. 1.009, 1.016 e 1.080 do Código Civil, não tratamos da desconsideração, nem de suas origens, como pretendem alguns. Estamos diante de hipóteses de responsabilidade civil simples dos sócios, ou administradores[47]. Não foi a pessoa jurídica que teve sua finalidade desvirtuada, foram as pessoas físicas que agiram de forma ilícita e, por isso, têm responsabilidade pessoal.

6.3 A insolvência é requisito?

Pode-se discutir a existência ou não de um quarto requisito, qual seja, a insolvência econômica da pessoa jurídica, isto é, a insuficiência do patrimônio da pessoa jurídica para honrar suas dívidas. O STJ reconheceu a necessidade desse requisito para aplicação da desconsideração[48]. O próprio STJ, porém, também reconheceu que:

> A inexistência ou não localização de bens da pessoa jurídica não é condição para a instauração do procedimento que objetiva a desconsideração, por não ser sequer requisito para aquela declaração, já que imprescindível a demonstração específica da prática objetiva de desvio de finalidade ou de confusão patrimonial[49].

A nosso ver, porém, a insolvência da pessoa jurídica não pode ser exigida para a desconsideração[50], uma vez que esta é uma medida de defesa da pessoa jurídica, a fim de resguardar sua utilização indevida pelos sócios ou administradores. Exigir a insolvência é condicionar a aplicação da desconsideração ao estado de dissolução da pessoa jurídica, o que não se coaduna com o próprio conceito.

---

47. SILVA, Alexandre Couto. *Aplicação da desconsideração da personalidade jurídica no direito brasileiro*. São Paulo: LTr, 1999, p. 90-99; ALMEIDA, Amador Paes de. *Execução de bens dos sócios*: obrigações mercantis, tributárias, trabalhistas: da desconsideração da personalidade jurídica (doutrina e jurisprudência), p. 164-165; RODRIGUES, Simone Gomes. Desconsideração da personalidade jurídica no Código de Defesa do Consumidor. *Revista de Direito do Consumidor*, São Paulo, n. 11, jul./set. 1994, p. 17; AMARO, Luciano. Desconsideração da pessoa jurídica no Código de Defesa do Consumidor. *Revista de Direito do Consumidor*, São Paulo, n. 5, jan./mar. 1993, p. 175; GUIMARÃES, Flávia Lefèvre. *Desconsideração da pessoa jurídica no Código de Defesa do Consumidor*: aspectos processuais. São Paulo: Max Limonad, 1998, p. 64; KOURY, Suzy Elizabeth Cavalcante. *A desconsideração da personalidade jurídica (disregard doctrine) e os grupos de empresas*. 2. ed. Rio de Janeiro: Forense, 1997, p. 88; GONÇALVES, Oksandro. *Desconsideração da personalidade jurídica*. Curitiba: Juruá, 2004, p. 53.

48. STJ – REsp 1.141.447/SP, Rel. Ministro Sidnei Beneti, Terceira Turma, julgado em 8-2-2011, *DJe* 5-4-2011.

49. STJ – 4ª Turma – AgInt no AREsp 2.345.434/SP – Relator Ministro Antonio Carlos Ferreira – j. 28-8-2023 – *DJe* de 31-8-2023.

50. RAMOS, André Luiz de Santa Cruz. *Direito empresarial esquematizado*. Rio de Janeiro: Forense, 2010, p. 352.

6.4 Fundamento principal: teorias

A fim de desconsiderar a personalidade jurídica, de modo que o patrimônio de outras pessoas responda pelas obrigações contraídas em nome da sociedade, é necessário que se justifique a superação da autonomia patrimonial. No Brasil, surgiram três teorias: teoria menor, teoria maior subjetiva e teoria maior objetiva. Pela importância dessas teorias, cada uma delas terá um tópico próprio.

7 Teoria menor

Fábio Ulhoa Coelho ressalta a existência de uma linha de entendimento, que afirma que não há requisitos específicos para a aplicação da desconsideração da personalidade jurídica. Essa teoria, chamada de teoria menor, afirma que basta o não pagamento de um crédito para se aplicar a desconsideração da personalidade jurídica[51]. Se a sociedade não tiver patrimônio para honrar suas obrigações, mas os sócios forem solventes, deve-se aplicar a desconsideração da personalidade jurídica.

Em relações jurídicas desiguais, como as relações de trabalho e as relações de consumo, vem sendo invocada essa aplicação extremada da desconsideração, pela simples frustração do credor. Nessa vertente, transfere-se o risco da atividade para um ou alguns dos sócios, de modo que eles respondem pelos atos da sociedade, independentemente de qualquer intuito fraudulento.

Em suma, em razão do uso indevido da pessoa jurídica, sua autonomia patrimonial é ignorada em certas relações jurídicas. O STJ já afirmou que "a teoria menor da desconsideração, acolhida em nosso ordenamento jurídico excepcionalmente no Direito do Consumidor e no Direito Ambiental, incide com a mera prova de insolvência da pessoa jurídica para o pagamento de suas obrigações, independentemente da existência de desvio de finalidade ou de confusão patrimonial"[52].

A teoria menor foi aplicada inicialmente no âmbito do direito do trabalho, justificada especialmente pela assunção do risco pelo empregador, o que incluiria os eventuais sócios[53]. Posteriormente, ela passou a ser reconhecida e aplicada no direito do consumidor (Lei n. 8.078/90 – art. 28, § 5º), no direito ambiental (Lei n. 9.605/98 – art. 4º) e na regulação do sistema de distribuição de combustíveis (Lei n. 9.847/99 – art. 18, § 3º). A lógica comum por trás de todas essas hipóteses está nas normas protetivas características dessas várias searas, o que justificaria essa responsabilização ilimitada de sócios.

---

51. COELHO, Fábio Ulhoa. *Curso de direito comercial*. 9. ed. São Paulo: Saraiva, 2006, v. 2, p. 46.

52. STJ – Terceira Turma – REsp 279.273/SP, Rel. Ministro Ari Pargendler, Rel. p/ Acórdão Ministra Nancy Andrighi, Terceira Turma, julgado em 4-12-2003, *DJ* 29-3-2004, p. 230. No mesmo sentido: STJ – AgInt no AREsp n. 2.002.504/DF, Relatora Ministra Nancy Andrighi, Terceira Turma, julgado em 2-5-2022, *DJe* de 4-5-2022; AgInt no AREsp 1.575.588/RJ, Rel. Ministro Luis Felipe Salomão, Quarta Turma, julgado em 20-2-2020, *DJe* 5-3-2020.

53. SANTOS, Hermelino de Oliveira. *Desconsideração da personalidade jurídica no processo do trabalho*. São Paulo: LTr, 2003, p. 213.

Mesmo em âmbito mais restrito, a utilização extremada da desconsideração, por meio da teoria menor, representa uma transferência de riscos para sócios e investidores. Assim, não há como negar que a aplicação da teoria menor é um fator a ser considerado por todos aqueles que pretendem empreender ou, ao menos, investir. O efeito inibidor dessas iniciativas não pode ser ignorado e, por isso, chega-se a sustentar que, no Brasil, não existe a figura da corporação no sentido que existe em outras tradições jurídicas, tendo em vista a falha proteção de investidores no sistema brasileiro[54].

Embora não aplicada a todos os ramos do direito, não vemos razoabilidade na aplicação dessa teoria menor. Tal teoria praticamente ignora a ideia de autonomia patrimonial das pessoas jurídicas e não se coaduna com a própria origem de aplicação da teoria da desconsideração. Ao contrário de proteger, a teoria menor acaba por minar a existência da autonomia patrimonial, em nada favorecendo aqueles que se dignam a exercer atividades econômicas.

O uso indevido da pessoa jurídica deve ser coibido, mas não deve ser ignorada sua autonomia patrimonial. O surgimento da autonomia patrimonial foi e continua sendo um instrumento essencial, para se incentivar o exercício de atividades econômicas, logo, não se pode simplesmente ignorar essa autonomia, mesmo com todo o uso abusivo da pessoa jurídica.

7.1 A desconsideração no Código de Defesa do Consumidor

O *caput* do art. 28 do CDC enumera as hipóteses nas quais é cabível a desconsideração da personalidade jurídica, em redação pouco aconselhável.

A primeira hipótese de desconsideração, elencada pelo art. 28 do CDC, é o abuso de direito, que representa o exercício não regular de um direito.

Na sequência, o CDC refere-se ao excesso de poder, à violação ao contrato social ou ao estatuto, à infração à lei e aos fatos ou atos ilícitos[55].

Tais hipóteses não correspondem efetivamente à desconsideração, pois se trata de questão de haver imputação pessoal dos sócios ou administradores, não sendo necessário cogitar-se de desconsideração[56].

---

54. PARGENDLER, Mariana. How Universal is the Corporate Form? Reflections on the Dwindling of Corporate Attributes in Brazil (February 20, 2018). Disponível em: <https://ssrn.com/abstract=3126838 ou http://dx.doi.org/10.2139/ssrn.3126838>. Acesso em: 6 jul. 2021.

55. COELHO, Fábio Ulhoa. *O empresário e os direitos do consumidor.* São Paulo: Saraiva, 1994, p. 226; KRIGER FILHO, Domingos Afonso. Aspectos da desconsideração da personalidade societária na lei do consumidor. *Revista de Direito do Consumidor,* São Paulo, n. 13, jan./mar. 1995, p. 83.

56. SILVA, Alexandre Couto. *Aplicação da desconsideração da personalidade jurídica no direito brasileiro.* São Paulo: LTr, 1999, p. 158; RODRIGUES, Simone Gomes. Desconsideração da personalidade jurídica no Código de Defesa do Consumidor. *Revista de Direito do Consumidor,* São Paulo, n. 11, jul./set. 1994, p. 18; AMARO, Luciano. Desconsideração da pessoa jurídica no Código de Defesa do Consumidor. *Revista de Direito do Consumidor,* São Paulo, n. 5, jan./mar. 1993, p. 175; COELHO, Fábio Ulhoa. *Curso de direito comercial.* São Paulo: Saraiva, 1999, v. 2, p. 50; GONÇALVES, Oksandro. *Desconsideração da personalidade jurídica.* Curitiba: Juruá, 2004, p. 91.

Por fim, o *caput* do art. 28 menciona a falência, insolvência, encerramento das atividades provocados por má administração.

Os §§ 2º, 3º e 4º do artigo referem-se à responsabilidade pelos danos causados ao consumidor no caso de grupos societários, consórcios e sociedades coligadas e estabelecem a responsabilidade no caso de sociedades que mantêm entre si alguma relação. Nos grupos, a responsabilidade é subsidiária. Nos consórcios, a responsabilidade é solidária. Já nas sociedades coligadas, a responsabilidade é por culpa.

Tais hipóteses também não se referem à desconsideração propriamente dita[57], mas a instituto diverso, no sentido da extensão da responsabilidade das sociedades que mantêm relações entre si.

> Embora estejam integradas no rótulo da desconsideração, as hipóteses ali previstas se afastam do tema. Nesses parágrafos há apenas a preocupação com a responsabilidade das sociedades controladas, consorciadas e integrantes de grupo, dando-lhes responsabilidade subsidiária ou solidária e reforçando os limites das coligadas. Note-se, pois, que não há efetiva desconsideração, mas, sim, consideração de cada uma, aumentando o seu âmbito de responsabilidade[58].

Por fim, o § 5º do art. 28 do CDC afirma que "também poderá ser desconsiderada a personalidade jurídica, sempre que sua personalidade for, de alguma forma, obstáculo ao ressarcimento de prejuízos causados aos consumidores". A extensão de tal dispositivo deu margem a diversas controvérsias de interpretação e novas críticas.

Para Zelmo Denari[59], o § 5º é que foi vetado, ao contrário do § 1º, que consta como vetado, à luz das razões do veto presidencial. Assim, o referido parágrafo não existe no mundo jurídico. Tal interpretação é incoerente na medida em que pressupõe um erro legislativo do Presidente da República, não corrigido num prazo longo.

Para Fábio Ulhoa Coelho[60], deve-se fazer uma interpretação sistemática, aplicando o § 5º somente no que tange às sanções não pecuniárias (a proibição de fabricação do produto, suspensão das atividades ou do fornecimento de produto ou serviço – art. 56 do CDC), porquanto na interpretação literal se desvirtua completamente a teoria, extinguindo a pessoa jurídica no âmbito do direito do consumidor. Embora mais coerente, tal

---

57. SILVA, Alexandre Couto. *Aplicação da desconsideração da personalidade jurídica no direito brasileiro.* São Paulo: LTr, 1999, p. 159; KRIGER FILHO, Domingos Afonso. Aspectos da desconsideração da personalidade societária na lei do consumidor. *Revista de Direito do Consumidor*, São Paulo, n. 13, jan./mar. 1995, p. 82.

58. ALBERTON, Genacéia da Silva. A desconsideração da personalidade jurídica no Código de Defesa do Consumidor: aspectos processuais. *Revista de Direito do Consumidor*, São Paulo, n. 7, jul./set. 1993, p. 20.

59. DENARI, Zelmo. In: GRINOVER, Ada Pellegrini (Coord.). *Código de Defesa do Consumidor comentado pelos autores do anteprojeto.* Rio de Janeiro: Forense Universitária, 1998, p. 197.

60. COELHO, Fábio Ulhoa. *Curso de direito comercial.* São Paulo: Saraiva, 1999, v. 2, p. 52; no mesmo sentido, ALVES, Alexandre Ferreira de Assumpção. A desconsideração da personalidade jurídica e o direito do consumidor: um estudo de direito civil constitucional. In: TEPEDINO, Gustavo (Coord.). *Problemas de direito civil constitucional.* Rio de Janeiro: Renovar, 2000, p. 272-273.

posição nos parece também equivocada, porquanto o texto do referido parágrafo fala em ressarcimento, o que indica a natureza pecuniária da aplicação da desconsideração.

A interpretação que prevaleceu, porém, foi a da adoção da teoria menor pelo citado § 5º do art. 28 do CDC[61], ou seja, se um consumidor tem dívidas a receber de uma pessoa jurídica e ela não paga, isso é suficiente para desconsiderar a pessoa jurídica e dirigir a cobrança contra um ou alguns sócios da pessoa jurídica.

O STJ acolheu tal orientação, em julgamento, por maioria, no qual asseverou que:

> A teoria menor da desconsideração, acolhida em nosso ordenamento jurídico excepcionalmente no Direito do Consumidor e no Direito Ambiental, incide com a mera prova de insolvência da pessoa jurídica para o pagamento de suas obrigações, independentemente da existência de desvio de finalidade ou de confusão patrimonial. Para a teoria menor, o risco empresarial normal às atividades econômicas não pode ser suportado pelo terceiro que contratou com a pessoa jurídica, mas pelos sócios e/ou administradores desta, ainda que estes demonstrem conduta administrativa proba, isto é, mesmo que não exista qualquer prova capaz de identificar conduta culposa ou dolosa por parte dos sócios e/ou administradores da pessoa jurídica[62].

Conquanto a proteção do consumidor seja importante, sendo um princípio basilar do CDC, é certo que a pessoa jurídica também é importantíssima, sendo um dos mais importantes institutos do direito privado. A prevalência de tal interpretação representa a quase revogação da autonomia patrimonial no âmbito do direito do consumidor, objetivo que não parece ter sido visado pelo legislador pátrio, dada a importância do instituto. Além disso, a própria forma com que foi colocada tal regra, no § 5º, não nos permite interpretá-la literalmente e, por conseguinte, ignorar o *caput* do referido dispositivo.

Luciano Amaro faz uma crítica extremamente procedente, afirmando que a interpretação literal levaria à seguinte situação analógica: "Se causares prejuízo com abuso irás preso; também irás preso se causares prejuízo por má administração; e também irás preso sempre que, de qualquer forma, causares prejuízo"[63]. Não é o simples prejuízo que autoriza a desconsideração, há que se fazer uma interpretação lógica e teleológica do dispositivo.

Outros autores, a nosso ver com razão, entendem que o referido parágrafo não pode ser interpretado como uma extinção da autonomia patrimonial no âmbito do direito do

---

61. NUNES, Luiz Antonio Rizzato. *Comentários ao Código de Defesa do Consumidor*: parte material. São Paulo: Saraiva, 2000, p. 357-358; FERNANDES NETO, Guilherme. *O abuso do direito no Código de Defesa do Consumidor*: cláusulas, práticas e publicidades abusivas. Brasília: Brasília Jurídica, 1999, p. 187-188.

62. STJ – Terceira Turma – REsp. 279.273/SP, Relatora para acórdão Ministra Nancy Andrighi, *DJ* de 29-3-2004. No mesmo sentido: AgInt no AREsp 1.825.577/RJ, Rel. Ministro Moura Ribeiro, Terceira Turma, julgado em 23-8-2021, *DJe* 26-8-2021; AgInt no AREsp 1.560.415/DF, Rel. Ministro Marco Buzzi, Quarta Turma, julgado em 30-3-2020, *DJe* 1º-4-2020.

63. AMARO, Luciano. Desconsideração da pessoa jurídica no Código de Defesa do Consumidor. *Revista de Direito do Consumidor*, São Paulo, n. 5, jan./mar. 1993, p. 178.

DESCONSIDERAÇÃO DA PERSONALIDADE JURÍDICA | 237

consumidor[64], devendo ser interpretado como uma possibilidade de desconsideração a mais sem, contudo, abstrair os fundamentos da desconsideração. Para Luciano Amaro, há que se entender o parágrafo como uma abertura do rol das hipóteses, sem abrir mão dos pressupostos teóricos da doutrina da desconsideração[65].

Genacéia da Silva Alberton afirma: "no que se refere ao § 5º do art. 28, é necessário interpretá-lo com cautela. A mera existência de prejuízo patrimonial não é suficiente para a desconsideração. Leia-se, quando a personalidade jurídica for óbice ao justo ressarcimento do consumidor"[66].

Esse justo ressarcimento é o cerne da interpretação do referido dispositivo. Haverá a desconsideração se a pessoa jurídica for indevidamente utilizada e, por isso, impedir o ressarcimento do consumidor, pois em tal caso haveria injustiça. No caso, por exemplo, de um acidente com os produtos, ou de um furto de todo o dinheiro da sociedade, o não ressarcimento do consumidor é justo, pois decorreu de um fato imprevisto, e não da indevida utilização do expediente da autonomia patrimonial. Assim, quando a personalidade jurídica for usada de forma injusta, caberá a desconsideração.

E não se diga que o risco inerente à atividade econômica impõe a desconsideração na hipótese, pois tal risco é da pessoa jurídica, sujeito de direito autônomo, e não do sócio. O risco do sócio é limitado de acordo com o tipo societário escolhido, não tendo a ver com a sorte econômica da empresa. Ademais, ainda que se cogite de uma responsabilidade objetiva, há que existir um nexo de causalidade entre a conduta do sócio ou do administrador e o dano, o que só ocorrerá em se prestigiando esta última interpretação.

Em todo caso, reitere-se que a opinião majoritária é aquela que entende que foi acolhida a teoria menor.

7.2   Direito ambiental

Trilhando o mesmo caminho, a Lei n. 9.605/98 (art. 4º) também positivou a desconsideração da personalidade jurídica para os crimes ambientais. Tal norma também reproduziu o CDC, mas desta vez reproduziu o § 5º do art. 28 e não o seu *caput*. Desse modo, poderá ser desconsiderada a pessoa jurídica sempre que sua personalidade for obstáculo ao ressarcimento de prejuízos causados à qualidade do meio ambiente. Portanto, poderão ser estendidas aos sócios ou administradores obrigações que tocam à pessoa jurídica.

---

64.   GONÇALVES, Oksandro. *Desconsideração da personalidade jurídica*. Curitiba: Juruá, 2004, p. 105.

65.   AMARO, Luciano. Desconsideração da pessoa jurídica no Código de Defesa do Consumidor. *Revista de Direito do Consumidor*, São Paulo, n. 5, jan./mar. 1993, p. 179; no mesmo sentido, RODRIGUES, Simone Gomes. Desconsideração da personalidade jurídica no Código de Defesa do Consumidor. *Revista de Direito do Consumidor*, São Paulo, n. 11, jul./set. 1994, p. 19; GLOGER, Christian. A responsabilidade civil dos sócios de uma sociedade limitada em relações: uma nova análise do art. 28 do CDC. *Revista de Direito do Consumidor*, São Paulo, n. 54, abr./jun. 2005, p. 107.

66.   ALBERTON, Genacéia da Silva. A desconsideração da personalidade jurídica no Código de Defesa do Consumidor: aspectos processuais. *Revista de Direito do Consumidor*, São Paulo, n. 7, jul./set. 1993, p. 21.

Neste ponto, vale ressaltar que a controvérsia sobre a interpretação desse dispositivo é a mesma existente sobre o § 5º do CDC, havendo quem afirme inclusive ser um dos casos de aplicação da teoria menor. Nossa opinião se mantém, não há espaço para aplicação da teoria menor, o que há nesses casos é a abertura da aplicação da desconsideração da personalidade jurídica a todos os casos que configurem um uso indevido da autonomia patrimonial.

7.3 Sistema de distribuição de combustíveis

A Lei n. 9.847/99, que trata da fiscalização das atividades relativas ao abastecimento nacional de combustíveis, também trouxe uma previsão de desconsideração da personalidade jurídica, no seu art. 18, § 3º, que diz expressamente que: "Poderá ser desconsiderada a personalidade jurídica da sociedade sempre que esta constituir obstáculo ao ressarcimento de prejuízos causados ao abastecimento nacional de combustíveis ou ao Sistema Nacional de Estoques de Combustíveis". Pelo teor do referido, verifica-se a mesma controvérsia já apresentada no que tange ao direito do consumidor e ao direito ambiental, sendo para a maioria da doutrina um dos casos de aplicação da teoria menor. Todavia, nossa opinião se mantém, não há espaço para aplicação da teoria menor, o que há nesses casos é a abertura da aplicação da desconsideração da personalidade jurídica a todos os casos que configurem um uso indevido da autonomia patrimonial.

7.4 Direito do trabalho

Alguns autores[67] incluem a CLT como a primeira norma que positivou a desconsideração da personalidade jurídica, no seu art. 2º, § 2º. Tal dispositivo excepciona a autonomia resultante da formação de grupos empresariais, determinando a solidariedade das várias integrantes do grupo, sem cogitar do abuso ou da fraude. Mesmo na nova redação do dispositivo, a norma continua não tratando de qualquer hipótese de fraude ou abuso, mas apenas de solidariedade nos casos de controle, direção ou administração por outra sociedade, bem como nos casos dos grupos.

Ora, não se trata de desconsideração, mas de simples solidariedade[68], por três motivos: "primeiro, porque não se verifica a ocorrência de nenhuma hipótese que justifique

---

67. GUIMARÃES, Flávia Lefèvre. *Desconsideração da pessoa jurídica no Código de Defesa do Consumidor*: aspectos processuais. São Paulo: Max Limonad, 1998, p. 35; KOURY, Suzy Elizabeth Cavalcante. *A desconsideração da personalidade jurídica (disregard doctrine) e os grupos de empresas*. 2. ed. Rio de Janeiro: Forense, 1997, p. 170; SANTOS, Hermelino de Oliveira. *Desconsideração da personalidade jurídica no processo do trabalho*. São Paulo: LTr, 2003, p. 50.

68. SILVA, Osmar Vieira. *Desconsideração da personalidade jurídica*: aspectos processuais. Rio de Janeiro: Renovar, 2002, p. 136; GONÇALVES, Oksandro. *Desconsideração da personalidade jurídica*. Curitiba: Juruá, 2004, p. 66; NAHAS, Tereza Christina. *Desconsideração da personalidade jurídica*: reflexos civis e empresariais nas relações de trabalho. São Paulo: Atlas, 2004, p. 177; KOCH, Deonísio. *Descon-*

sua aplicação como fraude ou abuso; segundo, porque reconhece e afirma a existência de personalidades distintas; terceiro, porque se trata de responsabilidade civil com responsabilização solidária das sociedades pertencentes ao mesmo grupo"[69]. Do mesmo modo, nos casos de controle, administração ou direção por outra sociedade, pois o que se reconhece é a responsabilidade solidária entre as sociedades.

Em tal hipótese, não se discute o uso da pessoa jurídica, mas se protege de maneira direta o empregado, garantindo-lhe uma responsabilidade solidária das diversas integrantes do grupo, independentemente de fraude ou abuso. Não se suprime sequer momentaneamente a personalidade jurídica, apenas são estendidos os riscos da atividade econômica.

Tal conclusão não afasta a possibilidade de desconsideração da personalidade jurídica no âmbito do direito do trabalho. Tal medida é possível com base na própria teoria ou ainda com base no Código Civil, aplicável às relações trabalhistas por força do art. 8º da CLT. Não acreditamos ser possível invocar as regras do CDC, dada a especificidade dessa regra.

Hermelino de Oliveira Santos, em excelente trabalho sobre o tema, reconhece a aplicabilidade do Código Civil às relações trabalhistas. Todavia, ele indica como pressuposto fundamental da aplicação da desconsideração a impossibilidade de o devedor original honrar o débito, aplicando praticamente a teoria menor da desconsideração. Ele entende que não se pode exigir do empregado a prova de que houve um abuso da personalidade jurídica, o que tornaria o processo trabalhista um obstáculo à satisfação dos créditos alimentares e não um instrumento a serviço desses créditos[70].

Apesar de nossa discordância quanto à aplicação da teoria menor, não podemos deixar de registrar que a orientação majoritária na jurisprudência trabalhista é a de aplicação da desconsideração, independentemente de qualquer prova de abuso da personalidade jurídica[71]. Mesmo com as mudanças da legislação trabalhista, acreditamos que será mantida a interpretação dada pela jurisprudência trabalhista para os casos de desconsideração.

O novo art. 10-A da CLT esclarece que, no caso de saída do sócio, haverá uma responsabilidade subsidiária, para ações ajuizadas até dois anos após a averbação da saída, devendo-se obedecer à seguinte ordem de cobrança: a sociedade; os sócios remanescentes; os ex-sócios. No entanto, se houver fraude, a responsabilidade será solidária com os demais sócios. Tal dispositivo não se aplica aos casos de desconsideração, salvo se com-

---

sideração da personalidade jurídica. Florianópolis: Momento Atual, 2005, p. 63; BRUSCHI, Gilberto Gomes. *Aspectos processuais da desconsideração da personalidade jurídica.* São Paulo: Juarez de Oliveira, 2004, p. 64.

69. SILVA, Alexandre Couto. *Aplicação da desconsideração da personalidade jurídica no direito brasileiro.* São Paulo: LTr, 1999, p. 112.

70. SANTOS, Hermelino de Oliveira. *Desconsideração da personalidade jurídica no processo do trabalho.* São Paulo: LTr, 2003, p. 213.

71. TRT18, AP – 0011148-56.2019.5.18.0053, Rel. Platon Teixeira de Azevedo Filho, Segunda Turma, 12-3-2021; TRT 10 – AP 0000853-73.2017.5.10.0013, Rel. João Luis Rocha Sampaio, Segunda Turma, julgado em 13-10-2021, publicado em 19-10-2021.

provada a fraude, quando se mantém a ideia da responsabilidade solidária com os demais sócios que participaram da fraude.

8 A teoria maior

A importância do princípio da autonomia patrimonial nos leva, todavia, a aplicar a desconsideração com cautela, apenas em casos excepcionais, atendidos determinados requisitos, vale dizer, a regra é que prevaleça o princípio da autonomia patrimonial. Apenas em situações excepcionais é que se pode cogitar da aplicação da desconsideração. Essas situações excepcionais representam os requisitos fundamentais de aplicação da desconsideração.

Para a chamada teoria maior da desconsideração, não basta o descumprimento de uma obrigação por parte da pessoa jurídica[72] ou a falta de integralização do capital social[73], é necessário que tal descumprimento decorra do desvirtuamento da sua função. A personificação é um instrumento legítimo de destaque patrimonial e, eventualmente, de limitação de responsabilidade[74], que só pode ser descartado caso o uso da pessoa se afaste dos fins para os quais o direito a criou[75].

Para a desconsideração, é fundamental a prova concreta de que a finalidade da pessoa jurídica foi desviada. Nesse sentido, surgiu a teoria maior da desconsideração, a qual se subdivide em duas vertentes: a teoria maior subjetiva e a teoria maior objetiva.

8.1 Teoria maior subjetiva

A teoria maior subjetiva afirma que o pressuposto fundamental da desconsideração é o desvio da função da pessoa jurídica[76], que se constata na fraude, no desvio de finalidade e no abuso de direitos relativos à autonomia patrimonial, pois a desconsideração nada

---

72. SERICK, Rolf. *Apariencia y realidad en las sociedades mercantiles*: el abuso de derecho por medio de la persona jurídica. Traducción y comentarios de derecho español por José Puig Brutau. Barcelona: Ariel, 1958, p. 246.

73. STJ – AgInt no REsp n. 2.090.006/RS, Rel. Ministro Raul Araújo, Quarta Turma, julgado em 13-5-2024, *DJe* de 17-5-2024.

74. WORMSER, I. Maurice. *Disregard of corporate fiction and allied corporation problems*. Washington: Beard Books, 2000, p. 18.

75. SERICK, Rolf. *Apariencia y realidad en las sociedades mercantiles*: el abuso de derecho por medio de la persona jurídica. Traducción y comentarios de derecho español por José Puig Brutau. Barcelona: Ariel, 1958, p. 135.

76. SILVA, Alexandre Couto. *Aplicação da desconsideração da personalidade jurídica no direito brasileiro*. São Paulo: LTr, 1999, p. 34; ALVES, Alexandre Ferreira de Assumpção. A desconsideração da personalidade jurídica e o direito do consumidor: um estudo de direito civil constitucional. In: TEPEDINO, Gustavo (Coord.). *Problemas de direito civil constitucional*. Rio de Janeiro: Renovar, 2000, p. 261; COELHO, Fábio Ulhoa. *Curso de direito comercial*. São Paulo: Saraiva, 1999, v. 2, p. 44; ALBERTON, Genacéia da Silva. A desconsideração

mais é do que uma forma de limitar o uso da pessoa jurídica aos fins para os quais ela é destinada. A autonomia patrimonial da pessoa jurídica só subsiste quando ela é usada para seus devidos fins, isto é, quando ela não se confunde com os sócios e quando não é utilizada para fins não merecedores de tutela de acordo com o ordenamento jurídico[77].

Esta teoria (subjetiva) foi acolhida no *caput* do art. 28 do CDC, como já mencionado, no art. 34 da Lei n. 12.529/2011, no art. 14 da Lei n. 12846/2013 (Lei Anticorrupção), no art. 160 da Lei n. 14.133/2021 e no art. 50 do Código Civil, conforme se verá a seguir.

8.1.1 A fraude

A autonomia patrimonial da pessoa jurídica é um meio legítimo de destaque patrimonial, limitando os riscos da atividade empresarial, facilitando o desenvolvimento da chamada economia de mercado. Todavia, pessoas, movidas por um intuito ilegítimo, podem lançar mão de autonomia patrimonial para se ocultar e fugir ao cumprimento de suas obrigações. Neste particular, estaremos diante de uma fraude relacionada à autonomia patrimonial.

A fraude é o artifício malicioso para prejudicar terceiros, isto é, "a distorção intencional da verdade com o intuito de prejudicar terceiros"[78]. O essencial na sua caracterização é o intuito de prejudicar terceiros, independentemente de se tratar de credores[79]. Tal prática, a princípio, é lícita[80], sua ilicitude decorre do desvio na utilização da pessoa jurídica, dos fins ilícitos buscados no manejo da autonomia patrimonial.

Um exemplo bem ilustrativo nos é dado por Fábio Ulhoa Coelho, ao se referir ao descumprimento da cláusula de não restabelecimento no trespasse do estabelecimento comercial[81]. Quando um comerciante aliena seu estabelecimento (trespasse), normalmente é imposta uma cláusula de não restabelecimento, isto é, impõe-se ao alienante a obrigação de não se restabelecer fazendo concorrência ao adquirente. Trata-se de obrigação pessoal do alienante, que para se furtar ao seu cumprimento poderia constituir uma pessoa jurídica, à qual, sendo dotada de existência distinta, não seria imposto o não restabelecimento. Todavia, vê-se claramente, neste particular, um artifício para prejudicar o adquirente, isto é, uma fraude.

---

da personalidade jurídica no Código de Defesa do Consumidor: aspectos processuais. *Revista de Direito do Consumidor*, São Paulo, n. 7, jul./set. 1993, p. 15.

77. LEHMANN, Michael; FRANCESCHELLI, Vincenzo. Superamento della personalità giuridica e società collegate: sviluppi di diritto continentale. In: *Responsabilità limitata e gruppi di società*. Milano: Giuffrè, 1987, p. 102.

78. SILVA, Alexandre Couto. *Aplicação da desconsideração da personalidade jurídica no direito brasileiro*. São Paulo: LTr, 1999, p. 36.

79. Idem, p. 39.

80. COMPARATO, Fábio Konder. *O poder de controle na sociedade anônima*. 3. ed. São Paulo: Revista dos Tribunais, 1983, p. 283.

81. COELHO, Fábio Ulhoa. *O empresário e os direitos do consumidor*. São Paulo: Saraiva, 1994, p. 217.

Ora, claramente não é esse o fim para o qual foi criada a pessoa jurídica, não podendo prevalecer em detrimento do alcance da almejada justiça[82]. A pessoa jurídica não existe para permitir que a pessoa física burle uma obrigação que lhe é imposta, não existe para permitir que a pessoa física faça algo que lhe é proibido[83], ela existe como ente autônomo para o exercício normal das atividades econômicas, isto é, para o tráfico jurídico de boa-fé[84].

Cogitamos aqui dos chamados negócios indiretos, entendidos como aqueles pelos quais as partes tentam alcançar uma finalidade que não é a típica do negócio em questão[85]. Todavia, há que se ressaltar que não é suficiente que se busque uma finalidade diversa da típica das sociedades para aplicar a desconsideração, vale dizer, não basta o negócio indireto para a desconsideração. A utilização da pessoa jurídica para alcançar fins diversos dos típicos pode ser válida[86], desde que os fins visados sejam lícitos.

A fraude à lei é uma subespécie dos negócios indiretos, em que a ilegitimidade decorre não do desvio de função, mas da finalidade ilícita de tal desvio[87]. Assim, é o uso da autonomia patrimonial para fins ilícitos que permite a desconsideração.

Há que se ressaltar que não basta a existência de uma fraude, é imprescindível que ela guarde relação com o uso da pessoa jurídica, isto é, seja relativa à autonomia patrimonial. Fraudes podem ser cometidas pela pessoa jurídica, como a emissão de um cheque sem provisão de fundos, contudo, se tal fraude não tiver qualquer relação com a utilização da autonomia patrimonial não podemos aplicar a desconsideração[88].

8.1.2 O abuso do direito

Não é só com a intenção de prejudicar terceiros que ocorre o desvio da função da pessoa jurídica, outros desvios no uso da pessoa jurídica também devem ser coibidos com a aplicação da desconsideração. Neste particular, aparece o abuso de direito[89] como fundamento para a desconsideração.

---

82. WORMSER, I. Maurice. *Disregard of corporate fiction and allied corporation problems.* Washington: Beard Books, 2000, p. 29.

83. AMARO, Luciano. Desconsideração da pessoa jurídica no Código de Defesa do Consumidor. *Revista de Direito do Consumidor*, São Paulo, n. 5, jan./mar. 1993, p. 174.

84. SERICK, Rolf. *Apariencia y realidad en las sociedades mercantiles*: el abuso de derecho por medio de la persona jurídica. Traducción y comentarios de derecho español por José Puig Brutau. Barcelona: Ariel, 1958, p. 52.

85. GARRIGUES, Joaquín. *Curso de derecho mercantil*. 7. ed. Bogotá: Temis, 1987, v. 2, p. 17.

86. ASCARELLI, Tullio. Le unioni di imprese. *Rivista del Diritto Commerciale*, v. XXXIII, parte I, 1935, p. 173.

87. GARRIGUES, Joaquín. *Curso de derecho mercantil*. 7. ed. Bogotá: Temis, 1987, v. 2, p. 18; ASCARELLI, Tullio. *Problemas das sociedades anônimas e direito comparado*. Campinas: Bookseller, 2001, p. 181.

88. COELHO, Fábio Ulhoa. *O empresário e os direitos do consumidor*. São Paulo: Saraiva, 1994, p. 223.

89. Boa parte da doutrina prefere falar em abuso do direito, uma vez que nenhum abuso seria de direito (justo, jurídico).

Os direitos em geral, como o de usar a pessoa jurídica, têm por origem a comunidade, e dela recebem sua finalidade[90], da qual não pode o seu titular se desviar. Quando ocorre tal desvio, não há o uso do direito, mas o abuso do direito, que não pode ser admitido. O exercício dos direitos deve atender à sua finalidade social, e não apenas aos meros caprichos de seu titular. Em suma, "é abusivo qualquer ato que, por sua motivação e por seu fim, vá contra o destino, contra a função do direito que se exerce"[91], é o mau uso do direito. Tal formulação genérica do conceito é extremamente útil, na medida em que não é possível uma indicação exaustiva das hipóteses abusivas[92].

No abuso do direito, o ato praticado é permitido pelo ordenamento jurídico[93], trata-se de um ato, a princípio, plenamente lícito. Todavia, ele foge a sua finalidade social, e sua prevalência gera um mal-estar no meio social, não podendo prevalecer. Os direitos se exercem tendo em conta não apenas o seu titular, mas todo o agrupamento social. O seu exercício normalmente não é absoluto, é relativo.

No uso da personalidade jurídica, tais abusos podem ocorrer, e frequentemente ocorrem. Quando existem várias opções para usar a personalidade jurídica, todas lícitas, a princípio, mas os sócios ou administradores escolhem a pior, isto é, a que mais prejudica terceiros, nos deparamos com o abuso de direito.

Este "mau uso" da personalidade jurídica, isto é, a utilização do direito para fins diversos dos quais deveriam ser buscados, é que primordialmente autoriza a desconsideração, variando com a experiência de cada país outros fundamentos. Ao contrário da fraude, no abuso de direito o propósito de prejudicar não é essencial[94], há apenas o mau uso da personalidade jurídica.

Algumas das situações mais frequentes em que se discutiu a existência ou não do abuso serão vistos a seguir.

8.1.2.1 Subcapitalização

A título exemplificativo, temos o caso da subcapitalização, isto é, os sócios não mantêm, na sociedade, capital adequado à realização do objeto social, vale dizer, ingressam recursos na sociedade que são distribuídos exclusivamente entre os sócios e não

---

90. JOSSERAND, Louis. *Del abuso de los derechos y otros ensayos*. Bogotá: Temis, 1999, p. 4.

91. JOSSERAND, Louis. *Del abuso de los derechos y otros ensayos*. Bogotá: Temis, 1999, p. 5, tradução livre de *"es abusivo cualquier acto que, por sus móviles y por su fin, va contra el destino, contra la función del derecho que se ejerce"*.

92. LEHMANN, Michael; FRANCESCHELLI, Vincenzo. Superamento della personalità giuridica e società collegate: sviluppi di diritto continentale. In: *Responsabilità limitata e gruppi di società*. Milano: Giuffrè, 1987, p. 103.

93. WARAT, Luis Alberto. *Abuso del derecho y lagunas de la ley*. Buenos Aires: Abeledo-Perrot, 1969, p. 56-57.

94. REQUIÃO, Rubens. Abuso de direito e fraude através da personalidade jurídica. *RT*, São Paulo, v. 58, n. 410, p. 16, dez. 1969.

reaplicados na sociedade, a ponto de impedi-la de cumprir suas finalidades[95]. Gustavo Saad Diniz afirma que "A subcapitalização material é qualificada como o desequilíbrio efetivo de capital próprio para financiamento da atividade da sociedade com limitação de responsabilidade, transferindo para os credores os riscos próprios dos sócios"[96].

A tentativa de conduzir uma sociedade sem fornecer uma base econômica suficiente é um abuso da pessoa jurídica[97], vale dizer, a adequada capitalização é uma condição para o gozo da autonomia patrimonial[98]. Ressalte-se, desde já, que nem toda subcapitalização é uma espécie de abuso de direito, é necessária uma análise no caso concreto, a fim de verificar a existência ou não do desvio de finalidade da pessoa jurídica.

Imagine-se que determinada sociedade vem tendo bons resultados na sua atividade econômica, mas, a continuação dos negócios, em condições normais, exige a aplicação constante dos recursos. Apesar disso, os sócios dessa sociedade optam por distribuir todo o resultado da sociedade como lucro, em detrimento da reaplicação de parte dos recursos para a saúde do negócio. Embora tal escolha, a princípio, seja lícita, ela se torna abusiva na medida em que esvazia patrimonialmente a sociedade, inviabilizando a continuação do negócio e a satisfação dos credores. Nesses casos, é que será possível a desconsideração da personalidade pelo abuso do direito.

O TJRS já decidiu que "evidente o abuso do direito por parte das empresas sócias controladoras, ante a clara subcapitalização havida pela não manutenção do capital necessário para o pleno cumprimento do objeto social da falida"[99].

8.1.2.2 Dissolução irregular

Outra situação extremamente importante sobre o tema é a chamada dissolução irregular das sociedades.

Edmar Oliveira Andrade Filho afirma que essa dissolução irregular ocorreria quando os sócios não tomassem as providências necessárias para a dissolução da sociedade[100]. Tal

---

95. LEHMANN, Michael; FRANCESCHELLI, Vincenzo. Superamento della personalità giuridica e società collegate: sviluppi di diritto continentale. In: *Responsabilità limitata e gruppi di società*. Milano: Giuffrè, 1987, p. 104-105.

96. DINIZ, Gustavo Saad. *Subcapitalização*. Enciclopédia jurídica da PUC-SP. Celso Fernandes Campilongo, Alvaro de Azevedo Gonzaga e André Luiz Freire (coords.). Tomo: Direito Comercial. Fábio Ulhoa Coelho, Marcus Elidius Michelli de Almeida (coord. de tomo). São Paulo: Pontifícia Universidade Católica de São Paulo, 2017. Disponível em: <https://enciclopediajuridica.pucsp.br/verbete/210/edicao-1/subcapitalizacao>. Acesso em: 23 out. 2021.

97. PERDOLESI, Roberto. Veil percing e analisi economica del diritto: l'esperienza statunitense. In: *Responsabilità limitata e gruppi di società*. Milano: Giuffrè, 1987, p. 145.

98. LATTIN, Norman D. *Lattin on corporations*. Brooklyn: The Foundation Press, 1959, p. 69.

99. TJRS – Embargos de Declaração, n. 70073675118, Quinta Câmara Cível, Relator: Jorge Luiz Lopes do Canto, julgado em: 30-8-2017.

100. ANDRADE FILHO, Edmar Oliveira. *Desconsideração da personalidade jurídica no novo Código Civil*. São Paulo: MP, 2005, p. 120.

postura é capaz de gerar o redirecionamento da execução fiscal, nos termos da Súmula 435 do STJ, que diz respeito à configuração da infração a lei, para os fins do art. 135, III, do CTN. Tal orientação, porém, não diz respeito à desconsideração da personalidade jurídica.

Apesar disso, há decisões que reconhecem o cabimento da desconsideração da personalidade jurídica pelo simples fato de a sociedade ter fechado suas portas, sem obedecer ao procedimento legal[101]. Ousamos discordar dessa opinião, pois o desvio da função da pessoa jurídica não pode ser vislumbrado por esse único fato. As atividades econômicas nem sempre dão certo e isso, por si só, não é suficiente para configurar um abuso do direito, que justifique a desconsideração da personalidade jurídica.

A pessoa jurídica é um instrumento legítimo de segregação patrimonial e, a depender do tipo societário, limitação de riscos, ou seja, os sócios que constituem uma sociedade estão, de modo legítimo, separando apenas uma parte do seu patrimônio para arcar com as obrigações decorrentes da atividade econômica. Se esse patrimônio não é suficiente e a sociedade fecha as portas, é um risco da economia. Não é possível considerar esse fato um abuso dos sócios, que justifique, por si só, a desconsideração da personalidade jurídica.

Assim, a desconsideração não poderá ser aplicada pelo simples fato de a sociedade parar de funcionar sem obedecer ao procedimento legal. A Segunda Seção do STJ firmou orientação nesse sentido, afirmando que: "encerramento das atividades ou dissolução, ainda que irregulares, da sociedade não são causas, por si só, para a desconsideração da personalidade jurídica, nos termos do Código Civil"[102].

Em outro caso, o mesmo STJ afirmou que "a mera circunstância de a empresa devedora ter encerrado suas atividades sem baixa na Junta Comercial, se não evidenciado dano decorrente de violação ao contrato social da empresa, fraude, ilegalidade, confusão patrimonial ou desvio de finalidade da sociedade empresarial, não autoriza a desconsideração de sua personalidade para atingir bens pessoais de herdeiro de sócio falecido. Inaplicabilidade da Súmula 435/STJ, que trata de redirecionamento de execução fiscal ao sócio-gerente de empresa irregularmente dissolvida, à luz de preceitos do Código Tributário Nacional"[103]. Portanto, estará autorizada a desconsideração quando os sócios dis-

---

101. TJRS – Agravo de Instrumento, n. 70084927581, Décima Segunda Câmara Cível, Tribunal de Justiça do RS, Relator: Ana Lúcia Carvalho Pinto Vieira Rebout, julgado em: 5-10-2021; Acórdão 1377404, 07158453020218070000, Relator: Fabrício Fontoura Bezerra, TJDFT – Relator Designado: Angelo Passareli, Quinta Turma Cível, data de julgamento: 6-10-2021, publicado no *DJe*: 21-10-2021. Pág.: Sem Página Cadastrada.

102. STJ – EREsp 1.306.553/SC, Rel. Ministra Maria Isabel Gallotti, Segunda Seção, julgado em 10-12-2014, *DJe* 12-12-2014. No mesmo sentido: STJ – AgInt no AREsp 1872180/SP, Rel. Ministro Marco Buzzi, Quarta Turma, julgado em 20-9-2021, *DJe* 23-9-2021; STJ – AgInt no REsp 1939630/DF, Rel. Ministro Marco Aurélio Bellizze, Terceira Turma, julgado em 20-9-2021, *DJe* 23-9-2021; TJSP; Agravo de Instrumento 2212435-56.2021.8.26.0000; Relator (a): Jacob Valente; Órgão Julgador: 12ª Câmara de Direito Privado; Foro Regional III – Jabaquara – 1ª Vara Cível; data do julgamento: 4-10-2021; data de registro: 4-10-2021; TJDFT – Acórdão 1376187, 07015785320218070000, Relator: James Eduardo Oliveira, Quarta Turma Cível, data de julgamento: 30-9-2021, publicado no *DJe*: 20-10-2021. Pág.: Sem Página Cadastrada.

103. STJ – AgRg no REsp 762.555/SC, Rel. Ministra Maria Isabel Gallotti, Quarta Turma, julgado em 16-10-2012, *DJe* 25-10-2012. No mesmo sentido: AgInt no AREsp n. 2.617.684/RS, Rel. Ministro Antonio Carlos Ferreira, Quarta Turma, julgado em 30-9-2024, *DJe* de 2-10-2024.

solvem uma sociedade sem pagar suas obrigações e constituem uma nova sociedade com idêntico objeto social[104], agindo de má-fé, e naõ a mera dissolução irregular.

8.1.3 Desvio de finalidade

O art. 50 do Código Civil não faz referência às expressões abuso de direito ou fraude, mas menciona o desvio de finalidade, que se insere na teoria maior subjetiva, na medida em que ele representa um desvirtuamento da finalidade da pessoa jurídica. Gladston Mamede afirma: "O uso da pessoa jurídica para a prática consciente de atos ilícitos não se amolda à função social do instituto. Mas é indispensável dolo"[105]. O desvio de finalidade passa a ser necessariamente um ato proposital para lesar credor ou praticar outros atos ilícitos (lavagem de dinheiro, ocultação de bens...). Não há grande novidade, uma vez que o próprio STJ já exigia "ato intencional com intuito de fraudar terceiros"[106].

O § 1º do art. 50 do CC diz expressamente: "Para fins do disposto neste artigo, desvio de finalidade é a utilização da pessoa jurídica com o propósito de lesar credores e para a prática de atos ilícitos de qualquer natureza". Neste ponto, vê-se que a essência do desvio de finalidade é a prática de atos ilícitos de qualquer natureza, incluindo fraudes, abusos de direito, com a intenção de lesar credores. A nosso ver, a expressão desvio de finalidade representa um gênero da utilização indevida da pessoa jurídica, com o intuito de prejudicar os credores. Se houve uma distorção intencional da verdade (fraude) ou um simples uso da pessoa jurídica para fins diversos daqueles que lhe são previstos legalmente (abuso de direito), a prática é um desvio de finalidade na medida em que foi feita para prejudicar os credores.

Verificado, por exemplo, que houve a "utilização da sociedade para lesar terceiros, ante a mudança de endereço sem comunicação ao Juízo; a constituição de outra empresa do mesmo ramo, composta por sócias com mesmo patronímico dos sócios da ré, e a ausência de indicação de bens à penhora"[107] é que teremos o desvio de finalidade, para justificar a desconsideração da personalidade jurídica.

Do mesmo, a utilização de uma pessoa jurídica para "captação fraudulenta de recursos no mercado, mediante promessa de lucros vultosos" (atos ilícitos), prejudicando os "investidores" (credores) é outro exemplo de desvio de finalidade[108].

É esse tipo de desvio, utilização da pessoa jurídica para fins ilícitos, que justifica a desconsideração. Não se pode admitir a desconsideração, pelo simples fato de a socieda-

---

104. CEOLIN, Ana Caroline Santos. *Abusos na aplicação da teoria da desconsideração da pessoa jurídica.* Belo Horizonte: Del Rey, 2002, p. 124.

105. MAMEDE, Gladston. *Direito societário*: sociedades simples e empresárias. 12. ed. São Paulo: Atlas, 2020, p. 164.

106. REsp 1572655/RJ, Rel. Ministro Ricardo Villas Bôas Cueva, Terceira Turma, julgado em 20-3-2018.

107. TJSP – Agravo de Instrumento 0076467-06.2012.8.26.0000; Relator (a): Vanderci Álvares; Órgão Julgador: 25ª Câmara de Direito Privado; Foro de Araraquara – 3ª Vara Cível; data do julgamento: 15-8-2012; data de registro: 17-8-2012.

108. TJSP – Apelação Cível 1001370-87.2021.8.26.0704 – Relator Alexandre David Malfatti –12ª Câmara de Direito Privado, Foro Regional XV, Butantã, 2ª Vara Cível – j. 20-6-2023 – Data de Registro: 23-6-2023.

de mudar sua finalidade (de comércio de carros para serviços de terceirização). Isso não é desvio, mas mudança legítima do objeto. O § 5º do art. 50 do CC é expresso ao dizer que: "Não constitui desvio de finalidade a mera expansão ou a alteração da finalidade original da atividade econômica específica da pessoa jurídica".

Ora, a simples expansão dos negócios ou a alteração da finalidade original da pessoa jurídica não podem ser consideradas motivos suficientes para a desconsideração, uma vez que esta visa evitar o uso abusivo da personalidade jurídica, o que não é caracterizado em tais situações. A mudança do foco dos negócios é uma operação normal que não pode ser considerada suficiente para qualquer tipo de punição.

8.2 Teoria maior objetiva

A teoria maior objetiva é aquela que usa como fundamento primordial a confusão patrimonial, que[109] é a inexistência de separação clara entre o patrimônio da pessoa jurídica e o patrimônio dos sócios ou administradores. Apesar de restrições pessoais quanto a essa teoria, não há dúvida de que atualmente, ele é reconhecida e aplicada.

Walfrido Warde Jr. afirma que "a confusão patrimonial, para determinar imputação de responsabilidade, deve corresponder aos casos em que ocorre apropriação, pelos sócios, de meios de produção da sociedade, especialmente de posições ativas contidas no capital e patrimônio sociais, por meio do pagamento indevido de dividendos"[110].

João Pedro Scalzilli, por sua vez, reconhece duas formas de configuração da confusão patrimonial: a utilização dos meios de produção da sociedade por terceiros, em detrimento dos credores, e a utilização pela pessoa jurídica de recursos de terceiros[111].

O art. 50, § 2º, do CC traz três hipóteses de configuração da confusão patrimonial:

> I – cumprimento repetitivo pela sociedade de obrigações do sócio ou do administrador ou vice-versa;
>
> II – transferência de ativos ou de passivos sem efetivas contraprestações, exceto o de valor proporcionalmente insignificante; e
>
> III – outros atos de descumprimento da autonomia patrimonial.

O pagamento de obrigações do sócio pela pessoa jurídica ou vice-versa é classicamente enquadrado como hipótese de confusão patrimonial, pois o patrimônio de uma pessoa deve ser destinado ao cumprimento de suas próprias obrigações e não de obrigações de terceiros[112]. Todavia, o dispositivo exige expressamente que se trate de um cum-

---

109. COMPARATO, Fábio Konder. *O poder de controle na sociedade anônima*. 3 ed. Rio de Janeiro: Forense, 1983, p. 274-275.

110. WARDE JÚNIOR, Walfrido Jorge. *Responsabilidade dos sócios*: a crise da limitação e a teoria da desconsideração da personalidade jurídica. Belo Horizonte: Del Rey, 2007, p. 317-318.

111. SCALZILLI, João Pedro. *Confusão patrimonial no direito societário*. São Paulo: Quartier Latin, 2015, p. 52.

112. REsp 948.117/MS, Rel. Ministra Nancy Andrighi, Terceira Turma, julgado em 22-6-2010, *DJe* 3-8-2010.

primento repetitivo, isto é, do cumprimento de várias obrigações, e não de uma obrigação isolada.

Embora se entenda que é razoável essa exigência, uma vez que nos pequenos negócios esse tipo de pagamento cruzado é comum, é necessário ter cautela para que o requisito da reiteração seja adequado ao caso concreto. Assim, deve-se ter o cuidado de exigir apenas algo que demonstre o abuso da personalidade jurídica, sem exigências exageradas nas provas. O importante é que, pela interconexão entre as operações da pessoa jurídica e do sócio ou administrador, não exista uma separação fática entre eles, de modo que a personalidade jurídica é usada como "mero instrumento" para os interesses de seu controlador. Normalmente, esse pagamento repetitivo será demonstrado por uma perícia capaz de identificar a movimentação de recursos em confusão patrimonial[113].

O TJDFT reconheceu a confusão patrimonial, pelo fato de que valores devidos à pessoa física do sócio foram pagos na conta de uma pessoa jurídica, da qual ele era sócio[114].

A transferência de ativos ou passivos sem efetivas contraprestações é outro exemplo clássico de confusão patrimonial. A transferência de ativos ou passivos realizada, sem a devida justificativa econômica, nada mais é do que a utilização do patrimônio da pessoa jurídica pelos sócios ou administradores e vice-versa. Assim, quando um sócio "adquire" bens da pessoa jurídica, mas não repassa para pessoa jurídica os valores correspondentes, há uma clara mistura dos patrimônios. Do mesmo modo, empréstimos entre a pessoa jurídica e o sócio, embora comuns, precisam obedecer às condições normais de mercado, sob pena de representarem também um mecanismo de mistura dos patrimônios.

O TJSP reconheceu a confusão patrimonial na "transferência de ativos entre empresas bem como entre pessoa física e empresa, sem provas suficientes de efetivas contraprestações"[115].

Por fim, o dispositivo menciona qualquer outro ato de descumprimento da autonomia patrimonial, o que representa uma cláusula geral, muito útil, para incluir outras hipóteses de mistura entre os patrimônios da pessoa jurídica e de seus sócios ou administradores e vice-versa. A ideia aqui é mostrar que o rol é exemplificativo, abrangendo todos os atos que representem o uso indevido da autonomia patrimonial. Assim, é possível a desconsideração pela confusão patrimonial, caso fique demonstrado que o contrato foi celebrado por uma pessoa jurídica, mas foi outra pessoa que executou o contrato e recebeu os valores, numa clara mistura de esferas jurídicas[116].

---

113.   TJSP – Agravo de Instrumento 2043069-53.2020.8.26.0000; Relator (a): Natan Zelinschi de Arruda; Órgão Julgador: 4ª Câmara de Direito Privado; Foro de Ribeirão Preto – 3ª Vara de Família e Sucessões; data do julgamento: 11-2-2021; data de registro: 26-2-2021.

114.   TJDFT – Acórdão 1366757, 07201627120218070000, Relator: Angelo Passareli, Quinta Turma Cível, data de julgamento: 25-8-2021, publicado no *DJe*: 9-9-2021. Pág.: Sem Página Cadastrada.

115.   TJSP – Agravo de Instrumento 2049901-05.2020.8.26.0000; Relator (a): Jovino de Sylos; Órgão Julgador: 16ª Câmara de Direito Privado; Foro de Diadema – 1ª Vara Cível; data do julgamento: 23-3-2021; data de registro: 31-3-2021.

116.   TJSP – Agravo de Instrumento 2148607-86.2021.8.26.0000; Relator (a): Pedro de Alcântara da Silva Leme Filho; Órgão Julgador: 8ª Câmara de Direito Privado; Foro Central Cível – 9ª Vara Cível; data do julgamento: 15-9-2021; data de registro: 18-9-2021.

Além disso, é importante registrar que o § 4º do art. 50 do CC é expresso ao declarar que a simples existência de grupo societário não é suficiente para caracterizar a confusão patrimonial. Mais uma vez, a constituição de um grupo societário é um mecanismo legítimo de expansão empresarial e não pode ser considerada uma prática suficiente para a desconsideração, pois não representa qualquer desvirtuamento na utilização da pessoa jurídica.

8.3 Código Civil

Com âmbito de aplicação genérico, o Código Civil positivou a desconsideração no seu art. 50, para reconhecer o cabimento da desconsideração "em caso de abuso da personalidade jurídica, caracterizado pelo desvio de finalidade ou pela confusão patrimonial", com as considerações já feitas acima. Trata-se da consagração da teoria maior nas suas versões objetiva e subjetiva.

8.4 Direito econômico

A Lei n. 12.529/2011 (art. 34), seguindo a linha do CDC, também positivou a desconsideração da personalidade jurídica, para os casos de infrações à ordem econômica, como os cartéis, o preço predatório e outras infrações. Os casos autorizadores da desconsideração da personalidade jurídica, nas infrações à ordem econômica, são exatamente os mesmos constantes do *caput* do art. 28 do CDC.

Assim, havendo infração à ordem econômica poderá haver a desconsideração da personalidade jurídica nos casos de abuso de direito, excesso de poder, infração da lei, fato ou ato ilícito ou violação dos estatutos ou contrato social. A desconsideração também será efetivada quando houver falência, estado de insolvência, encerramento ou inatividade da pessoa jurídica provocados por má administração. Valem, aqui, as mesmas considerações feitas sobre o CDC.

Não se tem notícias de aplicação dessa desconsideração da personalidade jurídica no âmbito do Conselho Administrativo de Defesa Econômica (CADE), sobretudo diante das regras constantes dos arts. 32 e 33 da mesma Lei n. 12.529/2011, que estabelecem solidariedade das diversas pessoas integrantes de um grupo econômico, bem como dos dirigentes ou administradores das sociedades que cometam infrações à ordem econômica. Essa estipulação de solidariedade torna desnecessário o recurso à desconsideração da personalidade jurídica.

8.5 Responsabilidade civil e administrativa por atos lesivos à administração pública nacional ou estrangeira

A Lei n. 12.846, de 1º de agosto de 2013, disciplina a responsabilização objetiva administrativa e civil de pessoas jurídicas pela prática de atos contra a administração pública, nacional ou estrangeira. Tal lei se aplica a todo tipo de sociedade (simples, empresárias, nacionais ou estrangeiras, personificada ou não, independentemente da forma de organização ou modelo societário adotado), bem como a fundações, associações ou sociedades estrangeiras, que tenham sede, filial ou representação no território brasileiro. Não há menção expressa às organizações religiosas, partidos políticos, mas acreditamos que todas estão abrangidas pela referida lei, tendo em vista a menção genérica a pessoas jurídicas na ementa da lei.

A essência da referida lei é uma responsabilização objetiva, tanto para fins civis quanto para fins administrativos, em razão de atos lesivos praticados contra a administração nacional ou estrangeira. Constituem atos lesivos práticas que vão desde a corrupção, passando por fraudes em licitações até a imposição de obstáculos a fiscalização governamental. Pela importância, é oportuno elencar todos os atos lesivos tratados pela lei, em seu art. 5º:

I – prometer, oferecer ou dar, direta ou indiretamente, vantagem indevida a agente público, ou a terceira pessoa a ele relacionada;

II – comprovadamente, financiar, custear, patrocinar ou de qualquer modo subvencionar a prática dos atos ilícitos previstos nesta Lei;

III – comprovadamente, utilizar-se de interposta pessoa física ou jurídica para ocultar ou dissimular seus reais interesses ou a identidade dos beneficiários dos atos praticados;

IV – no tocante a licitações e contratos:

a) frustrar ou fraudar, mediante ajuste, combinação ou qualquer outro expediente, o caráter competitivo de procedimento licitatório público;

b) impedir, perturbar ou fraudar a realização de qualquer ato de procedimento licitatório público;

c) afastar ou procurar afastar licitante, por meio de fraude ou oferecimento de vantagem de qualquer tipo;

d) fraudar licitação pública ou contrato dela decorrente;

e) criar, de modo fraudulento ou irregular, pessoa jurídica para participar de licitação pública ou celebrar contrato administrativo;

f) obter vantagem ou benefício indevido, de modo fraudulento, de modificações ou prorrogações de contratos celebrados com a administração pública, sem autorização em lei, no ato convocatório da licitação pública ou nos respectivos instrumentos contratuais; ou

g) manipular ou fraudar o equilíbrio econômico-financeiro dos contratos celebrados com a administração pública;

V – dificultar atividade de investigação ou fiscalização de órgãos, entidades ou agentes públicos, ou intervir em sua atuação, inclusive no âmbito das agências reguladoras e dos órgãos de fiscalização do sistema financeiro nacional.

Pelos referidos atos, independentemente de uma responsabilização administrativa, será possível uma responsabilização judicial, por meio de ação ajuizada pela União, pelos Estados, pelo Distrito Federal e pelos Municípios, ou pelo Ministério Público, pelo rito da ação civil pública (Lei n. 7.437/85). As medidas judiciais terão por objetivo a aplicação das seguintes sanções: (a) perdimento dos bens, direitos ou valores que representem vantagem ou proveito direta ou indiretamente obtidos da infração, ressalvado o direito do lesado ou de terceiro de boa-fé; (b) suspensão ou interdição parcial de suas atividades; (c) a dissolução compulsória da pessoa jurídica; (d) proibição de receber incentivos, subsídios, subvenções, doações ou empréstimos de órgãos ou entidades públicas e de instituições financeiras públicas ou controladas pelo poder público, pelo prazo mínimo de 1 (um) e máximo de 5 (cinco) anos. A dissolução compulsória só será aplicada, no caso de prática habitual de atos ilícitos por meio da pessoa jurídica, ou no caso de cons-tituição da pessoa jurídica para ocultar ou dissimular interesses ilícitos ou a identidade dos beneficiários dos atos praticados.

Pelos mesmos atos lesivos mencionados, na seara administrativa poderá haver a condenação da pessoa jurídica ao pagamento de multa no valor de 0,1% (um décimo por cento) a 20% (vinte por cento) do faturamento bruto do último exercício anterior ao da instauração do processo administrativo, excluídos os tributos, a qual nunca será inferior à vantagem auferida, quando for possível sua estimação, bem como a publicação extraor-dinária da decisão condenatória. Tal responsabilização não se confunde com aquela de natureza pessoal dos dirigentes ou administradores das pessoas jurídicas, que serão responsabilizados na medida da sua culpabilidade.

Para a imposição dessa sanção, é essencial um processo administrativo, no qual sejam assegurados a ampla defesa e o contraditório. A instauração e o julgamento desses processos cabem à autoridade máxima de cada órgão ou entidade dos Poderes Executivo, Legislativo e Judiciário, que agirá de ofício ou mediante provocação. Admite-se a dele-gação dos poderes de instauração e julgamento dos citados processos, mas não é admi-tida a subdelegação. Em qualquer caso, o prazo para defesa da pessoa jurídica será de 30 dias, contados a partir da intimação. O processo será conduzido por uma comissão formada por pelo menos 2 servidores estáveis que apresentará relatório, sugerindo as eventuais sanções a serem aplicadas, no prazo de 180 dias, que poderá ser prorrogado. A eventual defesa e o relatório da comissão serão remetidos a autoridade julgadora, que proferirá decisão. Após a conclusão do feito, poderão ser encaminhadas informações para que o Ministério Público tome as medidas que lhe tocam.

Nesta seara administrativa, poderá haver a desconsideração da personalidade jurí-dica (art. 14) para estender a responsabilidade pelas sanções fixadas para os administra-dores e sócios com poder de administração.

Somente haverá a desconsideração se ficar demonstrado um abuso de direito para facilitar, encobrir ou dissimular a prática dos atos ilícitos previstos na referida Lei ou para provocar confusão patrimonial. A nosso ver, acolhe-se a teoria maior subjetiva na medida em que se utiliza como fundamento o abuso de direito (mau uso de direito) com aquelas finalidades específicas para facilitar, encobrir ou dissimular a prática dos atos lesivos descritos na lei ou ainda para gerar confusão patrimonial. A referência à confusão patrimonial também é importante para se reconhecer a aplicação da teoria maior objetiva.

Nesta visão mais restrita é que será cabível a desconsideração da personalidade jurídica. Para tanto, será necessário assegurar ampla defesa e contraditório com a intimação dos sócios ou administradores, potencialmente sujeitos à sanção, para que apresentem defesa. Reitere-se que, por previsão expressa, esta hipótese só poderá atingir os sócios com poder de administração e os administradores, limitando-se naturalmente àqueles que participaram ou se beneficiaram da prática abusiva. Sócios e administradores que não tiveram qualquer relação com o abuso não poderão ser atingidos. Pela restrição do referido dispositivo, também não se pode aplicar a desconsideração para atingir terceiros (outras sociedades do mesmo grupo) com esse fundamento.

A previsão de responsabilidade solidária das sociedades controladoras, controladas, coligadas ou, no âmbito do respectivo contrato, as consorciadas (art. 4º, § 2º) não se confunde com a desconsideração da personalidade jurídica, uma vez que não se exige qualquer ato por parte destas outras sociedades.

Outrossim, considera-se inconstitucional a previsão de responsabilidade imediata de outras sociedades independentemente da participação delas no ato ou do seu benefício, tendo em vista a determinação constitucional da individualização das penas (art. 5º, XLV) que estabelece que "nenhuma pena passará da pessoa do condenado, podendo a obrigação de reparar o dano e a decretação do perdimento de bens ser, nos termos da lei, estendidas aos sucessores e contra eles executadas, até o limite do valor do patrimônio transferido". Apesar da conotação criminal do referido dispositivo constitucional, a sua lógica aplica-se claramente a tal tipo de sanção. O próprio STF já afirmou que "O postulado da intranscendência impede que sanções e restrições de ordem jurídica superem a dimensão estritamente pessoal do infrator"[117].

Não bastasse isso, é certo que tal extensão pura e simples das referidas sanções a sociedades coligadas poderia ser um inviabilizador de investimentos e alianças empresariais. Imagine-se que uma sociedade detenha 11% do capital de outra sociedade, sendo coligadas nos termos do art. 1.099 do CC. Neste caso, se a segunda sociedade praticasse um ato lesivo, a primeira seria responsabilizada solidariamente, independentemente de qualquer ato da sua parte, o que não faria nenhum sentido prático com os próprios objetivos da Lei n. 12.846/2013. Nas relações de consumo, por exemplo, exige-se a culpa para a responsabilização das coligadas (art. 28, § 4º, da CDC). Desta forma, tal extensão extremada das sanções afrontaria também o postulado da livre-iniciativa. No Brasil, consoante já afirmou o STF:

> Um dos fundamentos do Direito de Empresa, consubstanciado na garantia constitucional da livre-iniciativa, entre cujos conteúdos está a possibilidade de constituir

---

117. STF – AC 1.033-AgR-QO, Rel. Ministro Celso de Mello, julgamento em 25-5-2006, Plenário, *DJ* de 16-6-2006. No mesmo sentido: ACO 970-tutela antecipada, Rel. Ministro Gilmar Mendes, julgamento em 17-5-2007, Plenário, *DJ* de 19-12-2007.

sociedade para o exercício de atividade econômica e partilha dos resultados, em conformidade com os tipos societários disciplinados por lei, que envolve um regime de comprometimento patrimonial previamente disciplinado e que delimita o risco da atividade econômica[118].

Assim, a responsabilidade das sociedades coligadas, controladas, controladas e consorciadas dependerá da demonstração que os atos foram praticados no seu benefício ou interesse, exclusivo ou não.

8.6 Licitações

A Lei de Licitações de 2021, Lei n. 14.133, passou a prever expressamente o cabimento da desconsideração da personalidade em seu art. 160. Ao prever a desconsideração, a referida usou fundamentos similares àqueles da Lei n. 12.846/2013, prevendo a desconsideração nos casos "abuso do direito para facilitar, encobrir ou dissimular a prática dos atos ilícitos previstos nesta Lei ou para provocar confusão patrimonial". Dentro da mesma linha de raciocínio, vê-se que foi adotada a teoria maior em suas duas vertentes, contudo, na teoria maior subjetiva os atos ilícitos devem ser aqueles previstos na própria Lei n. 14.133/2021.

A desconsideração, nesses casos, servirá para todas as sanções previstas na Lei n. 14.133/2021, isto é, abrange as penas de advertência, multa, impedimento de licitar e contratar e declaração de inidoneidade para licitar ou contratar. Tais penalidades, se presentes os fundamentos da desconsideração, serão estendidos aos seus administradores e sócios com poderes de administração.

Também está previsto o cabimento da aplicação da penalidade à pessoa jurídica sucessora ou a empresa do mesmo ramo com relação de coligação ou controle, de fato ou de direito. Mais uma vez, valem as considerações acima no sentido de que tal extensão, pura e simples, sem considerar o benefício dos atingidos é inconstitucional. Deve-se interpretar o texto no sentido de aplicar a penalidade apenas às pessoas que de alguma forma se beneficiaram da confusão patrimonial ou dos atos ilícitos.

8.7 Direito administrativo

Questionamentos similares aos do direito tributário são feitos no que tange à aplicação da desconsideração da personalidade jurídica no direito administrativo, especialmente no que concerne às licitações. Discute-se se haveria a possibilidade de desconsideração no caso de fraude a licitações para estender uma multa à pessoa dos sócios, administra-

---

118. STF – RE 562.276, Relator Ministra Ellen Gracie, Tribunal Pleno, julgado em 3-11-2010, repercussão geral – mérito *DJe*-027, divulg. 9-2-2011, public. 10-2-2011, Ement. v. 2461-02, p. 419, *RDDT* n. 187, 2011, p. 186-193.

dores ou mesmo para estender uma declaração de inidoneidade a outra pessoa jurídica constituída como subterfúgio da referida penalidade. Discute-se também qual seria o procedimento necessário para essa desconsideração.

Contra a possibilidade da desconsideração são levantados dois questionamentos básicos: a pessoalidade das penas e a ausência de autorização legal específica, de modo que haveria afronta ao princípio da legalidade neste particular. A nosso ver, porém, tais óbices são facilmente superados por outros fundamentos que justificam e até recomendam a aplicação da desconsideração da personalidade jurídica na órbita administrativa.

Não permitir a desconsideração da personalidade afrontaria o princípio da moralidade e a própria proteção ao interesse público na seara administrativa[119]. Ademais, o ordenamento jurídico brasileiro já traz uma série de regras que vedam o abuso de direito e a fraude, sendo muito difícil sustentar a impossibilidade de punição daqueles que perpetram abusos ou fraudes por meio de pessoas jurídicas. O STJ já reconheceu essa possibilidade, afirmando que:

> A constituição de nova sociedade, com o mesmo objeto social, com os mesmos sócios e com o mesmo endereço, em substituição a outra declarada inidônea para licitar com a Administração Pública Estadual, com o objetivo de burlar a aplicação da sanção administrativa, constitui abuso de forma e fraude à Lei de Licitações Lei n. 8.666/93, de modo a possibilitar a aplicação da teoria da desconsideração da personalidade jurídica para estenderem-se os efeitos da sanção administrativa à nova sociedade constituída[120].

O art. 50 do Código Civil, enquanto norma geral para pessoas jurídicas, deve ser usado como parâmetro, ressaltando-se que a desconsideração continua a ser a exceção. Todavia, aqui havia que se dispensar a intervenção do Poder Judiciário nesses casos[121], tendo em vista a própria efetividade da atuação da administração pública, a autoexecutoriedade dos atos administrativos e os princípios que regem a administração. Em todo caso, não se pode olvidar dos princípios da ampla defesa, do contraditório e do devido processo legal, devendo ser decretada e desconsiderada em um processo administrativo regularmente instaurado e processado, com chance de manifestação das partes que eventualmente serão atingidas pela desconsideração.

Em sentido contrário, Márcio Tadeu Guimarães Nunes[122] considera essa aplicação direta pela administração pública incompatível com o art. 2º, XII, da Lei n. 9.784, que prega "interpretação da norma administrativa da forma que melhor garanta o atendimen-

---

119. PEGORARO, Luiz Nunes. *Desconsideração da personalidade jurídica no procedimento licitatório*. Campinas: Servanda, 2010, p. 82.

120. STJ – RMS 15.166/BA, Rel. Ministro Castro Meira, Segunda Turma, julgado em 7-8-2003, *DJ* 8-9-2003, p. 262.

121. PEGORARO, Luiz Nunes. *Desconsideração da personalidade jurídica no procedimento licitatório*. Campinas: Servanda, 2010, p. 95.

122. NUNES, Márcio Tadeu Guimarães. *Desconstruindo a desconsideração da personalidade jurídica*. São Paulo: Quartier Latin, 2007, p. 404.

to do fim público a que se dirige, vedada aplicação retroativa de nova interpretação". Ousamos discordar desse entendimento, pois vemos no referido dispositivo, na verdade, a grande chamada para a aplicação da desconsideração da personalidade jurídica na seara administrativa, especialmente para resguardar a proteção do interesse público. Reitere-se, porém, que essa aplicação continua a ser excepcional e depende da comprovação dos requisitos inerentes à desconsideração da personalidade jurídica.

8.8 Direito tributário

Na órbita tributária, é extremamente comum que uma pessoa jurídica seja contribuinte e, nessa condição, é possível que seu patrimônio não seja suficiente para honrar os créditos tributários. Sabendo dessa possibilidade, a legislação tributária trouxe algumas regras sobre a responsabilização de sócios ou administradores pelas obrigações tributárias da sociedade. O STJ chegou a afirmar que o CTN foi o primeiro diploma a consagrar a desconsideração da personalidade jurídica[123], o que, contudo, não é pacífico.

O art. 124, I, do CTN estabelece a solidariedade entre pessoas que tenham interesse comum no fato gerador. A própria definição desse interesse comum não é clara, dependendo de uma análise caso a caso. Apesar de não negarmos que o sócio tem interesse nos fatos geradores realizados pela sociedade, não acreditamos que haja uma solidariedade entre ela e os sócios. Tal solidariedade é uma relação entre contribuintes: se duas pessoas participam do fato gerador na condição de contribuintes, há solidariedade entre elas[124]. Portanto, não há desconsideração da personalidade jurídica nesse caso[125].

No caso de impossibilidade de cumprimento de uma obrigação tributária pela sociedade, o mesmo CTN estabelece, em seu art. 134, a responsabilidade dos sócios, no caso de liquidação de sociedade de pessoas, em relação aos atos em que intervierem ou pelas omissões de que forem responsáveis pelas obrigações não cumpridas pela sociedade. Tal responsabilidade se limita, em matéria de penalidades, apenas às de caráter moratório.

Essa regra de responsabilização vale apenas para as sociedades de pessoas, isto é, apenas para as sociedades nas quais o elemento pessoal do sócio tem papel preponderante. Aliomar Baleeiro exclui do grupo das sociedades de pessoas as sociedades limitadas e as sociedades anônimas[126], que representam quase 100% de todas as sociedades existentes.

As sociedades anônimas e comanditas por ações são, a princípio, sociedades de capitais[127]. Já no que tange às sociedades limitadas há controvérsias, prevalecendo, a

---

123. REsp 436012/RS, Rel. Ministra Eliana Calmon, 2ª Turma, julgado em 17-6-2004, *DJ* 27-9-2004, p. 304.

124. BALEEIRO, Aliomar. *Direito tributário brasileiro*. 11. ed. Rio de Janeiro: Forense, 2002, p. 728.

125. TORRES, Heleno Taveira; QUEIROZ, Mary Elbe. *Desconsideração da personalidade jurídica em matéria tributária*. São Paulo: Quartier Latin, 2005, p. 59.

126. BALEEIRO, Aliomar. *Direito tributário brasileiro*. 11. ed. Rio de Janeiro: Forense, 2002, p. 753; KOCH, Deonísio. *Desconsideração da personalidade jurídica*. Florianópolis: Momento Atual, 2005, p. 84-85.

127. BORBA, José Edwaldo Tavares. *Direito societário*. 4. ed. Rio de Janeiro: Freitas Bastos, 1998, p. 116; GARRIGUES, Joaquín. *Curso de derecho mercantil*. 7. ed. Bogotá: Temis, 1987, v. 2, p. 114-115; FERRARA JUNIOR, Francesco; CORSI, Francesco. *Gli imprenditori e le società*. 11. ed. Milano: Giuffrè, 1999, p. 400-401.

nosso ver, a opinião que trata a limitada como uma sociedade híbrida que ora é de pessoas, ora é de capitais, dependendo da análise no caso concreto[128]. Assim sendo, tal dispositivo será aplicado para algumas sociedades limitadas.

Definidas as sociedades sujeitas à incidência do art. 134 do CTN, tem-se entendido que tal responsabilidade se refere ao caso da chamada dissolução irregular[129], isto é, se refere ao encerramento das atividades da sociedade, sem a obediência ao procedimento legal, restando obrigações tributárias a serem cumpridas. Tal hipótese não é suficiente para a desconsideração da personalidade jurídica. Assim, não vemos esse dispositivo como uma hipótese de desconsideração da personalidade jurídica[130], mas sim uma responsabilidade pessoal e direta de determinados sócios[131], pelas obrigações tributárias da sociedade, uma vez que não se cogita aqui de uso indevido da pessoa jurídica. Reitere-se que a edição da Súmula 435 do STJ diz respeito à configuração da dissolução irregular, para os fins do art. 135, VII, do CTN, e não especificamente à desconsideração da personalidade jurídica.

O CTN ainda dispõe que são pessoalmente responsáveis pelos créditos correspondentes a obrigações tributárias resultantes de atos praticados com excesso de poderes ou infração de lei, contrato social ou estatutos os diretores, gerentes ou representantes de pessoas jurídicas de direito privado (art. 135, III).

Veja-se que tal dispositivo não se refere genericamente aos sócios, mas aos que tenham a condição de administrador de bens alheios (gerente, diretor, representante), isto é, aos administradores das sociedades. Além disso, é certo que tal dispositivo pressupõe atos praticados com excesso de poder, com infração da lei, dos estatutos ou do contrato social. Assim sendo, é certo que também não estamos diante de hipótese de desconsideração da personalidade jurídica, mas de hipótese de responsabilidade civil simples dos administradores[132].

---

128.   COELHO, Fábio Ulhoa. *Curso de direito comercial*. São Paulo: Saraiva, 1999, v. 2, p. 362; BERTOLDI, Marcelo M. *Curso avançado de direito comercial*. São Paulo: Revista dos Tribunais, 2001, v. 1, p. 193; BORBA, José Edwaldo Tavares. *Direito societário*. 4. ed. Rio de Janeiro: Freitas Bastos, 1998, p. 63; em sentido contrário, qualificando-o como sociedade de pessoas, REQUIÃO, Rubens. *Curso de direito comercial*. 23. ed. São Paulo: Saraiva, 1998, v. 1, p. 409-411; MARTINS, Fran. *Curso de direito comercial*. 22. ed. Rio de Janeiro: Forense, 1998, p. 237; ROQUE, José Sebastião. *Direito societário*. São Paulo: Ícone, 1997, p. 71.

129.   TORRES, Ricardo Lobo. *Curso de direito financeiro e tributário*. 8. ed. Rio de Janeiro: Renovar, 2001, p. 238; REsp 651.684/PR, 1ª Turma, Ministro Teori Albino Zavascki, *DJ* de 23-5-2005; REsp 436802/MG, 2ª Turma, Ministra Eliana Calmon, *DJ* de 25-11-2002.

130.   OLIVEIRA, José Lamartine Côrrea. *A dupla crise da pessoa jurídica*. São Paulo: Saraiva, 1979, p. 520.

131.   KOCH, Deonísio. *Desconsideração da personalidade jurídica*. Florianópolis: Momento Atual, 2005, p. 88.

132.   SILVA, Alexandre Couto. *Aplicação da desconsideração da personalidade jurídica no direito brasileiro*. São Paulo: LTr, 1999, p. 90-99; ALMEIDA, Amador Paes de. *Execução de bens dos sócios*: obrigações mercantis, tributárias, trabalhistas: da desconsideração da personalidade jurídica (doutrina e jurisprudência), p. 164-165; RODRIGUES, Simone Gomes. Desconsideração da personalidade jurídica no Código de Defesa do Consumidor. *Revista de Direito do Consumidor*, São Paulo, n. 11, jul./set. 1994, p. 17; AMARO, Luciano. Desconsideração da pessoa jurídica no Código de Defesa do Consumidor. *Revista de Direito do Consumidor*, São Paulo, n. 5, jan./mar. 1993, p. 175; GUIMARÃES, Flávia Lefèvre. *Desconsideração da pessoa jurídica no*

Leis especiais também trazem regras sobre as responsabilidades de sócios ou administradores em relação a obrigações tributárias. Em relação ao Imposto de Renda e ao IPI, o Decreto-lei n. 1.736/79 atribui responsabilidade solidária para os acionistas controladores, os diretores, gerentes ou representantes de pessoas jurídicas de direito privado, pelos créditos decorrentes do não recolhimento do Imposto sobre Produtos Industrializados e do Imposto sobre a Renda descontado na fonte. Mais uma vez, não estamos diante de desconsideração, mas de responsabilidade pessoal e direta dos acionistas e administradores de sociedades.

Nossas conclusões, respeitadas as opiniões em sentido contrário, não encontram nenhum dispositivo legal autorizador da desconsideração da personalidade jurídica no âmbito do direito tributário. Tais conclusões nos levam à indagação sobre a possibilidade de desconsideração da personalidade jurídica no direito tributário, tendo em vista o princípio da legalidade, pelo qual não se pode exigir ou aumentar tributos sem lei que o estabeleça (CF/88, art. 150, I). Outrossim, é atribuído à lei complementar o poder de definir as regras gerais sobre direito tributário, inclusive a definição dos sujeitos passivos da obrigação tributária.

Como não há lei específica, muito menos lei complementar falando sobre a desconsideração da personalidade jurídica, há autores que defendem a impossibilidade de aplicação da desconsideração no direito tributário[133]. Outros defendem sua aplicação apenas nos casos legalmente previstos, como no art. 50 do Código Civil e, eventualmente, na futura aplicação do art. 116 do CTN[134].

Ousamos discordar dessa opinião, para admitir a desconsideração da personalidade jurídica com base na própria teoria e com base no Código Civil[135]. Não vemos a reserva legal ou a exigência de lei complementar para a definição do sujeito passivo como óbices à desconsideração.

Como já ressaltado, a desconsideração é uma forma de conter os abusos no uso da personalidade jurídica, para qualquer obrigação. Não se pode permitir o abuso desse importante instrumento, que é a personalidade jurídica. Assim, é certo que a desconsi-

---

Código de Defesa do Consumidor: aspectos processuais. São Paulo: Max Limonad, 1998, p. 64; KOURY, Suzy Elizabeth Cavalcante. *A desconsideração da personalidade jurídica (disregard doctrine) e os grupos de empresas*. 2. ed. Rio de Janeiro: Forense, 1997, p. 88; GONÇALVES, Oksandro. *Desconsideração da personalidade jurídica*. Curitiba: Juruá, 2004, p. 53; BRUSCHI, Gilberto Gomes. *Aspectos processuais da desconsideração da personalidade jurídica*. São Paulo: Juarez de Oliveira, 2004, p. 57.

133. JUSTEN FILHO, Marçal. *Desconsideração da personalidade societária no direito brasileiro*. São Paulo: Revista dos Tribunais, 1987, p. 108.

134. TORRES, Heleno Taveira. Regime tributário da interposição de pessoas e da desconsideração da personalidade jurídica: os limites do art. 135, II e III do CTN. In: TORRES, Heleno Taveira e QUEIROZ, Mary Elbe. *Desconsideração da personalidade jurídica em matéria tributária*. São Paulo: Quartier Latin, 2005, p. 58.

135. SANTOS, Hermelino de Oliveira. *Desconsideração da personalidade jurídica no processo do trabalho*. São Paulo: LTr, 2003, p. 157; SILVA, Alexandre Couto. *Aplicação da desconsideração da personalidade jurídica no direito brasileiro*. São Paulo: LTr, 1999, p. 155.

deração pode sim ser invocada no âmbito do direito tributário, para responsabilizar os sócios ou administradores pelas obrigações tributárias da pessoa jurídica. Não se criam ou aumentam tributos na desconsideração, nem se definem contribuintes, o que se faz é evitar o abuso da personalidade jurídica[136].

9 Quem é responsabilizado na desconsideração?

Pelo teor do Código Civil, que serve de referência para todos os casos, a desconsideração da personalidade jurídica permite a responsabilização de sócios, administradores ou terceiros por obrigações da pessoa jurídica.

9.1 Teoria maior da desconsideração

O art. 50 do CC afirma que a desconsideração servirá apenas para atingir quem se beneficiou direta ou indiretamente pelo abuso. Opta-se pelo critério do benefício, isto é, quem direta ou indiretamente (para parentes...) obteve algum tipo de ganho pelos atos de confusão patrimonial ou desvio de finalidade é que deverá ser responsabilizado. Mesmo o controlador "somente será alcançado pelos efeitos da desconsideração caso haja a identificação de benefício decorrente do ato abusivo"[137].

Acreditamos que os participantes de tais atos também deveriam ser alcançados, mas consideramos razoável e salutar a limitação aos sujeitos que direta ou indiretamente obtiveram benefício. Afinal, a responsabilização de um sócio pelos ilícitos perpetrados por outro sócio seria, em muitos casos, fator de desestímulo a investimentos, pois exigiria elevadíssimo grau de confiança entre os envolvidos, funcionando como uma "fiança recíproca". A limitação de responsabilidade dos sócios é redutor dos custos de monitoramento, logo, aumentar novamente esses custos, responsabilizando um sócio por atos de outro, é completamente sem sentido.

O STJ já afirmou que "a desconsideração da personalidade jurídica está subordinada a efetiva demonstração do abuso da personalidade jurídica, caracterizado pelo desvio de finalidade ou pela confusão patrimonial, e o benefício direto ou indireto obtido pelo sócio"[138].

A mesma lógica valerá para os administradores das sociedades e até para eventuais terceiros que tenham se beneficiado dos atos que autorizam a desconsideração.

Além disso, não se pode esquecer que, em certos casos, mesmo terceiros podem ser alcançados pelos efeitos da desconsideração. Por vezes, aquele que aparece como empre-

---

136.   KOCH, Deonísio. *Desconsideração da personalidade jurídica*. Florianópolis: Momento Atual, 2005, p. 79.

137.   BARATA, Rodrigo Rentzsch Sarmento. *Alcance subjetivo da desconsideração da personalidade jurídica*. Rio de Janeiro: Lumen Juris, 2020, p. 133.

138.   STJ – REsp 1.838.009/RJ, Rel. Ministro Moura Ribeiro, Terceira Turma, julgado em 19-11-2019, *DJe* 22-11-2019.

sário no mundo jurídico não é efetivamente o titular da atividade, ele apenas empresta seu nome, conscientemente ou não, a terceiro, que é quem usufrui dos benefícios da atividade, inclusive gerindo a atividade por procuração ou outros mecanismos.

Se a atividade é desenvolvida no interesse específico e exclusivo do empresário indireto, é natural que ele seja considerado efetivamente o empresário[139] e, por isso, seja alcançado pelos efeitos da desconsideração. Não se deve admitir que esse tipo de sujeito que se beneficia da atividade fique imune às obrigações decorrentes da atividade. O Tribunal de Justiça do Rio Grande do Sul, usando a desconsideração da personalidade jurídica, já estendeu a falência ao empresário indireto[140].

Além de sócios, administradores e empresários indiretos, tem-se admitido que a desconsideração atinja outras sociedades integrantes de um mesmo grupo societário, tomando por base os mesmos critérios já expostos, para identificar os eventuais atingidos. Em outras palavras, a desconsideração alcançará outras sociedades integrantes do mesmo grupo, desde que tenha se beneficiado da fraude, do abuso ou da confusão patrimonial. A extensão da desconsideração para outros integrantes do mesmo grupo societário dependerá da prova dos requisitos da desconsideração, não podendo decorrer da simples configuração de um grupo societário.

Nesse sentido, o STJ já afirmou que:

> Na hipótese de fraude para desvio de patrimônio de sociedade falida, em prejuízo da massa de credores, perpetrada mediante a utilização de complexas formas societárias, é possível utilizar a técnica da desconsideração da personalidade jurídica com nova roupagem, de modo a atingir o patrimônio de todos os envolvidos[141].

Decretada a desconsideração, não se cogita de cotas de responsabilização. Cada pessoa atingida será responsabilizada pela dívida como um todo, não importando o seu percentual no capital social da sociedade. Nesse sentido, o STJ já afirmou que:

> A partir da desconsideração da personalidade jurídica, a execução segue em direção aos bens dos sócios, tal qual previsto expressamente pela parte final do próprio art. 50 do Código Civil, e não há, no referido dispositivo, qualquer restrição acerca da execução, contra os sócios, ser limitada às suas respectivas quotas sociais e, onde a lei não distingue, não é dado ao intérprete fazê-lo[142].

---

139.   RICCI, Edoardo F. *Lezioni sul fallimento*. 2. ed. Milano: Giuffrè, 1997, p. 55.

140.   TJRS – Agravo de Instrumento n. 70029609286, Quinta Câmara Cível, Relator: Leo Lima, julgado em 15-7-2009.

141.   STJ – REsp 1.259.018/SP, Rel. Ministra Nancy Andrighi, Terceira Turma, julgado em 9-8-2011, *DJe* 25-8-2011.

142.   STJ – REsp 1.169.175/DF, Rel. Ministro Massami Uyeda, Terceira Turma, julgado em 17-2-2011, *DJe* 4-4-2011.

9.2 Teoria menor

Em casos da aplicação da teoria menor, como no CDC, o STJ reconheceu que a eventual responsabilização se limita a integrantes do quadro societário, não sendo possível aplicar a desconsideração para atingir administradores que não integram o quadro societário[143], ou membros de conselho fiscal ou de qualquer outro órgão. Assim, apenas sócios podem ser alcançados pela desconsideração. Contudo, resta definir quais sócios serão alcançados.

Em alguns julgados, o STJ já afirmou que "para os efeitos da desconsideração da personalidade jurídica, não há fazer distinção entre os sócios da sociedade limitada. Sejam eles gerentes, administradores ou quotistas minoritários, todos serão alcançados pela referida desconsideração"[144].

Contudo, em outros julgados, o mesmo STJ restringiu a aplicação da desconsideração pela teoria menor aos sócios que detinham o poder de gestão da sociedade. Sócios ou acionistas minoritários, sem poderes de gestão e sem participação ou benefício pelos atos abusivos, não podem ser responsabilizados[145]. Em outros casos de aplicação da teoria menor, o STJ também exigiu, mais uma vez, a participação na gestão da sociedade[146] para definir quem será atingido.

Apesar de discordar completamente da aplicação da teoria menor, é inegável que ela é aplicada pela jurisprudência e, por questões de coerência, parece-nos mais razoável limitar a responsabilização apenas àqueles sócios que efetivamente participam da gestão da sociedade e, por isso, acabaram participando da gestão que acabou não conseguindo pagar a dívida, cuja inadimplência gerou a desconsideração.

10 Aspectos processuais da desconsideração da personalidade jurídica: desnecessidade de uma ação de conhecimento

Em diversas situações, os interessados podem buscar a responsabilização de sócios, administradores ou terceiros por obrigações da sociedade. Para tanto, é necessária de-

---

143. STJ – REsp 1.658.648/SP, Rel. Ministro Moura Ribeiro, Terceira Turma, julgado em 7-11-2017, *DJe* 20-11-2017; REsp 1.862.557/DF, Rel. Ministro Ricardo Villas Bôas Cueva, Terceira Turma, julgado em 15-6-2021, *DJe* 21-6-2021; REsp 1.804.579/SP, Rel. Ministro Marco Aurélio Bellizze, Terceira Turma, julgado em 27-4-2021, *DJe* 4-5-2021.

144. STJ – REsp 1.250.582/MG, Rel. Ministro Luis Felipe Salomão, Quarta Turma, julgado em 12-4-2016, *DJe* 31-5-2016. No mesmo sentido, STJ – AgInt no REsp 1757106/SP, Rel. Ministro Marco Aurélio Bellizze, Terceira Turma, julgado em 2-9-2019, *DJe* 13-9-2019.

145. STJ – REsp 786.345/SP, Rel. Ministro Humberto Gomes de Barros, Rel. p/ Acórdão Ministro Ari Pargendler, Terceira Turma, julgado em 21-8-2008, *DJe* 26-11-2008; TJMG – 3ª Turma Cível – Apelação Cível n. 348.653-1 – Relator Desembargador Edílson Fernandes – *DJ* de 25 5 2002.

146. STJ – REsp 1.766.093/SP, Rel. Ministra Nancy Andrighi, Rel. p/ Acórdão Ministro Ricardo Villas Bôas Cueva, Terceira Turma, julgado em 12-11-2019, *DJe* 28-11-2019. No mesmo sentido: STJ – AgInt no REsp 1.924.918/SP, Rel. Ministro Raul Araújo, Quarta Turma, julgado em 12-12-2022, *DJe* de 14-12-2022; REsp 1.900.843/DF, Rel. Ministro Paulo de Tarso Sanseverino, Rel. p/ Acórdão Ministro Ricardo Villas Bôas Cueva, Terceira Turma, julgado em 23-5-2023, *DJe* de 30-5-2023; AgInt no AREsp n. 2.292.733/RJ, Relator Ministro Moura Ribeiro, Terceira Turma, julgado em 19-8-2024, *DJe* de 22-8-2024.

terminação judicial que irá atingir os interesses dos sócios, administradores ou terceiros, que também precisam ser protegidos. No regime do CPC/2015, a questão recebe um novo enfoque, tendo em vista a criação do chamado incidente de desconsideração da personalidade jurídica, nos arts. 133 a 137.

10.1 O pedido originário de desconsideração

Embora tenha havido controvérsia sobre o tema, o CPC/2015 é expresso ao prever a possibilidade de requerimento da desconsideração em processo de conhecimento, desde a petição inicial (art. 134, § 2º). Não há obrigatoriedade desse pedido nos processos de conhecimento, mas uma faculdade. Se não houver tal pedido na fase de conhecimento, não há preclusão[147].

Por obrigações da pessoa jurídica, as ações são normalmente ajuizadas contra a pessoa jurídica, mas se houver fundado de frustração do direito pleiteado, em razão de já conhecido uso indevido da pessoa jurídica, será possível o ajuizamento da ação também contra as pessoas responsáveis por esse uso indevido (sócios, administradores...)[148].

O art. 134, § 2º, do CPC/2015 indica a necessidade de citação da pessoa jurídica (no caso da desconsideração inversa), ou do sócio (no caso da desconsideração tradicional). Há quem reconheça nesses casos, a necessidade de litisconsórcio com a pessoa cuja personalidade se pretende desconsiderar[149]. *Não visualizamos a necessidade de litisconsórcio passivo em toda situação. Se o único pedido do processo for a desconsideração, a legitimidade será exclusiva da parte a ser atingida, uma vez que não haveria na demanda pretensões em face da pessoa cuja personalidade se pretende desconsiderar[150].* No entanto, se houver a cumulação de pedidos, incluindo-se pedidos em face da pessoa cuja personalidade se pretende desconsiderar, haverá um litisconsórcio passivo, pois ambas as partes terão pretensões para se defender.

Em qualquer caso, a tramitação se dará pelo procedimento comum, sem qualquer alteração.

Todavia, o STJ negou a possibilidade de um pedido de desconsideração numa ação civil pública por atos de improbidade, afirmando que: "Além da comprovação dos requisitos autorizadores, a desconsideração da personalidade jurídica deve ser realizada através de procedimento incidental específico, garantindo-se o contraditório e a ampla defesa, nos termos do art. 133 do CPC. Nos autos, não se vislumbra a obediência do procedimento do direito processual, motivo pelo qual foram violados os arts. 50 do CC

---

147.   YARSHELL, Flávio Luiz. O incidente de desconsideração da personalidade jurídica no CPC 2015: aplicação e outras formas de extensão da responsabilidade patrimonial. In: YARSHELL, Flávio Luiz; PEREIRA, Guilherme Setoguti J. *Processo societário II*. São Paulo: Quartier Latin, 2015, p. 214.

148.   SILVA, Osmar Vieira da. *Desconsideração da personalidade jurídica:* aspectos processuais. Rio de Janeiro: Renovar, 2002, p. 170.

149.   XAVIER, José Tadeu Neves. A processualização da desconsideração da personalidade jurídica. *Revista de Processo*, vol. 254, p. 151-191, abr. 2016.

150.   COELHO, Fábio Ulhoa. *Curso de direito comercial*. 20. ed. São Paulo: Saraiva, 2016, v. 2, p. 78.

e 134 do CPC. Dessa feita, prospera apenas a pretensão de impossibilidade de desconsideração da pessoa jurídica para atingir a pessoa dos sócios"[151].

10.2 O incidente de desconsideração da personalidade jurídica

A partir da busca da efetividade do processo, é que se deve admitir a desconsideração, independentemente de um processo de conhecimento com esse objetivo específico. Exigir um processo para esse fim seria extremamente moroso e não se coadunaria com a garantia constitucional da adequada tutela jurisdicional. A jurisdição tem vários escopos: jurídicos (atuação da vontade concreta da lei), políticos (liberdade, participação, afirmação da autoridade do Estado e de seu ordenamento) e sociais (pacificação com justiça e educação). Todavia, é certo que há um escopo síntese da jurisdição, que é a justiça enquanto expressão do bem comum[152]. Assim, podemos afirmar que o processo será tão mais efetivo quanto mais justo for, porquanto estará apto a atingir sua finalidade, que é a promoção do bem comum. O processo já não pode ser apenas extrinsecamente igual e justo, isto é, formalmente igual e justo, devendo ser também intrinsecamente igual e justo[153].

O CPC/2015 resolveu controvérsias processuais anteriores e trouxe o incidente de desconsideração da personalidade jurídica, como um instrumento aplicável aos processos de execução e à fase de cumprimento de sentença, no qual o juiz poderá estender os efeitos de uma obrigação da pessoa jurídica a outros sujeitos, na sua modalidade tradicional. Trata-se de mero incidente processual que não alterou os pressupostos da desconsideração, que continuam a ser os mesmos. Assim, pode-se vislumbrar no incidente apenas um mecanismo processual que visa à aplicação da desconsideração da personalidade jurídica.

Em qualquer outra situação em que se pretenda a extensão de responsabilidade nos moldes da desconsideração, deve-se instaurar o incidente de desconsideração. O deferimento da desconsideração mesmo em um processo de execução ou no cumprimento da sentença não representa qualquer ofensa aos princípios da ampla defesa e do contraditório, porquanto se dará toda a chance de reação ao interessado, no próprio incidente e por meio do agravo de instrumento.

Poder-se-ia indicar, como óbice ao deferimento da desconsideração em sede de processo de execução, o fato de que os sócios ou administradores, não constando do título executivo, não poderiam ser partes do processo de execução. No caso de cumprimento de sentença, tal óbice se mostraria mais forte, pois, além da legitimidade em si dos sócios ou administradores, eles não foram partes do processo, não podendo ser alcançados pelos efeitos da coisa julgada. Todavia, o próprio CPC prevê a responsabilidade dos atingidos pela desconsideração (art. 790, VII).

---

151.   STJ - AgInt no REsp n. 1.953.135/DF, Relator Ministro Herman Benjamin, Segunda Turma, julgado em 21/3/2022, *DJe* de 25/3/2022.

152.   DINAMARCO, Cândido Rangel. *A instrumentalidade do processo*. 6. ed. São Paulo: Malheiros, 1998, p. 156.

153.   COMOGLIO, Luigi Paolo. Garanzie costituzionale e "giusto processo" (modelli a confronto). *Revista de Processo*, São Paulo: Revista dos Tribunais, n. 90, abr. /jun. 1998, p. 105.

Assim sendo, não há dúvida de que os sócios ou administradores podem vir a sofrer os efeitos reflexos da sentença que reconheceu a obrigação da sociedade, sendo chamados a responder. "A responsabilidade pelo pagamento do débito pode recair sobre devedores não incluídos no título judicial exequendo e não participantes da relação processual de conhecimento, considerados os critérios previstos no art. 592 do CPC, sem que haja, com isso, ofensa à coisa julgada"[154].

Além disso, é essencial fazer a distinção entre a eficácia natural da sentença e autoridade da coisa julgada (imutabilidade da sentença). A eficácia natural da sentença, a indiscutibilidade do comando estatal para a solução do caso concreto, atinge a todas as pessoas, isto é, ela é *erga omnes*. Ninguém pode mais discutir uma decisão que já tenha transitado em julgado, salvo nas hipóteses legais de ação rescisória. Já a autoridade da coisa julgada somente abarca a relação jurídica entre as partes, não afetando terceiros, que, se prejudicados pela sentença, poderão a ela se opor. Os terceiros que não foram partes da relação processual podem sim sofrer os efeitos da sentença, mas apenas os efeitos reflexos dela, podendo ainda contestar sua eficácia[155], caso venham a ser prejudicados no caso concreto.

Portanto, a decretação da desconsideração em sede de execução não gerará ilegitimidade e não representa ofensa à coisa julgada, mas apenas aplicação da responsabilidade patrimonial secundária por força dos efeitos reflexos da coisa julgada.

O incidente de desconsideração, portanto, é cabível em todas as fases do processo de conhecimento, no cumprimento de sentença e na execução fundada em título executivo extrajudicial (art. 134 do CPC/2015). A princípio, trata-se de procedimento obrigatório para a obtenção da desconsideração (art. 795, § 4º, do CPC/2015), mesmo nos juizados especiais (art. 1.062 do CPC/2015) ou originalmente no Tribunal (art. 932, VI, do CPC/2015).

10.2.1 Instauração do incidente

Havendo alguma das hipóteses de cabimento da desconsideração, a parte ou o Ministério Público, quando lhe couber intervir no processo, poderão requerer a instauração do incidente por meio de petição fundamentada dirigida ao juiz da causa. A legitimidade é da parte interessada ou do Ministério Público, quando lhe couber intervir, no processo. Não há possibilidade de instauração do incidente de ofício, nem mesmo nas relações de consumo[156]. Há a necessidade de provocação.

---

154. STJ – 4ª Turma – REsp n. 225.051-DF, Relator Ministro Sálvio de Figueiredo Teixeira, *DJ* de 18-12-2000.

155. GUIMARÃES, Flávia Lefèvre. *Desconsideração da pessoa jurídica no Código de Defesa do Consumidor: aspectos processuais*. São Paulo: Max Limonad, 1998, p. 142.

156. XAVIER, José Tadeu Neves. A processualização da desconsideração da personalidade jurídica. *Revista de Processo*, vol. 254, p. 151 – 191, abr. 2016; NERY JR, Nelson; NERY, Rosa Maria Andrade. *Comentários ao Código de Processo Civil*. São Paulo: Revista dos Tribunais, 2015, p. 571; BRUSCHI, Gilberto Gomes; NOLASCO, Rita Dias; AMADEO, Rodolfo da Costa Manso Real. *Fraudes patrimoniais e desconsideração da personalidade jurídica no Código de Processo Civil de 2015*. São Paulo: Revista dos Tribunais, 2015, ebook;

No direito do trabalho, o art. 855-A da CLT passa a prever expressamente a necessidade de instauração do incidente de desconsideração, vedando a iniciativa de ofício pelo juiz que ademais não poderá iniciar nem a execução de ofício (art. 878 da CLT), salvo quando a parte não está representada por advogado.

O incidente de desconsideração poderá ser instaurado em todas as fases do processo de conhecimento, no cumprimento de sentença e na execução fundada em título executivo extrajudicial, inclusive no juizado especial ou em face recursal.

Tal incidente deve ser instaurado em qualquer hipótese de desconsideração, para assegurar ao responsável o contraditório e a ampla defesa. Há quem negue a necessidade de instauração do incidente nos casos da teoria menor, afirmando que em tais casos "a postergação do contraditório para embargos de terceiro corresponde à solução mais acertada para que o processo desenvolva adequadamente seus escopos"[157]. A nosso ver, porém, mesmo nesses casos a instauração do incidente se mostra a medida mais adequada para resguardar a ampla defesa e o contraditório, não havendo prejuízos para o credor, que poderá eventualmente requerer a adoção de tutela de urgência para resguardar os seus direitos.

10.2.2 Procedimento

Instaurado o incidente, o processo será suspenso, exceto nos casos de instauração incidental a uma falência (Lei n. 11.101/2005, art. 82-A). Tal suspensão decorre da "necessidade de definição da dimensão subjetiva da lide, que somente será alcançada com o deslinde deste incidente"[158]. O juiz mandará citar ou sócio ou a pessoa jurídica para manifestar-se e requerer as provas cabíveis no prazo de 15 (quinze) dias (art. 135 do CPC/2015). Apesar da literalidade do dispositivo, acreditamos que qualquer outra pessoa que possa ser atingida pela desconsideração, como os administradores, as sociedades integrantes do mesmo grupo ou os terceiros que de alguma forma se enquadrem nas hipóteses autorizadoras, também devem ser citados para manifestação no mesmo prazo.

> No atual CPC, o exame do juiz a respeito da presença dos pressupostos que autorizariam a medida de desconsideração, demonstrados no requerimento inicial, permite a instauração de incidente e a suspensão do processo em que formulado, devendo a decisão de desconsideração ser precedida do efetivo contraditório[159].

ARAÚJO, Aldem Johnston Barbosa. A desconsideração da personalidade jurídica no novo Código de Processo Civil. *Revista dos Tribunais*, vol. 967, p. 251 – 303, Maio/2016. Em sentido contrário: GAMA, Guilherme Calmon Nogueira da. Incidente de desconsideração da personalidade jurídica. *Revista de Processo*, vol. 262, p. 61-85, dez. 2016, que admite a instauração do incidente de ofício na aplicação da teoria menor.

157.   ANDRADE JÚNIOR, Mozart Vilela. A obrigatoriedade (?) do incidente de desconsideração da personalidade jurídica. *Revista dos Tribunais*, vol. 977, p. 393-415, mar. 2017.

158.   XAVIER, José Tadeu Neves. A processualização da desconsideração da personalidade jurídica. *Revista de Processo*, vol. 254, p. 151-191, abr. 2016.

159.   REsp 1.647.362/SP, Rel. Ministra Nancy Andrighi, Terceira Turma, julgado em 3-8-2017, *DJe* 10-8-2017.

Para citar os interessados, aplicam-se as regras de qualquer hipótese de citação, como a citação por hora certa e a citação por edital. Realizada a citação, os citados podem se defender, requerendo desde logo, as provas que entendam necessárias. Pela própria importância da matéria, acreditamos ser admissíveis todos os meios de provas possíveis no nosso direito. A mesma faculdade de requerimento de provas deve ser assegurada ao requerente do incidente, na busca da comprovação dos pressupostos da desconsideração.

Encerrada a eventual fase instrutória, caberá ao juiz decretar a desconsideração ou denegar o seu pedido. Em todo caso, trata-se de decisão interlocutória (art. 136 do CPC/2015) que pode ser objeto de recurso de agravo de instrumento (art. 1.015, IV, do CPC/2015). Na justiça do trabalho se o incidente for decidido na fase de conhecimento, não caberá qualquer recurso e se for decidido na fase de execução caberá o recurso do agravo de petição (art. 855-A da CLT). Quando o incidente for instaurado originariamente perante o Tribunal, a decisão do incidente tocará ao relator do feito (art. 932, VI, do CPC/2015), sendo passível de recurso por meio de agravo interno, inclusive na justiça do trabalho. Reitere-se que, caso não seja observado o incidente, o atingido pela desconsideração poderá lançar mão dos embargos de terceiro, os quais serão decididos por sentença, cabendo daí o recurso de apelação.

Deferida a desconsideração, o processo original passa a ter um novo sujeito no polo passivo. Assim sendo, deverá se garantir a esse novo sujeito a plena defesa e o contraditório no processo original. Em outras palavras, com a procedência o atingido deve "ser intimado para oferecer contestação e ter assegurada a sua oportunidade probatória. No cumprimento de sentença será oportunizada a impugnação e na execução os embargos do executado"[160].

10.2.3 Tutela de urgência

Em todos os casos, não se pode negar a possibilidade de requerimento de uma tutela provisória de urgência, para evitar o desaparecimento do patrimônio dos sujeitos, a quem se pretende atingir[161]. Em razão de sua natureza provisória, a decisão deverá consistir em medidas de bloqueio de bens ou de arrolamento de bens, sem caráter satisfativo, tendo em vista o objetivo de apenas resguardar o resultado útil do processo principal. Apesar de algumas discussões possíveis, acreditamos tratar-se de medida de natureza cautelar que poderá ser antecedente ou incidente ao pedido de desconsideração, nos moldes da redação do CPC/2015, garantindo-se sempre a ampla defesa e o contraditório. No art. 855-A, parágrafo único, da CLT há inclusive previsão expressa da tutela de urgência.

---

160. XAVIER, José Tadeu Neves. A processualização da desconsideração da personalidade jurídica. *Revista de Processo*, vol. 254, p. 151-191, abr. 2016.

161. LAUX, Francisco de Mesquita. Aspectos do incidente de desconsideração da personalidade jurídica no Código de Processo Civil. *Revista Brasileira da Advocacia*, vol. 3, p. 171-188, out./dez. 2016; YARSHELL, Flávio Luiz. O incidente de desconsideração da personalidade jurídica no CPC 2015: aplicação e outras formas de extensão da responsabilidade patrimonial. In: YARSHELL, Flávio Luiz; PEREIRA, Guilherme Setoguti J. *Processo societário II*. São Paulo: Quartier Latin, 2015, p. 224.

E não se diga que a oportunidade de defesa deveria ser dada antes da decretação da desconsideração necessariamente, porquanto é prática frequente no direito a postergação do contraditório, como nos casos de cognição sumária. Na cognição sumária, as decisões se contentam com o provável, embasando-se em juízos de probabilidade e verossimilhança[162], o que obviamente dá celeridade à prestação jurisdicional. Provimentos embasados em tal espécie de cognição não violam as garantias do devido processo legal, da ampla defesa e do contraditório, porquanto tais garantias são ponderadas com a garantia da tutela jurisdicional efetiva, sem a eliminação de qualquer delas, na disciplina de tais procedimentos. Outorgam-se medidas provisórias, passíveis de posterior alteração a qualquer tempo, postergando-se o contraditório para um momento posterior, agilizando a prestação jurisdicional.

10.2.4 Fraude à execução

Decretada a desconsideração, a alienação ou a oneração de bens, após a citação da pessoa jurídica cuja personalidade se pretende desconsiderar (art. 792, § 3º, do CPC/2015). Embora se mencione expressamente a citação do sujeito cuja desconsideração se pretende, acreditamos que esse marco temporal não poderá ser interpretado de forma tão absoluta. Pode ocorrer que a pessoa jurídica tenha sido citada no processo de conhecimento e a desconsideração só tenha sido requerida na fase de cumprimento de sentença, anos depois, e, neste caso, não é razoável considerar todos os atos de alienação praticados pelos sócios como em fraude à execução.

A citação da pessoa jurídica não pode ser equiparada à citação do sócio, pois há uma clara distinção entre sócio e sociedade. Assim, declarar a ineficácia de um ato do sócio praticado anos antes de qualquer pedido de desconsideração, mas após a citação da pessoa jurídica é completamente desarrazoado. Ainda no regime anterior, o STJ decidiu que "a fraude à execução só poderá ser reconhecida se o ato de disposição do bem for posterior à citação válida do sócio devedor, quando redirecionada a execução que fora originariamente proposta em face da pessoa jurídica"[163].

A nosso ver, portanto, a citação dos potenciais atingidos pela desconsideração no incidente de desconsideração que será o marco da fraude à execução[164], uma vez que é só a partir daí que existe uma demanda contra o sócio ou qualquer outro sujeito que possa ser atingido pela desconsideração. Deve-se interpretar o dispositivo fora da sua literalidade, para evitar consequências não desejáveis para todo o tráfico jurídico. O parágrafo terceiro do art. 792 do CPC/2015 deve ser interpretado de acordo com as hipóteses de fraude à execução prevista no *caput*, não podendo ser mais abrangente do que tais hipóteses.

---

162. MARINONI, Luiz Guilherme. *A antecipação da tutela*. 3. ed. São Paulo: Malheiros, 1997, p. 30.

163. STJ – REsp 1.391.830/SP, Rel. Ministra Nancy Andrighi, Terceira Turma, julgado em 22-11-2016, *DJe* 1º-12-2016.

164. XAVIER, José Tadeu Neves. A processualização da desconsideração da personalidade jurídica. *Revista de Processo*, v. 254, p. 151-191, abr. 2016.

O TJSP, porém, reconheceu a fraude à execução, considerando a data da citação da própria pessoa jurídica no processo original, reconhecendo que a desconsideração tem efeitos meramente declaratórios e, por isso, a responsabilidade do sócio já existiria à época da alienação do seu patrimônio[165].

10.3 Embargos de terceiro

Excepcionalmente, não será necessária a instauração do incidente, se a desconsideração da personalidade jurídica for requerida na petição inicial, hipótese em que as pessoas que podem ser atingidas serão citadas e figurarão como parte no processo. Além disso, acredita-se que, em situações excepcionais, poderá haver a desconsideração sem o incidente, como nos casos em que o bem foi alienado e não houve transferência de propriedade na matrícula do imóvel, ou quando se refere ao atual sócio que não participava da sociedade quando o incidente foi instaurado, na qualidade de herdeiro das cotas ou ações do falecido sócio ou ainda nos casos de ex-sócio ou para os casos anteriores ao CPC/2015[166]. Nessa situação, o interessado poderá lançar mão de embargos de terceiro (art. 674, § 2º, III, do CPC/2015). Tal situação obviamente deverá ser evitada, mas se alguém for atingido sem o incidente, poderá lançar mão dos embargos de terceiro, como terceiro afetado pela decisão.

11 Desconsideração inversa

A par da construção tradicional da desconsideração da personalidade jurídica, com responsabilização de sócios ou administradores por obrigações da sociedade, vem se discutindo a possibilidade de aplicação da desconsideração no sentido inverso, isto é, "o afastamento do princípio da autonomia patrimonial da pessoa jurídica para responsabilizar a sociedade por obrigação do sócio"[167]. Em outras palavras, "a desconsideração inversa da personalidade jurídica caracteriza-se pelo afastamento da autonomia patrimonial da sociedade, para, contrariamente ao que ocorre na desconsideração da personalidade propriamente dita, atingir o ente coletivo e seu patrimônio social, de modo a responsabilizar a pessoa jurídica por obrigações do sócio controlador"[168].

---

165. TJSP – Apelação Cível 1075366-53.2022.8.26.0100; Relator Cesar Ciampolini; Órgão Julgador: 1ª Câmara Reservada de Direito Empresarial; Foro Central Cível – 42ª Vara Cível; j. 5-7-2023; data de registro: 10-7-2023. TJSP; Agravo de Instrumento 2040986-25.2024.8.26.0000; Relator (a): Rodrigues Torres; Órgão Julgador: 28ª Câmara de Direito Privado; Foro de Votuporanga - 1ª Vara Cível; Data do Julgamento: 26-8-2024; Data de Registro: 26-8-2024.

166. BRUSCHI, Gilberto Gomes; NOLASCO, Rita Dias; AMADEO, Rodolfo da Costa Manso Real. *Fraudes patrimoniais e desconsideração da personalidade jurídica no Código de Processo Civil de 2015*. São Paulo: Revista dos Tribunais, 2015.

167. COELHO, Fábio Ulhoa. *Curso de direito comercial*. 11. ed. São Paulo: Saraiva, 2008, v. 2, p. 46.

168. STJ – REsp 948.117/MS, Rel. Ministra Nancy Andrighi, Terceira Turma, julgado em 22-6-2010, *DJe* 3-8-2010. No mesmo sentido: STJ – REsp 1493071/SP, Rel. Ministro Ricardo Villas Bôas Cueva, Terceira Turma, julgado em 24-5-2016, *DJe* 31-5-2016.

CURSO DE DIREITO EMPRESARIAL

Com efeito, é possível que o sócio use uma pessoa jurídica, para esconder o seu patrimônio pessoal dos credores, transferindo-o por inteiro à pessoa jurídica e evitando com isso o acesso dos credores a seus bens. Em muitos desses casos, será possível visualizar a fraude (teoria maior subjetiva) ou a confusão patrimonial (teoria maior objetiva) e, em razão disso, vem sendo admitida a desconsideração inversa para responsabilizar a sociedade por obrigações pessoais do sócio[169]. O mesmo raciocínio da desconsideração tradicional é usado aqui para evitar o mau uso da pessoa jurídica.

Embora seja factível e extremamente útil, temos certas reservas quanto à desconsideração inversa, na medida em que, qualquer que seja a sociedade, o sócio terá quotas ou ações em seu nome, que integram seu patrimônio e, por isso, são passíveis de penhora para pagamento das obrigações pessoais do sócio. Ora, se a desconsideração não quer extinguir a pessoa jurídica, mas sim protegê-la de abusos por parte dos sócios, não é razoável admitir a desconsideração inversa, com ônus para a sociedade, se é possível satisfazer os credores dos sócios sem esses ônus. No mesmo sentido, Alexandre Couto Silva afirma que "parece-me estranha tal teoria por duas razões: 1ª – Há a possibilidade de penhora das participações societárias do sócio para suprir o passivo do credor. 2ª – No caso do negócio jurídico fraudulento, deveria este ser anulado, e não a pessoa jurídica ser desconsiderada"[170].

Em casos extremos, pode-se anular ou mesmo declarar a nulidade do ato de transferência dos bens para a sociedade, não havendo qualquer necessidade de se recorrer à desconsideração inversa. Apesar da nossa opinião, é inegável o uso já corrente da desconsideração inversa, especialmente em casos de direito de família, tanto que por determinação expressa do CPC/2015, o incidente de desconsideração também se aplica às hipóteses de desconsideração inversa da personalidade jurídica (art. 133, § 2º, do CPC/2015). O próprio CC, com a redação alterada pela Lei n. 13.874/2019, reconhece expressamente a desconsideração inversa no § 3º do art. 50.

12 Prescrição/decadência do pedido de desconsideração

Em qualquer modalidade, seja na tradicional seja na inversa, o pedido de desconsideração pode surgir muito tempo depois do nascimento da obrigação. Nesta perspectiva, indaga-se se haveria um prazo de prescrição ou de decadência do pedido de desconsideração. Ocorre que tal pedido não confunde com a cobrança da dívida, sendo um direito unilateral de requerer a extensão da responsabilidade. Assim sendo, estamos diante de um direito potestativo do requerente.

---

169. KOCH, Deonísio. *Desconsideração da personalidade jurídica*. Florianópolis: Momento Atual, 2005, p. 72; TJDF – 20070110699577APC, Relator José Divino de Oliveira, 6ª Turma Cível, julgado em 28-1-2009, *DJ* 4-2-2009, p. 74; TJRS – Apelação Cível n. 70026209627, 16ª Câmara Cível, Relator: Ergio Roque Menine, julgado em 6-11-2008. STJ – REsp 948.117-MS, Rel. Ministra Nancy Andrighi, Terceira Turma, julgado em 22-6-2010, *DJe* 3-8-2010.

170. SILVA, Alexandre Couto. *Aplicação da desconsideração da personalidade jurídica*. 2. ed. Rio de Janeiro: Forense, 2009, p. 93.

Os direitos potestativos são direitos que se caracterizam por advir de um ato unilateral do titular, consistem em um poder de produzir efeitos jurídicos mediante declaração unilateral de vontade do titular, ou decisão judicial[171]. Como direito potestativo o que haveria seria um prazo decadencial, o qual, porém, não foi fixado pela nossa legislação, nem de forma específica, nem de forma geral. Assim sendo, deve prevalecer a ideia de que não há prazo para o requerimento da desconsideração da personalidade, não podendo ser usados nem analogicamente os prazos dos arts. 1.003, 1.032 e 1.057 que dizem respeito a obrigações para com a sociedade.

Nesse sentido, já decidiu o STJ que: "A desconsideração da personalidade jurídica, quando preenchidos os seus requisitos, pode ser requerida a qualquer tempo, não se submetendo, à míngua de previsão legal, a prazos decadenciais ou prescricionais"[172].

---

171. AMARAL, Francisco. *Direito civil*: introdução. 3. ed. Rio de Janeiro: Renovar, 2000, p. 187.

172. REsp n. 1.686.123/SC, Relator Ministro Ricardo Villas Bôas Cueva, Terceira Turma, julgado em 22-3-2022, *DJe* de 31-3-2022.

16 CLASSIFICAÇÕES DAS SOCIEDADES

Conquanto seja questionada a validade científica das classificações, é certo que elas têm um papel didático extremamente importante, facilitando o estudo dos diversos tipos societários.

1 Sociedades personificadas e despersonificadas

O Código Civil divide as sociedades em dois grandes grupos, quais sejam, as sociedades não personificadas (arts. 986 a 996) e as sociedades personificadas (arts. 997 a 1.141). Tal divisão toma por critério a existência ou não de personalidade jurídica nas sociedades, personalidade essa que se inicia com o registro dos atos constitutivos no órgão competente (art. 985). Em outras palavras, tal classificação distingue as sociedades que constituem um sujeito de direitos autônomo com aptidão genérica para contrair direitos e obrigações e as que não constituem.

São sociedades despersonificadas as sociedades que não possuem personalidade jurídica, porque não possuem um ato constitutivo escrito ou porque, se o possuem, não o levaram a registro, ou ainda porque o registro dos atos constitutivos não produz qualquer efeito (art. 993). Nesse grupo, incluem-se as sociedades em comum[1] e as sociedades em conta de participação.

De outro lado, seriam personificadas as sociedades que adquiriram personalidade por terem levado ao registro competente seus atos constitutivos, arquivando-os. Dentro de tal grupo estariam as sociedades em nome coletivo, as sociedades em comandita simples, as sociedades em comandita por ações, as sociedades limitadas, as sociedades cooperativas, as sociedades simples e as sociedades anônimas, que obedeceram à determinação legal de proceder ao registro de seus atos constitutivos (art. 967).

2 Classificação pela responsabilidade dos sócios

Outro critério de classificação das sociedades é o grau de responsabilidade dos sócios, isto é, se há ou não limite para a responsabilização do sócio por obrigações da sociedade. Dentro desse critério, existem as sociedades ilimitadas, limitadas e mistas.

---

1. Denominação nova no direito pátrio, usada em substituição à denominação *sociedades de fato ou irregulares*, de diferenciação extremamente controvertida.

São sociedades de responsabilidade ilimitada aquelas nas quais todos os sócios respondem subsidiária e ilimitadamente pelas obrigações da sociedade, vale dizer, se o patrimônio social não for suficiente, o patrimônio de todos os sócios responde pelas obrigações da sociedade. Acreditamos que a solidariedade entre os sócios não é necessária para caracterizar tal categoria de sociedades. Dentro desta categoria estariam sempre a sociedade em nome coletivo, a sociedade em comum[2], as sociedades simples puras (art. 1.023) e eventualmente as sociedades cooperativas. Por razões óbvias, não se tem procurado tais tipos societários.

São sociedades de responsabilidade limitada aquelas nas quais todos os sócios têm responsabilidade limitada, vale dizer, obrigam-se apenas até determinado montante, que pode ser o valor de sua contribuição ou valor do capital social. São representantes de tal categoria as sociedades anônimas e as sociedades limitadas e, eventualmente, as cooperativas.

Por fim, temos sociedades mistas, nas quais alguns sócios possuem responsabilidade limitada e outros possuem responsabilidade ilimitada, há dois tipos de sócios com responsabilidade distinta. Nessa categoria, estariam as sociedades em comandita simples, em comandita por ações e em conta de participação.

Há que se ressaltar que as sociedades simples podem assumir as formas das outras sociedades e, consequentemente, ser enquadradas como sociedades de responsabilidade limitada, ou de responsabilidade mista.

3 Classificação quanto à forma do capital

Quanto à forma do capital social, podemos classificar as sociedades em sociedades de capital fixo e de capital variável.

As sociedades de capital fixo são aquelas nas quais o capital é determinado no contrato social, só podendo ser alterado mediante alteração do próprio contrato social[3]. Ressalte-se que o capital de tais sociedades não é imutável, mas sua alteração pressupõe uma alteração do contrato social. Dentro dessa categoria estariam todas as sociedades personificadas previstas pelo Código Civil, exceto as sociedades cooperativas.

De outro lado, seriam sociedades de capital variável aquelas cujo capital não seja fixado no contrato social, variando a qualquer tempo. Nesse grupo, estariam as sociedades cooperativas (art. 1.094, I).

4 Classificação quanto à forma de constituição

Fábio Ulhoa Coelho[4] apresenta outra classificação, distinguindo as sociedades em contratuais e institucionais, conforme a natureza do respectivo ato constitutivo, vale

---

2. REQUIÃO, Rubens. *Curso de direito comercial.* 23. ed. São Paulo: Saraiva, 1998, v. 1, p. 333.

3. Idem, p. 334.

4. COELHO, Fábio Ulhoa. *Curso de direito comercial.* São Paulo: Saraiva, 1999, v. 2, p. 25.

dizer, se a sociedade é constituída por um contrato ou por um ato de natureza institucional, não contratual.

Tal classificação é extremamente controvertida na doutrina, na medida em que alguns autores não reconhecem em nenhuma sociedade o ato institucional, afirmando a natureza contratual para todas as sociedades[5]. Todavia, acreditamos que a razão está com aqueles que distinguem e reconhecem, nas sociedades anônimas e nas sociedades em comandita por ações, um ato constitutivo não contratual, um ato institucional[6].

Desse modo, seriam institucionais as sociedades anônimas e as sociedades em comandita por ações, e seriam contratuais as demais sociedades.

5 Sociedades civis × sociedades comerciais

Historicamente, em decorrência da dicotomia do direito privado, é certo que há uma tormentosa distinção entre as sociedades civis e as sociedades comerciais, tendo em vista dois critérios: o objeto da sociedade – nas civis atividades civis; nas comerciais atividades comerciais – ou ainda, a forma de que se reveste a sociedade.

Exercem atividades comerciais as sociedades que tenham por objeto atividades de intermediação, exercidas com habitualidade e intuito de lucro, ou seja, que tenham por objeto o comércio em sentido estrito (atos de comércio subjetivos). Também são comerciais aquelas que exerçam atividades que facilitam, complementam ou se agregam às primeiras, como o crédito, o transporte e a indústria, isto é, as atividades comerciais em sentido amplo[7].

De outro lado, são civis as sociedades que tenham por objeto atividades relacionadas à terra, à agricultura, à pecuária e à indústria extrativa, em virtude, a princípio, da falta de intermediação, uma vez que os exercentes de tais atividades estariam no início da cadeia de produção e não no meio dela.

Também são consideradas civis as atividades com imóveis, exceção feita à construção civil, que é comercial por determinação da Lei n. 4.068/62, e à incorporação de imóveis, que também é comercial. As atividades dos profissionais liberais também são consideradas atividades civis (excluídas até da ideia da atividade empresarial), na medida em que inexiste intermediação, além do fator pessoal exercer um papel preponderante para a atividade.

---

5. REQUIÃO, Rubens. *Curso de direito comercial*. 23. ed. São Paulo: Saraiva, 1998, v. 1, p. 342; BULGARELLI, Waldirio. *Manual das sociedades anônimas*. 12. ed. São Paulo: Atlas, 2001, p. 23-24.

6. COELHO, Fábio Ulhoa. *Curso de direito comercial*. São Paulo: Saraiva, 1999, v. 2, p. 26; MARTINS, Fran. *Curso de direito comercial*. 22. ed. Rio de Janeiro: Forense, 1998, p. 189.

7. BULGARELLI, Waldirio. *Sociedades comerciais*. 7. ed. São Paulo: Atlas, 1998, p. 21-22.

Por fim, também são, por via de regra, consideradas civis as atividades de prestação de serviços[8], apesar de não se conseguir a justificativa para a diferenciação no tratamento de tais atividades das atividades comerciais em sentido estrito. Com efeito, não há dúvida de que não se trata de atividade comercial em sentido estrito, mas também é certo que se trata de uma atividade econômica da maior importância, que deve receber um tratamento igual ao das atividades comerciais, o que é conseguido com o advento do Código Civil.

Caso exerça atividades consideradas civis e atividades comerciais, prevalecerá a natureza das atividades predominantes.

Afora o critério de distinção fornecido pelo objeto da sociedade, é certo que também pela forma adotada podem-se distinguir sociedades civis e comerciais. Por força do art. 2º, § 1º, da Lei n. 6.404/76, são sempre comerciais as sociedades que se revestirem da forma de sociedade anônima, não importando o objeto adotado. Em virtude disso, é sempre mercantil a natureza das sociedades seguradoras e das instituições financeiras, as quais devem necessariamente se revestir da forma de sociedade anônima, por força dos arts. 24 do Decreto-lei n. 73/66 e 18 da Lei n. 4.595/64, salvo exceções expressamente previstas.

A importância de tal distinção residia primordialmente na submissão à falência por partes das sociedades comerciais e na possibilidade delas requererem concordata, ao passo que as civis se submetiam à insolvência civil e não podiam requerer a concordata. Além disso, as sociedades comerciais devem ter seus atos constitutivos arquivados na junta comercial, enquanto as civis os arquivam no Registro Civil das pessoas jurídicas.

Tal distinção perdeu a sua importância com o acolhimento da teoria da empresa pelo Código Civil, falando-se agora em sociedades empresárias e sociedades simples. O conceito de sociedade empresária é mais amplo que o de sociedade comercial, abrangendo inclusive algumas sociedades que hoje seriam civis, mas que exercem a atividade econômica de produção ou circulação de bens e serviços[9].

6 Sociedades simples × sociedades empresárias

Com o Código Civil surge uma nova distinção das sociedades, qual seja, entre sociedades empresárias e sociedades simples. Ambas exercem atividades econômicas, mas diferenciam-se pela natureza da atividade exercida.

As sociedades empresárias exercem atividade própria de empresário (art. 982 do Código Civil) que esteja sujeito a registro, vale dizer, elas exercem atividade econômica organizada para a produção ou circulação de bens ou serviços e a lei lhes impõe uma obrigação de registro.

---

8. ROQUE, José Sebastião. *Direito societário*. São Paulo: Ícone, 1997, p. 20; BORBA, José Edwaldo Tavares. *Direito societário*. 4. ed. Rio de Janeiro: Freitas Bastos, 1998, p. 25.

9. COELHO, Fábio Ulhoa. *Curso de direito comercial*. São Paulo: Saraiva, 1999, v. 2, p. 6.

De outro lado, seriam sociedades simples aquelas destinadas ao exercício das demais atividades econômicas, como as atividades de natureza intelectual, científica ou artística (art. 966, parágrafo único, do Código Civil), salvo se constituírem elemento de empresa. Tal classificação se deve ao papel secundário que a organização dos fatores da produção toma em tais atividades, nas quais o caráter pessoal é que predomina, em oposição à atividade do empresário, em que a organização assume papel predominante.

Em relação às atividades empresariais rurais, não há obrigação do registro (art. 971 do Código Civil), mas uma faculdade. Em função disso, as sociedades que desempenham tal atividade podem assumir a condição de empresárias se fizerem o registro na junta comercial. Em caso contrário, assumem a condição de sociedades simples[10].

Em relação ao pequeno empresário, será necessário um tratamento específico dado pela lei, a fim de se determinar a obrigatoriedade do registro ou não e, consequentemente, sua inclusão dentre as sociedades simples ou empresárias[11].

A princípio, tanto as sociedades simples quanto as sociedades empresárias podem assumir as mesmas formas societárias (limitadas, em comandita simples, nome coletivo). Todavia, há exceções, isto é, determinadas formas societárias são peculiares às sociedades simples ou às sociedades empresárias. Assim, as sociedades anônimas são sempre empresárias, não importando a atividade exercida, e as sociedades cooperativas são sempre simples (art. 982 do Código Civil).

7   Sociedades de pessoas e de capitais

A última classificação digna de menção é talvez a que encontra menos uniformidade na terminologia e na definição do seu critério.

Para Joaquín Garrigues, esta é a classificação pelo critério econômico jurídico[12]. Para Vera Helena de Mello Franco, é a classificação quanto à contribuição pessoal dos sócios[13]. Fábio Ulhoa Coelho fala que o critério utilizado é o grau de dependência em relação às qualidades subjetivas dos sócios[14]. Rubens Requião e Alfredo de Assis Gonçalves Neto a definem como a classificação quanto à estrutura econômica[15].

---

10. GONÇALVES NETO, Alfredo de Assis. *Lições de direito societário*. São Paulo: Juarez de Oliveira, 2002, p. 103.

11. Idem, ibidem.

12. GARRIGUES, Joaquín. *Curso de derecho mercantil*. 7. ed. Bogotá: Temis, 1987, v. 2, p. 18.

13. FRANCO, Vera Helena de Mello. *Manual de direito comercial*. São Paulo: Revista dos Tribunais, 2001, v. 1, p. 164.

14. COELHO, Fábio Ulhoa. *Curso de direito comercial*. São Paulo: Saraiva, 1999, v. 2, p. 23.

15. REQUIÃO, Rubens. *Curso de direito comercial*. 23. ed. São Paulo: Saraiva, 1998, v. 1, p. 334; GONÇALVES NETO, Alfredo de Assis. *Lições de direito societário*. 2 ed. São Paulo: Juarez de Oliveira, 2004, p. 47.

Independentemente da expressão adotada, é certo que mesmo na sua definição temos algumas divergências.

Cesare Vivante nega importância a tal distinção e afirma que o critério é a responsabilização pessoal ou não dos sócios por obrigações da sociedade, isto é, o oferecimento ou não de garantia no patrimônio particular dos sócios[16]. Assim, caso os sócios tenham responsabilidade pessoal por obrigações da sociedade, estamos diante de uma sociedade de pessoas, e, em caso contrário, perante uma sociedade de capitais.

Ousamos discordar de tal entendimento, para afirmar que o que caracteriza uma sociedade como de pessoas ou de capitais é o papel exercido pela pessoa do sócio na vida da sociedade, é a influência das suas qualidades pessoais na constituição e no funcionamento da sociedade[17].

Se a figura, a influência, a responsabilidade e a atuação dos sócios constitui fator preponderante na vida empresarial da sociedade, estamos diante de uma sociedade de pessoas. Se as qualidades morais, técnicas ou intelectuais dos sócios, seu caráter, sua formação, sua sorte e mesmo sua reputação são determinantes na formação da sociedade, estaremos diante de uma sociedade de pessoas. Do mesmo modo, se essas qualidades pessoais são igualmente decisivas nas relações com terceiros, estaremos diante de uma sociedade de pessoas[18].

Todavia, se o que possui papel preponderante é tão somente a contribuição dos sócios, trata-se de uma sociedade de capitais. A responsabilidade é apenas um dos fatores a serem aferidos para verificar o personalismo ou o capitalismo da sociedade.

Essa é uma formulação genérica da distinção, da qual decorrem inúmeras características peculiares a um ou outro tipo de sociedades, cuja predominância permitirá qualificar a sociedade como de pessoas ou de capitais.

Joaquín Garrigues destaca a relação entre a gestão do negócio e a qualidade de sócio como fator importante na distinção entre sociedades de pessoas e sociedades de capitais. Para ele, nas sociedades de pessoas, todos os sócios, ou alguns deles, têm direito à gestão da sociedade, vale dizer, a propriedade e a direção dos negócios se reúnem nas mesmas mãos[19]. Já nas sociedades de capitais a propriedade e a gestão estão separadas, pois a figura do sócio não possui maior importância na condução dos negócios sociais, podendo

---

16.   VIVANTE, Cesare. *Instituições de direito comercial*. Tradução de J. Alves de Sá. 3. ed. São Paulo: Livraria C. Teixeira, 1928, p. 71; no mesmo sentido BORGES, João Eunápio, *Curso de direito comercial terrestre*. 5. ed. Rio de Janeiro: Forense, 1971, v. 1, p. 56.

17.   COELHO, Fábio Ulhoa. *Curso de direito comercial*. São Paulo: Saraiva, 1999, v. 2, p. 23; MARTINS, Fran. *Curso de direito comercial*. 22. ed. Rio de Janeiro: Forense, 1998, p. 219; ESCARRA, Jean, ESCARRA, Edouard e RAULT, Jean. *Traité théorique et pratique de droit commercial*. Paris: Librairie du Recueil Sirey, 1950, p. 229.

18.   ESCARRA, Jean; ESCARRA, Edouard; RAULT, Jean. *Traité théorique et pratique de droit commercial*. Paris: Librairie du Recueil Sirey, 1950, p. 229.

19.   GARRIGUES, Joaquín. *Curso de derecho mercantil*. 7. ed. Bogotá: Temis, 1987, v. 2, p. 18; no mesmo sentido: GALGANO, Francesco. *Diritto civile e commerciale*. 3. ed. Padova: CEDAM, 1999, v. 3, tomo 1, p.

qualquer pessoa assumir a gestão, independentemente da condição de sócio. Vincenzo Buonocore afirma que, nas sociedades de pessoas, o sócio é o seu natural administrador e nas sociedades de capitais não há essa vinculação, a qualidade de administrador é desvinculada da qualidade de sócio[20].

Francesco Galgano destaca que nas sociedades de pessoas há responsabilidade solidária e ilimitada de todos os sócios ou pelo menos de uma classe deles, por obrigações da sociedade[21]. Tal característica realmente é peculiar às sociedades de pessoas, mas a nosso ver não é suficiente para caracterizá-las, sendo apenas um dos pontos de análise, na medida em que demonstra a importância da pessoa dos sócios para os terceiros que negociam com a sociedade. Por outro lado, nas sociedades de capitais as obrigações com terceiros são garantidas, a princípio, tão somente pelo patrimônio social, não atingindo o patrimônio pessoal dos sócios, mas apenas a sua contribuição, por isso não importando para terceiros quem são os sócios de tal sociedade.

Diante dessa importância da pessoa do sócio, nas sociedades de pessoas não é livre o ingresso de pessoas estranhas, vale dizer, o sócio não pode sem o consentimento dos demais alienar sua participação (arts. 1.002 e 1.003 do Código Civil)[22]. Trata-se de uma decorrência da natureza *intuitu personae* do contrato social de sociedades. De outro lado, nas sociedades de capitais é livre o ingresso de novos sócios, pois não importam as suas qualidades pessoais, mas apenas a contribuição para o capital social.

Pelos mesmos motivos, a morte ou incapacidade de algum sócio pode gerar a dissolução total ou parcial da sociedade de pessoas, uma vez que os demais sócios não são obrigados a admitir os herdeiros do sócio falecido, ou continuar a sociedade por meio de representantes. Já nas sociedades de capitais, não gozando de maior importância a pessoa dos sócios, é indiferente a sua morte ou incapacidade.

Para Vera Helena de Mello Franco, nas sociedades de pessoas é vedada a participação de incapazes, na medida em que, em tais sociedades, se exige, além de uma participação pessoal direta, uma participação patrimonial não admitida para os incapazes[23]. De outro lado, não haveria qualquer empecilho para a participação de incapazes nas sociedades de capitais.

299-300; FRANCO, Vera Helena de Mello. *Manual de direito comercial*. São Paulo: Revista dos Tribunais, 2001, v. 1, p. 168.

20. BUONOCORE, Vincenzo. *Le società*. Milano: Giuffrè, 2000, p. 211-212.

21. GALGANO, Francesco. *Diritto civile e commerciale*. 3. ed. Padova: CEDAM, 1999, v. 3, tomo 1, p. 299.

22. Idem, p. 300; FRANCO, Vera Helena de Mello. *Manual de direito comercial*. São Paulo: Revista dos Tribunais, 2001, v. 1, p. 167; ESCARRA, Jean, ESCARRA, Edouard e RAULT, Jean. *Traité théorique et pratique de droit commercial*. Paris: Librairie du Recueil Sirey, 1950, p. 230-231.

23. FRANCO, Vera Helena de Mello. *Manual de direito comercial*. São Paulo: Revista dos Tribunais, 2001, v. 1, p. 167.

Como outro corolário da importância da pessoa do sócio, as sociedades de pessoas usam razão social[24], isto é, em seu nome há de estar presente o nome de sócios, demonstrando a sua importância, em especial porque os sócios que podem ter seu nome indicado, a princípio, são aqueles de responsabilidade ilimitada (art. 1.157 do Código Civil). Já nas sociedades de capitais usa-se denominação, pois é indiferente saber quem são os sócios.

Por fim, nas sociedades de pessoas, o bom relacionamento entre os sócios é fundamental, aflorando a *affectio societatis* como elemento preponderante para o bom desempenho da sociedade. Em função disso, em tais sociedades admite-se a exclusão do sócio que rompe a *affectio societatis*, o que não ocorre nas sociedades de capitais, porquanto nestas é indiferente a intenção do sócio, importando apenas a sua contribuição.

À luz do acima exposto, podemos sintetizar da seguinte maneira a distinção entre sociedades de pessoas e de capitais:

Sociedade de Pessoas	Sociedade de Capitais
• A administração só pode ser exercida por quem é sócio	• Há uma dissociação entre administração e propriedade
• Pelo menos uma classe de sócios possui responsabilidade solidária e ilimitada	• Todos os sócios possuem responsabilidade limitada à sua contribuição ou ao total do capital social
• Não é livre a entrada de novos sócios	• É livre o ingresso de novos sócios
• Morte ou incapacidade dos sócios pode gerar a dissolução total ou parcial da sociedade	• A morte ou incapacidade dos sócios não influi na vida da sociedade
• Não admite a participação de incapazes	• Admite a participação de incapazes
• Usa razão social	• Usa denominação

Diante de tal comparação, pela predominância de um ou outro grupo de características, podemos assim dispor as sociedades. São sociedades de pessoas: sociedade em nome coletivo, sociedades em comandita simples, sociedades simples, sociedades em conta de participação. São sociedades de capitais: sociedade anônima[25] e sociedade em comandita por ações.

---

24. ESCARRA, Jean; ESCARRA, Edouard; RAULT, Jean. *Traité théorique et pratique de droit commercial.* Paris: Librairie du Recueil Sirey, 1950, p. 231.

25. A sociedade anônima é considerada a típica sociedade de capital, todavia, recentemente reconheceu-se em um caso concreto a natureza personalista das relações entre os sócios de uma sociedade anônima: STJ – 4ª Turma – REsp 111.294, Relator Ministro César Asfor Rocha, *DJ* de 28-5-2001.

Em relação às sociedades limitadas não é possível enquadrá-la *a priori* em um ou outro grupo, podendo-se falar que se trata de uma sociedade híbrida que ora é de pessoas, ora é de capitais, dependendo da análise no caso concreto[26]. A nosso ver, tal hibridismo se justifica pela grande mistura de características de um e outro tipo societário que era dada pelo Decreto n. 3.708/1919 e foi mantida pelo Código Civil, como se pode depreender da limitação de responsabilidade dos sócios, da limitação ao ingresso de novos sócios, da utilização tanto de razão social quanto de denominação.

---

26. COELHO, Fábio Ulhoa. *Curso de direito comercial*. São Paulo: Saraiva, 1999, v. 2, p. 362; BERTOLDI, Marcelo M. *Curso avançado de direito comercial*. São Paulo: Revista dos Tribunais, 2001, v. 1, p. 193; BORBA, José Edwaldo Tavares. *Direito societário*. 4. ed. Rio de Janeiro: Freitas Bastos, 1998, p. 63. Em sentido contrário, qualificando-a como sociedade de pessoas, REQUIÃO, Rubens. *Curso de direito comercial*. 23. ed. São Paulo: Saraiva, 1998, v. 1, p. 409-411; MARTINS, Fran. *Curso de direito comercial*. 22. ed. Rio de Janeiro: Forense, 1998, p. 237; ROQUE, José Sebastião. *Direito societário*. São Paulo: Ícone, 1997, p. 71.

17 SOCIEDADES DESPERSONIFICADAS

1 Sociedades em comum

O Código Civil disciplina as sociedades em comum entre os arts. 986 e 990, regulamentando, de forma sintética e sistemática, a situação das sociedades que, tendo ou não ato constitutivo escrito, não o levaram ao registro e, consequentemente, não adquiriram a personalidade jurídica. As sociedades em processo de organização também são consideradas sociedades em comum, ressalvadas as sociedades anônimas que têm uma regência própria na lei especial. Assim, são sociedades em comum aquelas constituídas sem prova escrita; com prova escrita, mas sem registro ou antes dele e aquelas que tiveram o registro cancelado por inatividade[1].

O direito positivo reconhece a existência de sociedades que exercem atividades empresariais, mas não obedeceram aos ditames legais, que determinam o registro dos atos constitutivos. O registro não é condição de existência das sociedades, mas condição para aquisição da personalidade jurídica.

1.1 Terminologia

A expressão *sociedade em comum* veio para substituir as expressões *sociedade de fato* e *sociedade irregular*, que eram normalmente usadas pela doutrina. A adoção da nova terminologia facilitará a análise de tal espécie de sociedade, além de acabar de vez com a grande discussão a respeito da identidade ou não dos conceitos de sociedade de fato e irregular.

Para Fran Martins, as sociedades de fato seriam aquelas que tendo ou não ato constitutivo deixaram de arquivá-lo e, consequentemente, não adquiriram personalidade jurídica. De outro lado, seriam irregulares aquelas que possuem ato constitutivo arquivado, mas que praticam alguma irregularidade que desnatura o tipo (continuação de funcionamento após o término do prazo contratual)[2].

Para Carvalho de Mendonça, a sociedade irregular seria aquela que funciona sem o cumprimento das solenidades legais da constituição, registro e publicidade. Já as socie-

---

1. FRANÇA, Erasmo Valladão Malheiros e Novaes. *A sociedade em comum*. São Paulo: Malheiros, 2012, p. 117.

2. MARTINS, Fran. *Curso de direito comercial*. 22. ed. Rio de Janeiro: Forense, 1998, p. 237.

dades de fato seriam aquelas que são afetadas por vícios que as inquinam de nulidade, apesar de funcionarem normalmente no mundo dos negócios[3].

Outros autores, como Pontes de Miranda e Rubens Requião, afirmam que são sociedades de fato aquelas que não possuem ato constitutivo escrito, ao passo que as sociedades irregulares possuiriam tal ato constitutivo escrito, mas não o levariam ao registro necessário para a aquisição da personalidade jurídica[4]. Marcelo de Andrade Féres reserva a expressão sociedade em comum para aquelas que estão em processo de organização, usando a expressão sociedade de fato para aquelas informais e a expressão sociedades irregular para aquelas com vícios supervenientes ao registro[5].

Conquanto engenhosas, tais distinções não geram maiores efeitos, de modo que, a nosso ver, mesmo antes do advento do Código Civil, sociedade irregular é sinônimo de sociedade de fato[6] e agora de sociedade em comum.

1.2 Patrimônio

O traço fundamental de uma sociedade comum é ausência de personalidade jurídica, pelo não cumprimento das solenidades legais exigidas para sua aquisição. Em função disso, não se reconhece a sociedade em comum como um sujeito autônomo de direitos e obrigações, a quem possa ser imputada a atividade exercida, não se reconhecendo, por conseguinte, os atributos inerentes à personificação.

Assim, por não se tratar de uma pessoa, não há que se cogitar de autonomia patrimonial, isto é, a sociedade em comum não possui patrimônio. Desse modo, o conjunto de bens organizados posto à disposição do exercício da atividade empresarial é um patrimônio especial que pertence aos sócios em condomínio (art. 988). Reconhece-se um patrimônio especial, que não pertence à sociedade, mas pertence diretamente aos próprios sócios em condomínio.

1.3 Responsabilidade dos sócios

Embora não tenha patrimônio, é certo que a sociedade em comum é um sujeito de direitos e obrigações. Contraindo obrigações, algum patrimônio tem que garantir o

---

3. CARVALHO DE MENDONÇA, J. X. *Tratado de direito comercial brasileiro*. Atualizado por Ruymar de Lima Nucci. Campinas: Bookseller, 2001, v. 2, tomo 2, p. 152-153.

4. ROQUE, José Sebastião. *Direito societário*. São Paulo: Ícone, 1997, p. 41; MIRANDA, Pontes de, *Tratado de direito privado*. 3. ed. São Paulo: Revista dos Tribunais, 1984, v. 49, p. 59; FRANCO, Vera Helena de Mello. *Manual de direito comercial*. São Paulo: Revista dos Tribunais, 2001, v. 1, p. 157; REQUIÃO, Rubens. *Curso de direito comercial*. 23. ed. São Paulo: Saraiva, 1998, v. 1, p. 353.

5. FÉRES, Marcelo de Andrade. *Sociedade em comum*: disciplina jurídica e institutos afins. São Paulo: Saraiva, 2012 p. 154 e 183.

6. COELHO, Fábio Ulhoa. *Curso de direito comercial*. São Paulo: Saraiva, 1999, v. 2, p. 389; BORBA, José Edwaldo Tavares. *Direito societário*. 4. ed. Rio de Janeiro: Freitas Bastos, 1998, p. 60; BERTOLDI, Marcelo M. *Curso avançado de direito comercial*. São Paulo: Revista dos Tribunais, 2001, v. 1, p. 194; ALMEIDA, Amador Paes de. *Manual das sociedades comerciais*. 10. ed. São Paulo: Saraiva, 1998, p. 41.

cumprimento dessas obrigações. Esse patrimônio que irá responder pelo cumprimento das obrigações é o patrimônio dos sócios, ou seja, as obrigações decorrentes do exercício da atividade são de responsabilidade dos sócios em conjunto.

Nos termos do art. 990 do Código Civil, os sócios respondem solidária e ilimitadamente pelas obrigações contraídas em proveito da sociedade em comum. No regime do Código Comercial de 1850, discutia-se se tal responsabilidade era direta[7] ou subsidiária[8], pois não havia um tratamento sistemático da matéria. Neste particular, o Código Civil soluciona a controvérsia reconhecendo uma espécie de benefício de ordem, estabelecendo que o patrimônio especial responde em primeiro lugar pelas obrigações contraídas em benefício da sociedade em comum (art. 1.024). Entretanto, tal benefício não se aplica àquele sócio que contratou pela sociedade (art. 990).

Assim, estipula-se, como regra geral, que responde primeiro pelas obrigações contraídas pela sociedade em comum o patrimônio especial constituído a partir das contribuições dos sócios. Apenas quando exaurido esse patrimônio especial, todo o restante do patrimônio dos sócios também é chamado a responder. Tal ordem não precisa ser obedecida em relação ao sócio que praticou o ato pela sociedade, o qual já responde diretamente com todo o seu patrimônio, sem a necessidade de exaurimento do patrimônio especial.

Desse modo, protegem-se os terceiros de boa-fé que poderão executar diretamente o patrimônio pessoal daquele que firmou o contrato, restando também protegidos os demais membros da sociedade de fato, que não firmaram o contrato e terão responsabilidade subsidiária, só sendo chamados a responder se o patrimônio especial não for suficiente para tanto.

1.4 Administração

Seguindo a mesma linha de raciocínio, isto é, tentando proteger os terceiros de boa-fé, sem descuidar dos interesses dos sócios, reconhece-se a vinculação do patrimônio social pelos atos de gestão praticados pelos sócios, dentro dos poderes que lhes foram atribuídos. Em relação aos atos que extrapolam os poderes atribuídos, só haverá vinculação se o terceiro estiver de boa-fé, isto é, se o terceiro não conhecia, nem devia conhecer a limitação dos poderes do sócio (art. 989).

Por fim, vale ressaltar que, embora não seja personificada, a sociedade em comum tem capacidade processual e está sujeita ao processo falimentar, o qual é inerente ao exercício da atividade comercial/empresarial, independentemente do registro.

---

7. FRANCO, Vera Helena de Mello. *Manual de direito comercial*. São Paulo: Revista dos Tribunais, 2001, v. 1, p. 158.

8. REQUIÃO, Rubens. *Curso de direito comercial*. 23. ed. São Paulo: Saraiva, 1998, v. 1, p. 353.

1.5 Prova da existência da sociedade

Caso seja necessário, é possível demandar, judicialmente, a sociedade em comum (art. 75, IX, do CPC/2015) ou seus sócios, para efetivar a responsabilidade sobre os bens sociais, ou sobre os bens dos sócios. Em tais casos, há que se provar a existência da sociedade, pois, caso contrário, seria inviável atingir o patrimônio dos sócios que não firmaram as obrigações pela sociedade. Diante disso, garante-se expressamente aos terceiros qualquer meio para provar a existência da sociedade (art. 987 do Código Civil).

Em outros casos, pode ser necessário que os próprios sócios provem a existência da sociedade em ações ajuizadas contra a sociedade, ou contra os outros sócios. Nessas hipóteses, como uma penalidade para ausência do registro, só se admite a prova da existência da sociedade por escrito (art. 987 do Código Civil). Sem a prova escrita, nada poderá ser feito pelos sócios.

Há que se ressaltar, todavia, que mesmo se não existir a prova escrita, um sócio pode ajuizar ações contra o outro ou contra terceiros, desde que a causa de pedir não seja a existência da própria sociedade[9], mas, por exemplo, um contrato de compra e venda, a vedação do enriquecimento sem causa. Ora, se a causa de pedir não é a existência da sociedade, não é necessário prová-la, e, por conseguinte, não é obrigatório o instrumento escrito.

O art. 987 do Código Civil reproduz em termos mais claros o art. 303 do Código Comercial de 1850, que dizia, em síntese, que, quando for necessária a prova da existência da sociedade, o sócio só poderá fazê-lo com base em instrumento escrito. Com base no Código Comercial, assim se pronunciou João Eunápio Borges, em lição válida também para o Código Civil:

> Não poderá a sociedade, por exemplo, propor ação contra qualquer dos sócios para coagi-lo a integralizar a cota com que se obrigou a concorrer para a formação do fundo social. Porque tal ação tem como fundamento exclusivo a existência da sociedade.
>
> Mas não está a sociedade impedida de demandar os seus fregueses para exigir-lhes o preço das mercadorias que lhe vendeu, o pagamento dos títulos de crédito de sua responsabilidade etc. Podem os sócios demandar-se reciprocamente para obterem a equitativa distribuição de lucros e prejuízos, a restituição de suas respectivas entradas etc.
>
> Porque em tais casos a ação não se funda na existência da sociedade, mas no contrato de compra e venda ou em elementar princípio de direito e de moral, que veda o enriquecimento injusto de uns em detrimento de outrem[10].

Em síntese, a prova escrita é exigida quando a causa de pedir for a existência da própria sociedade. Quando a causa de pedir for um contrato de compra e venda ou a vedação

---

9. MIRANDA, Pontes de. *Tratado de direito privado*. 3. ed. São Paulo: Revista dos Tribunais, 1984, v. 49, p. 62-63; CARVALHO DE MENDONÇA, J. X. *Tratado de direito comercial brasileiro*. Atualizado por Ruymar de Lima Nucci. Campinas: Bookseller, 2001, v. 2, tomo 2, p. 155.

10. BORGES, João Eunápio. *Curso de direito comercial terrestre*. 5. ed. Rio de Janeiro: Forense, 1971, v. 2, p. 46.

do enriquecimento ilícito, não há a necessidade de prova escrita da sociedade, admitindo-se qualquer meio de prova. A propósito, o STJ já afirmou que: "Restringindo-se o debate à existência de sociedade empresarial irregular (de fato), a exigência intransigente de prova exclusivamente documental da relação jurídica resulta no esvaziamento do instituto, prestigia o enriquecimento sem causa e deturpa o sistema jurídico brasileiro"[11].

2 Sociedade em conta de participação

A sociedade em conta de participação é uma sociedade oculta[12], que não aparece perante terceiros, sendo desprovida de personalidade jurídica. O que a caracteriza é a existência de dois tipos de sócio, quais sejam, o sócio ostensivo, que aparece e assume toda responsabilidade perante terceiros, e o sócio participante (também denominado sócio oculto), que não aparece perante terceiros e só tem responsabilidade perante o ostensivo, nos termos do ajuste entre eles.

Apesar de ser uma sociedade oculta, é extremamente comum a utilização de sociedades em conta de participação. A limitação extrema de riscos e a não vinculação do sócio participante é que tornam a sociedade em conta de participação uma forma societária extremamente interessante, sobretudo como uma forma de captação de recursos.

Outrossim, o sigilo que tal tipo de sociedade permite é extremamente interessante para determinados negócios[13]. Além do que, a dispensa de maiores formalidades incentiva a constituição de tais tipos de sociedade. Atualmente, a Receita Federal do Brasil passou a exigir que a sociedade em conta de participação seja inscrita no CNPJ, aumentando as formalidades exigidas (IN n. 2.119/2022).

2.1 Sócios

O sócio ostensivo, que pode ser um empresário individual ou uma sociedade, é aquele que exercerá a atividade em seu próprio nome, vinculando-se e assumindo toda a responsabilidade perante terceiros. A sociedade em conta de participação não firmará contratos. Quem firmará os contratos necessários para o exercício da atividade é o sócio ostensivo, usando tão somente seu próprio crédito[14], seu próprio nome. Quando ele age, não age como um administrador de uma sociedade, mas como um empresário, seja ele individual, seja uma sociedade.

---

11. STJ – REsp 1.430.750/SP, Rel. Ministra Nancy Andrighi, Terceira Turma, julgado em 21-8-2014, *DJe* 8-9-2014.

12. ESCARRA, Jean; ESCARRA, Edouard; RAULT, Jean. *Traité théorique et pratique de droit commercial*. Paris: Librairie du Recueil Sirey, 1950, p. 540.

13. ESCARRA, Jean; ESCARRA, Edouard; RAULT, Jean. *Traité théorique et pratique de droit commercial*. Paris: Librairie du Recueil Sirey, 1950, p. 542.

14. CARVALHO DE MENDONÇA, J. X. *Tratado de direito comercial brasileiro*. Atualizado por Ruymar de Lima Nucci. Campinas: Bookseller, 2001, v. 2, tomo 3, p. 262.

De outro lado, há o sócio participante que não aparece perante terceiros, não assumindo qualquer responsabilidade perante o público. Daí a denominação *sócio oculto*. A responsabilidade dele é apenas perante o sócio ostensivo, nos termos em que acertado entre os dois[15]. Se ele participar da atividade-fim, responderá solidariamente com o sócio ostensivo (CC – art. 993).

Como já afirmou o STJ, "na sociedade em conta de participação o sócio ostensivo é quem se obriga para com terceiros pelos resultados das transações e das obrigações sociais, realizadas ou empreendidas em decorrência da sociedade, nunca o sócio participante ou oculto que nem é conhecido dos terceiros nem com estes nada trata"[16].

A princípio, a relação entre os sócios é regida pelo direito societário. Contudo, em casos de desvirtuamento da sociedade, tem se admitido a aplicação do CDC. Nesse sentido, o STJ afirmou que: "Para incidência excepcional do Código de Defesa do Consumidor aos contratos de sociedade em conta de participação, devem estar presentes dois requisitos: (a) a caracterização do sócio participante ou oculto como investidor ocasional vulnerável, e (b) ter sido a sociedade em conta de participação constituída ou utilizada com fim fraudulento, notadamente para afastar a incidência do Código de Defesa do Consumidor"[17].

2.2 Características

A sociedade em conta de participação não aparece para o público, quem aparece é o sócio ostensivo, daí dizer-se que ela é uma sociedade oculta, o que não significa que tenha fins fraudulentos, mas que não é ou não precisa ser conhecida pelo público[18]. Ela não aparece, porque a sua existência e o seu funcionamento independem de quaisquer formalidades, não há livros, não é necessário o registro e não há um nome próprio[19]. Ademais, ela não possui órgãos que a representam na vida jurídica e nem possui sede social[20].

O acerto entre os sócios pode ser firmado verbalmente ou por escrito, não se exigindo qualquer formalidade para a validade do contrato. Os sócios podem prová-la por qualquer meio. Caso seja firmada por escrito, é indiferente o seu registro, isto é, mesmo que o contrato seja registrado não surgirá uma pessoa jurídica (art. 992). No que tange ao conteúdo do ajuste, há uma total margem de liberdade para os sócios.

---

15. Idem, ibidem.

16. STJ – 4ª Turma – REsp 168.028/SP, Relator Ministro Barros Monteiro, *DJ* de 22-10-2001.

17. STJ – REsp n. 1.943.845/DF, Relatora Ministra Nancy Andrighi, Terceira Turma, julgado em 22-3-2022, *DJe* de 31-3-2022.

18. CARVALHO DE MENDONÇA, J. X. *Tratado de direito comercial brasileiro*. Atualizado por Ruymar de Lima Nucci. Campinas: Bookseller, 2001, v. 2, tomo 3, p. 265.

19. MARTINS, Fran. *Curso de direito comercial*. 22. ed. Rio de Janeiro: Forense, 1998, p. 242-243.

20. MIRANDA, Pontes de. *Tratado de direito privado*. 3. ed. São Paulo: Revista dos Tribunais, 1984, v. 49, p. 322.

Apesar da ausência de personificação, reconhece-se a existência de um patrimônio especial formado pela contribuição do sócio ostensivo e do sócio participante (art. 994). Trata-se em verdade de um destaque de certos bens para ligá-los a certa finalidade, sem transferir a sua propriedade, vale dizer, tal patrimônio especial pertence aos sócios em condomínio e não à sociedade[21], que não possui capacidade patrimonial. Tanto é verdade que esse patrimônio especial só produz efeitos entre os sócios (art. 994, § 1º).

No direito italiano, não há regra similar no sentido da constituição de um patrimônio especial. Lá o que há é a transferência de direitos por parte do oculto ao ostensivo[22], uma transferência fiduciária, de modo que o patrimônio do ostensivo resta aumentado e todo ele responde pelos atos praticados.

Trata-se de uma sociedade de pessoas[23], isto é, a qualidade pessoal dos sócios é extremamente importante, há um vínculo pessoal entre o sócio participante e o sócio ostensivo. Diante disso, é vedado ao sócio ostensivo admitir outros sócios sem o consentimento expresso dos demais sócios, isto é, não é livre a entrada de novas pessoas na sociedade em conta de participação. Apesar disso, é certo que a liberdade atribuída aos sócios na disciplina da sociedade permite que em determinados casos específicos ela assuma as vestes de uma sociedade de capitais, especialmente quando as participações são livremente transferíveis[24].

Como não é a sociedade em conta de participação que exerce a atividade empresarial, ela não se vincula, não possui obrigações e, consequentemente, não se sujeita à falência.

Apesar de toda a disciplina e da terminologia adotada a sociedade em conta de participação não é uma verdadeira sociedade, na medida em que não se constitui como um sujeito autônomo de direitos e obrigações[25].

2.3 Extinção da sociedade

A sociedade em conta de participação pode ser constituída para a realização de operações determinadas ou para operar por prazo indeterminado. No primeiro caso, como nos contratos em geral, a dissolução da sociedade dependerá da existência de um justo motivo. No segundo caso, a dissolução pode dar-se a qualquer momento, pois

---

21. CARVALHO DE MENDONÇA, J. X. *Tratado de direito comercial brasileiro*. Atualizado por Ruymar de Lima Nucci. Campinas: Bookseller, 2001, v. 2, tomo 3, p. 268.

22. MESSINEO, Francesco. *Manuale di diritto civile e commerciale*. 9. ed. Milano: Giuffrè, 1972, v. 5, p. 7.

23. RIPERT, Georges; ROBLOT, René. *Traité élémentaire de droit commercial*. 5. ed. Paris: Librairie Générale de Droit et de Jurisprudence, 1963, v. 1, p. 421; ESCARRA, Jean, ESCARRA, Edouard e RAULT, Jean. *Traité théorique et pratique de droit commercial*. Paris: Librairie du Recueil Sirey, 1950, p. 541.

24. GONÇALVES NETO, Alfredo de Assis. *Lições de direito societário*. 2. ed. São Paulo: Juarez de Oliveira, 2004, p. 182.

25. Idem, p. 180; CAMPINHO, Sérgio. *O direito de empresa à luz do novo Código Civil*. 4. ed. Rio de Janeiro: Renovar, 2004, p. 82; BORBA, José Edwaldo Tavares. *Direito societário*. 8. ed. Rio de Janeiro: Renovar, 2003, p. 89.

ninguém é obrigado a ficar preso indefinidamente a um contrato. Não há que se falar propriamente em liquidação da sociedade em conta de participação, tendo em vista que não se trata de uma pessoa jurídica[26].

No caso de falência do sócio ostensivo, dissolve-se a sociedade, e os créditos que, eventualmente, possua o sócio participante representarão um crédito quirografário a ser habilitado perante a massa falida. No caso de falência do sócio participante, a sociedade poderá continuar a critério do administrador judicial (art. 117 da Lei n. 11.101/2005), uma vez que pode ser interessante e lucrativo à sociedade.

Dissolvida a sociedade em conta de participação, não se segue a liquidação como nas demais sociedades, o que há é um mero ajuste de contas entre os sócios[27], cabendo ao ostensivo prestar contas do negócio (art. 996 do Código Civil).

---

26. RIPERT, Georges; ROBLOT, René. *Traité élémentaire de droit commercial*. 5. ed. Paris: Librairie Générale de Droit et de Jurisprudence, 1963, v. 1, p. 424.

27. CARVALHO DE MENDONÇA, J. X. *Tratado de direito comercial brasileiro*. Atualizado por Ruymar de Lima Nucci. Campinas: Bookseller, 2001, v. 2, tomo 3, p. 273.

18 | SOCIEDADES SIMPLES

1 Introdução

Com o Código Civil, estabelece-se a dicotomia entre sociedades simples e empresárias. Em ambas há o exercício de atividades econômicas, mas as sociedades empresárias exercem atividade própria de empresário sujeito a registro e as simples não (art. 982). Assim, são sociedades simples aquelas que exercem as atividades não empresariais (nas quais a organização é menos importante que a atividade pessoal) ou atividade de empresário rural sem se registrar na junta comercial.

Ressalvada a hipótese da atividade rural, não são os sócios que definem se a sociedade é simples ou empresária, isto é, a definição decorre do próprio objeto social. Todavia, a forma jurídica da sociedade, esta sim, é uma opção dos sócios, dentre as várias alternativas legais que lhes são oferecidas.

No caso de sociedade simples quanto ao objeto, ela pode assumir a forma de um dos tipos societários destinados às sociedades empresárias previstos no Código Civil, quais sejam, sociedade em nome coletivo, sociedade em comandita simples e sociedade limitada. Todavia, também pode não optar por nenhum desses tipos societários, sujeitando-se a regras peculiares às sociedades simples (arts. 997 a 1.038 do Código Civil). Também pode eventualmente adotar a forma de cooperativa.

Em suma, a sociedade pode ser simples com forma de limitada, simples com forma de sociedade em nome coletivo, simples com a forma de comandita simples, simples com a forma de cooperativa e também simples com forma de simples, também denominada simples pura ou simples comum[1].

Na prática, dificilmente se fará opção pela sociedade simples pura. Normalmente será utilizada a forma de uma sociedade limitada, dada sua simplicidade de constituição e funcionamento, aliada à limitação da responsabilidade dos sócios.

Assim sendo, a disciplina das sociedades simples (arts. 997 a 1.038) não possuiria maior importância, não fosse a opção do legislador pátrio em utilizar as regras das sociedades simples como regras gerais aplicáveis a todas as sociedades regidas pelo Código Civil[2].

---

1. MAMEDE, Gladston. *Direito empresarial brasileiro*. São Paulo: Atlas, 2004, v. 2, p. 283.

2. JAEGER, Pier Giusto; DENOZZA, Francesco. *Appunti di diritto commerciale*. 5. ed. Milano: Giuffrè, 2000, p. 135.

Tal opção é objeto de críticas acertadas. Rubens Requião afirma que seria melhor que o código trouxesse regras gerais atinentes a todas as sociedades como um capítulo, e não como regras relativas às sociedades simples que não são ligadas à nossa tradição[3]. Além disso, as sociedades simples não se destinam ao exercício de atividade empresarial, ao contrário das outras sociedades previstas que exercem basicamente tal tipo de atividade, sendo um contrassenso buscar, nas sociedades simples, soluções para as sociedades limitadas[4], por exemplo.

2 Constituição

Para adquirir personalidade jurídica, a sociedade deve arquivar seus atos constitutivos no registro competente, que no caso das sociedades simples é o cartório de Registro Civil das Pessoas Jurídicas, nos 30 dias subsequentes a sua constituição. O registro é exigido para assegurar certa publicidade do que é a sociedade, assegurando o conhecimento de elementos essenciais de sua vida a terceiros que negociam com ela. Nada que esteja fora do contrato social pode ser oposto a terceiros (art. 997, parágrafo único)[5]. Há que se ressaltar que, além do registro inicial, devem ser registradas quaisquer alterações no ato constitutivo, bem como devem ser averbadas as instituições de sucursais ou filiais.

O ato constitutivo é denominado contrato social e possui uma série de requisitos mencionados no art. 997 do Código Civil, devendo indicar:

a) qualificação dos sócios (nome, nacionalidade, estado civil, profissão, domicílio);

b) qualificação da sociedade (nome, objeto, sede, prazo de duração);

c) capital social, sua divisão e sua formação (bens ou serviços);

d) participação nos lucros e nas perdas;

e) responsáveis pela administração da sociedade e os limites de seus poderes;

f) se os sócios respondem ou não, subsidiariamente, pelas obrigações sociais.

Sendo o substrato de qualquer sociedade um conjunto de pessoas, nada mais lógico do que identificar e qualificar esse conjunto de pessoas no ato constitutivo da sociedade. O público, em geral, terá acesso a essa relação de pessoas, podendo identificá-las para tudo o que for necessário.

---

3.   REQUIÃO, Rubens. *Curso de direito comercial*. 23. ed. São Paulo: Saraiva, 1998, v. 1, p. 369-370.

4.   ARAÚJO, Paulo Barreto de. Aspectos da sociedade limitada no projeto do Código Civil. *Revista dos Tribunais*, São Paulo, ano 67, v. 517, nov. 1978, p. 28; TEIXEIRA, Egberto Lacerda. As sociedades limitadas e o projeto do Código Civil. *Revista de Direito Mercantil, Industrial, Econômico e Financeiro*, ano XXXIV, n. 99, jul./set. 1995, p. 69.

5.   STJ – REsp n. 1.864.618/RJ, Rel. Ministro Antonio Carlos Ferreira, Quarta Turma, julgado em 12-9-2023, *DJe* de 19-9-2023.

Além desse substrato, é essencial caracterizar e qualificar a própria sociedade, em especial seu nome, seu objeto, seu prazo de duração e sua sede. Trata-se da identificação do novo ente que surge com esse contrato. Vale a pena ressaltar, desde já, que no caso de uma sociedade simples pura, ela usará denominação que é equiparada ao nome empresarial, para todos os efeitos legais (art. 1.155).

Um dos elementos essenciais de uma sociedade é a contribuição de todos os sócios para a formação do capital social, o qual deve ser identificado no contrato social. É essencial saber qual é o valor do capital social, como ele se divide entre os sócios e como será formado, seja em bens, seja em serviços.

Sendo a sociedade constituída para o exercício de uma atividade econômica, é da sua natureza a divisão dos resultados entre os sócios. A princípio, compete ao contrato social definir a forma dessa divisão, isto é, é o contrato social que deve definir a participação nos lucros e nas perdas de cada sócio. Todavia, a omissão do contrato social sobre tal matéria não o invalida, prevalecendo, no silêncio deste, a divisão dos lucros e das perdas de modo proporcional à participação de cada sócio no capital social, mas aquele cuja contribuição consiste em serviços somente participa dos lucros na proporção da média do valor das quotas (art. 1.007).

Para o exercício da atividade e obtenção dos resultados almejados, é essencial que a sociedade pratique atos no mundo concreto. Ela fará isso por meio de certas pessoas naturais, designadas no contrato social como responsáveis por sua administração. Compete ao contrato social, além da designação dessas pessoas, a limitação dos poderes e atribuições delas. Mais uma vez, a omissão do contrato social sobre essa matéria não o invalida, de modo que, no silêncio deste, a administração pode ser exercida separadamente por cada um dos sócios (art. 1.013), que terá os poderes inerentes à gestão da sociedade (art. 1.015).

O referido dispositivo menciona ainda como requisito do contrato social a questão da existência ou não de responsabilidade subsidiária dos sócios. A questão da responsabilidade dos sócios é extremamente debatida na doutrina, prevalecendo a orientação de que os sócios podem definir se respondem ou não pelas obrigações da sociedade de forma subsidiária[6]. Nesse sentido, foi editado o Enunciado 479 na V Jornada de Direito Civil: "Na sociedade simples pura (art. 983, parte final, do CC/2002), a responsabilidade dos sócios depende de previsão contratual. Em caso de omissão, será ilimitada e subsidiária, conforme o disposto nos arts. 1.023 e 1.024 do CC/2002." Assim sendo, os arts. 1.023 e 1.024 do CC só se aplicariam no silêncio do contrato social. Orientação similar, foi adotada na I Jornada de Direito Comercial que afirmou que "Nas sociedades simples, os sócios podem limitar suas responsabilidades entre si, proporção da participação no capital social, ressalvadas as disposições específicas" (Enunciado 10).

---

6. ABRÃO, Carlos Henrique. *Sociedade simples*. São Paulo: Juarez de Oliveira, 2004, p. 20; FABRETTI, Laudio Camargo. *Direito de empresa no Código Civil*. São Paulo: Atlas, 2003, p. 109; BORBA, José Edwaldo Tavares. *Direito societário*. 8. ed. Rio de Janeiro: Renovar, 2003, p. 75; CAMPINHO, Sérgio. *O direito de empresa à luz do novo Código Civil*. 4. ed. Rio de Janeiro: Renovar, 2004, p. 119-120.

Haroldo Malheiros Verçosa nos apresenta outra interpretação, afirmando que "a única interpretação possível estaria em entender-se ser possível o contrato social estipular uma responsabilidade mais agravada, ou seja, a da obrigação solidária dos sócios entre si e com a sociedade diante de terceiros"[7]. Embora plausível, ousamos discordar dessa interpretação, tendo em vista que a responsabilidade subsidiária é uma decorrência da personalidade jurídica das sociedades, estando expressamente prevista no art. 1.024 do Código Civil e no art. 795 do CPC/2015.

A nosso ver, a responsabilidade dos sócios é uma questão legal inerente a cada tipo de sociedade, não havendo poder de disposição por parte dos sócios[8]. Desse modo, tal dispositivo deve ser interpretado como uma regra geral válida para todas as sociedades, como a menção ao grau de responsabilidade dos sócios, decorrente da escolha de determinado tipo societário e não como uma opção dos próprios sócios. Entender que é possível a exclusão da responsabilidade é reconhecer aos sócios o poder de alterar a responsabilidade legal, interpretação que não é razoável. O STJ[9] inclusive já reconheceu a aplicação do art. 1.023 para tal sociedade, contudo, não se pode verificar pelo texto do acórdão se tal aplicação é para todas as sociedades simples, ou simplesmente pela omissão do contrato social.

Tais requisitos não são os únicos elementos do contrato social, mas são os mais importantes. A importância desses elementos na vida da sociedade é tão grande que a lei condiciona sua modificação à deliberação unânime dos sócios (art. 999 do Código Civil), o que pode gerar algumas iniquidades, como a perpetuação de uma pessoa na administração da sociedade. Ressalte-se, desde já, que eventualmente esse substrato poderá ser de apenas uma pessoa em algumas hipóteses.

3   Sócios

O substrato das sociedades é um conjunto de pessoas que se reúne para atingir fins comuns, vale dizer, os sócios são a base da sociedade, sem eles não existe sociedade. Ressalte-se, desde já, que eventualmente esse substrato poderá ser de apenas uma pessoa em algumas hipóteses.

3.1 Noções gerais

A aquisição da qualidade de sócio decorre da subscrição do capital, isto é, do compromisso de pagamento de uma parte do capital social. Os sócios, no mínimo dois, em

---

7.   VERÇOSA, Haroldo Malheiros Duclerc. *Curso de direito comercial*. São Paulo: Malheiros, 2006, v. 2, p. 310.

8.   GONÇALVES NETO, Alfredo de Assis. *Lições de direito societário*. 2. ed. São Paulo: Juarez de Oliveira, 2004, p. 127-128; MAMEDE, Gladston. *Direito empresarial brasileiro*. São Paulo: Atlas, 2004, v. 2, p. 107; CALÇAS, Manoel de Queiroz Pereira. Sociedade simples. In: PROENÇA, José Marcelo Martins; FINKELSTEIN, Maria Eugênia Reis (Coord.). *Tipos societários*. São Paulo: Saraiva, 2009, p. 102.

9.   STJ – REsp 895.792/RJ, Rel. Ministro Paulo de Tarso Sanseverino, Terceira Turma, julgado em 7-4-2011, *DJe* 25-4-2011.

regra[10], podem ser pessoas físicas ou jurídicas, brasileiros ou estrangeiros[11], residentes no país ou no exterior.

No caso de pessoas físicas, exige-se que sejam pessoas capazes. No regime do Código Civil, não há expressamente a proibição dos sócios incapazes, mas o art. 1.691 estabelece que os pais não podem contrair, em nome de seus filhos, obrigações que ultrapassem os limites da simples administração, salvo por necessidade ou evidente interesse da prole, mediante prévia autorização do juiz. Diante de tal regra, acreditamos ser mantida a orientação doutrinária e jurisprudencial, consagrada no regime anterior, restringindo-se a possibilidade do incapaz assumir a condição de sócio aos casos em que não haja risco de sua responsabilização direta, o que lhe afasta das sociedades simples.

Ricardo Negrão entende que seria possível o ingresso de menores em qualquer sociedade, na medida em que o próprio Código Civil permite que os incapazes continuem o exercício de empresa já anteriormente exercida[12].

Na sua redação original, o art. 974 do CC se referia apenas ao exercício da atividade pelo empresário e, a nosso ver, não enfrentava o problema do sócio incapaz.

Contudo, desde o advento da Lei n. 12.399/2011, foi inserido um parágrafo terceiro no mesmo artigo, prevendo genericamente a possibilidade de sócio incapaz desde que ele seja representado ou assistido, não tenha poder de administração e todo o capital social esteja integralizado. Tal dispositivo deve ser interpretado com cuidado, apesar da sua colocação nas disposições mais gerais do livro do Direito de Empresa. Em primeiro lugar, tal dispositivo menciona expressamente juntas comerciais, logo, não deve ser utilizado para as sociedades simples que não são registradas na junta. Ainda que não fosse assim, é certo que tal dispositivo deve ser compatibilizado com a proteção ao patrimônio dos incapazes, de modo que ele não seja estendido para sociedades de responsabilidade ilimitada.

No regime do Código Comercial, muito se discutia a respeito da possibilidade da sociedade entre cônjuges, tendo-se concluído após o advento do Estatuto da Mulher Casada pela admissibilidade de tal associação[13], ressalvada a possibilidade de anulação da sociedade no caso de fraude ao regime de bens do casamento[14].

---

10. Ressalvadas as hipóteses da sociedade limitada unipessoal (CC – art. 1.052, § 1º), da subsidiária integral (art. 251 da Lei n. 6.404/76), da empresa pública unipessoal (art. 3º da Lei n. 13.303/2016), da sociedade unipessoal de advocacia (art. 15, da Lei n. 8.906/94) e da unipessoalidade temporária (art. 206 da Lei n. 6.404/76).

11. Em relação a algumas atividades há restrições, como no caso do jornalismo e radiodifusão (art. 222 da Constituição Federal).

12. NEGRÃO, Ricardo. *Manual de direito comercial e de empresa*. São Paulo: Saraiva, 2003, v. 1, p. 284.

13. REQUIÃO, Rubens. *Curso de direito comercial*. 23. ed. São Paulo: Saraiva, 1998, v. 1, p. 415; STF – 1ª Turma – RE 104597 – Relator Ministro Rafael Mayer, *DJ* de 31-5-1985.

14. BORBA, José Edwaldo Tavares. *Direito societário*. 4. ed. Rio de Janeiro: Freitas Bastos, 1998, p. 45.

O art. 977 do CC, aplicável tanto às sociedades simples, como às empresárias[15], proíbe a sociedade entre cônjuges casados pelo regime da comunhão universal e pela separação obrigatória de bens, protegendo-se o próprio regime de casamento. No regime da comunhão universal, nem sempre haveria uma real e efetiva conjugação de patrimônios, ou seja, nem sempre haveria de fato dois sócios. No regime da separação, haveria a união do que deveria estar separado.

A intenção da proibição da sociedade entre cônjuges casados por tais regimes é, pois, evitar a mudança do regime matrimonial. Entretanto, acreditamos que tal solução não se justifica. Há bens que, mesmo no regime da comunhão universal, não se comunicam (art. 1.668), e nem sempre é necessária a participação efetiva de todos os sócios na vida da sociedade. Além disso, para os casados no regime da separação obrigatória não se proíbe a aquisição de um bem em condomínio[16], então por que proibir a associação entre os dois?

Tal art. 977 tem aplicação restrita às sociedades contratuais, não se estendendo às sociedades anônimas, em comandita por ações e cooperativa (Enunciado 94 da III Jornada de Direito Comercial).

3.2 Deveres dos sócios

Ao subscreverem o capital social, os sócios passam a ser partes do contrato plurilateral, contraindo inúmeras obrigações para com a sociedade e para com os demais sócios. Tais obrigações se iniciam no momento da constituição da sociedade, se outro não for fixado pelo contrato social, e só terminam quando forem extintas as responsabilidades sociais (art. 1.001).

O dever primordial de um sócio de qualquer sociedade é realizar a sua contribuição para o capital social. Nas sociedades simples, tal contribuição pode ser em bens ou serviços.

No caso de contribuição em bens, que não dinheiro, o sócio responde pela evicção e pela solvência do devedor no caso de transferência de créditos, vale dizer, o sócio não se desonera da sua obrigação, se ela não for efetivamente cumprida. No caso de contribuição em serviços, não se admite que o sócio se empregue em atividade estranha à sociedade, sob pena de exclusão e não percepção dos lucros (art. 1.006).

Caso o sócio descumpra tal dever, a sociedade deve notificá-lo, para constituí-lo em mora, assegurando-lhe um prazo de graça de 30 dias para cumprir seu dever. A mora nesse caso não decorre do simples vencimento da obrigação, é necessária a interpelação, como no direito português[17]. Passado tal prazo sem o cumprimento da obrigação, os demais sócios

---

15.   STJ – REsp 1.058.165/RS, Rel. Ministra Nancy Andrighi, Terceira Turma, julgado em 14-4-2009, *DJe* 21-8-2009.

16.   MIRANDA, Pontes de. *Tratado de direito privado*. 3. ed. São Paulo: Revista dos Tribunais, 1984, v. 49, p. 226.

17.   FURTADO, Jorge Henrique Pinto. *Curso de direito das sociedades*. 3. ed. Coimbra: Almedina, 2000, p. 216.

(a sociedade) poderão optar por uma indenização pelos danos causados pela mora do sócio, ou pela sua exclusão, ou pela redução de sua quota ao valor integralizado (art. 1.004).

Átila de Souza Leão Andrade Jr. entende que as penalidades ao remisso são excessivas, representando até um enriquecimento ilícito da sociedade[18]. Acreditamos que é uma forte pressão para evitar o inadimplemento, mas não a consideramos excessiva, nem fonte de enriquecimento ilícito.

Como em qualquer negócio jurídico, se aquele que atrasa a sua prestação responde pela mora, devendo indenizar o credor pelo atraso, diferente não deve ser a situação do sócio em relação à sociedade[19]. De outro lado, se o sócio descumpre seu dever primordial, ele quebra a relação de confiança com os demais sócios, quebra a *affectio societatis*, sem a qual a sociedade não seria constituída. Num contrato bilateral, tal fato geraria a resolução do contrato como um todo, no entanto, as sociedades são contratos plurilaterais, podendo haver a resolução apenas do vínculo do sócio remisso, preservando a existência da sociedade.

E não se pode falar em enriquecimento ilícito, pois o sócio receberá a sua parte no patrimônio da sociedade, proporcionalmente ao montante efetivamente realizado de suas quotas, conforme balanço especialmente levantado (art. 1.031).

Outro dever dos sócios é o dever de lealdade e cooperação recíproca[20] ou dever de colaboração, que não é previsto em nenhum dispositivo, mas inerente à constituição e sobrevivência da sociedade[21]. O sócio deve "velar nos interesses da sociedade, prestando a esta a sua cooperação e jamais preferindo o interesse individual ao social com prejuízo da sociedade"[22]. Em outras palavras, o sócio não deve agir para prejudicar a sociedade ou os demais sócios, ele deve agir lealmente, colaborando para se atingir o fim comum objetivado pela sociedade. Tal dever, cuja abstração pode levar a crer que se trata de uma utopia, tem dado margem à exclusão do sócio que o viola.

Por derradeiro, há o dever de participar das perdas, que preferimos tratar como responsabilidade do sócio.

3.3 Direitos dos sócios

Ao subscrever uma parte do capital, isto é, ao se comprometer a pagar o valor de determinadas quotas, adquire-se a qualidade de sócio, da qual não decorrem apenas

---

18. ANDRADE JUNIOR, Átila de Souza Leão. *O novo direito societário brasileiro*. Brasília: Brasília Jurídica, 1999, p. 104.

19. CARVALHO DE MENDONÇA, J. X. *Tratado de direito comercial brasileiro*. Atualizado por Ruymar de Lima Nucci. Campinas: Bookseller, 2001, v. 2, tomo 2, p. 49.

20. BERTOLDI, Marcelo M. *Curso avançado de direito comercial*. São Paulo: Revista dos Tribunais, 2001, v. 1, p. 182.

21. Idem, ibidem.

22. CARVALHO DE MENDONÇA, J. X. *Tratado de direito comercial brasileiro*. Atualizado por Ruymar de Lima Nucci. Campinas: Bookseller, 2001, v. 2, tomo 2, p. 86.

deveres, mas também direitos. Tais direitos são de duas espécies: direitos pessoais e direitos patrimoniais[23].

Os direitos patrimoniais são direitos eventuais de crédito contra a sociedade, consistentes na participação nos lucros e na participação no acervo social em caso de liquidação da sociedade. Trata-se de um direito eventual, condicionado[24], na medida em que o seu exercício depende de fatos incertos, como a produção de lucros ou a dissolução da sociedade.

Em relação à participação nos lucros, a princípio, é livre à sociedade decidir a forma de sua divisão, desde que não haja um pacto leonino, isto é, desde que não se atribuam vantagens ou desvantagens exageradas a algum sócio. No silêncio do contrato social, cada sócio participa dos lucros na proporção de suas quotas (art. 1.007). Todavia, o sócio que contribui em serviços só participa dos lucros pela média do valor das quotas, o que é criticado pela imprecisão e pela injusta discriminação, nos dizeres de Átila de Souza Leão Andrade Jr.[25].

Embora não seja perfeita, a regra atinente aos sócios que contribuem em serviços é melhor que aquela do Código Comercial, que lhes assegurava a participação equivalente à do menor cotista, e também melhor que a do direito italiano, que remete tal controvérsia a uma decisão judicial por equidade[26]. Acreditamos que a média a ser feita é entre o valor das quotas, ou seja, se atribui uma quota fictícia a tal sócio, consistente na média das demais cotas, e de acordo com esta nova cota se faz a divisão proporcional dos lucros. Há que se ressaltar ainda que a contribuição em serviços é praticamente inexistente no direito brasileiro, sendo substituída pela contratação de empregados especializados, a quem se assegura uma participação nos lucros.

A participação no acervo social é uma decorrência da própria contribuição dos sócios. Se eles contribuíram para a formação do patrimônio social e ainda existe algum patrimônio após o pagamento de todos os credores da sociedade, nada mais lógico do que devolver aos sócios o equivalente à sua contribuição. Não haveria outro caminho a ser dado ao patrimônio social a não ser a partilha entre os próprios sócios.

A par dos direitos patrimoniais, os sócios gozam de direitos pessoais inerentes à qualidade de sócio, como a fiscalização dos atos da administração da sociedade. Ora, se nem todos os sócios administram a sociedade, deve-se lhes garantir ao menos a fiscalização dos atos daqueles que administram a sociedade, pois a administração da sociedade envolve, em última análise, os interesses dos sócios. Tal direito é assegurado inclusive ao

---

23. CARVALHO DE MENDONÇA, J. X. *Tratado de direito comercial brasileiro*. Atualizado por Ruymar de Lima Nucci. Campinas: Bookseller, 2001, v. 2, tomo 2, p. 83; REQUIÃO, Rubens. *Curso de direito comercial*. 23. ed. São Paulo: Saraiva, 1998, v. 1, p. 361.

24. CARVALHO DE MENDONÇA, J. X. *Tratado de direito comercial brasileiro*. Atualizado por Ruymar de Lima Nucci. Campinas: Bookseller, 2001, v. 2, tomo 2, p. 84.

25. ANDRADE JUNIOR, Átila de Souza Leão. *O novo direito societário brasileiro*. Brasília: Brasília Jurídica, 1999, p. 104-105.

26. GALGANO, Francesco. *Diritto civile e commerciale*. 3. ed. Padova: CEDAM, 1999, v. 3, tomo 1, p. 374.

nu proprietário, no caso de usufruto de quotas (Enunciado n. 63 da II Jornada de Direito Comercial).

Nas sociedades simples, essa fiscalização se dá de forma ampla, obrigando-se os administradores a prestar contas justificadas da sua administração anualmente, além de lhes obrigar a apresentar o inventário e o balanço patrimonial e de resultado econômico (art. 1.020). Outrossim, salvo estipulação em sentido contrário, todos os sócios têm o direito de examinar os livros e documentos, bem como o estado do caixa e da carteira da sociedade, a qualquer tempo, independentemente de motivação específica ou de determinação judicial (art. 1.021).

Por fim, há o direito à participação nas deliberações da sociedade, que pode ser entendido como o direito de voto[27]. Para as questões mais importantes da sociedade, é essencial que haja a manifestação da sua vontade, que é formada a partir da soma das vontades dos sócios. Assim, é direito dos sócios participar da formação da vontade social; ressalte-se, não é direito do sócio determinar a vontade social, mas sim participar do processo de formação da vontade da sociedade.

3.3.1 Posição dos credores do sócio: penhora das quotas

A sociedade simples é uma sociedade eminentemente de pessoas, na qual os sócios não podem ser substituídos nas suas funções sem o consentimento dos demais. Ademais, em geral, os sócios terão uma qualificação profissional específica, dada a natureza não empresarial da atividade desenvolvida. Em virtude disso, seria estranho que a quota de um sócio fosse penhorada e alienada judicialmente, havendo a aquisição por um terceiro, que ingressaria na sociedade. Assim, à luz de tal raciocínio, não haveria como os credores particulares do sócio lançarem mão de qualquer medida que afetaria a sociedade.

Todavia, é certo que a quota representa direitos patrimoniais do sócio, os quais têm valor econômico e integram o seu patrimônio pessoal. E, de acordo com o art. 789 do CPC/2015, "O devedor responde com todos os seus bens presentes e futuros para o cumprimento de suas obrigações, salvo as restrições estabelecidas em lei". Assim sendo, a quota, como bem integrante do patrimônio do sócio devedor, pode estar sujeita à constrição judicial, para satisfazer os direitos dos credores.

Há, pois, um conflito entre o direito do credor e o direito dos demais sócios, de não aceitarem uma pessoa estranha. O STJ, em relação às limitadas, firmou uma orientação privilegiando o direito do credor, asseverando a penhorabilidade da quota, mas atentando a princípios do direito societário, ao assegurar que "*havendo restrição ao ingresso do credor como sócio, deve-se facultar à sociedade, na qualidade de terceira interessada, remir a execução, remir o bem ou concedê-la e aos demais sócios a preferência na aquisi-*

---

27. CARVALHO DE MENDONÇA, J. X. *Tratado de direito comercial brasileiro*. Atualizado por Ruymar de Lima Nucci. Campinas: Bookseller, 2001, v. 2, tomo 2, p. 85.

296 | CURSO DE DIREITO EMPRESARIAL

ção das cotas, a tanto por tanto (CPC, arts. 1.117, 1.118 e 1.119), assegurando-se ao credor, não ocorrendo solução satisfatória, o direito de requerer a dissolução total ou parcial da sociedade"[28].

Com o CPC/2015, passa-se a uma nova solução. Efetivada a penhora, o art. 861 do CPC/2015 estabelece que o juiz assinará prazo razoável, não superior a 3 (três) meses, para que a sociedade: "I – apresente balanço especial, na forma da lei". O prazo poderá ser prorrogado se o valor das quotas penhoradas for muito alto (superar os lucros e reservas) ou puder colocar em risco a estabilidade financeira da sociedade. De acordo com o STJ, "o juiz poderá dispensar o balanço especial e determinar a realização de avaliação judicial (art. 870 do CPC) se entender que tal medida se revela mais adequada. A avaliação judicial também será cabível se a sociedade se omitir ou se recusar a elaborar o balanço especial"[29].

Ocorre que, "se algum sócio manifestar seu interesse em adquirir as quotas ou ações penhoradas antes da intimação da sociedade, o juiz deverá intimar as partes do processo – exequente e executado – a respeito da proposta apresentada e deverá dar ciência à sociedade, para evitar burla a eventual direito de preferência convencionado no contrato social"[30].

Deve-se tentar em primeiro lugar garantir aos demais sócios o direito de preferência, adquirindo as quotas penhoradas por dívidas particulares do sócio. Não sendo exercida a preferência pelos sócios, a própria sociedade tem a oportunidade de adquirir as quotas, mantendo-as em tesouraria. Se a sociedade não quiser ou não puder adquiri-las, deve-se promover a liquidação das quotas penhoradas, excluindo de pleno direito o sócio e o pagamento de sua apuração de haveres em juízo. Para tais finalidades, é que se faz necessária a apresentação do balanço especial que, naturalmente, poderá ser questionado.

Sem o exercício da preferência pelos sócios ou pela sociedade, o caminho será a liquidação das quotas com o pagamento em juízo dos valores devidos. Caso tal pagamento seja muito oneroso para a sociedade, o juiz poderá decidir pelo leilão judicial das quotas. A nosso, também se deve admitir, mesmo que em caráter excepcional, uma espécie de usufruto das quotas, com o depósito dos lucros em juízo.

3.3.2 Direitos do cônjuge divorciado e dos herdeiros do cônjuge falecido

Antes de adentrar na análise do tema, é oportuno fazer um esclarecimento terminológico. Embora o art. 1.027 do CC ainda fale em separação judicial, acreditamos que as mudanças da legislação permitem que se trate aqui do divórcio e do fim da união estável.

---

28. STJ – 3ª Turma – REsp 221.625/SP, Relatora Ministra Fátima Nancy Andrighi, *DJ* de 7-5-2001. No mesmo sentido: STJ – REsp n. 1.943.845/DF, Relatora Ministra Nancy Andrighi, Terceira Turma, julgado em 22-3-2022, *DJe* de 31-3-2022.

29. STJ – REsp n. 2.101.226/SP, Relatora Ministra Nancy Andrighi, Terceira Turma, julgado em 12-3-2024, *DJe* de 14-3-2024.

30. STJ – REsp n. 2.101.226/SP, Relatora Ministra Nancy Andrighi, Terceira Turma, julgado em 12-3-2024, *DJe* de 14-3-2024.

Para simplificar o texto será feita a referência ao divórcio, mas tudo dito sobre o divórcio se estende à dissolução da união estável ou de qualquer relação afetiva equivalente.

Ao subscreverem uma quota do capital social, os sócios adquirem deveres, mas também direitos de ordem pessoal e de ordem patrimonial. Na órbita patrimonial, estão os direitos à participação nos lucros e à participação no acervo social, em caso de dissolução da sociedade. De outro lado, surgem direitos pessoais, como o de fiscalizar a gestão dos negócios sociais e de participar, direta ou indiretamente, da administração da sociedade, exercendo pelo menos o direito de voto. Os direitos patrimoniais são direitos eventuais de crédito contra a sociedade, consistentes na participação nos lucros e no acervo social em caso de liquidação da sociedade. São direitos eventuais, condicionados[31], na medida em que seu exercício depende de fatos incertos, como a produção de lucros ou a dissolução da sociedade.

É cada vez mais frequente que boa parte do patrimônio de uma pessoa seja representada por participações societárias, ações e quotas. Muitas pessoas não possuem muitos bens individualmente em seu nome, mas possuem quotas de sociedades extremamente rentáveis e com vasto patrimônio, sendo pessoas ricas. Boa parte dessas pessoas é casada e adquiriu essas quotas na constância do casamento. O que acontece se o sócio se divorciar ou dissolver uma união estável? As quotas são ou não objeto de partilha?

No regime anterior ao Código Civil, diante da ausência de regra específica, entendia-se que as quotas de uma sociedade caíam na vala comum dos bens, isto é, não havia discussão sobre a partilha das quotas[32], pois elas se inseriam na meação de cada cônjuge, dependendo do regime de bens. E em caso de impossibilidade do cônjuge de se tornar sócio, a ele era assegurado o direito à apuração de haveres, isto é, o direito à parte dele no patrimônio líquido da sociedade.

No Código Civil, estabeleceu-se uma regra específica sobre o caso de divórcio/dissolução de união estável de um sócio, afirmando que "os herdeiros do cônjuge de sócio, ou o cônjuge do que se separou judicialmente, não podem exigir desde logo a parte que lhes couber na quota social, mas concorrer à divisão periódica dos lucros, até que se liquide a sociedade" (Código Civil, art. 1.027).

Evita-se a entrada do cônjuge na sociedade, para resguardar a *affectio societatis*[33], mas garante-se a ele o exercício de dois direitos patrimoniais, quais sejam, a participação nos lucros e a participação no acervo social, ficando este diferido apenas para o momento de liquidação da sociedade. Os demais direitos inerentes à quota, como o direito de voto, permanecerão na pessoa do sócio originário, pois o cônjuge não pode exercer os

---

31. CARVALHO DE MENDONÇA, J. X. *Tratado de direito comercial brasileiro*. Atualizado por Ruymar de Lima Nucci. Campinas: Bookseller, 2001, v. 2, tomo 2, p. 84.

32. TJDF – EIC4332297, Relator Desembargador Valter Xavier, 1ª Câmara Cível, julgado em 4-3-1998, *DJ* 23-4-1998 p. 59; TJRS – APC 70015326176, Relator Desembargador Claudir Fidélis Faccenda, 8ª Câmara Cível, julgado em 20-7-2006.

33. ABRÃO, Carlos Henrique. *Sociedades simples*. São Paulo: Juarez de Oliveira, 2004, p. 72; CAMPINHO, Sérgio. *O direito de empresa à luz do novo Código Civil*. 4. ed. Rio de Janeiro: Renovar, p. 122.

poderes políticos das quotas, na condição de terceiro estranho à sociedade[34]. Nesse sentido, o TJDF afirmou que "As cotas de sociedade limitada, enquanto representando direito patrimonial de participar dos lucros e da partilha do acerto líquido, em caso de dissolução, integram, em princípio, a comunhão, nada importando que figurem em nome de um dos cônjuges. **O que não se comunica é o *status* de sócio**"[35].

Similar é a situação dos herdeiros do cônjuge falecido de um sócio. Eles também não ingressarão na sociedade, como os herdeiros do próprio sócio (art. 1.028 do Código Civil), mas terão direito a concorrer à divisão periódica dos lucros e à liquidação da quota. Os demais direitos inerentes à quota, como o direito de voto, permanecerão na pessoa do sócio originário.

Há quem entenda, porém, que tal regra não pode ser aplicada em seu sentido literal, sob pena de violação ao art. 5º, XX, da Constituição Federal. Rachel Sztajn assevera que deve-se garantir ao cônjuge ou aos seus herdeiros o direito de pleitear contra o sócio a apuração correspondente dos haveres. Para corroborar tal interpretação, ela invoca o art. 1.026 do Código Civil, que permite aos credores em geral do sócio a promoção da imediata liquidação das suas quotas.

Assegurar ao ex-cônjuge/companheiro ou aos herdeiros do cônjuge de um sócio a propriedade das quotas é garantir o exercício de direitos pessoais que dependem de um grau forte de *affectio societatis*, que no caso nem sempre estariam presentes, especialmente no caso de separação. Além disso, haveria a manutenção de situações de conflito na órbita interna da sociedade, o que não é desejável.

Ademais, há que se lembrar que, na sociedade simples, a regra é que a substituição de um sócio depende do consentimento de todos os demais sócios.

Em síntese, o cônjuge que se divorciou ou dissolveu sua união estável com um sócio e os herdeiros do ex-cônjuge/companheiro de um sócio não se tornam proprietários das quotas, mas apenas titulares do direito à participação nos lucros e no acervo social. No CPC/2015, o art. 600, parágrafo único, estabelece que "O cônjuge ou companheiro do sócio cujo casamento, união estável ou convivência terminou poderá requerer a apuração de seus haveres na sociedade, que serão pagos à conta da quota social titulada por este sócio", permitindo o imediato exercício do direito à participação no acervo social.

Ressalte-se, que, no caso de sociedades que envolvam a atuação profissional dos sócios, como no caso de médicos, o Tribunal de Justiça do Rio Grande do Sul tem asseverado a ausência de comunicação dos bens ao cônjuge e aos seus herdeiros, por considerar que as quotas, nesta situação, representam fruto exclusivo do trabalho do sócio[36]. A nosso ver, porém, tal conclusão não pode ser aplicada indistintamente, isto é, há que se analisar a origem dos recursos que possibilitaram a aquisição das quotas e não apenas

---

34. WALD, Arnoldo. *Comentários ao Código Civil*. Rio de Janeiro: Forense, 2005, v. XIV, p. 221.

35. TJDF – 20070710239303APC, Relator J. J. Costa Carvalho, 2ª Turma Cível, julgado em 6-5-2009, *DJ* 25-5-2009, p. 71.

36. TJRS – Agravo de Instrumento n. 70023972649, 8ª Câmara Cível, Relator: Rui Portanova, julgado em 31-7-2008.

a natureza da atividade exercida[37]. Em muitos casos, há a transferência de patrimônio pessoal para a sociedade e, nesses casos, acreditamos que devem ser assegurados ao cônjuge os direitos decorrentes do art. 1.027 do Código Civil.

3.4 Responsabilidade

O traço distintivo de um tipo societário é a responsabilidade dos sócios pelas obrigações da sociedade. Neste particular, há que se destacar que a sociedade simples, que ora analisamos, é um dos tipos de sociedade de que podem se servir os exercentes de atividade não empresarial.

A princípio, responde pelas obrigações sociais o patrimônio da própria sociedade (art. 1.024 do Código Civil), dada a autonomia patrimonial inerente às pessoas jurídicas. Todavia, no caso de insuficiência desse patrimônio, os sócios podem ser chamados a responder com o seu patrimônio pessoal. Reitere-se aqui que não entendemos ser possível a disposição dos sócios sobre tal matéria no âmbito do contrato social.

Nas sociedades simples, na opinião da maioria, os sócios definem a responsabilidade, aplicando-se o art. 1.023 do CC apenas no silêncio do contrato. A nosso ver, porém, a regra geral é o próprio art. 1.023, que estabelece que os sócios respondem subsidiariamente, na proporção de sua participação no capital social, vale dizer, o patrimônio pessoal do sócio só responde na insuficiência do patrimônio social e pela parte da dívida equivalente à sua parte no capital social.

A título exemplificativo, imagine-se a seguinte situação hipotética, uma sociedade simples formada por três sócios que subscreveram cotas iguais de R$ 1.000,00 (um mil reais). Considerando que a sociedade não possua mais patrimônio, embora possua uma dívida de R$ 30.000,00 (trinta mil reais), qual seria a responsabilidade de cada sócio por essa obrigação?

Levando-se em conta a ausência de patrimônio social, chega-se à pessoa dos sócios, os quais respondem na proporção de suas quotas, ou seja, cada sócio terá responsabilidade por R$ 10.000,00 (dez mil reais). Se cada sócio possui um terço do capital social e essa é a participação nas perdas, a responsabilidade de cada um será por um terço da dívida. O próprio STJ já afirmou que "nos termos do art. 1023 do CC/02, a utilização dos bens das recorrentes para a satisfação das dívidas sociais sem a necessidade de se recorrer à desconsideração da personalidade jurídica da sociedade a que vinculados, possuem elas, naturalmente, legitimidade passiva *ad causam* para responder ao pedido de cobrança"[38].

Embora, a princípio, não haja solidariedade entre os sócios, estes podem, no contrato social, estipular a solidariedade entre eles (art. 1.023), de modo que qualquer sócio seria obrigado pela totalidade da dívida e ao pagá-la se sub-rogaria nos direitos de credor e adquiriria o direito de regresso contra os demais sócios.

---

37. STJ – REsp 1531288/RS, Rel. Ministro Marco Aurélio Bellizze, Terceira Turma, julgado em 24-11-2015, *DJe* 17-12-2015.

38. STJ – REsp 895792/RJ, Relator Ministro Paulo de Tarso Sanseverino, Terceira Turma, j. em 7-4-2011, *DJe* de 25-4-2011.

300 | CURSO DE DIREITO EMPRESARIAL

Tal regra de solidariedade, que pode ser estipulada, é entre os sócios[39], e não destes com a sociedade, como sustenta Átila de Souza Leão Andrade Junior[40].

Se a solidariedade fosse com a sociedade, a disposição estaria no art. 1.024 do Código Civil, que estabelece a regra da subsidiariedade. A lógica é que a exceção seja estipulada no artigo que traz a regra. A cláusula de responsabilidade solidária é admitida pelo art. 1.023 do Código Civil, que estabelece a responsabilidade dos sócios na proporção de suas quotas, vale dizer, que estabelece a não solidariedade entre os sócios. Assim, pode-se concluir que a solidariedade que pode ser estipulada é aquela entre os sócios, nas suas relações com terceiros, e não entre os sócios e a sociedade.

Essa responsabilidade vale para todos os sócios, não havendo a limitação aos administradores e nem a possibilidade de sua exclusão na órbita interna da sociedade pelo contrato social, como ocorre no direito italiano[41]. Mesmo o sócio que ingressa na sociedade não se exime da responsabilidade pelas obrigações anteriores à sua admissão (art. 1.025).

3.4.1 Responsabilidade do ex-sócio

O sócio que se retira ou é excluído permanece obrigado por dois anos, após a averbação da sua saída, em relação às obrigações anteriores à averbação da alteração contratual. Com efeito, o art. 1.032 do Código Civil tem uma redação confusa, mas acreditamos que a interpretação a ser feita é a seguinte: o sócio que se retira ou é excluído tem responsabilidade pelas obrigações anteriores à sua saída pelo prazo de dois anos, o que decorre da primeira parte do dispositivo. E, no caso de demora na averbação da sua saída, terá responsabilidade pelas obrigações entre a sua saída efetiva e a averbação da alteração, também pelo prazo de dois anos, com o intuito de se protegerem os terceiros de boa-fé, que negociam com a sociedade e não têm ciência da saída do sócio.

Discordamos do entendimento de Átila de Souza Leão Andrade Junior, para quem a responsabilidade do sócio que se retira ou é excluído perdura inclusive para as obrigações posteriores à averbação, pelo prazo de dois anos[42]. Acreditamos não ser a interpretação mais coerente, na medida em que seria completamente desarrazoado impor responsabilidade

---

39.   GONÇALVES NETO, Alfredo de Assis. *Lições de direito societário*. São Paulo: Juarez de Oliveira, 2002, p. 110; CAMPINHO, Sérgio. *O direito de empresa à luz do novo Código Civil*. 4. ed. Rio de Janeiro: Renovar, 2004, p. 120; WALD, Arnoldo. *Comentários ao novo Código Civil*. Rio de Janeiro: Forense, 2005, v. XIV, p. 210.

40.   ANDRADE JUNIOR, Átila de Souza Leão. *O novo direito societário brasileiro*. Brasília: Brasília Jurídica, 1999, p. 112.

41.   JAEGER, Pier Giusto; DENOZZA, Francesco. *Appunti di diritto commerciale*. 5. ed. Milano: Giuffrè, 2000, p. 153.

42.   ANDRADE JUNIOR, Átila de Souza Leão. *O novo direito societário brasileiro*. Brasília: Brasília Jurídica, 1999, p. 122.

ao sócio que saiu da sociedade. Mesmo depois que todos tenham a condição de saber que ele não é mais sócio, não há motivo para tanto. Ora, se ele não é mais sócio, como impor uma obrigação decorrente de tal qualidade?

Na hipótese de falecimento do sócio, seus herdeiros mantêm a responsabilidade por dois anos após a averbação da resolução da sociedade, em relação às obrigações anteriores ao falecimento do sócio. No caso de cessão da quota, com a substituição do sócio, cedente e cessionário mantêm-se solidariamente responsáveis pelas obrigações anteriores à averbação da alteração contratual pelo prazo de dois anos após tal averbação (art. 1.003). Pelas obrigações posteriores à averbação a responsabilidade é exclusivamente do cessionário.

Especificamente para as obrigações trabalhistas, o art. 10-A da CLT esclarece tratar-se de responsabilidade subsidiária, devendo-se obedecer à seguinte ordem de cobrança: a sociedade; os sócios remanescentes; os ex-sócios. Acreditamos tratar-se de regra específica para o direito do trabalho, pois, nos demais casos, a responsabilidade será a mesma que o sócio possuía anteriormente a sua retirada. No entanto, tal hipótese de responsabilização se aplicará nas situações regulares de saída do sócio, ou seja, se houver fraude a responsabilidade será solidária com os demais sócios. Em todo caso, quando o ex-sócio efetuar o pagamento do débito trabalhista da sociedade, haverá a sub-rogação nos direitos do credor trabalhista, podendo ele cobrar tal dívida da sociedade, obedecido o prazo de 2 anos de prescrição das obrigações trabalhistas[43].

3.5 A saída voluntária dos sócios: cessão das quotas

Os sócios de uma sociedade simples não são obrigados a permanecer sócios por toda a sua vida, isto é, eles podem sair do quadro societário, sem que isso implique a extinção da sociedade. A forma e os efeitos dessa saída podem variar.

A cessão de quotas envolve a transferência dos direitos inerentes à condição de sócio e, para valer perante terceiros, essa transferência pressupõe uma alteração do contrato social, devidamente registrada. Ademais, a sociedade simples é uma sociedade eminentemente de pessoas, na qual os sócios não podem ser substituídos nas suas funções sem o consentimento dos demais (art. 1.003 do Código Civil). A *affectio societatis* é extremamente relevante nas sociedades simples, por isso é fundamental, para o ingresso de um novo sócio, o consentimento dos demais.

Outrossim, em geral, os sócios terão uma qualificação profissional específica, dada a natureza não empresarial da atividade desenvolvida, o que impede o livre ingresso de qualquer novo sócio. Em muitos dos casos, as sociedades simples envolvem apenas cer-

---

43. STJ – REsp n. 1.707.790/SP, Relator Ministro Marco Aurélio Bellizze, Terceira Turma, julgado em 14-12-2021, *DJe* de 17-12-2021.

tos profissionais – médicos, advogados... – e mais, por vezes, até profissionais com certa especialização – cardiologistas, criminalistas...

Desse modo, pode-se concluir que a cessão das quotas sempre depende do consentimento dos demais sócios, ressalvado o caso de penhora de quotas, com decisão judicial pelo leilão, quando será desnecessária a manifestação dos demais sócios que, contudo, terão preferência para aquisição das quotas.

4   Da resolução da sociedade em relação a um sócio (dissolução parcial)

Além da cessão, os sócios podem sair da sociedade resolvendo o seu vínculo com ela.

Tratando-se de sociedade simples, o ato constitutivo tem natureza de contrato plurilateral, o qual é um contrato *sui generis* que, dentre outras peculiaridades, permite distinguir o que diz respeito ao contrato como um todo e o que diz respeito à adesão de uma parte[44]. Diante disso, é possível que, quanto a problemas relativos a um único sócio, se dissolva apenas o seu vínculo, mantendo-se a sociedade.

Assim, a construção do contrato plurilateral permite que se atenda também ao princípio da preservação da empresa, pelo qual, sempre que possível, há que se manter a empresa como organismo econômico produtor de riquezas, tendo em vista os inúmeros interesses envolvidos, como os dos trabalhadores, do fisco e dos consumidores[45]. Ademais, há que se atentar para a função social que a sociedade desempenha, equacionando os interesses da sociedade, dos sócios que saem da sociedade, ou seus herdeiros, e dos sócios que permanecem[46].

Em face disso, doutrina e jurisprudência consagraram a figura da dissolução parcial, na qual a sociedade se resolve apenas em relação a um sócio, continuando a existir normalmente, mesmo que isso acarrete uma unipessoalidade temporária, ressalvada situação da sociedade limitada que pode permanecer unipessoal indefinidamente. A terminologia adotada, embora criticável,[47] está consagrada.

A resolução do contrato societário relativamente a um sócio pode ter lugar nos casos de morte, exclusão e exercício do direito de retirada. Com o CPC/2015, deve-se incluir uma quarta hipótese que é o divórcio ou dissolução da união estável de um sócio.

---

44.   ASCARELLI, Tullio. *Problemas das sociedades anônimas e direito comparado*. Campinas: Bookseller, 2001, p. 413.

45.   ESTRELLA, Hernani. *Apuração de haveres*. Atualizado por Roberto Papini. 3. ed. Rio de Janeiro: Forense, 2001, p. 34; COELHO, Fábio Ulhoa. *Curso de direito comercial*. São Paulo: Saraiva, 1999, v. 2, p. 444-445.

46.   BRITO, Cristiano Gomes de. Dissolução parcial da sociedade anônima. *Revista de Direito Privado*, São Paulo, ano 2, n. 7, jul./set. 2001, p. 21.

47.   ESTRELLA, Hernani. *Apuração de haveres*. Atualizado por Roberto Papini. 3. ed. Rio de Janeiro: Forense, 2001, p. 71.

4.1 A morte de um sócio

No regime do Código Comercial de 1850, em uma interpretação literal do seu art. 335, podia-se afirmar que a morte de um dos sócios acarretava a dissolução da sociedade. Todavia, doutrina e jurisprudência, atentas ao princípio da preservação da empresa e à função social da sociedade, construíram a figura da dissolução parcial da sociedade, pela qual, nesses casos, se dissolveria apenas o vínculo do sócio falecido, mantendo-se a sociedade[48].

A orientação do Código Comercial estava ligada ao extremo individualismo que inspirou o Código Napoleônico, que por sua vez inspirou o nosso diploma legal. Entendia-se que a natureza personalista da relação entre os sócios impedia a continuação da relação, se um dos sócios faltasse. Era tutelado o interesse do sócio em detrimento do interesse da sociedade[49].

Todavia, tal concepção não podia prevalecer, sobretudo com o reconhecimento da personalidade jurídica da sociedade e da natureza plurilateral do contrato que une os sócios. A sorte da sociedade independe da sorte dos sócios, de modo que causas pessoais ligadas a um sócio não podem de pleno direito influir na vida da sociedade, ainda que não haja cláusula contratual nesse sentido[50].

Com o advento do Código Civil, há de vez a consagração da ideia da resolução da sociedade em relação a apenas um sócio, reconhecendo-se a função social da sociedade e o princípio da preservação da empresa.

De acordo com o Código Civil, no caso de morte de um sócio deve, a princípio, ocorrer a resolução da sociedade apenas no que tange ao vínculo daquele sócio, liquidando-se suas quotas, apurando-se seus haveres e entregando-os aos seus herdeiros (art. 1.028). A sociedade, a princípio, não deve ser extinta. Deve-se apenas apurar o que seria devido ao sócio, caso a sociedade seja extinta, e transferir os valores aos herdeiros, em virtude do direito de crédito inerente à qualidade de sócio, que lhes é transferido.

A natureza personalista da relação entre os sócios impede que haja de pleno direito a transmissão da condição de sócio aos herdeiros do sócio falecido[51], pois não é indiferente para a vida da sociedade quem adquire a qualidade de sócio. Todavia, havendo acordo dos sócios remanescentes ou cláusula contratual autorizando o prosseguimento da sociedade com os herdeiros, pode haver a substituição do sócio falecido, não havendo sequer a dissolução parcial da sociedade, mas apenas a entrada de um novo sócio.

---

48. FRANCO, Vera Helena de Mello. *Manual de direito comercial.* São Paulo: Revista dos Tribunais, 2001, v. 1, p. 223; COELHO, Fábio Ulhoa. *Curso de direito comercial.* São Paulo: Saraiva, 1999, v. 2, p. 449; REQUIÃO, Rubens. *Curso de direito comercial.* 21. ed. São Paulo: Saraiva, 1998, v. 2, p. 297.

49. BRITO, Cristiano Gomes de. Dissolução parcial da sociedade anônima. *Revista de Direito Privado*, São Paulo, ano 2, n. 7, jul./set. 2001, p. 20.

50. FRANCO, Vera Helena de Mello. *Manual de direito comercial.* São Paulo: Revista dos Tribunais, 2001, v. 1, p. 223; REQUIÃO, Rubens. *Curso de direito comercial.* 21. ed. São Paulo: Saraiva, 1998, v. 2, p. 297.

51. FERRARA JUNIOR, Francesco; CORSI, Francesco. *Gli imprenditori e le società.* 11. ed. Milano: Giuffrè, 1999, p. 321.

No caso da cláusula contratual de continuidade com os herdeiros, que tem natureza de estipulação em favor de terceiro[52], é óbvio que o ingresso dos herdeiros no quadro societário dependerá da manifestação deles, pois a declaração de vontade do sucedido não pode criar obrigações para eles. Trata-se de direito potestativo dos herdeiros, o ingresso na sociedade, no caso de previsão contratual (cláusula de continuidade)[53]. Os sócios remanescentes, salvo estipulação diversa do contrato social, não possuem o direito de recusar o ingresso dos herdeiros que exerceram o direito potestativo de entrada na sociedade que lhe era assegurado no contrato social[54].

A legitimidade para ingressar na sociedade será dos herdeiros e não do espólio, a princípio, porque o espólio não é uma pessoa e, por isso, não deveria ser admitido como sócio. Todavia, a necessidade de definição de quais herdeiros terão esse direito de ingressar na sociedade pode demorar muito tempo, na medida em que os próprios inventários podem ser demorados. Diante disso, vem se admitindo, em prol da própria sociedade, o imediato ingresso do espólio como sócio[55].

Assim, "o espólio deverá exercer os direitos e obrigações do falecido na sociedade, até que seja definida e homologada a partilha"[56]. No mesmo sentido, em decidindo o STJ, afirmando que "o falecimento de sócio, em regra, dissolve parcialmente a sociedade por quotas de responsabilidade limitada, hipótese em que caberá ao espólio, representado pelo inventariante, administração transitória das quotas enquanto se apuram os haveres e a divisão do espólio (art. 993, parágrafo único, II, do CPC)"[57].

De outro lado, a natureza personalista da sociedade simples pode impedir o prosseguimento da empresa, diante da importância que o sócio falecido possuía na vida da sociedade. Nesse caso, os sócios podem deliberar a dissolução total da sociedade, que agora não é consagrada como a regra, mas como uma exceção que depende da manifestação dos sócios em assembleia, ou no próprio contrato social.

Em síntese: no caso de morte de um sócio, deve ocorrer a resolução do contrato em relação apenas ao vínculo deste, salvo no caso de se decidir a dissolução total da sociedade, ou a substituição do sócio falecido por acordo com os seus herdeiros. No caso de

---

52. MIRANDA, Pontes de. *Tratado de direito privado*. Atualizado por Vilson Rodrigues Alves. Campinas: Bookseller, 2005, v. 49, § 5.189, 3.

53. CAVALLI, Cássio. *Sociedades limitadas*: regime de circulação das quotas. São Paulo: Revista dos Tribunais, 2011, p. 157.

54. SILVEIRA, Marco Antonio Karam. *A sucessão causa mortis na sociedade limitada*. Porto Alegre: Livraria do Advogado, 2009, p. 83-84.

55. TOKARS, Fábio. *Sociedades limitadas*. São Paulo: LTr, 2007, p. 350.

56. ROVAI, A. L. Pontos polêmicos da Resolução da sociedade em relação a um sócio, em especial nos casos de morte de sócio. *Revista de Direito Bancário do Mercado de Capitais e da Arbitragem*, v. 77, jul.-set. 2017, p. 198.

57. STJ – REsp 1422934/RJ, Rel. Ministra Nancy Andrighi, Rel. p/ Acórdão Ministro João Otávio de Noronha, Terceira Turma, julgado em 14-10-2014, *DJe* 25-11-2014.

morte do sócio, a ação poderá ser proposta pelo espólio do sócio falecido ou por seus sucessores para obter a apuração dos haveres.

No caso de dissolução parcial em razão do falecimento do sócio, tal ação deverá ser proposta pelo espólio, enquanto não encerrada a partilha (CPC/2015, art. 600, I) e pelos sucessores após o encerramento da partilha (CPC/2015, art. 600, II). Excepcionalmente, antes da partilha a legitimidade pode ser estendida aos coerdeiros, desde que no interesse do espólio, como já decidiu o STJ:

A legitimidade ativa, em decorrência do direito de saisine e do estado de indivisibilidade da herança, pode ser estendida aos coerdeiros, antes de efetivada a partilha. Essa ampliação excepcional da legitimidade, contudo, é ressalvada tão somente para a proteção do interesse do espólio[58].

A própria sociedade poderá ajuizar ação para obter a dissolução parcial da sociedade, no caso de sócio falecido, se não for o caso de cessão das quotas *causa mortis*. Vale dizer, se não houver cláusula contratual autorizando a entrada dos herdeiros, nem acordo com os demais sócios, ocorrerá a dissolução parcial da sociedade, que poderá ser formalizada por meio da ação de dissolução parcial, mas cujo objetivo primordial é o pagamento da apuração de haveres aos herdeiros do sócio falecido. Neste particular, há uma espécie de consignação para liberar a sociedade[59]. A própria sociedade também poderá ajuizar ação para obter o ingresso do espólio ou dos herdeiros na sociedade, quando tal possibilidade decorre de cláusula contratual.

4.2 Recesso

Outra forma de resolução da sociedade relativamente a apenas um sócio é a saída deste por iniciativa própria, vale dizer, ele se retira da sociedade, apurando os seus haveres. A retirada do sócio, também denominada recesso, pode ocorrer em diversas situações, variando de acordo com a duração da sociedade.

Tratando-se de sociedade por prazo indeterminado, assiste ao sócio o direito de a qualquer tempo se retirar apurando os seus haveres[60], não implicando tal fato em dissolução da sociedade. Essa possibilidade de retirada é um corolário da natureza contratual de tais sociedades, vigendo o princípio de que ninguém é obrigado a ficar preso a um contrato por toda a sua vida, podendo denunciá-lo a qualquer momento, retirando-se[61].

---

58. STJ – REsp 1645672/SP, Rel. Ministro Marco Aurélio Bellizze, Terceira Turma, julgado em 22-8-2017, *DJe* 29-8-2017.

59. FRANÇA, Erasmo Valladão Azevedo e Novaes; ADAMEK, Marcelo Vieira Von. *Da ação de dissolução parcial de sociedade:* comentários breves ao CPC/2015. São Paulo: Malheiros, 2016, p. 35-36.

60. COELHO, Fábio Ulhoa. *Curso de direito comercial*. São Paulo: Saraiva, 1999, v. 2, p. 420; LUCENA, José Waldecy. *Das sociedades por quotas de responsabilidade limitada*. 2. ed. Rio de Janeiro: Renovar, 1997, p. 567.

61. DE CUPIS, Adriano. *Istituzioni di diritto privato*. Milano: Giuffrè, 1978, v. 3, p. 21; GOMES, Orlando. *Contratos*. 18. ed. Atualizada por Humberto Theodoro Júnior. Rio de Janeiro: Forense, 1999, p. 185; PEREIRA, Caio Mário da Silva. *Instituições de direito civil*. 9. ed. Rio de Janeiro: Forense, 1993, v. 3, p. 101.

Nas sociedades simples, exige-se apenas a notificação dos demais sócios com antecedência mínima de 60 dias, a fim de lhes possibilitar analisar os efeitos de tal retirada sobre a sociedade. Tal manifestação de vontade será o marco final da condição de sócio e servirá também de data-base para a definição da apuração de haveres[62]. Reconhecendo a natureza personalista e a possível influência determinante do sócio que se retira, admite-se que os demais sócios deliberem a dissolução total da sociedade até 30 dias após a notificação (art. 1.029, parágrafo único, do Código Civil).

Em todo caso, decorrido o prazo da notificação, a sociedade deve proceder a alteração contratual com a retirada ou sócio. Se não tiver sido providenciada, pelos demais sócios, a alteração contratual consensual formalizando o desligamento, depois de transcorridos 10 (dez) dias do exercício do direito (art. 600, IV, do CPC/2015), qualquer interessado poderá arquivar a notificação aos demais sócios, por qualquer forma, desde que ateste o recebimento por todos eles, nos termos da IN n. 81/2020 – DREI também aplicável ao registro das sociedades simples (art. 1.150 do Código Civil). O órgão do registro fará a anotação da retirada do sócio e a sociedade deverá regularizar o quadro societário na próxima alteração contratual.

No caso de recesso, o próprio sócio terá legitimidade para propor a ação para receber a apuração de haveres. Sem a formalização da saída pelo recesso, ação poderá ser ajuizada também com o objetivo de reconhecer a dissolução do vínculo, apenas declarando o fim do vínculo a partir do decurso do prazo da notificação.

Nas sociedades por prazo determinado, não se admite a denúncia imotivada do contrato, exigindo-se, para o recesso do sócio, o reconhecimento judicial de uma justa causa para tanto. Neste particular, o Código Civil foi um tanto quanto lacônico, na medida em que não define a justa causa para a retirada dos sócios nas sociedades por prazo determinado[63].

Pier Giusto Jaeger e Francesco Denozza afirmam que tal justa causa se identifica com eventos que não permitem a continuação da sociedade[64]. Francesco Messineo fala que há justa causa quando não mais existe a confiança nos outros sócios[65]. A decisão da existência ou não de justa causa deverá ser apreciada caso a caso pelo juiz, podendo-se ter como uma ideia geral a quebra da relação de confiança entre os sócios e da *affectio societatis*[66]. De todo modo, será necessária uma ação para reconhecer essa justa causa e o sócio que pretende se retirar só deixará de ser sócio com o trânsito em julgado da decisão que reconhecer essa justa causa.

---

62. STJ – 3ª Turma – REsp 646.221/PR, Relatora p/ acórdão Ministra Nancy Andrighi, *DJ* de 30-5-2005.

63. ANDRADE JUNIOR, Átila de Souza Leão. *O novo direito societário brasileiro*. Brasília: Brasília Jurídica, 1999, p. 120.

64. JAEGER, Pier Giusto; DENOZZA, Francesco. *Appunti di diritto commerciale*. 5. ed. Milano: Giuffrè, 2000, v. 1, p. 163.

65. MESSINEO, Francesco. *Manual de derecho civil y comercial*. Traducción de Santiago Sentis Melendo. Buenos Aires: EJEA, 1954-1956, v. 5, p. 321.

66. STJ – 4ª Turma – REsp 65439/MG, Relator Ministro Sálvio de Figueiredo Teixeira, *DJ* de 24-11-1997.

4.3 Exclusão do sócio

Por derradeiro, também configura uma das hipóteses de resolução da sociedade relativamente a um sócio a sua exclusão por iniciativa da sociedade, ou de pleno direito[67].

4.3.1 Exclusão de pleno direito

A exclusão de pleno direito ocorre nos casos em que a quota do sócio é liquidada em virtude da sua falência pessoal, ou da iniciativa de seus credores pessoais (art. 1.030, parágrafo único, combinado com o art. 1.026, ambos do Código Civil). Nessas hipóteses, deixa de existir a quota do sócio, isto é, deixa de existir a sua contribuição para o capital social, não mais se justificando a atribuição da condição de sócio a ele[68]. Nesses casos, fala-se em exclusão de pleno direito, pois ela independe de decisão judicial ou deliberação dos outros sócios.

4.3.2 Exclusão pela sociedade

A par da exclusão de pleno direito, existe a exclusão por iniciativa da sociedade.

Tal exclusão se justifica pelo princípio da preservação da atividade exercida pela sociedade, isto é, por razões de ordem econômica que impõem a manutenção da atividade produtora de riquezas, em virtude dos interesses de trabalhadores, do fisco e da comunidade. O ordenamento jurídico deve assegurar os meios capazes de expurgar todos os elementos perturbadores da vida da sociedade, uma vez que a sua extinção pode afetar os interesses sociais na manutenção da atividade produtiva[69].

A exclusão do sócio é um direito da própria sociedade de se defender contra aqueles que põem em risco sua existência e sua atividade. É um direito inerente à finalidade comum do contrato de sociedade, independentemente de previsão contratual ou legal[70].

E não se diga que se trata de uma medida drástica contra os sócios, que teriam interesses que devem ser respeitados. Conforme se verá, a exclusão não é imotivada, e o motivo dela faz com que prevaleça o interesse da sociedade em detrimento do interesse

---

67. MOSSA, Lorenzo. *Trattato del nuovo diritto commerciale*. Padova: CEDAM, 1951, v. 2, p. 326.

68. FERRARA JUNIOR, Francesco; CORSI, Francesco. *Gli imprenditori e le società*. 11. ed. Milano: Giuffrè, 1999, p. 327.

69. NUNES, A. J. Avelãs. *O direito de exclusão de sócios nas sociedades comerciais*. São Paulo: Cultural Paulista, 2001, p. 58; BERTOLDI, Marcelo M. *Curso avançado de direito comercial*. São Paulo: Revista dos Tribunais, 2001, v. 1, p. 229.

70. NUNES, A. J. Avelãs. *O direito de exclusão de sócios nas sociedades comerciais*. São Paulo: Cultural Paulista, 2001, p. 61-62.

CURSO DE DIREITO EMPRESARIAL

individual do sócio, ainda que majoritário, "cuja presença é elemento pernicioso para o seu normal funcionamento e para a prosperidade da sua empresa"[71].

São possíveis motivos da exclusão: (a) grave inadimplência das obrigações sociais; (b) incapacidade superveniente; (c) impossibilidade do pagamento de suas quotas.

Ao subscrever uma quota do capital social, os sócios adquirem direitos, mas também assumem obrigações diversas além daquela de contribuir para o capital social. Para a exclusão do sócio, deve haver o descumprimento de tais obrigações. Todavia, não se trata de qualquer inadimplemento, mas daquele que impede ou dificulta extremamente a continuação da sociedade, o que se depreende do adjetivo *grave*. Para a exclusão, "a conduta do sócio faltoso prejudica de tal modo a empresa que a sua exclusão se torna a única forma de proteger a organização econômica de que a sociedade é titular"[72].

Neste particular, em relação às sociedades de pessoas, assume especial relevo o chamado dever de colaboração[73], que consiste na cooperação do sócio para se alcançar o fim comum objetivado pela sociedade. Caso haja a violação desse dever, a presença do sócio é inútil para a sociedade, e por vezes até prejudicial[74], justificando, por conseguinte, a sua exclusão. A título exemplificativo, imagine-se o sócio que vota em sentido contrário a determinadas decisões, por mero capricho e não para defender os interesses sociais, ou que atrapalha os atos dos administradores, travando a agilização da vida da sociedade. A mera quebra da *affectio societatis* não é motivo suficiente para exclusão do sócio, sendo essencial que se analise o motivo que gerou essa quebra[75].

Outro caso de exclusão do sócio, que tem o mesmo fundamento, é a incapacidade superveniente, entendida como a perda da capacidade de agir por si só. Nesse caso, o sócio não pode cooperar para o fim social, não se justificando sua presença em uma sociedade de pessoas. Ademais, em tal tipo de sociedade não se admite a intromissão de um terceiro estranho, tutor ou curador do sócio incapaz, pelo que se justifica a sua exclusão[76].

Por fim, admite-se a exclusão do sócio remisso constituído em mora pela notificação da sociedade para pagamento de sua parte no prazo de 30 dias. Em tal caso, também há uma violação grave ao dever primordial do sócio, que é contribuir para o capital social, e consequentemente para a formação de uma base material para o exercício da atividade.

---

71. Idem, p. 58.

72. Idem, p. 73.

73. GALGANO, Francesco. *Diritto civile e commerciale*. 3. ed. Padova: CEDAM, 1999, v. 3, tomo 1, p. 389; NUNES, A. J. Avelãs. *O direito de exclusão de sócios nas sociedades comerciais*. São Paulo: Cultural Paulista, 2001, p. 84-85.

74. NUNES, A. J. Avelãs. *O direito de exclusão de sócios nas sociedades comerciais*. São Paulo: Cultural Paulista, 2001, p. 84.

75. STJ – AgInt no REsp n. 1.596.824/MG, Rel. Ministro Marco Buzzi, Quarta Turma, j. 8-4-2024, *DJe* de 11-4-2024.

76. NUNES, A. J. Avelãs. *O direito de exclusão de sócios nas sociedades comerciais*. São Paulo: Cultural Paulista, 2001, p. 172.

Ressalvada a hipótese do sócio remisso[77], que pode ser excluído extrajudicialmente, a exclusão deve ser decretada judicialmente (art. 1.030), o que protege os sócios minoritários de eventuais desmandos dos sócios majoritários. Nesse particular, acreditamos que a melhor orientação seria aquela do direito italiano, que assegura aos demais sócios o direito de deliberar a exclusão, assegurando ao excluído o recurso ao Poder Judiciário[78]. Isso porque a quebra do dever de colaboração pode prejudicar de tal maneira a consecução do fim social, que a demora do trâmite de uma ação judicial poderia conduzir a resultados desastrosos para a própria preservação da sociedade.

Consagrando-se como regra a exclusão judicial de um sócio, é imprescindível o ajuizamento de uma ação, tendo em vista o princípio dispositivo que rege o processo civil. Tal ação tramitará pelo procedimento comum, terá como autora a própria sociedade e como réu o sócio cuja exclusão é pretendida.

O direito de excluir o sócio faltoso é da sociedade e não dos demais sócios[79], por isso esta é a autora da ação de exclusão (CPC - art. 600, V), não sendo caso de litisconsórcio ativo. Em função dessa titularidade do direito à exclusão, é necessário que a sociedade delibere o ajuizamento da ação. Para se decidir pelo ajuizamento da ação, é necessária a concordância da maioria absoluta dos demais sócios, computados pela participação no capital social, conforme a opinião majoritária[80].

A propósito, o STJ afirmou que "a noção de falta grave, embora consista em conceito jurídico indeterminado, está configurada na conduta de sócio que viola a integridade patrimonial da sociedade, concretizando descumprimento dos deveres de sócio, em evidente violação do contrato social e da lei... A retirada de valores do caixa da sociedade, em contrariedade ao deliberado em reunião de sócios, configura falta grave, apta a justificar a exclusão de sócio"[81].

A nosso ver, porém, para se decidir pelo ajuizamento da ação, é necessária a concordância da maioria absoluta dos sócios, computados por cabeça e não pela participação no

---

77. ANDRADE JUNIOR, Átila de Souza Leão. *O novo direito societário brasileiro*. Brasília: Brasília Jurídica, 1999, p. 122.

78. GALGANO, Francesco. *Diritto civile e commerciale*. 3. ed. Padova: CEDAM, 1999, v. 3, tomo 1, p. 390-391.

79. NUNES, A. J. Avelãs. *O direito de exclusão de sócios nas sociedades comerciais*. São Paulo: Cultural Paulista, 2001, p. 253; CARVALHOSA, Modesto. *Comentários ao Código Civil*. São Paulo: Saraiva, 2003, v. 13, p. 323.

80. Enunciado 216 das III Jornadas de Direito Civil do CJF; LORDI, Luigi. *Istituzioni di diritto commerciale*. Padova: CEDAM, 1943, v. 1, p. 223; MAMEDE, Gladston. *Direito empresarial brasileiro*. São Paulo: Atlas, 2004, v. 2, p. 160; BORBA, José Edwaldo Tavares. *Direito societário*. 8. ed. Rio de Janeiro: Renovar, 2003, p. 79; WALD, Arnoldo. *Comentários ao novo Código Civil*. Rio de Janeiro: Forense, 2005, v. XIV, p. 238; VERÇOSA, Haroldo Malheiros Duclerc. *Curso de direito comercial*. São Paulo: Malheiros, 2006, v. 2, p. 153.

81. STJ - REsp n. 2.142.834/SP, Rel. Ministro Ricardo Villas Bôas Cueva, Terceira Turma, j. 11-6-2024, *DJe* de 18-6-2024.

310 | CURSO DE DIREITO EMPRESARIAL

capital social, não sendo incluído na votação o sócio a ser excluído[82]. Assim, numa sociedade de 11 sócios, seria necessária a concordância de seis deles para o ajuizamento da ação, para excluir o sócio faltoso, mesmo que tal sócio detenha a maioria do capital social.

Conquanto o teor do art. 1.030 do Código Civil não seja tão claro a respeito da matéria, acreditamos que essa é a melhor interpretação. Não se computa o sócio a ser excluído, pois se fala que a exclusão depende da iniciativa dos "demais" sócios, além do que o sócio a ser excluído seria suspeito para participar da votação. Além disso, a votação é tomada pelo número de sócios e não pela participação no capital social, porquanto é usada a expressão *maioria dos sócios* e não dos "votos", como consta do art. 1.010 do mesmo diploma, quando a votação é feita de acordo com a participação no capital social e não por cabeça. Além disso, quando o Código quis que a votação fosse por maioria do capital social, ele expressamente o fez, como no caso do art. 1.085. Apesar de manter essa opinião, reconhecemos tratar-se de opinião minoritária.

4.4 Divórcio ou dissolução de união estável

A princípio, o art. 1.027 do CC estabelecia apenas uma partilha dos direitos patrimoniais de um sócio em caso de divórcio ou fim da união estável. Em síntese, o cônjuge que se divorciou de um sócio e os herdeiros do cônjuge de um sócio não se tornam proprietários das quotas, mas apenas titulares do direito à participação nos lucros e no acervo social. No CPC/2015, o art. 600, parágrafo único, estabelece que "O cônjuge ou companheiro do sócio cujo casamento, união estável ou convivência terminou poderá requerer a apuração de seus haveres na sociedade, que serão pagos à conta da quota social titulada por este sócio", permitindo o imediato exercício do direito à participação no acervo social.

Não maiores detalhes, mas apenas a garantia do direito ao ex-cônjuge ou ex-companheiro de promover a imediata dissolução parcial perante a sociedade que acabará pagando os haveres, mas sempre deduzida da participação do sócio na sociedade.

Em outras palavras, se o sócio tinha 100.000 quotas, seu ex-cônjuge terá direito aos haveres equivalentes à 50.000 quotas e o sócio passará a ter na sociedade apenas as 50.000 quotas remanescentes.

Como se trata de uma opção para o ex-cônjuge, vale dizer de um direito potestativo, como o recesso nas sociedades por prazo indeterminado, acredito que será essa dissolução parcial equiparável ao recesso. Assim, a data-base será a do decurso do prazo de 60

---

82. FERRARA JUNIOR, Francesco; CORSI, Francesco. *Gli imprenditori e le società*. 11. ed. Milano: Giuffrè, 1999, p. 330; JAEGER, Pier Giusto; DENOZZA, Francesco. *Appunti di diritto commerciale*. 5. ed. Milano: Giuffrè, 2000, p. 365; GALGANO, Francesco. *Diritto civile e commerciale*. 3. ed. Padova: CEDAM, 1999, v. 3, tomo 1, p. 390; NUNES, A. J. Avelãs. *O direito de exclusão de sócios nas sociedades comerciais*. São Paulo: Cultural Paulista, 2001, p. 262; PIMENTA, Eduardo Goulart. *Exclusão e retirada de sócios*: conflitos societários e apuração de haveres no Código Civil e na Lei das Sociedades Anônimas. Belo Horizonte: Mandamentos, 2004, p. 84.

dias da comunicação para a sociedade da intenção da dissolução parcial ou, eventualmente, a data da citação. Até essa data, permanece o seu direito ao recebimento dos lucros equivalentes àquelas quotas.

4.5 Apuração de haveres

Operada a resolução da sociedade em relação a um sócio, pode ser exercido por este um dos direitos patrimoniais inerentes à condição de sócio, qual seja, a apuração dos seus haveres, vale dizer, o recebimento de sua parte no patrimônio da sociedade. Ao contribuir para o capital social e adquirir a qualidade de sócio, este passa a ser titular de um direito potencial de crédito, consistente na divisão do patrimônio social, o qual se concretiza no caso de resolução em relação a um sócio.

Tal direito também pode ser exercido nos casos de dissolução total da sociedade, daí a confusão terminológica e a utilização da expressão *dissolução parcial* para os casos que geram a apuração de haveres[83]. Essa confusão é justificável na medida em que para o sócio ou para os seus herdeiros não há nenhuma diferença concreta. Todavia, há uma grande diferença: na apuração de haveres, a sociedade deve continuar a existir, ao passo que, na dissolução, a finalidade é extinguir a sociedade. Além disso, na dissolução surge um novo órgão, o liquidante, enquanto na apuração de haveres a relação se desenvolve entre o sócio e a sociedade[84].

Para a apuração de haveres, são necessárias a dissolução do vínculo de um sócio em relação à sociedade e a manutenção da sociedade. Diante de tal situação, o sócio faz jus à liquidação da sua quota, isto é, faz jus a uma parte do patrimônio da sociedade. Para este mister, são necessários dois procedimentos: a determinação do patrimônio da sociedade e a definição do quinhão que toca a cada um dos sócios e, consequentemente, do quinhão do sócio que se afastou da sociedade, ou de seus herdeiros.

Tal matéria é tratada pelo art. 1.031 do CC que diz que a quota do sócio "liquidar-se-á, salvo disposição contratual em contrário, com base na situação patrimonial da sociedade, à data da resolução".

Sobre o mesmo tema, o CPC, no art. 606, estabelece que:

> Em caso de omissão do contrato social, o juiz definirá, como critério de apuração de haveres, o valor patrimonial apurado em balanço de determinação, tomando-se por referência a data da resolução e avaliando-se bens e direitos do ativo, tangíveis e intangíveis, a preço de saída, além do passivo também a ser apurado de igual forma.

---

83. ESTRELLA, Hernani. *Apuração de haveres*. Atualizado por Roberto Papini. 3. ed. Rio de Janeiro: Forense, 2001, p. 82.

84. Idem, p. 83.

Veja-se, pois, que os dois dispositivos ressalvam o tratamento do tema pelos sócios. O art. 1.031 do CC fala "salvo disposição contratual em contrário". O art. 606 do CPC fala em "caso de omissão do contrato social". Parece bem claro que o contrato social tem margem para disciplinar esse tema, dentro da autonomia privada assegurada aos sócios.

Contudo, a jurisprudência nem sempre reconheceu essa autonomia. O STJ, no julgamento do REsp 1.335.619/SP, concluiu, por maioria que "na dissolução parcial de sociedade por quotas de responsabilidade limitada, o critério previsto no contrato social para a apuração dos haveres do sócio retirante somente prevalecerá se houver consenso entre as partes quanto ao resultado alcançado"[85].

Em outro julgado, a 4ª Turma do STJ reconheceu a prevalência do critério estabelecido no contrato, reconhecendo que:

> A apuração de haveres – levantamento dos valores referentes à participação do sócio que se retira ou que é excluído da sociedade - se processa da forma prevista no contrato social, uma vez que, nessa seara, prevalece o princípio da força obrigatória dos contratos, cujo fundamento é a autonomia da vontade[86].

O direito à apuração de haveres é um direito de caráter patrimonial que se insere na órbita privada dos sócios, colocando-se dentro de sua esfera de disponibilidade. Em outras palavras, os sócios podem dispor sobre esse direito, dentro daquilo que lhes convém, seja no que diz respeito à avaliação da sociedade, seja no que diz respeito ao prazo e à forma de pagamento. Não havendo vícios na formação da vontade dos sócios, eles devem se manter vinculados ao que ficou estabelecido no contrato social.

Mesmo nos casos de falecimento, o direito era do sócio falecido que participava daquela sociedade e se submetia às regras do contrato social. Os herdeiros têm apenas o direito de crédito daí decorrente, na forma combinada no contrato social.

A apuração de haveres exige, num primeiro momento, a avaliação da sociedade. Ocorre que há dezenas de critérios de avaliação[87]. Isso é natural, uma vez que cada negócio possui uma realidade, que traz formas diferentes de avaliação. Criar um critério único de avaliação dificilmente será capaz de definir realmente quanto valem as socieda-

---

85. STJ – REsp 1.335.619/SP, Rel. Ministra Nancy Andrighi, Rel. p/ Acórdão Ministro João Otávio de Noronha, Terceira Turma, j. 3-3-2015, *DJe* 27-3-2015; no mesmo sentido: TJSP – Agravo de Instrumento 2103661-29.2021.8.26.0000; Relator Alexandre Lazzarini; Órgão Julgador: 1ª Câmara Reservada de Direito Empresarial; Foro Central Cível – 1ª Vara Empresarial e Conflitos de Arbitragem; j. 29-11-2021; data de registro: 29-11-2021.

86. STJ – REsp 1.904.252/RS, Relatora Ministra Maria Isabel Gallotti, Quarta Turma, j. 22-8-2023, *DJe* de 1-9-2023.

87. DAMODARAN, Aswath. Valuation: como avaliar empresas e escolher melhores ações. São Paulo: LTC, 2012, cap. 1.

des. Até por isso, é bem razoável que os sócios, dentro da sua autonomia, estabeleçam critérios de apuração.

Assim, a lei (CC e CPC) estabeleceu apenas um critério subsidiário à vontade das partes, isto é, o critério patrimonial pelo balanço de determinação se aplicará apenas no silêncio do contrato social. No silêncio, a determinação do patrimônio de uma sociedade é feita por meio do levantamento de um balanço de determinação, o qual representa a apuração do patrimônio da sociedade, "avaliando-se bens e direitos do ativo, tangíveis e intangíveis, a preço de saída, além do passivo também a ser apurado de igual forma" (CPC – art. 606). Trata-se de uma espécie de simulação da dissolução total da sociedade, considerando a data da saída do sócio, isto é, na morte do sócio, na data da exclusão ou na data da manifestação de vontade no caso de recesso[88], levando se em consideração os valores prováveis de liquidação dos bens componentes do patrimônio da sociedade.

Na apuração do ativo, devem ser incluídos "todos os lucros ou juros sobre o capital próprio por ela declarados, incluindo, se for o caso, a remuneração devida pela respectiva atuação na administração social"[89].

Apesar de se tratar de uma simulação da dissolução total, a jurisprudência não admite que se inclua no passivo as verbas decorrentes da rescisão dos contratos de trabalho, que serão mantidos em curso. Nesse sentido, o STJ afirmou que:

> Impossível a inclusão no cálculo dos valores correspondentes à rescisão de todos os contratos de trabalho dos empregados, que continuarão colaborando com a empresa, que permanecerá em funcionamento após a retirada do sócio, sob pena de transferência do risco da atividade[90].

Também não é admissível incluir a expectativa de lucros futuros, vale dizer, "na apuração dos haveres do sócio retirante se inclui o fundo de comércio (estabelecimento empresarial), mas deve ser excluída a expectativa de lucro futuro, sob pena de configurar uma distorção do próprio conceito de investimento na atividade empresarial...Na apuração de haveres relativa à saída de sócio não pode ser incluído o aviamento, seja pelo viés objetivo ou subjetivo"[91].

Apurado o valor patrimonial da sociedade, há que se determinar a parte em dinheiro que caberia a cada sócio se a sociedade fosse extinta. Neste particular, andou muito

---

88. STJ – 3ª Turma – REsp 646221/PE, Relatora p/ acórdão Ministra Nancy Andrighi, *DJ* de 30-5-2005.

89. STJ – REsp 1.372.139/SP, Relatora Ministra Maria Isabel Gallotti, Quarta Turma, j. 28-2-2023, *DJe* de 14-3-2023.

90. STJ – AgInt no AgInt no REsp 1.747.225/SC, Relatora Ministra Maria Isabel Gallotti, Quarta Turma, j. 28-8-2023, *DJe* de 31-8-2023.

91. STJ - REsp n. 1.892.139/SP, Rel. Ministro Ricardo Villas Bôas Cueva, Terceira Turma, j. 8-10-2024, *DJe* de 11-10-2024.

bem o Código Civil ao determinar que tal divisão leve em conta o capital efetivamente realizado (art. 1.031). Ora, se foi o capital efetivamente realizado que permitiu que a sociedade se desenvolvesse e alcançasse o patrimônio que possui, é nessa medida que esse patrimônio deve ser dividido. Ressalte-se que a divisão levará em conta o capital realizado por todos os sócios, e não apenas pelo que faz jus à apuração de haveres.

A título exemplificativo, imagine-se uma sociedade simples de três sócios – Romário, Edmundo e Ronaldo – com um patrimônio de R$ 100.000,00 (cem mil reais) e capital social de R$ 15.000,00 (quinze mil reais), sendo que apenas R$ 10.000,00 (dez mil reais) já estão integralizados. Em tal sociedade, a divisão do capital está da seguinte maneira:

	ROMÁRIO	EDMUNDO	RONALDO
• CAPITAL SUBSCRITO	• R$ 5.000,00	• R$ 5.000,00	• R$ 5.000,00
• CAPITAL INTEGRALIZADO	• R$ 5.000,00	• R$ 3.000,00	• R$ 2.000,00
• CAPITAL A INTEGRALIZAR	• 0	• R$ 2.000,00	• R$ 3.000,00

Caso Romário se retire da sociedade, ele fará jus a R$ 50.000,00 (cinquenta mil reais) a título de apuração de haveres, levando-se em conta o valor realizado do capital social, uma vez que ele integralizou R$ 5.000,00 de um total de R$ 10.000,00 que já foram integralizados. Deve-se verificar qual é o total do capital integralizado e qual a participação do sócio nesse total. Caso se levasse em consideração a participação no capital subscrito, ele receberia apenas R$ 33.333,33 (trinta e três mil, trezentos e trinta e três reais e trinta e três centavos), o que não refletiria sua participação no sucesso da sociedade.

Definido o valor a ser recebido, a título de apuração dos haveres, ele deve ser pago no prazo de 90 dias contados da liquidação da quota, salvo disposição em contrário do contrato social. Este pode e, normalmente, fixa o procedimento para o pagamento dos haveres do sócio falecido, do que se retira ou do que é excluído, prevendo o tempo e a forma de pagamento.

A eventual mora da sociedade para o pagamento dos haveres só se configurará em caso de ser ultrapassada a data para o pagamento, sem que este seja realizado. Nesse sentido, o STJ afirmou que:

> A jurisprudência desta Corte, após a entrada em vigor do art. 1.031, § 2º, do CC/02, passou a entender que, ausente disposição contratual em contrário, os juros de mora devem incidir a partir do nonagésimo dia seguinte ao trânsito em julgado da liquidação na apuração de haveres, porque antes disso, não haveria mora[92].

---

92. STJ – AgInt no AREsp 2.227.578/RS, Relatora Ministra Nancy Andrighi, Terceira Turma, j. 12-6-2023, *DJe* de 14-6-2023.

Feito o pagamento do sócio que não mais faz parte da sociedade, a princípio deve ser operada a redução do capital social na proporção das quotas que ele possuía, pois não mais existe a contribuição que justificava a existência das quotas. Entretanto, admite-se que os demais sócios supram o valor da quota, mantendo íntegro o capital social.

4.6 Ação de dissolução parcial de sociedade

Com o CPC/2015, passa a existir um procedimento especial para a dissolução parcial de sociedades, nos arts. 599 a 609. Tal procedimento especial pode ter por objetivo o reconhecimento da resolução por morte, recesso ou exclusão e o pagamento da apuração de haveres, ou somente um desses objetivos.

Nos casos de legitimidade ativa de sócio, espólio, herdeiros, ou mesmo cônjuge ou companheiro, a princípio, de acordo com o texto do CPC, a ação deve ser ajuizada contra a sociedade e os demais sócios. Contudo, a sociedade não será citada se todos os seus sócios o forem, mas ficará sujeita aos efeitos da decisão e à coisa julgada (art. 601, parágrafo único, do CPC/2015).

A nosso ver, se a pretensão é apuração de haveres a ação deveria ser ajuizada apenas contra a sociedade, pois é ela em face de quem se exerce o direito. A sociedade é quem deve pagar a apuração de haveres. Ora, se a pretensão visa à condenação da própria sociedade ao pagamento dos haveres, é natural que apenas ela responda. Como dizem os professores Erasmo Valladão Azevedo e Novaes França e Marcelo Vieira von Adamek o litisconsórcio passivo nesta pretensão é despropositado, pois "devedora dos haveres será, sempre e sempre, a sociedade; mesmo em sociedades de responsabilidade ilimitada, os sócios não são devedores dos haveres"[93].

O direito aos haveres é o direito ao recebimento de uma parcela do patrimônio da sociedade. Não se trata de uma compra das quotas pelos demais sócios, mas sim do recebimento de parcela do patrimônio da sociedade. Todo o cálculo do valor é feito em cima do patrimônio da sociedade, que não se confunde com o patrimônio dos sócios. Logo, não há dúvida de que a devedora da obrigação é a sociedade e não os sócios remanescentes.

Nos casos de exclusão, em que a sociedade for autora, a ação, a princípio, será ajuizada em face do sócio a ser excluído, podendo haver litisconsórcio ativo com os demais sócios. Não vemos a possibilidade dos demais sócios figurarem no polo passivo da demanda, pois eles não terão interesse contraposto ao da sociedade. A própria sociedade poderá ajuizar ação para obter o ingresso do espólio ou dos herdeiros na sociedade, quanto tal possibilidade decorre de cláusula contratual, sendo neste caso, ajuizada contra todos os demais sócios.

---

93. FRANÇA, Erasmo Valladão Azevedo e Novaes; ADAMEK, Marcelo Vieira Von. Da ação de dissolução parcial de sociedade: comentários breves ao CPC/2015. São Paulo: Malheiros, 2016, p. 38.

Dentro das várias ações possíveis, vejo a necessidade de litisconsórcio apenas no recesso por justa causa nas sociedades por prazo determinado.

Os sócios e a sociedade, conforme o caso, serão citados para concordar com o pedido ou apresentar contestação no prazo de 15 dias.

Regularmente citada, a sociedade poderá ainda formular pedido de indenização compensável com o valor dos haveres a apurar, como uma espécie de reconvenção no caso. Com manifestação expressa de todos os citados e concordância quanto ao pedido de dissolução, o juiz o julgará de imediato, decisão que tem natureza de sentença[94], iniciando a liquidação para apuração de haveres. Nos demais casos, será seguido o procedimento tradicional (réplica, produção de provas...) até a prolação da sentença. Em todo caso, caberá ao juiz fixar a data da resolução da sociedade; definir o critério de apuração dos haveres à vista do disposto no contrato social; e nomear o perito (CPC – art. 604).

Para a fixação da data da resolução, o art. 605 do CPC/2015 dá parâmetros para a decisão do juiz. Assim, no caso de falecimento do sócio, a data da resolução será a data do óbito. No caso de retirada imotivada, será o sexagésimo dia seguinte ao do recebimento, pela sociedade, da notificação do sócio retirante. No recesso motivado, será considerado o dia do recebimento da notificação pela sociedade. Na exclusão extrajudicial, será considerada a data da deliberação. Na exclusão judicial e no recesso por justa causa nas sociedades por prazo determinado, será considerada a data do trânsito em julgado da decisão que dissolver a sociedade.

Para fixar o critério de apuração dos haveres, o juiz deverá atentar, em primeiro lugar, ao disposto no contrato social, dando-se primazia aqui à autonomia da vontade. No silêncio do contrato social, o juiz deverá definir "como critério de apuração de haveres, o valor patrimonial apurado em balanço de determinação, tomando-se por referência a data da resolução e avaliando-se bens e direitos do ativo, tangíveis e intangíveis, a preço de saída, além do passivo também a ser apurado de igual forma" (art. 606 do CPC/2015), vale dizer, o valor patrimonial real da sociedade, incluindo-se os intangíveis. Sendo necessária perícia, o juiz nomeará o perito, preferencialmente dentre pessoas especializadas em avaliação de sociedades.

A data da resolução e o critério de apuração de haveres podem ser revistos pelo juiz, a pedido da parte, a qualquer tempo antes do início da perícia.

Havendo valores incontroversos, por exemplo, oferecidos por uma das partes, deve ocorrer o pagamento imediato de tais valores, obedecidos os prazos estabelecidos no contrato social.

Existindo controvérsia, deve ser feita a apuração do patrimônio da sociedade. Diante do disposto no art. 603, § 1º, do CPC, tem se entendido que o custo da perícia deve ser arcado na proporção da participação das partes no capital social, vale dizer, se o sócio que se retirou tinha 10% do capital social, ele arcará com esse percentual. Contudo, se

---

94. STJ – REsp n. 1.954.643/SC, Relatora Ministra Nancy Andrighi, Terceira Turma, julgado em 15-2-2022, *DJe* de 18-2-2022.

ocorrer resistência na fase que discute a dissolução em si, o custo deverá ser suportado pela parte vencida[95].

Realizada a perícia, o juiz deverá homologar os cálculos. A partir dessa homologação serão contados os prazos estabelecidos no contrato social, ou na ausência destes, o prazo de 90 dias estabelecido pelo art. 1.031, § 2º, do CC. Os juros de mora só incidirão após o prazo estabelecido[96].

Naturalmente, o pagamento deverá ser realizado pela sociedade.[97]

Ocorre que o art. 604, § 1º, do CPC/2015, estabelece que "O juiz determinará à sociedade ou aos sócios que nela permanecerem que depositem em juízo a parte incontroversa dos haveres devidos", denotando alguma obrigação por parte dos sócios. No entanto, como já mencionado, a legitimidade processual é da sociedade, pois é ela que tem a obrigação de pagar o sócio ou seus sucessores. A nosso ver, o depósito é devido pela sociedade.

Sobre o tema, João Paulo Hecker da Silva escreve que "o patrimônio envolvido é da Sociedade e o pagamento dos haveres será feito pela Sociedade; ou seja, não há, por outro lado também, qualquer interesse econômico direto dos sócios"[98]. No mesmo sentido, ensinam os professores Erasmo Valladão Azevedo e Novaes França e Marcelo Vieira von Adamek, afirmando que "a devedora dos haveres será, sempre e sempre, a sociedade; mesmo em sociedades de responsabilidade ilimitada, os sócios não são devedores dos haveres"[99]. A jurisprudência também vem caminhando no mesmo sentido[100].

E não se diga que o art. 604 do CPC indica uma solidariedade dos sócios, pois o dispositivo usa a conjunção alternativa "ou", afastando qualquer interpretação que possa levar a crer tratar-se de hipótese de solidariedade. A única interpretação do dispositivo é que a responsabilidade será da sociedade, quando esta for personificada (hipótese das limitadas) ou dos sócios, quando não for cabível responsabilizar a sociedade por ela ser despersonificada e não ter patrimônio (Sociedade em comum). É impossível atribuir

---

95. STJ - REsp 1821048/GO, Rel. Ministra Nancy Andrighi, Terceira Turma, julgado em 27-8-2019, *DJe* 29-8-2019.

96. STJ - AgInt nos EDcl no REsp 1459156/SP, Rel. Ministro Luis Felipe Salomão, Quarta Turma, julgado em 3-9-2019, *DJe* 10-9-2019.

97. TJSP – Agravo de Instrumento 2033338-62.2022.8.26.0000, Relator Sérgio Shimura; órgão julgador: 2ª Câmara Reservada de Direito Empresarial; Foro de São José dos Campos – 1ª Vara Cível; j. 31-1-2023; data de registro: 9-2-2023.

98. HECKER DA SILVA, João Paulo. A legitimidade Passiva na Ação de Dissolução Parcial de Sociedade do Código de Processo Civil de 2015: uma análise crítica. In: YARSHELL, Flávio Luiz e PEREIRA, Guilherme Setoguti J. (Coordenadores). *Processo Societário III*. Quartier Latin, 2018, p. 359/360.

99. FRANÇA, Erasmo Valladão Azevedo e Novaes; ADAMEK, Marcelo Vieira Von. *Da ação de dissolução parcial de sociedade:* comentários breves ao CPC/2015. São Paulo: Malheiros, 2016, p. 38.

100. TJSP – AI n. 2183436-69.2016.8.26.0000, 2ª Câmara Reservada de Direito Empresarial, Rel. Des. Ricardo Negrão, j. 13-8-2018; TJSP – AI n. 2119461-05.2018.8.26.0000, 1ª Câmara Reservada de Direito Empresarial, Rel. Des. Azuma Nishi, j. 8-8-2018; TJSC, Apelação Cível n. 2011.049800-3, da Capital, rel. Des. Jânio Machado, Quinta Câmara de Direito Comercial, j. 19-9-2013.

qualquer outra interpretação ao dispositivo, sob pena de contrariar a própria lógica da dissolução parcial.

Nesse sentido, ensinam os professores Erasmo Valladão Azevedo e Novaes França e Marcelo Vieira von Adamek: "parece-nos mais correto interpretar que a alusão feita aos sócios remanescentes só se aplica às sociedades não personificadas em que o patrimônio social seja titulado pelos demais sócios (CC, arts. 988 e 994); fora daí, porém não podem estes ser instados a depositar os haveres daquele que se desligou da sociedade"[101].

Portanto, se o patrimônio envolvido é da sociedade, o pagamento dos haveres será feito pela sociedade.

5   A "vontade" da sociedade

A sociedade deve praticar atos no mundo dos fatos e muitas vezes se encontra diante de vários caminhos que podem ser seguidos, vale dizer, é necessária uma decisão. A tomada de tais decisões decorrerá da soma das vontades dos sócios, que deverão atentar ao dever de lealdade (art. 1.010, § 3º), não votando quando tiverem interesses contrários aos da sociedade.

Quando assim exigir a lei ou o contrato social, os sócios deverão se reunir, ou por qualquer outra forma chegar a um encontro de suas vontades como, por exemplo, uma manifestação por escrito. Nesses casos, de acordo com o princípio democrático, deve prevalecer como regra geral a opinião que obtiver a maioria dos votos, contados pelo valor das quotas e não pelo número de sócios, ou seja, exige-se o consentimento de sócios que representem mais da metade do capital social, se o contrato social não exigir a unanimidade. No entanto, para a modificação das cláusulas essenciais do contrato social, exige-se legalmente a unanimidade dos sócios (art. 999 do Código Civil). Em caso de empate, prevalecerá a opinião sufragada pelo maior número de sócios e, persistindo o empate, a decisão será atribuída a um juiz.

A exigência de tal quórum elevado (maioria absoluta ou unanimidade) deve-se à natureza personalista das sociedades simples, as quais não se destinam a um número muito grande de sócios, sendo relativamente simples que se alcance essa maioria.

Expressa a vontade social, ela precisa ser concretizada por meio dos administradores da sociedade, que, além de colocarem em prática a vontade social, também gerem a sociedade, tomando decisões de menor relevo pela sociedade[102], pois seria impossível exigir a deliberação da sociedade para todos os atos, como, por exemplo, a compra de uma caneta.

---

101.   FRANÇA, Erasmo Valladão Azevedo e Novaes; ADAMEK, Marcelo Vieira Von. *Da ação de dissolução parcial de sociedade*: comentários breves ao CPC/2015. São Paulo: Malheiros, 2016, p. 58.

102.   JAEGER, Pier Giusto; DENOZZA, Francesco. *Appunti di diritto commerciale*. 5. ed. Milano: Giuffrè, 2000, p. 146.

A Lei n. 14.010/2020 (art. 5º) passou a permitir em todas as pessoas jurídicas de direito privado, inclusive as sociedades simples, a manifestação da vontade dos sócios por meios eletrônicos, independentemente de previsão no contrato social. Exige-se apenas que o administrador indique o meio eletrônico que assegure identificação e manifestação dos votos com segurança, produzindo essa manifestação os mesmos efeitos de uma assinatura presencial.

6 Administração da sociedade

Expressa a vontade da sociedade pelos sócios, ou sendo necessária uma decisão não sujeita à deliberação dos sócios, surge a figura do administrador, seja para tomar a decisão, seja para pôr em prática a vontade social.

6.1 Natureza jurídica da relação administrador-sociedade

A ausência de substrato concreto das pessoas jurídicas torna imprescindível a intermediação de um órgão, para a exteriorização da vontade social, bem como para a administração da sociedade no âmbito interno. "É evidente que uma pessoa moral não pode obrar por si mesma, sendo necessário que se exteriorize por mecanismos, por órgãos, sem os quais seria como se não existisse"[103].

Tal órgão, todavia, não é um representante, no sentido técnico, da pessoa jurídica, conquanto seja essa a terminologia usada na linguagem corriqueira. Não se pode falar em representação legal ou convencional, seja porque a pessoa jurídica não é incapaz, seja porque a função do órgão é essencial à própria vida da sociedade, seja porque não há relação de subordinação, não se podendo falar em mandato. Tanto não se trata de mandato, que se aplicam à atividade dos administradores, apenas supletivamente e não diretamente, as normas sobre o mandato[104] (art. 1.011, § 2º, do Código Civil). Representante e representado são duas pessoas distintas, já o órgão é parte integrante da sociedade[105].

Quando o órgão age, quem age é a pessoa jurídica, por meio do órgão se faz presente a vontade da pessoa jurídica, daí se falar que o órgão é o presentante[106] da pessoa jurídica, e não seu representante. O Prof. Rubens Requião lança mão de uma analogia extre-

---

103. JOSSERAND, Louis. *Derecho civil*. Tradução de Santiago Cunchillos Y Manterola. Buenos Aires: Bosch y Cia., 1952, p. 465.

104. GALGANO, Francesco. *Diritto civile e commerciale*. 3. ed. Padova: CEDAM, 1999, v. 3, tomo 1, p. 356.

105. FARIA, S. Soares. *Do abuso da razão social*. São Paulo: Saraiva, 1933, p. 121.

106. MIRANDA, Francisco Antônio Pontes de. *Tratado de direito privado*. Atualizado por Vilson Rodrigues Alves. Campinas: Bookseller, 1999, v. 1, p. 482-483; COELHO, Fábio Ulhoa. *Curso de direito comercial*. São Paulo: Saraiva, 1999, v. 2, p. 429.

320 CURSO DE DIREITO EMPRESARIAL

mamente clara na definição de tal natureza, ao afirmar que "o órgão executa a vontade da pessoa jurídica, assim como o braço, a mão, a boca executam a da pessoa física"[107].

A importância de tal qualificação reside no fato de que qualquer problema, como a incapacidade ou a morte da pessoa física (órgão da sociedade que praticou o ato), não afeta sua existência e validade, porquanto se trata de ato da sociedade, simplesmente manifestado por meio de seu órgão. Sendo ato da sociedade, a morte da pessoa física, que praticou concretamente o ato pela sociedade, não traz quaisquer problemas, uma vez que a autora do ato continua existindo.

6.2 Nomeação e destituição

A administração das sociedades simples deve competir a pessoas físicas (art. 997), as quais devem gozar de idoneidade para administrar a sociedade, protegendo-se a própria sociedade e o mercado consumidor.

Se a pessoa era servidora pública e cometeu crime contra a administração pública, que se dirá o que pode fazer com a sociedade! Caso tenha agido mal no mercado da livre-iniciativa, fraudando credores, causando prejuízos, não seria razoável dar-lhe mais uma chance de prejudicar o interesse geral do mercado. Assim sendo, não podem ser administradores os condenados a pena que vede, ainda que temporariamente, o acesso a cargos públicos; ou por crime falimentar, de prevaricação, peita ou suborno (corrupção ativa ou passiva), concussão, peculato; ou contra a economia popular, contra o sistema financeiro nacional, contra as normas de defesa da concorrência, contra as relações de consumo, a fé pública ou a propriedade, enquanto perdurarem os efeitos da condenação (art. 1.011, § 1º), além de outros impedimentos decorrentes de leis específicas.

Não incorrendo nos impedimentos legais, os administradores, que podem ser sócios ou não, devem ser indicados no contrato social ou em instrumento separado, que deverá ser averbado à margem do registro da sociedade, para assegurar ao público em geral o conhecimento de quem pode praticar atos pela sociedade. Antes de tal averbação, o administrador assume responsabilidade solidária com a sociedade pelos atos praticados, pois, sem a averbação, o terceiro de boa-fé não tem como aferir a regularidade ou não da atuação do administrador.

Os sócios administradores nomeados no contrato social não poderão ser destituídos, salvo justa causa reconhecida judicialmente, a pedido de qualquer dos sócios (art. 1.019 do Código Civil). Tal solução se justificaria pelo fato de que a destituição desse sócio administrador implicaria a alteração do contrato social, a qual exige a unanimidade dos sócios, que não seria alcançada[108]. Por isso, exige-se que a justa causa seja reconhecida em juízo, porquanto autorizaria a exceção à regra da unanimidade. Assegura-se, pois, um

---

107. REQUIÃO, Rubens. *Curso de direito comercial*. 23. ed. São Paulo: Saraiva, 1998, v. 1, p. 389.

108. JAEGER, Pier Giusto; DENOZZA, Francesco. *Appunti di diritto commerciale*. 5. ed. Milano: Giuffrè, 2000, p. 148-149.

direito ao cargo de administrador àqueles nomeados no contrato social, que não descumpram seus deveres.

Tal irrevogabilidade extrajudicial dos poderes do sócio administrador nomeado no contrato social é um retrocesso, podendo ser prejudicial ao bom andamento da sociedade. É fato notório a morosidade da tramitação de processos no Judiciário brasileiro, os quais por vezes se arrastam por mais de uma década. Imagine-se uma sociedade funcionando por dez anos com um administrador não desejado, o que isso poderia gerar para tal sociedade? Ademais, a comprovação de tal justa causa é extremamente difícil.

Questões de oportunidade ou de mera conveniência podem tornar determinado administrador inadequado aos interesses da sociedade, independentemente do descumprimento de qualquer dever. Por isso, melhor seria assegurar, além da destituição judicial por justa causa, de iniciativa de qualquer sócio, a destituição extrajudicial deliberada pela maioria do capital social ou, ao menos, pela unanimidade dos demais sócios, independentemente de justa causa[109].

No caso de sócios administradores nomeados em ato estranho ao contrato social, ou administradores não sócios, prevalece a revogabilidade a qualquer tempo, deliberada pela maioria do capital social (art. 1.019, parágrafo único).

Não havendo designação dos administradores, a administração compete a cada um dos sócios isoladamente, como atributo inerente a tal qualidade. Cada sócio está investido do poder de administrar, podendo praticar quaisquer atos dentro do objeto social[110].

6.3 Exercício do poder de administração

O contrato social pode organizar o poder de administração, dividindo as atribuições entre diversas pessoas, definindo a competência de cada um ou exigindo que os atos sejam praticados em conjunto. Neste último caso, há que se obedecer ao estipulado no contrato social, salvo casos de urgência, nos quais um sócio poderá praticar os atos isoladamente a fim de evitar danos à própria sociedade (art. 1.014 do Código Civil).

Todavia, nem sempre há essa organização da administração social. Nesta hipótese, os administradores podem praticar isoladamente os atos necessários à gestão da sociedade, entre os quais não se encontra a venda ou oneração de imóveis, que dependem de decisão dos sócios, a menos que esse seja o próprio objeto social (art. 1.015 do Código Civil).

No caso de não indicação dos administradores, vale dizer, quando a administração cabe a todos os sócios isoladamente, qualquer outro sócio pode se opor às operações concluídas por um sócio, suscitando a decisão em conjunto dos sócios, para que prevaleça efetivamente a vontade da sociedade, e não a vontade singular. Caso nenhum sócio

---

109. ANDRADE JUNIOR, Átila de Souza Leão. *O novo direito societário brasileiro*. Brasília: Brasília Jurídica, 1999, p. 111.

110. GALGANO, Francesco. *Diritto civile e commerciale*. 3. ed. Padova: CEDAM, 1999, v. 3, tomo 1, p. 348.

se oponha por desconhecimento ou por qualquer outro motivo, o administrador responde por perdas e danos, se sabe ou devia saber que está agindo em desacordo com a intenção da maioria (art. 1.013, § 2º, do Código Civil).

Qualquer que seja a forma do exercício, a função do administrador é personalíssima, não se admitindo a sua substituição por terceiros, isto é, o administrador não pode delegar suas funções a terceiros. Tal fato não impede a constituição de mandatários em benefício da sociedade, para atos especificamente determinados.

6.4 A proibição de concorrência

Diante do dever de lealdade, o Código Civil estabelece, em seu art. 1.170, que os prepostos não podem fazer concorrência ao empresário preponente. Ora, se tal proibição atinge o preposto, com muito mais razão deve atingir o administrador da sociedade, que em sua condição de presentante também deve guardar um dever de lealdade, de forma ainda mais incisiva que o preposto.

Assim, o referido dispositivo proíbe também o administrador de participar, de forma direta ou indireta, de operação do mesmo gênero da que lhe foi cometida, salvo autorização expressa da própria sociedade.

Não se proíbe que os administradores exerçam individualmente, ou em outras sociedades, quaisquer atividades econômicas. O que se proíbe é o exercício daquelas atividades concorrentes com a sociedade da qual sejam administradores. Tal proibição se justifica pela exigência de se impedir que o administrador use notícias e oportunidades de que teve conhecimento em virtude do cargo, em benefício próprio e em detrimento da própria sociedade[111].

O descumprimento de tal dever acarreta ao administrador a obrigação de ressarcir os danos causados à sociedade e a retenção dos lucros obtidos em tais operações pela sociedade.

6.5 Responsabilidade

A condição de administrador é extremamente importante, e por isso vem acompanhada de inúmeras responsabilidades, para com a sociedade e para com terceiros.

Perante a sociedade, o administrador tem responsabilidade pelos danos causados a ela, quando age com culpa e quando age em desacordo com a vontade da maioria, a qual conhecia ou devia conhecer. Além disso, quando o administrador utiliza, em proveito próprio ou de terceiros, bens da sociedade sem o consentimento escrito dos demais sócios, também responderá por perdas e danos.

---

111. GALGANO, Francesco. *Diritto civile e commerciale*. 3. ed. Padova: CEDAM, 1999, v. 3, tomo 1, p. 409.

Com o intuito de fiscalizar os administradores, assegura-se aos demais sócios o direito de verificar os livros e documentos da sociedade, salvo se uma época própria para tanto for fixada no contrato social. Além disso, os administradores devem prestar contas de sua administração, bem como elaborar o balanço patrimonial e o de resultado econômico, para que os sócios tenham ciência do que está acontecendo com a sociedade, e, caso seja necessário, tomem as medidas cabíveis.

Perante terceiros, o administrador pode ser responsabilizado quando age com culpa, abrangendo inclusive a exorbitância dos poderes que lhe foram atribuídos. Tal responsabilidade pode ser isolada ou solidária em relação à sociedade.

6.6 Vinculação da sociedade

Por força da própria natureza jurídica da relação entre o administrador e a sociedade, poder-se-ia afirmar que todos os atos praticados por estes são atos da sociedade e, consequentemente, não responsabilizariam pessoalmente o administrador, uma vez que, por força da personalidade jurídica da sociedade, esta tem existência e patrimônio distintos, o qual responde por suas obrigações.

No entanto, não há dúvida de que, em determinados casos, os administradores, movidos por vicissitudes pessoais, podem agir violando a lei ou o contrato social, vale dizer, em exorbitância aos poderes que lhes foram atribuídos pelo contrato social. Em tais situações, a princípio, há responsabilidade do administrador perante a sociedade e perante terceiros, porquanto o administrador, ao agir dessa forma, agiu com culpa[112].

Ao extrapolar seus poderes, o administrador foi além do que era permitido pelo contrato social, isto é, foi além da vontade da sociedade. Neste caso, a sociedade fica vinculada pelo ato praticado? Em outras palavras, a sociedade pode se exonerar perante terceiros, alegando o excesso de poderes praticados pelo administrador?

O Código Civil, em seu art. 47, afirma que "Art. 47. Obrigam a pessoa jurídica os atos dos administradores, exercidos nos limites de seus poderes definidos no ato constitutivo". Assim, numa primeira leitura, a sociedade não ficaria vinculada em face de terceiros, quando o administrador de algum modo extrapola os seus poderes.

Contudo, a jurisprudência e a revogação do parágrafo único do art. 1.015 do CC levam a crer que a vinculação ou não da sociedade deve considerar a boa-fé ou não do terceiro. Em outras palavras, a sociedade ficaria vinculada perante terceiros de boa-fé, mesmo que o administrador tenha extrapolado os seus poderes. A sociedade ficaria desvinculada, apenas perante terceiros de má-fé, isto é, pessoas que sabiam que o administrador não tinha poderes para praticar aquele ato.

Assim já decidiu o STJ: "A Teoria da Aparência leva em consideração a boa-fé do terceiro para estabelecer a responsabilidade da sociedade e, por conseguinte, o excesso

---

112. ANDRADE JUNIOR, Átila de Souza Leão. *O novo direito societário brasileiro*. Brasília: Brasília Jurídica, 1999, p. 109.

de mandato (art. 1.015, parágrafo único, do CC) somente pode ser oposto a terceiro quando comprovada sua má-fé"[113].

A dinâmica das relações contratuais, aliada à proteção da boa-fé, sempre impôs a aplicação da teoria da aparência, para vincular a sociedade. "É exigir demais, com efeito, no âmbito do comércio, onde as operações se realizam em massa e, por isso, sempre em antagonismo com o formalismo, que a todo instante o terceiro, que contrata com uma sociedade comercial, solicite desta a exibição do contrato social, para verificação dos poderes do gerente."[114]

A modernidade e a massificação das relações nos impõem neste caso a aplicação da teoria da aparência, pela qual se o ato parece regular é dessa forma que ele deve ser tratado[115]. A boa-fé dos terceiros que contratam com a sociedade em situação que acreditam perfeitamente regular deve ser prestigiada. A sociedade e os sócios, que escolheram mal o administrador, não podem se beneficiar em detrimento da boa-fé de terceiros[116].

---

113. STJ – AgInt no AREsp 1.243.432/RS, Rel. Ministro Marco Aurélio Bellizze, Terceira Turma, julgado em 8-5-2018, *DJe* 18-5-2018.

114. REQUIÃO, Rubens. *Curso de direito comercial*. 23. ed. São Paulo: Saraiva, 1998, v. 1, p. 397.

115. GONÇALVES NETO, Alfredo de Assis. *Lições de direito societário*. São Paulo: Juarez de Oliveira, 2002, p. 22.

116. TOMAZETTE, Marlon. As sociedades por quotas de responsabilidade limitada e os atos dos sócios gerentes. *Universitas Jus*, Brasília, n. 5, p. 119-129, jan./jun. 2000.

19 SOCIEDADES EM NOME COLETIVO E EM COMANDITA SIMPLES

1 Introdução

As sociedades em nome coletivo e as sociedades em comandita simples são sociedades que caíram em completo desuso, sobretudo diante do surgimento da sociedade limitada como a melhor forma para o exercício de pequenas e médias empresas. Apesar de seu desuso, tais sociedades foram mantidas no Código Civil, o qual se limitou a excluir a sociedade de capital e indústria do direito brasileiro.

2 Sociedade em nome coletivo

O Código Civil trata da sociedade em nome coletivo nos arts. 1.039 a 1.044, com aplicação subsidiária das normas relativas às sociedades simples. Assim, há que se ter em mente a disciplina das sociedades simples, com algumas peculiaridades.

2.1 Histórico

A sociedade em nome coletivo tem sua origem na Idade Média, nas chamadas sociedades familiares[1].

A princípio, os irmãos continuavam a exercer a atividade do pai, constituindo uma espécie de comunidade familiar, destacando-se o elemento da amizade familiar[2]. Posteriormente, ela se transforma numa comunidade de trabalho entre pessoas que não são ligadas por laços de sangue, mas que se mantêm ligadas por laços pessoais. Por fim, evolui-se a ponto de tal comunidade adquirir a autonomia patrimonial, que no Brasil decorre da sua personificação.

Vale ressaltar que sempre se mantém, como traço característico, o elemento da confiança mútua, do companheirismo entre seus membros[3], vale dizer, trata-se de uma sociedade de pessoas.

---

1. CARVALHO DE MENDONÇA, J. X. *Tratado de direito comercial brasileiro*. Atualizado por Ruymar de Lima Nucci. Campinas: Bookseller, 2001, v. 2, tomo 2, p. 174.

2. MIRANDA, Pontes de. *Tratado de direito privado*. 3. ed. São Paulo: Revista dos Tribunais, 1984, v. 49, p. 220.

3. GARRIGUES, Joaquín. *Curso de derecho mercantil*. 7. ed. Bogotá: Temis, 1987, v. 2, p. 48.

2.2 A sociedade genérica

A sociedade em nome coletivo é a sociedade mais simples, tanto nas estruturas como nas funções[4]; por isso, ela é considerada o protótipo das sociedades[5] empresariais em geral. Se os sócios não demonstrarem expressamente a opção por determinado tipo societário, pode-se considerar que estamos diante de uma sociedade em nome coletivo[6]. A opção expressa pela sociedade em nome coletivo só é necessária para as sociedades simples, que resolvam optar por esta forma, pois para as empresárias ela é a forma genérica.

Se não se consegue distinguir, com segurança, qual o tipo de uma sociedade, há que se concluir que se trata de uma sociedade em nome coletivo, pela aplicação do princípio do tipo social mais simples ou princípio da prevalência da igualitariedade social[7]. Ora, se os sócios não definem nenhuma peculiaridade maior para a sociedade, é certo que estaremos diante da sociedade mais simples, que é a sociedade em nome coletivo. Do mesmo modo, se não se diferenciam os sócios é sinal que deve haver uma homogeneidade entre eles, o que se alcança na sociedade em nome coletivo.

A concepção da sociedade em nome coletivo como o tipo geral das sociedades deve ser, no futuro, suplantada pela utilização das sociedades limitadas, tendo em vista que estas representam hoje a opção geral dos pequenos e médios empreendimentos no Brasil.

2.3 A natureza personalista

A sociedade em nome coletivo é uma sociedade eminentemente de pessoas, baseada na confiança recíproca entre os sócios, daí dizer-se que é uma sociedade *intuitu personae*. As características pessoais dos sócios exercem papel fundamental para a constituição da sociedade e para a vida empresarial da sociedade. Em virtude disso, não se admite a participação de pessoas jurídicas em tal tipo societário, pois, em relação a uma pessoa jurídica, não se pode cogitar de uma "confiança", no seu sentido mais subjetivo.

Ademais, a administração da sociedade só pode ser atribuída a quem goze da condição de sócio, pois a gestão social deve ser mantida na mão daquelas pessoas que inspiraram a confiança suficiente para a constituição da sociedade. Atribuir a gestão da sociedade a um terceiro não se coaduna com a confiança recíproca que deve prevalecer em tal tipo de sociedade.

Esse personalismo também se apresenta nas relações com terceiros.

---

4. CARVALHO DE MENDONÇA, J. X. *Tratado de direito comercial brasileiro*. Atualizado por Ruymar de Lima Nucci. Campinas: Bookseller, 2001, v. 2, tomo 2, p. 175.

5. MIRANDA, Pontes de. *Tratado de direito privado*. 3. ed. São Paulo: Revista dos Tribunais, 1984, v. 49, p. 219.

6. GALGANO, Francesco. *Diritto civile e commerciale*. 3. ed. Padova: CEDAM, 1999, v. 3, tomo 1, p. 399.

7. MIRANDA, Pontes de. *Tratado de direito privado*. 3. ed. São Paulo: Revista dos Tribunais, 1984, v. 49, p. 223.

Ora, a sociedade em nome coletivo regular é dotada de personalidade jurídica e, como tal, é um sujeito de direitos autônomo. Todavia, a pessoa dos sócios é extremamente importante para a vida da sociedade, nas relações com o público. Diante disso, impõe-se à sociedade a utilização de uma razão social, na qual se faça presente o nome de pelos menos algum dos sócios, para que os terceiros saibam quem são pelo menos alguns dos sócios. Não se indicando todos os sócios na razão social, há que se registrar a existência de outros não mencionados pela expressão, "e Companhia" ou "e Cia.", ou outra expressão, como, por exemplo, "e irmãos"[8].

A importância da pessoa dos sócios, e, por conseguinte, de seu conhecimento por terceiros, é reforçada pela responsabilidade assumida diante das obrigações sociais, pois todos os sócios são responsáveis pessoalmente pelo cumprimento das obrigações da sociedade. Em função dessa responsabilidade não se admite a participação de incapazes nas sociedades em nome coletivo[9]. Com o advento da Lei n. 12.399/2011, foi inserido um § 3º no art. 974, prevendo genericamente a possibilidade de sócio incapaz desde que ele seja representado ou assistido, não tenha poder de administração e todo o capital social esteja integralizado. Tal dispositivo deve ser interpretado com cuidado, apesar da sua colocação nas disposições mais gerais do livro do Direito de Empresa. Ele deve ser compatibilizado com a proteção ao patrimônio dos incapazes, de modo que ele não seja estendido para sociedades de responsabilidade ilimitada.

2.4 A responsabilidade dos sócios

O traço diferenciador dos vários tipos societários está ligado à responsabilidade dos sócios pelas obrigações sociais. Na sociedade em nome coletivo, todos os sócios têm responsabilidade subsidiária, solidária e ilimitada pelas obrigações sociais, sem qualquer possibilidade de alteração dessa responsabilidade[10] perante terceiros.

A responsabilidade é subsidiária, pois os sócios só assumem alguma responsabilidade após o exaurimento do patrimônio da sociedade (art. 1.024 do Código Civil), vale dizer, há uma ordem a ser seguida; primeiro deve-se buscar o cumprimento das obrigações no patrimônio da sociedade, como consequência da autonomia patrimonial desta e, se a sociedade não tiver patrimônio suficiente, aí sim se pode buscar a satisfação no patrimônio dos sócios. A garantia primeira dos credores é o patrimônio social e, apenas na insuficiência dessa garantia, o patrimônio pessoal dos sócios é chamado a responder.

---

8.   MIRANDA, Pontes de. *Tratado de direito privado*. 3. ed. São Paulo: Revista dos Tribunais, 1984, v. 49, p. 230; CARVALHO DE MENDONÇA, J. X. *Tratado de direito comercial brasileiro*. Atualizado por Ruymar de Lima Nucci. Campinas: Bookseller, 2001, v. 2, tomo 2, p. 179-180.

9.   LORDI, Luigi. *Istituzioni di diritto commerciale*. Padova: CEDAM, 1943, v. 1, p. 233.

10.   CARVALHO DE MENDONÇA, J. X. *Tratado de direito comercial brasileiro*. Atualizado por Ruymar de Lima Nucci. Campinas: Bookseller, 2001, v. 2, tomo 2, p. 177; GARRIGUES, Joaquín. *Curso de derecho mercantil*. 7. ed. Bogotá: Temis, 1987, v. 2, p. 49.

CURSO DE DIREITO EMPRESARIAL

Não sendo suficiente o patrimônio social, os sócios respondem de forma solidária, isto é, cada sócio responde perante os credores pela dívida inteira e depois se volta contra os demais sócios. Os credores não precisam cobrar uma parte da dívida de cada sócio, eles podem cobrar toda a dívida de um só, que depois acertará as contas com os demais sócios.

Por fim, a obrigação dos sócios não se limita ao valor de sua participação no capital; ela é ilimitada. Inexistem limites para a responsabilidade do sócio; não importa o tamanho da sociedade, cada sócio responde com todo o seu patrimônio pelas obrigações não cumpridas.

Essa responsabilidade dos sócios perante terceiros é inderrogável pelas partes, as quais podem, todavia, estabelecer, nas relações internas da sociedade, uma eventual limitação de responsabilidade de algum sócio (art. 1.039, parágrafo único). Assim, pode-se estipular que determinado sócio só terá responsabilidade até o valor de R$ 1.000,00 (um mil reais), o que só vale nas relações internas entre os sócios, para os ajustes posteriores. Perante terceiros, a responsabilidade é sempre subsidiária, solidária e ilimitada.

Apesar dessa possibilidade de limitação interna da responsabilidade dos sócios, subsistem riscos elevados de prejuízo pessoal, de modo que tal sociedade caiu em desuso, não se falando mais em sua existência no cotidiano das relações empresariais.

2.5 Os credores do sócio

Nas sociedades simples, é consagrada pelo Código Civil a sujeição da quota do sócio aos credores particulares do sócio, mas não haverá possibilidade do ingresso de estranhos na sociedade, nem temporariamente. O art. 1.026 assevera que, na ausência de outros bens, os credores do sócio poderão fazer recair a execução sobre o direito do sócio aos lucros, ou sobre o direito do sócio sobre o patrimônio social em caso de liquidação. Neste último caso, haverá a dissolução parcial da sociedade, com a exclusão de pleno direito do sócio[11] e o depósito em juízo, em 90 dias, do valor em dinheiro equivalente à sua parte na sociedade.

Nas sociedades em nome coletivo, não são assegurados os mesmos direitos aos credores do sócio, tendo em vista a preservação da sociedade. Neste tipo societário, os credores particulares do sócio só podem fazer valer seus direitos sobre os lucros a que o sócio faz jus[12], não se admitindo a liquidação da quota do sócio devedor no correr da existência da sociedade. Desse modo, não se deixam os credores desprotegidos, mas se impede a exclusão de pleno direito do sócio, garantindo-se sua permanência na sociedade e, na maioria dos casos, a continuação da própria sociedade. Acredita-se que, neste caso, não se pode aplicar as regras do CPC/2015 sobre a penhora das quotas, tendo em vista a especificidade das regras sobre as sociedades em nome coletivo.

Todavia, excepcionalmente, os credores poderão liquidar a quota do sócio durante a existência da sociedade, isto é, fazer recair seus direitos sobre o que o sócio receberia em caso de liquidação da sociedade, mas no correr da vida desta.

---

11. GALGANO, Francesco. *Diritto civile e commerciale*. 3. ed. Padova: CEDAM, 1999, v. 3, tomo 1, p. 383.

12. JAEGER, Pier Giusto; DENOZZA, Francesco. *Appunti di diritto commerciale*. 5. ed. Milano: Giuffrè, 2000, p. 180.

Admite-se tal liquidação quando a sociedade for prorrogada tacitamente, isto é, apesar de chegado o termo contratual, a sociedade continua a existir. Nesse caso, permite-se a liquidação a fim de evitar que as prorrogações da sociedade protelem indefinidamente a satisfação dos direitos dos credores do sócio.

Também é admitida a liquidação quando for acolhida oposição judicial do credor à prorrogação contratual da sociedade. O credor tem o prazo de 90 dias contados da publicação do ato, que determinou a prorrogação da sociedade, para se opor judicialmente, demonstrando os prejuízos que tal prorrogação lhe causam[13]. Em função do que deve ser demonstrado pelo credor do sócio, devem ser partes em tal oposição a sociedade e o sócio devedor.

3 Sociedade em comandita simples

A sociedade em comandita simples é tida como a mais antiga forma de sociedade e se caracteriza pela existência de dois tipos de sócios, que exercem papéis diferentes para a vida da sociedade. Sem a presença dos dois tipos de sócios, não se justifica a sociedade em comandita simples, tanto que a ausência de um dos tipos de sócio por mais de 180 dias, apesar da subsistência da pluralidade de sócios da outra categoria, gera a dissolução da sociedade (art. 1.051, II, do Código Civil).

Conquanto tenha sido mantida pelo Código Civil, disciplinada entre os arts. 1.045 e 1.051, tal sociedade praticamente inexiste nas relações empresariais atuais, pelos mesmos motivos que levaram ao desuso da sociedade em nome coletivo.

3.1 Histórico

A sociedade em comandita simples tem sua origem nos séculos X-XI, ligada ao comércio marítimo do mar Mediterrâneo[14], derivando do chamado contrato de *commenda* ou empréstimo marítimo.

Em tal contrato, uma pessoa denominada *commendator* entregava dinheiro ou mercadorias a um capitão de um navio denominado *tractator*, para que este em nome próprio negociasse mercadorias. O resultado de tal negociação era revertido em proveito de ambos, mas o *commendator* não assumia qualquer responsabilidade além do valor entregue[15].

Assim, o contrato se caracterizava pela presença de um prestador de capital com riscos limitados e de um exercente da atividade em nome próprio, que punha em jogo o

---

13. FERRARA JUNIOR, Francesco; CORSI, Francesco. *Gli imprenditori e le societá.* 11. ed. Milano: Giuffrè, 1999, p. 357.

14. GILISSEN, John. *Introdução histórica ao direito.* Tradução de A. M. Hespanha e L. M. Macaísta Malheiros. 2. ed. Lisboa: Fundação Calouste Gulbenkian, 1995, p. 773.

15. CARVALHO DE MENDONÇA, J. X. *Tratado de direito comercial brasileiro.* Atualizado por Ruymar de Lima Nucci. Campinas: Bookseller, 2001, v. 2, tomo 2, p. 197.

seu nome e seu patrimônio. Essa dualidade de personagens, que caracterizava o contrato de "commenda", passou do comércio marítimo para o comércio terrestre na forma da sociedade em comandita simples.

3.2 Legislação aplicável

As sociedades em comandita simples eram regidas pelo Código Comercial (arts. 311 a 314), e subsistem no Código Civil, passando a ser regidas pelos arts. 1.045 a 1.051. A par desses artigos, aplicam-se também as disposições relativas às sociedades em nome coletivo, naquilo que não for incompatível com o regime das comanditas simples, por expressa remissão do art. 1.046.

A remissão feita às normas da sociedade em nome coletivo gera uma situação ao menos curiosa, pois dentre tais normas é feita uma nova remissão às normas sobre as sociedades simples (art. 1.040). Essa remissão cruzada não é de boa técnica legislativa, pois pode acarretar certa confusão, sendo mais aconselhável a disciplina completa sem remissões[16], o que infelizmente não foi realizado.

Diante dessa infelicidade técnica, podemos afirmar, em síntese, que as sociedades em comandita simples são regidas pelos arts. 1.045 a 1.051 e, subsidiariamente, pelas normas das sociedades em nome coletivo e das sociedades simples.

3.3 Os sócios

O traço característico da sociedade em comandita simples é a existência de dois tipos de sócios, o comanditado e o comanditário, com papéis bem diferenciados para a vida da sociedade.

3.3.1 Comanditado

Os sócios comanditados são aqueles que se comprometem mais diretamente com a atividade exercida pela sociedade, assumindo responsabilidade subsidiária (art. 1.024 do Código Civil), solidária e ilimitada pelas obrigações desta, tal qual ocorre com os sócios da sociedade em nome coletivo.

Diante de tal responsabilidade assumida, lhes é assegurada também a gestão da sociedade, vale dizer, apenas os comanditados podem ser nomeados administradores e, na ausência de nomeação, todos eles têm isoladamente o poder de gerir a sociedade. Ora, se o risco maior é para eles, nada mais lógico do que lhes permitir gerir os negócios sociais, pois o farão com maior cuidado e diligência, para impedir prejuízos pessoais.

---

16. ANDRADE JUNIOR, Átila de Souza Leão. *O novo direito societário brasileiro*. Brasília: Brasília Jurídica, 1999, p. 157-158.

Além disso, é certo que para os terceiros que negociam com a sociedade é mais adequado conhecer os sócios de responsabilidade ilimitada, por isso só o nome dos comanditados pode ser inserido na razão da sociedade (art. 1.157 do Código Civil). Trata-se de uma medida protetiva dos terceiros, mas também uma garantia aos comanditados que assumem maior responsabilidade, de ver seu nome diretamente ligado ao exercício da atividade.

3.3.2 Comanditário

O que diferencia a sociedade em comandita simples da sociedade em nome coletivo é a presença de um tipo diferenciado de sócio, denominado comanditário. Tal sócio possui responsabilidade limitada pelas obrigações sociais. Ele é um prestador de capital, no sentido de participar dos resultados da atividade exercida, sem, contudo, interferir de forma mais direta na gestão social.

Ao contrário do comanditado, que compromete todo o seu patrimônio no exercício da atividade pela sociedade, o comanditário compromete apenas uma parte do seu patrimônio, daí falar-se em responsabilidade limitada deste. Ele se compromete a contribuir com determinada quantia para a formação do capital social, e uma vez realizada sua contribuição, nada mais pode lhe ser exigido em virtude de obrigações da sociedade. A sua única obrigação pecuniária é pagar o valor de sua quota.

Pela importância do valor das quotas perante terceiros, porquanto é tal valor que determina a responsabilidade do comanditário, as convenções dos sócios sobre ela não afetam os direitos dos credores já existentes (art. 1.048 do Código Civil). Com efeito, os sócios podem reduzir o valor da quota inicialmente prometida pelo comanditário, o que, todavia, não pode ser oposto aos credores já existentes[17], pois o devedor não pode reduzir voluntariamente as garantias dos credores que existiam à época da assunção da obrigação. Quanto aos credores posteriores, tal redução produz efeitos em relação às obrigações contraídas após o registro da alteração contratual.

A par dessa limitação de responsabilidade, que pode ser considerada uma vantagem, surgem restrições para os comanditários, que não podem participar da gestão da sociedade e nem incluir seu nome na formação da razão social, sob pena de ser considerado como um comanditado (art. 1.047 do Código Civil). Ora, se o comanditário não restringe sua atuação, distinguindo-se do comanditado, não se justifica o tratamento diferenciado que lhe é assegurado. Há que se ressaltar que a proibição da ingerência do comanditário, na gestão da sociedade, não impede que ele seja constituído procurador da sociedade para atos específicos[18].

Essas restrições à atuação do comanditário não lhe retiram o direito de votar, fiscalizar a sociedade e participar dos lucros sociais. Este último direito é, todavia, condicio-

---

17. GARRIGUES, Joaquín. *Curso de derecho mercantil*. 7. ed. Bogotá: Temis, 1987, v. 2, p. 77.

18. LORDI, Luigi. *Istituzioni di diritto commerciale*. Padova: CEDAM, 1943, v. 1, p. 249.

nado à integridade do capital social, isto é, só podem ser distribuídos lucros aos comanditários se o capital social não tiver sofrido nenhum desfalque em virtude de prejuízos da sociedade. No caso de desfalques ao capital social, deve-se primeiro reconstituí-lo integralmente e só então poderá haver a distribuição dos lucros[19].

3.4 O personalismo da sociedade

Pode-se dizer que a sociedade em comandita simples é uma sociedade de pessoas[20], tendo em vista a responsabilidade ilimitada dos comanditados e sobretudo a gestão inerente apenas a esses sócios. As qualidades pessoais dos sócios comanditados são determinantes para a sua constituição e funcionamento, vale dizer, são essas qualidades pessoais que influenciam diretamente os terceiros que negociam com a sociedade.

Todavia, em relação aos comanditários, que restringem a sua responsabilidade ao valor de suas quotas e não participam da gestão da sociedade, é certo que suas qualidades pessoais não são tão determinantes[21]. Por isso, o Código Civil determina, em seu art. 1.050, que, no caso de morte do sócio comanditário, a sociedade continuará com seus herdeiros, salvo disposição em contrário do contrato social.

Apesar disso, é oportuno ressaltar a aplicação do art. 1.003 do Código Civil, que impede a cessão das quotas sociais sem o consentimento dos demais sócios. Tal regra se aplica também aos comanditários, denotando certa importância da sua condição pessoal.

Ainda que não se aplicasse o art. 1.003, a situação diferenciada desses dois tipos de sócios não induz a uma natureza híbrida para a comandita simples, pois o que caracteriza uma sociedade de pessoas é a importância de pelo menos alguns sócios para a vida da sociedade e não necessariamente de todos. Portanto, a sociedade em comandita simples é uma sociedade de pessoas, tendo em vista o papel preponderante desempenhado, sobretudo, pelos comanditados.

---

19. ANDRADE JUNIOR, Átila de Souza Leão. *O novo direito societário brasileiro*. Brasília: Brasília Jurídica, 1999, p. 159.

20. GARRIGUES, Joaquín. *Curso de derecho mercantil*. 7. ed. Bogotá: Temis, 1987, v. 2, p. 75; LYON-CAEN, Ch. e RENAULT, L. *Manuel du droit commercial*. 10. ed. Paris: Librairie Genérale de droit e de jurisprudence, 1910, p. 125.

21. GALGANO, Francesco. *Diritto civile e commerciale*. 3. ed. Padova: CEDAM, 1999, v. 3, tomo 1, p. 419.

20 AS SOCIEDADES LIMITADAS

1 Histórico

Até o século XIX, podiam-se dividir as sociedades existentes em dois grupos: as sociedades de pessoas de simples constituição, mas de responsabilidade ilimitada, e as sociedades anônimas de responsabilidade limitada, mas de constituição e funcionamento complexos. Tal situação não era satisfatória para pequenos e médios empresários, na medida em que estes buscavam a responsabilidade limitada, mas sem a complexidade da sociedade anônima. Com a Revolução Industrial impunha-se o preenchimento desse vazio legislativo, a fim de se criar um tipo societário que atendesse aos interesses das pequenas e médias empresas.

No fim do século XIX, em resposta às necessidades de pequenos e médios empresários, surge um novo tipo societário que conjuga as vantagens das sociedades de capitais e das sociedades de pessoas, isto é, assegura aos sócios responsabilidade limitada pelas obrigações sociais, sem a complexidade da sociedade anônima[1]. Sem maiores formalidades ou complicações e com riscos limitados de prejuízo, é indubitável que esta é a forma mais aconselhável para os pequenos e médios empreendimentos.

Esse novo tipo societário é a sociedade limitada, que tem sua origem na obra do legislador alemão em 1892, podendo-se afirmar que é uma criação artificial deste, pois não surgiu da atividade dos operadores econômicos[2]. Da obra do legislador alemão ela se difunde pela Europa, chegando ao Brasil em 1919, com o Decreto n. 3.708/1919.

No Brasil, as sociedades limitadas representam 98,93% das sociedades constituídas no período de 1985 a 2005. No ano de 2005, elas representaram 98,53% de todas as sociedades constituídas. Vê-se, pois, claramente que tal tipo societário vem desempenhando papel fundamental no dia a dia da economia do país. Conquanto não represente tanto investimento quanto às sociedades anônimas, é certo que tal tipo societário desempenha uma posição de destaque na vida econômica do país, sobretudo pelo elevado número de relações nas quais está presente.

---

1. BULGARELLI, Waldirio. *Sociedades comerciais.* 7. ed. São Paulo: Atlas, 1998, p. 117.

2. IRUJO, José Miguel Embrid. *La sociedad de responsabilidad limitada.* Apéndice a la décima edición del Manual de derecho mercantil de Manuel Broseta Pont. Madrid: Tecnos, 2000, p. 4.

2   A legislação aplicável

As sociedades limitadas foram introduzidas no Brasil pelo Decreto n. 3.708/1919, o qual tem força de lei, e possui apenas 19 artigos, incluído o décimo nono, que revoga as disposições em contrário. A concisão de tal decreto deixava enormes lacunas, as quais são normalmente supridas pela atuação dos próprios sócios. Todavia, nem sempre os sócios disciplinavam todos os assuntos necessários, dando margem a inúmeras discussões na doutrina sobre a solução para tais casos, demonstrando a imperfeição da disciplina de tão importante tipo societário[3].

Apesar das inúmeras críticas recebidas, tal decreto não sofreu nenhuma alteração em seus artigos, mantendo-se íntegra a disciplina original. Com o advento do Código Civil, as sociedades, doravante denominadas apenas limitadas, passam a ser disciplinadas mais detalhadamente nos arts. 1.052 a 1.087. Contudo, mesmo com o advento do Código Civil, a legislação sobre as sociedades limitadas se mostra insuficiente, sendo necessário o recurso à outra legislação, que será aplicada supletivamente.

2.1   O art. 18 do Decreto n. 3.708/1919

A disciplina das sociedades por quotas de responsabilidade limitada, a princípio, coube ao Decreto n. 3.708/1919 e suas remissões (arts. 289 e 300 a 302 do Código Comercial). Dada a concisão de tal diploma normativo, os sócios possuíam uma ampla liberdade para disciplinar suas relações internas no contrato social, vale dizer, podiam disciplinar tudo que não fosse matéria de ordem pública e que não fosse disciplinado no decreto e em suas remissões.

Todavia, por vezes, nem o decreto nem o contrato social solucionavam os problemas sobre determinados assuntos, como, por exemplo, a necessidade ou não da anuência dos demais sócios para a cessão das quotas a terceiros. Nesses casos, surgia a indagação: em que legislação buscar a solução?

A princípio, o próprio decreto tentou responder a tal indagação, asseverando em seu art. 18 que "serão observadas quanto às sociedades por quotas de responsabilidade limitada, no que não for regulado no estatuto social, e na parte aplicável, as disposições da lei das sociedades anônimas". Contudo, a utilização da expressão "na parte aplicável" deu margem a inúmeras discussões sobre a matéria.

Pode-se vislumbrar, na solução de tal indagação, basicamente duas linhas de interpretação: uma que aplicava a Lei das Sociedades por Ações, exceto em matérias incompatíveis com a natureza da sociedade por quotas; e outra que aplicava, antes da lei das sociedades por ações, o Código Comercial, diante da natureza contratual e personalista de tal sociedade.

Sufragando a segunda corrente, Rubens Requião afirma que:

---

3.   MARTINS, Fran. *Curso de direito comercial*. 22. ed. Rio de Janeiro: Forense, 1998, p. 268.

Sendo o contrato omisso, deve apelar-se para as regras gerais do Código Comercial, referentes à disciplina das sociedades comerciais. Assim, há de ser, em vista da remissão que faz o art. 2º do Decreto, aos arts. 300 a 302 do Código Comercial, porque a sociedade por cotas se perfila entre as sociedades de pessoas. Está, pois, sujeita à disciplina do código comercial na relativa às sociedades de pessoas. Na ausência de dispositivo adequado no Código Comercial, só então se deve lançar mão da Lei das Sociedades Anônimas, por analogia, assim mesmo quando o dispositivo dessa for adequado ao tipo de sociedade de que se trata[4].

Nesse sentido, também está a opinião de Cunha Peixoto, Romano Cristiano, Sérgio Campinho e Nelson Abrão[5].

Ousamos discordar de tal opinião, para nos perfilar aos autores que entendem que deve ser aplicada subsidiariamente a lei das sociedades anônimas, exceto naquilo que for incompatível com a natureza das limitadas. A sociedade por quotas "tem fisionomia própria, caracteres próprios que a extremam de todos os outros tipos de sociedade"[6]. Ora, sendo dotada de caracteres próprios, não se deve buscar no Código Comercial a natureza de tais sociedades, mas sim no próprio Decreto n. 3.708/1919, e no silêncio deste e do contrato social, deve-se aplicar a lei de sociedades anônimas, obedecendo ao que é expressamente determinado pelo art. 18 do mesmo decreto[7].

A solução de tal controvérsia era fundamental na solução de problemas basilares das sociedades por quotas de responsabilidade.

2.2 O regime no Código Civil

Com o advento do Código Civil, a questão recebe um novo tratamento, ao se afirmar que nas omissões do capítulo sobre as limitadas incidem as regras sobre a sociedade simples, salvo se no contrato social os sócios preferirem a aplicação da lei das sociedades anônimas[8].

---

4. REQUIÃO, Rubens. *Curso de direito comercial*. 23. ed. São Paulo: Saraiva, 1998, v. 1, p. 407.

5. CUNHA PEIXOTO, Carlos Fulgêncio da. *A sociedade por cotas de responsabilidade limitada*. 2. ed. Rio de Janeiro: Forense, 1958, v. 1, p. 57; CRISTIANO, Romano. *Sociedade limitada no Brasil*. São Paulo: Malheiros, 1998, p. 19; ABRÃO, Nelson. *Sociedade por quotas de responsabilidade limitada*. Revista, atualizada e ampliada por Carlos Henrique Abrão. 8. ed. São Paulo: Saraiva, 2000, p. 23; CAMPINHO, Sérgio. *Sociedade por quotas de responsabilidade limitada*. Rio de Janeiro: Renovar, 2000, p. 62-63.

6. BORGES, João Eunápio. *Curso de direito comercial terrestre*. Rio de Janeiro: Forense, 1959, v. 2, p. 175.

7. LUCENA, José Waldecy. *Das sociedades por quotas de responsabilidade limitada*. 2. ed. Rio de Janeiro: Renovar, 1997, p. 69; COELHO, Fábio Ulhoa. *Curso de direito comercial*. São Paulo: Saraiva, 1999, v. 2, p. 360-361; BORBA, José Edwaldo Tavares. *Direito societário*. 4. ed. Rio de Janeiro: Freitas Bastos, 1998, p. 90.

8. Texto do art. 1.053: "A sociedade limitada rege-se, nas omissões deste Capítulo, pelas normas da sociedade simples. *Parágrafo único*. O contrato social poderá prever a regência supletiva da sociedade limitada pelas normas da sociedade anônima."

O Código Civil afasta a discussão doutrinária, assegurando aos sócios a liberdade de adotar as regras das sociedades simples ou das sociedades anônimas. Em vez de disciplinar toda a matéria, o contrato social pode simplesmente fazer referência à lei das sociedades anônimas, ou, silenciando, buscar a solução nas normas sobre as sociedades simples.

A princípio, a opção pela aplicação supletiva da lei das sociedades anônimas dependerá de cláusula expressa no contrato social. No entanto, o DREI, na IN n. 81/2020, expressa entendimento de que seria possível presumir a aplicação supletiva da lei das sociedades pela adoção de qualquer instituto próprio das sociedades anônimas, desde que compatível com a natureza da sociedade limitada, tais como: a) quotas em tesouraria; b) quotas preferenciais; c) conselho de administração; e d) conselho fiscal". A nosso ver, tal presunção não se justifica e contraria o texto do art. 1.053 do Código Civil, que exige a opção expressa.

De todo modo, tal regime peca em inúmeros sentidos.

Em primeiro lugar, o ideal seria que a sociedade limitada possuísse toda uma regulamentação própria, não necessitando do socorro a nenhuma legislação supletiva[9]. Em segundo lugar, as normas sobre as sociedades simples nem sempre se adéquam à velocidade das relações empresariais da atualidade, na medida em que não foram feitas para disciplinar as sociedades empresárias.

Ora, as sociedades simples não se destinam ao exercício de atividade empresarial, ao contrário das sociedades limitadas, que exercem basicamente tal tipo de atividade. Assim sendo, é um contrassenso buscar nas sociedades simples soluções para as sociedades limitadas[10]. Melhor seria a inexistência de remissões, ou ainda a remissão simplesmente à lei de sociedades anônimas, que melhor se coaduna com a natureza das atividades desenvolvidas na limitada.

Além disso, a dualidade de regimes legislativos da sociedade limitada é extremamente perigosa, pois pode gerar uma grande insegurança, sobretudo no que diz respeito às relações da sociedade com terceiros, matéria esta que não está sujeita à disciplina pelos sócios, nem é regulada especificamente em relação às limitadas, e possui tratamento diverso nas sociedades anônimas e nas sociedades simples.

3 Classificação

A sociedade limitada combina as vantagens das sociedades de capitais e das sociedades de pessoas, o que dificulta seu enquadramento puro em uma ou outra categoria.

---

9. WALD, Arnoldo. *Comentários ao novo Código Civil*. Rio de Janeiro: Forense, 2005, v. XIV, p. 327.

10. ARAÚJO, Paulo Barreto de. Aspectos da sociedade limitada no projeto do Código Civil. *Revista dos Tribunais*. São Paulo, ano 67, v. 517, nov. 1978, p. 28; TEIXEIRA, Egberto Lacerda. As sociedades limitadas e o projeto do código civil. *Revista de Direito Mercantil, Industrial, Econômico e Financeiro*, Ano XXXIV, n. 99, jul./set. 1995, p. 69.

No regime do Decreto n. 3.708/1919, havia uma grande controvérsia a respeito dessa classificação, confusão essa que não acaba com o Código Civil.

João Eunápio Borges, coerentemente, enquadrava a sociedade limitada como uma sociedade de capitais, porquanto ela não oferece como garantia aos seus credores o patrimônio pessoal dos sócios[11]. Todavia, esse é apenas um dos elementos para se verificar a existência de uma sociedade de pessoas ou de capitais. Com efeito, neste particular, a sociedade limitada se aproxima extremamente da sociedade anônima, o que não é suficiente para enquadrá-la como uma sociedade de capitais, na medida em que há também um acentuado caráter pessoal nas relações entre os sócios[12], que a aproxima da sociedade de pessoas.

Fran Martins afirma que a limitada é uma sociedade de pessoas pela forma contratual de sua constituição, que obedecia aos arts. 300 a 302 do Código Comercial[13]. Pontes de Miranda ressalta a natureza personalista afirmando que os sócios podem, sem motivos, impedir a transferência das quotas, ou determinar a dissolução da sociedade pela morte de um deles, denotando uma maior importância da pessoa do sócio[14].

Romano Cristiano também enquadra a limitada como uma sociedade de pessoas, afirmando que a solidariedade entre os sócios para a integralização do capital social fará com que as qualidades pessoais dos sócios sejam determinantes na formação da sociedade[15].

Jorge Lobo ressalta a natureza *intuitu personae*, afirmando a importância da pessoa dos sócios, em face da sua contribuição para a formação do capital social[16]. Sérgio Campinho também ressalta a natureza *intuitu personae* da limitada, destacando a constituição por contrato, a solidariedade entre os sócios, a alteração do contrato social nos casos de exclusão ou retirada, a dissolução parcial da sociedade no caso de quebra da *affectio societatis* e o condicionamento da cessão das quotas à não oposição de sócios que representem ¼ do capital social, salvo cláusula contratual em sentido contrário[17].

Não obstante a força de tais argumentos, é certo que esse personalismo não estará presente em todas as sociedades limitadas, vale dizer, a liberdade, que é assegurada aos sócios, permitirá a configuração de sociedades eminentemente personalistas, mas também de sociedades eminentemente capitalistas. Rubens Requião, mesmo defendendo a natu-

---

11. BORGES, João Eunápio. *Curso de direito comercial terrestre*. Rio de Janeiro: Forense, 1959, v. 2, p. 56.

12. FERRARA JUNIOR, Francesco; CORSI, Francesco. *Gli imprenditori e le società*. 11. ed. Milano: Giuffrè, 1999, p. 862.

13. MARTINS, Fran. *Curso de direito comercial*. 22. ed. Rio de Janeiro: Forense, 1998, p. 272-273.

14. MIRANDA, Pontes de. *Tratado de direito privado*. 3. ed. São Paulo: Revista dos Tribunais, 1984, v. 49, p. 362.

15. CRISTIANO, Romano. *Sociedade limitada no Brasil*. São Paulo: Malheiros, 1998, p. 32-33.

16. LOBO, Jorge. *Sociedades limitadas*. Rio de Janeiro: Forense, 2004, v. 1, p. 51.

17. CAMPINHO, Sérgio. *O direito de empresa à luz do novo Código Civil*. 4. ed. Rio de Janeiro: Renovar, 2004, p. 163.

reza personalista da sociedade limitada, afirma que o "contrato social poderá inculcar-lhe um estilo personalista ou capitalista"[18].

Desse modo, a sociedade limitada pode ser tida como uma sociedade híbrida, isto é, de acordo com o caso concreto ela poderá ter um caráter de sociedade de pessoas ou de capital[19]. "São os sócios e não a lei que a definem. A negociação, traduzida no contrato social, elucida se a limitada será de pessoa ou de capital."[20]

Para Fábio Ulhoa Coelho, devem ser analisadas as cláusulas relativas à cessão das quotas, penhora das quotas e implicações do falecimento de um sócio[21]. Assim, se a cessão das quotas dependesse do consentimento dos demais sócios, seria uma sociedade de pessoas; também seria uma sociedade de pessoas no caso de impenhorabilidade das quotas sociais e no caso de apuração dos haveres do sócio falecido. Na insuficiência da análise de tais cláusulas, a limitada seria uma sociedade de pessoas, porquanto tais matérias dizem respeito à constituição da sociedade que era regida pelas normas do Código Comercial[22].

Com efeito, impõe-se a análise das cláusulas do contrato social para se saber se na sociedade limitada predomina o caráter personalista ou o caráter capitalista. Todavia, dentre as cláusulas a serem analisadas, não se encontra aquela relativa à penhorabilidade das quotas, que é uma matéria de direito processual, de ordem pública, que não está sujeita à disposição das partes.

No regime do Código Civil, o hibridismo da limitada também é mantido, pois poderão existir sociedades com traços personalistas e com traços capitalistas, dando-se maior ou menor importância à pessoa dos sócios, senão vejamos.

Em primeiro lugar, permite-se, por opção dos sócios, que a limitada seja regida supletivamente pelas normas das sociedades simples (sociedade de pessoas) ou pelas normas das sociedades anônimas (sociedade de capital). Outrossim, os sócios têm a liberdade de definir se a cessão das quotas é livre (art. 1.057 do Código Civil), denotando uma natureza capitalista, ou se depende da anuência de todos, reforçando a natureza pessoal. Também se pode permitir um terceiro como administrador da sociedade (art. 1.061 do Código Civil), como nas sociedades de capital.

---

18.   REQUIÃO, Rubens. *Curso de direito comercial*. 23. ed. São Paulo: Saraiva, 1998, v. 1, p. 411; do mesmo modo CAMPINHO, Sérgio. *O direito de empresa à luz do novo Código Civil*. 4. ed. Rio de Janeiro: Renovar, 2004, p. 164.

19.   COELHO, Fábio Ulhoa. *Curso de direito comercial*. São Paulo: Saraiva, 1999, v. 2, p. 362; BERTOLDI, Marcelo M. *Curso avançado de direito comercial*. São Paulo: Revista dos Tribunais, 2001, v. 1, p. 193; BORBA, José Edwaldo Tavares. *Direito societário*, p. 63; LUCENA, José Waldecy. *Das sociedades por quotas de responsabilidade limitada*. 2. ed. Rio de Janeiro: Renovar, 1997, p. 45; WALD, Arnoldo. *Comentários ao novo Código Civil*. Rio de Janeiro: Forense, 2005, v. XIV, p. 309; SIMÃO FILHO, Adalberto. *A nova sociedade limitada*. Barueri: Manole, 2004, p. 37; CALÇAS, Manoel Queiroz Pereira. *Sociedade limitada no Código Civil*. São Paulo: Atlas, 2003, p. 29.

20.   COELHO, Fábio Ulhoa. *Curso de direito comercial*. São Paulo: Saraiva, 1999, v. 2, p. 362.

21.   Idem, p. 367.

22.   Idem, p. 369.

Além disso, admite-se, desde que prevista no contrato social, a exclusão do sócio pelo descumprimento das obrigações sociais (art. 1.085 do Código Civil), por decisão da maioria dos sócios, representativa de mais da metade do capital social, o que pode reforçar a natureza de uma sociedade de pessoas. Por fim, há a possibilidade de os sócios deliberarem a extinção da sociedade, em virtude do falecimento de um sócio, ou a continuação com os seus herdeiros (art. 1.028 do Código Civil), o que denota que a pessoa do sócio poderá ter maior ou menor importância, podendo-se falar em uma sociedade de capital ou em uma sociedade de pessoas.

Portanto, diante das várias configurações possíveis da limitada, apenas no caso concreto, à luz das decisões dos sócios em relação a tais matérias, será possível afirmar se a limitada é de pessoas ou de capitais, não se podendo definir *a priori* a sua natureza. No caso de silêncio dos sócios sobre tais matérias, prevalece a natureza personalista, diante das soluções legais impostas.

4 Nome empresarial

A sociedade regularmente constituída possui um nome próprio, pelo qual assume direitos e obrigações no mundo jurídico. Em relação às sociedades limitadas, pode haver o uso tanto de uma razão social, típica das sociedades de pessoas, quanto de uma denominação, típica das sociedades de capitais, o que reforça a tese da natureza híbrida de tal sociedade. Além disso, é possível a utilização do próprio CNPJ como nome empresarial (Lei n. 8.934/94, art. 35-A).

A firma ou razão social caracteriza-se pela utilização do patronímico dos sócios, pessoas físicas[23], não sendo necessária a indicação de todos, nem do seu nome completo, podendo ser utilizadas expressões como "e companhia", "e irmãos" etc. Assim, seriam exemplos de razão social: JOÃO DA SILVA E CIA. LTDA., IRMÃOS SOARES LTDA. e J. SANTOS E IRMÃOS LTDA. Já a denominação caracteriza-se pela não utilização do nome dos sócios, podendo se usar uma expressão de fantasia, a indicação do local, ou apenas a indicação do objeto social[24], não sendo, a princípio, exigida a indicação da atividade exercida[25] (art. 35, III, da Lei n. 8.934/94). Como exemplos de denominação, temos: CASA DE TECIDOS JUTAÍ LTDA, PANIFICADORA PORTUGUESA LTDA.

---

23. REQUIÃO, Rubens. *Curso de direito comercial.* 23. ed. São Paulo: Saraiva, 1998, v. 1, p. 201; FRANCO, Vera Helena de Mello. *Manual de direito comercial.* São Paulo: Revista dos Tribunais, 2001, v. 1, p. 130; SILVA, Bruno Mattos e. *Curso elementar de direito comercial*: parte geral e contratos mercantis. São Paulo: Juarez de Oliveira, 2001, p. 34; MARTINS, Fran. *Curso de direito comercial.* 22. ed. Rio de Janeiro: Forense, 1998, p. 92.

24. COELHO, Fábio Ulhoa. *Curso de direito comercial.* 4. ed. São Paulo: Saraiva, 2000, v. 1, p. 172; FRANCO, Vera Helena de Mello. *Manual de direito comercial.* São Paulo: Revista dos Tribunais, 2001, v. 1, p. 131.

25. CRISTIANO, Romano. *Sociedade limitada no Brasil.* São Paulo: Malheiros, 1998, p. 73; CAMPINHO, Sérgio. *Sociedade por quotas de responsabilidade limitada.* Rio de Janeiro: Renovar, 2000, p. 20; BERTOLDI, Marcelo M. *Curso avançado de direito comercial.* São Paulo: Revista dos Tribunais, 2001, v. 1, p. 144; LUCE-

Para as sociedades limitadas, o Código Civil não altera o regime geral da razão social, mas afirma que na denominação deve ser indicada a atividade exercida (art. 1.158, § 2º), similarmente ao que já era determinado pelo art. 3º do Decreto n. 3.708/1919[26], mas já não era mais exigido pela Lei n. 8.934/94. Além disso, inova ao passar a permitir que o nome de um ou mais sócios seja incluído na denominação, o que faz com que não seja possível distinguir quando é uma razão social e quando é uma denominação. E não se diga que a inclusão do nome dos sócios na denominação não gera confusão, pois também ocorreria nas sociedades anônimas[27], uma vez que para estas se admite apenas o uso de denominação, de modo que, ainda que se use o nome dos fundadores da sociedade, pode-se afirmar, com certeza, que se trata de uma denominação. Tal confusão não acarreta quaisquer prejuízos para a limitada ou para terceiros.

Feita a opção por uma razão social ou por uma denominação, o regime peculiar da sociedade limitada impõe que o nome de tais sociedades possua um elemento diferenciador das demais espécies societárias. Assim, o nome da sociedade deve vir acompanhado da expressão limitada, por extenso ou abreviadamente (art. 1.158 do Código Civil).

A ausência de tal expressão leva a crer que se trata de uma sociedade em nome coletivo, que é tida como o protótipo das sociedades em geral, o que altera profundamente o regime de responsabilidade dos sócios. Esclarecendo as consequências da omissão da palavra *limitada* no nome da sociedade, José Waldecy Lucena afirma que, "omitida a declaração no próprio contrato de constituição da sociedade, esta já nasce como sociedade em nome coletivo, tornando todos os sócios gerentes ou não, ilimitada e solidariamente responsáveis, não podendo ser oposta a terceiros a limitação da responsabilidade dos sócios não gerentes"[28]. Nesse caso, a expressão *limitada* não existe no nome da sociedade, de modo que ela deve ser tratada como uma sociedade em nome coletivo.

Diferente é o caso de existir a expressão *limitada* no nome da sociedade, mas ela é omitida em determinado ato praticado. Nessa hipótese, não se pode tratar a sociedade como sociedade inteira, como sociedade em nome coletivo, responsabilizando todos os sócios, mas também não se pode prejudicar os terceiros que contrataram com a sociedade, sem ter como saber da limitação de responsabilidade. Assim sendo, o legislador (art. 1.158, § 3º, do Código Civil) optou por impor a responsabilidade ilimitada apenas para o administrador que pessoalmente cometer a omissão do emprego da palavra *limitada*[29].

NA, José Waldecy. *Das sociedades por quotas de responsabilidade limitada*. 2. ed. Rio de Janeiro: Renovar, 1997, p. 124-125.

26. LUCENA, José Waldecy. *Das sociedades por quotas de responsabilidade limitada*. 2. ed. Rio de Janeiro: Renovar, 1997, p. 129.

27. Excepcionalmente se admite o uso do nome de pessoas que concorreram para o êxito das companhias, conforme autorizado pelo art. 3º, § 1º, da Lei n. 6.404/76.

28. LUCENA, José Waldecy. *Das sociedades por quotas de responsabilidade limitada*. 2. ed. Rio de Janeiro: Renovar, 1997, p. 94.

29. CAMPINHO, Sérgio. *O direito de empresa à luz do novo Código Civil*. 4. ed. Rio de Janeiro: Renovar, 2004, p. 147; LUCENA, José Waldecy. *Das sociedades por quotas de responsabilidade limitada*. 2. ed. Rio de Janeiro: Renovar, 1997, p. 94.

No caso de omissão da palavra *limitada* existente no nome da sociedade, além da responsabilidade dos administradores que usam o nome, a nosso ver, há que se estender a responsabilidade ilimitada para os sócios que dão nome à sociedade, em atenção ao princípio do art. 1.157 do Código Civil. Trata-se de uma medida de proteção dos terceiros de boa-fé, que, ao verificarem o nome de um dos sócios na razão social sem a indicação da responsabilidade limitada, acreditam que ele tem responsabilidade ilimitada pelas obrigações sociais. Ademais, os sócios que deem nome à sociedade e não sejam administradores poderão se voltar posteriormente contra os que lhe causaram o prejuízo.

Em síntese, podemos afirmar que, se o nome da sociedade não contém a expressão limitada, há que se tratá-la como uma sociedade em nome coletivo. Todavia, se no nome da sociedade há a expressão *limitada*, mas esta é omitida em determinados negócios firmados pela sociedade, surge uma responsabilidade ilimitada para os administradores e para os que dão nome à sociedade.

Em qualquer caso, é certo que o credor só pode se beneficiar dessa responsabilidade ilimitada de alguns sócios ou administradores se ele não sabia da condição de sociedade limitada, isto é, apenas os credores de boa-fé podem ser beneficiados por tal responsabilidade excepcional[30]. Imagine-se o caso de um credor que reiteradas vezes mantém negócios com a sociedade, sempre com o uso da expressão *limitada* e, em um caso, se omite essa expressão. Ele não estará sendo prejudicado por essa omissão, uma vez que ele já conhece a condição de limitada da sociedade, logo, não há por que lhe garantir nada além da limitação.

5   Capital social

O capital social é formado pela soma das contribuições dos sócios, que são destinadas à realização do objeto social. Assim, o capital social é aquele patrimônio inicial, próprio da sociedade, indispensável para o início das atividades sociais. Nas sociedades limitadas, o capital só pode ser formado por dinheiro ou bens, não se admitindo a contribuição em serviços, uma vez que o capital social é a garantia dos credores e a contribuição em serviços não teria como cumprir esse papel de garantia[31].

O capital social só pode ser alterado mediante uma alteração do contrato social, daí falar-se também em capital nominal, vale dizer, trata-se de um valor fixado no contrato social cuja variação é condicionada a uma alteração desse contrato. De outro lado, há o patrimônio da sociedade, que não se confunde com o capital social, pois o patrimônio está sujeito a oscilações a todo instante. Normalmente, o capital social se identifica com o patrimônio inicial da sociedade[32].

---

30.   CAMPINHO, Sérgio. *O direito de empresa à luz do novo Código Civil*. 4. ed. Rio de Janeiro: Renovar, 2004, p. 148.

31.   RIPERT, Georges; ROBLOT, René. *Traité élémentaire de droit commercial*. 5. ed. Paris: Librairie Générale de droit e jurisprudence, 1963, v. 1, p. 439.

32.   LAURINI, Giancarlo. *La società a responsabilità limitata*: tra disciplina attuale e prospettive di riforma. Milano: Giuffrè, 2000, p. 49.

5.1 Formação e alterações do capital social

Conquanto represente, a princípio, um valor nominal, as contribuições dos sócios devem ser efetivas, não podendo ser fictícias, dada a importância do capital social, como garantia dos credores e também para a determinação da responsabilidade dos sócios perante terceiros. Por isso, não se pode incorporar ao capital social um bem por um valor superior ao seu valor efetivo. No direito francês, comina-se a pena de nulidade à sociedade, no caso de aportes fictícios de capital[33].

A fim de proteger a integridade do capital social, o Código Civil afirma que os sócios respondem solidariamente pela exata estimação dos bens conferidos, pelo prazo de 5 anos (art. 1.055), vale dizer, se houve uma superavaliação de bens em prejuízo da efetividade do capital social, os sócios serão obrigados a desembolsar a diferença de seu patrimônio pessoal. "A super avaliação do bem para a integralização equipara-se à não integralização do valor devido à sociedade"[34].

A importância do capital social, sobretudo perante terceiros, faz surgir o princípio da estabilidade ou variabilidade condicionada do capital social, isto é, o capital social só pode ser alterado se obedecidas determinadas condições. "A cifra do capital não pode ser livremente alterada, já que todo aumento significaria um engano para os credores, caso não venha acompanhado do correlativo aumento no patrimônio social, e toda diminuição implica a possibilidade de reduzir na mesma quantia o patrimônio, com a consequente diminuição da garantia dos credores"[35].

Atentando a tal princípio, o Código Civil (art. 1.081) condiciona o aumento do capital social à integralização do capital social, isto é, só pode ser aumentado o capital social após a integralização total do capital inicialmente subscrito. Tal aumento pode ser oneroso, quando ingressarão novos recursos no patrimônio da sociedade, fornecidos por aqueles que subscreverem as novas quotas, ou gratuito, quando se converterá parte do patrimônio da sociedade em capital social[36], aumentando o valor das quotas existentes ou atribuindo novas quotas já integralizadas aos sócios primitivos. Em qualquer caso, o aumento do capital social depende da deliberação dos sócios.

A redução, por outro lado, é admitida em duas hipóteses, no caso de perdas irreparáveis e no caso de capital considerado excessivo (art. 1.082). A redução, no caso de perdas irreparáveis, só pode ser feita se o capital já estiver totalmente integralizado, sendo efetivada pela redução do valor das quotas já existentes. Há que se ressaltar que tal redução só se concretiza com a averbação no registro das empresas.

---

33. RIPERT, Georges; ROBLOT, René. *Traité élémentaire de droit commercial*. 5. ed. Paris: Librairie Générale de Droit e Jurisprudence, 1963, v. 1, p. 439.

34. WALD, Arnoldo. *Comentários ao novo Código Civil*. Rio de Janeiro: Forense, 2005, v. XIV, p. 364.

35. GARRIGUES, Joaquín. *Curso de derecho mercantil*. 7. ed. Bogotá: Temis, 1987, v. 2, p. 137, tradução livre de *"la cifra del capital social no puede ser libremente alterada, ya que todo aumento de la misma significaría un engaño para los acreedores, se no va acompañado del correlativo aumento en el patrimonio social, y toda disminución implica la posibilidad de reducir en la misma cuantía el patrimonio, con la consiguiente disminución de la garantía para los acreedores".*

36. LAURINI, Giancarlo. *La società a responsabilità limitata*: tra disciplina attuale e prospettive di riforma. Milano: Giuffrè, 2000, p. 57.

No caso de capital considerado excessivo para a realização do objeto social, a redução pode ser deliberada pelos sócios, mediante a devolução de parte dos valores já pagos pelos sócios, ou pela dispensa das prestações ainda pendentes. Em face do desfalque do próprio patrimônio da sociedade, condiciona-se tal diminuição do capital social à ausência de impugnação por parte dos credores quirografários, no prazo de 90 dias contados da publicação da ata da assembleia, que deliberou tal redução (art. 1.084, §§ 1º e 2º). Havendo tal impugnação, ainda será possível a redução, se for paga a dívida do credor impugnante, ou ao menos garantida pelo depósito judicial do valor da obrigação.

6 Quotas

Ao contribuírem para o capital social, os sócios transferem dinheiro ou bens à sociedade[37] e adquirem, em contrapartida, quotas de participação[38]. Essas quotas são a divisão do capital social. Sob a ótica da sociedade, as quotas são "os contingentes de bens, com os quais os sócios contribuem ou se obrigam a contribuir para a sociedade"[39]. Sob o ponto de vista dos sócios, as quotas representam direitos e obrigações inerentes à sua condição de sócio.

6.1 Características das quotas

No Brasil, admitiu-se, inicialmente, a obrigatoriedade da quota única inicial[40], de acordo com a interpretação do art. 5º do Decreto n. 3.708/1919. Assim, cada sócio, no início da vida da sociedade, só pode subscrever uma quota. Tal disposição, copiada do direito português, não possuía nenhuma utilidade e sua desobediência não possuía sanção[41], de modo que a prática cotidiana a afastou, praticamente revogando o disposto no art. 5º do Decreto n. 3.708/1919[42].

Os grandes inconvenientes da cota única inicial se viam pelas características dadas pelo Decreto n. 3.708/1919, quais sejam, a unidade e indivisibilidade das quotas. Vale dizer, as quotas não se misturam, nem se fracionam. Assim, se um sócio possuía uma quota no valor de quinhentos, e adquire outra do mesmo valor, não passa a ter uma

---

37. Nas limitadas não se admite a contribuição em serviços (art. 1.055, § 2º).

38. GRAZIANI, Alessandro. *Diritto delle società*. 5. ed. Nápoli: Morano, 1963, p. 454.

39. CARVALHO DE MENDONÇA, J. X. *Tratado de direito comercial brasileiro*. Atualizado por Ruymar de Lima Nucci. Campinas: Bookseller, 2001, v. 2, tomo 2, p. 38.

40. MARTINS, Fran. *Sociedades por quotas no direito estrangeiro e brasileiro*. Rio de Janeiro: Forense, 1960, p. 649; PEIXOTO, Carlos Fulgêncio da Cunha. *A sociedade por cotas de responsabilidade limitada*. 2. ed. Rio de Janeiro: Forense, 1958, v. 1, p. 133.

41. BORGES, João Eunápio. *Curso de direito comercial terrestre*. Rio de Janeiro: Forense, 1959, v. 2, p. 140.

42. LUCENA, José Waldecy. *Das sociedades por quotas de responsabilidade limitada*. 2. ed. Rio de Janeiro: Renovar, 1997, p. 246.

quota de mil, mas duas de quinhentos. De outro lado, se duas pessoas em conjunto adquirem uma quota de mil, não passam a ter duas quotas de quinhentos, mas devem exercer os direitos atinentes à quota em condomínio.

A unidade e indivisibilidade geravam problemas na transferência das quotas, seja *inter vivos*, seja *causa mortis*, dada a grande dificuldade de consenso no exercício dos direitos atinentes às quotas. Diante disso, a praxe mercantil viu-se obrigada a encontrar uma solução, que foi a divisão do capital em várias quotas de valor unitário baixo, ignorando a regra da unidade inicial da cota. Assim, por exemplo, numa sociedade cujo capital é de R$ 10.000,00 (reais), este é dividido em dez mil cotas de valor unitário de R$ 1,00 (um real), atribuindo-se cinco mil quotas a cada sócio. Esta prática facilita a transferência das cotas, evitando os inconvenientes que o condomínio normalmente gera.

O Código Civil estabelece que os sócios podem ser proprietários de uma ou diversas quotas, de valores iguais ou diferentes, afastando completamente do direito pátrio o regime da quota única inicial. Compete aos sócios decidir se cada um terá apenas uma quota, ou terá várias quotas.

Conquanto neste particular tenha evoluído, o Código Civil mantém a indivisibilidade da cota, salvo no caso de transferência. Tal regra, copiada do direito italiano, não faz muito sentido no direito brasileiro[43].

No direito italiano, há certo sentido na regra da indivisibilidade perante a sociedade, pois lá se mantém o regime da cota única inicial, exigindo-se ainda um valor mínimo para cada cota[44]. Com a admissibilidade expressa da pluralidade de quotas, a praxe mercantil, que já havia afastado os inconvenientes da indivisibilidade do regime do Decreto n. 3.708/1919, tornará letra morta a regra da divisibilidade apenas no caso de transferência que, embora faça mais sentido, é desprovida de utilidade prática.

Quem, no sistema da pluralidade de quotas, instituiria um condomínio na constituição da sociedade? Os inconvenientes deste condomínio o afastam na prática, tornando a regra do Código Civil desprovida de qualquer utilidade[45].

6.2 Cessão das quotas

Ao subscrever uma quota do capital social, o sócio adquire um direito pessoal de ser sócio e direitos patrimoniais, consistentes na participação nos lucros e no acervo social, em caso de liquidação. Representando direitos, as quotas podem ser cedidas a outras

---

43. WALD, Arnoldo. *Comentários ao novo Código Civil*. Rio de Janeiro: Forense, 2005, v. XIV, p. 371; GONÇALVES NETO, Alfredo de Assis. *Lições de direito societário*. 2. ed. São Paulo: Juarez de Oliveira, 2004, p. 216.

44. GALGANO, Francesco. *Diritto civile e commerciale*. 3. ed. Padova: CEDAM, 1999, v. 3, tomo 2, p. 485.

45. ANDRADE JUNIOR, Átila de Souza Leão. *O novo direito societário brasileiro*. Brasília: Brasília Jurídica, 1999, p. 196.

As sociedades limitadas | 345

pessoas a título oneroso, ou a título gratuito. Discute-se, contudo, se tal cessão é livre, ou se depende da concordância dos demais sócios.

A legislação original das limitadas não estabelecia nada a respeito, ficando a solução da questão sujeita ao arbítrio dos próprios sócios, que no contrato social podem impor condições para tal cessão. Todavia, no silêncio do contrato social, a cessão é livre ou depende da anuência dos demais sócios? Se depender, basta a maioria ou é necessária a unanimidade? A solução de tal questão passava pela definição da legislação que incidiria supletivamente sobre as sociedades limitadas (Lei das S.A. ou Código Comercial) e pela natureza *intuitu personae* ou não de tal sociedade, gerando uma grande controvérsia na doutrina.

O Código Civil italiano, que estabelece a livre cessão das quotas, salvo disposição em contrário do contrato social[46]. No direito espanhol, é estabelecida a livre cessão entre sócios, ou a familiares dos sócios ou a sociedades integrantes do mesmo grupo, salvo disposição em contrário[47]. Para terceiros, a cessão das quotas depende do consentimento da assembleia, salvo se houver disposição no contrato social em sentido diverso[48]. No direito francês, um sócio pode ceder suas quotas livremente para outro sócio. Para terceiros a cessão depende do consentimento de sócios que representem pelo menos ¾ do capital social[49].

O Código Civil mantém a possibilidade de os sócios disporem sobre a livre cessão ou não das quotas na sociedade limitada. Há ampla margem de liberdade para os sócios, que podem dar um caráter mais personalista ou mais capitalista à sociedade limitada.

No silêncio do contrato social, a cessão das quotas a quem é sócio pode ocorrer livremente, não dependendo do consentimento dos demais (art. 1.057 do Código Civil). Tal liberdade pode acabar modificando as relações de poder dentro da sociedade. Em função disso, é extremamente frequente e aconselhável que sejam estabelecidos critérios para a cessão das quotas entre sócios, assegurando a manutenção da proporção.

Omisso o contrato também no que diz respeito à cessão das quotas a terceiros, ela pode ser feita desde que não haja oposição de sócios que representem ¼ (25%) do capital social. Em outros termos, a cessão das quotas a terceiros fica condicionada à aprovação, expressa ou tácita, de sócios que representem três quartos do capital social, seguindo o sistema francês.

A orientação, seguida pelo Código Civil, soluciona a divergência doutrinária formada no regime do Decreto n. 3.708/1919. Todavia, a nosso ver, não adota a melhor orientação sobre a matéria, que deveria seguir a linha do Código Civil italiano, que estabelece

---

46. MOGOROVICH, Sergio. *La società a responsabilità limitata*. Roma: Buffetti, 2003, p. 14.

47. IRUJO, José Miguel Embrid. *La sociedad de responsabilidad limitada*. Apéndice a la décima edición del Manual de derecho mercantil de Manuel Broseta Pont. Madrid: Tecnos, 2000, p. 17.

48. Idem, ibidem.

49. RIPERT, Georges; ROBLOT, René. *Traité élémentaire de droit commercial*. 5 ed. Paris: Librairie Générale de droit e jurisprudence, 1963, v. 1, p. 446.

a livre cessão das quotas, salvo disposição em contrário do contrato social. A liberdade de contratar dos sócios deveria ser prestigiada, só sendo limitada nos casos de disposição expressa no contrato social que denotasse tal vontade.

Arnoldo Wald afirma que, em função da cláusula geral da boa-fé, os sócios que não concordarem com a alienação devem justificá-la, não podendo simplesmente rejeitar o ingresso de um novo sócio[50].

Embora plausível, não vemos necessidade de justificativa para a não aceitação da cessão, uma vez que a aprovação dos sócios deve-se dar em função de motivos normalmente subjetivos, não podendo efetivamente se tratar do mero arbítrio dos demais sócios[51]. Outrossim, o sócio não ficará prejudicado, pois sendo a sociedade por prazo indeterminado ele terá o direito de recesso, nos termos do art. 1.029 do Código Civil, não ficando preso à sociedade a vida inteira.

6.3 Penhora das quotas

No direito italiano, admite-se a penhora das quotas, exigindo-se a notificação do devedor e da sociedade, com a inscrição no registro de empresas e nos livros dos sócios. Não havendo liberdade de cessão das quotas, ainda assim pode haver a penhora e venda das quotas, porém, se dentro de 10 dias da adjudicação a sociedade apresentar um outro adquirente que pague o mesmo preço, a alienação judicial é desfeita[52].

Já sob a égide do Código Civil, Sérgio Campinho, Nelson Abrão, Jorge Lobo e José Waldecy Lucena entendem ser possível a penhora das quotas diante da ausência de proibição legal[53]. Nesse caso, havendo liberdade de cessão das quotas, o eventual arrematante pode ingressar livremente na sociedade. Havendo restrições à livre cessão, deve-se garantir à sociedade o direito de remir a execução e aos demais sócios a preferência na aquisição das quotas. Não ocorrendo nada disso, o eventual arrematante ingressa na sociedade[54].

Gladston Mamede também afirma a penhorabilidade das quotas, mas diferencia a situação do arrematante. Havendo restrição ao ingresso de novos sócios, compete ao arrematante das quotas solicitar seu ingresso na sociedade, se não preferir exercer o di-

---

50. WALD, Arnoldo. *Comentários ao novo Código Civil*. Rio de Janeiro: Forense, 2005, v. XIV, p. 384.

51. CARVALHOSA, Modesto. *Comentários ao Código Civil*. São Paulo: Saraiva, 2003, v. 13, p. 86.

52. BUONOCORE, Vincenzo. La societá a responsabilitá limitata. *La riforma del diritto societario*. Torino: Giappichelli, 2003, p. 154.

53. CAMPINHO, Sérgio. *O direito de empresa à luz do novo Código Civil*. 4. ed. Rio de Janeiro: Renovar, 2004, p. 194; ABRÃO, Nelson. *Sociedades limitadas*. Atualizado por Carlos Henrique Abrão. 9. ed. São Paulo: Saraiva, 2005, p. 109; LOBO, Jorge. *Sociedades limitadas*. Rio de Janeiro: Forense, 2004, v. 1, p. 159; LUCENA, José Waldecy. *Das sociedades limitadas*. 6. ed. Rio de Janeiro: Renovar, 2004, p. 383.

54. CAMPINHO, Sérgio. *O direito de empresa à luz do novo Código Civil*. 4. ed. Rio de Janeiro: Renovar, 2004, p. 194.

reito de recesso. Havendo recusa ao seu ingresso lhe assiste o direito de solicitar a liquidação das quotas. Não havendo restrição contratual, o arrematante ingressaria livremente na sociedade[55]. Waldo Fazzio Júnior admite a penhora das quotas apenas se elas forem livremente passíveis de cessão. Havendo restrições, as quotas seriam impenhoráveis[56].

Com efeito, as quotas representam direitos patrimoniais do sócio, os quais têm valor econômico e integram o seu patrimônio pessoal. E, de acordo com o art. 789 do CPC/2015, "o devedor responde com todos os seus bens presentes e futuros para o cumprimento de suas obrigações, salvo as restrições estabelecidas em lei". Assim sendo, a quota, como bem integrante do patrimônio do sócio devedor, pode estar sujeita à constrição judicial, para satisfazer os direitos dos credores[57].

Efetivada a penhora, o art. 861 do CPC/2015 estabelece que o juiz assinará prazo razoável, não superior a 3 (três) meses, para que a sociedade: "I – apresente balanço especial, na forma da lei; II – ofereça as quotas ou as ações aos demais sócios, observado o direito de preferência legal ou contratual; III – não havendo interesse dos sócios na aquisição das ações, proceda à liquidação das quotas ou das ações, depositando em juízo o valor apurado, em dinheiro". O prazo poderá ser prorrogado se o valor das quotas penhoradas for muito alto (superar os lucros e reservas) ou puder colocar em risco a estabilidade financeira da sociedade.

Deve-se tentar em primeiro lugar garantir aos demais sócios o direito de preferência, adquirindo as quotas penhoradas por dívidas particulares do sócio. Não sendo exercida a preferência pelos sócios, a própria sociedade tem a oportunidade de adquirir as quotas, mantendo-as em tesouraria. Se a sociedade não quiser ou não puder adquiri-las, deve-se promover a liquidação das quotas penhoradas, excluindo de pleno direito o sócio e o pagamento de sua apuração de haveres em juízo. Para tais finalidades, é que se faz necessária a apresentação do balanço especial que, naturalmente, poderá ser questionado.

Sem o exercício da preferência pelos sócios ou pela sociedade, o caminho será a liquidação das quotas com o pagamento em juízo dos valores devidos. Caso tal pagamento seja muito oneroso para a sociedade, o juiz poderá decidir pelo leilão judicial das quotas. A nosso ver, também se deve admitir, mesmo que em caráter excepcional, uma espécie de usufruto das quotas, com o depósito dos lucros em juízo.

6.4 Aquisição das quotas pela própria sociedade

No regime do Decreto n. 3.708/1919, admitia-se que a sociedade adquirisse suas próprias quotas, sob determinadas condições. No regime do Código Civil, não há dispo-

---

55. MAMEDE, Gladston. *Direito empresarial brasileiro*. São Paulo: Atlas, 2004, v. 2, p. 328-330.

56. FAZZIO JÚNIOR, Waldo. *Sociedades limitadas*. São Paulo: Atlas, 2003, p. 146.

57. STJ – REsp 1.982.730/SP, Relator Ministro Marco Aurélio Bellizze, Terceira Turma, julgado em 21-3-2023, *DJe* de 23-3-2023.

sitivo similar, o que leva autores como Sérgio Campinho à conclusão de que não seria mais possível essa aquisição[58].

José Edwaldo Tavares Borba afirma ser possível essa aquisição, asseverando a possibilidade de o contrato social dispor sobre a matéria. No silêncio do contrato social, também é possível essa aquisição, que dependerá da unanimidade dos sócios, no caso de aplicação supletiva das regras das sociedades simples, e de mera decisão da maioria no caso de aplicação da lei das sociedades anônimas[59].

Nelson Abrão também admite a aquisição se a limitada for regida supletivamente pela lei das sociedades anônimas ou nos termos previstos no contrato social, desde que não haja prejuízo à intangibilidade do capital social[60]. Jorge Lobo também admite a aquisição, asseverando que tais quotas ficariam inibidas no que concerne à participação nos lucros e ao direito de voto[61].

Edmar Oliveira Andrade Filho também a admite livremente, asseverando apenas a necessidade de obediência ao quórum de alteração do contrato social, salvo se tal aquisição for prevista no próprio contrato[62]. Diante da ausência de proibição, Modesto Carvalhosa, Waldo Fazzio Júnior e Lucíola Fabrete Lopes Nerilo também admitem a aquisição pela própria sociedade, desde que não configure fraude[63]. Essa é a orientação que vem prevalecendo[64].

Com o CPC/2015, passa a ser prevista a aquisição das quotas pela própria sociedade em caso de penhora de quotas (art. 861, § 1º, do CPC/2015). Embora tal regra seja específica sobre a penhora, acreditamos que a admissão de aquisição das quotas pela sociedade deve ser aceita também no que tange a negócios privados, independentemente de penhora das quotas. Tal orientação também é acolhida pela IN n. 81/2020 – DREI, que traz, porém, uma restrição, afirmando que "Se o contrato social contiver cláusula determinando a regência supletiva da Lei de Sociedades por Ações, *a sociedade limitada pode adquirir suas próprias quotas*, observadas as condições legalmente estabelecidas, fato que não lhe confere a condição de sócia (Enunciado n. 391 da IV Jornada de Direito Civil do Conselho da Justiça Federal)".

Mesmo sem a opção pela legislação supletiva, acreditamos que será possível a aquisição das quotas pela própria sociedade, aplicando-se, ao menos, analogicamente a disciplina das ações em tesouraria.

---

58. CAMPINHO, Sérgio. *O direito de empresa à luz do novo Código Civil.* 4. ed. Rio de Janeiro: Renovar, 2004, p. 176-177.

59. BORBA, José Edwaldo Tavares. *Direito societário.* 8. ed. Rio de Janeiro: Renovar, 2003, p. 118.

60. ABRÃO, Nelson. *Sociedades limitadas.* Atualizado por Carlos Henrique Abrão. 9. ed. São Paulo: Saraiva, 2005, p. 105.

61. LOBO, Jorge. *Sociedades limitadas.* Rio de Janeiro: Forense, 2004, v. 1, p. 150.

62. ANDRADE FILHO, Edmar Oliveira. *Sociedade de responsabilidade limitada.* São Paulo: Quartier Latin, 2004, p. 120.

63. NERILLO, Lucíola Fabrete Lopes. *Manual da sociedade limitada no novo código civil.* Curitiba: Juruá, 2004, p. 87; FAZZIO JÚNIOR, Waldo. *Sociedades limitadas.* São Paulo: Atlas, 2003, p. 149; CARVALHOSA, Modesto. *Comentários ao Código Civil.* São Paulo: Saraiva, 2003, v. 13, p. 88.

64. Enunciado 391 das IV Jornadas de Direito Civil: "A sociedade limitada pode adquirir suas próprias quotas, observadas as condições estabelecidas na Lei das Sociedades por Ações."

6.5 Quotas preferenciais

Extremamente discutida pela doutrina, é a possibilidade de adoção de quotas preferenciais na sociedade limitada. O Código Civil silencia sobre o tema e inicialmente as instruções normativas sobre o registro da sociedade proibiam essas quotas. No entanto, a IN n. 81/2020 – DREI passa a admitir expressamente a adoção de quotas preferenciais na sociedade limitada, falando inclusive que tais quotas não precisam ter voto.

Osmar Brina Correa Lima admitia, antes do Código Civil, as quotas preferenciais em razão da liberdade de disciplina do contrato ou pela aplicação supletiva das regras das sociedades anônimas[65]. Viviane Müller Prado também admite as quotas preferenciais, invocando a liberdade contratual dos sócios e a inexistência de proibição, afirmando que "não contraria a natureza das sociedades o tratamento desigual dos seus membros, desde que isto não decorra da arbitrariedade da maioria em prejuízo aos direitos dos minoritários. [...] Este, por sua vez, pode prever a existência de direitos políticos ou econômicos privilegiados a determinados quotistas, sem que isto viole qualquer princípio do direito societário ou norma cogente"[66]. Os defensores dessa possibilidade admitem a criação de vantagens patrimoniais para as quotas preferenciais e especialmente a restrição ao direito de voto, considerado, nesta linha de entendimento, um direito não essencial.

Por outro lado, há autores[67] que sustentam a vedação de quotas preferenciais, especialmente em razão da restrição do direito de voto, que seria incompatível com a disciplina específica da sociedade limitada. Sérgio Campinho[68] invoca os arts. 1.072 c.c. o art. 1.010 do CC para sustentar a vedação das quotas preferenciais, pela essencialidade do voto na limitada, mas não nega a possibilidade de eventuais vantagens econômicas diferenciadas entre os sócios. Do mesmo modo, entende Haroldo Malhei-

---

65. LIMA, Osmar Brina Corrêa. Cotas preferenciais na sociedade por cotas de responsabilidade limitada. *Revista dos Tribunais*, vol. 664, p. 34 – 36, fev. 1991.

66. PRADO, Viviane Müller. As quotas preferenciais no direito brasileiro. *Revista de Direito Bancário e do Mercado de Capitais*, vol. 5/1999, maio/ago. 1999, p. 143. No mesmo sentido: TEIXEIRA, Egberto Lacerda. As sociedades limitadas e o projeto do Código Civil. *Revista de Direito Bancário e do Mercado de Capitais*, vol. 53, p. 405-415, jul./set. 2011, PINHEIRO, Frederico Garcia. Sejam bem-vindas quotas preferenciais. Disponível em: <http://www.valor.com.br/legislacao/4985240/sejam-bem-vindas-quotas-preferenciais>. Acesso em: 21 jun. 2017; RAMOS, André Luiz Santa Cruz. *Direito Empresarial esquematizado*. 7. ed. São Paulo: Método, 2017, p. 307; GUSMÃO, Mônica. *Lições de Direito Empresarial*. 12. ed. Rio de Janeiro: Forense, 2015, VitalBook file, item 12.7.

67. GONÇALVES NETO, Alfredo de Assis; FRANÇA, Erasmo Valladão Azevedo e Novaes. Empresa individual de responsabilidade limitada. In: CARVALHOSA, Modesto (coordenador). *Tratado de direito empresarial*. São Paulo: Revista dos Tribunais, 2016, v. 2, p. 451; BOTREL, Sérgio. O regime jurídico das quotas na sociedade limitada. In: AZEVEDO, Luiz André N. de Moura; e CASTRO, Rodrigo R. Monteiro de (coords.). *Sociedade limitada contemporânea*. São Paulo: Quartier Latin, 2013. p. 414-415.

68. CAMPINHO, Sérgio. O direito de empresa à luz do novo Código Civil. 10. ed. Rio de Janeiro: Renovar, 2009, p. 265.

ros Verçosa, dando especial ênfase aos quóruns previstos no Código Civil em relação a todo o capital social[69].

Com efeito, a criação de quotas preferenciais poderia ter o efeito similar ao das ações preferenciais na sociedade anônima, cumprindo as mesmas funções. Todavia, não consideramos as quotas preferenciais compatíveis com a disciplina do Código Civil sobre as sociedades limitadas.

Não visualizamos qualquer problema numa distribuição diferenciada ou preferencial de lucros, uma vez que não há disciplina cogente sobre o tema no Código Civil, que permite que o contrato social disponha em sentido contrário (art. 1007 do Código Civil). No entanto, no que diz respeito ao voto, a disciplina do tema no Código Civil o trata com um direito essencial. Em primeiro lugar, o art. 1.072 do CC determina a obediência ao art. 1.010 do CC nas deliberações dos sócios, e esse art. 1.010 assegura a todos os sócios indistintamente o direito de votar. Além disso, todos os quóruns previstos na legislação fazem referência ao capital social, que deve ser considerado como um todo, não havendo margem para a consideração apenas do capital votante. Assim, apesar de tradicionalmente ser considerado não essencial, o voto no Código Civil é um direito assegurado a todos os sócios indistintamente. E não se invoque a situação do investidor anjo, porquanto neste caso a restrição veio da lei (Lei Complementar n. 123/2006 – art. 61-A, § 4º, I) e não se trata propriamente de sócio.

Portanto, a nosso ver, é possível a atribuição de vantagens patrimoniais diferenciadas aos sócios detentores de quotas específicas, mas não enxergamos a possibilidade de restrição ou retirada do voto de qualquer quotista. Apesar da nossa opinião, o DREI, na IN n. 81, consagrou expressamente que são admitidas quotas preferenciais "que atribuam a seus titulares direitos econômicos e políticos diversos, podendo ser suprimido ou limitado o direito de voto pelo sócio titular da quota preferencial respectiva, observados os limites da Lei n. 6.404, de 1976, aplicada supletivamente". Em outras palavras, o DREI admite a retirada do voto nas quotas preferenciais.

7   A vontade da sociedade

A sociedade limitada regular é uma pessoa jurídica e como tal é dotada de uma vontade própria, expressa pelos sócios em reunião ou assembleia. Há que se ressaltar que tais reuniões ou assembleias devem deliberar sobre as matérias de maior importância para a sociedade, pois, no dia a dia, quem exprime e põe em prática a vontade da sociedade são os administradores[70], em função da sua capacidade gerencial.

---

69.   VERÇOSA, Haroldo Malheiros Duclerc. *Direito comercial*: sociedades. 3. ed. São Paulo: Revista dos Tribunais, 2014, v. 2, p. 370.

70.   LAURINI, Giancarlo. *La società a responsabilità limitata*: tra disciplina attuale e prospettive di riforma. Milano: Giuffrè, 2000, p. 107.

Para as matérias de maior relevância, exige-se um encontro formal dos sócios para a deliberação. Tais matérias são aquelas indicadas nos arts. 1.071 e 1.068, como, por exemplo, a aprovação de contas, modificações do contrato, fusões, nomeação de administradores e fixação de sua remuneração, dentre outras matérias relevantes.

Nesses casos, as deliberações dos sócios serão tomadas em reuniões ou assembleias. Todavia, em qualquer caso, dispensa-se a assembleia ou a reunião se houver pronunciamento por escrito de todos os sócios (art. 1.072, § 3º), tal qual ocorre no direito português[71]. Trata-se de uma questão de lógica, pois em tais já houve a manifestação prévia da unanimidade dos sócios, vale dizer, a vontade social já se exteriorizou.

Qualquer que seja a forma para a deliberação, o Código Civil estabelece certos quóruns mínimos (art. 1.071 c.c. art. 1.076) que só podem ser aumentados pelos sócios, porquanto estamos diante de norma cogente, que tem o objetivo de proteger os minoritários[72].

Por sua vez, nas sociedades limitadas unipessoais, as decisões do sócio único serão refletidas em documento escrito (instrumento particular ou público) subscrito pelo próprio sócio único ou por seu procurador com poderes específicos.

7.1 Reuniões

As reuniões são formas mais simples de encontro dos sócios, podendo seguir as regras que sejam estabelecidas pelos próprios sócios[73], que, todavia, não podem alterar os quóruns exigidos pela lei para certas deliberações (art. 1.071 c. c. art. 1.076 do Código Civil). Elas não possuem maiores regras no corpo do Código Civil, sendo aplicadas a estas as disposições do contrato social e, no silêncio deste, as regras sobre a assembleia.

A reunião será utilizada em sociedades dotadas de poucos sócios, até 10 sócios, havendo uma grande margem de liberdade para sua disciplina no contrato social[74], pois, em tais sociedades, não seria razoável impor os requisitos e formalidades de uma assembleia[75], as quais são obrigatórias para as sociedades com mais de 10 sócios.

7.2 Assembleia dos sócios

Em relação às assembleias, órgão que exprime a vontade da sociedade, o Código Civil desce a inúmeros detalhes, esclarecendo a obrigatoriedade da realização dela nos

---

71. FURTADO, Jorge Henrique Pinto. *Curso de direito das sociedades*. 3. ed. Coimbra: Almedina, 2000, p. 414.

72. LOBO, Jorge. *Sociedades limitadas*. Rio de Janeiro: Forense, 2004, v. 1, p. 296.

73. MAMEDE, Gladston. *Direito empresarial brasileiro*. São Paulo: Atlas, 2004, v. 2, p. 367.

74. COELHO, Fábio Ulhoa. *Curso de direito comercial*. 5. ed. São Paulo: Saraiva, 2002, v. 2, p. 427.

75. GARRIGUES, Joaquín. *Curso de derecho mercantil*. 7. ed. Bogotá: Temis, 1987, v. 2, p. 258.

352 CURSO DE DIREITO EMPRESARIAL

primeiros quatro meses após o final do exercício social, a fim de apreciar as contas dos administradores, deliberar sobre o balanço patrimonial e sobre o balanço econômico, e, eventualmente, designar administradores e quaisquer outras matérias incluídas pelos sócios. Institui-se, no âmbito das limitadas, algo muito similar à assembleia geral ordinária da sociedade anônima. Além de tal assembleia ordinária, outras podem ser realizadas para tratar dos mais diversos assuntos.

7.2.1 Convocação e instalação da assembleia

Não sendo caso de dispensa da realização da assembleia geral, ela deve ser convocada pelos administradores e, subsidiariamente, pelos sócios ou pelo conselho fiscal, se houver (art. 1.073). A convocação da assembleia pelos sócios, individualmente falando, pressupõe o retardamento da convocação pelos administradores por mais de dois meses. Também poderá haver a convocação por sócios que representem 20% do capital social, no caso de não atendimento, em 8 (oito) dias, a pedido de convocação com a indicação das matérias a serem tratadas. A convocação pelo conselho fiscal, porventura existente, se dará apenas no caso de retardamento da convocação anual, por mais de 30 (trinta) dias ou no caso de motivos graves e urgentes (art. 1.069, V).

A convocação deve ser realizada de forma a dar ciência inequívoca aos sócios da data, hora, local e relação das matérias a serem tratadas, para que eles compareçam e possam defender seus interesses na formação da vontade social. Em face disso, deve haver um procedimento legal para sua convocação. Neste particular, andou mal o Código Civil, ao estabelecer que a convocação será realizada por meio de publicações na imprensa (art. 1.152, § 3º), o que é muito dispendioso para a sociedade, além de dar uma ciência presumida da realização da assembleia.

Tentando contornar as dificuldades da convocação pela imprensa, o próprio Código admite a sua dispensa, desde que compareçam todos os sócios, ou que todos deem a ciência por escrito da realização da assembleia. Melhor seria estipular, de imediato, a mesma regra dos direitos italiano e português, que determinam a convocação mediante aviso postal para os sócios nos endereços constantes dos livros sociais, com uma antecedência mínima que varia de legislação para legislação[76], a qual, além de menos dispendiosa, conseguiria de forma mais razoável atingir a finalidade de cientificar os sócios da realização da assembleia[77].

Não havendo a ciência escrita da realização da assembleia, deve haver a publicação por três vezes de editais na imprensa oficial e em jornal de grande circulação, com antecedência mínima de 8 (oito) dias, contada da primeira publicação. Regularmente convo-

---

76. FERRARA JUNIOR, Francesco; CORSI, Francesco. *Gli imprenditori e le società*. 11. ed. Milano: Giuffrè, 1999, p. 879; FURTADO, Jorge Henrique Pinto. *Curso de direito das sociedades*, p. 400.

77. TEIXEIRA, Egberto Lacerda. As sociedades limitadas e o projeto do Código Civil. *Revista de Direito Mercantil, Industrial, Econômico e Financeiro*, ano XXXIV, n. 99, jul./set. 1995, p. 71.

cada, a assembleia deve ser instalada, isto é, deve iniciar seus trabalhos, e para tanto se exige a presença de titulares[78] de três quartos do capital social, em primeira convocação, o que não é mais justificável, tendo em vista que não existe legalmente matéria que dependa desse quórum de deliberação.

Não atingido tal quórum, haverá uma segunda convocação, pelo mesmo modo, com antecedência mínima de 5 (cinco) dias, contada da primeira publicação, e a assembleia poderá funcionar com qualquer número. Entrando em funcionamento, a esta compete deliberar sobre as matérias constantes da ordem do dia, devendo a assembleia ser presidida e secretariada por sócios, escolhidos entres os presentes (art. 1.075).

7.2.2 Deliberações

As deliberações da sociedade serão tomadas pelos votos dos sócios, contados de acordo com a participação no capital social (art. 1.010). O exercício do direito de voto poderá ser efetivado pessoalmente ou por meio de procurador, exigindo-se que tal procurador seja outro sócio, ou um advogado. Haverá aqui a constituição de um mandatário, que deve ter poderes especiais para votar todas as matérias da ordem do dia, ou apenas algumas, tal qual se entende em relação às sociedades anônimas[79].

Tratando-se de mandato sem uma delimitação de prazo exigida na lei, ao contrário do que ocorre na sociedade anônima, acreditamos que se aplicam as regras gerais atinentes a tal contrato, admitindo-se sua estipulação por prazo indeterminado e a revogação a qualquer tempo pelo mandante.

Em regra, as deliberações numa sociedade limitada serão tomadas pelos sócios representativos da maioria do capital presente na reunião ou assembleia, ou seja, maioria simples. Tal quórum se aplica também aos casos de aprovação das contas da administração, à nomeação e destituição dos liquidantes e ao julgamento das suas contas.

Apesar de essa ser a regra geral, há quórum mais qualificados no texto da lei.

Exigem a aprovação da maioria absoluta (mais da metade) do capital social, as seguintes matérias:

– a designação dos administradores sócios, quando feita em ato separado (art. 1.071, II c. c. art. 1.076, II) e dos não sócios após a integralização do capital social (art. 1.061) ;
– a destituição dos administradores sócios ou não (art. 1.071, III c. c. art. 1.063 e art. 1.076, II);

---

78. Em tal quórum devem ser incluídos os procuradores dos sócios.
79. CARVALHOSA, Modesto. *Comentários à lei das sociedades anônimas*. São Paulo: Saraiva, 1997, v. 2, p. 579.

- o modo de remuneração dos administradores, quando não estabelecido no contrato (art. 1.071, IV, c. c. art. 1.076, II);
- a modificação do contrato social (art. 1.071, V, c. c. art. 1.076, II);
- a incorporação, a fusão e a dissolução da sociedade, ou a cessação do estado de liquidação (art. 1.071, VI, c. c. art. 1.076, II);
- o pedido de recuperação judicial (art. 1.071, VIII, c. c. art. 1.076, II);
- a exclusão extrajudicial de sócio por justa causa (art. 1.085).

Exige se a a aprovação de 2/3 (dois terços) dos sócios, para a designação de administrador não sócio, enquanto o capital não estiver integralizado.

No caso de exclusão do sócio remisso, a deliberação é feita pela maioria dos demais sócios, ou seja, o quórum deve excluir o sócio remisso e analisar a maioria a partir dos demais sócios.

Por fim, nas operações de transformação societária o quórum é de unanimidade, salvo se prevista no contrato social (CC – art. 1.014).

Em síntese, os quóruns legais de deliberação são esses:

MATÉRIAS	QUÓRUM DE DELIBERAÇÃO
• aprovação das contas da administração (art. 1.071, I).	Maioria de capital dos presentes, se o contrato não exigir maioria mais elevada (art. 1.076, III).
• nomeação e destituição dos liquidantes e o julgamento das suas contas (art. 1.071, VII).	Maioria de capital dos presentes, se o contrato não exigir maioria mais elevada (art. 1.076, III).
• designação dos administradores sócios (art. 1.071, II).	Mais da metade do capital social (art. 1.076, II).
• designação dos administradores não sócios após a integralização do capital social (art. 1.061).	Mais da metade do capital social (art. 1.076, II).
• designação dos administradores não sócios antes da integralização do capital social (art. 1.061).	Dois terços dos sócios (art. 1.061).
• destituição dos administradores sócios ou não (art. 1.071, III, c. c. art. 1.063).	Mais da metade do capital social (art. 1.076, II).
• modo de remuneração dos administradores, quando não estabelecido no contrato (art. 1.071, IV).	Mais da metade do capital social (art. 1.076, II).
• a modificação do contrato social (art. 1.071, V).	Mais da metade do capital social (art. 1.076, II).
• a incorporação, a fusão e a dissolução da sociedade, ou a cessação do estado de liquidação (art. 1.071, VI).	Mais da metade do capital social (art. 1.076, II).
• o pedido de recuperação judicial (art. 1.071, VIII).	Mais da metade do capital social (art. 1.076, II).
• exclusão extrajudicial de sócio por justa causa (art. 1.085).	Mais da metade do capital social (art. 1.076, II).
• exclusão de sócio remisso.	Maioria do capital dos demais sócios (art. 1.004, parágrafo único).
• transformação.	Totalidade dos sócios, salvo se prevista no ato constitutivo (art. 1.114).

Registre-se, porém, que esses são quóruns mínimos, pois os sócios possuem a liberdade de contratar, escolhendo os melhores elementos para o contrato e fixando livremente o conteúdo das cláusulas, desde que não sejam contrárias à ordem pública. É facultado aos sócios, dentro da autonomia da vontade que lhes toca, inserir no contrato social quóruns superiores, prevalecendo as regras do contrato social, elaboradas pelos próprios sócios. É o princípio da autonomia privada no direito societário, que "representa o poder outorgado ao indivíduo de criar, modificar ou extinguir relações jurídicas, nos limites postos pela lei"[80].

7.3 Deliberações nas microempresas e empresas de pequeno porte

Com o intuito de simplificar a atuação de sociedades que se enquadrem como microempresas e empresas de pequeno porte, a Lei Complementar n. 123/2006 (art. 70) tornou dispensável a realização de assembleia ou reunião para tais sociedades, bem como dispensou a necessidade de manifestação escrita de todos os sócios. A burocracia e a formalidade normalmente exigida para as deliberações não serão necessárias nas microempresas e empresas de pequeno porte.

Assim, para as sociedades que se enquadram como microempresas e empresas de pequeno porte, a vontade social se operacionalizará pela deliberação representativa do primeiro número inteiro superior à metade do capital social. Acreditamos que a simplificação pretendida envolve a manifestação escrita dos sócios que representem mais da metade do valor das quotas. Assim, se numa sociedade temos um capital social de dez mil quotas, no valor unitário de R$ 1,00 (um real), os sócios que representem 5001 quotas poderão manifestar a vontade da sociedade, mesmo sem a realização de assembleia ou reunião, ou mesmo sem a manifestação dos outros sócios.

Essa formação simplificada da vontade social não vale para os casos de exclusão do sócio, nem quando houver disposição contratual em sentido contrário. Nesses casos, mantém-se a necessidade de assembleia ou reunião para esses casos. Se não for uma deliberação sobre a exclusão do sócio, poderá haver a substituição da reunião pela deliberação escrita de todos os sócios.

7.4 Modalidades de realização

Nos termos da atual disciplina, as assembleias ou reuniões podem ser presenciais, semipresenciais ou digitais, conforme a forma de participação e votação dos sócios. Na modalidade presencial, os sócios devem comparecer pessoalmente ou por representantes e externar sua manifestação, assinando a ata. Na modalidade semipresencial, permite-se o comparecimento e voto presencial, bem como o voto à distância, seja pelo envio de

---

80. TELLECHEA, Rodrigo. *Autonomia privada no direito societário*. São Paulo: Quartier Latin, 2016, p. 346.

boletim de voto à distância, seja por meio de uma plataforma que assegure a autenticidade de sua participação e manifestação. Por fim, na modalidade digital, não há encontro físico dos sócios, mas apenas votação à distância.

A convocação deve informar, em destaque, que a reunião ou assembleia será semipresencial ou digital, conforme o caso, detalhando como os sócios podem participar e votar a distância. Essas informações poderão ser divulgadas de forma resumida, com indicação de endereço eletrônico na internet para acesso às informações completas. Desde a primeira convocação, deve ser disponibilizado para os sócios o boletim do voto à distância, se for o caso.

O boletim de voto a distância deve ser passível de impressão e preenchimento manual. O boletim deve conter todas as informações necessárias à adequada manifestação dos sócios, indicando as matérias da ordem do dia, com opções de voto (ex.: aprovação das contas; rejeição das contas; e abstenção), informando como o boletim deve ser enviado, quais documentos devem acompanhá-lo, indicando os requisitos necessários para sua validade. O boletim deve chegar à sociedade 5 dias antes da data da reunião ou assembleia e a sociedade, até dois dias após o recebimento, deve comunicar ao sócio o recebimento e sua conformidade ou eventual necessidade de reenvio do próprio boletim ou dos documentos que o acompanham para a validade do voto.

A plataforma utilizada deve ser capaz de assegurar: "I - a segurança, a confiabilidade e a transparência do conclave; II - o registro de presença dos sócios; III - a preservação do direito de participação a distância do sócio durante todo o conclave; IV - o exercício do direito de voto a distância por parte do sócio, bem como o seu respectivo registro; V - a possibilidade de visualização de documentos apresentados durante o conclave; VI - a possibilidade de a mesa receber manifestações escritas dos sócios; VII - a gravação integral do conclave, que ficará arquivada na sede da sociedade; e VIII - a participação de administradores, pessoas autorizadas a participar do conclave e pessoas cuja participação seja obrigatória." (IN n. 81/DREI).

Os livros societários aplicáveis e a ata da respectiva reunião ou assembleia semipresencial ou digital poderão ser assinados isoladamente pelo presidente e secretário da mesa, que certificarão em tais documentos os sócios presentes.

8   Administração da sociedade limitada

A ausência de substrato concreto das pessoas jurídicas torna imprescindível a intermediação de um órgão, para a exteriorização da vontade daquelas, bem como para a gestão da sociedade, isto é, para a condução dos negócios sociais de acordo com as linhas traçadas pelos sócios. "É evidente que uma pessoa moral não pode obrar por si mesma, sendo necessário que se exteriorize por mecanismos, por órgãos, sem os quais seria como se não existisse"[81]. Esse órgão é o órgão administrativo da sociedade, que

---

81.   JOSSERAND, Louis. *Derecho civil*. Tradução de Santiago Cunchillos Y Manterola, Buenos Aires: Bosch, 1952, p. 465.

pode ser composto por uma ou por várias pessoas, que podem ter competências conjuntas ou separadas, ou ainda ter um regime complexo similar ao que ocorre nas sociedades anônimas[82].

Há boa margem de liberdade para a organização da administração da sociedade, sendo possível inclusive a criação de um conselho de administração, nos moldes da Lei n. 6.404/76. O Anexo IV, item 4.5.3, da IN n. 81 do DREI afirma que "Fica facultada a criação de Conselho de Administração na Sociedade Empresária Limitada, aplicando-se, por analogia, as regras previstas na Lei n. 6.404/76, de 15 de dezembro de 1976".

8.1 Natureza jurídica da relação entre o administrador e a sociedade

Tal órgão, todavia, não é um representante da pessoa jurídica, conquanto seja essa a terminologia usada na linguagem corriqueira. Não se pode falar em representação legal ou convencional, seja porque a pessoa jurídica não é incapaz, seja porque a função do órgão é essencial à própria vida da sociedade, não se podendo falar em mandato.

Quando o órgão age, quem age é a pessoa jurídica; por meio do órgão se faz presente a vontade da pessoa jurídica, daí se falar que o órgão é o presentante[83] da pessoa jurídica e não seu representante. O Professor Rubens Requião lança mão de uma analogia extremamente clara na definição de tal natureza, ao afirmar que "o órgão executa a vontade da pessoa jurídica, assim como o braço, a mão, a boca executam a da pessoa física"[84].

A importância de tal qualificação reside no fato de que qualquer problema, como a incapacidade ou a morte da pessoa física (órgão da sociedade que praticou o ato), não afeta sua existência e validade, porquanto se trata de ato da sociedade, simplesmente manifestado por meio de seu órgão. Sendo ato da sociedade, a morte da pessoa física, que praticou concretamente o ato pela sociedade, não traz quaisquer problemas, uma vez que a autora do ato continua existindo.

8.2 Nomeação e destituição dos administradores

No regime do Decreto n. 3.708/1919, nas sociedades por quotas de responsabilidade limitada, tal *presentante* da vontade social deveria ser necessariamente sócio[85], por-

---

82. LAURINI, Giancarlo. *La società a responsabilità limitata*: tra disciplina attuale e prospettive di riforma. Milano: Giuffrè, 2000, p. 142.

83. MIRANDA, Francisco Antonio Pontes de. *Tratado de direito privado*. Atualizado por Vilson Rodrigues Alves. Campinas: Bookseller, 2000, v. 1, p. 482-483; COELHO, Fabio Ulhoa. *Curso de direito comercial*. São Paulo: Saraiva, 1999, v. 2, p. 429.

84. REQUIÃO, Rubens. *Curso de direito comercial*. 23. ed. São Paulo: Saraiva, 1998, v. 1, p. 389.

85. REQUIÃO, Rubens. *Curso de direito comercial*. 23. ed. São Paulo: Saraiva, 1998, v. 1, p. 435; COELHO, Fabio Ulhoa. *Curso de direito comercial*. São Paulo: Saraiva, 1999, v. 2, p. 423; CRISTIANO, Romano. *Socie-*

quanto o Decreto 3.708/1919, ao se referir ao gerente, sempre o faz juntamente à palavra *sócio*, o que nos leva à conclusão de que só existiam sócios-gerentes, não podendo haver gerentes alheios ao quadro social. Tal sócio deveria ser indicado no contrato social e, no silêncio deste, a gerência seria exercida por todos os sócios conjuntamente (art. 302, 3, do Código Comercial).

Com o Código Civil, a sistemática da gestão da sociedade limitada é profundamente alterada, sendo aperfeiçoada pelo novo diploma legal.

Em primeiro lugar, admite-se a nomeação de administradores estranhos ao quadro social, facilitando a profissionalização da gestão. Entretanto, ainda assim, exige-se um quórum qualificado para a nomeação de tais estranhos, qual seja, dois terços enquanto o capital não estiver totalmente integralizado e maioria do capital social após sua integralização, em função dos maiores riscos que podem advir da nomeação de um estranho (Código Civil, art. 1.061).

Além disso, admite-se a nomeação dos administradores no contrato social ou em ato separado, neste caso, pela maioria do capital social (arts. 1.071, II, e 1.076, II). Conquanto se aconselhe a nomeação no contrato social[86], é certo que a nomeação em ato separado não acarretará nenhuma insegurança nas relações da sociedade, pois tal administrador, além de tomar posse na escrituração da sociedade, deverá averbar sua nomeação no registro competente (art. 1.062, § 2º). Assim, diante do registro sempre se terá certeza de quem é o administrador da sociedade.

A diferença primordial na escolha do instrumento de nomeação do administrador era o quórum de destituição. Com a alteração da redação do art. 1.063, § 1º, o quórum para destituição de administrador, sócio ou não, nomeado no contrato social ou em ato separado, será sempre de mais da metade do capital social (arts. 1.063, § 1º, 1.071, III, e 1.076, II), salvo cláusula contratual em sentido diverso, mesmo quando a nomeação do administrador ocorrer no contrato social.

De acordo com a maioria da doutrina, o administrador da sociedade limitada deve ser uma pessoa natural[87] (arts. 997, VI, e 1.062, § 2º, do Código Civil). Há quem sustente

---

dade limitada no Brasil. São Paulo: Malheiros, 1998, p. 139; LUCENA, José Waldecy. *Das sociedades por quotas de responsabilidade limitada.* 2. ed. Rio de Janeiro: Renovar, 1997, p. 317.

86.   ANDRADE JUNIOR, Átila de Souza Leão. *O novo direito societário brasileiro.* Brasília: Brasília Jurídica, 1999, p. 200.

87.   CAMPINHO, Sérgio. *O direito de empresa à luz do novo Código Civil.* 4. ed. Rio de Janeiro: Renovar, 2004, p. 243; MAMEDE, Gladston. *Direito empresarial brasileiro.* São Paulo: Atlas, 2004, v. 2, p. 342; ABRÃO, Nelson. *Sociedades limitadas.* Atualizado por Carlos Henrique Abrão. 9. ed. São Paulo: Saraiva, 2005, p. 138; CALÇAS, Manoel Queiroz Pereira. *Sociedade limitada no Código Civil.* São Paulo: Atlas, 2003, p. 142; CARVALHOSA, Modesto. *Comentários ao Código Civil.* São Paulo: Saraiva, 2003, v. 13, p. 110; VERÇOSA, Haroldo Malheiros Duclerc. *Curso de direito comercial.* São Paulo: Malheiros, 2006, v. 2, p. 440; FONSECA, Priscila M. P. Corrêa da; SZTAJN, Rachel. *Código Civil comentado.* São Paulo: Atlas, 2008, p. 453; BAPTISTA, Ezio Carlos S. Administradores de sociedades limitadas. In: ALMEIDA, Marcus Elidius Michelli de (Coord.). *Aspectos jurídicos da sociedade limitada.* São Paulo: Quartier Latin, 2004, p. 177; CRIVELARI, José Ademir. *A administração da sociedade limitada no Código Civil.* Porto Alegre: Sergio Antonio Fabris, 2005, p. 105; SIMIONATO, Frederico A. Monte. *Tratado de direito societário.* Rio de Janeiro: Forense, 2009, v. 1, p. 609;

que nos casos de nomeação feita no contrato social seria possível a nomeação de uma pessoa jurídica ou de uma pessoa física, mas no caso de nomeação fora do contrato social só seria possível a nomeação de pessoas físicas[88].

Para Alfredo de Assis Gonçalves Neto e Osmar Brina Corrêa-Lima, o administrador pode ser uma pessoa jurídica, sobretudo em função do art. 1.060 do Código Civil, que afirma que a sociedade pode ser administrada por uma ou mais pessoas, sem diferenciar pessoas naturais e pessoas jurídicas[89]. Na mesma linha, Edmar Oliveira Andrade Filho ressalta que, quando a lei quis proibir a nomeação de pessoas jurídicas, o fez expressamente[90]. Waldo Fazzio Júnior também admite o administrador pessoa jurídica, pela ausência de obstáculo legal[91].

Apesar de toda a conotação de alguns dispositivos no sentido de apenas pessoas físicas serem nomeadas, compartilhamos a opinião de Alfredo de Assis Gonçalves Neto, no sentido de ser possível a nomeação de pessoa jurídica administradora de uma sociedade limitada, em especial por não haver nenhuma restrição específica.

Em qualquer caso, exige-se que o administrador goze de idoneidade, protegendo-se a própria sociedade e o mercado consumidor. Se a pessoa era servidora pública e cometeu crime contra a administração pública, que se dirá o que pode fazer com a sociedade. Caso tenha agido mal no mercado da livre-iniciativa, fraudando credores, causando prejuízos, não seria razoável dar-lhe mais uma chance de prejudicar o interesse geral do mercado. Assim sendo, não podem ser administradores os condenados a pena que vede, ainda que temporariamente, o acesso a cargos públicos; ou por crime falimentar, de prevaricação, peita ou suborno (corrupção ativa ou passiva), concussão, peculato; ou contra a economia popular, contra o sistema financeiro nacional, contra as normas de defesa da concorrência, contra as relações de consumo, a fé pública ou a propriedade, enquanto perdurarem os efeitos da condenação (art. 1.011, § 1º), além de outros impedimentos decorrentes de leis específicas.

Por derradeiro, há que se ressaltar que o Código Civil reforça a natureza pessoal da nomeação do administrador, demonstrando a relação de confiança. O novo diploma

---

TOKARS, Fábio. *Sociedades limitadas*. São Paulo: LTr, 2007, p. 250; GUSMÃO, Mônica. *Lições de direito empresarial*. 6. ed. Rio de Janeiro: Lumen Juris, 2007, p. 237; VERÇOSA, Haroldo Malheiros Duclerc. *Curso de direito comercial*. São Paulo: Malheiros, 2006, v. 2, p. 440.

88.   PRUX, Oscar Ivan; HENTZ, Luiz Antonio Soares; ALMEIDA, Marcus Elidius Michelli de. *Comentários ao Código Civil brasileiro*. Rio de Janeiro: Forense, 2006. v. X, p. 346-347.

89.   GONÇALVES NETO, Alfredo de Assis. *Lições de direito societário*. 2. ed. São Paulo: Juarez de Oliveira, 2004, p. 243; CORRÊA-LIMA, Osmar Brina. *Sociedade limitada*. Rio de Janeiro: Forense, 2006, p. 59; ROCHA, João Luiz Coelho da. *Administradores, conselheiros e prepostos da sociedade*. Rio de Janeiro: Lumen Juris, 2005, p. 125.

90.   ANDRADE FILHO, Edmar Oliveira. *Sociedade de responsabilidade limitada*. São Paulo: Quartier Latin, 2004, p. 157.

91.   FAZZIO JÚNIOR, Waldo. *Sociedades limitadas*. São Paulo: Atlas, 2003, p. 191. No mesmo sentido: TRF 4ª Região – 4ª Turma – APELAÇÃO EM MANDADO DE SEGURANÇA n. 2006.70.00.022326-1/PR, Relator Desembargador Federal VALDEMAR CAPELETTI, *DJ* de 12-11-2007.

legal é expresso ao afirmar que a atribuição, no contrato social, da administração a todos os sócios não se estende aos sócios que posteriormente adquirirem tal condição (art. 1.060, parágrafo único), pois nem sempre aquele que adquire a condição de sócio, posteriormente, possui os atributos que levaram a nomeação de todos os sócios como administrador. Além disso, o Código Civil impede a substituição do administrador no exercício de suas funções (art. 1.018).

8.3 Poderes e responsabilidades

Os administradores, na estrutura que for definida pelo contrato social, têm poderes para gerir a sociedade, isto é, têm o poder de tomar as decisões necessárias à realização do objeto social, que não sejam de competência privativa da assembleia ou reunião dos sócios[92]. Neste particular, os administradores podem traçar estratégias-gerais de atuação no mercado e concretizar operações que sejam necessárias à realização do objeto social, como a formalização de contratos. Os administradores também têm o poder de "representação" da sociedade, porquanto são eles que praticam os atos em nome da sociedade perante terceiros[93].

No exercício desses poderes, os administradores podem causar danos à sociedade, assumindo responsabilidade pessoal, quando agirem com culpa ou em desacordo com os deveres de diligência e de lealdade[94], que lhes tocam por sua condição de administrador, ou ainda quando violarem a proibição de não participarem diretamente ou indiretamente de atividade concorrente da sociedade (art. 1.171). Em outras palavras, o administrador deve conduzir os negócios sociais com todo o cuidado e não deve valer-se da condição de administrador para obter vantagens pessoais indevidas.

Para a efetivação dessa responsabilidade perante a sociedade, acreditamos que há que se lançar mão da ação de responsabilidade dos administradores, prevista na Lei de Sociedades Anônimas, aplicável, diretamente (opção dos sócios), ou ao menos por analogia, às sociedades limitadas.

9   As relações da sociedade limitada com terceiros

Diante do poder de "representação", que toca aos administradores da sociedade, são eles os responsáveis pelas relações da sociedade com terceiros, obedecendo-se aos limites impostos pela própria sociedade na organização do exercício desse poder.

---

92. LAURINI, Giancarlo. *La società a responsabilità limitata*: tra disciplina attuale e prospettive di riforma. Milano: Giuffrè, 2000, p. 144.

93. LAURINI, Giancarlo. *La società a responsabilità limitata*: tra disciplina attuale e prospettive di riforma. Milano: Giuffrè, 2000, p. 144.

94. COELHO, Fábio Ulhoa. *Curso de direito comercial*. 5. ed. São Paulo: Saraiva, 2002, v. 2, p. 440.

Praticando atos que não extrapolem tais limites, os administradores praticam atos regulares de gestão, os quais são imputados à sociedade e não a eles, uma vez que são meros órgãos que fazem presente a vontade da sociedade. Tais atos são de responsabilidade exclusiva da própria sociedade, não havendo que se cogitar de responsabilização do patrimônio do administrador.

Todavia, nem sempre tais administradores agem da maneira correta, vale dizer, nem sempre eles exercem seus poderes em benefício exclusivo da sociedade, respeitando os limites de seus poderes. Em determinados casos, movidos por vicissitudes pessoais, eles podem agir violando a lei ou o contrato social, vale dizer, em exorbitância aos poderes que lhes foram atribuídos pelo contrato social.

Nesses casos, não há dúvida de que o administrador assumirá responsabilidade pessoal por tais atos. De acordo com José Lamartine Corrêa de Oliveira:

> Há simplesmente uma questão de imputação. Quando o diretor ou o gerente agiu com desobediência a determinadas normas legais ou estatutárias, pode seu ato, em determinadas circunstâncias, ser inimputável à pessoa jurídica, pois não agiu como órgão (salvo problema de aparência) – a responsabilidade será sua, por ato seu. Da mesma forma, quando pratique ato ilícito, doloso ou culposo: responderá por ilícito seu, por fato próprio[95].

E a sociedade se vincula por tais atos? A sociedade terá responsabilidade perante os terceiros e, posteriormente, responsabilizará o administrador que extrapolou seus poderes? Ou a responsabilidade será exclusiva dos administradores?

Atualmente, prevalece a teoria da aparência, ou seja, a sociedade se vincula perante terceiros de boa-fé, só podendo os excessos dos administradores a terceiros de má-fé. Reitere-se que a boa-fé se presume e a má-fé precisa ser provada.

Arnaldo Malheiros, de forma geral, define a aparência como "uma situação de fato que manifesta como verdadeira uma situação jurídica não verdadeira e, que, por causa do erro escusável **de quem de boa-fé**, tomou o fenômeno real como manifestação de uma situação jurídica verdadeira, cria um direito subjetivo novo, mesmo à custa da própria realidade"[96]. Assim, se um administrador da sociedade não tinha poderes para praticar o ato, mas o terceiro de boa-fé o tomou como verdadeiro, compete à sociedade arcar com esse e, se for o caso, se voltar em direito de regresso contra o administrador.

O mesmo autor (Arnaldo Malheiros) aponta requisitos para a aplicação da teoria da aparência:

> a) existência de uma situação de fato cercada de circunstâncias tais que manifestamente a apresentem como se fora uma segura situação de direito;

---

95. OLIVEIRA, José Lamartine Côrrea. *A dupla crise da pessoa jurídica*. São Paulo: Saraiva, 1979, p. 520.

96. MALHEIROS, Arnaldo. Aparência de direito. *Revista de Direito Civil* 6/41, out./dez. 1978.

b) que essa situação de fato possa ser considerada segundo a ordem geral e normal das coisas;

c) que, preenchidas essas condições, apresente o titular aparente como se fosse o titular legítimo e o direito como se realmente existisse;

d) a incidência de erro de quem de boa-fé considera tal situação como se de fato fosse;

e) a escusabilidade desse erro, apreciada segundo situação pessoal de quem nele incorreu.

10 O conselho fiscal da limitada

Similarmente ao que já ocorre nas sociedades anônimas, o Código Civil permite que o contrato social institua um conselho fiscal na limitada, com o intuito de fiscalizar a gestão da sociedade pelos administradores.

10.1 Inconveniência da adoção

A dissociação entre gestão e propriedade, ocorrida nas sociedades anônimas, afasta boa parte dos acionistas da administração da sociedade. Apesar disso, a lei assegura aos acionistas o direito essencial de fiscalizar a gestão dos negócios sociais, o qual, todavia, é praticamente impossível de ser exercido individualmente[97]. Assim sendo, a lei garante o exercício da fiscalização por diversos meios, dentre os quais o funcionamento do conselho fiscal.

O conselho fiscal é um órgão social que deve estar obrigatoriamente disciplinado pelo estatuto da sociedade, mas cujo funcionamento fica a critério do próprio estatuto, ou de requisição dos acionistas. Trata-se, pois, de um órgão obrigatório de funcionamento facultativo[98]. Tal disciplina decorre da perda do prestígio da fiscalização orgânica feita pelo conselho fiscal, em função na ineficiência demonstrada por tal órgão[99].

Todavia, mesmo que o conselho fiscal não esteja em funcionamento, a fiscalização dos administradores deve ser exercida por meio de auditores independentes. Este sistema de fiscalização adotado por várias legislações como obrigatório tem se mostrado mais eficiente na medida em que garante que a tarefa seja exercida por profissionais especializados, assegurando uma fiscalização mais efetiva e correta.

---

97. HALPERIN, Isaac. *Sociedades anónimas*. Actualizada e ampliada por Julio C. Otaegui. 2. ed. Buenos Aires: Depalma, 1998, p. 617.

98. SILVA, José Anchieta da. *Conselho fiscal nas sociedades anônimas brasileiras*. Belo Horizonte: Del Rey, 2000, p. 55.

99. REQUIÃO, Rubens. *Curso de direito comercial*. 21. ed. São Paulo: Saraiva, 1998, v. 2, p. 206; CARVALHOSA, Modesto. *Comentários à lei das sociedades anônimas*. São Paulo: Saraiva, 1997, v. 3, p. 367.

O desprestígio de tal fiscalização orgânica, nas sociedades anônimas, demonstra a inconveniência da adoção, ainda que facultativa, de tal órgão para as sociedades limitadas. Melhor seria a instituição de uma fiscalização obrigatória por meio de auditores independentes, externos nas sociedades com faturamento superior a determinada quantia[100].

Nas limitadas de pequeno porte e nas microempresas seria dispensada tal fiscalização, pois seria muito mais fácil a fiscalização direta pelos sócios. Além disso, por força de mandamento constitucional (art. 179), a União, os Estados, o Distrito Federal e os Municípios darão tratamento jurídico diferenciado às microempresas e às empresas de pequeno porte, simplificando suas obrigações tributárias, administrativas, previdenciárias e creditícias.

10.2 Os conselheiros

O conselho fiscal das limitadas será composto de três ou mais membros, sócios ou não, residentes no país, que tenham condições de fiscalizar, de modo imparcial, a gestão dos administradores. Os membros são eleitos pela assembleia geral anual, assegurando-se também a representação da minoria que, desde que represente um quinto do capital social, poderá eleger um membro em separado para o conselho (art. 1.066, § 2º).

Não podem ser membros do conselho fiscal os membros dos demais órgãos da sociedade ou de outra por ela controlada, os empregados de quaisquer delas ou dos respectivos administradores, o cônjuge ou parente destes até o terceiro grau (art. 1.066, § 1º), pois tais pessoas não teriam a imparcialidade suficiente para fiscalizar os administradores. Ademais, há que se tratar de uma pessoa idônea para efetivar tal fiscalização, não se admitindo como membros do conselho fiscal pessoas que tenham sido condenadas por crimes, que denotem a inidoneidade para fiscalizar a gestão de um patrimônio (art. 1.011, § 1º).

Uma vez eleitos, os membros do Conselho fiscal devem, no prazo de 30 dias, assinar termo de posse lavrado no livro de atas e pareceres do conselho fiscal, sob pena de se tornar sem efeito a eleição. Tomando posse, os conselheiros exercem suas funções, fazendo jus a uma remuneração fixada pela assembleia que os eleger (art. 1.068). O mandato do membro do conselheiro fiscal se estende até a próxima assembleia anual, salvo cessação anterior (art. 1.067).

10.3 Competência

Uma vez instituído o conselho fiscal na sociedade limitada, este passa a exercer a função de fiscalizar a gestão dos negócios sociais, que não pode ser atribuída a nenhum

---

100. TEIXEIRA, Egberto Lacerda. As sociedades limitadas e o projeto do Código Civil. *Revista de Direito Mercantil, Industrial, Econômico e Financeiro*, Ano XXXIV, n. 99, jul./set. 1995, p. 71.

outro órgão da sociedade. Tais atribuições competem tanto ao órgão como um todo, como aos conselheiros individualmente, resguardando a autonomia do conselheiro eleito pela minoria.

No exercício do seu mister, o conselho fiscal deve primordialmente examinar os livros e papéis da sociedade trimestralmente, lavrando os pareceres que se fizerem necessários. Além disso, deve opinar sobre a regularidade da gestão dos negócios no exercício social, em parecer que servirá de fundamento para a aprovação ou rejeição das contas dos administradores pela assembleia anual. Outrossim, deve o conselho fiscal denunciar as irregularidades que apurar para que sejam tomadas as medidas necessárias, como, por exemplo, a eventual destituição do administrador. Por fim, compete ao conselho fiscal convocar a assembleia dos sócios, nos casos de retardamento da convocação pelos administradores, ou nos casos de motivos graves e urgentes.

11 Sócios

O substrato de uma sociedade limitada é pessoal, isto é, como base de toda sociedade limitada haverá um ou mais sócios, os quais, por sua vez, devem subscrever uma parte do capital social da sociedade, adquirindo em virtude de tal ato direitos e deveres inerentes à qualidade de sócio.

11.1 Noções

A princípio, quaisquer pessoas podem ser sócios de qualquer sociedade, surgindo restrições para os incapazes, em virtude do tipo de responsabilidade assumida na sociedade. Nas sociedades limitadas, os incapazes podem ser sócios, desde que não assumam poderes de gerência e todo o capital da sociedade esteja integralizado, pois, nestes casos, não há risco de sua responsabilidade pessoal[101]. Obviamente, eles também devem ser assistidos ou representados.

No regime do Código Civil, não há expressamente a proibição dos sócios incapazes, mas o art. 1.691 estabelece que os pais não podem contrair, em nome de seus filhos, obrigações que ultrapassem os limites da simples administração, salvo por necessidade ou evidente interesse da prole, mediante prévia autorização do juiz. Nas demais sociedades do Código Civil, há um risco de responsabilidade patrimonial pessoal dos sócios, que afasta a mera administração na assunção da condição de sócio, pois, a qualquer tempo, os sócios podem ser chamados a honrar obrigações da sociedade. Com o advento da Lei n. 12.399/2011, foi inserido um § 3º no art. 974, prevendo genericamente a

---

101.   LUCENA, José Waldecy. *Das sociedades por quotas de responsabilidade limitada.* 2. ed. Rio de Janeiro: Renovar, 1997, p. 174; PAZZAGLINI FILHO, Mario; CATANESE, Andrea di Fucco. *Direito de empresa no Código Civil.* São Paulo: Atlas, 2003, p. 108; WALD, Arnoldo. *Comentários ao novo Código Civil.* Rio de Janeiro: Forense, 2005, v. XIV, p. 337.

possibilidade de sócio incapaz desde que ele seja representado ou assistido, não tenha poder de administração e todo o capital social esteja integralizado. Tal dispositivo deve ser interpretado com cuidado, apesar da sua colocação nas disposições mais gerais do livro do Direito de Empresa. Ele deve ser compatibilizado com a proteção ao patrimônio dos incapazes, de modo que ele não seja estendido para sociedades de responsabilidade ilimitada.

Já nas limitadas, a responsabilidade restringe-se ao valor do capital social, que, estando completamente integralizado, impede uma responsabilização pessoal do patrimônio do sócio, não representando quaisquer riscos patrimoniais aos incapazes. Ademais, não pode ter poderes de gerência, pois de tal função decorrem riscos de responsabilidade, e, ademais, não faria sentido a atribuição de tais poderes a um incapaz que dependeria de representação para praticar os atos. Logo, é nesse tipo de sociedade que deve ser aplicado o art. 974, § 3º, do CC.

Para Jorge Lobo, haveria restrição para o ingresso de incapazes se houver qualquer previsão contratual de prestações suplementares ou acessórias, como a obrigação de prestar fiança em benefício da sociedade. Também lhes seria vedado o ingresso, no caso de integralização do capital social em bens, tendo em vista a responsabilidade pela avaliação dos bens, nos termos do art. 1.055, § 1º, do Código Civil[102].

A nosso ver, no que tange às prestações acessórias ou suplementares, efetivamente há problemas para o ingresso de incapazes. Todavia, no caso de integralização do capital social em bens, não vemos o óbice, na medida em que não se pode presumir a superavaliação desses bens, devendo-se presumir a correção da avaliação.

Com o advento do Código Civil (art. 977) proíbe-se a sociedade entre cônjuges casados pelo regime da comunhão universal e da separação obrigatória, protegendo-se teoricamente o próprio regime de casamento. No regime da comunhão universal nem sempre haveria uma real e efetiva conjugação de patrimônios, ou seja, nem sempre haveria de fato dois patrimônios unidos para a formação da sociedade, isto é, marido e mulher já formariam uma sociedade muito mais ampla[103]. De outro lado, no regime da separação obrigatória, haveria a união do que deveria estar separado, alterando o regime de bens do casamento que é irrevogável[104].

A intenção da proibição da sociedade entre cônjuges casados por tais regimes é, pois, evitar a mudança do regime matrimonial. Entretanto, acreditamos que tal solução não se justifica. Há bens que, mesmo no regime da comunhão universal, não se comunicam (art. 1.668), e nem sempre é necessária a participação efetiva de todos os sócios na vida da so-

---

102. LOBO, Jorge. *Sociedades limitadas*. Rio de Janeiro: Forense, 2004, v. 1, p. 77.

103. FARIA, Anacleto de Oliveira. Sociedade comercial entre cônjuges. *Revista de Direito Privado*, São Paulo, n. 8, out./dez. 2001, p. 231.

104. FARIA, Anacleto de Oliveira. Sociedade comercial entre cônjuges. *Revista de Direito Privado*, São Paulo, n. 8, out./dez. 2001, p. 231.

366 | CURSO DE DIREITO EMPRESARIAL

ciedade. Além disso, para os casados no regime da separação obrigatória não se proíbe a aquisição de um bem em condomínio[105], então por que proibir a associação entre os dois?

11.2 Deveres dos sócios: o sócio remisso

Em decorrência da condição de sócio, surgem deveres consistentes primordialmente na obrigação de "velar nos interesses da sociedade, prestando a esta a sua cooperação e jamais preferindo o interesse individual ao social com prejuízo da sociedade"[106] (dever de lealdade), e na obrigação de contribuir para o capital social. Tais deveres são os mesmos existentes para as sociedades em geral, assumindo um contorno especial o descumprimento da obrigação de contribuir para o capital social.

Vencida a obrigação de contribuir para o capital social, deve a sociedade notificar o sócio, para que em 30 dias cumpra sua obrigação (art. 1.004). A mora nesse caso não decorre do simples vencimento da obrigação; é necessária a interpelação, como no direito português[107]. Passado tal prazo sem o cumprimento da obrigação, o sócio está em mora e pode ser considerado um sócio remisso, restando à sociedade diversos caminhos a serem seguidos.

Diante de tal situação, a sociedade pode optar pela cobrança dos valores devidos, incluindo as perdas e danos resultantes do inadimplemento, bem como pode proceder à redução da quota do sócio remisso aos valores por ele efetivamente realizados. Tais opções decorrem da remissão expressa ao art. 1.004 do Código Civil pelo art. 1.058 relativo às limitadas.

A par de tais opções, a sociedade pode excluir o sócio remisso, transferindo sua quota para terceiros, ou tomando-a para os demais sócios (art. 1.058). Há que se ressaltar que a redação defeituosa do Código Civil pode dar margem a outras interpretações, mas o direito de excluir o sócio faltoso é da sociedade e não dos demais sócios[108]. A transferência da quota é que pode ser para os demais sócios, ou para terceiros.

Optando-se pela exclusão do sócio remisso, a sociedade deve devolver-lhe o valor que houver pago, deduzidos os juros de mora e demais prestações estabelecidas, vale dizer, nesse caso, o sócio excluído não faz jus à apuração de haveres. O sócio excluído tem direito apenas ao recebimento do valor já pago por ele, com os abatimentos decorrentes da lei[109].

---

105. MIRANDA, Pontes de. *Tratado de direito privado*. 3. ed. São Paulo: Revista dos Tribunais, 1984, v. 49, p. 226.

106. CARVALHO DE MENDONÇA, J. X. *Tratado de direito comercial brasileiro*. Atualizado por Ruymar de Lima Nucci. Campinas: Bookseller, 2001, v. 2, tomo 2, p. 86.

107. FURTADO, Jorge Henrique Pinto. *Curso de direito das sociedades*. 3. ed. Coimbra: Almedina, 2000, p. 216.

108. NUNES, A. J. Avelãs. *O direito de exclusão de sócios nas sociedades comerciais*. São Paulo: Cultural Paulista, 2001, p. 253.

109. LUCENA, José Waldecy. *Das sociedades por quotas de responsabilidade limitada*. 2. ed. Rio de Janeiro: Renovar, 1997, p. 230; CAMPINHO, Sérgio. *Sociedade por quotas de responsabilidade limitada*. Rio de Janeiro: Renovar, 2000, p. 95; BERTOLDI, Marcelo M. *Curso avançado de direito comercial*. São Paulo: Revista dos

11.3 Direitos dos sócios

Ao subscreverem uma quota do capital social, os sócios adquirem deveres, mas também direitos de ordem pessoal e de ordem patrimonial. Na órbita patrimonial, estão os direitos à participação nos lucros e à participação no acervo social, em caso de dissolução da sociedade. De outro lado, surgem direitos pessoais, como o de fiscalizar a gestão dos negócios sociais e de participar, direta ou indiretamente, da administração da sociedade.

Os direitos patrimoniais são direitos eventuais de crédito contra a sociedade, consistente na participação nos lucros e na participação no acervo social em caso de liquidação da sociedade. Trata-se de um direito eventual, condicionado[110], na medida em que o seu exercício depende de fatos incertos, como a produção de lucros ou a dissolução da sociedade.

A participação no acervo social é uma decorrência da própria contribuição dos sócios. Se eles contribuíram para a formação do patrimônio social e ainda existe algum patrimônio após o pagamento de todos os credores da sociedade, nada mais lógico do que devolver aos sócios o equivalente à sua contribuição. Não haveria outro caminho a ser dado ao patrimônio social a não ser a partilha entre os próprios sócios.

A par dos direitos patrimoniais, os sócios gozam de direitos pessoais inerentes à qualidade de sócio, como a fiscalização dos atos da administração da sociedade. Ora, se nem todos os sócios administram a sociedade, deve-se-lhes garantir ao menos a fiscalização dos atos daqueles que administram a sociedade, pois a administração da sociedade envolve, em última análise, os interesses dos sócios. Essa fiscalização pode ser exercida diretamente pelos sócios ou ainda com o auxílio de um conselho fiscal, órgão facultativo admitido nas sociedades limitadas.

No caso de exercício pelos próprios sócios, a forma de fiscalização irá variar de acordo com a legislação que venha a ser supletivamente adotada para a sociedade.

Havendo aplicação supletiva das regras sobre as sociedades simples, essa fiscalização se dá de forma ampla, obrigando-se os administradores a prestar contas justificadas da sua administração anualmente, além de lhes obrigar a apresentar o inventário e o balanço patrimonial e de resultado econômico (art. 1.020). Outrossim, salvo estipulação em sentido contrário, todos os sócios têm o direito de examinar os livros e documentos, bem como o estado do caixa e da carteira da sociedade, a qualquer tempo, independentemente de motivação específica ou de determinação judicial (art. 1.021). A nosso ver, tais regras também valem para a sociedade limitada.

Tribunais, 2001, v. 1, p. 212; COELHO, Fábio Ulhoa. *Curso de direito comercial.* 5. ed. São Paulo: Saraiva, 2002, v. 2, p. 415; REQUIÃO, Rubens. *Curso de direito comercial.* 23. ed. São Paulo: Saraiva, 1998, v. 1, p. 429; WALD, Arnoldo. *Comentários ao novo Código Civil.* Rio de Janeiro: Forense, 2005, v. XIV, p. 399.

110. CARVALHO DE MENDONÇA, J. X. *Tratado de direito comercial brasileiro.* Atualizado por Ruymar de Lima Nucci. Campinas: Bookseller, 2001, v. 2, tomo 2, p. 84.

Já adotando supletivamente as regras das sociedades anônimas, há uma maior limitação do exercício desse direito. Existem várias formas de exercício desse direito estabelecidas na lei, a saber, o funcionamento do conselho fiscal, o acesso aos livros da sociedade, a prestação de contas, a votação das demonstrações financeiras e a realização de auditoria independente[111]. Além disso, o direito de fiscalizar a gestão não é estendido indistintamente a todos os sócios, exigindo-se para determinadas medidas uma percentagem mínima do capital social. Apesar de se tratar de um direito essencial, há que se impor tais limites, sob pena de tumultuar o bom andamento da gestão da sociedade[112].

Há também o direito à participação nas deliberações da sociedade, que pode ser entendido como o direito de voto[113]. Para as questões mais importantes da sociedade, é essencial que haja a manifestação da sua vontade, que é formada a partir da soma das vontades dos sócios. Assim, é direito dos sócios participar da formação da vontade social; ressalte-se, não é direito do sócio determinar a vontade social, mas sim participar do processo de formação da vontade da sociedade.

A par de tais direitos, nas sociedades limitadas surge o direito de preferência, que tem uma conotação pessoal e patrimonial. No regime do Decreto n. 3.708/1919, não havia nenhuma regra sobre o direito de preferência dos sócios, isto é, sobre a prioridade para a subscrição das novas quotas decorrentes do aumento do capital social.

O Código Civil (art. 1.081, § 1º) consagra o direito de preferência dos sócios, assegurando-se aos sócios o direito de participar com prioridade no aumento do capital social, na proporção de suas quotas. Seguindo o exemplo das sociedades anônimas, é fixado o prazo decadencial de 30 dias para o exercício do direito de preferência. Transcorrido em branco tal prazo, será livre a negociação das quotas, condicionando-a, todavia, a uma posterior aprovação da modificação contratual que decorrerá de tal negociação.

Trata-se de um direito pessoal, na medida em que visa à manutenção do *status* do sócio perante a sociedade, isto é, resguarda a continuação da sociedade nas mesmas condições iniciais. Outrossim, o direito de preferência também é um direito patrimonial, na medida em que pode ser cedido a terceiros, desde que não haja oposição de sócios que representem um quarto do capital social, tal como ocorre com a cessão das quotas em si.

11.4 *Responsabilidade dos sócios*

O traço mais característico da sociedade limitada é a responsabilidade limitada dos seus sócios, que é o motivo primordial da dispersão de tal sociedade pelo ordenamento jurídico nacional. Reitere-se que a responsabilidade será sempre subsidiária, de modo

---

111. COELHO, Fábio. *Curso de direito comercial*. São Paulo: Saraiva, 1999, v. 2, p. 293.

112. LEÃES, Luiz Gastão Paes de Barros. *Comentários à lei das sociedades anônimas*. São Paulo: Saraiva, 1978, v. 2, p. 220.

113. CARVALHO DE MENDONÇA, J. X. *Tratado de direito comercial brasileiro*. Atualizado por Ruymar de Lima Nucci. Campinas: Bookseller, 2001, v. 2, tomo 2, p. 85.

que os sócios só serão chamados a responder na insuficiência do patrimônio da sociedade, ou seja, se a sociedade tiver patrimônio suficiente para arcar com suas dívidas, os sócios não serão chamados a responder.

Ausente o patrimônio da sociedade, a responsabilidade de cada sócio é restrita ao valor de suas quotas, havendo a solidariedade pela integralização do capital social (art. 1.052). Em outras palavras, cada sócio tem responsabilidade por sua parte no capital social, mas pode ser chamado a honrar a parte que falta ser paga pelos outros sócios nesse capital social, em virtude da solidariedade estabelecida entre todos os sócios.

A título exemplificativo, imagine-se uma sociedade limitada de três sócios – Romário, Edmundo e Ronaldo – sem patrimônio – cujo capital social seja de R$ 150.000,00 (cento e cinquenta mil reais), ainda não completamente integralizado, com a seguinte divisão:

	ROMÁRIO	EDMUNDO	RONALDO
• CAPITAL SUBSCRITO	• R$ 50.000,00	• R$ 50.000,00	• R$ 50.000,00
• CAPITAL INTEGRALIZADO	• R$ 50.000,00	• R$ 30.000,00	• R$ 20.000,00
• CAPITAL A INTEGRALIZAR	• 0	• R$ 20.000,00	• R$ 30.000,00

Nessa situação, qualquer um dos sócios pode ser chamado a responder pelos R$ 50.000,00 que faltam ser integralizados. Mesmo o sócio Romário poderá ser responsabilizado por esse montante, uma vez que há solidariedade entre os sócios para a integralização do capital social.

Uma vez pago todo o capital social, nada mais pode ser exigido dos sócios patrimonialmente, exceto no caso das hipóteses excepcionais que autorizam a desconsideração da personalidade jurídica. Diante disso, o risco de prejuízo na sociedade limitada é extremamente restrito, sendo por isso a forma mais usada para o exercício de atividades econômicas no Brasil.

Apenas excepcionalmente se afasta essa limitação de responsabilidade, como nos casos de desconsideração da personalidade, distribuição fictícia de lucros com prejuízo do capital social (art. 1.059 do Código Civil), deliberação infringente do contrato social ou da lei (art. 1.080 do Código Civil), superavaliação de bens para formação do capital social (art. 1.055, § 1º, do Código Civil), limitada neste último caso a responsabilidade ao prazo de 5 anos.

12 Recesso

No regime do Decreto n. 3.708/1919, aplicava-se o princípio das deliberações sociais pela maioria (art. 15), sendo assegurado ao dissidente de qualquer deliberação a possibilidade de se retirar da sociedade, apurando seus haveres, nos termos do último balanço aprovado. Tal hipótese tinha sua aplicação limitada às sociedades por prazo determinado, diante da possibilidade da dissolução parcial imotivada nas sociedades por prazo indeterminado.

Tratando-se de sociedade por prazo indeterminado, assistia ao sócio o direito de, a qualquer tempo, se retirar apurando os seus haveres[114], não implicando tal fato em dissolução da sociedade. Essa possibilidade de retirada é um corolário da natureza contratual de tais sociedades, vigendo o princípio de que ninguém é obrigado a ficar preso a um contrato, podendo denunciá-lo a qualquer momento.

O Código Civil não acolheu a solução preconizada pela doutrina, no sentido da restrição das hipóteses autorizadoras do recesso dos sócios[115], apesar do aplauso de Nelson Abrão[116].

Nos termos do Código Civil (art. 1.077), é autorizada a retirada dos sócios quando houver modificação do contrato, fusão da sociedade, incorporação de outra, ou dela por outra, fixando-se um prazo de 30 dias para o exercício de tal direito. Ora, mantém-se a regra geral, de que havendo modificação no contrato social poderá ser exercido o direito de recesso, não se limitando tal direito à divergência em relação às alterações mais importantes do contrato social.

Não se seguiu a tendência do direito estrangeiro. No direito português, a retirada só pode ocorrer nos casos de aumento do capital a subscrever total ou parcialmente por terceiros, mudança do objeto, prorrogação da sociedade e transferência da sede da sociedade para o exterior[117]. No direito espanhol, a retirada é possível nos casos de alteração do contrato social (alteração do objeto, mudança de domicílio, mudança do regime de transmissão das quotas) ou modificações estruturais (transformação em outro tipo societário ou prorrogação da duração)[118].

No direito italiano, as hipóteses de recesso limitam-se aos casos de mudança do objeto social, mudança do tipo societário, fusão, cisão, cumprimento de operações que gerem uma substancial mudança no objeto da sociedade ou uma relevante alteração nos direitos dos sócios sobre administração ou lucros e transferência da sociedade para o exterior[119]. Há também o direito de recesso para os herdeiros quando o ato constitutivo

---

114.   COELHO, Fábio Ulhoa. *Curso de direito comercial*. São Paulo: Saraiva, 1999, v. 2, p. 420; LUCENA, José Waldecy. *Das sociedades por quotas de responsabilidade limitada*. 2. ed. Rio de Janeiro: Renovar, 1997, p. 567.

115.   LUCENA, José Waldecy. *Das sociedades por quotas de responsabilidade limitada*. 2. ed. Rio de Janeiro: Renovar, 1997, p. 566-567.

116.   ABRÃO, Nelson. *Sociedade por quotas de responsabilidade limitada*. Revista, atualizada e ampliada por Carlos Henrique Abrão. 8. ed. São Paulo: Saraiva, 2000, p. 175.

117.   FURTADO, Jorge Henrique Pinto. *Curso de direito das sociedades*. 3. ed. Coimbra: Almedina, 2000, p. 485-486.

118.   IRUJO, José Miguel Embrid. *La sociedad de responsabilidad limitada*. Apéndice a la décima edición del Manual de derecho mercantil de Manuel Broseta Pont. Madrid: Tecnos, 2000, p. 14.

119.   BUONOCORE, Vincenzo. La societá a responsabilitá limitata. In: _____. *La riforma del diritto societário*. Torino: Giappichelli, 2003, p. 179.

da sociedade prevê a impossibilidade de transferência das quotas ou a condiciona à vontade dos órgãos sociais ou de terceiros. O recesso também é assegurado aos sócios que não concordem com a transferência de quotas a terceiros nos casos de aumento do capital social e em alguns casos de sociedades sujeitas a atividades de direção e coordenação, e, ainda, no caso de discordância de inserção ou exclusão de cláusula compromissória no contrato social[120].

Acreditamos que, no que diz respeito às sociedades limitadas por prazo indeterminado, o direito de retirada mantém os mesmos contornos do regime do Decreto n. 3.708/1919, vale dizer, o sócio pode se retirar a qualquer tempo, independentemente de causa justificada. Tal possibilidade advém da natureza contratual do ato constitutivo de tais sociedades[121] e é corroborada pelas disposições aplicáveis às sociedades simples.

Tratando-se de um contrato por prazo indeterminado, assiste ao contratante o direito de denunciar o contrato, retirando-se[122] e, por vezes, até extinguindo-o. Outrossim, há disposição expressa nesse sentido no que diz respeito às sociedades simples, disposição esta aplicável supletivamente às limitadas. Trata-se de aplicação do princípio de que ninguém é obrigado a ficar preso a um contrato por toda a vida, não se podendo cogitar da aplicação das regras relativas às sociedades anônimas, na medida em que estas não têm natureza contratual.

Em sentido contrário, José Edwaldo Tavares Borba afirma que o Código Civil limitou as hipóteses do recesso aos casos de alteração do contrato social, fusão ou incorporação[123]. Para ele, não haveria que se falar em vinculação perpétua nesse caso, porquanto nas sociedades limitadas haveria uma objetivação das participações. Do mesmo modo entendem Manoel Pereira Calças e Edmar Oliveira Andrade Filho, ao condicionarem o recesso às hipóteses mencionadas no art. 1.077, como um rol taxativo[124].

Numa posição intermediária, Waldo Fazzio Júnior afirma que, se forem aplicadas supletivamente as regras das sociedades simples, nesse caso teria lugar o art. 1.029 do

---

120. Idem, p. 180.

121. COELHO, Fábio Ulhoa. *Curso de direito comercial.* 5. ed. São Paulo: Saraiva, 2002, v. 2, p. 434; LUCENA, José Waldecy. *Das sociedades por quotas de responsabilidade limitada.* 2. ed. Rio de Janeiro: Renovar, 1997, p. 554-555; CAMPINHO, Sérgio. *O direito de empresa à luz do novo Código Civil.* 4. ed. Rio de Janeiro: Renovar, 2004, p. 219; COELHO, Fábio Ulhoa. *A sociedade limitada no novo código civil.* São Paulo: Saraiva, 2003, p. 102; LOBO, Jorge. *Sociedades limitadas.* Rio de Janeiro: Forense, 2004, v. 1, p. 231-232; NERILLO, Lucíola Fabrete Lopes. *Manual da sociedade limitada no novo código civil.* Curitiba: Juruá, 2004, p. 127.

122. DE CUPIS, Adriano. *Istituzioni di diritto privato.* Milano: Giuffrè, 1978, v. 3, p. 21; GOMES, Orlando. *Contratos.* 18 ed. Atualizada por Humberto Theodoro Júnior. Rio de Janeiro: Forense, 1999, p. 185; PEREIRA, Caio Mário da Silva. *Instituições de direito civil.* 9. ed. Rio de Janeiro: Forense, 1993, v. 3, p. 101.

123. BORBA, José Edwaldo Tavares. *Direito societário.* 8. ed. Rio de Janeiro: Renovar, 2003, p. 128.

124. CALÇAS, Manoel Queiroz Pereira. *Sociedade limitada no Código Civil.* São Paulo: Atlas, 2003, p. 133; NEGRÃO, Ricardo. *Manual de direito comercial e de empresa.* São Paulo: Saraiva, 2003, v. 1, p. 370; CARVALHOSA, Modesto. *Comentários ao Código Civil.* São Paulo: Saraiva, 2003, v. 13, p. 245-246; ANDRADE FILHO, Edmar Oliveira. *Sociedade de responsabilidade limitada.* São Paulo: Quartier Latin, 2004, p. 233.

Código Civil; todavia, se for aplicada subsidiariamente a lei das sociedades anônimas, o recesso estaria restringido[125].

Apesar do brilhantismo de seus defensores, mantemos a opinião de que, em qualquer sociedade limitada por prazo indeterminado, os sócios possuem o direito de recesso independentemente de motivação, em função da natureza contratual da sociedade. Nesse sentido, o STJ firmou a opinião de que "a regra do art. 1.029 do CC aplicável às sociedades limitadas, possibilitando a retirada imotivada do sócio", mesmo nos casos em que a legislação supletiva é lei das sociedades anônimas.

Aplica-se, pois, o art. 1.029 do Código Civil que exige para as sociedades por prazo indeterminado a notificação dos demais sócios com 60 dias de antecedência. Decorrido esse prazo, a sociedade deve fazer a alteração contratual e registrá-la. Se não tiver sido providenciada, pelos demais sócios, a alteração contratual consensual formalizando o desligamento, depois de transcorridos 10 (dez) dias do exercício do direito (art. 600, IV, do CPC/2015), qualquer interessado poderá arquivar a notificação aos demais sócios, por qualquer forma, desde que ateste o recebimento por todos eles. A junta comercial fará a anotação da retirada do sócio e a sociedade deverá regularizar o quadro societário na próxima alteração contratual (IN n. 81/2020 – DREI).

Exercido o direito de recesso, o sócio fará jus à apuração de seus haveres nos termos de balanço especialmente levantado, levando-se em conta o capital efetivamente realizado pelos sócios (art. 1.031). O pagamento dos haveres apurados deve ser feito em 90 dias contados da liquidação da quota, se os sócios não dispuserem no contrato social de modo distinto.

Nas sociedades por prazo determinado, se aplicam hipóteses do art. 1.077, considerando-se como data da saída do sócio a data da notificação comunicando sua intenção.

13 Exclusão do sócio

A par do recesso que é de iniciativa do próprio sócio, este também pode sair da sociedade por deliberação desta; é o que se convenciona chamar de exclusão do sócio.

Razões de ordem econômica impõem a manutenção da atividade produtora de riquezas, em virtude dos interesses de trabalhadores, do fisco e da comunidade. Diante disso, o ordenamento jurídico deve assegurar os meios capazes de expurgar todos os elementos perturbadores da vida da sociedade, uma vez que a sua extinção pode afetar os interesses sociais na manutenção da atividade produtiva[126].

Especificamente em relação às limitadas, o Código Civil admite a exclusão extrajudicial de um sócio por justa causa, desde que haja previsão no contrato social admitindo tal despedida (art. 1.085). Tal exclusão deverá ser deliberada pela maioria de todo

---

125. FAZZIO JÚNIOR, Waldo. *Sociedades limitadas*. São Paulo: Atlas, 2003, p. 171.

126. NUNES, A. J. Avelãs. *O direito de exclusão de sócios nas sociedades comerciais*. São Paulo: Cultural Paulista, 2001, p. 58; BERTOLDI, Marcelo M. *Curso avançado de direito comercial*. São Paulo: Revista dos Tribunais, 2001, v. 1, p. 229.

o capital social, em assembleia convocada especificamente para tal finalidade, com a notificação do sócio para, querendo, comparecer e exercer o direito de defesa. Tal exclusão devidamente deliberada poderá ser anulada no prazo decadencial de três anos[127].

Com a alteração do parágrafo único do art. 1.085 do CC, nas sociedades limitadas compostas por apenas dois sócios, fica dispensada a realização de reunião ou assembleia específica para deliberar a exclusão. Além disso, nas mesmas sociedades limitadas com apenas dois sócios, fica dispensada a notificação do sócio para, querendo, comparecer e exercer o direito de defesa, uma vez que se tratará de uma decisão do outro sócio. Ressalte-se, porém, que tal decisão do sócio majoritário pela exclusão do minoritário ainda dependerá de uma cláusula contratual e de uma justa causa (grave descumprimento das obrigações sociais).

Não se trata de um mero ato discricionário da sociedade; deve haver uma justa causa para excluir o sócio, pois este tem um direito de permanecer na sociedade, enquanto cumpra suas obrigações. Assim, a exclusão do sócio estará imediatamente ligada ao descumprimento do dever de colaboração ativa do sócio[128], pois tal descumprimento torna inútil a permanência do sócio na sociedade, justificando a sua exclusão pela prevalência do interesse social. A mera quebra da *affectio societatis* não é motivo suficiente para exclusão do sócio, sendo essencial que se analise o motivo que gerou essa quebra[129].

Tal exclusão extrajudicial é perfeitamente constitucional, pois não viola as garantias constitucionais do devido processo legal e da inafastabilidade da apreciação do poder judiciário. A despedida será feita em obediência ao procedimento previsto na lei e não precisa ser judicial, pois o sócio excluído poderá ter acesso ao poder judiciário, se entender que seus direitos foram violados[130].

Nos casos de exclusão extrajudicial, a ação poderá ser ajuizada pelo sócio excluído para impugnar sua exclusão ou buscar sua apuração de haveres, no prazo de 3 anos (art. 48 do CC)[131]. Todavia, não há nesse caso uma ação de dissolução parcial propriamente dita, mas uma ação de anulação da deliberação por falta dos requisitos necessários para a exclusão. Nessa perspectiva, a previsão do art. 600, VI, do CPC/2015 se limita a apuração de haveres[132].

---

127.   STJ – REsp 1459190/SP, Rel. Ministro Luis Felipe Salomão, Quarta Turma, julgado em 15-12-2015, *DJe* 1º-2-2016.

128.   LEÃES, Luiz Gastão Paes de Barros. Exclusão extrajudicial de sócio em sociedade por quotas. *Revista de Direito Mercantil, Industrial, Econômico e Financeiro*, ano XXXIV, n. 100, out./dez. 1995, p. 91.

129.   STJ – REsp 1129222/PR, Rel. Ministra Nancy Andrighi, Terceira Turma, julgado em 28-6-2011, *DJe* 1º-8-2011.

130.   LEÃES, Luiz Gastão Paes de Barros. Exclusão extrajudicial de sócio em sociedade por quotas. *Revista de Direito Mercantil, Industrial, Econômico e Financeiro*, ano XXXIV, n. 100, out./dez. 1995, p. 92-93.

131.   STJ – REsp 1459190/SP, Rel. Ministro Luis Felipe Salomão, Quarta Turma, julgado em 15-12-2015, *DJe* 1º-2-2016.

132.   GUILHARDI, Pedro. Apuração de haveres e o Código de Processo Civil. *Revista de Direito Bancário e do Mercado de Capitais*, vol. 75, Jan.-Mar./2017, p. 230.

CURSO DE DIREITO EMPRESARIAL

A ausência da cláusula contratual não implica a impossibilidade da exclusão, mas apenas haverá a necessidade de uma decisão judicial para tanto[133]. Ora, a exclusão é um direito inerente à finalidade comum do contrato de sociedade e, por isso, independe de previsão contratual ou legal[134]. A presença ou não da previsão contratual influirá apenas na forma da exclusão, judicial ou extrajudicial, e não na sua possibilidade.

O mesmo raciocínio deve ser aplicado para a exclusão do sócio majoritário, pois em relação a este não será alcançada a exigida maioria do capital social, para deliberar a exclusão do sócio extrajudicialmente. Assim sendo, para a exclusão do sócio majoritário será necessária uma decisão judicial, provocada pelo ajuizamento de uma ação, uma vez que não se poderá atingir a maioria do capital social.

Em qualquer desses casos, o sócio excluído fará jus à apuração dos seus haveres nos termos do art. 1.031 do Código Civil, isto é, à luz do capital efetivamente realizado, e diante de um balanço especialmente levantado.

Por derradeiro, vale ressaltar que também é possível a exclusão extrajudicial do sócio remisso, o qual só fará jus ao recebimento do valor já pago por ele, com os abatimentos decorrentes da lei[135] e não à apuração dos haveres, como nos demais casos.

14   Morte de um sócio

No capítulo do Código Civil sobre as sociedades limitadas não há qualquer regra sobre as implicações do falecimento de um sócio, o que, a princípio, significa que é o contrato social que deve dispor sobre o tema. Todavia, e se não houver qualquer disposição contratual a respeito.

Com o advento do Código Civil, o art. 1.053 afirma que nas omissões do capítulo sobre as limitadas incidem as regras sobre a sociedade simples, salvo se no contrato social os sócios preferirem a aplicação da lei das sociedades anônimas. A respeito do tema morte de um sócio, no regime das sociedades simples, a natureza personalista da relação entre os sócios impede que haja de pleno direito a transmissão da condição de sócio aos herdeiros do sócio falecido, pois não é indiferente para a vida da sociedade quem adquire a qualidade de sócio. Todavia, havendo acordo dos sócios remanescentes ou cláusula contratual com os herdeiros, pode haver a substituição do sócio falecido, não havendo sequer a dissolução parcial da sociedade, mas apenas a entrada de um novo sócio. No

---

133.   COELHO, Fábio Ulhoa. *Curso de direito comercial*. 5. ed. São Paulo: Saraiva, 2002, v. 2, p. 416.

134.   NUNES, A. J. Avelãs. *O direito de exclusão de sócios nas sociedades comerciais*. São Paulo: Cultural Paulista, 2001, p. 61-62.

135.   LUCENA, José Waldecy. *Das sociedades por quotas de responsabilidade limitada*. 2. ed. Rio de Janeiro: Renovar, 1997, p. 230; CAMPINHO, Sérgio. *Sociedade por quotas de responsabilidade limitada*. Rio de Janeiro: Renovar, 2000, p. 95; BERTOLDI, Marcelo M. *Curso avançado de direito comercial*. São Paulo: Revista dos Tribunais, 2001, v. 1, p. 212; COELHO, Fábio Ulhoa. *Curso de direito comercial*. 5. ed. São Paulo: Saraiva, 2002, v. 2, p. 415; REQUIÃO, Rubens. *Curso de direito comercial*. 23. ed. São Paulo: Saraiva, 1998, v. 1, p. 429.

caso da cláusula contratual, é óbvio que o ingresso dos herdeiros no quadro societário dependerá da manifestação deles, pois a declaração de vontade do sucedido não pode criar obrigações para eles. Trata-se de direito potestativo dos herdeiros, o ingresso na sociedade, no caso de previsão contratual (cláusula de continuidade)[136]. Já no regime das sociedades anônimas, pela ausência de regra própria e pela natureza capitalista, entende-se que as ações são transferidas aos herdeiros.

Diante desta situação, Fabio Ulhoa Coelho sustenta que a solução para as sociedades limitadas dependeria justamente do regime jurídico supletivo. Se aplicável o regime das sociedades simples (vínculo instável) seria aplicado o art. 1.028 do CC, ou seja, os herdeiros em regras teriam direito a apuração de haveres, não ingressando na sociedade, salvo cláusula em contrário ou acordo com os demais herdeiros. De outro lado, se o regime jurídico supletivo fosse a Lei das sociedades por ações (vínculo estável), os herdeiros receberiam as quotas da sociedade por sucessão[137]. Gladston Mamede aplica o art. 1.028 apenas às sociedades constituídas *intuitu personae*[138]. Outros autores, por sua vez, dada a natureza contratual da sociedade limitada, aplicam exclusivamente o art. 1.028 do CC[139].

A nosso ver, a razão está com os que defendem a aplicação do art. 1.028 a todas as sociedades limitadas. Em primeiro lugar, a possibilidade de aplicação supletiva da lei das sociedades por ações não afasta a possibilidade de aplicação às regras das sociedades simples, no que couber como as implicações do falecimento de um sócio. Outrossim, a natureza contratual impede a transmissão automática das quotas para os herdeiros, que terão que manifestar sua vontade para ingressar na sociedade. E não se invoque o princípio da saisina, pois a situação societária poderia representar uma exceção a esse princípio[140].

---

136. CAVALLI, Cássio. *Sociedades limitadas*: regime de circulação das quotas. São Paulo: Revista dos Tribunais, 2011, p. 157.

137. COELHO, Fábio Ulhoa. *Curso de direito comercial*. 16. ed. São Paulo: Saraiva, 2012, v. 2, p. 502-503.

138. MAMEDE, Gladston. *Direito empresarial brasileiro*. 3. ed. São Paulo: Atlas, 2008, v. 2, p. 150-152.

139. TOKARS, Fábio. *Sociedades limitadas*. São Paulo: LTr, 2007, p. 349-351; CAVALLI, Cássio. *Sociedades limitadas*: regime de circulação das quotas. São Paulo: Revista dos Tribunais, 2011, p. 149.

140. CAVALLI, Cássio. *Sociedades limitadas*: regime de circulação das quotas. São Paulo: Revista dos Tribunais, 2011, p. 150.

21 DISSOLUÇÃO DAS SOCIEDADES NO CÓDIGO CIVIL

1 Dissolução das sociedades

A dissolução *lato sensu* é um processo de encerramento da sociedade que objetiva a extinção da pessoa jurídica, abrangendo três fases distintas: a dissolução *stricto sensu*, a liquidação e a extinção[1]. A terminologia adotada pela doutrina não é unânime, preferindo Fábio Ulhoa Coelho falar em dissolução procedimento e dissolução ato[2]. Também não é unânime a divisão das fases da dissolução, na medida em que alguns autores incluem a partilha como uma fase à parte[3]. Acreditamos que a terminologia e a divisão mais adequadas são as que indicamos inicialmente, conforme poderemos ver.

2 Dissolução *stricto sensu*

O processo de encerramento da sociedade deve ter um marco inicial, isto é, deve ocorrer um fato para desencadear todo o processo. Esse fato é o que denominamos dissolução *stricto sensu*, que pode ser entendida como a causa do encerramento da sociedade, ou seja, o fato que desencadeia todo o processo de dissolução em sentido amplo.

Nesse momento, opera-se uma alteração no objetivo da sociedade. Em vez de objetivar a produção dos lucros, a sociedade passa a objetivar o acerto de sua situação patrimonial, para uma eventual divisão do seu patrimônio entre os sócios[4]. A sociedade ainda existe, ainda há uma pessoa jurídica, um centro autônomo de direito e obrigações[5], todavia, a sociedade só pode ultimar os negócios pendentes, praticar os inadiáveis e os necessários à sua extinção.

Cessa a atividade negocial ampla da sociedade, não se autorizando legalmente a prática de novos atos negociais pelos administradores, exceto os urgentes e estritamente ne-

---

1. PENTEADO, Mauro Rodrigues. *Dissolução e liquidação de sociedades*. 2. ed. São Paulo: Saraiva, 2000, p. 18.

2. COELHO, Fábio Ulhoa. *Curso de direito comercial*. São Paulo: Saraiva, 1999, v. 2, p. 434.

3. MARTINS, Fran. *Curso de direito comercial*. 22. ed. Rio de Janeiro: Forense, 1998, p. 290.

4. JAEGER, Pier Giusto; DENOZZA, Francesco. *Appunti di diritto commerciale*. 5. ed. Milano: Giuffrè, 2000, v. 1, p. 167; FERRARA JUNIOR, Francesco; CORSI, Francesco. *Gli imprenditori e le società*. 11. ed. Milano: Giuffrè, 1999, p. 339.

5. PENTEADO, Mauro Rodrigues. *Dissolução e liquidação de sociedades*. 2. ed. São Paulo: Saraiva, 2000, p. 85.

cessários, sob pena de responsabilidade dos administradores (art. 1.036 do Código Civil). A partir desse momento, presume-se que outros atos, que não os estritamente necessários ao novo objetivo da pessoa jurídica, são praticados em desacordo com os interesses desta, e em favor dos administradores, imputando-se a estes e não à sociedade[6].

Com o intuito de proteger os terceiros de boa-fé, exige-se que a sentença ou instrumento da dissolução seja averbado no registro da sociedade. Além disso, deve a sociedade operar com o nome seguido da expressão *em liquidação*.

2.1 Classificação das causas de dissolução

A dissolução *stricto sensu* é um fato que dá ensejo ao processo de encerramento da sociedade, daí falar-se também em dissolução-ato, ou causa da dissolução. Vários são os fatos que se enquadram nessa ideia, os quais podem ser reunidos em grupos, a fim de facilitar a sua compreensão.

A doutrina não é uniforme ao efetuar essa classificação. Joaquín Garrigues distingue as causas que dependem da vontade dos sócios e as que não dependem da vontade dos sócios[7]. Rubens Requião prefere falar em dissolução total e dissolução parcial[8], o que perdeu sentido com o advento do Código Civil. Adotaremos a divisão mais usada das causas de dissolução, que distingue a dissolução de pleno direito, a dissolução judicial e a dissolução consensual[9].

As causas de dissolução de pleno direito são aquelas que podem operar seus efeitos independentemente de decretação judicial. Não é vedada a intervenção do poder judiciário em relação a tais causas, mas nesses casos o judiciário apenas declara a causa de dissolução, e não a decreta[10]. Fábio Ulhoa Coelho critica tal distinção, afirmando que se deve analisar apenas o que instrumentaliza a dissolução, se um ato dos sócios ou um ato judicial[11]. Embora seja coerente tal ponderação, não vemos problemas na classificação de uma causa de dissolução como de pleno direito, porquanto há um critério lógico que é obedecido para se chegar a tal grupo.

A par das causas de dissolução de pleno direito, temos a dissolução judicial, a qual depende de decretação pelo poder judiciário. Sem a atuação do poder judiciário não produz efeito a eventual causa de dissolução. Nesse caso, o procedimento a ser obedecido será o procedimento comum (art. 1.046, § 3º, do CPC/2015).

---

6. COELHO, Fábio Ulhoa. *Curso de direito comercial*. São Paulo: Saraiva, 1999, v. 2, p. 442.

7. GARRIGUES, Joaquín. *Curso de derecho mercantil*. 7. ed. Bogotá: Temis, 1987, tomo 2, p. 277.

8. REQUIÃO, Rubens. *Curso de direito comercial*. 21. ed. São Paulo: Saraiva, 1998, v. 2, p. 287.

9. BULGARELLI, Waldirio. *Sociedades comerciais*. 7. ed. São Paulo: Atlas, 1998, p. 222.

10. Idem, p. 223.

11. COELHO, Fábio Ulhoa. *Curso de direito comercial*. São Paulo: Saraiva, 1999, v. 2, p. 435-436.

378 | CURSO DE DIREITO EMPRESARIAL

É necessário o ajuizamento de uma ação contra a sociedade e contra os demais sócios[12] para o reconhecimento de tais causas. Para Alfredo de Assis Gonçalves Neto, a ação deve ser ajuizada apenas contra a sociedade, uma vez que ela é quem sofreria os efeitos[13]. A nosso ver, nos casos de dissolução efetivamente não haveria um litisconsórcio necessário entre os sócios e a sociedade, mas apenas um interesse dos sócios, que poderiam intervir como assistentes. Todavia, a jurisprudência é assente no sentido do litisconsórcio entre a sociedade e os sócios.

Por fim, há a dissolução consensual, convencional ou amigável que se opera pelo comum acordo entre os sócios; é o distrato comum aos contratos em geral. Neste caso, todos os sócios devem acordar a dissolução da sociedade, pois apenas com o acordo de todas as partes do contrato é que pode ocorrer o distrato.

2.2 Causas de dissolução

O Código Civil enumera as hipóteses de dissolução da sociedade nos arts. 1.033 e 1.034, abrindo ainda a possibilidade de outras hipóteses previstas no contrato social (art. 1.035). Há que se ressaltar, desde já, que tais hipóteses tendem a extinguir a sociedade, não sendo tratadas nesse tópico as hipóteses que permitem a subsistência, resolvendo o vínculo em relação apenas a um sócio.

2.2.1 Decurso de prazo

A primeira hipótese legalmente prevista é a expiração do prazo contratual. Caso a sociedade tenha sido contratada por prazo certo, nada mais lógico que o encerramento da sociedade, ao se atingir tal termo. Neste caso, a dissolução é de pleno direito, pois independe de decretação judicial, e inclusive independe de um novo ato dos sócios.

No regime anterior, não se admitia a prorrogação de tal contrato após o vencimento do prazo estipulado (art. 35, IV, da Lei n. 8.934/94), o que, se ocorresse, colocaria a sociedade numa situação irregular. Todavia, com o advento do Código Civil, a ausência de oposição e a continuação da atividade social implicam automaticamente a prorrogação do contrato social por prazo indeterminado (art. 1.033, I, do Código Civil). Preserva-se a empresa com tal medida, pois se facilita a continuação da atividade, não mais se exigindo uma alteração contratual para tanto.

2.2.2 Consenso

A segunda causa de dissolução é o consenso unânime entre os sócios, isto é, o distrato social, a única hipótese de dissolução consensual. Se os sócios constituíram a

---

12. STJ – 4ª Turma – REsp 80481/DF, Relator Ministro Barros Monteiro, *DJ* de 17-12-1999.

13. GONÇALVES NETO, Alfredo de Assis. *Lições de direito societário*. 2. ed. São Paulo: Juarez de Oliveira, 2004, p. 338-339.

sociedade, nada mais justo do que permitir que eles a dissolvam. Alcançando-se a unanimidade, não importa se a sociedade é por prazo determinado ou indeterminado, ela se dissolverá.

2.2.3 Deliberação da maioria

A terceira causa de dissolução é a decisão dos sócios por maioria absoluta, nas sociedades por prazo indeterminado. Os sócios que representem a maioria do capital social podem deliberar a dissolução da sociedade, pois expressariam a sua vontade geral, ingressando a sociedade no processo de dissolução de pleno direito.

Tal como foi colocado pelo Código Civil, parece tratar-se de um direito de retirada coletivo, o que eventualmente permitiria a continuação da sociedade com os sócios que não concordarem com a dissolução, se isso se mostrasse viável, pois há que se privilegiar a continuação da empresa[14]. De outro lado, a existência de uma seção a respeito da resolução em relação a um sócio poderia levar a crer que, em tal hipótese, a sociedade necessariamente seria dissolvida. A nosso ver, a melhor solução é a que privilegia a continuação da empresa, se viável, isto é, podem os minoritários discordantes prosseguir com a sociedade, desde que haja a apuração e pagamento dos haveres dos sócios que deliberaram a dissolução[15].

2.2.4 Unipessoalidade

A quarta causa de dissolução está relacionada aos casos de resolução da sociedade em relação a um ou alguns sócios ou concentração das quotas sociais nas mãos de um único sócio, restando a sociedade com apenas um sócio. Nesses casos, desde o fato não se poderia falar em contrato, na medida em que não há duas partes. Todavia, tendo em vista o princípio da preservação da empresa, a sociedade não se dissolve de imediato.

Ressalvada a sociedade limitada, que poderá permanecer unipessoal de modo permanente (CC – art. 1.052, § 1º), a legislação brasileira admite a unipessoalidade temporária nas sociedades em comandita simples, assegurando um prazo de 180 dias para a reconstituição da pluralidade de tipos de sócio (comanditado e comanditário), o que não implica um novo contrato, tendo em vista a natureza aberta do contrato plurilateral. Não havendo a reconstituição da pluralidade dos tipos de sócios, a sociedade entra de pleno direito em processo de dissolução, podendo haver a continuação da atividade individual-

---

14. STJ – 4ª Turma – REsp 40820/SP, Relator Ministro Sálvio de Figueiredo Teixeira, *DJ* de 27-11-1995.

15. GONÇALVES NETO, Alfredo de Assis. *Lições de direito societário*. 2. ed. São Paulo: Juarez de Oliveira, 2004, p. 325; WALD, Arnoldo. *Comentários ao novo Código Civil*. Rio de Janeiro: Forense, 2005, v. XIV, p. 254; MAMEDE, Gladston. *Direito empresarial brasileiro*. São Paulo: Atlas, 2004, v. 2, p. 175.

mente, mas não por meio daquela sociedade[16]. A dissolução poderá, contudo, ser evitada se o sócio remanescente optar pela transformação do registro da sociedade em registro de empresário individual (art. 968, § 3º, do Código Civil a *contrario sensu*).

A Lei n. 14.195/2021 revogou o art. 1.033, IV e seu parágrafo único, que permitiam que as sociedades ficassem com um sócio só por 180 dias. Contudo, as sociedades simples e em nome coletivo não possuem autorização para ser constituídas com um sócio só e a lei não prevê o que ocorrerá com elas nos casos de unipessoalidade por morte ou dissolução parcial em relação a um sócio. Diante da lacuna legislativa, nos parece adequado aplicar ao menos analogicamente o prazo de 180 dias para as sociedades em comandita simples (CC – art. 1.051, II), possivelmente melhor do que o prazo das sociedades anônimas.

2.2.5 Cessação da autorização para funcionar

A quinta causa de dissolução está relacionada a determinadas sociedades que dependem de autorização para funcionar, como as que atuam com aviação comercial, mineração, operação de planos de saúde e outras. A autorização é concedida pelo poder Executivo Federal, o qual pode, a qualquer tempo, cassar a autorização concedida à sociedade que infringir disposição de ordem pública ou praticar atos contrários aos fins declarados no seu estatuto (art. 1.125 do Código Civil). Cassada a autorização, a sociedade ingressa de pleno direito no processo de dissolução.

2.2.6 Anulação da constituição

A sexta causa de dissolução da sociedade está ligada à sua constituição. Para a existência da sociedade é necessária a obediência a um processo de constituição, o qual, se estiver eivado de vícios, pode ser anulado. Se sua constituição for anulada, a sociedade tem que ser dissolvida. Para a anulação da constituição da sociedade, é necessário o ajuizamento de uma ação contra a sociedade e contra os demais sócios, daí tratar-se de uma causa de dissolução judicial. Tal ação tem seu prazo decadencial definido em três anos, contados da publicação de sua inscrição no registro (art. 45, parágrafo único, do Código Civil).

2.2.7 Exaurimento ou inexequibilidade do objeto social

A sétima causa de dissolução é o exaurimento do fim a que se destina a sociedade. Ora, se a sociedade foi constituída para determinado objetivo e este é alcançado, não há mais motivo para a continuação da sociedade, por isso, opera-se a sua dissolução. Todavia,

---

16. FERRARA JUNIOR, Francesco; CORSI, Francesco. *Gli imprenditori e le società*. 11. ed. Milano: Giuffrè, 1999, p. 336-337.

o Código Civil exige, para o reconhecimento de tal fato, uma decisão judicial, sendo necessário o ajuizamento de uma ação; por isso esta também é uma hipótese de dissolução judicial. Caso os sócios cheguem a um consenso quanto à consecução do objetivo social, poderão dissolver a sociedade por mútuo consenso, não sendo necessário o ajuizamento de uma ação para tanto.

Também se dissolvem as sociedades se for reconhecido judicialmente que seus objetivos não podem mais ser alcançados, seja por uma proibição legal[17], seja por uma impossibilidade física, ou qualquer outro motivo que as impeça de realizar seu objeto ou de obter lucros[18]. Diversos fatores podem levar a tal inexequibilidade do objeto social, como, por exemplo, um grande prejuízo que reduza a tal ponto o patrimônio social que se torna impossível atingir o objetivo almejado; ou uma discordância grave entre os sócios que impeça a continuação da atividade.

Sendo essencial para as sociedades a realização de atividades com fins econômicos, é natural que se tais fins não podem mais ser atingidos, isto é, se a sociedade não tem como produzir lucros mais, que ela entre no processo de dissolução. Todavia, há que se ressaltar que tal hipótese de dissolução depende do decurso de certo período de tempo, a ser analisado no caso concreto, que denote a inexequibilidade do objeto. Além disso, exige-se que tal inexequibilidade seja reconhecida judicialmente.

2.2.8 Dissolução compulsória

A Lei n. 12.846, de 1º de agosto de 2013, disciplina a responsabilização objetiva administrativa e civil de pessoas jurídicas pela prática de atos contra a administração pública, nacional ou estrangeira. A essência da referida lei é uma responsabilização objetiva, tanto para fins civis quanto para fins administrativos, em razão de atos lesivos praticados contra a administração nacional ou estrangeira. Constituem atos lesivos, práticas que vão desde a corrupção, passando por fraudes em licitações até a imposição de obstáculos a fiscalização governamental, conforme elencado pelo art. 5º da citada lei.

Pelos referidos atos, independentemente de uma responsabilização administrativa, será possível uma responsabilização judicial, por meio de ação ajuizada pela União, pelos Estados, pelo Distrito Federal e pelos Municípios, ou pelo Ministério Público, pelo rito da ação civil pública (Lei n. 7.437/85). As medidas judiciais terão por objetivo a aplicação das seguintes sanções: (a) perdimento dos bens, direitos ou valores que representem vantagem ou proveito direta ou indiretamente obtidos da infração, ressalvado o direito do lesado ou de terceiro de boa-fé; (b) suspensão ou interdição parcial de suas atividades; (c) a dissolução compulsória da pessoa jurídica; (d) proibição de receber incentivos, sub-

---

17. GALGANO, Francesco. *Diritto civile e commerciale*. 3. ed. Padova: CEDAM, 1999, v. 3, tomo 1, p. 393-394.

18. GONÇALVES NETO, Alfredo de Assis. *Lições de direito societário*. 2. ed. São Paulo: Juarez de Oliveira, 2004, p. 331.

sídios, subvenções, doações ou empréstimos de órgãos ou entidades públicas e de instituições financeiras públicas ou controladas pelo poder público, pelo prazo mínimo de 1 (um) e máximo de 5 (cinco) anos. A dissolução compulsória só será aplicada, no caso de prática habitual de atos ilícitos por meio da pessoa jurídica, ou no caso de constituição da pessoa jurídica para ocultar ou dissimular interesses ilícitos ou a identidade dos beneficiários dos atos praticados. Em razão dessa decisão judicial que determinar a dissolução compulsória, teremos mais uma causa de dissolução da sociedade.

2.2.9 Falência para as sociedades empresárias

Por fim, as sociedades empresárias (arts. 1.044, 1.051 e 1.087 do Código Civil), qualquer que seja a forma adotada, também se dissolvem se falirem, isto é, se tiverem contra si uma execução coletiva que vise ao pagamento de todos os credores. A ausência de patrimônio suficiente para honrar o pagamento de todos os credores da companhia é um traço normalmente ligado à falência e, por isso, o fim do processo de falência leva ao fim do patrimônio social e, consequentemente, à inexequibilidade de qualquer objetivo a que se tenha proposto a sociedade.

Há que se ressaltar ainda que também são causas de dissolução da sociedade sua fusão, sua incorporação em outra e sua cisão total, as quais, todavia, merecem um tratamento separado.

3 Liquidação

Ocorrendo qualquer das hipóteses de dissolução da sociedade, exceto a fusão, incorporação e cisão, a sociedade deve entrar em processo de liquidação, com o objetivo de regularizar suas relações patrimoniais. A liquidação é o processo de apuração do ativo, pagamento do passivo e partilha do eventual saldo entre os sócios ou, nas palavras de Garrigues, é "o conjunto de operações da sociedade que tendem a fixar o patrimônio social divisível entre os sócios"[19]. Nessa fase, a sociedade ainda existe, ainda mantém a personalidade jurídica, mas apenas para finalizar as negociações pendentes e realizar os negócios necessários à realização da liquidação, tanto que deve operar com o nome seguido da cláusula *em liquidação*, para que terceiros não se envolvam em novos negócios com a sociedade.

3.1 Formas da liquidação

O processo de liquidação pode se desenvolver de forma judicial ou amigável, independentemente de como se operou a causa de dissolução, vale dizer, se a causa de disso-

---

19.   GARRIGUES, Joaquín. *Curso de derecho mercantil.* 7. ed. Bogotá: Temis, 1987, v. 2, p. 290, tradução livre de "*el conjunto de operaciones de la sociedad que tenden a fijar el haber social divisible entre los socios*".

lução é judicial, a liquidação pode ser judicial ou amigável, não há uma correlação. Mauro Rodrigues Penteado acrescenta ainda a liquidação administrativa, inerente a certas atividades, como das instituições financeiras, e a liquidação concursal ligada ao procedimento da falência[20], as quais não serão tratadas por se referirem a outros procedimentos extremamente complexos.

A liquidação amigável (Código Civil – arts. 1.102 a 1.112) tem lugar quando os próprios sócios tomam a iniciativa de começar o procedimento, em comum acordo. Nesse caso, o processo obedece ao estipulado no contrato social, ou ao que for decidido pelos sócios. Caso tal iniciativa não seja tomada, passa a ter lugar a liquidação judicial.

A liquidação judicial pode ser iniciada a requerimento de qualquer sócio, em ocorrendo a causa de liquidação e não havendo a iniciativa no sentido da liquidação amigável. No caso de cessação da autorização para funcionar, os sócios têm 30 dias para iniciar o procedimento de liquidação. Diante da inércia dos sócios, a autoridade competente a conceder a autorização deve comunicar o Ministério Público, que tem 15 dias para requerer a liquidação judicial da sociedade. Havendo a inércia também do Ministério Público, tal autoridade deve nomear um interventor para gerir a sociedade e requerer a liquidação judicial.

3.2 O liquidante

Na liquidação, seja ela amigável, seja ela judicial, a sociedade ainda existe, ainda tem personalidade jurídica para a prática de certos atos. Tais atos serão praticados por intermédio do liquidante, que é o órgão da sociedade nesse processo[21], como os administradores o são na vida da sociedade. Esse liquidante pode ser uma pessoa natural ou jurídica, exigindo-se neste último caso a indicação do profissional responsável pela condução dos trabalhos (Enunciado 87 – III Jornada de Direito Comercial). A exigência de que ele decline sua qualidade, ao agir pela sociedade (art. 1.103, parágrafo único, do Código Civil), não o torna um mandatário desta, na medida em que os atos praticados não lhe são imputados, mas diretamente à sociedade.

Na liquidação amigável, o liquidante deve ser aquele designado pelo contrato social. Caso não haja tal designação, compete aos sócios eleger tal liquidante, por maioria de votos, computados pela participação no capital social, podendo eleger inclusive sócios não administradores, ou pessoas estranhas ao quadro social. Nestes casos, há que se averbar sua nomeação, à margem do registro da sociedade, a fim de proteger os interesses de terceiros, que ainda tenham negócios com a sociedade.

---

20. PENTEADO, Mauro Rodrigues. *Dissolução e liquidação de sociedades*. 2. ed. São Paulo: Saraiva, 2000, p. 91.

21. CARVALHO DE MENDONÇA, J. X. *Tratado de direito comercial brasileiro*. Atualizado por Ruymar de Lima Nucci. Campinas: Bookseller, 2001, v. 2, tomo 2, p. 267; PENTEADO, Mauro Rodrigues. *Dissolução e liquidação de sociedades*. 2. ed. São Paulo: Saraiva, 2000, p. 270.

Na liquidação judicial, o juiz nomeará o liquidante, devendo verificar a pessoa a quem, pelo contrato, pelos estatutos, ou pela lei, competir tal função. Não havendo tal indicação, o liquidante será eleito pelos sócios, mediante votação, entregue em cartório, computando-se os votos pela participação no capital social. Se forem somente dois (2) os sócios e divergirem, a escolha do liquidante será feita pelo juiz entre pessoas estranhas à sociedade.

Eleito o liquidante, este assume a função de órgão da sociedade, praticando todos os atos necessários para a sua liquidação. Nesse mister, surge para ele uma série de deveres (art. 1.103 do Código Civil), todos no sentido de que o procedimento da liquidação possa chegar ao seu final.

Deve o liquidante tomar todas as medidas necessárias para o procedimento, como, por exemplo, arrecadar bens, livros e documentos da sociedade e, também, proceder à publicação e averbação dos documentos para o conhecimento público e para a extinção definitiva da sociedade. De imediato, ele deve levantar o inventário dos bens e fazer o balanço geral do ativo e passivo da sociedade, nos 15 (quinze) dias seguintes à nomeação, admitindo-se, eventualmente, a prorrogação desse prazo.

A partir do balanço, ele deverá tomar as medidas necessárias para a liquidação, inicialmente no sentido da apuração do ativo, ultimando os negócios pendentes. Para tanto, ele poderá exigir dos quotistas, quando insuficiente o ativo à solução do passivo, a integralização de suas quotas e a efetivação da sua responsabilidade.

Além desses deveres, merece destaque o dever de prestar contas concernentes às suas atividades à frente da sociedade liquidanda, para permitir que os sócios velem por seus interesses na condução de tal procedimento. Na liquidação amigável, a prestação de contas deve ocorrer a cada seis meses, ou sempre que necessário. Na liquidação judicial, deve haver a apresentação de balancetes mensais ou sempre que o juiz determinar.

Na liquidação amigável, à luz das contas prestadas e dos relatórios apresentados, podem os sócios pretender a substituição do liquidante, seja pelo descumprimento de deveres, seja por mera conveniência. Caso este tenha sido nomeado em eleição pelos sócios, estes podem, mediante deliberação da maioria, destituí-lo, a qualquer tempo, independentemente de qualquer motivação (art. 1.038, § 1º, I, do Código Civil). Todavia, no caso de designação pelo contrato social, o liquidante só pode ser destituído judicialmente, mediante comprovação de justa causa (art. 1.038, § 1º, II, do Código Civil), a qual deve dizer respeito ao exercício de suas funções.

Na liquidação judicial, o liquidante poderá ser destituído pelo juiz, *ex officio*, ou a requerimento de qualquer interessado, se faltar ao cumprimento dos seus deveres, ou retardar injustificadamente o andamento do processo, ou proceder com dolo ou má-fé, ou tiver interesse contrário ao da liquidação.

3.3 Apuração do ativo

Para se acertar a situação patrimonial da sociedade, há que se descobrir, em primeiro lugar, quais são os bens que pertencem à sociedade. Para tanto, a lei exige que o liquidante, se possível, proceda, nos 15 dias seguintes à sua investidura, ao levantamento do balanço geral do ativo e do passivo da sociedade, bem como do inventário dos bens pertencentes a esta.

Na sequência, devem ser finalizadas as operações pendentes, determinando-se o valor geral do ativo da sociedade, o qual pode ser transformado em dinheiro, para possibilitar a realização das próximas fases, o pagamento dos credores e a partilha entre os sócios. Nesse momento, deve o liquidante proceder à venda dos bens sociais e exigir o cumprimento das obrigações para com a sociedade, inclusive dos sócios, se isto for necessário para o pagamento dos credores.

Para a realização do ativo em espécie, tem o liquidante mais poderes que os administradores, podendo alienar bens móveis e imóveis[22], transigir e dar e receber quitação. Todavia, o liquidante não pode, sem estar autorizado pelo contrato social ou pelo voto da maioria dos sócios, gravar de ônus reais os bens móveis ou imóveis da sociedade, nem contrair empréstimo, salvo quando indispensáveis ao pagamento dos credores sociais (art. 1.105 do Código Civil). A extensão dos poderes do liquidante é determinada pela sua função, no sentido da realização do pagamento do passivo e da partilha do eventual saldo.

3.4 Pagamento do passivo

Apurado o ativo, o liquidante deve proceder ao pagamento dos credores da sociedade com extremo cuidado, na medida em que pode ser responsabilizado pessoalmente por eventuais erros na condução de tal procedimento.

Caso o ativo seja maior que o passivo, pode o liquidante operar, por sua conta e risco, o pagamento integral das dívidas vencidas, reservando recursos para o pagamento das dívidas vincendas (art. 1.106, parágrafo único). Caso faltem recursos para o pagamento das dívidas vincendas o liquidante terá responsabilidade por esse pagamento, porquanto todos os credores fazem jus ao recebimento de seus créditos, na liquidação.

Caso o ativo não seja suficiente ao pagamento de todos os credores sociais, o liquidante deve, em primeiro lugar, pagar as obrigações preferenciais, isto é, aquelas dotadas de prioridade no caso de um concurso de credores, como, por exemplo, as obrigações trabalhistas, com garantia real, e as tributárias[23]. Caso ainda restem recursos para os credores quirografários, o liquidante deverá pagar proporcionalmente as dívidas sociais, vencidas e vincendas, em relação a estas, com desconto (art. 1.106). Trata-se de uma medida que objetiva manter os credores quirografários em igualdade, assegurando a todos o direito a pelo menos uma parte do seu crédito.

---

22. A venda de bens imóveis não se inclui na competência geral dos administradores (art. 1.015 do Código Civil).

23. PENTEADO, Mauro Rodrigues. *Dissolução e liquidação de sociedades*. 2. ed. São Paulo: Saraiva, 2000, p. 277; CARVALHOSA, Modesto. *Comentários à lei das sociedades anônimas*. São Paulo: Saraiva, 1997, v. 4, p. 138.

Modesto Carvalhosa, ao comentar o art. 214 da Lei n. 6.404/76, cujo teor é reproduzido pelo art. 1.106 do Código Civil, afirma que tal regra se destina ao liquidante e não aos credores, os quais não podem ser compelidos a receber seus créditos antecipadamente[24]. Assim, tal regra permitiria a negociação com os credores, não se tratando de uma imposição a eles, que, ademais, não podem exigir sua obrigação antecipadamente, na medida em que a liquidação não gera o vencimento antecipado das obrigações sociais.

Com efeito, os credores, como regra geral, não são obrigados a receber antecipadamente o valor de seus créditos. Todavia, tal faculdade é assegurada no interesse particular do credor, que nem sempre é o mais importante. Na liquidação da sociedade, há um interesse maior no sentido da não perenização da atividade, o qual justifica a exceção à regra de que o credor não é obrigado a receber antes do vencimento[25]. Por isso, acreditamos que os credores excepcionalmente são obrigados a receber antecipadamente o seu crédito, com os descontos, inerentes ao adiantamento.

Há que se ressaltar, ainda, que, no caso de ativo inferior ao passivo, é dever do liquidante reconhecer o estado de insolvência da sociedade e requerer, conforme o caso, a falência, a recuperação judicial ou a homologação da recuperação extrajudicial para a sociedade, obedecidas as regras procedimentais inerentes a cada tipo societário.

3.5 A partilha

Efetuado o pagamento de todos os credores, havendo um saldo remanescente, este deverá ser partilhado entre os sócios. Trata-se do exercício de um dos direitos patrimoniais que se adquire no momento da aquisição da qualidade de sócio.

A princípio, o liquidante fará tal pagamento de uma única vez; no entanto, os próprios sócios, por maioria de votos, podem deliberar que o liquidante deve fazer rateios do saldo remanescente, antes de finda a liquidação, mas sempre posteriormente ao pagamento dos credores.

4 A extinção

Até a liquidação a sociedade mantém sua personalidade jurídica, mas apenas para ultimar as negociações pendentes e praticar os atos necessários ao procedimento de dissolução. Finda a liquidação, não subsistem motivos para a manutenção da sociedade no mundo jurídico, devendo ser tomadas as medidas necessárias para sua extinção.

Para tal extinção, deve o liquidante convocar uma assembleia geral para a prestação final de contas. Aprovadas as contas, deve ser arquivada a ata dessa assembleia no registro competente, deixando a partir desse momento de existir uma pessoa jurídica. Ora, se

---

24. CARVALHOSA, Modesto. *Comentários à lei das sociedades anônimas*. São Paulo: Saraiva, 1997, v. 4, p. 136.

25. PENTEADO, Mauro Rodrigues. *Dissolução e liquidação de sociedades*. 2. ed. São Paulo: Saraiva, 2000, p. 280.

a pessoa jurídica começa a existir com o registro no órgão competente, é com outro registro nesse mesmo órgão que ela deixará de existir.

Os sócios que discordarem de tal prestação de contas têm o prazo decadencial de 30 dias, após a publicação de tal ata devidamente averbada, para tomarem as medidas necessárias para a defesa dos seus interesses, como, por exemplo, uma ação de prestação de contas em face do liquidante.

Apesar de extinta a sociedade, a fim de se resguardarem eventuais discussões, devem os sócios manter em seu poder toda a escrituração da sociedade, enquanto não estiverem prescritas todas as obrigações decorrentes dos atos nela consignados (art. 1.192 do Código Civil).

Nos termos do art. 9º, § 5º, da Lei Complementar n. 123/2006, afirma-se que para a baixa daqueles enquadrados como ME/EPP "A solicitação de baixa do empresário ou da pessoa jurídica importa responsabilidade solidária dos empresários, dos titulares, dos sócios e dos administradores no período da ocorrência dos respectivos fatos geradores". A nosso ver, tal previsão é inconstitucional, na medida em que a simples condição de sócio ou administrador não pode justificar sua responsabilização pelas obrigações tributárias.

A simples configuração de um interesse econômico comum não é suficiente para tal solidariedade. Nesse sentido, o STJ já afirmou que a simples configuração de um grupo econômico de sociedade não é motivo para aplicação dessa solidariedade[26]. Do mesmo modo, a existência de interesses morais ou sociais comuns também não permite a incidência da referida solidariedade.

O legislador ordinário não pode escolher qualquer um para figurar como devedor solidário. "O campo de eleição dos sujeitos passivos tributários em geral e, não diferentemente, dos solidários está adstrito aos contornos objetivos ou subjetivos do suporte fático da tributação"[27], vale dizer, "a solidariedade tributária não é forma de inclusão de terceiro na relação tributária, mas tipo de nexo que se estabelece entre codevedores"[28]. No mesmo sentido, o STF já afirmou que: "o preceito do art. 124, II, no sentido de que são solidariamente obrigadas *as pessoas expressamente designadas por lei*, não autoriza o legislador a criar novos casos de responsabilidade tributária sem a observância dos requisitos exigidos pelo art. 128 do CTN, tampouco a desconsiderar as regras matrizes de responsabilidade de terceiros estabelecidas em caráter geral pelos arts. 134 e 135 do mesmo diploma"[29]. E completa: "O 'terceiro' só pode ser chamado responsabilizado na hipótese de descumprimento de deveres próprios de colaboração para com a Administração Tributária, estabelecidos, ainda que a *contrario sensu*, na regra matriz de respon-

---

26.   STJ – EREsp 834.044/RS, Rel. Ministro Mauro Campbell Marques, Primeira Seção, julgado em 8-9-2010, *DJe* 29-9-2010.

27.   DARZÉ, Andréa M. *Responsabilidade tributária*: solidariedade e subsidiariedade. São Paulo: Noeses, 2010, p. 231.

28.   Idem, p. 255.

29.   STF – RE 562.276, Relator Min. Ellen Gracie, Tribunal Pleno, julgado em 3-11-2010, REPERCUSSÃO GERAL – MÉRITO, *DJe*-027, divulg. 9-2-2011, public. 10-2-2011, Ement. v. 2461-02, p. 419, *RDDT* n. 187, 2011, p. 186-193.

388 | CURSO DE DIREITO EMPRESARIAL

sabilidade tributária; e desde que tenha contribuído para a situação de inadimplemento pelo contribuinte"[30].

O legislador tem limites que devem ser obedecidos, ele só pode instituir a solidariedade para pessoas que mantenham relação, ainda que indireta, com o fato gerador, nos termos do art. 128 do CTN[31]. Neste caso, uma lei ordinária poderá estabelecer um novo sujeito passivo, desde que verificada essa vinculação desse terceiro ao fato gerador da obrigação tributária, mesmo que de forma indireta.

5   Os credores insatisfeitos

A princípio, na liquidação, todos os credores da sociedade devem ser satisfeitos. Todavia, por diversos motivos, é possível que alguns deles restem insatisfeitos. Nesse caso, o que eles podem fazer? Se a sociedade já foi extinta, contra quem ajuizar uma ação?

Caso o não pagamento do credor resulte de um ato doloso ou culposo do liquidante, é contra este que deve ser ajuizada uma ação, não pelo cumprimento da obrigação, mas por perdas e danos. Não se trata de uma responsabilidade objetiva do liquidante, mas de uma responsabilidade por ato ilícito deste. Tal responsabilidade deverá ser apurada em ação a ser ajuizada no prazo prescricional de 1 (um) ano contado da publicação da ata de encerramento da liquidação da sociedade (art. 206, § 1º, V, do Código Civil).

A nosso ver, o ônus da prova do dolo ou culpa será sempre do prejudicado, não havendo que se cogitar de presunção de culpa, como afirma Modesto Carvalhosa[32]. Só se pode falar em presunção de culpa se a lei assim o fizer, o que não acontece na espécie, de modo que a responsabilidade aqui será subjetiva do tipo clássico.

A par do liquidante, os credores prejudicados também podem ajuizar ações contra os sócios individualmente, os quais serão obrigados tão somente pelo valor recebido na partilha (art. 1.110 do Código Civil). Tais valores integravam o patrimônio social, o qual era responsável pelo pagamento dos credores. Assim sendo, nada mais justo do que se permitir ao credor receber tais valores, porquanto se opera na verdade uma sucessão da sociedade pelos sócios, apenas no que tange ao patrimônio partilhado[33]. Tal responsabilidade deverá ser apurada em ação a ser ajuizada no prazo prescricional de 1 (um) ano contado da publicação da ata de encerramento da liquidação da sociedade (art. 206, § 1º, V, do Código Civil).

Há que se ressaltar que o sócio que pagar o credor insatisfeito se sub-roga nos direitos deste e pode exercer o direito de regresso contra os outros sócios, na proporção que cada um deveria contribuir para o pagamento do credor.

---

30.   STF – RE 562.276, Relator(a): Min. Ellen Gracie, Tribunal Pleno, julgado em 3-11-2010, REPERCUSSÃO GERAL – MÉRITO *DJe*-027, divulg. 9-2-2011, public. 10-2-2011, Ement. v. 2461-02, p. 419, *RDDT* n. 187, 2011, p. 186-193.

31.   AMARO, Luciano. *Direito tributário brasileiro*. 2. ed. São Paulo: Saraiva, 1998, p. 294.

32.   CARVALHOSA, Modesto. *Comentários ao Código Civil*. São Paulo: Saraiva, 2003, v. 13, p. 485.

33.   CARVALHOSA, Modesto. *Comentários ao Código Civil*. São Paulo: Saraiva, 2003, v. 13, p. 484.

6   Sucessão processual e material

Uma vez extinta a sociedade, podem subsistir processos em curso. Nestes casos, resta saber se haverá a sucessão ou não pelos sócios no processo. Pela semelhança que existe com a morte da pessoa natural, entende-se que processualmente pode ocorrer o mesmo mecanismo previsto para as pessoas naturais, isto é, pode-se promover a habilitação dos sócios como sucessores, nas causas que envolvam direitos transmissíveis. A propósito, assim decidiu o STJ: "Em sendo transmissível a obrigação cuja prestação se postula na demanda, a extinção da pessoa jurídica autora, mesmo mediante distrato, equipara-se à morte da pessoa natural prevista no art. 43 do CPC/73, decorrendo daí a sucessão dos seus sócios"[34].

No caso de obrigações devidas pela sociedade extinta, resta saber se haverá a transmissão dessas obrigações. Mais uma vez, acredita-se que o melhor caminho é usar um mecanismo similar ao da sucessão da pessoa física, isto é, os sócios respondem, a princípio, dentro das forças do patrimônio que lhe foi transferido, ressalvada eventual responsabilidade pessoal já existente anteriormente.

Desse modo, os sócios respondem se receberam alguma na liquidação e nos limites dos valores recebidos. Milita nesse sentido o disposto no art. 1.110 do CC, que afirma que o credor não satisfeito só terá o "direito a exigir dos sócios, individualmente, o pagamento do seu crédito, até o limite da soma por eles recebida em partilha". A propósito, o STJ afirmou que "em sociedades de responsabilidade limitada, após integralizado o capital social, os sócios não respondem com seu patrimônio pessoal pelas dívidas titularizadas pela sociedade, de modo que o deferimento da sucessão dependerá intrinsecamente da demonstração de existência de patrimônio líquido"[35].

---

34.   STJ – REsp 1652592/SP, Rel. Ministro Paulo de Tarso Sanseverino, Terceira Turma, julgado em 5-6-2018, *DJe* 12-6-2018.

35.   STJ – REsp 1784032/SP, Rel. Ministro Marco Aurélio Bellizze, Terceira Turma, julgado em 2-4-2019, *DJe* 4-4-2019.

22 SOCIEDADES ANÔNIMAS: NOÇÕES GERAIS

1 Histórico

As sociedades anônimas passaram por um longo processo de evolução, até adquirirem as feições atuais, com as quais elas exercem um papel importantíssimo na moderna economia de mercado. Tal evolução pode ser dividida em três fases: privilégio, autorização governamental e liberdade plena.

Os primeiros antecedentes das sociedades anônimas podem ser encontrados na Idade Média, sobretudo em Gênova, onde foi constituída em 1407 a Casa di San Giorgio[1]. Em tal período, era comum que os particulares fizessem empréstimos ao Estado, recebendo em contrapartida o direito de cobrar tributos. Para facilitar tal atuação, os particulares formavam uma associação, cujo capital era representado por títulos transmissíveis (representativos dos créditos para com o Estado). Trata-se, em verdade, da primeira instituição com os elementos principais das sociedades anônimas, mas não de uma sociedade anônima propriamente dita.

A maior parte da doutrina vislumbra nas sociedades coloniais do início do século XVII as primeiras sociedades anônimas, reconhecendo na Companhia das Índias Orientais, de 20 de março de 1602, a primeira sociedade anônima[2]. Tratava-se de uma companhia constituída pelo Estado, com a conjunção de capitais públicos e particulares, representando uma descentralização política, social e econômica das funções estatais[3], isto é, tal companhia existia para exercer um papel que tocava ao Estado, a colonização do "novo mundo". A partir da experiência holandesa, tal tipo de sociedade começa a se propagar por toda a Europa.

Neste período, a constituição da sociedade anônima, como um sujeito autônomo de direitos, era deferida pelo poder público como um privilégio[4], vale dizer, tratava-se

---

1. GILISSEN, John. *Introdução histórica ao direito*. Tradução de A. M. Hespanha e L. M. Macaísta Malheiros. 2. ed. Lisboa: Fundação Calouste Gulbenkian, 1995, p. 774; HALPERIN, Isaac. *Sociedades anónimas*. Actualizada e ampliada por Julio C. Otaegui. 2. ed. Buenos Aires: Depalma, 1998, p. 58; GARRIGUES, Joaquín. *Curso de derecho mercantil*. 7. ed. Bogotá: Temis, 1987, v. 2, p. 106.

2. ASCARELLI, Túllio. *Problemas das sociedades anônimas e direito comparado*. Campinas: Bookseller, 2001, p. 452; PAPINI, Roberto. *Sociedade anônima e mercado de valores mobiliários*. 3. ed. Rio de Janeiro: Forense, 1999, p. 28; REQUIÃO, Rubens. *Curso de direito comercial*. 21. ed. São Paulo: Saraiva, 1998, v. 2, p. 3.

3. REQUIÃO, Rubens. *Curso de direito comercial*. 21. ed. São Paulo: Saraiva, 1998, v. 2, p. 3-4.

4. GILISSEN, John. *Introdução histórica ao direito*. Tradução de A. M. Hespanha e L. M. Macaísta Malheiros. 2. ed. Lisboa: Fundação Calouste Gulbenkian, 1995, p. 774.

de uma opção arbitrária do Estado. Tal sistema era justificado pelo fato de tais companhias possuírem uma parcela do poder estatal, mantendo-se vinculadas diretamente ao poder soberano[5]. No Brasil, temos como exemplo de uma sociedade anônima com tais feições o Banco do Brasil, constituído em 1808.

Com a Revolução Francesa foi proclamada a ampla liberdade de associação e de comércio, a qual gerou inúmeros abusos. Diante de tais abusos, o Código Comercial Francês de 1807 passou a condicionar a constituição de uma sociedade a uma autorização governamental. Não se cogitava mais de um privilégio, de uma concessão arbitrária, mas de uma autorização que seria concedida diante da regularidade da constituição da sociedade.

Conquanto já fosse melhor, o sistema da autorização governamental era extremamente burocrático e impedia ou ao menos dificultava, extremamente, que as sociedades se difundissem como uma forma para o exercício de atividades econômicas. Com o passar do tempo, viu-se que a sociedade anônima era o instrumento apto a propiciar o desenvolvimento das atividades industriais, pois possibilitava a incorporação de grandes quantidades de capitais. Diante disso, impunha-se uma alteração no regime de constituição das anônimas, para facilitar a difusão de tal tipo de sociedade.

O regime da liberdade plena de constituição surgiu na França em 1867, chegando ao Brasil em 1882. Neste regime, a constituição da sociedade depende da obediência a regras específicas, mas não mais a uma autorização governamental, vale dizer, cumpridas as formalidades prescritas em lei, a sociedade pode ser constituída, gozando dos privilégios inerentes à sociedade anônima[6].

Tais fases da evolução da sociedade anônima não se excluem, vale dizer, as fases do privilégio, da autorização governamental e da liberdade plena convivem até hoje, havendo um predomínio do regime da liberdade plena. A chamada fase do privilégio ainda pode ser vista nas sociedades de economia mista, cuja autorização depende de autorização legislativa, isto é, de uma concessão estatal. Também subsiste o regime da autorização governamental em relação a determinadas atividades, como das instituições financeiras e seguradoras, diante do maior interesse envolvido no exercício de tais atividades, que impõe uma maior fiscalização estatal[7].

2   Características

Spencer Vampré conceitua a sociedade anônima como "a sociedade, sem firma social, onde todos os sócios respondem somente pelo valor das ações, que subscrevem, ou que lhes são cedidas, as quais, por sua vez, podem ceder-se livremente"[8]. A sociedade anôni-

---

5.   GARRIGUES, Joaquín. *Curso de derecho mercantil*. 7. ed. Bogotá: Temis, 1987, v. 2, p. 108.

6.   BULGARELLI, Waldirio. *Manual das sociedades anônimas*. 12. ed. São Paulo: Atlas, 2001, p. 64.

7.   REQUIÃO, Rubens. *Curso de direito comercial*. 21. ed. São Paulo: Saraiva, 1998, v. 2, p. 5.

8.   VAMPRÉ, Spencer. *Tratado elementar de direito comercial*. Rio de Janeiro: F. Briguiet, 1922, v. 2, p. 9.

ma é conceituada de modo similar por Modesto Carvalhosa como a "pessoa jurídica de direito privado, de natureza mercantil, em que o capital se divide em ações de livre negociabilidade, limitando-se a responsabilidade dos subscritores ou acionistas ao preço de emissão das ações por eles subscritas"[9].

Tais conceitos têm o grande mérito de reunir as principais características de uma sociedade anônima, quais sejam, a natureza de sociedade de capitais, a divisão do capital social em ações, a responsabilidade limitada e a natureza sempre mercantil, agora atualizada, para natureza sempre empresarial.

Com efeito, a sociedade anônima é uma típica sociedade de capitais, haja vista a maior importância atribuída à contribuição do sócio e não às suas qualidades pessoais. Em função disso, é livre a negociação de ações, que pode ser eventualmente restringida (art. 36 da Lei n. 6.404/76), mas nunca impedida[10], pois não importam as qualidades pessoais dos sócios, mas sua contribuição patrimonial. Outrossim, o falecimento dos sócios não terá quaisquer consequências sobre a sociedade, transmitindo-se de pleno direito a condição de sócio aos seus herdeiros. Conquanto tal natureza seja reconhecida pacificamente pela doutrina[11], recentemente reconheceu-se em um caso concreto a natureza personalista das relações entre os sócios de uma sociedade anônima[12].

O capital social da companhia é dividido em frações iguais, representadas por títulos negociáveis, inclusive no mercado de valores mobiliários, denominados ações, que podem representar uma alternativa de investimento para o público em geral. Neste particular, a sociedade anônima difere da limitada, cujo capital é dividido em quotas que não podem ser negociadas no mercado de valores mobiliários.

Outra característica das sociedades anônimas é que a responsabilidade dos sócios (acionistas) é limitada ao preço de emissão da ação. A limitação de responsabilidade significa que os acionistas só assumem o risco de perder o valor investido, não pondo em risco o restante de seu patrimônio pessoal[13]. O valor investido é o que a lei convencionou denominar preço de emissão, isto é, o valor que se deve pagar para subscrever a ação.

Não se pode falar que a responsabilidade dos acionistas é limitada ao valor nominal da ação. Este guarda relação diretamente com o capital social; já o preço de emissão pode ser igual ou superior ao valor nominal (art. 13 da Lei n. 6.404/76), representando o valor exigido do acionista em função de diversas circunstâncias (oferta, procura, valorização...), tendo como patamar mínimo o valor nominal da ação. O que exceder o valor nominal deve ser destinado à formação de reserva de capital.

---

9. CARVALHOSA, Modesto. *Comentários à lei das sociedades anônimas*. São Paulo: Saraiva, 1997, v. 1, p. 4.

10. BORBA, José Edwaldo Tavares. *Direito societário*. 4. ed. Rio de Janeiro: Freitas Bastos, 1998, p. 116.

11. Idem, p. 116; GARRIGUES, Joaquín. *Curso de derecho mercantil*. 7. ed. Bogotá: Temis, 1987, v. 2, p. 114-115; FERRARA JUNIOR, Francesco; CORSI, Francesco. *Gli imprenditori e le società*. 11. ed. Milano: Giuffrè, 1999, p. 400-401.

12. STJ – 4ª Turma – REsp 111.294, Relator Ministro César Asfor Rocha, *DJ* de 28-5-2001.

13. GALGANO, Francesco. *Diritto civile e commerciale*. 3. ed. Padova: CEDAM, 1999, v. 3, tomo 2, p. 3.

Por fim, deve-se destacar como característica peculiar das sociedades anônimas a natureza sempre mercantil, qualquer que seja a atividade exercida por ela (art. 2º, § 1º, da Lei n. 6.404/76). Com o advento do Código Civil, abandona-se a distinção entre atividades civis e comerciais, para se chegar à distinção entre atividades empresariais e não empresariais. Diante desse novo regime, as sociedades anônimas são sempre sociedades empresárias, não importando qual atividade é efetivamente desenvolvida por ela (art. 982, parágrafo único, do Código Civil).

A par de tais características é certo que a sociedade anônima possui outras, as quais serão tratadas mais adiante.

3 Nome

A expressão *sociedade anônima* é um tanto quanto inadequada, na medida em que a sociedade não é anônima, pois tem um nome pelo qual se vincula na vida jurídica[14]. Há uma imprecisão, pois anônimos são os sócios e não a sociedade, que possui um nome, sob o regime de ampla publicidade[15].

Tratando-se de uma sociedade de capitais, não condiz com a natureza da sociedade anônima a adoção de uma razão social, pois nesta estão presentes nomes dos sócios. Ora, se a contribuição é mais importante que a pessoa do sócio, não há motivo para identificar a sociedade com qualquer dos sócios. Por isso, a sociedade anônima só pode usar uma denominação, isto é, sem o nome dos sócios, por isso anônima. Tal denominação deve ser indicativa do objeto da sociedade, nos termos do art. 1.160 do Código Civil.

A denominação da sociedade deve vir acompanhada das expressões *companhia* ou *sociedade anônima* por extenso ou abreviadamente, sendo vedada a utilização da expressão *companhia* ao final (art. 3º da Lei n. 6.404/76), a fim de evitar confusões com outras sociedades, como a sociedade em nome coletivo[16].

Excepcionalmente, na denominação da sociedade anônima pode ser incluído o nome de pessoas físicas, fundadores, acionistas, ou pessoas que, por qualquer outro meio, tenham concorrido para o êxito da empresa (art. 3º, § 1º, da Lei n. 6.404/76).

4 Função e importância econômica

A sociedade anônima é um mecanismo de financiamento das grandes empresas[17], sendo o instrumento popular do desenvolvimento do capitalismo. Sem tal instrumento

---

14. VAMPRÉ, Spencer. *Tratado elementar de direito comercial*. Rio de Janeiro: F. Briguiet, 1922, v. 2, p. 10.

15. PAPINI, Roberto. *Sociedade anônima e mercado de valores mobiliários*. 3. ed. Rio de Janeiro: Forense, 1999, p. 35; TEIXEIRA, Egberto Lacerda; GUERREIRO, José Alexandre Tavares. *Das sociedades anônimas no direito brasileiro*. São Paulo: José Bushatsky, 1979, v. 1, p. 105.

16. CARVALHOSA, Modesto. *Comentários à lei das sociedades anônimas*. São Paulo: Saraiva, 1997, v. 1, p. 25.

17. REQUIÃO, Rubens. *Curso de direito comercial*. 21. ed. São Paulo: Saraiva, 1998, v. 2, p. 6; ASCARELLI, Tullio. *Problemas das sociedades anônimas e direito comparado*. Campinas: Bookseller, 2001, p. 457.

o capitalismo não teria alcançado o grau de desenvolvimento já atingido, pois não teria encontrado os meios necessários para tanto.

Com a Revolução Industrial, foram se desenvolvendo grandes empreendimentos, os quais necessitavam de uma grande quantidade de capital. A sociedade anônima foi a forma encontrada para a concentração dessa grande quantidade de capital[18], pois permitia o apelo ao público para a obtenção de recursos.

Tal apelo ao público efetivamente produz resultados, pois a participação em sociedades é uma forma de poupança particular extremamente atrativa, tendo em vista a limitação da responsabilidade e a dupla possibilidade de ganhos, por meio da percepção dos lucros e da negociação dos títulos valorizados no mercado. Portanto, mediante tal apelo ao público, a sociedade anônima é o instrumento de obtenção de grandes massas de recursos, necessárias ao desenvolvimento dos grandes empreendimentos que caracterizam a economia moderna.

A sociedade anônima é o instrumento fundamental para o desenvolvimento dos grandes empreendimentos, na medida em que alia a capacidade ilimitada de atrair recursos financeiros e a possibilidade de limitar e dispersar os riscos dos empreendimentos[19].

5 Objeto social

A sociedade anônima é sempre mercantil (empresária), não importando a natureza da atividade exercida. Apesar disso, é sempre necessário que o estatuto da sociedade defina, de modo claro e preciso, o objeto a que essa se destina, vale dizer, não se pode formular genericamente o objeto social[20]. Há que se indicar o gênero e a espécie da atividade desenvolvida (art. 53, § 1º, do Decreto n. 1.800/96). O objeto social deve ser uma atividade econômica lícita, possível e com fins lucrativos[21], não se admitindo o exercício de atividades filantrópicas por meio de uma sociedade anônima.

A definição do objeto social, no estatuto, serve para delimitar o âmbito de atuação da sociedade, permitindo a responsabilização dos administradores e controladores que extrapolem tais limites[22]. Ainda que não conste do objeto enunciado no estatuto, a participação no capital de outras sociedades é possível como forma de realização do objeto social, ou para o gozo de incentivos fiscais (art. 2º, § 3º, da Lei n. 6.404/76).

---

18. BROSETA PONT, Manuel. *Manual de derecho mercantil*. 10. ed. Madrid: Tecnos, 1994, p. 219.

19. FRANCO, Vera Helena; SZTAJN, Rachel. *Manual de direito comercial*. São Paulo: Revista dos Tribunais, 2005, v. 2, p. 35.

20. PAPINI, Roberto. *Sociedade anônima e mercado de valores mobiliários*. 3. ed. Rio de Janeiro: Forense, 1999, p. 38.

21. CARVALHOSA, Modesto. *Comentários à lei das sociedades anônimas*. São Paulo: Saraiva, 1997, v. 1, p. 20.

22. Idem, p. 16.

6 Natureza jurídica do ato constitutivo

Extremamente discutida na doutrina é a natureza do ato constitutivo da sociedade anônima, dadas as peculiaridades inerentes a tal tipo de sociedade. A doutrina se divide entre a aplicação do contrato plurilateral e do ato institucional.

Parte da doutrina entende que o ato constitutivo da sociedade anônima é um contrato plurilateral[23], isto é, um contrato *sui generis*, com determinadas peculiaridades em relação aos contratos bilaterais puros. Assim, no contrato plurilateral haveria a possibilidade da participação de mais de duas partes, uma finalidade comum entre os contratantes, o surgimento de obrigações entre todas as partes, uma finalidade instrumental, a abertura do contrato a novas adesões, a inaplicabilidade da exceção do contrato não cumprido e pela distinção no que diz respeito à adesão de cada um dos sócios e no que diz respeito ao contrato como um todo. Em síntese, o ato constitutivo seria um contrato dotado de certas peculiaridades.

Outra parte da doutrina[24], a nosso ver com razão, afasta a noção de contrato no ato constitutivo da sociedade anônima. Ela seria uma instituição destinada a exercer o seu objeto para atender aos interesses dos acionistas, empregados e da comunidade. Sendo uma instituição, seu ato constitutivo seria um ato institucional.

Nas sociedades por ações, geralmente a empresa envolve um número tão grande de interesses (empregados, comunidade, fisco, consumidores), além dos interesses dos seus membros, que há uma responsabilidade social a ser cobrada[25]. A prevalência do interesse social sobre o interesse individual dos sócios reforça a natureza institucional da relação[26], em oposição à natureza contratual, na qual prevaleceria a vontade comum dos sócios[27].

A ideia fundamental na instituição é a obra a realizar, possuindo menos importância a vontade dos sócios. A vontade dos sócios é restrita à aceitação da disciplina, sem uma preocupação maior quanto aos efeitos; ao contrário do que ocorreria nos contratos[28], essa vontade dos sócios não seria tão determinante na vida da sociedade quanto a função social a ser exercida. Por isso, o ato constitutivo das sociedades anônimas seria um ato institucional, o qual daria origem a uma instituição[29].

---

23.   REQUIÃO, Rubens. *Curso de direito comercial*. 23. ed. São Paulo: Saraiva, 1998, v. 1, p. 342; BULGARELLI, Waldirio. *Manual das sociedades anônimas*. 12. ed. São Paulo: Atlas, 2001, p. 23-24.

24.   COELHO, Fábio Ulhoa. *Curso de direito comercial*. São Paulo: Saraiva, 1999, v. 2, p. 26; MARTINS, Fran. *Curso de direito comercial*. 22. ed. Rio de Janeiro: Forense, 1998, p. 189.

25.   LAMY FILHO, Alfredo; PEDREIRA, José Luiz Bulhões. *A lei das S.A.* (pressupostos, elaboração, aplicação). 3. ed. Rio de Janeiro: Renovar, 1997, p. 147.

26.   PAPINI, Roberto. *Sociedade anônima e mercado de valores mobiliários*. 3. ed. Rio de Janeiro: Forense, 1999, p. 35.

27.   HALPERIN, Isaac. *Sociedades anónimas*. Actualizada e ampliada por Julio C. Otaegui. 2. ed. Buenos Aires: Depalma, 1998, p. 5, entende que o interesse social se coadunaria com a natureza contratual do ato constitutivo.

28.   REQUIÃO, Rubens. *Curso de direito comercial*. 23. ed. São Paulo: Saraiva, 1998, v. 1, p. 341-342.

29.   MARTINS, Fran. *Comentários à lei das sociedades anônimas*. Rio de Janeiro: Forense, 1977, v. 1, p. 479.

A Lei n. 6.404/76 acolheu tal interpretação, sobretudo ao afirmar em seu art. 116, parágrafo único, que "o acionista controlador deve usar o poder com o fim de fazer a companhia realizar o seu objeto e cumprir sua função social, e tem deveres e responsabilidades para com os demais acionistas da empresa que nela trabalham e para com a comunidade em que atua, cujos direitos e interesses deve lealmente respeitar e atender".

A propósito, já afirmou Carlos Gilberto Villegas: "A lei brasileira de 1976 constitui a mais moderna expressão da doutrina institucionalista, atribuindo à sociedade uma função social e destacando que o interesse social compreende o daqueles que trabalham na sociedade, e na comunidade em geral e o interesse nacional"[30].

Reconhecendo a importância do interesse social nas sociedades anônimas, alguns autores buscam uma compatibilização da teoria da instituição e da tese contratualista. Rubens Requião afirma que o ato constitutivo seria um contrato que regularia as relações entre os sócios, mas após a sua formação a sociedade anônima seria uma instituição voltada para a consecução do bem comum[31]. Para Francesco Galgano, a teoria do ato institucional pode ser usada nas sociedades anônimas, sobretudo para os administradores, mas não para explicar a formação da vontade social, na qual ainda prevaleceria a natureza contratual plurilateral[32].

Todavia, mesmo no contrato plurilateral, subsistem alguns princípios dos contratos inaplicáveis às sociedades por ações. Tratando-se de um contrato por prazo indeterminado, assiste ao contratante o direito de denunciar o contrato, retirando-se deste[33] e, por vezes, até extinguindo-o. Embora não tenha o condão de extinguir o contrato societário, é certo que nas sociedades comerciais há a possibilidade de tal dissolução parcial, com fundamento no art. 1.029 do Código Civil (art. 335, 5, do Código Comercial), sendo reembolsado pela sociedade o sócio que se retira.

Tal possibilidade não se aplica às sociedades por ações, denotando a ausência da natureza contratual em tal relação, e reforçando a natureza institucional do ato constitutivo de tais sociedades[34]. Nestas, o sócio não pode impor um ônus à sociedade apenas pela sua vontade de se retirar dela, pois há que prevalecer o interesse social. Completamente distinta seria a solução em um contrato, no qual seria perfeitamente possível a

---

30. VILLEGAS, Carlos Gilberto. *Derecho de las sociedades comerciales*. 7. ed. Buenos Aires: Abeledo Perrot, 1994, p. 32, tradução livre de *"la ley brasileña de 1976 constituye la más moderna expresión de la doctrina institucionalista, atribuyendo a la sociedad una función social y destacando que el interés social comprende el de quienes trabajan en la sociedad, el de la comunidad en general y el interés nacional"*.

31. REQUIÃO, Rubens. *Curso de direito comercial*. 21. ed. São Paulo: Saraiva, 1998, v. 2, p. 14; CARVALHO-SA, Modesto. *Comentários à lei das sociedades anônimas*. São Paulo: Saraiva, 1997, v. 1, p. 7.

32. GALGANO, Francesco. *Diritto civile e commerciale*. 3. ed. Padova: CEDAM, 1999, v. 3, tomo 2, p. 54.

33. DE CUPIS, Adriano. *Istituzioni di diritto privato*. Milano: Giuffrè, 1978, v. 3, p. 21; GOMES, Orlando. *Contratos*. 18. ed. Atualizada por Humberto Theodoro Júnior. Rio de Janeiro: Forense, 1999, p. 185; PEREIRA, Caio Mário da Silva. *Instituições de direito civil*. 9. ed. Rio de Janeiro: Forense, 1993, v. 3, p. 101.

34. COELHO, Fábio Ulhoa. *Curso de direito comercial*. São Paulo: Saraiva, 1999, v. 2, p. 26; MARTINS, Fran. *Curso de direito comercial*. 22. ed. Rio de Janeiro: Forense, 1998, p. 189.

retirada imotivada. Portanto, a natureza contratual não é capaz de explicar o ato constitutivo das sociedades por ações, devendo prevalecer o entendimento da natureza de ato institucional.

7   Sociedade anônima de pessoas

Por suas características essenciais, a sociedade anônima se apresenta como uma típica sociedade de capitais, na qual o que mais importa é a contribuição do acionista e não suas qualidades pessoais. Ocorre que essa forma societária vem sendo mais usada do que era no passado, abrangendo também empreendimentos de pequeno e médio porte. Nestas situações, pode ser formada uma sociedade anônima fechada, com poucos acionistas muito próximos entre si (parentes ou não). Diante dessa configuração, a jurisprudência vem reconhecendo que algumas sociedades anônimas são sociedades de pessoas[35].

Em algumas companhias, pode-se verificar um caráter mais pessoal na relação entre os acionistas e, consequentemente, uma *affectio societatis* mais forte entre eles. Dessa forma, deve-se reconhecer um regime específico para essas sociedades, levando em conta o caráter *intuitu personae* da sua constituição. Nesse regime específico, deve-se admitir a dissolução parcial da sociedade; pela simples quebra da *affectio societatis*, deve-se admitir a resolução do vínculo de um acionista, independentemente de alguma das hipóteses legais para o exercício do direito de retirada.

Caso não se admita esse regime específico, os resultados serão desastrosos. Não admitindo a dissolução parcial, a quebra da *affectio societatis* poderia significar a dissolução total da companhia, prejudicando todos os interesses que a circundam. De outro lado, o acionista insatisfeito poderia ficar vinculado eternamente à sociedade, pois não haveria terceiros interessados em ingressar naquela relação extremamente particular. Tal resultado, além de indesejável, viola a própria garantia constitucional da liberdade de associação, que impede que alguém seja compelido a permanecer associado.

Por todo o exposto, configurando-se a relação mais pessoal entre os acionistas, deve-se admitir esse regime específico para as sociedades anônimas.

---

35.   STJ – EREsp 111294/PR, Rel. Ministro Castro Filho, Segunda Seção, julgado em 28-6-2006, *DJ* 10-9-2007, p. 183.

23 AS SOCIEDADES ANÔNIMAS E O MERCADO DE CAPITAIS

1 Sociedades abertas × sociedades fechadas

Existem dois tipos de sociedades anônimas, as sociedades abertas e as fechadas, que possuem características bem diferenciadas, justificando também um tratamento diferenciado.

O texto original do art. 4º da Lei n. 6.404/76 distingue as sociedades abertas das fechadas, pela admissão ou não dos seus valores mobiliários à negociação no mercado de valores mobiliários. O referido dispositivo deixou de falar em bolsa de valores e mercado de balcão e passou a falar simplesmente em mercado de valores mobiliários, sem que isso represente uma inovação relevante. Pela possibilidade de negociação no mercado, a sociedade aberta deve ser registrada e ter seus valores mobiliários registrados perante a Comissão de Valores Mobiliários (CVM), que possui a função de resguardar a lisura da negociação no mercado, tornando-o confiável e atrativo aos investidores. O processo de registro inicial de companhia aberta é disciplinado basicamente pela Resolução n. 80/2022 da CVM.

Em síntese, a diferença mais importante entre a sociedade aberta e a fechada é que a primeira possui relações com todo o mercado investidor, devendo obediência a normas específicas que visam à sua proteção, ao passo que na fechada a relação é restrita aos próprios membros da sociedade[1].

O art. 4º, § 3º, da Lei n. 6.404/76, permite que a CVM distinga vários tipos de sociedades abertas, de acordo com os valores mobiliários por ela negociados no mercado e, consequentemente, limite o âmbito de aplicação de determinadas normas. As normas a que se refere o dispositivo são as instruções da CVM, e não a lei, pois a CVM não tem competência para afastar a aplicação de uma lei[2].

A Resolução n. 80/2022 da CVM prevê duas categorias de sociedades abertas. A Categoria A autoriza a negociação de quaisquer valores mobiliários no mercado. A Categoria B autoriza a negociação de valores mobiliários nos mercados regulamentados, exceto de: I – ações e certificados de depósito de ações; ou II – valores mobiliários que confiram ao titular o direito de adquirir os valores mobiliários mencionados no inciso I,

---

1. LAMY FILHO, Alfredo; PEDREIRA, José Luiz Bulhões. *A lei das S.A.* (pressupostos, elaboração, aplicação). 3. ed. Rio de Janeiro: Renovar, 1997, v. 1, p. 84.

2. CARVALHOSA, Modesto; EIZIRIK, Nelson. *A nova lei das sociedades anônimas*. São Paulo: Saraiva, 2002, p. 41.

em consequência da sua conversão ou do exercício dos direitos que lhes são inerentes, desde que emitidos pelo próprio emissor dos valores mobiliários referidos no inciso I ou por uma sociedade pertencente ao grupo do referido emissor. Depende de regulamentação da CVM a criação da categoria das S/A de menor porte, entendida como aquela que tem receita bruta anual de até R$ 500.000.000,00 (quinhentos milhões de reais). A regulamentação estabelecerá as condições de acesso ao mercado de capitais e até a dispensa ou flexibilização de certas regras da Lei n. 6.404/76, como quanto à obrigatoriedade de instalação do conselho fiscal a pedidos de acionistas, quanto à necessidade de intermediação de instituições financeiras em ofertas públicas.

A Resolução n. 166/2022 da CVM já faculta às companhias abertas de menor porte realizar as publicações ordenadas na Lei n. 6.404, de 1976, ou previstas na regulamentação editada pela CVM por meio dos Sistemas Empresas.NET ou Fundos.Net, conforme o caso.

2   Os valores mobiliários

As sociedades abertas caracterizam-se pela possibilidade de negociação de valores mobiliários no mercado de valores mobiliários, que está dentro do mercado de capitais, que, por sua vez, integra o mercado financeiro[3]. Os valores mobiliários não podem ser conceituados pelos direitos que asseguram, mas apenas pela função econômica a que estão ligados[4], que é diversa, sob o ponto de vista da sociedade e dos seus titulares. Para quem os tituraliza, os valores mobiliários são uma alternativa de investimento (emprego remunerado ao dinheiro) e para a sociedade são um instrumento de captação de recursos[5].

Sob o ponto de vista de seus titulares, o valor mobiliário constitui um investimento, isto é, um emprego do capital com vistas à obtenção de lucros. Para tal forma de investimento o risco nunca é estranho[6], pois não há uma garantia de sucesso. Apesar disso, tal investimento pode ser extremamente rentável, seja pelas vantagens que eventualmente assegura (participação nos lucros, pagamento de juros), seja pela possibilidade de negociação no mercado com a valorização destes. Por isso, tais valores são atrativos para o público.

Sob a ótica da sociedade, o valor mobiliário é uma alternativa de crédito, ampla, rápida e flexível, indispensável para a competição no mundo moderno[7]. São os valores mobiliários que tornam a sociedade anônima o grande instrumento do capitalismo, dada a possibilidade de uma reunião, por meio deles, de uma grande quantidade de capitais,

---

3.   SOARES, Maurício Quadros. *Mercado de valores mobiliários*. São Paulo: Juarez de Oliveira, 2003, p. 13-14.

4.   GOUTAY, Philippe. O conceito de valor mobiliário. Tradução de Rogério Acquarone. *Revista de direito bancário, do mercado de capitais e da arbitragem*. São Paulo, ano 3, n. 8, abr./jun. 2000, p. 230.

5.   COELHO, Fábio Ulhoa. *Curso de direito comercial*. São Paulo: Saraiva, 1999, v. 2, p. 64-65.

6.   GOUTAY, Philippe. O conceito de valor mobiliário. Tradução de Rogério Acquarone. *Revista de Direito Bancário, do Mercado de Capitais e da Arbitragem*. São Paulo, ano 3, n. 8, abr./jun. 2000, p. 231.

7.   KANDIR, Antonio. A nova CVM e a modernização da Lei das S. A. In: LOBO, Jorge. *Reforma da Lei das Sociedades Anônimas*. Rio de Janeiro: Forense, 2002, p. 3.

imprescindível à realização de grandes empreendimentos. Sem o mecanismo possibilitado pelos valores mobiliários, a obtenção de tais recursos seria muito penosa (juros elevados, dificuldades de crédito...) ou seria até mesmo inviável.

São valores mobiliários no direito brasileiro: as ações, debêntures, bônus de subscrição, cupons, direitos, recibos de subscrição e certificados de desdobramento decorrentes de tais títulos, os certificados de depósito de valores mobiliários, cédulas de debêntures, cotas de fundos de investimento, os "commercial papers", os contratos de investimento coletivo e os contratos derivativos (art. 2º da Lei n. 6.385/76). A Lei n. 10.303/2001 extinguiu a competência do Conselho Monetário Nacional a respeito da criação de novos valores mobiliários, limitando tal conceito às espécies elencadas na Lei n. 6.385/76, com uma cláusula geral para abrangência de novos títulos.

Também são valores mobiliários quaisquer "títulos ou contratos ofertados publicamente que gerem direito de participação, parceria ou de remuneração, inclusive resultante de prestação de serviços, cujos rendimentos advêm do esforço do empreendedor ou de terceiros"[8]. Atuando dessa forma, nosso legislador chega a um conceito muito próximo do conceito de *securities* do direito norte-americano, que são "um termo geral que inclui não apenas valores mobiliários tradicionais como ações e debêntures, mas também uma variedade de participações que envolvem um investimento com um retorno primariamente ou exclusivamente dependente dos esforços de outra pessoa, que não o investidor"[9].

3 Mercado de valores mobiliários

Quando a sociedade anônima necessita de recursos, ela pode lançar mão de duas fontes: o mercado financeiro e o mercado de valores mobiliários[10]. Na primeira fonte, a sociedade obtém empréstimos junto a instituições financeiras, como os particulares em geral. Na segunda fonte, a sociedade pode emitir valores mobiliários, para obter os recursos diretamente junto ao público investidor, sendo mais interessante para a sociedade na maioria dos casos.

O mercado de valores mobiliários é o conjunto de instituições e de instrumentos que possibilita realizar a transferência de recursos entre tomadores (companhias) e aplicadores de recursos (poupadores), buscando compatibilizar seus objetivos. Este mercado pode ser dividido em mercado primário e secundário; neste a circulação dos títulos se dá entre

---

8. CHEDIAK, Julian Fonseca Peña. A reforma do mercado de valores mobiliários. In: LOBO, Jorge. *Reforma da Lei das sociedades anônimas*. Rio de Janeiro: Forense, 2002, p. 538.

9. HAMILTON, Robert W. *The law of corporations*. 5. ed. St. Paul: West Group, 2000, p. 666, tradução livre de "*is a general term that includes not only traditional securities such as shares of stock, bonds, and debentures, but also a variety of interests that involve an investment with the return primarily or exclusively dependent on the efforts of a person other than the investor*".

10. QUEIROZ, José Eduardo Carneiro. O conceito de valor mobiliário e a competência da Comissão de Valores Mobiliários e do Banco Central do Brasil. In: MOSQUERA, Roberto Quiroga (Coord.). *Aspectos atuais do direito do mercado financeiro e de capitais*. São Paulo: Dialética, 2000, v. 1, p. 131.

investidores, já naquele a relação é estabelecida entre o investidor e a própria sociedade anônima destinatária do investimento[11].

Este mercado é formado pelas bolsas de valores e pelo mercado de balcão.

3.1 Bolsa de valores

As bolsas de valores são entidades privadas constituídas sob a forma de associações civis[12] ou sociedades anônimas, que funcionam como provedores de sistemas de negociação, cumprindo as funções de disseminação de informações de transformação das ordens em negócios[13]. As bolsas de valores, conquanto sejam privadas, atuam sob a supervisão da CVM, pois atuam na prestação de serviço público, devendo fiscalizar os seus membros e as operações realizadas por eles[14].

A finalidade primordial a que se destinam as bolsas de valores é manter um local adequado para a negociação de valores mobiliários, no chamado mercado secundário, isto é, para a venda de títulos pelos seus titulares e não para a subscrição de novos títulos emitidos pelas sociedades abertas[15]. Em tais locais, é realizado o chamado pregão, vale dizer, a negociação dos valores mobiliários pelas sociedades corretoras, no interesse de seus clientes (os investidores), mediante leilão. Hoje em dia, não se realiza mais um pregão viva voz, mas apenas um pregão eletrônico para as negociações.

A B3 concentra a negociação realmente relevante de valores mobiliários no país, havendo uma utilização mais restrita das demais entidades. Em outubro de 2007 foi realizada sua abertura de capital, a qual foi extremamente valorizada, o que demonstra a importância da atuação dessas entidades.

3.2 Mercado de balcão

O mercado de balcão abrange toda negociação de valores mobiliários feita fora das bolsas de valores, mas por meio dos outros distribuidores de valores mobiliários arrolados pelo art. 15 da Lei n. 6.385/76, basicamente as negociações realizadas diretamente pelas instituições financeiras, sociedades corretoras e agentes autônomos de investimen-

---

11. FRANCO, Vera Helena; SZTAJN, Rachel. *Manual de direito comercial*. São Paulo: Revista dos Tribunais, 2005, v. 2, p. 41.

12. COELHO, Fábio Ulhoa. *Curso de direito comercial*. 5. ed. São Paulo: Saraiva, 2002, v. 2, p. 75.

13. YAZBEK, Otávio. *Regulação do mercado financeiro e de capitais*. Rio de Janeiro: Elsevier, 2007, p. 138-139.

14. PAPINI, Roberto. *Sociedade anônima e mercado de valores mobiliários*. 3. ed. Rio de Janeiro: Forense, 1999, p. 23.

15. BORBA, José Edwaldo Tavares. *Direito societário*. 4. ed. Rio de Janeiro: Freitas Bastos, 1998, p. 130.

to[16]. Neste mercado, há tanto a revenda de títulos mobiliários como a subscrição destes, vale dizer, há negociações no mercado primário e no mercado secundário. A principal diferença em relação às bolsas de valores é a ausência de um sistema centralizado e compulsório de formação de preços, vale dizer, as operações são fechadas[17].

A Resolução n. 135/2022 da CVM regulamenta as entidades do mercado de balcão organizado, que se caracterizam pela prestação de serviços similares aos das bolsas de valores, aos dos investidores e outros agentes do mercado[18]. Tais entidades devem manter um sistema adequado à negociação de valores mobiliários, sendo fiscalizadas pela CVM.

Todas as negociações realizadas fora das bolsas de valores e do mercado de balcão organizado são consideradas negociações do mercado de balcão não organizado, expressão infeliz adotada pelo art. 21, § 3º, da Lei n. 6.385/76. Nessas situações, a operação se efetiva por meio de simples conversação, sendo fixado livremente o preço pelas partes, sem uma pressão maior da oferta e procura determinantes das cotações nas bolsas de valores.

4   Comissão de Valores Mobiliários (CVM)

Para as sociedades abertas, atuantes no mercado de capitais, exige-se o registro da sociedade e dos valores mobiliários na CVM, que é uma entidade autárquica em regime especial, vinculada ao Ministério da Fazenda, mas sem uma subordinação hierárquica, isto é, ela é dotada de autoridade administrativa independente (art. 5º da Lei n. 6.385/76).

Ela é composta de um presidente e quatro diretores, escolhidos pelo Presidente da República, com a necessidade da aprovação da escolha pelo Senado Federal, similar ao que ocorre com as demais agências reguladoras. O mandato dos seus membros é de cinco anos, vedada a recondução, devendo a cada ano ser substituído um membro. Esses dirigentes têm estabilidade no cargo, a qual é essencial ao bom desempenho de suas funções, pois afasta ingerências políticas, privilegiando o mercado[19].

A princípio, a CVM tem basicamente cinco tipos de funções: consultiva, fiscalizadora, registrária, de fomento e regulamentar[20].

A CVM emite pareceres de orientação aos participantes do mercado, atendendo a consultas formuladas por eles nas matérias de sua competência (art. 13 da Lei n. 6.385/76). Ela também fiscaliza a atuação dos participantes do mercado de capitais, evitando danos

---

16.   BORBA, José Edwaldo Tavares. *Direito societário*. 4. ed. Rio de Janeiro: Freitas Bastos, 1998, p. 131.

17.   YAZBEK, Otávio. *Regulação do mercado financeiro e de capitais*. Rio de Janeiro: Elsevier, 2007, p. 143.

18.   COELHO, Fábio Ulhoa. *Curso de direito comercial*. 5. ed. São Paulo: Saraiva, 2002, v. 2, p. 77.

19.   DAVID, Solange Ragazi. A CVM e as inovações da legislação societária. *Revista de Direito Bancário, do Mercado de Capitais e da Arbitragem*, São Paulo, ano 4, n. 14, out./dez. 2001, p. 270.

20.   BORBA, José Edwaldo Tavares. *Direito societário*. 4. ed. Rio de Janeiro: Freitas Bastos, 1998, p. 127-129.

As sociedades anônimas e o mercado de capitais | 403

aos investidores, ou aplicando penalidades aos causadores de tais danos, assegurando assim a confiabilidade do mercado[21].

Diretamente ligada à função fiscalizadora está a função registrária, pois compete à CVM registrar as sociedades abertas, as entidades distribuidoras de valores mobiliários e os próprios títulos que serão negociados no mercado, resguardando o investidor em face de quaisquer irregularidades e evitando a atuação de entidades inidôneas. Há ainda a função de fomentar a atividade do mercado de capitais, promovendo eventos que permitam ou auxiliem o desenvolvimento do mercado[22].

Por fim, há a função regulamentar cuja discussão a respeito da sua legitimidade enseja um estudo mais detalhado.

4.1 O poder regulamentar da CVM

Nos termos do art. 8º, I, da Lei n. 6.385/76, compete à CVM regulamentar as matérias expressamente previstas em tal lei e na Lei n. 6.404/76. Tal função vem sendo exercida pela CVM, que já editou inúmeras instruções normativas regulamentando vários aspectos atinentes às sociedades abertas e ao mercado de valores mobiliários. O exercício de tal competência é extremamente questionado na doutrina.

Luis César Amad Costa reconhece uma inconstitucionalidade no poder normativo atribuído às autarquias em geral, e especificamente à CVM, afirmando que o poder de regulamentar as leis em geral é atribuído ao Presidente da República nos termos do art. 84, IV, da Constituição Federal[23]. O referido autor afirma que as instruções normativas devem ser instrumentos usados exclusivamente como instrumento de veiculação para o particular, sem alterar a ordem jurídica[24].

De outro lado, Carlos Ari Sundfeld reconhece uma competência regulamentar das agências reguladoras em geral, a qual representaria um aprofundamento da atuação normativa do Estado, sem a criação de regulamentos autônomos[25]. Similar é a opinião de Floriano Azevedo Marques Neto, para quem "a lei define as metas principais e os con-

---

21. BOCATER, Maria Isabel do Prado. O exercício do poder de polícia e regulador da CVM – aperfeiçoamentos recentes. In: MOSQUERA, Roberto Quiroga (Coord.). *Aspectos atuais do direito do mercado financeiro e de capitais*. São Paulo: Dialética, 2000, p. 211.

22. BORBA, José Edwaldo Tavares. *Direito societário*. 4. ed. Rio de Janeiro: Freitas Bastos, 1998, p. 127.

23. COSTA, Luís César Amad. Poder regulamentar das autarquias normatizadoras das atividades no mercado financeiro e de capitais. In: MOSQUERA, Roberto Quiroga (Coord.). *Aspectos atuais do direito do mercado financeiro e de capitais*. São Paulo: Dialética, 2000, v. 2, p. 137-138; no mesmo sentido: MELLO, Celso Antônio Bandeira de. *Curso de direito administrativo*. 11. ed. São Paulo: Malheiros, 1999, p. 240.

24. COSTA, Luís César Amad. Poder regulamentar das autarquias normatizadoras das atividades no mercado financeiro e de capitais. In: MOSQUERA, Roberto Quiroga (Coord.). *Aspectos atuais do direito do mercado financeiro e de capitais*. São Paulo: Dialética, 2000, v. 2, p. 140.

25. SUNDFELD, Carlos Ari. Introdução às agências reguladoras. In: _____(Coord.). *Direito administrativo econômico*. São Paulo: Malheiros, 2000, p. 27.

404 | CURSO DE DIREITO EMPRESARIAL

tornos da atividade do órgão regulador, cometendo-lhe (nestes limites e sob controle do Judiciário e do próprio Legislativo) ampla margem de atuação"[26].

Leila Cuéllar esclarece que a competência regulamentar é primordialmente do Presidente da República, mas não exclusivamente dele[27]. Assim sendo, é possível, mediante previsão legal, que a regulamentação seja feita por outros entes, como as autarquias em regime especial. Desse modo, estaria explicado o regime das agências reguladoras, dentre as quais a CVM, como exercício do poder regulamentar. Afasta-se, pois, a ideia de delegação legislativa, incompatível com o atual regime constitucional brasileiro (art. 25 do ADCT). Além disso, a delegação legislativa, se fosse admissível, deveria ser temporária, específica e precária, o que não se coadunaria com a finalidade das agências reguladoras, em geral.

Assim, nestes termos, acreditamos que a CVM tem legitimidade para regulamentar as Leis n. 6.385/76 e 6.404/76, não podendo, todavia, extrapolar os limites da mera regulamentação, isto é, a CVM não tem competência para criar direito novo, mas apenas para regulamentar as leis emanadas do poder legislativo, alcançando sua finalidade primordial, que é a de tutelar o mercado de capitais.

5   Fechamento do capital social

A participação de uma sociedade no mercado de capitais, isto é, a negociação de seus valores mobiliários no mercado, não precisa ser eterna. Em outras palavras, uma sociedade aberta pode se tornar uma sociedade fechada. Todavia, tal operação pode afetar diretamente os interesses dos acionistas e dos titulares de outros valores mobiliários negociados no mercado.

Para uma sociedade inicialmente aberta se tornar uma sociedade fechada, é realizado um procedimento que se pode denominar de fechamento do capital social. Este procedimento se efetiva com o cancelamento do respectivo registro da sociedade e de seus títulos junto à CVM. Tal cancelamento do registro afeta diretamente os interesses dos acionistas minoritários e dos titulares de valores mobiliários negociados no mercado, uma vez que haverá perda de liquidez dos títulos, perda de um referencial de preço e perda do direito de ser informado sobre diversas situações[28]. Por isso, há que se impor um procedimento pormenorizado, a fim de evitar prejuízos a tais pessoas.

O parágrafo quarto do art. 4º da Lei das S.A. dispõe que, para o fechamento do capital social, e o consequente cancelamento no registro de uma sociedade na CVM, deverá ser feita pelo controlador uma oferta pública para aquisição de todas as ações em

---

26.   MARQUES NETO, Floriano Azevedo. A nova regulação estatal e as agências independentes. In: SUNDFELD, Carlos Ari (Coord.). *Direito administrativo econômico*. São Paulo: Malheiros, 2000, p. 95.

27.   CUÉLLAR, Leila. *As agências reguladoras e seu poder normativo*. São Paulo: Dialética, 2001, p. 116.

28.   AMENDOLARA, Leslie. *Os direitos dos acionistas minoritários*: com as alterações da Lei n. 9.457/97. São Paulo: STS, 1998, p. 109.

circulação por preço justo. Tal oferta também pode ser feita pela própria companhia, nos casos em que se admite a aquisição de ações para permanência em tesouraria[29].

5.1 Preço justo

A oferta pública para o cancelamento do registro da S.A. deve ser feita por um preço justo. A definição de tal preço foi muito discutida, sendo ampliada por uma emenda na Câmara dos Deputados[30], exigindo-se que se leve em conta de forma isolada ou combinada o valor patrimonial contábil ou real[31] das ações, o seu valor de mercado, ou o valor decorrente da apuração pelo fluxo de caixa descontado (perspectiva de lucros futuros trazida para o presente) ou de comparação por múltiplos (comparação do valor de negociação para empresas congêneres), ou ainda outro critério aprovado pela CVM.

A utilização de apenas um dos critérios de modo rígido poderia gerar distorções na busca do preço justo. A cotação de uma ação, com baixo índice de negociação no mercado, não representa seu valor real. Do mesmo modo, a comparação com outras empresas do gênero que nem sempre estão nas mesmas condições. A determinação do valor patrimonial, seja contábil, seja real, nem sempre permite que se comprove efetivamente o preço justo, pois é extremamente difícil a valoração dos chamados intangíveis. Por fim, a utilização do fluxo de caixa descontado (valor econômico), inicialmente único critério adotado no projeto, além de extremamente subjetivo, pode representar uma distorção, de acordo com os juros utilizados, ou por motivos conjunturais imprevistos. Tais critérios apresentam vantagens e desvantagens, sendo extremamente sábia a possibilidade de adoção de todos eles para se chegar ao valor justo para a oferta[32].

Para a realização da oferta, o acionista controlador deve apresentar um laudo de avaliação da companhia, elaborado por uma corretora ou distribuidora de valores mobiliários, ou por uma instituição financeira com carteira de investimento. Tal laudo deverá apresentar no mínimo a avaliação das ações por todos os critérios apontados

---

29.   PARENTE, Norma. Principais inovações introduzidas pela Lei n. 10.303 de 31 de outubro de 2001, à Lei de Sociedades por Ações. In: LOBO, Jorge. *Reforma da lei das sociedades anônimas*. Rio de Janeiro: Forense, 2002, p. 16; CARVALHOSA, Modesto e EIZIRIK, Nelson. *A nova lei das sociedades anônimas*. São Paulo: Saraiva, 2002, p. 60.

30.   O substitutivo do Deputado Emerson Capaz falava apenas que tal valor deveria ser o valor econômico apurado por profissionais especializados.

31.   Conforme leva em consideração a situação das demonstrações financeiras, ou a situação real do momento, a propósito, COELHO, Fábio Ulhoa. *Curso de direito comercial*. São Paulo: Saraiva, 1999, v. 2, p. 85.

32.   PARENTE, Norma. Principais inovações introduzidas pela Lei n. 10.303 de 31 de outubro de 2001, à Lei de Sociedades por Ações. In: LOBO, Jorge. *Reforma da lei das sociedades anônimas*. Rio de Janeiro: Forense, 2002, p. 19.

pela lei (valor patrimonial contábil ou real; valor econômico, valor de mercado apurado nos últimos 12 meses, ou outro critério adotado), com os respectivos elementos adotados para tais avaliações. Dentre tais avaliações, há que se indicar qual a que parece mais adequada para a definição do preço justo (art. 10, VI, do Anexo B da Resolução n. 85/2022 da CVM).

A avaliação do preço justo poderá ser refeita, diante de uma decisão da assembleia geral, convocada pelos administradores[33], a pedido de acionistas que representem pelo menos 10% das ações em circulação no mercado, entendidas por ações em circulação o total das ações emitidas pela sociedade, menos as ações do acionista controlador, dos administradores e as ações em tesouraria[34]. Tal pedido deve ser formulado no prazo de 15 dias contados da divulgação do valor da oferta pública e deve ser fundamentado. Diante dessa possibilidade, o procedimento só pode ser implementado após o decurso desse prazo sem impugnação, ou após a feitura da nova avaliação, se for deliberada[35].

Há um direito dos acionistas para questionar tal avaliação, mas tal direito é limitado, a fim de evitar tumultos na vida social, em primeiro lugar pela percentagem necessária para que se possa fazer o pedido, em segundo lugar pela motivação necessária e em terceiro pela possibilidade de indenização em caso de pedido descabido.

Não basta o inconformismo dos acionistas, sendo necessário que sejam indicados os motivos que demonstrem erros na avaliação, trazendo elementos de convicção aptos a demonstrar a falha ou imprecisão no emprego da metodologia de cálculo ou no critério de avaliação adotado. Além disso, funcionando como um meio de pressão para evitar pedidos descabidos, a lei impõe aos acionistas que pedirem a reavaliação, bem como aos que votarem a favor dela, a obrigação de indenizar a sociedade, caso tal reavaliação chegue a um valor inferior ou igual ao da oferta pública.

Havendo alteração do valor para mais, o ofertante deverá noticiar se prosseguirá com a oferta pelo novo valor apurado ou não, independentemente do condicionamento da oferta (Resolução n. 85/2022 – art. 28, IV). Para Luiz Leonardo Cantidiano, se o ofertante não condicionasse a oferta ao preço oferecido, ele estaria obrigado a adotar o novo preço avaliado[36]. A nosso ver, a melhor solução foi a adotada pela CVM, na medida em que uma oferta só obriga nos seus exatos termos, não se podendo impor a

---

33. Se os administradores não atenderem o pedido de convocação em oito dias, a assembleia poderá ser convocada pelos próprios acionistas.

34. O conceito de ações em circulação nos é dado pelo § 2º do novo art. 4º – A, diferenciando do conceito de ações em circulação que já nos era dado pelo art. 137, II, *b*, da Lei n. 6.404/76, na redação determinada pela Lei n. 9.457/97.

35. CANTIDIANO, Luiz Leonardo. Características das ações, cancelamento do registro e "Tag Along". In: LOBO, Jorge. *Reforma da Lei das sociedades anônimas*. Rio de Janeiro: Forense, 2002, p. 79.

36. CANTIDIANO, Luiz Leonardo. Características das ações, cancelamento do registro e "Tag Along". In: LOBO, Jorge. *Reforma da lei das sociedades anônimas*. Rio de Janeiro: Forense, 2002, p. 81.

manutenção de uma oferta em condições mais gravosas do que as inicialmente adotadas[37]. Entretanto, para os minoritários, tal nova avaliação é vinculante, isto é, é uma proposta nos termos do art. 427 do Código Civil, fato que os obriga a vender as ações pelo preço apurado[38].

No caso de manutenção do valor da oferta, ou apuração de valor inferior ao da proposta, o procedimento será retomado, com a publicação de aviso das novas datas para efetivação da oferta.

5.2 Efetivação do cancelamento

Com ou sem alteração da proposta, só haverá o cancelamento do registro se a oferta for aceita por acionistas que representem dois terços das ações em circulação (art. 22, II, da Resolução n. 85/2022 da CVM), ou se o mesmo quórum concordar com o cancelamento, ou ainda se, somados os que concordam com o cancelamento e os que aceitam a proposta, atingir-se tal quórum[39]. A aceitação da oferta deverá ocorrer em leilão na bolsa de valores ou no mercado de balcão, no qual as ações sejam admitidas à negociação. Neste quórum exigido, só são computadas as ações que se manifestaram favoravelmente ao cancelamento do registro e aquelas que se habilitaram para a participação no leilão.

5.3 Resgate das ações remanescentes

Na hipótese de uma oferta pública para o fechamento do capital social reduzir expressivamente a liquidez das ações no mercado, restando em circulação menos de 5% do total das ações emitidas pela sociedade, poderá a sociedade deliberar pelo resgate das ações pelo mesmo valor da oferta pública para cancelamento do registro, sem ter que se preocupar com a concordância ou com as classes das ações. Tal medida se justifica para atingir aqueles acionistas dispersos no mercado que normalmente nem sabem que são acionistas[40]. Nesse caso, há que se depositar a importância do resgate em uma instituição financeira autorizada pela CVM.

O resgate é um ato não negocial, que independe da vontade do acionista para a retirada das ações do mercado; em suma, "o resgate representa uma transmissão forçada, irrecorrível e definitiva da propriedade das ações do acionista para domínio da

---

37. CARVALHOSA, Modesto; EIZIRIK, Nelson. *A nova lei das sociedades anônimas*. São Paulo: Saraiva, 2002, p. 57.

38. Idem, p. 57.

39. CANTIDIANO, Luiz Leonardo. Características das ações, cancelamento do registro e "Tag Along". In: LOBO, Jorge. *Reforma da lei das sociedades anônimas*. Rio de Janeiro: Forense, 2002, p. 85.

40. CANTIDIANO, Luiz Leonardo. Características das ações, cancelamento do registro e "Tag Along". In: LOBO, Jorge. *Reforma da lei das sociedades anônimas*. Rio de Janeiro: Forense, 2002, p. 87.

própria companhia, que, em seguida, as extinguirá"[41]. Nesse mister, protege-se a própria sociedade, e o interesse da grande maioria dos acionistas que aceitou o fechamento do capital, de modo que a sociedade passará a ser de fato e de direito fechada, submeten-do-se às especificidades de tal tipo de companhia.

Desse modo, o fechamento do capital social agora é previsto em lei e regulamentado de forma mais complexa pela CVM (Resolução n. 85/2022), protegendo-se os interesses dos minoritários, mas sem descuidar do bom andamento dos negócios sociais, evitando-se tumultos.

5.4 Fechamento branco do capital social

Antes da reforma da Lei das S.A., havia a possibilidade de um fechamento branco do capital social, vale dizer, sem efetivamente cancelar o registro da sociedade, é reduzida de tal maneira a liquidez das ações no mercado que sua negociação se mostra inviabilizada. Com a lei, tal fechamento branco do capital social passa a ser vedado por lei, impondo-se mecanismos de proteção aos acionistas minoritários[42].

O novo texto da Lei das S.A. praticamente impede o fechamento branco do capital social, na medida em que impõe práticas que impeçam a subsistência de ações desprovidas de liquidez no mercado. Quando há uma liquidez muito baixa das ações no mercado, a negociação delas se torna praticamente inviável, em outros termos, quando existem pouquíssimas ações em circulação no mercado, reduz-se substancialmente o interesse dos investidores, não havendo motivo para manutenção das ações no mercado. Neste caso, estaremos de fato diante de uma sociedade fechada, embora de direito se trate de uma sociedade aberta, uma vez que ainda registrada na CVM como tal.

A Resolução n. 85/2022 da CVM disciplina tal procedimento em seu art. 30, esclarecendo os percentuais que representam a redução de liquidez das ações de determinada classe ou espécie, que impõem a realização de uma oferta pública nos termos daquela realizada para o fechamento do capital social. Assim, caso o acionista controlador, ou pessoas a ele vinculadas, adquiram, por outro meio que não uma OPA, ações que representem mais de 1/3 (um terço) do total das ações de cada espécie ou classe em circulação, contado na data de entrada em vigor da referida instrução, impõe-se a oferta pública em relação a todas as ações da classe ou espécie prejudicada. Há que se ressaltar que as ações em circulação são todas as ações de determinada classe ou espécie, menos as do acionista controlador.

---

41. CARVALHOSA, Modesto. *Comentários à lei das sociedades anônimas*. São Paulo: Saraiva, 1997, v. 1, p. 316.

42. CANTIDIANO, Luiz Leonardo. Alteração na lei das sociedades por ações – o substitutivo do Deputado Emerson Kapaz. In: MOSQUERA, Roberto Quiroga (Coord.). *Aspectos atuais do direito do mercado financeiro e de capitais*. São Paulo: Dialética, 2000, v. 2, p. 147.

Assim, a fim de evitar o fechamento branco do capital social[43], se impõe ao controlador que aumentar sua participação de tal modo a reduzir substancialmente a liquidez das ações remanescentes à obrigação de fazer uma oferta pública nos mesmos termos da oferta para o fechamento do capital social. Aqui, protege-se essencialmente o interesse do acionista que se vê privado da transparência e controle provocados pela abertura efetiva do capital social[44]. Todavia, permite-se ao controlador a alternativa de se comprometer a alienar o excesso de participação a pessoas não vinculadas a ele, no prazo de três meses a contar da ocorrência da aquisição, restabelecendo a liquidez das ações no mercado (art. 32 da Resolução n. 85/2022). Esse procedimento alternativo, só pode ser usado uma vez a cada 2 anos.

6 A governança corporativa e o mercado de valores mobiliários

Em dezembro de 2000, a Bolsa de São Paulo criou o novo mercado e também os níveis diferenciados de governança corporativa, a fim de incentivar o investimento e valorizar as companhias que mantivessem boas práticas de governança corporativa. A adesão ao novo mercado, ou aos índices diferenciados de governança, é um elemento diferenciador dentro do mercado de capitais, que torna as companhias mais atrativas para os investidores.

Qualquer inserção da companhia, seja no novo mercado, seja nos índices diferenciados de governança corporativa, tem por base o nível de boas práticas de governança corporativa que a companhia se compromete a adotar. No entanto, o que vem a ser a governança corporativa?

A expressão é uma tradução equivocada da expressão *corporate governance*. Arnoldo Wald defende a aplicação da expressão *governo das empresas*[45], que embora seja mais acertada não conseguirá substituir a expressão *governança corporativa*, que já está consagrada.

"A governança corporativa são as práticas e os relacionamentos entre os Acionistas/Cotistas, Conselho de Administração, Diretoria, Auditoria Independente e Conse-

---

43. CANTIDIANO, Luiz Leonardo. Alteração na lei das sociedades por ações – o substitutivo do Deputado Emerson Kapaz. In: MOSQUERA, Roberto Quiroga (Coord.). *Aspectos atuais do direito do mercado financeiro e de capitais*. São Paulo: Dialética, 2000, v. 2, p. 147.

44. Parecer do Deputado Emerson Kapaz, apud CARVALHOSA, Modesto. Notícia sobre a reforma da lei das sociedades anônimas – Projeto do Deputado Emerson Kapaz, In: MOSQUERA, Roberto Quiroga (Coord.). *Aspectos atuais do direito do mercado financeiro e de capitais*. São Paulo: Dialética, 2000, v. 2, p. 181.

45. WALD, Arnoldo. O governo das empresas. *Revista de Direito Bancário, do Mercado de Capitais e da Arbitragem*, São Paulo, ano 5, n. 15, jan./mar. 2002, p. 53.

CURSO DE DIREITO EMPRESARIAL

lho Fiscal, com a finalidade de otimizar o desempenho da empresa e facilitar o acesso ao capital."[46] Trata-se, pois, de uma forma de conduzir a sociedade otimizando sua atuação, e tornando-a mais atrativa para os investidores. Na expressão de Arnoldo Wald, ela é a "criação do estado de direito dentro da sociedade anônima"[47], na medida em que se cria um sistema de controle dos poderes exercidos dentro da sociedade.

Por meio das práticas da governança corporativa, conduz-se a sociedade conciliando interesses de controladores e minoritários, melhorando o seu desempenho. Ao atender os interesses dos acionistas, a governança corporativa torna os valores mobiliários da companhia mais atraentes. Da mesma forma, ela promove as mudanças necessárias para uma melhor condução da sociedade, gerando valor para esta, atraindo investimentos[48].

Para atingir sua finalidade, a governança corporativa é pautada por quatro linhas mestras, a saber, a transparência, a integridade, a prestação de contas e a responsabilidade corporativa[49]. Pela transparência, devem ser prestadas todas as informações necessárias a manter os acionistas e os investidores potenciais completamente informados acerca da efetiva situação da companhia[50]. Pela integridade, equidade ou lealdade, deve haver um respeito aos interesses dos minoritários e um efetivo cumprimento da lei[51], tornando a sociedade mais confiável. Pela prestação de contas, é possível um melhor controle dos administradores, evitando abusos e assegurando um melhor desempenho. Pela responsabilidade corporativa, devem ser adotadas práticas que permitam a perenização da sociedade, com o respeito a preocupações ambientais e sociais.

Dentro dessas linhas mestras, são elencadas as práticas da boa governança corporativa, que permitirão a inserção de uma companhia dentro do novo mercado, ou a inclusão em um dos níveis diferenciados de governança corporativa. Tais práticas estão diretamente ligadas ao tratamento do acionista minoritário e aos meios de fiscalização da sociedade, sobretudo à atuação do Conselho de Administração.

A atuação do Conselho de Administração, no sentido da fixação de diretrizes e, sobretudo, no sentido da fiscalização da atuação da diretoria, é que dará maior con-

---

46. Disponível em: <http://www.ibgc.org.br/ibConteudo.asp?IDArea=2>. Acesso em: 25 jul. 2002.

47. WALD, Arnoldo. O governo das empresas. *Revista de Direito Bancário, do Mercado de Capitais e da Arbitragem*, São Paulo, ano 5, n. 15, jan./mar. 2002, p. 55.

48. PARENTE, Norma. Governança corporativa. *Revista de Direito Bancário, do Mercado de Capitais e da Arbitragem*, São Paulo, ano 5, n. 15, jan./mar. 2002, p. 82.

49. WALD, Arnoldo. O governo das empresas. *Revista de Direito Bancário, do Mercado de Capitais e da Arbitragem*, São Paulo, ano 5, n. 15, jan./mar. 2002, p. 56.

50. BUONOCORE, Vincenzo. La riforma delle società quotate. In BONELLI, Franco et al. (Coord.). *La riforma delle società quotate*. Milano: Giuffrè, 1998, p. 28-29.

51. PARENTE, Norma. Governança corporativa. *Revista de Direito Bancário, do Mercado de Capitais e da Arbitragem*, São Paulo, ano 5, n. 15, jan./mar. 2002, p. 83.

fiança aos investidores, e tornará as companhias brasileiras mais atrativas[52]. Para tanto, é necessário fortalecer o conselho de administração, dando-lhe uma composição profissional, tornando-o independente e muito mais eficiente[53].

Em função disso, o Instituto Brasileiro de Governança Corporativa[54], no seu Código das melhores práticas da governança corporativa, afirma que o conselho de administração deve ser pequeno, podendo ser dividido em comitês para análises mais aprofundadas de determinadas matérias. Outrossim, a maioria dos conselheiros deve ser independente, isto é, os conselheiros não devem possuir ligações com a sociedade, ou com os administradores. Além disso, os membros do conselho devem ter uma boa remuneração, devendo ser avaliados periodicamente, tendo um mandato curto para permitir essa avaliação.

A B3 prevê segmentos diferenciados de listagem, de acordo com a adoção das boas práticas a seguir mencionadas[55].

---

52. CAMARGO, João Laudo de. O conselho de administração nas sociedades anônimas. *Revista de Direito Bancário, do Mercado de Capitais e da Arbitragem*, São Paulo, ano 1, n. 1, jan./abr. 1998, p. 167-168.

53. WALD, Arnoldo. O governo das empresas. *Revista de Direito Bancário, do Mercado de Capitais e da Arbitragem*, São Paulo, ano 5, n. 15, jan./mar. 2002, p. 76.

54. INSTITUTO BRASILEIRO DE GOVERNANÇA CORPORATIVA. Código das melhores práticas de governança corporativa. *Revista de Direito Bancário, do Mercado de Capitais e de Arbitragem*, São Paulo, ano 2, n. 6, set./dez. 1999, p. 289-293.

55. Disponível em: <http://www.bmfbovespa.com.br/pt_br/listagem/acoes/segmentos-de-listagem/sobre--segmentos-de-listagem/>.

	Bovespa Mais	Bovespa Mais Nível 2	Novo Mercado	Nível 2	Nível 1	Tradicional
Características das Ações Emitidas	Permite a existência somente de ações ON	Permite a existência de ações ON e PN	Permite a existência somente de ações ON	Permite a existência de ações ON e PN (com direitos adicionais)	Permite a existência de ações ON e PN (conforme legislação)	Permite a existência de ações ON e PN (conforme legislação)
Percentual Mínimo de Ações em Circulação (free float)	25% de free float a partir do 7º ano de listagem	25% de free float a partir do 7º ano de listagem	25% ou 15%, caso o ADTV (average daily trading volume) seja superior a R$ 25 milhões	No mínimo 25% de free float	No mínimo 25% de free float	Não há regra
Distribuições públicas de ações	Não há regra	Não há regra	Esforços de dispersão acionária	Esforços de dispersão acionária	Esforços de dispersão acionária	Não há regra
Vedação a disposições estatutárias	Quórum qualificado e "cláusulas pétreas"	Quórum qualificado e "cláusulas pétreas"	Limitação de voto inferior a 5% do capital, quórum qualificado e "cláusulas pétreas"	Limitação de voto inferior a 5% do capital, quórum qualificado e "cláusulas pétreas"	Não há regra	Não há regra
Composição do Conselho de Administração	Mínimo de 3 membros (conforme legislação), com mandato unificado de até 2 anos	Mínimo de 3 membros (conforme legislação), com mandato unificado de até 2 anos	Mínimo de 3 membros, dos quais pelo menos 20% devem ser independentes com mandato unificado de até 2 anos	Mínimo de 5 membros, dos quais pelo menos 20% devem ser independentes com mandato unificado de até 2 anos	Mínimo de 3 membros (conforme legislação), com mandato unificado de até 2 anos	Mínimo de 3 membros (conforme legislação)

	Bovespa Mais	Bovespa Mais Nível 2	Novo Mercado	Nível 2	Nível 1	Tradicional
Vedação à acumulação de cargos	É vedada, nas companhias abertas, a acumulação do cargo de presidente do conselho de administração e do cargo de diretor-presidente ou de principal executivo da companhia	É vedada, nas companhias abertas, a acumulação do cargo de presidente do conselho de administração e do cargo de diretor-presidente ou de principal executivo da companhia	É vedada, nas companhias abertas, a acumulação do cargo de presidente do conselho de administração e do cargo de diretor-presidente ou de principal executivo da companhia	É vedada, nas companhias abertas, a acumulação do cargo de presidente do conselho de administração e do cargo de diretor-presidente ou de principal executivo da companhia	É vedada, nas companhias abertas, a acumulação do cargo de presidente do conselho de administração e do cargo de diretor-presidente ou de principal executivo da companhia	É vedada, nas companhias abertas, a acumulação do cargo de presidente do conselho de administração e do cargo de diretor-presidente ou de principal executivo da companhia
Obrigação do Conselho de Administração	Não há regra	Não há regra	Manifestação sobre qualquer oferta pública de aquisição de ações da companhia	Manifestação sobre qualquer oferta pública de aquisição de ações da companhia	Não há regra	Não há regra
Demonstrações Financeiras	Conforme legislação	Conforme legislação	Traduzidas para o inglês	Traduzidas para o inglês	Conforme legislação	Conforme legislação
Reunião pública anual	Facultativa	Facultativa	Obrigatória	Obrigatória	Obrigatória	Facultativa
Calendário de eventos corporativos	Obrigatório	Obrigatório	Obrigatório	Obrigatório	Obrigatório	Facultativo

	Bovespa Mais	Bovespa Mais Nível 2	Novo Mercado	Nível 2	Nível 1	Tradicional
Divulgação adicional de informações	Política de negociação de valores mobiliários	Política de negociação de valores mobiliários	Regimentos do Conselho de Administração, de seus comitês de assessoramento e do Conselho Fiscal, quando instalado Código de conduta (com conteúdo mínimo) Políticas de (i) remuneração; (ii) indicação de membros do Conselho de Administração, seus comitês de assessoramento e diretoria estatutária; (iii) gerenciamento de riscos; (iv) transação com partes relacionadas; e (v) negociação de valores mobiliários, com conteúdo mínimo, exceto a de remuneração	Política de negociação de valores mobiliários e código de conduta	Política de negociação de valores mobiliários e código de conduta	Não há regra

	Bovespa Mais	Bovespa Mais Nível 2	Novo Mercado	Nível 2	Nível 1	Tradicional
			Divulgação (i) anual de relatório resumido do comitê de auditoria estatutário contemplando os pontos indicados no regulamento; ou (ii) trimestral de ata de reunião do Conselho de Administração, informando o reporte do comitê de auditoria não estatutário			
Concessão de Tag Along	100% para ações ON	100% para ações ON e PN	100% para ações ON	100% para ações ON e PN	80% para ações ON (conforme legislação)	80% para ações ON (conforme legislação)
Oferta pública de aquisição de ações no mínimo pelo valor econômico	Obrigatoriedade em caso de cancelamento de registro ou saída do segmento, exceto se houver migração para Novo Mercado	Obrigatoriedade em caso de cancelamento de registro ou saída do segmento, exceto se houver migração para Novo Mercado ou Nível 2	Realização de OPA por preço justo, com quórum de aceitação ou concordância com a saída do segmento de 1/3 dos titulares das ações em circulação (ou percentual maior previsto no Estatuto Social)	Obrigatoriedade em caso de cancelamento de registro ou saída do segmento, exceto se houve migração para o Novo Mercado	Conforme legislação	Conforme legislação
Adesão à Câmara de Arbitragem do Mercado	Obrigatório	Obrigatório	Obrigatório	Obrigatório	Facultativo	Facultativo

24 CONSTITUIÇÃO E CAPITAL SOCIAL DAS SOCIEDADES ANÔNIMAS

1 Constituição da sociedade anônima

A sociedade anônima está sujeita a um procedimento de constituição muito mais complexo, que se desenrola por um espaço de tempo mais ou menos longo. No Brasil, o procedimento de constituição como um todo é dividido em três fases: as providências preliminares, a constituição propriamente dita e as providências complementares[1].

1.1 Providências preliminares

Para se dar início ao procedimento de constituição da sociedade anônima propriamente dito, há que se atender a certos requisitos, denominados providências preliminares (art. 80 da Lei n. 6.404/76).

1.1.1 Subscrição de todo o capital social

Em primeiro lugar, todo o capital social fixado tem que ser subscrito por pelo menos duas pessoas, isto é, pelo menos duas devem se comprometer a pagar todo o capital social. Não há, nesse momento, a obrigação de se pagar todo o capital social, mas apenas o compromisso de pagamento de todo o capital social.

Tal ato de subscrição representa, em verdade, uma espécie de contrato de adesão, ou seja, o subscritor adere à proposta dos fundadores, assumindo a obrigação de contribuir[2]. Os fundadores são as pessoas físicas ou jurídicas que tomam a iniciativa de constituir a sociedade[3].

Tal subscrição pode ser pública (arts. 82 a 87 da Lei n. 6.404/76) ou particular (art. 88 da Lei n. 6.404/76).

---

1. BORBA, José Edwaldo Tavares. *Direito societário*. 4. ed. Rio de Janeiro: Freitas Bastos, 1998, p. 153.

2. MAGALHÃES, Roberto Barcellos de. *A nova lei das sociedades por ações comentada*. Rio de Janeiro: Freitas Bastos, 1977, v. 1, p. 388.

3. ESCARRA, Jean; ESCARRA, Edouard; RAULT, Jean. *Traité théorique et pratique de droit commercial*. Paris: Librairie du Recueil Sirey, 1950, v. 2, p. 16.

Na primeira, as ações são oferecidas como uma forma de investimento, um apelo à poupança particular, caracterizando-se pela utilização da imprensa, de intermediários ou de estabelecimentos abertos ao público (art. 19, § 3º, da Lei n. 6.385/76). Tal procedimento exige a intervenção de uma instituição financeira como intermediária no processo de subscrição (*underwriting*), a qual funciona como agente dos fundadores da sociedade e também como depositária dos documentos necessários para tal forma de subscrição[4]. A instituição que atua como "underwriter" pode subscrever os títulos para depois negociá-los (*underwriting* firme), ou simplesmente prestar serviços para a companhia emissora (*underwriting* de melhor esforço), ou ainda comprometer-se a subscrever as sobras (*underwriting* residual)[5].

Além disso, tal forma de subscrição exige prévio registro na CVM (Comissão de Valores Mobiliários), devendo ser apresentados a tal entidade o estudo da viabilidade econômica do empreendimento, o projeto do estatuto (art. 83 da Lei n. 6.404/76) e o prospecto (art. 84 da Lei n. 6.404/76) organizado e assinado pelos fundadores e pela instituição financeira intermediária. Tal procedimento de prévio registro na CVM torna a constituição um processo sucessivo, isto é, um processo que se desenvolve em vários momentos distintos[6], daí falar-se em constituição sucessiva.

Já na subscrição particular não há apelo ao público, não sendo, por conseguinte, necessária a intermediação de uma instituição financeira, nem o registro prévio na CVM, na medida em que não haverá maiores riscos para a público investidor. O ato constitutivo será formado entre presentes, considerando-se todos os subscritores fundadores da sociedade (art. 88 da Lei n. 6.404/76), por isso, fala-se em constituição simultânea, pois independe de um procedimento dotado de maiores formalidades.

Em regra, o subscritor deve assinar um documento (boletim de subscrição) com o seu compromisso de pagamento do capital social. Com a Lei n. 13.874/2019, fica dispensada a assinatura "na hipótese de oferta pública cuja liquidação ocorra por meio de sistema administrado por entidade administradora de mercados organizados de valores mobiliários" (art. 85, § 2º, da Lei n. 6.404/76). Admite-se também que a "a subscrição poderá ser feita, nas condições previstas no prospecto, por carta à instituição, acompanhada das declarações a que se refere este artigo e do pagamento da entrada" (art. 85, § 1º, da Lei n. 6.404/76).

1.1.2 Integralização inicial

Na subscrição, surge o compromisso de pagamento, não sendo necessário o pagamento imediato do preço de emissão das ações. Todavia, para constituição da sociedade,

---

4. CARVALHOSA, Modesto. *Comentários à lei de sociedades anônimas*. São Paulo: Saraiva, 1997, v. 2, p. 101.

5. EIZIRIK, Nelson. *Aspectos modernos do direito societário*. Rio de Janeiro: Renovar, 1992, p. 32.

6. BULGARELLI, Waldirio. *Manual das sociedades anônimas*. 12. ed. São Paulo: Atlas, 2001, p. 78.

exige-se a integralização de pelo menos 10% do preço de emissão das ações em dinheiro. Nas instituições financeiras, exige-se a integralização inicial de 50% do preço de emissão das ações (Lei n. 4.595/64, art. 27). Tal integralização inicial é uma forma de corporificar a sociedade, tentando garantir que ela possa dar início a suas atividades.

1.1.3 Depósito

Uma vez realizada a integralização inicial, há que se proceder ao depósito de tais em uma instituição financeira (no atual regime, qualquer banco comercial)[7], pelos fundadores em nome do subscritor e a favor da sociedade, que ainda não existe (art. 81 da Lei n. 6.404/76). Os fundadores, na condição de mandatários legais dos subscritores[8], têm a obrigação de efetuar tal depósito no prazo de cinco dias contados do recebimento das quantias.

Caso a sociedade seja efetivamente constituída, isto é, adquira personalidade jurídica, ela terá o direito de levantar os depósitos efetuados em seu favor. Entretanto, se a sociedade não for constituída no prazo de seis meses contado dos depósitos, os subscritores farão jus à restituição dos valores depositados, que será efetuada diretamente pela instituição depositária (art. 81, parágrafo único, da Lei n. 6.404/76).

1.2 Constituição propriamente dita

Atendidas as providências preliminares, pode-se passar à fase da constituição propriamente dita da sociedade, cuja forma dependerá da modalidade de subscrição escolhida. Caso a subscrição seja pública, os subscritores devem constituir a sociedade em uma assembleia geral. Caso a subscrição seja particular, os subscritores podem optar entre uma assembleia geral e a feitura de uma escritura pública.

Com o preenchimento dos requisitos preliminares, os fundadores devem convocar uma assembleia dos subscritores, para deliberar sobre a constituição da sociedade e, eventualmente, avaliar bens apresentados como forma de pagamento do capital social. Tal assembleia exige, em primeira convocação, a presença de subscritores de pelo menos metade do capital, sendo suficiente qualquer número na segunda convocação.

Na assembleia de constituição, será lido o recibo de depósito e discutido e votado o estatuto da companhia, que só poderá ser alterado pela unanimidade dos subscritores, tendo em vista que o subscritor resolveu ingressar numa sociedade com certa configuração. Não havendo oposição de mais da metade dos subscritores, a sociedade será declarada constituída pelo presidente da assembleia. Declarada constituída a sociedade,

---

7. Ato Declaratório n. 2, de 3 de maio de 1979.

8. CARVALHOSA, Modesto. *Comentários à lei de sociedades anônimas*. São Paulo: Saraiva, 1997, v. 2, p. 91.

deve a própria assembleia de constituição eleger os primeiros administradores, para que a sociedade possa funcionar e, se for o caso, deve eleger os membros do conselho fiscal.

Além da assembleia geral, é possível a constituição da sociedade pela lavratura de uma escritura pública na qual constem as qualificações dos subscritores, a íntegra do estatuto da companhia, a relação das ações e das entradas, a transcrição do recibo, o laudo de avaliação, se houver, e a nomeação dos administradores e, se for o caso, dos fiscais. Tal forma de constituição só é admitida se for o caso de uma subscrição particular.

1.3 Providências complementares

Após a constituição propriamente dita, ainda são necessárias providências complementares que consistem no arquivamento (arts. 95 e 96 da Lei n. 6.404/76) e publicação dos atos constitutivos (art. 98 da Lei n. 6.404/76), além da eventual transferência da propriedade de bens com os quais se subscreveu o capital social. Tais providências estão a cargo dos primeiros administradores da sociedade e visam à aquisição da personalidade jurídica e à publicidade do nascimento da companhia.

No caso de constituição por meio de assembleia, devem ser arquivados no registro do comércio (art. 95 da Lei n. 6.404/76): um exemplar do estatuto social, assinado por todos os subscritores ou, se a subscrição houver sido pública, os originais do estatuto e do prospecto, assinados pelos fundadores, bem como do jornal em que tiverem sido publicados; a relação completa, autenticada pelos fundadores ou pelo presidente da assembleia, dos subscritores do capital social, com a qualificação, número das ações e o total da entrada de cada subscritor; o recibo do depósito da integralização inicial; duplicata das atas das assembleias realizadas para a avaliação de bens quando for o caso; duplicata da ata da assembleia geral dos subscritores que houver deliberado a constituição da companhia. No caso de constituição por meio de escritura pública é suficiente o arquivamento da certidão da referida escritura (art. 96 da Lei n. 6.404/76).

Arquivados tais documentos no registro do comércio, compete aos administradores promover, no prazo de 30 dias, a publicação na imprensa oficial dos documentos relativos à constituição dessa sociedade, bem como de certidão de arquivamento em órgão oficial do local da sua sede. Um exemplar da publicação no órgão oficial deverá ser arquivado no registro da sociedade.

Embora não se negue a necessidade dessas providências complementares, para Modesto Carvalhosa, a sociedade anônima passa a existir a partir da assembleia de constituição ou da lavratura da escritura pública de constituição[9]. Tal fato não dispensa, todavia, o arquivamento dos atos constitutivos no registro competente, que seria uma condição de eficácia do funcionamento regular da sociedade[10] (art. 94 da Lei n. 6.404/76).

---

9.   CARVALHOSA, Modesto. *Comentários à lei de sociedades anônimas*. São Paulo: Saraiva, 1997, v. 2, p. 152; BORBA, José Edwaldo Tavares. *Direito societário*. 4. ed. Rio de Janeiro: Freitas Bastos, 1998, p. 163.

10.   CARVALHOSA, Modesto. *Comentários à lei de sociedades anônimas*. São Paulo: Saraiva, 1997, v. 2, p. 181.

A mesma opinião é sufragada por Fran Martins, para quem há que se distinguir o que diz respeito à constituição da sociedade e à aquisição da personalidade jurídica[11].

Isaac Halperin manifesta-se contrariamente a tal interpretação, afirmando que o reconhecimento da sociedade antes do arquivamento dos atos constitutivos geraria inúmeros problemas de segurança jurídica, pois não se saberia exatamente com quem se estaria praticando o ato[12]. Nessa mesma linha de interpretação, Francesco Galgano reconhece a existência da sociedade apenas a partir do registro, pois, antes disso, a responsabilidade por quaisquer atos praticados seria pessoal daqueles que praticaram os atos[13], não havendo que se falar em direitos ou obrigações da sociedade.

Conquanto tal discussão não gere maiores diferenças, a nosso ver, a melhor solução é aquela que reconhece a existência da sociedade antes do arquivamento dos atos constitutivos, mas com uma capacidade de agir limitada, isto é, não tendo personalidade, ela não está habilitada a praticar os atos relativos à realização de seu objeto[14]. Milita a favor dessa interpretação o art. 91 da Lei n. 6.404/76, que exige o acréscimo da expressão "em organização", para os atos anteriores ao arquivamento do ato constitutivo, demonstrando a possibilidade da prática de certos atos antes de tal arquivamento.

Além disso, a responsabilidade pessoal dos administradores pelos atos anteriores ao registro dos atos constitutivos pode ser alterada pela assembleia geral (art. 99, parágrafo único). Outrossim, o art. 986 do Código Civil não trata as sociedades por ações como sociedades em comum, enquanto não forem arquivados os seus atos constitutivos, isto é, ela não é tratada como uma sociedade de fato nesse período.

2 O capital social

A Sociedade Anônima tem a possibilidade de obter recursos tanto no mercado financeiro, por meio de empréstimos bancários, como no mercado de capitais, por meio da emissão de valores mobiliários. Nesta última hipótese, a sociedade pode lançar mão de um empréstimo público, de modo que os prestadores de capital não adquiram a condição de sócio, mas simplesmente de credores da sociedade[15], ou pode emitir ações de modo que os adquirentes desses títulos assumam todos os direitos de acionista. Entretanto, para o início das atividades sociais, a única forma possível de financiamento é a emissão de ações, formando o capital social inicial da sociedade.

---

11. MARTINS, Fran. *Comentários à lei das sociedades anônimas*. Rio de Janeiro: Forense, 1977, v. 1, p. 536-537.

12. HALPERIN, Isaac. *Sociedades anónimas*. Actualizada e ampliada por Julio C. Otaegui. 2. ed. Buenos Aires: Depalma, 1998, p. 84-85.

13. GALGANO, Francesco. *Diritto civile e commerciale*. 3. ed. Padova: CEDAM, 1999, v. 3, tomo 2, p. 80.

14. TEIXEIRA, Egberto Lacerda; GUERREIRO, José Alexandre Tavares. *Das sociedades anônimas no direito brasileiro*. São Paulo: José Bushatsky, 1979, v. 1, p. 134.

15. JAEGER, Pier Giusto; DENOZZA, Francesco. *Appunti di diritto commerciale*. 5. ed. Milano: Giuffrè, 2000, p. 440.

O capital social é "o valor das entradas que os acionistas declaram vinculado aos negócios que constituem o objeto social"[16]. Há que se esclarecer que nem todas as contribuições dos sócios formam o objeto social, mas apenas aquelas contribuições ligadas à realização do objeto social. Em outras palavras, nem toda contribuição do sócio destina-se à formação do capital social. Tal distinção tem uma importância na medida em que há limitações diferenciadas para a utilização dos valores que representam o capital social.

Ao subscrever uma ação, o subscritor compromete-se a pagar o preço de emissão da ação. Tal preço tem como patamar mínimo o valor nominal da ação, isto é, a parte correspondente no capital social. Apenas as entradas relativas a tal valor nominal formam o capital social. Outros valores eventualmente integrantes do preço de emissão serão destinados à formação de uma reserva de capital (art. 14 da Lei n. 6.404/76).

Diante de tais contornos, é intuitivo que o capital social representa uma realidade completamente distinta do patrimônio, representando apenas uma cifra escolhida pelos sócios e ligada à realização do objeto social. Daí Cesare Vivante falar que o capital social é o capital nominal, na medida em que tem uma existência de direito mas não de fato, sendo o patrimônio o capital efetivo, pois o conjunto de todas as relações jurídicas das quais ela é titular, relações de propriedade, de fruição e de garantia sobre bens corpóreos e incorpóreos[17]. "O patrimônio de uma sociedade está submetido às mesmas oscilações do patrimônio da pessoa física, variando dia a dia, ao passo que o capital mantém uma estabilidade relativa"[18].

3 Formação do capital social

O capital social de uma sociedade deve ser fixado em moeda nacional (art. 5º da Lei n. 6.404/76), podendo ser formado por dinheiro ou quaisquer bens, desde que suscetíveis de avaliação em dinheiro (art. 7º da Lei n. 6.404/76), exigindo-se apenas os 10% iniciais em dinheiro (art. 80 da Lei n. 6.404/76). Também é possível a integralização do capital social em créditos, ficando o acionista responsável subsidiariamente pela satisfação do crédito[19]. O direito brasileiro não admite as ações de trabalho, isto é, as ações integralizadas em serviços.

No caso de integralização em bens, estes podem ser transferidos à sociedade a título de propriedade, ou a qualquer outro título, presumindo-se a transferência da propriedade, na ausência de disposição em sentido contrário (art. 9º). Em qualquer caso, a lei, a fim de resguardar a integridade do capital social, exige que se proceda a uma avaliação dos mesmos por profissionais competentes. Tal avaliação deve ser feita por três peritos

---

16. CARVALHOSA, Modesto. *Comentários à lei de sociedades anônimas*. São Paulo: Saraiva, 1997, v. 1, p. 49.

17. VIVANTE, Cesare. *Tratatto di diritto commerciale*. 4. ed. Milano: Casa Editrice Dottore Francesco Villardi, 1904, v. 2, p. 261-262.

18. GARRIGUES, Joaquín. *Curso de derecho mercantil*. 7. ed. Bogotá: Temis, 1987, v. 2, p. 134.

19. MARTINS, Fran. *Comentários à lei das sociedades anônimas*. Rio de Janeiro: Forense, 1977, v. 1, p. 59.

ou por empresa especializada, escolhidos em assembleia dos acionistas ou subscritores, sem a participação daquele que pretende a integralização com os referidos bens[20].

Nomeados os avaliadores, estes devem elaborar um laudo fundamentando a avaliação dos bens, tendo como patamar máximo o valor apresentado pelo ofertante. Tal laudo deve ser submetido à assembleia e ao próprio ofertante dos bens. Havendo a aceitação por ambos, os bens serão incorporados à sociedade, havendo a rejeição, tal incorporação não se efetiva.

Modesto Carvalhosa nos chama a atenção para o fato de que não podem ser utilizados quaisquer bens na integralização do capital social. Só podem ser incorporados bens que tenham uma utilidade efetiva para a realização do objeto social. A utilização de bens estranhos e inúteis ao objeto social não pode ser admitida, por representar uma forma de burla aos credores e concorrentes da sociedade, sendo expressamente condenada pelo art. 117, § 1º, da Lei n. 6.404/76[21].

4 Funções

O capital social exerce basicamente três funções para a sociedade: a função de produtividade, a função de garantia e a função de determinação da posição do sócio. Vincenzo Buonocore revela ainda uma outra função, no sentido da revelação da situação patrimonial da sociedade[22], que a nosso ver se liga à função de garantia.

A função de produtividade significa que o capital é o fator patrimonial inicial que possibilitará o exercício da atividade empresarial da companhia[23]. Embora não coincida com o patrimônio da sociedade, é o capital social que, no início das atividades, permite a aquisição de instalações, equipamentos, mercadorias, isto é, é ele que torna possível o funcionamento inicial da sociedade, que com o tempo encontra outros meios de financiamento.

Como nas sociedades anônimas a responsabilidade dos acionistas é limitada ao preço de emissão das ações, os credores não têm garantia no patrimônio pessoal dos acionistas. Assim sendo, a sua garantia incide exclusivamente sobre o patrimônio social. O capital social é, a princípio, o mínimo desse patrimônio sendo protegido na sua integridade, pela obrigação de avaliação dos bens conferidos. Portanto, outra função exercida pelo capital social é a função de garantia dos credores, isto é, ele representa um mínimo do ativo em favor dos credores sociais[24].

Neste particular, Modesto Carvalhosa afirma que o capital social já não mais exerce a função de garantia dos credores, pois pode ser menor que o capital efetivamente in-

---

20. Idem, p. 65.

21. CARVALHOSA, Modesto. *Comentários à lei de sociedades anônimas*. São Paulo: Saraiva, 1997, v. 1, p. 60.

22. BUONOCORE, Vincenzo. *Le società*. Milano: Giuffrè, 2000, p. 71.

23. PAPINI, Roberto. *Sociedade anônima e mercado de valores mobiliários*. 3. ed. Rio de Janeiro: Forense, 1999, p. 46.

24. MARTINS, Fran. *Comentários à lei das sociedades anônimas*. Rio de Janeiro: Forense, 1977, v. 1, p. 49.

gressado na companhia[25]. Conquanto parta de um raciocínio correto, ousamos discordar de tal conclusão, para reconhecer no capital social um mínimo do ativo em garantia dos credores, isto é, uma garantia mínima, independentemente da entrada de valores superiores. Corroborando esta interpretação, o art. 174 da Lei n. 6.404/76 exige a concordância dos credores para a redução do capital social.

Por fim, há que se ressaltar que o capital serve de referência para a determinação da posição dos acionistas, vale dizer, à luz de sua participação no capital social, determinadas faculdades podem ser ou não ser estendidas a eles. A título exemplificativo, apenas os acionistas que representem pelo menos 10% das ações em circulação podem requerer a realização de nova avaliação na oferta pública para cancelamento do registro (art. 4º-A da Lei n. 6.404/76).

5 Princípios

Pela sua importância para a sociedade, e também para os seus credores, o capital social tem uma disciplina peculiar, orientada basicamente por três princípios: determinação, efetividade e estabilidade (variabilidade condicionada)[26].

Pelo princípio da determinação, o capital social da sociedade há de nascer determinado e único[27], isto é, há que se saber, a qualquer momento, qual é o valor do capital, não se admitindo um capital social variável.

Outro princípio que pauta a disciplina do capital social é o princípio da efetividade, pelo qual o capital deve corresponder a valores que efetivamente ingressem no patrimônio da sociedade, isto é, ele deve corresponder a um patrimônio real da companhia[28]. Tal princípio é primordial para defender os interesses dos credores da sociedade, que tem a garantia de que o valor correspondente ao capital social efetivamente ingressou no patrimônio da sociedade. Em função disso, é que se exige a avaliação dos bens conferidos, para integralização do capital social.

A importância do capital social, sobretudo perante terceiros, faz surgir o princípio da estabilidade ou variabilidade condicionada do capital social, isto é, o capital social só pode ser alterado se obedecidas determinadas condições (art. 6º da Lei n. 6.404/76), também chamado de fixidez[29]. "A cifra do capital não pode ser livremente alterada, já que

---

25. CARVALHOSA, Modesto. *Comentários à Lei de Sociedades Anônimas*. São Paulo: Saraiva, 1997, v. 1, p. 48.

26. BULGARELLI, Waldirio. *Manual das sociedades anônimas*. 12. ed. São Paulo: Atlas, 2001, p. 99.

27. GARRIGUES, Joaquín. *Curso de derecho mercantil*. 7. ed. Bogotá: Temis, 1987, v. 2, p. 137.

28. PAPINI, Roberto. *Sociedade anônima e mercado de valores mobiliários*. 3. ed. Rio de Janeiro: Forense, 1999, p. 47.

29. MARTINS, Fran. *Comentários à lei das sociedades anônimas*. Rio de Janeiro: Forense, 1977, v. 1, p. 54; PAPINI, Roberto. *Sociedade anônima e mercado de valores mobiliários*. 3. ed. Rio de Janeiro: Forense, 1999, p. 47.

todo aumento significaria um engano para os credores, caso não venha acompanhado do correlativo aumento no patrimônio social, e toda diminuição implica a possibilidade de reduzir na mesma quantia o patrimônio, com a consequente diminuição da garantia dos credores."[30]

Roberto Papini destaca também o princípio da intangibilidade, esclarecendo que, por tal princípio, o capital social não pode ser restituído aos acionistas durante a vida da sociedade[31]. A nosso ver, tal princípio efetivamente existe, mas estaria, em sua ideia, englobado no princípio da estabilidade e indiretamente também no princípio da efetividade, por isso não o destacamos separadamente.

6   Aumento do capital social

No correr da vida da sociedade, pode ser necessário o aumento do capital social, seja para a expansão das atividades, seja para sanear as obrigações sociais, seja para adequá-lo à realidade patrimonial da companhia[32]. Todavia, em função do princípio da estabilidade do capital social, há que se impor em requisitos para a efetivação do aumento do capital social, com o intuito de proteger os credores e a própria sociedade.

6.1 Obtenção de novos recursos

Uma das formas de aumento do capital da sociedade é a emissão de novas ações, a serem subscritas pelos próprios acionistas já existentes ou por terceiros. Nesse caso, os acionistas primitivos ou terceiros conferirão novos recursos para a sociedade a título de capital social. Tal aumento só é possível se pelo menos 75% do capital social da sociedade estiver integralizado (art. 170 da Lei n. 6.404/76), a fim de evitar um capital com um valor muito elevado ainda não realizado.

Para tal ingresso de novos recursos serão emitidas novas ações por um preço não mais livremente fixado pela sociedade. Desde a Lei n. 9.457/97 a emissão de novas ações deve levar em conta cumulativa ou alternadamente o valor de mercado, o valor patrimonial e o valor econômico da ação, a fim de evitar a diluição injustificada dos acionistas preexistentes ao aumento.

---

30.   GARRIGUES, Joaquín. *Curso de derecho mercantil*. 7. ed. Bogotá: Temis, 1987, v. 2, p. 137, tradução livre de *"la cifra del capital social no puede ser libremente alterada, ya que todo aumento de la misma significaría un engaño para los acreedores, se no va acompañado del correlativo aumento en el patrimonio social, y toda disminución implica la posibilidad de reducir en la misma cuantía el patrimonio, con la consiguiente disminución de la garantía para los acreedores"*.

31.   PAPINI, Roberto. *Sociedade anônima e mercado de valores mobiliários*. 3. ed. Rio de Janeiro: Forense, 1999, p. 47.

32.   HALPERIN, Isaac. *Sociedades anónimas*. Actualizada e ampliada por Julio C. Otaegui. 2. ed. Buenos Aires: Depalma, 1998, p. 251-252.

A indefinição de um critério rígido é perfeitamente justificável, pois para cada companhia determinado critério será melhor para evitar a diluição da participação dos antigos acionistas. Assim, para uma companhia fechada, mais aconselhável é o critério do patrimônio líquido. Já para uma companhia aberta de participação incipiente no mercado, melhor será o valor econômico. O valor de mercado só pode se justificar se houver uma intensa negociação natural das ações da sociedade.

Em qualquer caso, a administração da sociedade deve explicitar quais motivos levaram à adoção do critério de determinação do preço de emissão (art. 170, § 7º, da Lei n. 6.404/76). Tal justificativa objetiva evidenciar que não haverá a condenada diluição injustificada da participação dos antigos acionistas[33]. Todavia, nada impede que tal justificação seja impugnada na assembleia ou até judicialmente.

Esse aumento depende de uma deliberação de uma assembleia geral extraordinária, após o que serão tomadas as providências para a subscrição das ações que pode ser pública ou particular, isto é, pode usar ou não do apelo ao público. Qualquer que seja a forma adotada para a subscrição das ações, a princípio há que se permitir aos acionistas o exercício do direito de preferência, nos termos do art. 171 da Lei n. 6.404/76.

6.2   Capital autorizado

Conforme mencionado, no caso da obtenção de novos recursos exige-se a realização de uma assembleia geral, com todas as formalidades que lhe são inerentes. Todavia, permite a lei que o próprio estatuto social preveja o aumento do capital social, que neste caso poderá ser providenciado pelos administradores, independentemente de uma assembleia geral, e sempre independentemente de alteração do estatuto. Nesses casos, costuma-se dizer que a sociedade tem capital autorizado (art. 168 da Lei n. 6.404/76).

O capital autorizado seria "o dispositivo estatutário que permite, dentro de certo limite, o aumento do capital social, com a emissão de novas ações, independentemente da alteração do estatuto"[34]. Tal regime de permissão estatutária do aumento deve ter critérios bem definidos (art. 168, § 1º, da Lei n. 6.404/76), esclarecendo o limite do aumento em valor, ou em número de ações, as espécies e classes das novas ações, as eventuais condições do aumento, o órgão competente para deliberar o aumento e a sujeição ou não ao direito de preferência dos acionistas antigos, nos termos do art. 172 da Lei n. 6.404/76.

Diante desse regime peculiar, são dispensadas as formalidades da convocação e realização de uma assembleia geral e da alteração do estatuto, simplificando e agilizando o procedimento de obtenção de novos capitais[35]. Tal simplificação tem uma contraparti-

---

33.   CARVALHOSA, Modesto. *Comentário à lei de sociedades anônimas*. São Paulo: Saraiva, 1997, v. 3, p. 459.

34.   COELHO, Fábio Ulhoa. *Curso de direito comercial*. São Paulo: Saraiva, 1999, v. 2, p. 169.

35.   CARVALHOSA, Modesto. *Comentários à lei de sociedades anônimas*. São Paulo: Saraiva, 1997, v. 3, p. 439.

da, na medida em que se exige que as sociedades de capital autorizado possuam Conselho de Administração, que pode ser o órgão competente para deliberar e promover o referido aumento. O estatuto definirá a competência para tal deliberação, atribuindo-a ou ao Conselho de Administração ou à Assembleia geral Extraordinária. Na Espanha tal competência é sempre dos administradores, como uma espécie de delegação[36].

Ademais, a possibilidade da exclusão do direito de preferência permite a utilização estratégica do aumento para formação de *joint ventures*, ou para o ingresso de novos acionistas interessantes para a companhia. Neste último particular, surgem os bônus de subscrição e as opções de compra em benefício de administradores, prestadores de serviço ou empregados da companhia.

As sociedades de capital autorizado podem emitir bônus de subscrição, estudados mais adiante, e opções de compra em benefício de administradores, prestadores de serviço ou empregados da companhia, nos termos de um plano aprovado pela assembleia geral, devidamente autorizada pelo estatuto. A atribuição das opções de compra tem o intuito de incentivar tais pessoas, que, ao se tornarem também acionistas, desempenham melhor seu papel na sociedade, beneficiando a todos[37].

Tais opções são pré-contratos celebrados com a companhia, não sendo transferíveis a terceiros, tendo por finalidade premiar administradores, altos executivos, empregados e terceiros prestadores de serviço para a sociedade[38]. Tal prêmio não é a atribuição gratuita de uma ação, mas a possibilidade de subscrição de ações, mediante pagamento do preço de emissão predefinido, quando do aumento autorizado pelo estatuto.

Esse regime peculiar do capital autorizado não lhe retira as peculiaridades inerentes ao aumento de capital social, pela obtenção de novos recursos, isto é, terão que ser emitidas novas ações, com o preço de emissão seguindo os parâmetros previstos no art. 170 da Lei n. 6.404/76.

6.3 Capitalização de lucros ou reservas

O aumento do capital social pode ser gratuito, quando não ingressarão novos recursos no patrimônio social, isto é, quando se converterá parte do patrimônio da sociedade em capital social[39]. Trata-se de um mero remanejamento dos valores já constantes do balanço da sociedade[40], que estavam sob a rubrica de lucros ou reservas e passam a estar sob a rubrica de capital social.

---

36. GARRIGUES, Joaquín. *Curso de derecho mercantil*. 7. ed. Bogotá: Temis, 1987, v. 2, p. 142.

37. COELHO, Fábio Ulhoa. *Curso de direito comercial*. São Paulo: Saraiva, 1999, v. 2, p. 170.

38. CARVALHOSA, Modesto. *Comentários à lei de sociedades anônimas*. São Paulo: Saraiva, 1997, v. 3, p. 445.

39. LAURINI, Giancarlo. *La società a responsabilità limitata*: tra disciplina attuale e prospettive di riforma. Milano: Giuffrè, 2000, p. 57.

40. CARVALHOSA, Modesto. *Comentários à lei de sociedades anônimas*. São Paulo: Saraiva, 1997, v. 3, p. 447.

A capitalização de lucros ou reservas altera a rubrica de valores que já integravam seu patrimônio, lhes atribuindo o regime peculiar do capital social[41], com a proteção inerente a ele. O patrimônio da sociedade continua o mesmo, mas há uma alteração do regime de parte do seu patrimônio, além de outras implicações internas para a sociedade.

Nesse caso, a sociedade pode emitir novas ações, atribuindo-as aos acionistas já existentes, na proporção da sua participação no capital social. Ou, ainda, simplesmente aumentar o valor nominal das ações já existentes.

6.4 Conversão de valores mobiliários em ações

Por fim, o capital social de uma sociedade anônima pode ser aumentado pela conversão de valores mobiliários em ações. As debêntures e as partes beneficiárias alienadas onerosamente podem conter cláusula que admita sua conversão em ações, com o respectivo aumento do capital social. Nesses casos, não há o ingresso de novos recursos no patrimônio da sociedade, mas não se pode falar em aumento gratuito, pois há um aumento do patrimônio líquido em função da redução do passivo[42].

Nas partes beneficiárias, em vez do resgate em dinheiro, poderá haver a conversão em ações, mediante a capitalização de uma reserva especial criada com tal finalidade (art. 48, § 2º, da Lei n. 6.404/76). Converte-se, pois, uma reserva que já integra o patrimônio da sociedade e, em contrapartida, deixa de existir um direito de crédito contra a sociedade.

No caso das debêntures conversíveis, a sociedade tem duas opções de pagamento: em dinheiro ou em ações. A utilização das ações representará o fim das obrigações constantes das debêntures e o surgimento da condição de acionista para os debenturistas que fizerem tal opção.

7   Redução do capital social

Se o aumento do capital social possui uma disciplina própria, para proteger os credores da sociedade, com muito mais razão, a redução do capital, que afeta mais diretamente os interesses dos credores. Na Lei das Sociedades Anônimas, temos dois tipos de redução do capital social: a compulsória e a facultativa.

7.1 Redução compulsória

Determinadas situações, na vida da sociedade, podem representar um desfalque ao capital social. Tal desfalque, se perdurar por algum tempo, impõe a redução do capital

---

41.   HALPERIN, Isaac. *Sociedades anónimas*. Actualizada e ampliada por Julio C. Otaegui. 2. ed. Buenos Aires: Depalma, 1998, p. 262.

42.   COELHO, Fábio Ulhoa. *Curso de direito comercial*. São Paulo: Saraiva, 1999, v. 2, p. 169.

CURSO DE DIREITO EMPRESARIAL

social, para que os credores não possuam uma falsa ideia da garantia representada pelo capital social. Trata-se de uma imposição legal e não de uma decisão da sociedade.

Quando o acionista exerce o direito de retirada, ele faz jus ao pagamento do reembolso de suas ações. E, em virtude de quaisquer problemas, pode ocorrer que a companhia não tenha valores disponíveis para efetuar tal reembolso, devendo fazê-lo às custas do capital social. Neste caso, a sociedade tem 120 dias, contados da ata da assembleia (art. 45, § 6º, da Lei n. 6.404/76), para substituir os acionistas que se retiraram, reintegrando o valor do capital social. Não havendo tal substituição, impõe-se a redução do capital social.

No caso do acionista remisso, isto é, aquele que não honrou sua contribuição na época devida, a sociedade tem, a princípio, duas opções, quais sejam, executar o remisso ou leiloar extrajudicialmente suas ações. Diante da frustração dessas tentativas, pode a sociedade excluir o acionista remisso, ficando com as ações deste. Neste caso, ela deve integralizar as ações com lucros ou reservas, recompondo o capital social, ou, no prazo de um ano, substituir o acionista remisso. Não sendo possível a recomposição do capital social, por quaisquer desses meios, impõe-se também a redução do capital social.

7.2 Redução facultativa

A par da redução obrigatória, pode haver também redução facultativa, isto é, redução decidida pela própria sociedade. Trata-se de uma redução cuja conveniência e oportunidade devem ser analisadas, para que ela se efetive. Os casos de redução facultativa estão no art. 173 da Lei n. 6.404/76.

O primeiro caso de redução facultativa do capital social é a hipótese das perdas substanciais, até o montante dos prejuízos acumulados. Nessa hipótese, a redução é meramente nominal, não representando qualquer alteração na situação patrimonial da sociedade, na medida em que os valores já saíram do patrimônio social. Há que se ressaltar que tal redução só é possível se os prejuízos acumulados não puderem ser suportados pelos lucros e reservas, inclusive a legal[43].

O outro caso de redução facultativa do capital social ocorre quando o capital é considerado excessivo para a realização do objeto social. Nesse caso, haverá a restituição de parte do valor das ações, ou dispensa do pagamento da parte ainda não integralizada, com a consequente diminuição do valor destas. Nesses casos, há uma alteração no regime patrimonial da sociedade, havendo em qualquer caso prejuízo dos credores[44]. Em virtude desse possível prejuízo aos credores, a redução depende da aquiescência

---

43. MARONE, José Ruben. In: VIDIGAL, Geraldo de Camargo e MARTINS, Ives Gandra da Silva (Coordenadores). *Comentários à lei das sociedades por ações*. Rio de Janeiro: Forense Universitária, 1999, p. 551.

44. CARVALHOSA, Modesto. *Comentários à lei de sociedades anônimas*. São Paulo: Saraiva, 1997, v. 3, p. 536.

dos credores e da aprovação da maioria dos debenturistas em assembleia especial (art. 174, § 3º, da Lei n. 6.404/76).

Neste último caso e apenas nele, a redução só produzirá efeitos 60 dias após a data do arquivamento, permitindo-se nesse período que os credores se oponham a tal redução. A oposição não impedirá a redução se o credor for pago, ou for depositado judicialmente o valor de seu crédito. No caso de redução até as perdas ocorridas, não há que se cogitar de oposição dos credores; porquanto o patrimônio permanece inalterado, trata-se de simples ajuste contábil[45], sem qualquer prejuízo para os credores.

Portanto, o texto legal deve ser interpretado com cautela, pois só se exige a concordância dos credores no caso de o capital ser considerado excessivo.

---

45. Idem, p. 525.

25 | AÇÕES

1 Noções gerais

As ações são os títulos representativos do capital social das sociedades anônimas, conferindo aos seus titulares o direito de participar dos resultados da atividade das companhias. A expressão *ação* foi usada pela primeira vez em 1606, no sentido da pretensão judicial para exigir o pagamento do dividendo[1]. Trata-se do único valor mobiliário de emissão obrigatória, sendo, por conseguinte, a mais importante forma de atração de investidores por meio das companhias.

As ações são títulos livremente negociáveis, que asseguram a condição de acionista aos seus titulares com todos os direitos e obrigações inerentes a tal condição. Representam, por outro lado, frações do capital social da companhia.

2 Valores

Sendo um investimento extremamente complexo, a ação pode ser analisada por vários aspectos. Depende do aspecto analisado o valor a ser atribuído para ela. No regime atual, podemos distinguir cinco valores atribuíveis a uma ação, de acordo com o ponto de vista de análise. Assim, temos:

- valor nominal;
- valor patrimonial;
- valor de mercado;
- valor econômico;
- preço de emissão.

2.1 Valor nominal

Como toda ação guarda relação com o capital social da companhia, a primeira forma de analisar a sociedade é à luz do capital social, chegando-se ao valor nominal da ação,

---

1. REQUIÃO, Rubens. *Curso de direito comercial*. 21. ed. São Paulo: Saraiva, 1998, v. 2, p. 66.

que é o valor mínimo a ser pago por seus subscritores[2]. Assim, o valor nominal da ação seria aquele obtido sob a ótica do capital social, vale dizer, a soma dos valores nominais das ações deve representar o valor total do capital social. O valor nominal de todas as ações deve ser igual, pois a princípio há que se resguardarem os mesmos direitos e responsabilidades para cada ação, ressalvadas as variações inerentes a cada espécie de ações[3].

O art. 11 da Lei n. 6.404/76 afirma que compete ao estatuto definir se as ações terão ou não valor nominal. Assim, o estatuto pode definir o capital social, o número de ações e o valor de cada uma, ou apenas o capital social e o número de ações. Tal regra deve ser entendida com bastante atenção, pois a emissão de ações sem valor nominal não significa que elas não tenham um valor, mas quer dizer que tal valor não está expresso no título. As ações continuam merecendo um tratamento igual[4] e guardando relação com o capital social, mas sem a identificação no corpo do título de qualquer valor em moeda corrente[5].

A emissão de ações sem valor nominal é inspirada no direito norte-americano. No Brasil, elas foram justificadas para facilitar os aumentos de capital social, e para diminuir a importância que supostamente era atribuída ao valor nominal das ações, na sua negociação no mercado. Além disso, justifica-se a ausência de valor nominal para possibilitar o aumento do capital social por subscrição pública, no caso de o valor de mercado ser inferior ao valor nominal das ações, uma vez que é proibida a emissão de novas ações por preço inferior ao seu valor nominal[6].

Com efeito, nesses casos, para os aumentos do capital social, não é necessário emitir bonificações de ações; basta aumentar o capital no estatuto e, por consequência, se aumentará o valor das ações. Todavia, se o valor de mercado é inferior ao valor nominal, é por falta de liquidez da própria sociedade, o que torna desinteressante o investimento na sociedade para qualquer aumento do capital social, não havendo qualquer vantagem nas ações sem valor nominal[7].

Portanto, a presença ou não do valor nominal nas ações não traz maiores consequências práticas, representando uma opção diante de possíveis alterações no capital social. Embora, a princípio, todas as ações de uma sociedade devam ser com ou sem valor nominal, há que se ressaltar que a Lei n. 6.404/76 (art. 11, § 1º) admite que a socie-

---

2. CARVALHOSA, Modesto. *Comentários à lei de sociedades anônimas*. São Paulo: Saraiva, 1997, v. 1, p. 91.

3. MARTINS, Fran. *Comentários à lei das sociedades anônimas*. Rio de Janeiro: Forense, 1977, v. 1, p. 86.

4. ALONSO, Félix Ruiz. In: VIDIGAL, Geraldo de Camargo; MARTINS, Ives Gandra da Silva (Coord.). *Comentários à lei das sociedades por ações*. Rio de Janeiro: Forense Universitária, 1999, p. 42-43.

5. CARVALHOSA, Modesto. *Comentários à lei de sociedades anônimas*. São Paulo: Saraiva, 1997, v. 1, p. 93.

6. BORBA, José Edwaldo Tavares. *Direito societário*. 4. ed. Rio de Janeiro: Freitas Bastos, 1998, p. 181-182; PAPINI, Roberto. *Sociedade anônima e mercado de valores mobiliários*. 3. ed. Rio de Janeiro: Forense, 1999, p. 54.

7. BULGARELLI, Waldirio. *Manual das sociedades anônimas*. 12. ed. São Paulo: Atlas, 2001, p. 127.

432 | CURSO DE DIREITO EMPRESARIAL

dade possua ações sem valor nominal e o estatuto crie uma ou mais classes de ações preferenciais com valor nominal.

Qualquer que seja o regime adotado, todas as ações com valor nominal, todas sem valor nominal, ou algumas com e outras ações sem valor nominal, há uma relativa igualdade entre os acionistas, que pode ser demonstrada sobretudo nos arts. 110 e 169 da Lei n. 6.404/76, aconselhando uma participação igualitária de todos na formação do capital da sociedade[8].

2.2 Preço de emissão

O preço de emissão é o valor cobrado pela subscrição da ação, isto é, é o valor que tem que ser despendido pelo acionista em troca das ações[9], seja na constituição da sociedade, seja na emissão de novas ações, em virtude do aumento do capital social. É pelo preço de emissão que se limita a responsabilidade dos acionistas. A limitação de responsabilidade significa que os acionistas só assumem o risco de perder o valor investido, não pondo em risco o restante de seu patrimônio pessoal[10].

O preço de emissão tem como patamar mínimo o valor nominal da ação, não se confundindo com este. No preço de emissão, pode haver um ágio em relação ao valor nominal, ágio este que pode ser determinado por diversos fatores, como o interesse do mercado pela sociedade e sobretudo o patrimônio que a sociedade constitui com o tempo[11]. Em virtude disso, tal ágio normalmente está presente apenas nos aumentos de capital, raramente estando presente no momento da constituição da sociedade.

2.3 Valor patrimonial

Com o desenvolvimento das atividades pela companhia, o capital social perde muito da sua importância, na medida em que vai se desenvolvendo o patrimônio social. E é esse patrimônio social que serve efetivamente de garantia para os credores e de referência para o exercício de uma série de direitos dos acionistas.

Tal patrimônio, no seu sentido amplo, representa o conjunto de relações economicamente apreciáveis da companhia[12], daí falar-se em patrimônio bruto. Se forem abatidas as obrigações do patrimônio bruto, chegamos ao chamado patrimônio líquido da sociedade, que deve ser levantado ao menos anualmente, no chamado balanço patrimonial.

---

8. ALONSO, Félix Ruiz. In: VIDIGAL, Geraldo de Camargo; MARTINS, Ives Gandra da Silva (Coord.). *Comentários à lei das sociedades por ações*. Rio de Janeiro: Forense Universitária, 1999, p. 42-43.

9. COELHO, Fábio Ulhoa. *Curso de direito comercial*. São Paulo: Saraiva, 1999, v. 2, p. 92.

10. GALGANO, Francesco. *Diritto civile e commerciale*. 3. ed. Padova: CEDAM, 1999, v. 3, tomo 2, p. 3.

11. MESSINEO, Francesco. *Nuovi studi di diritto della società*. Milano: Giuffrè, 1966, p. 191.

12. FERRARA, Francesco. *Trattato di diritto civile italiano*. Roma: Athenaeum, 1921, p. 865.

O valor patrimonial da ação é aquele equivalente à divisão do patrimônio líquido pelo número de ações. Todavia, como o patrimônio está sujeito a oscilações diárias e frequentes, é possível que haja uma distorção caso se utilize o valor do patrimônio apurado no balanço, sobretudo quando este foi levantado há muito tempo.

Em função dessa possível distorção, Fábio Ulhoa Coelho distingue o valor patrimonial contábil e o valor patrimonial real, de acordo com os critérios de apuração do patrimônio líquido. Assim, o valor patrimonial contábil levaria em conta o patrimônio líquido constante das demonstrações financeiras, o qual é apurado com base no valor de entrada dos bens, com os ajustes decorrentes da depreciação dos bens. Tal valor patrimonial contábil pode ser subdividido em valor histórico, isto é, aquele constante do balanço anual, e atual, quando leva em conta um balanço especialmente levantado. De outro lado, teríamos o valor patrimonial real, que levaria em conta o patrimônio levantado a preços de mercado, que podem e normalmente são diferentes dos critérios de elaboração das demonstrações financeiras[13].

2.4 Valor de mercado

O valor de mercado da ação é o valor pelo qual ela é negociada no mercado de capitais, determinado por diversas condicionantes, como, por exemplo, a situação patrimonial da sociedade, o momento econômico do país e de outros países e a expectativa de rendimento da sociedade, dentre outros. Por vezes, há também a influência de boatos espalhados fraudulentamente, distorcendo o valor apurado[14]. É a cotação na bolsa de valores ou no mercado de balcão.

Em relação às sociedades fechadas não é correto se falar em valor de mercado, mas é possível se chegar a algo similar, denominado por Fábio Ulhoa Coelho como valor de negociação, denotando o valor livremente fixado pelas partes para a compra de uma ação, mesmo fora do mercado de capitais[15].

2.5 Valor econômico

Há ainda o valor econômico que leva em conta uma perspectiva da futura rentabilidade da sociedade. Trata-se de um valor que deve ser levantado pericialmente para indicar quanto provavelmente um negociador pagaria por tal ação[16].

Como deve ser apurado tal valor? Quais são os critérios adotados?

Tais indagações suscitam várias respostas das ciências contábeis, tendo em vista a dificuldade de se obterem critérios claros para se apurar o valor pretendido. A atual

---

13. COELHO, Fábio Ulhoa. *Curso de direito comercial*. São Paulo: Saraiva, 1999, v. 2, p. 86.

14. BULGARELLI, Waldirio. *Manual das sociedades anônimas*. 12. ed. São Paulo: Atlas, 2001, p. 128.

15. COELHO, Fábio Ulhoa. *Curso de direito comercial*. São Paulo: Saraiva, 1999, v. 2, p. 87-89.

16. Idem, p. 90.

redação da lei das sociedades anônimas nos dá dois parâmetros possíveis: a comparação por múltiplos, isto é, a comparação com valores relativos à negociação de empresas congêneres, e o fluxo de caixa descontado, que leva em conta a capacidade da sociedade de produzir dinheiro[17].

O critério do fluxo de caixa descontado leva em conta a perspectiva de lucros futuros, trazida para o presente. Há que se apurar o fluxo de caixa livre, que representa a capacidade de caixa da sociedade, isto é, os componentes do patrimônio da companhia que possam ser realizados imediatamente, desde que não afetem a sua operacionalidade[18].

3   Natureza jurídica das ações

Indubitavelmente, as ações são valores mobiliários, isto é, títulos livremente negociáveis que asseguram a participação nos resultados da companhia. Entretanto, é extremamente discutida a inclusão das ações dentro da categoria dos títulos de crédito.

Waldirio Bulgarelli afirma que a ação é um título de crédito, não como a letra de câmbio e a nota promissória, mas com contornos próprios[19]. De modo bem similar, Rubens Requião reconhece nas ações a natureza de um título de crédito, além da condição de títulos corporativos[20]. Na mesma linha de interpretação, com pequenas variações, estão Trajano de Miranda Valverde, ao afirmar que se trata de títulos ou papéis de crédito causais[21], e Egberto Lacerda Teixeira, que considera as ações títulos de crédito, ainda que imperfeitos[22].

No direito italiano, Francesco Galgano afirma que a ação é um título de crédito, mas é um título de crédito causal[23]. Tullio Ascarelli afirma que "as ações não conferem ao seu titular um crédito, mas com mais precisão, uma 'posição', o *status* de sócios, do qual, por sua vez decorre uma série de direitos e poderes diversos, e, até de obrigações"[24]. Em posição muito similar, Antônio Brunetti afirma que a ação da sociedade pertence a uma subcategoria de títulos, chamados de participação, que não incorporam um direito de crédito propriamente dito, mas aquele complexo de direitos, faculdades e obrigações que,

---

17.   CARVALHOSA, Modesto. *Comentários à lei de sociedades anônimas*. São Paulo: Saraiva, 1997, v. 3, p. 461.

18.   Idem, p. 461.

19.   BULGARELLI, Waldirio. *Manual das sociedades anônimas*. 12. ed. São Paulo: Atlas, 2001, p. 124.

20.   REQUIÃO, Rubens. *Curso de direito comercial*. 21. ed. São Paulo: Saraiva, 1998, v. 2, p. 67.

21.   VALVERDE, Trajano de Miranda. *Sociedades Por Ações*. 3. ed. Rio de Janeiro: Forense, 1959, v. 1, p. 150.

22.   TEIXEIRA, Egberto Lacerda; GUERREIRO, José Alexandre Tavares. *Das sociedades anônimas no direito brasileiro*. São Paulo: José Bushatsky, 1979, v. 1, p. 171.

23.   GALGANO, Francesco. *Trattato di diritto commerciale e di diritto publico dell'economia*. Pádova: Cedam, 1984, v. VII, p. 13.

24.   ASCARELLI, Tullio. *Teoria geral dos títulos de crédito*. Tradução de Benedicto Giacobbini. Campinas: RED, 1999, p. 174.

como vimos, são inerentes à condição de sócio[25]. Com a mesma interpretação Giuseppe Auletta afirma que a ação é um título de participação[26].

De outro lado, temos os que negam veementemente a condição de título de crédito às ações por diversos motivos.

Também no direito italiano, Francesco Ferrara Junior afirma que a ação não apresenta nenhuma das características dos títulos de crédito, pois não atribui um direito literal, porque os direitos do sócio se determinam, não com base no texto do documento, mas com referência à relação que esse efetivamente mantém com a sociedade[27].

No direito brasileiro, Luiz Emygdio da Rosa Júnior afirma que "a ação não tem natureza de título de crédito porque a ela não se aplicam seus princípios cardeais"[28]. Com a mesma conclusão, Fábio Ulhoa Coelho afirma que faltaria a relação de crédito, a executoriedade, a negociabilidade (autonomia e literalidade), bem como a cartularidade inerente aos títulos de crédito[29]. Em obra a respeito do tema, Américo Luís Martins da Silva conclui que a ação não é um título de crédito, porque não há crédito (relação de confiança, prazo determinado, obrigação de devolução), nem são preenchidos os requisitos da cartularidade, literalidade e autonomia, fundamentais para a configuração de um título de crédito[30]. Carlos Fulgêncio da Cunha Peixoto afirmava que as ações nominativas não eram títulos de crédito, pela falta da cartularidade, uma vez que o título não era necessário ao exercício dos direitos[31]. Wilson de Souza Campos Batalha afirma que as ações, sobretudo as nominativas e as escriturais, não são títulos de crédito, uma vez que não representam direitos creditórios, nem apresentam abstração e autonomia[32].

A controvérsia, ora apresentada, deve ser solucionada, a partir da análise do conceito de título de crédito e, por conseguinte, de seus elementos essenciais.

3.1 Conceito e elementos essenciais dos títulos de crédito

A fim de conceituar o título de crédito, há uma definição clássica de Cesare Vivante, que é clara, concisa e perfeita: "Título de crédito é o documento necessário para o exercício

---

25. BRUNETTI, Antonio. *Tratado del derecho de las sociedades*. Tradução: Felipe de Sola Canizares. Buenos Aires: UTEHA, 1960, v. 2, p. 108.

26. AULETTA, Giuseppe; SALANITRO, Nicoló. *Diritto commerciale*. 13. ed. Milano: Giuffrè, 2001, p. 149.

27. FERRARA JUNIOR, Francesco; CORSI, Francesco. *Gli imprenditori e le società*. 11. ed. Milano: Giuffrè, 1999, p. 442.

28. ROSA JÚNIOR, Luiz Emygdio da. *Títulos de crédito*. Rio de Janeiro: Renovar, 2000, p. 73.

29. COELHO, Fábio Ulhoa. *Curso de direito comercial*. São Paulo: Saraiva, 1999, v. 2, p. 139.

30. SILVA, Américo Luis Martins. *As ações das sociedades e os títulos de crédito*. Rio de Janeiro: Forense, 1995, passim.

31. PEIXOTO, Carlos Fulgêncio da Cunha. *Sociedades por ações*. São Paulo: Saraiva, 1972, v. 1, p. 115.

32. BATALHA, Wilson de Souza Campos. *Comentários à lei das sociedades anônimas*. Rio de Janeiro: Forense, 1977, v. 1, p. 174-175.

do direito, literal e autônomo, nele mencionado"[33]. Tal conceito é praticamente reproduzido pelo art. 887, do Código Civil, nos seguintes termos: "O título de crédito, documento necessário ao exercício do direito literal e autônomo nele contido, somente produz efeito quando preencha os requisitos da lei."

Deste conceito surgem os três elementos essenciais de um título de crédito: a autonomia das obrigações, a literalidade e a cartularidade, que devem ser preenchidos para que um documento seja considerado um título de crédito. Nada que esteja fora desse conceito, como por exemplo, a executividade e a presença de uma relação de crédito, deve ser levado em conta para a configuração de um título de crédito.

A autonomia das obrigações significa que do título de crédito podem decorrer vários direitos, podem surgir várias relações jurídicas, e todo o possuidor exerce o direito como se fosse um direito originário. Em outras palavras, os vícios em relações existentes entre as partes anteriores não afetam o direito do possuidor atual. Cada obrigação que deriva do título é autônoma, não podendo uma das partes do título invocar, em seu favor, fatos ligados aos obrigados anteriores. Assim, numa nota promissória o emitente não pode pretender a compensação do valor constante do título em face do primeiro beneficiário se o título foi endossado para um terceiro, pois a obrigação perante este terceiro é autônoma.

Américo Luís Martins da Silva afirma que a autonomia das obrigações não está presente nas ações, pois podem ser opostas exceções com base na relação fundamental, aos sucessivos possuidores de boa-fé. Nas ações haveria solidariedade pela integralização, bem como a possibilidade de opor ao cessionário o pagamento de dividendos antecipados[34].

A nosso ver, tais argumentos não têm o condão de afastar a autonomia das obrigações constantes da ação. O que a ação permite é oposição das exceções causais, isto é, ligadas ao negócio jurídico subjacente[35], não havendo uma contaminação das relações jurídicas dos vários obrigados. As obrigações que nascem da ação estão indissociavelmente ligadas ao negócio que lhe deu origem (a constituição da sociedade), mas elas continuam sendo independentes, autônomas. A questão dos dividendos antecipados refere-se ao cumprimento das obrigações, não representado uma exceção ao princípio da autonomia das obrigações.

Além da autonomia das obrigações, é elemento fundamental para a configuração de um título a literalidade, que significa que o direito representado pelo título tem seu conteúdo e seus limites determinados nos precisos termos do título, vale dizer, somente o que está escrito no título deve ser levado em conta.

---

33. VIVANTE, Cesare. *Trattato di diritto commerciale*. 5. ed. 3. ristampa. Milano: Casa Editrice Dottore Francesco Vallardi, 1935, v. 3, p. 12.

34. SILVA, Américo Luis Martins. *As ações das sociedades e os títulos de crédito*. Rio de Janeiro: Forense, 1995, p. 179.

35. ASCARELLI, Tullio. *Teoria geral dos títulos de crédito*. Tradução de Benedicto Giacobbini. Campinas: RED, 1999, p. 176.

A literalidade existe justamente pela autonomia do direito cartular, em relação àquele derivado da relação fundamental[36]; ora, sendo autônomo, toda sua extensão deve decorrer do próprio título. "Tudo que há de cambiário está no título, se bem que tudo que pode estar no título não seja cambiário"[37].

Neste particular, afirma-se que a ação não seria um título de crédito pela falta da literalidade, na medida em que os direitos do titular da ação não decorreriam do teor do título, mas da lei e do estatuto da companhia. Ora, se os direitos decorrentes do título não são exercidos nos seus exatos e restritos termos, não haveria literalidade e por conseguinte não haveria título de crédito[38].

Rebatendo tal crítica, Tullio Ascarelli afirma que a natureza de título de crédito não é afastada pelo fato das ações se referirem para a disciplina dos relativos direitos a documentos ulteriores. Nestes casos, ele afirma que "as cláusulas destinadas a regular o direito vêm também sempre mencionadas no título, seja também através de uma referência"[39]. Com essas necessárias referências, os direitos dos acionistas são aqueles disciplinados no ato constitutivo, nas suas sucessivas modificações, nas deliberações da sua assembleia, decorrendo da menção direta ou indireta do título[40]. Similar é o entendimento de Isaac Halperin, que afirma que "a literalidade da ação existe na medida em que os dados e elementos do título, que devem completar-se com os que resultem dos estatutos (integrados com suas reformas), mas que não podem alterar os direitos que resultam do título"[41].

Por derradeiro, há a cartularidade, pela qual o título é o sinal imprescindível do direito[42]; o credor do direito precisa provar que está na posse legítima do título para exercer o direito; só quem possui a cártula pode exigir o cumprimento do direito documentado. Sem o documento, o titular não pode exigir o direito constante dele. O direito não existe sem e só se transmite com a transferência do documento. Em síntese, "a necessidade

---

36. ASCARELLI, Tullio. La letteralità nei titoli di credito. *Rivista del Diritto Commerciale*, v. XXX, parte prima, 1932, p. 247.

37. MIRANDA, Pontes de. *Tratado de direito cambiário*. Campinas: Bookseller, 2000, v. 1, p. 47.

38. BORBA, José Edwaldo Tavares. *Direito societário*. 4. ed. Rio de Janeiro: Freitas Bastos, 1998, p. 179.

39. ASCARELLI, Tullio. La letteralità nei titoli di credito. *Rivista del Diritto Commerciale*, v. XXX, parte prima, 1932, p. 249, tradução livre de "*le clausole destinate a regolare il diritto vengono pur sempre menzionate nel titolo, sia pure attraverso un richiamo*".

40. ASCARELLI, Tullio. La letteralità nei titoli di credito. *Rivista del Diritto Commerciale*, v. XXX, parte prima, 1932, p. 265.

41. HALPERIN, Isaac. *Sociedades Anónimas*. Actualizada e ampliada por Julio C. Otaegui. 2. ed. Buenos Aires: Depalma, 1998, p. 321, tradução livre de "la literalidad de la acción existe en cuanto a los datos y constancias del título, que deben completarse con los que resulten de los estatutos (integrados con sus reformas), pero que no pueden alterar los derechos que resultan del título".

42. VIVANTE, Cesare. *Instituições de direito comercial*. Tradução de J. Alves de Sá. 3. ed. São Paulo: Livraria C. Teixeira & C. A., 1928, p. 111.

438 CURSO DE DIREITO EMPRESARIAL

do documento deve entender-se no sentido de que uma vez unido o direito ao título, não é possível exercer o direito sem estar de posse do título"[43].

3.2 As ações não são títulos de crédito

Nesse ponto, há que se ressaltarem algumas peculiaridades do direito brasileiro, antes de concluir pela presença ou não da cartularidade nas ações. Em primeiro lugar, há que se mencionar que no Brasil admite-se a existência das ações ditas escriturais, que sequer são representadas por papel, isto é, tais ações não são documentos, fugindo completamente da ideia de título de crédito[44]. Além disso, há que se ter em mente que desde 1990 todas as ações são nominativas, o que significa que sua propriedade é apurada no livro de registro das ações nominativas e sua transferência se dá mediante termo no livro de transferência das ações nominativas.

Diante de tais peculiaridades, Roberto Papini afirma que nas ações nominativas falta a cartularidade, uma vez que o exercício do direito não depende do documento, Assim, elas seriam um título de participação e legitimação[45]. No mesmo sentido, Teófilo de Azeredo Santos, em excelente trabalho sobre a controvérsia ora apresentada, afirma que não é a ação nominativa documento necessário ao exercício de um dos direitos conferidos aos sócios[46].

A solução do direito brasileiro não pode tomar como referência o direito italiano. Newton de Lucca esclarece que no direito italiano os títulos nominativos são diferentes dos títulos nominativos do direito brasileiro, pois naquele país é necessária a apresentação do título nominativo para efeito do registro da transferência (art. 2.021 do Código Civil Italiano de 1942), o que não ocorre no direito brasileiro[47].

Portanto, a conclusão mais acertada é de Newton de Lucca, que afirma que, "assim sendo, é forçosa a conclusão de que a ação nominativa no Direito brasileiro não pode ser considerada um título de crédito. E não pode sê-lo porquanto a sua apresentação não é necessária para o exercício do direito que nela é mencionado. Faltar-lhe-ia, assim sob tal aspecto, o elemento essencial consistente na cartularidade"[48].

---

43. SANTOS, Theophilo de Azeredo. Natureza jurídica das ações das sociedades. *Revista Forense*, v. 169, 1957, p. 495.

44. CARVALHOSA, Modesto. *Comentários à lei de sociedades anônimas*. São Paulo: Saraiva, 1997, v. 1, p. 88.

45. PAPINI, Roberto. *Sociedade anônima e mercado de valores mobiliários*. 3. ed. Rio de Janeiro: Forense, 1999, p. 52.

46. SANTOS, Theophilo de Azeredo. Natureza jurídica das ações das sociedades. *Revista Forense*, v. 169, 1957, p. 497.

47. LUCCA, Newton de. *Aspectos da teoria geral dos títulos de crédito*. São Paulo: Pioneira, 1979, p. 114-115.

48. LUCCA, Newton de. *Aspectos da teoria geral dos títulos de crédito*. São Paulo: Pioneira, 1979, p. 115.

4 Ações nominativas cartulares

Desde o advento da Lei n. 8.021/90, todos os valores mobiliários passaram a obedecer à forma nominativa (art. 20 da Lei n. 6.404/76), não sendo mais admitidas as formas ao portador e endossável, apesar de continuarem a existir alguns dispositivos na Lei das S.A. que as mencionem. Assim sendo, a propriedade das ações passou a ser aferida diante das anotações da sociedade, mais precisamente dos livros de registro das ações nominativas.

A transferência das ações nominativas cartulares hoje só pode ser efetivada por termo de cessão no livro de transferência das ações nominativas, assinado por cedente e cessionário. A partir desse termo de cessão, a própria sociedade deve fazer a alteração no livro de registro das ações nominativas. O acordo entre as partes para transferência das ações não é suficiente para operar a transferência, sendo essencial a assinatura do termo de transferência. Não há prazo legal para que se efetive a transferência, só podendo se falar em mora, diante da interpelação do cedente[49].

Mesmo nos casos de falecimento do acionista pessoa física, essa transferência para seus herdeiros ou legatários, dependerá da averbação do documento hábil (formal de partilha) nos livros da sociedade. Da mesma forma, nos casos de alienação por ordem judicial. Enquanto não houver essa anotação, não se pode dizer que o sucessor/adquirente se tornou acionista[50].

5 Ações escriturais

Tendo em vista os custos e os ônus do controle da propriedade e das transferências das ações nominativas cartulares em livros mantidos e preenchidos pelas sociedades, as companhias podem optar por outro caminho, qual seja: a adoção das ações escriturais. Adotando essa forma para as ações, o controle da negociação das ações será feito por uma instituição financeira, contratada pela própria companhia para tal finalidade, eliminando a necessidade dos livros.

As ações escriturais não são representadas em papel. Neste caso, as ações não são representadas por certificados, funcionando como uma conta-corrente, na qual os valores são lançados a débito ou a crédito dos acionistas, não havendo movimentação física de documentos.

Modesto Carvalhosa define as ações escriturais como "um valor patrimonial incorpóreo que outorga a seu titular os direitos e obrigações inerentes à qualidade de acionista e cuja propriedade e respectiva transferência se processam escrituralmente mediante

---

49. STJ – REsp 1645757/PR, Rel. Ministro Ricardo Villas Bôas Cueva, Terceira Turma, julgado em 6-4-2021, *DJe* 8-4-2021.

50. STJ – REsp 1.953.211/RJ, Relatora Ministra Nancy Andrighi, Terceira Turma, julgado em 15-3-2022, *DJe* de 21-3-2022.

assentamentos próprios nas instituições encarregadas de sua administração"[51]. Trata-se de uma criação americana que não representa propriamente um novo tipo de ação, podendo ser uma ação preferencial, ordinária ou de fruição, mas que representa um novo sistema de propriedade das ações. O traço essencial das ações escriturais é a inexistência de um certificado que as represente, de modo que elas são bens incorpóreos, mantidos sob a administração de uma instituição financeira.

A criação das ações escriturais depende de autorização do estatuto da companhia, sendo que as despesas inerentes à prestação do serviço de administração das ações escriturais são de responsabilidade da companhia, não havendo qualquer interferência da vontade individual do acionista. Trata-se de um novo sistema de controle da propriedade que, na verdade, visa à diminuição das despesas de custódia, impressão e transporte dos certificados, assegurando uma maior segurança e velocidade na negociação dos títulos, inerentes a um sistema eletrônico de propriedade das ações.

O texto da lei fala erroneamente que as ações escriturais são mantidas em conta de depósito, pois se trata de um bem incorpóreo em relação ao qual não é possível o depósito[52]. A ação é mantida como se fosse uma conta corrente na instituição financeira autorizada para tanto, sendo proprietário da ação aquele que consta como titular da conta nos registros da instituição administradora. A transferência das ações escriturais se dá mediante lançamentos nos livros da instituição administradora, a débito do alienante e crédito do adquirente.

Mantidas escrituralmente, os titulares das referidas ações exercem seus direitos de modo mais simples, sobretudo no caso de percepção de dividendos e outros direitos patrimoniais, que podem ser automaticamente creditados na conta corrente do acionista, representativa da ação[53]. No caso de comparecimento a assembleia, a sociedade pode exigir que o acionista comprove sua qualidade, mediante a apresentação de documento expedido pela instituição financeira administradora das ações escriturais.

6 Custódia de ações

Independentemente da emissão ou não de certificado, a lei brasileira admite que as ações fiquem sob a custódia de uma instituição financeira. Nesse caso, os títulos depositados podem ser negociados sem a alteração dos registros da companhia, a cada negociação facilitando a atuação no mercado de capitais[54].

---

51. CARVALHOSA, Modesto. *Comentários à lei de sociedades anônimas*. São Paulo: Saraiva, 1997, v. 1, p. 247.

52. CARVALHOSA, Modesto. *Comentários à lei de sociedades anônimas*. São Paulo: Saraiva, 1997, v. 1, p. 252.

53. Idem, p. 257.

54. CARVALHOSA, Modesto; EIZIRIK, Nelson. *A nova lei das sociedades anônimas*. São Paulo: Saraiva, 2002, p. 134.

Basicamente, a custódia de títulos compreende o serviço de guarda e o de exercício de alguns dos direitos decorrentes dos títulos, os quais são prestados aos investidores pela instituição custodiante. Os direitos que são exercidos pela instituição custodiante são o recebimento das bonificações e dos dividendos e o direito de preferência para a subscrição de novas ações.

O exercício de direitos de bonificação, desdobramento, grupamento e dividendos é efetuado automaticamente nas contas de custódia dos clientes, de acordo com o regulamento operacional das empresas prestadoras do serviço de custódia. Já o exercício de direitos de subscrição de novas ações só é efetuado pelas instituições custodiantes, mediante solicitação expressa do cliente.

O serviço de custódia pode ser fungível, considerando-se as ações da mesma classe e espécie como bens fungíveis (art. 41 da Lei n. 6.404/76). O depósito de bens fungíveis gera, a princípio, o chamado depósito irregular, ao qual se aplicam as regras inerentes ao mútuo. Ora, o depósito irregular transfere a propriedade dos bens depositados, consoante precisa lição de Caio Mário da Silva Pereira, que ao tratar do instituto afirma que *"há, neste caso, transferência de domínio da coisa depositada, regulando-se o contrato pelas disposições relativas ao mútuo"*[55]. Diferente não é a lição de Orlando Gomes, ao tratar do mesmo instituto, afirmando que *"verifica-se, do mesmo modo que no mútuo, a transmissão da propriedade da coisa depositada"*[56].

Tratando-se de um depósito irregular, haveria a transmissão da propriedade das ações, e de nada valeria o registro nos livros da companhia, pois não identificaria o proprietário do título. Além disso, a propriedade asseguraria ao seu titular a faculdade de dispor da ação, o que é vedado à instituição custodiante. A fim de afastar tal problemática, Modesto Carvalhosa[57] afirma veementemente que, não obstante os termos do art. 41 da Lei n. 6.404/76, o depósito de ações é um depósito regular, uma vez que não transfere a propriedade das ações. Além disso, assevera que as ações continuariam a ser bens infungíveis, sendo apenas tratadas como fungíveis durante o prazo do depósito.

No mesmo sentido, Félix Ruiz Alonso, ao afirmar:

> O contrato em questão não se reduz ao mútuo. Entre outras razões, porque não se dá a transferência da propriedade – característica do mútuo... Também não se trata do depósito irregular ou depósito de coisas fungíveis, ao que se refere o art. 1.280 do Código Civil, e que se rege pelas normas do contrato de mútuo. As razões são óbvias, porque a custódia de ações fungíveis acresce à guarda e conservação,

---

55. PEREIRA, Caio Mário da Silva. *Instituições de direito civil*. 9. ed. Rio de Janeiro: Forense, 1993, v. 3, p. 249.

56. GOMES, Orlando. *Contratos*. Atualização e notas de Humberto Theodoro Junior. 18. ed. Rio de Janeiro: Forense, 1999, p. 342.

57. CARVALHOSA, Modesto. *Comentários à lei das sociedades anônimas*. São Paulo: Saraiva, 1997, v. 1, p. 293; CARVALHOSA, Modesto; EIZIRIK, Nelson. *A nova lei das sociedades anônimas*. São Paulo: Saraiva, 2002, p. 133.

CURSO DE DIREITO EMPRESARIAL

típica do depósito tanto regular como irregular, a administração dos bens móveis custodiados[58].

Essa interpretação sufragada por Modesto Carvalhosa e Félix Ruiz Alonso encontra problemas para ser adotada, na medida em que há dispositivo na legislação vigente que autoriza a instituição depositária a devolver o mesmo número de ações que havia sido depositado, independentemente do número de série. Ora, se se podem devolver ações da mesma espécie e não necessariamente as mesmas, há uma fungibilidade em tais ações.

Havendo a referida fungibilidade, trata-se efetivamente de depósito irregular, mas que se reveste de características de um negócio fiduciário, uma vez que transfere a propriedade com a obrigação da restituição, além de serem limitadas as faculdades para os fins determinados[59].

Pietro Trimarchi bem caracteriza o negócio fiduciário, afirmando: "No negócio fiduciário o fiduciante transfere ao fiduciário a propriedade de uma coisa, ou um outro direito, impondo-lhe, porém, o vínculo obrigatório de retransferir-lhe no futuro o direito, ou de transferi-lo a um terceiro, ou de fazer dele um uso determinado"[60].

É isso que ocorrerá na custódia das ações. A titularidade fiduciária das ações custodiadas será transferida para a instituição custodiante (Resolução n. 31/CVM), nos próprios registros da sociedade emissora. Todavia, haverá apenas um uso determinado das ações, além de uma obrigação de devolução da mesma quantidade e espécie das ações depositadas. A titularidade fiduciária da instituição custodiante é uma titularidade temporária[61], não pela possibilidade de circulação da ação, mas pela obrigação de devolução.

Essa é a melhor interpretação sobre a matéria que foi inclusive acolhida na nova redação do art. 41 da Lei das S.A., que agora afirma expressamente que em tal depósito há a transmissão da propriedade fiduciária das ações, com a obrigação de restituí-las. Ademais, atentando para o uso limitado da ação que toca à instituição financeira, exige-se que esta declare à companhia o real proprietário do título em determinados casos relevantes. A CVM, na Resolução n. 31, explica, porém, que: "Os valores mobiliários mantidos em titularidade fiduciária no depositário central não integram o patrimônio geral ou patrimônios especiais eventualmente detidos pelo depositário central e devem permanecer registrados em conta de depósito em nome do investidor".

---

58.   ALONSO, Félix Ruiz. In: VIDIGAL, Geraldo de Camargo; MARTINS, Ives Gandra da Silva (Coord.). *Comentários à lei das sociedades por ações*. Rio de Janeiro: Forense Universitária, 1999, p. 132.

59.   BORBA, José Edwaldo Tavares. *Direito societário*. 4. ed. Rio de Janeiro: Freitas Bastos, 1998, p. 225.

60.   TRIMARCHI, Pietro. *Istituzioni di diritto privato*. 12. ed. Milano: Giuffrè, 1998, p. 192, tradução livre de "nel negozio fiduciario il fiduciante trasferisce al fiduciario la proprietà di una cosa o un altro diritto, imponendogli però il vincolo obligatorio di retrasperirgli in futuro il diritto, o di trasferirlo a un terzo, o di farne comunque un uso determinato".

61.   GUERREIRO, José Alexandre Tavares. Propriedade fiduciária de ações. In: LOBO, Jorge (Coord.). *Reforma da Lei das sociedades anônimas*. Rio de Janeiro: Forense, 2002, p. 51.

Por derradeiro, há que se ressaltar que a titularidade das ações agora é provada não apenas pelo registro no livro de registro das ações nominativas ou pelo extrato da instituição financeira que mantém o serviço de ações escriturais, mas também pelo extrato fornecido pela instituição custodiante.

No caso de ações escriturais, a corretora ou distribuidora emite um documento de transferência de ações (OT1) e o envia, juntamente com a documentação do investidor, para o prestador do serviço de ações escriturais contratado pela companhia. Este, reconhecendo a posição do investidor, emite um documento de bloqueio das ações, em que consta o nome do investidor e o do custodiante. O documento é entregue à corretora ou distribuidora, que efetua, então, o depósito junto ao custodiante.

Para que o investidor possa negociar as ações em bolsa de valores, é necessário que elas estejam custodiadas em uma das centrais de liquidação e custódia. Hoje, a Companhia Brasileira de Liquidação e Custódia (CBLC) é responsável por custodiar, liquidar e garantir operacionalmente todas as transações que são realizadas na B3.

7   Classificação quanto aos direitos

Os diversos acionistas de uma sociedade anônima dificilmente se conhecem e dificilmente estão imbuídos do mesmo espírito ao se tornarem sócios. Uns participam da sociedade porque pretendem gerir a sociedade; são os chamados acionistas empresários[62]. Entretanto, a par deles, outros ingressam na sociedade com a única intenção de receber os benefícios patrimoniais da sociedade, seja negociando as ações no mercado, seja recebendo o dividendo; estes são os chamados acionistas especuladores e rendeiros[63].

De acordo com a diversidade dos perfis dos acionistas, a lei houve por bem criar diferentes espécies de ações que atendam aos seus interesses; umas asseguram todos os direitos, sobretudo o direito de voto; outras normalmente não asseguram o direito de voto, mas, em compensação, asseguram algumas vantagens patrimoniais. No direito brasileiro, as ações se dividem em ações ordinárias, preferenciais e de fruição.

7.1 Ações ordinárias

As ações ordinárias são aquelas que conferem apenas os direitos comuns de acionista sem privilégios ou vantagens, assegurando inclusive o direito de voto. São ações de

---

62.   JAEGER, Pier Giusto; DENOZZA, Francesco. *Appunti di diritto commerciale*. 5. ed. Milano: Giuffrè, 2000, p. 258; PAPINI, Roberto. *Sociedade anônima e mercado de valores mobiliários*. 3. ed. Rio de Janeiro: Forense, 1999, p. 134; REQUIÃO, Rubens. *Curso de direito comercial*. 21. ed. São Paulo: Saraiva, 1998, v. 2, p. 126.

63.   PAPINI, Roberto. *Sociedade anônima e mercado de valores mobiliários*. 3. ed. Rio de Janeiro: Forense, 1999, p. 134; REQUIÃO, Rubens. *Curso de direito comercial*. 21. ed. São Paulo: Saraiva, 1998, v. 2, p. 126; COELHO, Fábio Ulhoa. *Curso de direito comercial*. 5. ed. São Paulo: Saraiva, 2002, v. 2, p. 271.

CURSO DE DIREITO EMPRESARIAL

emissão obrigatória, destinando-se normalmente para os acionistas que têm interesse na gestão da sociedade.

Na companhia aberta, as ações ordinárias podem ser de classes diferentes (Lei n. 6.404/76, art. 16-A), em razão da atribuição ou não de voto plural (até 10 votos por ação). Na companhia fechada podem ser de classes diferentes, de acordo com o disposto no art. 16 da Lei n. 6.404/76. Assim, poderemos ter várias classes de ações ordinárias, de acordo com a conversibilidade em ações preferenciais, exigência de nacionalidade brasileira, direito de voto separado para eleição de determinados cargos da administração da sociedade ou voto plural. Não mais existe o princípio da absoluta igualdade entre tais ações[64].

7.2 As ações preferenciais

As ações preferenciais são ações que possuem algum privilégio ou vantagem de ordem patrimonial, podendo não possuir o direito de voto. São ações tipicamente usadas pelos acionistas rendeiros e especuladores, que têm muito pouco ou nenhum interesse na gestão da companhia[65]. As ações preferenciais podem ser de classes diversas, tanto nas sociedades fechadas quanto nas sociedades abertas.

7.2.1 As vantagens patrimoniais das ações preferenciais

Como o próprio nome diz, as ações preferenciais são dotadas de alguns privilégios de ordem patrimonial, normalmente como uma compensação pela perda ou limitação do direito de voto. Tais preferências são indicadas pela própria lei e têm natureza patrimonial, tendo em vista que não se admitem, a princípio, as preferências de caráter político em nossa legislação[66], como suficientes para caracterizar uma ação preferencial.

Hoje, para uma ação ser considerada preferencial, ela deve ter uma das seguintes vantagens: a prioridade no recebimento do dividendo, ou a prioridade no reembolso, com ou sem prêmio; ou a acumulação das prioridades anteriores, em consonância com o sistema norte-americano[67]. É possível a fixação de outras vantagens pelo estatuto, desde que devidamente detalhadas com precisão e minúcia.

---

64. CARVALHOSA, Modesto. *Comentários à lei de sociedades anônimas*. São Paulo: Saraiva, 1997, v. 1, p. 119.

65. HALPERIN, Isaac. *Sociedades anónimas*. Actualizada e ampliada por Julio C. Otaegui. 2. ed. Buenos Aires: Depalma, 1998, p. 357.

66. CARVALHOSA, Modesto. *Comentários à lei de sociedades anônimas*. São Paulo: Saraiva, 1997, v. 1, p. 151.

67. HAMILTON, Robert W. *The law of corporations*. 5. ed. St. Paul: West Group, 2000, p. 204.

A prioridade no recebimento dos dividendos significa o recebimento antes das ações ordinárias, podendo haver também uma ordem entre as classes de ações preferenciais. Tal prioridade só existe até o recebimento do valor estipulado, isto é, uma vez recebido o valor do dividendo inicialmente determinado, cessa a prioridade das ações preferenciais. No caso do dividendo mínimo, as ações preferenciais e ordinárias concorrem em igualdade de condições ao saldo remanescente de lucros, sem qualquer prioridade. No caso do dividendo fixo, os lucros remanescentes são distribuídos exclusivamente entre as ações ordinárias, e é possível a exclusão do direito de participar dos aumentos de capital decorrentes da capitalização de lucros ou reservas (art. 17, § 5º, da Lei n. 6.404/76).

A prioridade no reembolso de capital é a preferência na liquidação do patrimônio da sociedade, isto é, quando a sociedade for extinta, os titulares de ação com tal prioridade devem receber antes das demais ações. Nesses casos, é possível a fixação de um prêmio, que representa um acréscimo ao valor que seria devido.

7.2.2 Voto das ações preferenciais

As ações preferenciais são aquelas que conferem um complexo diferenciado de direitos aos seus titulares, podendo ser, e normalmente são, privadas do direito de voto, ou tê-lo limitado a respeito de determinadas matérias. Trata-se de uma decisão a critério da própria companhia e não de uma imposição legal. Portanto, as ações preferenciais, a princípio, têm direito a voto, salvo se o estatuto da companhia o proíbe ou o limita[68], em face da existência de uma contrapartida patrimonial[69].

No caso de subtração ou limitação do direito de voto, elas poderiam representar no máximo (art. 15, § 2º, da Lei das S.A.) 2/3 do capital social em relação às sociedades existentes antes da vigência da Lei n. 10.303/2001. Atualmente, as ações preferenciais sem voto ou com voto restrito podem representar no máximo 50% da totalidade das ações[70].

Tal redução da proporção das ações sem voto, ou com voto restrito, tem por fim reduzir as possibilidades de controle com um percentual muito baixo do capital social, fato extremamente criticado pela doutrina[71], além de se adequar aos exemplos do direito

---

68. MARTINS, Fran. *Comentários à lei das sociedades anônimas*. Rio de Janeiro: Forense, 1977, v. 1, p. 120; CARVALHOSA, Modesto. *Comentários à lei de sociedades anônimas*. São Paulo: Saraiva, 1997, v. 2, p. 352.

69. CARVALHOSA, Modesto. *Comentários à lei de sociedades anônimas*. São Paulo: Saraiva, 1997, v. 2, p. 353; LOBO, Carlos Augusto da Silveira. Ações preferenciais – inovações da Lei n. 10.303. In: LOBO, Jorge (Coord.). *Reforma da lei das sociedades anônimas*. Rio de Janeiro: Forense, 2002, p. 107.

70. CARVALHOSA, Modesto; EIZIRIK, Nelson. *A nova lei das sociedades anônimas*. São Paulo: Saraiva, 2002, p. 70-71.

71. REQUIÃO, Rubens. *Curso de direito comercial*. 21. ed. São Paulo: Saraiva, 1998, v. 2, p. 82.

comparado[72]. As companhias abertas que quiserem se adequar à nova proporção entre o capital votante, e o não votante, ou com voto restrito têm a possibilidade de emitir novas ações ordinárias, excluindo o direito de preferência dos titulares de ações preferenciais. Também é admitida tal exclusão em relação às companhias fechadas que venham a abrir o seu capital social[73].

Caso as ações preferenciais não tenham direito de voto ou o tenham restringido, elas passam a adquiri-lo plenamente, se não lhes for pago o dividendo por um prazo definido no estatuto, não superior a três exercícios consecutivos (art. 111 da Lei das S.A.). Não sendo fixado tal prazo no estatuto, a aquisição do direito de voto ocorre imediatamente no primeiro exercício em que não há o pagamento do dividendo nos patamares em que devia ser pago[74].

Assim, o direito de voto, embora não lhes toque inicialmente, pode ser adquirido pelas ações preferenciais, vale dizer, "se a vantagem patrimonial que lhe é conferida não vem, nasce o direito de voto do acionista preferencial"[75], tal qual ocorre na legislação da Argentina[76]. Não existindo a vantagem pecuniária, que justifica a retirada ou a restrição do direito de voto, a ação preferencial deve ser tratada como uma ação ordinária e, por conseguinte, deve ter direito a voto[77]. Trata-se de uma aquisição temporária, que perdura apenas até o pagamento dos dividendos[78].

7.2.3 Negociação das ações preferenciais no mercado

A simples condição de ação preferencial, sem direito a voto ou com o voto restringido, não é suficiente para permitir a negociação de tais ações no mercado. A Lei n. 6.404/76 (art. 17, § 1º) exige certas vantagens para que as ações preferenciais, sem direito de voto ou com tal direito restrito, possam ser negociadas no mercado. Trata-se, a nosso ver, de imposição muito mais efetiva na defesa dos interesses dos preferencialistas[79], haja vista que são vantagens efetivas, e muito mais dificilmente serão contornadas. E, embora não

---

72. GALGANO, Francesco. *Diritto civile e commerciale* . 3. ed. Padova: CEDAM, 1999, v. 3, tomo 2, p. 144.

73. Art. 8º da Lei n. 10.303/2001.

74. CARVALHOSA, Modesto. *Comentários à lei de sociedades anônimas*. São Paulo: Saraiva, 1997, v. 2, p. 358.

75. CAMPOS, Gustavo Leopoldo Caserta Maryssael de. In: VIDIGAL, Geraldo de Camargo; MARTINS, Ives Gandra da Silva (Coord.). *Comentários à lei das sociedades por ações*. Rio de Janeiro: Forense Universitária, 1999, p. 315.

76. HALPERIN, Isaac. *Sociedades anónimas*. Actualizada e ampliada por Julio C. Otaegui. 2. ed. Buenos Aires: Depalma, 1998, p. 358.

77. WALD, Arnoldo. Da aquisição do direito de voto pelas ações preferenciais por falta de pagamento dos dividendos: interpretação do art. 111 e seu § 1º da Lei n. 6.404/76. *Revista de Direito Bancário, do Mercado de Capitais e da Arbitragem*, São Paulo, ano 4, n. 12, abr./jun. 2001, p. 42.

78. CARVALHOSA, Modesto. *Comentários à lei de sociedades anônimas*. São Paulo: Saraiva, 1997, v. 2, p. 360.

79. CANTIDIANO, Luiz Leonardo. Características das ações, cancelamento do registro e "Tag Along". In: LOBO, Jorge. *Reforma da lei das sociedades anônimas*. Rio de Janeiro: Forense, 2002, p. 70.

impostas como regra, tais vantagens serão normalmente atribuídas, pois a não negociabilidade das ações preferenciais as torna pouco atrativas, afastando os investidores.

A nova disciplina exige para que uma ação preferencial, com limitações no direito de voto, possa ser negociada no mercado, que se lhe assegure uma das seguintes vantagens:

a) nas sociedades com dividendo obrigatório, fixado em no mínimo 25% do lucro líquido ajustado, as ações preferenciais devem ter prioridade no recebimento do dividendo, fixado em no mínimo 3% do valor do patrimônio líquido da ação, e após a distribuição deste dividendo a todas as ações, devem concorrer em igualdade de condições com as ações ordinárias;

b) direito a receber dividendo diferencial, no mínimo 10% maior que o das ações ordinárias, sem ressalvas para a distribuição de dividendo mínimo ou fixo;

c) direito de serem incluídas na oferta pública de alienação de controle, nas condições previstas no art. 254-A, assegurado o dividendo pelo menos igual ao das ações ordinárias.

Vê-se, pois, que o acionista preferencial poderá ter um dividendo prioritário mínimo estabelecido em lei no patamar mínimo de 3% do valor patrimonial da ação, afastando a maior margem de liberdade da sociedade, evitando, por conseguinte, a burla lícita ao seu direito a uma vantagem patrimonial efetiva. De outro lado, ele poderá possuir um dividendo diferenciado, no mínimo 10% maior que o das ordinárias, não importando se a sociedade distribui dividendo mínimo ou fixo. Por fim, ele poderá concorrer, em igualdade de condições, com as ações ordinárias, ao sobrevalor da sociedade decorrente da alienação do seu controle, que estudaremos posteriormente, talvez, a vantagem menos efetiva que lhe poderá ser assegurada[80].

Caso as ações preferenciais possuam direito a voto, podem ser negociadas no mercado, independentemente dessas vantagens adicionais, constantes do art. 17, § 1º, da Lei n. 6.404/76[81].

7.2.4 Direitos políticos

O estatuto da companhia pode assegurar aos titulares de ações preferenciais sem direito ou com voto restrito determinados direitos políticos, quais sejam, a possibilidade de eleição em separado de determinados membros da administração da companhia, bem como o poder de veto sobre alterações estatutárias deliberadas pela assembleia geral. Tais vantagens representam uma forma de controle permanente da companhia.

Os rumos de uma sociedade anônima são definidos pelo acionista controlador, expressão essa preferida pela legislação brasileira, a fim de evitar o uso da expressão

---

80. CARVALHOSA, Modesto; EIZIRIK, Nelson. *A nova lei das sociedades anônimas.* São Paulo: Saraiva, 2002, p. 96.

81. LOBO, Carlos Augusto da Silveira. Ações preferenciais – inovações da Lei n. 10.303. In: LOBO, Jorge (Coord.). *Reforma da lei das sociedades anônimas.* Rio de Janeiro: Forense, 2002, p. 110.

acionista majoritário, uma vez que o controle de uma sociedade pode pertencer a quem não tenha a maioria do capital social.

O art. 116 da Lei das S.A. impõe como requisitos, para a configuração do acionista controlador, a existência de direitos de acionista que assegurem de modo permanente a preponderância, nas deliberações sociais, e consequentemente o poder de eleger a maioria dos administradores, além do uso efetivo de tal poder para dirigir as atividades sociais. Logo, não se cogita da necessidade de maioria do capital social para se deter o controle da sociedade.

Assim sendo, é certo que a lei brasileira admite o controle majoritário, mas também o minoritário e, eventualmente, até o chamado controle gerencial, na medida em que, de acordo com o nível de dispersão das ações, o controle poderá ser exercido por uma minoria acionária, ou até mesmo pelos administradores.

Feita a necessária distinção entre propriedade da maioria do capital social e o controle da sociedade, há que se ressaltar que a ideia de controle se liga, a princípio, ao direito de voto, o que poderíamos chamar de controle interno[82]. Tal controle liga-se normalmente à propriedade das ações ordinárias, uma vez que, via de regra, só a estas toca o direito de voto. Todavia, por vezes o controle poderá ser exercido por outros meios que não o voto, o que se pode chamar de controle externo, não por não se tratar de acionista, mas por ser exercido por um meio alheio ao exercício do direito de voto[83], podendo ser exercido inclusive por titulares de ações preferenciais.

O art. 18 da Lei n. 6.404/76 permite que o controle seja exercido por ações preferenciais e sem o exercício do poder de voto. O estatuto da sociedade anônima pode assegurar a uma ou mais classes de ações preferenciais o direito de eleger em separado um ou mais membros da administração da sociedade, além de permitir o poder de veto sobre deliberações da assembleia geral. Este poder de veto não pode ser generalizado, devendo se limitar às matérias especificamente indicadas pelo estatuto da companhia[84], sob pena de tornar inútil a assembleia geral.

Tal dispositivo permite, pois, a criação de ação privilegiada "golden share" que exercerá um controle gerencial da sociedade[85], na medida em que, vetando decisões da assembleia geral, assegurará aos administradores o efetivo poder de comando da sociedade.

7.2.5 Uma nova "golden share"

A Lei das S.A. permite a criação de uma classe especial de "golden share" nas companhias objeto de privatização[86]. Tais ações são de propriedade exclusiva do poder pú-

---

82. CARVALHOSA, Modesto. *Comentários à lei das sociedades anônimas.* São Paulo: Saraiva, 1997, v. 2, p. 435.

83. Idem, ibidem.

84. Idem, v. 1, p. 159.

85. SALOMÃO FILHO, Calixto. *O novo direito societário.* São Paulo: Malheiros, 1998, p. 167.

86. CARVALHOSA, Modesto. Notícia sobre a reforma da lei das sociedades anônimas – Projeto do Deputado Emerson Kapaz. In: MOSQUERA, Roberto Quiroga (Coord.). *Aspectos atuais do direito do mercado financeiro e de capitais.* São Paulo: Dialética, 2000, p. 182; CANTIDIANO, Luiz Leonardo. Alte-

blico federal, estadual ou municipal, e podem assegurar a este o poder de veto sobre as matérias que especificar, ou outras vantagens políticas devidamente detalhadas.

7.3 Ações de fruição

As ações de fruição são títulos que podem ser atribuídos aos acionistas, quando suas ações são integralmente amortizadas. A amortização (art. 44, § 5º, da Lei n. 6.404/76) é a operação pela qual a sociedade paga antecipadamente o que caberia ao acionista em caso de liquidação da sociedade, sem redução do capital social. Tal operação é na verdade uma espécie de dividendo extraordinário em benefício dos acionistas. Após a amortização integral, as ações não representam uma parcela do capital social, mas apenas uma parcela do patrimônio social[87].

Nenhuma ação nasce uma ação de fruição. Esta só surge quando há a amortização integral das ações, que inicialmente eram preferenciais, ou ordinárias. Com a mudança da natureza da ação, surgem algumas mudanças nos direitos dos titulares da ação.

Na liquidação da sociedade, os titulares das ações de fruição só recebem após os demais acionistas receberem o valor equivalente ao pago na amortização. Além disso, caso estes exerçam o direito de retirada há a compensação do valor já pago, em face dos valores devidos pela retirada da sociedade. Nesses casos, a compensação impõe-se como uma medida de justiça, resguardando o exercício de direitos essenciais, mas impedindo um tratamento privilegiado a tais acionistas, que acabariam recebendo duas vezes ou mais o valor que seria recebido por outros acionistas na participação no acervo social, e no exercício do direito de retirada.

Não representando mais uma parcela do capital social, os titulares das ações de fruição não fazem jus ao recebimento de juros sobre o capital próprio[88]. Ora, tal vantagem tem por fundamento a indisponibilidade do capital investido na sociedade, o que não existe nas ações de fruição, uma vez que o capital já foi devolvido ao acionista.

Por fim, pode haver outras restrições aos direitos dos titulares de ações de fruição, desde que não restrinjam os direitos essenciais[89], podendo haver até a restrição do direito de voto, que não é um direito inerente à condição de acionista, isto é, o voto não é um direito essencial[90].

---

ração na lei das sociedades por ações – o substitutivo do Deputado Emerson Kapaz. In: MOSQUERA, Roberto Quiroga (Coord.). *Aspectos atuais do direito do mercado financeiro e de capitais*. São Paulo: Dialética, 2000, v. 2, p. 161.

87. CARVALHOSA, Modesto. *Comentários à lei das sociedades anônimas*. São Paulo: Saraiva, 1997, v. 1, p. 321.

88. COELHO, Fábio Ulhoa. *Curso de direito comercial*. São Paulo: Saraiva, 1999, v. 2, p. 106-107.

89. CARVALHOSA, Modesto. *Comentários à lei das sociedades anônimas*. São Paulo: Saraiva, 1997, v. 1, p. 322; BORBA, José Edwaldo Tavares. *Direito societário*. 4. ed. Rio de Janeiro: Freitas Bastos, 1998, p. 201.

90. ALONSO, Félix Ruiz. In: VIDIGAL, Geraldo de Camargo; MARTINS, Ives Gandra da Silva (Coord.). *Comentários à lei das sociedades por ações*. Rio de Janeiro: Forense Universitária, 1999, p. 147; Em sentido contrário, CARVALHOSA, Modesto. *Comentários à lei das sociedades anônimas*. São Paulo: Saraiva, 1997, v. 1, p. 322.

8 Negociação das ações

As sociedades anônimas representam o grande instrumento de expansão do capitalismo, assumindo papel fundamental no predomínio deste, vale dizer, sem as sociedades anônimas, não se poderia conceber um predomínio do capitalismo na vida econômica mundial. Tal condição se deve ao fato de que a sociedade anônima é um maravilhoso mecanismo de financiamento dos grandes empreendimentos, na medida em que permite a participação da poupança popular, com grandes atrativos para esta, na medida em que representa riscos limitados e permite ao investidor, a qualquer momento, sem dar conta de seu ato a ninguém, negociar livremente as ações[91].

Inerente a tão importante função desempenhada pela sociedade anônima está a livre negociação das ações, pois, se a aquisição de ações representa uma forma de investimento (não só nas negociações no mercado de valores mobiliários), deve-se assegurar ao investidor a possibilidade de dar liquidez a tal investimento no momento em que desejar, não o submetendo a qualquer outra vontade. A doutrina pátria não vacila ao destacar tal característica das sociedades anônimas[92].

Dessarte, não temos dúvida em afirmar que a regra, tratando-se de sociedade anônima, é a livre transferência das ações.

8.1 Limitações nas sociedades abertas

A Lei n. 6.404, de 15 de dezembro de 1976, que disciplina as sociedades por ações, possui regras que representam limites à livre circulação das ações. Dentre tais limites, impõe a lei a integralização de pelo menos 30% do preço de emissão das ações das sociedades abertas para a sua negociação, no mercado.

Tal imposição tem por objetivo imediato a defesa da companhia, bem como, indiretamente, dos acionistas e investidores, na medida em que defende a sociedade de meros especuladores, resguardando a integridade do capital social, garantindo que a sociedade receba ao menos uma parte considerável do capital prometido e realize normalmente sua atividade econômica. É assegurado, dessa forma, um fluxo regular de capital[93] que ingressa na sociedade, resguardando o capital social de eventuais ataques.

8.2 Limitações na sociedade fechada

Outra possível limitação à circulação das ações pode advir do estatuto da companhia fechada, que deve disciplinar completa e claramente os limites impostos. Tais limites

---

91. REQUIÃO, Rubens. *Curso de direito comercial.* 21. ed. São Paulo: Saraiva, 1998, v. 2, p. 6.

92. MARTINS, Fran. *Curso de direito comercial.* 22. ed. Rio de Janeiro: Forense, 1998, p. 306; e PAPINI, Roberto. *Sociedade anônima e mercado de valores mobiliários.* 3. ed. Rio de Janeiro: Forense, 1999, p. 36.

93. CARVALHOSA, Modesto. *Comentários à lei de sociedades anônimas.* São Paulo: Saraiva, 1997, v. 1, p. 262.

não podem impedir a negociação, nem sujeitá-la ao mero arbítrio dos demais acionistas, porquanto nestes casos representariam uma restrição inadmissível à liberdade individual.

O condicionamento da negociação ao mero arbítrio dos demais acionistas é hoje refutado no direito italiano, que exige hoje que a limitação à circulação seja dotada de critérios objetivos[94].

Os limites impostos estatutariamente poderão se referir a inúmeras situações, como, por exemplo, um direito de preferência dos demais acionistas, ou a fixação de um preço estatutário, dentre outras possibilidades.

8.3 Negociação com as próprias ações

Em princípio, a sociedade não pode negociar com suas próprias ações, salvo nas hipóteses legalmente previstas (art. 30, § 1º, da Lei n. 6.404/76), quais sejam: resgate, reembolso, amortização, compra para que as ações permaneçam em tesouraria ou sejam canceladas, alienações destas ações, aquisição por doação, a compra de ações quando resolvida a redução do capital social, mediante a indenização de parte do valor das ações, no caso das ações terem em bolsa valor inferior ao nominal. Além dessas hipóteses, há também a possibilidade da venda da ação que pertencia a um acionista remisso, integralizada pela sociedade com lucros ou reservas[95].

A proibição da negociação com as próprias ações é uma forma de resguardar a integridade do capital social, impedindo que se passe uma ideia falsa da realidade deste capital social. Tal proibição é excepcionada, mas sem se prejudicar o capital social, pois em tais hipóteses mantém-se, a princípio, o capital social íntegro.

8.3.1 Amortização

A amortização é o pagamento antecipado do que caberia aos acionistas na hipótese de dissolução da sociedade, sem redução do capital social (art. 44 da Lei n. 6.404/76). Trata-se do pagamento de uma bonificação ao acionista, na medida em que ele tem restituídos os valores investidos, sem abandonar a condição de acionista, vale dizer, lhe é assegurado um dividendo extraordinário, uma vantagem a mais.

A amortização pode ser total ou parcial, conforme abranja tudo que seria devido a cada ação no caso de liquidação da companhia, ou parte desse valor. No caso de amortização total, as ações podem ser substituídas por ações de fruição. Tratando-se de um benefício para acionistas, a fim de evitar privilégios, a amortização deve abranger todas as ações de uma classe ou ser feita mediante sorteio. Tal operação deve ser deliberada pela assembleia geral, ou estar prevista no estatuto, com seus devidos contornos.

---

94. FERRARA JUNIOR, Francesco; CORSI, Francesco. *Gli imprenditori e le società*. 11. ed. Milano: Giuffrè, 1999, p. 483.

95. COELHO, Fábio Ulhoa. *Curso de direito comercial*. São Paulo: Saraiva, 1999, v. 2, p. 121.

De acordo com Modesto Carvalhosa, o valor devido na amortização deve ter como base o valor nominal da ação, ou a divisão do capital social pelo número de ações, no caso de ações sem valor nominal[96]. Luiz Lória Flaks fala que deve ser o preço de emissão, na medida em que a amortização visa à devolução ao acionista do valor por ele investido[97].

Apesar da força dos argumentos de tais autores, ousamos discordar de tal entendimento para afirmar que o valor a ser tomado como referência na amortização é o valor patrimonial da ação[98].

Ora, o art. 44, § 2º, da Lei n. 6.404/76, que trata da amortização, fala no pagamento do valor que caberia ao acionista em caso de liquidação da sociedade. Assim sendo, deve-se levar em conta o valor patrimonial da ação, pois é esse o valor que é pago no momento da liquidação da companhia. Portanto, há que se simular a liquidação, obtendo o valor patrimonial das ações, para efetuar a amortização total ou parcial.

8.3.2 Resgate

A par da amortização, há o resgate que representa a retirada compulsória de circulação das ações mediante pagamento do seu valor. O resgate é um ato não negocial, que independe da vontade do acionista, em suma, "o resgate representa uma transmissão forçada, irrecorrível e definitiva da propriedade das ações do acionista para domínio da própria companhia, que, em seguida, as extinguirá"[99]. Nesse caso, o titular das ações resgatadas deixa de ser acionista da companhia.

A fim de evitar preferências ou preterições, se exige que o resgate abranja uma classe de ações ou seja feito por sorteio. Todavia, ainda assim, o resgate sempre gerou iniquidades, uma vez que os titulares das ações a serem resgatadas nada podiam fazer, e podiam ser praticamente excluídos da companhia.

O § 6º do art. 44 da Lei n. 6.404/76, condiciona o resgate à deliberação de uma assembleia especial, convocada especificamente para tal finalidade, instituindo uma comunhão de interesses entre os acionistas da classe a ser resgatada. Assim sendo, a operação só poderá ser efetivada se contar com a concordância de pelo menos 50% das ações das classes atingidas. Desse modo, protegem-se de maneira mais efetiva os interesses dos acionistas minoritários na operação de resgate, garantindo voz ativa em defesa dos seus interesses, tal qual já ocorre hoje em dia em relação à alteração das vantagens das ações preferenciais (art. 136 da Lei n. 6.404/76).

O estatuto da sociedade poderá excepcionar tal regra, dispensando a manifestação da assembleia especial da classe prejudicada, desde que especifique, no momento de

---

96. CARVALHOSA, Modesto. *Comentários à lei de sociedades anônimas*. São Paulo: Saraiva, 1997, v. 1, p. 320.

97. FLAKS, Luís Loria. Aspectos societários do resgate de ações. *Revista de Direito Bancário, do Mercado de Capitais e da Arbitragem*, São Paulo, ano 5, n. 15, jan./mar. 2002, p. 135.

98. COELHO, Fábio Ulhoa. *Curso de direito comercial*. São Paulo: Saraiva, 1999, v. 2, p. 106.

99. CARVALHOSA, Modesto. *Comentários à lei de sociedades anônimas*. São Paulo: Saraiva, 1997, v. 1, p. 316.

sua criação e emissão, quais classes de ações estão sujeitas ao resgate, independentemente de qualquer manifestação[100]. O detalhamento pelo estatuto e a imposição de a dispensa ser feita no momento de criação e emissão das ações justificam-se para se atingir a finalidade do novo § 6º do art. 44, qual seja, acabar com o poder potestativo da sociedade de resgatar ações, sem a concordância dos acionistas prejudicados. Uma vez prevista no estatuto, os subscritores das ações e seus adquirentes posteriores já sabem da possibilidade do resgate e, ao se tornarem acionistas, manifestam sua concordância com tal possibilidade.

Previsto estatutariamente ou deliberado o resgate, há que se saber qual valor será pago pela companhia, com lucros ou reservas[101]. Neste particular, há uma grande controvérsia doutrinária.

Roberto Barcellos de Magalhães e Wilson de Souza Campos Batalha entendem que o valor a ser levado em conta é o valor de mercado, e na inexistência deste, deve ser pago o valor nominal da ação[102]. Ousamos discordar dessa interpretação, na medida em que o valor nominal não representa efetivamente a perda que o titular da ação resgatada terá, porquanto sua contribuição normalmente já gerou um grande acréscimo patrimonial na companhia. Outrossim, a adoção do valor de mercado isoladamente nem sempre atingirá resultados adequados.

Fábio Ulhoa Coelho entende que o estatuto pode fixar o valor do resgate, e na ausência de estipulação estatutária, tal determinação seria de competência da assembleia geral[103]. A fixação nestes casos estaria sujeita ao completo arbítrio do acionista controlador, podendo gerar uma desvalorização excessiva da participação do titular da ação a ser resgatada, ainda que sem a intenção de prejudicá-los.

Luis Lória Flaks afirma que o valor do resgate deve ser fixado no estatuto, pois neste caso o acionista, ao ingressar na sociedade, teria ciência do valor a ser pago e estaria concordando com este valor[104]. Na omissão do estatuto, ele entende, citando julgado do Superior Tribunal de Justiça, que há que se levar em conta o valor patrimonial real[105]

---

100. CARVALHOSA, Modesto; EIZIRIK, Nelson. *A nova lei das sociedades anônimas*. São Paulo: Saraiva, 2002, p. 137.

101. FLAKS, Luís Loria. Aspectos societários do resgate de ações. *Revista de Direito Bancário, do Mercado de Capitais e da Arbitragem*, São Paulo, ano 5, n. 15, jan./mar. 2002, p. 145.

102. MAGALHÃES, Roberto Barcellos de. *A nova lei das sociedades por ações comentada*. Rio de Janeiro: Freitas Bastos, 1977, v. 1, p. 272; BATALHA, Wilson de Souza Campos. *Comentários à lei das sociedades anônimas*. Rio de Janeiro: Forense, 1977, v. 1, p. 300-301.

103. COELHO, Fábio Ulhoa. *Curso de direito comercial*. São Paulo: Saraiva, 1999, v. 2, p. 126; TEIXEIRA, Egberto Lacerda; GUERREIRO, José Alexandre Tavares. *Das sociedades anônimas no direito brasileiro*. São Paulo: José Bushatsky, 1979, v. 1, p. 255.

104. FLAKS, Luís Loria. Aspectos societários do resgate de ações. *Revista de Direito Bancário, do Mercado de Capitais e da Arbitragem*, São Paulo, ano 5, n. 15, jan./mar. 2002, p. 158.

105. Idem, ibidem. STJ – 3ª Turma – REsp 68.378/PR, Relator Ministro Eduardo Ribeiro, j. em 8-8-1995, *DJ* de 9-10-1995.

das ações, apurado a preços de mercado. Osmar Brina Corrêa-Lima[106] afirma que deverá ser usado o referencial do art. 45 da Lei n. 6.404/76, isto é, deverá ser pago o valor patrimonial, mas o estatuto poderia prever outro valor desde que fosse no mínimo o valor econômico.

Apesar de razoável a argumentação apresentada, acreditamos que deve haver uma garantia de um valor mínimo para o resgate, sob pena de impor aos minoritários prejuízos com a admissão da fixação estatutária do valor do resgate. A concordância dos acionistas não implica a ausência de prejuízos, uma vez que o resgate precisa da concordância tão somente de 50% das ações da classe a ser resgatada.

Acreditamos que o melhor entendimento é o de Modesto Carvalhosa[107], para quem o valor do resgate deve obedecer aos critérios do art. 170, § 1º, com o que concorda também Nelson Eizirik[108]. Assim sendo, seja o estatuto, seja a assembleia geral, o valor a ser fixado deverá ter como patamar mínimo a conjugação dos seguintes valores: valor de mercado, se houver, valor patrimonial e valor econômico.

A utilização de tais fatores impõe-se como medida de justiça para o titular das ações a serem resgatadas, uma vez que o valor do resgate deve corresponder a uma indenização por sua saída da sociedade. O valor da indenização deve ser o valor equivalente àquele que teria que ser despendido para ingressar numa sociedade em idênticas condições, pois, ingressando em outra sociedade com idênticas condições, o acionista teria sua situação patrimonial efetivamente recomposta, isto é, seu patrimônio seria o mesmo de antes do resgate.

Em função disso, há que se levarem em conta os mencionados fatores (valores de mercado, patrimonial e econômico), porquanto são eles os que devem ser utilizados na fixação do preço de emissão de novas ações da companhia. Considerando que se alguém quiser ingressar na companhia terá que pagar tal preço, é esse preço que deve ser assegurado ao titular das ações resgatadas, pois só com ele é que seria possível, em tese, ingressar numa sociedade em idênticas condições.

Com a realização, pode ou não haver a redução do capital social, ficando a critério da sociedade tal definição.

8.3.3 Reembolso

O reembolso (art. 45 da Lei n. 6.404/76) é a operação pela qual a sociedade paga aos acionistas que exerceram o direito de retirada o valor de suas ações. Há que se ressaltar, desde já, que não é necessária a dissidência para o exercício do direito de retirada, não sendo por isso correto falar nos acionistas dissidentes para conceituar o reembolso. Nos

---

106. CORRÊA-LIMA, Osmar Brina. *Sociedade anônima*. 2. ed. Belo Horizonte: Del Rey, 2003, p. 117.

107. CARVALHOSA, Modesto. *Comentários à lei de sociedades anônimas*. São Paulo: Saraiva, 1997, v. 1, p. 317.

108. EIZIRIK, Nelson. *Aspectos modernos do direito societário*. Rio de Janeiro: Renovar, 1992, p. 112.

casos dos arts. 223, §§ 3º e 4º, e 236 não se cogita de dissidência, mas há direito de retirada e consequentemente o reembolso.

O valor a ser pago pelo reembolso a princípio é o valor patrimonial apurado segundo o balanço anual, se este tiver sido levantado até 60 dias antes do exercício do direito de retirada. No caso de prazo superior, há que se fazer um balanço especial. Neste caso, serão adiantados ao retirante 80% do valor da ação segundo o último balanço, e após o balanço especial se pagará o saldo restante em até 120 dias. Não havendo necessidade de balanço especial, o pagamento deverá ocorrer no prazo de 40 dias, contados da data da publicação da ata da assembleia que ensejou a retirada[109]. Esse prazo decorre da faculdade que os administradores têm de convocar assembleia, nos dez dias subsequentes ao fim do prazo do direito de retirada (30 dias), para se retratar da decisão que ensejou tal medida.

O estatuto pode determinar um valor diferente para o reembolso, desde que não seja inferior ao valor econômico das ações, apurado em avaliação. Tal valor econômico equivale à perspectiva de rentabilidade da companhia[110]. A apuração deste valor depende de uma avaliação técnica, que será realizada por uma empresa especializada, ou por três peritos, indicados respectivamente em lista tríplice ou sêxtupla pelo Conselho de Administração, ou pela diretoria, e escolhidos pela assembleia geral. Nesta assembleia, se atribui a todas as ações direito a voto para escolha dos peritos. Uma vez escolhido o perito, este deverá elaborar o laudo de avaliação, tendo responsabilidade pelos prejuízos decorrentes da avaliação.

Efetuado o reembolso, as ações passam a pertencer à própria sociedade. Caso o reembolso tenha sido pago por meio de lucros ou reservas, exceto a legal, as ações ficarão em tesouraria, podendo ser no futuro canceladas, ou recolocadas no mercado. Caso não existam recursos disponíveis, o reembolso pode ser feito às custas do capital, devendo nesse caso ocorrer a substituição do acionista no prazo de 120 dias a contar da assembleia. Não sendo possível a substituição do acionista, considerar-se-á o capital social diminuído naquele montante, devendo ser convocada a assembleia geral para tomar conhecimento de tal redução.

Ao exercer o direito de retirada, os acionistas abandonam tal condição e passam a ser credores da companhia. No caso de falência, são considerados subordinados (Lei n. 11.101/2005 – art. 83, VII, *b*).

Se a falência for posterior ao reembolso feito por conta do capital social, poderá ser ajuizada uma ação revocatória para tornar ineficaz o pagamento do reembolso nesse caso, de modo que os acionistas serão obrigados a restituir os valores recebidos. Tal ação só poderá ser ajuizada se a massa falida não for suficiente para o pagamento dos credores

---

109.   CARVALHOSA, Modesto. *Comentários à lei de sociedades anônimas*. 4. ed. São Paulo: Saraiva, 2009, v. 1, p. 450.

110.   CARVALHOSA, Modesto. *Comentários à lei de sociedades anônimas*. São Paulo: Saraiva, 1997, v. 1, p. 331.

por obrigações anteriores à publicação da ata da assembleia que deliberou a redução do capital social[111].

Diferencia-se o reembolso da amortização e do resgate, na medida em que seu pagamento é de iniciativa do próprio acionista e não da sociedade, como nas outras hipóteses. Além disso, como visto, admite-se excepcionalmente que o reembolso seja feito às custas do capital social.

8.4 Aquisição para permanência em tesouraria

É inquestionável que a aquisição de ações pela própria companhia é uma exceção, nos termos da redação do art. 30 da Lei das S.A.: "A companhia não poderá negociar com as próprias ações." No entanto, o § 1º do próprio art. 30 da Lei das S.A. abranda a vedação geral contida no *caput* ao autorizar expressamente algumas operações de aquisição das próprias ações. Entre as operações autorizadas, encontra-se a de aquisição pela companhia para permanência em tesouraria, permitida com algumas restrições. A primeira restrição é quanto aos meios de aquisição, sendo permitido apenas mediante redução das contas de saldo de lucros, de reservas, exceto a legal e sem diminuição do capital social, ou por doação (art. 30, § 1º, *b*, da Lei das S.A.). A segunda restrição é quanto aos direitos das ações em tesouraria, sendo-lhes retirados os direitos ao recebimento de dividendos e a voto (art. 30, § 4º, da Lei das S.A.).

Enquanto as ações ficam em tesouraria, elas não terão os direitos de voto ou de participação nos lucros[112]. Resta saber quanto ao recebimento de bonificações pela conversão de lucros acumulados em capital social. O aumento do capital social pode ser gratuito, quando não ingressarão novos recursos no patrimônio social, isto é, quando se converterá parte do patrimônio da sociedade em capital social[113]. A capitalização de lucros ou reservas altera a rubrica de valores que já integravam seu patrimônio, lhes atribuindo o regime peculiar do capital social. Nesse caso, a sociedade pode emitir novas ações, atribuindo-as aos acionistas já existentes, na proporção da sua participação no capital social. Ou, ainda, simplesmente aumentar o valor nominal das ações já existentes. A nosso ver, sendo uma operação de mero remanejamento de valores entre contas do balanço, não há que se falar, naturalmente, em transferência de valores do patrimônio da companhia para o patrimônio dos acionistas. E, o fato de na capitalização de reservas haver bonificação não altera essa conclusão, na medida em que as ações que os acionistas recebem igualmente não representam transferência de patrimônio da companhia para os acionistas. Isto porque a nova quantidade de ações que os acionistas passam a deter

---

111. CARVALHOSA, Modesto. *Comentários à lei de sociedades anônimas*. São Paulo: Saraiva, 1997, v. 1, p. 343.

112. BALLANTINE, Henry W. *Ballantine on corporations*. Chicago: Callaghan and Company, 1946, p. 614.

113. LAURINI, Giancarlo. *La società a responsabilità limitata*: tra disciplina attuale e prospettive di riforma. Milano: Giuffrè, 2000, p. 57.

representa a mesma participação percentual sobre o mesmo patrimônio que detinham antes da operação. Efeito idêntico seria alcançado se a operação não incluísse bonificação de ações, pois seria realizado o remanejamento contábil e as ações já emitidas continuariam representando exatamente o patrimônio que antes representavam.

O Parecer CVM SJU n. 043/85 corrobora nossa percepção, ao destacar que "*a noção de periodicidade é essencial ao conceito e ela não ocorre na bonificação de ações por incorporação de reservas, diferentemente dos dividendos que são frutos, na acepção jurídica da palavra, eis que seguem um ciclo reprodutivo sem desfalcar o valor da ação da qual constituem a rentabilidade*". Em seguida, o parecer destaca que a bonificação é um produto (e não um fruto ou renda) da ação, pois cada ação tem seu valor patrimonial diminuído na proporção das ações bonificadas. O art. 16 da Instrução n. 10/80 possui redação semelhante à do art. 30, § 4º, da Lei das S.A., mas substituiu "direitos de voto" por "direitos políticos", e "direitos a dividendos" por "direitos patrimoniais". Sobre os "direitos patrimoniais", que é a parte da norma que nos interessa para fins deste voto, a Nota Explicativa 16/80, assim explica a restrição: "As ações enquanto mantidas em tesouraria não terão direitos patrimoniais ou políticos".

Vê-se que a Nota Explicativa foi expressa ao tratar da hipótese de bonificação, concluindo que as ações em tesouraria não poderiam receber ações bonificadas porque nesse caso a companhia receberia um acréscimo patrimonial, ou um "*ganho inegável*". E isso faria, segundo a Nota Explicativa, com que a companhia participasse indevidamente dos lucros sociais.

Todavia, o colegiado da CVM votou, por maioria – vencido apenas o diretor Eli Loria – pela necessidade de bonificação das ações em tesouraria. O colegiado decidiu, ainda, vencido o diretor Marcos Pinto, no sentido de reformar a Nota Explicativa à Instrução CVM 10/80, para que essa se encaixasse nos moldes da decisão (Processo CVM RJ n. 6.446/2008, Reg. 6.164/2008)[114].

---

114. No mesmo sentido: EIZIRIK, Nelson. *A Lei das S/A comentada*. São Paulo: Quartier Latin, 2011, v. 1, p. 217.

26 OUTROS TÍTULOS EMITIDOS PELAS SOCIEDADES ANÔNIMAS

1 Noções gerais

Quando a sociedade anônima necessita de recursos, ela pode lançar mão de duas fontes: o mercado financeiro e o mercado de capitais[1]. Na primeira fonte, a sociedade obtém empréstimos junto a instituições financeiras, como os particulares em geral. Na segunda fonte, típica das sociedades anônimas, a sociedade pode emitir valores mobiliários, para obter os recursos junto ao público[2]. Nesta hipótese, ela pode emitir ações, ou outros valores mobiliários que não asseguram aos seus titulares os direitos inerentes à condição de acionista.

Esses outros valores mobiliários serão estudados nesse momento.

2 Partes beneficiárias

As partes beneficiárias são títulos negociáveis, sem valor nominal e não representativos do capital, os quais conferem aos seus titulares direito de crédito eventual contra a sociedade, consistente na participação nos lucros líquidos anuais que devem ser distribuídos aos acionistas[3]. Tais títulos foram criados com o nome de partes do fundador e surgiram em meados do século XIX, na Companhia do Canal de Suez, como papéis atribuídos a financiadores do empreendimento e pessoas importantes do Egito que ajudaram na construção do Canal de Suez. Tais títulos eram uma espécie de agradecimento, uma retribuição pelos valiosos serviços prestados, uma vez que não se admitiam as ações integralizadas em trabalho.

Na redação original da Lei n. 6.404/76, permitia-se, todavia, a atribuição gratuita das partes beneficiárias a fundações ou entidades beneficentes dos empregados (art. 47, parágrafo único, da Lei das S.A.), entendida como a única forma válida de atribuição gra-

---

1. QUEIROZ, José Eduardo Carneiro. O conceito de valor mobiliário e a competência da Comissão de Valores Mobiliários e do Banco Central do Brasil. In: MOSQUERA, Roberto Quiroga (Coord.). *Aspectos atuais do direito do mercado financeiro e de capitais*. São Paulo: Dialética, 2000, v. 1, p. 131.

2. NIGRO, Alessandro. Le obligazioni e le altre forme di finanziamento delle società per azioni. In: PORZIO, Mario et al. (Org.). *La riforma delle società per azioni non quotate*. Milano: Giuffrè, 2000, p. 105.

3. REQUIÃO, Rubens. *Curso de direito comercial*. 21. ed. São Paulo: Saraiva, 1998, v. 2, p. 96.

tuita, tendo em vista a vedação genérica de atos de liberalidade (art. 154 da Lei das S.A.). Tal possibilidade abrangeria tanto as sociedades abertas quanto as sociedades fechadas.

Não se admite a emissão de partes por instituições financeiras (art. 35 da Lei n. 4.595/64) e sociedades abertas. Portanto, no direito brasileiro só é possível a emissão de partes beneficiárias por sociedades fechadas que não sejam instituições financeiras.

2.1 Funções

As partes beneficiárias são, a princípio, uma forma de remuneração de serviços prestados à companhia, quando não é interessante ou não é possível o desembolso de quantias elevadas para pagamento dos referidos serviços[4]. Tais títulos também podem servir para a obtenção de recursos pela companhia emissora, no caso de uma contraprestação em dinheiro, apesar de essa modalidade praticamente não ser usada. Além disso, as partes beneficiárias podem representar incentivos para os administradores ao lado das opções de compras de ações, para o melhor desempenho de suas funções[5].

A emissão dos referidos títulos é, portanto, sempre onerosa, na medida em que há uma contraprestação em serviços[6] ou em dinheiro, para o recebimento dos referidos títulos. A emissão das partes beneficiárias não pode representar um ato de mera liberalidade da companhia, devendo estar sempre ligada a alguma vantagem para a companhia[7].

2.2 Direitos

As partes beneficiárias asseguram aos seus titulares primordialmente o direito à participação nos lucros líquidos anuais. Tal direito deve ser detalhado no estatuto, podendo-se assegurar à totalidade das partes beneficiárias, no máximo, 10% dos lucros líquidos anuais. Não se podem atribuir às partes beneficiárias quaisquer outros direitos dos acionistas (voto, preferência...), exceto o de fiscalizar a gestão dos negócios sociais, que é um corolário do seu interesse na distribuição dos lucros.

Os direitos assegurados pelas partes beneficiárias não podem ser assegurados eternamente, devendo ser fixado um prazo de duração de tais títulos. Tal prazo será fixado no estatuto e não poderá ser superior a dez anos, no caso de atribuição como remuneração por serviços prestados[8].

---

4. BATALHA, Wilson de Souza Campos. *Comentários à lei das sociedades anônimas*. Rio de Janeiro: Forense, 1977, v. 1, p. 319.

5. CARVALHOSA, Modesto; EIZIRIK, Nelson. *A nova lei das sociedades anônimas*. São Paulo: Saraiva, 2002, p. 144-145.

6. CARVALHOSA, Modesto. *Comentários à lei das sociedades anônimas*. São Paulo: Saraiva, 1997, v. 1, p. 415.

7. BORBA, José Edwaldo Tavares. *Direito societário*. 4. ed. Rio de Janeiro: Freitas Bastos, 1998, p. 279.

8. CARVALHOSA, Modesto. *Comentários à lei de sociedades anônimas*. São Paulo: Saraiva, 1997, v. 1, p. 427.

Normalmente, chegado o prazo estipulado, os direitos das partes beneficiárias desaparecem sem qualquer contrapartida pela extinção de tais valores mobiliários. Todavia, a companhia pode estipular a possibilidade de resgate antecipado das partes beneficiárias, devendo criar um fundo especial para o resgate desses títulos. Nesse caso, surgiria o direito de receber uma quantia pelo resgate antecipado das partes beneficiárias.

Além disso, as partes beneficiárias podem ser conversíveis em ações, vale dizer, o titular de uma parte beneficiária pode se tornar acionista. Para tanto, haverá a capitalização de um fundo especialmente criado para esse fim, sem que seja necessário que os titulares das partes beneficiárias lancem mão de recursos próprios. Em outras palavras, a sociedade transformará recursos (o mencionado fundo especial), que já estão em seu patrimônio, em capital social, que será representado pelas ações atribuídas aos antigos titulares das partes beneficiárias. Nesta emissão de ações, não se cogita de direito de preferência por parte dos antigos acionistas.

2.3 Comunhão de interesses

Os titulares de partes beneficiárias, que não podem ser de classes distintas, possuem interesses comuns, formando uma comunhão de interesses. Esta comunhão pode ser representada junto à sociedade por intermédio de um agente fiduciário, observando-se o disposto nos arts. 66 a 71 da Lei n. 6.404/76. Tal agente fiduciário é uma espécie de representante dos interesses dos titulares das partes beneficiárias perante a sociedade.

A referida comunhão de interesses terá que aprovar qualquer modificação das vantagens das partes beneficiárias, em assembleia geral, na qual cada parte beneficiária terá direito a um voto, excetuadas as que pertençam à própria companhia. A referida alteração só ocorrerá se contar com a concordância de pelos menos metade dos titulares das partes beneficiárias.

2.4 Liquidação da companhia

Os titulares das partes beneficiárias nada mais são do que credores da companhia, a princípio, relativamente a uma parcela dos lucros desta. Ocorrendo a liquidação da companhia, cessam os direitos dos titulares das partes beneficiárias, uma vez que a companhia não mais produzirá lucros.

Entretanto, se na criação das partes beneficiárias foi previsto o resgate, ou a conversão em ações, sendo criada a respectiva reserva, surge um novo direito patrimonial para os referidos valores mobiliários. Nesse caso, os titulares das partes beneficiárias passam a ter um crédito privilegiado em face dos acionistas, relativamente ao valor das referidas reservas, isto é, antes de se distribuir o saldo do patrimônio líquido da companhia entre os acionistas devem ser distribuídos aos titulares das partes beneficiárias o valor correspondente às reservas para resgate ou conversão.

2.5 Natureza jurídica

As várias mudanças ocorridas na regulamentação das partes beneficiárias a excluíram do rol dos valores mobiliários previstos no art. 2º da Lei n. 6.385/76. Em função dessa exclusão e da sua impossibilidade de negociação no mercado, Rachel Sztajn e Vera Helena de Mello Franco passaram a qualificar as partes beneficiárias como títulos de crédito e não mais como valores mobiliários[9]. Similar é a opinião de Modesto Carvalhosa e Nelson Eizirik, que afirmam que as partes beneficiárias são títulos de crédito puros e simples[10].

Embora atribuam efetivamente um direito de crédito, é certo que as partes beneficiárias são sempre nominativas, seguindo o mesmo regime de propriedade das ações, o que, a nosso ver, lhes retira a cartularidade que seria essencial para qualificá-la como título de crédito. Assim, as partes beneficiárias hoje seriam títulos *sui generis*, na medida em que não se enquadram nem como valores mobiliários, nem como títulos de crédito.

3 Debêntures

Optando pelo mercado de capitais, a companhia se depara com vários mecanismos para obter recursos diretamente com o público, como, por exemplo, emitir ações. Quando a sociedade emite as ações, os prestadores do capital adquirem a condição de acionista, e todos os direitos inerentes a tal condição. Quando isso não for desejado, a sociedade pode lançar mão de um mero empréstimo público, de modo que os prestadores de capital não adquiram a condição de sócio, mas simplesmente de credores da sociedade[11]. Neste caso, o mais aconselhável é a emissão das debêntures, que tem se tornado um mecanismo extremamente útil para o financiamento das companhias.

3.1 Noções gerais

As debêntures são títulos representativos de um empréstimo público lançado pela sociedade. Cada emissão de debêntures representa um empréstimo realizado, tendo um caráter unitário[12]. A sociedade, ao decidir a emissão das debêntures, está fazendo uma

---

9. FRANCO, Vera Helena; SZTAJN, Rachel. *Manual de direito comercial*. São Paulo: Revista dos Tribunais, 2005, v. 2, p. 127.

10. CARVALHOSA, Modesto; EIZIRIK, Nelson. *A nova lei das sociedades anônimas*. São Paulo: Saraiva, 2002, p. 144.

11. JAEGER, Pier Giusto; DENOZZA, Francesco. *Appunti di diritto commerciale*. 5. ed. Milano: Giuffrè, 2000, p. 440.

12. CARVALHOSA, Modesto. *Comentários à lei de sociedades anônimas*. São Paulo: Saraiva, 1997, v. 1, p. 465; BATALHA, Wilson de Souza Campos. *Comentários à lei das sociedades anônimas*. Rio de Janeiro: Forense, 1977, v. 1, p. 340; LEÃES, Luiz Gastão Paes de Barros. *Comentários à lei das sociedades anônimas*. São Paulo: Saraiva, 1978, v. 2, p. 12.

oferta de um contrato de mútuo, que se completa com a subscrição dos títulos, que representaria a aceitação do contrato[13].

A companhia divide a soma pretendida em vários títulos emitidos em série. Quem subscreve o título está emprestando dinheiro para a emitente e, em contrapartida, objetiva recebimentos anuais parciais, ou outras vantagens que tais valores mobiliários podem assegurar, ou ao menos a restituição dos valores emprestados no vencimento.

Trata-se de um mecanismo muito eficiente para o financiamento das companhias, na medida em que permite a obtenção de uma grande quantidade de recursos, pela possibilidade de um número muito grande de prestadores de capital. Além disso, normalmente o empréstimo é feito para pagamento em longo prazo[14], representando custos menores que a emissão de ações e fugindo, também, das elevadas taxas bancárias para a realização de mútuos no sistema financeiro[15]. Ademais, a emissão de debêntures apresenta vantagens fiscais, na medida em que os juros pagos são dedutíveis como despesas[16]. Por fim, a emissão de debêntures não influi no controle da companhia e nem representa qualquer diluição nos direitos de quem já é acionista[17].

Tais títulos se diferenciam de outras formas de empréstimo, primordialmente pela negociabilidade independente do consentimento do devedor[18] e pela divisão do empréstimo em frações. As debêntures representam títulos executivos extrajudiciais (CPC – art. 784, I) e estão sujeitas ao prazo prescricional de 5 (cinco) anos, para a sua cobrança, após o seu vencimento[19].

3.2 Emissão

A emissão das debêntures não é obrigatória, tratando-se de opção da sociedade. Internamente, a sociedade precisa deliberar a emissão das debêntures. Em regra, tal deliberação será feita pela assembleia geral da companhia (art. 59 da Lei n. 6.404/76).

Nas sociedades fechadas, a competência será exclusivamente da assembleia. Nas companhias abertas permite-se que o conselho de administração das companhias abertas deli-

---

13. BATALHA, Wilson de Souza Campos. *Comentários à lei das sociedades anônimas*. Rio de Janeiro: Forense, 1977, v. 1, p. 347.

14. CARVALHOSA, Modesto. *Comentários à lei de sociedades anônimas*. São Paulo: Saraiva, 1997, v. 1, p. 474.

15. LEÃES, Luiz Gastão Paes de Barros. *Comentários à lei das sociedades anônimas*. São Paulo: Saraiva, 1978, v. 2, p. 5-6.

16. CARVALHOSA, Modesto. *Comentários à lei de sociedades anônimas*. São Paulo: Saraiva, 1997, v. 1, p. 478.

17. LEÃES, Luiz Gastão Paes de Barros. *Comentários à lei das sociedades anônimas*. São Paulo: Saraiva, 1978, v. 2, p. 5-6.

18. GARRIGUES, Joaquín. *Curso de derecho mercantil*. 7. ed. Bogotá: Temis, 1987, tomo II, p. 225.

19. STJ – AgInt no AgInt no AREsp 2.034.895/RS, Relator Ministro Marco Aurélio Bellizze, Terceira Turma, julgado em 17-4-2023, *DJe* de 19-4-2023.

bere sobre a emissão de não conversíveis em ações, salvo cláusula estatutária em contrário. Desse modo, o estatuto pode retirar esse poder do Conselho de Administração, mantendo na assembleia geral a competência para deliberar sobre a emissão de debêntures não conversíveis em ações. A atribuição de tal competência ao conselho de administração é uma medida extremamente inteligente, porquanto diminui o formalismo na emissão de tais títulos, uma vez que não será mais necessária a convocação de uma assembleia geral para tanto, o que, além dos gastos maiores, impunha uma demora no processo de emissão dos títulos.

O estatuto da companhia aberta poderá autorizar o conselho de administração a deliberar sobre a emissão de debêntures conversíveis em ações, especificando o limite do aumento de capital decorrente da conversão das debêntures, em valor do capital social ou em número de ações, e as espécies e classes das ações que poderão ser emitidas. Essa delegação, porém, só será possível nos limites do capital autorizado pelo estatuto da companhia, isto é, nos limites do aumento do capital já previsto no estatuto.

Fora dos casos de competência do Conselho de Administração, a assembleia poderá delegar ao Conselho a competência para definir a oportunidade de emissão das debêntures, a época e as condições de vencimento, amortização ou resgate; a época e as condições do pagamento dos juros, da participação nos lucros e do prêmio de reembolso, se houver; o modo de subscrição ou colocação, e o tipo das debêntures. Em outras palavras, a assembleia geral delibera sobre o valor da emissão ou os critérios de determinação do seu limite, e a sua divisão em séries, se for o caso; o número e o valor nominal das debêntures; as garantias reais ou a garantia flutuante, se houver; as condições da correção monetária, se houver; e a conversibilidade ou não em ações e as condições a serem observadas na conversão, delegando os demais elementos para o Conselho.

Nessa deliberação pelo órgão competente, há que se definir, em uma escritura pública ou particular de emissão, todos os detalhes a respeito da emissão das debêntures: valor, prazo de duração, resgate, vantagens etc. Há que se decidir também se a emissão será pública ou particular, isto é, se os títulos serão distribuídos publicamente ou se serão negociados de forma privada.

Com tais detalhes decididos, há que se seguir um procedimento para a emissão dos títulos, procedimento este dividido em quatro passos (art. 62 da Lei n. 6.404/76):

1. registro na CVM, se a emissão for pública, ou comunicação, se particular;
2. registro e publicação da ata da assembleia geral ou do Conselho de Administração que deliberou a emissão;
3. inscrição da escritura de emissão no registro do comércio, que deverá manter livro especial, para fins de tal registro;
4. constituição das garantias reais, se houver.

A inscrição na junta comercial é uma medida mais lógica[20], apta a atender à finalidade inicialmente objetivada, que é assegurar autenticidade, segurança e eficácia à escri-

---

20. PINHO, Themístocles; PEIXOTO, Álvaro. *A reforma da lei das S.A.* Rio de Janeiro: Freitas Bastos, 2001, p. 60.

tura de emissão das debêntures[21], uma vez que passa tal competência para um órgão/ entidade diretamente ligado ao direito societário.

Cumpridas as formalidades legais, pode ser feita a emissão de debêntures. A escritura de emissão poderá determinar que as debêntures sejam mantidas em custódia numa instituição financeira, tal qual ocorre com as ações (art. 41 da Lei n. 6.404/76), agora sem a necessidade da emissão de certificados. Acaba, pois, a obrigatoriedade de emissão de certificados representativos das debêntures, uma vez que eles perderam sua função.

Trata-se de um aperfeiçoamento já pugnado pela doutrina[22], pois desde a Lei n. 8.021/90, com a obrigatoriedade da forma nominativa das debêntures, a propriedade delas é verificada por registros em livros da sociedade, de nada servindo o certificado. Do mesmo modo, em relação à transferência da propriedade destas, pois também se dará nos livros da sociedade, sem qualquer influência dos certificados, pois não se admitem mais títulos que não sejam nominativos.

3.3 Comunhão de interesses

Cada emissão de debêntures corresponde a um único contrato de mútuo, de modo que todos os debenturistas estão ligados como se fossem ocupantes do mesmo polo de um contrato. Ao subscrever a debênture, ele não se torna simplesmente credor da sociedade, mas membro de um grupo organizado[23], protegido pela legislação de regência. Há, pois, uma comunhão de interesses entre todos os debenturistas de uma emissão, debenturistas estes que possuem os mesmos direitos dentro da mesma série. A comunhão existe não pelo número de credores, mas porque a dívida é una, fracionada em diversos títulos[24]. Essa unidade de tratamento se justifica, basicamente, pela identidade de direitos e pela simplificação do relacionamento com a companhia[25].

Tal comunhão possui basicamente dois órgãos: a assembleia geral e o agente fiduciário.

A assembleia geral representa a manifestação da vontade da comunhão, cabendo-lhe tomar todas as decisões necessárias à defesa dos interesses comuns. Tal assembleia será responsável pelo exercício dos direitos comuns dos debenturistas, isto é, aqueles que permitem aos debenturistas agir conjuntamente na defesa dos seus interesses[26]. Além disso, a assembleia pode ser instada a se manifestar em relação a determinadas operações da companhia, como por exemplos fusões, cisões e incorporações, na medida em que tais operações podem prejudicar os debenturistas.

---

21. CARVALHOSA, Modesto; EIZIRIK, Nelson. *A nova lei das sociedades anônimas*. São Paulo: Saraiva, 2002, p. 172.

22. CARVALHOSA, Modesto. *Comentários a lei de sociedades anônimas*. São Paulo: Saraiva, 1997, v. 1, p. 634.

23. GALGANO, Francesco. *Diritto civile e commerciale*. 3. ed. Padova: CEDAM, 1999, v. 3, tomo 2, p. 398.

24. CARVALHOSA, Modesto. *Comentários à lei de sociedades anônimas*. São Paulo: Saraiva, 1997, v. 1, p. 480.

25. BROSETA PONT, Manuel. *Manual de derecho mercantil*. 10. ed. Madrid: Tecnos, 1994, p. 382.

26. CARVALHOSA, Modesto. *Comentários à lei de sociedades anônimas*. São Paulo: Saraiva, 1997, v. 1, p. 494.

A existência da comunhão não obsta o exercício de determinados direitos individualmente por cada debenturista, desde que tal atuação não seja incompatível com as deliberações da assembleia dos debenturistas[27]. Neste particular, ganha relevo o recebimento de todas as quantias devidas em função da titularidade dos referidos valores mobiliários.

O outro órgão da comunhão é o agente fiduciário, que é o representante orgânico desta, servindo de elo entre ela e a companhia.

3.4 Agente fiduciário

A principal forma de proteção de tal grupo é a nomeação de um agente fiduciário, que será o representante da comunhão dos debenturistas junto à sociedade.

Se houver a oferta pública, é obrigatória a nomeação de um agente fiduciário dos debenturistas, na escritura de emissão; se a emissão não for pública, é facultativa a nomeação desse agente, tendo em vista o número menor de debenturistas normalmente ligados numa emissão particular. Este agente fiduciário exerce o papel de representante dos debenturistas perante a sociedade, devendo ser fiscalizado pela CVM. Para exercer bem suas funções, tal agente deve atender a uma série de requisitos impostos por lei.

O agente fiduciário pode ser pessoa física ou uma instituição financeira. No caso de oferta pública, se as debêntures são garantidas por caução, ou se o valor da emissão ultrapassa o capital social, o agente só pode ser uma instituição financeira. Em qualquer caso, o agente fiduciário dos debenturistas deve ser uma pessoa idônea, independente em relação à companhia e que não tenha interesses conflitantes com os dos debenturistas.

A idoneidade do agente fiduciário pessoa física se comprova pela presença dos requisitos exigidos para o exercício do cargo de administrador da companhia. Assim, o agente fiduciário deve residir no país e não pode ter sido condenado por crime falimentar (arts. 168 a 178 da Lei n. 11.101/2005), de prevaricação (art. 319 do Código Penal), suborno, concussão (art. 316 do Código Penal), peculato (art. 312 do Código Penal), crimes contra a economia popular, contra a fé pública, ou quaisquer crimes cuja pena vede o acesso a cargos públicos. Tal pessoa também não pode ter sido declarada inabilitada nem pelo Banco Central, nem pela CVM para o exercício de funções em instituições financeiras, ou para administrar companhias abertas.

No caso das instituições financeiras, exige-se que se trate de instituições especialmente autorizadas pelo Banco Central, e que tenham como objeto a custódia ou administração de bens de terceiros. A autorização específica dada pelo Banco Central denota a competência de tais instituições para o exercício de tal papel, sendo preferidas no mercado tais entidades como agentes fiduciários.

---

27. GALGANO, Francesco. *Diritto civile e commerciale*. 3. ed. Padova: CEDAM, 1999, v. 3, tomo 2, p. 399.

CURSO DE DIREITO EMPRESARIAL

Tendo como função primordial a defesa dos interesses da comunhão de debenturistas, o agente fiduciário, seja pessoa física, seja pessoa jurídica, não pode ter interesse pessoal na companhia, ou defender interesses de outros credores desta. Nestes casos, o desempenho do agente fiduciário estaria um tanto quanto prejudicado pela existência de interesses alheios e até contrários aos da comunhão.

Em função disso, não pode ser agente fiduciário (art. 66, § 3º, da Lei n. 6.404/76) a pessoa que já exerça a função em outra emissão da mesma companhia, pois terá que defender os interesses de outros credores também. Admite-se, porém, o exercício cumulativo em mais de uma emissão de debêntures da mesma companhia nas condições das normas emitidas pela CVM. Do mesmo modo, não podem ser agentes fiduciários as instituições financeiras coligadas à companhia emissora ou à entidade que subscreva a emissão para distribuí-la no mercado e qualquer sociedade por elas controlada. Também não podem ser agentes fiduciários os credores da companhia ou de sociedade por ela controlada. Em síntese, qualquer situação de conflito com os interesses dos debenturistas, ou de interesse na defesa dos interesses da companhia, são óbices para a assunção da função de agente fiduciário.

Em virtude de sua condição, o agente fiduciário tem uma série de obrigações, todas ligadas à proteção dos interesses dos debenturistas, como, por exemplo, fiscalizar o registro dos títulos, fiscalizar as garantias, poder convocar auditoria extraordinária, poder promover assembleia dos debenturistas, dentre outras indicadas nos arts. 68 e 69 da Lei n. 6.404/76. Dentre tais obrigações, podemos destacar a obrigatoriedade de notificação aos debenturistas do inadimplemento pela sociedade de qualquer obrigação constante da escritura de emissão.

3.5 Garantias

A emissão de debêntures representa, na verdade, um empréstimo feito junto ao público. Este, por sua vez, só emprestará algo à sociedade se tiver uma confiança na devolução ao menos do valor emprestado. Essa confiança pode ser na própria companhia ou em função de garantias outorgadas na emissão das debêntures.

Uma emissão de debêntures pode oferecer vários tipos de garantia aos mutuantes (art. 58 da Lei n. 6.404/76), quais sejam, a garantia real e a garantia flutuante. Nesta, os credores possuem um privilégio geral sobre o ativo líquido da companhia, vale dizer, eles têm uma prioridade, recebem antes daqueles que não tem qualquer garantia. Qualquer crédito privilegiado (fisco, créditos trabalhistas) recebe antes dos credores com garantia flutuante; estes só preferem aos quirografários. No caso da garantia real, também há um privilégio, mas tal privilégio incide sobre o produto da venda de determinado bem específico, por exemplo, um imóvel (hipoteca) ou máquinas (penhor).

A constituição de uma garantia é facultativa, podendo a sociedade deliberar pela emissão de debêntures sem qualquer garantia, que podemos chamar de debêntures quirografárias. Além da ausência de garantia, nossa lei das sociedades anônimas prevê a possibilidade de emissão das chamadas debêntures subordinadas.

Nesse último caso, idêntico às *subordinated debentures* do direito norte-americano[28], os titulares das debêntures com tal condição, numa liquidação da companhia, só receberão após o pagamento de todos os credores quirografários. Para tornar tais debêntures interessantes, a companhia, em contrapartida, oferece grandes vantagens, balanceando a "garantia negativa" que elas possuem.

À luz dessas possíveis garantias oferecidas pela companhia, a lei trazia limites para o valor dos empréstimos obtidos por meio de debêntures. Atualmente, porém, não há limites estabelecidos pela Lei n. 6.404/76, ante a revogação do seu art. 60. Assim, apenas a assembleia geral pode deliberar que a emissão terá valor e número de série indeterminados, dentro dos limites por ela fixados.

3.6 Vantagens

A par das garantias, as debêntures podem oferecer certas vantagens para atrair o público em geral.

Uma das possíveis vantagens ligadas ao mútuo debenturístico é a possibilidade de correção monetária do valor a ser restituído, inicialmente permitida apenas com base nos mesmos coeficientes fixados para a correção dos títulos da dívida pública. A correção poderá ser feita com base em qualquer índice que não seja expressamente vedado pela legislação, inclusive pela variação cambial. Ampliando-se o leque de possibilidades de correção, as debêntures tornam-se mais atrativas aos investidores, porquanto a correção adotada pode representar uma forma de remuneração para o capital investido.

Outras vantagens podem ser deferidas aos debenturistas, como, por exemplo, o pagamento de juros fixos ou variáveis, estes últimos com critérios objetivos de variação. Modesto Carvalhosa entende que os juros são a remuneração necessária do empréstimo efetuado por meio das debêntures, sendo sempre devidos[29]. Conquanto seja a forma corriqueira de vantagem das debêntures, entendemos que o pagamento de juros é uma opção a ser feita pela companhia emissora e não uma imposição legal. A companhia pode optar por qualquer forma de remuneração do mútuo debenturístico[30], podendo emitir debêntures nas quais não haja o pagamento de juros.

Outrossim, as debêntures podem assegurar o direito à participação nos lucros da sociedade. Tal vantagem está condicionada ao sucesso da companhia, uma vez que o seu insucesso resultará na não produção de lucros e consequentemente no não pagamento

---

28. HENN, Harry G.; ALEXANDER, John R. *Law of corporations*. 3. ed. St. Paul: West Group, 1983, p. 389.

29. CARVALHOSA, Modesto. *Comentários à lei de sociedades anônimas*. São Paulo: Saraiva, 1997, v. 1, p. 536-537; CELESTE, Carísia Baldioti Salles Vidal. In: VIDIGAL, Geraldo de Camargo; MARTINS, Ives Gandra da Silva (Coord.). *Comentários à lei das sociedades por ações*. Rio de Janeiro: Forense Universitária, 1999, p. 183.

30. PAPINI, Roberto. *Sociedade anônima e mercado de valores mobiliários*. 3. ed. Rio de Janeiro: Forense, 1999, p. 94-95; LEÃES, Luiz Gastão Paes de Barros. *Comentários à lei das sociedades anônimas*. São Paulo: Saraiva, 1978, v. 2, p. 25-26; BORBA, José Edwaldo Tavares. *Direito societário*. 4. ed. Rio de Janeiro: Freitas Bastos, 1998, p. 246.

CURSO DE DIREITO EMPRESARIAL

da referida vantagem aos debenturistas. Em função disso, tem-se preferido a atribuição dos juros, porquanto eles são devidos independentemente do resultado da atividade da sociedade.

Há ainda a possibilidade de um prêmio no reembolso, isto é, do pagamento de um acréscimo em relação ao valor mutuado. Nesses casos, a debênture foi emitida por valor inferior ao seu valor nominal, mas assegura-se a restituição do valor nominal do título[31]. Há que se garantirem tais vantagens a todos os titulares de debêntures de uma mesma emissão, sob pena de tornar tal prêmio uma espécie de loteria.

3.7 Conversibilidade em ações

As companhias podem emitir debêntures conversíveis em ações, desde que disciplinem, detalhadamente, o procedimento a ser seguido, bem como seus resultados (número de ações ou proporção entre o valor nominal da debênture e o preço de emissão das ações) na escritura de emissão. Não se trata efetivamente de uma vantagem de ordem patrimonial para os debenturistas, mas apenas de uma opção pela substituição da condição de debenturista pela condição de acionista, com todas as vantagens e riscos inerentes a tal condição[32]. Apesar disso, a conversibilidade em ações tem sido um grande atrativo para os investidores adquirirem as debêntures.

As debêntures conversíveis em ações são aquelas que facultam aos seus titulares, dentro de um prazo estipulado, a opção de serem os títulos convertidos em ações, vale dizer, eles escolhem entre receber a restituição do valor emprestado, ou receber ações, e se tornar acionistas da companhia[33]. Há, pois, um direito potestativo do debenturista para fazer uma opção, vale dizer, a conversão não é obrigatória.

O direito à conversão existe nos termos da escritura de emissão, dependendo apenas da opção do titular das debêntures para ser exercido, dentro do prazo fixado. Há uma obrigação alternativa da companhia. Em outras palavras, se os debenturistas optarem pela conversão, impõe-se o aumento de capital social, independentemente de qualquer deliberação de outro órgão social[34].

Essa conversão em ações, com o respectivo aumento do capital social, se dará sem qualquer novo ônus para os titulares das debêntures. A companhia remanejará os valores já constantes do seu patrimônio que seriam destinados ao pagamento das debêntures, transformando-os em capital social. Há que se ressaltar mais uma vez que tal conversão é automática, não se exigindo no direito brasileiro uma deliberação da assembleia geral,

---

31.   LEÃES, Luiz Gastão Paes de Barros. *Comentários à lei das sociedades anônimas.* São Paulo: Saraiva, 1978, v. 2, p. 27; CARVALHOSA, Modesto. *Comentários à lei de sociedades anônimas.* São Paulo: Saraiva, 1997, v. 1, p. 540.

32.   CARVALHOSA, Modesto. *Comentários à lei de sociedades anônimas.* São Paulo: Saraiva, 1997, v. 1, p. 539.

33.   GALGANO, Francesco. *Diritto civile e commerciale.* 3. ed. Padova: CEDAM, 1999, v. 3, tomo II, p. 400.

34.   CARVALHOSA, Modesto. *Comentários à lei de sociedades anônimas.* São Paulo: Saraiva, 1997, v. 1, p. 544.

no sentido do aumento do capital social, como é exigido no direito italiano[35], mas apenas o registro de tal aumento[36].

Diante de tal aumento do capital social, poderá haver uma alteração nas participações dos acionistas no capital social. Em função disso, os acionistas têm direito de preferência para a aquisição das debêntures conversíveis em ações, salvo nas hipóteses do art. 172 da Lei n. 6.404/76. Tal direito de preferência existe em relação às debêntures conversíveis em ações, e não em relação às emitidas em função da conversão.

Os titulares das debêntures conversíveis em ações têm um direito certo e futuro de se tornar acionistas. Assim sendo, nessa condição de "quase acionistas"[37], eles devem ter meio para defender seus interesses na companhia. Por isso, o art. 57, § 2º, da Lei n. 6.404/76 afirma que, enquanto puder ser exercido o direito à conversão, os titulares de debêntures conversíveis em ações devem aprovar decisões da companhia que possam influir diretamente nos seus interesses, alterando o objeto social, ou criando ações preferenciais ou modificando as vantagens das existentes, em prejuízo das ações em que são conversíveis as debêntures.

3.8 Vencimento

Conforme já mencionado, as debêntures representam um empréstimo lançado pela sociedade, é um mútuo caracterizado "pela divisão da quantia mutuada em frações, atribuídas a diversos titulares que se tornam credores, ligados entre si pelo vínculo comum de uma só operação, que dá nascimento às debêntures"[38]. Como tal, deve haver restituição dos valores pagos seja no vencimento, seja em amortizações, ou pelo resgate do título. Assim sendo, a escritura de emissão deve fixar o vencimento das debêntures, demarcando um ou alguns momentos para restituição dos valores mutuados.

O art. 55, § 4º, da Lei das Sociedades por Ações, admite a emissão de debêntures cujo vencimento esteja condicionado ao não pagamento dos juros, à dissolução da companhia, ou outras condições definidas na escritura. Neste caso, estamos diante das chamadas debêntures perpétuas[39]. Tais títulos, quando asseguram também o pagamento do dividendo, podem exercer um papel muito similar ao que é exercido pelas ações preferenciais sem direito a voto, na medida em que não atribuem quaisquer outros direitos de acionista.

---

35. GALGANO, Francesco. *Diritto civile e commerciale*. 3. ed. Padova: CEDAM, 1999, v. 3, tomo II, p. 401.

36. BORBA, José Edwaldo Tavares. *Direito societário*. 4. ed. Rio de Janeiro: Freitas Bastos, 1998, p. 271.

37. LEÃES, Luiz Gastão Paes de Barros. *Comentários à lei das sociedades anônimas*. São Paulo: Saraiva, 1978, v. 2, p. 35.

38. CARVALHOSA, Modesto. *Comentários à lei de sociedades anônimas*. São Paulo: Saraiva, 1997, v. 1, p. 462.

39. LEÃES, Luiz Gastão Paes de Barros. *Comentários à lei das sociedades anônimas*. São Paulo: Saraiva, 1978, v. 2, p. 22; COELHO, Fábio Ulhoa. *Curso de direito comercial*. São Paulo: Saraiva, 1999, v. 2, p. 146-147.

Chegado o vencimento, deve a companhia cumprir sua obrigação, restituindo os valores emprestados. Entretanto, nos termos da escritura de emissão, pode haver a estipulação de obrigação alternativa para o reembolso das debêntures, isto é, quando do vencimento caberá ao titular escolher entre o recebimento em espécie ou em bens avaliados nos termos do art. 8º da Lei n. 6.404/76.

A companhia também poderá extinguir as debêntures, comprando-as no mercado, desde que elas estejam cotadas por valor inferior ao seu valor nominal. Nesse caso, para a extinção das debêntures, deverá haver o cancelamento destas, mas nada impede que a sociedade recoloque as debêntures no mercado.

Com o vencimento, torna-se exigível a obrigação estabelecida na escritura de emissão, a qual se sujeita ao prazo prescricional de 5 anos[40].

3.9 Amortização, resgate e aquisição das debêntures

Mesmo antes do vencimento da obrigação de restituição das quantias emprestadas pelos debenturistas, a sociedade poderá fazer amortizações parciais periódicas dos títulos, nos termos da escritura de emissão, isto é, poderá pagar antecipadamente e em parcelas o que seria devido aos debenturistas[41], apenas no vencimento do título. Trata-se de uma medida extremamente comum e útil, porquanto permite a redução gradativa do valor devido, diminuindo o impacto futuro do vencimento das obrigações constantes em tais valores mobiliários. Lançando mão de tal operação, a sociedade cria um direito para o debenturista no sentido do recebimento de tais amortizações[42]. Tal amortização sempre deverá ser feita por sorteio.

Além dessa obrigação da companhia, a escrituração de emissão poderá reservar a esta o direito de resgate antecipado dos títulos. O resgate é a retirada compulsória de circulação dos títulos antes de seu vencimento, isto é, sua extinção mediante pagamento de tudo o que seria devido aos debenturistas, sendo uma impropriedade técnica falar-se em resgate parcial[43]. No resgate, não há negociação; trata-se de uma compra compulsória dos títulos.

A fim de evitar privilégios e preterições, não sendo possível o resgate ou a amortização em relação a todos os títulos com igual data de vencimento, tais operações serão realizadas mediante sorteio. Porém, se as debêntures estiverem cotadas por preço inferior ao seu valor nominal, o resgate poderá ser feito por compra no mercado de valores mobiliários, observando as regras expedidas pela Comissão de Valores Mobiliários.

---

40. STJ - REsp n. 1.997.047/RS, relatora Ministra Nancy Andrighi, Terceira Turma, julgado em 21-6-2022, *DJe* de 24-6-2022.

41. GARRIGUES, Joaquín. *Curso de derecho mercantil*. 7. ed. Bogotá: Temis, 1987, v. 2, p. 229.

42. CARVALHOSA, Modesto. *Comentários à lei de sociedades anônimas*. São Paulo: Saraiva, 1997, v. 1, p. 519.

43. CARVALHOSA, Modesto. *Comentários à lei de sociedades anônimas*. São Paulo: Saraiva, 1997, v. 1, p. 518.

Sem prejuízo da amortização e do resgate, admite-se que a companhia adquira debêntures da sua própria emissão, sem que isso extinga automaticamente o título. Se o valor da aquisição for igual ou inferior ao seu valor nominal, tal aquisição é livre. De outro lado, se o valor for superior ao valor nominal, devem ser obedecidas as normas da CVM sobre o tema (Resolução 77/2022 – CVM). Nesse caso, deve haver uma comunicação ao agente fiduciário sobre a intenção de adquirir, informando-se a data de aquisição, quais e quantas debêntures serão adquiridas, as condições de pagamento, inclusive o preço máximo, a destinação que será as debêntures e o prazo para os titulares manifestarem interesse na venda, que não será inferior a 15 dias.

3.10 Emissão no exterior

A princípio, a debênture deve ter valor nominal expresso em moeda nacional. Todavia, poderá ter valor expresso em moeda estrangeira, podendo ser lançada no mercado estrangeiro de capitais, desde que expressamente autorizada pelo Banco Central do Brasil. Trata-se de uma medida curiosa, mas que se adequou muito bem às exigências da globalização econômica.

4   Bônus de subscrição

Os bônus de subscrição são títulos emitidos pelas sociedades de capital autorizado, que conferem aos seus titulares, nas condições constantes dos certificados, direito de subscrever ações do capital social. Ao contrário de outros títulos conversíveis em ações, o bônus de subscrição dá apenas o direito de subscrever ações, o que será exercido por meio da apresentação do título à companhia com o respectivo pagamento do preço de emissão de ações. Em síntese, o titular do bônus de subscrição tem apenas o direito prioritário de subscrever as ações que serão emitidas, em face da autorização estatutária (art. 168 da Lei n. 6.404/76), vale dizer, é um direito prioritário de comprar ações por um preço, normalmente não sujeito às influências do mercado[44].

A emissão dos bônus de subscrição pode ser prevista no estatuto. Na omissão deste, compete à assembleia geral decidir a respeito de sua emissão, salvo na hipótese de atribuição pelo estatuto de tal competência ao Conselho de Administração.

Decidida a emissão, tais títulos serão alienados pela companhia ou atribuídos como vantagens adicionais aos subscritores de ações ou debêntures[45]. A princípio, os acionistas têm preferência na aquisição dos bônus de subscrição, na proporção de sua participação societária, ressalvadas as hipóteses do art. 172 da Lei n. 6.404/76.

Os bônus de subscrição não se confundem com as opções de compra que também podem ser emitidas pelas sociedades de capital autorizado. Tais opções têm por finali-

---

44.   HAMILTON, Robert W. *The law of corporations*. 5. ed. St. Paul: West Group, 2000, p. 580-581.

45.   BATALHA, Wilson de Souza Campos. *Comentários à lei das sociedades anônimas*, v. 1, p. 407.

CURSO DE DIREITO EMPRESARIAL

dade atender os interesses de empregados, administradores e contratantes da companhia, ao passo que os bônus têm por finalidade a obtenção de capitais pela companhia[46]. Ademais, as opções de compra têm natureza contratual, ao passo que os bônus de subscrição têm natureza de valor mobiliário, livremente negociado no mercado.

5   *Commercial papers*

A Resolução 163/2022 da CVM autorizou a emissão de notas promissórias pelas sociedades anônimas no mercado, como valores mobiliários. A nota promissória é um título de crédito que encerra uma promessa de pagamento. Assim sendo, quem subscreve um *commercial paper* está adquirindo o direito de receber a promessa de pagamento feita pela companhia em tal título. Trata-se, pois, de uma forma de financiamento das sociedades anônimas. A mesma instrução normativa estende o uso dos *comercial papers* para as sociedades limitadas e as cooperativas que tenham por atividade a produção, comercialização, beneficiamento ou industrialização de produtos ou insumos agropecuários, ou de máquinas e implementos utilizados na atividade agropecuária.

Tais títulos assemelham-se às debêntures, na medida em que são instrumentos de financiamento da companhia, tornando-se seus subscritores meros credores da sociedade pela quantia mutuada. Entretanto, há algumas diferenças relevantes.

Nos termos do art. 4º da Resolução 163/2022 da Comissão de Valores Mobiliários – CVM, a nota promissória deve circular por endosso em preto, de que conste obrigatoriamente a cláusula "sem garantia" dada pelo endossante. Enquanto objeto de depósito centralizado, a circulação das notas promissórias se opera pelos registros escriturais efetuados nas contas de depósito mantidas junto ao depositário central, que endossará a cártula ao credor definitivo, por ocasião da extinção do depósito centralizado.

Além disso, os *commercial papers* destinam-se à captação de recursos para suprir necessidades imediatas de fluxo de caixa, são de curto prazo, uma vez que tais títulos devem ter o máximo de 360 dias de vencimento. Já as debêntures estão ligadas a grandes empreendimentos, tendo um prazo de vencimento normalmente maior[47]. Nos *commercial papers* se dispensa a observância desse prazo máximo, se foram objeto de oferta pública de distribuição para investidores profissionais e contam com a presença de agente para representar os interesses dos titulares das notas promissórias.

Por fim, deve ser ressaltado que a sociedade não pode negociar com seus *commercial papers*, ao contrário do que ocorre com as debêntures, que podem ser adquiridas pela companhia emitente sem que isso implique necessariamente na extinção do título. Nos *commercial papers* a companhia emissora, ao adquiri-los, os extingue.

---

46.   CARVALHOSA, Modesto. *Comentários à lei de sociedades anônimas*. São Paulo: Saraiva, 1997, v. 2, p. 15.

47.   BERTOLDI, Marcelo M. *Curso avançado de direito comercial*. São Paulo: Revista dos Tribunais, 2001, v. 1, p. 317; COELHO, Fábio Ulhoa. *Curso de direito comercial*. São Paulo: Saraiva, 1999, v. 2, p. 153.

É importante registrar que, para a CVM, a nota comercial, regulada pela Lei n. 14.195/2021, é um novo produto do mercado financeiro – ela difere da nota promissória e, inclusive, não segue as mesmas regras desse ativo (que estão na Resolução 163/2022 da CVM).

6 *American Depositary Receipts (ADR)* e *Brazilian Depositary Receipts (BDR)*

No início do século XX, o banqueiro americano J. P. Morgan, interessado em propiciar a seus clientes norte-americanos investimento numa companhia inglesa, a Sefridge's, verificou algumas dificuldades para tal investimento, quais sejam, a submissão ao direito inglês e a existência de restrições à participação de estrangeiros. Diante de tais dificuldades ele criou os *American Depositary Receipts* (ADR) emitidos e negociados no mercado norte-americano, mas que na verdade são títulos-espelho dos títulos emitidos em outro país, adquiridos e custodiados por uma instituição financeira do mesmo país[48].

Em suma, há um título emitido em determinado país que é adquirido por uma instituição financeira desse país, que os mantém em custódia. Uma instituição financeira norte-americana faz um convênio com a primeira instituição financeira emitindo no seu território os títulos que serão efetivamente negociados. Tais títulos são denominados ADR (*American Depositary Receipts*), porquanto os títulos reais estão depositados na instituição financeira norte-americana, sendo negociados apenas os recibos de tais depósitos.

A perspicácia do banqueiro norte-americano fez com que tal prática se difundisse, produzindo excelentes resultados, chegando a outros países, como o Brasil. Aqui, a disciplina de tais mecanismos decorre basicamente da Resolução 182/2023 da CVM, havendo vários níveis de programas de emissão de tais títulos, conforme a maior ou menor penetração no mercado. Ressalte-se, desde já, que tais programas devem ser registrados na CVM.

Na disciplina nacional de tais valores mobiliários, temos quatro conceitos que devem ser destacados e associados ao funcionamento dos ADR, ou BDR.

Nossa regulamentação fala em certificados de depósitos de valores mobiliários, em vez de falar sempre em ADR ou BDR, apesar de esta ainda ser a terminologia mais corriqueira no mercado. Tais certificados são os títulos representativos de valores mobiliários, de companhias com sede no exterior, emitidos por instituição depositária no país de negociação[49]. Tal instituição emissora do certificado é denominada instituição deposita-

---

48. COELHO, Fábio Ulhoa. *Curso de direito comercial.* São Paulo: Saraiva, 1999, v. 2, p. 153-154.

49. Esse país é que determina a primeira letra do título A para o caso dos Estados Unidos, B para o caso do Brasil.

ria. A outra instituição financeira, situada no país de origem, é denominada custodiante, por ser aquela que possui a custódia do valor mobiliário. Tal mecanismo é importante para as próprias companhias, as quais têm tomado a iniciativa de tais programas, sendo denominadas no Brasil como empresas patrocinadoras.

A título exemplificativo, imaginemos a seguinte situação: uma sociedade brasileira X, extremamente rentável, tem interesse na negociação de seus valores mobiliários na Bolsa de Nova York. Tal sociedade X é a empresa patrocinadora. Nos livros desta companhia, constará como proprietária dos títulos a instituição financeira custodiante Y sediada no Brasil. A instituição custodiante mantém um acordo com uma instituição sediada nos Estados Unidos Z, a qual será a instituição depositária. Esta, por sua vez, emitirá o ADR na Bolsa de Nova York, o qual será negociado normalmente no mercado, sujeito à legislação norte-americana. O sentido inverso da negociação também poderia ocorrer, gerando a emissão dos BDRs no mercado nacional.

27 ACIONISTAS

1 Noções gerais

O acionista é o titular de ações da companhia, sendo o principal interessado nos seus resultados. Diante do regime peculiar das sociedades anônimas, não existem maiores restrições quanto às qualidades pessoais dos acionistas, de modo que inclusive os incapazes podem assumir essa condição.

A princípio, uma sociedade anônima deve ter pelo menos dois acionistas. Com o fim da exigência da qualidade de acionista para os membros do conselho de administração, o número mínimo de dois acionistas passa a se aplicar indiferentemente para sociedades abertas e fechadas. Entretanto, na subsidiária integral há apenas um acionista, que é uma sociedade brasileira (art. 251 da Lei n. 6.404/76).

Mesmo pessoas residentes e domiciliadas em outros países podem ser acionistas de uma companhia, desde que mantenham no país representante com poderes para receber citações. Caso não haja a constituição formal de um procurador no país, a lei impõe um mandato legal àquele que exerça quaisquer dos direitos do acionista domiciliado ou residente no exterior[1].

2 Classificação dos acionistas

Os diversos acionistas de uma sociedade anônima raramente se conhecem e dificilmente estão imbuídos do mesmo espírito ao se tornarem sócios. Cada um tem motivos diversos para ingressar na sociedade. Em função dessa diversidade de perfis, podemos classificar os acionistas em três tipos: acionista empresário ou empreendedor, acionista rendeiro e acionista especulador.

O acionista empresário ou empreendedor é aquele acionista interessado na gestão da companhia, é aquele que se preocupa com o dia a dia da companhia[2]. Tal tipo de acionista possui ações com o direito a voto[3], pois é através do exercício desse direito, que ele poderá influir nos caminhos que a sociedade trilha.

---

1. CARVALHOSA, Modesto. *Comentários à lei de sociedades anônimas.* São Paulo: Saraiva, 1997, v. 2, p. 487.

2. COELHO, Fábio Ulhoa. *Curso de direito comercial.* São Paulo: Saraiva, 1999, v. 2, p. 273-274; PAPINI, Roberto. *Sociedade anônima e mercado de valores mobiliários.* 3. ed. Rio de Janeiro: Forense, 1999, p. 134; REQUIÃO, Rubens. *Curso de direito comercial.* 21. ed. São Paulo: Saraiva, 1998, v. 2, p. 126.

3. JAEGER, Pier Giusto; DENOZZA, Francesco. *Appunti di diritto commerciale.* 5. ed. Milano: Giuffrè, 2000, p. 258.

CURSO DE DIREITO EMPRESARIAL

Todavia, nem todos os acionistas se preocupam com a gestão da companhia; grande parte deles, sobretudo nas sociedades abertas, não tem interesse no dia a dia da companhia. Esses acionistas, denominados investidores por Fábio Ulhoa Coelho[4], podem se subdividir em rendeiros e especuladores.

O acionista rendeiro é aquele cuja maior preocupação é com a distribuição de dividendos pela companhia e com a renda que as ações podem lhe propiciar. Em função disso, lhes interessam mais aquelas ações preferenciais dotadas de um algum tipo de privilégio na distribuição do dividendo. De outro lado, os especuladores têm interesse na negociação de suas ações no mercado, preocupando-se basicamente com a cotação desses títulos. Por isso, eles normalmente possuem ações preferenciais dotadas de alto nível de liquidez no mercado, isto é, ações mais facilmente negociáveis.

Tal classificação dos acionistas é meramente doutrinária, mas tem o mérito de permitir a visualização de vários tipos de acionistas, com interesses diversos, atuando na órbita da companhia. Diante disso é que não há necessariamente uma uniformidade nos direitos dos acionistas.

3 Acionista controlador

A par da citada classificação, há que se ter em mente que um acionista ou um grupo deles tem o poder de dirigir as atividades sociais[5], é o acionista controlador. Essa determinação dos rumos da sociedade pode se realizar por meio de diversos mecanismos, surgindo, por assim dizer, várias formas de controle.

3.1 Controle interno

O controle interno é aquele cujo titular atua no interior da própria sociedade, fundando-se primordialmente na propriedade acionária[6], isto é, o fator determinante é a detenção da maioria dos votos possíveis nas decisões da companhia. Todavia, nem sempre quem detém a maioria dos votos na assembleia tem a maioria de todos os votos; em função disso, a doutrina propõe uma divisão do controle interno em cinco modalidades de controle: totalitário, majoritário, minoritário e administrativo[7], sendo mencionado ainda, o controle por meio de artifícios legais, a nosso ver incluído nas outras espécies de controle.

---

4.   COELHO, Fábio Ulhoa. *Curso de direito comercial*. São Paulo: Saraiva, 1999, v. 2, p. 273-274.

5.   CARVALHOSA, Modesto. *Comentários à lei de sociedades anônimas*. São Paulo: Saraiva, 1997, v. 2, p. 429.

6.   COMPARATO, Fábio Konder. *O poder de controle na sociedade anônima*. 3. ed. Rio de Janeiro: Forense, 1983, p. 36.

7.   BERLE, Adolf A.; MEANS, Gardiner C. *A moderna sociedade anônima e a propriedade privada*. Tradução de Dinah de Abreu Azevedo. São Paulo: Abril Cultural, 1984, p. 85-86.

O controle totalitário seria aquele exercido com a quase totalidade dos votos. Nesse caso, nenhum acionista é excluído do poder de denominação da sociedade, seja pela existência de uma sociedade unipessoal, seja pelo exercício de tal poder por um grupo familiar[8]. Entretanto, tal hipótese não é muito comum, normalmente havendo grupos de acionistas alheios a tal regime.

Quando existem vários acionistas, mas algum ou alguns conjuntamente possui a maioria dos votos, esse ou esses acionistas exercem o chamado controle majoritário. Tal controle pode-se dizer simples, se existir uma minoria qualificada capaz de interferir no exercício do poder de controle, convocando assembleias, ajuizando ações de responsabilidade dos administradores... Na ausência de tal minoria qualificada, o controle majoritário diz-se absoluto[9].

A ausência de um acionista ou grupo de acionistas que titularize mais da metade dos votos da companhia não significa que não podemos ter um acionista controlador. Nesse caso, surge o dito controle minoritário, que seria exercido por titulares de menos da metade das ações com direito a voto.

Para a configuração do controle minoritário, é necessário que haja uma grande dispersão das ações no mercado, não se concentrando uma quantidade grande de ações nas mãos de uma pessoa ou de um grupo. Há, nesses casos, um grande número de acionistas especuladores e rendeiros, que não se interessam pela gestão da companhia. Em função disso, uma minoria que se organiza e comparece às assembleias acaba assumindo o poder de controle da sociedade, pois nestas assembleias terá a maioria dos votos. "Quanto maior a companhia, e quanto mais dispersa a propriedade de suas ações, tanto mais difícil desalojar a minoria que dispõe do controle"[10].

Por fim, poderia ocorrer o controle gerencial ou administrativo, que se baseia nas prerrogativas dos administradores[11]. Nesse controle, a propriedade da companhia está tão dispersa que nenhum indivíduo ou pequeno grupo tem sequer um interesse minoritário grande o suficiente para dominar os negócios da empresa[12]. Tal forma de controle é raríssima nas companhias brasileiras.

3.2 Controle externo

A par do controle interno que é exercido por meio do direito de voto, temos também o controle exercido por meio de outros mecanismos, denominado controle externo, não

---

8. COMPARATO, Fábio Konder. *O poder de controle na sociedade anônima*. 3. ed. Rio de Janeiro: Forense, 1983, p. 43.

9. Idem, p. 44-46.

10. BERLE, Adolf A.; MEANS, Gardiner C. *A moderna sociedade anônima e a propriedade privada*. Tradução de Dinah de Abreu Azevedo. São Paulo: Abril Cultural, 1984, p. 92.

11. COMPARATO, Fábio Konder. *O poder de controle na sociedade anônima*. 3. ed. Rio de Janeiro: Forense, 1983, p. 51.

12. BERLE, Adolf A.; MEANS, Gardiner C. *A moderna sociedade anônima e a propriedade privada*. Tradução de Dinah de Abreu Azevedo. São Paulo: Abril Cultural, 1984, p. 94.

por não ser o controlador um acionista, mas por ser exercido o controle por um meio alheio ao exercício do direito de voto[13].

Credores, fornecedores e outras pessoas podem se encontrar numa situação peculiar que lhes permita dizer a última palavra sobre os rumos da companhia, sendo por isso seus controladores[14]. O endividamento da companhia, ou contratos de exclusividade, podem gerar situações nas quais o bom andamento dos negócios sociais dependa de terceiros alheios à companhia (credores, fornecedores).

A figura do controle externo é a mesma usada genericamente para os efeitos do direito da concorrência. O essencial é a influência dominante que se exerce sobre a empresa[15], determinando-se os rumos da companhia.

3.3 Conceito legal do acionista controlador

O art. 116 da Lei n. 6.404/76 conceitua o acionista controlador como sendo a pessoa natural ou jurídica, ou grupo de pessoas vinculadas por meio de acordo de acionistas ou sob o controle comum, que possua direitos de acionista que assegurem, de modo permanente, a preponderância nas deliberações sociais e, consequentemente, o poder de eleger a maioria dos administradores, exercendo o domínio sobre o funcionamento da sociedade, em função do exercício desse poder. Tal conceito abrange tão somente o controle interno, uma vez que, na sua configuração, o fator fundamental é o exercício do direito de voto[16].

O conceito de acionista controlador no direito brasileiro abrange pessoas físicas, jurídicas, ou grupos de pessoas ligadas por acordo de acionistas. Assim sendo, não é necessário que haja um acionista controlador; pode haver um grupo que exerça o controle em conjunto. Tal grupo pode estar ligado por um acordo de acionistas, ou pode usar de outros meios para exercer o controle por meio de intermediários, jungidos à orientação de um único controlador[17]. Nestes casos, despreza-se o intermediário buscando a sociedade controladora em último grau[18].

Tal pessoa ou grupo de pessoas deve ter a preponderância nas assembleias-gerais de modo permanente. Não precisa ter mais de 50% das ações com direito a voto, basta

---

13. CARVALHOSA, Modesto. *Comentários à lei de sociedades anônimas*. São Paulo: Saraiva, 1997, v. 2, p. 435.

14. PEREIRA, Guilherme Döring Cunha. *Alienação do poder de controle acionário*. São Paulo: Saraiva, 1995, p. 13-14.

15. SALOMÃO FILHO, Calixto. *Direito concorrencial*: as estruturas. São Paulo: Malheiros, 1998, p. 249; VEDOVE, Giampaolo dalle. *Concentrazioni e gruppi nel diritto antitrust*. Padova: CEDAM, 1999, p. 163.

16. CARVALHOSA, Modesto. *Comentários à lei de sociedades anônimas*. São Paulo: Saraiva, 1997, v. 2, p. 431.

17. PAPINI, Roberto. *Sociedade anônima e mercado de valores mobiliários*. 3. ed. Rio de Janeiro: Forense, 1999, p. 155.

18. COMPARATO, Fábio Konder. *O poder de controle na sociedade anônima*. 3. ed. Rio de Janeiro: Forense, 1983, p. 65.

conseguir a maioria dos votos, nas deliberações. A permanência exigida pelo dispositivo legal caracteriza-se pela titularidade da maioria absoluta dos votos, ou pela vitória em três assembleias consecutivas (Resolução 401 do Banco Central)[19].

Possuindo a preponderância nas assembleias-gerais, logicamente, o controlador tem o poder de eleger a maioria dos administradores. Todavia, excepcionalmente, por meio de um acordo de acionistas ou, por meio de vantagens estatutárias, pode-se assegurar a outros acionistas tal poder. Nessa situação, não se configuraria um acionista controlador, pois são requisitos cumulativos: a preponderância nas assembleias e o poder de eleger a maioria dos administradores[20]. Não basta um ou outro requisito; o art. 116 da Lei n. 6.404/76 impõe ambos como necessários para a configuração do acionista controlador.

Por fim, exige-se o uso efetivo de seu poder de comando, para dirigir a sociedade, determinando os rumos que esta irá seguir.

3.4 Exercício do poder de controle

O acionista controlador possui um grande poder na condução da companhia. Todavia, tal poder vem acompanhado de deveres, pois modernamente não mais se concebe o exercício irresponsável do direito de propriedade. Dessa forma, o poder de controle deve ser exercido tendo em vista a realização do objeto social, sem deixar de atentar para a função social da sociedade, respeitando e atendendo lealmente aos direitos e interesses de todos aqueles vinculados à empresa (empregados, acionistas minoritários, investidores e a comunidade em que atua)[21].

Tal imposição é um reflexo da concepção institucionalista que dirigiu a elaboração da lei das sociedades anônimas. Com efeito, não se pode negar que a sociedade anônima envolve um número tão grande de interesses (empregados, comunidade, fisco, consumidores), além dos interesses dos seus membros, que há uma responsabilidade social a ser cobrada[22]. A prevalência do interesse social sobre o interesse individual dos sócios reforça a natureza institucional da relação[23].

Hoje não há como se conceber uma empresa voltada tão somente para o seu lucro, isto é, não há como se admitir um acionista controlador que dirija a sociedade em seu

---

19. COMPARATO, Fábio Konder. *O poder de controle na sociedade anônima*. 3. ed. Rio de Janeiro: Forense, 1983, p. 66; CARVALHOSA, Modesto. *Comentários à lei de sociedades anônimas*. São Paulo: Saraiva, 1997, v. 2, p. 431-432.

20. Em sentido contrário: CARVALHOSA, Modesto. *Comentários à lei de sociedades anônimas.* São Paulo: Saraiva, 1997, v. 2, p. 431.

21. Exposição de motivos do art. 116 da Lei n. 6.404/76.

22. LAMY FILHO, Alfredo; PEDREIRA, José Luiz Bulhões. *A lei das S.A.* (pressupostos, elaboração, aplicação). 3. ed. Rio de Janeiro: Renovar, 1997, p. 147.

23. PAPINI, Roberto. *Sociedade anônima e mercado de valores mobiliários.* 3. ed. Rio de Janeiro: Forense, 1999, p. 35.

480 CURSO DE DIREITO EMPRESARIAL

exclusivo benefício pessoal. A empresa deve ser exercida para atender não apenas aos interesses do controlador, mas também aos dos seus colaboradores e da sociedade que consome os seus produtos. A companhia representa hoje o grande agente ativo e impulsionador da civilização contemporânea[24].

3.5 Abuso do poder de controle

Diante dessa função do exercício do poder de controle, a Lei das S.A. pune o seu exercício abusivo, impondo ao controlador, que age abusivamente, o dever de indenizar os danos causados por sua atuação. Essa responsabilização do controlador decorre do não atendimento ao interesse social, bem como do desrespeito aos interesses dos minoritários, dos colaboradores e até da comunidade, onde a sociedade atua.

O art. 117 da Lei n. 6.404/76 enumera exemplificativamente[25] as hipóteses de exercício abusivo do poder de controle:

* orientar a sociedade para fim estranho ao objeto social, ou lesivo ao interesse nacional;
* favorecer outra sociedade em detrimento dos minoritários;
* liquidar companhia rentável;
* cisão, fusão, incorporação ou transformação para obter vantagem indevida;
* praticar atos alheios ao interesse da companhia, em prejuízo aos minoritários, aos empregados ou investidores;
* eleger administrador que sabe inapto, moral ou tecnicamente;
* induzir os administradores à prática de atos ilegais, promovendo a sua ratificação;
* contratar com a companhia diretamente, ou por meio transverso em condições de favorecimento, não estendidas a outros;
* aprovar contas irregulares;
* subscrever novas ações, com bens estranhos ao objeto social da companhia.

Em qualquer caso, não há necessidade de prova da intenção do acionista controlador, mas será sempre necessária a prova do dano causado à sociedade[26]. Nessas modalidades do exercício abusivo do poder pelo acionista controlador vislumbra-se claramente a concepção institucionalista da lei e a prevalência do interesse social sobre o interesse do

---

24. ARNOLDI, Paulo Roberto Colombo e RIBEIRO, Ademar. A revolução do empresariado. *Revista de Direito Privado*, n. 9, jan./mar. 2002, p. 219.

25. CARVALHOSA, Modesto. *Comentários à lei de sociedades anônimas*. São Paulo: Saraiva, 1997, v. 2, p. 444.

26. STJ – REsp 798.264/SP, Rel. Ministro Carlos Alberto Menezes Direito, Rel. p/ Acórdão Ministra Nancy Andrighi, Terceira Turma, julgado em 6-2-2007, *DJ* 16-4-2007, p. 189.

controlador[27]. Vale registrar que tal enumeração não é taxativa, podendo o juiz e as autoridades administrativas, como a Comissão de Valores Mobiliários (CVM), incluir outros atos lesivos na relação de abusos praticados pelo controlador[28].

Para a ação de responsabilização do acionista controlador ou sociedade controladora não há a necessidade de deliberação de assembleia geral (III Jornada de Direito Comercial – Enunciado 88), podendo qualquer acionista ajuizar essa ação em substituição processual.

4 Acionistas minoritários

Com tal definição dos acionistas controladores, há que se ter em mente agora quem são os acionistas minoritários. Estes estão ligados apenas às ações com direito a voto, ou abrangem também as ações preferenciais sem direito a voto? Tal noção é importante, na medida em que existem regras especiais que atuam na proteção da minoria acionária.

Waldirio Bulgarelli afirma que "a minoria é o acionista ou conjunto de acionistas que, na assembleia geral, detém uma participação em capital inferior àquela de um grupo oposto"[29]. De modo similar, afirma Fábio Konder Comparato, "minoria e maioria são noções que só fazem senso quando referidas ao direito de voto, a assembleias deliberativas ou a colégios eleitorais"[30].

Diante de tais lições, o conceito de acionistas minoritários estaria ligado aos titulares das ações com direito a voto, que não fizessem parte do grupo que determina a vontade social. Desse modo, tecnicamente não se pode incluir, no conceito de minoritários, os titulares de ações preferenciais sem direito a voto[31].

Todavia, essa noção técnica de quem são os minoritários não é usada na nossa legislação, que usa a expressão abrangendo todos os acionistas que não são controladores, inclusive os titulares de ações sem direito a voto. Em inúmeros dispositivos da Lei n. 6.404/76, como o art. 117, a tutela assegurada aos minoritários se estende a todos os acionistas que não são controladores, independentemente da existência do direito de voto.

Dentro dessa ideia mais pragmática, do que técnica, é que usaremos a expressão minoria acionária.

---

27. CARVALHOSA, Modesto. *Comentários à lei de sociedades anônimas*. São Paulo: Saraiva, 1997, v. 2, p. 441.

28. STJ – REsp 798.264/SP, Rel. Ministro Carlos Alberto Menezes Direito, Rel. p/ Acórdão Ministra Nancy Andrighi, Terceira Turma, julgado em 6-2-2007, *DJ* 16-4-2007, p. 189.

29. BULGARELLI, Waldirio. *Regime jurídico de proteção às minorias*: de acordo com a reforma da Lei n. 6.404/76. Rio de Janeiro: Renovar, 1998, p. 40.

30. COMPARATO, Fábio Konder. *O poder de controle na sociedade anônima*. 3. ed. Rio de Janeiro: Forense, 1983, p. 242.

31. AMENDOLARA, Leslie. *Os direitos dos acionistas minoritários*: com as alterações da Lei n. 9.457/97. São Paulo: STS, 1998, p. 14.

5 Deveres dos acionistas

Para se tornar acionista é necessária a subscrição de ações. Tal ato acarreta direitos e deveres para quem o faz.

5.1 Contribuição para o capital social

O dever primordial de todo acionista é contribuir para o capital social (arts. 106 a 108 da Lei n. 6.404/76), porquanto tal contribuição é fundamental para o bom desenvolvimento da companhia. Tal contribuição pode se dar em bens ou dinheiro, não se admitindo no Brasil as ações de trabalho, integralizadas em serviços.

Não há um momento predeterminado para o cumprimento de tal dever. O pagamento pode ocorrer no momento da aquisição, ou, *a posteriori*, podendo a sociedade dividir o pagamento do valor, ou exigi-lo de uma única vez. Não sendo fixado o momento do vencimento da obrigação, a sociedade deve fazer a chamada de capital, devendo publicar pelo menos três editais na imprensa oficial e em jornal de grande circulação, assegurando um prazo não inferior a 30 dias, contados da primeira publicação, para o acionista honrar sua obrigação perante a companhia.

No caso de contribuição em bens, eles têm que ser avaliados (art. 8º da Lei n. 6.404/76) para se verificar o seu exato valor, a fim de não desfalcar o capital social. Além disso, o acionista tem responsabilidade idêntica à do vendedor, respondendo pela evicção na forma da lei, e por quaisquer vícios que afetem o bem transferido. Em suma, o acionista responderá pelas consequências de uma transferência a *non domino*[32], bem como pelos eventuais vícios ocultos que afetem o bem.

Além disso, se tal dever for cumprido por meio da transferência de créditos, o acionista responde pela solvência do devedor. Em outras palavras, se tal crédito não for honrado, pode a sociedade se voltar contra o acionista que transferiu tais valores. Independentemente de se tratar de uma cessão de crédito ou de um endosso cambiário, a companhia tem o direito de se voltar contra o acionista, para que este efetivamente cumpra sua obrigação[33].

Verifica-se de tais dispositivos a importância desse dever, do qual o acionista só se desonera, se for efetivamente cumprido. Mesmo com a transferência das ações, o acionista fica solidariamente responsável com o adquirente pelo cumprimento dessa obrigação, por dois anos após a sua transferência.

---

32. BATALHA, Wilson de Souza Campos. *Comentários à lei das sociedades anônimas.* Rio de Janeiro: Forense, 1977, v. 1, p. 136.

33. PEIXOTO, Carlos Fulgêncio da Cunha. *Sociedades por ações.* São Paulo: Saraiva, 1972, v. 1, p. 96-97.

5.1.1 Acionista remisso

Ao descumprir a obrigação de contribuir para o capital social, o acionista, denominado remisso, resta constituído em mora de pleno direito independentemente de qualquer notificação. Em função dessa mora, o acionista remisso pode ficar sujeito a multas não superiores a 10%, bem como ao pagamento de juros.

Diante do acionista remisso, a sociedade tem, a princípio, duas opções, quais sejam, a execução judicial e a venda extrajudicial das ações. A companhia tem total liberdade para escolher qualquer uma dessas medidas, não havendo uma ordem a ser seguida, admitindo-se inclusive a sua utilização sucessiva[34].

Na primeira opção, a sociedade promoverá a execução do acionista pelo valor devido, com base no boletim de subscrição, eventualmente acompanhado dos editais de chamada para o pagamento do capital social. Neste caso, o título executivo extrajudicial é o boletim de subscrição. O processo deverá tramitar no foro do pagamento da obrigação.

A outra opção da companhia é a recolocação das ações no mercado, por conta e risco do remisso, isto é, ela pode vender extrajudicialmente as ações pertencentes a este. Tal venda será feita em um leilão na bolsa de valores da sede social, ou, se não houver, na mais próxima, depois de publicado aviso, por 3 (três) vezes, com antecedência mínima de 3 (três) dias. Do produto da venda serão deduzidos as despesas com a operação e, se previsto no estatuto, os juros, correção monetária e multa, ficando o saldo à disposição do ex-acionista, na sede da sociedade.

Fábio Ulhoa Coelho afirma que, neste caso, o lance mínimo seria o valor nominal da ação, com o intuito de resguardar a integridade do capital social[35]. Todavia, o acionista já pagou parte do valor nominal dessa ação, assim sendo, exigir tal valor como mínimo é impor um valor muito elevado e dificultar tal venda. Diante disso, Modesto Carvalhosa afirma que a ação não pode ser vendida por preço inferior ao valor que faltar para a integralização[36], pois com tal lance mínimo resguarda-se o interesse da companhia e a integridade do capital social. A exigência do valor nominal como lance mínimo não é uma garantia para a companhia, mas para o próprio acionista remisso, com o que não pode a sociedade se preocupar.

Não conseguindo a integralização do valor das ações por nenhum desses meios, a sociedade poderá se apropriar das ações do remisso, excluindo-o da companhia[37]; é a

---

34. LEÃES, Luiz Gastão Paes de Barros. *Comentários à lei das sociedades anônimas*. São Paulo: Saraiva, 1978, v. 2, p. 210.

35. COELHO, Fábio Ulhoa. *Curso de direito comercial*. São Paulo: Saraiva, 1999, v. 2, p. 164.

36. CARVALHOSA, Modesto. *Comentários à lei de sociedades anônimas*. São Paulo: Saraiva, 1997, v. 2, p. 266; PAPINI, Roberto. *Sociedade anônima e mercado de valores mobiliários*. 3. ed. Rio de Janeiro: Forense, 1999, p. 131.

37. CARVALHOSA, Modesto. *Comentários à lei de sociedades anônimas*. São Paulo: Saraiva, 1997, v. 2, p. 268; LEÃES, Luiz Gastão Paes de Barros. *Comentários à lei das sociedades anônimas*. São Paulo: Saraiva, 1978, v. 2, p. 211; LIMA, Osmar Brina Corrêa. *Sociedade anônima*. 2. ed. Belo Horizonte: Del Rey, 2003, p. 341.

chamada decadência[38]. A lei usa equivocadamente a expressão *declarar a caducidade das ações*, quando na verdade o que se declara é a caducidade dos direitos do acionista remisso; ele perde todos os direitos decorrentes das ações e inclusive o direito sobre os valores já integralizados[39].

Lançando mão desse último meio, a sociedade passa a ser titular das ações, adquirindo consequentemente a obrigação de integralizá-las. Neste caso, ela deve integralizar as ações com lucros ou reservas, recompondo o capital social. Não possuindo lucros ou reservas para recompor o capital social, a sociedade tem o prazo de um ano para colocar as ações caídas em comisso no mercado, isto é, tem um ano para encontrar novos titulares para aquelas ações perdidas pelo inadimplemento. Não sendo possível a recomposição do capital social, por quaisquer desses meios, impõe-se a redução do capital social.

5.2 Dever de lealdade

Outro dever que toca aos acionistas é o dever de lealdade, pelo qual ele não deve antepor seus interesses aos da companhia, vale dizer, ele não pode exercer seus direitos em prejuízo da sociedade ou dos demais sócios. Tal dever não é meramente teórico, possuindo aplicações práticas e explícitas, como, por exemplo, na proibição do exercício de voto nas matérias em que o acionista tenha interesse diverso do da companhia (art. 115, § 1º, da Lei n. 6.404/76).

Nas sociedades anônimas, não se deve falar em um dever de colaboração ativa dos sócios, tendo em vista a fragilidade da *affectio societatis* neste tipo de sociedade[40]. Mesmo assim, há um dever de lealdade que deve ser entendido como uma forma do acionista se conduzir nas suas relações com a companhia e com os demais acionistas, agindo lealmente, sem qualquer intuito de prejudicá-los.

6   Direitos essenciais dos acionistas

O art. 109 da Lei n. 6.404/76 reconhece um conjunto mínimo de direitos, que toca a todo e qualquer acionista; são os chamados direitos essenciais, a saber, direito à participação nos lucros, direito à participação no acervo social em caso de liquidação, direito de fiscalização, direito de preferência e direito de retirada. Tais direitos não são os únicos direitos dos acionistas, existindo outros direitos. Os essenciais devem ser considerados não apenas como uma forma de preservação dos interesses dos minoritários, mas também

---

38. BUONOCORE, Vincenzo. *Le società*. Milano: Giuffrè, 2000, p. 252.

39. CARVALHOSA, Modesto. *Comentários à lei de sociedades anônimas*. São Paulo: Saraiva, 1997, v. 2, p. 268-269.

40. HALPERIN, Isaac. *Sociedades anónimas*. Actualizada e ampliada por Julio C. Otaegui. 2. ed. Buenos Aires: Depalma, 1998, p. 401.

como uma forma de assegurar a conservação do poder de controle (direito de preferência), estabilizando as relações de poder dentro da sociedade[41].

Tais direitos não podem ser retirados nem pelo estatuto, nem pela assembleia geral, o que não significa necessariamente que serão exercidos sempre, isto é, tais direitos não são absolutos. O exercício dos direitos essenciais pode ser condicionado a determinadas circunstâncias, adequando-se ao interesse social da companhia, que deve sempre prevalecer sobre os interesses individuais dos acionistas. Além disso, não existe uma igualdade entre todos os acionistas, na medida em que a lei admite a criação de classes diferentes de ações[42].

6.1 Participar dos lucros

Os sócios de qualquer sociedade ingressam nela para partilhar os resultados advindos da atividade exercida por esta. Toda sociedade empresária tem por objetivo primordial a produção de lucros. Sendo alcançado esse resultado, o qual deve ser partilhado entre os sócios ou acionistas, surgindo o direito à participação nos lucros, tal direito é tão importante que o Código Comercial de 1850 inquinava de nulidade a sociedade que excluísse algum sócio da distribuição dos lucros.

Tal partilha dos lucros não é necessariamente igualitária, podendo haver um tratamento diferenciado de acordo com a espécie e classe de ações. Assim, algumas classes de ações preferenciais podem fazer jus a um dividendo maior, ou ter uma prioridade no seu recebimento (art. 17 da Lei n. 6.404/76). Entretanto, dentro da mesma classe, deve haver um tratamento paritário entre os acionistas (art. 109, § 1º, da Lei n. 6.404/76).

Nas sociedades anônimas há diversas formas de participação nos lucros, como, por exemplo, o aumento do capital social pela capitalização de lucros ou reservas, ou o recebimento de bonificações em ações[43]. Todavia, a mais importante forma de participação nos lucros é o recebimento do dividendo, que pode ser entendido como "a parcela dos lucros que cabe a cada ação"[44]. O dividendo pode ser fixo ou variável, conforme determinação do estatuto. Ele pode ser ainda cumulativo, isto é, o valor não pago em um exercício deve ser pago no exercício seguinte cumulativamente com os dividendos daquele exercício. A cumulatividade não se presume, devendo ser expressamente determinada pelo estatuto.

No sistema legal brasileiro, as sociedades anônimas são obrigadas a distribuir uma parcela dos lucros a título de dividendos (art. 202 da Lei n. 6.404/76), parcela esta que deve ser fixada no estatuto, respeitado o limite mínimo de 25% do lucro líquido ajustado.

---

41. COELHO, Fábio Ulhoa. *Curso de direito comercial*. São Paulo: Saraiva, 1999, v. 2, p. 289.

42. HALPERIN, Isaac. *Sociedades anónimas*. Actualizada e ampliada por Julio C. Otaegui. 2. ed. Buenos Aires: Depalma, 1998, p. 403.

43. PAPINI, Roberto. *Sociedade anônima e mercado de valores mobiliários*. 3. ed. Rio de Janeiro: Forense, 1999, p. 136.

44. REQUIÃO, Rubens. *Curso de direito comercial*. 21. ed. São Paulo: Saraiva, 1998, v. 2, p. 226.

No silêncio do estatuto, o dividendo corresponderá a 50% do lucro líquido ajustado. Essa parcela que deve ser distribuída aos acionistas, a título de dividendo, recebe o nome de dividendo obrigatório, que reforça a essencialidade do direito à participação nos lucros. Nas companhias fechadas de pequeno porte, com receita bruta anual de até R$ 78.000.000,00 (setenta e oito milhões de reais), não se aplica a garantia do dividendo mínimo de 50%, cabendo à assembleia deliberar o montante de dividendos que será distribuído, garantido, em qualquer caso, o direito dos acionistas preferenciais em relação aos dividendos.

Todavia, hipóteses excepcionais dentro da própria sociedade podem justificar a não distribuição dos dividendos, ou a distribuição de dividendo inferior à obrigatória, demonstrando a prevalência do interesse social, sobre o interesse individual dos acionistas. Tais hipóteses são: (a) quando os órgãos de administração informarem ser incompatível a distribuição do lucro com a situação financeira da companhia (art. 202, § 4º, da Lei n. 6.404/76); e (b) quando a assembleia geral das sociedades fechadas – as quais não são controladas direta ou indiretamente por companhias abertas que negociem ações no mercado e das companhias abertas que negociam no mercado apenas debêntures não conversíveis em ações – decidir sem oposição de qualquer dos acionistas presentes a distribuição de dividendo inferior ao obrigatório ou a não distribuição do dividendo (art. 202, § 3º, da Lei n. 6.404/76).

Além dessas hipóteses, a princípio, também não pode ser distribuído lucro se houver débito não garantido com a União (Lei n. 4.357/64 – art. 32). Também não é possível a distribuição de dividendos, desde o pedido de recuperação judicial até a aprovação do plano de recuperação judicial (Lei n. 11.101/2005 – art. 6º-A).

6.2 Participar do acervo social

Outro direito essencial de todos os acionistas é o direito de participar do acervo social em caso de liquidação da sociedade. Trata-se de um direito duplamente condicionado, pois só poderá ser exercido se houver liquidação, e se restar algum saldo após o pagamento do passivo da sociedade.

Mais uma vez não há necessariamente uma igualdade no exercício desse direito, uma vez que podem existir ações preferenciais com prioridade no reembolso do capital, isto é, com direito a participar do acervo social antes das demais ações e, eventualmente, com um prêmio em relação às demais.

Outrossim, embora não se confunda com a amortização das ações, que é uma forma de dividendo extraordinário[45], a participação no acervo social das ações de fruição e de outras ações, que tenham sido objeto de amortização, só ocorrerá após as demais ações receberem o equivalente ao valor recebido por aquelas quando da amortização efetuada.

---

45. CARVALHOSA, Modesto. *Comentários à lei de sociedades anônimas*. São Paulo: Saraiva, 1997, v. 2, p. 303.

6.3 Fiscalização

O direito de fiscalizar a gestão dos negócios sociais existe em toda sociedade, mas ganha especial relevo nas sociedades anônimas. Nestas, a maior parte dos acionistas acaba perdendo o direito de gestão sobre os valores investidos e, em função disso, nada mais lógico do que assegurar a eles o direito de fiscalizar o modo pelo qual é gerido o patrimônio e administrada a companhia. A prudência determina que o investidor fique de olho no que está acontecendo com os negócios da sociedade[46].

Existem várias formas de exercício desse direito estabelecidas na lei, a saber, o funcionamento do conselho fiscal, o acesso aos livros da sociedade, a prestação de contas, a votação das demonstrações financeiras e a realização de auditoria independente[47].

Assim, o acionista pode requerer a instalação do conselho fiscal, desde que represente 10% das ações com direito a voto, ou 5% das ações sem direito a voto (art. 161, § 2º, da Lei n. 6.404/76). Uma vez instalado o conselho fiscal, o acionista pode pedir informações a ele. Além disso, o acionista pode ter acesso a documentos da companhia, sobretudo aos livros sociais, podendo requerer judicialmente a sua exibição, desde que organizado em 5% do capital, apontando atos violadores da lei ou do estatuto (art. 105 da Lei n. 6.404/76). Os acionistas também devem ter acesso ao relatório, à cópia do balanço, ao parecer do conselho fiscal, à lista dos acionistas que ainda não integralizaram as ações, antes da assembleia geral, podendo discutir tais documentos e pedir esclarecimentos aos administradores, para apreciar as suas contas e votar as demonstrações financeiras elaboradas a cada exercício. Por fim, os acionistas podem ainda fiscalizar a companhia por meio de uma auditoria independente, obrigatória para as companhias abertas (art. 177, § 3º, da Lei n. 6.404/76).

Conforme se vê, o direito de fiscalizar a gestão não é estendido indistintamente a todos os acionistas, exigindo para determinadas medidas uma percentagem mínima do capital social. Apesar de se tratar de um direito essencial, há que se imporem tais limites, sob pena de tumultuar o bom andamento da gestão da companhia[48]. Deve prevalecer o interesse social, exigindo-se a demonstração de um efetivo interesse patrimonial na melhor condução dos negócios sociais, para o exercício da fiscalização[49].

6.3.1 Direito à informação

Um dos direitos primordiais dos acionistas é o direito à informação, que está diretamente ligado ao direito de fiscalizar a gestão dos negócios sociais[50], uma vez que a

---

46. BALLANTINE, Henry W. *Ballantine on corporations*. Chicago: Callaghan and Company, 1946, p. 376.

47. COELHO, Fábio Ulhoa. *Curso de direito comercial*. São Paulo: Saraiva, 1999, v. 2, p. 293.

48. LEÃES, Luiz Gastão Paes de Barros. *Comentários à lei das sociedades anônimas*. São Paulo: Saraiva, 1978, v. 2, p. 220.

49. CARVALHOSA, Modesto. *Comentários à lei de sociedades anônimas*. São Paulo: Saraiva, 1997, v. 2, p. 305.

50. LEÃES, Luiz Gastão Paes de Barros. *Comentários à lei das sociedades anônimas*. São Paulo: Saraiva, 1978, v. 2, p. 221.

fiscalização correta pressupõe o conhecimento exato da situação da sociedade[51]. O objeto de tal direito são as notícias relativas à gestão da sociedade e tem por função primordial colocar o sócio em condição de exercer conscientemente os diversos direitos que lhe tocam[52]. Este direito lhes permite tomar conhecimento do que efetivamente está ocorrendo com a sociedade e, com base nisso, tomar as atitudes necessárias, sobretudo nas assembleias-gerais, que é onde o acionista expressa sua vontade.

Há que se ressaltar que o exercício do direito à informação não pode comprometer informações estratégicas, prevalecendo, em caso de conflito, o interesse da companhia[53]. Mais uma vez deve-se deixar registrado que o direito essencial não é um direito absoluto, devendo sempre ceder espaço ao interesse social.

Como corolário de tal direito, impõe-se à sociedade a obrigação da colocação de certos documentos (o relatório da administração sobre os negócios e os principais fatos administrativos do exercício findo; cópia das demonstrações financeiras e o parecer dos auditores independentes, se houver) à disposição dos acionistas. Estes seriam comunicados até um mês antes da assembleia geral ordinária, na mesma forma da convocação da assembleia, sobre a disponibilidade de tais documentos. Além disso, tais documentos seriam publicados até cinco dias antes da realização da assembleia, garantindo-se o pleno conhecimento das informações financeiras da sociedade. Nas companhias fechadas com menos de 20 acionistas e patrimônio líquido inferior a R$ 10.000.000,00 (dez milhões de reais), a sociedade pode deixar de publicar os documentos, desde que sejam, por cópias autenticadas, arquivados no registro de comércio juntamente com a ata da assembleia que sobre eles deliberar.

Seguindo sua linha normal no sentido da proteção dos acionistas minoritários e reforçando o direito de informação, a reforma da Lei das S.A. impõe a colocação de novos documentos à disposição do acionista, sem a obrigação de sua publicação, quais sejam, o parecer do conselho fiscal, se houver, e quaisquer outros documentos que possam importar aos assuntos incluídos na ordem do dia.

A formulação genérica utilizada pelo legislador pátrio é extremamente feliz na defesa do direito de informação, na medida em que garante o acesso a qualquer documento que diga respeito às matérias constantes da ordem do dia. E não se diga que tal medida pode tumultuar a boa condução dos negócios sociais, haja vista que os documentos simplesmente serão colocados à disposição, não havendo a necessidade de se atrapalhar o andamento dos negócios da sociedade, uma vez que inexiste o direito de discussão em relação a tais documentos[54], para tumultuar a condução dos negócios sociais.

---

51. BULGARELLI, Waldirio. *A proteção às minorias na sociedade anônima*: à luz da nova lei das sociedades por ações, Lei n. 6.404, de 15 de dezembro de 1976. São Paulo: Pioneira, 1977, p. 62.

52. GALGANO, Francesco. *Diritto civile e commerciale*. 3. ed. Padova: CEDAM, 1999, v. 3, tomo 2, p. 346.

53. COELHO, Fábio Ulhoa. *Curso de direito comercial*. São Paulo: Saraiva, 1999, v. 2, p. 296.

54. TORRES, Carlos Maria Pinheiro. *O direito à informação nas sociedades comerciais*. Coimbra: Almedina, 1998, p. 209.

Com o mesmo intuito de facilitar a atuação dos acionistas nas assembleias, introduz-se para as sociedades abertas, que negociem suas ações no mercado, a obrigação da remessa, na data da publicação do anúncio de convocação, à bolsa de valores dos documentos postos à disposição dos acionistas na sede da sociedade. Trata-se de inovação extremamente salutar, na medida em que tornará muito mais simples a análise dos documentos, sobretudo pelos acionistas que, normalmente, residem fora do município da sede da sociedade.

6.4 Direito de preferência

Quem já é acionista de uma companhia deve ter a possibilidade de manter sua posição em relação a esta[55], a fim de que seus direitos não sejam alterados. Em função disso, assegura-se aos acionistas a prioridade para a subscrição de ações, partes beneficiárias conversíveis em ações, debêntures conversíveis em ações e bônus de subscrição, na proporção das ações que já possuem. Em outras palavras, quando a sociedade emite quaisquer títulos que possam alterar a composição do capital social, deve, antes de oferecê-los ao público, dar preferência a quem já é acionista, para a aquisição dos referidos títulos.

Há que se ressaltar que a sociedade não é obrigada a manter a mesma proporção entre as ações que existia antes do aumento do capital social, podendo o exercício de preferência se estender sobre ações de outras classes. Assim, se o aumento abrange na mesma proporção todas as classes de ações já existentes, cada acionista exercerá o direito de preferência sobre as da mesma classe. Se o aumento abrange todas as classes existentes, mas altera a proporção no capital social, o direito de preferência será exercido primeiro em relação às ações da mesma classe, só se estendendo às demais ações para se manter a mesma proporção que tinham anteriormente no capital social. Por fim, se o aumento é feito sobre ações de classes diferentes das ações que já existiam, o direito de preferência será exercido sobre todas as classes, na proporção da participação no capital social. Em síntese, a princípio, o exercício do direito de preferência se estende apenas sobre as ações da mesma classe, só abrangendo ações de outras classes, se isso for necessário à manutenção da posição do acionista em relação ao capital social.

Registre-se que a doutrina[56] reiteradamente afirma que a preferência é garantida sobre novas ações, isto é, não há nenhum direito dos acionistas à preferência no caso de

---

55.   MARTINS, Fran. *Comentários à lei das sociedades anônimas*. Rio de Janeiro: Forense, 1978, v. 2, tomo 2, p. 497; CARVALHOSA, Modesto. *Comentários à lei de sociedades anônimas*. São Paulo: Saraiva, 1997, v. 3, p. 493; BULGARELLI, Waldirio. *Manual das sociedades anônimas*. 12. ed. São Paulo: Atlas, 2001, p. 218.

56.   MARTINS, Fran. *Comentários à lei das sociedades anônimas*. 4. ed. Rio de Janeiro: Forense, 2010, p. 655; PAPINI, Roberto. *Sociedade anônima e mercado de valores mobiliários*. 3. ed. Rio de Janeiro: Forense, 1999, p. 138; CARVALHOSA, Modesto. *Comentários à lei de sociedades anônimas*. 4. ed. São Paulo: Saraiva, 2009, v. 3, p. 569; LIMA, Osmar Brina Correa. *Sociedade anônima*. Belo Horizonte: Del Rey, 2003, p. 296; GONÇALVES NETO, Alfredo de Assis. *Lições de direito societário*: sociedade anônima. São Paulo: Juarez de Oliveira, 2005, p. 125; LUCENA, José Waldecy. *Das sociedades anônimas*: comentários à lei. Rio de Janeiro: Renovar, 2009, v. II, p. 891.

venda de ações em tesouraria[57], uma vez que neste caso não são novas ações e nem há aumento de capital social. A boa-fé recomenda, contudo, que nessa venda tenha-se o cuidado de não privilegiar algum acionista ou algum administrador, mantendo-se sempre o tratamento isonômico e igualitário entre os acionistas. E não se diga que tal preferência pode ser assegurada por meio de um acordo de acionistas, porquanto o acordo é entre acionistas, não tendo como parte a sociedade.

O direito de preferência é um direito que se incorpora ao patrimônio dos acionistas, no momento em que se delibera a emissão de títulos que representarão um aumento no capital social. Assim sendo, não há dúvida de que o acionista pode ceder seu direito de preferência a terceiros, porquanto o direito já fazia parte de seu patrimônio. Tal cessão do direito de preferência pode ocorrer dentro do prazo decadencial[58] fixado pela assembleia geral ou pelo estatuto para o exercício desse direito, que não pode ser inferior a 30 dias. Tal prazo é fatal inclusive para o cessionário do direito de preferência.

No caso de ações gravadas pelo usufruto e pelo fideicomisso, o art. 171, § 5º, da Lei n. 6.404/76 resolve as controvérsias que existiam a respeito do exercício desse direito, afirmando que o direito pertence ao nu-proprietário e ao fiduciário, pois em última análise eles são os acionistas. Entretanto, nos últimos 10 dias do prazo fixado para o exercício do direito de preferência, este poderá ser exercido pelo fideicomissário e pelo usufrutuário.

Caso nem todos os acionistas exerçam o direito de preferência, surgirão as sobras, que podem ou não ser destinadas aos acionistas. No direito argentino, assegura-se aos acionistas o direito de acrescer, isto é, os acionistas têm direito de subscrever, prioritariamente, também as sobras do exercício normal do direito de preferência[59]. No direito italiano, nas sociedades fechadas, as sobras devem, a princípio, ser distribuídas entre os acionistas que tenham requerido a participação em tais sobras. Nas sociedades abertas, os administradores devem oferecer as sobras em bolsa por certo período, podendo posteriormente negociá-las livremente[60].

No Brasil, nas sociedades fechadas, é obrigatório o rateio das sobras entre os acionistas que fizerem pedido de reserva de sobras, no boletim de subscrição[61]. Nas companhias abertas, compete ao órgão que deliberou o aumento do capital social a definição

---

57. Em sentido contrário: EIZIRIK, Nelson. *A Lei das S/A comentada*. São Paulo: Quartier Latin, 2011, v. 1, p. 30.

58. MARTINS, Fran. *Comentários à lei das sociedades anônimas*. Rio de Janeiro: Forense, 1978, v. 2, tomo 2, p. 504.

59. HALPERIN, Isaac. *Sociedades anónimas*. Actualizada e ampliada por Julio C. Otaegui. 2. ed. Buenos Aires: Depalma, 1998, p. 288.

60. JAEGER, Pier Giusto; DENOZZA, Francesco. *Appunti di diritto commerciale*. 5. ed. Milano: Giuffrè, 2000, p. 506.

61. BATALHA, Wilson de Souza Campos. *Comentários à lei das sociedades anônimas*. Rio de Janeiro: Forense, 1977, v. 2, p. 798; MARTINS, Fran. *Comentários à lei das sociedades anônimas*. Rio de Janeiro: Forense, 1978, v. 2, tomo 2, p. 507; CARVALHOSA, Modesto. *Comentários à lei de sociedades anônimas*. São Paulo: Saraiva, 1997, v. 3, p. 512.

do destino das sobras, se será rateado entre os acionistas, ou se será vendido em bolsa de valores.

Conquanto seja um direito essencial, determinadas circunstâncias de interesse da própria sociedade podem ensejar o não exercício desse direito. No direito italiano, o direito de preferência pode ser excluído em determinadas hipóteses, a saber, quando o aumento do capital social for realizado *in natura*, quando houver um interesse social que justifique tal sacrifício e quando a assembleia deliberar o oferecimento das ações aos dependentes da companhia[62]. Na Espanha, não se admite a exclusão do direito de preferência como uma opção da sociedade, mas apenas excepcionalmente como uma imposição do caso concreto, como, por exemplo, a fusão por absorção[63]. A legislação da Argentina admite a exclusão do direito de preferência em determinados casos, desde que tal exclusão se imponha em função do interesse social[64].

No Brasil, o estatuto da companhia aberta de capital autorizado pode excluir ou limitar o prazo do seu exercício, em determinados casos, quais sejam: (a) emissão dos valores mobiliários para venda em bolsa ou subscrição pública; ou (b) emissão para permuta por ações, em oferta pública de aquisição do controle de sociedade. Tal direito também pode ser excluído em quaisquer companhias, inclusive nas fechadas, nos termos das leis de incentivos fiscais. A exclusão do direito de preferência só pode ocorrer nos casos taxativamente indicados, justificando-se pela prevalência do interesse social sobre o de cada acionista[65].

6.5 Direito de retirada

Um dos direitos essenciais dos acionistas das sociedades anônimas é o direito de retirada, que consiste na faculdade outorgada por lei aos acionistas de se retirarem da sociedade, obtendo o pagamento do reembolso. Tal direito existe basicamente por três razões, quais sejam, frear transformações, tutela do interesse individual do acionista e conciliar a autonomia da sociedade com a autonomia dos acionistas[66].

O direito de retirada funciona como um freio para as mudanças na sociedade, na medida em que a retirada dos acionistas causa um ônus para a sociedade consistente no pagamento do reembolso do valor das ações, o qual a princípio é evitado. Logo, é preferível para a própria sociedade evitar transformações que gerem a retirada dos acionistas,

---

62. FERRARA JUNIOR, Francesco; CORSI, Francesco. *Gli imprenditori e le società*. 11. ed. Milano: Giuffrè, 1999, p. 627-629.

63. GARRIGUES, Joaquín. *Curso de derecho mercantil*. 7. ed. Bogotá: Temis, 1987, v. 2, p. 216-217.

64. HALPERIN, Isaac. *Sociedades anónimas*. Actualizada e ampliada por Julio C. Otaegui. 2. ed. Buenos Aires: Depalma, 1998, p. 293-294.

65. CARVALHOSA, Modesto. *Comentários à lei de sociedades anônimas*. São Paulo: Saraiva, 1997, v. 3, p. 513.

66. PARAÍSO, Anna Luiza Prisco. *O direito de retirada na sociedade anônima*. 2. ed. Rio de Janeiro: Lumen Juris, 2000, p. 14.

ou seja, para a sociedade são desinteressantes mudanças que afetem um número muito grande de acionistas. Além disso, tal direito tutela os interesses dos acionistas, na medida em que lhes assegura o direito de não continuar na sociedade que pratique atos que lhes afetem os interesses.

Todavia, nas sociedades anônimas, dada a natureza institucional que lhes é peculiar, tal direito não é concedido de forma generalizada. Não é dado ao acionista o direito de retirar-se quando assim o desejar, causando um ônus à sociedade; caso não deseje mais continuar a saída é a venda de suas ações. Nem é garantido a ele o direito de retirada pela simples divergência em relação a deliberações da sociedade. Tal direito só é possível nos casos legalmente elencados como autorizadores do exercício do direito de retirada. Assim, se concilia a autonomia da sociedade e também a autonomia dos acionistas, limitando-se o direito de retirada a hipóteses efetivamente relevantes.

6.5.1 Hipóteses legais para o direito de retirada

O rol de tais hipóteses, na legislação brasileira, já foi objeto de diversas modificações, dentre as quais a Lei n. 7.958/89, a Lei n. 9.457/97 e a Lei n. 10.303/2001, sendo objeto de inúmeras discussões e tentativas de inovações que evitem ou reduzam o âmbito do direito de retirada. Na atual redação, são hipóteses legais do direito de retirada:

a) divergência[67] nas matérias do art. 136, I a VI, e IX, combinados com o art. 137 da Lei n. 6.404/76:

i. criação de ações preferenciais ou aumento de classe existente sem guardar proporção com as demais, salvo se já previstos ou autorizados;

ii. alteração nas preferências, vantagens e condições de resgate ou amortização de uma ou mais classes de ações preferenciais, ou criação de nova classe mais favorecida;

iii. redução do dividendo obrigatório;

iv. fusão da companhia ou sua incorporação em outra;

v. participação em grupo de sociedades;

vi. mudança do objeto da companhia;

vii. cisão da companhia.

b) a aprovação da inserção de convenção de arbitragem no estatuto social (art. 136-A), salvo se a inclusão da convenção de arbitragem no estatuto social representar condição para que os valores mobiliários de emissão da companhia sejam admitidos à negociação em segmento de listagem de bolsa de valores ou de mercado de balcão organizado que exija dispersão acionária mínima de 25% (vinte e cinco por cento) das ações de cada espécie ou classe;

---

67. Tal divergência não precisa ser explicitada na assembleia, uma vez que mesmo aqueles que não votaram podem exercer o direito de retirada (art. 137, § 2º).

c) descumprimento da obrigação constante do art. 223, § 3º – no caso de fusão, cisão ou incorporação de companhia aberta, a sucessora também será aberta, e tem a obrigação de colocar as ações no mercado secundário, no prazo de 120 dias;

d) dissidência para a criação de subsidiária integral (art. 252);

e) dissidência na aquisição do controle de sociedade mercantil, no caso de valor elevado da compra, nos termos do art. 256, § 2º;

f) dissidência na transformação (art. 221);

g) desapropriação do controle de companhia em funcionamento, salvo se concessionária de serviços públicos (art. 236);

h) dissidência na criação do voto plural (art. 110-A, § 2º), salvo se já estiver prevista no estatuto.

6.5.2 Restrições para o exercício do direito de retirada

Em boa parte dos casos, devem ser observadas outras condições para o exercício do direito de retirada, não sendo suficiente a divergência do acionista.

Assim, no caso de alteração na proporção de ações preferenciais, alteração nas preferências, ou criação de classe mais favorecida só podem exercer o direito de retirada, os acionistas prejudicados (art. 137, I, da Lei n. 6.404/76), cabendo a estes a prova do prejuízo[68]. Nesse caso, não se justificaria a retirada de acionistas não prejudicados, uma vez que nenhum interesse destes foi afetado. O direito de retirada não é um direito absoluto, é um direito que deve ser exercido em atenção ao interesse da própria companhia.

No caso da divergência na fusão, na incorporação da companhia por outra ou na participação em grupos societários, não podem exercer o direito de retirada os acionistas cujas ações possuam presumida liquidez e dispersão[69]. Tal disposição também é aplicável aos casos de dissidência na aquisição de controle da sociedade por preço elevado, nos termos do art. 256, e no caso de dissidência na criação de subsidiária integral e no caso da inserção da convenção de arbitragem. Nesses casos, o acionista tem facilidade de negociar suas ações no mercado[70], sendo menos gravoso para o interesse social que ele aliene suas ações, não gerando qualquer ônus para a sociedade. Há que se ressaltar que tal liquidez e dispersão não devem ser analisadas em relação à companhia, mas em relação à classe de ações.

---

68. MUUSSNICH, Francisco Antunes Maciel. Reflexos sobre o direito de recesso na minirreforma da Lei das S. A. In: LOBO, Jorge (Coord.). *A reforma da lei das S. A.* São Paulo: Atlas, 1998, p. 79.

69. PARAÍSO, Anna Luiza Prisco. *O direito de retirada na sociedade anônima.* 2. ed. Rio de Janeiro: Lumen Juris, 2000, p. 192-197; EIZIRIK, Nelson. Reforma das S. A. e direito de recesso. In: LOBO, Jorge (Coord.). *A reforma da lei das S. A.* São Paulo: Atlas, 1998, p. 148.

70. LIMA, Osmar Brina Corrêa. *A reforma da lei das sociedades anônimas* (Lei n. 9.457, de 5 de maio de 1997). Belo Horizonte: Del Rey, 1997, p. 80.

A *liquidez* e *dispersão das ações é que* configuram a facilidade na negociação das ações, como óbice ao exercício do direito de retirada. É disso que trata o art. 137, II, da Lei n. 6.404/76, ao mencionar ações que "quando a espécie ou classe de ação, ou certificado que a represente, integre índice geral representativo de carteira de valores mobiliários admitido à negociação no mercado de valores mobiliários, no Brasil ou no exterior, definido pela Comissão de Valores Mobiliários", bem como ao falar de "quando o acionista controlador, a sociedade controladora ou outras sociedades sob seu controle detiver menos da metade da espécie ou classe de ação".

Nelson Eizirik é extremamente claro ao explicar a expressão "índices gerais representativos de carteira de ações", usada pela Lei das S.A., na redação dada pela Lei n. 9.457/97.

> Os "índices gerais representativos de carteira de ações" são aqueles que medem a rentabilidade média de uma carteira teórica constituída pelas ações mais negociadas na Bolsa de Valores. Cada Bolsa tem seu índice, calculado com vistas a aferir de maneira fidedigna os níveis de retorno do investimento do mercado secundário de ações. O índice constitui uma carteira hipotética, formada pelas ações mais negociadas.
>
> O índice, assim, constitui um indicador de lucratividade média de uma carteira teórica, integrada pelas ações mais negociadas, tendo como finalidade servir como indicador do comportamento do mercado secundário de ações[71].

O índice mais importante desta espécie no sistema brasileiro é o chamado IBOVESPA. A inserção da ação nos índices gerais significa que tal ação é facilmente negociada, possui uma presumida liquidez, não havendo prejuízos para o acionista em tal negociação, não se justificando a imposição de um ônus para a sociedade[72]. A liquidez significa, em síntese, que a ação é muito negociada no mercado.

A liquidez das ações pode ser aferida em qualquer índice representativo de valores mobiliários, admitidos à negociação no mercado de valores mobiliários. Agora o critério da liquidez abrange também índices compostos por ADRs[73]. Estende-se assim a ideia de liquidez a índices como o IBX – Índice Brasil e o IGC – Índice de Ações com Governança Corporativa Diferenciada[74].

Dentro da mesma linha de raciocínio, foi inserida alínea *b*, no inciso II do art. 137 da Lei das S.A., ao obstar o exercício do direito de retirada nas hipóteses que menciona,

---

71. EIZIRIK, Nelson. Reforma das S. A. e direito de recesso. In: LOBO, Jorge (Coord.). *A reforma da lei das S. A.* São Paulo: Atlas, 1998, p. 148.

72. PARAÍSO, Anna Luiza Prisco. *O direito de retirada na sociedade anônima.* 2. ed. Rio de Janeiro: Lumen Juris, 2000, p. 194.

73. MÜSSNICH, Francisco Antunes Maciel. Reflexões sobre o direito de recesso na lei de sociedades por ações. In: LOBO, Jorge. *Reforma da lei das sociedades anônimas.* Rio de Janeiro: Forense, 2002, p. 299.

74. CARVALHOSA, Modesto; EIZIRIK, Nelson. *A nova lei das sociedades anônimas.* São Paulo: Saraiva, 2002, p. 275.

para o acionista, cujas ações estejam dispersas no mercado, ou seja, quando o acionista controlador e as pessoas ligadas a ele detenham menos da metade ou espécie da classe de ações[75].

A dispersão de tais ações no mercado as torna também facilmente negociáveis, não se justificando também a imposição do ônus do reembolso para a sociedade. Mais uma vez nos socorremos da lição de Nelson Eizirik, que afirma que "as ações, embora não integrantes dos índices representativos de carteira de ações, estejam 'pulverizadas' no mercado, de sorte que o acionista insatisfeito poderá encontrar comprador para seus títulos"[76]. Havendo um grande número das ações daquela classe no mercado, há uma atratividade maior para o investidor.

Assim, a dispersão unida à liquidez das ações impede o exercício do direito de retirada, porquanto para o acionista é relativamente simples alienar suas ações no mercado, não causando nenhum ônus para a sociedade. Para Jorge Lobo[77], tal restrição é extremamente razoável na medida em que retira empecilhos para os processos de fusão e incorporação, que são os meios mais eficazes de tornar competitiva uma sociedade brasileira. Além disso, não existem prejuízos dos acionistas que justifiquem a manutenção do direito de retirada nestas hipóteses.

6.5.3 Retirada na cisão

Dentre as hipóteses legais autorizadoras da retirada, a Reforma de 2001 acrescentou a divergência na cisão da sociedade (art. 136, IX), sem modificar o regime já vigente após a Lei n. 9.457/97. Ao acrescentar a dissidência na cisão, poder-se-ia pensar que foi restabelecido o regime inicial da lei das sociedades anônimas, todavia, a realidade é diversa.

Com efeito, a lei afirma que a divergência na cisão autoriza o direito de retirada. Entretanto, a mesma reforma afirma que neste caso só poderá ser exercido o direito de retirada se houver: (a) mudança do objeto social, salvo quando o patrimônio cindido for vertido para sociedade, cuja atividade preponderante coincida com a decorrente do objeto social da sociedade cindida; ou (b) redução do dividendo obrigatório; ou (c) participação em grupo de sociedades. Ora, tais hipóteses isoladamente já autorizavam o direito de retirada, nada sendo criado de novo.

E não se diga que, antes da Lei n. 10.303/2001, o direito de retirada só poderia ser exercido se tais atos fossem o objeto da deliberação da assembleia, pois tais hipóteses são

---

75. CARVALHOSA, Modesto; EIZIRIK, Nelson. *A nova lei das sociedades anônimas.* São Paulo: Saraiva, 2002, p. 278.

76. EIZIRIK, Nelson. Reforma das S. A. e direito de recesso. In: LOBO, Jorge (Coord.). *A reforma da lei das S. A.* São Paulo: Atlas, 1998, p. 149.

77. LOBO, Jorge. A reforma da Lei das S.A. – Lei n. 9.457, de 5-5-97. In: _____. *A reforma da lei das S.A.* São Paulo: Atlas, 1998, p. 43-44.

496 CURSO DE DIREITO EMPRESARIAL

autônomas e geram por si o direito de retirada, que é um direito essencial. Assim, mesmo no regime anterior à lei, seria possível o direito de retirada se da cisão resultasse uma das situações constantes do art. 136, I a VI[78].

6.5.4 Assembleia de retratação

Excetuadas as hipóteses de desobediência ao art. 223, § 3º, e de desapropriação do controle acionário, as demais hipóteses do direito de retirada decorrem de uma decisão da assembleia geral da companhia. Em face de tal decisão, os acionistas, que preencham as condições legais, têm o prazo de 30 dias, contados da publicação da ata da assembleia geral, para exercer o direito de retirada.

Decorrido tal prazo, os administradores da companhia têm a condição de saber quantos acionistas exercerão o direito de retirada e, por conseguinte, saber qual será o gasto com o reembolso de tais acionistas. Verificando que as quantias para o pagamento do reembolso são muito altas, os administradores podem, no prazo de dez dias, contados do encerramento do prazo para o exercício do direito de retirada, convocar uma assembleia geral especial para ratificar a decisão ou revogar a decisão que gerou o direito de retirada[79].

A retratação feita pela assembleia geral foi a forma encontrada para evitar um desfalque patrimonial muito alto para a companhia. Anna Luíza Prisco Paraíso entende que esta não é a melhor forma de evitar perdas para a sociedade, aconselhando a restrição ainda maior do direito de retirada[80].

7 Voto

O direito de votar era, a princípio, tido como um direito primordial, mas foi perdendo sua importância, em virtude do surgimento dos acionistas rendeiros e especuladores. Para tais acionistas, o que mais interessa são os dividendos ou os lucros decorrentes de operações no mercado de valores mobiliários. Assim sendo, nem todos os acionistas estão interessados no direito de voto e, em função disso, o voto não é mais atribuído a todas as ações, não sendo um direito essencial.

O voto é a manifestação da vontade ou do entendimento do acionista a respeito de determinada matéria. A princípio, a cada ação corresponde um voto, mas o estatuto pode impor limitações ao número de votos de um acionista. Além disso, as ações preferenciais podem não ter o direito de voto, ou tê-lo limitado, em face de uma vantagem patrimonial.

---

78. PENTEADO, Mauro Rodrigues. O direito de retirada dos acionistas na Lei n. 9.457/97. In: LOBO, Jorge (Coord.). *A reforma da lei das S.A.* São Paulo: Atlas, 1998, p. 127-128.

79. PARAÍSO, Anna Luiza Prisco. *O direito de retirada na sociedade anônima.* 2. ed. Rio de Janeiro: Lumen Juris, 2000, p. 167-168.

80. Idem, p. 169.

O preferencialista geralmente não possui o direito de voto, mas pode exercê-lo em alguns casos específicos, como por exemplo: a constituição da companhia (art. 87 da Lei n. 6.404/76), aquisição do direito de voto pelo não pagamento do dividendo, eleição em separado de membros do conselho de administração ou do conselho fiscal, assembleia especial para alteração das vantagens das ações preferenciais, fechamento do capital social.

Os titulares de ações com direito a voto, ao exercerem tal direito, expressam uma manifestação unilateral de vontade destinada à formação da vontade do órgão social[81]. Essa manifestação de vontade pode ter por objeto uma declaração de vontade (sim ou não sobre determinada matéria institucional da companhia) ou de verdade (exemplo: aprovação da gestão dos órgãos sociais)[82]. O primeiro tipo de voto pode até ser objeto de negociação, enquanto o segundo tipo de voto é vinculado. Em todo caso, o voto deverá ser exercido em atenção ao dever de lealdade que toca a todos os acionistas.

7.1 Voto abusivo

O voto deve ser exercido, com atenção ao dever de lealdade, sob pena de se considerar abusivo. O acionista deve exercer o direito de voto em atenção aos interesses da sociedade[83], não podendo exercer o direito de voto com o intuito específico de causar danos à sociedade ou a outros sócios ou obter vantagem indevida para si ou para outrem. A princípio, o voto é lícito, mas desvia-se da sua finalidade, representando o exercício abusivo de um direito. Não se exige para esse abuso o dolo ou mesmo a culpa; é suficiente a comprovação do desvio em relação ao interesse social.

No caso do voto abusivo, a Lei n. 6.404/76 afirma que o acionista prolator deste tipo de voto indenizará os danos causados mesmo quando não seja vencedor. Modesto Carvalhosa exemplifica o abuso dos minoritários, gerador da indenização, quando o acionista questiona indevidamente a condução da política empresarial adotada pelos administradores[84]. A nosso ver, nesse caso não é o exercício do direito de voto que causa o dano, mas uma outra manifestação de vontade do acionista, vale dizer, o voto que não prevalece perde-se no vazio, não tendo o condão de causar qualquer dano[85].

---

81. BATALHA, Wilson de Souza Campos. *Comentários à lei das sociedades anônimas*. Rio de Janeiro: Forense, 1977, v. 2, p. 551.

82. CARVALHOSA, Modesto. *Comentários à lei de sociedades anônimas.* São Paulo: Saraiva, 1997, v. 2, p. 334.

83. BATALHA, Wilson de Souza Campos. *Comentários à lei das sociedades anônimas*. Rio de Janeiro: Forense, 1977, v. 2, p. 557.

84. CARVALHOSA, Modesto. *Comentários à lei de sociedades anônimas.* São Paulo: Saraiva, 1997, v. 2, p. 405-406.

85. BATALHA, Wilson de Souza Campos. *Comentários à lei das sociedades anônimas*. Rio de Janeiro: Forense, 1977, v. 2, p. 560.

CURSO DE DIREITO EMPRESARIAL

Embora não haja previsão específica de invalidação da deliberação tomada com base nesse voto, acreditamos ser possível essa conclusão[86], tendo em vista tratar-se de voto vedado pelo ordenamento jurídico, sem a cominação de uma sanção específica (art. 166, VII, do Código Civil).

7.2 Voto conflitante

Além de não poder exercer o voto abusivo, o acionista também não pode exercer o direito de voto quando tiver interesses contrários aos da companhia, isto é, quando numa deliberação o acionista é movido por um interesse pessoal seu e por um interesse externo[87]. A doutrina, ao tratar do voto conflitante, faz uma distinção entre o conflito formal e o conflito substancial de interesses. No primeiro caso, presume-se o abuso pela situação de fato e, por isso, veda-se previamente o exercício do direito de voto. Já no segundo caso, não se presume o abuso e, por isso, o voto não é vedado previamente, mas deve ser feita uma análise a *posteriori* caso a caso para verificar a existência ou não do abuso[88].

Nas duas primeiras hipóteses do art. 115, § 1º, da Lei n. 6.404/76, não há dúvida de que se trata de hipótese de conflito formal, isto é, o acionista não pode votar na avaliação de seus bens, nem para aprovar contas de sua gestão como administrador. A existência do conflito não significa que ele atuará em detrimento do interesse social, mas, a fim de evitar quaisquer problemas, a lei veda tal tipo de voto. Ainda que ele seja o único acionista presente na assembleia, ele não pode votar as próprias contas, como afirmou o STJ ao concluir que "A aprovação das próprias contas é caso típico de conflito formal (ou impedimento de voto), sendo vedado ao acionista administrador proferir voto acerca da regularidade de suas contas"[89]. Admite-se o voto dos diretores sobre a própria prestação de contas, se eles forem os únicos acionistas da companhia fechada (Lei n. 6.404/76, art. 134, § 6º).

O mesmo dispositivo traz ainda duas outras hipóteses de vedação envolvendo as questões que possam beneficiar o acionista de modo particular ou em que ele tenha qualquer interesse conflitante. Nessas duas hipóteses, discute-se se o caso é de conflito

---

86. PROENÇA, José Marcelo Martins. Direitos e deveres dos acionistas. In: PROENÇA, José Marcelo Martins; FINKELSTEIN, Maria Eugênia Reis (Coord.). *Sociedades anônimas.* São Paulo: Saraiva, 2007, p. 57.

87. GALGANO, Francesco. *Diritto civile e commerciale.* 3. ed. Padova: CEDAM, 1999, v. 3, tomo 2, p. 232.

88. PROENÇA, José Marcelo Martins. Direitos e deveres dos acionistas. In: PROENÇA, José Marcelo Martins; FINKELSTEIN, Maria Eugênia Reis (Coord.). *Sociedades anônimas.* São Paulo: Saraiva, 2007, p. 58.

89. STJ – REsp 1692803/SP, Rel. Ministro Ricardo Villas Bôas Cueva, Terceira Turma, julgado em 23-2-2021, *DJe* 1º-3-2021.

formal ou de conflito substancial. Os defensores da configuração do conflito formal afirmam que o conflito se configuraria pela própria natureza do negócio jurídico, havendo uma presunção absoluta de que a manifestação não atenderia ao interesse da sociedade[90]. De outro lado, os defensores da configuração do conflito substancial entendem que não se pode restringir previamente, sem um critério objetivo, um direito que decorra diretamente da condição de acionista.

A nosso ver, o teor do dispositivo leva à configuração de um conflito formal mesmo nesses dois casos, vedando-se previamente o exercício do direito de voto em tais situações. Porém, pela própria dúvida nessa questão, é recomendável a oitiva da assembleia, para a definição se há ou não conflito de interesses[91]. Em todo caso, registre-se que não configura o conflito a votação do acionista nele mesmo.

O exercício do voto conflitante pode gerar a anulação da deliberação, que pode ser promovida por qualquer acionista. Além disso, o acionista poderá ser responsabilizado pelos danos causados, bem como obrigado a transferir à companhia as vantagens obtidas em decorrência de tal voto.

Conquanto deva ser exercido em atenção ao dever de lealdade, o voto de vontade pode ser objeto de negociação, inclusive por intermédio da instituição de direitos reais em relação às ações. No caso de penhor, a princípio, não há nenhuma limitação ao direito de voto, salvo no caso de estipulação expressa no contrato, podendo haver restrições para certas matérias. No usufruto e na alienação fiduciária, o direito a voto deve ser regulamentado pelo contrato. No caso da alienação fiduciária, a compreensão majoritária é que o devedor vota normalmente, sem restrições[92], se não houver regulamentação. A nosso ver, porém, a razão está com Sérgio Campinho, que afirma que, "inexistindo essa regulação ou o acordo prévio, as ações ficam impedidas de votar"[93], uma vez que o art. 113, parágrafo único, da Lei n. 6.404/76 fala que o devedor somente poderá exercê-lo, nos termos do contrato.

7.3 Voto plural

O estatuto da companhia pode criar uma classe de ações ordinárias detentoras de voto plural, isto é, é possível que cada ação dessa classe tenha até 10 votos nas deliberações da

---

90. CARVALHOSA, Modesto. *Comentários à lei das sociedades anônimas*. 4. ed. São Paulo: Saraiva, 2009, v. 2, p. 467; VERÇOSA, Haroldo Malheiros Duclerc. *Curso de direito comercial*. São Paulo: Malheiros, 2008. v. 3, p. 263.

91. PROENÇA, José Marcelo Martins. Direitos e deveres dos acionistas. In: PROENÇA, José Marcelo Martins; FINKELSTEIN, Maria Eugênia Reis (Coord.). *Sociedades anônimas*. São Paulo: Saraiva, 2007, p. 61-62.

92. CARVALHOSA, Modesto. *Comentários à lei de sociedades anônimas*. 3. ed. São Paulo: Saraiva, 2009, v. 2, 440; LUCENA, José Waldecy. *Das sociedades anônimas*: comentários à lei. Rio de Janeiro: Renovar, 2012, v. 1, p. 1.051.

93. CAMPINHO, Sérgio. *Curso de direito comercial*: sociedade anônima. 5. ed. São Paulo: Saraiva, 2020, p. 151.

sociedade. Isso pode permitir uma participação de cada vez mais investidores em determinado negócio, viabilizando o acúmulo de capitais, tão necessário para o desenvolvimento de diversas atividades empresariais, na medida em que os controladores poderão manter o seu poder de direção do negócio[94], com muito menos capital investido. Utiliza-se a expressão *dual-class*, pois nesse caso existirão duas ou mais classes de ações ordinárias com voto diferenciado. Tal estrutura não é permitida nas empresas estatais, suas subsidiárias e em qualquer companhia controlada direta ou indiretamente pelo Poder Público.

Para as companhias abertas, a criação do voto plural só é possível antes da negociação ou outros títulos conversíveis em ações, no mercado. Após a negociação de qualquer título conversível em ação, já há, para o público investidor, uma expectativa legítima relacionada à estrutura acionária e de poder da sociedade, que não poderá ser rompida. Tal restrição não pode ser burlada por meio de reorganizações societárias envolvendo companhias abertas, sem voto plural, cujas ações ou valores mobiliários conversíveis em ações sejam negociados em mercados organizados, e outras companhias com voto plural (Lei n. 6.404/76, art. 110-A, § 11).

Assim, não é possível que uma companhia aberta sem voto plural, que negocia suas ações no mercado, seja incorporada, tenha suas ações incorporadas ou faça fusão com uma companhia que adote o voto plural. No mesmo caminho, não se admite que a companhia aberta sem voto plural, que negocia suas ações no mercado, faça uma cisão, total ou parcial, para uma nova companhia ou uma companhia já existente que adote o voto plural.

Enquanto não houver nenhuma negociação de ações ou títulos conversíveis em ações, é possível a criação do voto plural, desde que haja a aprovação de pelo menos metade das ações com direito a voto e pelo menos metade das ações preferenciais, sem direito a voto ou com voto restrito, em assembleia especificamente convocada para esse fim. O estatuto da companhia poderá aumentar esse quórum.

Nas companhias fechadas, é possível a qualquer tempo a criação do voto plural, desde que obtida a aprovação nos mesmos moldes das companhias abertas. Vale dizer, nas companhias fechadas, a criação do voto plural dependerá da aprovação da metade, pelo menos, das ações com direito a voto e da metade, pelo menos, das ações sem direito a voto ou com voto restrito. Aqui também o quórum de aprovação do voto plural pode ser aumentado pelo estatuto.

Em qualquer caso, o acionista que discordar da criação do voto plural terá o direito de retirada (Lei n. 6.404/76, art. 110-A, § 2º). Não haverá, porém, direito de retirada, se a criação da classe com voto plural já estiver prevista no próprio estatuto da companhia.

Qualquer companhia que adotar o voto plural e negociar suas ações ou valores mobiliários conversíveis em ações no mercado fica proibida de alterar as características daquelas ações com voto plural, exceto para reduzir os direitos.

---

94. GILSON, Ronald J. Evaluating Dual Class Common Stock: The Relevance of Substitutes, 73 VA. L. REV. 807 (1987). Disponível em: <https://scholarship.law.columbia.edu/faculty_scholarship/987>. Acesso em: 1º out. 2021.

Havendo o voto plural, o acionista que detiver as ações com essa característica votará com até 10 votos por ações, nos termos previstos no Estatuto. Contudo, essa pluralidade de votos por ação não se aplica nas deliberações sobre remuneração dos administradores e contratos com partes relacionadas. Nessas duas hipóteses, por determinação legal, prevalecerá a contagem de um voto por ação. Igualmente, se a lei ou estatuto indicarem quóruns com base em percentual de ações ou do capital social, a votação deverá ser realizada contando-se um voto por ação.

O voto plural possui uma vinculação pessoal com o titular da ação, ou seja, pode-se falar em algo com um caráter personalista do voto plural. Como já mencionado, a ideia do voto plural está ligada aos integrantes do grupo de controle da sociedade. Por isso, se as ações com voto plural saem desse grupo, o voto plural será extinto.

Assim, se a ação for transferida a um terceiro que não seja detentor já do voto plural o voto será extinto. Do mesmo modo, se o acionista detentor do voto plural fizer um acordo de voto com acionistas sem voto plural, o voto será extinto, pois esses outros acionistas acabarão tendo os benefícios do voto plural. Não haverá extinção, se o acionista que tem o voto plural transfere suas ações para uma *holding*, em que ele permaneça como único titular do voto plural. Do mesmo modo, se houve apenas a transferência da propriedade fiduciária da ação, nos casos de depósito centralizado, mantendo-se o acionista como efetivo titular do voto plural.

Além dos casos de transferência, o acionista perderá o voto plural pelo decurso do seu prazo de duração ou qualquer outra hipótese estatutária de extinção do voto plural (*sunset clause*). O prazo inicial do voto plural será de 7 anos (Lei n. 6.404/76, art. 110-A, § 7º), permitida sua prorrogação por qualquer prazo. Essa prorrogação dependerá de aprovação de pelo menos metade das ações com direito a voto e pelo menos metade das ações sem direito a voto ou com voto restrito, se quórum maior não for previsto no estatuto. Os titulares do voto plural não participaram da votação para prorrogação.

8   Suspensão dos direitos

O art. 120 da Lei n. 6.404/76 permite que a assembleia geral delibere a suspensão dos direitos do acionista que tenha descumprido suas obrigações legais ou estatutárias. Trata-se de uma medida coercitiva para forçar o cumprimento das obrigações. Todavia, tal medida é provisória, pois, uma vez cumprida a obrigação, a situação anterior será restabelecida[95].

Fábio Ulhoa Coelho reconhece a importância de tal medida, mas afirma que não podem ser suspensos os direitos essenciais, na medida em que eles são estabilizadores das relações de poder dentro da companhia[96]. Marcos da Costa sufraga o mesmo enten-

---

95.   LEÃES, Luiz Gastão Paes de Barros. *Comentários à lei das sociedades anônimas.* São Paulo: Saraiva, 1978, v. 2, p. 271.

96.   COELHO, Fábio Ulhoa. *Curso de direito comercial.* São Paulo: Saraiva, 1999, v. 2, p. 290.

CURSO DE DIREITO EMPRESARIAL

dimento, afirmando que o teor do art. 109 da Lei n. 6.404/76 impediria tal suspensão, uma vez que a regra especial desse artigo determina que nem o estatuto, nem a assembleia geral poderio privar os acionistas dos direitos essenciais[97].

Não obstante a tal fundamentação, acreditamos que pode ocorrer a suspensão de todos os direitos dos acionistas, inclusive dos essenciais. Como afirma Roberto Papini, o art. 120 não faz nenhuma distinção entre os direitos essenciais e os não essenciais para efeitos de suspensão; ademais, a suspensão dos direitos essenciais é uma questão de equidade em face dos acionistas que cumpriram seus deveres[98]. Outrossim, não permitir a suspensão dos direitos essenciais seria tornar inócuo o preceito da lei, que não seria aplicável[99]. Por fim, deve ser ressaltado que a suspensão não significa a privação do direito, pois atinge apenas o exercício do direito e, uma vez cumprida a obrigação, se restabelece a situação anterior[100].

9   Arbitragem

No correr da vida da companhia podem surgir inúmeros conflitos de interesses entre os acionistas ou entre estes e a própria sociedade. Tais conflitos, a princípio, devem ser resolvidos pelo poder judiciário. O Estado dita regras que disciplinam as relações sociais – o direito objetivo – e soluciona os conflitos de interesses aplicando as regras do direito objetivo, por meio do processo.

A solução judicial de disputas no seio da companhia pode representar danos gravíssimos a esta, na medida em que haja uma demora muito grande no resultado da demanda. O transcurso de um longo período de tempo sem a solução do conflito pode comprometer o bom andamento dos negócios sociais, impedindo ou dificultando o sucesso da empresa. Outrossim, a publicidade de tais conflitos pode ser prejudicial à sociedade.

Atento a tais problemas, o legislador houve por bem inserir um parágrafo terceiro, no art. 109 da Lei n. 6.404/76, possibilitando a inserção no estatuto da sociedade da solução de conflitos entre os acionistas, ou entre estes e a companhia por meio da arbitragem, nos termos especificados. A arbitragem é uma solução mais rápida e, conforme a prática demonstrará, dará soluções mais eficientes que as dadas pela jurisdição tradicional[101].

Assim, o estatuto da companhia pode conter a cláusula compromissória, regulando o processo de arbitragem, definindo inclusive o órgão arbitral que funcionará[102]. A cláu-

---

97.   COSTA, Marcos da. In: VIDIGAL, Geraldo de Camargo; MARTINS, Ives Gandra da Silva (Coord.). *Comentários à lei das sociedades por ações*. Rio de Janeiro: Forense Universitária, 1999, p. 361.

98.   PAPINI, Roberto. *Sociedade anônima e mercado de valores mobiliários*. 3. ed. Rio de Janeiro: Forense, 1999, p. 135.

99.   CARVALHOSA, Modesto. *Comentários à lei de sociedades anônimas*. São Paulo: Saraiva, 1997, v. 2, p. 492.

100.   BORBA, José Edwaldo Tavares. *Direito societário*. 4. ed. Rio de Janeiro: Freitas Bastos, 1998, p. 291.

101.   BERTOLDI, Marcelo M. In: _____. (Coord.). *Reforma da lei de sociedades anônimas*. São Paulo: Revista dos Tribunais, 2002, p. 73.

102.   WALD, Arnoldo. A reforma da lei das sociedades anônimas: os direitos dos minoritários na nova lei das S. A. In: LOBO, Jorge. *Reforma da lei das sociedades anônimas*. Rio de Janeiro: Forense, 2002, p. 238.

sula compromissória estatutária deve ser explícita quanto às partes e às relações sujeitas à arbitragem.

Modesto Carvalhosa e Nelson Eizirik ressaltam que tal cláusula não vincula os acionistas que não tenham concordado inequívoca e expressamente com esta, nos termos do art. 4º, § 2º, da Lei n. 9.307/96[103]. Só a manifestação livre e expressa do acionista tem o condão de vinculá-lo à cláusula compromissória, que não viola a garantia do acesso à justiça (art. 5º, XXXV, da Constituição Federal).

Alteramos nosso pensamento anterior. Hoje, acreditamos que aos adquirentes de ações impõem-se o conteúdo e os efeitos da cláusula arbitral já contida no estatuto social[104]. Tal previsão estatutária já dá o conhecimento necessário, dispensando-se qualquer manifestação específica. A massificação das relações e a simplificação das formas impõem essa conclusão. Não há como se exigir uma formalidade maior para a adesão à cláusula arbitral prevista no Estatuto de uma sociedade.

A princípio, a inclusão da convenção de arbitragem dará direito de retirada aos acionistas que discordarem, salvo se as ações de tais acionistas possuem liquidez e dispersão ou se a inclusão da convenção de arbitragem no estatuto social represente condição para que os valores mobiliários de emissão da companhia sejam admitidos à negociação em segmento de listagem de bolsa de valores ou de mercado de balcão organizado que exija dispersão acionária mínima de 25% (vinte e cinco por cento) das ações de cada espécie ou classe.

10   Saída dos acionistas

Pelas próprias características de uma sociedade anônima, é natural que o acionista não permaneça eternamente na companhia. Geralmente, esta saída do acionista se deu por meio da cessão de suas ações, por ato entre vivos ou *causa mortis*, com o ingresso de outra pessoa na titularidade das ações. Mesmo na única hipótese legalmente prevista de exclusão do acionista remisso (Lei n. 6.404/76 – art. 107, § 4º), o que é a apropriação de suas ações pela companhia. Em suma, não há a princípio qualquer hipótese de dissolução parcial da sociedade anônima de caráter institucional.

Em certas situações, contudo, a jurisprudência vem admitindo a "dissolução parcial" da sociedade anônima[105]. Essa orientação se restringe a sociedades anônimas familiares.

---

103.   CARVALHOSA, Modesto. Cláusula compromissória estatutária e juízo arbitral (§ 3º do art. 109). In: LOBO, Jorge. *Reforma da lei das sociedades anônimas*. Rio de Janeiro: Forense, 2002, p. 329.

104.   VALÉRIO, Marco Aurélio Gumieri. Arbitragem nas sociedades anônimas: aspectos polêmicos da vinculação dos acionistas novos, ausentes, dissidentes e administradores à cláusula compromissória estatutária, após a inclusão do § 3º ao art. 109 da Lei n. 6.404/1976 pela Lei n. 10.303/2001. *Revista de Direito Mercantil, Industrial, Econômico e Financeiro*, v. 139, jul./set. 2005, p. 167; FLÁKS, Luiz Loria. A arbitragem na reforma da lei das S.A. *Revista de Direito Mercantil, Industrial, Econômico e Financeiro*, v. 131, jul./set. 2003, p. 123.

105.   STJ – REsp 1128431/SP, Rel. Ministra Nancy Andrighi, Terceira Turma, julgado em 11-10-2011, *DJe* 25-10-2011; EREsp 1079763/SP, Rel. Ministro Sidnei Beneti, Segunda Seção, julgado em 25-4-2012, *DJe* 6-9-2012.

CURSO DE DIREITO EMPRESARIAL

Conceitualmente, Roberta Nioac Prado nos apresenta uma série de definições possíveis para as sociedades familiares: "(i) a empresa familiar é aquela que se identifica há pelo menos duas gerações, pois é a segunda geração que, ao assumir a propriedade e a gestão, transforma a empresa em familiar; (ii) é familiar quando a sucessão da gestão está ligada ao fator hereditário; (iii) é familiar quando os valores institucionais e a cultura organizacional da empresa se identificam com os da família; (iv) é familiar quando a propriedade e o controle acionário estão preponderantemente nas mãos de uma ou mais famílias"[106]. Embora não haja uniformidade nos referidos conceitos, eles nos permitem ter a ideia clara de que uma sociedade deverá ser considerada familiar quando sua estrutura de poder e de gestão pode ser influenciada ou definida em razão de divórcio ou inventário relacionado aos sócios[107].

Para fins de dissolução parcial das sociedades anônimas, porém, a ideia de sociedade anônima familiar deve ser ampliada, para abranger "sociedades anônimas de médio e pequeno porte, em regra, de capital fechado, que concentram na pessoa de seus sócios um de seus elementos preponderantes, como sói acontecer com as sociedades ditas familiares, cujas ações circulam entre os seus membros, e que são, por isso, constituídas *intuito personae*"[108]. O caráter pessoal e não o vínculo familiar é que seria determinante para a caracterização dessas sociedades anônimas familiares, isto é, seriam sociedades com acionistas que se relacionam pessoalmente, independentemente de vínculo familiar.

Com efeito, nestas sociedades anônimas familiares, prepondera uma nítida natureza pessoal e neste caso a cessão das ações seria algo muito difícil, senão impossível, pois não seria viável a entrada de um terceiro estranho àquele grupo. Todavia, não se poderia deixar o acionista preso para sempre à companhia. Assim sendo, deve-se admitir que a simples quebra de *affectio societatis* seja motivo para a saída do acionista, com a dissolução parcial e o pagamento da sua parte na sociedade, de forma similar ao recesso nas sociedades limitadas.

Dentro da mesma lógica, nas sociedades anônimas de caráter pessoal, deve-se admitir a exclusão do acionista por justa causa[109], isto é, em caso de grave descumprimento das obrigações pelo acionista, os demais poderão deliberar o ajuizamento de ação que promova a exclusão do acionista faltoso, nos moldes do art. 1.030 do CC. Valem aqui as mesmas considerações sobre a justa causa aplicável às sociedades regidas pelo Código Civil, isto é, deve-se tratar de um descumprimento dos deveres e não de um simples desentendimento entre os acionistas.

---

106. PRADO, Roberta Nioac. Empresas familiares: governança corporativa, familiar e jurídico-sucessória. In: _____(Coord.). *Empresas familiares*: governança corporativa, governança familiar, governança jurídica. São Paulo: Saraiva, 2011, p. 20.

107. Idem, p. 22.

108. STJ – EREsp 111294/PR, Rel. Ministro Castro Filho, Segunda Seção, julgado em 28-6-2006, *DJ* 10-9-2007, p. 183; REsp 651.722/PR, Rel. Ministro Carlos Alberto Menezes Direito, Terceira Turma, julgado em 25-9-2006, *DJ* 26-3-2007, p. 233.

109. STJ – REsp 917531/RS, Rel. Ministro Luis Felipe Salomão, Quarta Turma, julgado em 17-11-2011, *DJe* 1º-2-2012.

Em certas situações, contudo, a jurisprudência vem admitindo a "dissolução parcial" da sociedade, isto é, vem admitindo o exercício do direito de retirada pelos acionistas, independentemente de motivo legal. Essa orientação se restringe a "sociedades anônimas de médio e pequeno porte, em regra, de capital fechado, que concentram na pessoa de seus sócios um de seus elementos preponderantes, como sói acontecer com as sociedades ditas familiares, cujas ações circulam entre os seus membros, e que são, por isso, constituídas *intuito personae*"[110].

Com efeito, em determinados casos a sociedade anônima tem uma nítida natureza pessoal e, por isso, deve-se admitir que a simples quebra de *affectio societatis* seja motivo para a retirada. Todavia, a regra continua sendo a restrição do direito de retirada para as hipóteses legalmente previstas.

Com o CPC/2015, passa-se a prever a ação de dissolução para as sociedades anônimas de capital fechado quando demonstrado, por acionista ou acionistas que representem cinco por cento ou mais do capital social, que não pode preencher o seu fim (art. 599, § 2º). Tal previsão tende a restringir a possibilidade de dissolução parcial a requerimento dos acionistas. No entanto, acreditamos que apesar desta restrição, deve continuar a prevalecer a orientação da jurisprudência sobre as sociedades anônimas consideradas sociedades de pessoas, pois nestas prevalece o caráter pessoal e contratual da relação, sendo inviável restringir de forma exagerada a possibilidade da dissolução parcial a pedido dos acionistas.

Em qualquer caso, o procedimento da ação de dissolução parcial, seja no caso do art. 599, § 2º, seja nos casos de sociedades de pessoas, será aquele previsto no CPC/2015 para fins de reconhecimento da dissolução e eventual pagamento da apuração de haveres.

---

110. STJ – EREsp 111294/PR, Rel. Ministro Castro Filho, Segunda Seção, julgado em 28-6-2006, *DJ* 10-9-2007, p. 183; REsp 651.722/PR, Rel. Ministro Carlos Alberto Menezes Direito, Terceira Turma, julgado em 25-9-2006, *DJ* 26-3-2007, p. 233.

28 | ACORDO DE ACIONISTAS

1 O acordo de acionistas

As relações entre os acionistas de uma sociedade se encontram dentro da órbita do direito privado e, por isso, permitem a realização dos mais diversos ajustes. Tais avenças, inseridas dentro da autonomia privada dos acionistas, a princípio, como os contratos em geral, só produzem efeitos entre as partes contratantes.

Entretanto, os contratos entre os acionistas sobre determinadas matérias específicas, a saber, compra e venda de ações, preferência para adquiri-las, exercício do direito de voto e exercício do poder de controle, gozam de uma proteção especial, produzindo efeitos em relação a pessoas alheias ao pacto. Estes são os chamados acordos de acionistas disciplinados pelo art. 118 da Lei n. 6.404/76. Para produzirem efeitos perante a sociedade, devem ser arquivados na sede da companhia, e para produzirem efeitos em relação a terceiros, os acordos devem ser averbados nos livros da sociedade e nos certificados das ações, se estes foram emitidos.

Tais acordos são uma modalidade de contrato especial, são contratos parassociais, na medida em que influenciam as relações da companhia; embora destinados a regular as relações entre os acordantes[1], existem em função da sociedade, mas não têm a sua participação[2]. Em relação aos seus efeitos, tais contratos podem ser unilaterais, bilaterais ou plurilaterais, na medida em que podem surgir obrigações para uma das partes, para duas, ou para todas na busca de um fim comum[3].

Tais acordos de acionistas não são os únicos possíveis, mas são os disciplinados pela lei com a mencionada proteção especial.

2 Modalidades do acordo

Na legislação brasileira temos dois tipos de acordo: os atinentes ao voto e os chamados acordos de bloqueio, que têm por objeto a compra e venda de ações, bem como o direito de preferência para sua aquisição.

---

1. MIRANDA, Edson Antonio. *Execução específica dos acordos de acionistas*. São Paulo: Juarez de Oliveira, 2000, p. 18.

2. BARBI FILHO, Celso. *Acordo de acionistas*. Belo Horizonte: Del Rey, 1993, p. 78.

3. Idem, p. 72.

Marcelo Bertoldi afirma que a menção introduzida pela Lei n. 10.303/2001, a respeito dos acordos sobre o exercício do poder de controle, já era abrangida pelos acordos sobre o exercício do direito de voto, pois é por meio do voto que se exerce o controle[4]. De outro lado, Modesto Carvalhosa e Nelson Eizirik entendem que após a Lei n. 10.303/2001 o acordo de acionistas também pode ter por modalidade o exercício do poder de controle, vinculando também os órgãos da administração da companhia[5].

A menção ao acordo relativo ao exercício do poder de controle foi efetivamente inserida com o intuito de permitir também a vinculação dos órgãos de administração ao decidido pelo acordo, pois é nesses órgãos que se exerce, primordialmente, o poder de controle. Todavia, a atuação desses órgãos também se dá por intermédio do exercício de voto dos conselheiros, matéria que estaria sujeita ao acordo, na lição de Arnoldo Wald[6].

A nosso ver, mesmo antes da reforma já se podia vincular a atuação dos membros do conselho de administração por intermédio do acordo de acionistas. Apesar disso, a Lei n. 10.303/2001 andou bem ao inserir a ideia do poder de controle nas matérias sujeitas ao acordo de acionistas, acabando com quaisquer dúvidas que porventura ainda existiam a respeito.

3   Acordos de bloqueio

Os acordos de bloqueio têm por finalidade impor restrições à negociação das ações atuais e futuras dos acionistas convenentes, normalmente proibindo a alienação das ações pelo tempo do contrato, ou impondo um direito de preferência recíproco entre as partes do acordo[7]. Esses acordos podem ser feitos por acionistas de companhias fechadas ou abertas, nestas últimas impedindo a negociação no mercado das ações de titularidade dos membros do acordo.

A finalidade dos acordos de bloqueio é a manutenção ou o aumento das proporcionalidades acionárias dos signatários do acordo, evitando o ingresso de estranhos na companhia, bem como evitando a modificação da participação dos contratantes[8]. Tal tipo de convenção entre os acionistas está normalmente ligado a uma disciplina do poder de controle da própria companhia.

---

4.   BERTOLDI, Marcelo M. In: _____. (Coord.). *Reforma da Lei de sociedades anônimas*. São Paulo: Revista dos Tribunais, 2002, p. 80.

5.   CARVALHOSA, Modesto; EIZIRIK, Nelson. *A nova lei das sociedades anônimas*. São Paulo: Saraiva, 2002, p. 212.

6.   WALD, Arnoldo. A evolução do regime legal do conselho de administração, os acordos de acionistas e os impedimentos dos conselheiros decorrentes de conflitos de interesses. *Revista de Direito Bancário, do Mercado de Capitais e da Arbitragem*, São Paulo, ano 4, n. 11, jan./mar. 2001, p. 16.

7.   CARVALHOSA, Modesto. *Comentários à lei de sociedades anônimas*. São Paulo: Saraiva, 1997, v. 2, p. 469.

8.   BARBI FILHO, Celso. Acordo de acionistas: panorama atual do instituto no direito brasileiro e propostas para reforma de sua disciplina legal. *Revista de Direito Bancário, do Mercado de Capitais e da Arbitragem*, São Paulo, ano 3, n. 8, abr./jun. 2000, p. 46.

CURSO DE DIREITO EMPRESARIAL

A título exemplificativo, em função de tal espécie de acordo, os integrantes do acordo (A, B, C, D e E) têm a obrigação de, antes de vender suas ações a terceiros, oferecê-las em igualdade de condições aos demais membros do acordo. Como já mencionado, se tal acordo for arquivado na sede da companhia, ele vincula esta, de modo que ela não pode aceitar uma transferência de ações em desconformidade com os termos do acordo. A companhia e seus administradores funcionam como fiscais do cumprimento do acordo, devidamente arquivado na sede da companhia[9].

Em face de qualquer descumprimento do acordo, os membros prejudicados podem promover a execução específica do acordo, obtendo exatamente o que ele obteria com o cumprimento normal do acordo. Assim, se **A** pretendeu vender suas ações, sem assegurar a preferência aos demais membros do acordo, estes poderão invalidar a transferência efetuada e, depositando o valor das ações, adquiri-las coativamente.

4   Acordos de voto

Os acordos de voto, por sua vez, visam à organização prévia da atuação dos contratantes nas assembleias-gerais, isto é, o exercício do direito de voto por eles. Normalmente, os acordos de voto estão ligados à realização de uma reunião prévia entre os membros para definir de antemão como será a sua atuação na assembleia geral, o que Modesto Carvalhosa e Nelson Eizirik chamam de acordo de voto em bloco[10]. Não se trata da venda do direito de voto, mas de uma organização do seu exercício, a fim de organizar e manter o controle de uma companhia.

Tal modalidade de acordo só pode ser feita quando o voto é uma declaração de vontade do acionista e não uma declaração de verdade[11]. Tal limitação deve-se ao fato de a verdade não ser um bem disponível, suscetível de acordos. Outrossim, há que se ressaltar que o acordo de votos não exime o acionista da responsabilidade pelos votos prolatados em desatenção a quaisquer deveres, que lhe são impostos[12].

O acordo de acionistas atinente ao exercício do direito de voto assemelha-se aos *voting agreements* ou *pooling agreements*[13] ou *sharerholder agreements*[14] do direito norte-americano, nos quais o acionista mantém a propriedade das ações. O instituto do di-

---

9.   ARAGÃO, Paulo Cezar. A disciplina do acordo de acionistas na reforma da lei de sociedades por ações (Lei n. 10.303, de 2001). In: LOBO, Jorge. *Reforma da lei das sociedades anônimas*. Rio de Janeiro: Forense, 2002, p. 369.

10.   CARVALHOSA, Modesto; EIZIRIK, Nelson. *A nova lei das sociedades anônimas*. São Paulo: Saraiva, 2002, p. 218.

11.   CARVALHOSA, Modesto. *Comentários à lei de sociedades anônimas*. São Paulo: Saraiva, 1997, v. 2, p. 479; COELHO, Fábio Ulhoa. *Curso de direito comercial*. São Paulo: Saraiva, 1999, v. 2, p. 309-310.

12.   BATALHA, Wilson de Souza Campos. *Comentários à lei das sociedades anônimas*, v. 2, p. 573.

13.   LATTIN, Norman D. *Lattin on corporations*. Brooklyn: The Foundation Press, 1959, p. 318; HAMILTON, Robert W. *The law of corporations*. 5. ed. St. Paul: West Group, 2000, p. 278.

14.   HENN, Harry G.; ALEXANDER, John R. *Law of corporations*. 3. ed. St. Paul: West Group, 1983, p. 535.

reito pátrio não se confunde com os *voting trusts*. Nos *voting trusts* as ações são transferidas para uma pessoa de confiança (*trustee*), sendo registradas no nome desta, a qual exercerá o direito de voto nos termos ajustados[15]. Trata-se de mecanismo bem mais formal, ainda não admitido no direito pátrio.

Apesar disso, no direito brasileiro, pode-se lançar mão de um mecanismo que acaba produzindo efeitos muito próximos aos dos *voting trusts*, isto é, consegue concentrar os votos do acordo em uma pessoa, sem, contudo, transferir a propriedade das ações.

A lei brasileira permite, em seu art. 126, que o voto na assembleia geral seja exercido por procurador, o que permite que nos acordos de acionistas todos os membros possam constituir um procurador comum, garantindo efetivamente a unidade na votação. Todavia, a lei das S.A. impunha certos limites quanto à constituição do procurador, exigindo que se tratasse de acionista, advogado ou administrador da sociedade e que a sua constituição tivesse ocorrido há menos de um ano, na linha do direito norte-americano[16].

Tais limites impostos, sobretudo quanto ao prazo da constituição, tornam mais trabalhosa a tarefa dos membros do acordo de acionistas, que teriam que constituir o procurador anualmente. Atentando a tal dificuldade, o legislador pátrio acaba com o limite de prazo para a constituição de procuradores nos termos de acordo de acionistas, assegurando um instrumento efetivo e prático à atuação do acordo de acionistas.

4.1 Vinculação da companhia aos termos do acordo

Mesmo não lançando mão da constituição de procuradores, o acordo de acionistas goza de uma proteção especial na lei brasileira, o que assegura de forma bastante razoável sua efetividade.

Uma vez arquivado na sede da companhia, tal acordo produz efeitos em relação a esta. Neste ponto, surge uma indagação a respeito do que a sociedade deve fazer diante da desobediência aos termos do acordo relativo ao exercício do direito de voto. Qual deve ser a atitude da companhia diante de um voto manifestado em sentido contrário ao acordo? Deve considerar o voto nos termos do acordo, mesmo diante da manifestação contrária do acionista? Deve respeitar a manifestação, mesmo contrária ao acordo? Ou deve desconsiderar tal manifestação?

Entender que a sociedade deveria computar o voto contrário ao acordo[17] é tornar letra morta o dispositivo que assevera que o acordo arquivado na sede da sociedade produz efeitos em relação a esta. Por isso, à luz da redação original das disposições sobre o acordo de acionistas, Modesto Carvalhosa já solucionava tal questão afirmando que a

---

15. HENN, Harry G.; e ALEXANDER, John R. *Law of corporations*, p. 528; HAMILTON, Robert W. *The law of corporations*. 5. ed. St. Paul: West Group, 2000, p. 281.

16. HAMILTON, Robert W. *The law of corporations*. 5. ed. St. Paul: West Group, 2000, p. 274.

17. BARBI FILHO, Celso. *Acordo de acionistas*. Belo Horizonte: Del Rey, 1993, p. 176.

sociedade deve considerar nulo o voto dado em desconformidade com o acordo[18], uma vez que a sociedade não pode se substituir à vontade do acionista, mas deve observar o constante do acordo arquivado na sua sede.

A solução propugnada por Modesto Carvalhosa é, sem sombra de dúvida, a que melhor se coaduna com o teor do art. 118 da Lei n. 6.404/76, tanto que tal solução é expressamente consagrada pelo novo § 8º do mesmo art. 118, nos seguintes termos: "*O presidente da assembleia ou do órgão colegiado de deliberação da companhia não computará o voto proferido com infração a acordo de acionistas devidamente arquivado.*"

4.2 Execução específica do acordo de voto

A desconsideração do voto contrário ao acordo nem sempre é suficiente para satisfazer os interesses das outras partes da avença, uma vez que o voto no sentido contratado poderia ser primordial para se alcançar o quórum necessário à aprovação de determinada matéria. No direito italiano, o descumprimento do acordo permite apenas a conversão em perdas e danos[19], vale dizer, as partes do acordo obtêm apenas o equivalente à obrigação descumprida.

Com o intuito de garantir um cumprimento efetivo do acordo, isto é, da obrigação de fazer assumida pela parte, o art. 118, § 3º, prevê a possibilidade da sua execução específica, seja do acordo de voto, seja do acordo de bloqueio, ou seja, o acionista prejudicado poderá obter exatamente o que obteria com o cumprimento do acordo.

A previsão desta ação consta do art. 501 do CPC/2015, pelo qual o juiz condenará o devedor a emitir a declaração de vontade e a sentença produzirá os mesmos efeitos da declaração emitida. Não há, na verdade, uma condenação, mas sim uma substituição da vontade não emitida pelo acionista, nos termos do acordo, pela sentença judicial que produzirá os mesmos efeitos, não dependendo de qualquer outro procedimento.

Conquanto seja incluído no livro do processo de execução, trata-se na verdade de procedimento de cognição[20], cuja carga preponderante é extremamente discutida. Para a maior parte da doutrina, trata-se de uma ação de natureza executiva *lato sensu*[21], na medida em que a sentença, que condena a parte a emitir a declaração de vontade, não

---

18. CARVALHOSA, Modesto. *Comentários a lei de sociedades anônimas.* São Paulo: Saraiva, 1997, v. 2, p. 483; BORBA, José Edwaldo Tavares. *Direito societário.* Rio de Janeiro: Freitas Bastos, 1998, p. 310.

19. FERRARA JUNIOR, Francesco; CORSI, Francesco. *Gli imprenditori e le società.* 11. ed. Milano: Giuffrè, 1999, p. 453.

20. MIRANDA, Edson Antonio. *Execução específica dos acordos de acionistas.* São Paulo: Juarez de Oliveira, 2000, p. 47.

21. GRINOVER, Ada Pellegrini. *O processo em evolução.* 2. ed. Rio de Janeiro: Forense Universitária, 1998, p. 406; ASSIS, Araken de. *Manual do processo de execução.* 5. ed. São Paulo: Revista dos Tribunais, 1998, p. 406; BARBOSA MOREIRA, José Carlos. Aspectos da "execução" em matéria de obrigação de emitir declaração de vontade. In: _____. *Estudos de direito processual em memória de Luiz Machado Guimarães.* Rio de Janeiro: Forense, 1999, p. 216.

necessita de outro procedimento para fiel cumprimento[22]. A nosso ver, todavia, após longas reflexões, trata-se de uma ação eminentemente constitutiva, na medida em que a sentença contém uma declaração que modifica uma situação jurídica anterior[23].

Quando um dos membros do acordo emite uma declaração de vontade contrária aos termos do acordo, vemos que é necessária uma sentença para substituir a declaração do convenente. Os membros do acordo obtêm judicialmente exatamente o que obteriam com o cumprimento do acordo, tornando tal tipo de contrato uma das mais eficientes formas de disciplina e manutenção do controle societário.

4.3 Omissão

No caso de abstenção do acionista, acreditamos que deveria ser seguido o mesmo rumo, uma vez que, a princípio, os demais membros do acordo não podem por si substituir a vontade daquele que se absteve[24]. Tal situação nem sempre permitia a melhor proteção aos interesses dos membros do acordo, na medida em que sujeita à demora natural da justiça no país.

Atento a tal situação, o legislador pátrio houve por bem introduzir novas regras na lei das sociedades anônimas que permitem que os acionistas prejudicados votem com as ações daqueles ausentes ou que se abstiveram. Não se trata de poder excessivo assegurado aos acionistas, mas de medida que torna mais célere a atuação do acordo de acionistas no mundo prático. Tal situação não vai de encontro a uma vontade manifestada em sentido contrário pelo acionista, mas preenche sua omissão em atender aos termos de um acordo.

A lei cria um mandato legal[25] para os demais membros do acordo, nesses casos da omissão. Trata-se de uma autotutela criada pela lei, que constitui um meio legítimo e eficaz de impedir que os dissidentes da maioria obstruam a eficácia do acordo[26].

5 Atuação dos administradores eleitos pelo acordo de acionistas

As sociedades brasileiras, que tinham o controle partilhado, houveram por bem firmar acordos de acionistas, realizando reuniões prévias para definir a atuação de todos os membros pela assembleia geral. Entretanto, boa parte das decisões estratégicas da companhia era tomada pelo conselho de administração ou pela diretoria. Em função

---

22. ZAVASCKI, Teori Albino. *Comentários ao código de processo civil.* São Paulo: Revista dos Tribunais, 2000, v. 8, p. 486.

23. SANTOS, Moacyr Amaral. *Primeiras linhas de direito processual civil.* 14. ed. São Paulo: Saraiva, 1994, v. 3, p. 392; SATTA, Salvatore; PUNZI, Carmine. *Diritto processuale civile.* 12. ed. Padova: CEDAM, 1996, p. 847.

24. BARBI FILHO, Celso. *Acordo de acionistas.* Belo Horizonte: Del Rey, 1993, p. 174-175.

25. ARAGÃO, Paulo Cezar. A disciplina do acordo de acionistas na reforma da lei de sociedades por ações (Lei n. 10.303, de 2001), p. 374.

26. CARVALHOSA, Modesto; EIZIRIK, Nelson. *A nova lei das sociedades anônimas.* São Paulo: Saraiva, 2002, p. 225.

disso, tal reunião prévia passou também a predeterminar a atuação dos conselheiros ou diretores eleitos pelo acordo.

Essa obrigação de seguir a orientação do acordo decorre diretamente do poder do controlador em dirigir as atividades e orientar o funcionamento dos órgãos sociais[27]. Assim sendo, o controlador individual ou o grupo de pessoas ligadas pelo acordo de acionistas pode predefinir a atuação dos membros do conselho ou da diretoria, efetivamente dirigindo os rumos da sociedade, obedecendo aos limites da legalidade e do interesse da companhia. Os administradores não são meros seguidores da decisão do controlados; eles devem atentar aos seus deveres e, primordialmente, ao interesse da companhia[28].

Tal forma de vinculação do conselho de administração ou da diretoria é perfeitamente legal, pois não contraria os deveres dos membros da administração da sociedade. O administrador tem deveres, os quais são os limites que pautam a sua atuação, vale dizer, obedecidos os deveres legais, a formação da sua atuação é livre[29]. Em outras palavras, o administrador, ligado ao acordo de acionistas, não está obrigado a seguir todas as decisões do acordo, mas apenas aquelas que não contrariam a lei, o estatuto e o interesse da companhia[30]. Fora dessas hipóteses há a vinculação, sem dúvida, ao teor da decisão do acordo de acionistas, cabendo inclusive ao presidente do órgão de deliberação desconsiderar o voto contrário ao decidido pelo acordo (art. 118, § 8º, da Lei n. 6.404/76), desde que o acordo esteja arquivado na sede da companhia.

O texto da lei reconhece a validade do acordo sobre a atuação do conselho de administração e da diretoria, permite também que o representante dos acionistas prejudicados vote pelo administrador ausente ou omisso, eleito nos termos do acordo de acionistas. Os acionistas que elegem determinado conselheiro podem substituir a vontade deste, não quando este não atenta aos interesses do grupo, mas quando este não se encontra presente ou quando se abstém, vale dizer, quando este não exerce de modo algum a sua função.

Há a atribuição de uma espécie de mandato legal, cuja aplicação depende da omissão do conselheiro e cujo mandatário será outro membro do órgão eleito pelo acordo de acionistas. Cria-se uma forma de autotutela legítima e extremamente eficaz que não

---

27.   PEDREIRA, José Luiz Bulhões. Acordo de acionistas sobre controle de grupo de sociedades. *Revista de Direito Bancário, do Mercado de Capitais e da Arbitragem*, São Paulo, ano 5, n. 15, jan./mar. 2002, p. 240-241.

28.   BALLANTINE, Henry W. *Ballantine on corporations*. Chicago: Callaghan and company, 1946, p. 121.

29.   CECCHI, Paolo. *Gli amministratori di società di capitali*. Milano: Giuffrè, 1999, p. 342.

30.   WALD, Arnoldo. A evolução do regime legal do conselho de administração, os acordos de acionistas e os impedimentos dos conselheiros decorrentes de conflitos de interesses. *Revista de Direito Bancário, do Mercado de Capitais e da Arbitragem*, São Paulo, ano 4, n. 11, jan./mar. 2001, p. 15-16. Nesse sentido: III – Jornada de Direito Comercial – ENUNCIADO 85 – A obrigação de voto em bloco, prevista em Acordo de Acionistas, não pode ser invocada, por seus signatários ou por membros do Conselho de Administração, com o propósito de eximi-los da obrigação de votar em consonância com a Lei e com os interesses da Companhia.

afasta o acesso ao poder judiciário, mas permite uma atuação direta dos termos do acordo, independentemente de qualquer provimento jurisdicional[31].

Assim, a lei das sociedades anônimas reconhece e reforça o poder dos acordos de acionistas, permitindo inclusive a substituição da vontade dos membros do conselho de administração ou da diretoria ausentes ou omissos pelos representantes dos membros do acordo.

6   Extinção do acordo

Mesmo sendo normalmente cumprido, os acionistas acordantes podem divergir e decidir abandonar o acordo. Tal possibilidade de saída do acordo, a nosso ver, é regida pelas mesmas regras atinentes aos contratos em geral, tendo em vista a natureza jurídica do acordo: contrato parassocial.

Se o prazo do acordo é determinado, só se permite a saída dos acordantes ao fim do prazo ou, nos termos da avença, entendido como contrato de prazo determinado aquele que possua termo final ou condição resolutiva[32]. Sendo o prazo indeterminado, admite--se a denúncia pura e simples do contrato, com a saída do acionista pela sua simples vontade[33], a perpetuidade não se coaduna com a natureza contratual do acordo.

Ousamos, neste particular, discordar da orientação de Modesto Carvalhosa, para quem, em relação aos acordos de voto, não se há de falar em rescisão, mas em dissolução, a qual não poderia ser requerida pela simples manifestação de vontade do convenente, mas estaria condicionada a uma desconformidade ao acordo, aos estatutos ou à lei, ou à quebra da *affectio societatis*, ou ainda, à inobservância do princípio da boa-fé[34]. Marcelo M. Bertoldi, mesmo após a Lei n. 10.303/2001, entende que deve ser motivada ou acordada a rescisão do acordo[35].

O STJ já decidiu que é "admissível a resolução do acordo de acionistas por inadimplemento das partes, ou de inexecução em geral, bem como pela quebra da *affectio societatis*, com suporte na teoria geral das obrigações"[36]. Todavia, nesta mesma decisão o STJ já admitiu a aplicação da teoria geral das obrigações ao acordo de acionistas.

---

31.   CARVALHOSA, Modesto; EIZIRIK, Nelson. *A nova lei das sociedades anônimas.* São Paulo: Saraiva, 2002, p. 233.

32.   GOMES, Orlando. *Contratos.* 18. ed. Atualizada por Humberto Theodoro Júnior. Rio de Janeiro: Forense, 1999, p. 130, em sentido contrário asseverando que o termo incerto e a condição geram contratos por prazo indeterminado; BARBI FILHO, Celso. *Acordo de acionistas.* Belo Horizonte: Del Rey, 1993, p. 193-194.

33.   BORBA, José Edwaldo Tavares. *Direito societário.* Rio de Janeiro: Freitas Bastos, 1998, p. 309.

34.   CARVALHOSA, Modesto. *Comentários à lei de sociedades anônimas.* São Paulo: Saraiva, 1997, v. 2, p. 467.

35.   BERTOLDI, Marcelo M. In: _____. (Coord.). *Reforma da Lei de sociedades anônimas.* São Paulo: Revista dos Tribunais, 2002, p. 83.

36.   STJ – REsp 388.423/RS, Rel. Ministro Sálvio de Figueiredo Teixeira, Quarta Turma, julgado em 13-5-2003, *DJ* 4-8-2003 p. 308.

CURSO DE DIREITO EMPRESARIAL

Seja de voto, seja de bloqueio, o acordo é um contrato, podendo-se distinguir a sua natureza unilateral, bilateral ou plurilateral[37], o que é reconhecido pelo próprio Modesto Carvalhosa[38]. Como tal, não se pode negar a submissão aos princípios gerais dos contratos, observadas logicamente as peculiaridades inerentes ao acordo. Dentre os princípios gerais atinentes aos contratos, é assente a possibilidade de denúncia unilateral dos contratos por prazo indeterminado[39].

Não se pode permitir que o pacto torne imutável a organização do poder societário por um período de tempo indefinido. Na Itália, prevê-se a duração máxima de três anos, permitida a renovação e, no caso de duração indeterminada, admite-se que qualquer um dos integrantes do acordo se retire, desde que avise com a antecedência mínima de seis meses[40].

Corroborando tal entendimento, a lei das sociedades por ações é expressa ao afirmar que "o acordo de acionistas cujo prazo for fixado em função de termo ou condição resolutiva somente pode ser denunciado segundo suas estipulações"[41]. Ora, se houver termo ou condição resolutiva, a denúncia do contrato só pode ser feita nos termos deste. Assim sendo, *a contrario sensu*, pode-se afirmar que, se não houver termo ou condição, ou seja, nos acordos por prazo indeterminado não sujeitos à condição, os convenentes podem denunciá-lo unilateralmente a qualquer tempo, como ocorre em princípio com os contratos em geral[42].

---

37. MIRANDA, Edson Antonio. *Execução específica dos acordos de acionistas*. São Paulo: Juarez de Oliveira, 2000, p. 18.

38. CARVALHOSA, Modesto. *Comentários à lei de sociedades anônimas*. São Paulo: Saraiva, 1997, v. 2, p. 473 e 475.

39. DE CUPIS, Adriano. *Istituzioni di diritto privato*. Milano: Giuffrè, 1978, v. 3, p. 21; GOMES, Orlando. *Contratos*. 18. ed. Atualizada por Humberto Theodoro Júnior. Rio de Janeiro: Forense, 1999, p. 185; PEREIRA, Caio Mário da Silva. *Instituições de direito civil*. 9. ed. Rio de Janeiro: Forense, 1993, v. 3, p. 101.

40. COSTI, Renzo. I patti parasociali. *La riforma delle società quotate*. Milano: Giuffrè, 1998, p. 121.

41. Art. 118, § 6º, da Lei n. 6.404/76.

42. LEÃES, Luiz Gastão Paes de Barros. *Comentários à lei das sociedades anônimas*. São Paulo: Saraiva, 1978, v. 2, p. 265.

29 ÓRGÃOS SOCIAIS

1 Noções gerais

Modernamente, o direito comercial se fundamenta na teoria da empresa, daí a denominação mais moderna de direito empresarial. A empresa é uma atividade econômica organizada para a produção ou circulação de bens ou serviços para o mercado. Dentro dessa ideia, merece especial relevo a menção à atividade econômica organizada, que dá a ideia de organização, que também significa divisão e oposição de poderes, para o melhor desempenho da pretendida atividade.

Dentro de uma sociedade anônima, esses poderes são divididos entre diversos órgãos (centros de poderes da sociedade). A expressão *órgão* é preferível, uma vez que este recebe seus poderes do próprio estatuto da pessoa jurídica e está nela integrado[1], não se tratando de um mandatário da companhia. Quando o órgão age, quem age é a pessoa jurídica, por meio do órgão se faz presente a vontade da pessoa jurídica; daí se falar que o órgão é o presentante[2] da pessoa jurídica e não seu representante.

A organização dos poderes dentro da sociedade anônima tem sua ideia próxima à ideia da tripartição de poderes. Há órgãos de deliberação (assembleia geral e conselho de administração) que expressam a vontade da sociedade, determinam os rumos da companhia. Tal vontade é posta em prática pelos órgãos de execução (diretoria), que, por assim dizer, realizam a vontade da sociedade. Por derradeiro, há também os órgãos de controle (conselho fiscal), que têm por papel fiscalizar a fiel execução da vontade social[3].

Além dos órgãos previstos na lei, a sociedade pode criar outros para o melhor desempenho do seu mister.

2 Assembleia geral

O órgão responsável pela expressão da vontade de uma sociedade é a assembleia geral, que pode ser conceituada como a reunião dos acionistas para deliberar sobre matérias de interesse da sociedade.

---

1. CASTRO Y BRAVO, Frederico. *La persona jurídica*. 2. ed. Madrid: Editorial Civitas, 1991, p. 387.

2. MIRANDA, Francisco Antônio Pontes de. *Tratado de direito privado*. Campinas: Bookseller, 1999, v. 1, p. 482-483; COELHO, Fábio Ulhoa. *Curso de direito comercial*. São Paulo: Saraiva, 1999, v. 2, p. 429.

3. REQUIÃO, Rubens. *Curso de direito comercial*. 21. ed. São Paulo: Saraiva, 1998, v. 2, p. 152.

CURSO DE DIREITO EMPRESARIAL

Em função do desenvolvimento econômico das S.A., a assembleia está perdendo força, passando a sociedade a expressar a vontade de um grupo de controle manipulador e não a da real maioria, dispersa e desorganizada. Essa perda da importância da assembleia geral é demonstrada pela proliferação das ações sem direito a voto, bem como pelo aumento dos poderes dos órgãos de administração[4].

2.1 Competência

Apesar de não ter mais a mesma importância, a assembleia geral tem competência para deliberar sobre atos mais importantes para a companhia (art. 122 da Lei n. 6.404/76). Vinculam-se ainda à assembleia as decisões mais relevantes do dia a dia da companhia.

São atos de competência privativa da assembleia geral a deliberação sobre a formação do capital social, sobre valores mobiliários, alterações do estatuto, direitos dos acionistas (inclusive a suspensão), apreciação de contas e demonstrações financeiras, eleição, destituição e remuneração de administradores e fiscais, destino da companhia, dissolução, pedido de autofalência ou de recuperação, ajuizamento de ação de responsabilidade de administradores, entre outros.

Assim, é a assembleia geral quem deve avaliar os bens que ingressarão no capital social. Também ela deve decidir a respeito da emissão de valores mobiliários, ressalvada a competência do conselho de administração para deliberar a emissão de debêntures, bem como para proceder ao aumento de capital da sociedade de capital autorizado. Outrossim, também lhe compete exclusivamente decidir sobre as alterações do estatuto, bem como decidir sobre transformação, fusão, incorporação e cisão da companhia, sua dissolução e liquidação.

Além disso, ela tem o poder de eleger e destituir os administradores e os membros do conselho fiscal da companhia, ressalvada a competência do conselho de administração para eleger os membros da diretoria. Também é da sua alçada a autorização para os administradores requererem autofalência ou recuperação. Neste caso, poderá o ato ser praticado pelo administrador, com a concordância do acionista controlador, devendo ser convocada, com urgência, uma assembleia geral, para ratificar a decisão (art. 122, parágrafo único, da Lei n. 6.404/76).

Também há competência da assembleia geral para tratar de uma alienação relevante de ativos (mais de 50% dos ativos totais da companhia) em companhias abertas, bem como a celebração de transações com partes relacionadas, quando se tratar de companhias abertas.

Para Fábio Ulhoa Coelho, a competência da assembleia não se restringe às matérias ali previstas, mas ela poderia deliberar sobre as matérias de interesse da companhia, até as mais diminutas questões administrativas[5]. Outros autores entendem que, apesar do disposto no art. 121 da Lei n. 6.404/76, deve haver uma compatibilização com a

---

4. ABBADESSA, Pietro. La società per azioni fra passato e futuro: L' assemblea. In: PORZIO, Mario et al. (Org.). *La riforma delle società per azioni non quotate*. Milano: Giuffrè, 2000, p. 62-63.

5. COELHO, Fábio Ulhoa. *Curso de direito comercial*. 16. ed. São Paulo: Saraiva, 2012, v. 2, p. 222-223.

previsão do art. 139 que prevê a indelegabilidade das funções dos outros órgãos, ou seja, a competência da assembleia geral não poderia invadir a competência de outros órgãos como Conselho de Administração, Diretoria ou Conselho Fiscal[6].

A nosso ver, realmente não temos como inferir uma soberania absoluta da assembleia. De fato, o art. 121 da Lei n. 6.404/76 contém uma cláusula geral sobre a competência da assembleia, mas essa cláusula geral não pode invadir a esfera de competência dos demais órgãos previstos pela própria Lei das Sociedades por Ações. Tais órgãos não são delegados, mas próprios e, por isso, seus poderes não podem ser delegados ou avocados pela assembleia. O art. 139 seria mais específico ao afastar a possibilidade de delegação afirmando que: "As atribuições e poderes conferidos por lei aos órgãos de administração não podem ser outorgados a outro órgão, criado por lei ou pelo estatuto."

2.2 Legitimidade para a convocação da assembleia

Apesar da perda de importância da assembleia geral, a lei ainda tenta fazer que a assembleia represente a real vontade da sociedade, e que todos os acionistas tenham a possibilidade de defender seus interesses na assembleia. Para tanto, a lei exige que a convocação da assembleia geral obedeça a determinados critérios, que tentam, na medida do possível, dar chance a todos os acionistas de comparecer e se manifestar, tendo prévio conhecimento sobre as matérias que serão deliberadas.

A convocação das assembleias-gerais é, a princípio, de competência: do conselho de administração, se houver, ou, na sua inexistência, da diretoria. Tal legitimidade é primária, mas não exclusiva, na medida em que o seu não exercício assegura a outros o direito de convocar a assembleia (art. 123, parágrafo único, da Lei n. 6.404/76). A legitimidade subsidiária é do conselho fiscal e dos acionistas, possuindo o primeiro também legitimidade primária.

Assim, o Conselho Fiscal pode proceder à convocação, se os administradores retardarem a convocação por mais de um mês nos casos legais. Além dessa competência secundária, o conselho fiscal tem competência primária para convocar a assembleia no caso de motivos graves e urgentes (art. 163, V, da Lei n. 6.404/76). No caso do conselho fiscal, além da legitimidade do órgão como um todo, há a legitimidade dos conselheiros, individualmente falando, para a convocação da assembleia[7].

Também se atribui legitimidade a qualquer acionista se os administradores retardarem por mais de 60 dias a convocação nos casos legais. Admite-se ainda que a assembleia seja convocada por acionistas que representem pelo menos 5% do capital votante se os administradores não atenderem, no prazo de oito dias, ao pedido de convocação feito fundamentadamente por estes. Por derradeiro, a convocação pode ser feita por acionistas

---

6. EIZIRIK, Nelson. *A lei das S/A comentada*. São Paulo: Quartier Latin, 2012, v. 2, p. 22-23; CARVALHOSA, Modesto. *Comentários à lei de sociedades anônimas*. 4. ed. São Paulo: Saraiva, 2009, v. 3, p. 42.

7. CARVALHOSA, Modesto. *Comentários à lei de sociedades anônimas*. São Paulo: Saraiva, 1997, v. 2, p. 542-543.

518 CURSO DE DIREITO EMPRESARIAL

que representem 5% do capital votante ou por 5% dos acionistas sem direito a voto, quando administradores não atenderem, no prazo de oito dias, ao pedido de convocação da assembleia para a instalação do conselho fiscal. Tal percentagem foi reduzida pela CVM (Resolução 70/2022), em atenção a peculiaridades da sociedade aberta, nos seguintes termos:

Interlavo do Capital Social (R$1)	Percentual Mínimo (%)
0 a 100.000.000	5
100.000.001 a 1.000.000.000	4
1.000.000.001 a 5.000.000.000	3
5.000.000.001 a 10.000.000.000	2
acima de 10.000.000.000	1

Embora não mencionada expressamente na lei, é certo que a assembleia geral tem competência para convocar uma nova assembleia geral, na medida em que se trata de um órgão soberano que expressa a vontade social[8]. Não há motivos para retirar da vontade da própria companhia o direito de convocar uma nova assembleia.

2.3 Modo de convocação

Qualquer que seja o responsável pela convocação ela deve seguir o modo estipulado legalmente para a realização de tal convocação. Sem a obediência a tais critérios, não são válidas as deliberações da assembleia, salvo no caso do comparecimento de todos os acionistas.

Nas companhias fechadas, a assembleia geral deve ser convocada por anúncios publicados na imprensa oficial e em jornal de grande circulação, no mínimo três vezes (art. 124 da Lei n. 6.404/76), com antecedência mínima de oito dias, contada da primeira publicação. Não atendida a primeira convocação, haverá segunda convocação, mediante novo anúncio, com antecedência de cinco dias.

A companhia fechada que tiver receita bruta anual de até R$ 78.000.000,00 (setenta e oito milhões de reais) fica dispensada das publicações normais, e pode realizar suas publicações na Central de Balanços (CB) do Sistema Público de Escrituração Digital (SPED) nos termos do disposto no art. 294 da Lei n. 6.404, de 1976, e na Portaria ME n. 12.071, de 7 de

---

8. LACERDA, J. C. Sampaio de. *Comentários à lei das sociedades anônimas*. São Paulo: Saraiva, 1978, v. 3, p. 45-46. Em sentido contrário: HALPERIN, Isaac. *Sociedades anónimas*. Actualizada e ampliada por Julio C. Otaegui. 2. ed. Buenos Aires: Depalma, 1998, p. 673.

outubro de 2021. As companhias devem, na versão publicada do SPED, indicar um link ou QR Code para acesso à íntegra da publicação no seu site. Os recibos das publicações emitidos pela Central de Balanços (CB) do SPED, com a comprovação das efetivas publicações, deverão ser arquivados junto com a cópia da ata da assembleia, sendo dispensados quando a ata consignar o meio eletrônico e as datas nas quais foram realizadas as publicações.

Situações especiais, nas companhias fechadas, admitem outros meios de convocação substitutivos ou concorrentes da convocação pela imprensa.

Nas companhias fechadas, o acionista detentor de 5% ou mais do capital social pode solicitar, por escrito, à sociedade, sua convocação por meio de telegrama, ou carta registrada, expedidos com a antecedência mínima de oito dias. Tal requerimento tem validade por até dois exercícios, podendo ser renovado. Tal convocação especial de iniciativa dos próprios acionistas, ainda que feita em relação a todos os acionistas, não dispensa a realização da convocação normal[9].

A publicidade de tal convocação e a antecedência assegurada visam a garantir uma prévia preparação dos acionistas para a assembleia, dando-lhes a oportunidade de analisar as situações previamente, a fim de que as discussões e deliberações sejam objetivas[10]. Todavia, tal prazo pode ser curto diante da diversidade de situações que podem ocorrer numa assembleia geral, sobretudo nas sociedades abertas, que normalmente envolvem questões de maior complexidade, além de se caracterizarem por uma grande dispersão dos acionistas.

As assembleias-gerais das sociedades abertas devem ser convocadas por anúncios publicados no mínimo três vezes, no órgão oficial da União ou do Estado ou do Distrito Federal, conforme o lugar em que esteja situada a sede da companhia, e em outro jornal de grande circulação editado na localidade em que está situada a sede da companhia indicando local, hora, data e a ordem do dia, com antecedência mínima de 21 dias, contada da primeira publicação. Em sendo necessária, será feita uma segunda convocação com prazo de 8 dias. Em todo caso, a companhia ou a sociedade anônima disponibilizará as publicações em seu sítio eletrônico.

A Resolução n. 166/2022 da CVM faculta às companhias abertas de menor porte realizar as publicações ordenadas na Lei n. 6.404, de 1976, por meio dos Sistemas Empresas.NET ou Fundos.Net, conforme o caso.

A CVM poderá adiar a assembleia por até 30 dias, em caso de insuficiência das informações apresentar para os acionistas terem pleno conhecimento do que será deliberado. Nesse caso, uma vez entregue a documentação completa, o prazo para a realização da assembleia volta a correr.

A mesma CVM poderá também interromper o prazo de antecedência por até 15 dias, com o intuito de conhecer e analisar as propostas, pronunciando-se previamente

---

9.   CARVALHOSA, Modesto. *Comentários à lei de sociedades anônimas*. São Paulo: Saraiva, 1997, v. 2, p. 553.

10.   BCHARA, Antônio Jesus Marçal Romero. In: VIDIGAL, Geraldo de Camargo; MARTINS, Ives Gandra da Silva (Coord.). *Comentários à lei das sociedades por ações*. Rio de Janeiro: Forense Universitária, 1999, p. 379.

sobre a legalidade delas. Modesto Carvalhosa e Nelson Eizirik afirmam que tal possibilidade é inconstitucional, na medida em que não será possível, dentro de tal prazo, a realização de um processo sancionador para analisar a ilegalidade da decisão[11].

A nosso ver, todavia, há que se interpretar tal dispositivo de modo a assegurar-lhe vigência, entendendo que tal interrupção servirá para a tomada de uma medida cautelar administrativa, que suspenderá a realização da assembleia até a decisão final do processo administrativo. Apenas dessa maneira acreditamos que tal dispositivo possa ser tido como constitucional.

Desde a convocação, a companhia fechada deverá informar aos acionistas se a assembleia será presencial, semipresencial ou digital, nos moldes da IN n. 81/DREI. Na modalidade presencial, os acionistas devem comparecer pessoalmente ou por representantes e externar sua manifestação, assinando a ata. Na modalidade semipresencial, permite-se o comparecimento e voto presencial, bem como o voto à distância, seja pelo envio de boletim de voto à distância, seja por meio de uma plataforma que assegure a autenticidade de sua participação e manifestação. Por fim, na modalidade digital, não há encontro físico dos sócios, mas apenas votação à distância.

Nas companhias abertas, se for admitida a participação a distância por meio de sistema eletrônico, a convocação já deve ter informações detalhando as regras e os procedimentos sobre como os acionistas podem participar e votar a distância, incluindo informações necessárias e suficientes para acesso e utilização do sistema pelos acionistas, e se a assembleia será realizada parcial ou exclusivamente de modo digital. A assembleia será exclusivamente digital, caso os acionistas somente possam participar e votar por meio dos sistemas eletrônicos, sem prejuízo do uso do boletim de voto a distância como meio para exercício do direito de voto. De outro lado, a assembleia será parcialmente digital, caso os acionistas possam participar e votar tanto presencialmente quanto a distância.

2.4 Ordem do dia

Na convocação da assembleia geral, deve constar a ordem do dia, isto é, a relação de matérias a ser discutida e votada no conclave. Tal relação tem uma importância fundamental, na medida em que é à luz desta que os acionistas verificarão seu interesse em comparecer ou não à reunião. Em função disso, tal relação de matérias não pode ser omissa ou enganosa, vedando-se a menção a assuntos gerais (Resolução n. 81/2022, da CVM – art. 4º, parágrafo único).

A princípio, são inválidas as deliberações relativas a matérias que não estão previstas na ordem do dia, salvo caso de urgência, ocorrida após a publicação do aviso e reconhe-

---

11. CARVALHOSA, Modesto; EIZIRIK, Nelson. *A nova lei das sociedades anônimas*. São Paulo: Saraiva, 2002, p. 246-247.

cida pela assembleia[12]. Apesar de tutelar mais diretamente o interesse dos acionistas, as deliberações de matérias alheias à ordem são nulas, na medida em que violam normas de ordem cogente[13], que se destinam a tutelar o interesse amplo de todos os acionistas. A anulabilidade[14] não se apresenta na espécie, na medida em que não se admite ratificação da deliberação irregularmente tomada.

Determinadas matérias, contudo, podem ser deliberadas independentemente da inclusão na ordem do dia, em função de sua natureza peculiar. Assim, não precisam ser incluídas na ordem do dia a destituição dos administradores e sua responsabilização[15]. Nesses casos, há um interesse maior no sentido da proteção da continuação da própria atividade da companhia e, por isso, há que se terem tais matérias como legalmente incluídas na ordem do dia.

2.5 Participantes

A assembleia geral é uma reunião de acionistas e, como tal, podem participar dela todos os acionistas, inclusive os titulares de ações sem direito de voto[16], os quais não poderão votar, mas poderão discutir as matérias e pedir esclarecimentos. Diante de ações nominativas cartulares, compete aos acionistas pessoas físicas provarem sua qualidade mediante apresentação de um documento de identificação. No caso de pessoas jurídicas e dos incapazes há um "representante" legal que precisa comprovar perante a companhia a legitimidade da representação. Por fim, no caso de ações escriturais ou custodiadas, os titulares das ações apresentarão comprovante expedido pela instituição depositária, podendo a sociedade exigir o depósito prévio de tais comprovantes.

No caso dos fundos de investimento, o administrador desse fundo será o representante do condomínio, podendo inclusive exercer o direito de voto relativo às ações que componham tal fundo. Nesse caso não há uma representação convencional, mas uma representação orgânica, embora dos fundos de investimento não sejam pessoas

---

12.   CARVALHO DE MENDONÇA, J. X. *Tratado de direito comercial brasileiro*. Atualizado por Ruymar de Lima Nucci. Campinas: Bookseller, 2001, v. 2, tomo 3, p. 28-29.

13.   LACERDA, J. C. Sampaio de. *Comentários à lei das sociedades anônimas*. São Paulo: Saraiva, 1978, v. 3, p. 51; FERRARA JUNIOR, Francesco; CORSI, Francesco. *Gli imprenditori e le società*. 11. ed. Milano: Giuffrè, 1999, p. 543; CARVALHOSA, Modesto. *Comentários à lei de sociedades anônimas*. São Paulo: Saraiva, 1997, v. 2, p. 554; HALPERIN, Isaac. *Sociedades anónimas*. Actualizada e ampliada por Julio C. Otaegui. 2. ed. Buenos Aires: Depalma, 1998, p. 677.

14.   FRANÇA, Erasmo Valladão Azevedo e Novaes. *Invalidade das deliberações de assembleia geral das S.A.* São Paulo: Malheiros, 1999, p. 91-92; ASCARELLI, Tullio. *Problemas das sociedades anônimas e direito comparado*. Campinas: Bookseller, 2001, p. 554.

15.   CARVALHO DE MENDONÇA, J. X. *Tratado de direito comercial brasileiro*, v. 2, tomo 3, p. 28; CARVALHOSA, Modesto. *Comentários à lei de sociedades anônimas*. São Paulo: Saraiva, 1997, v. 2, p. 555.

16.   TEPEDINO, Ricardo. In: PEDREIRA, José Luiz Bulhões; LAMY FILHO, Alfredo. *Direito das companhias*. Rio de Janeiro: Forense, 2009, p. 872.

jurídicas[17]. Apesar da ausência da personalidade jurídica, trata-se de um condomínio, o qual deve ter um representante perante a companhia, nos termos do art. 28 da Lei n. 6.404/76[18].

A par desse comparecimento pessoal e da representação legal, admite-se a representação convencional por meio de procuradores constituídos há menos de um ano, exigindo-se que tal procurador seja outro acionista, administrador da sociedade ou advogado. No caso de companhias abertas, admite-se que o procurador seja uma instituição financeira. Em qualquer caso, essa procuração assegurará sempre poderes especiais[19], na medida em que os poderes gerais do mandato não são suficientes para atuação numa assembleia geral.

Os abusos cometidos pelos administradores no exercício de tal mandato geraram, em inúmeros países, a proibição da procuração outorgada a eles para comparecimento na assembleia geral. No direito argentino, não se admite que o procurador seja administrador, empregado ou membro do conselho fiscal da companhia, sob o fundamento de que há um conflito de interesses entre tais pessoas e a atuação da assembleia geral[20]. A mesma regra existe no direito italiano, que menciona ainda as sociedades controladas e seus administradores, empregados e membros do conselho fiscal, com o intuito de assegurar o exercício efetivo do poder de controle na assembleia[21].

Nas companhias abertas, pode-se exigir que o acionista que pretende participar pelo sistema eletrônico, faça o depósito dos documentos exigidos, até 2 (dois) dias antes da data de realização da assembleia (Resolução n. 81/2022), no caso de boletim de voto a distância.

Nas companhias fechadas, a IN n. 81/DREI afirma que os acionistas podem participar da assembleia ou reunião semipresencial ou digital desde que apresente os documentos até trinta minutos antes do horário estipulado para a abertura dos trabalhos, ainda que tenha deixado de enviá-los previamente. O boletim de voto a distância deve ser passível de impressão e preenchimento manual. O boletim deve conter todas as informações necessárias à adequada manifestação dos sócios, indicando as matérias da ordem do dia, com opções de voto (ex.: aprovação das contas; rejeição das contas; e abstenção), informando como o boletim deve ser enviado, quais documentos devem acompanhá-lo, indicando os requisitos necessários para sua validade. O boletim deve chegar à sociedade 5 dias antes da data da reunião ou assembleia e a sociedade, até dois dias após o recebimento, deve comunicar ao sócio o recebimento e sua conformidade

---

17. CARVALHOSA, Modesto. *Comentários à lei de sociedades anônimas*. São Paulo: Saraiva, 1997, v. 2, p. 584.

18. LACERDA, J. C. Sampaio de. *Comentários à lei das sociedades anônimas*. São Paulo: Saraiva, 1978, v. 3, p. 65.

19. CARVALHOSA, Modesto. *Comentários à lei de sociedades anônimas*. São Paulo: Saraiva, 1997, v. 2, p. 579.

20. HALPERIN, Isaac. *Sociedades anónimas*. Actualizada e ampliada por Julio C. Otaegui. 2. ed. Buenos Aires: Depalma, 1998, p. 682.

21. GALGANO, Francesco. *Diritto civile e commerciale*. 3. ed. Padova: CEDAM, 1999, v. 3, tomo 2, p. 208.

ou eventual necessidade de reenvio do próprio boletim ou dos documentos que o acompanham para a validade do voto.

2.6 Instalação da assembleia

Regularmente convocada, a assembleia deverá ser realizada no local designado na convocação, que deve ser, a princípio, a sede da sociedade, salvo motivo de força maior. Em face desses motivos, a assembleia poderá realizar-se em outro local, mas sempre na mesma localidade em que tiver sede a companhia.

No dia designado, para a realização válida da assembleia geral, é necessária a presença de acionistas que representem um número mínimo de votos. Para a instalação da assembleia, devem comparecer acionistas que representem pelo menos 25% dos votos, conforme for apurado no livro de presença dos acionistas. Tal quórum de instalação admite exceções legais, como no caso da alteração do estatuto que exige como quórum de instalação de ⅔ do total de votos em primeira convocação. Não se admitem exceções estatutárias ou deliberadas pelos próprios acionistas, ainda que por unanimidade[22].

Não se atingindo o quórum de instalação exigido para a primeira convocação, será feita uma segunda convocação, na qual qualquer número de ações com direito a voto será suficiente para a instalação da assembleia.

2.7 Deliberações

Regularmente convocada e atingido o quórum de instalação, a assembleia deve exercer seu papel deliberando a respeito das matérias constantes da ordem do dia. Os trabalhos serão dirigidos por uma mesa, que será escolhida pelos acionistas, salvo disposição diversa do estatuto.

As deliberações, a princípio, devem ser aprovadas pelo que se convencionou chamar de maioria simples dos acionistas, isto é, por mais da metade dos votos regularmente manifestados. A menção feita pelo art. 129 da Lei n. 6.404/76, à maioria absoluta poderia gerar uma confusão, mas há que se entender que é a maioria de todos os votos regularmente manifestados e não de todos os votos. Trata-se de uma medida de justiça, uma vez que serão os acionistas que efetivamente se manifestam e participam que expressarão a vontade da companhia.

Determinadas matérias, por envolverem questões de maior relevância, estão sujeitas a um quórum qualificado. A exigência de um quórum qualificado para tais matérias decorre da teoria das bases essenciais da companhia, pela qual o acionista, ao ingressar na sociedade, está motivado pela existência de determinados fundamentos. A subsistên-

---

22. CARVALHOSA, Modesto. *Comentários à lei de sociedades anônimas*. São Paulo: Saraiva, 1997, v. 2, p. 567.

cia de tais fundamentos não pode ser imposta, tendo em vista a feição institucional de uma sociedade anônima. Todavia, conciliando os interesses do acionista e da própria companhia, exige-se um quórum maior para a aprovação de alterações nas bases essenciais da companhia[23].

Assim, as matérias constantes do art. 136, da Lei n. 6.404/76, devem ser aprovadas por pelo menos 50% do total de votos da companhia. Nas sociedades que não negociem suas ações no mercado, tal quórum pode ser aumentado. Nas companhias abertas, a CVM pode reduzir tal quórum ao verificar, no caso concreto, que a companhia não consegue reunir na assembleia o número de acionistas suficientes para tais deliberações. Tal atitude da CVM depende da prova da dispersão das ações no mercado e do comparecimento nas três últimas assembleias de menos da metade do total de votos. Outras matérias podem ter também quóruns qualificados de deliberação, como, por exemplo, a transformação que, se não prevista no estatuto ou no contrato social, depende da unanimidade dos acionistas.

Além disso, há matérias específicas que não dependem apenas da deliberação da assembleia geral dos acionistas, mas também da aprovação de uma assembleia especial. Este é o caso da criação de ações preferenciais ou aumento de classe existente sem guardar proporção com as demais, salvo se já prevista ou autorizada, bem como da alteração nas preferências, vantagens e condições de resgate ou amortização de uma ou mais classes de ações preferenciais, ou criação de nova classe mais favorecida. Nessas hipóteses, além da deliberação da assembleia geral dos acionistas, a matéria depende de aprovação de mais da metade das ações preferenciais interessadas na decisão, reunidas em assembleia especial prévia ou posterior à assembleia geral. Trata-se mais uma vez de uma questão de justiça, conciliando-se os interesses da companhia e os interesses dos titulares das ações preferenciais. A mesma ideia vai se aplicar para a criação do voto plural para companhias já existentes. A eventual redução dos quóruns é possível também nessas assembleias especiais.

Em qualquer matéria, salvo disposição diversa do estatuto, havendo empate, deve-se convocar nova assembleia, com intervalo mínimo de dois meses. Persistindo o empate, a decisão será acometida a um terceiro, mediante acordo dos acionistas[24]. Não havendo acordo, a decisão será acometida a um juiz (art. 129, § 2º, da Lei n. 6.404/76). Neste último caso, será necessário o ajuizamento de uma ação por parte da diretoria, ou por qualquer acionista interessado[25]. Tais soluções não são as melhores, na medida em que o prazo de dois meses pode ser muito longo e, além disso, não há parâmetros concretos para atuação do juiz nesse tipo de caso.

---

23. CARVALHOSA, Modesto. *Comentários à lei de sociedades anônimas*. São Paulo: Saraiva, 1997, v. 2, p. 713-714.

24. LACERDA, J. C. Sampaio de. *Comentários à lei das sociedades anônimas*. São Paulo: Saraiva, 1978, v. 3, p. 80.

25. BATALHA, Wilson de Souza Campos. *Comentários à lei das sociedades anônimas*. Rio de Janeiro: Forense, 1977, v. 2, p. 622.

Nas companhias abertas, o acionista pode exercer o voto em assembleias-gerais por meio do preenchimento e entrega do boletim de voto a distância. Nas AGO e assembleia para eleição de conselheiros fiscais ou de administração, o boletim deve ser disponibilizado pela sociedade com pelo menos 1 (um) mês de antecedência. Nos demais casos, a companhia deve disponibilizar o boletim de voto a distância por ocasião da convocação de qualquer assembleia geral extraordinária.

O boletim de voto a distância deve ser recebido até 7 (sete) dias antes da data da assembleia e pode ser enviado pelo acionista diretamente à companhia, por correio postal ou eletrônico, ou por transmissão de instruções aos prestadores de serviço (custodiantes e escrituradores) autorizar a colher os votos. No caso de envio pessoal, a sociedade, até 3 (três) dias após o recebimento, deve comunicar ao acionista o recebimento e sua conformidade ou eventual necessidade de reenvio do próprio boletim ou dos documentos que o acompanham para a validade do voto.

Nas companhias fechadas, o boletim deve conter todas as informações necessárias à adequada manifestação dos acionistas, indicando as matérias da ordem do dia, com opções de voto (ex.: aprovação das contas; rejeição das contas; e abstenção), informando como o boletim deve ser enviado, quais documentos devem acompanhá-lo, indicando os requisitos necessários para sua validade. O boletim deve chegar à companhia 5 (cinco) dias antes da data da reunião ou assembleia e a sociedade, até 2 (dois) dias após o recebimento, deve comunicar ao sócio o recebimento e sua conformidade ou eventual necessidade de reenvio do próprio boletim ou dos documentos que o acompanham para a validade do voto.

2.8 Assembleia geral ordinária

De acordo com as matérias que serão deliberadas, poderemos ter dois tipos de assembleia geral: a ordinária e a extraordinária.

A Assembleia geral Ordinária (AGO) é aquela que tem por objeto as matérias previstas no art. 132 da Lei n. 6.404/76, a saber, tomar contas, decidir a destinação do lucro e distribuição de dividendos, eleger os administradores e fiscais. É aquela assembleia que deve ocorrer todo ano, nos quatro primeiros meses após o final do exercício, porquanto tais matérias devem sempre ser decididas.

A nosso ver, tal competência é taxativa, não se admitindo a apreciação de outras matérias[26]. Caso seja necessária a decisão de outras matérias há que se convocar também uma assembleia geral extraordinária, sendo simplificado tal procedimento, na medida em que se admite um único instrumento de convocação para ambos. Além disso, admi-

---

26.   BORBA, José Edwaldo Tavares. *Direito societário*. 4. ed. Rio de Janeiro: Freitas Bastos, 1998, p. 326; COELHO, Fábio Ulhoa. *Curso de direito comercial*. São Paulo: Saraiva, 1999, v. 2, p. 197; CARVALHOSA, Modesto. *Comentários à lei de sociedades anônimas*. São Paulo: Saraiva, 1997, v. 2, p. 658. Em sentido contrário, REQUIÃO, Rubens. *Curso de direito comercial*. 21. ed. São Paulo: Saraiva, 1998, v. 2, p. 170.

CURSO DE DIREITO EMPRESARIAL

te-se a realização simultânea de ambas as assembleias e a documentação em uma ata única, reduzindo formalidades inúteis (art. 131, parágrafo único, da Lei n. 6.404/76), mas realizando duas assembleias distintas[27].

Em função da importância das deliberações que serão tomadas na assembleia ordinária, a sociedade tem a obrigação da colocação de certos documentos à disposição dos acionistas antes da realização da assembleia geral ordinária, a saber, o relatório da administração sobre os negócios e os principais fatos administrativos do exercício findo, cópia das demonstrações financeiras e o parecer dos auditores independentes, se houver. Os acionistas serão comunicados até um mês antes da assembleia geral ordinária, na mesma forma da convocação da assembleia, sobre a disponibilidade de tais documentos. Além disso, tais documentos serão publicados até cinco dias antes da realização da assembleia, garantindo-se o pleno conhecimento das informações financeiras da sociedade.

Outrossim, também devem ser colocados à disposição dos acionistas o parecer do conselho fiscal, se houver, e quaisquer outros documentos que possam importar aos assuntos incluídos na ordem do dia. Para esses documentos não se exige a publicação.

Com o mesmo intuito de facilitar a atuação dos acionistas nas assembleias, introduz-se para as sociedades abertas que negociem suas ações no mercado a obrigação da remessa, na data da publicação do anúncio de convocação, à bolsa de valores dos documentos postos à disposição dos acionistas na sede da sociedade. Trata-se de inovação extremamente salutar, na medida em que tornará muito mais simples a análise dos documentos, sobretudo pelos acionistas que normalmente residem fora do município da sede da sociedade.

2.9 Assembleia geral extraordinária

A assembleia geral extraordinária (AGE) não é obrigatória, não tendo qualquer prazo para ser realizada. Sua competência é residual, isto é, pode conhecer de todos os assuntos que não sejam da competência exclusiva da ordinária, como, por exemplo, a reforma do estatuto, fusões, cisões e incorporações.

2.10 Formalidades complementares

Uma vez realizada a assembleia e tomadas as pertinentes decisões, há que se formalizar uma ata que deve ser registrada em livro próprio da companhia, com a assinatura dos membros da mesa e de acionistas suficientes para a validade das deliberações tomadas. Tal ata deve ser arquivada no registro do comércio. Com tal arquivamento, o órgão do registro do comércio expedirá uma certidão do arquivamento, que deve ser publicada juntamente com a ata, admitindo-se na companhia aberta a omissão das assinaturas dos acionistas na publicação.

---

27. HALPERIN, Isaac. *Sociedades anónimas*. Actualizada e ampliada por Julio C. Otaegui. 2. ed. Buenos Aires: Depalma, 1998, p. 709.

Além desses requisitos gerais atinentes a todas as sociedades anônimas, as sociedades abertas devem arquivar suas atas junto à CVM. E aquelas sociedades, que dependam de autorização para funcionar, devem submeter previamente a ata ao órgão de controle respectivo[28].

3   Administração da sociedade

Nas sociedades anônimas, aptas para execução de grandes empreendimentos, há geralmente um número muito elevado de acionistas, dentre os quais alguns não querem e nem poderiam participar da administração da sociedade, sob pena de causar um tumulto que prejudicaria a condução dos negócios sociais. Assim, a natureza e a extensão da sociedade anônima "exige a separação entre a propriedade da empresa, em sentido econômico, e sua direção"[29], que deve competir a pelo menos um órgão separado.

Determinadas legislações adotam um órgão unitário de administração da sociedade, inspiradas na ideia do poder executivo da tripartição de poderes[30]. Durante algum tempo, no Brasil, a administração era necessariamente centralizada em um único órgão, o que, todavia, se mostrou insatisfatório para as maiores empresas do país. Em face de tal insatisfação, tais empresas passaram a adotar, com base no seu estatuto, um sistema bipartido, que facilitava a administração da sociedade, na medida em que se permitia a delegação de atribuições a um número maior de pessoas, as quais geralmente possuíam o conhecimento técnico mais adequado para conduzir a vida da sociedade.

Tal sistema de delegação de atribuições é usado na Itália por força da tradição e da necessidade em relação às sociedades de maior dimensão[31]. Nos Estados Unidos, há uma divisão de atribuições na administração da sociedade, que competia à *board of directors*, a qual delegava boa parte das suas atribuições aos denominados *officers*. Tradicionalmente, os acionistas elegem *directors* (algumas vezes chamados *trustees, managers, or governors*), que, como um conselho, dirigem ou administram a sociedade, por meio dos *officers*. Estes, normalmente, são selecionados e destituídos pela *board of directors*, que delega a eles autoridade para executar e aplicar as políticas determinadas pelo *board of directors*[32]. Tal sistema bipartido mostrou excelentes resultados, tendo sido, inclusive, embora de modo menos rígido, adotado na atual legislação brasileira das sociedades anônimas.

A Lei das Sociedades Anônimas (art. 138) estabelece que a administração da S.A. caberá ao conselho de administração ou à diretoria, ou somente à diretoria. O Conselho de Administração é facultativo, sendo obrigatório para as sociedades abertas, as socie-

---

28.   CARVALHOSA, Modesto. *Comentários à lei de sociedades anônimas.* São Paulo: Saraiva, 1997, v. 2, p. 644.

29.   GARRIGUES, Joaquín. *Curso de derecho mercantil.* 7. ed. Bogotá: Temis, 1987, v. 2, p. 171.

30.   REQUIÃO, Rubens. *Curso de direito comercial.* 21. ed. São Paulo: Saraiva, 1998, v. 2, p. 175.

31.   JAEGER, Pier Giusto; DENOZZA, Francesco. *Appunti di diritto commerciale.* 5. ed. Milano: Giuffrè, 2000, p. 339.

32.   HENN, Harry G.; ALEXANDER, John R. *Law of corporations.* 3. ed. St. Paul: West Group, 1983, p. 550-551 e 586.

CURSO DE DIREITO EMPRESARIAL

dades de economia mista, empresas públicas e as de capital autorizado. Assim, adota-se o sistema dualista de administração sem uma rigidez maior.

4   Conselho de administração

O conselho de administração é um elo entre a assembleia geral e os diretores, sendo um eficiente instrumento de racionalização do funcionamento das sociedades anônimas. O conselho de administração é um órgão colegiado, de deliberação, cujas atribuições podem ser classificadas[33] em: (a) programáticas (ex.: fixação de diretrizes); (b) de fiscalização ou controle (ex.: supervisão da diretoria); e (c) propriamente administrativas (ex.: eleição dos diretores). Tais competências pertencem ao conselho e não aos conselheiros individualmente, mesmo que o conselheiro seja o acionista controlador[34].

O conselho de administração tem ganhado mais poderes e tem-se dado mais importância para sua formação e atuação, considerando-se tal órgão fundamental para a realização das boas práticas de governança corporativa[35].

4.1   Requisitos para ser membro do conselho de administração

O conselho de administração é um órgão que desempenha papel fundamental na vida da sociedade, sendo composto de no mínimo três membros, eleitos pela assembleia geral, que devem atender a uma série de requisitos. Exige-se que todos os membros do conselho de administração sejam pessoas físicas, residentes ou não no país, com reputação ilibada, possuam idoneidade e não possuam conflito de interesses com a sociedade.

Os conselheiros residentes no exterior, já na posse, devem constituir procuradores no país com o intuito de receber citações, a fim de garantir a responsabilização destes.

O conselheiro deve possuir reputação ilibada. Além disso, sempre se exigiu a idoneidade, configurada pela ausência da prática de certos crimes e infrações indicados no art. 147, § 1º, da Lei n. 6.404/76. É vedada, salvo dispensa pela Assembleia geral, a entrada de conselheiros que possuam conflito de interesses com a sociedade, ou que ocupem cargos em empresas concorrentes.

Em relação ao conflito de interesses, impede-se a nomeação do conselheiro por razões negociais, isto é, se a pessoa tem interesse em negociar direta ou indiretamente com a companhia por qualquer forma, ela não deve ser conselheira. Nesses casos, a pes-

---

33.   TOLEDO, Paulo Fernando Campos Salles de. *O conselho de administração na sociedade anônima*. 2. ed. São Paulo: Atlas, 1999, p. 37.

34.   BALLANTINE, Henry W. *Ballantine on corporations*. Chicago: Callaghan and Company, 1946, p. 137.

35.   CAMARGO, João Laudo de; BOCATER, Maria Isabel do P. Conselho de administração: seu funcionamento e participação de membros indicados por acionistas minoritários e preferencialistas. In: LOBO, Jorge. *Reforma da lei das sociedades anônimas*. Rio de Janeiro: Forense, 2002, p. 389.

soa será movida não pelo interesse social, mas por interesses pessoais, que, embora lícitos, não podem se sobrepor ao interesse da companhia[36]. Tal impedimento poderá ser relevado pela assembleia geral, desde que o conselheiro se comprometa a não intervir nos negócios em que tem interesse pessoal direto ou indireto.

O impedimento dos que tenham qualquer vínculo com concorrentes existe para proteger os segredos empresariais da companhia, evitando o vazamento de informações. Conquanto possa parecer um despautério, pois ninguém nomearia um concorrente, a imposição de tais requisitos é razoável, na medida em que o administrador passa a ser obrigado a assinar uma declaração de que preenche tais requisitos, sob pena de ser responsabilizado. Assim, garante-se a responsabilização daquele que oculta a condição de concorrente, tornando mais difícil sua participação no conselho.

A dispensa do impedimento dos conselheiros que possuam vínculo funcional com concorrentes é possível pela assembleia geral, mas há que se atentar para quem está sendo indicado e quem indica o conselheiro, isto é, a dispensa só pode ser feita se não contrariar o interesse social. Modesto Carvalhosa e Nelson Eizirik entendem, com razão, que tal dispensa só se dará em relação a conselheiros indicados pelos investidores institucionais (fundos de pensão) ou por fundos ou bancos de investimento, na medida em que estes têm interesse na prosperidade de todas as companhias, nas quais investiram[37].

Em síntese, pode-se afirmar que os membros do conselho de administração devem ser pessoas físicas residentes ou não no país, idôneas, que não possuam conflito de interesses com a companhia e não ocupem cargo em sociedade concorrente. Nas companhias abertas, é obrigatória a participação de conselheiros independentes, isto é, conselheiros sem qualquer tipo de vínculo com a companhia, exceto participação societária, na forma da regulamentação da CVM.

Especificamente para as empresas públicas e sociedades de economia mista, suas subsidiárias e controladas foi estabelecida a obrigatoriedade da participação dos empregados por meio da Lei n. 13.303/2016 (art. 17), a saber:

> I – ter experiência profissional de, no mínimo:
>
> a) 10 (dez) anos, no setor público ou privado, na área de atuação da empresa pública ou da sociedade de economia mista ou em área conexa àquela para a qual forem indicados em função de direção superior; ou
>
> b) 4 (quatro) anos ocupando pelo menos um dos seguintes cargos:
>
> 1. cargo de direção ou de chefia superior em empresa de porte ou objeto social semelhante ao da empresa pública ou da sociedade de economia mista, entendendo-se como cargo de chefia superior aquele situado nos 2 (dois) níveis hierárquicos não estatutários mais altos da empresa;

---

36. CARVALHOSA, Modesto; EIZIRIK, Nelson. *A nova lei das sociedades anônimas*. São Paulo: Saraiva, 2002, p. 316-318.

37. Idem, p. 314-315.

2. cargo em comissão ou função de confiança equivalente a DAS-4 ou superior, no setor público;

3. cargo de docente ou de pesquisador em áreas de atuação da empresa pública ou da sociedade de economia mista;

c) 4 (quatro) anos de experiência como profissional liberal em atividade direta ou indiretamente vinculada à área de atuação da empresa pública ou sociedade de economia mista;

II – ter formação acadêmica compatível com o cargo para o qual foi indicado; e

III – não se enquadrar nas hipóteses de inelegibilidade previstas nas alíneas do inciso I do *caput* do art. 1º da Lei Complementar n. 64, de 18 de maio de 1990, com as alterações introduzidas pela Lei Complementar n. 135, de 4 de junho de 2010 (lei da ficha limpa).

Além disso, foram estabelecidas as seguintes vedações:

I – de representante do órgão regulador ao qual a empresa pública ou a sociedade de economia mista está sujeita, de Ministro de Estado, de Secretário de Estado, de Secretário Municipal, de titular de cargo, sem vínculo permanente com o serviço público, de natureza especial ou de direção e assessoramento superior na administração pública, de dirigente estatutário de partido político e de titular de mandato no Poder Legislativo de qualquer ente da federação, ainda que licenciados do cargo;

II – de pessoa que atuou, nos últimos 36 (trinta e seis) meses, como participante de estrutura decisória de partido político ou em trabalho vinculado a organização, estruturação e realização de campanha eleitoral;

III – de pessoa que exerça cargo em organização sindical;

IV – de pessoa que tenha firmado contrato ou parceria, como fornecedor ou comprador, demandante ou ofertante, de bens ou serviços de qualquer natureza, com a pessoa político-administrativa controladora da empresa pública ou da sociedade de economia mista ou com a própria empresa ou sociedade em período inferior a 3 (três) anos antes da data de nomeação;

V – de pessoa que tenha ou possa ter qualquer forma de conflito de interesse com a pessoa político-administrativa controladora da empresa pública ou da sociedade de economia mista ou com a própria empresa ou sociedade.

Além disso, o Conselho de Administração deve ser composto, no mínimo, por 25% (vinte e cinco por cento) de membros independentes ou por pelo menos 1 (um), caso haja decisão pelo exercício da faculdade do voto múltiplo pelos acionistas minoritários. O conselheiro independente é aquele que não possui outros vínculos com a empresa estatal ou com o poder público controlador.

ÓRGÃOS SOCIAIS | 531

Tais requisitos e vedações não se aplicam à empresa pública e à sociedade de economia mista que tiver, em conjunto com suas respectivas subsidiárias, no exercício social anterior, receita operacional bruta inferior a R$ 90.000.000,00 (noventa milhões de reais).

4.2 Eleição e destituição dos conselheiros: a representação da minoria

Dentre pessoas que preencham os requisitos legais, a assembleia geral irá eleger os membros do conselho de administração. Todavia, tendo em vista a importância do conselho, a lei das sociedades anônimas prevê mecanismos de proteção das minorias, assegurando ou, ao menos, tentando assegurar sua representação no conselho[38].

Uma das formas de tentativa de representação da minoria é o sistema do voto múltiplo, também adotado no direito argentino[39]. Os acionistas organizados em pelo menos 10% do capital social com direito a voto[40] podem requerer, até 48 horas antes da assembleia geral, que na eleição de conselheiros seja observado o voto múltiplo, pelo qual a cada ação caberão tantos votos quantos forem os membros do Conselho de Administração, podendo tais votos ser cumulados em apenas um candidato. O voto múltiplo atua para concentrar votos, a fim de tentar garantir a participação dos minoritários no conselho, fazendo prevalecer o interesse social, sobre o interesse dos controladores[41]. A eleição pelo voto múltiplo representa um direito dos minoritários, não dependendo de deliberação ou previsão estatutária[42].

Ao lado do sistema do voto múltiplo, a lei assegura aos minoritários votantes e aos preferencialistas o direito de eleger, em separado, membros do conselho de administração nas companhias abertas. O conselheiro será eleito em escrutínio, do qual participarão apenas os minoritários, ao contrário do que acontece no sistema do voto múltiplo. Para essa eleição em separado, exige-se um período de carência, isto é, os acionistas devem ser titulares de suas ações pelo período mínimo de três meses anteriores à realização da assembleia, isto é, exige-se que eles já sejam acionistas da sociedade há algum tempo, evitando a intromissão de pessoas alheias ao interesse social[43].

---

38. AMENDOLARA, Leslie. *Os direitos dos acionistas minoritários*: com as alterações da Lei n. 9.457/97. São Paulo: STS, 1998, p. 29.

39. HALPERIN, Isaac. *Sociedades anónimas*. Actualizada e ampliada por Julio C. Otaegui. 2. ed. Buenos Aires: Depalma, 1998, p. 445.

40. À luz da disposição do art. 291 da Lei n. 6.404/76, a CVM, por meio da Resolução 70/2022, estabeleceu para as companhias abertas uma escala variável de acordo com o valor do capital social, permitindo a solicitação do voto múltiplo por acionistas entre 5% e 10% do capital votante.

41. LATTIN, Norman D. *Lattin on corporations*. Brooklyn: The Foundation Press, 1959, p. 314; CARVALHOSA, Modesto. *Comentários à lei de sociedades anônimas*. São Paulo: Saraiva, 1997, v. 3, p. 94.

42. CARVALHOSA, Modesto. *Comentários à lei de sociedades anônimas*. São Paulo: Saraiva, 1997, v. 3, p. 95.

43. TOLEDO, Paulo Fernando Campos Salles de. Modificações introduzidas na lei das sociedades por ações, quanto à disciplina da administração das companhias. In: LOBO, Jorge. *Reforma da lei das sociedades anônimas*. Rio de Janeiro: Forense, 2002, p. 433.

A eleição em separado poderá ser requerida por acionistas que representem 15% do total de ações com direito a voto da companhia aberta, independentemente do número de membros do conselho, garantindo uma representação efetiva dos minoritários. A par disso, passa a ser quase obrigatória a eleição em separado de um membro por titulares de ações preferenciais, seja mediante a concessão do estatuto (art. 18 da Lei n. 6.404/76), seja pela nova permissão legal (nova redação do art. 141, § 4º). Se não for assegurada estatutariamente a eleição em separado, os acionistas preferenciais sem direito ou com voto restrito nas companhias abertas, desde que representem pelo menos 10% do capital social, poderão requerer a eleição em separado de um membro do conselho.

Caso não seja atingido o quórum exigido para a eleição em separado, por qualquer dos grupos, a lei permite que os minoritários votantes se unam aos preferencialistas sem direito a voto ou com voto restrito e elejam um membro em separado, desde que tal união represente pelo menos 10% do capital social da sociedade.

Assim, poderemos ter no conselho de administração membros representando a minoria votante e membros representando os preferencialistas, sem direito a voto ou com voto restrito. Contudo, continua a ser exigida uma participação mínima no capital social, para a eleição de membros do Conselho de Administração, percentagem essa que deve ser preenchida no mínimo nos três meses anteriores à assembleia, de forma ininterrupta, a fim de evitar que pessoas que não tenham demonstrado um efetivo interesse na sociedade, acionistas temporários, especuladores, se intrometam na gestão da sociedade.

Tais representantes da minoria, eleitos em separado, passam a ser destituíveis pela própria minoria que o elegeu, fugindo da assembleia geral tal competência. Trata-se de regra lógica; na medida em que são eleitos em separado, só poderão ser destituídos em separado[44]. Não se pode, todavia, retirar da assembleia geral o poder de destituir conselheiros por justa causa, em benefício da própria companhia, pois é a assembleia geral o órgão máximo de expressão do interesse social[45].

Caso seja atingido o quórum exigido para a eleição em separado, e ainda seja feita a eleição pelo sistema do voto múltiplo, podemos ter um número grande de representantes dos minoritários. Dessa forma, de acordo com o número de membros fixados pelo estatuto, tais representantes poderiam ser maioria no conselho, o que desvirtuaria as relações de poder dentro da sociedade. Atenta a isso, a lei assegura ao acionista ou ao grupo de acionistas vinculado por meio de acordo de acionistas que possua pelo menos 50% dos votos a faculdade de eleger um membro a mais que o número de membros eleitos pelos minoritários, não importando o número de membros fixados pelo estatuto.

Assim, a lei garante a representação dos minoritários, mas também assegura a manutenção da correta relação de poderes dentro da sociedade. Os representantes dos minoritários, eleitos nos termos do art. 141, § 4º, da Lei das S.A., continuam a ser minoria no órgão deliberativo, mas será mais fácil a sua eleição. Além disso, lhes assegura o

---

44. Idem, p. 432.

45. PARENTE, Norma. Principais inovações introduzidas pela Lei n. 10.303, de 31 de outubro de 2001, à Lei de Sociedades por Ações. In: LOBO, Jorge. *Reforma da lei das sociedades anônimas*. Rio de Janeiro: Forense, 2002, p. 32.

poder de vetar a escolha dos auditores independentes, que cada vez mais representam um papel fundamental na fiscalização das companhias.

Por derradeiro, no que tange à composição do conselho, a Lei n. 6.404/76 passa a admitir a participação dos empregados, a critério da própria sociedade, nos termos do seu estatuto. Os empregados poderão eleger um membro em separado, de forma direta, em eleição organizada pela companhia com a colaboração das entidades sindicais. Tal ideia, conquanto considerada ainda prematura para o Brasil[46], é salutar e segue a tendência das legislações mais modernas[47].

Especificamente para as empresas públicas e sociedades de economia mista, suas subsidiárias e controladas foi estabelecida a obrigatoriedade da participação dos empregados por meio da Lei n. 13.303/2016 (art. 19). O próprio estatuto das referidas companhias estabelecerá regras para essa participação.

O referido representante dos trabalhadores será escolhido dentre os empregados ativos da empresa pública ou sociedade de economia mista, pelo voto direto de seus pares, em eleição organizada pela empresa em conjunto com as entidades sindicais que os representem. Ele estará sujeito a todos os critérios e exigências para o cargo de conselheiro de administração previstos em lei e no estatuto da respectiva empresa, devendo inclusive ser acionista. O conselheiro de administração representante dos empregados não participará das discussões e deliberações sobre assuntos que envolvam relações sindicais, remuneração, benefícios e vantagens, inclusive matérias de previdência complementar e assistenciais, hipóteses em que fica configurado o conflito de interesses.

4.3 Posse e funcionamento

Eleitos os membros, eles deverão tomar posse, assinando um termo de posse nos 30 dias seguintes à nomeação, sob pena de ficar sem efeito a nomeação. Ao assinar o termo de posse, o conselheiro e também o diretor passarão a ser obrigados a indicar o seu domicílio, o qual, se mudado, deve ser comunicado imediatamente à companhia.

Tal indicação é para efeitos de recebimento de citações ou intimações em processos judiciais ou administrativos relativos a atos de sua gestão. A lei passa a presumir válidas as intimações e citações feitas mediante simples entrega no endereço indicado, independentemente de que assine o aviso de recebimento, tal qual já ocorre na lei de execução fiscal[48]. Trata-se de medida forte, mas que garante o cumprimento do dever de indicar o endereço, além de facilitar o procedimento judicial.

---

46.   REQUIÃO, Rubens. *Curso de direito comercial*. 21. ed. São Paulo: Saraiva, 1998, v. 2, p. 180.

47.   TOLEDO, Paulo Fernando Campos Salles de. *O conselho de administração na sociedade anônima*. 2. ed. São Paulo: Atlas, 1999, p. 29.

48.   TJDF – AG 19990020030430 – Relator Desembargador Dácio Vieira – *DJ* de 7-2-2001.

534 CURSO DE DIREITO EMPRESARIAL

Não há nenhuma inconstitucionalidade[49] nessa regra, na medida em que é o próprio administrador que informará o endereço, ele é que será responsável por sua efetiva citação[50]. Os princípios do devido processo legal e da ampla defesa são fundamentais, mas não podem ser exacerbados a ponto de favorecer aqueles que utilizam subterfúgios para não receber citações ou intimações, atrapalhando o bom exercício da função jurisdicional.

Com a posse de todos os membros, o conselho de administração entra em funcionamento e tomará suas decisões pelo voto da maioria, dada sua natureza colegiada. O estatuto poderá fixar quórum qualificado para determinadas deliberações, expressamente indicadas.

Outrossim, os conselheiros eleitos pelos minoritários têm poder de veto sobre a destituição, contratação ou recontratação de auditores independentes, desde que o veto seja devidamente fundamentado.

5   Diretoria

A diretoria é o órgão obrigatório das sociedades anônimas que tem por papel primordial acionar as atividades operacionais da companhia, isto é, lhe compete praticar todos os atos necessários ao regular andamento dos negócios da companhia[51]. Nesse mister, são eles os "representantes" da companhia; eles praticam os atos da sociedade anônima.

O número de membros da diretoria deverá ser fixado no estatuto, obedecido ao número mínimo de 1 diretor. Compete ao estatuto também a distribuição de poderes entre os diversos diretores, devendo indicar inclusive qual deles tem a representação da companhia. Na omissão do estatuto, todos os diretores têm o poder de representação da companhia.

Os diretores serão eleitos pelo conselho de administração ou, na inexistência deste, pela assembleia geral para mandatos de no máximo três anos, admitida a reeleição. Só podem ser eleitas pessoas físicas idôneas, não se exigindo a condição de acionista, nem a residência no país. No caso de diretores não residentes no país, é obrigatória a constituição no país para receber citações e intimações em processos judiciais ou administrativos, inclusive até 3 anos após o término da sua gestão.

Em função da supervisão que exerce sobre a diretoria, não pode haver uma coincidência entre o conselho de administração e a diretoria. Apesar disso, a lei admite que um

---

49.   CARVALHOSA, Modesto; EIZIRIK, Nelson. *A nova lei das sociedades anônimas*. São Paulo: Saraiva, 2002, p. 319-321.

50.   TOLEDO, Paulo Fernando Campos Salles de. Modificações introduzidas na lei das sociedades por ações, quanto à disciplina da administração das companhias. In: LOBO, Jorge. *Reforma da lei das sociedades anônimas*. Rio de Janeiro: Forense, 2002, p. 443.

51.   LACERDA, J. C. Sampaio de. *Comentários à lei das sociedades anônimas*. São Paulo: Saraiva, 1978, v. 3, p. 164.

terço dos membros do conselho de administração faça parte da diretoria, resguardando uma maioria independente para a fiscalização de supervisão da diretoria como um todo. É vedada, nas companhias abertas, a acumulação do cargo de presidente do conselho de administração e do cargo de diretor-presidente ou de principal executivo da companhia, ressalvada eventual autorização para as companhias de menor porte, na forma da regulamentação da CVM.

No caso de eleição pela assembleia geral, as regras atinentes à representação da minoria em relação ao conselho de administração são aplicáveis, também, à eleição da diretoria.

6 Conselho fiscal

A dissociação entre gestão e propriedade ocorrida nas sociedades anônimas afasta boa parte dos acionistas da administração da sociedade. Apesar disso, a lei assegura aos acionistas o direito essencial de fiscalizar a gestão dos negócios sociais, o qual, todavia, é praticamente impossível de ser exercido individualmente[52]. Assim sendo, a lei garante o exercício da fiscalização por diversos meios, dentre os quais o funcionamento do conselho fiscal.

6.1 Funcionamento

O conselho fiscal é um órgão social que deve estar obrigatoriamente disciplinado pelo estatuto da sociedade, mas cujo funcionamento fica a critério do próprio estatuto, ou de requisição dos acionistas. Trata-se, pois, de um órgão obrigatório de funcionamento facultativo[53]. Tal disciplina decorre da perda do prestígio da fiscalização orgânica feita pelo conselho fiscal, em função da ineficiência demonstrada por tal órgão[54]. Nas empresas públicas, sociedades de economia mista, suas subsidiárias e controladas, o conselho fiscal terá funcionamento permanente. Nas companhias abertas, em recuperação judicial, é obrigatório o funcionamento do conselho fiscal enquanto durar o processo (Lei n. 11.101/2005, art. 48-A).

Todavia, mesmo que o conselho fiscal não esteja em funcionamento, a fiscalização dos administradores deve ser exercida por meio de auditores independentes. Este sistema de fiscalização adotado por várias legislações como obrigatório tem se mostrado mais

---

52. HALPERIN, Isaac. *Sociedades anónimas.* Actualizada e ampliada por Julio C. Otaegui. 2. ed. Buenos Aires: Depalma, 1998, p. 617.

53. SILVA, José Anchieta da. *Conselho fiscal nas sociedades anônimas brasileiras.* Belo Horizonte: Del Rey, 2000, p. 55.

54. REQUIÃO, Rubens. *Curso de direito comercial.* 21. ed. São Paulo: Saraiva, 1998, v. 2, p. 206; CARVALHOSA, Modesto. *Comentários à lei de sociedades anônimas.* São Paulo: Saraiva, 1997, v. 3, p. 367.

536 CURSO DE DIREITO EMPRESARIAL

eficiente na medida em que garante que a tarefa seja exercida por profissionais especializados, assegurando uma fiscalização mais efetiva e correta.

Conquanto esteja em desuso e relativamente desprestigiado, o conselho fiscal pode funcionar nas sociedades anônimas a requerimento dos minoritários que representem 10% das ações com direito a voto, ou 5% das ações sem direito a voto. Esse funcionamento do conselho fiscal é um direito dos minoritários e, mesmo que seja inconveniente, não pode ser negado, ou seja, atendidos os percentuais estabelecidos em lei, o conselho fiscal deve entrar em funcionamento. De qualquer modo, é necessária a deliberação de uma assembleia geral para instalação do conselho.

Em relação às sociedades abertas, a CVM editou a Resolução n. 70/2022, reduzindo os percentuais necessários para a requisição da instalação do conselho fiscal, proporcionalmente ao capital social da companhia.

6.2 Eleição e destituição

O conselho fiscal é composto de no mínimo três e no máximo cinco membros eleitos, a princípio, pela assembleia geral. Todavia, considerando que o direito de fiscalização é um direito inerente a todos os acionistas, a lei assegura mecanismos de representação da minoria[55].

Os titulares de ações preferenciais sem direito a voto, ou com direito a voto restrito, podem eleger em separado um membro e o respectivo suplente. Do mesmo modo, os acionistas minoritários, com direito a voto, que representem pelo menos 10% das ações com direito a voto. Caso exista mais de um grupo organizado, que possua pelo menos 10% das ações com direito a voto, ainda assim a minoria votante terá direito à eleição de apenas um membro do conselho, vencendo a facção que reunir mais votos[56]. De outro lado, resguarda-se à maioria acionária o direito de eleger um membro a mais do que o número de representantes da minoria.

Não sendo caso de eleição em votação separada pelos minoritários, a assembleia geral como órgão colegiado tem o poder não só de eleger, mas também de destituir os membros do conselho fiscal, nos termos do art. 122, II, da Lei n. 6.404/76. A atribuição desses poderes à assembleia geral, decorre da própria natureza do Conselho Fiscal, como órgão de controle que atua em prol dos acionistas, que manifestam sua vontade por meio do Conselho Fiscal.

Nesse sentido, afirma-se que:

> O poder de eleger e de destituir os membros dos órgãos executivos e do órgão controlador se justifica pela circunstância de que os cargos de administração e de controle, nas pessoas dos seus integrantes é que realizam desígnios estatutários da

---

55. TEIXEIRA, Egberto Lacerda; GUERREIRO, José Alexandre Tavares. *Das sociedades anônimas no direito brasileiro*. São Paulo: José Bushatsky, 1979, p. 485.

56. Idem, p. 486.

companhia, orientam seus negócios, velam por sua estrutura e defendem-na quando necessário: são verdadeiros condutores da vontade social no sentido de sua realização estatutária. Compreende-se, por isso, que a assembleia geral que é a voz deliberativa maior da companhia, tenha o poder de eleger e de destituir essas figuras proeminentes da direção e de controle da sociedade por ações[57].

Desse modo, pode-se reconhecer que os conselheiros fiscais são destituíveis a qualquer momento, independentemente de motivação, ou seja, são demissíveis *ad nutum*[58].

O mandato dos conselheiros fiscais, previsto no art. 161, § 6º, da Lei n. 6.404/76 (até a próxima assembleia geral ordinária) representa apenas um mandato máximo, não impedindo sua saída do cargo antes do final desse prazo. Vale dizer, a qualquer momento que se o conselheiro fiscal for eleito, seu mandato se estenderá até a próxima assembleia geral ordinária, no máximo. Nada impede, porém, que antes do fim do seu mandato, ele deixe o cargo, seja por morte, impedimento, renúncia ou mesmo a destituição pela assembleia geral. Entender que a previsão do mandato impediria a destituição do conselheiro fiscal, é negar a realidade da saída do conselheiro e negar também a vigência ao art. 122, II, da Lei n. 6.404/76.

José Anchieta da Silva afirma que:

> Estabelece a lei que o mandato dos membros do Conselho Fiscal e de seus suplentes expire-se na primeira assembleia geral ordinária realizada após a sua eleição, podendo os efetivos e suplentes ser reeleitos. O fato deste mandato ser ânuo não contém em si nada de anormal, já que anualmente é se apuram e aprovam-se as contas da administração da sociedade. A verdade é o que mandato anual, que na lei seria o mandato máximo [...][59].

Naturalmente, em se tratando de mandato máximo dos conselheiros, sua destituição e a eleição do novo conselheiro, quando não fora o caso de substituição pelo suplente, ocorrerá numa assembleia geral extraordinária. Neste tema, também não há qualquer óbice, na medida em que o art. 132 da Lei n. 6.404/76 prevê a eleição dos conselheiros fiscais pela assembleia geral ordinária "se for o caso", demonstrando claramente que nem sempre será a assembleia geral ordinária que vai eleger o conselheiro fiscal. Imagine-se uma hipótese de morte do conselheiro fiscal, teria que se esperar até uma nova AGO para

---

57. BCHARA, Antonio Jesus Marçal Romeiro; REZENDE, Lucas Ênio. Comentários aos artigos 121 à 137 da Lei das sociedades por ações. In: VIDIGAL, Geraldo de Camargo; MARTINS, Ives Gandra da Silva (Coord.). *Comentários à Lei das Sociedades por Ações*. Rio de Janeiro: Forense Universitária, 1999, p. 368.

58. PONTES, Evandro Fernandes de. O Conselho Fiscal nas companhias abertas brasileiras. 2009. 250f. Dissertação (Mestrado). Universidade de São Paulo – USP, São Paulo, 2009, p. 148; CARVALHOSA, Modesto. Comentários à Lei de Sociedades Anônimas. 4. ed. São Paulo: Saraiva, 2009, v. 3, p. 431. Em sentido contrário, defendendo a destituição apenas motivada: SILVA, José Anchieta da. *Conselho fiscal nas sociedades anônimas brasileiras*. Belo Horizonte: Del Rey, 2000, p. 81.

59. SILVA, José Anchieta da. *Conselho fiscal nas sociedades anônimas brasileiras*. Belo Horizonte: Del Rey, 2000, p. 64.

CURSO DE DIREITO EMPRESARIAL

a eleição do seu substituto? Claro que não e, por isso, a mesma lógica pode ser aplicada nos demais casos de saída do conselheiro (ex.: renúncia ou destituição)[60].

6.3 Requisitos e impedimentos

A princípio, só podem ser eleitos para o conselho fiscal pessoas físicas residentes no país, acionistas ou não. Exige-se também que tais pessoas sejam diplomadas em curso de nível universitário, ou tenham exercido o cargo de administrador de empresas ou conselheiro fiscal por três anos. Tais requisitos podem ser dispensados por um juiz, em face da inexistência de pessoas que atendam a tais requisitos na localidade, em um processo de jurisdição voluntária. Além disso, o membro do conselho fiscal deve ser uma pessoa idônea, isto é, não pode ter cometido quaisquer das infrações e crimes indicados no art. 147, § 1º, da Lei n. 6.404/76.

Por fim, há que se tratar de uma pessoa imparcial, pois só a imparcialidade permitirá o bom desempenho da função por eles. Em função disso, os membros do conselho fiscal não podem ser administradores ou empregados da companhia ou de sociedade controlada por esta, ou de sociedade do mesmo grupo. Também não pode ser cônjuge ou parente até o terceiro grau do administrador.

Nesses casos, a lei presume que ele não terá a independência necessária para apontar irregularidades praticadas pelos administradores, dada sua relação pessoal (cônjuge ou parentes), ou profissional, com ele[61].

6.4 Atuação

Uma vez em funcionamento, compete ao conselho fiscal basicamente auxiliar a assembleia geral na fiscalização da gestão dos administradores[62] e controlar a legitimidade das contas e da gestão dos administradores, emitindo pareceres e opiniões, formulando denúncias, acompanhando os principais atos da vida da sociedade. O conselho fiscal tem competência para fiscalizar os atos dos administradores, em relação à sua legalidade e regularidade e não à sua conveniência e oportunidade[63]. Em síntese, o conselho tem dois poderes fundamentais: opinar e denunciar[64].

---

60. CARVALHOSA, Modesto. *Comentários à Lei de Sociedades Anônimas*. 4. ed. São Paulo: Saraiva, 2009, v. 3, p. 430; REQUIÃO, Rubens. *Curso de direito comercial*. 23. ed. São Paulo: Saraiva, 2003, v. 2, p. 225; LUCENA, José Waldecy. *Das sociedades anônimas*: comentários à lei. Rio de Janeiro: Renovar, 2009, v. II, p. 681.

61. LACERDA, J. C. Sampaio de. *Comentários à lei das sociedades anônimas*. São Paulo: Saraiva, 1978, v. 3, p. 229.

62. PAPINI, Roberto. *Sociedade anônima e mercado de valores mobiliários*. 3. ed. Rio de Janeiro: Forense, 1999, p. 232; HALPERIN, Isaac. *Sociedades anónimas*. Actualizada e ampliada por Julio C. Otaegui. 2. ed. Buenos Aires: Depalma, 1998, p. 631.

63. EIZIRIK, Nelson. Conselho fiscal. In: LOBO, Jorge (Coord.). *Reforma da lei das sociedades anônimas*. Rio de Janeiro: Forense, 2002, p. 462.

64. CARVALHOSA, Modesto. *Comentários à lei de sociedades anônimas*. São Paulo: Saraiva, 1997, v. 3, p. 392.

ÓRGÃOS SOCIAIS | 539

A princípio, o conselho atua como órgão no exercício destas funções, ou seja, suas decisões derivam de deliberação da maioria dos membros. Todavia, tendo em vista a função primordial de fiscalização que lhe toca, não se pode negar aos conselheiros o direito de individualmente praticar certos atos necessários ao exercício da fiscalização[65], sem desvirtuar a natureza de órgão do Conselho Fiscal.

A própria lei já reconhecia expressamente a faculdade dos membros isoladamente de praticar certos atos, como, por exemplo, a requisição de informações aos auditores independentes (art. 163, § 4º, da Lei n. 6.404/76). E, mesmo quando não reconhecida expressamente a faculdade de atuação individual, a doutrina já admitia a iniciativa individual, tendo em vista o poder-dever de diligência que toca aos conselheiros[66], sobretudo no que tange à atribuição de denunciar as irregularidades.

A lei reforça a atribuição individual dos conselheiros, ao reconhecer a eles a faculdade de individualmente fiscalizar os atos dos administradores, denunciar as irregularidades apuradas e sugerir providências úteis à companhia. Nem sempre o conselheiro é obrigado a se submeter à decisão da maioria do conselho, podendo individualmente agir em benefício da companhia, vale dizer, o conselheiro eleito pelos minoritários não precisa se submeter às decisões tomadas pelo majoritário; ele deve exercer efetivamente a função fiscalizadora que lhe compete[67].

Apesar disso, determinadas matérias continuam sujeitas exclusivamente à competência do órgão.

6.5 Remuneração

A função dos membros do conselho fiscal é remunerada. Tal remuneração é fixada pela assembleia geral, tendo como patamar mínimo 10% da remuneração média dos diretores, excluídos os benefícios, as verbas de representação e a participação nos lucros. Além da remuneração, é assegurado ao membro do conselho fiscal o reembolso das despesas por ele realizadas, para o exercício do seu mister.

6.6 Deveres e responsabilidade

Os membros do conselho fiscal têm como dever primordial o dever de fiscalizar a gestão da companhia, comparecendo às assembleias e respondendo aos pedidos de

---

65. Idem, v. 3, p. 388; SILVA, José Anchieta da. *Conselho fiscal nas sociedades anônimas brasileiras*. Belo Horizonte: Del Rey, 2000, p. 89.

66. CARVALHOSA, Modesto. *Comentários à lei de sociedades anônimas*. São Paulo: Saraiva, 1997, v. 3, p. 393-396; HALPERIN, Isaac. *Sociedades anónimas*. Actualizada e ampliada por Julio C. Otaegui. 2. ed. Buenos Aires: Depalma, 1998, p. 639; SILVA, José Anchieta da. *Conselho fiscal nas sociedades anônimas brasileiras*. Belo Horizonte: Del Rey, 2000, p. 89.

67. EIZIRIK, Nelson. Conselho fiscal. In: LOBO, Jorge (Coord.). *Reforma da lei das sociedades anônimas*. Rio de Janeiro: Forense, 2002, p. 459-460.

informações formulados pelos acionistas. Outrossim, lhe são imputados os mesmos deveres dos administradores, tendo em vista suas funções dentro da companhia.

Ademais, há um poder-dever de diligência. Os conselheiros devem exercer suas atribuições no interesse exclusivo da companhia, sendo considerado abusivo o exercício da função com o intuito de prejudicar a sociedade, seus acionistas ou administradores. Trata-se de regra idêntica à existente no que tange ao direito de voto (art. 115 da Lei n. 6.404/76), a qual não deixa dúvida sobre a existência de um poder-dever de diligência dos conselheiros, e, por conseguinte, de sua legitimidade para a atuação individual em nome do órgão, na fiscalização da gestão da sociedade.

O descumprimento desses deveres, bem como a atuação com dolo ou culpa ou a violação à lei ou ao estatuto, geram a responsabilidade dos membros do conselho fiscal. A princípio, trata-se de uma responsabilidade individual, mas que pode ser solidária diante da omissão dos membros do conselho fiscal, isto é, a responsabilidade dos conselheiros decorre tanto de uma atuação positiva, como da omissão no exercício de seus deveres[68]. A princípio, só deve ser responsabilizado o conselheiro que praticou o ato ilícito. Todavia, tal responsabilidade se estende àqueles que foram coniventes com o ilícito cometido[69], descumprindo seus deveres.

---

68. SILVA, José Anchieta da. *Conselho fiscal nas sociedades anônimas brasileiras*. Belo Horizonte: Del Rey, 2000, p. 124.

69. MARTINS, Fran. *Comentários à lei das sociedades anônimas*. Rio de Janeiro: Forense, 1978, v. 2, tomo I, p. 445.

30 ADMINISTRADORES

1 Impedimentos

A expressão *administradores*, usada pela Lei n. 6.404/76, abrange tanto os membros do Conselho de Administração, quanto os membros da Diretoria. Em qualquer caso, os administradores são necessariamente pessoas físicas, não se admitindo a presença de pessoas jurídicas em tais órgãos.

A par de regras peculiares a cada órgão, os administradores devem ser pessoas idôneas, idoneidade essa que se presume pela não condenação pelos crimes ou infrações do art. 147, § 1º, da Lei n. 6.404/76. Ressalte-se, desde já, que o impedimento decorre apenas da condenação definitiva[1], não havendo qualquer impedimento pelo recebimento de denúncia ou queixa, ou, até, pela condenação ainda não definitiva.

São inelegíveis para os cargos de administradores as pessoas condenadas por crime falimentar (arts. 168 a 178 da Lei n. 11.101/2005), de prevaricação (art. 319 do Código Penal), suborno (art. 333 do Código Penal – equivalente à corrupção ativa), peita (art. 317 do Código Penal – corrupção passiva)[2], concussão (art. 316 do Código Penal), peculato (art. 312 do Código Penal), contra a economia popular (Lei n. 1.521/53), contra a fé-pública (arts. 289 a 311 do Código Penal), bem como contra o patrimônio (arts. 155 a 180 do Código Penal). Também são inelegíveis aqueles condenados por qualquer crime, cuja pena vede o acesso a cargos públicos. Por fim, não podem ser administradores das sociedades abertas aqueles que foram declarados inabilitados pela CVM para administrar companhias abertas, ou instituições financeiras distribuidoras de valores mobiliários.

Além dessas proibições gerais atinentes a todas as companhias, existem proibições feitas por leis específicas, como no caso do administrador de corretora de valores mobiliários que não pode ser administrador de sociedade aberta.

De outro lado, leis específicas concernentes às áreas de atuação da companhia podem exigir requisitos técnicos para a pessoa dos administradores, como, por exemplo, a exigência da condição de engenheiro para administração das sociedades de construção civil, ou da condição de corretores de imóveis para as sociedades corretoras.

---

1. LACERDA, J. C. Sampaio de. *Comentários à lei das sociedades anônimas*. São Paulo: Saraiva, 1978, v. 3, p. 173.

2. CARVALHOSA, Modesto. *Comentários à lei de sociedades anônimas*. São Paulo: Saraiva, 1997, v. 3, p. 176.

2 Natureza jurídica da relação com a sociedade

Eleitos pela assembleia geral ou, eventualmente, pelo conselho de administração, os administradores praticam atos pela companhia. Nesse mister, em que condição eles agem? São mandatários da companhia? São empregados da sociedade? Ou atuam como órgãos? A natureza jurídica da relação entre o administrador e a companhia já despertou muitas controvérsias, hoje praticamente solucionadas.

Embora a questão seja um tanto quanto controvertida na prática, sobretudo na órbita previdenciária, em que tal definição é primordial, entende-se, a princípio, que os administradores não são empregados da companhia. Apesar disso, tende-se a analisar caso a caso a presença ou não dos elementos do art. 3º da CLT, para se afirmar a existência de uma relação trabalhista ou de uma relação estatutária com a sociedade. Neste particular, o ponto essencial diz respeito à existência da subordinação jurídica entre o diretor e os outros órgãos da sociedade.

Fábio Ulhoa Coelho afirma que a subordinação existe, mas não se configura nos mesmos moldes da subordinação jurídica da relação de emprego. Haveria uma subordinação societária, de órgão para órgão, e não uma subordinação pessoal, necessária para a configuração de uma relação de emprego[3].

Corroborando a afirmação de Fábio Ulhoa Coelho, Paulo Fernando Campos Salles de Toledo afirma que não há uma subordinação jurídica dos administradores, apesar da existência de órgãos da sociedade hierarquicamente superiores. Não há ordens de um órgão para outro, como haveria na relação de emprego[4].

Também não se pode falar em mandato, seja pela essencialidade da função[5], seja pela independência inerente ao exercício do cargo de administrador. Embora eleitos pelos acionistas e destituíveis por eles, com motivo ou possivelmente sem motivo, os administradores não são agentes dos acionistas[6], não são mandatários. Os administradores gozam de certa independência, na medida em que não são obrigados a cumprir todas as deliberações da assembleia, podendo até impugná-las, em função de qualquer vício[7].

Criticando a concepção do mandato, Isaac Halperin afirma que entre o administrador e a sociedade haveria um contrato de prestação de serviços[8]. Pier Giusto Jaeger

---

3. COELHO, Fábio Ulhoa. *Curso de direito comercial.* São Paulo: Saraiva, 1999, v. 2, p. 239-241.

4. TOLEDO, Paulo Fernando Campos Salles de. *O conselho de administração na sociedade anônima.* 2. ed. São Paulo: Atlas, 1999, p. 45-46.

5. CARVALHOSA, Modesto. *Comentários à lei de sociedades anônimas.* São Paulo: Saraiva, 1997, v. 3, p. 17.

6. HENN, Harry G.; ALEXANDER, John R. *Law of corporations.* 3. ed. St. Paul: West Group, 1983, p. 563.

7. FERRARA JUNIOR, Francesco; CORSI, Francesco. *Gli imprenditori e le società.* 11. ed. Milano: Giuffrè, 1999, p. 558; CECCHI, Paolo. *Gli amministratori di società di capitali.* Milano: Giuffrè, 1999, p. 11.

8. HALPERIN, Isaac. *Sociedades anónimas.* Actualizada e ampliada por Julio C. Otaegui. 2. ed. Buenos Aires: Depalma, 1998, p. 469-470.

e Francesco Denozza afirmam que melhor seria enquadrar a relação do administrador com a companhia como um contrato de administração, isto é, um contrato autônomo[9]. Paolo Cecchi defende que a relação entre administrador e sociedade é uma relação contratual, que se enquadraria dentro da ampla categoria de contrato de trabalho, não se identificando nem com a relação de emprego, nem com a prestação de serviços autônoma[10].

Todas essas concepções, apesar do brilho de seus defensores, pecam por identificar uma natureza contratual na relação entre o administrador e a companhia. Caso fosse uma relação contratual, os poderes dos administradores seriam derivados desse contrato e não poderes necessários para a vida da sociedade. Em outras palavras, os administradores não são partes de um contrato à parte, porque a presença deles é essencial para a vida da sociedade; seus poderes são uma decorrência lógica da existência da sociedade[11].

Diante disso, não há como afastar a concepção organicista, isto é, os administradores são órgãos da companhia, na medida em que o ato praticado por eles, dentro dos seus poderes, é um ato da própria sociedade. Seus poderes decorrem da lei[12] e são um consectário da existência da própria companhia. Eles têm todo o poder para a condução das atividades diárias da companhia, não podendo, contudo, promover mudanças fundamentais na organização da sociedade[13].

3   Investidura e vacância

Uma vez eleitos, os administradores devem tomar posse dos cargos, para entrar no pleno exercício dos poderes que lhe são outorgados por lei. Tal posse se dá mediante assinatura no livro de atas do respectivo órgão (Conselho de Administração ou Diretoria), no prazo de 30 dias a contar da nomeação, sob pena de se considerar invalidada a nomeação.

Embora, a princípio, não possua maiores requisitos, a posse dos administradores em certos casos exige algumas solenidades. No caso de instituições financeiras, a posse dos administradores depende da anuência do Banco Central do Brasil, para se examinar a idoneidade dos administradores. Além disso, o estatuto da sociedade pode exigir, eventualmente, a prestação de uma caução como garantia da gestão do administrador, garantia esta que se não for prestada invalida a nomeação.

---

9.   JAEGER, Pier Giusto; DENOZZA, Francesco. *Appunti di diritto commerciale*. 5. ed. Milano: Giuffrè, 2000, v. 1, p. 341.

10.   CECCHI, Paolo. *Gli amministratori di società di capitali*. Milano: Giuffrè, 1999, p. 13.

11.   GALGANO, Francesco. *Diritto civile e commerciale*. 3. ed. Padova: CEDAM, 1999, v. 3, tomo 2, p. 257.

12.   CARVALHOSA, Modesto. *Comentários à lei de sociedades anônimas*. São Paulo: Saraiva, 1997, v. 3, p. 19.

13.   BALLANTINE, Henry W. *Ballantine on corporations*. Chicago: Callaghan and Company, 1946, p. 119.

544 CURSO DE DIREITO EMPRESARIAL

Entrando no exercício de suas funções, a princípio, deve o administrador exercê-las pelo prazo fixado pela própria companhia, observado o limite máximo de três anos. Todavia, mesmo exaurido o prazo de gestão, dada a essencialidade da função dos administradores[14], estes exercerão suas funções até a posse do outro administrador.

Apesar disso, eventualmente pode ocorrer a vacância do cargo de administrador nos casos de renúncia, destituição, morte ou condenação penal ou administrativa.

No caso de vacância da maioria dos membros do conselho de administração, deverá ser convocada uma nova assembleia geral para proceder à eleição dos cargos vagos. Em havendo a vacância da minoria dos cargos, os demais membros elegerão alguém para atuar na vaga, até a próxima assembleia, que elegerá o substituto definitivo. No caso de vacância de todos os cargos do conselho, a diretoria deverá convocar a assembleia geral para eleição dos novos membros do conselho.

Em relação à diretoria, a situação é mais simples tendo em vista que, havendo Conselho de Administração, este poderá proceder logo à eleição dos membros vacantes. Todavia, no caso de não existir conselho de administração, o conselho fiscal ou qualquer acionista deve convocar a assembleia geral para proceder à eleição da diretoria e, nesse meio-termo, o acionista titular do maior número de ações praticará os atos urgentes de administração.

4   Remuneração

Em face dos "serviços" prestados à companhia, o administrador fará jus a uma remuneração, que será fixada pela assembleia geral em montante global ou individualizado (Lei n. 6.404/76, art. 152). Na hipótese de fixação do montante globalizado, competirá ao conselho de administração distribuir os valores entre os diversos administradores.

Em qualquer caso, a remuneração deverá ser fixada atentando para as responsabilidades, para o tempo dedicado ao trabalho, para a competência e reputação profissional e para o valor dos serviços no mercado. Tais parâmetros são extremamente úteis, na medida em que permitem aos minoritários questionar a fixação da remuneração, inclusive judicialmente[15].

A par dos valores fixos, o estatuto pode assegurar aos administradores outras vantagens, destacando-se entre estas a participação nos lucros. Esta não poderá ser superior ao total da remuneração anual dos administradores, ou a 10% do lucro líquido anual, prevalecendo o menor limite. Além desse limite, a participação nos lucros só ocorrerá se houver a efetiva distribuição dos dividendos aos acionistas, fixados no estatuto em pelo

---

14.   CARVALHOSA, Modesto. *Comentários à lei de sociedades anônimas*. São Paulo: Saraiva, 1997, v. 3, p. 195.

15.   PAPINI, Roberto. *Sociedade anônima e mercado de valores mobiliários*. 3. ed. Rio de Janeiro: Forense, 1999, p. 202.

menos 25% do lucro líquido ajustado. Nas companhias fechadas com menos de 20 acionistas e patrimônio líquido inferior a R$ 10.000.000,00 (dez milhões de reais) poderá ser paga a participação dos administradores nos lucros, sem a distribuição do dividendo obrigatório, desde que haja deliberação unânime (art. 294, § 2º, da Lei n. 6.404/76).

5 Deveres

Os administradores de uma sociedade anônima têm diversos poderes, que devem ser exercidos no interesse da companhia satisfeitas as exigências do bem público e da função social da empresa. Para garantir o bom exercício desses poderes, a lei impõe uma série de deveres para os administradores das sociedades anônimas.

5.1 Dever de diligência

O art. 153 da Lei n. 6.404/76 afirma que os administradores devem atuar com o cuidado e diligência na administração dos negócios sociais, como se fossem negócios seus. Trata-se de uma obrigação de meio, isto é, o administrador deve, ao atuar como tal, ter todo o cuidado inerente à gestão dos negócios sociais[16].

A legislação brasileira incorpora o *duty of care* do direito norte-americano, que possui muitas variações na formulação de tal dever de estado para estado, mas mantém a ideia fundamental de que o administrador deve pautar sua conduta pela boa-fé, atuando com os cuidados que uma pessoa normalmente prudente tomaria em circunstâncias similares, de modo a atender da melhor maneira os interesses da companhia[17].

Conquanto tenha uma conotação abstrata, o descumprimento de tal dever, verificado concretamente, pode ensejar a responsabilização pessoal do administrador pelos prejuízos causados. Neste particular, há que se ressaltar que não se requer que o administrador da companhia seja um especialista, mas exige-se que sua atuação seja diligente, buscando se informar sobre tudo o necessário e razoável dentro daquele negócio.

Ao se questionar um ato do administrador, não poderá o juiz substituir-se ao administrador, mas lhe caberá verificar se este atuou diligentemente[18]. Vale dizer mais uma vez, trata-se de uma obrigação de meio que independe dos resultados da conduta do administrador. No entanto, se os administradores "não avaliaram com a necessária profundidade e antecedência uma relevantíssima alteração nos negócios da companhia, que importava, inclusive, em mudança radical dos compromissos assumidos" (IA-CVM 004/1999) eles poderão ser punidos.

---

16. COELHO, Fábio Ulhoa. *Curso de direito comercial.* São Paulo: Saraiva, 1999, v. 2, p. 244.

17. HAMILTON, Robert W. *The law of corporations.* 5. ed. St. Paul: West Group, 2000, p. 447.

18. CECCHI, Paolo. *Gli amministratori di società di capitali.* Milano: Giuffrè, 1999, p. 528.

5.2 Desvio de poder

Nos termos do art. 154 da Lei n. 6.404/76, o administrador deve aplicar os seus poderes de forma equilibrada para atingir os fins da sociedade, satisfazendo as exigências do bem público e da função social da empresa. Trata-se de um dever extremamente importante, que assegura certa independência ao administrador, reforçando a natureza institucional das sociedades anônimas.

Ao exercer suas funções, o administrador deve praticar seus atos para realizar os fins da companhia, isto é, não pode praticar atos alheios ao objeto social. Há que prevalecer o interesse social, sobre o interesse individual dos acionistas ou de qualquer administrador. Outrossim, a atuação do administrador deve buscar um resultado economicamente útil, pois se assim não ocorrer de nada serve a sociedade[19].

Tal exercício deve também ser compatível com as exigências do bem público e a função social da empresa, dada a natureza institucional das sociedades anônimas. Estas exercem um papel fundamental na comunidade, atuando não como uma mera fonte de riquezas para os acionistas, mas como um meio de desenvolvimento econômico, que atende a interesses gerais da própria comunidade, do fisco e de trabalhadores[20].

Assim, a contratação de serviços que servem para os interesses de um acionista específico (PAS/CVM n. RJ2007/0001) não é compatível com os deveres e representa um desvio de poder.

Em função desse dever de agir para atingir os fins sociais, mas sem desatender às exigências do bem público e da função social da empresa, a lei das sociedades por ações impõe algumas restrições aos administradores. Estes não podem receber de terceiros, sem autorização do estatuto ou da assembleia, vantagem pessoal relacionada ao cargo. Caso recebam vantagens ligadas ao cargo, sem autorização, os valores pertencem à própria companhia[21].

Outrossim, os administradores não podem, a princípio, outorgar liberalidades em prejuízo da sociedade, compreendidos aqui aqueles atos nos quais há uma diminuição do patrimônio da sociedade, sem nenhuma vantagem para ela, como, por exemplo, as doações, concessões de fianças e avais de mero favor ou a renúncia a direitos. Há que se entender que podem haver liberalidades em benefício dos empregados e da comunidade, desde que autorizadas pelo Conselho de Administração ou pela diretoria, tendo em vista a responsabilidade social da sociedade[22].

---

19. TOLEDO, Paulo Fernando Campos Salles de. *O conselho de administração na sociedade anônima.* 2. ed. São Paulo: Atlas, 1999, p. 55-56.

20. MARTINS, Fran. *Comentários à lei das sociedades anônimas.* Rio de Janeiro: Forense, 1978, v. 2, tomo 1, p. 370.

21. BALLANTINE, Henry W. *Ballantine on corporations.* Chicago: Callaghan an Company, 1946, p. 202; LATTIN, Norman D. *Lattin on corporations.* Brooklyn: The Foundation Press, 1959, p. 251.

22. TEIXEIRA, Egberto Lacerda; GUERREIRO, José Alexandre Tavares. *Das sociedades anônimas no direito brasileiro.* São Paulo: José Bushatsky, 1979, v. 2, p. 472-473.

Por fim, os administradores não podem, sem autorização da Assembleia geral ou do Conselho de Administração, tomar por empréstimo ou usar em proveito próprio ou de terceiros recursos da sociedade. Não são terminantemente proibidas tais condutas, mas devem ser evitados os abusos, condicionando-se a prática do ato a uma prévia autorização, que verificará sua razoabilidade e sua adequação aos interesses sociais.

5.3 Dever de lealdade

Não caracterizada nas sociedades anônimas a *affectio societatis*, como na sociedade de pessoas, houve-se por bem fixar o dever de lealdade. Tal dever toca ao acionista e com muito mais razão se liga à atuação do administrador. Este deve servir à companhia, e não se servir dela[23], vale dizer, ele não pode sobrepor seus interesses aos interesses da sociedade.

Conquanto pareça eminentemente abstrato, tal dever é concretizado pelo art. 155 da Lei n. 6.404/76, que impõe algumas vedações aos administradores.

Os administradores não podem usar em benefício próprio ou de outrem as oportunidades que surjam em razão do cargo ocupado. Ora, se eles conheceram a oportunidade em virtude do cargo, a oportunidade é da companhia e não deles, na medida em que eles atuam como órgãos da sociedade. Possibilidades de negócios que foram transmitidas à companhia restritamente, ou ligadas aos fins ou à atividade da companhia[24], são oportunidades dela, das quais o administrador só tomou conhecimento em virtude do cargo[25]. Eles só poderão usar as oportunidades individualmente, se a sociedade não puder usá-las ou rechaçar expressamente a oportunidade[26]. Há que prevalecer sempre o interesse social sobre o interesse individual dos administradores.

Não basta a aplicação negativa do dever de lealdade, isto é, não basta que os administradores não pratiquem os atos contrários a tal dever, é necessário que eles deem aplicação concreta a este dever[27]. Assim, os administradores também não podem se omitir na defesa da companhia, devendo aproveitar todas as oportunidades que surjam, desde que seu aproveitamento seja possível e haja o interesse da companhia na oportunidade.

5.4 Dever de sigilo

Nas companhias abertas, vários fatos que acontecem no seu dia podem influenciar as decisões dos investidores, no sentido da compra ou venda de valores mobiliários

---

23. TOLEDO, Paulo Fernando Campos Salles de. *O conselho de administração na sociedade anônima*. 2. ed. São Paulo: Atlas, 1999, p. 55-58.

24. HENN, Harry G.; ALEXANDER, John R. *Law of corporations*. 3. ed. St. Paul: West Group, 1983, p. 634-635.

25. BALLANTINE, Henry W. *Ballantine on corporations*. Chicago: Callaghan and Company, 1946, p. 203.

26. HAMILTON, Robert W. *The law of corporations*. 5. ed. St. Paul: West Group, 2000, p. 479-481.

27. TOLEDO, Paulo Fernando Campos Salles de. *O conselho de administração na sociedade anônima*. 2. ed. São Paulo: Atlas, 1999, p. 55-59.

emitidos pela sociedade. Em função disso, há que se resguardar os interesses dos investidores, impedindo que pessoas de dentro da companhia se valham de tal condição, para negociar em condição privilegiada, isto é, negociar sabendo de informações que o público investidor ainda não sabe.

Atenta à proteção dos investidores e do mercado como um todo, a lei das sociedades por ações impõe ao administrador o dever de sigilo, isto é, ele não pode divulgar, usar, nem permitir que terceiros utilizem informações privilegiadas de que tomou conhecimento em virtude do cargo. Por informações privilegiadas há que se entender aquelas de que o público não dispõe, que podem influir na cotação dos valores mobiliários[28].

Tal dever existe para resguardar a lisura do mercado de capitais, garantindo que todos os investidores se mantenham em pé de igualdade, vale dizer, nenhum investidor será beneficiado pelo conhecimento antecipado de informações internas da companhia. Quando a informação for divulgada, deve ser divulgada para todo o mercado, todos os investidores terão acesso às mesmas informações[29] e farão suas escolhas à luz da mesma situação. "A premissa de tudo isto é que não seja lícito tirar vantagem do fato de estar em condição de conhecer, antes dos outros, fatos inerentes à gestão ou à organização societária, relevantes em relação à cotação do título, para completar especulações sobre este, em prejuízo dos outros acionistas"[30].

Trata-se, pois, de dever fundamental, sem o qual negociação no mercado de capitais restaria praticamente inviabilizada, dada a ausência de credibilidade deste.

> O mercado de capitais, para revestir-se de credibilidade de que necessita, para cumprir sua função econômica, deve propiciar aos investidores iguais oportunidades de conhecimento dos fatores que influem na formação da cotação dos valores mobiliários. As informações devem estar disponíveis ao público em um dado momento, de modo que todos os potenciais investidores possam avaliá-las e tomar as decisões que lhes pareçam mais adequadas a seus interesses[31].

Nos termos originais da Lei n. 6.404/76, combinada com a Lei n. 6.385/76, tal dever, no sentido da não utilização das informações privilegiadas, tocava apenas aos administradores (art. 145); aos membros de quaisquer órgãos criados pelo estatuto da companhia

---

28. FERRARA JUNIOR, Francesco; CORSI, Francesco. *Gli imprenditori e le società*. 11. ed. Milano: Giuffrè, 1999, p. 850.

29. HAMILTON, Robert W. *The law of corporations*. 5. ed. St. Paul: West Group, 2000, p. 504.

30. FERRARA JUNIOR, Francesco; CORSI, Francesco. *Gli imprenditori e le società*. 11. ed. Milano: Giuffrè, 1999, p. 849, tradução livre de "*la premessa de tutto questo è che non sia lecito trarre vantaggio dal fatto di essere in grado di conoscere prima degli altri fatti inerenti alla gestione o alla organizzazione societaria rilevanti ai fini della quotazione del titolo, per compiere speculazione sui corsi di questo, a danno degli altri azionisti*".

31. TOLEDO, Paulo Fernando Campos Salles de. *O conselho de administração na sociedade anônima*. 2. ed. São Paulo: Atlas, 1999, p. 60.

com funções técnicas ou destinadas a aconselhar os administradores (art. 160); aos membros do conselho fiscal (art. 165); aos empregados da companhia e a terceiros de confiança dos administradores[32].

A Lei n. 10.303/2001 estendeu expressamente a obrigação a quaisquer pessoas que tomem conhecimento das informações antes da divulgação ao público, positivando em lei ordinária tal obrigação. Não se trata de redundância, na medida em que a imposição legal da obrigação acaba com qualquer discussão sobre a legitimidade da extensão de deveres, por meio de um ato normativo de uma autarquia. Agora, qualquer pessoa que tenha, em decorrência do exercício de suas funções na sociedade, acesso a informações privilegiadas, deverá guardar sigilo sobre essas informações[33].

De nada adianta o dever se não existem meios de coerção para o seu cumprimento, isto é, compete ao legislador instituir meios de pressão para impedir a violação ao dever de sigilo. Esta violação recebe o nome de *insider trading*, podendo ser conceituado como qualquer "negociação de compra e venda de valores mobiliários feita pelos administradores ou por quem deles obteve, de qualquer forma, informações relevantes, no período em que tais informações ainda não foram divulgadas ao mercado"[34]. A prática do *insider trading* é um grande mal do mercado, que afasta os investidores, na medida em que a confiança na igualdade de condições entre os investidores deixa de existir.

Atento a isso, o legislador pátrio criminaliza[35] a prática denominada *insider trading*, com a finalidade de prevenir tal conduta de forma mais efetiva, e com isso aumentar a credibilidade do mercado. Neste particular, é fundamental a extensão legal da obrigação a qualquer pessoa que tome conhecimento das informações, uma vez que a tipificação foi da conduta da utilização de informação privilegiada, da qual se tenha que manter sigilo.

Com as inovações, a prática do *insider trading* passa a ser crime, ao qual se comina pena de reclusão de um a cinco anos e multa de até três vezes o valor da vantagem obtida indevidamente. Neste particular, reforça-se mais ainda a defesa da lisura do mercado de capitais, aumentando-se sua credibilidade junto aos investidores.

5.5 Dever de informar

Diretamente relacionado ao dever de sigilo, há o dever de informar, que diz respeito também aos administradores das companhias abertas. A lei das sociedades anônimas, em seu art. 157, desdobra tal dever em três modalidades de informação:

---

32. CARVALHOSA, Modesto. *Comentários à lei de sociedades anônimas*. São Paulo: Saraiva, 1997, v. 3, p. 265; SILVA, Jackson Urquiza da Costa e. Disclosure & Insider Trading. *Universitas Jus*, Brasília, n. 5, jan./jun. 2000, p. 222.

33. CARVALHOSA, Modesto; EIZIRIK, Nelson. *A nova lei das sociedades anônimas*. São Paulo: Saraiva, 2002, p. 322-323.

34. CARVALHOSA, Modesto. *Comentários à lei de sociedades anônimas*. São Paulo: Saraiva, 1997, v. 3, p. 264.

35. Art. 27-D da Lei n. 6.385/76.

1. Declaração no termo da posse: o administrador deve, por ocasião da assinatura do termo de posse, informar quais valores mobiliários da sociedade, ou de controlada, ou de sociedade do grupo, ele possui.

2. Dever de revelação à assembleia geral ordinária: o administrador deve revelar, na assembleia geral ordinária, a pedido de acionistas, que representem pelo menos 5% do capital social:

   a) os valores mobiliários da companhia, de controlada, ou de outra integrante do grupo, que tenha negociado direta ou indiretamente, no exercício anterior;

   b) as opções de compra de ações que tiver contratado ou exercido no exercício anterior;

   c) os benefícios ou vantagens que tenha recebido, ou esteja recebendo da companhia, de controlada ou coligada, ou de sociedade do mesmo grupo;

   d) condições dos contratos de trabalho dos diretores e dos empregados de alto nível;

   e) quaisquer atos ou fatos relevantes sobre a companhia.

3. Dever de divulgação ao mercado: o administrador também deve comunicar à bolsa de valores e divulgar pela imprensa os fatos ou atos relevantes que possam influir na cotação dos valores mobiliários.

Vemos, pois, que o dever abrange informações prestadas aos acionistas e ao mercado. Todas as informações a serem prestadas visam a resguardar os interesses dos acionistas e dos investidores no mercado de capitais, demonstrando com transparência a vida social da empresa.

De outro lado, as informações prestadas aos acionistas têm por objetivo permitir que os acionistas saibam como estão sendo geridos os recursos da sociedade e tomem medidas contra eventuais abusos.

Além disso, tais informações também têm por objetivo apurar a prática do *insider trading*. Ora, a posição naturalmente privilegiada de que goza o administrador em relação às informações da sociedade torna necessária a verificação constante de sua posição, a fim de se saber se ele está ou não cumprindo o dever de sigilo. "Há, assim, por todo o lado, uma atenção especial à informação respeitante às operações dos administradores e directores sobre as acções da sociedade, sendo patente na generalidade das legislações uma clara reação contra a falta de transparência das posições accionistas dos dirigentes das sociedades"[36].

Neste particular, a lei brasileira era criticada[37], na medida em que impunha a prestação de informações apenas na posse e condicionava sua divulgação na assembleia geral à requisição de acionistas que representem pelo menos 5% do capital social. Em atenção a tais críticas, a Lei n. 6.404/76 passa a impor, como obrigação para o administrador, a informação das alterações das condições acionárias dos administradores à CVM e ao

---

36. TORRES, Carlos Maria Pinheiro. *O direito à informação nas sociedades comerciais*. Coimbra: Almedina, 1998, p. 54.

37. CARVALHOSA, Modesto. *Comentários à lei de sociedades anônimas*. São Paulo: Saraiva, 1997, v. 3, p. 287; TOLEDO, Paulo Fernando Campos Salles de. *O conselho de administração na sociedade anônima*. 2. ed. São Paulo: Atlas, 1999, p. 64-65.

mercado de valores mobiliários, garantindo-se, assim, uma maior transparência nas relações entre os administradores e a companhia e, consequentemente, facilitando a apuração da prática do *insider trading*. Tal obrigação é estendida aos membros do conselho fiscal, que como os administradores podem praticar o *insider trading*.

No que tange às informações prestadas ao mercado, temos o chamado *disclosure*, que tem por objetivo permitir que o mercado atue normalmente e os investidores atuem de modo consciente. "Quando os administradores informam sobre a situação negocial da companhia, dão a possibilidade aos investidores de avaliar todos os dados necessários a uma inteligente apreciação sobre a oportunidade ou não de negociarem valores mobiliários por ela emitidos"[38].

O dever de informar dá margem à tão pretendida "transparência", que não é interessante apenas para quem está fora da companhia, mas também para quem está dentro da companhia. Estes têm interesse na divulgação das informações para tornar os títulos atrativos para o mercado[39].

Especificamente em relação à divulgação para o mercado, tal dever tem a mesma finalidade do dever de sigilo, qual seja, garantir a lisura do mercado de capitais[40], na medida em que os investidores terão a consciência de tudo que está acontecendo com a companhia, podendo fazer seu investimento de forma consciente, sem correr o risco de ser enganado.

Não há conflito entre os deveres de sigilo e de informar, uma vez que são momentos distintos em relação à informação, ou seja, num primeiro momento ninguém conhece a informação e ninguém a utiliza, e num segundo momento todos conhecem a informação e podem utilizá-la. "A manutenção do segredo deve corresponder, o mais cedo possível, à sua ampla divulgação no mercado"[41].

Nessa divulgação ao mercado, o administrador pode se recusar a prestar as informações, sob o fundamento de que tal divulgação porá em risco interesse legítimo da sociedade, como no caso de informação que interesse diretamente aos concorrentes. Tal recusa tem que ser ratificada pela CVM (art. 157, § 5º, da Lei n. 6.404/76). Para tal recusa ser mantida, não basta a existência de um conflito entre o interesse da sociedade em não ver divulgada essa informação e o interesse dos investidores; é necessário que a informação não seja essencial para a determinação da cotação dos valores mobiliários[42].

---

38. CARVALHOSA, Modesto. *Comentários à lei de sociedades anônimas*. São Paulo: Saraiva, 1997, v. 3, p. 286.

39. ANGELICI, Carlo. Note in tema di informazione societária. In: BONELLI, Franco et al. (Coord.). *La riforma delle società quotate*. Milano: Giuffrè, 1998, p. 255.

40. REQUIÃO, Rubens. *Curso de direito comercial*. 21. ed. São Paulo: Saraiva, 1998, v. 2, p. 197; CARVALHOSA, Modesto. *Comentários à lei de sociedades anônimas*. São Paulo: Saraiva, 1997, v. 3, p. 294; TOLEDO, Paulo Fernando Campos Salles de. *O conselho de administração na sociedade anônima*. 2. ed. São Paulo: Atlas, 1999, p. 63.

41. CARVALHOSA, Modesto. *Comentários à lei de sociedades anônimas*. São Paulo: Saraiva, 1997, v. 3, p. 266.

42. ANGELICI, Carlo. Note in tema di informazione societaria. In: BONELLI, Franco et al. (Coord.). *La riforma delle società quotate*. Milano: Giuffrè, 1998, p. 263.

6 Conflito de interesses

Entre os dispositivos que tratam dos deveres dos administradores, a Lei das S.A. introduziu o art. 156, o qual aborda o conflito de interesses que, em última análise, também é um dever dos administradores[43]. Havendo conflito entre os interesses da S.A. e do administrador, é vedado a este a intervenção no negócio em questão, cabendo-lhe cientificar os demais administradores do impedimento e da sua extensão. Trata-se de uma decorrência do dever de lealdade[44].

Nos casos desse conflito, presume-se que o administrador não terá condições de agir como órgão da companhia, colocando seus interesses de lado. Por isso, veda-se a sua intervenção, mas não a realização em si do negócio. Não se impede que o administrador negocie com a sociedade; pode haver a negociação, desde que em condições equitativas, e sem a sua intervenção.

A intervenção do administrador em um ato, no qual haja conflito de interesses, torna tal ato anulável, obrigando ainda o administrador a transferir para a companhia as vantagens que tiver auferido.

7 Responsabilidade civil

Os administradores são órgãos da companhia e, como tais, praticam atos por esta, que consequentemente é responsável por tais atos. Todavia, nem sempre o administrador age corretamente, podendo em determinadas circunstâncias extrapolar seus poderes ou violar seus deveres, ou ainda agir com dolo ou culpa. Nestes casos, é necessário que se responsabilize pessoalmente o administrador perante todos os que suportarem danos decorrentes de tal atuação, isto é, o administrador responderá pessoalmente perante a sociedade e perante terceiros pelos danos causados quando agir com dolo, culpa, violação da lei ou dos estatutos (Lei n. 6.404/76 – art. 158).

7.1 Natureza da responsabilidade

Se o administrador causar danos, agindo dentro dos seus poderes, a responsabilidade, a princípio, é exclusivamente da própria companhia, na medida em que se trata de um ato dela. Todavia, provando-se nesses casos que o administrador agiu com dolo ou culpa, a responsabilidade passa a ser dele, pessoalmente falando. Há que se provar o dolo

---

43. TOLEDO, Paulo Fernando Campos Salles de. *O conselho de administração na sociedade anônima*. 2. ed. São Paulo: Atlas, 1999, p. 61.

44. HENN, Harry G.; ALEXANDER, John R. *Law of corporations*. 3. ed. St. Paul: West Group, 1983, p. 637.

ou a culpa do administrador para poder responsabilizá-lo[45], isto é, a responsabilidade do administrador é subjetiva.

De outro lado, quando o administrador extrapola seus poderes, violando a lei ou o estatuto, presume-se *juris tantum* a existência de culpa[46]. A responsabilidade nesses casos é sempre subjetiva, todavia, com a inversão do ônus da prova, isto é, admite-se que o administrador comprove que não agiu com dolo ou culpa.

Não há que se cogitar de responsabilidade objetiva dos administradores, nem mesmo pela violação dos seus deveres legais, como pretende Modesto Carvalhosa[47]. A responsabilidade objetiva não se presume, devendo decorrer claramente da lei, o que não ocorre na espécie. Ademais, não há a possibilidade de o responsável pela indenização, em virtude da sua posição, repartir os ônus de tal indenização entre as pessoas expostas ao evento danoso, o que eventualmente justificaria a responsabilização[48].

Também não se enquadra a responsabilização dos administradores no esquema da responsabilidade civil clássica[49]. A responsabilidade é subjetiva, mas com a inversão do ônus da prova, competindo ao administrador provar que não agiu com culpa[50]. O administrador poderá se eximir da responsabilidade se provar ao juiz que agiu de boa-fé e no interesse da sociedade. "Dir-se-á que a lei presume, nesses casos, a culpa do diretor pelo que a ele incumbirá provar que a violação da lei ou dos estatutos resultou de circunstâncias especialíssimas, por ele não provocadas ou relativamente às quais não podia ele ter nenhuma influência, ou ainda, que os prejuízos verificados ocorreriam em qualquer hipótese"[51].

A chance de o administrador se exonerar da responsabilidade é uma decorrência lógica da sua relação com a companhia, isto é, ele só será responsabilizado se o ato lhe for imputado pessoalmente, e não à companhia. Se mesmo agindo corretamente, no interesse da companhia e de boa-fé, ele causou dano a alguém, não se lhe deve imputar tal responsabilidade. Esta será da companhia, pois na verdade quem causou dano a alguém foi a companhia agindo regularmente.

---

45. BORBA, José Edwaldo Tavares. *Direito societário*. 4. ed. Rio de Janeiro: Freitas Bastos, 1998, p. 363.

46. LACERDA, J. C. Sampaio de. *Comentários à lei das sociedades anônimas*. São Paulo: Saraiva, 1978, v. 3, p. 206.

47. CARVALHOSA, Modesto. *Comentários à lei de sociedades anônimas*. São Paulo: Saraiva, 1997, v. 3, p. 317.

48. COELHO, Fábio Ulhoa. *Curso de direito comercial*. São Paulo: Saraiva, 1999, v. 2, p. 257.

49. Idem, p. 250.

50. BORBA, José Edwaldo Tavares. *Direito societário*. 4. ed. Rio de Janeiro: Freitas Bastos, 1998, p. 363; TOLEDO, Paulo Fernando Campos Salles de. *O conselho de administração na sociedade anônima*. 2. ed. São Paulo: Atlas, 1999, p. 72; PAPINI, Roberto. *Sociedade anônima e mercado de valores mobiliários*. 3. ed. Rio de Janeiro: Forense, 1999, p. 213; PAES, P. R. Tavares. *Responsabilidade dos administradores de sociedades*. 2. ed. São Paulo: Revista dos Tribunais, 1997, p. 51; SILVA, Alexandre Couto. *Responsabilidade dos administradores de S/A*. Rio de Janeiro: Elsevier, 2007, p. 125.

51. VALVERDE, Trajano de Miranda. *Sociedades por ações*. 3. ed. Rio de Janeiro: Forense, 1959, v. 2, p. 329.

7.2 Business judgment rule

Dentro da responsabilidade civil dos administradores das sociedades anônimas, pode-se afirmar que vige no Brasil a *business judgment rule* (Lei n. 6.404/76 – art. 159, § 6º), isto é, "as decisões ou julgamentos dos negócios honestos e tomados de boa-fé e com base em investigações razoáveis não serão questionáveis judicialmente, ainda que a decisão seja enganada, infeliz ou até mesmo desastrosa"[52]. Em outras palavras, não caberá ao Poder Judiciário analisar a correção ou não das decisões tomadas pelos administradores, mas apenas se eles tiverem o cuidado necessário na tomada da decisão, agindo dentro de seus poderes e com fundamentos razoáveis para sua decisão[53]. O administrador estará isento de responsabilidade se agir corretamente na condução dos negócios, ainda que o resultado seja desastroso para a companhia. A nosso ver, o ônus da prova dessa correção será do administrador.

Osmar Brina Corrêa-Lima afirma que a aplicação da *business judgment rule* depende da verificação de três elementos: a) decisão baseada num julgamento (juízo de valores); b) boa-fé; e c) estrita observância dos deveres de obediência, diligência e lealdade[54]. De modo similar, Alexandre Couto Silva indica cinco elementos, a serem verificados para a aplicação da referida regra, a saber: a) decisão ou julgamento de negócios; b) decisão desinteressada e independente; c) dever de diligência; d) boa-fé; e e) inexistência de abuso da discricionariedade[55]. A divergência aqui é mais de terminologia que de conteúdo.

Inicialmente, protegem-se apenas as decisões efetivamente tomadas pelo administrador e não a sua inércia, ainda que a decisão seja de deixar de adotar certa conduta. A omissão pura e simples não é protegida pela *business judgment rule*, pois o administrador não pode ser omisso no exercício da sua função. Se ele for omisso, ele não merece a proteção da referida regra.

Além disso, o administrador será protegido se a decisão tomada não envolver seus interesses pessoais. Diz-se que o administrador tem benefício com a decisão quando há ganhos financeiros que não são distribuídos aos acionistas. O administrador não pode estar dos dois lados da decisão, nem ser beneficiado por ela, porquanto, nesses casos, não há a mesma confiança na adequação da decisão.

Exige-se ainda toda a diligência na conduta do administrador (Lei n. 6.404/76 – art. 153), demonstrando o cuidado necessário com os negócios da sociedade. Na mesma linha, exige-se a boa-fé do administrador, pois apenas a boa-fé justifica qualquer proteção. Administradores de má-fé não devem ser protegidos. Por fim, exige-se a razoabilidade

---

52. SILVA, Alexandre Couto. *Responsabilidade dos administradores de S/A*. Rio de Janeiro: Elsevier, 2007, p. 143.

53. HENN, Harry G.; ALEXANDER, John R. *Law of corporations*. 3. ed. St. Paul: West Group, 1983, p. 663.

54. CORRÊA-LIMA, Osmar Brina. *Sociedade anônima*. 2. ed. Belo Horizonte: Del Rey, 2003, p. 256.

55. SILVA, Alexandre Couto. *Responsabilidade dos administradores de S/A*. Rio de Janeiro: Elsevier, 2007, p. 195.

na decisão[56], porquanto a discricionariedade atribuída aos administradores possui limites no bom senso. A verificação dos limites dessa discricionariedade estará justamente nos deveres de diligência, lealdade e obediência[57].

Com tal regra, não se impede a responsabilização dos administradores, mas permite-se que pessoas capazes possam administrar a sociedade sem o medo de ser responsabilizadas por qualquer decisão. Exige-se apenas o cuidado necessário na condução dos negócios, não se impondo ao administrador a responsabilização pela simples existência de prejuízos na sociedade. Nesse sentido, o Enunciado 86 da III Jornada de Direito Comercial afirma que "o desacerto do mérito da decisão negocial não é, por si só, causa de responsabilidade civil do administrador, a qual pressupõe o descumprimento de dever legal ou estatutário".

7.3 Responsabilidade individual ou solidária

A Lei n. 6.404/76 estabelece que, a princípio, a responsabilidade dos administradores é individual. Todavia, estabelece também que, nas sociedades fechadas, pode haver solidariedade entre os administradores, no caso de não cumprimento dos deveres impostos por lei para assegurar o funcionamento normal da companhia (art. 158, § 2º), ainda que tais deveres não caibam a todos eles. Nas companhias abertas, tal solidariedade diz respeito tão somente aos administradores, a quem, pelo estatuto, cabia especificamente o cumprimento do dever (art. 158, § 3º), estendendo-se àqueles que forem coniventes com as violações conhecidas levadas a cabo por outro administrador (art. 158, § 4º).

Há que se entender que essa responsabilidade solidária, instituída pela nossa lei, é uma responsabilidade subjetiva, isto é, depende da prova de culpa[58]. Corroborando a subjetividade de tal responsabilidade, a lei exonera os administradores da solidariedade, se consignarem a sua discordância da decisão e comunicá-la ao conselho fiscal ou à assembleia no caso das sociedades abertas. O que gera essa responsabilidade é um dever geral de vigilância[59] dos administradores, em face dos demais, que nas sociedades fechadas é mais amplo, e nas abertas é mais restrito, dada a amplitude normal destas últimas. Não se trata de uma responsabilidade por fato de terceiro, mas por fato próprio, qual seja, o descumprimento desse dever de vigilância[60].

Nossa legislação não distinguiu a responsabilidade dos membros do conselho de administração daquela dos membros da diretoria. Deveria tê-lo feito, para facilitar a compreensão da solidariedade imposta aos administradores. Apesar disso, podemos entender que a solidariedade só existirá, a princípio, entre os membros do conselho de

---

56. BALLANTINE, Henry W. *Ballantine on corporations*. Chicago: Callaghan and Company, 1946, p. 161.

57. CORRÊA-LIMA, Osmar Brina. *Sociedade anônima*. 2. ed. Belo Horizonte: Del Rey, 2003, p. 257.

58. JAEGER, Pier Giusto; DENOZZA, Francesco. *Appunti di diritto commerciale*. 5. ed. Milano: Giuffrè, 2000, v. 1, p. 361.

59. JAEGER, Pier Giusto; DENOZZA, Francesco. *Appunti di diritto commerciale*. 5. ed. Milano: Giuffrè, 2000, v. 1, p. 362; COELHO, Fábio Ulhoa. *Curso de direito comercial*. São Paulo: Saraiva, 1999, v. 2, p. 267-268.

60. CECCHI, Paolo. *Gli amministratori di società di capitali*. Milano: Giuffrè, 1999, p. 586.

556 | CURSO DE DIREITO EMPRESARIAL

administração, dada sua natureza colegiada, não se estendendo à diretoria, tendo em vista a atuação individual dos membros deste órgão[61]. Poderá haver solidariedade entre os membros da diretoria quando ela atuar como um órgão colegiado[62].

8 Ação de responsabilidade

Caso o administrador, que agiu com dolo ou culpa, ou violou a lei ou o estatuto, cause danos a alguém, este poderá responsabilizá-lo por meio de uma ação própria. No caso de danos causados à companhia, compete a esta, mediante deliberação da assembleia, promover a ação de reparação (art. 159 da Lei n. 6.404/76), admitindo-se subsidiariamente a legitimidade de acionistas para o ajuizamento de tal ação.

Causando danos à sociedade, é desta o direito de promover a ação de responsabilidade do administrador. Neste caso, ela manifestará sua vontade por meio de uma assembleia geral, que decidirá a favor ou contra o ajuizamento da referida ação. Tal deliberação será tomada normalmente, isto é, pela maioria dos votos.

Deliberado o ajuizamento da ação de responsabilidade, o administrador será automaticamente afastado e substituído por outro. Não se trata de suspensão, mas de destituição automática do administrador[63]. Assim, competirá aos demais administradores ajuizar a referida ação, denominada ação social *uti universi*, porquanto promovida pela própria sociedade.

No caso de inércia dos administradores por 90 dias, contados da deliberação no sentido do ajuizamento, qualquer acionista poderá, em nome próprio, ajuizar a ação em benefício da companhia. Trata-se de uma hipótese de substituição processual admitida pela Lei n. 6.404/76, que não exclui a legitimidade da companhia para propor tal ação.

Mesmo havendo deliberação da assembleia pelo não ajuizamento da ação, os acionistas que representem 5% do capital social poderão ajuizar a ação de responsabilidade, denominada ação social *uti singuli*. Modesto Carvalhosa entende tratar-se de uma ação ajuizada em nome da própria sociedade, mas pela iniciativa dos minoritários[64]. A nosso ver, trata-se de uma outra hipótese de substituição processual[65], de modo que os sócios agem em nome próprio, mas em proveito da sociedade.

---

61. CARVALHOSA, Modesto. *Comentários à lei de sociedades anônimas.* São Paulo: Saraiva, 1997, v. 3, p. 307.

62. TOLEDO, Paulo Fernando Campos Salles de. *O conselho de administração na sociedade anônima.* 2. ed. São Paulo: Atlas, 1999, p. 75.

63. Idem, p. 76.

64. CARVALHOSA, Modesto. *Comentários à lei de sociedades anônimas.* São Paulo: Saraiva, 1997, v. 3, p. 336.

65. TOLEDO, Paulo Fernando Campos Salles de. *O conselho de administração na sociedade anônima.* 2. ed. São Paulo: Atlas, 1999, p. 76; BORBA, José Edwaldo Tavares. *Direito societário.* 4. ed. Rio de Janeiro: Freitas Bastos, 1998, p. 364.

Essa legitimidade dos acionistas tem por fundamento os danos, que de forma reflexa podem ser causados a eles, diante do dano causado à companhia. Em qualquer caso, os resultados da ação são em benefício da companhia diretamente, mas indiretamente beneficiam todos os acionistas.

Além da deliberação em assembleia, é necessário para o prosseguimento do feito que o administrador possa ser responsabilizado, isto é, que ele não tenha obtido a aprovação das suas contas, o que, por força do artigo 134, § 3º, da Lei n. 6.404/76 o exonera de responsabilidade. Se houve a aprovação, é necessária a prévia anulação da aprovação para que o processo prossiga. Sem essa anulação, haveria uma espécie de quitação das obrigações dos administradores, inviabilizando qualquer tipo de responsabilização[66].

A propósito, o STJ afirma que "O dispositivo de lei exonera de responsabilidade os administradores da companhia, se suas demonstrações financeiras e contas forem aprovadas sem ressalvas, como ocorreu no presente caso. Isso significa que a assembleia confere um *quitus* aos administradores ao apreciar a regularidade de sua gestão, que, por constituir uma presunção *juris tantum* de legitimidade, exige sua desconstituição para tornar possível a responsabilização"[67].

De quem quer que seja a iniciativa, a ação de responsabilidade correrá pelo rito ordinário. No caso de administradores das sociedades abertas, haverá a intervenção da CVM, que atuará como *amicus curiae*, isto é, atuará como um auxiliar do juiz e não como assistente de qualquer das partes[68]. A prescrição de tal pretensão se dá no prazo de três anos contados da publicação do balanço do exercício em que ocorrer o ato. Porém, dentro da interpretação do STJ de que é necessária a prévia anulação das contas, tal prazo só começará a correr do trânsito em julgado da sentença que anular a aprovação das contas[69]. Obviamente, se não foi ajuizada a ação de anulação da aprovação de contas no prazo de dois anos, o prazo prescricional da ação de responsabilidade correrá normalmente da publicação do balanço do exercício em que ocorrer o ato.

9   Vinculação da companhia

Os administradores são dotados de poderes de gestão e de "representação" da companhia. Em função destes poderes de representação, eles praticam atos pela companhia.

---

66.   PEDREIRA, José Luiz Bulhões; ROSMAN, Luiz Alberto Colonna. Aprovação das demonstrações financeiras, tomada de contas dos administradores e seus efeitos. Necessidade de prévia anulação da deliberação que aprovou as contas dos administradores para a propositura de ação de responsabilidade. In: CASTRO, Rodrigo R. Monteiro de; ARAGÃO, Leandro Santos de. *Sociedade anônima*. São Paulo: Quartier Latin, 2006, p. 55.

67.   STJ – REsp n. 2.095.475/SP, Rel. Ministro Antonio Carlos Ferreira, Quarta Turma, julgado em 9-4-2024, *DJe* de 18-4-2024.

68.   CARVALHOSA, Modesto. *Comentários à lei de sociedades anônimas*. São Paulo: Saraiva, 1997, v. 3, p. 348-349.

69.   STJ – AgRg no Ag 640.050/RS, Rel. Ministro Luis Felipe Salomão, Quarta Turma, julgado em 19-5-2009, *DJe* 1º-6-2009.

CURSO DE DIREITO EMPRESARIAL

Todavia, nem sempre eles agem corretamente, por vezes violam a lei ou o estatuto, tornando-se pessoalmente responsáveis pelos atos praticados. Nesses casos, a sociedade tem alguma responsabilidade, ou a responsabilidade é exclusiva do administrador pelo ato praticado?

A resposta a tal indagação deve levar em conta sempre a proteção ao tráfico jurídico, isto é, os terceiros de boa-fé devem ser protegidos[70]. Se os terceiros agindo de boa-fé acreditavam tratar-se de um ato da sociedade, esta deverá ter responsabilidade pelo ato e, posteriormente, se voltar contra o administrador que extrapolou seus poderes. No direito italiano, essa é a mais correta interpretação, reconhecendo a vinculação da sociedade sempre que o terceiro estiver de boa-fé; a sociedade só se desvincula se o terceiro sabia ou deveria saber (culpa) que o ato não era permitido[71].

Rubens Requião entende que a lei deveria inquinar de invalidade aqueles atos praticados pelos administradores, estranhos ao objeto social, que fossem prejudiciais à sociedade[72]. Seria a aplicação da teoria dos atos *ultra vires*, também defendida por Trajano de Miranda Valverde, que afirma que "a sociedade, com efeito, não é responsável por atos ou operações estranhos ao seu objeto praticados pelos diretores"[73].

A aplicação de tal teoria é extremamente difícil[74], podendo causar prejuízos ao tráfico jurídico e à própria sociedade, motivo pelo qual ela tem sido repelida em outros países. No direito norte-americano, há uma nova conformação da teoria dos atos *ultra vires*, reduzindo-se bastante seu âmbito de aplicação[75]. No direito italiano, protege-se sobretudo a boa-fé, não podendo a sociedade opor aos terceiros de boa-fé que o ato é estranho ao objeto social[76].

Em primeiro lugar, modernamente é muito difícil definir o que se encontra ou não dentro do objeto da sociedade[77]. Imagine-se a compra de um imóvel por uma fábrica de

---

70. TOLEDO, Paulo Fernando Campos Salles de. *O conselho de administração na sociedade anônima.* 2. ed. São Paulo: Atlas, 1999, p. 72; PAPINI, Roberto. *Sociedade anônima e mercado de valores mobiliários.* 3. ed. Rio de Janeiro: Forense, 1999, p. 219.

71. JAEGER, Pier Giusto; DENOZZA, Francesco. *Appunti di diritto commerciale.* 5. ed. Milano: Giuffrè, 2000, v. 1, p. 357-358.

72. REQUIÃO, Rubens. *Curso de direito comercial.* 21. ed. São Paulo: Saraiva, 1998, v. 2, p. 203.

73. VALVERDE, Trajano de Miranda. *Sociedades por ações.* 3. ed. Rio de Janeiro: Forense, 1959, v. 1, p. 79.

74. HAMILTON, Robert W. *The law of corporations.* 5. ed. St. Paul: West Group, 2000, p. 95.

75. Idem, p. 97.

76. GALGANO, Francesco. *Diritto civile e commerciale.* 3. ed. Padova: CEDAM, 1999, v. 3, tomo 2, p. 277; FERRARA JUNIOR, Francesco; CORSI, Francesco. *Gli imprenditori e le società.* 11. ed. Milano: Giuffrè, 1999, p. 315; JAEGER, Pier Giusto; DENOZZA, Francesco. *Appunti di diritto commerciale.* 5. ed. Milano: Giuffrè, 2000, v. 1, p. 357.

77. MIRANDA, Pontes de. *Tratado de direito privado.* 3. ed. São Paulo: Revista dos Tribunais, 1984, v. 49, p. 15; GALGANO, Francesco. *Diritto civile e commerciale.* 3. ed. Padova: CEDAM, 1999, v. 3, tomo 2, p. 277.

veículos; o ato não está dentro do objeto social, mas pode ser extremamente útil à própria sociedade. Com a mesma dificuldade, deparamo-nos ao analisar uma padaria que compra tijolos. A compra pode se destinar à construção de um forno ou a uma reforma urgente, que interessam à sociedade, apesar de não estarem previstas explicitamente dentro do objeto social.

Nesses casos, há um conflito entre o interesse da sociedade e dos terceiros, devendo prevalecer estes últimos, protegendo-se o tráfico jurídico. O fato de se tratar de um ato completamente estranho ao objeto social só servirá de indício da má-fé do terceiro, necessária para se desvincular a companhia de qualquer responsabilidade pelo ato[78]. O STJ já inclusive afirmou que:

> Com efeito, não obstante o fato de o subscritor do negócio jurídico não possuir poderes estatutários para tanto, a circunstância de este comportar-se, no exercício de suas atribuições – e somente porque assim o permitiu a companhia –, como legítimo representante da sociedade atrai a responsabilidade da pessoa jurídica por negócios celebrados pelo seu representante putativo com terceiros de boa-fé. Aplicação da teoria da aparência[79].

---

78. CARVALHOSA, Modesto. *Comentários à lei de sociedades anônimas.* São Paulo: Saraiva, 1997, v. 3, p. 155.

79. STJ – REsp 887.277/SC, Rel. Ministro Luis Felipe Salomão, Quarta Turma, julgado em 4-11-2010, *DJe* 9-11-2010.

31 | ASPECTOS FINANCEIROS DAS SOCIEDADES ANÔNIMAS

1 Escrituração

Todos os empresários, sejam pessoas físicas, sejam sociedades, são obrigados a manter uma escrituração contábil relativa aos negócios de que participam. Tal escrituração tem por funções: organizar os negócios do comerciante/empresário e servir de prova da atividade para terceiros e especificamente para o fisco.

A escrituração é feita normalmente em livros, admitindo-se, hoje, já o sistema de fichas, folhas soltas, ou microfichas geradas por computador. Em qualquer caso, devem ser obedecidas determinadas regras estabelecidas em lei, a saber, o livro não pode ter espaços em branco, não pode ter entrelinhas e nem rasuras, para se considerar a escrituração regular. Ante a força probante de tais livros e sua equiparação aos documentos públicos, para efeitos penais (art. 297, § 2º, do Código Penal), eles devem ser autenticados pelas juntas comerciais, a fim de se garantir sua autenticidade.

No Brasil, adota-se o sistema francês, pelo qual existem livros obrigatórios e livros auxiliares facultativos e também livros especiais, obrigatórios para determinados empresários.

Nos termos da nossa atual legislação, o único livro obrigatório para todos os empresários é o livro diário, que é aquele que retrata as atividades do empresário. Nele devem ser lançadas, diariamente, todas as operações realizadas, títulos de crédito que emitir, aceitar ou endossar, fianças dadas e o mais que representar elemento patrimonial nas suas atividades[1]. Deve ser lançado também um resumo do balanço anual.

De acordo com o Código Civil (art. 1.185), o empresário ou sociedade empresária que adotar o sistema de fichas de lançamentos poderá substituir o livro Diário pelo livro Balancetes Diários e Balanços, observadas as mesmas formalidades extrínsecas exigidas para aquele.

Para as companhias que emitem duplicatas, também surge como livro obrigatório o de registro das duplicatas, que serve exclusivamente para registrar a emissão de tais títulos. Além desses, existem outros livros obrigatórios impostos pela legislação tributária, como para os atacadistas, varejistas e industriais, os livros de registro de entradas, registro de saídas, registro de utilização de documentos fiscais e termos de ocorrências,

---

1. HENTZ, Luiz Antonio Soares. *Direito comercial atual*: de acordo com a teoria da empresa. 3. ed. São Paulo: Saraiva, 2000, p. 57.

registro de inventário e registro de apuração do ICMS. Existem também livros obrigatórios pela legislação trabalhista (livro de registro de empregados).

A par dos livros obrigatórios, existem vários livros facultativos, que servem apenas para facilitar a escrituração. São exemplos desses livros o razão, o livro caixa e o borrador. Há uma série de outros livros facultativos, mas os principais são os mencionados, pois são na verdade livros auxiliares, que facilitam o controle das atividades do empresário.

O livro razão é uma espécie de índice do diário, no qual se registram os vários atos relativos à operação, indicando onde encontrá-los no diário. É facultativo, mas praticamente todos os usam. Outro livro facultativo é o livro caixa, que registra qualquer entrada e saída de dinheiro. Há ainda o borrador, costaneira ou memorial, que funciona como uma espécie de rascunho do livro diário.

Além dos livros mencionados, as sociedades anônimas possuem uma série de livros especiais; são aqueles indicados pelo art. 100 da Lei n. 6.404/76:

- Livro de registro das ações nominativas;
- Livro de transferência das ações nominativas;
- Livro de registro das partes beneficiárias;
- Livro de transferência das partes beneficiárias;
- Livro de atas da assembleia geral;
- Livro de presença dos acionistas;
- Livro de atas de reuniões do Conselho de Administração;
- Livro de atas das reuniões da diretoria;
- Livro de atas e pareceres do Conselho Fiscal.

Nas companhias abertas e fechadas, os livros de registro das ações nominativas, o de transferência das ações nominativas, de registro e transferência das partes beneficiárias, de atas da assembleia geral e o livro de presença dos acionistas, podem ser substituídos por registros mecanizados ou eletrônicos.

2   Demonstrações financeiras

Findo cada exercício social, cuja duração é de um ano, podendo coincidir ou não com o ano civil, a sociedade anônima deve fazer um levantamento de suas atividades, elaborando as demonstrações financeiras, por meio de sua diretoria, com base na escrituração mercantil da companhia. Tais demonstrações são peças contábeis que têm por objetivo demonstrar a vida financeira da sociedade no período, levando-a a conhecimento dos acionistas e de terceiros, seja pela publicação, seja pela colocação à disposição na sede da companhia[2].

---

2.   TEIXEIRA, Egberto Lacerda; GUERREIRO, José Alexandre Tavares. *Das sociedades anônimas no direito brasileiro*. São Paulo: José Bushatsky, 1979, v. 2, p. 516.

A princípio, são quatro as peças que compõem as demonstrações financeiras (Lei n. 6.404/76, art. 187), a saber: o balanço patrimonial, a demonstração do resultado do exercício, a demonstração de lucros e prejuízos acumulados, e a demonstração de fluxos de caixa. No caso de sociedades abertas, exige-se ainda a demonstração do valor adicionado.

Todas essas peças têm que ser aprovadas pela assembleia geral. Enquanto não forem aprovadas, tais peças são meros projetos de deliberação, elas só produzem efeitos após a sua aprovação pela assembleia geral[3]. Tal deliberação terá, por conseguinte, uma natureza constitutiva.

2.1 Balanço patrimonial

O balanço patrimonial é a mais importante das demonstrações financeiras, na medida em que reflete a real situação econômico-financeira da companhia. Trata-se da demonstração do patrimônio da sociedade em determinada data[4], comparando-se o ativo e o passivo da companhia.

Do lado do ativo da companhia, serão encontrados o que a sociedade possui que possa ser transformada em dinheiro, bem como os créditos que tem ela a receber. Trata-se de um quadro à esquerda, na ordem decrescente de liquidez, isto é, serão colocados acima os que têm mais facilidade de serem transformados em dinheiro.

Desse modo, primeiramente virá o ativo circulante, representado por dinheiro em caixa e em bancos, duplicatas a receber, mercadorias em estoque, matéria-prima e quaisquer créditos de mobilidade em curto prazo. Após o que, virá o ativo não circulante, subdividido em ativo realizável a longo prazo, investimentos, imobilizado e intangível. No ativo realizável a longo prazo serão incluídos os créditos que só podem ser transformados em dinheiro em um prazo maior, vencíveis após o término do exercício seguinte. Nos investimentos, temos as participações permanentes em outras sociedades e os direitos de qualquer natureza, não classificáveis no ativo circulante, e que não se destinem à manutenção da atividade da companhia ou da empresa. No ativo imobilizado, temos os direitos que tenham por objeto bens corpóreos destinados à manutenção das atividades da companhia e da empresa, ou exercidos com essa finalidade. Nos intangíveis constarão os direitos que tenham por objeto bens incorpóreos destinados à manutenção da companhia (ex.: marcas) ou exercidos com essa finalidade, inclusive o fundo de comércio adquirido.

Do outro lado ficará o passivo, isto é, estarão as obrigações que a sociedade terá de cumprir. Do lado do passivo, os créditos são ordenados pela urgência, isto é, pela ordem em que serão pagos. Em primeiro lugar, virá o passivo circulante, representado pelos créditos vencíveis até o final do exercício seguinte. Em seguida, virá o passivo não circulante, representado pelos créditos com vencimento em prazo superior ao final do exercício seguinte.

---

3. GALGANO, Francesco. *Diritto civile e commerciale*. 3. ed. Padova: CEDAM, 1999, v. 3, tomo 2, p. 330; BORBA, José Edwaldo Tavares. *Direito societário*. 4. ed. Rio de Janeiro: Freitas Bastos, 1998, p. 388.

4. LATORRACA, Nilton. In: CARVALHOSA, Modesto. *Comentários à lei de sociedades anônimas*. São Paulo: Saraiva, 1997, v. 3, p. 581.

Da comparação entre o ativo e o passivo da companhia, será obtido o valor do patrimônio líquido, que a princípio será registrado também no passivo, na medida em que se trata de um débito da sociedade, em relação aos seus acionistas, no caso da sua extinção. O patrimônio líquido deverá ser dividido em capital social, reservas de capital, ajustes de avaliação patrimonial, reservas de lucros, ações em tesouraria e prejuízos acumulados.

2.2 Demonstração de lucros ou prejuízos acumulados

Além do balanço, os diretores devem elaborar a demonstração de lucros ou prejuízos acumulados, que faz uma correlação entre os balanços da companhia, indicando despesas e receitas do último exercício e do exercício anterior. Apresenta o saldo dessa conta, demonstrando se houve lucro ou prejuízo acumulado de um exercício para outro. Trata-se de uma demonstração importante, na medida em que representa a efetiva situação da sociedade nos últimos exercícios, demonstrando uma eventual tendência da atividade da companhia.

2.3 Demonstração do resultado do exercício

Especificamente em relação ao exercício em apuração, a sociedade elaborará a demonstração do resultado do exercício, que tem por objeto a verificação do quanto a sociedade arrecadou e do quanto gastou no exercício. Trata-se, em síntese, da apuração do lucro bruto do exercício, ou seja, receita menos despesas, entrada de valores para o patrimônio da sociedade, menos o conjunto de gastos (tributos, matéria-prima, salários). Essa demonstração discriminará: a receita bruta das vendas e serviços, as deduções das vendas, os abatimentos e os impostos; a receita líquida das vendas e serviços, o custo das mercadorias e serviços vendidos e o lucro bruto; as despesas com as vendas, as despesas financeiras, deduzidas das receitas, as despesas gerais e administrativas e outras despesas operacionais; o lucro ou prejuízo operacional, as outras receitas e as outras despesas; o resultado do exercício antes do Imposto sobre a Renda e a provisão para o imposto; as participações de debêntures, empregados, administradores e partes beneficiárias, mesmo na forma de instrumentos financeiros, e de instituições ou fundos de assistência ou previdência de empregados, que não se caracterizem como despesa; e o lucro ou prejuízo líquido do exercício e o seu montante por ação do capital social.

2.4 Demonstração dos fluxos de caixa

A Lei n. 11.638/2007 introduziu a demonstração dos fluxos de caixa para todas as companhias em substituição à demonstração de origens e aplicações de recursos. Nesta demonstração, serão apresentadas todas as variações do caixa da companhia, durante o exercício. Tais alterações deverão ser divididas em alterações do caixa decorrente das atividades operacionais, dos financiamentos e dos investimentos da companhia. A companhia

564 | CURSO DE DIREITO EMPRESARIAL

fechada com patrimônio líquido, na data do balanço, inferior a R$ 2.000.000,00 (dois milhões de reais) não será obrigada à elaboração e publicação da demonstração dos fluxos de caixa.

2.5 Demonstração de valor adicionado

Nas sociedades abertas, surge mais uma demonstração financeira obrigatória, a saber, a demonstração do valor adicionado. Esta demonstração "evidencia, de forma sintética, os valores correspondentes à formação da riqueza gerada pela empresa em determinado período e sua respectiva distribuição"[5]. Irão se definir a riqueza produzida e a sua distribuição.

Com esse documento, será possível identificar de forma mais clara a riqueza gerada pela sociedade, comparando-se o valor dos bens ou serviços oferecidos pela companhia, com o valor dos bens e serviços produzidos por terceiros usados na atividade da companhia. Desse modo, será possível definir o valor que a sociedade acrescenta à economia. A partir desse valor, também deve ser esclarecida a distribuição dessa riqueza entre os empregados, financiadores, acionistas, governo e outros, bem como a parcela da riqueza não distribuída.

3 Lucros sociais e sua distribuição

A partir das demonstrações financeiras, será apurado o lucro que a companhia houver produzido e definida a sua destinação.

3.1 Lucro líquido

Apurado o resultado do exercício, deverá em primeiro lugar ser compensado o prejuízo acumulado, nos termos do art. 189 da Lei n. 6.404/76. Após o que, deveria ser feita a provisão para o pagamento do Imposto de Renda e da Contribuição Social sobre o Lucro Líquido (Lei n. 7.689/89). Todavia, na verdade, em primeiro lugar serão feitas as provisões para o Imposto de Renda e para a Contribuição Social sobre o Lucro Líquido[6], obedecidos eventuais ajustes decorrentes da legislação tributária.

Do lucro remanescente serão deduzidas, nessa ordem e sucessivamente, as seguintes participações nos lucros: das debêntures (art. 187, VI, da Lei n. 6.404/76)[7], depois dos

---

5. ZANLUCA, Júlio César. Demonstração do valor adicionado – DVA. Disponível em: <http://www.portal-decontabilidade.com.br/tematicas/demonstracaodovalor.htm>. Acesso em: 10 fev. 2008.

6. PASQUALIN, Roberto. In: VIDIGAL, Geraldo de Camargo; MARTINS, Ives Gandra da Silva (Coord.). *Comentários à lei das sociedades por ações*. Rio de Janeiro: Forense Universitária, 1999, p. 603.

7. TEIXEIRA, Egberto Lacerda; GUERREIRO, José Alexandre Tavares. *Das sociedades anônimas no direito brasileiro*. São Paulo: José Bushatsky, 1979, v. 2, p. 564; PASQUALIN, Roberto. In: VIDIGAL, Geraldo de Camargo; MARTINS, Ives Gandra da Silva (Coord.). *Comentários à lei das sociedades por ações*. Rio de Janeiro: Forense Universitária, 1999, p. 605.

empregados, depois dos administradores, das partes beneficiárias e de instituições ou fundos de assistência ou previdência de empregados. Ressalte-se desde já que tais participações não são obrigatórias, dependendo de decisões da própria companhia. Após tais deduções chega-se ao lucro líquido (art. 191 da Lei n. 6.404/76) que será dividido entre reservas e distribuído na forma de dividendos aos acionistas.

3.2 Reservas de lucros

Parte do lucro líquido da companhia pode ser destinada a determinadas finalidades específicas, fugindo, por conseguinte, da distribuição a título de dividendos. Essa vinculação a finalidades específicas se dá por meio da formação de reservas de lucros, que são valores adicionais no patrimônio da sociedade, que ao menos temporariamente estão indisponíveis para fins de distribuição de dividendos[8], e servem para reforçar a estrutura financeira da companhia[9]. As reservas podem advir da lei, do estatuto, ou por deliberação da assembleia geral.

A lei obriga a criação da reserva legal (art. 193 da Lei n. 6.404/76), a qual é formada por 5% do lucro líquido de cada exercício, até o limite máximo de 20% do capital social. Tal reserva só pode ser usada para compensar prejuízos ou para aumentar o capital social.

A par da reserva legal, a companhia pode criar reservas estatutárias, desde que estabeleça, com clareza, qual a sua finalidade, a parcela anual dos lucros líquidos que será destinada a sua formação, bem como o seu limite máximo. Trata-se de uma opção estratégica da sociedade.

Há também as reservas para contingências (art. 195 da Lei n. 6.404/76), cuja criação deve ser proposta pelos administradores e acatada pela assembleia. Tal tipo de reserva destina-se a compensar a diminuição do lucro decorrente de perda provável, nos exercícios futuros[10]. Trata-se da constituição de uma provisão para um prejuízo futuro e previsível.

Pode haver também a chamada retenção de lucros para a realização de investimentos relevantes, previstos em orçamento de capital. Trata-se de uma reserva para financiar grandes empreendimentos da companhia, que, a princípio, deve durar no máximo cinco exercícios, admitindo-se, excepcionalmente, a extensão de tal retenção por mais tempo.

---

8. TEIXEIRA, Egberto Lacerda; GUERREIRO, José Alexandre Tavares. *Das sociedades anônimas no direito brasileiro*. São Paulo: José Bushatsky, 1979, v. 2, p. 567.

9. ASCARELLI, Tullio. *Problemas das sociedades anônimas e direito comparado*. Campinas: Bookseller, 2001, p. 583.

10. LATORRACA, Nilton In: CARVALHOSA, Modesto. *Comentários à lei de sociedades anônimas*. São Paulo: Saraiva, 1997, v. 3, p. 667.

CURSO DE DIREITO EMPRESARIAL

A reserva de lucros a realizar visa a evitar a distribuição de lucro ainda não transformado em dinheiro, mas já lançado pela sociedade em virtude do regime de competência, que rege a elaboração das demonstrações financeiras. Tal reserva só será criada se o dividendo obrigatório ultrapassar o valor do lucro efetivamente realizado[11]. Pode ser criada, desde que o total dos lucros a realizar ultrapasse o valor das outras reservas. Trata-se da institucionalização de uma interpretação que já era dada pela CVM ao disposto na Lei n. 6.404/76.

Pode haver ainda a chamada reserva especial, quando não houver a distribuição em virtude de problemas financeiros da companhia. Tais reservas, se constituídas em sociedades abertas, devem ser comunicadas à CVM. Se não forem absorvidos por prejuízos de exercícios subsequentes, deverão ser pagos como dividendos[12].

Com a Lei n. 11.638/2007 prevê-se também a possibilidade de uma reserva para incentivos fiscais, a qual poderá ser criada pela assembleia geral, mediante proposta dos órgãos de administração. Em tais reservas, serão computados aos valores a parcela do lucro líquido decorrente de doações ou subvenções governamentais para investimentos, que poderá ser excluída da base de cálculo do dividendo obrigatório. Afasta-se tais valores da vala comum dos recursos recebidos pela sociedade, permitindo sua melhor aplicação.

Tais reservas de lucros podem e normalmente são feitas no interesse da sociedade. Todavia, para se resguardar também o interesse dos acionistas, o saldo das reservas de lucros, exceto as para contingências, de incentivos fiscais e de lucros a realizar, não poderá ultrapassar o capital social. Caso ultrapasse esse limite, a assembleia geral deverá definir o destino dos lucros.

3.3 Dividendos

A mais importante forma de participação nos lucros dos acionistas é o recebimento do dividendo, que pode ser entendido como "a parcela dos lucros que cabe a cada ação"[13]. O dividendo pode ser fixo ou variável, conforme determinação do estatuto. Ele pode ser ainda cumulativo, isto é, o valor não pago em um exercício deve ser pago no exercício seguinte cumulativamente com os dividendos daquele exercício. A cumulatividade não se presume, devendo ser expressamente determinada pelo estatuto. Outrossim, é oportuno ressaltar que o pagamento dos dividendos, a princípio, é anual, mas admite-se o pagamento de dividendos em períodos menores (art. 204 da Lei n. 6.404/76).

No sistema legal brasileiro, as sociedades anônimas são obrigadas a distribuir uma parcela dos lucros a título de dividendos (art. 202 da Lei n. 6.404/76), parcela esta que

---

11. CARVALHOSA, Modesto; EIZIRIK, Nelson. *A nova lei das sociedades anônimas*. São Paulo: Saraiva, 2002, p. 358.

12. REQUIÃO, Rubens. *Curso de direito comercial*. 21. ed. São Paulo: Saraiva, 1998, v. 2, p. 225.

13. Idem, p. 226.

deve ser fixada no estatuto, respeitado o limite mínimo de 25% do lucro líquido ajustado. No silêncio do estatuto, o dividendo corresponderá a 50% do lucro líquido ajustado. Essa parcela que deve ser distribuída aos acionistas, a título de dividendo, recebe o nome de dividendo obrigatório, que reforça a essencialidade do direito à participação nos lucros.

A base de cálculo, para o recebimento dos dividendos, é o lucro líquido ajustado, que é o lucro líquido, abatidas as quantias destinadas à formação da reserva legal, da reserva para contingências e, eventualmente, da reserva para incentivos fiscais, acrescidas de eventuais reversões da reserva para contingências[14]. Caso o dividendo obrigatório ultrapasse o valor do lucro efetivamente realizado, permite-se a formação da reserva de lucros a realizar. As demais reservas não podem ser formadas em prejuízo do dividendo obrigatório, isto é, só poderão ser feitas se o dividendo obrigatório for garantido aos acionistas.

Calculado o lucro líquido ajustado, dele se retira o valor dos dividendos devidos aos acionistas titulares ou usufrutuários das ações no dia da declaração do dividendo (art. 205 da Lei n. 6.404/76). A partir dessa data, a companhia tem, a princípio, 60 dias para efetuar o pagamento do dividendo, salvo deliberação contrária da própria assembleia. Tais valores serão pagos aos acionistas, a conta do lucro líquido do exercício, ou das reservas de lucros, ou dos lucros acumulados, sob pena de responsabilização dos administradores e fiscais que compactuarem com tal distribuição. No caso de ações preferenciais, se permite o pagamento com a reserva de capital (art. 201, § 2º).

Apesar da importância do direito ao dividendo, hipóteses excepcionais dentro da própria sociedade podem justificar a não distribuição dos dividendos, ou a distribuição de dividendo inferior ao obrigatório, demonstrando a prevalência do interesse social sobre o interesse individual dos acionistas. Tais hipóteses são: a) quando os órgãos de administração informarem ser incompatível a distribuição do lucro com a situação financeira da companhia (art. 202, § 4º, da Lei n. 6.404/76); e b) quando a assembleia geral das sociedades fechadas, que não forem controladas direta ou indiretamente por companhias abertas que negociem ações no mercado, e das companhias abertas que negociam no mercado apenas debêntures não conversíveis em ações, decidir, sem oposição de qualquer dos acionistas presentes, a distribuição de dividendo inferior ao obrigatório, ou a não distribuição do dividendo (art. 202, § 3º, da Lei n. 6.404/76).

Além dessas hipóteses, a princípio, também não pode ser distribuído lucro, se houver débito previdenciário (Lei n. 8.212/91, art. 52). Igualmente, não se admite a distribuição de dividendos das concessionárias do serviço de saneamento que estiverem descumprindo as metas e cronogramas estabelecidos no contrato específico da prestação de serviço público de saneamento básico (Lei n. 11.445/2007 – art. 11, § 5º). Também não podem distribuir dividendos as sociedades anônimas em recuperação judicial até a aprovação do plano de recuperação (Lei n. 11.101/2005 – art. 6º-A).

---

14. CARVALHOSA, Modesto; EIZIRIK, Nelson. *A nova lei das sociedades anônimas.* São Paulo: Saraiva, 2002, p. 360.

4 Juros sobre o capital próprio (Lei n. 9.249/95)

Os acionistas têm além dos dividendos e das bonificações a possibilidade de participar dos resultados do exercício da companhia, por meio do recebimento dos chamados juros sobre o capital próprio (Lei n. 9.249/95). As sociedades que pagam Imposto de Renda sobre o lucro real podem pagar juros aos acionistas, como uma forma de remuneração pelo capital investido. Tal pagamento tem por limite anual a taxa de juros de longo prazo (TJLP).

Sobre os valores pagos a título de juros sobre o capital próprio, será retido na fonte 15%, a título de imposto de renda, podendo os valores pagos serem deduzidos no cálculo do lucro líquido. Embora possam ser imputados aos dividendos, na verdade não são dividendos, na medida em que estes representam remuneração pelo sucesso da empresa, e os juros representam uma forma de remuneração pela indisponibilidade do dinheiro investido na companhia[15]. "Os juros sobre capital próprio não possuem natureza de lucro ou dividendo, mas de receita financeira"[16].

Rubens Requião critica tal figura afirmando que o capital que os acionistas despendem é transferido para a sociedade, que passa a ser sua proprietária, não havendo que se falar em remuneração de qualquer capital[17]. Apesar do acerto de tal crítica, não podemos fechar os olhos para tal figura que é extremamente usada e deve ser entendida como mais uma forma de remuneração dos acionistas.

5 Reservas de capital

A par das já mencionadas reservas de lucros, temos ainda as reservas de capital que não são derivadas dos lucros sociais do exercício, mas de outros fatores[18]. Elas não fazem parte do capital social, mas guardam íntima relação com ele e são formadas pela contribuição dos subscritores de ações, quando tais valores não forem destinados à formação do capital social e pelos valores decorrentes da alienação de partes beneficiárias e bônus de subscrição. Tais reservas têm sua utilização limitada, nos termos do art. 200 da Lei n. 6.404/76, só podendo ser usadas para absorção de prejuízos; resgate, reembolso ou compra de ações, resgate de partes beneficiárias, aumento do capital social e, eventualmente, para pagamento do dividendo para as ações preferenciais.

---

15.   COELHO, Fábio Ulhoa, A participação nos resultados da companhia (dividendos e juros sobre o capital próprio) e dos direitos dos acionistas minoritários. In: MOSQUERA, Roberto Quiroga (Coord.). *Aspectos atuais do direito do mercado financeiro e de capitais*. São Paulo: Dialética, 2000, v. 2, p. 40-41.

16.   STJ – REsp 921.269/RS, Rel. Ministro Francisco Falcão, Primeira Turma, julgado em 22-5-2007, *DJ* 14-6-2007, p. 272.

17.   REQUIÃO, Rubens. *Curso de direito comercial*. 21. ed. São Paulo: Saraiva, 1998, v. 2, p. 231.

18.   TEIXEIRA, Egberto Lacerda; GUERREIRO, José Alexandre Tavares. *Das sociedades anônimas no direito brasileiro*. São Paulo: José Bushatsky, 1979, v. 2, p. 570.

32 NEGÓCIOS SOBRE O CONTROLE SOCIETÁRIO

1 Negócios sobre o controle

O controle de uma sociedade é o poder de determinar os seus rumos, é um bem intangível, mas que está no comércio, vale dizer, pode ser negociado. Quando se diz que há a compra de uma sociedade, na verdade há a aquisição do controle desta sociedade. Este tipo de negociação é uma das formas de concentração empresarial, distinguindo-se das demais, sobretudo pela possibilidade de se dispensar uma manifestação formal da assembleia tanto na sociedade adquirente, quanto na sociedade cujo controle se adquire[1].

Todavia, quando tais negociações envolvem especificamente as sociedades anônimas abertas, há um número muito maior de interesses envolvidos, isto é, a negociação diz respeito também a patrimônios e destinos alheios daquelas das partes do negócio; por isso, o legislador houve por bem estabelecer algumas limitações em hipóteses que efetivamente digam respeito a outras pessoas.

2 Alienação de controle de sociedade aberta

O controle acionário de uma companhia aberta representa o poder de direcionamento das atividades empresariais da sociedade, sendo um bem intangível. Ele não se confunde com as ações do controlador, nem com os bens necessários para o exercício da empresa; o controle tem um valor próprio, distinto do valor das ações e dos bens empresariais. Conquanto seja intangível, o controle pode ser negociado.

Tal negociação não envolve somente as ações da companhia; ela também diz respeito a patrimônios e destinos alheios daqueles das partes do negócio. A negociação do controle acionário envolve também um mercado já conquistado, segredos industriais, trabalhadores especializados (a "propriedade" deles não é só do controlador), de modo que seu valor é diferente do valor das ações que o representam.

> O controle da sociedade corresponde, normalmente, a um valor de mercado bastante superior à simples soma dos valores das ações que o compõem. O bloco de

---

1.   COMPARATO, Fábio Konder. *O poder de controle na sociedade anônima*. 3. ed. Rio de Janeiro: Forense, 1983, p. 196.

ações representativo do controle significa um instrumento de poder, uma vez que, além do direito de participar da sociedade, traz consigo o comando da empresa; vem daí o sobrevalor que o acompanha[2].

Por força dessas peculiaridades, discute-se intensamente a quem pertence o poder de controle, se ao acionista controlador, à companhia ou a todos os acionistas. Tal discussão não é meramente acadêmica, pois sua definição influirá na divisão ou não do ágio que acompanha a aquisição do controle de uma companhia aberta.

Até 1997, nossa legislação consagrou a titularidade do controle a todos os acionistas[3], impondo restrições e condições para a alienação do controle de sociedade. Esta negociação dependia de autorização da CVM, a qual devia verificar se foi assegurado tratamento igualitário aos minoritários, mediante simultânea oferta pública para aquisição de suas ações pelo mesmo valor oferecido pelas ações do bloco de controle. Tal oferta se referia a todas as ações com direito a voto (Resolução 401 do Banco Central), podendo ser limitada, quando indica o número de ações que se pretende adquirir, ou ilimitada, quando a oferta é para a aquisição de todas as ações com direito a voto. No caso de oferta limitada, se o número de aceitantes for maior do que o inicialmente proposto, será feito obrigatoriamente o rateio entre as ações do controlador e dos demais acionistas. Ao verificar tal situação, a CVM atestava que o sobrevalor pago pelo controle da companhia seria distribuído entre todos os acionistas titulares do direito de voto, demonstrando a divisão do valor do controle entre todos os seus titulares, na linha de entendimento adotada pela lei brasileira.

O texto original do art. 254 da Lei n. 6.404/76 dificultava, ou ao menos tornava muito oneroso, o processo de transferência do controle, e, por conseguinte, o de desestatização. Em virtude disso, a Lei n. 9.457/97 revogou o disposto no art. 254 da Lei n. 6.404/76, abrindo uma grande margem de liberdade na negociação do controle das sociedades, eliminando obstáculos para a concentração de empresas[4].

Guilherme Döring Cunha Pereira e Cláudio Timm defendem que o controle da companhia aberta pertence exclusivamente ao acionista controlador[5]. Ora, o poder de controle é um poder de dirigir os rumos da companhia, o qual pressupõe a titularidade de certo número de ações, assim sendo, quem tem tal número de ações é o titular do poder de controle. Tal titularidade gera também uma série de responsabilidades, que, por

---

2. BORBA, José Edwaldo Tavares. *Direito societário*. 4. ed. Rio de Janeiro: Freitas Bastos, 1998, p. 446.

3. TEIXEIRA, Egberto Lacerda; GUERREIRO, José Alexandre Tavares. *Das sociedades anônimas no direito brasileiro*. São Paulo: José Bushatsky, 1979, v. 2, p. 742.

4. REQUIÃO, Rubens. *Curso de direito comercial*. 21. ed. São Paulo: Saraiva, 1998, v. 2, p. 257.

5. PEREIRA, Guilherme Döring Cunha. *Alienação do poder de controle acionário*. São Paulo: Saraiva, 1995, p. 26; TIMM, Cláudio Coelho de Souza. *Alienação do poder de controle interno de sociedade anônima aberta que prescinde de autorização para funcionar, mediante venda de ações, e a desobrigatoriedade de se assegurar aos acionistas minoritários a oportunidade de venderem suas ações pelo mesmo preço pago pelas ações do controlador*. Brasília, 2000, 88 f. Monografia de final de curso – graduação UniCeub, p. 26.

sua vez, não são partilhadas com ninguém, por isso, pode-se concluir que o poder de controle pertence ao controlador[6].

Dentro dessa linha de interpretação, a qual acreditamos ser a mais adequada, acompanha-se a mais recente linha da jurisprudência e doutrina norte-americanas que facilita as negociações de controle, tendo em vista a tendência econômica mundial, mas não se esquecendo de defender os interesses dos minoritários, reforçando os deveres dos controladores, a fim de evitar abusos e fraudes[7]. Portanto, somos contrários à partilha do sobrevalor atinente ao poder de controle, sem, contudo, deixar de entender que o controlador tem responsabilidades ao fazer a alienação do controle. Assim, acreditamos que as limitações à alienação do controle das sociedades anônimas só se justificam quando for necessário para a defesa da atividade empresarial, ou para evitar abusos do controlador. Tal interpretação prevaleceu entre 1997 e 2002.

Com o advento da Lei n. 10.303/2001 inaugurou-se um novo sistema no direito brasileiro, considerado por Luiz Leonardo Cantidiano um aperfeiçoamento do sistema original[8]. Tal sistema decorrente do art. 254-A da Lei n. 6.404/76 aplica-se tanto às alienações diretas (venda das ações que representam o controle da sociedade), como às alienações indiretas (ligadas a relações de participação entre duas ou mais sociedades)[9]. Assim, tanto a compra direta das ações do bloco de controle de uma sociedade aberta, quanto a aquisição do controle de uma sociedade qualquer que detenha o controle de uma companhia aberta, são condicionadas aos termos do referido dispositivo.

Nos termos da legislação em vigor, volta a ser exigida a oferta pública para os acionistas minoritários votantes, agora disciplinada por normas editadas pela CVM, no caso de alienação do controle de sociedade aberta. Registre-se que, para haver a obrigatoriedade da oferta é necessário que tenha havido a alienação do controle, isto é: "O simples ingresso de terceiro no grupo controlador de sociedade anônima é insuficiente para, por si só, configurar a alienação de controle de que trata o art. 254-A da Lei nº 6.404/1976"[10]. Todavia, tal oferta agora deverá garantir no mínimo 80% do valor pago pelas ações do bloco de controle. Há que se garantir aos acionistas minoritários votantes o direito de sair da sociedade em bloco, todavia, sem causar ônus para a sociedade, isto é, tal saída será paga pelo adquirente do controle.

---

6. COMPARATO, Fábio Konder. *O poder de controle na sociedade anônima*. 3. ed. Rio de Janeiro: Forense, 1983, p. 248.

7. HAMILTON, Robert W. *The law of corporations*. 5. ed. St. Paul: West Group, 2000, p. 519.

8. CANTIDIANO, Luiz Leonardo. Alteração na lei das sociedades por ações – o substitutivo do Deputado Emerson Kapaz. In: MOSQUERA, Roberto Quiroga (Coord.). *Aspectos atuais do direito do mercado financeiro e de capitais*. São Paulo: Dialética, 2000, v. 2, p. 159.

9. CARVALHOSA, Modesto; EIZIRIK, Nelson. *A nova lei das sociedades anônimas*. São Paulo: Saraiva, 2002, p. 400.

10. STJ – REsp n. 1.837.538/SP, Relator Ministro Moura Ribeiro, relator para acórdão Ministro Ricardo Villas Bôas Cueva, Terceira Turma, julgado em 7-3-2023, *DJe* de 22-3-2023.

Alternativamente, o adquirente do controle poderá oferecer aos minoritários a opção de permanecer na sociedade, mediante o pagamento de um prêmio a estes, equivalente ao sobrevalor[11] pago por cada ação integrante do bloco de controle. No caso das alienações indiretas, surge uma grande dificuldade para se mensurar tal prêmio, pois, normalmente, a alienação indireta não envolve apenas o controle de uma sociedade, mas de várias[12].

A instituição da obrigação alternativa é uma faculdade do adquirente. Entretanto, a escolha será realizada pelos acionistas e não pelo adquirente; são aqueles que decidirão aceitar ou não a oferta, ou aceitar a permanência na sociedade mediante pagamento do prêmio, vale dizer, eles têm o direito de escolher a saída da sociedade (*tag along*) ou a permanência na companhia, mediante recebimento do prêmio ofertado.

Conquanto inicialmente atinente apenas às ações com direito de voto, a participação nos intangíveis pode ser estendida aos acionistas sem direito a voto, em igualdade de condições ou não com as ações titulares do direito de voto. De qualquer modo, tal vantagem deve ser regulada minuciosamente no estatuto da companhia, e só poderá ser suprimida com a aprovação dos acionistas afetados em assembleia especial (art. 136, § 1º, da Lei n. 6.404/76).

Por fim, a lei consigna que tal disposição não se aplica às desestatizações em curso que já tenham publicado o edital até a promulgação da lei. A nosso ver, a legislação societária andou bem, sem, contudo, atingir o ideal.

Ao reconhecer a possibilidade de um preço inferior na oferta para os minoritários, a lei reconhece, ainda que timidamente, que o poder de controle não é um bem pertencente a todos os acionistas, mas apenas ao controlador. Apenas quando o prêmio pago denotar certo abuso é que deverá ser estendido aos minoritários. O controle da companhia pertence ao acionista controlador exclusivamente e, por isso, deveria caber apenas a este o prêmio decorrente da alienação do controle da sociedade aberta. Tal fato, todavia, não impede a proteção dos minoritários, nos casos de abusos do controlador, uma vez que o poder de controle deve ser exercido, tendo em vista os fins sociais da empresa[13].

3 Aquisição do controle de sociedade mercantil por companhia aberta

Em qualquer aquisição de controle de sociedade por outra sociedade há um ato de concentração empresarial, que traz inúmeras consequências para as envolvidas. Caso a

---

11. Diferença entre o valor pago pelas ações do bloco de controle e o valor de mercado das ações.

12. COELHO, Fábio Ulhoa. O direito de saída conjunta ("Tag Along"). In: LOBO, Jorge (Coord.). *Reforma da lei das sociedades anônimas*. Rio de Janeiro: Forense, 2002, p. 480.

13. PEREIRA, Guilherme Döring Cunha. *Alienação do poder de controle acionário*. São Paulo: Saraiva, 1995, p. 287.

aquisição seja feita por uma sociedade aberta, é certo que tal negócio influirá na cotação dos valores mobiliários da companhia. Em função disso, a Lei n. 6.404/76, em seu art. 256, impõe algumas condições para a realização da operação.

A aquisição do controle de sociedade mercantil por companhia aberta dependerá da aprovação de assembleia geral, convocada especificamente para tal finalidade, sempre que o valor da aquisição for um valor elevado, seja sob o ponto de vista do adquirente ou da sociedade cujo controle se adquire.

Quando a referida aquisição representar um investimento relevante, isto é, quando corresponder a 10% ou mais do patrimônio líquido da adquirente (art. 247, parágrafo único, da Lei n. 6.404/76), será necessária uma assembleia específica.

Também será necessária tal assembleia específica se o valor pago por cada uma das ações ou quotas da sociedade, cujo controle se adquire, for elevado tendo em vista o seu valor patrimonial, ou o seu valor de mercado ou o valor econômico[14], considerando-se o maior destes. Assim, se o valor médio da aquisição for uma vez e meia maior do que a cotação média das ações na bolsa, nos 90 (noventa) dias anteriores ao negócio, ou do valor do patrimônio líquido da ação ou quota, avaliado a preços de mercado, ou ainda do valor de lucro líquido da ação ou quota, que não poderá ser superior a 15 vezes o lucro líquido médio anual por ação ou quota dos dois últimos exercícios, será necessária a assembleia específica. Além disso, atingido o patamar necessário para a assembleia específica, os acionistas dissidentes da operação podem exercer o direito de retirada, com as limitações do art. 137, II, da Lei n. 6.404/76, isto é, só podem exercer o direito aquele que não tenha facilidade de negociação de suas ações.

4   Oferta Pública de Aquisição de Ações (OPA) Voluntária

Se uma pessoa quiser adquirir ações de uma sociedade aberta, pode lançar mão de uma oferta pública para aquisição dessas ações (OPA), mediante pagamento do seu preço, ou mediante permuta por outros valores mobiliários. Essa oferta se caracteriza pela utilização de qualquer meio de publicidade da oferta de aquisição, inclusive correspondência, anúncios eletrônicos ou esforços de aquisição, e pela intermediação por meio de uma sociedade corretora ou distribuidora de títulos e valores mobiliários ou instituição financeira com carteira de investimento, que estará recebendo as aceitações da oferta, pelo prazo de duração desta. O ofertante se propõe, durante certo período de tempo, a adquirir ações por determinado preço, e os acionistas que aceitarem tal proposta devem se dirigir à instituição intermediária, para efetuar a ordem de transferência das ações. A publicidade jurídica de tal oferta permite que esta alcance um grande número de destinatários que de outra forma jamais seria atingido[15].

---

14.   CARVALHOSA, Modesto. *Comentários à lei de sociedades anônimas*. São Paulo: Saraiva, 1997, v. 4, tomo II, p. 162.

15.   PEREIRA, Jorge Brito. Os limites da defesa a uma oferta pública de aquisição hostil no direito português. *Revista de Direito Bancário, do Mercado de Capitais e da Arbitragem*, São Paulo, ano 4, n. 12, abr./jun. 2001, p. 216.

Tal procedimento pode objetivar a aquisição do controle da companhia, ou apenas de algumas ações, tendo como vantagem a simplificação do processo de aquisição de um bom número de ações de determinada companhia. Caso envolva a permuta de valores mobiliários, a oferta deverá ser registrada na CVM (art. 2º, § 1º, da Resolução n. 85/2022 da CVM).

4.1 OPA para aquisição do controle de companhia aberta

A oferta realizada voluntariamente poderá ter como objeto uma classe de ações, algumas ações apenas, ou a aquisição de ações que possam dar ao ofertante o controle acionário da companhia (*takeover bids* ou *tender offers*). Neste último caso, há que se ressaltar que o objeto da oferta é a aquisição do controle da companhia, e só será formado o contrato de aquisição de ações com o somatório das aceitações individuais que representem o controle da sociedade[16]. Não haverá contrato se não ocorrerem aceitações suficientes para transferência do controle da companhia.

Nos casos de oferta para aquisição do controle, a proposta (instrumento de oferta) deve conter uma série de informações aptas a dar amplo conhecimento aos acionistas. Com tais detalhes, quem tiver interesse em aceitar a oferta terá todas as informações suficientes para tomar uma decisão consciente, permitindo-lhe firmar, junto à instituição intermediária, a ordem irrevogável de venda ou permuta de suas ações. No caso de ocorrerem mais aceitações do que o proposto, será feito um rateio entre os acionistas, isto é, serão adquiridas, proporcionalmente, as ações necessárias entre todos os aceitantes.

Normalmente, o sucesso de tais operações está ligado ao prêmio pago em relação ao valor de mercado das ações, anteriormente à realização da oferta[17]. Em função disso, apesar de a proposta de aquisição do controle ser irrevogável, admite-se que o ofertante aumente o valor de sua oferta, desde que pelo menos dez dias antes do fim do prazo e em pelo menos 5%. Tal aumento se estende aos que firmaram a aceitação anteriormente, na medida em que ainda não se concluiu o contrato de cessão do controle.

Nos casos de dispersão das ações pelo mercado, a OPA pode ser indesejável sob o ponto de vista dos administradores da companhia, ou sob o ponto de vista de quem detém o controle. Em função disso, o direito português impede a prática de determinados atos por parte dos administradores da companhia, atos estes que poderiam acabar por influir no preço da oferta[18], ressalvado o interesse maior da companhia, vale dizer, a li-

---

16. COMPARATO, Fábio Konder. *O poder de controle na sociedade anônima*. 3. ed. Rio de Janeiro: Forense, 1983, p. 209; CARVALHOSA, Modesto. *Comentários à lei de sociedades anônimas*. São Paulo: Saraiva, 1997, v. 4, tomo II, p. 173.

17. HAMILTON, Robert W. *The law of corporations*. 5. ed. St. Paul: West Group, 2000, p. 434.

18. PEREIRA, Jorge Brito. Os limites da defesa a uma oferta pública de aquisição hostil no direito português. *Revista de Direito Bancário, do Mercado de Capitais e da Arbitragem*, São Paulo, ano 4, n. 12, abr./jun. 2001, p. 219.

mitação de poderes não é irrestrita. Do mesmo modo, o direito italiano impede a tomada de medidas que possam atrapalhar o objetivo da oferta[19].

A proteção dada à oferta pública não é irrestrita, vale dizer, nada impede que sejam tomadas providências para se inibir a cessão do controle, como, por exemplo, pela realização de uma oferta concorrente, ou quaisquer outras medidas, desde que sejam razoáveis, isto é, desde que não sejam abusivas.

4.2 Oferta concorrente

No curso de uma oferta pública, pode surgir uma oferta concorrente, seja como meio de defesa, seja como uma competição por um outro ente externo à companhia. Tal oferta concorrente deve ter por objeto o mesmo percentual de ações. A publicação de uma oferta no prazo de vigência de outra torna ineficazes[20] as ordens de venda já realizadas, e permite ao primeiro ofertante a prorrogação da oferta para coincidir com o prazo da concorrente.

---

19. FERRARA JUNIOR, Francesco; CORSI, Francesco. *Gli imprenditori e le società*. 11. ed. Milano: Giuffrè, 1999, p. 841; WEIGMANN, Roberto. La nuova disciplina delle OPA. In: BONELLI, Franco et al. (Coord.). *La riforma delle società quotate*. Milano: Giuffrè, 1998, p. 200-201.

20. CARVALHOSA, Modesto. *Comentários à lei de sociedades anônimas*. São Paulo: Saraiva, 1997, v. 4, tomo II, p. 223.

33 ENCERRAMENTO DA SOCIEDADE ANÔNIMA

1   Dissolução

As sociedades anônimas, embora normalmente se destinem a atividades por prazo indeterminado, podem, no correr de sua existência, sujeitar-se a fatos que lhes acarretam a extinção. Estes fatos desencadeiam o processo de encerramento da sociedade anônima, que denominamos dissolução *lato sensu*, abrangendo três fases distintas: a dissolução *stricto sensu*, a liquidação e a extinção[1]. A terminologia adotada pela doutrina não é unânime, mas acreditamos que a terminologia e a divisão mais adequadas são as que indicamos inicialmente, conforme poderemos ver.

2   Dissolução *stricto sensu*

O processo de encerramento da sociedade deve ter um marco inicial, isto é, deve ocorrer um fato para desencadear todo o processo. Esse fato é o que denominamos dissolução *stricto sensu*, que pode ser entendido como a causa do encerramento da sociedade.

Nesse momento, opera-se uma alteração no objetivo da sociedade; em vez de objetivar a produção dos lucros, a sociedade passa a objetivar o acerto de sua situação patrimonial, para uma eventual divisão do seu patrimônio entre os sócios[2]. A sociedade ainda existe, ainda há uma pessoa jurídica, um centro autônomo de direito e obrigações[3] (art. 207 da Lei n. 6.404/76), todavia, a sociedade só pode ultimar os negócios pendentes, praticar os inadiáveis e os necessários à sua extinção. Cessa a atividade negocial ampla da sociedade, não se autorizando legalmente a prática de novos atos negociais pelos administradores, exceto os urgentes e estritamente necessários. A partir desse momento, presume-se que outros atos, que não os estritamente necessários ao novo objetivo da pessoa jurídica, são praticados em desacordo com os interesses desta, e em favor dos administradores, imputando-se a estes e não à sociedade[4].

---

1.   PENTEADO, Mauro Rodrigues. *Dissolução e liquidação de sociedades*. 2. ed. São Paulo: Saraiva, 2000, p. 18.

2.   JAEGER, Pier Giusto; DENOZZA, Francesco. *Appunti di diritto commerciale*. 5. ed. Milano: Giuffrè, 2000, v. 1, p. 167; FERRARA JUNIOR, Francesco; CORSI, Francesco. *Gli imprenditori e le società*. 11. ed. Milano: Giuffrè, 1999, p. 339.

3.   PENTEADO, Mauro Rodrigues. *Dissolução e liquidação de sociedades*. 2. ed. São Paulo: Saraiva, 2000, p. 85.

4.   COELHO, Fábio Ulhoa. *Curso de direito comercial*. São Paulo: Saraiva, 1999, v. 2, p. 442.

A Lei n. 6.404/76 elenca os fatos que desencadeiam o processo de dissolução no seu art. 206, fatos estes que, em sua grande maioria, coincidem com os fatos indicados pelo Código Civil.

A primeira hipótese legalmente prevista é a expiração do prazo estatutário. Caso a sociedade tenha prazo certo, nada mais lógico que o encerramento da sociedade, ao se atingir tal termo. Neste caso, a dissolução é de pleno direito, pois independe de decretação judicial e inclusive independe de um novo ato dos acionistas.

A segunda causa de dissolução é o acontecimento de fato previsto no estatuto, como fator para a dissolução da companhia. Em determinadas companhias, a conclusão de uma obra ou o fim de um contrato de concessão podem ser determinantes para a continuação da sua atividade. Em função disso, o próprio estatuto pode prever fatos que deem ensejo ao processo de encerramento da sociedade. Trata-se de uma dissolução de pleno direito, porquanto também independe de decretação judicial.

Também é causa de dissolução a deliberação da assembleia geral da sociedade, por maioria absoluta dos votos (art. 136, X, da Lei n. 6.404/76). Os acionistas que representem a maioria do capital social podem deliberar a dissolução da sociedade, pois expressam a vontade geral da companhia, ingressando a sociedade no processo de dissolução, de pleno direito. Tal procedimento, todavia, não pode representar um ato abusivo do acionista controlador, sob pena de sua responsabilização perante os prejudicados pela tomada de tal decisão (art. 117, § 1º, *b*, da Lei n. 6.404/76). Há uma função social da empresa que deve prevalecer sobre o poder do capital[5].

A quarta causa de dissolução está relacionada à unipessoalidade temporária de acionistas fora da subsidiária integral. Uma vez constatada a unipessoalidade em uma assembleia geral ordinária, há que se reconstituir o número mínimo de acionistas até a próxima assembleia geral ordinária, sob pena de a sociedade ingressar em processo de dissolução, de pleno direito.

A quinta causa de dissolução está relacionada a determinadas sociedades que dependem de autorização para funcionar, como as que atuam com aviação comercial, mineração, operação de planos de saúde e outras. A autorização é concedida pelo poder Executivo Federal, o qual pode, a qualquer tempo, cassar a autorização concedida a sociedade que infringir disposição de ordem pública ou praticar atos contrários aos fins declarados no seu estatuto (art. 1.125 do Código Civil). Cassada a autorização, a sociedade ingressa de pleno direito no processo de dissolução.

A sexta causa de dissolução da sociedade está ligada a sua constituição. Para a existência da sociedade é necessária a obediência a um processo de constituição, o qual, se estiver eivado de vícios, pode ser anulado. Se sua constituição for anulada, a sociedade tem que ser dissolvida. Para a anulação da constituição da sociedade, é necessário o ajuizamento de uma ação por parte de qualquer acionista contra a sociedade e contra os demais acionistas, daí tratar-se de uma causa de dissolução judicial. Para as sociedades

---

5. BROSETA PONT, Manuel. *Manual de derecho mercantil*. 10. ed. Madrid: Tecnos, 1994, p. 352.

anônimas, essa ação tem o prazo decadencial de um ano, contado da publicação dos atos constitutivos (art. 285 da Lei n. 6.404/76).

Também se dissolve a sociedade se for reconhecido judicialmente que seu objetivo não pode mais ser alcançado, seja por uma proibição legal[6], seja por uma impossibilidade física, ou qualquer outro motivo. Diversos fatores podem levar a tal inexequibilidade do objeto social, como, por exemplo, um grande prejuízo, que reduza a tal ponto o patrimônio social que se torna impossível atingir o objetivo almejado; ou a improdutividade da atividade desenvolvida, que praticamente impossibilita a produção do almejado lucro. Tal reconhecimento depende de uma ação ajuizada por acionistas que representem pelo menos 5% do capital social. Nesta ação, "somente a sociedade anônima possui legitimidade para figurar no polo passivo de demanda dissolutória, devendo ser representada por sua Diretoria"[7], não havendo necessidade de litisconsórcio com os demais acionistas.

Com o advento da Lei n. 12.846, de 1º de agosto de 2013, que disciplina a responsabilização objetiva administrativa e civil de pessoas jurídicas pela prática de atos contra a administração pública, nacional ou estrangeira, surge uma nova causa de dissolução judicial que é a dissolução compulsória em razão da responsabilização judicial pelos atos previstos no art. 5º da mesma Lei. A responsabilização judicial se dará por meio de ação ajuizada pela União, pelos Estados, pelo Distrito Federal e pelos Municípios, ou pelo Ministério Público, pelo rito da ação civil pública (Lei n. 7.437/85). A dissolução compulsória só será aplicada, ou no caso de prática habitual de atos ilícitos por meio da pessoa jurídica, ou no caso de constituição da pessoa jurídica para ocultar ou dissimular interesses ilícitos ou a identidade dos beneficiários dos atos praticados. Em razão dessa decisão judicial que determina a dissolução compulsória, teremos mais uma causa de dissolução da sociedade.

Por fim, as sociedades anônimas também se dissolvem se falirem, isto é, se tiverem contra si uma execução coletiva, que visa ao pagamento de todos os credores. A ausência de patrimônio, suficiente para honrar o pagamento de todos os credores da companhia, é um traço normalmente ligado à falência e, por isso, o fim do processo de falência leva ao fim do patrimônio social e, consequentemente, à inexequibilidade de qualquer objetivo a que se tenha proposto a companhia.

Há que se ressaltar, ainda, que também são causas de dissolução da sociedade sua fusão, sua incorporação em outra e sua cisão total, as quais, todavia, merecem um tratamento separado.

3   Liquidação

Ocorrendo qualquer das hipóteses de dissolução da sociedade, exceto a fusão, incorporação e cisão, a sociedade deve entrar em processo de liquidação, com o objetivo

---

6.   GALGANO, Francesco. *Diritto civile e commerciale*. 3. ed. Padova: CEDAM, 1999, v. 3, tomo 1, p. 393-394.

7.   STJ – REsp 467.085/PR, Rel. Ministro Luis Felipe Salomão, Quarta Turma, julgado em 28-4-2009, *DJe* 11-5-2009.

de regularizar suas relações patrimoniais. A liquidação é o processo de apuração do ativo, pagamento do passivo e partilha do eventual saldo entre os sócios ou, nas palavras de Garrigues, é "o conjunto de operações da sociedade que tendem a fixar o patrimônio social divisível entre os sócios"[8]. Nessa fase, a sociedade ainda existe, ainda mantém a personalidade jurídica, mas apenas para finalizar as negociações pendentes e realizar os negócios necessários à realização da liquidação, tanto que deve operar com o nome seguido da cláusula em liquidação (art. 212 da Lei n. 6.404/76), para que terceiros não se envolvam em novos negócios com a sociedade.

3.1 Formas da liquidação

Nos casos do art. 206, I, da Lei n. 6.404/76, a liquidação será amigável, competindo à assembleia geral decidir o modo como se processará a liquidação, obedecidos os pressupostos cogentes da lei das sociedades anônimas. No caso de dissolução judicial, a dissolução será judicial e obedecerá ao procedimento comum do CPC/2015. No caso de falência, o procedimento será o constante da lei especial. Por fim, no caso de decisão da autoridade administrativa, também seguirá o disposto em lei especial[9].

A liquidação amigável tem lugar diante das causas de dissolução de pleno direito, obedecendo ao estipulado no contrato social, ou ao que for decidido pelos acionistas. Já a liquidação judicial tem lugar nas hipóteses de dissolução judicial, mas também pode ser iniciada a requerimento de qualquer sócio, ocorrendo a causa de liquidação e não havendo a iniciativa no sentido da liquidação amigável.

No caso de cessação da autorização para funcionar, os acionistas têm 30 dias para iniciar o procedimento de liquidação. Diante da inércia dos acionistas, ou da interrupção do processo por mais de 15 dias, a autoridade competente para conceder a autorização deve comunicar ao Ministério Público que poderá requerer o processamento da liquidação judicial.

3.2 O liquidante

Na liquidação, a sociedade ainda existe, ainda tem personalidade jurídica para a prática de certos atos. Tais atos serão praticados por intermédio do liquidante, que é o órgão da sociedade nesse processo[10], como os administradores o são na vida da socieda-

---

8.   GARRIGUES, Joaquín. *Curso de derecho mercantil*. 7. ed. Bogotá: Temis, 1987, v. 2, p. 290, tradução livre de "*el conjunto de operaciones de la sociedad que tenden a fijar el haber social divisible entre los socios*".

9.   PAPINI, Roberto. *Sociedade anônima e mercado de valores mobiliários*. 3. ed. Rio de Janeiro: Forense, 1999, p. 286-287.

10.   CARVALHO DE MENDONÇA, J. X. *Tratado de direito comercial brasileiro*. Atualizado por Ruymar de Lima Nucci. Campinas: Bookseller, 2001, v. 2, tomo 2, p. 267; PENTEADO, Mauro Rodrigues. *Dissolução e liquidação de sociedades*. 2. ed. São Paulo: Saraiva, 2000, p. 270.

CURSO DE DIREITO EMPRESARIAL

de. Esse liquidante pode ser uma pessoa natural ou jurídica, exigindo-se neste último caso a indicação do profissional responsável pela condução dos trabalhos (Enunciado 87 – III Jornada de Direito Comercial).

No caso da liquidação amigável, a nomeação do liquidante deve obedecer à hierarquia do art. 208 da Lei n. 6.404/76. Em primeiro lugar, será analisado o estatuto da companhia, que se nomear qualquer pessoa como liquidante prevalecerá. Não havendo nomeação pelo estatuto, compete à assembleia geral a nomeação do liquidante. Todavia, no caso de manutenção do Conselho de Administração, que é sempre facultativa, caberá a este órgão a nomeação do liquidante[11].

Na liquidação judicial, o liquidante será nomeado pelo juiz (art. 209, parágrafo único, da Lei n. 6.404/76). Neste caso, o liquidante será um órgão da companhia em dissolução e um órgão auxiliar do juiz[12]. Similar é a situação do liquidante na liquidação extrajudicial, que será nomeado pela autoridade competente para decretar a liquidação.

Em qualquer forma de liquidação, o liquidante poderá ser destituído, a qualquer tempo, independentemente de motivo pelo órgão que o nomeou. Assim, na liquidação judicial, apenas o juiz poderá destituí-lo. No caso de nomeação do liquidante no estatuto[13], acreditamos que ele poderá ser destituído pela assembleia geral.

Eleito o liquidante, este assume a função de órgão da sociedade, praticando todos os atos necessários para a sua liquidação. Nesse mister, surgem para ele uma série de deveres (art. 210 da Lei n. 6.404/76), dentre os quais tomar todas as medidas necessárias para o procedimento de liquidação, como, por exemplo, arrecadar bens, livros e documentos da sociedade e, também, proceder à publicação e averbação dos documentos para o conhecimento público e para a extinção definitiva da sociedade.

Além desses deveres, merece destaque o dever de prestar contas, a cada seis meses, ou sempre que necessário, concernentes às suas atividades à frente da sociedade liquidanda, para permitir que os acionistas velem por seus interesses na condução de tal procedimento. A periodicidade para essas prestações de contas poderá será alterada pela assembleia geral, para períodos menores ou maiores que, em qualquer caso, não serão inferiores a 3 (três) nem superiores a 12 (doze) meses.

3.3 Apuração do ativo

Para se acertar a situação patrimonial da sociedade, há que se descobrir em primeiro lugar quais são os bens que pertencem à sociedade. Para tanto, a lei exige que o liquidante, se possível, proceda de imediato, no prazo fixado pela assembleia ou pelo juiz, ao

---

11. PAPINI, Roberto. *Sociedade anônima e mercado de valores mobiliários*. 3. ed. Rio de Janeiro: Forense, 1999, p. 287.

12. CARVALHOSA, Modesto. *Comentários à lei de sociedades anônimas*. São Paulo: Saraiva, 1997, v. 4, tomo 1, p. 104.

13. Idem, p. 99.

levantamento do balanço do geral do ativo e do passivo da sociedade, bem como do inventário dos bens pertencentes a esta.

Na sequência, devem ser finalizadas as operações pendentes, determinando-se o valor geral do ativo da sociedade, o qual pode ser transformado em dinheiro, para possibilitar a realização das próximas fases, o pagamento dos credores e a partilha entre os acionistas. Nesse momento, deve o liquidante proceder à venda dos bens sociais e exigir o cumprimento das obrigações para com a sociedade, inclusive dos acionistas, se isto for necessário para o pagamento dos credores.

3.4 Pagamento do passivo

Apurado o ativo, o liquidante deve proceder ao pagamento dos credores da sociedade com extremo cuidado, na medida em que pode ser responsabilizado pessoalmente por eventuais erros na condução de tal procedimento.

Caso o ativo seja maior que o passivo, pode o liquidante operar, por sua conta e risco, o pagamento integral das dívidas vencidas, reservando recursos para o pagamento das dívidas vincendas (art. 214, parágrafo único, da Lei n. 6.404/76). Caso faltem recursos para o pagamento das dívidas vincendas, o liquidante terá responsabilidade por esse pagamento, porquanto todos os credores fazem jus ao recebimento de seus créditos, na liquidação.

Caso o ativo não seja suficiente ao pagamento de todos os credores sociais, o liquidante deve em primeiro lugar pagar as obrigações preferenciais, isto é, aquelas dotadas de prioridade no caso de um concurso de credores como, por exemplo, as obrigações trabalhistas, as com garantia real e as tributárias[14]. Caso ainda restem recursos para os credores quirografários, o liquidante deverá pagar proporcionalmente as dívidas sociais, vencidas e vincendas, em relação a estas com desconto (art. 214 da Lei n. 6.404/76). Trata-se de uma medida que objetiva manter os credores quirografários em igualdade, assegurando a todos o direito a pelo menos uma parte do seu crédito.

Modesto Carvalhosa, ao comentar o art. 214 da Lei n. 6.404/76, afirma que tal regra se destina ao liquidante e não aos credores, os quais não podem ser compelidos a receber seus créditos antecipadamente[15]. Assim, tal regra permitiria a negociação com os credores, não se tratando de uma imposição aos credores que, ademais, não podem exigir sua obrigação antecipadamente, na medida em que a liquidação não gera o vencimento antecipado das obrigações sociais.

Com efeito, os credores, como regra geral, não são obrigados a receber antecipadamente o valor de seus créditos. Todavia, tal faculdade é assegurada no interesse particular do credor, que nem sempre é o mais importante. Na liquidação da sociedade,

---

14. PENTEADO, Mauro Rodrigues. *Dissolução e liquidação de sociedades*. 2. ed. São Paulo: Saraiva, 2000, p. 277; CARVALHOSA, Modesto. *Comentários à lei de sociedades anônimas*. São Paulo: Saraiva, 1997, v. 4, p. 138.

15. Idem, p. 136.

há um interesse maior no sentido da não perenização da atividade, o qual justifica a exceção à regra de que o credor não é obrigado a receber antes do vencimento[16]. Por isso, acreditamos que os credores excepcionalmente são obrigados a receber antecipadamente o seu crédito, com os descontos inerentes ao adiantamento.

Há que se ressaltar ainda que, no caso de ativo inferior ao passivo, é dever do liquidante reconhecer o estado de insolvência da sociedade e requerer, conforme o caso, a falência ou a recuperação para a sociedade.

3.5 Os órgãos sociais na liquidação

Durante a liquidação das sociedades anônimas, altera-se a estrutura e a função dos órgãos sociais.

Na liquidação amigável, subsiste a assembleia geral como órgão máximo de decisão das matérias de interesse da companhia[17], sobretudo para a prestação de contas do liquidante, cabendo a cada ação um voto, em qualquer conclave realizado. Compete ao liquidante ou ao conselho de administração a convocação da assembleia geral, nos casos necessários.

Na liquidação judicial, o juiz pode convocar assembleias-gerais que serão presididas por ele, para demonstrar o interesse da companhia e facilitar as decisões do juiz. Não há soberania das decisões da assembleia geral, prevalecendo sempre a decisão do juiz[18].

O conselho de administração poderá ser mantido a critério da assembleia geral, na liquidação amigável, mantendo, com as devidas adaptações, as mesmas funções que possuía anteriormente, vale dizer, nomear e destituir o liquidante, fixar a orientação geral do procedimento e fiscalizar a gestão do liquidante[19]. Na liquidação judicial, não há a manutenção do conselho de administração.

Em relação ao conselho fiscal, serão aplicadas as mesmas regras relativas a seu funcionamento durante a existência da sociedade, vale dizer, compete ao estatuto ou aos acionistas determinar o seu funcionamento[20]. Todavia, na liquidação, uma vez em funcionamento o conselho fiscal, o mandato de seus membros se estenderá até o fim do procedimento. Na liquidação judicial, não há a possibilidade de funcionamento do conselho fiscal[21].

Em qualquer forma de liquidação, a diretoria será substituída pelo liquidante.

---

16. PENTEADO, Mauro Rodrigues. *Dissolução e liquidação de sociedades*. 2. ed. São Paulo: Saraiva, 2000, p. 280.

17. HALPERIN, Isaac. *Sociedades anónimas*. Actualizada e ampliada por Julio C. Otaegui. 2. ed. Buenos Aires: Depalma, 1998, p. 852.

18. CARVALHOSA, Modesto. *Comentários à lei de sociedades anônimas*. São Paulo: Saraiva, 1997, v. 4, tomo 1, p. 132.

19. PENTEADO, Mauro Rodrigues. *Dissolução e liquidação de sociedades*. 2. ed. São Paulo: Saraiva, 2000, p. 265.

20. PAPINI, Roberto. *Sociedade anônima e mercado de valores mobiliários*. 3. ed. Rio de Janeiro: Forense, 1999, p. 287.

21. CARVALHOSA, Modesto. *Comentários à lei de sociedades anônimas*. São Paulo: Saraiva, 1997, v. 4, tomo 1, p. 104.

3.6 A partilha

Efetuado o pagamento de todos os credores, havendo um saldo remanescente, este deverá ser partilhado entre os acionistas. Trata-se do exercício de um dos direitos patrimoniais que se adquire no momento da aquisição da qualidade de acionista.

A princípio, o liquidante fará tal pagamento de uma única vez, no entanto, a assembleia geral pode autorizar o liquidante a fazer rateios do saldo remanescente antes de finda a liquidação, mas sempre posteriormente ao pagamento dos credores. Excepcionalmente, admite-se a partilha *in natura* dos bens da companhia liquidanda, desde que aprovada por acionistas que representem 90% do total de votos, facilitando e agilizando a liquidação.

Nas companhias que tiverem feito amortizações, tais valores deverão ser considerados para a partilha do ativo.

4 A extinção

Até a liquidação a sociedade mantém sua personalidade jurídica, mas apenas para ultimar as negociações pendentes e praticar os atos necessários ao procedimento de dissolução da sociedade. Finda a liquidação, não subsistem motivos para a manutenção da sociedade no mundo jurídico, devendo ser tomadas as medidas necessárias para sua extinção.

Para tal extinção, deve o liquidante convocar uma assembleia geral para a prestação final de contas. Aprovadas as contas, a ata da assembleia geral, que as aprova, deve ser publicada e posteriormente arquivada no registro competente, deixando a partir desse momento de existir uma pessoa jurídica. Ora, se a pessoa jurídica começa a existir com o registro no órgão competente, é com outro registro nesse mesmo órgão que ela deixará de existir.

Os acionistas que discordarem de tal prestação de contas têm o prazo decadencial de 30 dias, após a publicação de tal ata devidamente averbada, para tomar as medidas necessárias para a defesa dos seus interesses, como, por exemplo, uma ação de prestação de contas em face do liquidante.

Apesar de extinta a sociedade, a fim de se resguardarem eventuais discussões, deve o liquidante[22] manter em seu poder toda a escrituração da sociedade, enquanto não estiverem prescritas todas as obrigações decorrentes dos atos nela consignados.

5 Os credores insatisfeitos

A princípio, na liquidação, todos os credores da sociedade devem ser satisfeitos. Todavia, por diversos motivos, é possível que alguns deles restem insatisfeitos. Nesse caso, o que eles podem fazer? Se a sociedade já foi extinta, contra quem ajuizar uma ação?

---

22. CARVALHOSA, Modesto. *Comentários à lei de sociedades anônimas*. São Paulo: Saraiva, 1997, v. 4, tomo 1, p. 169.

Caso o não pagamento do credor resulte de um ato doloso ou culposo do liquidante, é contra este que deve ser ajuizada uma ação, não pelo cumprimento da obrigação, mas por perdas e danos. Não se trata de uma responsabilidade objetiva do liquidante, mas de uma responsabilidade por ato ilícito deste.

A par do liquidante, os credores prejudicados também podem ajuizar ações contra os acionistas individualmente, os quais serão obrigados tão somente pelo valor recebido na partilha. Tais valores integravam o patrimônio social, o qual era responsável pelo pagamento dos credores. Assim sendo, nada mais justo do que se permitir ao credor receber tais valores. Há que se ressaltar que o acionista que pagar o credor insatisfeito se sub-roga nos direitos deste e pode exercer o direito de regresso contra os outros acionistas, na proporção que cada um deveria contribuir para o pagamento do credor.

34 SOCIEDADE DE ECONOMIA MISTA, SOCIEDADE ANÔNIMA DO FUTEBOL (SAF) E SOCIEDADE EM COMANDITA POR AÇÕES

1 Sociedades de economia mista

As sociedades de economia mista são sociedades extremamente comuns no direito brasileiro, seja para a exploração de atividade econômica, seja para a prestação de serviços públicos. Sua disciplina, sob a ótica do direito comercial, encontra-se nos arts. 235 a 241 da Lei n. 6.404/76. Sob a ótica do direito administrativo, há que se diferenciar as exploradoras de atividade econômica, que estão sujeitas ao mesmo regime das entidades de direito privado (art. 173, § 1º, da Constituição Federal), daquelas que prestam serviço público (art. 175 da Constituição Federal), sujeitas ao regime próprio do direito público[1].

1.1 Conceito

O mestre Gabriel de Britto Campos conceitua a sociedade de economia mista como "integrante da Administração Pública indireta, dotada de personalidade de Direito Privado, criada após a autorização por lei específica, com patrimônio próprio e capital misto (público e privado), organizada sob a forma de sociedade anônima, sendo a maioria do capital com direito a voto pertencente ao Estado ou a entidade da Administração indireta, destinada ao desempenho de atividade econômica ou prestação de serviços públicos"[2]. A Lei n. 13.303/2016 as define da seguinte forma "Sociedade de economia mista é a entidade dotada de personalidade jurídica de direito privado, com criação autorizada por lei, sob a forma de sociedade anônima, cujas ações com direito a voto pertençam em sua maioria à União, aos Estados, ao Distrito Federal, aos Municípios ou a entidade da administração indireta" (art. 4º).

As sociedades de economia mista são pessoas jurídicas de direito privado, mas são integrantes da administração pública, ainda que explorem atividades econômicas. Assim sendo, estão sujeitas a normas inerentes a tal condição, com as adequações decorrentes da natureza da atividade exercida, como, por exemplo, a sujeição ao procedimento licitatório, nos termos da Lei n. 13.303/2016.

---

1. Essa diferenciação tem sido feita pelo Supremo Tribunal Federal, a propósito: ADIn 1552/DF, Relator Ministro Carlos Velloso, *DJ* de 17-4-1998 e RE 172816/RJ, Relator Ministro Paulo Brossard, *DJ* de 13-5-1994.

2. CAMPOS, Gabriel de Britto. *Curso de direito administrativo*. Brasília: Fortium, 2006, p. 114.

Tais sociedades têm a forma de sociedades anônimas, mesmo no âmbito estadual e municipal, por força da Lei n. 6.404/76. Com efeito, o Decreto-lei n. 200/67 aplica-se exclusivamente à administração pública federal. A Lei n. 6.404/76 – que é uma norma de direito comercial, matéria de competência privativa da União Federal – afirma que as sociedades de economia serão disciplinadas nos seus termos, com as derrogações decorrentes de regras específicas. Em função disso, todas as sociedades de economia mista obedecerão aos termos da Lei n. 6.404/76 e, consequentemente, terão a forma de sociedade anônima.

Tais entidades são criadas mediante autorização legal, que definirá também o seu objeto, sendo este o seu traço mais característico. A lei autoriza a criação da sociedade, no entanto, sua constituição obedecerá ao procedimento normal de constituição de uma sociedade anônima.

A autorização da criação por lei pode significar a desapropriação do controle acionário de alguma companhia. Nesse caso, os acionistas privados que não tiverem suas ações desapropriadas fazem jus ao direito de retirada, no prazo de 60 dias contados da primeira assembleia geral posterior à desapropriação (art. 236 da Lei n. 6.404/76). No caso de concessionárias de serviço público e no caso de companhias sob o controle do poder público, não há tal direito de retirada.

Além disso, deve haver a conjugação do capital público e privado, sendo o controle (maioria das ações com direito a voto) pertencente a uma entidade da administração pública, seja pela União, Estados ou Municípios, seja por uma entidade da administração indireta. Se a totalidade do capital pertencer a entidades da administração pública, estaremos no caminho de uma empresa pública e não de uma sociedade de economia mista.

Há que se ressaltar que a simples conjugação do capital público e privado não lhe dão a natureza de sociedade de economia mista, sendo imprescindível, em qualquer âmbito, a autorização legal para lhe caracterizar como tal[3]. A simples maioria do capital público conjugada ao capital privado lhe dá a condição de uma sociedade comercial comum, sujeita em tudo ao mesmo regime das entidades privadas[4].

1.2 Regime especial de direito comercial

Embora seja reputada inconstitucional por alguns[5], a Lei n. 6.404/76 traz regras especiais relativas à disciplina das sociedades de economia mista. A nosso ver, tal regime peculiar não é incompatível com o disposto no art. 173, § 1º, da Constituição Federal, na medida em que não representa nenhum favorecimento da entidade da administração

---

3. MEDAUAR, Odete. *Direito administrativo moderno.* 3. ed. São Paulo: Revista dos Tribunais, 1999, p. 100; STF – 1ª Turma – RE 91.035/RJ, Relator Ministro Soares Muñoz, *DJ* de 15-10-1979.

4. CARVALHOSA, Modesto. *Comentários à lei de sociedades anônimas.* São Paulo: Saraiva, 1997, v. 4, tomo 1, p. 338.

5. BORBA, José Edwaldo Tavares. *Direito societário.* 4. ed. Rio de Janeiro: Freitas Bastos, 1998, p. 436-437.

pública, em face das entidades de direito privado. O que há é uma adequação às peculiaridades de tal tipo de companhia.

Nas sociedades de economia mista, o conselho de administração é obrigatório, sendo assegurado aos acionistas minoritários a eleição de pelo menos um membro, se número maior não lhe for assegurado por meio do processo da votação múltipla. Assegura-se, desse modo, sempre a representação do capital privado, na administração da companhia, compatibilizando-se o interesse público e o interesse privado que devem conviver em tal instituição. Será composto, por no mínimo 7 e no máximo 11 membros, com mandato unificado de 2 anos, permitidas 3 reconduções, ressalvados os casos de faturamento anual inferior a R$ 90.000.000,00 (noventa milhões de reais).

Outrossim, o conselho fiscal tem funcionamento permanente, mais uma vez, a fim de conciliar os interesses públicos e privados convergentes dentro da companhia. Um membro do conselho será eleito pelas ações ordinárias minoritárias e outro pelas ações preferenciais, cabendo ao controlador a eleição dos demais membros. Além da fiscalização orgânica, dada a utilização de recursos públicos, as sociedades de economia mista estão sujeitas também à fiscalização pelos tribunais de contas. O prazo de mandato do conselho fiscal não será superior a 2 anos, permitidas duas reconduções.

No regime da Lei n. 13.303/2016 foi estabelecido todo um novo regime de governança corporativa próprio para as empresas estatais, sejam prestadores de serviços públicos, sejam exploradoras de atividades econômicas em regime de concorrência. Há mais regras de transparência, de *compliance*, de prestação de contas e até de responsabilidade social.

Além dos órgãos previstos na Lei n. 6.404/76, haverá uma área específica de *compliance*, responsável pela gestão de riscos e cumprimento de obrigações; vinculada ao presidente, mas com independência. O estatuto social deverá prever, ainda, a possibilidade de que a área de compliance se reporte diretamente ao Conselho de Administração em situações em que se suspeite do envolvimento do diretor-presidente em irregularidades ou quando este se furtar à obrigação de adotar medidas necessárias em relação à situação a ele relatada.

Haverá também um comitê de auditoria e um comitê estatutário para verificar a conformidade do processo de indicação e de avaliação de membros para o Conselho de Administração e para o Conselho Fiscal, com competência para auxiliar o acionista controlador na indicação desses membros.

1.3 Falência

O art. 242 da Lei n. 6.404/76 afirmava que as sociedades de economia mista não se sujeitavam à falência, mas o poder público respondia subsidiariamente. Tal dispositivo foi revogado pela Lei n. 10.303/01. Todavia, a Lei n. 11.101/2005 exclui expressamente do âmbito da falência as sociedades de economia mista e empresas públicas (art. 2º). Essa regra não é aceita de maneira uniforme.

José Edwaldo Tavares Borba afirma que tal regra é inconstitucional, na medida em que deveria ser aplicado a tais entidades o mesmo regime das sociedades privadas, nos termos do art. 173, § 1º, da Constituição Federal[6]. No mesmo sentido, Haroldo Malheiros Verçosa sustenta a inconstitucionalidade do art. 2º, I, da Lei n. 11.101/2005, ressaltando ainda a responsabilidade subsidiária do Estado em razão do princípio da moralidade administrativa[7]. Em razão do mesmo princípio, ele sustenta ainda a impossibilidade do uso da recuperação para as empresas estatais. Em relação às sociedades de economia mista, Écio Perin Júnior também reconhece a possibilidade de falência para tais entidades, sem qualquer restrição[8].

De outro lado, há quem sustente que estamos diante de uma hipótese de exclusão absoluta sem qualquer violação constitucional[9]. Modesto Carvalhosa, por sua vez, sustenta, desde o art. 242 da Lei n. 6.404/76, a constitucionalidade de tal exclusão, tendo em vista o interesse público primário envolvido, bem como a posição dos administradores de tais companhias[10]. Na mesma linha de entendimento, sustenta-se a responsabilidade do controlador pelas obrigações da empresa estatal, o que justificaria a não submissão à falência[11].

Para Lucas Rocha Furtado, a falência não é uma obrigação mercantil e, por isso, não haveria a obrigação de submissão das empresas estatais à falência. Ele assevera que "a regra contida na mencionada Lei n. 11.101/05 é perfeitamente constitucional. Se a criação da empresa estatal decorre de Lei específica, que lhe autoriza a instituição, somente outra Lei poderá determinar sua extinção"[12].

Apesar do brilhantismo de seus defensores, acreditamos que ambas as interpretações não sejam as mais corretas. A nosso ver, as empresas estatais que prestam serviços

---

6. BORBA, José Edwaldo Tavares. *Direito societário*. 8 ed. Rio de Janeiro: Renovar, 2003, p. 507.

7. VERÇOSA, Haroldo Malheiros Duclerc. Das pessoas sujeitas e não sujeitas aos regimes de recuperação de empresas e ao da falência. In: PAIVA, Luiz Fernando Valente de (Coord.). *Direito falimentar e a nova Lei de Falências e Recuperação de Empresas*. São Paulo: Quartier Latin, 2005, p. 102-103.

8. PERIN JÚNIOR, Écio. *Curso de direito falimentar e recuperação de empresas*. 3. ed. São Paulo: Método, 2006, p. 77.

9. MAMEDE, Gladston. *Direito empresarial brasileiro*: falência e recuperação de empresas. São Paulo: Atlas, 2006, v. 4, p. 42; PACHECO, José da Silva. *Processo de recuperação judicial, extrajudicial e falência*. 2. ed. Rio de Janeiro: Forense, 2007, p. 21; NEGRÃO, Ricardo. *Manual de direito comercial e de empresa*. 2. ed. São Paulo: Saraiva, 2007, v. 3, p. 35-36; COELHO, Fábio Ulhoa. *Curso de direito comercial*. 8. ed. São Paulo: Saraiva, 2008, v. 3, p. 248; CAMPINHO, Sérgio. *Falência e recuperação de empresa*: o novo regime de insolvência empresarial. Rio de Janeiro: Renovar, 2006, p. 24; FURTADO, Lucas Rocha. *Curso de direito administrativo*. Belo Horizonte: Forum, 2007, p. 220.

10. CARVALHOSA, Modesto. *Comentários à lei de sociedades anônimas*. 4. ed. São Paulo: Saraiva, 2009, v. 4, tomo 1, p. 430.

11. COELHO, Fábio Ulhoa. *Curso de direito comercial*. 8. ed. São Paulo: Saraiva, 2008, v. 3, p. 248; CAMPINHO, Sérgio. *Falência e recuperação de empresa*: o novo regime de insolvência empresarial. Rio de Janeiro: Renovar, 2006, p. 24. Em sentido contrário, quanto à responsabilização: CARVALHOSA, Modesto. *Comentários à lei de sociedades anônimas*. 4. ed. São Paulo: Saraiva, 2009, v. 4, tomo 1, p. 430.

12. FURTADO, Lucas Rocha. *Curso de direito administrativo*. Belo Horizonte: Forum, 2007, p. 220.

públicos estão excluídas do regime da Lei n. 11.101/2005, sem qualquer inconstitucionalidade. Todavia, para as exploradoras de atividade econômica, não haveria a possibilidade dessa discriminação[13].

Sob a ótica do direito administrativo e da Constituição Federal, há que se diferenciar, dentre as empresas estatais, as exploradoras de atividade econômica e as prestadoras de serviços públicos. As primeiras estão sujeitas ao mesmo regime das entidades de direito privado (CF – art. 173, § 1º), já as últimas estão sujeitas ao regime próprio do direito público[14] (CF – art. 173, § 1º). Tal diferenciação é fundamental, na medida em que para as últimas é possível fazer uma discriminação em relação ao regime privado.

O ilustre Prof. Gabriel de Britto Campos assevera, a nosso ver com razão, que "quando provocado, o Judiciário provavelmente declarará a inconstitucionalidade do inciso I do art. 2º, da Lei n. 11.101/2005, relativamente às empresas públicas e sociedades de economia mista exploradoras de atividades econômicas"[15]. No mesmo sentido, José dos Santos Carvalho Filho afirma que "se o Estado se despiu da sua potestade para atuar no campo econômico, não deveria ser merecedor da benesse de estarem as pessoas que criou para esse fim excluídas do processo falimentar"[16].

Ora, para as prestadoras de serviço público, a própria continuidade dos serviços públicos pode justificar a não submissão aos termos da Lei n. 11.101/2005, sem qualquer violação constitucional, dada a aplicação do art. 175 da Constituição Federal. De outro lado, as exploradoras de atividade econômica não possuem uma justificativa viável para a discriminação e, mais que isso, há mandamento constitucional que impede tal discriminação.

E não se diga que a criação por autorização legal impediria a falência, porquanto esta é apenas uma forma de liquidação e não necessariamente de extinção das sociedades. Após a falência, cessam seus efeitos e é possível a continuação das atividades, desde que haja novos investimentos. Da mesma forma, o argumento de que a falência não é uma obrigação comercial não permite a discriminação. O texto da Constituição é claro ao determinar a submissão ao "regime jurídico próprio das empresas privadas", dentro do qual se insere a falência para todos aqueles que se enquadrem como empresários, como é o caso das empresas públicas e sociedades de economia mista.

---

13. CARVALHO FILHO, José dos Santos. *Manual de direito administrativo*. 15. ed. Rio de Janeiro: Lumen Juris, 2006, p. 420; CAMPOS, Gabriel de Britto. *Curso de direito administrativo*. Brasília: Fortium, 2006, p. 128; DI PIETRO, Maria Sylvia Zanella. *Direito administrativo*. 20. ed. São Paulo: Atlas, 2007, p. 428-429; GASPARINI, Diógenes. *Direito administrativo*. 13. ed. São Paulo: Saraiva, 2008, p. 440; MELLO, Celso Antônio Bandeira de. *Curso de direito administrativo*. 21. ed. São Paulo: Malheiros, 2006, p. 198.

14. MELLO, Celso Antônio Bandeira de. *Curso de direito administrativo*. 21. ed. São Paulo: Malheiros, 2006, p. 206. Essa diferenciação tem sido feita pelo Supremo Tribunal Federal, a propósito: ADIN 1552/DF, Relator Ministro Carlos Velloso, *DJ* de 17-4-1998 e RE 172816/RJ, Relator Ministro Paulo Brossard, *DJ* de 13-5-1994.

15. CAMPOS, Gabriel de Britto. *Curso de direito administrativo*. Brasília: Fortium, 2006, p. 128.

16. CARVALHO FILHO, José dos Santos. *Manual de direito administrativo*. 15. ed. Rio de Janeiro: Lumen Juris, 2006, p. 420.

Portanto, pode-se concluir que as empresas públicas e sociedades de economia mista prestadoras de serviço público estão absolutamente excluídas da Lei n. 11.101/2005. Já as que exploram atividade econômica estão sujeitas aos seus termos, numa interpretação conforme o art. 173, § 1º, II, da Constituição Federal.

1.4 Penhora dos bens

Os bens das sociedades de economia mista não são bens públicos, pois, como assevera o ilustre administrativista Gabriel de Britto Campos,

> embora o acervo patrimonial inicial que as formou seja composto de bens públicos, no momento em que é criada uma empresa pública ou uma sociedade de economia mista, esses bens passam à sua propriedade, deixando o domínio do Estado e passando ao domínio de uma pessoa de Direito Privado, transmudando, assim, em bens particulares[17].

O revogado art. 242 da Lei n. 6.404/76 afirmava que os bens das sociedades de economia mista eram penhoráveis. Neste ponto, sua revogação não traz quaisquer consequências, pois os bens que não são considerados como bens impenhoráveis por lei são penhoráveis. Assim, a solução dada, antes da revogação do referido dispositivo, é a mesma que prevalecerá após a sua revogação.

As sociedades de economia mista, conforme mencionado, podem se dedicar à exploração de atividades econômicas ou à prestação de serviço público. Neste último caso, determinados bens são indispensáveis à prestação desse serviço e, consequentemente, não podem ser desligados de tal finalidade, dada a função pública a que se destinam[18]. Por isso, o Superior Tribunal de Justiça reconheceu que os bens afetos diretamente à prestação do serviço público não podem ser penhorados, por força do princípio da continuidade do serviço público[19].

Há que se dar primazia ao interesse público e, dentro dessa finalidade, podem se tornar impenhoráveis certos bens das sociedades de economia, mas não todos. Assim, "os bens que não comprometam a prestação dos serviços públicos e a receita dos prestadores dos serviços públicos também podem ser penhorados para o pagamento de suas dívidas, desde que não comprometam a prestação de serviços públicos"[20].

---

17. CAMPOS, Gabriel de Britto. *Curso de direito administrativo*. Brasília: Fortium, 2006, p. 121.

18. MELLO, Celso Antônio Bandeira de. *Curso de direito administrativo*. 11. ed. São Paulo: Malheiros, 1999, p. 129.

19. REsp 176.078/SP, Relator Ministro Ari Pargendler, *DJ* de 8-3-1999.

20. CAMPOS, Gabriel de Britto. *Curso de direito administrativo*. Brasília: Fortium, 2006, p. 122.

2 Sociedade em comandita por ações

A sociedade em comandita por ações é uma sociedade em desuso, regida pelas regras das sociedades anônimas, com as derrogações decorrentes dos arts. 280 a 284 da Lei n. 6.404/76 e dos arts. 1.090 a 1.092 do Código Civil. A dualidade de disciplina é um mal que deve ser corrigido, simplificando-se o regime de tal tipo de sociedade.

Trata-se de uma sociedade cujo capital é dividido em ações, podendo usar razão social ou denominação, sendo obrigatório na razão social o nome de administrador. Os administradores de tal companhia são necessariamente acionistas e assumem responsabilidade subsidiária, solidária e ilimitada, pelas obrigações sociais. Eles são nomeados pelo estatuto, sem mandato fixado, e só poderão ser destituídos por deliberação tomada por dois terços do capital social.

Dada a sua responsabilidade pelos atos da companhia, determinadas matérias dependem da anuência específica dos administradores. Neste particular, há uma pequena diferença entre o art. 283 da Lei n. 6.404/76 e o art. 1.092 do Código Civil. Neste particular, dada a sucessão de leis no tempo, acreditamos que deve prevalecer o disposto no Código Civil, pelo qual a assembleia geral não pode, sem o consentimento dos diretores, mudar o objeto essencial da sociedade, prorrogar-lhe o prazo de duração, aumentar ou diminuir o capital social, criar debêntures, ou partes beneficiárias. A Lei n. 6.404/76 incluía dentre tais matérias, sujeitas ao crivo dos diretores, a aprovação da participação em grupos societários, que a nosso ver fica revogada.

Por derradeiro, as sociedades em comandita por ações não podem ter voto plural, emitir bônus de subscrição, não podem ter capital autorizado, nem podem ter conselho de administração, nos termos do art. 284 da Lei n. 6.404/76, que continuará vigendo.

3 Sociedade Anônima do Futebol – SAF

No Brasil, historicamente, os clubes de futebol profissional se organizaram sob a forma de associações, ou seja, pessoas jurídicas que não possuem como fim último a geração de um resultado econômico. Em outros lugares do mundo, a organização inicial dos clubes de futebol também foi essa. Contudo, aos poucos o futebol profissional passou a movimentar cada vez mais recursos e, em alguns casos, a gerar grandes superávits financeiros. Em razão disso, vários clubes de futebol europeus passaram a atrair o interesse de investidores como o Liverpool e o Manchester United, dentre outros. Em última análise, o futebol profissional pode ser um negócio rentável.

Diante desse cenário, há algum tempo vem se admitindo a estruturação dos clubes profissionais como sociedades para a exploração de suas atividades (vide Lei n. 9.615/98, art. 27, § 9º). Trata-se, porém, de uma opção[21], de uma escolha que pode ou não ser exercida. Originalmente, essa opção se dá em tipos societários existentes no Código Civil

---

21. THOMAZELLI, Daniel Rodrigues; MENDONÇA, Saulo Bichara. A função social dos clubes de futebol profissionais no Brasil. *Revista Brasileira de Direito Desportivo*, v. 26, p. 69-90, jul.-dez. 2014.

(ex.: RED BULL BRAGANTINO FUTEBOL LTDA), independentemente de qualquer peculiaridade para as atividades desportivas.

No mesmo caminho, surge a Sociedade Anônima do Futebol – SAF, cr ada pela Lei n. 14.193/2021. Cuida-se de uma sociedade anônima, cuja atividade principal consiste na prática do futebol, feminino e masculino, em competição profissional. A SAF se sujeita primordialmente às regras da própria Lei n. 14.193/2021, aplicando-se apenas subsidiariamente a Lei n. 6.404/76 e a Lei n. 9.615/98 (Lei Pelé).

3.1 Constituição da SAF

A SAF é uma pessoa jurídica, que deve estar registrada na junta comercial. Ela pode ser constituída do zero, na formação de um novo clube de futebol que adote a forma de SAF, sem qualquer vínculo com clubes já existentes. De outro lado, também é possível a constituição derivada, isto é, a partir de um clube de futebol que já existe, mantendo sua personalidade jurídica ou criando uma nova. Essa constituição derivada pode se dar por meio de transformação, cisão e *drop down*[22].

3.1.1 Constituição originária da SAF

A SAF pode ser constituída por iniciativa de pessoa natural ou jurídica, bem como de fundo de investimento. Qualquer tipo de pessoa ou um fundo podem ter a função de fundadores da SAF. Como não há regras específicas para essa criação, devem ser aplicadas as regras da Lei n. 6.404/76, sem qualquer peculiaridade. Trata-se de uma constituição originária, pois não há vínculo com qualquer entidade anterior.

3.1.2 Constituição da SAF por transformação

A transformação é vista normalmente como a mudança de um tipo societário, mas existe também a transformação registral, isto é, a mudança do próprio registro da entidade. O art. 2º, I, prevê justamente essa possibilidade de transformação do clube de futebol atual que ostenta a condição de associação em SAF. Nesse caso, os atuais associados se tornam acionistas da SAF e passam a ter essa condição.

Na transformação, não há o surgimento de uma nova pessoa jurídica, mas apenas a mudança da sua roupagem jurídica. Havia uma associação, registrada em cartório, que passa a ser uma SAF registrada na junta comercial. Os direitos e obrigações se mantêm em sua integralidade, não havendo dissolução ou liquidação do antigo clube de futebol.

---

22. CASTRO, Rodrigo R. Monteiro de. As 4 vias de constituição da Sociedade Anônima do Futebol (SAF). Disponível em: <https://www.migalhas.com.br/coluna/meio-de-campo/350653/as-4-vias-de-constituicao--da-sociedade-anonima-do-futebol-saf>. Acesso em: 13 nov. 2021.

Apesar da referência à sucessão no art. 2º, § 1º, I, da Lei n. 14.193/2021, o que se tem, na verdade, é a mesma pessoa jurídica, que manterá todos os contratos e os mesmos direitos de participar de competições. Assim, se o clube original tinha um contrato de patrocínio com o Banco do Brasil, esse contrato será mantido com a SAF. Do mesmo modo, se o clube de futebol original estava classificado para participar da Copa Libertadores da América, a SAF decorrente da transformação terá o direito de participar da competição.

3.1.3 Constituição da SAF por cisão parcial

Outra forma de constituição da SAF é a cisão de um clube de futebol atual, isto é, o desmembramento de uma parte do patrimônio do clube de futebol, gerando uma nova pessoa jurídica.

Nesse caso, surge uma nova pessoa jurídica a partir da versão do departamento de futebol do clube original, bem como do patrimônio relacionado à atividade futebol. Em relação às instalações desportivas, como estádio, arena e centro de treinamento, a transferência é facultativa e, caso não ocorra, deverá haver um contrato entre o clube original e a SAF para a sua utilização.

Apesar de alguns detalhes, o procedimento de cisão será basicamente igual à cisão societária, com protocolo, justificação e avaliação do patrimônio transferido. A SAF receberá uma parte do patrimônio do clube original e terá como acionistas os atuais associados. Essa transferência do patrimônio não dependerá da concordância de credores ou terceiros, salvo se houver estipulação expressa nesse sentido. A transferência do patrimônio poderá ser efetuada de modo definitivo ou a termo.

Continuarão a existir duas pessoas jurídicas distintas, o clube original, sem o departamento de futebol registrado no cartório, e a SAF, focada apenas no futebol. Trata-se de mecanismo muito interessante para vários clubes atuais que possuem outros departamentos esportivos (natação, ginástica, basquete, voleibol...) e até recreativos. O clube original poderá até manter um departamento de futebol, mas não poderá participar de competições profissionais direta ou indiretamente.

No regime geral da cisão parcial, poderá haver ou não sucessão e solidariedade a depender dos atos da cisão (Lei n. 6.404/76, art. 233). Contudo, no caso da criação da SAF por cisão, o art. 2º, § 2º, da Lei n. 14.193/2021 estabelece regras próprias.

Em primeiro lugar, haverá uma sucessão obrigatória nos direitos e deveres decorrentes da exploração do futebol. Assim, todos os contratos vinculados à atividade do futebol serão transferidos para a SAF, tais como patrocínios, contratos de trabalho, contratos de uso de imagem e os direitos de participar de campeonatos. Repete-se, neste ponto, a ideia da transformação.

Não haverá, porém, transferência automática dos direitos de propriedade intelectual decorrentes do clube original, como a marca. Nesse caso, a Lei n. 14.193/2021 (art. 2º, § 2º, II) determina a celebração de um contrato entre o clube original e a SAF, no momento da sua constituição, que tratem do direito de exploração da marca e da remuneração decorrente disso (pagamento de *royalties* ao clube original). Acreditamos que, em todo caso, haverá uma autonomia na celebração desse contrato, no que tange à fixação especialmente do valor desse contrato.

A SAF criada por meio de cisão deverá no seu estatuto prever obrigatoriamente a criação de uma classe de ações ordinárias do tipo A que poderão ser subscritas exclusivamente pelo clube original. Essas ações representarão, no momento da constituição, pelo menos 10% do capital social da SAF e darão determinados poderes próprios de influência nas decisões, sem prejuízo de outros direitos assegurados pelo estatuto.

Se as ações da classe A representam 10% ou mais do capital votante, elas terão um poder de veto sobre determinadas decisões, isto é, sem o voto favorável dessas ações não serão aprovadas alienação, oneração, cessão, conferência, doação ou disposição de qualquer bem imobiliário ou de direito de propriedade intelectual conferido pelo clube ou pessoa jurídica original para formação do capital social; qualquer ato de reorganização societária ou empresarial, como fusão, cisão, incorporação de ações, incorporação de outra sociedade ou trespasse; dissolução, liquidação e extinção; e participação em competição desportiva (Lei n. 14.193/2021, art. 2º, § 3º).

Independentemente do percentual, as ações da classe A terão poder de veto sobre deliberações que alterem a denominação, modifiquem signos identificativos da equipe de futebol profissional, incluídos símbolo, brasão, marca, alcunha, hino e cores, bem como sobre a mudança da sede para outro Município (Lei n. 14.193/2021, art. 2º, § 4º). Do mesmo modo, em relação a qualquer alteração no estatuto para modificar, restringir ou subtrair os direitos conferidos por essa classe de ações, ou para extinguir a ação ordinária da classe A.

As ações da classe A deverão ser integralizadas pelo clube original, não se aplicando, a nosso ver, a necessidade de integralização mínima inicial em dinheiro. Essa integralização pode ocorrer pela transferência de quaisquer ativos, tais como nome, marca, dísticos, símbolos, propriedades, patrimônio, ativos imobilizados e mobilizados, inclusive registros, licenças, direitos desportivos sobre atletas e sua repercussão econômica. Não se permite a integralização com bens do ativo não circulante que estejam onerados por alguma obrigação do clube original.

Como as ações do tipo A integram o patrimônio do clube original, é natural que ele possa negociá-las para terceiros, os quais terão os mesmos poderes. Contudo, o art. 3º da Lei n. 14.193/2021 veda o desfazimento da participação acionária do clube em sua integralidade. Vale dizer, o clube original manterá necessariamente uma participação no capital da SAF.

3.1.4 Constituição da SAF por *drop down*

Rodrigo Monteiro de Castro[23] também prevê a constituição da SAF por meio de *drop down*, isto é, por meio da versão de uma parte do patrimônio diretamente pelo clube

---

23. CASTRO, Rodrigo R. Monteiro de. As 4 vias de constituição da Sociedade Anônima do Futebol (SAF). Disponível em: <https://www.migalhas.com.br/coluna/meio-de-campo/350653/as-4-vias-de-constituicao--da-sociedade-anonima-do-futebol-saf>. Acesso em: 13 nov. 2021.

SOCIEDADE DE ECONOMIA MISTA, SOCIEDADE ANÔNIMA DO FUTEBOL (SAF) E SOCIEDADE EM COMANDITA POR AÇÕES | 595

original. Em outras palavras, o clube original vai utilizar seus bens patrimoniais, desportivos ou sociais, inclusive imobiliários ou de propriedade intelectual, para integralizar sua parcela no capital de Sociedade Anônima do Futebol, dando origem a essa nova sociedade. Nesse caso, o clube original será o acionista da SAF.

Tal modo de constituição dependerá da aprovação da maioria dos associados presentes em assembleia.

3.2 Acionistas da SAF

Em qualquer hipótese de constituição, a SAF terá acionistas que formarão o substrato da sociedade, não se confundindo. Pela aplicação da Lei n. 6.404/76, a princípio, qualquer pessoa poderá se tornar acionista da SAF. Contudo, a Lei n. 14.193/2021 estabeleceu um limite. Não poderá ser acionista de uma SAF o acionista controlador ou integrante do grupo de controle de outra SAF. Assim, se o Fundo de Investimento XPTO é controlador de uma SAF, ele não pode deter qualquer participação em outra SAF.

Tirando esse detalhe, qualquer pessoa (física, jurídica, brasileira, estrangeira...) poderá ser acionista da SAF e, nessa condição, terá os direitos decorrentes das suas ações, na forma da Lei n. 6.404/76. Vale dizer, os acionistas da SAF terão direito à participação no lucros, à participação no acervo social, fiscalização, preferência e retirada e, a depender do tipo de ação e do estatuto, terão direito de voto.

Contudo, o acionista que tiver pelo menos 10% do capital da SAF, sem controlá-la, fica impedido de exercer o direito de voto, se participar do capital de outra SAF. Assim, imagine-se que João tem 10,5% do capital da SAF Clube Brasil e possui 1% das ações da SAF Clube Candango. Nesse caso, João fica impedido de exercer direito de voto na SAF Clube Brasil.

Além disso, é importante relembrar que as ações ordinárias do tipo A terão poder de voto em algumas deliberações.

Fora desses casos, temos a aplicação das regras gerais da Lei n. 6.404/76 para os acionistas da SAF.

3.3 Governança

Os acionistas são o substrato da sociedade e são importantíssimos para a sua vida, mas eles não são os responsáveis por conduzir o dia a dia do negócio, até porque seria inviável. Nas atividades regulares da sociedade, não é possível ficar chamando os acionistas para decidirem, ou seja, é essencial que existam outros órgãos dentro da sociedade, que conduzirão os negócios.

Não há como negar que os clubes de futebol acabam tendo um impacto gigantesco em relação aos seus torcedores, que na maioria das vezes são consumidores dos produtos oferecidos. Em razão disso, é altamente recomendável que haja uma gestão responsável e transparente para que a SAF cumpra melhor a sua função.

Um problema muito frequente dos clubes de futebol profissional é a existência de gestões irresponsáveis, que deixam um caminho quase que inviabilizado para o futuro do clube. No caso da SAF, para evitar tais problemas, há uma preocupação maior com sua governança. Trata-se de uma preocupação fundamental para que haja "uma relação de respeito e transparência, em que o torcedor possa conhecer o modelo de gestão implementado pelo clube, o planejamento estratégico traçado para este, a real situação financeira, entre outros aspectos"[24].

Pensando nisso, determinou-se que a SAF terá obrigatoriamente conselho de administração, isto é, um órgão intermediário de deliberação entre a assembleia de acionistas e a diretoria, responsável pela execução no dia a dia. O conselho de administração será composto por no mínimo 3 membros, com mandato de até 3 anos, eleitos pela assembleia.

Ao lado do conselho existirá a diretoria, que será o órgão da execução das atividades da SAF, assinando, negociando, recebendo citações... O tamanho da diretoria é variável, exigindo-se um membro apenas. Em qualquer caso, o diretor deverá ter dedicação exclusiva para a SAF.

Os membros da diretoria e do conselho de administração são chamados de administradores e, nessa condição, devem cumprir os requisitos previstos na Lei n. 6.404/76. Além disso, são criados alguns impedimentos específicos para o integrante desses órgãos e da diretoria, a fim de evitar conflitos de interesses.

Sem prejuízo de outras proibições no estatuto da SAF, não podem ser membros dos conselhos fiscal, de administração e da diretoria, as seguintes pessoas:

> I - membro de qualquer órgão de administração, deliberação ou fiscalização, bem como de órgão executivo, de outra Sociedade Anônima do Futebol;
>
> II - membro de qualquer órgão de administração, deliberação ou fiscalização, bem como de órgão executivo, de clube ou pessoa jurídica original, salvo daquele que deu origem ou constituiu a Sociedade Anônima do Futebol;
>
> III - membro de órgão de administração, deliberação ou fiscalização, bem como de órgão executivo, de entidade de administração;
>
> IV - atleta profissional de futebol com contrato de trabalho desportivo vigente;
>
> V - treinador de futebol em atividade com contrato celebrado com clube, pessoa jurídica original ou Sociedade Anônima do Futebol; e
>
> VI - árbitro de futebol em atividade.

Em todos esses casos, quer-se impedir previamente um conflito de interesses na atuação desses órgãos de administração. Tirando esses impedimentos, o regime geral da administração da SAF é o mesmo previsto pela Lei n. 6.404/76.

---

24. CARLEZZO, Eduardo. Governança corporativa em clubes de futebol. *Revista Brasileira de Direito Desportivo*, v. 4, p. 149-157, dez. 2003.

Além disso, os associados que forem integrantes de órgãos de administração, deliberação ou fiscalização do clube original estão impedidos de receber remuneração no conselho de administração, mas podem participar deles. Os empregados e integrantes de órgãos de administração, deliberação ou fiscalização do clube original estão impedidos de participar do conselho fiscal e da diretoria do clube original. Em ambos os casos, o impedimento só persiste enquanto o clube original for acionista da SAF.

Ainda no que diz respeito à governança da SAF, é importante ressaltar que a transparência das informações deve ser sempre buscada e um dos caminhos escolhidos pela lei foi a previsão de um conselho fiscal permanente. Trata-se do mesmo conselho fiscal da sociedade anônima tradicional, com os impedimentos acima mencionados.

A transparência vai se refletir também em obrigações de manter no seu *site* informações acessíveis ao público, tais como o estatuto social e as atas das assembleias gerais; a composição e a biografia dos membros do conselho de administração, do conselho fiscal e da diretoria; e o relatório da administração sobre os negócios sociais, incluído o Programa de Desenvolvimento Educacional e Social, e os principais fatos administrativos, isso sem prejuízo de outros documentos.

A SAF com receita bruta anual de até R$ 78.000.000,00 (setenta e oito milhões de reais) poderá realizar todas as publicações obrigatórias por lei de forma eletrônica, incluídas as convocações, atas e demonstrações financeiras, e deverá mantê-las no próprio sítio eletrônico durante o prazo de 10 (dez) anos (Lei n. 14.193/2021, art. 7º).

3.4 Financiamento da SAF

Como já mencionado, as sociedades anônimas cumprem uma função econômica fundamental consistente na abertura de novos meios de captação de recursos junto ao público investidor. Assim, as sociedades anônimas podem obter recursos advindos de seus acionistas pela subscrição de ações (capitalização) ou obter recursos de terceiros investidores por meio da aquisição de valores mobiliários (financiamento).

Dentre os valores mobiliários mais comuns para o financiamento das sociedades anônimas estão as debêntures, como títulos representativos de um empréstimo público feito pela companhia. Para a SAF, fica criada especificamente a possibilidade das debêntures-fut (Lei n. 14.193/2021, art. 26), que mantêm a ideia de um financiamento para a companhia.

As debêntures-fut terão como rendimento mínimo os juros da caderneta de poupança, que serão pagos periodicamente. Além disso, o prazo mínimo de vencimento será de 2 anos. Só será possível a aquisição das debêntures-fut pela SAF ou por parte a ela relacionada, bem como o resgate ou pré-pagamento, nas hipóteses regulamentadas pela CVM. Sua negociação será feita de forma eletrônica. Os recursos captados serão destinados especificamente para o financiamento ou o pagamento da atividade futebolística.

A nosso ver, nada impede que a SAF utilize também os meios gerais de financiamento previstos na Lei n. 6.404/76. Em qualquer caso, o acesso ao mercado dependerá do preenchimento dos requisitos estabelecidos na legislação.

35 TRANSFORMAÇÃO, INCORPORAÇÃO, FUSÃO E CISÃO

1 Legislação aplicável

No correr da vida de uma sociedade, ela pode sofrer inúmeras mudanças na sua estrutura, mudanças estas que podem lhe alterar a disciplina legal (transformação), ou até dissolvê-la (fusão, incorporação e cisão). Tais operações não são peculiares às sociedades anônimas, podendo envolver qualquer tipo de sociedade. Apesar disso, a sua disciplina legal era dada pela Lei n. 6.404/76, que neste particular atuava como uma espécie de norma geral.

Com o advento do Código Civil, a matéria passa também a ser disciplinada no seu âmbito. Todavia, em função da falta de técnica na elaboração de tal parte do Código, a disciplina restou absolutamente incompleta, havendo, por exemplo, apenas uma menção à operação de cisão, sem sua regulamentação total. Desse modo, as regras constantes da Lei n. 6.404/76 continuarão vigentes, sendo necessária apenas uma interpretação para a compatibilização dos eventuais conflitos que surgirem entre os dois diplomas.

2 Transformação

A transformação é alteração do tipo societário de uma sociedade, independentemente de dissolução ou liquidação. Esse instrumento não se aplica às sociedades despersonificadas, porquanto tais sociedades não são tipos societários autorizados por lei[1]. Além disso, a passagem a um tipo societário regular não representa exatamente uma mudança de tipo societário, mas a regularização dos defeitos de forma das sociedades em comum[2].

Assim, se uma sociedade limitada quer se tornar uma sociedade anônima, ela pode lançar mão da transformação que, em última análise, implicará a alteração da disciplina do relacionamento entre os sócios e das relações entre a sociedade e terceiros. Ressalte-se, desde já, que as relações com terceiros anteriores à transformação não são alteradas.

---

1. FÉRES, Marcelo Andrade; TOMAZETTE, Marlon. Transformação de sociedades empresárias. *Repertório IOB de Jurisprudência*, n. 7, 1. quinz., abr. 2003, p. 173-167.

2. HALPERIN, Isaac. *Sociedades anónimas*. Actualizada e ampliada por Julio C. Otaegui. 2. ed. Buenos Aires: Depalma, 1998, p. 861-862.

Não havendo dissolução, nem liquidação, as operações da sociedade continuam normalmente, inclusive no que tange aos débitos. Sua personalidade jurídica permanece a mesma. A transformação "não incide sobre a identidade da sociedade, a qual permanece, mesmo depois da transformação, a mesma sociedade de antes e conserva os direitos e as obrigações anteriores à transformação"[3].

Estudando o direito francês, o Mestre Marcelo Feres[4], baseando-se nas precisas lições de Ripert e Roblot, afirma que há simples modificação no modo jurídico de exploração da atividade social.

No direito italiano, a grande maioria da doutrina reconhece na transformação uma forma de continuidade da antiga sociedade, mas com uma nova roupagem, tanto que o art. 2.498 do Codice Civile de 1942 afirma que a sociedade submetida à transformação "conserva os direitos e obrigações anteriores"[5]. Ora, se fosse uma nova sociedade, ela não "conservaria" direitos e obrigações, pois não haveria direitos e obrigações anteriores.

Nesse sentido, é oportuna a lição de Pier Giusto Jaeger, que afirma que "não existe uma sociedade que ingressa nas relações de uma outra, mas uma única sociedade que conserva todos os próprios direitos e obrigações"[6]. De modo similar, afirma Francesco Ferrara Junior, ao asseverar que "a transformação não implica a extinção da sociedade, seguida do nascimento de uma sociedade diversa: a sociedade permanece sempre em vida e sempre a mesma, apenas muda a veste legal, ou melhor, a sua disciplina"[7].

Também no direito espanhol, a tese da identidade é adotada pela melhor doutrina, o que pode ser ilustrado com as palavras de Joaquín Garrigues, que afirma que a "transformação consiste na mudança experimentada por uma companhia que passa de um tipo de sociedade a outro distinto do que tinha, conservando, sem embargo, a mesma personalidade jurídica"[8].

---

3. GALGANO, Francesco. *Diritto civile e commerciale*. 3. ed. Padova: CEDAM, 1999, v. 3, tomo II, p. 521, tradução livre de *"non incide sulla identità della società, la quale rimane, pur dopo la trasformazione, la medesima società di prima e conserva i diritti e gli obblighi anteriori alla trasformazione".*

4. FÉRES, Marcelo Andrade; TOMAZETTE, Marlon. Transformação de sociedades empresárias. *Repertório IOB de Jurisprudência*, n. 7, 1. quinz., abr. 2003, p. 170.

5. No original: Art. 2.498. "La società acquista personalità giuridica con l'iscrizione della deliberazione nel registro delle imprese e conserva i diritti e gli obblighi anteriori alla trasformazione."

6. JAEGER, Pier Giusto; DENOZZA, Francesco. *Appunti di diritto commerciale*. 5. ed. Milano: Giuffrè, 2000, p. 560, tradução livre de *"non si ha una società che subentra nei rapporti di un'altra, ma un'única società che conserva tutti i propri diritti ed obblighi".*

7. FERRARA JUNIOR, Francesco; CORSI, Francesco. *Gli imprenditori e le società*. 11. ed. Milano: Giuffrè, 1999, p. 890, tradução livre de *"la transformazione non importa l'estinzione della società, susseguita dalla nascita di una società diversa: la società rimane sempre in vita ed è sempre la stessa, solo cambia la veste legale, o meglio il suo ordinamento".*

8. GARRIGUES, Joaquín. *Curso de derecho mercantil*. 7. ed. Bogotá: Temis, 1987, v. 2, p. 267, tradução livre de *"la transformación consiste en el cambio experimentado por una compañía que pasa de un tipo de sociedad a otro distinto del que tenía, conservando, sin embargo, la misma personalidad jurídica".* No mesmo sentido, BROSETA PONT, Manuel. *Manual de derecho mercantil*. 10. ed. Madrid: Tecnos, 1994, p. 340.

Mais uma vez, nos valemos das palavras do Prof. Marcelo Féres, que afirma que "percebe-se que, no direito estrangeiro, a transformação orienta-se, predominantemente, pela técnica da identidade, ou seja, após a operação societária, a personalidade jurídica permanece a mesma, então sujeita a um regime diverso do seu original"[9].

Diferente não é a situação no direito brasileiro.

Demonstrando a adoção, no direito brasileiro, da técnica da identidade, o art. 222 da Lei n. 6.404/76 e o art. 1.115 do Código Civil afirmam que tal operação não prejudica os direitos dos credores, que mantêm inclusive as mesmas garantias que possuíam anteriormente. Ora, se eles mantêm as mesmas garantias é sinal que a obrigação é a mesma, e a obrigação só será a mesma se tiver como devedor a mesma pessoa jurídica. Além disso, a transformação não representa qualquer transferência de patrimônio para fins tributários, pois os bens continuam com a mesma pessoa jurídica.

Os efeitos da transformação sobre a condição jurídica dos sócios ou acionistas a tornam extremamente importante, exigindo-se para a mesma a deliberação unânime de todos os sócios, inclusive os sem direito a voto[10], salvo se prevista no estatuto ou contrato social. No caso de previsão no ato constitutivo, já houve o consentimento unânime anteriormente manifestado, mas, ainda assim, será necessária a deliberação da maioria dos sócios para aprovar a transformação. Neste caso, o sócio dissidente pode exercer o direito de retirada (art. 221 da Lei n. 6.404/76 e art. 1.114 do Código Civil).

Em relação às sociedades regidas pelo Código Civil, acreditamos que continuará vigendo a possibilidade de renúncia ao direito de retirada por disposição expressa no contrato social, nos termos do art. 221, parágrafo único, da Lei n. 6.404/76[11].

3   Incorporação

A incorporação é a operação pela qual uma sociedade absorve outra, que desaparece. A sociedade incorporada deixa de operar, sendo sucedida em todos os seus direitos e obrigações pela incorporadora, que tem um aumento no seu capital social. Tal tipo de operação está ligado ao fenômeno da expansão empresarial, sendo pouco usado nos últimos tempos. A incorporadora recebe todos os direitos e obrigações da incorporada, desde que possuam caráter patrimonial, isto é, a eventual responsabilidade penal da incorporada por crime ambiental não se transfere a incorporadora, mas a responsabilidade civil pelo pagamento da multa daí decorrente sim.

Nesse sentido, o STJ afirmou que: "O princípio da intranscendência da pena, previsto no art. 5º, XLV, da CR/1988, tem aplicação às pessoas jurídicas. Afinal, se o direito penal

---

9.   FÉRES, Marcelo Andrade; TOMAZETTE, Marlon. Transformação de sociedades empresárias. *Repertório IOB de Jurisprudência*, n. 7, 1. quinz., abr. 2003, p. 173-167, p. 170.

10.   CARVALHOSA, Modesto. *Comentários à lei de sociedades anônimas*. São Paulo: Saraiva, 1997, v. 4, tomo 1, p. 190.

11.   BORBA, José Edwaldo Tavares. *Direito societário*. 4. ed. Rio de Janeiro: Freitas Bastos, 1998, p. 416; PAPINI, Roberto. *Sociedade anônima e mercado de valores mobiliários*. 3. ed. Rio de Janeiro: Forense, 1999, p. 293.

Transformação, incorporação, fusão e cisão **601**

brasileiro optou por permitir a responsabilização criminal dos entes coletivos, mesmo com suas peculiaridades decorrentes da ausência de um corpo biológico, não pode negar-lhes a aplicação de garantias fundamentais utilizando-se dessas mesmas peculiaridades como argumento. Extinta legalmente a pessoa jurídica ré – sem nenhum indício de fraude, como expressamente afirmou o acórdão recorrido –, aplica-se analogicamente o art. 107, I, do CP, com a consequente extinção de sua punibilidade... a responsabilidade civil pelos danos causados ao meio ambiente ou a terceiros, bem como os efeitos extrapenais de uma sentença condenatória eventualmente já proferida quando realizada a incorporação, são transmissíveis à incorporadora"[12].

3.1 Procedimento

A incorporação é uma operação extremamente relevante para a vida das sociedades e, por isso, está sujeita a um procedimento próprio previsto em lei. A disciplina decorrente da Lei n. 6.404/76 aparenta ser diferente da disciplina dada pelo Código Civil, no entanto, tal diferença é apenas formal e não material.

Numa primeira fase da incorporação, atuam, como sujeitos mais importantes, os administradores das sociedades envolvidas[13].

Nos termos da Lei n. 6.404/76, para a efetivação da operação é necessária a elaboração de um protocolo, que é uma espécie de pré-contrato em relação à operação que irá se realizar, na precisa lição de Modesto Carvalhosa: "O protocolo constitui convenção de natureza pré-contratual, que manifesta e vincula a vontade das sociedades envolvidas através dos órgãos de administração da companhia, ou dos sócios gerentes de sociedades de pessoas"[14]. Em outras palavras, o protocolo é uma proposta de realização da incorporação.

Além do protocolo, impõe-se, nos termos da Lei n. 6.404/76, a elaboração de uma justificação, isto é, de uma exposição de motivos para a realização da operação. Ainda que não fosse uma imposição legal, na prática já se faria tal exposição para facilitar a aprovação da nova operação.

No âmbito do Código Civil, devem ser elaboradas as bases da operação e o projeto de reforma do ato constitutivo (art. 1.117 do Código Civil), que, em última análise, traduzem a mesma ideia. Vale dizer, é sempre necessária a aprovação de um projeto do que vai ocorrer com a operação de incorporação.

Mesmo na incorporadora é necessária a aprovação dos documentos relativos à operação, sendo diferenciado o quórum para cada tipo societário. Nas sociedades limitadas,

---

12. STJ - REsp n. 1.977.172/PR, relator Ministro Ribeiro Dantas, Terceira Seção, julgado em 24-8-2022, *DJe* de 20-9-2022.

13. GALGANO, Francesco. *Diritto civile e commerciale*. 3. ed. Padova: CEDAM, 1999, v. 3, tomo 2, p. 524.

14. CARVALHOSA, Modesto. *Comentários à lei de sociedades anônimas*. São Paulo: Saraiva, 1997, v. 4, tomo 1, p. 227.

exige-se a aprovação de mais da metade do capital social (art. 1.076, II, c.c. art. 1.071, VI, do Código Civil), já nas anônimas, basta a aprovação da maioria simples do capital votante. Em qualquer caso, a deliberação da incorporadora compreenderá a nomeação de peritos, para a avaliação do patrimônio da incorporada.

Na sociedade incorporada, também será necessária a aprovação dos documentos relativos à operação, pelo quórum peculiar ao tipo societário em análise. Nas sociedades anônimas, o quórum é de pelo menos 50% do total de votos (art. 136 da Lei n. 6.404/76), já nas limitadas o quórum é de mais da metade do capital social (art. 1076, II, c.c. art. 1.071, VI, do Código Civil).

Além dessas assembleias, é necessária ainda a aprovação pela incorporadora do laudo de avaliação do patrimônio da incorporada e do aumento de capital social. Tal nova assembleia, embora não prevista explicitamente pelo Código Civil, decorre da necessidade, em qualquer sociedade, de uma deliberação para aprovar o aumento do capital social e a avaliação dos bens entregues como forma de integralização.

Se a operação envolver uma sociedade anônima que tenha emitido debêntures, a aprovação da incorporação depende de aprovação de assembleia especial dos debenturistas. Não se trata, em verdade, de uma aprovação da operação, mas tão somente da aceitação da novação subjetiva da obrigação, que ocorre com a incorporação de uma companhia[15]. Não será necessária tal aprovação se for assegurado aos debenturistas o direito de resgate dos seus títulos no prazo mínimo de seis meses.

Aprovada a incorporação, desse modo, extingue-se a incorporada, podendo ser tomadas todas as medidas necessárias junto ao registro competente.

3.2 Aumento do capital social da incorporadora

Na incorporação, a sociedade incorporada desaparece e a incorporadora tem um aumento de capital social, na proporção do patrimônio líquido incorporado. No caso de sociedades anônimas abertas, esse patrimônio será avaliado de acordo com critérios fixados pelo CVM. Esse aumento do capital implicará a emissão de novas ações, que serão atribuídas aos acionistas da sociedade incorporada.

Diante disso, quando a sociedade incorporadora é controladora da incorporada ou, eventualmente, até sua única sócia, quando se tratar de subsidiária integral, ou mesmo apenas sócia da incorporada, pode não ocorrer o aumento do capital, ou até ser reduzido esse aumento proporcionalmente. Tais medidas não impedem que sejam emitidas ações que serão de propriedade da própria incorporadora, que ficarão em tesouraria, obedecido o limite das reservas livres e dos lucros acumulados[16].

---

15. CARVALHOSA, Modesto. *Comentários à lei de sociedades anônimas*. São Paulo: Saraiva, 1997, v. 4, tomo 1, p. 309.

16. BORBA, José Edwaldo Tavares. *Direito societário*. Rio de Janeiro: Freitas Bastos, 1998, p. 422.

No caso de incorporação de subsidiária integral, o aumento do capital social poderá ocorrer ou não, a critério da própria incorporadora. Trata-se de uma falsa incorporação[17], na medida em que o patrimônio da incorporada já era, em última análise, de propriedade da incorporadora.

De outro lado, na incorporação de uma sociedade controlada por sua controladora, a deliberação, no sentido da aprovação da operação, levará em conta também a relação de substituição das ações dos acionistas não controladores da incorporada. Há que se ter em mente, desde já, como ficará a situação societária após a incorporação.

4 Fusão

A fusão é a aglutinação de duas ou mais sociedades formando uma nova que lhes sucede em todos os direitos e obrigações. Nesta operação, surge uma nova pessoa jurídica, e todas as envolvidas deixam de existir. Trata-se de uma operação muito similar à incorporação, tanto que em outros países não se trata a incorporação separadamente, tratando-se apenas da fusão[18], abrangendo ambas as operações. Tal operação também está ligada ao processo de concentração empresarial, estando sujeita, praticamente, à mesma disciplina da incorporação no direito brasileiro.

4.1 Procedimento

Assim como na incorporação, na fusão, em primeiro lugar, atuam como protagonistas os administradores, que devem elaborar um projeto do que ocorrerá com a fusão, definindo-se inclusive a distribuição do capital social da nova companhia entre os sócios das sociedades fundidas.

Diante desse projeto, serão realizadas assembleias-gerais em todas as sociedades envolvidas para aprovação da operação, e nomeação de peritos para avaliação do patrimônio destas. Mais uma vez o quórum é diferenciado de acordo com o tipo de sociedade. Nas sociedades anônimas o quórum é de pelo menos 50% do total de votos (art. 136 da Lei n. 6.404/76). Já nas limitadas, o quórum é de maioria absoluta do capital social.

Aprovada a operação, serão nomeados os peritos para avaliação do patrimônio das sociedades envolvidas. As avaliações resultantes de tal procedimento deverão ser aprovadas por uma assembleia conjunta, na qual o sócio está impedido de votar a avaliação do patrimônio da sociedade da qual ele faz parte. Para aprovar a avaliação, a assembleia

---

17. CARVALHOSA, Modesto. *Comentários à lei de sociedades anônimas*. São Paulo: Saraiva, 1997, v. 4, tomo 1, p. 263.

18. GALGANO, Francesco. *Diritto civile e commerciale*. 3. ed. Padova: CEDAM, 1999, v. 3, tomo 2, p. 523; GARRIGUES, Joaquín. *Curso de derecho mercantil*. 7. ed. Bogotá: Temis, 1987, v. 2, p. 302; HALPERIN, Isaac. *Sociedades Anónimas*. Actualizada e ampliada por Julio C. Otaegui. 2. ed. Buenos Aires: Depalma, 1998, p. 868-869.

é uma só, mas os sócios de cada sociedade só votam para aprovar a avaliação do patrimônio da outra. Aprovada a avaliação, segue-se o procedimento normal de constituição da nova sociedade.

Se a operação envolver uma sociedade anônima que tenha emitido debêntures, a aprovação da fusão depende de aprovação de assembleia especial dos debenturistas. Não se trata, em verdade, de uma aprovação da operação, mas tão somente da aceitação da novação subjetiva da obrigação, que ocorre com a fusão de uma companhia[19]. Não será necessária tal aprovação se for assegurado aos debenturistas o direito de resgate dos seus títulos no prazo mínimo de seis meses.

5   Direito de retirada na fusão e na incorporação

No caso de incorporação envolvendo sociedade anônima, o acionista dissidente da incorporada poderá exercer o direito de retirada, desde que não tenha facilidade para negociar suas ações no mercado (art. 137, II, da Lei n. 6.404/76). A princípio, o acionista da incorporadora não faz jus ao direito de retirada. No caso de fusão envolvendo sociedade anônima, o acionista dissidente poderá exercer o direito de retirada, desde que não tenha facilidade para negociar suas ações no mercado (art. 137, II, da Lei n. 6.404/76), isto é, desde que suas ações não tenham liquidez e dispersão.

Tratando-se de incorporação ou fusão, envolvendo controladoras e controladas, cabe ao dissidente a opção entre o valor do reembolso pelo patrimônio líquido contábil das ações ou pelo valor do patrimônio líquido a preço de mercado.

Nas sociedades limitadas há o direito de retirada para qualquer sócio que discorde da operação de incorporação, seja da sociedade incorporada, seja da incorporadora, bem como do sócio que discorde da fusão, diante dos termos do art. 1.077 do Código Civil.

Mesmo após a aprovação da incorporação ou da fusão, podem surgir fatos que ensejam o direito de retirada. Se a operação envolver uma sociedade aberta, a sucessora tem que ser uma sociedade aberta, competindo a esta admitir as novas ações para negociação no mercado no prazo de 120 dias. Desobedecido tal prazo, os acionistas prejudicados podem exercer o direito de retirada (art. 223, §§ 3º e 4º, da Lei n. 6.404/76). Trata-se de uma hipótese excepcional, na qual o direito de retirada não decorre da divergência em face de uma deliberação da assembleia geral.

6   Direitos dos credores na fusão e na incorporação

A incorporação e fusão podem prejudicar os direitos dos credores das sociedades envolvidas, na medida em que o patrimônio da sociedade passa a suportar um concurso

---

19.   CARVALHOSA, Modesto. *Comentários à lei de sociedades anônimas*. São Paulo: Saraiva, 1997, v. 4, tomo 1, p. 309.

de mais credores[20], podendo prejudicar a preferência que o credor possuía, ou até dificultar o recebimento do seu crédito, por representar uma redução da liquidez da sociedade. Em função disso, a lei protege os interesses dos credores, assegurando-lhes faculdades em defesa dos seus direitos.

Nos termos do art. 1.122 do Código Civil[21], os credores prejudicados têm o prazo decadencial[22] de 90 dias para pleitear a anulação da operação, prazo este contado da publicação dos atos relativos a esta. Ressalte-se, desde já, que os credores devem demonstrar o prejuízo para poder pleitear a anulação da operação; tal prejuízo decorre da possível ou concreta diminuição do patrimônio do devedor[23], em proporção ao seu passivo. Tal anulação pode ser obstada pelo pagamento do crédito, que acaba com o interesse de agir do autor da ação, ou pode ser suspensa pela garantia da dívida no caso de obrigação ilíquida.

Em caso de falência da incorporadora ou da sociedade resultante da fusão, nos 90 dias seguintes à operação, os credores, anteriores à operação, podem requerer a separação dos patrimônios das sociedades envolvidas, de modo que se formem massas separadas para o pagamento dos credores. Tal medida garante aos credores as mesmas garantias usufruídas antes da efetivação da operação.

No direito italiano, embora não se preveja a operação de incorporação, em relação à fusão, há uma proteção maior dos direitos dos credores, exigindo-se o seu consentimento, ou o pagamento ou a garantia de pagamento destes, ou, ainda, o decurso do prazo de 2 (dois) meses, a contar da publicação dos atos, sem oposição de quaisquer credores. Não se exige uma ação, cujo prosseguimento pode ser um tanto quanto estranho no direito brasileiro; basta qualquer forma de oposição, a qual implica a suspensão da operação. Tal suspensão não precisará ocorrer se for prestada garantia idônea para o pagamento dos credores[24].

7 Cisão

A cisão é o desmembramento total ou parcial da sociedade, que transfere seu patrimônio para uma ou várias sociedades já existentes ou constituídas para esse fim. Se a versão do patrimônio for para uma sociedade nova, a absorção do patrimônio é feita pela

---

20. FERRARA JUNIOR, Francesco; CORSI, Francesco. *Gli imprenditori e le società*. 11. ed. Milano: Giuffrè, 1999, p. 912.

21. Neste particular acreditamos prevalecer o prazo do Código Civil, em face do prazo de 60 dias que era previsto pelo art. 232 da Lei n. 6.404/76.

22. BORBA, José Edwaldo Tavares. *Direito societário*. 4. ed. Rio de Janeiro: Freitas Bastos, 1998, p. 422.

23. CARVALHOSA, Modesto. *Comentários à lei de sociedades anônimas*. São Paulo: Saraiva, 1997, v. 4, tomo 1, p. 313-314.

24. FERRARA JUNIOR, Francesco; CORSI, Francesco. *Gli imprenditori e le società*. 11. ed. Milano: Giuffrè, 1999, p. 913.

606 CURSO DE DIREITO EMPRESARIAL

assembleia de sua constituição. De outro lado, se a sociedade que recebe o patrimônio já existe, a absorção do patrimônio obedece às regras da incorporação.

7.1 Tipos de cisão

A ideia que normalmente se tem de cisão representa apenas uma das formas pelas quais a cisão pode se realizar. Tal operação abrange inúmeras possibilidades, confundindo-se, às vezes, com outras operações, como a incorporação e a mera cessão de ativo.

Diz-se que a cisão é total quando todo o patrimônio é transferido para outras sociedades, extinguindo-se a sociedade cindida. Dentro da cisão total, podemos distinguir a cisão pura e a cisão absorção[25].

Na cisão pura, opera-se a ideia geral da cisão, isto é, uma sociedade transfere seu patrimônio para duas ou mais sociedades novas, que serão constituídas a partir do patrimônio transferido. Tal operação, normalmente, tem por função atender a uma exigência de uma organização mais racional das atividades exercidas pela sociedade, mediante a atuação separada em relação a cada atividade exercida[26].

Na cisão absorção, a sociedade transfere seu patrimônio para duas ou mais sociedades já existentes, pois a transferência para uma sociedade seria uma incorporação. Tal tipo de cisão se assemelha e muito à incorporação, obedecendo inclusive às suas regras (art. 229, § 3º, da Lei n. 6.404/76). Nesta espécie de operação, pode-se dizer que há uma concentração empresarial, na medida em que as sociedades que recebem as parcelas do patrimônio da cindida poderão ter um acréscimo de patrimônio e, consequentemente, um acréscimo de poder de mercado.

A par da cisão total, temos a cisão parcial, na qual é transferida apenas parte do patrimônio, subsistindo a sociedade cindida. A subsistência pura e simples da sociedade, ou sua subsistência como uma *holding* pura, isto é, como uma sociedade, cuja única atividade é participar no capital de outras, nos permite subdividir a cisão parcial, respectivamente em falsa cisão e cisão *holding*[27].

7.2 Formação do capital social

A cisão é um negócio jurídico peculiar, podendo implicar a extinção de uma sociedade, a constituição de outras, ou apenas o aumento do capital social. Conquanto se assemelhe a outras hipóteses, tal negócio não se confunde com nenhuma outra modalidade.

O principal traço distintivo da cisão, sobretudo da cisão parcial em relação à mera cessão de ativo, é o fato de que a sociedade que recebe o patrimônio deve realizar um

---

25. BULGARELLI, Waldirio. *Manual das sociedades anônimas*. 12. ed. São Paulo: Atlas, 2001, p. 290.

26. GALGANO, Francesco. *Diritto civile e commerciale*. 3. ed. Padova: CEDAM, 1999, v. 3, tomo 2, p. 530.

27. BULGARELLI, Waldirio. *Manual das sociedades anônimas*. 12. ed. São Paulo: Atlas, 2001, p. 290.

aumento de capital social, na proporção do patrimônio recebido. O patrimônio transferido é, pois, moeda de pagamento da subscrição das novas ações e não objeto de uma compra e venda pura e simples[28]. As ações integralizadas, com o patrimônio da cindida, serão atribuídas aos acionistas da cindida, na proporção que possuíam anteriormente, podendo haver a alteração de tal proporção, mediante aprovação da unanimidade dos titulares das ações da sociedade cindida.

Em relação à constituição de uma subsidiária integral, a sociedade cindida não se torna sócia da sociedade que recebe o patrimônio, como ocorreria na formação de uma subsidiária integral; os sócios da cindida é que se tornam sócios da sociedade que recebeu o patrimônio.

7.3 Direito de retirada

Nas sociedades limitadas, a aprovação da cisão não representa fato gerador do direito de retirada. Já nas sociedades anônimas, a cisão pode gerar a retirada, desde que haja: (a) mudança do objeto social, salvo quando o patrimônio cindido for vertido para sociedade, cuja atividade preponderante coincida com a decorrente do objeto social da sociedade cindida; ou (b) redução do dividendo obrigatório; ou (c) participação em grupo de sociedades. Ora, tais hipóteses já eram, anteriormente, hipóteses isoladas do exercício do direito de retirada.

Além disso, no caso de cisão envolvendo companhia aberta, a sucessora deverá ser uma sociedade aberta, a qual tem a obrigação de admitir as novas ações para negociação no mercado, no prazo de 120 dias. Desobedecido tal prazo, os acionistas prejudicados podem exercer o direito de retirada (art. 223, §§ 3º e 4º, da Lei n. 6.404/76).

7.4 Sucessão nas obrigações da cindida

Havendo cisão total, as sociedades que recebem o patrimônio da sociedade são solidariamente responsáveis pelas obrigações anteriores à cisão, relacionadas ou não no ato da cisão. Tal responsabilidade, embora solidária, é limitada ao valor do patrimônio recebido, isto é, o credor pode demandar qualquer sociedade que tenha recebido o patrimônio da cindida, mas receberá desta, no máximo, o equivalente ao patrimônio vertido[29]. Neste caso, há uma sucessão a título universal[30], que em muito se assemelha a uma sucessão *causa mortis* e, por isso, deve haver a limitação da responsabilidade, apesar da solidariedade.

Na cisão parcial, há solidariedade entre a sociedade cindida e as sociedades que receberam parte do seu patrimônio pelas obrigações anteriores à data da operação. Mais

---

28. CARVALHOSA, Modesto. *Comentários à lei de sociedades anônimas*. São Paulo: Saraiva, 1997, v. 4, tomo 1, p. 292.

29. FERRARA JUNIOR, Francesco; CORSI, Francesco. *Gli imprenditori e le società*. 11. ed. Milano: Giuffrè, 1999, p. 928.

30. CARVALHOSA, Modesto. *Comentários à lei de sociedades anônimas*. São Paulo: Saraiva, 1997, v. 4, tomo 1, p. 293.

uma vez, há o limite do valor do patrimônio transferido. Todavia, pode haver estipulação no sentido de determinar em quais obrigações haverá a sucessão. Neste caso, os credores podem se opor, em até 90 dias da publicação dos atos, notificando a sociedade, por qualquer meio. Embora se trate de regra constante da Lei n. 6.404/76, entendemos que ela continua sendo aplicada às demais sociedades, ante a disciplina incompleta dada pelo Código Civil.

Todavia, em relação aos credores societários, tal regime não prevalece. A propósito, o STJ afirmou que:

> [...] conclui-se que o tratamento legal dispensado aos credores societários não se confunde com a proteção legal atribuída aos credores cíveis da sociedade parcialmente cindida. Enquanto para estes é imprescindível a verificação do protocolo de cisão e da relação patrimonial envolvida, a fim de se extrair a extensão do patrimônio transferido, naquele impõe-se tão somente a manutenção da proporção das ações ou a existência de deliberação social específica e unânime em sentido diverso[31].

7.5 Direitos dos credores

A cisão, a incorporação e a fusão podem prejudicar, eventualmente, os direitos dos credores. Desse modo, o Código Civil, em seu art. 1.122, estabelece que os credores prejudicados têm o prazo decadencial de 90 dias para pleitear a anulação da operação, prazo este contado da publicação dos atos relativos à operação. Tal anulação pode ser obstada pelo pagamento do crédito, que acaba com o interesse de agir do autor da ação, ou pode ser suspensa pela garantia da dívida no caso de obrigação ilíquida.

Em caso de falência da cindida, dentro dos 90 dias seguintes à operação, os credores anteriores podem requerer a separação dos patrimônios das sociedades envolvidas, de modo que se formem massas separadas para o pagamento dos credores.

Na cisão parcial, como já mencionado, as sociedades podem definir quais obrigações são transferidas. Neste caso, os credores, independentemente da prova de qualquer prejuízo, podem notificar a sociedade, suspendendo o processamento da cisão. Tal notificação pode ser feita em 90 dias, contados da publicação dos atos relativos à operação. Neste caso, o restabelecimento da solidariedade, em relação ao crédito do opoente, ou o seu pagamento ou a garantia de pagamento, permitirão a continuação do negócio, na medida em que deixará de existir interesse para o credor se opor ao negócio.

Assim como na incorporação e na fusão, a cisão depende de aprovação de assembleia especial dos debenturistas, que não são outra coisa senão credores da sociedade.

---

31. STJ – REsp 1642118/SP, Rel. Ministro Ricardo Villas Bôas Cueva, Rel. p/ Acórdão Ministro Marco Aurélio Bellizze, Terceira Turma, julgado em 12-09-2017, *DJe* 20-02-2018.

8 Questões tributárias

Na transformação, não há o surgimento de uma nova pessoa jurídica, nem a transferência de quaisquer bens, não havendo qualquer questionamento quanto à não realização de fatos geradores de tributos na operação.

Todavia, a princípio, nas operações de incorporação, fusão e cisão, são realizados os fatos geradores de certos tributos, como o ITBI (Imposto sobre Transmissão de Bens Imóveis Inter Vivos) e o ICMS (Imposto sobre Circulação de Mercadorias e Serviços de Comunicação e Transporte Interestadual e Intermunicipal). É indubitável que, eventualmente, a incorporação possa envolver a transferência da propriedade de um imóvel, ou uma operação relativa à circulação de mercadoria, sobretudo quando as sociedades envolvidas fazem parte da mesma cadeia de produção. Assim, deveriam ser cobrados tais tributos em tais situações.

Todavia, para incentivar tais operações, no sentido do fortalecimento das sociedades nacionais, nosso legislador tornou inexigíveis tais tributos nas operações de fusão, cisão e incorporação. A Constituição Federal de 1988 consagra, em relação ao ITBI, uma imunidade das operações de incorporação, fusão e cisão (Constituição Federal, art. 156, § 2º), salvo quando a transmissão de imóveis for a atividade preponderante da sociedade. De outro lado, a Lei Complementar n. 87/96 instituiu uma isenção do ICMS relativamente a tais operações (Lei Complementar – art. 3º, VI).

Portanto, nas operações de fusão, cisão e incorporação não incidem nem o ITBI, nem o ICMS.

36 | RELAÇÕES ENTRE SOCIEDADES

1 Legislação aplicável

No correr da vida de uma sociedade, ela pode se relacionar com outras sociedades, para melhorar seu desempenho, para crescer, ou apenas para ter mais uma forma de investimento, como retorno maior. Tais relações não são peculiares às sociedades anônimas, podendo envolver qualquer tipo de sociedade. Apesar disso, a sua disciplina legal era dada pela Lei n. 6.404/76, que neste particular atuava como uma espécie de norma geral.

Com o advento do Código Civil, a matéria passa também a ser disciplina no seu âmbito. Todavia, em função da falta de técnica na elaboração de tal parte do Código, a disciplina restou absolutamente incompleta, havendo, por exemplo, apenas uma menção à operação de cisão, sem sua regulamentação total. Desse modo, as regras constantes da Lei n. 6.404/76 continuarão vigentes, sendo necessária apenas uma interpretação para a compatibilização dos eventuais conflitos que surgirem entre os dois diplomas.

2 Participações

Dentre as relações entre sociedades, as mais comuns são as participações no capital social, isto é, uma sociedade se torna sócia da outra, por vezes tendo ingerência na direção, ou meramente investindo parte do seu patrimônio no capital da sociedade, e outras vezes formando grupos societários.

No Código Civil, tais participações são regidas pelo título "Das sociedades coligadas", título este que, a nosso ver, gera uma grande confusão, na medida em que a ideia de coligação é mais específica que a ideia geral de participação no capital das outras sociedades.

2.1 Coligação ou filiação

Nos termos do art. 1.098 do Código Civil, são coligadas ou filiadas as sociedades em que uma detenha uma participação de 10% ou mais do capital da outra sem controlá-la. Há uma participação relevante no capital da outra, mas sem que haja o controle de suas atividades, sendo este o traço que dá a conotação de simples coligação, sem subordinação.

Nas sociedades anônimas, não se usa mais a simples análise do percentual de participação no capital. Atualmente, uma S.A. é considerada coligada de outra sociedade quando tem uma influência significativa, entendida como o poder de participar nas decisões das políticas financeira ou operacional da investida, sem controlá-la (Lei n. 6.404/76 – art. 243, §§ 1º e 4º). A existência desse poder é presumida quando a investidora possui participação no capital da investida, igual ou superior a 20% do total de votos da companhia. Nesta hipótese, há sem dúvida um poder, ao menos potencial, de participar das decisões da sociedade pelo voto em si, ou mesmo pela eleição de membros da administração. Tal conceito, porém, somente será utilizado para os propósitos previstos na Lei das Sociedades Anônimas (Lei n. 11.941/2009 – art. 46).

A qualificação da relação entre sociedades como coligação tem certa importância, para definir regras especiais de demonstrações financeiras e, eventualmente, configurar grupos societários.

2.2 Controle

A participação de uma sociedade no capital de outra pode representar uma relação muito mais relevante juridicamente, quando uma sociedade controla a outra, isto é, quando uma sociedade tem direitos de sócio que lhe asseguram, de modo permanente, a preponderância nas assembleias-gerais e o poder de eleger a maioria dos administradores. Não é necessário, para a configuração da relação de controle, que a própria sociedade seja titular de tais direitos. Ela pode, eventualmente, lançar mão de uma sociedade intermediária que terá os referidos direitos. No entanto, nesses casos, despreza-se o intermediário, buscando a sociedade controladora em último grau[1]. Assim, pode haver o controle direto ou o controle indireto, que é aquele que lança mão de intermediários.

O citado conceito do controle decorre do art. 243, § 2º, da Lei n. 6.404/76 e do art. 1.098 do Código Civil, tendo uma conotação eminentemente societária, vale dizer, analisa-se apenas o que se apresenta na própria sociedade. Na órbita do direito concorrencial, faz-se uma outra análise, concebendo de forma mais ampla o poder de controle como a influência dominante que se exerce sobre a empresa[2]. Neste conceito, dispensa-se a ideia de qualquer participação acionária, sendo possível que se conceba como controlador um credor da sociedade, ou um administrador que não é sócio. Tal concepção do controle é uma flexibilização maior do conceito para o direito concorrencial, dada a necessidade de se abranger uma gama maior de situações para os efeitos de defesa da concorrência[3].

---

1.   COMPARATO, Fábio Konder. *O poder de controle na sociedade anônima*. 3. ed. Rio de Janeiro: Forense, 1983, p. 65.

2.   SALOMÃO FILHO, Calixto. *Direito concorrencial*: as estruturas. São Paulo: Malheiros, 1998, p. 249; VEDOVE, Giampaolo Dalle. *Concentrazioni e gruppi nel diritto antitrust*. Padova: CEDAM, 1999, p. 163.

3.   PRADO, Viviane Muller. Noção de grupo de empresas para o *Direito societário* e para o direito concorrencial. *Revista de Direito Bancário, do Mercado de Capitais*. São Paulo, ano 1, n. 2, maio/ago. 1998, p. 152.

2.3 Simples participação

O Código Civil, em seu art. 1.100, menciona que as sociedades podem possuir entre si uma relação de simples participação, quando uma possui menos de 10% do capital com direito de voto de outra sociedade. Tal regra, gera certo vazio, na medida em que uma sociedade que detenha mais de 10% do capital votante e menos de 10% do capital social de outra não possui qualquer qualificação jurídica, enquanto participações menores possuem.

Trata-se de mais um anacronismo do nosso Código Civil, na medida em que foi mantida a redação do art. 1.100, mas foi alterada a redação do art. 1.098, que define as sociedades coligadas. Na redação original, o art. 1.098 levava em conta apenas o capital votante, de modo que o conceito da simples participação também era adequado. Com a alteração do conceito de coligação para se levar em conta o capital social como um todo, deveria ter sido alterado o conceito da mera participação levando-se em conta também todo o capital social.

O conceito da simples participação não possui maior relevância prática, mas ainda assim seria aconselhável corrigir a referida incongruência, de modo que todas as relações diretas ou indiretas entre sociedades possuíssem alguma qualificação, ao menos para fins doutrinários. Em função disso, propomos que o conceito de simples participação seja um conceito residual, que abranja quaisquer participações de uma sociedade no capital de outra, que não se enquadrem nos conceitos de coligação e controle.

2.4 Participação recíproca

O capital social exerce papel primordial na vida de qualquer sociedade, sendo consagrado o princípio da sua efetividade, pelo qual o capital social deve corresponder à realidade, isto é, não podem constar como parte do capital social valores que não tenham ingressado no patrimônio da sociedade. Em função disso, veda-se, a princípio, que a sociedade seja sócia de si mesma, ressalvadas as hipóteses nas quais seja mantido íntegro o capital social.

O desfalque do capital social, que ocorre quando a sociedade adquire suas próprias ações ou quotas, também ocorre quando são usadas duas sociedades[4], isto é, quando há participação recíproca entre sociedade também pode ocorrer o desfalque do capital social das sociedades. Em função disso, o art. 244 da Lei n. 6.404/76 e o art. 1.101 do Código Civil vedam a participação recíproca, ressalvadas as hipóteses nas quais não haja qualquer desfalque no capital social e hipóteses temporárias decorrentes de fusões, incorporações e cisões. O objetivo de tal preceito é preservar a integridade do capital social de cada sociedade[5].

A proibição da participação é uma imposição da proteção dos credores da sociedade, pois tal tipo de participação gera uma confusão dos patrimônios, que acabam sendo

---

4. JAEGER, Pier Giusto; DENOZZA, Francesco. *Appunti di diritto commerciale*. 5. ed. Milano: Giuffrè, 2000, p. 276.

5. CARVALHOSA, Modesto. *Comentários à lei das sociedades anônimas*. São Paulo: Saraiva, 1997, v. 4, tomo 2, p. 21.

representados duas vezes, na medida da participação recíproca[6]. Tal fato pode vir a simular a consistência patrimonial da sociedade, que é multiplicada artificialmente, como num jogo de espelhos. De outro lado, tal situação pode atribuir a acionistas e administradores um poder muito maior do que lhes seria assegurado numa representação efetiva do capital social[7].

A fim de ilustrar tal fato, tomemos um exemplo que demonstra a simulação. Romário é o único da sociedade "A" e integralizou suas ações pagando um milhão de reais, Edmundo é o único sócio da sociedade "B" e já integralizou suas ações, pagando um milhão de reais; ou seja, os dois já despenderam o dinheiro, que, a princípio, ingressou no patrimônio das sociedades. Nesse momento, as sociedades têm o capital social efetivamente integrando seu patrimônio, os valores existem em poder da sociedade. Todavia, mediante um acordo, a sociedade "B" compra todas as ações do Sr. Romário e a sociedade "A" compra todas as ações do Sr. Edmundo, de modo que eles recebem o dinheiro investido de volta. Diante de tal situação, a sociedade "A" tem todo o seu patrimônio líquido composto de participação na sociedade "B", cujo patrimônio líquido (um milhão de reais) é composto de participação na sociedade "A", num círculo vicioso. Assim sendo, qual é de fato o patrimônio de cada uma? Não há nenhum patrimônio real nessas sociedades; há uma simulação de tal patrimônio, na medida em que, conforme se demonstrou, o dinheiro que ingressou não está mais em poder de nenhuma das duas sociedades.

Esta ideia falsa do capital social não é admitida pelo direito, que admite a participação recíproca apenas excepcionalmente, e desde que não represente nenhuma simulação em relação à integridade do capital social. Assim, pode haver participação recíproca até o limite das reservas, exceto a legal (art. 244, combinado com art. 30 da Lei n. 6.404/76 e art. 1.101 do Código Civil), porquanto nesses casos mantém-se íntegro o capital social, que efetivamente existe em poder das sociedades.

Excepcionalmente, quando for superado tal limite, a sociedade tem o prazo de 180 dias para vender as quotas ou ações que representem o desfalque do capital social. Na lei das sociedades anônimas, admite-se ainda, temporariamente, a participação recíproca nos casos de fusão, cisão, incorporação ou aquisição de controle, impondo-se também a alienação das ações que excedam o mencionado limite (art. 244 da Lei n. 6.404/76).

3 A *holding*

A importância e utilidade das participações no capital de outras sociedades fizeram surgir a figura da sociedade *holding*, ou sociedade de participação, que visa principalmente a participar do capital de outras sociedades. Elas têm como "característica dife-

---

6. HALPERIN, Isaac. *Sociedades anónimas*. Actualizada e ampliada por Julio C. Otaegui. 2. ed. Buenos Aires: Depalma, 1998, p. 812.

7. FERRARA JUNIOR, Francesco; CORSI, Francesco. *Gli imprenditori e le società*. 11. ed. Milano: Giuffrè, 1999, p. 779.

CURSO DE DIREITO EMPRESARIAL

rencial e objeto principal a participação relevante em uma atividade econômica de terceiro, em vez do exercício de atividade produtiva ou comercial própria"[8]. Nas *holdings*, o resultado obtido decorre primordialmente dos investimentos realizados em outras sociedades e não do exercício de uma atividade produtiva. A nosso ver, não caracteriza a *holding* a obtenção do controle de outras sociedades[9], mas a simples participação relevante, seja obtendo o controle, seja fazendo uma coligação.

Ressalte-se, desde já, que existem dois tipos de *holding*, a saber, a *holding* pura e a *holding* mista[10]. Nesta, a participação em outras sociedades é a atividade primordial, mas não a única; a *holding* mista também desenvolve atividade econômica produtiva. Já na *holding* pura, a única atividade desenvolvida é a participação relevante no capital de outras sociedades.

As *holdings* são sociedades operacionais, constituídas para o exercício do poder de controle ou para a participação relevante em outras sociedades[11]. Dentro desta função, as *holdings* apresentam-se como um meio extremamente útil para centralizar o controle de um grupo, descentralizando a administração, gerindo de forma unificada grupos de sociedades, que se têm difundido pela prática econômica moderna[12].

4   Subsidiária integral

A participação no capital de outras sociedades pode ser uma estratégia empresarial muito interessante, na medida em que permite a descentralização da administração de diversas atividades, exercidas sob o mesmo controle. Diante disso, surge a subsidiária integral, que é uma sociedade anônima com um único sócio que, por sua vez, deve ser uma outra sociedade brasileira. Trata-se de uma ideia similar à de uma filial, porém dotada de personalidade jurídica própria e, consequentemente, de direitos e obrigações próprios.

A constituição de uma subsidiária integral pode ser originária ou derivada, isto é, a sociedade pode nascer subsidiária integral ou, no correr de sua existência, tornar-se uma subsidiária integral. Na constituição originária uma sociedade destaca parte do seu patrimônio e constitui a subsidiária, mediante escritura pública[13]. Já na constituição

---

8.   CARVALHOSA, Modesto. *Comentários à lei de sociedades anônimas*. São Paulo: Saraiva, 1997, v. 4, tomo II, p. 15.

9.   HAMILTON, Robert W. *The law of corporations*. 5. ed. St. Paul: West Group, 2000, p. 651.

10.   COMPARATO, Fábio Konder. *O poder de controle na sociedade anônima*. 3. ed. Rio de Janeiro: Forense, 1983, p. 130.

11.   CARVALHOSA, Modesto. *Comentários à lei de sociedades anônimas*. São Paulo: Saraiva, 1997, v. 4, tomo II, p. 14.

12.   COMPARATO, Fábio Konder. *O poder de controle na sociedade anônima*. 3. ed. Rio de Janeiro: Forense, 1983, p. 128-129.

13.   CARVALHOSA, Modesto. *Comentários à lei de sociedades anônimas*. São Paulo: Saraiva, 1997, v. 4, tomo II, p. 120.

derivada, serão necessárias as aprovações das assembleias-gerais das duas sociedades, realizando uma espécie de incorporação *sui generis*, na medida em que a incorporada não deixará de existir[14].

Na constituição derivada, uma sociedade aprova a incorporação das ações da outra e o respectivo aumento do seu capital social, e a outra sociedade aprova a transferência das ações e sua transformação numa subsidiária integral. A "incorporadora" das ações não as compra em dinheiro; ela faz uma permuta com as ações ou quotas que decorrerão do aumento no seu capital social. Assim, quem era sócio da "incorporada" passará a ser sócio da "incorporadora" e a "incorporadora" será a única acionista da incorporada.

Tal operação de constituição derivada de uma subsidiária integral será deliberada por maioria absoluta dos votos na incorporada, e maioria simples na incorporadora. Neste caso, os dissidentes, seja na incorporadora, seja na incorporada, podem exercer o direito de retirada, com as restrições do art. 137, II, da Lei n. 6.404/76, isto é, não podem se retirar aqueles que tenham facilidade de negociar suas ações no mercado, aqueles cujas ações tenham liquidez e dispersão no mercado.

5 Grupos de sociedades

Os homens, há muito tempo, vêm reunindo seus esforços e recursos constituindo sociedades, para desenvolver atividades que não seriam possíveis para um único homem. Com o desenvolvimento do capitalismo e o surgimento dos grandes empreendimentos, por vezes, nem as sociedades sozinhas conseguiam realizar certos empreendimentos. Em função disso, as sociedades começaram a se associar, criando sociedades de sociedades, isto é, grupos de sociedades independentes, sujeitas a uma direção única.

Os grupos societários podem apresentar inúmeras vantagens, para as sociedades envolvidas, como, por exemplo, o aumento da produtividade dos membros, o aumento da capacidade de comercializar e distribuir em grande quantidade seus produtos, o aumento dos lucros, a redução dos custos de produção, o favorecimento do progresso tecnológico e, eventualmente, permitir a integração de mercados, quando o grupo se formar entre sociedades de países diferentes[15].

5.1 Caracterização

É a direção única o elemento caracterizador de um grupo de sociedades[16], isto é, para se vislumbrar a existência de um grupo econômico, é necessário que haja uma reunião

---

14. Idem, p. 133.

15. LOBO, Jorge. *Grupo de sociedades*. Rio de Janeiro: Forense, 1978, p. 28.

16. COMPARATO, Fábio Konder. *O poder de controle na sociedade anônima*. 3. ed. Rio de Janeiro: Forense, 1983, p. 28; KOURY, Suzy Elizabeth Cavalcante. *A desconsideração da personalidade jurídica (disregard*

616 CURSO DE DIREITO EMPRESARIAL

de sociedades sujeitas a uma ingerência constante e comum na condução dos seus negócios. Essa ingerência pode ser realizada por uma sociedade de comando, ou por um órgão colegiado com representantes dos vários membros do grupo[17], em outros termos, pode decorrer de uma relação de natureza contratual, ou de uma relação de índole financeira, pela qual haja participação relevante no capital das integrantes do grupo[18].

Discordamos daqueles que só reconhecem a existência de um grupo econômico quando há um controle comum sobre as diversas sociedades integrantes do grupo[19]. A nosso ver, para a existência do grupo é suficiente que haja qualquer forma de direcionamento único das atividades das integrantes do grupo, seja por meio do controle, seja em virtude de qualquer influência externa[20]. O fato de a lei brasileira disciplinar apenas os grupos em que o controle é essencial (art. 265 da Lei n. 6.404/76) não nos permite afastar outros tipos de grupos, nos quais a direção única decorra de outro mecanismo. A existência do controle comum apenas faz presumir a existência da direção única[21], a qual pode decorrer também de outros mecanismos, como um contrato entre os membros do grupo ou a existência de contatos constantes entre os dirigentes das sociedades envolvidas[22].

5.2 Classificações

A formação de grupos societários pode lançar mão de diversas técnicas, sendo possível a reunião dos vários tipos de grupos em categorias. Essas categorias levam em conta diversos critérios e possuem um valor eminentemente didático, sendo desprovidas de um maior cientificismo. Para o nosso estudo, levaremos em conta duas classificações, quais sejam, a que distingue grupos de fato e grupos de direito e a que distingue grupos de subordinação e grupos de coordenação.

Em primeiro lugar, podemos ressaltar a existência de grupos de fato e grupos de direito. Nestes, há uma convenção que disciplina as relações entre as sociedades integrantes, convenção esta que deve ser registrada e obedecer a certos requisitos impostos pelo art. 269 da Lei n. 6.404/76. Por outro lado, nos grupos de fato, inexiste tal convenção;

---

doctrine) e os grupos de empresas. 2. ed. Rio de Janeiro: Forense, 1997, p. 58; GALGANO, Francesco. *Diritto civile e commerciale*. 3. ed. Padova: CEDAM, 1999, v. 3, tomo II, p. 186.

17. MESSINEO, Francesco. *Manuale di diritto civile e commerciale*. 9. ed. Milano: Giuffrè, 1972, v. 5, p. 22.

18. LOBO, Jorge. *Grupo de sociedades*. Rio de Janeiro: Forense, 1978, p. 33.

19. BORBA, José Edwaldo Tavares. *Direito societário*. 4. ed. Rio de Janeiro: Freitas Bastos, 1998, p. 451; FERRARA JUNIOR, Francesco; CORSI, Francesco. *Gli imprenditori e le società*. 11. ed. Milano: Giuffrè, 1999, p. 790.

20. PRADO, Viviane Muller. Noção de grupo de empresas para o *Direito societário* e para o direito concorrencial. *Revista de Direito Bancário, do Mercado de Capitais*. São Paulo, ano 1, n. 2, maio/ago. 1998, p. 155.

21. GALGANO, Francesco. *Diritto civile e commerciale*. 3. ed. Padova: CEDAM, 1999, v. 3, tomo II, p. 186.

22. MESSINEO, Francesco. *Manuale di diritto civile e commerciale*. 9. ed. Milano: Giuffrè, 1972, v. 5, p. 21.

há uma mera "junção de sociedades, sem a necessidade de exercerem, entre si um relacionamento mais profundo, permanecendo isoladas e sem organização jurídica"[23]. A existência ou não da convenção é um fator secundário, na medida em que necessariamente haverá certa disciplina das relações entre as diversas integrantes do grupo, seja verbal, seja escrita.

Além da classificação entre grupos de fato e grupos de direito, temos também a classificação que distingue os grupos de subordinação e os grupos de coordenação de acordo com a forma de exercício da direção única[24].

Nos grupos de subordinação, há uma sociedade que comanda as demais. Há uma sociedade "chefe" que detém o controle das demais integrantes, as quais, por conseguinte, ficam subordinadas às decisões desta sociedade de comando. Esta sociedade de comando é uma *holding*, que pode ser pura ou mista, na medida em que pode se limitar a exercer o comando, podendo também exercer outras atividades. Esses são os grupos mais comuns no direito brasileiro, sendo inclusive os únicos disciplinados pela Lei n. 6.404/76.

De outro lado, existem os chamados grupos de coordenação ou igualitários[25], em que não existe uma sociedade de comando; todas as sociedades estão em pé de igualdade; embora haja uma direção única, não se fala em controle. "Nos grupos de coordenação, caracterizados pela unidade de direção entre empresas juridicamente autônomas, as relações estabelecidas entre elas têm índole igualitária, no sentido de igualdade de forças econômicas, de paridade de possibilidade de decisão, sem que isto implique em unidade de controle"[26]. As sociedades do grupo de coordenação pactuam uma coordenação de suas atividades ou resultados, sem qualquer influência sobre sua autonomia jurídica e seu controle[27].

5.3 *Responsabilidade*

Com a formação dos grupos, não se cria uma nova pessoa jurídica. Desse modo, as sociedades integrantes do grupo mantêm sua personalidade jurídica e, por conseguinte, mantêm patrimônios distintos e obrigações próprias, comprometendo-se tão somente a combinar recursos e esforços, ou a participar de atividades comuns. Diante disso, a obrigação de qualquer integrante do grupo, a princípio, é apenas desta integrante, não se estendendo a qualquer outro membro do grupo, dada a autonomia que é mantida entre os membros.

Não podemos preestabelecer uma comunicação das obrigações entre as integrantes do grupo, nem uma desconsideração da personalidade jurídica absoluta nestes casos. Eventualmente, a controladora (nos grupos de subordinação) poderá ter responsabilidade por

---

23. REQUIÃO, Rubens. *Curso de direito comercial.* 21. ed. São Paulo: Saraiva, 1998, v. 2, p. 247.

24. GARRIGUES, Joaquín. *Curso de derecho mercantil.* 7. ed. Bogotá: Temis, 1987, v. 2, p. 313-314.

25. LOBO, Jorge. *Grupo de sociedades.* Rio de Janeiro: Forense, 1978, p. 41.

26. KOURY, Suzy Elizabeth Cavalcante. *A desconsideração da personalidade jurídica (disregard doctrine) e os grupos de empresas.* 2. ed. Rio de Janeiro: Forense, 1997, p. 59.

27. LOBO, Jorge. *Grupo de sociedades.* Rio de Janeiro: Forense, 1978, p. 34.

618 | CURSO DE DIREITO EMPRESARIAL

obrigações da controlada, em virtude de ato ilícito próprio, ou até de uma desconsideração da personalidade jurídica, desde que presentes os pressupostos para sua aplicação[28].

Apesar disso, nossa legislação estabelece que nos casos de infração à ordem econômica (Lei n. 12.529/2011, art. 33), obrigações previdenciárias (art. 30, IX, da Lei n. 8.212/91) e obrigações trabalhistas (art. 2º, § 2º, da CLT) há solidariedade entre as integrantes do grupo econômico. Trata-se de uma medida de política legislativa, que estabelece que todos os integrantes são garantidores do cumprimento das referidas obrigações.

Nas obrigações trabalhistas, a responsabilidade solidária é estabelecida entre todas as integrantes do grupo, definidos mais especificamente para esse fim. Assim, para o direito do trabalho, os grupos societários não se caracterizam pela simples identidade entre os sócios da sociedade, exigindo-se "a demonstração do interesse integrado, a efetiva comunhão de interesses e a atuação conjunta das empresas dele integrantes" (art. 2º, § 3º, da CLT). Pela literalidade do dispositivo, o critério é até mais rígido, pois só haveria grupo, para fins de responsabilidade trabalhista, se estivessem presentes cumulativamente: interesse integrado, comunhão de interesses e atuação conjunta. Assim, não basta a direção comum a várias, sendo necessária a atuação conjunta, que nem sempre é visualizada nos casos clássicos. Acreditamos que a demonstração desses elementos em conjunto dificultará a configuração dos grupos para fins de solidariedade trabalhista.

De outro lado, amplia-se a solidariedade no direito do trabalho para abranger qualquer tipo de relação de controle, direção ou administração de uma sociedade por outra. Assim, sempre que uma sociedade controlar a outra, por meio de participações societárias, ou detiver a direção ou administração da outra por qualquer mecanismo (contratos, procurações...) haverá solidariedade entre elas pelas obrigações trabalhistas. Reitere-se que não se cogita aqui de desconsideração da personalidade jurídica, mas de simples solidariedade entre as sociedades.

No que tange à responsabilidade pelas obrigações previdenciárias, temos sérias dúvidas quanto à constitucionalidade da referida previsão, uma vez que estamos diante de obrigações tributárias que dependeriam de lei complementar para alteração da sujeição passiva. O legislador ordinário não pode escolher qualquer um para figurar como devedor solidário. O legislador tem limites que devem ser obedecidos, ele só pode instituir a solidariedade para pessoas que mantenham relação ainda que indireta com o fato gerador, nos termos do art. 128 do CTN[29]. Tem-se admitido a estipulação de solidariedade para sujeitos que tenham relação jurídica com a pessoa que realizou o fato gerador e não com o próprio fato. Neste caso, porém, exige-se a disciplina por meio de lei complementar, o que não ocorreu no caso.

No caso de danos ao consumidor, a responsabilidade é subsidiária (art. 28, § 2º, da Lei n. 8.078/90), isto é, primeiro deve-se buscar a responsabilidade da que causou o dano e na insuficiência do seu patrimônio, poderão ser alcançadas outras integrantes do grupo.

---

28. LEHMANN, Michael; FRANCESCHELLI, Vincenzo. Superamento della personalità giuridica e società collegate: sviluppi di diritto continentale. In: *Responsabilità limitata e gruppi di società*. Milano: Giuffrè, 1987, p. 121.

29. AMARO, Luciano. *Direito tributário brasileiro*. 2. ed. São Paulo: Saraiva, 1998, p. 294.

RELAÇÕES ENTRE SOCIEDADES | 619

Para a aplicação de tal dispositivo, o STJ passou a exigir a instauração do Incidente de Desconsideração da Personalidade Jurídica - IDPJ, afirmando que "Para que uma empresa, pertencente ao mesmo grupo econômico da executada, sofra constrição patrimonial, é necessária prévia instauração do incidente de desconsideração da personalidade jurídica, não sendo suficiente mero redirecionamento do cumprimento de sentença contra quem não integrou a lide na fase de conhecimento, nos termos dos arts. 28, § 2º, do CDC e 133 a 137 do CPC/2015"[30].

5.4 Constituição dos grupos por subordinação

Como mencionado, excepcionada a questão da responsabilidade, nosso ordenamento jurídico (Lei n. 6.404/76 – arts. 265 a 277) se preocupa apenas com os grupos por subordinação, isto é, apenas com os grupos formados entre a controladora e as controladas, que se obrigam a combinar esforços ou recursos para a realização dos respectivos objetivos ou a participar de empreendimentos comuns. Nesses casos, é prevista a elaboração de uma convenção de grupo para disciplinar as relações entre as diversas participantes.

Tal convenção deverá ser aprovada em cada uma das sociedades integrantes do grupo pelo quórum necessário para alteração do contrato social, isto é, em regra, maioria absoluta dos votos. Essa convenção deverá conter certos requisitos mínimos previstos no art. 269 da Lei n. 6.404/76, a saber:

a) a designação do grupo;
b) a indicação da sociedade de comando e das filiadas;
c) as condições de participação das diversas sociedades;
d) o prazo de duração, se houver, e as condições de extinção;
e) as condições para admissão de outras sociedades e para a retirada das que o componham;
f) os órgãos e cargos da administração do grupo, suas atribuições e as relações entre a estrutura administrativa do grupo e as das sociedades que o componham;
g) a declaração da nacionalidade do controle do grupo;
h) as condições para alteração da convenção.

Inicialmente, exige-se a designação do grupo, isto é, o nome pelo qual ele pode ser identificado. Outrossim, também é necessária a identificação das participantes do grupo, bem como as condições da sua participação. Por questões até históricas, exige-se também a nacionalidade do controle do grupo, entendendo-se como brasileiro o grupo que seja controlado direta ou indiretamente por pessoas naturais residentes ou domiciliadas no país ou por pessoas jurídicas de direito público. Além disso, exige-se que a convenção identifique o sistema de administração do grupo, com as respectivas atribuições e as relações dessa estrutura com a estrutura administrativa das integrantes.

---

30. REsp n. 1.864.620/SP, Rel. Ministro Antonio Carlos Ferreira, Quarta Turma, julgado em 12-9-2023, *DJe* de 19-9-2023.

CURSO DE DIREITO EMPRESARIAL

Como o grupo não se destina apenas a um empreendimento específico, ele exerce atividades de médio e longo prazo; é possível que seja necessária a alteração da convenção, cujas condições devem ser previstas no próprio instrumento. Do mesmo modo, é possível que, ao longo da vida do grupo, algumas sociedades saiam e outras entrem no grupo e, por isso, também é necessária a disciplina da entrada e saída das integrantes. Por fim, deve ser previsto o prazo de duração, se houver, e as condições de extinção do grupo, uma vez que tal organização não é definitiva.

6 Consórcio

As reuniões de sociedades podem ter diversos motivos e, eventualmente, podem se destinar a um empreendimento específico, como a construção de uma obra, a participação em um leilão ou a participação em uma licitação. Nesses casos, há a formação de consórcios, isto é, de reuniões de sociedades, para a execução de determinado empreendimento.

O consórcio é um contrato associativo entre sociedades independentes ou subordinadas que não é dotado de personalidade jurídica, embora haja o arquivamento do contrato. Diferencia-se dos grupos de sociedades, primordialmente, pela permanência inerente aos grupos que é alheia à caracterização dos consórcios, que se destinam a empreendimentos determinados[31].

Outrossim, a deliberação para constituição dos consórcios compete nas sociedades anônimas ao Conselho de Administração, se houver, ou à assembleia. Nas demais sociedades, a decisão competirá aos administradores.

No regime dos consórcios haverá um ato constitutivo, composto pelo menos pelas seguintes indicações:

a) designação do consórcio, se houver;

b) o empreendimento a que se destina;

c) a duração, endereço e foro;

d) a definição das obrigações e responsabilidade de cada consorciada, bem como as prestações específicas a que se destinam;

e) normas sobre recebimento de receitas e partilha de resultados;

f) normas sobre administração do consórcio, contabilização, representação das sociedades consorciadas e taxa de administração, se houver;

g) forma de deliberação sobre assuntos de interesse comum, com o número de votos que cabe a cada consorciado;

h) contribuição de cada consorciado para as despesas comuns, se houver.

---

31. CARVALHOSA, Modesto. *Comentários à lei de sociedades anônimas*. São Paulo: Saraiva, 1997, v. 4, tomo II, p. 339; BAPTISTA, Luiz Olavo. In: VIDIGAL, Geraldo de Camargo, MARTINS, Ives Gandra da Silva (Coord.). *Comentários à lei das sociedades por ações*. Rio de Janeiro: Forense Universitária, 1999, p. 871.

Tal ato constitutivo será arquivado na junta comercial, mas, apesar disso, o consórcio não é dotado de personalidade jurídica, de modo que cada integrante é dotada de personalidade jurídica própria e, por conseguinte, de direitos e obrigações próprios. Quaisquer obrigações comuns atinentes à execução do empreendimento devem ser disciplinadas pelo contrato de consórcio. Excepcionalmente, o art. 28, § 3º, da Lei n. 8.078/90, estabeleceu que, pelos danos causados ao consumidor, as integrantes do consórcio têm responsabilidade solidária. De modo similar, a lei de licitações estabelece que as sociedades consorciadas serão solidariamente responsáveis pelos atos praticados em consórcio, tanto na fase de licitação quanto na de execução do contrato (Lei n. 8.666/93 – art. 33, V).

Na Lei n. 12.402/2011, ficou estabelecida a responsabilidade de cada consorciada pelos tributos devidos, em relação às operações praticadas pelo consórcio, na proporção de sua participação no empreendimento. Todavia, as consorciadas serão solidariamente responsáveis, nos casos de contratação, em nome próprio, de pessoas jurídicas e físicas, com ou sem vínculo empregatício, pela retenção de tributos e o cumprimento das respectivas obrigações acessórias, ainda que a retenção seja feita pela líder do consórcio. Tal solidariedade, aplica-se aos tributos administrados pela receita federal do Brasil, abrangendo o recolhimento das contribuições previdenciárias patronais, inclusive a incidente sobre a remuneração dos trabalhadores avulsos, e das contribuições destinadas a outras entidades e fundos, além da multa por atraso no cumprimento das obrigações acessórias.

O legislador ordinário não pode escolher qualquer um para figurar como devedor solidário. "O campo de eleição dos sujeitos passivos tributários em geral e, não diferentemente, dos solidários está adstrito aos contornos objetivos ou subjetivos do suporte fático da tributação"[32], vale dizer, "A solidariedade tributária não é forma de inclusão de terceiro na relação tributária, mas tipo de nexo que se estabelece entre codevedores"[33]. O legislador tem limites que devem ser obedecidos; ele só pode instituir a solidariedade para pessoas que mantenham relação ainda que indireta com o fato gerador, nos termos do art. 128 do CTN[34]. Neste caso, uma lei ordinária poderá estabelecer um novo sujeito passivo, desde que verificada essa vinculação desse terceiro ao fato gerador da obrigação tributária, mesmo que de forma indireta. No mesmo sentido, o STF já afirmou que: "o preceito do art. 124, II, no sentido de que são solidariamente" obrigadas "*as pessoas expressamente designadas por lei*", não autoriza o legislador a criar novos casos de responsabilidade tributária sem a observância dos requisitos exigidos pelo art. 128 do CTN, tampouco a desconsiderar as regras matrizes de responsabilidade de terceiros estabelecidas em caráter geral pelos arts. 134 e 135 do mesmo diploma"[35]. E completa:

---

32. DARZÉ, Andréa M. *Responsabilidade tributária*: solidariedade e subsidiariedade. São Paulo: Noeses, 2010, p. 231.

33. Idem, p. 255.

34. AMARO, Luciano. *Direito tributário brasileiro*. 2. ed. São Paulo: Saraiva, 1998, p. 294.

35. STF – RE 562276, Relator(a): Min. ELLEN GRACIE, Tribunal Pleno, julgado em 3-11-2010, REPERCUSSÃO GERAL – MÉRITO, *DJe*-027, divulg. 9-2-2011, public. 10-2-2011, Ement. v. 2461-02, p. 419, *RDDT* n. 187, 2011, p. 186-193.

622   CURSO DE DIREITO EMPRESARIAL

O "terceiro" só pode ser chamado responsabilizado na hipótese de descumprimento de deveres próprios de colaboração para com a Administração Tributária, estabelecidos, ainda que *a contrario sensu*, na regra matriz de responsabilidade tributária; e desde que tenha contribuído para a situação de inadimplemento pelo contribuinte[36].

Além disso, tem-se admitido a estipulação de solidariedade para sujeitos que tenham relação jurídica com a pessoa que realizou o fato gerador e não com o próprio fato. Neste caso, porém, exige-se a disciplina por meio de lei complementar, por se tratar de nova hipótese de sujeição passiva não contemplada pelo CTN. Como já decidiu o STJ: "O art. 146, III, *b*, da Constituição Federal, estabelece que as normas sobre responsabilidade tributária deverão se revestir obrigatoriamente de lei complementar"[37]. No caso em tela, a previsão genérica de solidariedade pela retenção dos tributos como colocada representa uma nova hipótese de sujeição passiva e, por isso dependeria de lei complementar, logo, a matéria não poderia ser tratada por medida provisória (CF/88 – art. 62, § 1º, III).

Não se pode confundir esse consórcio societário com o consórcio público disciplinado pela Lei n. 11.107/2005. Neste caso, o consórcio irá ser formado por entes da federação e irá adotar a forma de uma associação pública ou uma entidade de direito privado. Seu objetivo será definido pelos próprios entes da federação consorciados. Além disso, o consórcio público em questão poderá ser tornar uma pessoa jurídica de direito público, quando se tratar de uma associação pública, a partir da vigência das leis de ratificação do protocolo de intenções. Também poderá ser tornar uma pessoa jurídica de direito privado, na forma da legislação civil, o que não é admitido para os consórcios societários.

Do mesmo modo, não se devem confundir os consórcios com as sociedades de propósito específico (SPE) que, em muitos casos, sucedem os consórcios na celebração dos contratos. As SPEs possuem personalidade e, consequentemente, direitos e obrigações próprios. Suas integrantes são sócias, com o regime jurídico próprio dessa condição e não mais o regime jurídico do consórcio de sociedades.

7   *Joint ventures*

Dentre as práticas mais comuns de associações de sociedades, está a formação de *joint ventures*, a qual pode se dar por diversos mecanismos. Antes de conhecer tais mecanismos, é necessário que se tenha uma ideia do que vem a ser uma *joint venture*.

Para Calixto Salomão Filho, as *joint ventures* abrangeriam "todas as formas de associação de empresas com objetivo de realização de atividade econômica independente e com escopo de lucro"[38]. Patrícia Carvalho, ressaltando a dificuldade de formulação de um conceito, também nos apresenta uma ideia geral da *joint venture*, como "a cooperação de duas ou

---

36.   STF – RE 562276, Relator(a): Min. ELLEN GRACIE, Tribunal Pleno, julgado em 3-11-2010, REPERCUS-SÃO GERAL – MÉRITO, *DJe*-027, divulg. 9-2-2011, public. 10-2-2011, Ement. v. 2461-02, p. 419, *RDDT* n. 187, 2011, p. 186-193.

37.   REsp 757.065/SC, Rel. Ministro José Delgado, Primeira Seção, julgado em 28-9-2005, *DJ* 1º-2-2006, p. 424.

38.   SALOMÃO FILHO, Calixto. *Direito concorrencial*: as estruturas. São Paulo: Malheiros, 1998, p. 321.

mais empresas independentes, a fim de melhor desenvolver um projeto comum"[39]. Para Maristela Basso, a *joint venture* corresponde a "uma forma ou método de cooperação entre empresas independentes"[40]. Frederyk Cucchi e Cinzia de Stefanis conceituam a *joint venture* como "o instrumento por meio do qual duas ou mais empresas colaboram, fornecendo os recursos necessários, para realizar um determinado empreendimento, ou para perseguir um interesse de caráter econômico, financeiro ou tecnológico"[41].

Todos os conceitos são válidos e nos dão a ideia geral de que a *joint venture* é uma forma de associação de empresas independentes, para executar uma atividade comum; em outras palavras, a *joint venture* seria uma espécie de sociedade entre empresas independentes[42]. Tal concepção generalizadora acaba sendo a mais adequada, dada a criatividade do mercado para a formalização destas alianças estratégicas de cooperação.

A independência das participantes é fundamental para caracterizar uma *joint venture*, pois qualquer eventual subordinação caracterizaria outras espécies de integração, como a fusão, incorporação, ou até a formação de grupos de subordinação. Tal fato não impede a realização de intercâmbios de participações, desde que não interfira no controle das sociedades envolvidas. Apesar da independência, as participantes devem ter um projeto comum, que é a finalidade de uma sociedade, como pode ser entendida a *joint venture*.

Há que ressaltar, ainda, que a *joint venture* não deve ser por tempo indeterminado, mas deve objetivar a execução de determinado empreendimento comum[43], específico ou não, sob pena de produzir efeitos muito similares aos da fusão[44]. Essa transitoriedade não precisa ser levada a extremos, uma vez que os projetos de uma *joint venture* podem ter curta ou longa duração; o que se quer dizer é que esta forma de associação de empresas tem contornos próprios, que não a confundem com a fusão.

A *joint venture* pode se operacionalizar de diversas formas, seja por meio de um contrato, seja pela constituição de uma nova sociedade, cujo capital social pertença às participantes[45]. Neste ponto, somos contrários à opinião de Giampaolo dalle Vedove, que diferencia a *joint venture* da empresa em comum, que implicaria a constituição de uma nova entidade[46]. Melhor é a análise feita por Maristela Basso, que diferencia *corporate*

---

39. CARVALHO, Patrícia. *Joint venture*: um olhar voltado para o futuro. *Revista de Direito Privado*, São Paulo, ano 2, n. 6, abr./jun. 2001, p. 168.

40. BASSO, Maristela. *Joint ventures*: manual prático das associações empresariais. 3. ed. Porto Alegre: Livraria do Advogado, 2002, p. 39.

41. CUCCHI, Frederyk; DE STEFANIS, Cinzia. *La colaborazione tra imprese.* Napoli: Se, 2003, p. 111, tradução livre de *"lo strumento tramite il quale due o più imprese collaborano, fornendo le risorse nécessaire, per realizzare un determinato affare o per perseguire un interesse di carattere econômico, finanziario o tecnológico".*

42. HENN, Harry G.; ALEXANDER, John R. *Law of corporations.* 3. ed. St. Paul: West Group, 1983, p. 106.

43. HENN, Harry G.; ALEXANDER, John R. *Law of corporations.* 3. ed. St. Paul: West Group, 1983, p. 106.

44. CADE – Voto do Conselheiro Renault de Freitas Castro no AC n. 119/97, publicado no *DOU* de 31 de dezembro de 1997, Seção I, p. 31.825.

45. GELLHORN, Ernest e KOVACIC, William E. *Antitrust law and economics.* 4. ed. St. Paul: West Group, 1994, p. 252.

46. VEDOVE, Giampaolo dalle. *Concentrazioni e gruppi nel diritto antitrust.* Padova: CEDAM, 1999, p. 226.

joint ventures, que geram a formação de uma nova sociedade, e *non corporate joint ventures*, que não geram uma nova sociedade[47].

No Brasil, tem-se usado a constituição de uma nova pessoa jurídica so〉 a forma de uma sociedade limitada, dada a simplicidade de constituição e funcionamento de tal tipo societário, o maior sigilo nas negociações e, sobretudo, a limitação de responsabilidade dos sócios[48]. Também é possível a utilização de uma sociedade anônima, a qual só se justificaria no caso de um empreendimento muito grande, tendo em vista os maiores custos da constituição de tal tipo societário.

Nada impede, todavia, a constituição das chamadas *joint ventures* contratuais, isto é, a formalização de um acordo, sem a constituição formal de uma nova pessoa jurídica. Eventualmente essas associações podem formar sociedades de fato, desde que se configurem os elementos de uma sociedade (contribuição para o capital social, participação nos lucros e nas perdas e *affectio societatis*). Tal situação não é uma regra; há que se analisar cada caso para verificar a presença dos requisitos de uma sociedade[49]. A configuração ou não de uma sociedade de fato pode gerar problemas decorrentes das regras de tal figura, por isso, há que se ter um grande cuidado nas cláusulas do contrato de *joint venture*.

Independentemente da forma usada, a *joint venture* é um instrumento de expansão empresarial muito eficaz, na medida em que permite a obtenção de maiores recursos, a simplificação na transferência de tecnologia e conhecimento, a partilha do risco de grandes empreendimentos[50] e, eventualmente, a abertura de novos mercados regionais ou internacionais[51]. Assim, sociedades estrangeiras que pretendiam ingressar em um mercado, como o mercado brasileiro de cervejas, que já está consolidado na mão de grandes concorrentes, tentaram criar *joint ventures* com as sociedades nacionais a fim de reduzir os custos de ingresso no mercado e facilitar a distribuição do produto.

Sobretudo nesse período de globalização econômica, as *joint ventures* têm exercido papel fundamental, dada a possibilidade de se encontrar um parceiro ideal para o desenvolvimento dos projetos objetivados. Sem tal forma de associação, não haveria a tão corrente expansão empresarial, porquanto a nova ordem econômica mundial exige ligações mais dinâmicas, que permitam fugir das burocracias desnecessárias[52].

---

47. BASSO, Maristela. *Joint ventures*: manual prático das associações empresariais. 3. ed. Porto Alegre: Livraria do Advogado, 2002, p. 44.

48. Idem, p. 73.

49. Idem, p. 156.

50. GELLHORN, Ernest; KOVACIC, William E. *Antitrust law and economics*. 4. ed. St. Paul: West Group, 1994, p. 253.

51. CARVALHO, Patrícia. *Joint venture* – um olhar voltado para o futuro. *Revista de Direito Privado*, São Paulo, ano 2, n. 6, abr./jun. 2001, p. 165.

52. BASSO, Maristela. *Joint ventures*: manual prático das associações empresariais. 3. ed. Porto Alegre: Livraria do Advogado, 2002, p. 159.

37 CONCENTRAÇÃO EMPRESARIAL E DEFESA DA LIVRE CONCORRÊNCIA

1   Concentração empresarial

Modernamente, a economia mundial tem sido diretamente influenciada pelos fenômenos de concentração empresarial. Tais fenômenos devem ser entendidos como todos aqueles nos quais se forma um liame econômico entre empresas, que acarreta uma maior ou menor unidade econômica[1]. Tal concepção é extremamente ampla, abrangendo quaisquer fenômenos nos quais possa se manifestar a tendência da empresa "de reunir capacidades econômico-tecnológicas para o aumento de seus potenciais, e que lhe permitam melhor posição no mercado"[2]. Assim sendo, dentro desta ideia de concentração empresarial, estariam incluídas as fusões, a incorporação, a cisão[3], a aquisição de controle, a formação de grupos, a constituição de *joint venture*s, a formação de consórcio, a constituição de subsidiárias integrais, a cessão de ativo e quaisquer outros acordos que apresentassem tal tendência.

A adoção da acepção mais ampla do fenômeno da concentração empresarial não nos permite deixar de mencionar algumas divisões feitas pela doutrina, entre concentração e integração, e entre concentração e cooperação. Ressalte-se, desde já, que sempre será usada a expressão *concentração empresarial* em seu sentido mais amplo.

Calixto Salomão Filho afirma que, para haver uma concentração, é fundamental que "se trate de uma operação que implique mudanças duradouras na estrutura das empresas envolvidas. É necessário ainda que a mudança estrutural torne possível presumir que essas empresas atuarão como um único agente do ponto de vista econômico"[4]. Assim, só haveria concentração empresarial se, do ponto de vista econômico, atuasse apenas uma entidade, como, por exemplo, em uma fusão. De outro lado, haveria cooperação empresarial se houvesse a atuação de várias entidades do ponto de vista econômico, mas com

---

1.   BULGARELLI, Waldirio. *Concentração de empresas e direito antitruste*. 2. ed. São Paulo: Atlas, 1996, p. 50.

2.   BAPTISTA, Luiz Olavo. Concentração de empresas. *Revista de Direito Civil, Imobiliário, Agrário e Empresarial*, São Paulo, ano 3, n. 9, jul./set. 1979, p. 184.

3.   Na cisão haverá concentração apenas se a sociedade cindida transferir seu patrimônio para uma ou mais sociedades já existentes.

4.   SALOMÃO FILHO, Calixto. *Direito concorrencial*: as estruturas. São Paulo: Malheiros, 1998, p. 229-230.

uma unidade de certos comportamentos no mercado[5]. Desse modo, eventuais acordos de cooperação se enquadrariam como cooperação e não concentração.

Luiz Olavo Baptista, embora reconheça a ideia ampla da concentração, faz uma diferenciação entre concentração e integração. Na concentração, em sentido estrito, haveria a diminuição do número de empresas no mercado e o aumento relativo do seu capital, como, por exemplo, em uma fusão. Já na integração, não haveria a diminuição do número de empresas, mas elas se completariam e aumentariam suas potencialidades[6], como, por exemplo, na formação de um grupo.

Há que se ressaltar, mais uma vez, que não lançaremos mão de tais distinções, adotando a ideia mais ampla de concentração empresarial.

2 Motivos da concentração

A concentração empresarial tem sido uma tendência da economia moderna em todo o mundo. Tal tendência mundial decorre dos benefícios trazidos pelo aumento da dimensão das empresas, ou pelo aumento da sua eficiência.

Certas concentrações são realizadas com o objetivo de aumentar a eficiência das envolvidas, padronizando a produção e obtendo um preço unitário menor. Com o crescimento, há a produção em uma economia de escala, que permite a produção a um custo menor, com uma maior qualidade[7].

Outras concentrações objetivam, primordialmente, o progresso tecnológico, facilitando o intercâmbio de técnicas de produção ou de pesquisa. Além disso, eventualmente, uma empresa sozinha não obteria o capital suficiente para conduzir determinada pesquisa, tendo em vista que algumas possuem custo elevadíssimo.

Há na concentração também a possibilidade de discriminação de mercados e de diferenciação de produtos, repartindo os riscos empresariais entre diversos ramos[8]. Quando há prejuízo em um ramo, ele pode ser compensado em outro ramo. Essa diversificação de ramos de atuação tem sido uma constante, gerando a formação de grandes impérios com atuação nas mais diversas áreas do mercado.

Além disso, a globalização econômica tem imposto o crescimento das empresas para poderem competir com as grandes multinacionais e até para poderem expandir sua

---

5.   SALOMÃO FILHO, Calixto. *Direito concorrencial*: as estruturas. São Paulo: Malheiros, 1998, p. 229-230; NUSDEO, Ana Maria de Oliveira. *Defesa da concorrência e globalização econômica*: o controle da concentração de empresas. São Paulo: Malheiros, 2002, p. 22.

6.   BAPTISTA, Luiz Olavo. Concentração de empresas. *Revista de Direito Civil, Imobiliário, Agrário e Empresarial*, São Paulo, ano 3, n. 9, jul./set. 1979, p. 183.

7.   GELLHORN, Ernest; KOVACIC, William E. *Antitrust law and economics*. 4. ed. St. Paul: West Group, 1994, p. 349-350.

8.   VEDOVE, Giampaolo dalle. *Concentrazioni e gruppi nel diritto antitrust*. Padova: CEDAM, 1999, p. 96.

atuação para outros mercados. Assim, para a entrada de uma empresa brasileira, no mercado americano ou no mercado comunitário, haveria uma união de empresas, aumentando a força da empresa nacional, permitindo-lhe competir com outras gigantes mundiais. No direito italiano, Giampaolo Dalle Vedove afirma que um dos motivos da concentração empresarial é "crescer em poder, para adquirir uma dimensão comunitária e se possível mundial"[9].

Outros motivos menos nobres também podem motivar a concentração, como, por exemplo, tornar o negócio apto a ser comprado por outros por um preço mais alto ou, ainda, a possibilidade de desencorajar concorrentes, que enfraqueçam e com isso aumente os lucros[10].

Os diversos motivos da concentração nem sempre são demonstrados claramente no mercado, por isso, é muito difícil valorar as intenções daqueles que realizam uma concentração. A dificuldade dessa valoração torna extremamente complexo o controle dos atos de concentração.

3   Classificação da concentração empresarial

As diversas formas de concentração empresarial podem envolver empresas do mesmo ramo, de áreas ligadas ou de áreas completamente distintas. Em função dessa relação entre as áreas de atuação das empresas envolvidas, podemos classificar a concentração em horizontal, vertical ou em conglomerado.

Diz-se que a concentração é horizontal quando envolve concorrentes diretos, isto é, aqueles que vendem o mesmo produto, no mesmo mercado[11]. É a concorrência entre os envolvidos que caracteriza uma concentração como horizontal; não basta a atuação no mesmo ramo genérico, é necessário que as envolvidas atuem com produtos concorrentes, produtos que se substituam. Além disso, é necessário que ambas atuem no mesmo espaço geográfico, sob pena de não serem concorrentes.

Assim, pode-se dizer que a formação da AMBEV foi uma concentração na horizontal, na medida em que envolvia duas concorrentes, Antarctica e Brahma, que atuavam no mesmo mercado. Todavia, se houvesse uma união entre uma empresa de telefonia da região centro-oeste e outra da região sudeste a concentração não seria horizontal, pois, embora atuem com os mesmos serviços, elas não atuam no mesmo espaço geográfico.

De outro lado, há concentração vertical quando as envolvidas atuam em fases distintas da mesma cadeia de produção, isto é, há relação efetiva ou potencial de compra e

---

9.   VEDOVE, Giampaolo dalle. *Concentrazioni e gruppi nel diritto antitrust*. Padova: CEDAM, 1999, p. 96, tradução livre de "*crescere in potere, per acquistare una dimensione comunitaria e se possibile mondiale*".

10.   GELLHORN, Ernest; KOVACIC, William E. *Antitrust law and economics*. 4. ed. St. Paul: West Group, 1994, p. 350.

11.   VEDOVE, Giampaolo dalle. *Concentrazioni e gruppi nel diritto antitrust*. Padova: CEDAM, 1999, p. 102.

628 | CURSO DE DIREITO EMPRESARIAL

venda entre as empresas. A verticalidade da concentração decorre do fato de uma empresa trazer para si uma função ligada a sua cadeia de produção que, de outra maneira, ainda seria encontrada no mercado[12]. Assim, seria vertical a fusão entre uma indústria e sua fornecedora de matéria-prima.

Por fim, temos os conglomerados que se formam nas concentrações que não se enquadram como horizontais ou verticais. As atividades das envolvidas se desenvolvem em mercados distintos, e não se relacionam verticalmente[13]. Tal forma de concentração está normalmente ligada à diversificação dos ramos de atuação, ou envolve sociedades de ramos similares, que atuam em mercados geográficos distintos, facilitando a compra de matéria-prima, a distribuição, ou o desenvolvimento de seus produtos ou serviços.

4   Livre-iniciativa e livre concorrência

Um dos fundamentos da República Federativa do Brasil é a livre-iniciativa (art. 1º, IV, da Constituição Federal), pelo qual se deve garantir aos indivíduos o acesso às atividades e o seu exercício[14]. Tal princípio tem uma função social, ele não é absoluto e deve se compatibilizar com outros princípios constitucionais, sobretudo os princípios da função social da propriedade e da livre concorrência. Assim, o princípio da livre-iniciativa não representa uma liberdade econômica absoluta; o Estado pode limitar a liberdade empresarial, respeitando os princípios da legalidade, igualdade e proporcionalidade, ponderando os valores da livre-iniciativa e da livre concorrência[15].

A livre concorrência não é uma consequência natural da livre-iniciativa, cabendo ao Estado intervir para assegurar a existência da livre concorrência e, consequentemente, assegurar a todos uma existência digna, conforme os ditames da justiça social. O princípio da livre concorrência é, pois, um instrumento para se atingir a tão almejada justiça social, dando à livre-iniciativa os contornos decorrentes da função social da propriedade. Sendo um instrumento, a livre concorrência também não é um valor absoluto, podendo ceder espaço a valores de maior importância[16].

Teoricamente, pode-se conceber a existência de uma concorrência perfeita que se caracterizaria por um equilíbrio entre oferta e demanda, por um número elevado de empresas de reduzida dimensão que oferecem produtos qualitativamente homogêneos, perfeitamente substituíveis, inexistindo barreiras ao ingresso de novos entes no

---

12.   HOVENKAMP, Herbert. *Antitrust*. 3. ed. St. Paul: West Group, 1999, p. 131.

13.   NUSDEO, Ana Maria de Oliveira. *Defesa da concorrência e globalização econômica*: o controle da concentração de empresas. São Paulo: Malheiros, 2002, p. 50-51.

14.   Idem, p. 234.

15.   PROENÇA, José Marcelo Martins. *Concentração empresarial e o direito da concorrência*. São Paulo: Saraiva, 2001, p. 4.

16.   ALVES, Jorge de Jesus Ferreira. *Direito da concorrência nas comunidades europeias*. 2. ed. Coimbra: Coimbra, 1992, p. 21.

mercado[17]. A presença de muitos concorrentes impede a elevação arbitrária dos preços, pois, diante de tal aumento, o consumidor simplesmente se dirigiria aos demais concorrentes, que forneceriam produtos qualitativamente homogêneos, sem qualquer prejuízo para o consumidor[18]. Outrossim, para a concorrência perfeita, inexistem barreiras ao ingresso de novos entes no mercado, permitindo a substituição de fornecedores, ou o aumento do número destes, para se restabelecer o equilíbrio.

A ideia da concorrência perfeita é uma utopia, mas serve de parâmetro para se ter em mente como um mercado competitivo trabalha e os benefícios que ele pode oferecer[19]. A partir daí, pode-se chegar à ideia da concorrência praticável, que seria aquela desejada. Tal concorrência se caracteriza por três liberdades, a saber, liberdade de acesso ao mercado pelas empresas, liberdade de fixação de preço e liberdade de escolha do consumidor[20]. Com essas liberdades, aplica-se plenamente o princípio da livre concorrência, conciliando-o com a livre-iniciativa.

Todavia, há que se ter em mente que, em determinadas circunstâncias, valores maiores podem gerar situações anticoncorrenciais, como, por exemplo, a integração dentro de um bloco econômico regional, a defesa do consumidor ou outros valores mais relevantes. Nestes casos, os atos não são ilícitos, pois atendem a fins maiores, não devendo ser reprimidos.

A livre concorrência, como um princípio constitucional da ordem econômica (art. 170, IV, da CF), é protegida pelo CADE – Conselho Administrativo de Defesa Econômica –, que é uma autarquia federal que atua também como órgão judicante. Neste mister, o CADE tem como papéis primordiais punir as infrações à ordem econômica e controlar os atos de concentração empresarial que de qualquer forma possam influir na livre concorrência. Dentro desse trabalho, interessa-nos apenas o controle dos atos de concentração empresarial.

Os atos de concentração empresarial são, a princípio, lícitos, mas podem eventualmente representar danos à livre concorrência, na medida em que podem diminuir o número de concorrentes no mercado, ou podem representar uma prefixação de preços ou, ainda, podem representar obstáculos ao ingresso de novos entes no mercado. Nas concentrações horizontais tais efeitos perniciosos sobre a livre concorrência são mais facilmente vislumbrados, mas nada impede que, em concentrações verticais ou nos conglomerados, possa haver violação à livre concorrência. Nas concentrações verticais podem ser estabelecidos obstáculos à entrada de novos concorrentes, ou até à atuação dos concorrentes já

---

17. VEDOVE, Giampaolo Dalle. *Concentrazioni e gruppi nel diritto antitrust.* Padova: CEDAM, 1999, p. 80.

18. GELLHORN, Ernest; KOVACIC, William E. *Antitrust law and economics.* 4. ed. St. Paul: West Group, 1994, p. 53.

19. Idem, p. 57.

20. ALVES, Jorge de Jesus Ferreira. *Direito da concorrência nas comunidades europeias.* 2. ed. Coimbra: Coimbra, 1992, p. 67; PROENÇA, José Marcelo Martins. *Concentração empresarial e o direito da concorrência.* São Paulo: Saraiva, 2001, p. 5.

630 CURSO DE DIREITO EMPRESARIAL

existentes, pela limitação da oferta de uma matéria-prima, ou pelo aumento no seu preço. De outro lado, mesmo nos conglomerados podem ocorrer violações à livre concorrência, na medida em que um concorrente, que estava à margem do mercado, ingressa neste mercado conjuntamente com outro ente que já estava neste mercado, acabando com o medo do ingresso de um novo ente com preços inferiores, permitindo, assim, um aumento dos preços[21].

5   Controle dos atos de concentração

Os atos de concentração que possam produzir efeitos sobre a livre concorrência, dentro do território brasileiro, devem ser submetidos ao crivo do CADE, previamente (Lei n. 12.529/2011 – art. 88, § 2º). Tal apreciação deverá ocorrer no prazo de *até 240 dias* a contar do protocolo de petição ou de sua emenda, tendo sido a previsão de aprovação tácita pelo decurso do prazo vetada pela Presidente da República. O prazo poderá ser dilatado por até 60 (sessenta) dias, improrrogáveis, mediante requisição das partes envolvidas na operação; ou por até 90 (noventa) dias, mediante decisão fundamentada do Tribunal Administrativo de Defesa Econômica (órgão judicante integrante do CADE), em que sejam especificadas as razões para a extensão, o prazo da prorrogação, que será não renovável, e as providências cuja realização seja necessária para o julgamento do processo.

Os atos de concentração, portanto, não podem ser consumados sem a apreciação do CADE, sob pena de nulidade e imposição de multa pecuniária não inferior a R$ 60.000,00 (sessenta mil reais) nem superior a R$ 60.000.000,00 (sessenta milhões de reais). Até a decisão, devem ser preservadas as condições de concorrência entre os envolvidos.

Nossa legislação fazia uma formulação genérica com o intuito de abranger um maior número de atos, não indicando as formas dos atos de concentração sujeitos a tal crivo.

Atualmente, porém, a previsão ficou mais específica, afirmando-se que

> Art. 88. Serão submetidos ao CADE pelas partes envolvidas na operação os atos de concentração econômica em que, cumulativamente:
>
> I – pelo menos um dos grupos envolvidos na operação tenha registrado, no último balanço, faturamento bruto anual ou volume de negócios total no País, no ano anterior à operação, equivalente ou superior a R$ 400.000.000,00 (quatrocentos milhões de reais); e
>
> II – pelo menos um outro grupo envolvido na operação tenha registrado, no último balanço, faturamento bruto anual ou volume de negócios total no País, no ano anterior à operação, equivalente ou superior a R$ 30.000.000,00 (trinta milhões de reais) (art. 88, da Lei n. 12.529, de 30 de novembro de 2011).

Portanto, a partir da Lei n. 12.529/2011, o que interessa é apenas o faturamento bruto anual ou volume de negócios total no país, no ano anterior à operação, exigindo-se

---

21.   HOVENKAMP, Herbert. *Antitrust*. 3. ed. St. Paul: West Group, 1999, p. 241.

quatrocentos milhões de reais para um dos grupos envolvidos e trinta milhões para o outro grupo. Os valores mencionados poderão ser adequados, simultânea ou independentemente, por indicação do Plenário do CADE, portaria interministerial dos Ministros de Estado da Fazenda e da Justiça.

O art. 90 da mesma Lei passa a definir o que se enquadra e o que não se enquadra como ato de concentração para essa finalidade exclusiva de apreciação pelo CADE. Para os efeitos do referido controle, realiza-se um ato de concentração quando:

> I – 2 (duas) ou mais empresas anteriormente independentes se fundem;
>
> II – 1 (uma) ou mais empresas adquirem, direta ou indiretamente, por compra ou permuta de ações, quotas, títulos ou valores mobiliários conversíveis em ações, ou ativos, tangíveis ou intangíveis, por via contratual ou por qualquer outro meio ou forma, o controle ou partes de uma ou outras empresas;
>
> III – 1 (uma) ou mais empresas incorporam outra ou outras empresas; ou
>
> IV – 2 (duas) ou mais empresas celebram contrato associativo, consórcio ou *joint venture*.

De outro lado, não serão considerados atos de concentração, para os efeitos da apreciação pelo CADE, a celebração de contrato associativo, consórcio ou *joint venture* para participação em licitações.

Diante de tal previsão, se inserem dentro do conceito de ato de concentração para fins de apreciação pelo CADE, desde que preenchidos os demais requisitos, as fusões, incorporações e cisões para sociedades já existentes, uma vez que em todos esses casos há uma espécie de fusão ou incorporação.

Da mesma forma, se inserem no conceito as aquisições de controle e de participações relevantes no capital de outras sociedades, desde que haja a possibilidade de influência no comportamento concorrencial da empresa adquirida. Por fim, também se inserem nesse conceito as uniões entre empresas independentes com a formação de *joint ventures*, contratuais ou societárias, consórcios e outros contratos associativos, desde que não se destinem a participação em licitações.

Inserem-se dentro do conceito de atos de concentração os contratos associativos com duração igual ou superior a 2 anos, que envolvam o compartilhamento de riscos e resultado da atividade econômica que constitui seu objeto, desde que as partes contratantes façam parte do mesmo mercado relevante (Resolução n. 17, de 18 de outubro de 2016 do CADE).

6   Mercado relevante

Um dos fatores que era levado em conta para submeter um ato ao CADE, nos termos do revogado art. 54, § 3º, da Lei n. 8.884/94, era a participação das envolvidas em um mercado relevante. Tal participação deve ser levada em conta para a decisão final do

CADE, que considerará os efeitos do ato de concentração sobre a concorrência no mercado em questão.

Não há como se formular um conceito acerca do que vem a ser um mercado relevante; o que se faz é delimitar qual é o mercado relevante, isto é, definir quais são os concorrentes. À luz dessa definição, podem-se ter em mente os efeitos do ato de concentração sobre aquele mercado e, assim, poder tomar uma decisão a respeito do ato[22].

Dois são os critérios para delimitação do mercado relevante: o critério do produto e o critério geográfico. Tais critérios devem ser tratados conjuntamente, para se definir um mercado relevante.

Pelo critério do produto, há que se analisar se os produtos se substituem. Em caso afirmativo, eles integram o mesmo mercado, sob a ótica do produto. Nesta análise, deve-se vislumbrar se os produtos atingem a mesma finalidade, se têm as mesmas características e se têm preços compatíveis entre si[23], ou seja, quais são as alternativas para o consumidor daquele produto ou serviço[24] diante de um aumento, ou da sua falta. Nem todos os consumidores precisam considerar os produtos substitutos; basta que um bom número de consumidores assim o considerem.

Tomemos o exemplo da Coca-Cola. Qual seria o mercado relevante? Seria possível ter em mente o mercado apenas de Coca-Cola? Ou o mercado de refrigerantes sabor cola? O mercado de refrigerantes? O mercado de bebidas não alcoólicas (refrigerantes, sucos, chás, achocolatados)? Ou o mercado de bebidas em geral (incluindo cervejas e outras bebidas alcoólicas)?

Ora, caso houvesse o aumento do preço da Coca-Cola e a diminuição da oferta dela, os consumidores, em sua maioria, se socorreriam de outros refrigerantes[25], fornecidos pelas concorrentes, havendo assim uma relação de substituição entre os refrigerantes. Não há uma relação de substituição com outras bebidas; em face das características diferenciadas dos produtos, eles não atendem à mesma finalidade. Assim, nesse caso o mercado relevante, sob a ótica do produto, seria o mercado de refrigerantes.

Tomemos outro exemplo: a união entre Colgate e Kolynos ocorrida em 1995. Nesse caso, as envolvidas trabalhavam com quatro produtos, quais sejam, creme dental, escova dental, fio dental e enxaguante bucal. Tais produtos não se substituem, cada um tem uma função própria. Assim, não podemos conceber um mercado de higiene bucal, nesse ato de concentração, mas quatro mercados distintos, dada a ausência de substituição entre os referidos produtos.

O critério do produto não é suficiente para a definição de um mercado relevante; é fundamental aliá-lo ao critério geográfico, que analisa quais compradores e fornecedores

---

22. CLARK, John. Market definition and assignment of market shares. In: KHEMANI, R. Shyam. *A framework for the design and implementation of competition law and policy*. Washington: World Bank, 1998, p. 10.

23. Idem, p. 12.

24. VEDOVE, Giampaolo Dalle. *Concentrazioni e gruppi nel diritto antitrust*. Padova: CEDAM, 1999, p. 91.

25. HOVENKAMP, Herbert. *Antitrust*. 3. ed. St. Paul: West Group, 1999, p. 101.

são importantes para definir as condições de oferta e demanda de determinado produto[26]. Assim, devem ser analisados quais fornecedores têm condição de influir, ao menos potencialmente, na fixação do preço de um produto, em determinado espaço geográfico, vale dizer, há que se definir quais fornecedores supririam os consumidores insatisfeitos e quais fornecedores poderiam ingressar rapidamente naquele espaço fornecendo substitutos[27], inexistindo dificuldades para esse ingresso.

No caso, por exemplo, do creme dental, o mercado é nacional, pois os fornecedores são praticamente os mesmos para todo o país, ou seja, se um consumidor quiser trocar de fornecedor, ele procurará fornecedores comuns a todo o país. De outro lado, o mercado já é partilhado por grandes empresas, de modo que os fornecedores internacionais não teriam condição de rapidamente ingressar no mercado oferecendo seus produtos e de suprir a oferta já apresentada.

7   Apreciação dos atos de concentração

Os atos de concentração serão apresentados à Superintendência-Geral do CADE, com as informações e documentos indispensáveis à instauração do processo administrativo, definidos em resolução do Cade, além do comprovante de recolhimento da taxa respectiva. O Cade terá em sua estrutura uma Superintendência-Geral, com 1 (um) Superintendente-Geral e 2 (dois) Superintendentes-Adjuntos, com atribuições definidas em resolução. A superintendência poderá determinar a emenda do requerimento, se entender que há defeitos ou irregularidades que possam comprometer o julgamento. Tal emenda será determinada uma única vez, sob pena de arquivamento.

Após o protocolo da apresentação do ato de concentração, ou de sua emenda, a Superintendência-Geral fará publicar edital, indicando o nome dos requerentes, a natureza da operação e os setores econômicos envolvidos. Após tal publicação, a Superintendência-Geral conhecerá diretamente do pedido, proferindo decisão terminativa, quando o processo dispensar novas diligências ou nos casos de menor potencial ofensivo à concorrência, assim definidos em resolução do Cade, ou determinará a realização de instrução complementar. A instrução deverá ser a mais completa possível e, sempre que necessário, poderão ser ordenadas novas diligências. Nos casos de processo considerados complexos, a Superintendência poderá requerer a dilação do prazo para apreciação do ato de concentração.

Concluída a instrução, a Superintendência poderá aprovar diretamente o ato sem restrições ou poderá oferecer impugnação perante o Tribunal, caso entenda que o ato deva ser rejeitado, aprovado com restrições ou que não existam elementos conclusivos quanto aos seus efeitos no mercado. Além disso, é possível que o Tribunal, mediante provocação de um de seus Conselheiros e em decisão fundamentada, avoque o processo para julgamento, ficando prevento o Conselheiro que encaminhou a provocação.

---

26.   CADE – AC 83/96; Conselheira Relatora Lucia Helena Salgado e Silva, *DOU* de 25-7-1997, p. 16023.

27.   HOVENKAMP, Herbert. *Antitrust*. 3. ed. St. Paul: West Group, 1999, p. 106-107.

No prazo de 15 (quinze) dias contado a partir da publicação da decisão da Superintendência-Geral que aprovar o ato de concentração, caberá recurso, com efeito suspensivo, da decisão ao Tribunal, que poderá ser interposto por terceiros interessados ou, tratando-se de mercado regulado, pela respectiva agência reguladora. Em até 5 (cinco) dias úteis a partir do recebimento do recurso, o Conselheiro-Relator poderá: (a) conhecer do recurso e determinar a sua inclusão em pauta para julgamento; (b) conhecer do recurso e determinar a realização de instrução complementar, podendo, a seu critério, solicitar que a Superintendência-Geral a realize, declarando os pontos controversos e especificando as diligências a serem produzidas; ou (c) não conhecer do recurso, determinando o seu arquivamento. As requerentes poderão manifestar-se acerca do recurso interposto, em até 5 (cinco) dias úteis do conhecimento do recurso no Tribunal ou da data do recebimento do relatório com a conclusão da instrução complementar elaborada pela Superintendência-Geral, o que ocorrer por último.

A impugnação deverá apresentar, de forma circunstanciada, o potencial lesivo do ato à concorrência e as razões pelas quais não deve ser aprovado integralmente ou rejeitado.

Havendo impugnação, será iniciado o processo administrativo perante o Tribunal Administrativo de Defesa Econômica. Nesse processo, o requerente poderá oferecer, no prazo de 30 (trinta) dias da data de impugnação da Superintendência-Geral, em petição escrita, dirigida ao Presidente do Tribunal, manifestação expondo as razões de fato e de direito com que se opõe à impugnação do ato de concentração.

Distribuída a impugnação, o Conselheiro-Relator proferirá decisão determinando a inclusão do processo em pauta para julgamento, caso entenda que se encontre suficientemente instruído, ou determinará a realização de instrução complementar, se necessário, podendo, a seu critério, solicitar que a Superintendência-Geral a realize, declarando os pontos controversos e especificando as diligências a serem produzidas. Além disso, o Conselheiro-Relator poderá deferir cautelar administrativa para permitir a realização do ato de concentração econômica, impondo as condições que visem à preservação da reversibilidade da operação, quando assim recomendarem as condições do caso concreto.

No julgamento do pedido de aprovação do ato de concentração econômica, o Tribunal poderá aprová-lo integralmente, rejeitá-lo ou aprová-lo parcialmente. As restrições podem incluir a venda de ativos ou de um conjunto de ativos que constitua uma atividade empresarial; a cisão de sociedade; a alienação de controle societário; a separação contábil ou jurídica de atividades; o licenciamento compulsório de direitos de propriedade intelectual; e qualquer outro ato ou providência necessários para a eliminação dos efeitos nocivos à ordem econômica.

As restrições impostas pelo CADE normalmente objetivam a redução do poder de mercado das envolvidas e, eventualmente, a abertura do mercado a novos concorrentes. Assim, por exemplo, no caso da AMBEV[28], o CADE condicionou a aprovação da fusão à venda da marca Bavária, à venda de cinco fábricas e à partilha de sua rede de distribuição,

---

28. Ato de concentração 08012.005846/99-12.

com 5 (cinco) empresas cervejeiras, pelo prazo de 4 (quatro) anos, uma em cada uma das regiões. Tais medidas nem sempre atingem seus objetivos.

A existência de tais restrições demonstra que a concentração ocorrida causava danos à livre concorrência. Então, por que não simplesmente rejeitar a concentração?

Como já colocado, no Brasil, adota-se a ideia da concorrência instrumento, vale dizer, a livre concorrência é um meio para se alcançar a justiça social. Em função disso, admite-se a aprovação de atos que violem a livre concorrência, desde que atendam a outros interesses, como o interesse dos consumidores, o progresso tecnológico ou a melhoria da produção[29], ou ainda o aumento da competitividade internacional. Aplica-se aqui a chamada regra da razão, pela qual devem ser consideradas ilícitas apenas as práticas que restrinjam a concorrência de modo não razoável[30].

Nossa legislação usa conceitos indeterminados, dando uma grande margem para a atuação dos intérpretes[31], para permitir que esses interesses maiores se sobreponham à defesa da livre concorrência, ao permitir que certos atos anticoncorrenciais sejam aprovados desde que tenham, por objetivo, satisfazer interesses maiores em favor dos consumidores e, sobretudo, com o mínimo possível de prejuízo para a livre concorrência, aumentando a produtividade, ou melhorando a qualidade de bens ou serviços, ou aumentando a eficiência e o desenvolvimento tecnológico e econômico. São admitidos também outros atos anticoncorrenciais, em função de motivos preponderantes da economia nacional e do bem comum, desde que não impliquem prejuízo ao consumidor ou usuário finais.

---

29.   VEDOVE, Giampaolo Dalle. *Concentrazioni e gruppi nel diritto antitrust.* Padova: CEDAM, 1999, p. 105.

30.   FORGIONI, Paula A. *Os fundamentos do antitruste*. São Paulo: Revista dos Tribunais, 1998, p. 186.

31.   NUSDEO, Ana Maria de Oliveira. *Defesa da concorrência e globalização econômica*: o controle da concentração de empresas. São Paulo: Malheiros, 2002, p. 256-257.

38 COOPERATIVAS

1 Conceito

Nas sociedades em geral, há um conjunto de pessoas que se reúne para o exercício de atividades. Tal reunião se dá por diversos motivos, mas, especialmente, para melhor alcançar os objetivos almejados. Várias pessoas juntas conseguem realizar melhor as atividades do que uma pessoa sozinha. Nas sociedades cooperativas também há essa reunião de pessoas para o melhor desempenho de certas atividades, contudo, as cooperativas possuem traços peculiares.

As cooperativas podem ser definidas como "toda associação de pessoas que tenha por fim a melhoria econômica e social de seus membros, através da exploração de uma empresa sobre a base da ajuda mútua"[1]. Outro conceito diz que a cooperativa é "a sociedade de pessoas, de cunho econômico, sem fins lucrativos, criada para prestar serviços aos sócios de acordo com princípios jurídicos próprios e mantendo seus traços distintivos intactos"[2]. Na legislação brasileira, o art. 3º da Lei n. 5.764/71 afirma que "celebram contrato de sociedade cooperativa as pessoas que reciprocamente se obrigam a contribuir com bens ou serviços para o exercício de uma atividade econômica, de proveito comum, sem objetivo de lucro".

Todos os conceitos formulados têm traços essenciais da ideia de uma sociedade cooperativa que merecem ser mais bem detalhados.

As cooperativas são reuniões de pessoas, que contribuem com bens ou serviços para o exercício de uma atividade econômica, ou seja, são sociedades. Nessa condição, é claro que o objeto das cooperativas é o exercício de uma atividade econômica, contudo, sem fim lucrativo. Embora possa parecer uma contradição, não há nenhum problema no exercício de uma atividade econômica sem fins lucrativos.

Quando se diz que as cooperativas são voltadas para o exercício de uma atividade econômica, o que se quer é ressaltar que as cooperativas não são entidades beneficentes ou culturais, ainda que eventualmente acabem desenvolvendo algumas atividades nesse sentido. A atividade cooperativa visa à criação ou ao aumento das riquezas e, por isso, é uma atividade econômica.

---

1. GONÇALVES NETO, Alfredo de Assis. *Lições de direito societário*. 2. ed. São Paulo: Juarez de Oliveira, 2004, p. 145.

2. BECHO, Renato Lopes. *Elementos de direito cooperativo*. São Paulo: Dialética, 2002, p. 22.

Essa economicidade, contudo, não se revela em um fim lucrativo. Não há lucro na sociedade cooperativa a ser repartido. A atividade cooperativa não cria riquezas para a posterior distribuição entre os cooperados, na proporção de sua participação. O fim econômico é alcançado pelos cooperados diretamente, nas suas relações com a sociedade[3]. Esses podem e querem ter lucros com suas atividades pessoais, que não se confundem com a atividade da cooperativa.

Diante disto, vê-se a principal diferença entre as sociedades cooperativas e as demais sociedades. Nestas, o sócio busca resultados lucrativos proporcionais aos riscos assumidos. Já na cooperativa, o objetivo dos cooperados não é o lucro a ser repartido, mas a redução dos custos dos bens ou serviços que interessam aos sócios, para melhorar sua condição econômica[4]. Nada impede, contudo, que o eventual resultado da atividade venha a ser repartido, mas esse não é o objetivo central das cooperativas.

O cooperado é, ao mesmo tempo, sócio e usuário dos serviços da cooperativa. Como sócio, ele tem poder de manifestar, votar, fiscalizar... Já como usuário, ele se beneficia da estrutura da cooperativa para gozar das facilidades que a cooperativa lhe proporciona. O objetivo da cooperativa é, em última análise, prestar serviços ao sócio, seja na obtenção de bens a preços menores, seja nos serviços mais vantajosos ou até mesmo na possibilidade de trabalho em condições mais convenientes.

2 Natureza

Apesar de todas as peculiaridades, as cooperativas são sociedades e mais especificamente sociedades simples de pessoas.

Por definição legal (art. 982 do Código Civil), as cooperativas são consideradas sociedades simples, independentemente da atividade desenvolvida, uma vez que não visam ao lucro. A forma é preponderante para enquadrá-las nessa categoria de sociedades. Ignora-se a realidade da atividade desenvolvida, para definir pela forma as cooperativas como sociedades simples. Tal opção, embora criticável[5], foi feita pelo legislador e deverá ser levada em conta para qualquer estudo das cooperativas. A grande importância desse enquadramento é o afastamento das medidas previstas na Lei n. 11.101/2005 (falência, recuperação judicial e recuperação extrajudicial), que só se aplicam aos empresários e sociedades empresárias.

---

3. BECHO, Renato Lopes. *Elementos de direito cooperativo*. São Paulo: Dialética, 2002, p. 23.

4. FERRARA JUNIOR, Francesco; CORSI, Francesco. *Gli imprenditori e le società*. 11. ed. Milano: Giuffrè, 1999, p. 934; GONÇALVES NETO, Alfredo de Assis. *Lições de direito societário*. 2. ed. São Paulo: Juarez de Oliveira, 2004, p. 146.

5. SZTAJN, Rachel. In: FONSECA, Priscila M. P. Corrêa da; SZTAJN, Rachel. *Código Civil comentado*. São Paulo: Atlas, 2008, p. 142; REIS JÚNIOR, Nilson. *Aspectos societários das sociedades cooperativas*. Belo Horizonte: Mandamentos, 2006, p. 55; KRUGER, Guilherme. As cooperativas como sociedades simples. In: KRUGER, Guilherme (Coord.). *Cooperativismo e o novo Código Civil*. 2. ed. Belo Horizonte: Mandamentos, 2005, p. 109.

638 CURSO DE DIREITO EMPRESARIAL

Além de serem sociedades simples, as cooperativas são, também por definição legal (Lei n. 5.764/71 – art. 4º), sociedades de pessoas, no sentido de que o elemento pessoal dos sócios é muito mais importante que o dinheiro dos sócios. Há nas cooperativas a preponderância do elemento pessoal sobre o elemento pecuniário. Prova disso é a votação por cabeça, independentemente da participação de cada cooperado no capital.

No mesmo sentido, não se admite que o sócio transfira suas quotas a terceiros, mesmo que por herança. Não se pode admitir que qualquer pessoa ingresse como sócio de uma cooperativa, por isso é que não se admite a cessão das quotas, mesmo em caso de falecimento. Nas cooperativas de trabalho, por exemplo, não se pode admitir o ingresso de alguém que não tenha a mesma profissão. Tal impossibilidade de cessão, contudo, não significa que terceiros não possam ingressar em uma cooperativa já constituída. O chamado princípio das portas abertas permite que qualquer um ingresse na sociedade, desde que atenda às condições exigidas pela sociedade. Todavia, esse ingresso será por mão própria e não com as quotas de outros sócios.

3   Legislação aplicável

No Brasil, as cooperativas, por sua importância, chegam a possuir algum tratamento na Constituição Federal, como o adequado tratamento tributário ao ato cooperativo. Além disso, o Código Civil traz alguns dispositivos sobre as sociedades cooperativas (arts. 1.093 a 1.095) que destacam as principais características e o regime de responsabilidade dos cooperados. Todavia, o art. 1.093 também ressalva a continuidade de aplicação da legislação especial (Lei n. 5.764/71).

Outrossim, o art. 982 define as sociedades cooperativas como sociedades simples, independentemente da atividade exercida. Além disso, o art. 1.096 do Código Civil determina a aplicação subsidiária das regras relativas às sociedades simples, no que a lei especial for omissa, resguardadas as características essenciais das sociedades cooperativas.

Dessa forma, ficamos com a seguinte configuração legislativa para as cooperativas: em primeiro lugar a Constituição Federal; em segundo lugar os arts. 1.093 a 1.095 do Código Civil; em terceiro lugar a Lei n. 5.764/71, no que não contrariar as outras normas; e por fim as regras inerentes às sociedades simples (arts. 997 a 1.038 do Código Civil)[6], naquilo que não contrariarem as demais normas.

Especificamente no que tange à aplicação das regras inerentes às sociedades simples (arts. 997 a 1.038 do Código Civil), o uso será pequeno, porquanto é certo que haverá a aplicação de tais regras apenas quando as demais regras sobre as cooperativas não tratarem do assunto. Nesse sentido, Guilherme Krueger faz uma análise detalhada e afirma que se aplicam subsidiariamente às sociedades cooperativas apenas os seguintes artigos:

---

6.   PRUX, Oscar Ivan; HENTZ, Luiz Antonio Soares; ALMEIDA, Marcus Elidius Michelli de. *Comentários ao Código Civil brasileiro*. Rio de Janeiro: Forense, 2006. v. X, p. 72.

1.001, 1.003, parágrafo único, 1.004, 1.005, 1.009, 1.010, § 3º, 1.011, *caput* e § 2º, 1.012, 1.015, parágrafo único, 1.017, 1.018, segunda parte, 1.025, 1.026, 1.034, 1.035[7].

4 Classificações

As sociedades cooperativas, mesmo possuindo traços essenciais, podem se diferenciar de acordo com vários aspectos, o que permite a elaboração de algumas classificações, para fins exclusivamente didáticos.

4.1 Quanto à estrutura

Quanto à estrutura, podemos falar em:

a) cooperativas singulares: cujo objetivo é a prestação de serviços aos cooperados, sendo compostas por pessoas físicas e, excepcionalmente, por pessoas jurídicas[8]. São as cooperativas mais comuns;

b) centrais ou federações de cooperativas: são entidades que se destinam a organizar serviços de cooperativas filiadas. São formadas por pelo menos três cooperativas singulares, podendo admitir excepcionalmente associados individuais que venham a constituir cooperativas singulares;

c) confederações de cooperativas: "têm por objetivo orientar e coordenar as atividades das filiadas, nos casos em que o vulto dos empreendimentos transcender o âmbito de capacidade ou conveniência de atuação das centrais e federações" (Lei n. 5.764/71, art. 9º). São compostas por pelo menos três cooperativas centrais ou federações de cooperativas com atuação no mesmo ramo ou em diversos ramos de atividade.

Em regra, trataremos das cooperativas singulares, por serem as mais importantes na realidade das sociedades cooperativas.

4.2 Quanto à atividade

No que diz respeito às atividades desenvolvidas pelas cooperativas, pode-se classificá-las de inúmeras formas. Destacaremos apenas as principais:

a) cooperativas de consumo: destinam-se à aquisição, em comum, de produtos de consumo para seus cooperados;

---

7. KRUGER, Guilherme. As cooperativas como sociedades simples. In: KRUEGER, Guilherme (Coord.). *Cooperativismo e o novo Código Civil*. 2. ed. Belo Horizonte: Mandamentos, 2005, p. 90-105.

8. GONÇALVES NETO, Alfredo de Assis. *Lições de direito societário*. 2. ed. São Paulo: Juarez de Oliveira, 2004, p. 150.

b) de crédito: destinadas a promover a poupança e permitir financiamentos para seus cooperados;

c) agropecuárias;

d) educacionais;

e) habitacionais;

f) de saúde;

g) de produção;

h) de prestação de serviços;

i) mistas.

4.3 Quanto à responsabilidade do cooperado

O Código Civil estabelece uma dualidade de regimes sobre a responsabilidade dos cooperados pelas obrigações da sociedade. Em razão disso, podemos diferenciar as cooperativas de responsabilidade limitada daquelas de responsabilidade ilimitada:

a) limitadas: a responsabilidade dos sócios se limita ao respectivo capital subscrito, obrigando-se a suportar os prejuízos apenas na proporção de sua participação nas operações;

b) ilimitadas: os sócios respondem subsidiariamente e de forma solidária por todas as obrigações sociais.

5 Constituição

As sociedades cooperativas nascem a partir de um ato de vontade dos cooperados que, normalmente, são pessoas que têm muitas afinidades entre si. Essa vontade originadora da cooperativa poderá se formalizar em uma assembleia geral de constituição ou em uma escritura pública.

Na deliberação da assembleia, que deve ser precedida de um edital de convocação, publicado com pelo menos 10 dias de antecedência, os cooperados presentes deverão aprovar um estatuto e eleger os primeiros dirigentes da cooperativa. O projeto do estatuto só poderá ser alterado por deliberação unânime, com a presença de todos os subscritores. Fora da alteração do estatuto, o quórum de deliberação é de 2/3 dos subscritores, em primeira convocação, maioria absoluta em segunda ou pelo menos 10 subscritores em terceira convocação. Atendido o quórum, será declarada constituída a cooperativa e lavrada uma ata da assembleia realizada.

Alternativamente, há a possibilidade de constituição da cooperativa por meio de uma escritura pública, na qual todos os subscritores serão qualificados, com a indicação das respectivas quotas. Na escritura também deverá ser declarada a aprovação dos estatutos, bem como a eleição dos primeiros dirigentes. Ao final, deve haver a assinatura de todos os subscritores.

Em qualquer caso, a ata da assembleia ou a escritura pública deve ser arquivada, em três vias, na junta comercial[9] (Lei n. 5.764/71 – art. 18, § 6º). Após esse arquivamento, deverá ser providenciada a publicação da ata ou da escritura em jornal oficial e em jornal de grande circulação. Providenciada a publicação, os exemplares dos jornais também devem ser levados a registro na junta comercial.

Antes de iniciar suas atividades, as cooperativas devem se registrar na Organização das Cooperativas Brasileiras (OCB) ou na entidade estadual, se houver, mediante apresentação dos estatutos devidamente registrados. Não há mais necessidade de autorização estatal para o início das atividades, tendo em vista o disposto no art. 5º, XVIII, da Constituição Federal que derrogou tal exigência constante da Lei n. 5.764/71.

6   Capital social

As sociedades, em regra, precisam de um capital social para desenvolver suas atividades, isto é, a princípio, é fundamental a contribuição dos sócios. Normalmente, esse capital social é determinado, variando apenas nas circunstâncias legalmente previstas. Todavia, nas sociedades cooperativas a situação é diferente, uma vez que a regra sempre foi a variabilidade do capital social, ou seja, nas cooperativas, normalmente, apenas o capital mínimo é fixado no estatuto, sendo dispensadas as alterações estatutárias para registrar alterações do capital social. As reduções ou aumentos do capital social são bem mais frequentes nas cooperativas e, por isso, é perfeitamente justificável a variabilidade do capital social[10].

Com o advento do Código Civil, passou a ser admitida até a dispensa do capital social, o que não era compatível com a Lei n. 5.764/71. Assim sendo, poderemos ter cooperativas com capital mínimo e cooperativas sem capital social, estas dirigidas a atividades em que o capital não seja tão relevante, permitindo-se inclusive a ampliação do número de cooperativas.

Ao contrário das demais sociedades, nas quais é possível um controle majoritário ou mesmo totalitário, nas cooperativas não há a possibilidade da concentração exagerada do capital em uma única mão. O Código Civil estabelece que nas cooperativas há uma limitação do número de quotas que podem pertencer a cada sócio. No sistema das cooperativas, não se admite uma diferenciação entre controladores e minoritários, isto é, todos os sócios devem ter um tratamento igual[11].

O Código Civil não estabelece esse limite, restando a dúvida se continua em vigor ou não a limitação estabelecida no art. 24, § 1º, da Lei n. 5.764/71, que estabelece o

---

9.   STOBERL, Paulo Roberto. O arquivamento dos atos constitutivos das sociedades cooperativas na vigência do novo Código Civil brasileiro. In: KRUEGER, Guilherme (Coord.). *Cooperativismo e o novo Código Civil.* 2. ed. Belo Horizonte: Mandamentos, 2005, p. 116; FURTADO, Lucas Rocha. O registro dos atos constitutivos das sociedades cooperativas. In: KRUEGER, Guilherme (Coord.). *Cooperativismo e o novo Código Civil.* 2. ed. Belo Horizonte: Mandamentos, 2005, p. 129.

10.   POLONIO, Wilson Alves. *Manual das sociedades cooperativas.* 3. ed. São Paulo: Atlas, 2001, p. 39.

11.   BECHO, Renato Lopes. *Elementos de direito cooperativo.* São Paulo: Dialética, 2002, p. 74.

máximo de 1/3 do capital social. Renato Lopes Becho entende que não mais subsiste o limite da Lei n. 5.764/71, de modo que o limite passaria a ser de 50% do capital, uma vez que ele deveria ser acessível a pelo menos dois sócios[12]. De outro lado, Oscar Ivan Prux e Gladston Mamede ressaltam que a especificidade da Lei n. 5.764/71 permitiria a subsistência daquele limite de 1/3[13]. Concordamos com esta última opinião, uma vez que não conseguimos enxergar a derrogação da regra especial pela regra do Código Civil, que é bem genérica, apenas explicitando a necessidade de limitação.

7 Órgãos sociais

Regularmente constituída, a cooperativa passa a ser uma pessoa jurídica com vida própria, isto é, com direitos e obrigações próprios. Na sua vida, a pessoa jurídica se manifesta e atua por meio de certos órgãos. Nas cooperativas, há pelos menos três órgãos, a saber: a assembleia geral, o conselho de administração ou a diretoria e o conselho fiscal. A obrigatoriedade desses órgãos não impede a criação de novos órgãos pela própria cooperativa.

7.1 Assembleia geral

A assembleia geral é a reunião dos sócios para deliberar sobre matéria de interesse da sociedade, formando a vontade da cooperativa. Trata-se da manifestação da vontade da sociedade para as matérias mais relevantes. Nos termos da própria Lei n. 5.764/71, a assembleia é o órgão supremo das cooperativas.

Para que a assembleia se realize, é necessária uma convocação, que poderá ser feita pelo Presidente, ou por qualquer dos órgãos de administração, pelo Conselho Fiscal, ou após solicitação não atendida, por 1/5 (um quinto) dos associados em pleno gozo dos seus direitos (Lei n. 5.764/71, art. 38, § 2º). Tal convocação é realizada de modo extremamente formal, uma vez que se exigem cumulativamente editais afixados em locais apropriados das dependências comumente mais frequentadas pelos associados, publicação em jornal e comunicação aos associados por intermédio de circulares. Esta última providência é extremamente difícil nas grandes cooperativas e, por isso, tem sido ignorada.

Realizada a convocação, para que a assembleia se realize é necessária a presença de um número mínimo de associados que, em primeira convocação, devem representar

---

12. Idem, p. 80.

13. PRUX, Oscar Ivan; HENTZ, Luiz Antonio Soares; ALMEIDA, Marcus Elidius Michelli de. *Comentários ao Código Civil brasileiro*. Rio de Janeiro: Forense, 2006, v. X, p. 81; MAMEDE, Gladston. *Direito empresarial brasileiro*. 3. ed. São Paulo: Atlas, 2008. v. 2, p. 653. No mesmo sentido, caso a subscrição seja fixa: MIRANDA, André Branco de. Os limites da aquisição de quotas-partes pelos associados e a subscrição proporcional. In: KRUEGER, Guilherme (Coord.). *Cooperativismo e o novo Código Civil*. 2. ed. Belo Horizonte: Mandamentos, 2005, p. 210.

pelos menos 2/3 dos associados. Não atingido o quórum de instalação, a segunda e a terceira convocações podem acontecer na sequência, desde que assim permitam os estatutos e conste do respectivo edital, exigido apenas o intervalo mínimo de 1 (uma) hora entre a realização de uma ou outra convocação. Na segunda convocação, o quórum de instalação é de maioria absoluta dos associados e na terceira de pelo menos 10 associados.

Instalada a assembleia, ela poderá deliberar. Nessas deliberações, conforme já visto, todos os sócios podem se manifestar e cada sócio tem direito a um voto, independentemente da sua quota no capital social. Não se admite a representação por procurador nessas assembleias (Lei n. 5.764/71, art. 48, § 1º). Em regra, bastará a deliberação de mais da metade dos associados presentes para aprovar determinada matéria.

Dependendo da matéria a ser tratada, poderemos estar diante de uma assembleia geral ordinária ou de uma extraordinária. A primeira deve ser realizada nos três primeiros meses do ano e tem por objeto matérias corriqueiras da sociedade, como a prestação de contas, a eleição dos administradores e qualquer outra matéria de interesse da sociedade, ressalvada a competência da assembleia geral extraordinária.

A assembleia geral extraordinária, por sua vez, não tem prazo para ser realizada e possui uma competência taxativamente indicada no art. 46 da Lei n. 5.764/71 (reforma do estatuto, fusão, incorporação ou desmembramento, mudança de objeto, dissolução e nomeação do liquidante e prestação de contas do liquidante), além da possibilidade de destituição dos membros da administração e do conselho fiscal. No caso das matérias do art. 46, o quórum de deliberação é de 2/3 dos associados presentes à reunião.

O cooperado poderá participar e votar a distância em reunião ou em assembleia, que poderão ser realizadas em meio digital, nos termos da IN n. 81/DREI.

7.2 Administração

A assembleia geral apenas manifesta a vontade social, cuja execução fica a cargo dos órgãos de administração das cooperativas. Nestas, a administração irá tocar a uma Diretoria ou Conselho de Administração, compostos de pelo menos três cooperados, eleitos pela Assembleia geral, com mandato nunca superior a 4 (quatro) anos, sendo obrigatória a renovação de, no mínimo, 1/3 (um terço) do órgão de administração. Ao contrário das sociedades anônimas, nas cooperativas o conselho de administração tem o mesmo papel da diretoria, no sentido da execução da vontade social.

Não podem ser eleitos para a administração da sociedade pessoas que não mostrem a idoneidade suficiente para o exercício de uma função tão importante. Assim sendo, são inelegíveis, além das pessoas impedidas por lei, os condenados a pena que vede, ainda que temporariamente, o acesso a cargos públicos; ou por crime falimentar, de prevaricação, peita ou suborno (corrupção passiva ou ativa), concussão, peculato, ou contra a economia popular, a fé pública ou a propriedade (Lei n. 5.764/71, art. 51). Além disso, não se admite que parentes entre si, de até segundo grau, sejam membros do mesmo órgão de administração.

Embora executem a vontade social, é permitido aos administradores das cooperativas a contratação de gerentes técnicos ou comerciais que não pertençam ao quadro

644 | CURSO DE DIREITO EMPRESARIAL

de associados, fixando-lhes as atribuições e salários. Tal contratação é extremamente benéfica para a sociedade, na medida em que profissionaliza e melhora a sua gestão.

7.3 Conselho fiscal

Para poder fiscalizar a atuação da administração da cooperativa, é obrigatória a existência de um órgão de controle, o conselho fiscal. Este será constituído de 3 (três) membros efetivos e 3 (três) suplentes, todos cooperados eleitos anualmente pela Assembleia geral, sendo permitida apenas a reeleição de 1/3 (um terço) dos seus componentes, vale dizer, dois terços dos membros do conselho fiscal devem ser alterados a cada eleição.

Diante do papel exercido pelo conselho fiscal, seus membros devem ser pessoas idôneas e imparciais, isto é, capazes de realmente fiscalizar os administradores. Por isso, são inelegíveis, além das pessoas impedidas por lei, os condenados a pena que vede, ainda que temporariamente, o acesso a cargos públicos; ou por crime falimentar, de prevaricação, peita ou suborno (corrupção passiva ou ativa), concussão, peculato, ou contra a economia popular, a fé pública ou a propriedade (Lei n. 5.764/71, art. 51). E, pela falta de imparcialidade, são inelegíveis os próprios membros da administração, bem como seus parentes até o segundo grau, em linha reta ou colateral. Além disso, não se admite que parentes entre si, de até segundo grau, sejam membros do mesmo conselho fiscal.

8   Cooperados

Como sociedade que é, a cooperativa tem por substrato um grupo de pessoas que se reúnem para exercer certas atividades. A princípio, nas cooperativas singulares, os cooperados devem ser pessoas físicas, admitindo-se, apenas excepcionalmente, a associação de pessoas jurídicas que tenham por objeto as mesmas ou correlatas atividades econômicas das pessoas físicas ou, ainda, aquelas sem fins lucrativos. Além disso, normalmente há condições estabelecidas, no estatuto, ligadas à área de atuação das cooperativas, sem qualquer tipo de discriminação. Há um princípio de portas abertas nas cooperativas, para o ingresso de novos cooperados.

Contudo, o STJ reconheceu que tal princípio não é absoluto, sendo lícita "a previsão em estatuto social de cooperativa de trabalho médico de processo seletivo público e de caráter impessoal, exigindo-se conteúdos a respeito de ética médica, cooperativismo e gestão em saúde como requisitos de admissão de profissionais médicos para compor os quadros da entidade"[14].

Ingressando nas cooperativas, os sócios assumem obrigações, responsabilidades e também passam a gozar de certos direitos decorrentes dessa condição. Entre as principais obrigações assumidas pelos cooperados, há o dever de lealdade para com a cooperativa

---

14.   STJ – REsp 1901911/SP, Rel. Ministro Ricardo Villas Bôas Cueva, Terceira Turma, julgado em 24-8-2021, *DJe* 31-8-2021.

e para os sócios, bem como o dever de concorrer para os prejuízos e para a formação das reservas. Caso haja capital social, também há a obrigação de contribuir para esse capital.

Em contrapartida aos deveres, o sócio possui o direito de igualdade, manifestado, essencialmente, nas votações que se dão por cabeça, independentemente da participação no capital social. Além disso, há ainda o direito à participação no rateio das sobras, bem como o direito à livre entrada e saída da cooperativa.

8.1 Número de sócios

Uma das características peculiares às cooperativas é a ausência de um número máximo de sócios, bem como a exigência de um número mínimo de sócios, necessários para compor a administração da sociedade. Quanto à inexistência de um número máximo, não há maiores problemas, uma vez que nunca foi da natureza de qualquer sociedade essa limitação. Já quanto ao número mínimo, temos maiores discussões a serem travadas, tendo em vista que a regra do Código Civil restou um tanto quanto aberta, não definindo claramente o número mínimo de sócios. Nem o DNRC estabeleceu esse número mínimo de forma clara.

A Lei n. 5.764/71 (art. 6º, I) estabelecia um número mínimo de 20 sócios para as cooperativas singulares. Há quem entenda que tal regra se manteve[15], salvo se número maior for necessário para a composição dos órgãos de administração. Essa é a orientação da OCB (Organização das Cooperativas Brasileiras). Em sentido diverso, há quem mencione a necessidade de apenas quatro cooperados para a administração da sociedade[16].

Renato Lopes Becho e Arnoldo Wald entendem que a disposição do Código Civil derrogou a regra da Lei n. 5.764/71, sendo atualmente de nove o número mínimo de sócios, tendo em vista a necessidade de três membros para a diretoria ou conselho de administração e seis membros para o conselho fiscal (sendo três titulares e três suplentes)[17]. Também afastando a Lei n. 5.674/71, Oscar Ivan Prux, Arnaldo Rizzardo e Wilson Alves Polonio entendem que o número mínimo é de 13 sócios, tendo em vista a composição dos órgãos de administração, com a necessária rotatividade a ser feita nos cargos de administração[18], tendo em vista que no conselho de administração pelo menos 1/3 deve ser renovado e no conselho fiscal, pelo menos 2/3 devem ser renovados.

A nosso ver, para a constituição pura e simples da cooperativa o número mínimo de sócios seria nove. Todavia, tendo em vista a necessária rotatividade nos cargos, seriam

---

15. REIS JÚNIOR, Nilson. *Aspectos societários das sociedades cooperativas*. Belo Horizonte: Mandamentos, 2006, p. 68; FONSECA, Priscila M. P. Corrêa da; SZTAJN, Rachel. *Código Civil comentado*. São Paulo: Atlas, 2008, p. 609; MAMEDE, Gladston. *Direito empresarial brasileiro*. 3. ed. São Paulo: Atlas, 2008. v. 2, p. 652.

16. VERÇOSA, Haroldo Malheiros Duclerc. *Curso de direito comercial*. São Paulo: Malheiros, 2006, v. 2, p. 547.

17. BECHO, Renato Lopes. *Elementos de direito cooperativo*. São Paulo: Dialética, 2002, p. 74; WALD, Arnoldo. *Comentários ao novo Código Civil*. Rio de Janeiro: Forense, 2005, v. XIV, p. 616.

18. PRUX, Oscar Ivan; HENTZ, Luiz Antonio Soares; ALMEIDA, Marcus Elidius Michelli de. *Comentários ao Código Civil brasileiro*. Rio de Janeiro: Forense, 2006, v. X, p. 81; RIZZARDO, Arnaldo. *Direito de empresa*. Rio de Janeiro: Forense, 2007, p. 779; POLONIO, Wilson Alves. *Manual das sociedades cooperativas*. 4. ed. São Paulo: Atlas, 2004, p. 779.

CURSO DE DIREITO EMPRESARIAL

necessários pelos menos 13 sócios para que a cooperativa funcionasse sem problemas. Portanto, a nosso ver, o número mínimo de cooperados é 13.

No caso das cooperativas de trabalho, o número mínimo necessário para sua constituição será de 7 (sete) associados (art. 6º da Lei n. 12.690/2012).

8.2 Votação por cabeça

Como em todas as sociedades, as cooperativas possuem uma vontade própria que se manifesta pela união das vontades dos sócios. Essa união das vontades dos sócios se realiza em uma assembleia, mediante votação. Nas sociedades, em geral, a votação se dá pela participação no capital social (Código Civil – art. 1.010). Já nas cooperativas, a votação é feita por cabeça, isto é, cada cooperado tem direito a um voto, independentemente da sua participação no capital da cooperativa.

Essa representatividade de cada cooperado se refere também à instalação das assembleias, quanto às deliberações que serão tomadas. Os quóruns a serem obedecidos levarão em conta sempre o número de sócios e não as quotas dos sócios. Mais uma vez, pode-se notar a valorização pessoal do sócio em detrimento da sua contribuição, vale dizer, a pessoa é mais importante que o capital. Reitere-se que é possível a votação à distância, nos termos da IN n. 81/DREI.

8.3 Distribuição das sobras e juros

Embora não tenha fim lucrativo, é certo que o exercício de atividade econômica pelas cooperativas gera resultados. No caso de prejuízos, eles serão repartidos entre os sócios, e no caso de resultado positivo poderá haver a distribuição dessas sobras. Ressalte-se, desde já, que esse resultado positivo, embora similar, não se confunde com os lucros, que não é objetivado pelas cooperativas.

Havendo resultado positivo, este poderá ser destinado a reservas ou fundos, ou, ainda, poderá ser distribuído entre os sócios, na proporção das operações por eles efetuadas, ou seja, de acordo com o esforço de cada um é que serão distribuídas as eventuais sobras. Numa cooperativa de trabalho, por exemplo, esse esforço pode ser medido no número de horas trabalhadas por cada sócio. De qualquer modo, é certo que essa distribuição consiste, na verdade, na devolução de pagamentos efetuados em excesso pelos cooperados ou do excesso das quantias recebidas, se consideradas em relação aos custos[19].

Na Lei n. 5.764/71, a assembleia geral poderia atribuir outro destino aos resultados. Todavia, a dicção do Código Civil nos leva a crer que esse dispositivo foi derrogado, de modo que, agora, impõe-se a distribuição dos resultados, não deixando mais esse poder com a assembleia geral[20].

---

19. CARVALHOSA, Modesto. *Comentários ao Código Civil*. São Paulo: Saraiva, 2003, v. 13, p. 411.

20. PRUX, Oscar Ivan; HENTZ, Luiz Antonio Soares; ALMEIDA, Marcus Elidius Michelli de. *Comentários ao Código Civil brasileiro*. Rio de Janeiro: Forense, 2006, v. X, p. 91; LONDERO, Perci. Assembleias gerais e o

Apesar de não mais poder decidir sobre o destino das sobras, é certo que a assembleia geral pode estabelecer o pagamento de juros fixos ao capital realizado pelo cooperado, isto é, a assembleia geral pode estabelecer uma remuneração ao capital disponibilizado pelo cooperado. Esse pagamento de juros tinha um limite máximo, na Lei n. 5.764/71, estipulado em 12% ao ano. Arnaldo Rizzardo entende que o limite de 12% ao ano continua valendo[21]. Ousamos discordar desse entendimento, porquanto ao tratar da matéria o Código Civil não estabeleceu os limites, derrogando o limite anteriormente estabelecido[22].

8.4 Responsabilidade

No que tange à responsabilidade, há duas possibilidades que serão definidas pela própria cooperativa no estatuto (Código Civil, art. 1.095). Um primeiro caminho é a limitação de responsabilidade, na qual o sócio responde por sua parte no capital social, bem como pelas perdas sociais na proporção da sua participação nas referidas operações. Outro caminho é a responsabilidade ilimitada, em que o sócio responde solidária e ilimitadamente pelas obrigações sociais, independentemente da sua participação no negócio. Obviamente, se a sociedade não tiver capital social, esta última opção é a única cabível para a responsabilização dos sócios cooperados[23].

8.5 Entrada e saída dos cooperados

O chamado princípio das portas abertas permite que qualquer um ingresse na sociedade, desde que atenda às condições exigidas por ela. Todavia, esse ingresso será por mão própria e não com as quotas de outros sócios. Basta que o interessado atenda aos requisitos estatutários (exemplo: determinada qualificação profissional) para poder ingressar na sociedade cooperativa.

Ingressando na sociedade, o cooperado não precisa se manter associado eternamente, vale dizer, ele pode sair da sociedade por meio da demissão, da eliminação ou exclusão. Não se cogita aqui da cessão de quotas para terceiros, como forma de saída da sociedade. Em qualquer caso, sua saída representará a dissolução de seu vínculo com a cooperativa.

---

retorno das sobras. In: KRUEGER, Guilherme (Coord.). *Cooperativismo e o novo Código Civil*. 2. ed. Belo Horizonte: Mandamentos, 2005, p. 275.

21. RIZZARDO, Arnaldo. *Direito de empresa*. Rio de Janeiro: Forense, 2007, p. 779.

22. PRUX, Oscar Ivan; HENTZ, Luiz Antonio Soares; ALMEIDA, Marcus Elidius Michelli de. *Comentários ao Código Civil brasileiro*. Rio de Janeiro: Forense, 2006, v. X, p. 97; REIS JÚNIOR, Nilson. *Aspectos societários das sociedades cooperativas*. Belo Horizonte: Mandamentos, 2006, p. 95; BECHO, Renato Lopes. *Elementos de direito cooperativo*. São Paulo: Dialética, 2002, p. 103; WALD, Arnoldo. *Comentários ao novo Código Civil*. Rio de Janeiro: Forense, 2005, v. XIV, p. 616.

23. FONSECA, Priscila M. P. Corrêa da; SZTAJN, Rachel. *Código Civil comentado*. São Paulo: Atlas, 2008, p. 607.

648 CURSO DE DIREITO EMPRESARIAL

A demissão é a saída voluntária da sociedade cooperativa, isto é, o próprio cooperado pede que seu vínculo seja dissolvido (Lei n. 5.764/71 – art. 32). Em todo caso, não se exige qualquer motivação nessa demissão, sendo suficiente a manifestação de vontade do cooperado.

De outro lado, a eliminação é a saída não voluntária do cooperado, isto é, contra a sua vontade. Trata-se de medida punitiva aplicada em razão de infração legal ou estatutária ou por fato especial previsto no estatuto (Lei n. 5.764/71 – art. 33). Tal hipótese muito se assemelha à exclusão do sócio nas sociedades regidas pelo Código Civil. Nas cooperativas, a eliminação é decidida pela diretoria ou pelo conselho de administração[24], sendo recomendável a oitiva prévia do cooperado, para se assegurar a ampla defesa e o contraditório[25]. O cooperado será comunicado da decisão no prazo de 30 dias e poderá apresentar recurso, com efeito suspensivo, para ser apreciado pela assembleia geral.

Por fim, a saída do cooperado pode se dar por meio da exclusão, que não representa uma penalidade ao cooperado, mas uma imposição, em razão da impossibilidade de continuação do cooperado. São motivos para a exclusão: a morte do cooperado, a dissolução da pessoa jurídica cooperada, a incapacidade civil não suprida e o não atendimento aos requisitos estatutários para ingresso e permanência na sociedade cooperativa (Lei n. 5.764/71 – art. 35).

Em qualquer das hipóteses de saída, o cooperado se manterá responsável perante terceiros, até quando forem aprovadas as contas do exercício em que se deu o desligamento. A responsabilidade aqui será a mesma que o cooperado possuía enquanto se mantinha associado.

9 Dissolução das cooperativas

Embora sejam constituídas para exercer atividades, em regra, por prazo indeterminado, é certo que podem ocorrer fatos que deem início a um processo que culmine com a extinção da cooperativa. Esses fatos são praticamente os mesmos das sociedades em geral, a saber:

a) deliberação da assembleia geral extraordinária, aprovada por 2/3 dos associados presentes;

b) decurso do prazo de duração;

c) consecução dos objetivos estatutários – mesma ideia do exaurimento do objeto social;

d) redução do número mínimo de associados[26], se, até a Assembleia geral subsequente, realizada em prazo não inferior a 6 (seis) meses, não for restabelecido o número mínimo;

---

24. REIS JÚNIOR, Nilson. *Aspectos societários das sociedades cooperativas*. Belo Horizonte: Mandamentos, 2006, p. 81.

25. Idem, ibidem.

26. A nosso ver 13 sócios, ressaltando a existência de opiniões em sentido contrário.

e) cancelamento da autorização para funcionar – aplicado exclusivamente às cooperativas de crédito, uma vez que não há mais a necessidade de autorização para as cooperativas, em geral[27];

f) paralisação das atividades por mais de 120 dias.

Vale a pena ressaltar que o dispositivo que se referia à redução do capital social não é mais causa de dissolução, tendo em vista que o Código Civil já permite as cooperativas sem capital social. Também não é causa de dissolução a transformação da sociedade, que na verdade representa apenas a alteração da estrutura societária. Outrossim, não há mais que se cogitar da liquidação forçada pelo extrajudicial, tendo em vista o novo regime inaugurado pela Constituição Federal de 1988, de liberdade na constituição das cooperativas[28].

Embora a Lei n. 5.764/71 diga que tais hipóteses geram a dissolução de pleno direito, não vemos qualquer óbice ao reconhecimento judicial dessas causas de dissolução.

10 Indivisibilidade do fundo de reserva

Nas sociedades cooperativas, é obrigatória a criação de um fundo de reserva que representa uma "conta contábil destinada a escriturar certos valores que só podem ser gastos nas hipóteses e circunstâncias previstas por lei"[29]. Tal conceito também se aplica a outros fundos cooperativos, como o fundo de assistência técnica.

O fundo de reserva é formado, a princípio, por 10% das sobras líquidas do exercício. Em razão disso, vê-se uma grande semelhança com as reservas instituídas na Lei n. 6.404/76. Todavia, há apenas semelhança, porquanto o fundo de reserva das cooperativas não é composto de lucros e não pode ser distribuído entre os sócios. Uma das principais características das cooperativas é a indivisibilidade do fundo de reserva, ou seja, os valores deste fundo não podem ser distribuídos aos sócios.

Os fundos cooperativos nunca serão distribuídos aos sócios, mas apenas aplicados nas suas finalidades legais. Mesmo na dissolução da cooperativa não haverá a distribuição entre os sócios. Neste caso, os valores do fundo de reserva serão destinados ao tesouro nacional[30]. Tenta-se evitar que os cooperados busquem a dissolução das cooperativas com o fim de receber os valores deste fundo de reserva.

---

27. GONÇALVES NETO, Alfredo de Assis. *Lições de direito societário*. 2. ed. São Paulo: Juarez de Oliveira, 2004, p. 156; REIS JÚNIOR, Nilson. *Aspectos societários das sociedades cooperativas*. Belo Horizonte: Mandamentos, 2006, p. 114-115.

28. GONÇALVES NETO, Alfredo de Assis. *Lições de direito societário*. 2. ed. São Paulo: Juarez de Oliveira, 2004, p. 157.

29. BECHO, Renato Lopes. *Elementos de direito cooperativo*. São Paulo: Dialética, 2002, p. 105.

30. BECHO, Renato Lopes. *Elementos de direito cooperativo*. São Paulo: Dialética, 2002, p. 110; REIS JÚNIOR, Nilson. *Aspectos societários das sociedades cooperativas*. Belo Horizonte: Mandamentos, 2006, p. 99; WALD, Arnoldo. *Comentários ao novo Código Civil*. Rio de Janeiro: Forense, 2005, v. XIV, p. 622. Em sentido contrário: RIZZARDO, Arnaldo. *Direito de empresa*. Rio de Janeiro: Forense, 2007, p. 783, que aplica as regras do Código Civil, entendendo que o fundo de reserva deve ser destinado a entidade sem fins lucrativos designada no estatuto, ou, na omissão, a entidade pública destinada a fins semelhantes.

39 | MICROEMPRESAS E EMPRESAS DE PEQUENO PORTE

No Brasil, a maior parte das atividades empresariais pode ser considerada de pequeno ou médio porte. Desse modo, os pequenos e médios empresários assumem papel fundamental na economia nacional, vale dizer, sem eles nossa economia trava, com eles nossa economia pode crescer. Para proteger tais empresários é mister que se compatibilizem as exigências da atividade empresarial com o volume de recursos movimentado por estes, isto é, não se pode exigir dos pequenos e médios empresários o mesmo que se exige de uma grande companhia.

Diante dessa situação, a própria Constituição Federal (art. 179) determinou que a União, os Estados, o Distrito Federal e os Municípios instituirão um tratamento jurídico diferenciado às microempresas e às empresas de pequeno porte, simplificando-se suas obrigações tributárias, administrativas, previdenciárias e creditícias. Em atenção ao mandamento constitucional, a Lei Complementar n. 123/2006 garante um tratamento diferenciado e favorecido a ser dispensado às microempresas e empresas de pequeno porte no âmbito dos Poderes da União, dos Estados, do Distrito Federal e dos Municípios, especialmente no que se refere ao regime tributário, ao cumprimento de obrigações trabalhistas e previdenciárias e no que tange ao acesso ao crédito e ao mercado.

É oportuno ressaltar, neste particular, que a expressão *empresa* aqui não é usada no sentido técnico de atividade econômica organizada para a produção ou circulação de mercadorias ou serviços, mas no sentido mais geral de atividade econômica exercida pelos empresários individuais, pelas sociedades empresárias ou pelas sociedades simples. A preocupação constitucional e legislativa não se restringiu às atividades efetivamente empresariais, se dirigiu também às atividades econômicas em geral.

1 Enquadramento

Atualmente (Lei Complementar 123/06, art. 3º), são consideradas microempresas aquelas cuja receita bruta anual seja igual ou inferior a R$ 360.000,00 (trezentos e sessenta mil reais), e empresas de pequeno porte aquelas cujo faturamento seja superior a R$ 360.000,00 (trezentos e sessenta mil reais) e igual ou inferior a R$ 4.800.000,00 (quatro milhões e oitocentos mil reais). O parâmetro usado é o parâmetro da receita bruta, que corresponde ao produto da venda de bens e serviços nas operações de conta própria, ao preço dos serviços prestados e ao resultado nas operações em conta alheia, não incluídas as vendas canceladas e os descontos incondicionais concedidos.

Em qualquer caso, só podem se enquadrar como microempresas ou empresas de pequeno porte os empresários individuais, as sociedades empresárias e as sociedades simples que estejam devidamente registradas. O tratamento diferenciado assegurado a esses exercentes de atividade econômica não veio para incentivar o informalismo e, por isso, esses benefícios dependem necessariamente do registro adequado, seja na junta comercial, seja no cartório de registro civil.

2   Exclusões

Além da receita bruta e do registro, há uma série de exclusões do regime das microempresas e empresas de pequeno porte no art. 3º, § 4º, da Lei Complementar n. 123/2006.

Assim, não pode se enquadrar como microempresa ou empresa de pequeno porte a pessoa jurídica que tenha por sócio ou titular outra pessoa jurídica, ou que participe de outra pessoa jurídica. Nesse particular, entende-se que se há um sócio pessoa jurídica, ou se há participação em outra pessoa jurídica, já não se justifica o tratamento diferenciado, uma vez que já existe uma maior complexidade na estrutura da atividade, denotando a desnecessidade de uma maior proteção.

De modo similar, estão excluídas do regime diferenciado as pessoas jurídicas que sejam filiais, sucursais, agências ou representações, no país, de pessoa jurídica com sede no exterior. Mais uma vez, a ideia de uma estrutura mais complexa, de uma relação de poder com pessoas jurídicas estrangeiras, denota a desnecessidade do tratamento diferenciado.

A fim de evitar a burla aos limites de receita bruta impostos, não pode se enquadrar como microempresa ou empresa de pequeno porte a sociedade que tenha sócio que seja inscrito como empresário individual (enquadrado como microempresa ou empresa de pequena porte) ou que seja também sócio de outra sociedade (enquadrada como microempresa ou empresa de pequena porte), cuja receita brutal global ultrapasse os limites do enquadramento. A receita global aqui envolve o somatório da receita da sociedade original e da atividade do empresário individual ou da outra sociedade de que o sócio participe. Não se pode simplesmente dividir a atividade, para burlar o regime do enquadramento.

Na mesma linha de entendimento, não se admite o enquadramento de sociedade, cujo sócio ou titular participe com mais de 10% do capital de outra sociedade, cuja receita somada ultrapasse os limites de enquadramento. Neste caso, exige-se uma participação superior a 10% em uma sociedade não beneficiada pelo regime diferenciado de tratamento, para denotar que tal participação é importante, é representativa. Se tal participação for importante, é certo que se poderia estar burlando os limites de enquadramento. Por outro lado, se a participação não for importante, poderemos estar diante de uma simples participação acionária bem pequena em uma grande companhia, como a Petrobras S.A. ou a Companhia Vale do Rio Doce, o que não representa motivo para afastar o enquadramento.

652 | CURSO DE DIREITO EMPRESARIAL

Ainda na mesma linha, não se admite o enquadramento de pessoa jurídica na qual o titular ou sócio seja administrador de sociedade, cuja receita somada ultrapasse os limites de enquadramento. Ainda que ele não seja sócio, é certo que a condição de administrador de outra sociedade denota uma ligação entre as atividades, que poderia representar uma tentativa de burla ao regime de enquadramento.

Em todos esses casos, a participação no capital de cooperativas de crédito, bem como em centrais de compras, bolsas de subcontratação, no consórcio previsto no art. 50 da Lei Complementar n. 123/2006, na sociedade de propósito específico prevista no art. 56 do mesmo diploma legal e associações assemelhadas, sociedades de interesse econômico, sociedades de garantia solidária e outros tipos de sociedade, que tenham como objetivo social a defesa exclusiva dos interesses econômicos das microempresas e empresas de pequeno porte, não podem representar qualquer impedimento ao enquadramento.

Também estão excluídas as cooperativas, salvo as de consumo, e as sociedades por ações, cuja estrutura denota a desnecessidade de proteção diferenciada. Em relação à cooperativa, já existe um tratamento próprio, suficiente para sua proteção. Já no que tange às sociedades por ações, a opção por esse tipo societário denota uma atividade maior e mais complexa, que não pode ser enquadrada como microempresa ou empresa de pequeno porte.

Dada a complexidade de sua estrutura, não se admite o enquadramento de sociedade que seja resultante ou remanescente de cisão ou qualquer outra forma de desmembramento de pessoa jurídica que tenha ocorrido em um dos 5 (cinco) anos-calendário anteriores. Essas operações não devem ser usadas como mecanismo puro e simples do enquadramento e, por isso, resguarda-se o prazo de cinco exercícios para que uma sociedade decorrente de tais operações possa pleitear o seu enquadramento.

Não se admite, outrossim, o enquadramento como microempresa ou empresa de pequeno porte das sociedades que exerçam atividade de banco comercial, de investimentos e de desenvolvimento, de caixa econômica, de sociedade de crédito, financiamento e investimento ou de crédito imobiliário, de corretora ou de distribuidora de títulos, valores mobiliários e câmbio, de empresa de arrendamento mercantil, de seguros privados e de capitalização ou de previdência complementar. Tais atividades envolvem um interesse público maior e, por isso, estão sujeitas a uma maior fiscalização que não se coaduna com o regime diferenciado.

Por fim, não se admite que se enquadre como ME/EPP a pessoa jurídica cujos titulares ou sócios guardem, cumulativamente, com o contratante do serviço, relação de pessoalidade, subordinação e habitualidade. A eventual simulação de uma relação empregatícia, pela interposição de uma pessoa jurídica, enquadrada como ME/EPP é vedada e, por isso, não autoriza o enquadramento.

Há ainda outras exclusões pela atividade exercida, mas que não afetam o enquadramento em si, mas apenas a possibilidade de opção pelo regime do SIMPLES Nacional, isto é, há outras exclusões apenas para fins tributários (Lei Complementar n. 123/2006, art. 17).

3   Do tratamento diferenciado

O enquadramento como microempresa ou empresa de pequeno porte é importante, especialmente em razão do tratamento diferenciado que é assegurado aos exercentes de atividades econômicas que assim se enquadrem. Esse tratamento diferenciado abrange uma tributação diferenciada, um tratamento tributário diferenciado, bem como regras diferenciadas sobre registro, protesto, acesso ao mercado e acesso aos juizados especiais.

3.1   Tratamento tributário

Provavelmente, o aspecto mais relevante para o enquadramento como microempresa e empresa de pequeno porte é o tratamento tributário diferenciado, que envolve fundamentalmente um regime especial unificado de arrecadação de tributos e contribuições devidas pelos que se enquadrem como microempresa e empresa de pequeno porte. A ideia é simplificar o recolhimento tributário, fazendo-o de forma centralizada e não de forma dividida entre os vários tributos. Essa ideia de simplificação é clara no próprio nome adotado pelo sistema, SIMPLES Nacional.

O SIMPLES Nacional (Lei Complementar n. 123/2006, art. 13) envolve a arrecadação conjunta em um único documento dos valores que seriam devidos a título de Imposto de Renda Pessoa Jurídica (IRPJ), Imposto sobre Produtos Industrializados (IPI), Contribuição Social sobre o Lucro Líquido (CSLL), Contribuição para o Financiamento da Seguridade Social (COFINS), PIS/PASEP, Imposto sobre Operações Relativas à Circulação de Mercadorias e Sobre Prestações de Serviços de Transporte Interestadual e Intermunicipal e de Comunicação (ICMS), Imposto sobre Serviços de Qualquer Natureza (ISS) e a contribuição previdenciária patronal, com ressalvas em relação a algumas prestadoras de serviços.

A reunião de todos esses recolhimentos em um único documento realmente representa uma simplificação das obrigações. Todavia, em certas situações, a própria Lei Complementar n. 123/2006 mantém o recolhimento separado de certos tributos e contribuições. Assim, a opção pelo SIMPLES Nacional não afasta a obrigação de recolhimento em separado dos tributos referidos no art. 13, § 1º, da referida lei, como o IOF, o Imposto de Importação, o Imposto de Exportação, o ITR, o IR relativo aos rendimentos ou ganhos líquidos auferidos em aplicações de renda fixa ou variável e relativo aos ganhos de capital auferidos na alienação de bens do ativo não circulante, a CPMF, a contribuição para o FGTS, a contribuição previdenciária relativa aos trabalhadores, a contribuição previdenciária relativa à pessoa do empresário, o Imposto de Renda relativo aos pagamentos efetuados, a Contribuição para o PIS/PASEP, COFINS e IPI incidentes na importação de bens e serviços e demais tributos de competência da União, dos Estados, do Distrito Federal (IPVA...) ou dos Municípios (IPTU...).

Além disso, há também a obrigação de recolhimento do ICMS nos casos de substituição tributária, bem como o devido por terceiro, cujo recolhimento fica a cargo do enquadrado, e ainda o ICMS sobre petróleo, inclusive lubrificantes e combustíveis líquidos e gasosos dele derivados, bem como energia elétrica, quando não destinados à comercialização ou industrialização e também no desembaraço aduaneiro, na aquisição ou manutenção em estoque de mercadoria desacobertada de documento fiscal, na operação ou prestação desacobertada de documento fiscal, nas operações com mercadorias sujeitas ao regime de antecipação do recolhimento do imposto. De modo similar, também há a obrigação de recolhimento do ISS nos casos de substituição tributária e na importação de serviços.

Quem se enquadrar como microempresa e empresa de pequeno porte optante pelo SIMPLES Nacional fica dispensado do pagamento das demais contribuições instituídas pela União, inclusive as contribuições para as entidades privadas de serviço social e de formação profissional vinculadas ao sistema sindical (SESC, SENAC, SESI, SENAI...). De outro lado, os optantes do SIMPLES Nacional não podem se apropriar nem transferir créditos (Lei Complementar n. 123/2006, art. 23) referentes a impostos (ICMS, IPI...) ou contribuições (COFINS...). Eles também não poderão utilizar ou destinar qualquer valor a título de incentivos fiscais (Lei Complementar n. 123/2006, art. 24).

Apesar de toda a simplificação, é certo que esse regime simplificado de arrecadação nem sempre será benéfico, por isso, exige-se que o enquadrado faça a opção. Assim, não são todos os enquadrados que irão gozar do tratamento tributário diferenciado, mas apenas aqueles que realizem a opção, na forma a ser definida pelo Comitê Gestor.

Todavia, nem todos poderão fazer essa opção pelo SIMPLES Nacional. Especificamente em relação ao tratamento tributário, a Lei Complementar n. 123/2006 (art. 17) faz novas exclusões em razão da atividade exercida, da existência de sócios domiciliados no exterior, da existência de sócios integrantes da administração pública ou ainda da existência de débitos tributários, cuja exigibilidade não esteja suspensa.

Certas atividades, como os serviços de comunicação, assessoria creditícia, gestão de crédito, não mereceriam o tratamento tributário diferenciado, porquanto, em tese, teriam melhores condições que outros empresários de exercer a atividade.

Em todos esses casos, a natureza da atividade denota a desnecessidade de proteção como microempresa e empresa de pequeno porte. Outrossim, é certo que em determinadas atividades há a admissão específica da opção pelo SIMPLES Nacional (Lei Complementar n. 123/2006, art. 17, § 1º).

3.2 Tratamento trabalhista

Além da burocracia inerente aos aspectos tributários, é certo que os empresários também são obrigados a atender a uma grande burocracia referente às suas obrigações na condição de empregador. Tais formalidades têm um custo elevado para o empresário, o que acabou gerando a necessidade de um tratamento diferenciado também sobre esses aspectos para as microempresas e empresas de pequeno porte, para se atender ao mandamento constitucional.

Assim, quem se enquadra como microempresa ou empresa de pequeno porte fica dispensado da afixação de quadro de trabalho em suas dependências; da anotação das férias dos empregados nos respectivos livros ou fichas de registro; de empregar e matricular seus aprendizes nos cursos dos Serviços Nacionais de Aprendizagem; da posse do livro intitulado "Inspeção do Trabalho"; e de comunicar ao Ministério do Trabalho e Emprego a concessão de férias coletivas (Lei Complementar n. 123/2006, art. 51).

Todavia, essa simplificação das obrigações trabalhistas não é total, não abrangendo outras obrigações, como a anotação na CTPS dos seus empregados, o arquivamento dos documentos comprobatórios de cumprimento das obrigações trabalhistas e previdenciárias, enquanto não prescreverem essas obrigações, a apresentação da GFIP – Guia de Recolhimento do Fundo de Garantia do Tempo de Serviço e Informações à Previdência Social –, apresentação das Relações Anuais de Empregados e da Relação Anual de Informações Sociais (RAIS) e do Cadastro Geral de Empregados e Desempregados (CAGED).

Além disso, processualmente permite-se que o empregador de microempresa ou de empresa de pequeno porte não compareça pessoalmente às audiências, podendo fazer-se substituir ou representar perante a Justiça do Trabalho por terceiros que conheçam dos fatos, ainda que não possuam vínculo trabalhista ou societário com o empresário enquadrado como microempresa ou empresa de pequeno porte.

3.3 Tratamento previdenciário

Sob o ponto de vista previdenciário, a Lei Complementar n. 123/2006 permite um recolhimento previdenciário diferenciado até o dia 31 de dezembro do segundo ano subsequente ao de sua formalização. Tal sistema só se aplica ao pequeno empresário, isto é, àquele com receita bruta anual no ano-calendário anterior de até R$ 60.000,00 (sessenta mil reais). Nesse caso, o empresário individual (que se enquadre como pequeno empresário), bem como os sócios da sociedade empresária (que se enquadrem no conceito de pequeno empresário), podem recolher 11% (onze por cento) sobre o valor correspondente ao limite mínimo mensal do salário de contribuição, em vez dos 20% estipulados como regra geral. Caso o contribuinte tenha optado por esse favor, para poder contar o tempo de contribuição correspondente para fins de obtenção da aposentadoria por tempo de contribuição, deverá complementar os 9% não recolhidos.

Além disso, ela assegura aos pequenos empresários a dispensa do recolhimento das contribuições sindicais de que trata a Seção I do Capítulo III do Título V da Consolidação das Leis do Trabalho (CLT), das contribuições de interesse das entidades privadas de serviço social e de formação profissional vinculadas ao sistema sindical (terceiros), das contribuições para o salário-educação e das contribuições instituídas pela Lei Complementar n. 110/2001. Tais dispensas valem por no máximo três anos. A ideia aqui é incentivar a formalização das atividades do pequeno empresário.

3.4 Licitações

Tendo em vista o mandamento constitucional de se atribuir tratamento diferenciado às microempresas e empresas de pequeno porte, a Lei Complementar n. 123/2006 assegura um tratamento diferenciado, no que tange ao acesso ao mercado, apenas para as aquisições públicas, uma vez que não poderia haver a imposição de regras diferenciadas de contratação para os particulares. Tais regras tentam simplificar e incentivar a atuação de microempresas e empresas de pequeno porte nessas situações.

Inicialmente, como uma regra geral para todas as licitações, a Lei Complementar n. 123/2006 (art. 42) determina que nas licitações públicas a comprovação de regularidade fiscal das microempresas e empresas de pequeno porte somente será exigida quando da assinatura do contrato. Simplifica-se assim o procedimento para as microempresas e empresas de pequeno porte participarem de certames licitatórios, não havendo a necessidade de comprovação da regularidade fiscal desde o início do certame.

Declarado vencedor alguém que se enquadra como microempresa ou empresa de pequeno porte, nesse momento será necessária a apresentação de toda a documentação que demonstre a regularidade fiscal, mesmo que haja alguma restrição. Havendo restrição, assegura-se um prazo de 5 (cinco) dias úteis, contados do momento em que o proponente for declarado o vencedor do certame, prorrogáveis por igual período, a critério da Administração Pública, para a regularização da documentação. Não se dispensa a regularidade fiscal, apenas se dá mais prazo para a comprovação dessa regularidade fiscal.

Além disso, as licitações devem dar, como critério de desempate, preferência de contratação para quem se enquadre como microempresa e empresa de pequeno porte (Lei Complementar n. 123/2006, art. 44). Neste particular, entende-se por empate aquelas situações em que as propostas apresentadas pelas microempresas e empresas de pequeno porte sejam iguais ou até 10% (dez por cento) superiores à proposta mais bem classificada. Não há exatamente um empate, mas uma proximidade entre os preços ofertados, que deverá ser tratada como empate e, nesse caso, haverá preferência para a contratação de uma ME ou EPP.

Havendo esse "empate" (Lei Complementar n. 123/2006, art. 45), a ME ou EPP mais bem classificada poderá apresentar uma nova proposta por preço inferior àquela considerada vencedora do certame. Neste caso, será adjudicado o objeto do certame à ME ou EPP que apresentar essa proposta por preço inferior. Caso a ME ou EPP mais bem classificada não apresente a proposta, serão chamadas as MEs ou EPPs seguintes que se enquadrem na situação de empate já descrita, para que apresentem a proposta. Em caso de equivalência entre propostas de MEs ou EPPs, haverá um sorteio para definir qual delas poderá apresentar primeiro a proposta para adjudicação do objeto do certame. Se nenhuma ME ou EPP apresentar a proposta, o objeto será adjudicado ao vencedor inicial. Tal sistema de proposta por preço inferior para adjudicação não se aplica se a proposta inicialmente vencedora do certame já for de uma ME ou EPP.

No caso de pregão, considera-se existir um empate se o preço ofertado por uma ME ou EPP for até 5% superior ao lance vencedor (Lei Complementar n. 123/2006, art. 44,

§ 2º). Dada a peculiaridade do sistema de lances, a microempresa ou empresa de pequeno porte mais bem classificada será convocada para apresentar nova proposta no prazo máximo de 5 (cinco) minutos após o encerramento dos lances, sob pena de preclusão (Lei Complementar n. 123/2006, art. 45, § 3º). Embora a regra não seja expressamente dirigida ao caso de pregão, é certo que essa possibilidade de apresentação de nova proposta não será admissível se o vencedor já for uma ME ou EPP.

Em tese, tal sistema beneficia a entidade contratante, que poderá conseguir um preço ainda melhor, mas diminui a efetividade da concorrência nas licitações. Se as empresas de pequeno porte tiverem possibilidade de arcar com as propostas, elas sempre sairão vencedoras desses certames. Não haveria, a nosso ver, qualquer inconstitucionalidade neste particular, dada a expressa previsão constitucional de tratamento diferenciado para as microempresas e empresas de pequeno porte.

Além desse tratamento especial já imposto, a União, os Estados, o Distrito Federal e os Municípios poderão conceder tratamento diferenciado nas licitações às MEs e EPPs, objetivando a promoção do desenvolvimento econômico e social no âmbito municipal e regional, a ampliação da eficiência das políticas públicas e o incentivo à inovação tecnológica. Tal possibilidade depende, contudo, de regra legal específica a ser editada.

Outrossim, a administração pública pode realizar procedimento licitatório com condições especiais, beneficiando as microempresas e empresas de pequeno porte, que necessariamente terão participação no resultado do certame diretamente ou por meio de uma subcontratação (Lei Complementar n. 123/2006, art. 48). Assim, poderá haver certame destinado exclusivamente à participação de microempresas e empresas de pequeno porte nas contratações cujo valor seja de até R$ 80.000,00 (oitenta mil reais), ou em que seja exigida dos licitantes a subcontratação de microempresa ou de empresa de pequeno porte; ou, ainda, em que se estabeleça cota de até 25% (vinte e cinco por cento) do objeto para a contratação de microempresas e empresas de pequeno porte, em certames para a aquisição de bens e serviços de natureza divisível.

Nesses casos, o tratamento especial também não pode ser dado para todas as licitações. Há um teto de 25% (vinte e cinco por cento) do total licitado em cada ano civil, que pode ser objeto dessa contratação com regras diferenciadas. Ademais, não será possível o uso desse tratamento, quando os critérios de tratamento diferenciado e simplificado para as microempresas e empresas de pequeno porte não forem expressamente previstos no instrumento convocatório, ou quando não houver um mínimo de 3 (três) fornecedores competitivos, enquadrados como microempresas ou empresas de pequeno porte, aptos a concorrer.

Além disso, é certo que o interesse público deve prevalecer sobre o interesse particular. Assim sendo, se o tratamento diferenciado e simplificado para as microempresas e empresas de pequeno porte não for vantajoso para a administração pública ou representar prejuízo ao conjunto ou complexo do objeto a ser contratado não poderá ser realizado o procedimento nessas condições especiais. Do mesmo modo, se a licitação for inexigível ou dispensável não há necessidade de buscar esse tratamento diferenciado, uma vez que nessas situações será difícil ou ao menos não será razoável impor tais limites,

658 CURSO DE DIREITO EMPRESARIAL

excetuando-se as dispensas tratadas pelos incisos I e II do art. 24 da Lei n. 8.666/93, nas quais a compra deverá ser feita preferencialmente de microempresas e empresas de pequeno porte.

3.5 Juizado especial

Além das questões burocráticas, outro facilitador da vida das microempresas e empresas de pequeno porte é a possibilidade de acesso ao juizado especial, na condição de autores, excluídos os cessionários de direito de pessoas jurídicas. O sistema célere e mais barato dos juizados especiais é extremamente útil para as microempresas e empresas de pequeno porte.

3.6 Tratamento comercial diferenciado

Sob a ótica comercial, o grande problema enfrentado pelos empresários, em geral, é a burocracia no registro do comércio. Mais uma vez, buscando atender o comando constitucional, a Lei Complementar n. 123/2006 determina que o registro dos atos constitutivos, de suas alterações e extinções (baixas), referentes a empresários e pessoas jurídicas em qualquer órgão envolvido no registro empresarial e na abertura da empresa, dos 3 (três) âmbitos de governo, ocorrerá independentemente da regularidade de obrigações tributárias, previdenciárias ou trabalhistas, principais ou acessórias, do empresário, da sociedade, dos sócios, dos administradores ou de empresas de que participem. Em outras palavras, os registros e alterações poderão ser feitos independentemente da apresentação de CNDs.

A baixa do empresário ou da pessoa jurídica não impede que, posteriormente, sejam lançados ou cobrados tributos, contribuições e respectivas penalidades, decorrentes da falta do cumprimento de obrigações ou da prática comprovada e apurada em processo administrativo ou judicial de outras irregularidades praticadas pelos empresários, pelas pessoas jurídicas ou por seus titulares, sócios ou administradores. A solicitação de baixa do empresário ou da pessoa jurídica importa responsabilidade solidária dos empresários, dos titulares, dos sócios e dos administradores no período da ocorrência dos respectivos fatos geradores (art. 9º, § 5º, da Lei Complementar n. 123/2006).

A nosso ver, a previsão automática de responsabilização solidária de sócios, titulares e administradores em caso de baixa no registro não é constitucional, pois, embora advinda de lei complementar, ela não considera a individualidade de cada um dos sujeitos, nem as garantias da livre-iniciativa. Entender de forma diversa é permitir que o Fisco, sempre que quiser, possa responsabilizar qualquer pessoa relacionada à sociedade.

Na mesma linha, dispensa-se também a apresentação de certidão de inexistência de condenação criminal, que será substituída por declaração do titular ou administrador, firmada sob as penas da lei, de não estar impedido de exercer atividade mercantil ou a administração de sociedade, em virtude de condenação criminal. Além disso, é dispensado o visto do advogado nos atos constitutivos e alterações a serem registradas.

Com essa medida, fica facilitado, sobremaneira, o cumprimento das obrigações referentes ao registro, evitando situações de informalidade tão comuns e tão prejudiciais a todos.

Em outra tentativa de simplificar a atuação de sociedades que se enquadrem como microempresas e empresas de pequeno porte, a Lei Complementar n. 123/2006 (art. 70) tornou dispensável a realização de assembleia ou reunião para tais sociedades, bem como dispensou a necessidade de manifestação escrita de todos os sócios. A burocracia e a formalidade normalmente exigidas para as deliberações não serão necessárias nas microempresas e empresas de pequeno porte.

Assim, para as sociedades que se enquadram como microempresas e empresas de pequeno porte, a vontade social se operacionalizará pela deliberação representativa do primeiro número inteiro superior à metade do capital social. Acreditamos que a simplificação pretendida envolve a manifestação escrita do sócio que represente mais da metade do valor das quotas. Assim, se numa sociedade temos sócios que possuam dez mil quotas, no valor unitário de R$ 1,00 (um real), os sócios que representem 5.001 quotas poderão manifestar a vontade da sociedade, mesmo sem a realização de assembleia ou reunião, ou mesmo sem a manifestação dos outros sócios.

Essa formação simplificada da vontade social não vale para os casos de exclusão do sócio, nem quando houver disposição contratual em sentido contrário. Nesses casos, mantém-se a necessidade de assembleia ou reunião para esses casos. Se não for uma deliberação sobre a exclusão do sócio, poderá haver a substituição da reunião pela deliberação escrita de todos os sócios.

Além disso, a Lei Complementar n. 123/2006 dispensa a publicação de qualquer ato societário para quem se enquadre como microempresa ou empresa de pequeno porte. Desse modo, não será necessária a publicação de atas de eventuais assembleias ou reuniões, ou editais de convocações para a realização de assembleias-gerais.

No que tange ao protesto de títulos que tenham como devedores pessoas enquadradas como microempresa ou empresa de pequeno porte, há algumas regras especiais, como a possibilidade de dispensa do pagamento de acréscimos a título de taxas, custas e contribuições sobre os emolumentos dos tabeliães. Tenta-se reduzir o custo para facilitar o pagamento dos títulos levados a protesto.

Além disso, dispensa-se também a exigência de pagamento por meio de cheque administrativo, ressalvando-se que a quitação dada pelo tabelionato de protesto será condicionada à efetiva liquidação do cheque. Outrossim, quando o pagamento do título ocorrer com cheque sem a devida provisão de fundos, serão automaticamente suspensos pelos cartórios de protesto, pelo prazo de 1 (um) ano, esses benefícios previstos para o devedor, independentemente da lavratura e registro do respectivo protesto.

4   Pequeno empresário

O Código Civil em nenhum momento se refere a microempresas e empresas de pequeno porte, todavia, faz referência ao pequeno empresário em duas oportunidades.

660 CURSO DE DIREITO EMPRESARIAL

No art. 970, menciona-se a existência de um tratamento diferenciado para o registro dos pequenos empresários e dos empresários rurais. Além disso, o art. 1.179, § 2º, dispensa o pequeno empresário da escrituração.

Acreditamos que tais regras se voltavam aos atuais empresários individuais que se enquadrassem como microempresa e empresa de pequeno porte. Ocorre que a terminologia empregada permitiu que a Lei Complementar n. 123/2006 (art. 68) especificasse o conceito de pequeno empresário como aquele com receita bruta anual no ano-calendário anterior de até R$ 60.000,00 (sessenta mil reais). Dentro desse conceito é que se aplicam as disposições do Código Civil.

5 Microempreendedor Individual – MEI

Com o intuito de retirar boa parte da economia da informalidade, a Lei Complementar n. 128/2008 introduziu a figura do Microempreendedor Individual – MEI, nos arts. 18-A a 18-C na Lei Complementar n. 123/2006. O objetivo dessa criação foi a retirada da informalidade de pequenos exercentes de atividades econômicas, possibilitando a eles um recolhimento tributário fixo e permitindo-lhes o acesso ao crédito.

Para todos os efeitos, será considerado Microempreendedor Individual – MEI o empresário individual que tenha receita bruta anual de até R$ 81.000,00 (neste ponto muito similar ao conceito de pequeno empresário), desde que cumpra cumulativamente os seguintes requisitos:

I – seja optante pelo Simples Nacional – adesão voluntária ao sistema simplificado de arrecadação de tributos;

II – exerça tão somente atividades constantes do Anexo XI da Resolução CGSN n. 140, de 22 de maio de 2018 – Comitê Gestor de Tributação das Microempresas e Empresas de Pequeno Porte – CGSN (exemplos: ensino de música, chaveiros, lavanderias, transporte escolar...);

III – possua um único estabelecimento (um único local de exercício da atividade);

IV – não seja empresário individual em outra atividade, nem seja sócio ou administrador de sociedade.

Preenchidos esses requisitos, o empresário poderá requerer seu enquadramento como MEI junto à Receita Federal do Brasil e junto ao registro público de empresas mercantis, o que permitirá o acesso ao microcrédito e, consequentemente, viabilizará a expansão da atividade. Tal registro deve ser ainda mais simplificado, preferencialmente eletrônico, podendo ser dispensados uso da firma, com a respectiva assinatura autógrafa, o capital, requerimentos, demais assinaturas, informações relativas ao estado civil e regime de bens, bem como remessa de documentos, na forma estabelecida pelo CGSN.

Foi vedada a opção pela sistemática do MEI às *startups*.

6 *Startups*

As atividades econômicas, em geral, fazem surgir novas oportunidades de negócio a todo momento, sendo que a área de tecnologia se mostra como a mais fértil para o desenvolvimento de novos negócios. O setor de tecnologia da informação mostra um amplo crescimento no dia a dia, diante do constante surgimento de novas soluções capazes de trazer vantagens a inúmeros processos produtivos. Nessa perspectiva, pode-se reconhecer um crescimento constante do número de negócios no setor da tecnologia da informação. As *startups* são exemplos claros de aplicação dessa ideia. "*Startups* são empresas que criam modelos de negócio altamente escaláveis, a baixos custos e a partir de ideias e tecnologias inovadoras"[1]. Nem sempre envolverá negócios de internet, embora esses sejam os mais comuns.

A Lei Complementar n. 182/2021 definiu as *startups* como "organizações empresariais ou societárias, nascentes ou em operação recente, cuja atuação caracteriza-se pela inovação aplicada a modelo de negócios ou a produtos ou serviços ofertados" (art. 4º).

Podem integrar esse conceito os empresários e as sociedades empresária e simples, inclusive as cooperativas. Exige-se, ademais, que se trate de um negócio novo ou em operação recente, o que é delimitado como até 10 anos de inscrição no CNPJ. Nos casos de incorporação, será considerado o tempo de registro da incorporadora. Na fusão, vale o tempo de registro da fusionada mais antiga. Na cisão, com criação de nova sociedade, considera-se o tempo de criação da cindida. Na cisão, com versão de patrimônio para sociedade já existente, considera-se o tempo da sociedade que recebeu o patrimônio.

Além disso, é exigida uma receita bruta anual de até 16 milhões de reais, com enquadramento no regime especial Inova Simples, que lhe assegura um tratamento jurídico diferenciado. Para o enquadramento como *startup*, exige-se ainda que o estatuto/contrato social/ato constitutivo declare que seu objeto envolve modelos de negócios inovadores para a geração de produtos ou serviços.

Para captação de recursos, além da capitalização direta, as *startups* terão à sua disposição diversos instrumentos, dentre os quais contrato de opção de subscrição de ações ou de quotas celebrado entre o investidor e a empresa; contrato de opção de compra de ações ou de quotas celebrado entre o investidor e os acionistas ou sócios da empresa; debênture; mútuo conversível em participação societária; sociedade em conta de participação; contratos de investimento-anjo, dentre outros. Os valores investidos por esses mecanismos não representam recursos do capital social.

7 Investidor-Anjo

Para incentivar as atividades de inovação, as sociedades enquadradas como microempresa ou empresa de pequeno porte poderão admitir investimento, sem que o investidor

---

1. FALCÃO, João Pontual de Arruda. *Startup law Brasil*: o direito brasileiro rege mas desconhece as *startup*. Dissertação de Mestrado. Escola de Direito do Rio de Janeiro da Fundação Getúlio Vargas, 160 f., p. 3.

participe do capital social da sociedade. Para fins de enquadramento da sociedade como microempresa ou empresa de pequeno porte, os valores de capital aportado não são considerados receitas da sociedade.

Trata-se de contrato de investimento com prazo máximo de 7 anos. O aporte de capital poderá ser realizado por pessoa física, fundo de investimento ou por pessoa jurídica, denominadas investidor-anjo. Não se trata tecnicamente de um sócio, mas literalmente de um contrato de investimento. O investidor-anjo não será considerado sócio nem terá qualquer direito a gerência ou voto na administração da empresa, podendo eventualmente participar nas deliberações em caráter estritamente consultivo, conforme pactuação contratual. Dentro desta perspectiva, ele não responderá por qualquer dívida da empresa, inclusive em recuperação judicial, não se aplicando a desconsideração da personalidade jurídica.

Apesar de não ser sócio, o investidor anjo pode exigir dos administradores a prestação de contas e a entrega das demonstrações financeiras anuais. Além disso, ele terá acesso livre a livros e documentos da sociedade, exceto se o contrato social estabelecer momento próprio para o acesso.

Por não ser sócio, não há tecnicamente um direito de recesso para o investidor anjo, mas sim um direito ao resgate do seu investimento. O investidor-anjo somente poderá exercer o direito de resgate depois de decorridos, no mínimo, dois anos do aporte de capital, ou prazo superior estabelecido no contrato de participação. O valor desse resgate será calculado como a apuração de haveres de um sócio, mas não pode ultrapassar o valor investido devidamente corrigido, por índice previsto no contrato. A tributação desse resgate será regulamentada pelo Ministério da Fazenda.

Apesar de não ser sócio, poderá fazer jus a uma remuneração periódica, nos termos do contrato de participação. Além disso, pode haver a previsão de conversão do aporte em participação no capital social.

Por se tratar de um direito de caráter patrimonial, o investidor anjo poderá transferir titularidade do aporte para terceiro alheio à sociedade, desde que obtenha o consentimento dos sócios, salvo estipulação contratual expressa em contrário. Caso os sócios decidam pela venda da empresa, o investidor-anjo terá direito de preferência na aquisição, bem como direito de venda conjunta da titularidade do aporte de capital, nos mesmos termos e condições que forem ofertados aos sócios regulares.

REFERÊNCIAS BIBLIOGRÁFICAS

ABBADESSA, Pietro. La società per azioni fra passato e futuro: l'assemblea. In: PORZIO, Mario et al. (Org.). *La riforma delle società per azioni non quotate*. Milano: Giuffrè, 2000. p. 61-72.

ABRÃO, Carlos Henrique. *Sociedade simples*. São Paulo: Juarez de Oliveira, 2004.

_____. *Empresa individual*. São Paulo: Atlas, 2012.

ABRÃO, Nelson. *Sociedade por quotas de responsabilidade limitada*. 8. ed. revista, atualizada e ampliada por Carlos Henrique Abrão. São Paulo: Saraiva, 2000.

_____. *Sociedades limitadas*. 9. ed. atualizada por Carlos Henrique Abrão. São Paulo: Saraiva, 2005.

_____. *Curso de direito falimentar*. 4. ed. São Paulo: Revista dos Tribunais, 1993.

ABREU, Jorge Manuel Coutinho de. *Curso de direito comercial*. Coimbra: Almedina, 1999. v. 1.

_____. *Curso de direito comercial*. 3. ed. Coimbra: Almedina, 2009. v. 2.

ADIERS, Moacir. Dissolução parcial de sociedade civil por quotas de responsabilidade limitada. *Revista Jurídica*, n. 280, p. 61-72, fev. 2001.

ALBERTON, Genacéia da Silva. A desconsideração da personalidade jurídica no Código de Defesa do Consumidor: aspectos processuais. *Revista de Direito do Consumidor*, São Paulo, n. 7, p. 7-29, jul./set. 1993.

ALEXANDRE, Ricardo. *Direito tributário esquematizado*. 2. ed. São Paulo: Método, 2008.

ALMEIDA, Amador Paes de. *Execução de bens dos sócios*: obrigações mercantis, tributárias, trabalhistas: da desconsideração da personalidade jurídica (doutrina e jurisprudência). 3. ed. São Paulo: Saraiva, 2000.

_____. *Manual das sociedades comerciais*. 10. ed. São Paulo: Saraiva, 1998.

ALVES, Alexandre Ferreira de Assumpção. *A pessoa jurídica e os direitos da personalidade*. Rio de Janeiro: Renovar, 1998.

_____. A desconsideração da personalidade jurídica e o direito do consumidor: um estudo de direito civil constitucional. In: TEPEDINO, Gustavo (Coord.). *Problemas de direito civil constitucional*. Rio de Janeiro: Renovar, 2000. p. 243-278.

664 CURSO DE DIREITO EMPRESARIAL

ALVES, Jorge de Jesus Ferreira. *Direito da concorrência nas comunidades europeias*. 2. ed. Coimbra: Coimbra, 1992.

AMARAL, Francisco. *Direito civil*: introdução. 3. ed. Rio de Janeiro: Renovar, 2000.

AMARO, Luciano. Desconsideração da pessoa jurídica no Código de Defesa do Consumidor. *Revista de Direito do Consumidor*, São Paulo, n. 5, p. 168-182, jan./mar. 1993.

_____. *Direito tributário brasileiro*. 14. ed. São Paulo: Saraiva, 2008.

AMENDOLARA, Leslie. *Os direitos dos acionistas minoritários*: com as alterações da Lei n. 9.457/97. São Paulo: STS, 1998.

ANDRADE FILHO, Edmar Oliveira. *Desconsideração da personalidade jurídica no novo Código Civil*. São Paulo: MP, 2005.

_____. *Sociedade de responsabilidade limitada*. São Paulo: Quartier Latin, 2004.

ANDRADE JUNIOR, Átila de Souza Leão. *O novo direito societário brasileiro*. Brasília: Brasília Jurídica, 1999.

ANDRADE JÚNIOR, Mozart Vilela. A obrigatoriedade (?) do incidente de desconsideração da personalidade jurídica. Revista dos Tribunais, vol. 977, p. 393-415, mar. 2017.

ANGELICI, Carlo. Note in tema di informazione societaria. In: BONELLI, Franco et al. (Coord.). *La riforma delle società quotate*. Milano: Giuffrè, 1998. p. 249-271.

ARAGÃO, Paulo Cezar. A disciplina do acordo de acionistas na reforma da lei de sociedades por ações (Lei n. 10.303, de 2001). In: LOBO, Jorge. *Reforma da Lei das Sociedades Anônimas*, 2002. p. 367-384.

ARAÚJO, Aldem Johnston Barbosa. A desconsideração da personalidade jurídica no novo Código de Processo Civil. *Revista dos Tribunais*, vol. 967, p. 251 – 303, Maio/2016.

ARAÚJO, Paulo Barreto de. Aspectos da sociedade limitada no projeto do Código Civil. *RT*, São Paulo, ano 67, v. 517, p. 27-29, nov. 1978.

ARNOLDI, Paulo Roberto Colombo; RIBEIRO, Ademar. A revolução do empresariado. *Revista de Direito Privado*, n. 9, p. 216-226, jan./mar. 2002.

ASCARELLI, Tullio. *Corso di diritto commerciale*: introduzione e teoria dell'impresa. 3. ed. Milano: Giuffrè, 1962.

_____. *Problemas das sociedades anônimas e direito comparado*. 2. ed. São Paulo: Saraiva, 1969.

_____. *Problemas das sociedades anônimas e direito comparado*. Campinas: Bookseller, 2001.

_____. *Ensaios e pareceres*. Campinas: RED Livros, 2000.

_____. Le unione di imprese. *Rivista del Diritto Commerciale*, v. XXXIII, parte I, p. 152-184, 1935.

_____. *Teoria geral dos títulos de crédito*. Tradução de Benedicto Giacobbini. Campinas: RED, 1999.

_____. La letteralità nei titoli di credito. *Rivista del Diritto Commerciale*. v. XXX, parte prima, p. 237-271, 1932.

ASQUINI, Alberto. Profili dell'impresa. *Rivista di Diritto Commerciale*. v. XLI – Parte I, p. 1-20, 1943.

ASSIS, Araken de. *Manual do processo de execução*. 5. ed. São Paulo: Revista dos Tribunais, 1998.

_____. *Contratos nominados*. 2. ed. São Paulo: Revista dos Tribunais, 2009. v. 2.

AULETTA, Giuseppe. L'impresa dal Codice di Commercio del 1882 al Codice Civile del 1942. In: *1882-1982 Cento anni dal Codice di Commercio*. Milano: Giuffrè, 1984. p. 75-89.

_____; SALANITRO, Nicolò. *Diritto commerciale*. 13. ed. Milano: Giuffrè, 2001.

BALEEIRO, Aliomar. *Direito tributário brasileiro*. 11. ed. Rio de Janeiro: Forense, 2002.

BALLANTINE, Henry W. *Ballantine on corporations*. Chicago: Callaghan and Company, 1946.

BAPTISTA, Ezio Carlos S. Administradores de sociedades limitadas. In: ALMEIDA, Marcus Elidius Michelli de (Coord.). *Aspectos jurídicos da sociedade limitada*. São Paulo: Quartier Latin, 2004, p. 165-201.

BAPTISTA, Luiz Olavo. Concentração de empresas. *Revista de Direito Civil, Imobiliário, Agrário e Empresarial*, São Paulo, ano 3, n. 9, p. 183-201, jul./set. 1979.

BARATA, Rodrigo Rentzsch Sarmento. *Alcance subjetivo da desconsideração da personalidade jurídica*. Rio de Janeiro: Lumen Juris, 2020.

BARBI FILHO, Celso. *Acordo de acionistas*. Belo Horizonte: Del Rey, 1993.

_____. Acordo de acionistas: panorama atual do instituto no direito brasileiro e propostas para reforma de sua disciplina legal. *Revista de Direito Bancário, do Mercado de Capitais e da Arbitragem*, São Paulo, ano 3, n. 8, p. 31-59, abr./jun. 2000.

BARBOSA MOREIRA, José Carlos. Aspectos da "execução" em matéria de obrigação de emitir declaração de vontade. In: _____. *Estudos de direito processual em memória de Luiz Machado Guimarães*. Rio de Janeiro: Forense, 1999. p. 205-217.

BARRETO FILHO, Oscar. A dignidade do direito mercantil. *Revista de Direito Bancário e do Mercado de Capitais*, ano 2, n. 6, p. 295-305, set./dez. 1999.

_____. O projeto de Código Civil e as normas sobre a atividade negocial. *Revista de Direito Bancário, do Mercado de Capitais e da Arbitragem*, São Paulo, ano 4, n. 13, p. 259-263, jul./set. 2001.

_____. *Teoria do estabelecimento comercial*. 2. ed. São Paulo: Saraiva, 1988.

BASSO, Maristela. *Joint ventures*: manual prático das associações empresariais. 3. ed. Porto Alegre: Livraria do Advogado, 2002.

BATALHA, Wilson de Souza Campos. *Comentários à lei das sociedades anônimas*. Rio de Janeiro: Forense, 1977. v. 3.

BECHO, Renato Lopes. *Elementos de direito cooperativo*. São Paulo: Dialética, 2002.

BERLE, Adolf A.; MEANS, Gardiner C. *A moderna sociedade anônima e a propriedade privada*. Tradução de Dinah de Abreu Azevedo. São Paulo: Abril Cultural, 1984.

BERTOLDI, Marcelo M. *Curso avançado de direito comercial*. São Paulo: Revista dos Tribunais, 2001. v. 1.

_____(Coord.). *Reforma da lei de sociedades anônimas*. São Paulo: Revista dos Tribunais, 2002.

BEVILÁQUA, Clóvis. *Teoria geral do direito civil*. Campinas: RED, 1999.

BITTAR, Carlos Alberto. *Os direitos da personalidade*. 4. ed. Rio de Janeiro: Forense Universitária, 2000.

BOCATER, Maria Isabel do Prado. O exercício do poder de polícia e regulador da CVM: aperfeiçoamentos recentes. In: MOSQUERA, Roberto Quiroga (Coord.). *Aspectos atuais do direito do mercado financeiro e de capitais*. São Paulo: Dialética, 2000. v. 1, p. 209-216.

BORBA, José Edwaldo Tavares. *Direito societário*. 4. ed. Rio de Janeiro: Freitas Bastos, 1998.

_____.   _____. 8. ed. Rio de Janeiro: Renovar, 2003.

BORGES, João Eunápio. *Curso de direito comercial terrestre*. 5. ed. Rio de Janeiro: Forense, 1971. v. 1.

BOTREL, Sérgio. O regime jurídico das quotas na sociedade limitada. In: AZEVEDO, Luiz André N. de Moura; e CASTRO, Rodrigo R. Monteiro de (coords.). *Sociedade limitada contemporânea*. São Paulo: Quartier Latin, 2013.

BRITO, Cristiano Gomes de. Dissolução parcial da sociedade anônima. *Revista de Direito Privado*, São Paulo, ano 2, n. 7, p. 18-33, jul./set. 2001.

BROSETA PONT, Manuel. *Manual de derecho mercantil*. 10. ed. Madrid: Tecnos, 1994.

BRUNETTI, Antonio. *Tratado del derecho de las sociedades*. Tradução de Felipe de Solá Cañizares. Buenos Aires: UTEHA, 1960.

BRUSCATO, Wilges Ariana. *Empresário individual de responsabilidade limitada*: de acordo com o novo Código Civil. São Paulo: Quartier Latin, 2005.

BRUSCHI, Gilberto Gomes. *Aspectos processuais da desconsideração da personalidade jurídica*. São Paulo: Juarez de Oliveira, 2004.

BRUSCHI, Gilberto Gomes; NOLASCO, Rita Dias; AMADEO, Rodolfo da Costa Manso Real. *Fraudes patrimoniais e desconsideração da personalidade jurídica no Código de Processo Civil de 2015*. São Paulo: Revista dos Tribunais, 2015.

BULGARELLI, Waldirio. *Direito comercial*. 14. ed. São Paulo: Atlas, 1999.

_____. *A proteção às minorias na sociedade anônima*: à luz da nova lei das sociedades por ações, Lei n. 6.404, de 15 de dezembro de 1976. São Paulo: Pioneira, 1977.

_____. *Manual das sociedades anônimas*. 12. ed. São Paulo: Atlas, 2001.

_____. *Sociedades comerciais*. 7. ed. São Paulo: Atlas, 1998.

_____. *Tratado de direito empresarial*. 3. ed. São Paulo: Atlas, 1997.

_____. *Regime jurídico de proteção às minorias*: de acordo com a reforma da Lei n. 6.404/76. Rio de Janeiro: Renovar, 1998.

_____. *Concentração de empresas e direito antitruste*. 2. ed. São Paulo: Atlas, 1996.

BUONOCORE, Vincenzo. La riforma delle società quotate. In: BONELLI, Franco et al. (Coord.). *La riforma delle società quotate*. Milano: Giuffrè, 1998. p. 3-77.

_____. *Le società*. Milano: Giuffrè, 2000.

_____. *La riforma del diritto societario*. Torino: Giappichelli, 2003.

_____. *L'impresa*. Torino: Giappichelli, 2002.

CALÇAS, Manoel de Queiroz Pereira. *Sociedade limitada no Código Civil*. São Paulo: Atlas, 2003.

_____. Sociedade simples. In: PROENÇA, José Marcelo Martins; FINKELSTEIN, Maria Eugênia Reis (Coord.). *Tipos societários*. São Paulo: Saraiva, 2009.

CAMARGO, João Laudo de. O conselho de administração nas sociedades anônimas. *Revista de Direito Bancário e do Mercado de Capitais*, São Paulo, ano 1, n. 1, p. 167-168, jan./abr. 1998.

_____; BOCATER, Maria Isabel do P. Conselho de administração: seu funcionamento e participação de membros indicados por acionistas minoritários e preferencialistas. In: LOBO, Jorge. *Reforma da lei das sociedades anônimas*. Rio de Janeiro: Forense, 2002. p. 385-421.

CAMPINHO, Sérgio. *O direito de empresa à luz do novo Código Civil*. 12. ed. Rio de Janeiro: Renovar, 2012.

_____. *Sociedade por quotas de responsabilidade limitada*. Rio de Janeiro: Renovar, 2000.

_____. *Falência e recuperação de empresa*: o novo regime de insolvência empresarial. Rio de Janeiro: Renovar, 2006.

CAMPOS, Gabriel de Britto. *Curso de direito administrativo*. Brasília: Fortium, 2006.

CANOTILHO, J. J. Gomes. *Direito constitucional e teoria da constituição*. 2. ed. Coimbra: Almedina, 1998.

CANTIDIANO, Luiz Leonardo. Alteração na lei das sociedades por ações: o substitutivo do Deputado Emerson Kapaz. In: MOSQUERA, Roberto Quiroga (Coord.). *Aspectos atuais do direito do mercado financeiro e de capitais*. São Paulo: Dialética, 2000. v. 2, p. 143-160.

_____. Características das ações, cancelamento do registro e "Tag Along". In: LOBO, Jorge. *Reforma da lei das sociedades anônimas*. Rio de Janeiro: Forense, 2002, p. 61-105.

CAPPELLETTI, Mauro; GARTH, Bryant. *Acesso à justiça*. Tradução de Ellen Gracie Northfleeth. Porto Alegre: Fabris, 1988.

CARDOSO, Paulo Leonardo Vilela. *O empresário de responsabilidade limitada*. São Paulo: Saraiva, 2012.

CARVALHO, Patrícia. Joint venture: um olhar voltado para o futuro. *Revista de Direito Privado*, São Paulo, ano 2, n. 6, p. 162-172, abr./jun. 2001.

CARVALHO DE MENDONÇA, J. X. *Tratado de direito comercial brasileiro*. Atualizado por Ricardo Negrão. Campinas: Bookseller, 2000. v. 1.

_____. _____. Campinas: Bookseller, 2000. v. 2, tomo 1.

_____. _____. Atualizado por Ruymar de Lima Nucci. Campinas: Bookseller, 2001. v. 2, tomo 2.

CARVALHO DE MENDONÇA, J. X. *Tratado de direito comercial brasileiro*. Campinas: Bookseller, 2001. v. 2, tomo 3.

_____. _____. Atualizado por Ricardo Rodrigues Gama. Campinas: Russel, 2000. v. 3, tomo I.

CARVALHO FILHO, José dos Santos. *Manual de direito administrativo*. 15. ed. Rio de Janeiro: Lumen Juris, 2006.

CARVALHOSA, Modesto; EIZIRIK, Nelson. *A nova lei das sociedades anônimas*. São Paulo: Saraiva, 2002.

_____. *Comentários ao Código Civil*. São Paulo: Saraiva, 2003. v. 13.

_____. *Comentários à lei das sociedades anônimas*. 4. ed. São Paulo: Saraiva, 2009. 4 v.

_____. Notícia sobre a reforma da Lei das Sociedades Anônimas: projeto do deputado Emerson Kapaz. In: MOSQUERA, Roberto Quiroga (Coord.). *Aspectos atuais do direito do mercado financeiro e de capitais*. São Paulo: Dialética, 2000. v. 2, p. 179-185.

_____. Cláusula compromissória estatutária e juízo arbitral (§ 3º do art. 109). In: LOBO, Jorge. *Reforma da lei das sociedades anônimas*. Rio de Janeiro: Forense, 2002. p. 321-343.

CASSETARI, Christiano. Os desafios impostos pelo estatuto da pessoa com deficiência em razão das modificações na teoria das incapacidades e os seus reflexos a atividade de registradores e notários. *Revista de Direito Imobiliário*. vol. 80, p. 259-272, jan.-jun./2016.

CASTRO Y BRAVO, Frederico. *La persona jurídica*. 2. ed. Madrid: Civitas, 1991.

CAVALLI, Cássio. *Sociedades limitadas*: regime de circulação das quotas. São Paulo: Revista dos Tribunais, 2011.

CECCHI, Paolo. *Gli amministratori di società di capitali*. Milano: Giuffrè, 1999.

CEOLIN, Ana Caroline Santos. *Abusos na aplicação da teoria da desconsideração da pessoa jurídica*. Belo Horizonte: Del Rey, 2002.

CERQUEIRA, João da Gama. *Tratado da propriedade industrial*. Rio de Janeiro: Revista Forense, 1946. v. 3.

CHEDIAK, Julian Fonseca Peña. A reforma do mercado de valores mobiliários. In: LOBO, Jorge (Coord.). *Reforma da lei das sociedades anônimas*. Rio de Janeiro: Forense, 2002. p. 525-551.

CINTRA, Antônio Carlos de Araújo. *Comentários ao Código de Processo Civil*. Rio de Janeiro: Forense, 2000. v. IV.

CLARK, John. Market definition and assignment of market shares. In: KHEMANI, R. Shyam. *A framework for the design and implementation of competition law and policy*. Washington: World Bank, 1998. p. 10-18.

COELHO, Fábio Ulhoa. *Curso de direito comercial*. 6. ed. São Paulo: Saraiva, 2002. v. 1.

_____. _____. 12. ed. São Paulo: Saraiva, 2012. v. 2.

_____. _____. 8. ed. São Paulo: Saraiva, 2008. v. 3.

_____. *O empresário e os direitos do consumidor*. São Paulo: Saraiva, 1994.

_____. *Desconsideração da personalidade jurídica*. São Paulo: Revista dos Tribunais, 1989.

_____. A participação nos resultados da companhia (dividendos e juros sobre o capital próprio) e dos direitos dos acionistas minoritários. In: MOSQUERA, Roberto Quiroga (Coord.). *Aspectos atuais do direito do mercado financeiro e de capitais*. São Paulo: Dialética, 2000. v. 2, p. 31-45.

_____. O direito de saída conjunta ("Tag Along"). In: LOBO, Jorge (Coord.). *Reforma da lei das sociedades anônimas*. Rio de Janeiro: Forense, 2002. p. 473-486.

_____. *A sociedade limitada no novo código civil*. São Paulo: Saraiva, 2003.

COÊLHO, Sacha Calmon Navarro. *Curso de direito tributário brasileiro*. 3. ed. Rio de Janeiro: Forense, 1999.

COMOGLIO, Luigi Paolo. "Garanzie costituzionale e 'giusto processo' (modelli a confronto)". *Revista de Processo*, São Paulo: Revista dos Tribunais, n. 90, p. 95-150, abr./jun. 1998.

COMPARATO, Fábio Konder. *O poder de controle na sociedade anônima*. 3. ed. Rio de Janeiro: Forense, 1983.

CORDEIRO, António Menezes. *O levantamento da personalidade coletiva no direito civil e comercial*. Coimbra: Almedina, 2000.

_____. *Direito europeu das sociedades*. Coimbra: Almedina, 2005.

CORRÊA, Gustavo Testa. *Aspectos jurídicos da Internet*. São Paulo: Saraiva, 2000.

CORRÊA-LIMA, Osmar Brina. *A reforma da lei das sociedades anônimas* (Lei n. 9.457, de 5 de maio de 1997). Belo Horizonte: Del Rey, 1997.

_____. *Sociedade anônima*. 2. ed. Belo Horizonte: Del Rey, 2003.

_____. *Sociedade limitada*. Rio de Janeiro: Forense, 2006.

_____. Cotas preferenciais na sociedade por cotas de responsabilidade limitada. *Revista dos Tribunais*, vol. 664, p. 34-36, fev. 1991.

COSTA, Luís César Amad. Poder regulamentar das autarquias normatizadoras das atividades no mercado financeiro e de capitais. In: MOSQUERA, Roberto Quiroga (Coord.). *Aspectos atuais do direito do mercado financeiro e de capitais*. São Paulo: Dialética, 2000. v. 2, p. 123-140.

COSTA, Philomento J. da. *Autonomia do direito comercial*. São Paulo: Revista dos Tribunais, 1956.

COSTI, Renzo. I patti parasociali. In: BONELLI, Franco et al. (Coord.). *La riforma delle società quotate*. Milano: Giuffrè, 1998. p. 113-134.

CRISTIANO, Romano. *Sociedade limitada no Brasil*. São Paulo: Malheiros, 1998.

_____. *Personificação da empresa*. São Paulo: Revista dos Tribunais, 1982.

CRIVELARI, José Ademir. *A administração da sociedade limitada no Código Civil*. Porto Alegre: Sérgio Antonio Fabris, 2005.

CUCCHI, Frederyk; DE STEFANIS, Cinzia. *La colaborazione tra imprese*. Napoli: Se, 2003.

CUÉLLAR, Leila. *As agências reguladoras e seu poder normativo*. São Paulo: Dialética, 2001.

CUNHA, Paulo Olavo. *Direito das sociedades comerciais*. Coimbra: Almedina, 2006.

DANNEMANN, SIEMSEN, BIGLER E IPANEMA MOREIRA. *Comentários à lei de propriedade industrial e correlatos*. Rio de Janeiro: Renovar, 2001.

DARZÉ, Andréa M. *Responsabilidade tributária*: solidariedade e subsidiariedade. São Paulo: Noeses, 2010.

DAVID, Solange Ragazi. A CVM e as inovações da legislação societária. *Revista de Direito Bancário, do Mercado de Capitais e da Arbitragem*, São Paulo, ano 4, n. 14, p. 269-273, out./dez. 2001.

DE CUPIS, Adriano. *Istituzioni di diritto privato*. Milano: Giuffrè, 1978. v. 3.

_____. *Os direitos da personalidade*. Tradução de Adriano Vera Jardim e Antônio Miguel Caeiro. Lisboa: Morais, 1961.

DE LEO, Walter N. *Derecho de los negocios en el comercio*. Buenos Aires: Universidad, 1999.

DE LUCCA, Newton. *Aspectos da teoria geral dos títulos de crédito*. São Paulo: Pioneira, 1979.

DELAMARRE, M.; LE POITVIN, M. *Thraité theórique et pratique de droit commercial*. Paris: Charles Hingray, 1861.

DELGADO, Maurício Godinho. *Curso de direito do trabalho*. 9. ed. São Paulo: LTr, 2010.

DI BLASI, Gabriel; GARCIA, Mario S.; MENDES, Paulo Parente M. *A propriedade industrial*. Rio de Janeiro: Forense, 2002.

DI PIETRO, Maria Sylvia Zanella. *Direito administrativo*. 20. ed. São Paulo: Atlas, 2007.

DINAMARCO, Cândido Rangel. *A instrumentalidade do processo*. 6. ed. São Paulo: Malheiros, 1998.

DINIZ, Davi Monteiro. *Propriedade industrial e segredo em comércio*. Belo Horizonte: Del Rey, 2003.

DINIZ, Maria Helena. *Dicionário jurídico*. São Paulo: Saraiva. 1998. v. 4.

DOMINGUES, Paulo de Tarso. *Do capital social*: noção, princípio e funções. 2. ed. Coimbra: Coimbra, 2004.

DONATO, Maria Antonieta Zanardo. *Proteção ao consumidor*: conceito e extensão. São Paulo: Revista dos Tribunais, 1994.

DORIA, Dylson. *Curso de direito comercial*. 13. ed. São Paulo: Saraiva, 1998. v. 1.

DRUCKER, Peter F. *Concept of corporation*. New Brunswick: Transaction Publ:sher, 2011.

DUBEUX, Julio Ramalho; CORRÊA, Rodrigo de Oliveira Botelho. Análise do art. 124, § 5º, II da Lei das S.A. à luz da teoria da regulação. *Revista de Direito Mercantil, Industrial, Econômico e Financeiro*, v. 137, p. 119-125, jan./mar. 2005.

ENDEMANN, G. *Manuale di diritto commerciale, marittimo, cambiario*. Tradução de Carlo Betocchi ed Alberto Vighi. Napoli: Jovene, 1897. v. 1.

EIZIRIK, Nelson. Reforma das S.A. e direito de recesso. In: LOBO, Jorge (Coord.). *A reforma da Lei das S.A*. São Paulo: Atlas, 1998.

_____. *Aspectos modernos do direito societário*. Rio de Janeiro: Renovar, 1992.

_____. Conselho fiscal. In: LOBO, Jorge (Coord.). *Reforma da Lei das sociedades anônimas*. Rio de Janeiro: Forense, 2002. p. 453-471.

_____. *A lei das S/A comentada*. São Paulo: Quartier Latin, 2012. 3 v.

ENNECCERUS, Ludwig; KIPP, Theodor; WOLFF, Martin. *Tratado de derecho civil*. 2. ed. Traducción de Blas Pérez González y José Alguer. Barcelona: Bosch, 1953. v. 1.

ESCARRA, Jean; ESCARRA, Edouard; RAULT, Jean. *Traité théorique et pratique de droit commercial*. Paris: Librairie du Recueil Sirey, 1950.

ESTRELLA, Hernani. *Apuração de haveres*. Atualizado por Roberto Papini. 3. ed. Rio de Janeiro: Forense, 2001.

FABRETTI, Láudio Camargo. *Direito de empresa no Código Civil*. São Paulo: Atlas, 2003.

FARIA, Anacleto de Oliveira. Sociedade comercial entre cônjuges. *Revista de Direito Privado*, São Paulo, n. 8, p. 227-235, out./dez. 2001.

FARIA, S. Soares. *Do abuso da razão social*. São Paulo: Saraiva, 1933.

FAZZIO JÚNIOR, Waldo. *Sociedades limitadas*. São Paulo: Atlas, 2003.

_____. *Manual de direito comercial*. São Paulo: Atlas, 2000.

FÉRES, Marcelo Andrade; TOMAZETTE, Marlon. Transformação de sociedades empresárias. *Repertório IOB de Jurisprudência*, n. 7, p. 173-167, 1. quinz. abr. 2003.

_____. Empresa e empresário: do Código Civil italiano ao novo Código Civil brasileiro. In: RODRIGUES, Frederico Viana (Coord.). *Direito de empresa no Novo Código Civil*. Rio de Janeiro: Forense, 2004. p. 37-69.

_____. Ensaios sobre o novo estatuto da microempresa e da empresa de pequeno porte (Lei n. 9.841, de 5 de outubro de 1999). *Jus Navigandi*, Teresina, ano 4, n. 43, jul. 2000. Disponível em: <http://www1.jus.com.br/doutrina/texto.asp?id=752>. Acesso em: 12 jul. 2004.

_____. *Estabelecimento empresarial*. São Paulo: Saraiva, 2007.

_____. *Sociedade em comum:* disciplina jurídica e institutos afins. São Paulo: Saraiva, 2012.

FERNANDES NETO, Guilherme. *O abuso do direito no código de defesa do consumidor*: cláusulas, práticas e publicidades abusivas. Brasília: Brasília Jurídica, 1999.

FERRARA, Francesco. *Trattato di diritto civile italiano*. Roma: Athenaeum, 1921.

_____. *Le persone giuridiche*. 2. ed. Torino: UTET, 1956.

FERRARA JUNIOR, Francesco. *Teoría jurídica de la hacienda mercantil*. Traducción por José Maria Navas. Madrid: Revista de Derecho Privado, 1950.

_____; CORSI, Francesco. *Gli imprenditori e le società*. 11. ed. Milano: Giuffrè, 1999.

FERREIRA, Waldemar. *Tratado de direito comercial*. São Paulo: Saraiva, 1960. v. 1.

_____. _____. São Paulo: Saraiva, 1961. v. 3.

_____. _____. São Paulo: Saraiva, 1962. v. 6.

_____. _____. *Tratado das sociedades comerciais*. 5. ed. Rio de Janeiro: Editora Nacional de Direito, 1958. v. 1.

FERRI, Giuseppe. *Manuale di diritto commerciale*. 4. ed. Torino: UTET, 1976.

FLAKS, Luís Loria. Aspectos societários do resgate de ações. *Revista de Direito Bancário, do Mercado de Capitais e da Arbitragem*, São Paulo, ano 5, n. 15, p. 128-159, jan./mar. 2002.

FLAKS, Luís Loria. A arbitragem na reforma da Lei das S.A. *Revista de Direito Mercantil, Industrial, Econômico e Financeiro*, v. 131, p. 100-121, jul./set. 2003.

FONSECA, Priscila M. P. Corrêa da; SZTAJN, Rachel. *Código Civil comentado*. São Paulo: Atlas, 2008.

FONTES, Marcos Rolim Fernandes. *Nomes de domínio no Brasil*: natureza, regime jurídico e solução de conflitos. São Paulo: Quartier Latin, 2006.

FORGIONI, Paula A. *Os fundamentos do antitruste*. São Paulo: Revista dos Tribunais, 1998.

_____. *A evolução do direito comercial brasileiro*: da mercancia ao mercado. São Paulo: Revista dos Tribunais, 2009.

_____. *Contrato de distribuição*. 2. ed. São Paulo: Revista dos Tribunais, 2008.

FRANÇA, Erasmo Valladão Azevedo e Novaes. *Invalidade das deliberações de assembleia geral das S.A.* São Paulo: Malheiros, 1999.

_____. *A sociedade em comum.* São Paulo: Malheiros, 2012.

FRANÇA, Erasmo Valladão Azevedo e Novaes; ADAMEK, Marcelo Vieira Von. Da ação de dissolução parcial de sociedade: comentários breves ao CPC/2015. São Paulo: Malheiros, 2016.

FRANSCESCHELLI, Remo. *Corso di diritto commerciale.* Milano: Giuffrè, 1944.

_____. *Dal vecchio al nuovo diritto commerciale.* Milano: Giuffrè, 1970.

FRANCO, Vera Helena; SZTAJN, Rachel. *Manual de direito comercial.* São Paulo: Revista dos Tribunais, 2005. v. 2.

FRANCO, Vera Helena de Mello. *Manual de direito comercial.* São Paulo: Revista dos Tribunais, 2001. v. 1.

_____. *Lições de direito comercial.* 2. ed. São Paulo: Maltese, 1995.

FURTADO, Jorge Henrique Pinto. *Curso de direito das sociedades.* 3. ed. Coimbra: Almedina, 2000.

FURTADO, Lucas Rocha. *Sistema da propriedade industrial no direito brasileiro.* Brasília: Brasília Jurídica, 1996.

_____. O registro dos atos constitutivos das sociedades cooperativas. In: KRUEGER, Guilherme (Coord.). *Cooperativismo e o novo Código Civil.* 2. ed. Belo Horizonte: Mandamentos, 2005.

_____. *Curso de direito administrativo.* Belo Horizonte: Fórum, 2007.

GAGLIANO, Pablo Stolze; PAMPLONA FILHO, Rodolfo. *Novo curso de direito civil.* 2. ed. São Paulo: Saraiva, 2003. v. 1.

_____. *Novo curso de direito civil.* 4. ed. São Paulo: Saraiva, 2006. v. 4.

GALGANO, Francesco. *História do direito comercial.* Tradução de João Espírito Santo. Lisboa: PF, 1990.

_____. Lex mercatoria. Tradução de Erasmo Valladão A. e N. França. *Revista de Direito Mercantil,* n. 29, p. 224-228, jan./mar. 2003.

_____. *Diritto civile e commerciale.* 3. ed. Padova: CEDAM, 1999. v. 3.

_____. *Diritto privato.* Padova: CEDAM, 1999.

_____. *Trattato di diritto commerciale e di diritto publico dell'economia.* Padova: CEDAM, 1984. v. VII.

GAMA, Guilherme Calmon Nogueira da. Incidente de desconsideração da personalidade jurídica. *Revista de Processo*, vol. 262, p. 61-85, dez. 2016.

GARRIGUES, Joaquín. *Curso de derecho mercantil*. 7. ed. Bogotá: Temis, 1987. v. 5.

GASPARINI, Diógenes. *Direito administrativo*. 13. ed. São Paulo: Saraiva, 2008.

GELLHORN, Ernest; KOVACIC, William E. *Antitrust law and economics*. 4. ed. St. Paul: West Group, 1994.

GILISSEN, John. *Introdução histórica ao direito*. Tradução de A. M. Hespanha e L. M. Macaísta Malheiros. 2. ed. Lisboa: Fundação Calouste Gulbenkian, 1995.

GLOGER, Christian. A responsabilidade civil dos sócios de uma sociedade limitada em relações: uma nova análise do art. 28 do CDC. *Revista de Direito do Consumidor*, São Paulo, n. 54, p. 77-115, abr./jun. 2005.

GOLDSCHMIDT, Levin. *Storia universale del diritto commerciale*. Tradução de Vittorio Pouchain e Antonio Scialoja. Torino: UTET, 1913.

GOMES, Orlando. *Introdução ao direito civil*. Atualização e notas de Humberto Theodoro Júnior. 15. ed. Rio de Janeiro: Forense, 2000.

_____. *Contratos*. 18. ed. Atualizada por Humberto Theodoro Júnior. Rio de Janeiro: Forense, 1999.

GONÇALVES, Oksandro. *Desconsideração da personalidade jurídica*. Curitiba: Juruá, 2004.

GONÇALVES NETO, Alfredo de Assis. *Lições de direito societário*. São Paulo: Juarez de Oliveira, 2002.

_____. *Lições de direito societário*. 2. ed. São Paulo: Juarez de Oliveira, 2004.

_____. *Lições de direito societário*: sociedade anônima. São Paulo: Juarez de Oliveira, 2005.

_____. *Direito de empresa*. São Paulo: Revista dos Tribunais, 2007.

GONÇALVES NETO, Alfredo de Assis; FRANÇA, Erasmo Valladão Azevedo e Novaes. Empresa individual de responsabilidade limitada. In: CARVALHOSA, Modesto (coordenador). *Tratado de direito empresarial*. São Paulo: Revista dos Tribunais, 2016. v. 2.

GOUTAY, Philippe. O conceito de valor mobiliário. Tradução de Rogério Acquarone. *Revista de Direito Bancário, do Mercado de Capitais e da Arbitragem*, São Paulo, ano 3, n. 8, p. 229-240, abr./jun. 2000.

GRAZIANI, Alessandro. *Diritto delle società*. 5. ed. Napoli: Morano, 1963.

GRECO FILHO, Vicente. *Direito processual civil brasileiro*. 11. ed. atualizada. São Paulo: Saraiva, 1996. v. 2.

GRINOVER, Ada Pellegrini (Coord.). *Código de Defesa do Consumidor comentado pelos autores do anteprojeto*. Rio de Janeiro: Forense Universitária, 1998.

_____. *O processo em evolução*. 2. ed. Rio de Janeiro: Forense Universitária, 1998.

GUERREIRO, José Alexandre Tavares. Execução específica dos acordos de acionistas. *Revista de Direito Mercantil, Industrial, Econômico e Financeiro*, São Paulo, v. 20, n. 41, p. 40-68, jan./mar. 1981.

_____. Propriedade fiduciária de ações. In: LOBO, Jorge (Coord.). *Reforma da lei das sociedades anônimas*. Rio de Janeiro: Forense, 2002. p. 51-59.

GUILHARDI, Pedro. Apuração de haveres e o Código de Processo Civil. *Revista de Direito Bancário e do Mercado de Capitais*, v. 75, p. 219-257, jan.-mar. 2017.

GUIMARÃES, Flávia Lefèvre. *Desconsideração da pessoa jurídica no código de defesa do consumidor*: aspectos processuais. São Paulo: Max Limonad, 1998.

GUSMÃO, Mônica. *Lições de direito empresarial*. 6. ed. Rio de Janeiro: Lumen Juris, 2007.

HALPERIN, Isaac. *Sociedades anónimas*. 2. ed. Actualizada y ampliada por Julio C. Otaegui. Buenos Aires: Depalma, 1998.

HAMEL, J.; LAGARDE, G.; JAUFFRET, A. *Droit commercial*. 2. ed., Paris: Dalloz, 1980. v. 1, tomo 1.

HAMILTON, Robert W. *The law of corporations*. 5. ed. St. Paul: West Group, 2000.

HAURIOU, Maurice. *La teoría de la institución y de la fundación*. Buenos Aires: Abeledo-Perrot, 1968.

HENN, Harry G.; ALEXANDER, John R. *Law of corporations*. 3. ed. St. Paul: West Group, 1983.

HENTZ, Luiz Antonio Soares. *Direito comercial atual*: de acordo com a teoria da empresa. 3. ed. São Paulo: Saraiva, 2000.

HOVENKAMP, Herbert. *Antitrust*. 3. ed. St. Paul: West Group, 1999.

HUBERT, Beno Frederico. *Desconsideração da pessoa jurídica nos tribunais*. Curitiba: JM, 1999.

INSTITUTO BRASILEIRO DE GOVERNANÇA CORPORATIVA. Código das melhores práticas de governança corporativa. *Revista de Direito Bancário e do Mercado de Capitais*, São Paulo, ano 2, n. 6, p. 289-293, set./dez. 1999.

IRUJO, José Miguel Embrid. *La sociedad de responsabilidad limitada*. Apéndice a la décima edición del Manual de derecho mercantil de Manuel Broseta Pont. Madrid: Tecnos, 2000.

JAEGER, Pier Giusto; DENOZZA, Francesco. *Appunti di diritto commerciale*. 5. ed. Milano: Giuffrè, 2000.

JOSSERAND, Louis. *Derecho civil*. Tradução de Santiago Cunchillos y Manterola. Buenos Aires: Bosch, 1952.

_____. *Del abuso de los derechos y otros ensaios*. Bogotá: Temis, 1999.

JUSTEN FILHO, Marçal. *Desconsideração da personalidade societária no direito brasileiro*. São Paulo: Revista dos Tribunais, 1987.

KAMINSKI, Omar. Conflito sobre nomes de domínio: a experiência com o judiciário brasileiro. In: LEMOS, Ronaldo; WAISBERG, Ivo (Org.). *Conflitos sobre nomes de domínio e outras questões jurídicas da Internet*. São Paulo: Revista dos Tribunais, 2003. p. 242-271.

KANDIR, Antonio. A nova CVM e a modernização da lei das S.A. In: LOBO, Jorge. *Reforma da Lei das sociedades anônimas*. Rio de Janeiro: Forense, 2002. p. 3-9.

KOCH, Deonísio. *Desconsideração da personalidade jurídica*. Florianópolis: Momento Atual, 2005.

KOURY, Suzy Elizabeth Cavalcante. *A desconsideração da personalidade jurídica (disregard doctrine) e os grupos de empresas*. 2. ed. Rio de Janeiro: Forense, 1997.

KRIGER FILHO, Domingos Afonso. Aspectos da desconsideração da personalidade societária na lei do consumidor. *Revista de Direito do Consumidor*, São Paulo, n. 13, p. 78-86, jan./mar. 1995.

KRUGER, Guilherme. As cooperativas como sociedades simples. In: KRUEGER, Guilherme (Coord.). *Cooperativismo e o novo Código Civil*. 2. ed. Belo Horizonte: Mandamentos, 2005.

LABRUNIE, Jacques. Conflitos entre nomes de domínio e outros sinais distintos. In: DE LUCCA, Newton; SIMÃO FILHO, Adalberto. (Coord.). *Direito & Internet*: aspectos jurídicos relevantes. Bauru: Edipro, 2000. p. 239-256.

LACERDA, J. C. Sampaio de. *Comentários à lei das sociedades anônimas*. São Paulo: Saraiva, 1978. v. 3.

LAMY FILHO, Alfredo; PEDREIRA, José Luiz Bulhões. *A lei das S.A.*: pressupostos, elaboração, aplicação. 3. ed. Rio de Janeiro: Renovar, 1997.

LARENZ, Karl. *Derecho civil*: parte general. Traducción y notas de Miguel Izquierdo y Macías-Picavea. Madri: Editoriales de Derecho Reunidas, 1978.

_____. *Metodología de la ciencia del derecho*. Traducción y revisión de Marcelino Rodríguez Molinero. Barcelona: Ariel, 1994.

LATTIN, Norman D. *Lattin on corporations*. Brooklyn: The Foundation Press, 1959.

LAURINI, Giancarlo. *La società a responsabilità limitata*: tra disciplina attuale e prospettive di riforma. Milano: Giuffrè, 2000.

LAUX, Francisco de Mesquita. Aspectos do incidente de desconsideração da personalidade jurídica no Código de Processo Civil. *Revista Brasileira da Advocacia*, vol. 3, p. 171-188, out./dez. 2016.

LEÃES, Luiz Gastão Paes de Barros. *Comentários à lei das sociedades anônimas*. São Paulo: Saraiva, 1978. v. 2.

_____. Exclusão extrajudicial de sócio em sociedade por quotas. *Revista de Direito Mercantil, Industrial, Econômico e Financeiro*, ano XXXIV, n. 100, p. 85-97, out./dez. 1995.

LEHMANN, Michael; FRANCESCHELLI, Vincenzo. Superamento della personalità giuridica e società collegate: sviluppi di diritto continentale. In: *Responsabilità limitata e gruppi di società*. Milano: Giuffrè, 1987. p. 71-134.

LINS, Daniela Storry. *Aspectos polêmicos da desconsideração da personalidade jurídica no Código de Defesa do Consumidor e na Lei Antitruste*. Rio de Janeiro: Lumen Juris, 2002.

LIPPERT, Márcia Mallmann. *A empresa no Código Civil*: elemento de unificação do direito privado. São Paulo: Revista dos Tribunais, 2003.

LOBO, Carlos Augusto da Silveira. Ações preferenciais: inovações da Lei n. 10.303. In: LOBO, Jorge (Coord.). *Reforma da Lei das sociedades anônimas*. Rio de Janeiro: Forense, 2002. p. 107-115.

LOBO, Jorge. A reforma da Lei das S.A.: Lei n. 9.457, de 5-5-97. In: _____. *A reforma da lei das S.A.* São Paulo: Atlas, 1998.

_____. *Grupo de sociedades*. Rio de Janeiro: Forense, 1978.

_____. *Sociedades limitadas*. Rio de Janeiro: Forense, 2004. v. 1.

LOBO, Jorge. *Empresa Unipessoal de Responsabilidade Limitada*. Disponível em: http://www.jlobo.com.br/artigos1.asp?seq=64. Acesso em: 15 jul. 2011.

LONDERO, Perci. Assembleias gerais e o retorno das sobras. In: KRUEGER, Guilherme (Coord.). *Cooperativismo e o novo Código Civil*. 2. ed. Belo Horizonte: Mandamentos, 2005.

LOPES, Miguel Maria de Serpa. *Curso de direito civil*. 9. ed. Rio de Janeiro: Freitas Bastos, 2000. v. 1.

LORDI, Luigi. *Istituzioni di diritto commerciale*. Padova: CEDAM, 1943. v. 3.

LUCENA, José Waldecy. *Das sociedades por quotas de responsabilidade limitada*. 2. ed. Rio de Janeiro: Renovar, 1997.

_____. *Das sociedades anônimas*: comentários à lei. Rio de Janeiro: Renovar, 2009, 3 v.

LYON-CAEN, Ch.; RENAULT, L. *Manuel du droit commercial*. 10. ed. Paris: Librairie Générale de Droit et de Jurisprudence, 1910.

MACHADO, Hugo de Brito. *Curso de direito tributário*. 27. ed. São Paulo: Malheiros, 2006.

MAGALHÃES, Roberto Barcellos de. *A nova lei das sociedades por ações comentada*. Rio de Janeiro: Freitas Bastos, 1977.

MAMEDE, Gladston. *Direito empresarial brasileiro*. São Paulo: Atlas, 2004. v. 1.

_____. _____. 3. ed. São Paulo: Atlas, 2008. v. 2.

_____. _____: falência e recuperação de empresas. São Paulo: Atlas, 2006. v. 4.

MARASÁ, Giorgio. *Le società*. 2. ed. Milano: Giuffrè, 2000.

MARCONDES, Sylvio. *Problemas de direito mercantil*. São Paulo: Max Limonad, 1970.

_____. *Limitação de responsabilidade do comerciante individual*. São Paulo: Revista dos Tribunais, 1956.

MARINONI, Luiz Guilherme; ARENHART, Sérgio Cruz. *Comentários ao Código de Processo Civil*. São Paulo: Revista dos Tribunais, 2000. v. 5, tomo II.

_____. *A antecipação da tutela*. 3. ed. São Paulo: Malheiros, 1997.

MARINS, James. *Responsabilidade da empresa pelo fato do produto*: os acidentes de consumo no código de Proteção e Defesa do Consumidor. São Paulo: Revista dos Tribunais, 1993.

MARQUES, Cláudia Lima. *Contratos no Código de Defesa do Consumidor*. 3. ed. São Paulo: Revista dos Tribunais, 1998.

MARQUES NETO, Floriano Azevedo. A nova regulação estatal e as agências independentes. In: SUNDFELD, Carlos Ari (Coord.). *Direito administrativo econômico*. São Paulo: Malheiros, 2000. p. 72-98.

MARTINS, Fran. *Curso de direito comercial*. 22. ed. Rio de Janeiro: Forense, 1998.

MARTINS, Fran. *Sociedades por quotas no direito estrangeiro e brasileiro*. Rio de Janeiro: Forense, 1960. v. 2.

_____. *Comentários à lei das sociedades anônimas*. Rio de Janeiro: Forense, 1977. v. 1.

_____. _____. Rio de Janeiro: Forense, 1978. v. 2.

MATTOS, Eloá Alves de; MATTOS, Fernando César Baptista de. Os sujeitos da obrigação tributária. In: GOMES, Marcus Lívio; ANTONELLI, Leonardo Pietro. *Curso de direito tributário brasileiro*. São Paulo: Quartier Latin, 2005. v. 1.

MEDAUAR, Odete. *Direito administrativo moderno*. 3. ed. São Paulo: Revista dos Tribunais, 1999.

MELLO, Celso Antônio Bandeira de. *Curso de direito administrativo*. 21. ed. São Paulo: Malheiros, 2006.

MELLO, Marcos Bernardes de. *Teoria do fato jurídico*: plano da validade. 4. ed. São Paulo: Saraiva, 2000.

MELO, José Eduardo Soares de. *Curso de direito tributário*. São Paulo: Dialética, 1997.

MESSINEO, Francesco. *Manuale di diritto civile e commerciale*. Milano: Giuffrè, 1957. v. 1.

_____. _____. 9. ed. Milano: Giuffrè, 1972. v. 5.

_____. *Manual de derecho civil y comercial*. Traducción de Santiago Sentis Melendo. Buenos Aires: EJEA, 1954-1956. v. 5.

_____. *Nuovi studi di diritto della società*. Milano: Giuffrè, 1966.

MIGUEL, Paula Castello. *Contratos entre empresas*. São Paulo: Revista dos Tribunais, 2006.

MIRAGEM, Bruno Nubens Barbosa. Do direito comercial ao direito empresarial: formação histórica e tendências do direito brasileiro. *Revista de Direito Privado*, ano 5, n. 17, p. 71-98, jan./mar. 2004.

MIRANDA, André Branco de. Os limites da aquisição de quotas-partes pelos associados e a subscrição proporcional. In: KRUEGER, Guilherme (Coord.). *Cooperativismo e o novo Código Civil*. 2. ed. Belo Horizonte: Mandamentos, 2005.

MIRANDA, Edson Antonio. *Execução específica dos acordos de acionistas*. São Paulo: Juarez de Oliveira, 2000.

MIRANDA, Pontes de. *Tratado de direito privado*. Atualizado por Vilson Rodrigues Alves. Campinas: Bookseller, 2001. v. 15.

_____. _____. Atualizado por Vilson Rodrigues Alves. Campinas: Bookseller, 2001. v. 11.

_____. _____. Atualizado por Vilson Rodrigues Alves. Campinas: Bookseller, 1999. v. 1.

_____. _____. 3. ed. São Paulo: Revista dos Tribunais, 1984. v. 49.

_____. *Tratado de direito cambiário*. Campinas: Bookseller, 2000. v. 1.

MOGOROVICH, Sergio. *La società a responsabilità limitata*. Roma: Buffetti, 2003.

MONTEIRO, Washington de Barros. *Curso de direito civil*. 37. ed. São Paulo: Saraiva, 2000. v. 1.

MÜSSNICH, Francisco Antunes Maciel. Reflexos sobre o direito de recesso na minirreforma da Lei das S.A. In: LOBO, Jorge (Coord.). *A reforma da Lei das S.A.* São Paulo: Atlas, 1998.

NAHAS, Tereza Christina. *Desconsideração da personalidade jurídica*: reflexos civis e empresariais nas relações de trabalho. São Paulo: Atlas, 2004.

NEGRÃO, Ricardo. *Manual de direito comercial*. Campinas: Bookseller, 1999.

_____. *Manual de direito comercial e de empresa*. 9. ed. São Paulo: Saraiva, 2012. v. 1.

_____. _____. 2. ed. São Paulo: Saraiva, 2007. v. 3.

NERILLO, Lucíola Fabrete Lopes. *Manual da sociedade limitada no novo Código Civil*. Curitiba: Juruá, 2004.

NERY JÚNIOR, Nelson. *Princípios do processo civil da Constituição Federal*. 5. ed. São Paulo: Revista dos Tribunais, 1999.

NERY JR., Nelson; NERY, Rosa Maria Andrade. *Comentários ao Código de Processo Civil*. São Paulo: Revista dos Tribunais, 2015.

NIGRO, Alessandro. Le obligazioni e le altre forme di finanziamento delle società per azioni. In: PORZIO, Mario et al. (Org.). *La riforma delle società per azioni non quotate*. Milano: Giuffrè, 2000. p. 103-130.

NUNES, A. J. Avelãs. *O direito de exclusão de sócios nas sociedades comerciais*. São Paulo: Cultural Paulista, 2001.

NUNES, Luiz Antonio Rizzato. *Comentários ao Código de Defesa do Consumidor*: parte material. São Paulo: Saraiva, 2000.

NUNES, Márcio Tadeu Guimarães. *Desconstruindo a desconsideração da personalidade jurídica*. São Paulo: Quartier Latin, 2007.

_____. Considerações sobre a constitucionalidade do aporte mínimo de capital exigido para a EIRELI. In: KOURY, Suzy Elizabeth Cavalcante (Coord.). *Direito empresarial*: os novos enunciados da Justiça Federal. São Paulo: Quartier Latin, 2013, p. 181-209.

NUSDEO, Ana Maria de Oliveira. *Defesa da concorrência e globalização econômica*: o controle da concentração de empresas. São Paulo: Malheiros, 2002.

NUSDEO, Fábio. *Curso de economia*: introdução ao direito econômico. São Paulo: Revista dos Tribunais, 1997.

OLIVEIRA, J. M. Leoni Lopes de. *Teoria geral do direito civil*. 2. ed. Rio de Janeiro: Lumen Juris, 2000. v. 2.

OLIVEIRA, José Lamartine Correa. *A dupla crise da pessoa jurídica*. São Paulo: Saraiva, 1979.

OLIVEIRA, Maurício Lopes de. *Propriedade industrial*: o âmbito de proteção da marca registrada. Rio de Janeiro: Lumen Juris, 2000.

OLIVEIRA FILHO, João Glicério de. Do registro de empresa: uma análise dos dez anos da Lei n. 8934/94 diante do Código Civil Brasileiro de 2002. Disponível em www.unifacs.br/revistajuridica/arquivo/edicao_junho2006/docente/doc1.do. Acesso 10 jun 2017.

OPPO, Giorgio. *Principi*. Torino: Giappichelli, 2001.

PACHECO, José da Silva. *Tratado das locações, ações de despejo e outras*. 10. ed. São Paulo: Revista dos Tribunais, 1998.

_____. *Processo de recuperação judicial, extrajudicial e falência*. 2. ed. Rio de Janeiro: Forense, 2007.

PAES, P. R. Tavares. *Propriedade industrial*. 2. ed. Rio de Janeiro: Forense, 2000.

_____. *Responsabilidade dos administradores de sociedades*. 2. ed. São Paulo: Revista dos Tribunais, 1997.

PAPINI, Roberto. *Sociedade anônima e mercado de valores mobiliários*. 3. ed. Rio de Janeiro: Forense, 1999.

PARAÍSO, Anna Luiza Prisco. *O direito de retirada na sociedade anônima*. 2. ed. Rio de Janeiro: Lumen Juris, 2000.

PARDESSUS, J. M. *Cours de droit commercial*. Paris: Garnier, 1814.

PARENTE, Norma. Principais inovações introduzidas pela Lei n. 10.303 de 31 de outubro de 2001, à Lei de Sociedades por Ações. In: LOBO, Jorge. *Reforma da Lei das Sociedades Anônimas*. Rio de Janeiro: Forense, 2002. p. 11-49.

_____. Governança corporativa. *Revista de Direito Bancário, do Mercado de Capitais e da Arbitragem*, São Paulo, ano 5, n. 15, p. 81-90, jan./mar. 2002.

PAZZAGLINI FILHO, Mario; CATANESE, Andrea di Fucco. *Direito de empresa no Código Civil*. São Paulo: Atlas, 2003.

PEDREIRA, José Luiz Bulhões. Acordo de acionistas sobre controle de grupo de sociedades. *Revista de Direito Bancário, do Mercado de Capitais e da Arbitragem*, São Paulo, ano 5, n. 15, p. 226-248, jan./mar. 2002.

_____; ROSMAN, Luiz Alberto Colonna. Aprovação das demonstrações financeiras, tomada de contas dos administradores e seus efeitos. Necessidade de prévia anulação da deliberação que aprovou as contas dos administradores para a propositura de ação de responsabilidade. In: CASTRO, Rodrigo R. Monteiro de; ARAGÃO, Leandro Santos de. *Sociedade anônima*. São Paulo: Quartier Latin, 2006.

PEGORARO, Luiz Nunes. *Desconsideração da personalidade jurídica no procedimento licitatório*. Campinas: Servanda, 2010.

PEIXOTO, Carlos Fulgêncio da Cunha. *A sociedade por cotas de responsabilidade limitada*. 2. ed. Rio de Janeiro: Forense, 1958. v. 1.

_____. *Sociedades por ações*. São Paulo: Saraiva, 1972. v. 1.

PENALVA SANTOS, Joaquim Antonio Vizeu. Inatividade da sociedade comercial. *Revista da EMERJ*, v. 2, n. 5, p. 113-116, 1999.

PENTEADO, Mauro Rodrigues. O direito de retirada dos acionistas na Lei n. 9.457/97. In: LOBO, Jorge (Coord.). *A reforma da lei das S.A*. São Paulo: Atlas, 1998.

_____. *Dissolução e liquidação de sociedades*. 2. ed. São Paulo: Saraiva, 2000.

_____. Ações preferenciais. In: LOBO, Jorge. *Reforma da Lei das Sociedades Anônimas*. Rio de Janeiro: Forense, 2002. p. 183-217.

PERDOLESI, Roberto. Veil piercing e analisi economica del diritto: l'esperienza statunitense. In: *Responsabilità limitata e gruppi di società*. Milano: Giuffrè, 1987, p. 135-173.

PEREIRA, Caio Mário da Silva. *Instituições de direito civil*. 19. ed. Rio de Janeiro: Forense, 2000. v. 1.

_____. _____. 9. ed. Rio de Janeiro: Forense, 1993. v. 3.

PEREIRA, Guilherme Döring Cunha. *Alienação do poder de controle acionário*. São Paulo: Saraiva, 1995.

PEREIRA, Jorge Brito. Os limites da defesa a uma oferta pública de aquisição hostil no direito português. *Revista de Direito Bancário, do Mercado de Capitais e da Arbitragem*, São Paulo, ano 4, n. 12, p. 215-240, abr./jun. 2001.

PERIN JÚNIOR, Écio. *Curso de direito falimentar e recuperação de empresas*. 3. ed. São Paulo: Método, 2006.

PIMENTA, Eduardo Goulart. O estabelecimento. In: RODRIGUES, Frederico Viana (Coord.). *Direito de empresa no novo Código Civil*. Rio de Janeiro: Forense, 2004. p. 95-118.

_____. *Exclusão e retirada de sócios*: conflitos societários e apuração de haveres no Código Civil e na Lei das Sociedades Anônimas. Belo Horizonte: Mandamentos, 2004.

PINHEIRO, Frederico Garcia. Sejam bem-vindas quotas preferenciais. Disponível em: http://www.valor.com.br/legislacao/4985240/sejam-bem-vindas-quotas-preferenciais. Acesso em: 21 jun. 2017.

PINHO, Themístocles; PEIXOTO, Álvaro. *A reforma da lei das S.A*. Rio de Janeiro: Freitas Bastos, 2001.

PINTO, Carlos Alberto da Mota. *Teoria geral do direito civil*. 3. ed. Coimbra: Almedina, 1999.

PLANIOL, Marcel; RIPERT, Jorge. *Tratado practico de derecho civil francés*. Traducción de Mario Dias Cruz. Havana: Cultural, 1927. v. 1.

POLONIO, Wilson Alves. *Manual das sociedades cooperativas*. 3. ed. São Paulo: Atlas, 2001.

PONTES, Evandro Fernandes de. O Conselho Fiscal nas companhias abertas brasileiras. 2009. 250f. Dissertação (Mestrado). Universidade de São Paulo – USP, São Paulo, 2009.

POPP, Carlyle; ABDALA, Edson Vieira. *Comentários à nova lei antitruste*. 2. ed. Curitiba: Juruá, 1997.

PORTANOVA, Rui. *Princípios do processo civil*. 4. ed. Porto Alegre: Livraria do Advogado, 2001.

PRADO, Roberta Nioac. Empresas familiares: governança corporativa, familiar e jurídico-sucessória. In: _____(Coord.). *Empresas familiares*: governança corporativa, governança familiar, governança jurídica. São Paulo: Saraiva, 2011.

PRADO, Viviane Muller. Noção de grupo de empresas para o direito societário e para o direito concorrencial. *Revista de Direito Bancário, do Mercado de Capitais*, São Paulo, ano 1, n. 2, p. 140-156, maio/ago. 1998.

_____. As quotas preferenciais no direito brasileiro. *Revista de Direito Bancário e do Mercado de Capitais*, v. 5/1999, p. 136-143, maio/ago. 1999.

PROENÇA, José Marcelo Martins. *Concentração empresarial e o direito da concorrência*. São Paulo: Saraiva, 2001.

_____. Direitos e deveres dos acionistas. In: PROENÇA, José Marcelo Martins; FINKELSTEIN, Maria Eugênia Reis (Coord.). *Sociedades anônimas*. São Paulo: Saraiva, 2007.

PRUX, Oscar Ivan; HENTZ, Luiz Antonio Soares; ALMEIDA, Marcus Elidius Michelli de. *Comentários ao Código Civil brasileiro*. Rio de Janeiro: Forense, 2006. v. X.

QUEIROZ, José Eduardo Carneiro. O conceito de valor mobiliário e a competência da Comissão de Valores Mobiliários e do Banco Central do Brasil. In: MOSQUERA, Roberto Quiroga (Coord.). *Aspectos atuais do direito do mercado financeiro e de capitais*. São Paulo: Dialética, 2000. v. 1, p. 131-135.

RAMOS, André Luiz Santa Cruz. *Curso de direito empresarial*. Salvador: JusPodivm, 2008.

_____. *Direito empresarial esquematizado*. 7. ed. São Paulo: Método, 2017.

_____. Novas regras sobre registro de sociedade limitada baixadas pelo DREI. Disponível em: <http://genjuridico.com.br/2017/05/24/novas-regras-sobre-registro-de-sociedade-limitada-baixadas-pelo-drei/>. Acesso em: 21 jun. 2017.

RÁO, Vicente. *Ato jurídico*. 4. ed. São Paulo: Revista dos Tribunais, 1997.

_____. *O direito e a vida dos direitos*. 5. ed. Anotada e atualizada por Ovídio Rocha Barros Sandoval. São Paulo: Revista dos Tribunais, 1999.

RECALDE CASTELLS, Andrés. La propuesta de directiva europea sobre ejercicio de los derechos de los acionistas. In: VITOLO, Daniel Roque; EMBRID IRUJO, José Miguel (diretores). *El derecho de sociedades en un marco supranacional*: Unión Europea y Mercosur. Madrid: Comares, 2007, p. 319-337.

REINHARD, Yves; CHAZAL, Jean-Pascal. *Droit commercial*. 6. ed. Paris: Litec, 2001.

REIS JÚNIOR, Nilson. *Aspectos societários das sociedades cooperativas*. Belo Horizonte: Mandamentos, 2006.

REQUIÃO, Rubens Edmundo. *Nova regulamentação da representação comercial autônoma*. 3. ed. São Paulo: Saraiva, 2007.

_____. *Curso de direito comercial*. 23. ed. São Paulo: Saraiva, 1998. v. 1.

_____. Abuso de direito e fraude através da personalidade jurídica. *RT*, São Paulo, v. 58, n. 410, p. 12-24, dez. 1969.

REQUIÃO, Rubens. *Curso de direito comercial*. 21. ed. São Paulo: Saraiva, 1998. v. 2.

RIDOLFO, José Olinto de Toledo. Valoração do estabelecimento comercial de empresas na nova economia: In: DE LUCCA, Newton; SIMÃO FILHO, Adalberto (Coord.). *Direito & Internet*: aspectos jurídicos relevantes. Bauru: Edipro, 2000. p. 257-271.

RIPERT, Georges; ROBLOT, René. *Traité élémentaire de droit commercial*. 5. ed. Paris: Librairie Générale de Droit et de Jurisprudence, 1963. v. 1.

RIZZARDO, Arnaldo. *Direito de empresa*. Rio de Janeiro: Forense, 2007.

ROCCO, Alfredo. *Princípios de direito comercial*. Tradução de Ricardo Rodrigues Gama. Campinas: LZN, 2003.

ROCHA, Antônio do Rêgo Monteiro. *Código de Defesa do Consumidor*: desconsideração da personalidade jurídica. Curitiba: Juruá, 1999.

ROCHA, João Luiz Coelho da. *Administradores, conselheiros e prepostos da sociedade*. Rio de Janeiro: Lumen Juris, 2005.

RODRIGUES, Sílvio. *Direito civil*. 26. ed. São Paulo: Saraiva, 1999. v. 3.

_____. *Direito civil*. 30. ed. São Paulo: Saraiva, 2000. v. 1.

RODRIGUES, Simone Gomes. Desconsideração da personalidade jurídica no Código de Defesa do Consumidor. *Revista de Direito do Consumidor*, São Paulo, n. 11, p. 7-20, jul./set. 1994.

ROGEL VIDE, Carlos. *Derecho de la persona*. Barcelona: J. M. Bosch, 1998.

ROQUE, José Sebastião. *Direito societário*. São Paulo: Ícone, 1997.

ROSA JÚNIOR, Luiz Emygdio da. *Títulos de crédito*. Rio de Janeiro: Renovar, 2000.

RUGGIERO, Roberto de. *Instituições de direito civil*. Campinas: Bookseller, 1999. v. 3.

SALANDRA, Vittorio. *Curso de derecho mercantil*. Trad. de Jorge Barrera Graf. México: Jus, 1949.

SALOMÃO FILHO, Calixto. *O novo direito societário*. São Paulo: Malheiros, 1998.

_____. *Direito concorrencial*: as estruturas. São Paulo: Malheiros, 1998.

SANT'ANNA, Rubens. *Contratos comerciais*. 3. ed. São Paulo: Aide, 1990.

SANTORO PASSARELLI, Francesco. *Saggi di diritto civile*. Napoli: Jovene, 1961. v. 2.

SANTOS, Hemelino de Oliveira. *Desconsideração da personalidade jurídica no processo do trabalho*. São Paulo: Ltr, 2003.

SANTOS, Moacyr Amaral. *Primeiras linhas de direito processual civil*. 16. ed. São Paulo: Saraiva, 1994. v. 3.

SANTOS, Theophilo de Azeredo. *Manual de direito comercial*. 2. ed. Rio de Janeiro: Forense, 1965.

_____. Natureza jurídica das ações das sociedades. *Revista Forense*, v. 169, p. 484-498, 1957.

SATTA, Salvatore; PUNZI, Carmine. *Diritto processuale civile*. 12. ed. Padova: CEDAM, 1996.

SCHERKERKEWITZ, Iso Chaitz. *Contratos de distribuição*: e o novo contexto do contrato de representação comercial. São Paulo: Revista dos Tribunais, 2011.

SCHMIDT, Lélio Denicoli. A distintividade das marcas. São Paulo: Saraiva, 2013, ebook.

SERICK, Rolf. *Apariencia y realidad en las sociedades mercantiles*: el abuso de derecho por medio de la persona jurídica. Traducción y comentarios de derecho español por José Puig Brutau. Barcelona: Ariel, 1958.

SILVA, Alexandre Couto. *Aplicação da desconsideração da personalidade jurídica no direito brasileiro*. São Paulo: LTR, 1999.

_____. *Responsabilidade dos administradores de S/A*. Rio de Janeiro: Elsevier, 2007.

SILVA, Américo Luis Martins. *As ações das sociedades e os títulos de crédito*. Rio de Janeiro: Forense, 1995.

SILVA, Bruno Mattos e. *Curso elementar de direito comercial*: parte geral e contratos mercantis. São Paulo: Juarez de Oliveira, 2001.

SILVA, Francisco da Costa. As ações preferenciais na Lei n. 10.303. In: LOBO, Jorge (Coord.). *Reforma da Lei das Sociedades Anônimas*. Rio de Janeiro: Forense, 2002. p. 117-140.

SILVA, Jackson Urquiza da Costa e. Disclosure & insider trading. *Universitas Jus*, Brasília, n. 5, p. 215-232, jan./jun. 2000.

SILVA, José Anchieta da. *Conselho fiscal nas sociedades anônimas brasileiras*. Belo Horizonte: Del Rey, 2000.

SILVA, Osmar Vieira. *Desconsideração da personalidade jurídica*: aspectos processuais. Rio de Janeiro: Renovar, 2002.

SIMÃO FILHO, Adalberto. *A nova sociedade limitada*. Barueri: Manole, 2004.

SIMIONATO, Frederico A. Monte. *Tratado de direito societário*. Rio de Janeiro: Forense, 2009. v. 1.

SOARES, José Carlos Tinoco. *Lei de patentes, marcas e direitos conexos*. São Paulo: Revista dos Tribunais, 1997.

SOARES, Maurício Quadros. *Mercado de valores mobiliários*. São Paulo: Juarez de Oliveira, 2003.

SOUZA, Daniel Adensohn. *Proteção ao nome empresarial no Brasil*. São Paulo: Saraiva, 2012.

STOBERL, Paulo Roberto. O arquivamento dos atos constitutivos das sociedades cooperativas na vigência do novo Código Civil brasileiro. In: KRUEGER, Guilherme (Coord.). *Cooperativismo e o novo Código Civil*. 2. ed. Belo Horizonte: Mandamentos, 2005.

SUNDFELD, Carlos Ari. Introdução às agências reguladoras. In: _____ (Coord.). *Direito administrativo econômico*. São Paulo: Malheiros, 2000. p. 17-38.

TAKEDA, George. Empresário individual: requisitos para dispensa da outorga conjugal: art. 978 do Código Civil. In: WALD, Arnoldo (organizador). *Doutrinas Essenciais de Direito Empresarial*. São Paulo: Revista dos Tribunais, 2010, p. 553-565.

TEIXEIRA, Egberto Lacerda. As sociedades limitadas e o projeto do Código Civil. *Revista de Direito Mercantil, Industrial, Econômico e Financeiro*, ano XXXIV, n. 99, p. 67-74, jul./set. 1995.

_____; GUERREIRO, José Alexandre Tavares. *Das sociedades anônimas no direito brasileiro*. São Paulo: José Bushatsky, 1979. v. 2.

TELLES JÚNIOR, Goffredo. *Iniciação na ciência do direito*. São Paulo: Saraiva, 2001.

TESSLER, Leonardo Gonçalves. Aspectos controversos da difícil relação entre marca e nome de domínio na Internet. In: BAPTISTA, Luiz Olavo; FERREIRA, Ivette Senise (Coord.). *Novas fronteiras do direito na era digital*. São Paulo: Saraiva, 2002. p. 22-45.

TIMM, Cláudio Coelho de Souza. *Alienação do poder de controle interno de sociedade anônima aberta que prescinde de autorização para funcionar, mediante venda de ações, e a desobrigatoriedade de se assegurar aos acionistas minoritários a oportunidade de venderem suas ações pelo mesmo preço pago pelas ações do controlador*. 2000. 88 f. Monografia de final de curso (Graduação) – UniCEUB, Brasília.

TOKARS, Fábio. *Sociedades limitadas*. São Paulo: LTr, 2007.

TOLEDO, Paulo Fernando Campos Salles de. *O conselho de administração na sociedade anônima.* 2. ed. São Paulo: Atlas, 1999.

_____. Modificações introduzidas na lei das sociedades por ações, quanto à disciplina da administração das companhias. In: LOBO, Jorge. *Reforma da Lei das Sociedades Anônimas.* Rio de Janeiro: Forense, 2002. p. 423-452.

TORRES, Carlos Maria Pinheiro. *O direito à informação nas sociedades comerciais.* Coimbra: Almedina, 1998.

TORRES, Heleno Taveira. Regime tributário da interposição de pessoas e da desconsideração da personalidade jurídica: os limites do art. 135, II e III do CTN. In: TORRES, Heleno Taveira; QUEIROZ, Mary Elbe. *Desconsideração da personalidade jurídica em matéria tributária.* São Paulo: Quartier Latin, 2005.

TORRES, Ricardo Lobo. *Curso de direito financeiro e tributário.* 8. ed. Rio de Janeiro: Renovar, 2001.

TRIMARCHI, Pietro. *Istituzioni di diritto privato.* 12. ed. Milano: Giuffrè, 1998.

ULMER, Peter. *Principios fundamentales del derecho alemán de sociedades de responsabilidad limitada.* Traducción de Jesús Alfaro Aguila-Real. Madrid: Civitas, 1998.

VALERI, Giuseppe. *Manuale di diritto commerciale.* Firenze: Casa Editrice Dottore Carlo Cya, 1950. v. 1.

VALÉRIO, Marco Aurélio Gumieri. Arbitragem nas sociedades anônimas: aspectos polêmicos da vinculação dos acionistas novos, ausentes, dissidentes e administradores à cláusula compromissória estatutária, após a inclusão do § 3º ao art. 109 da Lei n. 6.404/1976 pela Lei n. 10.303/2001. *Revista de Direito Mercantil, Industrial, Econômico e Financeiro,* v. 139, p. 164-176, jul./set. 2005.

VALVERDE, Trajano de Miranda. *Sociedades por ações.* 3. ed. Rio de Janeiro: Forense, 1959.

VAMPRÉ, Spencer. *Tratado elementar de direito comercial.* Rio de Janeiro: F. Briguiet, 1922. v. 2.

VASCONCELOS, Justino. *Das firmas e denominações comerciais.* Rio de Janeiro: Forense, 1957.

VEDOVE, Giampaolo dalle. *Nozioni di diritto d'impresa.* Padova: CEDAM, 2000.

_____. *Concentrazioni e gruppi nel diritto antitrust.* Padova: CEDAM, 1999.

VERÇOSA, Haroldo Malheiros Duclerc. *Curso de direito comercial.* 3. ed. São Paulo: Malheiros, 2011. v. 1.

_____. _____. São Paulo: Malheiros, 2006. v. 2.

_____. _____. São Paulo: Malheiros, 2008. v. 3.

_____. Das pessoas sujeitas e não sujeitas aos regimes de recuperação de empresas e ao da falência. In: PAIVA, Luiz Fernando Valente de (Coord.). *Direito Falimentar e a nova Lei de Falências e Recuperação de Empresas*. São Paulo: Quartier Latin, 2005.

_____. *Direito comercial:* sociedades. 3. ed. São Paulo: Revista dos Tribunais, 2014. v. 2.

VERRUCOLI, Piero. *Il superamento della personalità giuridica delle società di capitali nella Common Law e nella Civil Law*. Milano: Giuffrè, 1964.

VIDARI, Ercole. *Compendio di diritto commerciale italiano*. 4. ed. Milano: Ulrico Hoepli, 1910.

VIDIGAL, Geraldo de Camargo; MARTINS, Ives Gandra da Silva (Coord.). *Comentários à Lei das Sociedades por Ações*. Rio de Janeiro: Forense Universitária, 1999.

VILLEGAS, Carlos Gilberto. *Derecho de las sociedades comerciales*. 7. ed. Buenos Aires: Abeledo Perrot, 1994.

VIVANTE, Cesare. *Trattato di diritto commerciale*. 5. ed. Milano: Casa Editrice Dottore Francesco Vallardi, 1922. v. 1.

_____. _____. 5. ed. Milano: Francesco Vallardi, 1923. v. 2.

_____. _____. 5. ed. Milano: Francesco Vallardi, 1935. v. 3.

_____. *Instituições de direito comercial*. 3. ed. Tradução de J. Alves de Sá. São Paulo: C. Teixeira, 1928.

VON TUHR, A. *Derecho civil:* teoría general del derecho civil alemán. Traducción de Tito Ravá. Madrid: Marcial Pons, 1999. v. I, tomo 2.

WALD, Arnoldo. A reforma da Lei das Sociedades Anônimas: os direitos dos minoritários na nova lei das S.A. In: LOBO, Jorge. *Reforma da Lei das Sociedades Anônimas*. Rio de Janeiro: Forense, 2002. p. 219-247.

_____. Da aquisição do direito de voto pelas ações preferenciais por falta de pagamento dos dividendos: interpretação do art. 111 e seu § 1º da Lei n. 6.404/76. *Revista de Direito Bancário, do Mercado de Capitais e da Arbitragem*, São Paulo, ano 4, n. 12, p. 29-43, abr./jun. 2001.

_____. A evolução do regime legal do conselho de administração, os acordos de acionistas e os impedimentos dos conselheiros decorrentes de conflitos de interesses. *Revista de Direito Bancário, do Mercado de Capitais e da Arbitragem*, São Paulo, ano 4, n. 11, p. 13-30, jan./mar. 2001.

_____. O governo das empresas. *Revista de Direito Bancário, do Mercado de Capitais e da Arbitragem*, São Paulo, ano 5, n. 15, p. 53-78, jan./mar. 2002.

_____. *Comentários ao novo Código Civil*. Rio de Janeiro: Forense, 2005. v. XIV.

WARAT, Luis Alberto. *Abuso del derecho y lagunas de la ley*. Buenos Aires: Abeledo Perrot, 1969.

WEIGMANN, Roberto. La nuova disciplina delle OPA. In BONELLI, Franco et al. (Coord.). *La riforma delle società quotate*. Milano: Giuffrè, 1998. p. 197-209.

WORMSER, I. Maurice. *Disregard of corporate fiction and allied corporation problems*. Washington: Beard Books, 2000.

XAVIER, José Tadeu Neves. A teoria da desconsideração da pessoa jurídica no Código Civil. *Revista de Direito Privado*, ano 3, n. 10, p. 69-85, abr./jun. 2002.

_____. A processualização da desconsideração da personalidade jurídica. *Revista de Processo*, vol. 254, p. 151 – 191, abr. 2016.

YARSHELL, Flávio Luiz. O incidente de desconsideração da personalidade jurídica no CPC 2015: aplicação e outras formas de extensão da responsabilidade patrimonial. In: YARSHELL, Flávio Luiz; PEREIRA, Guilherme Setoguti J. Processo societário II. São Paulo: Quartier Latin, 2015, p. 213-224.

YAZBEK, Otávio. *Regulação do mercado financeiro e de capitais*. Rio de Janeiro: Elsevier, 2007.

ZANNONI, Eduardo A. La normativa societaria ante los actos fraudulentos de la teoría del "disregard". *Revista de Direito Civil, Imobiliário, Agrário e Empresarial*, São Paulo, ano 3, n. 9, p. 165-180, jul./set. 1979.

ZAVASCKI, Teori Albino. *Comentários ao Código de Processo Civil*. São Paulo: Revista dos Tribunais, 2000. v. 8.